揭阳金融志

JIEYANG JINRONG ZHI

（1986—2018）

揭阳金融志编纂委员会 编

方志出版社
Publishing House of Local Records

图书在版编目（CIP）数据

揭阳金融志 ： 1986—2018 / 揭阳金融志编纂委员会编. —北京 ： 方志出版社, 2022.11
ISBN 978-7-5144-5389-8

Ⅰ. ①揭… Ⅱ. ①揭… Ⅲ. ①地方金融事业－概况－揭阳－1986-2018 Ⅳ. ①F832.765.3

中国版本图书馆 CIP 数据核字(2022)第 228844 号

责任编辑：张健
责任校对：刘玉霞
责任印制：梅中英
出 版 者：方志出版社
地　　址：北京市朝阳区潘家园东里 9 号（国家方志馆 4 层）
邮　　编：100021
网　　址：http://www.zgfzcb.cn
发　　行：方志出版社图书营销中心（010-67110500）
印　　刷：揭阳市广工印刷有限公司
开　　本：889 毫米×1194 毫米　1/16
印　　张：59
字　　数：1739 千字
版　　次：2022 年 11 月第 1 版
印　　次：2022 年 11 月第 1 次印刷
定　　价：380.00 元

编纂委员会

编　纂：陈旭锐　林育明　杨史辉

资　料：马家琪　王　咏　王　婕　王永辉　方浩炫　尹坚鸿　石小婷　庄建生　刘晓婷
江伟庆　汤雪梅　孙蔚琳　李　丹　李　楠　李小乔　李佳淳　李素玲　李晓萍
李鸿宇　李新宁　杨　扬　杨　敏　杨伊为　杨泽敏　杨淋华　杨燕华　吴　彬
吴　馥　吴永沛　吴陆宝　吴泽佳　吴树钊　吴俊青　吴哲绚　吴哲辉　吴惠婷
余琪瑶　沈　衡　张　钧　张耿华　陈　伟　陈　婷　陈　照　陈少丰　陈丹丹
陈业璇　陈伟龙　陈华君　陈旭平　陈志远　陈佳斯　陈俞希　陈洁芬　陈莉嘉
陈敏芬　陈楚海　林　佳　林　虹　林　婷　林文洁　林东玲　林欢仪　林俊哲
林彦宇　林洁纯　林晓景　林婉菲　林绮妮　林婷婷　林蓥彬　林瑾炫　周宜锋
郑　荃　郑　越　郑　湃　郑杰弟　郑佳妮　郑佳珊　郑思思　郑晓敏　郑嘉锐
胡晓华　翁疆伟　柯丹妮　洪炳雄　洪洁萍　洪晓敏　姚捷嘉　徐旭锐　徐泽霞
翁嘉仪　高珊昭　郭尔佳　黄子奇　黄列群　黄伊琳　黄旭淳　黄丽娜　黄林畅
黄贤华　黄洁容　黄振财　黄海鹏　黄斯铭　黄楚旭　黄锡林　黄敏书　黄梓希
彭程发　谢慕娴　方碧珊　詹树慧　蔡浩生　潘旭群

凡 例

一、本志以马克思列宁主义、毛泽东思想、邓小平理论、“三个代表”重要思想、科学发展观、习近平新时代中国特色社会主义思想为指导，坚持辩证唯物主义和历史唯物主义的立场、观点和方法，力求全面、客观、翔实地记述揭阳地区金融发展的历史与现状。

二、本志为《揭阳县金融志》续志，记述上限为1986年1月1日，下限为2018年12月31日，部分内容作必要的上溯或下延。

三、本志采用述、记、志、图、照、表、录等体裁，以志为主。全书设篇、章、节、目4个层次记叙，横分门类，纵述史实。以文字为主，辅以图表和照片，力求史料翔实、数据准确、语言通顺、行文简洁。

四、本志所称金融机构，主要指银行和信用社、证券、期货公司、信托、保险、典当、小额贷款公司、融资性担保公司等从事金融业务或管理的单位。银行业金融机构，是指从事政策性和商业性存贷款及中间代理业务的政策性银行和商业银行、农村和城市信用社等单位；保险业金融机构，是指从事商业性财产和人寿保险业务及相关代理业务公司等单位；证券业金融机构，是指经营证券交易的单位。机构中的员工人数，为在册正式员工数，以单位统计年报的数据为准。

五、本志文体为现代汉语语文体，记述体。文字采用规范汉字。所述金融业务发展及引用的相关统计数据，由各金融单位及相关管理部门提供，或取自历年《揭阳年鉴》、《揭阳市志》、人行货币流通调查报告等。如有与人行和统计部门提供的数字不一致的，以中国人民银行揭阳市中心支行提供数据为准。表格所列或文中所提到的货币金额，指人民币金额，涉及外币则加外币名称，如美元金额；金额统计数据一般以万元为单位，数额较大的以亿元为单位，数额较小而又必须记载的以元为单位，小数点之后保留两位数。

六、本志所记地域为 2018 年年底揭阳市行政区域，包括榕城区、揭东区、普宁市（县级市）、揭西县、惠来县 2 区 1 市 2 县。市区，指揭阳市级行政区，即榕城区、揭东区。

七、为便于记述，不致混淆，机构名称在第一次出现一般使用全称，括注简称，其后使用简称，如“人行揭阳市中心支行”“揭阳银保监分局”“外管局揭阳中心支局”“X行揭阳（市）分行”“市（县）X行”“X行XX县（市）支行”“XX保险公司揭阳分（中心支）公司”“XX保险XX县（市）支公司”“人保财险揭阳市分公司”“人保寿险揭阳分公司”“XX财（寿）险分（中心支）公司”“XX财（寿）险XX县（市）支公司”“XX证券公司XX营业部”。对一些使用频率较高的名称使用简称，“党的”“党中央”“党组织”“党和国家”的“党”或“中共”，指中国共产党；“人行”，指中国人民银行；“工、农、中、建、交”或“五大商业银行”，指中国工商银行、中国农业银行、中国银行、中国建设银行、交通银行；“农发行”“广发行”“邮储行”“汇丰行”“村镇行”“农信社”“农信联社”“城信社”分别指中国农业发展银行、广东发展银行、邮政储蓄银行、汇丰银行、村镇银行、农村信用合作社、农村信用合作联社、城市信用合作社。

八、本志的公元纪年，民国时期纪年及年、月、日，均用阿拉伯数字；民国以前的历史朝代，均用朝代名加年号纪年，年、月、日使用汉字，括注公元纪年，连续出现同一历史纪年时不连续加注；中华人民共和国成立后，采用公元纪年，未写明世纪的年代，一般指20世纪的年代；“改革开放前（后）”，指1978年中共十一届三中全会召开前（后）。

九、辖内金融机构的成立、更名、撤并，均依据中国人民银行、银保监会或相关金融机构的批文，以最终审批权的批文之日为准。对入志单位的机构一般只记述到分行（分公司）一级机关科（部）室；下属单位只记述到县（市）一级支行（支公司）。业务经营状况，一般只记述到分行（分公司）及相应级别单位，典型案例或影响较大的不受此限制。

十、辖内金融机构中的市分行（分公司）一级的历届负责人、其他金融机构法定负责人或法定代表人列表附录，原则上，本志收录副处级（含）以上金融机构的负责人，副处级以下的金融机构负责人一般不入志；市级银行同业公会、金融系统各种学会、协会和学术团体的负责人及相关组成人员入志。获全国、省及部级、金融系统组织授予有关荣誉称号的先进集体或个人等按时间先后顺序列表附录。

十一、本志逐年顺时、择要记述，原则上“大事记”略写，相关篇章详写，其中凡可称为全国第一、全省第一、全市第一的重要事件或重要活动均作记述。对领导人物的记述，一般做如下处理：党和国家领导人、部、省级领导人莅临揭阳金融系统视察调研的，均予以记述；一般经过（或走访）辖区的不予记述。

十二、记述各金融单位的经营业绩，银行一般用资产总额、负债总额、存贷款余额、营业收入、利润等反映；保险业一般用保险收入、赔付金额、利润等反映；证券业一般用证券交易量等反映。

十三、有些记述需要作出说明的，一般采用随文加括号注解或脚注的办法。

十四、本志所用资料，经鉴别核实后入志，主要来源于各金融单位及部门提供的材料和档案、图书、报刊、文献、文件、统计资料、旧志、调查访问的记录以及《揭阳市志》、历年《揭阳年鉴》等，一般不注明出处；所采用图片拍摄时间止于本志付印之前，并注明出处。

序

古人云："盛世修志，志载盛世。"习近平总书记指出："历史是最好的教科书，也是最好的清醒剂。"吾等庆幸，欣逢盛世，修志续史，正当其时，正得其势。

2017年8月28日，我从嘉山秀水的梅州交流到水上莲花揭阳任职，正值《梅州金融志（1985—2015）》脱稿。初来乍到，听闻揭阳从县升格地级市20多年，金融行业尚未修志，由于亲身经历梅州金融行业修志过程，我深切体会到金融志是传承金融文化、发掘历史智慧的重要载体，其"存史、喻世、励志、资治"的功能可助后人通古鉴今，启迪未来，意义深远。遂汇集多方力量，精心筹备部署，于2017年9月正式启动《揭阳金融志（1986—2018）》编纂工作，以期修成一方金融"百科全书"。

巍巍黄岐藏古韵，悠悠榕江孕新风。揭阳倚山濒海，人杰地灵，历史悠久，作为粤东古邑，见诸史载已有2200多年，自古被誉为"海滨邹鲁"，是潮汕文化的发祥地之一，不但孕育了浓郁深厚、独具特色的潮汕文化以及勤劳智慧、勇于开拓的揭阳人民，而且也是新中国华南区红色金融——南方人民银行的起源地。1992年揭阳建市以来，揭阳经济社会迅猛发展，多年的产业发展、集群和升级，形成了五金机械、纺织服装、化工塑料、食品医药、电子信息等支柱产业，更因玉器行业发达而被誉为"亚洲玉都"。30多年来，揭阳金融传承红色基因，抓住良好机遇，上下求索、朝夕不倦，奋力开拓、锐意进取，坚毅地完成了从单一到多元、从封闭到开放、从小金融到大金融的蜕变之旅，在支持与服务揭阳经济社会发展进步的过程中，实现了跨越式发展。

近年来，全面深化改革为揭阳经济社会吹来阵阵春风。正如习近平总书记所强调的"金融是国家重要的核心竞争力，是国家安全的重要组成部分"，揭阳金融也迎来各种机遇与挑战。面对各种困难，揭阳金融在改革中发展，在开放中成长，在变与不变中守住初心、践行使命、追求卓越。金融组织体系稳步朝多元方向发展，从不同层级的商业银行分支机构逐步设立到各种类别的保险公司进驻，再到各类性质的证券公司开业，揭阳逐步形成了包含银行、证券、保险在内的大金融格局，金融服务水平大幅提升，社会资源配置和使用效率稳步提高；金融基础设施建设取得突破性进展，社会各界不断增长的多样性金融服务需求得以满足；金融科技应用蓬勃发展，电子化建设有效促进金融服务创新……金融领域一系列脱胎换骨的历史巨变，正是揭阳金融人初心不改、砥砺前行、服务发展、惠及民生的最好诠释。

岁月无声流过，不知不觉我在揭阳工作已近5年。《揭阳金融志（1986—2018）》编修亦走过五个春秋，这期间，各金融机构积极参与编纂，提供大量原始素材，编纂人员秉承着对历史负责的态度，克服种种困难，广泛搜集资料，多方考证核实，反复斟酌研究，成就了这部全面、完整、翔实的地方金融史料。在此，谨向全体编写人员以及提供资料的各界人士致以敬意和感谢。

抚今追昔，感慨万千。揭阳金融昨日的记忆已化作跳动的文字融进了厚厚的书页，但坚定信仰、吃苦耐劳、开拓进取、改革创新的精神深深激励着揭阳当代守初心担使命的金融人，以今日的金融实践书写着未来更宏大的史籍。跨进新时代，迈步新征程，揭阳金融人应保持一如既往的气魄和担当，直面机遇和挑战，在新的奋斗时代中不负韶华、勇毅前行，谱写新的篇章。

是为序。

李新耀

中国人民银行揭阳市中心支行党委书记、行长

国家外汇管理局揭阳市中心支局局长，高级经济师

2022年5月18日

中国人民银行揭阳市中心支行大楼

中国人民银行揭阳分行大楼旧址

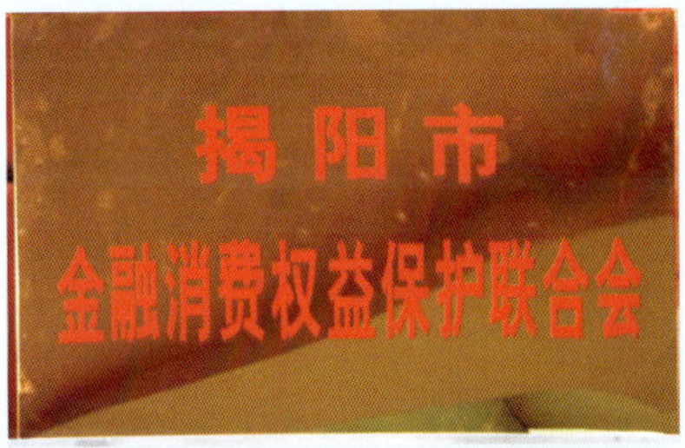

2013 年 12 月，揭阳市金融消费权益保护联合会揭牌成立

2013 年 0 月，揭阳金融学会揭牌成立

（人行揭阳市中心支行办公室提供）

中国农业发展银行揭阳市分行营业大楼

中国工商银行揭阳分行营业大楼

中国农业银行揭阳分行营业大楼

中国银行揭阳分行营业大楼

中国建设银行揭阳市分行营业大楼

交通银行揭阳分行

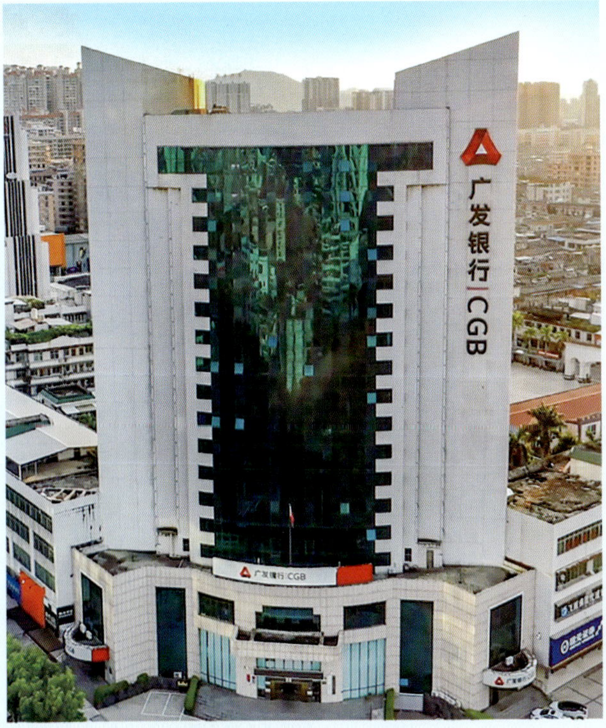

广发银行揭阳支行营业大楼

中国邮政储蓄银行揭阳市分行营业大楼

揭阳农商银行营业大楼

揭东农商银行营业大楼

普宁农村商业银行营业大楼

揭西农村商业银行营业大楼

惠来县农村信用合作社营业大楼

广东普宁汇成村镇银行营业大楼

中国民生银行揭阳分行营业大楼

广东南粤银行揭阳分行营业大楼

（以上照片由揭阳市各银行分支行办公室提供）

中国人民财产保险揭阳市分公司营业大楼

中国人寿保险揭阳市分公司营业大楼

国泰君安证券揭阳黄岐山大道证券营业部

国元证券揭阳新阳路证券营业部

1997 年，华夏证券揭阳证券交易营业部旧貌

2002 年，华夏证券揭阳证券交易营业部旧貌

中信建投证券揭阳黄岐山大道证券营业部

（以上照片由揭阳市各保险、证券营业部提供）

1992年6月29日，中国工商银行总行行长张肖（右四）、广东省分行行长何文光（左四）及有关领导与原工行揭阳县支行干部合影（工行揭阳分行办公室提供）

1994年9月12日，工行广东省分行行长刘德谷（右二）、揭阳市副市长张浦俊（右三）、揭阳市财办主任欧汉波（右四）在工行揭阳分行行长郑荣勋（右一）陪同下巡视工行办公大楼基建工地（工行揭阳分行办公室提供）

2004年3月10日，广东省妇联主席赵东花（左二）到中行揭阳分行营业部调研（中行揭阳分行办公室提供）

2005 年 4 月 20 日，中行揭阳分行与汕头海关、中国电子口岸数据中心和田岛机械（中国）有限公司等企业举行网上支付税费系统（报关即时通）业务合作签约仪式（中行揭阳分行办公室提供）

2009 年 1 月 6 日，人行总行党校广东调研组就适度宽松货币政策实施到人行揭阳市中心支行调研（人行揭阳市中心支行办公室提供）

2009 年 10 月 22 日，人行揭阳市中心支行与揭阳银监分局联合召开揭阳市金融运行分析会暨支持中石油项目融资推介协调会（人行揭阳市中心支行办公室提供）

2010 年 1 月 5 日，人行揭阳市中心支行党委书记、行长、“583”工程基建领导小组组长刘志嘉（左四）带领在家领导及基建办人员参观“583”工程基建（人行揭阳市中心支行办公室提供）

2010 年 1 月 6 日，揭阳市副市长陈澄民、揭阳市金融办主任黄光瑞、市政府副秘书长邱伟泽到人行揭阳市中心支行调研（人行揭阳市中心支行办公室提供）

2010 年 10 月 23 日，揭阳榕城农村商业银行党委书记、董事长徐延秋作为亚运会火炬手参加亚运火炬传递揭阳市站活动（揭阳农商行办公室提供）

2011 年 11 月 22 日，中行省行行长白志中（右二）考察中行揭阳分行营业大厅
（中行揭阳分行办公室提供）

2011 年，邮储银行揭阳市分行开展“贷款村村通”活动（邮储银行揭阳市分行办公室提供）

2012 年 3 月 6 日，人行广州分行副行长李丹儿（右三）到普宁农商行调研
（普宁农商行办公室提供）

2012 年 4 月 28 日，揭阳农商行荣获"广东省先进集体"光荣称号授牌仪式（揭阳农商行办公室提供）

2012 年，揭阳农商行工会委员会荣获“广东省模范职工之家”称号（揭阳农商行办公室提供）

2013 年 9 月 6 日，人行广州分行行长王景武（左一）到揭阳农商行调研（揭阳农商行办公室提供）

2013 年 9 月 5 日，人行广州分行副行长李思敏与揭阳市市长陈东签署《中国人民银行广州分行 揭阳市人民政府共建产业金融创新发展试验》合作框架协议（人行揭阳市中心支行办公室提供）

2014 年 7 月 24 日，人行揭阳市中心支行与揭阳监狱建立反腐倡廉合作机制并在揭阳监狱举行备忘录签字仪式（人行揭阳市中心支行办公室提供）

2014 年 9 月 17 日，人行揭阳市中心支行举行广州分行廉政文化优秀作品巡展暨“建设廉洁基层央行从我做起”宣誓签名活动启动仪式（人行揭阳市中心支行办公室提供）

2014 年 10 月 31 日，工行揭阳分行荣获工行“中国工商银行五一劳动奖状”，工行广东省分行副行长谢忠（右三）向揭阳分行颁发奖状和证书（工行揭阳分行办公室提供）

2016 年 2 月 25 日，人行揭阳市中心支行举行中国人民银行广州分行揭阳押运中心成立揭牌仪式（人行揭阳市中心支行办公室提供）

2016 年 2 月 25 日，人行广州分行副行长覃道爱（左二）到揭阳高新技术开发区钞票处理中心工程用地现场调研（人行揭阳市中心支行办公室提供）

2016年5月9日，人行广州分行副行长曲延玲参加人行揭阳市中心支行组织召开的广州分行贫困地区支付服务情况调研座谈会（人行揭阳市中心支行办公室提供）

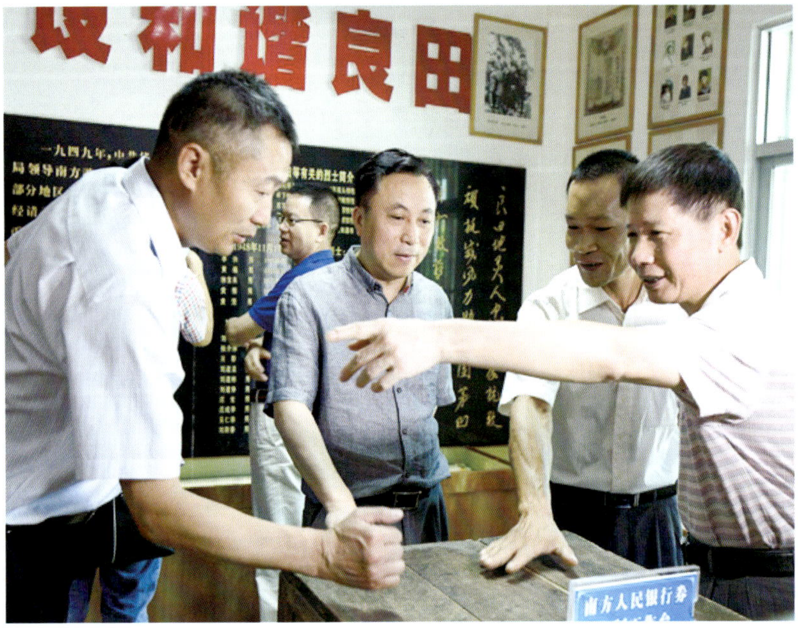

2016年7月28日，人行总行党委宣传部巡视员汪洋带领意识形态工作督查组，在人行广州分行党委委员、工委会主任徐维和党委宣传部部长陈铁英的陪同下，到革命堡垒乡——广东省揭西县良田乡南方人民银行纪念馆参观调研（人行揭阳市中心支行办公室提供）

2016 年 12 月 30 日，揭阳市政府副市长刘端雄（左三）到人行揭阳市中心支行了解年终决算的相关情况，看望慰问参加年终决算工作的一线工作人员（人行揭阳市中心支行办公室提供）

2017 年 9 月 6 日，人行揭阳市中心支行行长李新耀、纪委书记潘世练、副行长马晓东、陈一非等一行前往粤东区域发行库项目建设用地现场调研（人行揭阳市中心支行办公室提供）

2017 年 9 月 15 日，人行揭阳市中心支行、人行梅州市中心支行联合举办“学思践悟 书伴青春”青年读书交流会活动（人行揭阳市中心支行办公室提供）

2017 年 9 月 22 日，人行揭阳市中心支行联合人行普宁支行组织辖内银行、证券、保险等 14 家机构在普宁潮汕职业技术学院开展“揭阳市喜迎十九大金融宣传活动”（人行揭阳市中心支行办公室提供）

2017 年，人行揭阳市中心支行举办“揭阳公交暨潮汕机场无感停车”项目启动仪式（人行揭阳市中心支行办公室提供）

2017 年 10 月 13 日，由人行揭阳市中心支行、揭阳金融学会联合主办的 2017 年广东省金融科技成果巡展（揭阳站）启动仪式暨揭阳金融学会“互联网金融”学术报告会在揭阳中德金属生态城中心举行，人行广州分行副行长李思敏出席活动并致辞（人行揭阳市中心支行办公室提供）

2017 年 11 月 3 日，人行揭阳市中心支行分别向惠来县华侨中学、第二中学等 8 所学校授予“揭阳市校园爱护人民币和反假货币宣传教育基地”牌匾（人行揭阳市中心支行办公室提供）

2018 年 1 月 28 日，中国银行总行独立董事赵杰（左六）一行到中行揭阳分行调研（中行揭阳分行办公室提供）

2018 年 2 月 6 日至 7 日，人行揭阳市中心支行行长李新耀和其他行领导分别代表中支党委登门走访慰问中支老党员、老干部（人行揭阳市中心支行办公室提供）

2018年2月7日，人行揭阳市中心支行行长李新耀、副行长姚洪生前往中支帮扶村——揭东区新亨镇秋江村开展走访慰问活动（人行揭阳市中心支行办公室提供）

2018年6月12日，人行揭阳市中心支行联合市发改局、揭阳市教育局在揭阳综合中等专业学校开展“诚信文化教育进校园”暨普及金融知识守住“钱袋子”宣传活动（人行揭阳市中心支行办公室提供）

2018 年 7 月 5 日，人保财险揭阳市分公司与人行揭阳市中心支行反洗钱科签署党建结对共建协议书（人保财险揭阳市分公司提供）

2018 年 8 月 22 日，人行揭阳市中心支行联合揭阳市科技局举行揭阳市科技与金融融合政策宣讲暨融资对接会（人行揭阳市中心支行办公室提供）

2018 年 12 月 14 日，人行广州分行副行长彭化非（右四）到人行揭阳市中心支行调研（人行揭阳市中心支行办公室提供）

南方人民银行总管理处旧址：揭西县河婆街道东风居委金新路（原新埠街）（摄于 1989 年）

南方人民银行总管理处旧址：揭西县河婆街道东风居委金新路（原新埠街）

南方人民银行旧址：揭西县河婆街道东风社区海纪路 13、15 号

潮汕干部培训班旧址（南方人民银行培训班）：揭西县灰寨镇后联村良干公祠

南方人民银行印钞厂旧址，现揭西县良田乡中心小学（摄于 2017 年）

南方人民银行印钞厂纪念馆内景

南方人民银行印钞厂旧址

南方人民银行印钞厂职工出操休息情景
（摄于 1949 年）

纪念南方人民银行建行 40 周年大会（摄于 1989 年 7 月 8 日）

纪念南方人民银行建行 40 周年大会会场及原省人民银行行长吴慕奇、金维城、朱万里在会上发言（摄于 1989 年 7 月 8 日）

纪念南方人民银行建行 40 周年大会集体合照（摄于 1989 年 7 月 8 日）

纪念南方人民银行建行 68 周年大会（摄于 2017 年）

南方券主辅币

南方券主币

1. 壹圆券。长方形，横五寸，直二寸半，蓝色。正面上方有“南方人民银行”字样，正中为圆形花纹，右边为“宝塔风景”图案，上有“经理之章”，左边有竖写“壹圆”字样，印红色。

2. 伍圆券。长方形，横五寸，直二寸半，紫色。正面上方有“南方人民银行”字样，正中为梅花图案，右边为“六角亭风景”图案。上有“经理之章”，左边有竖写“伍圆”字样，印红色。背面为花纹图案。

3. 拾圆券。长方形，横五寸，直二寸半，绿色。正面上方有“南方人民银行”字样，正中为“四角亭风景”图案，左右两边分印红色“拾”“圆”字样。背面为花纹图案。

南方券辅币

1. 壹角券 1 式。正面中上署“南方人民银行”字样、正中为楼房花环图案，花环内署“壹角”字样，左右下角有“经理之印”小方形章。四周框以花纹，四角有圆形花环、内有“1”字，下沿有“1949”。

2. 壹角券 2 式。形制与壹角券 1 式大体相同，不同之处在于 2 式中间花环没有楼房图景，仅有“壹角”字；四顶角花环内字样为“壹角”；印鉴为“南方人民银行经理之印”。

3. 贰角券。形制如壹角券 2 式，偏左增加“工农团结图”，四角为“贰角”字样。

4. 伍角券 1 式。形制与壹角券 1 式相同，中间图景换为“凉亭花园图”，正中花环中左右顶角有“五角星”，四顶角署“伍”字。背面正中花环为“农民耕作图”，四顶角为“5”字。

5. 伍角券 2 式。形制与贰角券 2 式相似，背面花环正中为“牛过河图”，四顶角亦框“5”字。

CONTENTS 目 录

第三篇　金融业务

● 第四篇　综合

概 述

揭阳历史悠久，为粤东古邑，依山傍水，别称“岭南水城”。作为广东省省辖市，它地处广东省东部，榕江从市区穿梭而过，东邻汕头市、潮州市，西接汕尾市，南濒南海，北靠梅州市，是粤港澳大湾区与海西经济区的地理轴线中心。揭阳是广东沿海经济带东翼主战场，滨海新区是广东省委、省政府专门规划、专项政策支持打造的广东沿海经济带重点区域。揭阳是潮汕文化重要的发源地之一，素有“海滨邹鲁”“亚洲玉都”“国画之乡”“小戏之乡”“龙舟之乡”“华侨之乡”等美誉。1991 年 12 月 7 日，揭阳撤县设市（地级），辖榕城区、揭东县、普宁县、揭西县、惠来县 1 区 4 县。1993 年，普宁县撤县设市（县级）。2018 年，揭阳辖榕城区、揭东区、揭西县、惠来县，代管普宁市，即 2 区 2 县，代管 1 个县级市。揭阳市政府设在榕城区。全市陆地总面积 5240 平方公里，海域面积 9300 平方公里。2018 年年末常住人口约 608.94 万人。2018 年，揭阳市地区生产总值 2152.47 亿元，比上年增长 6%。其中，第一产业增加值 164.36 亿元，增长 4.0%，对地区生产总值增长的贡献率为 5.4%；第二产业增加值 1123.04 亿元，增长 4.4%，对地区生产总值增长的贡献率为 47.4%；第三产业增加值 865.06 亿元，增长 7.1%，对地区生产总值增长的贡献率为 47.2%。三次产业结构比重为 7.6 ∶ 52.2 ∶ 40.2，第三产业所占比重比上年提高 0.6 个百分点。在第三产业中，批发和零售业增加值增长 4.1%，住宿和餐饮业增加值下降 4.2%，金融业增加值增长 3.5%，房地产业增加值增长 7.6%。现代服务业增加值 316.13 亿元，增长 10.4%。生产性服务业增加值 386.45 亿元，增长 10.3%。民营经济增加值 1666.96 亿元，增长 4.9%，占地区生产总值的 77.4%。2018 年，揭阳人均地区生产总值达到 3.54 万元。揭阳经济呈现勃勃生机和活力，政通人和，百业兴旺，给揭阳金融业带来良好机遇和广阔的发展空间。30 年来，揭阳金融业在改革中发展，在开放中成长，发生历史巨变，在支持与服务地方经济社会发展进步过程中，实现跨越式发展。

一、改革组织体制 推动多元发展

揭阳县银行金融业，历经 1950 — 1985 年中华人民共和国成立初期的稳定金融时期和随后的支持恢复国民经济和发展生产、从计划经济到市场经济等不同发展阶段，逐步改革和开放、在起伏发展中不断完善，金融服务职能不断增加，有效地支持和推动了 县域经济和社会的发展。1979 年起，揭阳金融业与全国一样，开始改革金融组织体系，先后恢复或分设专业银行和保险公司，组建农村信用合作联社，逐步改变金融体系中“大一统”的单一银行状态。

1987 — 1991 年，揭阳县金融业初步形成中央银行行使职能管理，以国家专业银行的金融服务为主体、其他金融机构的金融服务为补充的多层次、多种类、多功能、开放型的银行体系。随着金融改革的发展，各专业银行普遍对所辖分支机构下放部分业务经营权，并试行各种形式的经济责任制，经营成果初步与单位及个人挂钩，推动各项金融业务的发展。

1984年开始，中国人民银行作为银行的银行，专门行使货币发行和流通管理等中央银行职能，不再统一办理工商信贷、储蓄和汇兑结算等各种经营性金融业务。辖区形成中央银行、专业银行的二元银行体制和单一保险机构体制。

1993年起，证券公司、基金会、典当行等其他非银行金融机构先后组建。1993年1月6日，广东证券公司揭阳营业处正式挂牌开业，为揭阳建市后第一家证券营业部。

1995年后，揭阳金融业进入一个蓬勃发展的新阶段。随着金融体制改革不断深化，国有专业银行向商业银行转制，农村信用社改制，股份制商业银行、政策性银行、银行业监管机构、多家保险公司、多家证券公司营业部、村镇银行、地方商业银行，以及融资性担保公司、小额贷款公司、期货公司等微型金融组织先后建立。揭阳金融业开始迈向多元化的组织结构体系。

至2018年年末，辖区有金融机构19家；证券营业机构19家；期货营业机构2家；保险业机构28家；支付机构2家；地方金融组织42家。辖区形成以中央银行为核心、银监会为独立监管，包括政策性银行、国有控股商业银行为主体，国有独资商业银行、地方性股份制商业银行、村镇银行、农村商业银行、城乡合作金融机构、外资银行、保险和证券期货，支付机构和具有融资性功能的典当行、小额贷款公司、担保公司等其他非银行金融机构在内的种类齐全、多种融资渠道并存，多元化、综合化、协调发展的现代金融机构组织体系。

（一）银行业

1979—1985年，辖区先后恢复或成立农、中、建、工四家国有专业银行分支机构，分别接办由人行分离出来的相关贷款业务，并严格按各专业银行的业务范围和职能分工办理贷款业务。

1986—1991年，揭阳县各项贷款增加6.37亿元，6年年均增长17.79%。贷款的不断增长，有效支持揭阳县经济社会各项事业的发展，为揭阳市经济社会建设，奠定一定的发展基础。其后，各专业银行、农信社和城市信用社、信托投资公司等开办贷款业务的分支金融机构逐步增加，贷款业务也扩大到中短期设备贷款，支持工业企业进行技术改造和产品升级换代。

20世纪80年代末起，各家专业银行的贷款业务分工开始淡化，政策允许业务交叉经营。90年代后，随着改革开放不断深入和适应社会主义市场经济发展需要，人民银行揭阳分行专门行使中央银行的职能进一步加强。1993年8月19日，广发银行揭阳支行成立，打破国家专业银行的垄断局面。广发银行及其他金融机构的兴起，国有专业银行改革经营机制，进一步打破专业分工界限，业务交叉经营范围扩大。

1994年后，随着金融体制改革深入，国有专业银行向国有商业银行的转变和1996年农发行的成立，政策性贷款业务逐步从国有商业银行分离出来，商业银行信贷业务开始相互竞争。之后，随着经济发展和金融服务领域的扩张，又逐步成立邮政储蓄银行、村镇银行、小额贷款公司、交通银行以及吸引跨区域经营的地方商业银行、外资银行等，形成金融服务覆盖多种经济形式的金融机构。不仅贷款业务种类增多，而且经营范围和贷款发放领域不断扩展和延伸，贷款业务量也不断增加，信贷金融机构和信贷业务进入多元化、网络化、全方位发展的历史时期。1995年，《中华人民共和国人民银行法》（简称人民银行法）和《中华人民共和国商业银行法》（简称商业银行法）正式颁布后，辖区各银行步入法制化轨道，国有专业银行逐步转变为国有商业银行，并逐步向现代金融企业发展，各专业银行市分行的职能由单纯的管理职能转变为管理和经营双重职能，直接管理县支行以下机构。其内部机构和分支机构也经历逐步增多、撤并精简、调整更名、减少和稳定的过程。

1996年起，辖区工、农、中、建四家商业银行开始进行集约化经营管理，注重经营质量和效益，整合网点布局，收缩无发展前景和效益的营业网点，大刀阔斧对营业机构进行撤点，裁减冗员，集中打造安全高效、统一规范标识、可办理资产、负债、中间业务、本外币一体的综合业务的多功能营业网点，提增效益。是年 10 月，辖内农业银行分设中国农业发展银行市、县分支行，政策性金融与商业性金融分离，标志着政策性和投融资体制的建立。

2003 年，修改后的《中华人民共和国人民银行法》，明确中国人民银行防范和化解金融风险、维护金融安全与稳定的职能。人行揭阳市中心支行以维护辖区金融安全稳定运行为目标，以防范系统性金融风险为重点，加强对金融业整体风险的监测评估，制定金融风险处置方案，密切与银行、证券、保险监管当局的分工协作关系，加强协调，共同防范和化解金融风险。12 月，中国银行业监督管理委员会揭阳监管分局（简称揭阳银监分局）成立，结束长期以来央行宏观调控和银行监管合一的管理模式，辖内人行行使货币政策和宏观调控的独立性得到强化。同时，揭阳银监分局单独行使监管职能后，与人行一道进一步推动辖区银行业的安全、稳健、高效运行。

2004 年起，揭阳市农信合办与人行揭阳市中心支行相关部门、人员和业务划转揭阳银监分局。揭阳银监分局正式对外办公后，正式接管原人民银行代管农信合机构的职能。

2007 年 10 月 29 日，中国邮政储蓄银行有限责任公司揭阳市分行（简称邮储行揭阳市分行）成立，是揭阳市唯一一家国有独资商业银行。2011 年 12 月 19 日，揭阳市第一家村镇银行广东普宁汇成村镇银行开业。2013 年，先后有汇丰银行（中国）、东亚银行（中国）2 家外资银行落户揭阳设立支行。2014 年 3 月 27 日，中国民生银行股份有限公司揭阳分行成立，是揭阳市唯一一家民营银行。

2018 年年末，辖内银行业机构有 8 类，分别为政策性银行、国家控股商业银行、国家独资商业银行、股份制商业银行、外资银行、农村商业银行、农村合作金融机构、村镇银行。有农发行、工行、农行、中行、建行、交行、邮储行、广发行、汇丰银行、农商行、农信联社、村镇银行、广东省农村信用社联合社揭阳办事处等共 19 家，辖区银行业资产总额 2404.81 亿元。 至此，经过 30 多年的沿革，彻底破除旧的单一银行体制，辖区形成与市场经济发展相适应的多层次、多类型的银行业金融机构组织体系的新格局。

辖内农信社在改革开放前历经波折。自改革开放后，恢复和加强组织上的群众性、管理上的民主性、经营上的灵活性，农信社开始进入一个新时期。从 1984 年开始，揭阳辖内组建县（市）级农村信用合作联社（简称县联社），内部经营管理体制逐步向“独立经营、独立核算、自负盈亏”的合作制方向转变。

1991 年 12 月，国务院批准揭阳撤县建地级市。建地级市之前的揭阳、揭西、普宁、惠来四县隶属汕头市管辖，改由揭阳地级市辖区。撤销揭阳县成立揭东县和榕城区（县级）。为适应揭阳市行政区划变化，1992 年撤销原揭阳县农村信用合作社联合社，分设为榕城、市区和揭东三家农村信用合作社联合社；揭西、普宁、惠来保留原来的县级农村信用合作社联合社不变。1995 年，辖区农村信用合作金融机构各项存款余额 25.57 亿元，比上年的 19.50 亿元增加 6.07 亿元，增长 31.15%；各项贷款余额 23.38 亿元，比上年的 17.92 亿元增加 5.45 亿元，增长 30.42%。

1996 年年底，进行农村金融体制改革，农信社和农业银行脱钩（脱离行政隶属关系），市县成立农村金融体制改革领导小组及其办公室（简称农金改办），行使对农信社过渡时期的行政管理。 业务监管由人民银行负责。农村合作金融机构组织形式由社员代表大会、理事会、监事会组成，实行县、镇各为独立法人的二级法人体制，农信社开始真正走向合作办社的道路，标志着农信社自成体系形成。

1999年4月，中国人民银行召开全国农村信用社工作会议。会议提出，根据需要，逐步组建地（市）联社，承担行业管理和服务职能；在全国各省建立信用合作协会，主要职能是对信用社提供联络、指导、协调、咨询、培训等方面的服务。截至12月末，全市农村信用合作金融机构各项存款余额50.35亿元，比上年的52.12亿元减少1.77亿元，下降3.40%；各项贷款余额39.19亿元，比上年的37.40亿元减少1.79亿元，下降4.80%。

行社脱钩之后，全市农村信用社迎来新的发展机遇。面对四大国有银行退出农村，广东农信人捕捉市场信息，坚持服务“三农”和小微企业的宗旨，深入基层，营业网点遍布镇村和城乡接合部，为广大客户及时提供产品和服务，业务迅速发展。2004年，全市有揭阳市区、普宁、惠来、揭东、揭西5个县（市、区）联社，73个镇级信用社，营业网点413个，从业人员2784名。

（二）保险业

改革开放后，揭阳保险业有较大发展。1979年12月，人行揭阳县支行中国人民保险公司揭阳县代理处成立，1984年7月改为揭阳县支公司。1985年前，全县仅有1家保险机构独家经营。

随着社会主义市场经济体制的建立和发展，保险机构发生相应变革，1996年起，分拆为中保财产保险有限公司揭阳分公司和中保人寿保险有限公司揭阳分公司，实行财产、人寿保险分业经营，保险业迎来新的发展高潮。

进入21世纪，随着经济发展和金融体制改革的不断深化，一批股份制保险机构陆续进驻揭阳辖内，相继成立分支机构。2003年7月，中国平安财产保险股份有限公司揭阳中心支公司成立，打破中国人民保险公司寿险和财险独家经营的传统格局，在辖内形成保险市场的竞争。2004年后，按照集约化、专业化、差异化经营要求，辖内大举组建新的保险公司，揭阳保险市场进入新的发展时期，保险市场规模不断扩大，保险产品日益丰富，保险业务快速发展，服务领域遍布城乡，保障范围不断扩大。

2012年4月，平安养老揭阳中支成立，是进入揭阳的首家外商独资保险公司。

2018年，全市实现保费收入59.28亿元。其中，寿险业务保费收入32.23亿元，财产险业务保费收入17.81亿元；健康险和意外伤害险业务保费收入9.24亿元。全年共支付各项赔款和给付20.18亿元。其中，寿险业务赔付支出7.01亿元；财产险业务赔款支出9.94亿元；健康险和意外伤害险赔付支出3.24亿元。

到2018年年底，揭阳市有保险分公司（中心支公司）机构28家。其中，财产保险16家，人寿保险12家。形成遍布城乡、功能互补、统一开放、公平竞争、共同发展的保险市场机构体系。

（三）证券业

20世纪90年代初期，随着各地证券发行、交易的兴起，揭阳开始出现以货币市场和资本市场为主的直接融资市场。

1986年起，国债、企业债券、金融债券、股票等各种有价证券陆续在揭阳发行。随着揭阳国有中小企业和城镇集体企业进行股份制改革试点范围逐步扩大，内部集资债券、股票发行数量不断增多，辖内开始出现银行设立代办点开展柜台公开证券交易、社会上场外交易、私下交易等交易方式。

随着股票市场发展，1992年12月，辖内广东证券公司揭阳营业处成立，是揭阳建市后第一家证券营业部。1992—2005年，揭阳市只有广东证券、广发证券、华夏证券3家证券公司。2006年后，随着证券市场不断扩大和交易活跃，先后有8家股份制证券公司进驻揭阳设立证券营业机构。

随着证券市场不断扩大和交易活跃，为方便人民群众对投资及手持各种有价证券的转让和变现要求，打击证券交易中的投机活动。在营运监管上，监督管理部门贯彻“法制、监管、自律、规范”的发展证券市场八字方针，执行落实证券法律法规，加强执法监管，督促指导证券机构加强自我约束，规范业务运作，保证全市证券业的稳步健康发展，标志着揭阳证券市场步入规范化的发展阶段。

1994 年前，揭阳市经过批准发行的企业债券，均由工、农、中、建及其辖属网点和信托投资公司金融机构和财政部门负责代理销售，均在揭阳范围内发行。这些地方企业债券主要是内部集资券、短期融资券。期限均为一年、九个月、半年。票面利率高于银行相同期限居民定期储蓄存款利率的 20% 以下，由于发行企业债券风险相对较小，期限较短，债券利率又较高，加上人民生活水平普遍提高，闲散资金增多，因而购买债券便成为揭阳市居民投资的一个热点，发行债券进度较快，一般几百万元的企业债券一个星期左右就销售一空。

1995 年后，受股票市场和住房制度改革及投资渠道增加等因素影响，购买债券热相对降温。是年起，按国家有关“银、证分离，机构脱钩”要求，中国工行揭阳分行决定将所属证券交易（揭阳）营业部转让给华夏证券有限公司。

2000 年，全国证券市场行情好转，股市交易活跃，交易额大幅提升。

随着经济体制改革的不断深化和网络及电子技术在证券市场的应用，揭阳证券业有较大发展，证券一级市场的发行和二级市场的交易活跃，至 2018 年年末，全市专门从事经营证券业务的机构有 19 家，从业人员 484 人，证券开户数 583631 户，股票基金交易额累计 4397.22 亿元，实现利润 4426 万元，上缴国家税收 1175.31 万元。一个覆盖全市的证券交易网络逐步形成，证券交易市场初具规模，业务从内向外扩展，不断发展。

（四）期货业

揭阳市期货行业产生于 21 世纪初。伴随着金融市场改革的进一步深化，资本市场国际化进程的加快，国家期货市场也快速发展。2011 年，华联期货有限公司进驻揭阳，设立营业部，辖区期货业正式起步。至 2018 年 12 月，全市期货公司营业部有 2 家。华联期货揭阳营业部开户 270 户，交易额 715.37 亿元；南华期货普宁营业部开户 51 户，交易额 597.31 亿元。

（五）地方金融组织

20 世纪 80 年代末，随着揭阳市经济的发展，经济活动日益活跃，具有融资功能的典当公司、小额贷款公司和担保公司等地方金融组织相继兴起。

进入 21 世纪，在深化地方金融改革创新过程中，通过政府和人民银行及金融监管部门的引导和支持，企业之间、银企之间的融资合作形式不断创新，为缓解企业融资困难的担保公司应运而生。

2003 年 5 月 13 日，揭阳市第一家典当行普宁市金信典当行有限公司成立，典当行业开始在揭阳辖区复兴。2008 年 12 月 26 日，揭阳市开始出现第一家融资性担保公司——揭阳市银通融资担保有限公司。2009 年 6 月 12 日，揭阳市首家小额贷款公司——揭阳市榕城区和信小额贷款股份有限公司开业挂牌。此后，辖区地方金融组织如雨后春笋，快速发展。

到 2018 年 12 月，地方金融组织达到 38 家。其中：典当公司 14 家；融资性担保公司 5 家，小额贷款公司 19 家。为中小企业融资提供综合配套服务、缓解中小企业融资困难、促进企业发展和揭阳经济转型升级以及社会诚信体系建设、推动全市金融服务业多元化发展等方面发挥作用。

二、业务发展迅速　规模不断壮大

20 世纪 80 年代末，伴随经济金融体制的改革开放，银行、保险、证券开始分业经营，促进揭阳金融机构不断完善和丰富金融服务，金融市场机制体系日趋完善，货币市场、保险市场、证券市场得到发展，社会资源配置和使用效率稳步提高。

1986—1991年，揭阳县银行业和保险业，在此基础上，继续沿着改革开放和发展的主题，历经金融机构的分设和规范、金融体制改革、保险业务与建设的发展阶段，金融业支持并推动揭阳县经济社会的持续发展和壮大。

1986年，揭阳全县金融业贷款规模5.03亿元；金融业存款余额2.69亿元。全县金融业稳健、经济金融协调发展。保险业从小到大，推进揭阳县经济的持续发展，初具规模。全县各种保险承保总额5.68亿元。1990年，工行、农行、中行、建行4家国有专业银行开始打破各行之间业务互不交叉的局面；随着新型金融机构增加，营业网点增多，金融品种也不断翻新。1994年后，政策性业务和商业银行业务分离，专业银行向商业银行转制，辖区各专业银行按照市场经济要求和商业银行经营原则，着重从解决资产质量和经营效益问题入手，整顿金融秩序，银行与所办经济实体脱钩，剥离不良资产，防范和化解金融风险。并在机构网点、劳动人事制度、资金计划管理体制、信贷管理制度、财务会计制度、强化内部管理和风险控制等方面积极实施一系列改革，开始由服务经济发展为主向追求稳健经营和经营效益为主转变，加快授权、授信、绩效考核、内部控制、成本管理等各项经营管理机制的创新建立，经营结构开始由传统的专业银行向综合性商业银行转变。随之，业务范围不断扩大，发展的质量和效益明显提升。

2005—2010年，建行、中行、工行、农行辖内分支机构相继完成股份制改造，并随各总行上市后，继续推进经营结构的调整和发展方式的转变，不断加大金融服务、金融创新、金融改革等方面力度，促进经营模式逐渐从传统主要依靠规模扩张的粗放经营向质量效益为主的集约经营转变，发展方式由主要依靠传统存贷款业务收益向多元化、综合化收益转变。至2013年，全市银行业按照现代金融企业制度的要求和监管标准，构建起相对独立的内部审计与控制体系以及能够覆盖信用风险、市场风险、流动风险和操作风险的全面风险管理体系，经营管理基础进一步夯实，盈利能力、竞争发展能力和风险控制能力全面提升，各项业务快速发展。

2018年，全市金融机构认真落实央行稳健中性货币政策，存贷款余额平稳增长，总体上符合宏观调控预期。到2018年年底，全市银行业金融机构本外币各项存款余额2273.64亿元；各项贷款余额1154.75亿元。全市农村合作机构本外币存款余额701.11亿元；贷款余额458.74亿元。新增贷款有力地支持揭阳市经济社会各项事业的发展。

三、实行宏观调控 经济协调发展

1992年7月，人民银行揭阳地区分行机构成立，并行使中央银行职能后，逐步建立以货币政策和信贷计划为主要手段的金融宏观调控机制。辖区货币信贷管理经历从实行直接调控为主的方式，到创新间接调控工具、逐步完善间接调控机制的货币信贷管理体制改革。在改进计划调控手段的基础上，运用规模限额控制、利率、存款准备金率、中央银行再贷款、再贴现、资金拆借、资产负债比例管理、窗口指导等手段来控制信贷规模和货币的供给，以求达到“宏观管住、微观搞活、稳中求活”的效果，在制止辖区“信贷膨胀”“经济过热”，促进经济结构调整和金融生态建设的过程中，发挥货币信贷政策调节和促进地方经济发展的作用。

1999年1月1日，中国人民银行揭阳分行更名为人行揭阳市中心支行，职能是贯彻执行货币政策、维护金融稳定、提供金融服务。中国人民银行有关金融监管职责调整后，人民银行新的职能为制定和执行货币政策、维护金融稳定、提供金融服务。

十几年来，人行揭阳市中心支行着力提升辖区金融业服务水平，金融基础设施建设取得突破性进展。如现代化支付系统顺利推广运行；银行卡联网通用工作深入开展；开通大小额支付系统和支票影像交换系统；建立健全货币发行管理制度，反假货币工作进一步加强；全国统一的国库会计核算系统逐步推广应用，国库单一账户制度确立并不断完善；银行信贷登记咨询系统升级为全国集中统一的企业征信系统，并于2004年开始组织商业银行建设全国统一的个人信用信息基础数据库，为银行业金融机构提供更全面、更便捷的信用信息服务。全市金融机构充分应用现代信息技术，积极扩大金融服务范围，加快金融产品创新，提高金融服务效率，为企业和个人提供授信、结算、保险、投资咨询等各种服务，更好地满足社会各界对金融服务不断增长的多样性需求。

2008年，为防止经济增长过热和通货膨胀，辖内宏观调控力度加大，从执行“适度从紧”到“从紧”的货币信贷政策，央行先后10次上调存款准备金率、6次上调存贷款利率，减少货币供应量，控制信贷规模过快增长。在紧缩性货币政策引导下，辖内金融机构加大回收贷款力度的同时，严格限制对高耗能、高污染和产能过剩行业中落后企业贷款投放，将资金重点投向“三农”、中小企业、节能环保和自主创新等薄弱环节，使固定资产投资增长过快、CPI（居民消费价格指数）指数上升势头过猛和流动性过剩等问题得到控制或解决。

2010年，面对经济下行压力，货币政策执行“适度宽松”。2011年后，开始执行“稳健”的货币政策。银行监管机构疏通货币政策传导机制，加大定向调控力度，支持重点领域、薄弱环节和中小微企业，加强对信贷的分类指导，保持流动性的合理充裕和信贷总量的适度合理增长，确保人民币币值和市场物价的稳定，有力促进揭阳市经济社会的协调稳定发展。

四、强化金融监管 确保有序运行

1986—1991年，人行揭阳县支行贯彻落实治理整顿和稳定金融的方针，发挥金融宏观调控作用。贯彻执行“控制总量，调整结构，保证重点，压缩一般，适时调节”的货币信贷政策。推进金融服务经济实体，发展多种金融组织，并着重改革的配套、完善和深化，稳健经营，协调发展。

1993年开始，辖区的金融监督管理全面整顿乱放款、乱拆借、乱提高利率等违规经营行为，清理银行账外账，严肃金融纪律，促进金融秩序的好转。20世纪90年代中后期，多年积聚的金融风险逐步暴露出来，不良贷款大量冒出，金融机构亏损严重，一些中小金融机构风险突显，曾出现较大的支付困难，部分地区和一些中小金融机构曾一度发生存款挤提事件。人民银行不断强化金融监管，防范化解金融风险，成效明显。国有独资商业银行不良贷款余额及比例开始下降，经营效益逐步好转。农村信用社支付风险降低，社会信誉得到恢复，整体经营情况也开始好转。对各类中小金融机构进行清理整顿和分类处置，有效化解地方突出的金融风险，保护存款人利益，维护金融和社会稳定。多次整顿外汇市场，外汇市场秩序良好。全市金融机构执行以《中华人民共和国中国人民银行法》《中华人民共和国银行业监督管理法》《中华人民共和国商业银行法》《中华人民共和国证券法》和《中华人民共和国保险法》等金融法律为核心的金融监管法律法规，不断规范金融业务运作，促进金融体系的平稳运行。

1995年起，先后对保险业、证券业、农村信用社、城市信用社和信托投资公司、典当行、基金会、储蓄代办点、自办经济实体等机构进行清理整顿及分类处置；对违规办理存贷款业务、保险业务、证券和期货业务，擅自发行企业债券、短期融资债券和内部债券，非法集资的现象和行为进行查处，不断深入整顿外汇市场，打击外汇黑市交易和逃、套、骗汇行为，金融市场风险得以防范化解，促进全市金融秩序明显好转。1996年起，全面清理和处置违规经营和账外经营资金等历史遗留问题，采用还本免息、以物抵贷、变卖抵押物、债权拍卖、折价处理、核销呆账贷款、向法院起诉、剥离和债转股等手段清收处置在各个时期经营过程中逐步形成的大量不良贷款，全市长期积累的不良资产风险逐步化解，不良贷款余额和占全部贷款的比重开始逐年双下降。2000年后，各银行金融机构继续采取清收处置的各种办法，加大不良贷款和不良贷款率的双降工作力度，建立考核机制和清收责任制，实行风险保证金制度，逐笔逐户落实贷款风险压降和清收责任人，对出现贷款风险问题、完不成清收不良贷款任务的责任人执行经济处罚或离职、离岗、下岗措施，甚至解除劳动合同。2010年后，全辖区银行业金融机构不良贷款额和不良贷款率实现大幅双下降，资产质量进一步提高。至2018年年末，全年辖区5家农合机构清收不良贷款22.00亿元，入账隐性不良贷款71.84亿元，逾期贷款占不良贷款比例均控制在100%以内。

银监会自2010年起，加强对地方政府融资平台公司的融资管理和银行业金融机构等的信贷管理，组织进行清理规范，政府融资平台贷款风险得以防范。

21世纪初，辖区反洗钱逐步展开，反洗钱监管体系从零开始，逐步建立起来，到2004年，已形成由公安部门、中央银行、国家外汇管理局、商业性金融机构构成的一套反洗钱组织体系。2007年1月，正式实施《中华人民共和国反洗钱法》《金融机构反洗钱规定》，人行系统建立反洗钱数据库，金融机构均启用反洗钱数据信息系统，金融机构提交的大额交易和可疑交易报告信息及时得到处置和妥善保存，本外币联动的反洗钱工作机制更加健全。

1986—2018年，通过整顿金融秩序，防范和化解金融风险，不断强化金融监管，规范金融业务经营，促进辖区金融体系的稳健运行、改革创新与发展，揭阳的金融市场秩序和社会保持稳定。

五、应用先进科技 创新金融服务

伴随着改革开放，1986年起，全市金融机构提出科技兴行发展战略，全面启动金融电子化建设，揭开揭阳金融科技应用的序幕。揭阳地区金融系统逐步推广应用电子计算机和电脑技术，开始启动管理和办公自动化系统，改变机关部室手工操作办公的落后状况，提高工作效率和质量。电子银行业务系统的开通应用不断升级，各家银行的网上、电话和移动手机及微信上查询、缴费和交易等电子支付形式及中间业务产品随之蓬勃发展。

1987年，为适应业务发展的需要，辖内各银行加快推广应用电脑办理储蓄业务，优先在经济较发达、业务量较大的网点增设电脑。1988年，人行揭阳分行和各专业银行开始试行电传机连接电话线路进行资金汇划工作，取代人工传递票据方式。人行市分行、各县（市）支库先后配备微机，启用计算机国库预算收入应用程序进行会计核算。1989年，人行揭阳分行始建金融卫星通信专用网络系统，开通运行省人行会计核算电算系统，改用省内的PC-TELEX通信网，建立资金汇划系统，异地资金汇划清算实现自动处理。1989年，人行揭阳分行推广应用电子同城清算系统，辖内银行业同城清算系统开始运行。各专业银行营业厅（室）及部分储蓄所开始装备电脑，由手工账簿记账到电脑记账和储存，逐步改变储蓄和会计业务手工操作历史，工作效率和质量大大提升。随后，电脑在金融部门的应用越来越广泛。

1990年后，全市各金融机构加快电子化建设步伐，纷纷内设科技部门，吸收计算机专业人才，加大对科技设备的资金投入，推广计算机的应用。随后，全市工行、建行、中行、农行相继应用电脑操作事后监督业务。1991年，人行揭阳分行使用微机处理联行汇划往来。辖内各专业银行强化服务功能，储蓄所电子化建设提速。

1992年，全市各银行金融机构储蓄电子化建设步伐进一步加快，业务处理水平进一步提高。人行运用卫星通信技术与国内130多个大中城市联网，投入运行省辖微机电传通信网，利用电子计算机网络和卫星通信技术处理联行业务和资金清算业务，加快社会资金的调拨和经济金融信息的传递。1993 年，全市各银行增加科技投入，加快业务电子化建设步伐。人行揭阳分行正式启用全国电子联行系统（EIS），通过卫星传输进行全国资金异地汇划，实现联行清算现代化、自动化。该系统的应用极大地加快银行间异地资金汇划速度，强化中央银行对资金流量的监控。

1995 年后，全市金融电子化的水平提高较快，各金融机构计算机的使用逐渐普及各项业务领域，营业大厅、储蓄所逐步安装使用电子监控系统和电子显示器，公示存、贷款利率和业务宣传。

1995 — 2000 年，金融电子化建设步伐加快，辖区建成“天（卫星网）地（同城地面网）对接”金融数据卫星通信网，实现网络到辖内各级网点，并在此基础上发展为跨市、省、全国的金融计算机网络，带来金融业务迅猛发展。1995 年，辖内自动柜员机（ATM）全部并入全省工行系统联网运行，随后加入广东银联 ATM 机网络，实现信用卡全省跨地区、跨行通用，信用卡业务延伸到全市各县（市、区）的远程终端管理系统。至 1997 年，辖区先后建成市区和各县卫星通信小站，资金汇划清算“高速公路”全面开通，处理全国电子联行业务及资金汇划清算业务快速到账，实现“零在途”。工、农、中、建行和广发行均实现全市网点电脑储蓄通存通兑。1999 年，农信社系统建成资金清算网络。至 2000 年，各家银行先后实现全省、全国储蓄业务的异地通存通兑；ATM 机和销售终端机（POS）跨区域联网运行，信用卡集存款、取款、转账、消费、查询功能跨区域联网通用。揭阳市、县、区建成电子同城电子支付网络系统， 实现同城异地跨系统票据交换和资金汇划清算，各商业银行、各信用社先后开通全国资金汇划系统业务，不仅极大方便群众的需要，而且加快企业资金周转。

21 世纪起，启用高清数码录像闭路电视监控系统，实现远程监控管理，抗衡各种犯罪的科技手段得到进一步提高。

2001 — 2004 年，各商业银行先后投产应用综合业务系统，以客户信息系统和会计核算系统为基础，构建起包括资金汇划、出纳、银行卡、个人金融、信贷、外汇买卖、基金、债券、计划财务、事后监督、报表拆分反传、会计档案缩微等 10 多个专业系统在内的综合业务处理平台，会计业务核算手段极大增强，会计电算化水平提高到一个新的层次。与此同时，各银行业务数据实现向统一法人大集中管理，为银行业的发展和经营管理乃至现代化办公带来深刻的变革。此后，通过综合业务系统的中间业务平台，推出银证通、外汇汇款、与原直通车基金市场交易、黄金等贵金属市场交易等相联结的众多功能和产品，满足不同客户的需求。随着综合业务系统应用升级，辖区各家银行开始对网点功能进行综合改造，融合柜面业务，优化劳动组合，先后实施综合柜员制。利用综合业务系统的强制性和灵活性，推广应用了众多强化内部控制的系统功能，会计核算及业务管理实现由计算机进行硬控制，极大地提高了金融机构集约经营管理水平。

至 2004 年，全市“银联”网通用支付网络建成后，各银行机构的银行卡业务、特约商户、ATM 机和 POS 机全面加入“银联”系统，实现银行卡跨行国内、国际银联通用，即客户手中持有某一银行的银行卡，完全可到加入“银联”网的国内和国际任何一家银行办理查询、存、取款和转账，以及缴费、理财消费、投资等，改变以往现金在不同银行间的“搬来搬去”，极大地方便用户。

2006 — 2008 年，全市实行银行信贷登记咨询系统与征信系统双轨运行。

2013 年，揭阳市金融机构基本建成以银行前台业务、支付结算业务和网络银行为主，风险控制、金融管理信息的电子化、现代化系统。基本形成信息传输网络化，业务处理电子化、标准化和智能化，决策管理科学化，办公管理自动化的格局。

2016 年 8 月，人行揭阳市中心支行正式上线揭阳首台个人征信自助查询机。

2017 年 8 月，广东（揭阳）中小微企业信用信息和融资对接平台完成与广州银行电子结算中心网络连通工作，辖区商业银行省市互联互通网络，并为各商业银行开通用户；截至 12 月底，融资对接平台采集 2 万多条公共信用信息，18 家商业银行在融资对接平台发布金融产品信息 21 条，达成融资 5 笔，融资金额 9927 万元。

2018 年，揭阳市金融业深入做好利率市场化改革、农合机构合并及改制、“三农”金融事业部、普惠金融事业部改革试点等相关工作；逐步提升国库信息化水平，协同有关部门顺利上线二代财税库银横向联网系统（TIPS）、会计分析系统和关库银横向联网实时扣税业务系统，有效提升业务处理效率；推进优化企业开户服务制度改革，推动广东省银政信息 e 路通系统（二期）顺利上线，实现基本账户开户资料电子式传输；加强政银合作，协同推进商事制度改革，推广银行网点的工商登记代办业务，便利企业开户。

六、强化党建工作 健全专业队伍

金融队伍茁壮成长。1986 — 1990 年，辖区金融机构建立“总量控制”的用人机制，从业人员实行“计划控制”制度。1991 — 1995 年，除逐年接收大中专毕业生、复转军人、调进人员外，还为解决各金融机构干部职工子女就业招收少量合同制工人。1995 年，随省人行机构编制调整，按照大、中、小规模标准定编，揭阳分行划定为中等行。1996 年，撤销市政府农村金融体制改革办公室，其人员、业务并入人行揭阳分行。1997 年，改革人事制度，推行行员制度，开始实施银行干部职工向行员过渡工作。1999 年起，全市金融机构用工制度改革，按照“凡进必考、择优录用”的原则，面向社会和中专以上应届毕业生招收新员工；部分临时工转正式职工。2000 年起，各银行对符合条件的干部职工允许办理提前退职、内退、病休等手续。2008 年起，各银行逐步实施劳务派遣工制度，以搞活用工制度。到 2018 年年末，全市金融机构从业人员约 2.12 万人。其中，银行业从业人员 7533 人；保险业从业人员 12627 人，其中产险公司 1611 人，寿险公司 11016 人；证券业从业人员 484 人；期货从业人员 18 人；支付机构从业人员 38 人；小额贷款公司从业人员 278 人；融资性担保公司从业人员 28 人。

干部职工队伍的政治水平、政策水平和业务管理水平得到提高。1979 年以前，揭阳县地区金融系统的干部由地方统一领导，统一管理。1980 — 1987 年，实行金融系统与地方双重领导。1988 年起，随着金融体制改革的不断深入，全县金融机构改条块结合的干部管理制度为自身系统的条条管理，逐步建立一套比较完整的人事干部管理制度。先后建立干部垂直管理机制，包括选拔、聘任、公开竞聘上岗、交流轮岗、带薪休假、离岗稽核、定期考核、问责奖惩、退出后备干部等干部管理制度。随着金融体制改革的不断深入，辖区金融机构先后推行“公平竞争、岗位轮换、择优聘用、双向选择、优化组合”等新型的干部管理机制，大胆提拔一批优秀中、青年干部。

改革开放以来，全市金融机构一直重视在职干部职工的培训和学历教育工作，着力培养人才，把中、青年选送到大、中专院校深造，举办各种培训班，持续进行员工岗位培训，仅揭阳市人行系统 2009 — 2018 年受训员工达到 2.59 万人次，干部员工的政治、业务素质得到不断提高。为提高现有干部职工的文化水平，改变干部职工的知识结构，辖内金融机构先后举办各种学历教育，包括函授中专、中等专业证书教育、职工自学中专、脱产大专、业余电大、脱产电大、金融函授电大、党政函授电大、大专专业证书教育、本科和研究生班“专升本”教育等。至 2018 年，仅辖内人行、工行、农行、建行 4 家金融机构培养的研究生学历 19 人， 本科学历 1224 人，大专及以下学历 1264 人，分别占 4 家金融机构总人数的 0.76%、48.82%、50.42%；大专以上学历占 49.58% 以上。

逐步建立起专业技术队伍。1986 年以来，揭阳金融机构恢复 1983 年暂停的专业技术职务评审聘任制度，实行任职资格与职务聘任分离。全市金融机构贯彻落实中共中央《关于改革和发展成人教育的决定》精神，按照各单位上级机关"领导干部大专化，一般干部中专化"的要求，以文化教育为基础、以专业教育为重点，采取多种形式、多个层次的成人教育，举办各种学历教育，以提高现有干部职工的文化水平，改变干部职工的知识结构。中专学历教育包括函授中专、中等专业证书教育、职工自学中专。大专学历教育包括各种脱产大专、业余电大、脱产电大、金融函授电大、党政函授电大、大专专业证书教育等。本科和研究生班教育为"专升本"教育。对国家教委承认的正规全日制大中专院校列入国家统一分配计划的毕业生（不含"五大"毕业生，指广播电视大学、职工大学、职工业余大学、高等学校举办的函授大学和夜大的毕业生）初次确定专业技术职务，不需再经评审委员会评审，实习期满经考核合格直接认定或聘用。至 2018 年，金融机构专业技术人才队伍的活力明显增强。

金融系统党建工作明显加强。1986 年后，辖区金融机构普遍建立起中国共产党的组织。1998 年，金融机构各级党组织从地方和金融系统双重领导改为实行金融机构垂直领导、分级管理的体制。此后，组织结构更加健全，党风廉政建设责任制得到落实。到 2018 年 12 月，全市金融系统有各级党组织 381 个，其中，党委或党组 23 个，机关党委或党总支部 16 个，党支部 362 个。党员 5108 人。

大事记

1986年

3月23日，在广东南海县召开的广东省分行支行会议上，人行揭阳县支行荣获全国金融先进单位称号。

3月30日，人行揭阳县支行副行长黄振通代表支行工会在武汉“中国金融工会工作会议”上，作题为《越是开放搞活，越要加强四有教育》的经验发言。

5月7日，按照人行总行的要求，人行广东省分行和广东电视台，为人行揭阳县支行拍摄端正党风，抵制不正之风和加强职工教育专题电视片《金融战线上的一面红旗》，片长17分钟。

7月5日，人行揭阳县支行同城票据交换所设立。全县有人民银行、工行揭阳县支行、农行揭阳县支行、中行揭阳县支行、建行揭阳县支行、揭阳县农信社陆续开展此项业务。

8月23日，人行揭阳县支行行长李科正代表支行在北京市召开的“全国金融系统先进集体、劳动模范表彰大会”上作题为《端正党风行风，开创银行工作新局面》的经验发言。人行揭阳县支行由于行风建设、职工队伍“四有”（有道德、有知识、有理想、有纪律）。教育和业务改革的工作取得突出成绩，被人行总行、中国金融工会评为“全国金融系统先进单位”。是年被汕头市人民政府授予“先进企业”称号，并被人行广东省分行授予“省级金融先进单位”称号。

11月3日，人行揭阳县支行新办公大楼举行落成典礼，地址在揭阳县榕城镇新兴路北侧。

是年，中国人民保险公司揭阳支公司在全县20个镇区，吸收保险员57名、协保员225名，分3批设立保险站，开展业务并取得突出成绩，被评为“汕头市保险系统先进单位”。

1987年

1月6日，工行揭阳县信托投资公司成立。

2月10日，揭阳县金融业资金拆借市场开业。

2月13日，人行广东省分行副行长朱万里、中国人民保险公司广东省分公司总经理蔡洛明以及人行汕头市中心支行、中国人民保险公司汕头市分公司主要领导到人行揭阳县支行检查工作。其间，朱万里一行会见揭阳县委书记杨贻英、县长杨辟明等县领导，听取有关揭阳县经济发展情况的介绍。县长杨辟明等县领导陪同参观揭阳县花岗石厂、揭阳县啤酒厂、揭阳县手表厂。

3月24日，为期3天的“1986年度福建漳州市、广东汕头市货币流通交流会”在揭阳县城召开，与会代表60多人，收到交流的调查报告等文章20多篇。通过交流，与会人员对贯彻执行上级货币流通有关政策的一些做法达成交流和共识。

3月28日，人行漳州市分行及其所属县支行一行25人到人行揭阳县支行交流县级中央银行工作经验。人行揭阳县支行有关负责人介绍在打开工作局面上“管帮并举，主动出击”、在金融改革中“点面结合，开拓创新”、在职工教育上“多管齐下，灵活多样”的工作体会。

5月3日，揭阳县榕城镇城市信用合作社成立，是全省第一家设在县城的城市信用合作社。该城市信用合作社，在人行汕头市分行的支持下，于1986年12月10日经人行揭阳县支行批准筹建。

5月30日，人行揭阳县支行与各专业银行和揭阳县邮电局，联合召开会议，贯彻人行、工行、农行、中行、建行与邮电总局《关于加强银行电报汇款业务管理的通知》，决定全县银行统一制发“寄发电报信件专用章”。

5月，《广东经济信息》第四期登载人行揭阳县支行《用好临时贷款，提高资金运用效率》的经验介绍文章。

6月9日，揭阳县榕城镇城市信用社开业。

6月18日，广东省纪律检查委员会驻金融系统纪检组组长黄汉文一行到人行揭阳县支行指导工作。

6月22日，国家外汇管理局广东分局批准揭阳县乐华旅游服务公司，经营收取外汇业务。

7月16日，揭阳县金融系统联防保卫队成立。队长：陈润芝，全队56人。

8月1日，《揭阳县金融体制改革方案》由汕头市委、市政府办公室在《关于转发揭阳县县级综合体制改革方案的通知》（汕市办〔1987〕28号）中转发给各县（市）、市直单位参考。

8月12日，人行揭阳县支行会计股办理第一笔旅行支票业务。该支票是转账旅行支票，金额3500元，由揭阳县科学技术委员会持往汕头采购物资。

10月18日，人行揭阳县支行派出4名选手参加在广州市举行的人行广东省分行系统业务技术比赛。

11月23日，人行揭阳县支行计划股、会计股办理3笔银行承兑汇票再贴现，贴现金额37万元。是该行首次办理再贴现业务。

12月11日，民间信用组织揭阳县云路镇北洋合作基金会，经人行汕头分行批准成立，是汕头市第一家合法设立的民间金融组织。

12月16日，广东省工会、广东省职工读书指导委员会授予人行揭阳县支行“职工读书先进单位”称号。

是年，农行揭阳县支行领导和计划部门先后从广州、深圳、南京、海南等地拆入资金939万元，为全县粮食和农副产品收购提供支持。

是年，农行揭阳县支行开始由过去的信用贷款逐步转变为抵押贷款。

1988年

1月12日，人行广东省分行和省分行工会通报表彰，授予人行揭阳县支行“职工读书先进单位”称号。

1月26日，揭阳县人民政府召开揭阳县金融部门归口管理座谈会。揭阳县财贸办公室、揭阳县对外经济委员会、揭阳县体制改革办公室等部门和金融系统各行行长、公司、经理参加会议。金融部门统一划归中国人民银行揭阳县支行管理。

1月起，农行揭阳县支行实行承包经营。

2月6日，揭阳县金融业各部门，统一划归人行揭阳县支行管理之后，人行揭阳县支行办公室首次召开揭阳县金融系统资料汇报会。

2月10日，揭阳县人民政府办公室主持召开的各战线资料汇报例会在人行揭阳县支行召开，人行揭阳县支行作为政府序列参加揭阳县资料汇报会。

3月19日，揭阳县信托投资公司成立。

5月7日，汕头外汇调剂中心揭阳代办处设立。

5月24—31日，按揭阳县委部署，人行揭阳县支行和揭阳县体制改革办公室、农行揭阳县支行联合举办经济合作基金会骨干人员培训班，全县60人参加培训。

6月13日，人行福建省龙岩市分行领导李锡大一行9人到人行揭阳县支行参观、交流金融体制改革经验。

6月27日，人行湖北省潜江县支行副行长刘奇一行3人到人行揭阳县支行参观和交流经验。

7月1日，广东省纪律检查委员会金融纪检组周庆荣处长和汕头市金融纪检组等领导到人行揭阳县支行了解党风建设和金融改革方面的情况。

7月，在外汇管理局汕头分局的重视和领导下，外汇管理局揭阳县支局外汇管理股调查和严肃处理揭阳县对外经济发展公司和揭阳县汽车贸易中心私自买卖外汇、扰乱金融市场一案。

8月29日，河南省泌阳县副县长张爱廷、泌阳县财政委员会主任及人行、工行、中行、建行各行行长一行6人，到人行揭阳县支行交流金融体制改革情况。

9月9日，汕头电视台到人行揭阳县支行进行新闻采访，报道揭阳县金融归口和金融体制改革情况。

9月11日，人行揭阳县支行组织干部职工20人参加“'88国际体育援助活动”环城赛跑，并募捐250元。

11月10日，人行揭阳县支行针对联行和同业资金清算缓慢、影响社会经济活动的突出情况，召开专业银行行长、会计股长和信托公司、城市信用社有关人员参加的票据交换和资金清算会议，强调结算纪律，研究票据结算和资金清算具体问题的解决措施。

11月23—25日，人行广东省分行计划处李文扬、张清山到人行揭阳县支行调查了解现金大回笼情况。

11月28日，人行揭阳县支行女工委员会因成绩突出，被人行广东省分行授予“省人行系统女工工作先进单位”称号。

12月1日，人行揭阳县支行召开全行干部职工大会，庆祝中国人民银行成立四十周年。

12月3日，人行揭阳县支行发行股、保卫股，配合揭阳县公安局，破获曲溪镇、磐东镇“假币案”，查获假百元券62张。

12月21日，揭阳县明兴城市信用合作社正式开业。

12月31日，揭阳县工商联城市信用合作社正式开业。

1989年

7月8日，纪念南方人民银行建行40周年大会在揭西县河婆镇召开。人行广东省分行行长金维城致开幕词，副行长朱万里主持会议并作纪念大会筹备工作报告。原总经理蔡馥生，揭西县委书记刘国才，人行汕头分行行长徐翔霖等领导出席会议。

7月12日，人行广东省分行行长金维城和汕头市分行行长徐翔霖莅临人行揭阳县支行指导，听取支行领导工作汇报，对揭阳县清收到期逾期贷款所取得的成绩予以肯定。

8月18日，揭阳县云路镇、炮台镇、磐东镇3个信用合作基金会，经批准正式开业。

是年，建行揭阳县支行开办住宅专项储蓄（10月）、存期累进（4月）、大额可转让定期存单（8月）等新储种。

是年，中国人民保险公司揭阳县支公司以提高经济效益和社会效益为中心，将指标任务层层分解，落实各专业组、各险种和各保险站。全年承保总额12.80亿元，保费收入108万元，分别比上年增长60%和80.3%。在汕头市各县中保费率先突破1000万元，成为全省14个超千万元的建制县之一。

1990年

2月，外汇管理局揭阳县支局先后调剂外汇250万美元，分别支持揭阳县生产资料公司、揭阳县第二生产资料公司购进化肥2.5万吨，支持春耕生产。

4月22—30日，人行揭阳县支行李科正行长和林炳华股长专程赴人行广东省分行，为国营揭阳糖厂胶合板项目，落实到固定资产贷款362万元。

4月，根据省、市上级行指示，人行揭阳县支行组织对揭阳县榕城镇城市信用合作社、工商联城市信用合作社、民兴城市信用合作社进行清理整顿，并对清理整顿结果进行复检验收上报。

是月，人行揭阳县支行被人行广东省分行评为1989年度“广东省人民银行系统信息工作先进单位”。

6月4日，在国家外汇管理局广东省分局管检处张洪涛一行3人的指导下，外汇管理局揭阳县支局组织对揭阳县侨联贸易服务公司1988年10月发生的外汇违纪事件进行调查，并将调查处理意见上报外汇管理局汕头分局。

6月，中共人行揭阳县支行党组成立，李科正任党组书记，党组成员为黄振通、蔡基绵。

1991年

2月5日，由人行揭阳县支行牵头协调，揭阳县首家镇级票据交换所——炮台镇票据交换所成立并开业。

2月28日，人行揭阳县支行金融管理股，因金融管理工作成绩突出，被人行广东省分行授予1990年度金融管理工作先进集体荣誉称号。

4月17—19日，在福建省东山县召开的闽粤两省货币信贷研讨会上，人行揭阳县支行代表作《如何更好加强县级人行的计划管理和调控作用》的专题发言。

9月9—11日，在人行广东省分行、汕头市分行稽核负责人的陪同下，由人行四川省分行代表组成的总行稽核组对揭阳县部分信贷资产专项稽核自查情况进行检查，听取各家银行和各家城市信用社的工作汇报，并抽查农业银行揭阳县支行营业部的工作。

10月17日，人行揭阳县支行和揭阳县劳动局联合召开社会养老基金统筹工作会议，布置做好揭阳县扩大职工养老保险范围和强化养老保险基金征管工作，全县各专业银行和部分企业主管部门负责人参加会议。

11月12日，经汕头市档案局档案综合管理升级考评小组考核评审，人行揭阳县支行机关档案综合管理工作被评定为“省级机关档案综合管理达标先进单位”。

11月16—17日，人行广东省分行金融纪检组组长郭生良和汕头市分行金融纪检组有关领导，到人行揭阳县支行检查指导纠风和廉政建设工作。

12月14日，人行广东省分行金融管理处副处长刘慕勤、汕头交通银行总经理黄宗声和人行汕头分行金融管理科有关领导到人行揭阳县支行指导、商讨揭阳县信托投资公司清理整顿收尾和建立交通银行揭阳办事处等工作。

12月29日，国家外汇管理局揭阳县支局正式启用电子计算机开展业务工作。

1992年

3月23日，人行揭阳县支行金融管理股被评为“1991年度全省金融管理先进集体”。

4月20日，在撤销原人行揭阳县支行和国家外汇管理局揭阳县分局的基础上，人行揭阳分行和国家外汇管理局揭阳分局成立。

4月22日，人行广东省分行验收组对人行揭阳县支行会计升级达标工作进行检查验收，同意评定为会计三级单位，并推荐升级为会计二级单位。

4月28日，召开全行干部职工大会，传达人行《关于成立中国人民银行揭阳分行的批复》和人行广东省分行《关于成立中国人民银行揭阳分行筹备组的决定》两个文件。

5月6日，举办人行揭阳分行筹备组成立大会暨挂牌仪式。揭阳市政府负责人柳锦州、揭阳市财办主任、人行汕头分行行长、副行长、人行揭阳分行筹备组成员等领导出席会议，人行惠来、普宁、揭西县支行行长、副行长、原揭阳县各专业银行行长、保险公司经理、市信用社主任和人行本部干部职工参加活动。

6月11日，设立国家金库揭阳市中心支库、揭东县支库和榕城区支库。

6月16日，由人行揭阳分行筹备组组长李科正作人行揭阳分行筹备工作报告，并宣布分行各科室负责人名单。

6月26日，人行汕头分行发行基金中心支库与揭阳分行中心支库完成移交手续。

7月1日，人行揭阳分行、国家外汇管理局揭阳分局正式成立。是日，举行挂牌仪式。揭阳市人民政府负责人柳锦州和人行揭阳分行负责人李科正为牌匾揭幕，实行对外两块牌子、内部一个机构。

7月，农行揭阳分行成立。

是月，中国人民建设银行揭阳市分行成立。

8月21日，撤销揭阳县信托投资公司。

同日，设立交通银行汕头分行揭阳办事处，并正式对外挂牌营业。

同日，交通银行汕头分行揭阳办事处正式对外营业。

9月1日，人行揭阳分行发文宣布：人行揭东县支行筹备组成立，任命杨里海为筹备组负责人。

9月25日，人行广东省分行人事处副处长郭洪友代表省分行到人行揭阳分行宣布领导班子命令，揭阳市委组织部副部长田映生、市财贸办公室副主任欧汉波、市各专业银行行长、保险公司经理、分行各科室负责人、人行各县支行行长、原揭阳县人行副股级以上干部参加会议。会议宣布：刘保泉任人行揭阳分行行长、国家外汇管理局揭阳分局局长、党组书记；李科正、黄振通任人行揭阳分行副行长、国家外汇管理局揭阳分局副局长。

9月，工行揭阳分行成立。

11月9日，设立中国人民保险公司揭阳分公司，同日举行揭牌仪式。省公司党组成员、总经济师蔡潭生，揭阳市人民政府副市长柳锦州等领导及各界人士200多人出席揭牌仪式。

12月20日，广东证券公司揭阳营业处成立。

1993年

1月1日，人行系统采用国际通用的借贷记账法。

1月6日，广东证券公司揭阳营业处、揭阳市金商城市信用合作社正式挂牌营业。广东证券公司揭阳营业处是揭阳建市后第一家证券营业部。

5月19日，惠来县城市信用合作社正式挂牌营业。

5月20日，揭西县南山信用合作基金会成立，是该县首家信用合作基金会。

5月，在人行广东省分行调统工作会议上，人行揭阳分行统计工作被评为非银行类统计二等奖。

7月1日，人行揭东县支行举行挂牌仪式。

7月9日，广发证券股份有限公司普宁流沙证券营业部开业，属于综合类A类营业部，是普宁市第一家证券营业部。

7月26日，人行广东省分行行长朱万里和《金融时报》记者一行6人到人行揭阳分行检查指导工作，并到普宁市、揭西县支行调查研究。

8月19日，揭阳市外汇管理分局与揭东支局正式移交外汇工作。

9月，人行揭阳分行发文宣布：撤销揭东县信托投资公司，停止其一切业务活动。

10月27日，“广东证券公司揭阳营业处”与广州市粤榕企业发展有限公司合作，在“广东证券公司揭阳营业处”设立“广东证券公司揭阳营业处股票交易部”，注册地址为揭阳市榕城区榕华大道二路94号。

10月28日，广东发展银行揭阳办事处正式开业。

11月1日，全市开展现汇留成试点，并全面清理对公单位现汇账户，实行现汇账户使用证制度。

12月9日，设立交通银行汕头分行惠来办事处。

1994年

1月1日，根据财政部的规定，从当日起，工行、农行、建行及广东省各商业银行全部采用国际通用的借贷记账法。

1月6日，揭阳证券登记公司成立。

1月，工行揭阳分行信托公司证券部成立。

4月8日，设立榕江城市信用社和揭东县金发城市信用社。

5月9日，人行揭阳分行参加全国第六批电子联行资金清算工作，首次模拟运行取得成功。

6月27日，卫星电子联行经过紧张的筹备和试运行，正式开通，各项业务运作正常。

1995年

6月12日，在广东省1994年度货币发行与金银管理业务工作考评检查中，人行揭阳分行以综合考评实际得分100分的成绩，受到人行广东省分行的通报表彰。

7月18日，国家外汇总局外汇检查组11人对揭阳市经营外汇的工行、农行、中行开展外汇检查。

8月15日，人行原普宁市支行副行长王某炳及原工会副主席张某佳因犯玩忽职守罪被普宁市人民法院各判处有期徒刑两年，普宁市纪委分别对王某炳、张某佳两人开除党籍，人行揭阳分行对两人给予行政开除出队的处分。

8月22日，国家外汇总局副局长凌则提和人行广东省分行行长朱万里到揭阳指导外汇工作。

9月8日，“中国工商银行广东省信托投资公司证券交易（揭阳）营业部”成立。

9月18日，将揭阳市电子联行卫星小站并入全国大网并正式运作。

9月，撤销揭阳市农行、中行、建行信托代办处。

1996年

2月7日，农行普宁流沙支行荣获“中国农业银行信贷管理先进单位”称号。

4月17日，原中国人民保险公司揭阳分公司完成办公场地、其他固定资产以及财务账目的分割工作，业务按照原来的产、寿险各自归属，分业经营工作完成，中保人寿保险有限公司揭阳分公司成立。

7月20日，人行揭阳分行被人行广东省分行评为“1995年度社会治安综合治理达标单位”。

7月25日，金商城市信用社揭阳试验区营业部在发展业务过程中，不按《城市信用合作社管理规定》，在开展各项业务中出现信贷资产质量低下、支付困难、内部管理混乱等问题，被人民银行揭阳支行责令停业整顿。

7月，中国人民保险公司揭阳分公司实行财产、人寿保险分业经营，分拆为中保财产保险有限公司揭阳分公司和中保人寿保险有限公司揭阳分公司。

8月23日，广东威达集团股票（简称威达医械A股）在深圳证券交易所挂牌上市。

9月10日，工行揭阳分行决定将所属证券交易（揭阳）营业部转让给华夏证券有限公司。

9月16日，由人行揭阳分行自行研发的电子联行“天地对接”同城计算机清算系统软件，经过近一年的工作实践，是日正式开通。人民银行总行清算中心主任印甫盛，副总工程师李德功，人行广东省分行副行长陈亿有，揭阳市委副书记，常务副市长柳锦州，市委常委，宣传部部长李衍平等到会表示祝贺。揭阳市金融部门有关领导和业务主管100余人参加本次活动。

9月20—21日，人行揭阳分行派员参加广东省人行系统发行专业点钞反假业务比赛，分别获得发行专业点钞反假第2名、机器点钞第3名。

9月，工行揭阳分行开办个人通知储蓄存款业务。“通知储蓄”作为储户存款时不约定存期，支取时提前一天通知银行，银行按实存期利率付息的一种记名存折式储蓄存款，客户可一次存入（起存金额

1000元），一次或分次凭存折支取，存款期限分为7天、15天、1个月、2个月、3个月5个档次；取款时，按实际存期相应档次的挂牌利率计付利息。

10月14日，农业发展银行揭阳市分行设立。

10月23日，广东发展银行普宁办事处开业。

11月10日，人行揭阳分行参加人行广东省分行举办的全省银行会计结算业务知识竞赛，获得团体总分第一名。

12月1日，农行揭阳分行开通省辖电子汇兑。

12月22日，农村信用社与农业银行脱离行政隶属关系的工作开始进行。

12月31日，农行揭阳分行通过改革，完成“一分一脱”（分设中国农业发展银行揭阳分行、与农村信用社“脱钩”）两项任务。

1997年

1月，工行广东省信托投资公司揭阳证券交易部更名为“华夏证券有限公司揭阳证券交易营业部”并正式开业。

2月19日，人行云南省分行组织有关业务人员到人行揭阳分行学习人行揭阳分行研发的“天地对接”同城票据清算系统。

3月26—28日，人行揭阳分行到人行广东省分行办理换发辖区内农行、农信社许可证，完成农业银行与信用社的分设工作。

4月15日，在全省人行系统1996年度国库专业劳动竞赛评比考核中，人行揭阳分行获先进单位称号，同时获国库会计核算第2名和国债报表考核第2名。

4月24日，在广东省科委组织的科技成果鉴定会上，人行揭阳分行开发的“‘电子联行、天地对接’同城清算系统”经过有关专家的测试及与会人员的鉴定，得出结论为：技术水平达到国内先进水平。同意定为省级科研成果，成为全省金融系统一大科研成就。

5月25日，人行普宁市支行稽核股被总行授予“稽核监督先进集体”荣誉称号，受到总行和总行工会的通报表扬。

5月，人行揭阳分行清算中心被评为“1996年度全国清算系统二级行先进集体”。

7月25日，中保人寿保险揭阳分公司和中保财产保险揭阳分公司在市政府大楼西附楼会议大厅举行揭牌仪式，揭阳市人民政府市长江东海、人行揭阳分行行长刘宝泉、寿险公司主持工作副总经理刘卓明、财产保险公司总经理王木明分别在会上讲话。

12月，华夏证券有限公司揭阳证券交易营业部率先开通可视电话委托业务。

1998年

4月，在1996　1997年度广东省人民银行系统稽核工作“双先”评比活动中，人行普宁市支行稽核股被评为先进稽核股。

6月20日，普宁市公安局在石牌镇汤头管区查获一制假人民币地下生产窝点，现场抓获正在生产的工人 13 人，缴获 50 元、10 元面额假人民币 3000 多万元，半成品 4000 多万元及生产设备一批。

6 月，人行总行清分办有关负责人在人行广东省分行清分办有关领导的陪同下，到揭阳市检查验收信贷资产清分工作，听取人行揭阳分行的工作汇报，并到各家商业银行调查了解清分工作的进展情况。

7 月，为适应中央银行会计核算系统新版本的操作运用，人行揭阳分行组织辖属各支行业务记账人员进行新系统会计记账核算培训，全市准备于 9 月投入试运行，1999 年 1 月 1 日正式启用。

12 月 27 日，人行揭阳市中心支行、国家外汇管理局揭阳市支局举行挂牌仪式。

1999 年

1 月，华夏证券有限公司揭阳证券交易营业部率先在揭阳地区开通银证转账业务，并把银证转账添加到自助委托中。设立查询电话，专人负责接听，解决投资者疑难问题，同时负责通知投资者配股、新股配售中签等事项。

6 月 6 日 22 时，9903 号太平洋强热带风暴在惠来县神泉港登陆，强台风对惠来县和普宁市造成严重的经济损失。人保财险揭阳市分公司做好防灾防损，实行灾前施救物资，使保险损失降到最低限度，整个台风赔款只有 70 多万元，实现“有大灾，无大损”。

6 月 19 日，揭阳市公安局在惠来县破获一起印制假人民币案件，查获假人民币成品、半成品 2822 万元，抓获犯罪嫌疑人吴某尖等 4 人。

9 月 7—8 日，由市计生委和中保人寿揭阳人寿保险公司联合召开的“揭阳市计划生育养老保险工作会议”在揭阳宾馆举行，它标志着由省、市、县三级政府出钱，专门为农村独生子女父母和纯生二女落实结扎措施的夫妇开办的“计生养老保险”正式推出。当年全市该项保费收入 1600 多万元（全部趸缴）。

12 月 7 日开始，按照广东省处置金融风险的“一揽子”方案，揭阳市人民政府对辖内的 13 家城市信用合作社实施停业整顿。

12 月 8 日，揭阳市政府开始对全市 13 家城市信用社和 24 家挂靠的独立核算的营业部实施停业整顿，并分批兑付个人债务和依法依规偿还其他债务。

是年，人行总行、民政部印发《关于做好社团基金会监管职责交接工作的通知》，基金会的全部业务管理移交各级民政部门，人行揭阳市中心支行不再履行对基金会的监管职能。

2000 年

1 月 7 日，广东省委常委、常务副省长王岐山带领省调研组对揭阳市城市信用社和农村合作基金会金融风险处置工作进行调研。

2 月，根据人行总行通知要求，将中国福利彩票、体育彩票发行机构的监管职责和典当行的监管工作分别移交给市、县财政部门和经济贸易委员会。

3 月，人行揭阳市中心支行计算机安全领导小组成立，下设工作办公室，要求辖内金融机构进一步建立健全计算机安全工作管理体系，加强计算机信息安全工作，有效防范金融计算机犯罪，保障国家、集体和个人财产的安全。

是月，人行揭阳市中心支行召开市各金融机构和储蓄部门负责人会议，传达上级行有关储蓄存款实名制文件精神，布置做好宣传、解释及执行实名制的准备工作，从4月1日起全市实行储蓄存款实名制。

7月31日，农行普宁支行荣获“1997—1999年度中国农业银行先进支行”称号。

9月6日，农行揭阳分行营业部天福分理处被授予2000年广东省“青年文明号”称号。

是年，人保财险揭阳市分公司被授予全国人保系统“双文明”建设先进单位。

2001年

3月19日，由广发证券承销的康美药业成功上市，成功发行30亿康美药业优先股，开创国内民营企业发行优先股先例。

4月18日，国家外汇管理局揭阳市支局更名为国家外汇管理局揭阳市中心支局。

6月12日，揭阳广东榕泰实业有限公司股票（简称广东榕泰）在上海证券交易所上市交易。

7月24日，揭阳市中级人民法院依法对卢某群团伙特大制造假币案（制造假币约6亿元）公开审判，被告人卢某某、张某某、陈某某、胡某某犯伪造货币罪被判处死刑，剥夺政治权利终身，并处没收个人财产。

7月，强台风“尤特”正面袭击揭阳，中国人民保险公司揭阳分公司全系统报损672户，报损金额8000多万元。中国人民保险公司揭阳分公司在一个月时间内将627宗赔案全面理结，赔付金额3700多万元。

10月11日，农行揭西县支行被农行总行党委评为“全国农业银行系统文明建设先进单位”。

11月16日，人行广州分行货币金银处陪同国务院反假币联席会议督察小组到揭阳市检查反假币工作情况。

是年，中国人民保险公司揭阳分公司荣获“2001年度中国人保系统精神文明建设先进单位”。

2002年

1月7日，中国人寿保险股份有限公司广东省公司决定将揭阳、汕尾两个分公司合并组成新的中国人寿保险股份有限公司揭阳分公司。揭阳分公司的寿险业务覆盖区域由揭阳市延伸到汕尾市。

8月30日，揭阳市钱币学会成立暨第一次会员大会在市区召开。

11月，汕头市龙湖区财政局通知龙湖区机关事业单位3天内将所有在广发行汕头分行开设的账户资金余额移出并销户，造成外生性金融风险，迅速影响到广发行揭阳办事处和普宁支行，存款出现异常波动。人行揭阳市中心支行立即向人行广州分行和揭阳市政府汇报，并派出监管人员到广发行揭阳办事处和普宁支行加强指导，加强防范，稳定人心，备足头寸，保证支付。同时，做好柜台服务和宣传解释工作，减少负面影响，全方位对该办存款变化、资金头寸、结算情况等跟踪监测，采取有效措施，风险苗头迅速被消除。

是年，中行揭阳分行营业部储蓄专柜被中国金融工会全国委员会授予“全国巾帼文明示范岗”荣誉称号，为全市金融机构唯一获评单位。

2003年

1月起，全市正式实施大额和可疑外汇资金交易报告制度，加强反洗钱信息分析工作。

2月12日，中行揭阳分行营业部储蓄专柜被评为“中国银行精神文明建设先进单位”。

2月，中国人民保险公司揭阳分公司被评为全国精神文明建设创建工作先进单位。

3月17日，华夏证券有限公司揭阳证券交易营业部名称变更为“华夏证券股份有限公司揭阳站前路证券营业部”。

4月7日，农行揭阳分行按揭中心成立，专门负责开展个人消费贷款业务。

4月，中国人民保险公司揭阳分公司被中央精神文明建设指导委员会授予“全国精神文明建设工作先进单位”称号。

8月30日至9月1日，人行总行货币金银局助理巡视员陈宝山在广州分行货币金银处副处长刘志嘉陪同下，到人行揭阳市中心支行检查货币金银管理及反假币工作。

8月，中国人民保险公司揭阳分公司变更为中国人民财产保险股份有限公司揭阳市分公司。

12月1日起，人行揭阳市中心支行实施《电子同城（联行）清算系统管理实施办法（试行）》，处理揭阳市辖区内资金汇划清算及电子联行“天地对接”网络系统。

12月25日，人行揭阳市中心支行与揭阳银监分局机构分设领导小组成立。

12月29日，交通银行汕头分行揭阳办事处升格为交行揭阳分行，所属网点一并升格。

12月31日，人行揭阳市中心支行召开全行干部职工大会，宣布划转银监会揭阳监管分局（监管组）人员名单。

是年，人行揭阳市中心支行配合地方政府，做好对辖区农村信用社改革的资金支持。按2002年年末资不抵债总额的50%测算，揭阳市全辖区农村信用社应获得专项中央银行票据额度为3.91亿元。人行揭阳市中心支行协助支持辖区5家农信联社全部完成专项中央银行票据的申请工作。

2004年

3月17日，人行揭阳市中心支行组织召开2004年揭阳市银行卡联网通用第一次工作会议，部署揭阳市银行卡联网通用推进工作。

6月10日，中行揭阳分行成立零售贷款中心。

6月，揭东县农村信用社实现储蓄存款全省通存通兑。

11月8—9日，国务院反假货币工作联席会议检查组一行4人在人行广州分行货币金银处有关负责人陪同下，到普宁市检查指导打击、整治假币犯罪集中行动。

12月1日，泰康人寿揭阳中心支公司“世纪泰康”健康险在揭阳市顺利上市，这是国内第一个保证续保的医疗保险。

12月28日，广东省保险行业协会揭阳市办事处成立，办公地点在中国人民财产保险公司三楼。

是年，人行揭阳市中心支行设立反洗钱部门，与营业室合署办公，对工行揭阳分行开展反洗钱现场检查。

2005年

4月22日，中行揭阳分行整合该行内控办公室、事后监督中心和录像监控中心，成立中行揭阳分行内控中心。

5月10日，中行揭阳分行启用“中国银行股份有限公司揭阳分行”印章，同时停止使用原“中行揭阳分行”印章。

6月29日，人行揭东县支行“职工之家”被中华全国总工会授予“全国模范职工之家”称号。

8月，全市个人信用信息基础数据库开始试运行。

11月3日，人保财险揭阳市分公司车辆拆检定损中心挂牌成立。

12月2日，“华夏证券股份有限公司揭阳站前路证券营业部”更名为“中信建投证券有限责任公司揭阳市站前路证券营业部”。

12月26日，中行揭阳分行被广东省委、省政府授予“广东省文明单位”荣誉称号。

2006年

1月5日，人行总行货币发行局和分行货币金银处调研组到揭阳检查反假货币工作。

3月10日，人行总行反洗钱局案件管理处处长李劲在广州分行反洗钱处处长边维刚的陪同下到人行揭阳市中心支行检查指导反洗钱工作。

3月28日，普宁市赤岗山工商所联合赤岗镇政府、镇打假办、派出所等部门，查获冲床2台，没收假一元面值硬币1007枚及金属片一批，成功破获全市第一宗制造假硬币案件。

9月14日，人行揭阳市中心支行库经广州分行考核定级升级为人行总行二级发行库。

2007年

1月1日起，《中华人民共和国反洗钱法》开始实施，人行揭阳市中心支行推进依法行政，依法监管；加强制度建设，修订《人民银行揭阳市中心支行反洗钱内部管理控制制度》。实施反洗钱现场监管和非现场监管，对交通银行股份有限公司揭阳支行开展全面反洗钱现场检查，开展辖区农村信用联社反洗钱工作调查，组织对辖区9家金融机构的反洗钱监管评价。

4月1日起，中行揭阳分行在全辖区范围内正式推行公文处理电子化系统，并取消非密级文件的纸文本传送。

5月12日，在惠来县东陇镇寄陇村观音院门前一平房捣毁一制假币窝点，缴获2005年版100元半成品假人民币面额7100万元，缴获制假人民币生产工具印刷机、晒板机、切纸机各一台及生产辅料一批。

6月，人行地市级分支机构开通个人信用报告临柜查询权限。

7月13日，在普宁市军埠镇大长陇村花上片一厂房内，发现一伪造第五套2005年版20元券纸币的制假窝点，缴获2005年版20元券假币半成品约172万元。

9月23日，个人征信异议处理系统正式对外提供服务。

10月29日，中国邮政储蓄银行有限责任公司揭阳市分行正式挂牌成立。

11月10日，在惠来县东垅镇破获一贩运假人民币案件，抓获犯罪嫌疑人5名，缴获假人民币1998.43万元。

11月21日，在惠来县鳌江镇三清庵旁边果林场捣毁一印制假币窝点，抓获柳某坚、王某建和王某3名犯罪嫌疑人，查获彩色印刷机1部、切纸机1部、柴油发电机2部、2005年版100元面额半成品假人民币3000万元及制假币材料一批。

12月，全国统一的“4008108866”征信中心客户服务电话开通，为社会公众提供统一的征信咨询。

是年，全市破获假币案件6宗、没收成品假人民币面额1.15亿元。全市金融机构收缴假人民币面额142.60万元。办理奖励申报案件5宗、兑现奖励金额60.85万元。

2008年

1月8日，揭阳市公安局经侦支队在揭西县金和镇破获一起制造假人民币案件，抓获犯罪嫌疑人3名，缴获2005年版100元券半成品假人民币8500万元。

3月4日，人行广州分行保卫处处长李文明带领分行社会治安综合治理量化考评检查组对人行揭阳市中心支行进行考评检查。

5月4日，惠来县公安局经侦大队联合该县东陇派出所，在东陇镇苗海管区花寨村一杂货店的厨房内查获2005年版100元面额假人民币295万元，现场抓获犯罪嫌疑人方某并在其身上搜获2005年版100元面额假人民币14000元。

7月16日至17日，人行广州分行保卫处调研员许泽清带领安全检查组到人行揭阳市中心支行检查安全生产百日督查专项行动开展落实情况。

8月7日，人行揭阳市中心支行纪委书记余声利陪同人行广州分行检查组有关领导到辖内普宁市支行核查停业整顿地方金融机构个人存款兑付工作中套取中央专项借款资金专户存放情况。

8月12日，人行广州分行支付结算处有关领导莅临人行揭阳市中心支行开展集中代收付业务工作调研。

8月24日，揭阳市公安局经侦支队根据群众举报，在普宁市占陇镇石港村捣毁一印制假人民币窝点，现场缴获第五套2005年版20元券假人民币660万元。

10月，中行揭阳分行营业部储蓄专柜被认定为中国银行总行级青年文明号。

12月16日，惠来县惠城交警中队接到群众举报，在深汕高速公路惠来收费站入口处拦截一辆从甲子开往汕头的大客车，在车上抓获犯罪嫌疑人陈某，查获面额10元、20元、50元、100元等券别的假人民币共计60万元。

2009年

4月3日，“中信建投证券有限责任公司揭阳市站前路证券营业部”更名为“中信建投证券有限责任公司揭阳站前路证券营业部”。

7月9日，中行揭阳分行与揭阳市中萃投资担保有限公司举行贷款担保合作协议签约仪式，首期贷款担保额度为1亿元。

8月6日，人行货币金银局巡视陈宝山、中钞公司高级工程师史力、广州分行货币金银处副处长周有恒、反假货币科科长吴少凡以及省公安厅科长张华萍等到人行揭阳市中心支行调研指导反假货币工作。

11月3日，人行揭阳市中心支行与广州银行电子结算中心联合举办广东集中代收付（缴费一户通）揭阳签约仪式暨新闻发布会，揭阳市常务副市长刘小辉、人行广州分行支付结算处处长傅强、人行揭阳市中心支行行长刘志嘉出席仪式。

11月16日，揭阳市成为粤东首个试点地区参加全国跨境贸易人民币结算试点工作。

11月27日，中国钱币博物馆副馆长周卫荣、处长杨君到人行揭阳市中心支行指导、调研反假货币工作。

是年，揭阳市人民政府出台《揭阳市扶持重点中小企业发展贷款贴息资金管理暂行办法》，从2009—2010年市政府每年安排贷款贴息资金1000万元，对符合条件的重点中小企业2008年度、2009年度新增贷款进行贴息。

是年，泰康人寿揭阳中心支公司率先推出理赔变革——“健保通”项目，通过将保险核心业务系统与医院管理系统直联对接，实现出院即可完成理赔。

2010年

1月6日，人行揭阳市中心支行辖区跨境贸易人民币结算试点工作取得实质性进展，揭阳市江南贸易有限公司在中行揭阳分行成功办理辖区首笔货物进口贸易项下对香港地区付款，总金额90万元，该笔对外付款于1月6日9时36分在人行大额支付系统成功清算。

3月31日，中行揭阳分行营业部储蓄专柜举行“全国青年文明号”挂牌仪式。

4月2日，东莞证券有限责任公司揭阳黄岐山大道证券营业部成立。

4月21日，中行揭阳分行营销中国玉都（香港）有限公司开立首个NRA（境外机构境内账户）人民币账户，实现揭阳地区该项业务“零的突破”。

6月2日，人行揭阳市中心支行与揭阳高新技术产业开发区管委会签订土地互换意向书，将工程原已征地块与新征高新区地块进行不计价互换，用地规模由原来的23亩扩大到现在的80亩，高新区无偿赠送山地30亩给工程配套使用50年。

6月29日，揭阳榕城农村商业银行挂牌开业。这是继广州、东莞、顺德3家农商行之后广东省第四家、粤东第一家农村商业银行，也是广东非珠江三角洲地区第一家农村商业银行。

8月25日，联讯证券股份有限公司揭阳临江北路证券营业部获准设立，于2010年10月14日成立，11月开业。

9月2日，中行揭阳分行为田岛机械（中国）有限公司办理全市首笔海关“报关即时通”业务。

11月18日，人行揭阳市中心支行与揭阳高新技术产业开发区管委会正式签订土地互换协议书。

11月，揭西县政府用2亿元现金置换农信社不良资产，使揭西县农信社各项指标均达到组建农村商业银行的准入标准。

12月9日，中行揭阳分行与揭阳海关、中国电子口岸汕头海关数据分中心和田岛机械（中国）有限公司等10家企业代表，在揭阳海关举行网上支付税费服务（报关即时通）四方业务合作签约仪式，成为揭阳市首家与海关签订网上支付税费业务合作的银行。

是年，全市破获假币案件4宗，没收成品假币1513万元。金融机构收缴假币117.52万元。兑现奖励5宗、金额66.30万元。

2011年

4月11日，人行普宁市支行发行库投入运行，成为广东省人行县支行第一个恢复的发行库。截至2011年年底，该支库累计现金投放39.29亿元，累计回笼71.19亿元，净回笼31.90亿元。

8月17—18日，人行揭阳市中心支行在揭西县举办银行、证券、保险业反洗钱业务培训班。

10月27日，“中信建投证券有限责任公司揭阳站前路证券营业部”更名为“中信建投证券股份有限公司揭阳站前路证券营业部”。

11月9日，广东揭西农村商业银行股份有限公司开业，揭西县农信社改制为农村商业银行。

12月19日，揭阳市第一家村镇银行广东普宁汇成村镇银行开业。

12月，根据邮政银行揭阳分行的申请，批复同意该行在揭阳地区开展助农取款服务。

是月，揭阳市金融机构本外币各项存款余额1130.76亿元，比年初增加163.69亿元，增长16.93%，增速全省排名第二位，居粤东首位；各项贷款余额502.33亿元，比年初增加95.27亿元，增长23.4%，增速位居全省第二位，居粤东首位。

是年，人民保险公司揭阳市分公司工会被中国金融工委授予“全国金融模范职工之家”荣誉称号。

是年，中信建投揭阳营业部被评为“中国百强证券营业部”。

2012年

3月15日，人行揭阳市中心支行组织揭阳市区银行、证券、保险业金融机构开展保护金融消费者权益大型公益宣传活动。

4月22日至25日，人保财险揭阳市分公司荣获总公司“人保财险2011年度销售服务优秀奖”。

4月，友邦保险有限公司广东分公司揭阳营销服务部成立，是进入揭阳市的首家外商独资保险公司。

5月24日，在惠来县隆江镇海埕村成功捣毁一个印制假币窝点，现场抓获制假场地业主庄某利等4人，缴获半成品2005年版100元假人民币8000万元，以及印刷机、晒版机、切纸机和油墨等一批制假工具。是揭阳市乃至全省公安机关破获的案值比较大的印制假币犯罪案件，被公安部列为“破案会战”经典案例之一。

5月，人保财险揭阳市分公司荣获“全国金融系统职工职业道德建设十佳单位”称号和全国金融五一劳动奖状。

6月30日，揭阳辖区直联POS机、间联POS机完成改造率100%，全市所有直、间联POS机均可受理金融IC卡。

9月6日，广发证券粤东投行部落地揭阳市。

9月20日，中行揭阳分行成功发放首笔“联合贷款”金额1亿元，有效突破信贷规模限制满足客户贷款资金需求。

9月27日，中行揭东支行被广东省银行业公会评定为“2012年度广东银行业文明规范服务百佳示范单位”。

10月22日，人行揭阳市中心支行完成全市银行卡助农取款推广工作，实现取款功能全覆盖，填补1007个行政村取款服务空白，设立助农取款服务点1339个，受理终端1339台。

同日，揭阳发行加载金融功能的社会保障卡，持卡人在享受社会保障服务的同时，也可享受现金存取、转账、消费等金融服务。

是年，揭阳市公安机关严厉打击制贩假币犯罪行动，破获假人民币案件11宗。其中购买假币案件6宗、持有假币案件2宗、制造假币案件3宗、捣毁窝点2个。缴获2005年版100元成品假人民币9792.19万元。

是年，全市金融机构收缴假人民币共计144.17万元。

2013年

4月27日，揭阳市保险行业协会揭牌成立。

7月31日，广东省创建平安广东推进会暨揭阳片会在揭阳普宁召开。人行揭阳市中心支行平安金融创建工作得到广东省创建平安广东领导小组办公室的充分肯定和高度评价，《健全四项机制，引领金融单位平安创建》被作为大会经验材料印发。

8月，受强台风“尤特”“潭美”“天兔”影响，揭阳市各地持续强降雨，部分地区出现严重的洪涝灾害，交通、公路、通信中断，揭阳市10多万名群众受困。灾情发生后，全市各保险机构受理案件4675件，完成赔付1.5亿元，支援救灾复产。

9月5日，人行广州分行行长王景武一行到揭阳市政府出席共建产业金融创新发展试验区签约仪式。广州分行副行长李思敏、揭阳市市长陈东签署《中国人民银行广州分行揭阳市人民政府共建产业金融创新发展试验区合作框架协议》。建设银行广东省分行、邮储行广东省分行与揭阳市人民政府分别签署政银战略合作协议；工商银行、农业银行、中国银行、交通银行、邮储银行等6家金融机构与揭阳市企业及行业协会签署授信协议。广东中德金属集团有限公司等14家公司、揭阳市金属企业联合会等5个行业协会获得金融机构授信，合计授信510.1亿元。

9月，揭阳市委、市政府出台《关于建设粤东金融强市的决定》，提出以产业金融和民生金融为重点，以改革创新为动力，以良好金融生态为保障，建设体系健全、服务高效、辐射有力、安全稳健的粤东金融强市。

12月，“揭阳市金融消费权益保护联合会”在人行揭阳市中心支行揭牌成立，成为全省第三家、粤东第一家金融消费权益保护联合会。

是年，联讯证券股份有限公司揭阳临江北证券营业部荣获上海证券交易所“投资者声音调研平台2013年度示范营业部”荣誉称号。

2014年

1月22日，东莞证券揭阳营业部携手深圳市易居尚电子商务有限公司，签订新三板财务顾问协议。

1月26日，由揭东农村信用社改制的广东揭东农村商业银行股份有限公司挂牌开业，成为全省第25家由农村合作银行改制组建的农村商业银行。

2月14日，由广发证券推荐的粤东首家登录新三板的仙宜岱（430445）成功上市。

2月20日，中行揭阳分行与揭阳移动分公司联合推出手机钱包闪付业务——PBOC 移动手机钱包，为辖区银行业首创。

3月18日，揭阳市首笔政府民生综合责任保险在揭东区成功破冰，保费收入 85.80 万元。

3月26日，揭阳市金融文学艺术联合会成立大会召开，听取《关于揭阳市金融系统青年联合会和揭阳市金融文学艺术联合会筹建情况的报告》，表决通过《揭阳市金融文学艺术联合会章程（草案）》、揭阳市金融文学艺术联合会理事会一届一次理事会主席团、秘书处成员名单。

同日，揭阳市金融系统青年联合会成立。揭阳市金融系统青年联合会含有全市银行、证券、保险业金融机构 38 家青联理事会成员。

3月27日，中国民生银行揭阳分行在揭阳市设立，5月16日对外营业。

5月9日，东莞证券揭阳营业部牵头的揭阳市蓝城区首家新三板挂牌签约企业——广东泰通科技股份有限公司与东莞证券的签约仪式在泰通公司举行。

5月，揭阳市人民政府印发《揭阳市产业“登高”工程实施方案》，要求大力培养“登高”示范企业，加快形成一批大型骨干龙头企业，批造六大千亿产业群，为打造粤东经济强市做出贡献。揭阳市各金融机构着力服务转型升级，1—5月，全市各金融机构向玉器、服装、药材、鞋业、不锈钢行业等六大产业投放贷款金额 80.19 亿元，同比增长 44.06%。

7月25日，广发证券自主设计开发基于员工手机应用的“广发金钥匙响应式全天候移动服务系统”上线试运行。客户或潜在客户可以通过五大服务终端［易淘金网站、金融终端、手机证券、官方微信、WEB 交易（网页端）］发起预约开户和咨询问答两类订单请求。订单通过适当的规则派送到服务人员端，抢到订单的服务人员即可对客户进行服务。

7月，广发证券普宁流沙营业部在2014年中国最佳财富管理机构评选中荣获“中国百强证券营业部”。

8月27日，由广发证券主承销的揭阳首期城投债“14 揭城投债”发行，利率为 6.55%，期限长达 7 年，募集资金 16 亿元。“14 揭城投债”是揭阳市首次发行的地方债，揭阳借此亮相中国资本市场，开启债权融资新篇章，丰富融资渠道。

9月4日，人行揭阳市中心支行与揭阳职业技术学院正式签署《共建揭阳市产业金融研究中心框架协议》，双方携手打造“揭阳市产业金融研究中心”，联合开展领域重大课题的研究，推动建立金融产学研创新平台，开发经济金融学术交流，推动银校资源共享。

12月19日，人行揭阳市中心支行调整核定设立 17 个内设机构，中心支行行级领导一正四副，行长兼任外汇管理中心支局局长。

12月24日，“中信建投证券股份有限公司揭阳站前路证券营业部”更名为“中信建投证券股份有限公司揭阳黄岐山大道证券营业部”。

是年，人行揭阳市中心支行“构建全省首个‘电商征信平台’推动普惠金融取得显著成效亮点工作”被人行广州分行评为广州分行 2014 年“十大亮点工作”。

是年，全市投放发行基金 202.98 亿元、回笼 354.12 亿元，净回笼 151.14 亿元，总收付 557.10 亿元，回笼残损人民币 242.09 亿元，投放 20 元以下流通券 5.13 亿元。

是年，揭阳市缴获假人民币 161.65 万张、1.61 亿元。公安机关破获假币案件 11 宗、缴获第五套 2005 年版假人民币 1.60 亿元。

是年，联讯证券揭阳营业部被上海证券交易所授予“投资者声音调研平台2014年度示范营业部”荣誉称号。

是年，由揭阳市人民政府引导、揭阳市金融管理局牵头，揭阳市民政局联合人保财险揭阳市分公司，共同设计普惠型民生保险创新险种——政府民生综合责任保险。人保财险揭阳市分公司将揭东区作为首个试点区域，签下第一单政府民生综合责任保险。

2015年

2月3日，中国人民保险公司揭阳市分公司推行的“政府民生综合责任保险”被揭阳市政府列为2015年办好惠民利民新实事的十件民生实事榜首。

2月5日，人行揭阳市中心支行单独设立反洗钱科。

2月12日，揭阳市民营金融产业协会召开全体会员大会，选举产生第二届协会领导班子。陈楚荣当选会长、黄敏当选执行会长，吴克新当选监事长。

3月12日，揭阳金融文联在揭阳楼广场举行纪念反法西斯战争胜利70周年系列活动启动仪式。人行广州分行工会办主任徐蔚萍出席仪式。

4月30日，广发证券开发的金融产品适当性管理系统一期上线。

4月，人保财险揭阳市分公司荣获全国“2014年度地市级分公司经营业绩50强”称号。

5月1日起，全市各商业银行、农村信用社实施存款保险制度。被保存款，包括人民币和外币存款，但金融机构同业存款、投保机构的高级管理人员在本投保机构的存款以及存款保险基金管理机构规定不予保险的其他存款除外。最高赔付限额50万元。

5月6日，揭阳市政府在中德金属生态城举办首个金融科技产业融合风险准备金贷款项目。

5月11日，人保财险揭阳市分公司食品安全责任保险实现破冰，成功出单6份食品安全责任险，实现保费收入2万元。

同日，中行揭阳分行为中德金属集团有限公司开出5年期融资性保函1066万美元，实现揭阳市“内保外贷”业务“零的突破”。

5月21日，揭东区综合征信中心揭牌成立并投入运营，是揭阳市唯一一个全省农村普惠金融试点县区。

6月17日，揭阳市农业农村局全市政策性水稻种植保险经办机构资格采购项目如期开标，人保财险揭阳市分公司成功中标，获得该项目2015—2017年连续3年的独家承保权。

7月，广发证券运用互联网思维和技术，率先在传统券商经纪业务领域开创客户服务新模式。新的服务模式通过整合公司内部资源，先后推出“券商版滴滴打车”——有问必答（24小时）服务、“金融淘宝平台”——理财网店平台。

9月23日，揭阳市首笔住房维修保证金在中行揭阳分行实现缴交。

10月19日，由人行揭阳市中心支行、揭阳市金融工作局、揭阳金融学会和揭阳市女企业家联谊会共同主办的“第四届粤东区域金融合作联席会暨第二届揭阳金融论坛”在揭阳迎宾馆举行。

10月29日至11月1日，人行调查统计综合信息服务座谈会在揭阳迎宾馆召开。人行总行调查统计司综合处处长石冬、副调研员杨利军、中国金融出版社主任亓霞和上海总部、沈阳分行等5大区行以及10家省会中支的调查统计部门负责人参加座谈会。

10月，揭东农村普惠金融试点工作通过省验收。揭东区建成区级综合征信中心，导入6.8万多条农户信用信息、创建信用村69个、建成乡村金融（保险）服务站111个、助农取款点137个，让农民享受“不出村、高效率”的金融服务。

11月16日，中行揭阳分行为中德金属集团有限公司办理揭阳首笔非金融机构人民币境外放款结算业务800万元。

11月，全市建设假币监测点650个，覆盖全市行政村的50%，其中15个监测点被人行总行选为第一批全国性假币监测反应站点。

是月，民生银行揭阳分行联合中国银联应用HCE（基于主机的卡模拟）技术正式推出民生“云闪付”支付服务。

12月，金融IC卡发放量稳增，全市16家商业银行累计发行金融IC卡868万张，其中，具有金融功能的IC社保卡604万张。

是年，人行揭阳市中心支行与揭阳市科技局共同制订出台《关于推动揭阳市科技与金融结合发展的指导意见》，推动2家高新技术企业成功在银行间债券市场发行直接债务融资14亿元，设立科技支行1家，发放科技型企业贷款2亿多元。

2016年

2月25日，人行广州分行揭阳押运中心揭牌成立，该中心成立后将完成分行指定区域内发行基金、金银实物及相关业务重要凭证的押运任务，负责汕头、揭阳、潮州、梅州、汕尾5个地级市中心支库和潮阳、普宁2个县（市）支库的公路押运工作，实现对粤东五市发行基金押运业务的全覆盖。

3月18日，普宁农商行股份有限公司挂牌开业。该行设1个营业部、21家支行、分理处101个，在职员工949人，是普宁市规模最大、营业网点最多的金融机构。

3月23日，广发证券推荐的深圳市汇春科技股份有限公司挂牌新三板。

4月22日，中行揭阳分行叙作揭阳市首笔人民币外汇货币掉期业务。

6月4日，揭阳市公安机关与人行揭阳市中心支行联合行动，在大南海工业区溪西镇破获一宗贩卖假币案件，抓获2名犯罪嫌疑人，缴获假币5400万元。

6月21日，广发证券推出“广发证券机器人投顾（贝塔牛）”，利用最新的金融科技为客户提供智能化、个性化的投资理财服务，可根据客户的不同投资目标及风险承受能力给出不同的投资理财建议。

7月12日，中行揭阳分行实现揭阳市全口径跨境融资业务首发。

7月27日，中国人民保险公司揭阳市分公司签出全省第一单政策性生猪养殖保险，实现保费收入20万元，将为投保养殖户1万头育肥猪提供500万元的风险保障。

8月19日，揭阳市金融工作局组织举办揭阳市中小微企业“政银保”合作协议签约仪式，中国人民保险公司揭阳市公司与市金融工作局、建行揭阳市分行三家合作的“政银保”项目正式落地生效。根据协议约定，揭阳市中小微企业“政银保”由揭阳市政府设立小额贷款保证保险风险补偿资金3053万元，撬动2488万元作为贷款规模，用于支持揭阳市中小微企业的发展。

同日，揭阳市首次发布普惠金融发展指数，为区域评价普惠金融发展水平提供科学决策参考。

是年，邮储行揭阳市分行“创业担保贷款”项目获中央金融团工委2015—2016年度“银团合作”工作优秀奖表彰。

2017年

1月15日，揭阳市首家一站式外贸综合服务平台举行签订仪式，广东佳艺工贸有限公司与人保财险揭阳市分公司签订合作协议，推出2017年中小微企业重点扶持项目“佳信通”全额垫付保费服务。

1月20日，揭阳市康美“药材贷”在邮政储蓄银行普宁支行落地，放款300万元。

3月，农业发展银行揭阳市分行投放首笔棚户区改造贷款5000万元，用于支持大南海石化工业区溪西镇埔洋村棚户区搬迁改造。

6月6日，揭阳首家政策性担保公司粤财普惠金融（揭阳）融资担保股份有限公司举办揭牌暨银行担保合作协议签约仪式。

7月1日，东北证券股份有限公司揭阳临江南路证券营业部落实“双录”工作，全面落实对普通投资者进行告知、警示的录音录像过程。

7月6日，揭西县富宇汽车客运有限公司客车从广州开往揭西，行至广河高速龙门永汉河口路段时发生翻车，致车上19人死亡、多人受伤的重大交通事故。人保财险揭阳市分公司迅速成立大案查勘小组，两天内先后预赔500万元和300万元作为前期赔偿。并在该案件的正常赔付限额1200万元外增加赔偿金额150万元，缓解政府资金压力，协助政府处理好事故善后工作。

7月19日，人行广州分行纪念南方人民银行建行68周年活动在揭阳市揭西良田乡举行。

7月，人行揭阳市中心支行摄影协会组织摄影爱好者参加人行总行庆建军90周年“央行情 退伍兵”网上图片展示活动，收到作品24幅（组），获人行总行优秀奖作品有10幅（组）。

是月，中国财产保险股份有限公司揭阳分公司与揭阳市扶贫办公室举行保险捐赠仪式，为114117名揭阳市政府建档立卡的贫困人口捐赠政府救助保险，提供累计3000万元风险保障。

8月21日，广东天诚密封件股份有限公司（证券简称：天诚股份，证券代码：871870）在全国中小企业股份转让系统成功挂牌。

8月30日，由广州、东莞、深圳、揭阳、潮州、海口等人行调研员组成的调研组在中行揭阳分行召开跨境资本流动管理执行情况调研会。

9月11日，揭阳金融学会举行《揭阳金融志》编纂工作启动仪式。

10月13日，由人行揭阳市中心支行、揭阳金融学会联合主办的2017年广东省金融科技成果巡展（揭阳站）启动仪式暨揭阳金融学会“互联网金融”专题学术报告会在揭阳中德金属生态城举办。

10月16日，中行揭阳蓝城支行正式对外开业。

11月17日，揭东区人民政府与人保财险揭阳市分公司举行战略合作协议签订暨“政融保”启动仪式，全省首个“政融保”支农支小融资项目在揭阳落地。

11月30日，广东农行与广东省工商局在揭阳签订战略合作协议，双方合作的“个体工商户电子营业执照”首发仪式在揭阳市举行。

12月1日，工行揭阳分行发放全市首笔通过中小微企业信用信息和融资对接平台的贷款。

12月25日，揭阳市移动支付ODA智能公交项目启动仪式在绿源公交公司举行。

是年，邮储行揭西县支行“精准扶贫”项目获中央金融团工委2016—2017年度“银团合作”工作优秀奖表彰。

是年，人行揭阳市中心支行采集农户信息355144条，其中贫困户信息41349条，全市涉农贷款余额562.37亿元，金融精准扶贫贷款余额4.89亿元。

是年，揭阳市投保的巨灾保险累计赔付1000万元，用于强降雨受灾地区的救灾工作。

2018年

5月3日，人行揭阳市中心支行与揭阳市金融消费权益保护联合会举办揭阳市金融业务广告宣传行为自律公约签署仪式，组织全市58家从事金融服务的机构签署《揭阳市金融业务广告宣传行为自律公约》；牵头揭阳市金融工作局、银监局召开金融管理部门金融广告治理工作协商会议，联合印发《协同开展金融广告治理工作的合作备忘录》。

5月19日，中行揭阳分行获评中国银行总行2017年度“中银优秀信用卡消费分期专业化经营单位”。

6月12日，第四届中德（欧）中小企业合作交流会开幕式在揭阳召开，中行揭阳分行连续四届作为主办方。

6月20日，人保财险揭阳市分公司与揭阳市社保局举行签约仪式，2018年度城乡居民、城镇职工大病保险协议顺利续签。

6月21日，人保财险揭阳市分公司与揭阳市慈云医院举行战略合作签约仪式。旨在解决事故伤者先诊疗后付费问题，减轻事故伤员经济压力，缓解医患矛盾。

6月，人保财险揭阳市分公司荣获2017年度广东省“守合同重信用”企业称号。

7月19日，人保财险揭阳市分公司与市社保局成功签署困难群体大病保险合同，同时实现首期保费收入500万元。

7月20日，东莞证券公司揭阳分公司陈旭平获上海证券交易所“2018年度‘投教新锐’百强”称号。

8月14日，人保财险揭阳市分公司首批支农融资项目成功签约，为揭阳市榕城区吉丰生猪养殖专业合作社、揭西县乡姆种养专业合作社分别提供融资款150万元和80万元，用于支持农业企业更好地开展农业生产经营。

8月15日，中国人寿揭阳分公司联合广发银行召开保银协同联席工作会议暨“白金项目”推广交流会，打造保险、银行、互联网金融综合的寿险项目。

同日，人保财险揭阳市分公司从广东省政府采购网及招标公司网上获悉，在四家中标的保险主体中，揭阳市分公司获第一名，拿下本项目约50%的承保份额。

8月20日，人保财险揭阳市分公司成功签订揭阳市首单与支农融资业务相融合的农业保险——商业林木火灾保险。为揭西县乡姆种养专业合作社累计提供风险保障700万元。

8月22日，人行揭阳市中心支行联合揭阳市科技局举行揭阳市科技与金融融合政策宣讲暨融资对接会，与市科技局签订合作备忘录，组织多家金融机构与高新技术企业签订授信合作意向。

8月24日，人保财险揭阳市分公司与惠来县人民法院确定合作关系，签订《法律保险服务合作协议》。人保财险与法院跨界合作，率先在全市建立“救助＋悬赏＋保全”的保险新机制。

9月23日，人行揭阳市中心支行、揭阳银监分局、揭阳市网信办联合举办广东省首届“金融与诚信”

亲子金融知识竞赛揭阳赛区选拔赛决赛。

9月，中银保险揭阳中支开展关税保证保险并在广东揭阳关区开出的首单关税保证保险保单，也是揭阳海关以“关税保证保险”担保进口税款的首单业务。

10月1日，人保财险揭阳市分公司成功中标“广东省巨灾保险服务（2017—2020年）机构采购”项目并成功出单。这是揭阳市分公司首单巨灾指数保险业务，实现保费收入1073万元，对揭阳市强降雨及台风等巨灾造成生命财产损失提供风险保障。

10月11日，人保财险揭阳市分公司与揭西县人民法院签订《法律保险服务合作协议》，实现全市首单执行保险在揭西落地。

10月25日，人保财险揭阳市分公司与揭东法院开展法律保险合作，全市首笔执行救助保险在揭东成功落地承保，保费收入15万元。

10月29日，人行揭阳市中心支行举办“银联移动支付 智慧出行——揭阳公交暨潮汕机场无感停车”上线启动仪式。

10月，人保财险揭阳市分公司中标2018—2020年全市政策性农业保险项目，中标农险市场份额70%以上。

11月16日，揭阳市国土资源局与中国工行揭阳分行签订《“不动产登记+金融服务”合作协议》。

11月25日，揭阳市保险协会不再监管揭阳保险业，监管工作由揭阳银监分局负责。

12月18日，人保财险揭阳市分公司联合揭阳市揭东区人民法院举办“执行救助保险金”发放仪式。

12月19日，揭阳市金融消费权益保护联合会召开第二届第一次会员大会，中行揭阳分行张丹敏当选为会长。

12月26日，中国银行保险监督管理委员会揭阳监管分局挂牌成立，依法履行揭阳辖区银行业、保险业监管职责。

同日，泰康人寿与普宁华侨医院举行“健保通”项目签约仪式，揭阳地区首个“健保通”落地项目。

12月，全市银行业金融机构本外币各项存款余额2273.64亿元，比上年末增长7.91%；各项贷款余额1154.75亿元，增长9.18%。全市农村合作机构本外币存款余额701.11亿元，比上年末增长8.66%；贷款余额458.74亿元，增长3.15%。银行业金融机构本年利润（税后）13.05亿元，比上年减少40.17%。

是年，人行揭阳市中心支行制定出台《揭阳市深化小微企业金融服务行动方案（2018—2019）》。

是年，人行揭阳市中心支行协调地方政府相关部门，推进“粤信融”平台建设。

是年，人行揭阳市中心支行开展中征应收账款融资服务平台应用，推进“信用+应收账款平台+供应链”模式。

是年，人行揭阳市中心支行持续推进社会信用体系建设。全面实施信用创建支持乡村振兴“521行动”，缓解“三农”融资难、融资贵问题。

是年，2018年全市重点行业和便民场景应用项目规划合计207个，完成的项目145个，移动支付商户总数1.95万户，累计交易笔数220.74万笔，交易额9.11亿元。

是年，人行揭阳市中心支行组织全市金融机构与市扶贫部门合作开展扶贫小额信贷业务，至12月底全市累计发放扶贫小额贷款2907.45万元。

是年，揭阳市保险业实现保费收入59.28亿元，比上年增长12.87%。其中，寿险业务保费收入

32.23 亿元，财产险业务保费收入 17.81 亿元，分别增长 7.11% 和 12.55%；健康险和意外伤害险业务保费收入 9.24 亿元，增长 39.86%。全年支付各项赔款和给付 20.18 亿元，增长 10.96%。其中，寿险业务赔付支出 7.01 亿元，下降 8.47%；财产险业务赔款支出 9.94 亿元，增长 25.7%；健康险和意外伤害险赔付支出 3.24 亿元，增长 1.23%。

第一篇　揭阳县金融业

第一章　金融业概述

随着国家、省金融政策的调整，揭阳县金融业不断调整工作重心，推动各项金融政策落实，服务揭阳经济社会发展。1950 — 1985 年，揭阳县金融业，历经中华人民共和国成立初期的稳定金融、支持恢复国民经济和发展生产、从计划经济到市场经济等不同发展阶段，逐步改革开放，在起伏发展中不断完善。随着金融服务职能不断增加，揭阳金融业有效地支持和推动了县域经济和社会的发展。

1986 — 1991 年，揭阳县银行业和保险业继续沿着改革开放和发展的主题，历经金融机构的分设和规范、金融体制改革、保险业务与建设等发展阶段，支持并推动揭阳县经济社会持续发展。1991 年，全县地区生产总值（GDP）20.35 亿元（当年价），比 1986 年的 7.23 亿元增长 181.47%。在支持和推动地方经济发展的同时，金融业与揭阳县经济社会发展相互促进，相融共长。

一、第一个五年计划时期揭阳县金融业概况（1953 — 1957 年）

第一个国家五年计划（1953 — 1957 年，各项数据含揭西县）时期，全县社会主义经济有较大的发展，国家计划管理和财务管理开始走上正轨，逐步建立起独立的经济核算制。银行的工商信贷工作主要是配合社会主义建设的进程，支持国营工业发展生产，支持国营商业、供销社扩大购销，并采取适当收缩或放宽贷款等措施，促进私营工商业和手工业的社会主义改造；开始对国有企业的独立经济核算单位直接办理贷款，并发挥银行对贷款企业的监督作用。这一时期，揭阳县金融部门根据中共中央制定的“一化三改造”（“要在一个相当长的时期内，逐步实现国家的社会主义工业化，并逐步实现国家对农业、对手工业和对资本主义工商业的社会主义改造”）过渡时期总路线的精神，广泛开展城乡储蓄，组织资金，支持社会主义经济建设。揭阳县银行对企业的存款有显著增长，至 1956 年年末，全县银行各项存款余额 739 万元，比 1952 年年末增长 78.7%；银行支持经济建设的贷款逐年增加，至 1956 年年末，余额 1511 万元，比 1952 年年末增长 8.33 倍。其中，国营工业贷款余额由 1953 年的 23 万元，增至 116 万元，增长 4 倍；国营商业和粮食贷款余额由 1952 年的 10 万元，增至 995 万元，增长 98.5 倍；农业贷款余额由 1952 年的 27 万元，增至 272 万元，增长 9 倍。这些政策措施推进全县工农业生产的发展，扩大商品流通，加速“一化三改造”任务的完成。至 1957 年年末，全县贷款达 1578 万元，比 1952 年增长 62.12 倍。

二、第二个五年计划时期至“文化大革命”前揭阳县金融业概况（1958 — 1965 年）

1958 — 1960 年，由于“左”倾错误造成国民经济比例失调，全县金融工作亦受到影响。银行贷款在“支持生产大跃进”的口号下，企业大购大销。这一时期，银行贷款资金管理出现“大撒手”“要多少，贷多少”“什么时候要，什么时候贷”，规章制度被破坏，信贷监督被否定，银行各项存款出现暴增、暴减的不正常现象，1958年，银行农村存款和各项存款畸形发展，年末存款分别高达3113万元和3939万元（含揭西县，下同），比1957年同期分别增长20.47倍和4.53倍。至1959年年末，又分别下降为556万元和1237万元，比1958年下降82.14%和68.6%，给国家造成很大的损失。1959年3月，揭阳县财政局设立的内设机构“基建股”，对外挂“中国人民建设银行揭阳县支行”牌子，承担经办国家基本建设投资的拨款，并管理和监督使用国家预算内基本建设资金和部门、单位的自筹基本建设资金的任务，但并未真正行使银行职能。撤销中国人民保险公司揭阳支公司机构，除保留旅客人身保险业务继续由客运部门代办，保费交揭阳县财政局外，其余的业务停办。1960年冬，党中央开始纠正农村工作中的“左”倾错误，决定对国民经济实行“调整、巩固、充实、提高”的方针。1962年8月1日，撤销中国人民建设银行揭阳县支行，业务并入县财政局。

1963年11月，中国农业银行再次建立。1964年1月1日，农行揭阳县支行县机构和业务重新恢复。1965年4月1日，广东省揭阳县保险公司成立，负责办理纳入本省财政预算的国有企业、公私合营企业财产强制保险业务。8月1日，撤销农业银行揭阳县支行，业务并入人行揭阳县支行承办，中国农业银行与中国人民银行第三次合并。至1965年，全省国民经济全面好转，银行信贷收支、货币流通趋于正常。全年，揭阳县贷款余额3132万元，比1961年下降10.5%。对全县农贷进行清理，实事求是，该收的收，该缓的缓，该免的免（其间全县的赊销、预付、预购、农贷4项欠款豁免491.80万元，延缓回收54.60万元）。这一阶段，全县金融工作得到顺利的恢复和发展。揭西从揭阳县分设，成为新设立建制县。

三、“文化大革命”时期揭阳县金融业概况（1966—1976年）

1966年，揭阳县农村存款和各项存款总余额，分别达518.40万元和1341.60万元，比1956年分别增长7.23倍和1.07倍（不含揭西县，下同）；各项贷款余额4297.50万元，比1956年年末增加2492万元，增长2.17倍。人行揭阳县支行实行军事管制，人行揭阳县支行革命委员会成立；后又与揭阳县财税局合并，“揭阳县人民财政金融服务站革命委员会”成立（至1970年1月撤销）。农村信用合作社下放给大队贫下中农管理。1970年6月11日，建设银行并入人民银行。

1972年4月18日，国务院决定恢复建设银行。1976年3月20日，建设银行揭阳县支行机构恢复，在县财政局对内设基建财务股，对外挂“中国人民建设银行揭阳县支行”的牌子。这一时期，银行的职能作用得不到发挥，管理工作备受削弱，货币信贷政策受到冲击，造成货币信贷投放过多的严重后果。揭阳县银行各项存款平均每年只增长6.55%，其中农村存款平均每年增长4.23%；信贷工作又出现“要多少，贷多少”的局面，信贷资金供应方针名有实无，利息政策从1971年开始实行平均主义的低息制度，造成贷款发放额度增大。12月，全县各项贷款余额6431万元，比1965年年底增长1.05倍。粉碎江青反革命集团后，货币信贷政策面临拨乱反正的艰巨任务，货币信贷投放多的局面有待治理。

四、改革开放后揭阳县金融业概况（1978—1986年）

1978年12月，中国共产党第十一届三中全会召开，提出对整个国民经济实行“调整、改革、整顿、提高”的方针，全党工作着重点转移到社会主义现代化建设上来。金融部门贯彻“八字”方针，清理长期存在的“左”倾错误影响，组织银行工作重心转移。这一时期，宏观经济管理由以实物管理为主，逐步转向以价值管理为主；指令性计划范围逐步缩小直至取消，指导性计划和市场调节范围逐步扩大；社会资金的集中与分配由财政为主逐步转向银行为主，银行贷款范围扩大。这一期间，人行揭阳县支行贯彻执行人行总行提出的“区别对待，择优扶植”信贷原则，金融工作由“三低”向“三高”转变（指：聚集资金由低速度向高速度、资金使用由低效益向高效益、银行管理由低水平向高水平的转变）揭阳县工资性现金支出增长14.20%，银行各项贷款增长22.7%，为1970年以来的最高水平。

随着广东改革开放在全国先行一步，1979年起，揭阳县金融业随着全省金融管理体制的改革，逐步构建新的银行和保险体系。1979年1月，建设银行揭阳县支行从县财政局分离，中国人民建设银行揭阳县支行成立。2月17日，农行揭阳县支行县机构和业务再次分设，承担原来由人行揭阳县支行办理的农业信贷和储蓄业务。人行揭阳县支行作为金融管理机构，不再兼办农业信贷和储蓄业务。12月17日，中国银行汕头支行揭阳办事处成立。同日，人行揭阳县支行中国人民保险公司揭阳县代理处成立。

1981年7月4日，中国银行汕头支行揭阳办事处改为中国银行揭阳县支行。1982年，全县银行各项贷款同比增长8.1%，与同期经济增长基本相适应。1984年1月，中国工商银行成立，工商业贷款和储蓄业务从人民银行中剥离出来。11月1日，中国工商银行揭阳县支行成立， 承担原来由人行揭阳县支行办理的工商信贷和储蓄等业务。人行揭阳县支行作为金融管理机构，专门行使县域辖区中央银行职能。为适应经济体制改革、金融体制改革和经济发展的要求，独立出来的各专业银行先后开办现金出纳、居民储蓄、贷款、国际金融和各种委托代理业务，通过开办各种面向社会大众的商业银行业务、丰富银行职能，为向现代商业银行转轨打下坚实的基础。然而，在加快城市经济体制改革和分设专业银行的过程中，数次出现经济全面过热的现象。1984年7月1日，中国人民保险公司揭阳县代理处改为中国人民保险公司揭阳县支公司。

1984—1986年，在金融工作支持加快城市经济体制改革过程中，再次出现经济全面过热，表现为投资、消费双膨胀，银行信贷、通货双膨胀。各家银行在新的信贷资金管理办法实施前为争基数，于1984年年底突击放款，助长货币信用的膨胀。11月，国务院印发《关于严格控制财政支出和大力组织货币回笼的紧急通知》，实行经济紧缩政策，运用货币信贷政策紧缩银根。人行揭阳县支行贯彻落实国家政策，布置各专业银行压缩信贷投放，并对其存款户进行控制，不准透支；配合地方党政，对问题突出的贷款项目、信托业务、金融服务部等进行重点检查，及时发现和处理存在的问题。12月，全县银行各项贷款余额比上年末增长26.90%，增速比年初回落36.70%。1984—1986年全县年贷款余额平均增速30%，1985年的CPI（物价指数）同比增长9.3%。

五、建市前揭阳县金融业概况（1987—1991年）

1987—1991年，揭阳县金融业初步形成中央银行行使职能管理，国家专业银行的金融服务为主体，其他金融机构的金融服务为补充的多层次、多种类、多功能、开放型的银行体系。随着金融改革的发展，各专业银行普遍对辖属分支机构下放部分业务经营权，并试行各种形式的经济责任制，经营成果初步与单位及个人挂钩，推动各项金融业务的发展。大力发展短期资金拆借市场，逐步开拓长期资金市场和外汇市场，允许外汇调剂与买卖。开创多种信用形式和信用工具。改革结算制度，开办商业承兑汇票、票据贴现，同城票据交换，推行票据化。这一阶段揭阳银行同业拆借市场发展活跃，票据承兑、贴现有一定的发展。不同层次的金融机构和各种信用形式、信用工具的发展，促进县域国营、集体、民营以及中外合资、中外合营多种经济成分的发展。全县金融业务规模增速逐年持续增长，支持和推动揭阳县经济社会的持续发展。

至1991年，全县金融业各项贷款规模11.40亿元，比1986年的5.03亿元增长126.64%；全县金融业各项存款余额11.16亿元，比1986年的2.69亿元增长3.15倍。全县金融业稳健、协调发展。保险业从小到大，推进揭阳县经济的持续发展，初具规模。全县各种保险承保总额21.20亿元，比1986年的5.68亿元增长2.73倍。

第二章 金融机构与沿革

1948年12月1日，中国人民银行在河北石家庄成立。中国共产党潮梅地委在潮汕解放区南山墟（现属揭西县）建立裕民银行，印制“裕民币”。

1949年2月17日，揭阳县河婆镇（现属揭西县）解放。7月8日，中共中央南方局华南分局在河婆镇设立南方人民银行总管理处，印制“南方券”。7月23日，南方人民银行潮汕分行成立，地址在河婆镇，下设办事处7个。其中，揭阳县设有棉湖（现属揭西县）、卅岭2个办事处。1949年10月19日，揭阳县全境解放，中国共产党潮梅地委派员接管国民党政府在榕城镇设立的金融机构，建立南方人民银行揭阳办事处。1950年1月1日，南方人民银行揭阳办事处改名为中国人民银行揭阳县支行。成为粤东县一级的银行机构中，较早完成由区域性的银行，向全国统一的银行转变的支行之一。

至1986年，揭阳县金融机构形成有中央银行、国家专业银行、地方集体金融组织、民间信用组织等多种性质和层次的，共93个营业机构的金融机构组织体系。分布于辖区内的榕城、梅云、仙桥、渔湖、东山、曲溪、云路、玉窖、登岗、炮台、地都、霖磐、白塔、龙尾、月城、桂岭、新亨、玉湖、锡场、埔田共20镇（区）。随着县域经济总量的发展壮大，为适应企业加速资金周转，减少结算资金占用，1986年7月5日，人行揭阳县支行同城票据交换所设立。1987年1月6日，工行揭阳县信托投资公司成立。5月3日，榕城镇城市信用合作社成立，成为全省第一家县城股份制城市信用社。12月11日，民间信用组织云路镇北洋合作基金会成立。全县金融机构按业务发展需要纷纷增设基层组织。1988年3月19日，揭阳县信托投资公司成立。5月7日，汕头外汇调剂中心揭阳代办处成立。

至1991年年末，揭阳县有中央银行、专业银行金融机构和非银行金融机构12家（详见表1—1），其中成立于1985年前的6家；1986年（含1986年）后成立的6家。揭阳县辖属金融机构建立的服务网点412个，其中包括20个镇级信用合作社、信用合作基金会和保险站。

1950—1992年揭阳县金融机构一览表

表1-1

名　　称	成立及撤并情况
中国人民银行揭阳县支行	1950年1月1日
中国农业银行揭阳县支行	1955年10月1日成立，1957年6月1日撤销，1964年1月1日恢复。1965年8月1日业务并入中国人民银行揭阳县支行承办，1979年12月17日再次恢复中国农业银行揭阳县支行
中国建设银行揭阳县支行	1959年3月成立，1962年8月1日撤销，1979年1月恢复

续表 1-1

名　　称	成立及撤并情况
中国银行揭阳县支行	1979 年 12 月 17 日中行汕头支行揭阳办事处成立，1981 年 7 月 4 日改为中行揭阳县支行
中国人民保险公司揭阳县支公司	1950 年 9 月 15 日，中国人民银行揭阳县支行设立保险代理处；1952 年 7 月 15 日，改设为中国人民保险公司揭阳县支公司；1959 年，中国人民保险公司揭阳支公司撤销；1965 年 4 月 1 日成立广东省揭阳县保险公司；1966 年，揭阳县保险公司被撤销；1979 年 12 月 17 日，中国人民保险公司揭阳县代理处成立；1984 年 7 月 1 日，改设为中国人民保险公司揭阳县支公司
中国工商银行揭阳县支行	1984 年 11 月 1 日成立
中国人民银行揭阳县支行同城票据交换所	1986 年 7 月 5 日成立
揭阳县工商银行信托投资公司	1987 年 1 月 6 日成立
揭阳县榕城镇城市信用合作社	1987 年 5 月 3 日成立
揭阳县云路镇北洋合作基金会	1987 年 12 月 11 日成立
揭阳县信托投资公司	1988 年 3 月 19 日成立
汕头外汇调剂中心揭阳代办处	1988 年 5 月 7 日成立

第三章　金融监管与业务

第一节　中央银行调控与监管

1986—1991 年，中国人民银行揭阳县支行贯彻落实治理整顿和稳定金融的方针，发挥金融宏观调控作用。贯彻执行“控制总量，调整结构，保证重点，压缩一般，适时调节”的货币信贷政策。推进金融服务经济实体，发展多种金融组织，并着重改革的配套、完善和深化，稳健经营，协调发展。

1986 年，中国人民银行改人民币信贷资金供给制为各专业银行自筹。人行揭阳县支行支持各专业银行探索企业化经营管理与改革的路子，各专业银行之间在业务上开展交叉经营。同时，发展资金市场，随着融资功能的完善，把揭阳县资金拆借市场由原来中介型转变为中介经营型。1987 年 10 月 6 日，人行揭阳县支行撤销原综合管理股，成立计划股和金融管理股，加强对辖区银行业执行信贷资金规模、维护金融秩序、防范金融风险等的管理。

1988 年，人行揭阳县支行强化中央银行监管与调控职能。1 月 26 日，揭阳县在全省率先把原来由县财贸办公室、县对外经济工作委员会分别辖管的金融各部门，统一划归中国人行揭阳县支行管理，增强中央银行对全县金融业的宏观调控，完善金融归口监督管理。6月，人行揭阳县支行加强对辖区内金融机构的治理整顿和经营规范化管理。对此前一些专业银行在网点设置上、报批手续尚未完善、未经发证擅自提前开业及其他问题进行整顿，落实经营规范化管理，促进揭阳县金融业进一步稳健经营和协调发展。9月，人行揭阳县支行对信贷资金管理由“多存多贷”改为“限额管理”。中央银行给专业银行的计划限额，不经批准不得突破。贯彻国家产业政策，加大贷款结构调整力度，全面清理信贷资产，逐步实行集约化经营。治理整顿金融性和综合性公司，整顿经济秩序。在金融系统开展教育、清理、整顿活动，加强全县金融队伍建设。

1989年，人行揭阳县支行整顿金融网点设置，使“网点设置热”得到合理的抑制。全年有撤有设，根据合理布局原则，新设机构20个，缓解结算“梗阻”现象。内部经营管理有新改善，全年办理业务15万笔，金额94.31亿元，差错率0.034‰，实现连续第6个安全年。1990年，人行揭阳县支行在完善金融归口的基础上，进一步加强宏观调控，强化金融管理，促进全县经济金融协调发展。全县各项存款余额7.65亿元，比上年增长41.08%；各项贷款余额9.07亿元，比上年的7.41亿元增长22.37%；全年货币净回笼5.39亿元，比上年增长26.80%。全县新增金融机构5个，比上年少增15个；完成对揭阳县榕城镇、工商联、民兴3家城市信用社和揭阳县信托投资公司、揭阳县工商银行信托投资公司2家信托投资公司的清理整顿工作。加大力度整顿违规经营金融业务，清理越权审批设立的金融机构，整顿农村信用合作基金会，使“机构设置热”得到进一步抑制。稽核各类金融机构46个，查核流动资金贷款2757笔，金额3249.40万元，各项存款户537个，金额831.90万元，其中作稽核建设和处理决定40条，实施整改38条。规范全县票据交换和资金清算管理工作，办理交换票据109238笔，金额18.79亿元。

根据国家的产业政策和揭阳县的实际，适时调整和优化信贷结构，推动产业结构的优化和经济的发展。1990年上半年，大环境市场疲软，揭阳县企业普遍处于停产、半停产状态。为启动企业生产，尤其是国营骨干企业和产品适销对路的创税利大户把生产搞上来，人行揭阳县支行通过再贷款，由专业银行重点向揭阳县棉纺厂、揭阳县藤厂、揭阳国际鞋业公司等6家较大型企业贷款710万元，保证企业生产经营活动的正常进行。第四季度，购销旺季到来之际，人行揭阳县支行通过再贷款1000万元，由专业银行重点支持商业部门购进塑料、化肥、石油、家用电器等，满足市场需要，促进揭阳县经济的稳定和持续增长。

1991年，鉴于辖内县域经济增长速度回落大和市场疲软等问题，人行揭阳县支行加强稽查工作，强化监督管理，组织力量开展专项检查，纠正个别金融单位以拆借来扩大规模和个别单位贷款利率偏高等问题，使金融单位的各项工作进一步压实制度化、秩序化和规范化的责任。查核各类金融机构62个，查核流动资金贷款2035笔，金额1.28亿元；固定资产贷款2笔金额23.46万元；查核各类存款户7992户，金额1837.50万元。运用信贷、准备金、利率、汇率等金融杠杆，两次调低利率和汇率，使经济发展逐步趋于正常。通过治理整顿，带来揭阳县金融业各项业务健康发展。全县各项存款余额11.16亿元，比上年的7.65亿元增长45.87%。各项贷款余额11.4亿元，比上年的9.07亿元增长25.72%，贷款控制在规模以内，结构趋于合理，存、贷款余额均超此前历史最高水平。年末，专项贷款余额701万元，发放临时贷款累计2.43亿元，向专业银行发放年度性贷款710万元。全县拆借入资金4.74亿元。货币净回笼4.53亿元，有效稳定货币，促进全县经济社会持续发展。1986—1991年货币支出与收入情况见表1—2。

1986 — 1991 年揭阳县货币支出与收入情况一览表

表 1–2

年份	货币流通状态	支出与收入（万元）	比上年度增长（%）
1986	货币支出	62838	25.52
	货币收入	66544	14.56
	货币净回笼	3706	–53.83
1987	货币支出	91852	46.17
	货币收入	98646	48.24
	货币净回笼	6794	83.32
1988	货币支出	143966	56.74
	货币收入	166120	68.40
	货币净回笼	22154	226.08
1989	货币支出	184776	28.35
	货币收入	227322	36.84
	货币净回笼	42546	92.05
1990	货币支出	214017	15.83
	货币收入	267953	17.87
	货币净回笼	53936	26.77
1991	货币支出	301955	41.09
	货币收入	347240	29.59
	货币净回笼	45285	–16.04

第二节 银行存贷款业务

一、概况

1986 — 1991 年，揭阳县银行业支持揭阳县优化产业结构，大力扶持发展骨干产业，利用市场对信贷资金需求的实际，走由粗放型经营向集约化经营转化之路。在支持全县工农业生产，活跃城乡商品流通，发展服务业，提高人民生活水平中，发挥重要作用。1991 年，全县各项存款余额 11.16 亿元、各项贷款余额 11.40 亿元，分别比 1986 年增长 3.15 倍和 1.27 倍。银行业各项存、贷款规模逐年增幅同比分别呈增长态势（详见表 1–3），同比平均增速分别为 32.61% 和 19.40%。全县金融业运行稳健，协调发展。全县城乡居民人均储蓄存款余额 491.33 元，比 1986 年的 112.66 元增长 3.36 倍。

1986—1991年揭阳县金融机构存贷款余额暨城乡居民存款情况表

表 1-3

年份		1986	1987	1988	1989	1990	1991
各项存款余额（万元）		26854	35790	40805	54210	76480	111563
其中	城乡居民储蓄存款余额（万元）	15014	20239	23039	34145	51257	75187
	城镇居民储蓄存款余额（万元）	7532	9982	12106	18013	26698	38603
	城乡居民人均储蓄存款余额（元）	112.66	150.53	169.98	249.36	350.74	491.33
各项贷款余额（万元）		50274	57132	64281	74104	90683	114003

二、中国人民银行揭阳县支行

1986年，人行揭阳县支行改革信贷资金管理体制，突破原来县级中央银行没有实贷权的框框。专业银行在中央银行的支持下，对揭阳县企业发放临时贷款27笔，金额4835万元，发放临时资金周转和用于全县抗灾复产、生产流通发展的资金需要。发放专项贷款项目5个，金额153万元，支持揭阳县饲料公司、味精厂、电机厂、啤酒厂、酱油厂等企业的技术引进和改造。开办同城票据交换所，由人行揭阳县支行领导，落实组织和管理。至12月，县城7家银行机构参加的“人行揭阳县支行同城票据交换所”交换票据56150笔，金额3.73亿元。1987年，揭阳县金融业同业资金拆借市场成立。2月，开通融资渠道，为专业行调剂临时资金余缺。7月，资金市场进入汕头金融业拆借中心，拆入资金11笔3300万元，拆出资金5笔800万元。8月20日，揭阳县资金市场首次从福建省厦门市引进拆借资金1300万元支持农业银行揭阳县支行、中国银行揭阳县支行，缓解揭阳县生产和流通短期资金需要。各专业行通过其他融资渠道，先后拆借资金48笔，金额1.28亿元。

1988年，揭阳县金融业通过横向联系扩大与外地的融资，累计拆入资金185笔，金额3.65亿元。

1989年1月1日起，人行揭阳县支行外汇管理股实行账务改革，外汇收支记账方式由原来的“收付记账法”改为“复式记账法”。调剂外汇364笔536万美元，支持全县外向型企业的发展。1990年，全县外汇收入1636万美元，外汇调剂成交额2254万美元，同比分别增长49%和1.01倍。

三、工商银行揭阳县支行

1987年，工商银行揭阳县支行增设网点，利用社会力量吸收储蓄存款。与揭阳县棉纺厂联合成立揭阳县第一家银企合办的储蓄所，并分别与揭阳县加丹啤酒厂、揭阳县机床厂成立储蓄代办所，与揭阳县榕城镇东兴、揭阳县榕城镇南门两个服务部成立储蓄代办所。至12月，工商银行揭阳县支行利用社会力量吸收储蓄资金累计119.40万元。1988年，工商银行揭阳县支行支持商业企业，帮助外向型企业解决困难。在全县调整粮食和经济作物种植比例，在粮食缺口大的情况下，工商银行揭阳县支行优先安排资金支持粮食部门从外地组织粮油货源，累计发放粮食贷款3786万元，使粮食部门得以及时调入稻谷33164吨，调入大米133380.1吨，保证市场上的粮食供应，稳定粮价和抑制物价上涨。揭阳县工业第一创汇大户揭阳藤厂，由于外贸体制改革，原由外贸部门负责库存的原材料和产品转由企业承担，使该厂流动资金发生困难，工商银行揭阳县支行千方百计帮助该厂解决正常流动资金的需要，先后累计发放贷款904万元，支持该厂购进原藤950吨。工商银行揭阳县支行开户的12家出口生产企业，全年累计发放资金118笔3033万元。年末，余额1293万元，比年初增加208万元。

1989年，揭阳县银行业充分运用商业信用，推广商业汇票的承兑贴现业务，服务企业扩大购销，缓解资金供求矛盾。工商银行揭阳县支行为工商企业承兑汇票132笔，金额5383.90万元；办理贴现3笔181万元。采取措施，清收逾期贷款和欠息活动。帮助有潜力的工商企业清仓查库，逐项清理落实有问题的商品和资金，清收逾期贷款和欠息。揭阳县商业贸易中心在工商银行揭阳县支行的帮助下，逐项清理原来不合理资金占用的问题商品，价值50多万元，有问题资金192万元，收回大部分贷款和欠息。工商银行揭阳县支行通过促进企业兼并，搞活沉淀贷款。工商银行揭阳县支行参与制订对濒临破产企业的兼并方案，协助企业处理一些遗留的资金问题。

1990年初，揭阳县农药厂停工待产，工商银行揭阳县支行调查分析该厂的销售形势以后，给予贷款支持，全年累计发放贷款264万元。该厂全年实现产值426万元、销售431万元，完成税利14.80万元，同比扭亏增盈22.10万元。1991年，工商银行揭阳县支行通过优质服务争取储户、增加存款。属下的榕城老市区店马路储蓄所增加储蓄存款297.60万元，居支行各储蓄所首位；港币存款增加58.40万港元，居支行各储蓄所前列，被工商银行汕头市分行授予“最佳储蓄所”荣誉称号。

四、农业银行揭阳县支行

1986年，农业银行揭阳县支行支持全县粮食生产和三大基地建设。支持揭阳县农业生产资料系统购进化肥、农药金额4536万元。发放农业生产贷款9105.40万元，帮助农业生产承包户解决购进化肥、农药、种子、农机具的资金问题。支持农村三大基地建设，农业口发放种植业、养殖业、农副产品加工业贷款累计1212.60万元。其中，水果种植面积达到18.5万亩，同比增长23.5%，总产量6.7万吨，同比增长27.3%。1987年，农业银行揭阳县支行发放乡镇企业农副产品加工贷款“三来一补”（来料加工、来件装配、来样加工和补偿贸易的简称）企业贷款1.72亿元。支持地都镇办毛织厂、梅云田东村凉果厂、炮台模具厂等乡镇企业发展。12月，全县乡镇企业数量达525家，总收入5.24亿元，同比增长39.52%，实现利润3636万元。

1988年，农业银行揭阳县支行支持外向型乡镇企业科技创新创外汇，促进揭阳县农村外向型经济的发展。中外合资乡镇企业揭阳县新亨副食品厂，传统产品生产通过创新在香港市场上打开销路以后，农业银行揭阳县支行及时对该企业发放信贷资金支持，全年对该企业累计发放贷款63.30万元，使企业及时扩大再生产，在原来的基础上增加经济效益。支持创汇企业累计发放贷款2328万元，累计发放支持商业企业生活资料购销贷款4.49亿元，收回非正常贷款465万元，其中收回呆滞贷款307万元。1989年，农业银行揭阳县支行成立44个清理小组，共200多人的清理队伍，通过清理核实账务，协助企业清仓查库，清货挖潜，边收回逾期贷款，边落实还贷计划。办理同城票据交换55935笔，累计5.20亿元，使企业缩短汇款邮程、节省在途资金，节约利息开支19.12万元。重点支持一类企业贷款，提高信贷资金使用效益。发放贷款1025万元支持外向型企业，实现产值3187万元，税利187.40万元，为国家创汇500万元。

1990年，农业银行揭阳县支行支持农村商业基地，发展创汇农业和“菜篮子工程”，发放支持果蔬种植业、养殖业、饲养业和副食品基地贷款7733万元。支持农业生产服务的各项配套项目建设，累计发放农田水利基础设施贷款485万元，购进农业生产资料贷款1.43亿元；支持农业生产资料采购贷款9942万元；扶持农副产品加工及配套服务项目贷款8500万元。支持科技兴农，发放贷款10万元，扶持农科部门成功试验甘蔗地膜覆盖优耕法种植500亩，使甘蔗亩产量提高20%。发放贷款5万元支持揭阳县兽医站成功试验水牛创新项目，达到国际水准。对乔西集装箱厂发放技改贷款 50 万元，支持该厂的技术改造项目，使该厂项目列入广东省星火计划。全年，发放支持外向型乡镇企业贷款 618 万元。1991 年，农业银行揭阳县支行各项存款余额 2.79 亿元（不含农村信用社各项存款），比 1986 年的 7059 万元增长 2.95 倍，逐年同比平均增长 32.07%。

五、中国银行揭阳县支行

1986 年，中国银行揭阳县支行率先实行天天营业制度，落实好侨汇解付工作，增加为群众储蓄存款服务的时间。10 月，中国银行揭阳县支行下放贷款业务和审批权，在分理处开办贷款业务。重点支持揭阳县外贸、进出口企业和为外贸提供收购产品和劳务、能出口创汇的企业。扶持揭阳县对外贸易公司、揭阳县抽纱公司、揭阳县服装总厂、揭阳氮肥厂、揭阳榕江制衣厂、揭阳榕城工艺服装厂、揭阳榕城塑料厂、揭阳榕江塑料编织厂、揭阳榕江织造厂、揭阳县空调设备厂、揭阳县瓷厂、揭阳县花岗石厂、揭阳县无线电元件厂、揭阳县华侨公司、揭阳县机电贸易公司、揭阳县侨联贸易服务公司、揭阳友谊商店、揭阳县中旅社、揭阳商业旅游服务公司、揭阳县砲台抽纱厂、揭阳新寨洗熨厂、揭阳县二轻企业、揭阳县经济技术开发公司、揭阳县地方工业产品公司、揭阳吉荣空调设备公司、揭阳县农械厂等一批工商企业产品和劳务的出口创汇，累计发放人民币贷款余额 7569.70 万元。开办人民币储蓄业务，发行人民币长城信用卡，提高人民币资金自给率。12 月，中国银行揭阳县支行汇总人民币存款余额 1442.29 万元。

1987 年，中国银行揭阳县支行增设机构网点，扩大人民币资金来源，提高人民币资金自给率。1988 年，中国银行揭阳支行加强国际结算工作，加速收汇、加快结汇。为外向型经济提供多功能服务，开展代客外汇买卖、出口押汇、打包放款等业务，做好信息和咨询工作。合理安排短期周转外汇贷款。国际结算部门在加快收汇、加速结汇方面进行改进，实行有效措施缩短结汇时间。

六、建设银行揭阳县支行

1986 年，建设银行揭阳县支行增开新业务，为支持揭阳县旧城改造做好金融服务。新增开代收职工集资建住宅、个人购商品房资金、华侨和港澳捐资建设资金新业务，方便建设单位存取现金，承办新业务代收资金 1279.40 万元，占存款总存入量的 15%。建设银行揭阳县支行贷款支持揭阳县城榕华大道两侧开发市政工程项目，加快旧城改造步伐。在揭阳县城新兴街改造建设上给予贷款支持。为完成建造 7 幢总建筑面积为 25943 平方米的商品房，提供部分贷款支持。1988 年，建设银行揭阳县支行服务全县加快住房制度改革，为房改工作的开展做好金融服务。配合揭阳县相关部门，对全县城镇住房面积和造价进程测算，参与全县住房改革方案研究，做好房改金融业务的筹备工作。7 月，成立“房地产开发部”，为承办房改业务做好金融服务。至 1989 年 1 月 20 日，为 44 户客户办理住房储蓄存款，推进住宅商品化。

1990 年，建设银行揭阳县支行加强基本建设资金吸储，存款余额 5685 万元，比上年增长 29.32%；发放各项贷款 8940 万元，存、贷款快速增长，为揭阳县基础设施建设增注资金。建设银行揭阳县支行把好工程预结算关，审查工程预结算送审面积 12978.51 平方米，价值 3868.15 万元，核减造价 251.60 万元。

第三节　保险业务建设与保险业务

一、保险业务建设

1986年，保险公司揭阳代理处改建为“中国人民保险公司揭阳县支公司”（简称中保揭阳县支公司，下同），着重加强揭阳县域保险网点建设。全县的榕城、梅云、仙桥、渔湖、东山、曲溪、云路、玉窖、登岗、炮台、地都、霖磐、白塔、龙尾、月城、桂岭、新亨、玉湖、锡场、埔田20镇（区）吸收保险员57名，协保员245名，分3批设立保险站，并陆续开业。中保揭阳县支公司保险业务发展较快，被评为汕头市保险系统先进单位，经理黄爱信被评为广东省保险系统先进个人。1987年，中保揭阳县支公司加速全县保险事业的发展，吸收保险员43名，协保员225名，形成以揭阳县保险公司为主体、农村保险站和协保员为辅助的保险网络。发展横向联系，设立代理网点，先后同揭汕石油气公司、揭阳燃料公司经营站、榕城石油气经营站等32家单位建立代理或半代理关系。各保险站为不断开拓适销对路的新险种，开办养老金保险、幼儿平安险、鱼塘险、香蕉险、柑橘险等8个新险种。

1988年，中保揭阳县支公司重新修订《揭阳县保险站经费管理办法》，理顺保险站内部的经济分配关系，完善内部管理制度。组织开展劳动竞赛活动。中保揭阳县支公司制定《揭阳县保险站1988年劳动竞赛办法》，把当年任务计划指标、承保质量、业务基础工作、经营管理、精神文明建设等方面要求纳入劳动竞赛内容。1989年，中保揭阳县支公司将指标任务层层分解，各股室再根据所在股室实际情况分别下达至各专业组、各险种和各保险站。各项业务承保总额12.80亿元，保费收入1080万元，分别比上年增长60%和80.30%。在汕头市各县中率先突破1000万元，成为全省14个超千万元的建制县之一。

1990年，中保揭阳县支公司要求各股、站在严把质量关的基础上大力发展各项业务，开办新险种，不断扩大保险服务领域。各项业务承保总额16.70亿元，保费收入1424.50万元，分别比上年增长30.47%和31.90%。中保揭阳县支公司在加强保险业务建设中，采用新老并举的发展特色。全县老险种简易人身险、企业财产险、运输工具及责任险、家财险，在巩固原来的基础上得到发展，分别比上年增加48万元、66万元、85万元和17万元；新险种的开办主要有义务兵养老金保险、子女教育婚嫁金保险、家财两全长效保险、生猪保险和水稻保险等。全县12个站开办义务兵养老金保险业务，保费收入2.64万元。生猪保险承保月城、白塔、龙尾3镇的3户养猪专业户所饲养的生猪1809头，保费收入9556元；水稻保险承保玉湖、地都2个镇的水稻3205亩，保费收入2.29万元。

1991年，中保揭阳县支公司加强网点建设，加强保险队伍的思想建设，为保险站改善办公条件，全县20个保险站均接上电话，19个保险站解决办公地址。5月21日，经保险公司汕头分公司批准，中保揭阳县支公司榕城办事处成立。全年，各项业务承保总额达21.20亿元，保费收入（含储金）2008万元，分别同比增长26.95%和40.96%。

二、保险业务

1986年，中保揭阳县支公司的各项保险业务的承保总额和保险收入分别是5.68亿元和240万元，其中企业财产保险收入67万元，同比增长31.33%；运输工具险收入91万元，同比增长59.38%；简易人身险收入56万元，同比增长3.3倍；人身险收入20万元，同比增长19.90%。此外，家庭财产险、学生平安险、涉外保险3个险种属全县20个镇（区）开展的保险业务，收入相对较少。1987年，中保揭阳县支公司各项保险业务的承保总额达9.29亿元，同比增长63.56%；保险收入实现同比翻一番的目标，达到509万元，同比增长112.83%。发展横向联系，设立代理网点，建立代理关系，扩大保险品种，增加保费收入。揭汕石油气公司代办石油气炉保险966户，保费收入1.16亿元；揭阳县农机局代理拖拉机险2060辆，保费26万元；粮食系统20个粮所代办承保总额3002万元，保费收入4.50万元。

1988年，中保揭阳县支公司各项保险业务的承保总额8亿元，比上年略有降低，保费收入607万元，同比增长19.25%。中保揭阳县支公司加强保险站建设，在保险业务上抓好揭阳县村（居）委干部的商业养老保险工作。修订《揭阳县村（居）委干部养老金保险制度的试行方案（讨论稿）》，至11月，磐东镇的82名村干部率先投保，有6个镇的754名村干部投保，其他镇也陆续办理这项保险。加强防灾和强化保险措施。9805号台风到来之前两天，对揭阳县县城南、北河岸地势低洼、高保额的保户，如揭阳县糖果厂、揭阳县农药厂，督促其采取安全防范措施，协助组织转移物资，减少保险财产700万元的损失；指导保险站配合有关部门组织保户做好防灾工作，保护保户保险财产的安全。据统计，全县受损化肥达1225吨、金额100多万元，赔付金额18余万元，赔失率只有18.40%。全年，保费收入277万元，同比增长47.30%，占全公司保费收入的45.60%，积累式养老金、涉外保险、个人保险、家财保险均有突破，中保揭阳县支公司全年保费收入持续增加。1989年，全县各项业务承保总额12.80亿元，保费收入1080万元，同比分别增长60.00%和77.92%。

1990年，全县各项保险业务的承保总额16.70亿元，保费收入1424.50万元，同比分别增长30.47%和31.90%。其中，简易人身险39万份399.20万元，同比分别增长11%和12.79%；运输工具及责任险302.50万元，同比增长27.85%；企业财产保险219.80万元，同比增长27.12%；团体老人长寿险301.40万元，同比增长83.16%；农作物险31.20万元，同比增长619.64%；家庭财产险32.97万元，同比增长90.23%；货运险8.30万元，同比增长271.96%；涉外保险24.80万元，同比增长7.71%。农村保险业务得到全面发展，保费收入累计831.70万元，同比增长42.68%，占全公司业务的58.38%。保险的经济补偿作用日益显著，全年受理赔案6535宗，赔款支出1172.80万元。

1991年，全县各项业务承保总额达21.20亿元，保费收入2008万元，同比分别增长26.95%和40.96%。其中，农险2306万元，同比增长638.66%；家财险142.10万元，同比增长331%；简易人身险41.80万份455万元，同比分别增长7.20%和14%；运输工具及责任险383.60万元，同比增长25.26%；团体老人长寿险245.60万元，同比增长14.70%；货运险26.30万元，同比增长2.17倍，居汕头市各县首位；涉外保险44.70万元，同比增长80.05%；个人财产险88万元，同比增长49.28%。农村保险业务得到发展，保费收入1212万元，同比增长45.73%，占全公司保费收入的60.36%，其中有3个保险站保费收入突破100万元。中保揭阳县支公司新增的香蕉、水稻、柑橘、林木、池鱼、生猪、甘蔗保险7个险种，保费收入2305.70万元，同比增加199万元，农作物险突破200万元。全县200多个村实现家庭财产统保，承保面积62.94%。抓好家庭财产两全长效险，对原仅投保普通家财险的保户，动员其转为两全长效险，使这一险种的储金收入跃增为122.70万元，占家财业务险的86.30%。人身险业务稳步发展，全县如村干部养老金险、团体老人长寿险等项业务都曾走在全市甚至全省前列。继续扩大事业婚嫁金险、儿童幸福险。拓展纯女户养老保险业务，以登岗镇洋淇村为试点，7月为该村33户纯女父母共54人办理养老金保险。货运险有新发展，水上联运公司动员客户将货物在中保揭阳县支公司投保。

1986—1991 年中国人民保险公司揭阳支公司业务情况表

表 1-4

年份	项目	业务与收入	比上年度增长（%）
1986	承保总额（亿元）	5.68	69.06
	保费收入（万元）	240	83.70
1987	承保总额（亿元）	9.29	63.56
	保费收入（万元）	509	120.83
1988	承保总额（亿元）	8.00	-13.89
	保费收入（万元）	607	19.25
1989	承保总额（亿元）	12.80	60.00
	保费收入（万元）	1080	77.92
1990	承保总额（亿元）	16.70	30.47
	保费收入（万元）	1424.50	31.90
1991	承保总额（亿元）	21.20	26.95
	保费收入（万元）	2008	40.96

第二篇　揭阳市金融业

第一章　金融管理机构

第一节　中央银行及银行业监管机构

中国人民银行揭阳市中心支行（简称人行揭阳市中心支行）及其辖属各县（市）支行均为中国人民银行的派出机构，是领导和管理揭阳市金融事业的国家机关，是在中国人民银行和中国人民银行广东省分行领导下对揭阳市金融业实施监督管理的宏观调控部门。国家外汇管理局揭阳市中心支局，是国家外汇管理局的派出机构，在人行揭阳市中心支行直接领导下行使外汇管理职能，是管理外汇的国家机关。

中国银行业监督管理委员会揭阳监管分局（简称揭阳银监分局）是银监会的派出机构，受中国银行业监督管理委员会广东监管局直接领导和管理，统一监督管理揭阳市银行业、保险业、金融资产管理公司、信托投资公司及其他存、贷款类金融机构，维护银行业的合法、稳健运行。

一、中国人民银行揭阳市中心支行

（一）机构沿革

1992年5月6日，中国人民银行揭阳分行筹备组成立；7月1日，中国人民银行揭阳分行挂牌办公，作为中国人民银行的派出机构，不再兼办工商和储蓄业务。

1998年，改革人民银行管理体制，撤销省级分行，设立跨省区分行；人民银行系统党委成立，对党的关系实行垂直领导，干部垂直管理。12月27日，人行揭阳市中心支行、国家外汇管理局揭阳市支局举行挂牌仪式。

1999年1月1日，中国人民银行揭阳分行正式更名为中国人民银行揭阳市中心支行，职能是贯彻执行货币政策、维护金融稳定、提供金融服务。

2003年4月25日，中国人民银行对银行、金融资产管理公司、信托投资公司及其他存款类金融机构的监管职能分离出来，并和中央金融工委的相关职能进行整合，中国银行业监督管理委员会成立。12月，人行揭阳市中心支行内设机构金融机构监管科、合作金融机构监管科从该行分离，并划转50人，与原人行揭阳市中心支行金融工委的相关职能进行整合，中国银行业监督管理委员会揭阳监管分局成立。

（二）职能任务

1992年7月，中国人民银行揭阳分行成立，作为中国人民银行的派出机构，不再兼办工商和储蓄业务，

主要职能是贯彻执行国家统一的金融方针、政策、法令、基本制度和国家货币信贷计划，以及省分行按照广东实际制定的具体细则和实施办法；监督各金融机构严格执行国家金融法令、法规和制度；管理和监督各金融机构缴存的存款，灵活调节和管好用活再贷款和再贴现；管理本辖区货币发行和调拨，销毁残钞，反假人民币，调节市场货币流通；按照国家规定，管理外汇和金银；管理金融市场；代理国家财政金库和国库券、政府债券的发行，管理企业股票、债券等有价证券；审查、上报本辖区办事处（科级单位）建制以上各金融机构和审批办事处建制以下金融机构的设置和撤并；协调、指导、监督、检查本辖区金融机构之间的业务活动，承办上级行交办的其他事项；管理票据交换，办理各金融机构之间的资金结算；开展调查研究，传递金融经济信息，搞好综合反映，为宏观经济决策服务。1995 年 3 月，中国人民银行揭阳分行的职责主要是在本辖区内贯彻实施国家货币政策、按照授权负责金融行政管理和金融业务监管，基本职能为金融监督管理、调查统计分析、横向头寸调剂、经理国库、现金调拨、联行清算、外汇管理。

1999 年 1 月 1 日，中国人民银行揭阳分行更名为人行揭阳市中心支行。中国人民银行有关金融监管职责调整后，人民银行新的职能为制定和执行货币政策、维护金融稳定、提供金融服务。

2003 年 12 月，人行揭阳市中心支行的职能是贯彻执行货币政策、维护辖区金融稳定、提供金融服务。人行揭阳市中心支行新的职能任务增加承担反洗钱的资金监测职责和管理信贷征信业及实施对金融业宏观调控和防范与化解系统性金融风险三项职能。

2004 年 5 月，人行揭阳市中心支行的主要职责和主要任务是贯彻执行国家有关法律、法规、方针、政策及上级行的有关规定；在辖区贯彻执行货币信贷政策，监督管理金融市场，根据有关规定参与辖区系统性金融风险的防范化解，维护地区金融稳定；维护辖区支付结算系统的正常运行；负责大额和可疑支付交易报告制度的实施和反洗钱案件的协查；承担辖区内外汇管理、经理国库、货币发行及人民币流通管理、统计研究、征信管理、安全保卫、党的建设等职责；承办上级行交办的其他事项。至 2018 年 12 月，人行揭阳市中心支行的主要职责和主要任务不变。

（三）机构设置

内设机构　1992 年 7 月 1 日，人行揭阳分行内设 14 个科室：办公室、人事科、计划资金科、货币发行科、会计科、国库科（与会计科合署办公）、金融管理科、稽核科、外汇管理科、科技科、纪检组和监察室、思想政治工作办公室（与人事科合署办公）、保卫科、工会办公室，人员编制 94 名。下设营业部、外汇调剂中心、金融市场 3 个直属单位和黄金饰品服务部 1 个附属单位。1994 年 2 月 17 日，增设资金清算分中心（副科级）。

2000 年 3 月 1 日，人行揭阳市中心支行调整为中等规模行，内设 13 个职能科室及 1 个直属单位，普宁支行为大规模行，惠来、揭西、揭东为中等规模行。核定全市人员编制 333 名，机关 143 名。领导职数为 1 正 3 副，监察室主任 1 名。科级职数 48 名。

2004 年 4 月 29 日，人行揭阳市中心支行设立职能科室 13 个，党群工作机构 4 个（其中 2 个合署办公），直属单位 2 个。核定科级领导职数 42 名。行级领导职数为 1 正 3 副，设纪委书记 1 名，工会主任 1 名。内设部门如下：办公室（党委办公室）、货币信贷管理科、调查统计科、会计财务科、科技科、货币金银科、国库科、内审科、人事科（组织部）、国际收支科、外汇管理科、事后监督中心、保卫科、纪检监察室、宣传群工部（宣传部、机关党委办公室、工会办公室、团委）、营业室（含清算分中心）、后勤服务中心。下辖普宁市、揭西县、惠来县、揭东县 4 个县（市）支行。7 月 6 日，支付结算职能调整，由原营业室负责调整为会计财务科负责，纪检监察与纪委合署办公，更名为纪检监察办公室。2006 年 9 月，人行揭阳市中心支行增设反洗钱科，与营业室合署办公。新增反洗钱科不增加人员编制和领导职数，所需的人员编制和领导职数由单位内部调剂解决。

2013 年 6 月，人行揭阳市中心支行恢复设立揭阳金融学会。12 月，人行揭阳市中心支行设立揭阳市金融消费权益保护联合会。2015 年 2 月 5 日，根据中国人民银行广州分行《中国人民银行广州分行关于中国人民银行揭阳市中心支行内设机构调整的批复》，结合辖区实际情况，调整内设机构，单独设立支付结算科、征信管理科和反洗钱科 3 个科室；设立金融稳定科与外汇检查科 2 个科室，其中金融稳定科与货币信贷管理科合署办公，外汇检查科与国际收支科合署办公；营业室与支付结算科合署办公；后勤服务中心与办公室合署办公；纪检监察办公室更名为纪委监察室；撤销事后监督中心，事后监督中心职责按业务线条分别交由各相关业务科室履行。人行揭阳市中心支行领导职数为 1 正 4 副，设纪委书记 1 名、工会主任 1 名，科级领导职数不超过 45 名。内设 17 个科室：办公室（党委办公室、后勤服务中心）、货币信贷管理科（金融稳定科）、调查统计科、会计财务科、支付结算科（营业室）、科技科、货币金银科、国库科、内审科、人事科（党委组织部）、征信管理科、反洗钱科、外汇管理科、国际收支科（外汇检查科）、宣传群工部（宣传部、机关党委办公室、工会办公室、团委）、纪委监察室、保卫科。

2016 年 1 月 29 日，中国人民银行广州分行揭阳押运中心设立，为人行揭阳市中心支行直属副处级单位，行政上接受人行揭阳市中心支行的领导和管理，业务上接受保卫部门的监督和指导。揭阳押运中心内设综合科、押运科 2 个科。中心主任为副处级，由人行揭阳市中心支行 1 名副行长兼任，副主任为正科级，核定科级职数 6 名。2 月 25 日，中国人民银行广州分行揭阳押运中心成立，职责为完成人行揭阳市中心支行指定区域内发行基金、金银实物及相关业务重要凭证的押运任务，负责汕头、揭阳、潮州、梅州、汕尾 5 个地级市中心支库和潮阳、普宁 2 个县（市）支库的公路押运工作。

分支机构　1992 年 7 月，人行揭阳分行下辖普宁市、揭西县、惠来县、揭东县支行（筹）4 个县（市）支行。1993 年 7 月 1 日，人行揭东县支行（筹）举行挂牌仪式。8 月 17 日，普宁支行更名为中国人民银行普宁市支行。1997 年 3 月 29 日，中国人民银行揭东县支行成立。

2000 年 3 月 1 日，人行普宁市支行调整为大规模行，惠来、揭西、揭东 3 个县支行为中等规模行。2004 年 4 月 29 日，人行普宁市支行内设 6 个股室：办公室、货币信贷与统计股、货币金银股、营业室、保卫股、外汇管理股。揭西县、惠来县支行设 4 个股室：办公室、货币信贷与统计股、营业室、外汇管理股。揭东县支行设 3 个股室：办公室、货币信贷与统计股、营业室。人行揭阳市中心支行下辖普宁市、揭东县、揭西县、惠来县 4 个支行。

2011 年 4 月 11 日，人行普宁市支行增设保卫股和货币金银股，不增加人员编制和领导职数。2016 年 2 月 19 日，揭东县支行变更为中国人民银行揭东支行。至 2018 年 12 月，人行揭阳市中心支行下辖普宁市、揭西县、惠来县、揭东县 4 个县（市）支行，在职员工 92 人。人行揭阳市中心支行系统在职员工 225 人，离休员工 5 人，退休员工 57 人。

1992—2018年中国人民银行揭阳市中心支行负责人一览表

表2-1

姓名	性别	职务	籍贯	任职起止时间
刘保泉	男	党组书记、行长、外汇管理局揭阳分局局长		1992年9月—1998年12月
		党委书记、行长、外汇管理局揭阳分局局长		1998年12月—1999年3月
李科正	男	党组成员、副行长、外汇管理局揭阳分局副局长	广东揭阳	1992年9月—1994年1月
黄振通	男	党组成员、副行长、外汇管理局揭阳分局副局长	广东揭东	1992年9月—1998年12月
		党委委员、副行长		1998年12月—1999年3月
		助理督查		1999年3月—2001年10月
罗亮辉	男	中共揭阳市纪委派驻金融系统纪律检查组组长、揭阳市金融系统监察室主任、党组成员	广东兴宁	1993年11月—1998年12月
		党委委员、纪委书记、监察室主任		1998年12月—2006年2月
		党委委员、纪委书记		2006年2月—2007年9月
		助理调研员		2007年9月—2008年3月
		调研员		2008年3月—2009年8月
林炳华	男	党组成员、副行长、外汇管理局揭阳分局副局长	广东揭阳	1994年7月—1998年12月
		党委委员、副行长		1998年12月—1999年7月
陈瑶南	男	党组成员、副行长、外汇管理局揭阳分局副局长	广东汕头	1996年10月—1998年12月
		党委委员、副行长、外汇管理局揭阳分局副局长		1998年12月—1999年3月
		党委书记、行长、外管局揭阳市中心支局局长		1999年3月—2005年8月
		调研员		2014年1月—2016年1月
胡卓钊	男	党委委员、副行长、外汇管理局揭阳分局副局长	广东丰顺	1999年8月—2002年12月
		党委副书记、副行长、外管局揭阳市中心支局副局长		2002年12月—2003年12月
史镇泉	男	党委委员、副行长		2000年4月—2003年12月
贝建军	男	党委委员、工会工作委员会主任	广东揭西	2000年12月—2008年9月
		助理调研员		2008年9月—2010年9月
黄沛光	男	党委委员、副行长	广东揭东	2002年12月—2004年4月
		党委委员、副行长、外管局揭阳市中心支局副局长		2004年4月—2009年4月
杨里海	男	副处级监管员	广东揭东	2002年12月—2003年12月

续表 2-1

姓名	性别	职务	籍贯	任职起止时间
姚洪生	男	党委委员、副行长	广东汕头	2004 年 7 月— 2011 年 3 月
		党委委员、副行长、外管局揭阳市中心支局副局长		2011 年 3 月— 2017 年 8 月
		党委副书记、副行长、外管局揭阳市中心支局副局长		2017 年 8 月— 2018 年 2 月
		党委副书记、副行长		2018 年 2 月—
许其捷	男	党委书记、行长、外管局揭阳市中心支局局长	广东揭阳	2005 年 8 月— 2009 年 3 月
谢卫江	男	党委委员、副行长	广东潮州	2005 年 6 月— 2011 年 3 月
余声利	男	党委委员、纪委书记	广东饶平	2008 年 3 月— 2014 年 4 月
刘志嘉	男	党委书记、行长、外管局揭阳市中心支局局长	广东丰顺	2009 年 3 月— 2014 年 1 月
林寿武	男	党委委员、副行长	广东惠来	2011 年 3 月— 2016 年 3 月
		党委委员、副行长、人行广州分行揭阳押运中心主任		2016 年 3 月—
黄烈枝	男	助理调研员	广东揭东	2011 年 3 月— 2014 年 7 月
张晓东	男	党委委员、副行长	广东惠东	2011 年 4 月— 2014 年 5 月
黄昌隆	男	党委书记、行长、外管局揭阳市中心支局局长	湖北江陵	2014 年 1 月— 2017 年 8 月
潘世练	男	党委委员、纪委书记	广东揭东	2014 年 4 月—
马晓东	男	党委委员、副行长	广东普宁	2014 年 8 月— 2018 年 2 月
		党委委员、副行长兼外管局揭阳市中心支局副局长		2018 年 2 月—
郑壮海	男	助理调研员	广东揭东	2014 年 8 月— 2015 年 2 月
		副调研员		2015 年 2 月—
陈一非	男	党委委员、副行长	广东广州	2016 年 5 月—
马居亭	男	党委委员、行长助理	山东潍坊	2017 年 3 月— 2018 年 2 月
李新耀	男	行长、外管局揭阳市中心支局局长	广东五华	2017 年 8 月—

1992—2018 年中国人民银行揭阳市中心支行机构人员统计表

表 2–2

年 份	总计		其中：中心支行		县（市）支行	
	机构（个）	人员（人）	机构（个）	人员（人）	机构（个）	人员（人）
1992	5	248	1	94	4	154
1993	5	284	1	121	4	163
1994	5	316	1	129	4	187
1995	5	322	1	138	4	184
1996	5	329	1	142	4	187
1997	5	352	1	157	4	195
1998	5	327	1	129	4	198
1999	5	326	1	140	4	186
2000	5	319	1	142	4	177
2001	5	319	1	149	4	170
2002	5	317	1	150	4	167
2003	5	309	1	147	4	162
2004	5	258	1	122	4	136
2005	5	254	1	121	4	133
2006	5	248	1	128	4	120
2007	5	247	1	130	4	117
2008	5	243	1	135	4	108
2009	5	243	1	136	4	107
2010	5	238	1	133	4	105
2011	5	243	1	139	4	104
2012	5	241	1	138	4	103
2013	5	236	1	138	4	98
2014	5	230	1	136	4	94
2015	5	225	1	134	4	91
2016	5	228	1	137	4	91
2017	5	227	1	135	4	92
2018	5	225	1	133	4	92

说明：1992 年 5 月 30 日，人民银行广东省分行批准成立人行揭东支行筹备组；1997 年 3 月 29 日，人民银行总行批准设立中国人民银行揭东县支行

二、国家外汇管理局揭阳市中心支局

（一）机构沿革

1992年7月1日，国家外汇管理局揭阳分局成立。1998年12月27日，国家外汇管理局揭阳市分局举行挂牌仪式。1999年1月1日，国家外汇管理局揭阳分局更名为国家外汇管理局揭阳市支局。

2001年4月18日，国家外汇管理局揭阳市支局更名为国家外汇管理局揭阳市中心支局（简称外管局揭阳市中心支局）。

（二）职能任务

外管局揭阳市中心支局主要职责为：负责辖区内国际收支和外汇收支统计、管理、预警和分析工作；负责辖区内经常项目管理工作，依法监督经常项目下的汇兑行为；规范境内外外汇账户管理；负责辖区内资本项目管理工作，依法监督管理资本项目下的交易和外汇的汇入、汇出及兑付；依法检查市辖内机构执行外汇管理法规的情况，处罚违法违规行为；监督管理外汇市场的运作秩序，分析、预测外汇市场的供需形势，向上级局提供政策性的建议和依据；规范辖区内外汇账户的管理工作；承办上级局交办的其他事项。

其主要职能为：负责本市国际收支和外汇收支统计、管理、预警和分析；对国际收支间接申报数据，进行非现场核查和现场核查；监控每日外汇指定银行的挂牌汇价；核定中资外汇指定银行的结售汇外汇周转头寸；审批银行结售汇业务、审核境内居民因私售汇业务市场准入、退出资格。负责本市经常项目外汇管理；办理进出口收付汇核销；监督检查经常项目下的汇兑行为，对超比例、超金额的经常项目下售付汇进行事前真实性审查。负责本市资本项目外汇管理工作；依法管理资本项目下的交易和外汇汇入、汇出及兑付；对本市机构借用国外商业性债务性资本、发行外币债券、对外担保以及对外发生债权等资本性交易和汇兑进行管理，对外债和对外担保进行登记和统计监测；对还本付息进行审核；对境外直接投资的外汇业务进行风险审查。负责本市保险机构、证券机构外汇业务市场准入和退出等监督和管理，以及对信托、租赁、财务三类公司和资产管理公司、期货公司等其他公司外汇业务管理。负责本市外资金融机构存款准备金收缴、同城外币票据交换资金清算。依法监督检查省内机构执行外汇管理法规情况；处罚违法违规行为；协助有关司法部门和行政执法部门调查处理涉及外汇违法案件。监督管理银行间外汇市场运行，分析、预测外汇市场供需形势，向国家外汇管理局提供政策性建议和依据；规范本市外汇账户管理。

（三）机构设置

内设机构　至2018年12月，国家外汇管理局揭阳市中心支局设内外汇管理科和国际收支科（外汇检查科）2个科，员工13人。

分支机构　至2018年12月，外管局揭阳市中心支局下辖普宁市、揭西县、惠来县3个县（市）外汇管理局支局。各县（市）支局与当地人民银行合署办公，人民银行各县（市）支行行长兼县（市）外管支局局长，一名副行长兼副局长，专门负责外汇管理工作。

三、中国银行保险业监督管理委员会揭阳监管分局

（一）机构沿革

2003年12月31日，中国银行业监督管理委员会揭阳监管分局（简称揭阳银监分局），从人行揭

阳市中心支行分设，为县正处级机关单位。2004 年 2 月 18 日，中国银行业监督管理委员会揭阳监管分局举行挂牌仪式；5 月 26 日，中国银行业监督管理委员会揭阳监管分局成立。

2004 年年末，揭阳银监分局在编人员 48 人。

2018 年 12 月 26 日，中国银行保险监督管理委员会揭阳监管分局（简称揭阳银保监分局）挂牌成立，为中国银行保险监督管理委员会派出机构，县正处级机关单位。

2018 年年末，揭阳银保监分局在编人员 47 人。

（二）职能任务

2004 年，揭阳银监分局主要职责为：贯彻执行国家有关金融工作的法律、法规，依据银监会和广东银监局的授权，制定监管法规、制度方面的实施细则和规定，负责对所在地银行业金融机构及其分支机构的设立、变更、终止和业务活动的监督管理，依法对金融违法、违规行为进行查处，审查和批准所在地银行业金融机构及其分支机构高级管理人员的任职资格，负责所在地未设监管办事处的县（市）的城市信用社和农村信用社及联社的监管工作，统计有关数据和信息，负责分局机关和系统党的建设、纪检和干部管理工作。

2018 年，揭阳银保监分局主要职责为：执行党的路线、方针、政策，加强党的全面领导，履行全面从严治党责任，负责党的建设和思想政治建设工作。根据银保监会和广东银保监局的授权和统一领导，依法依规独立对揭阳辖内银行业和保险业实行统一监督管理。对有关银行业和保险业机构及其业务范围实行准入管理，审查高级管理人员任职资格。对有关银行业、保险业机构实行现场检查和非现场监管，开展风险与合规评估，保护金融消费者合法权益，依法查处违法违规行为。统计有关数据和信息，跟踪、监测、预测辖内银行业、保险业运行情况。指导和监督地方金融监管部门相关工作。负责党的基层组织建设和干部队伍建设。完成广东银保监局交办的其他工作。

（三）机构设置

内设机构 2004 年 5 月 26 日，揭阳银监分局内设 5 个科（室）：办公室（党委办公室）、人事科（监察科、党委组织部）、统计信息科、监管一科和监管二科。4 月 13 日，增设财务会计科。增设后揭阳银监分局内设 6 个科（室）：办公室（党委办公室）、人事科（监察科、党委组织部、工会办公室）、财务会计科、统计信息科、监管一科和监管二科。2005 年，增设监察室（纪委办公室）。增设后，揭阳银监分局内设 7 个科（室）：办公室（党委办公室）、人事科（党委组织部）、纪检监察科、财务会计科、统计信息科、监管一科和监管二科。

2018 年 12 月 26 日，中国银行保险监督管理委员会揭阳监管分局挂牌。

分支机构 2004 年 7 月 5 日，揭阳银监分局在辖内县（市）分别设立中国银行业监督管理委员会揭阳监管分局普宁监管办事处、中国银行业监督管理委员会揭阳监管分局揭西监管办事处、中国银行业监督管理委员会揭阳监管分局惠来监管办事处 3 个监管办事处。

2004 — 2018 年中国银行保险监督管理委员会揭阳监管分局负责人一览表

表 2-3

姓名	性别	职务	籍贯	任职起止时间
杨鸿高	男	党委书记、局长	广东汕头	2004 年 3 月— 2008 年 5 月
史镇泉	男	党委委员、副局长	广东惠来	2004 年 3 月— 2007 年 4 月

续表 2-3

姓名	性别	职务	籍贯	任职起止时间
杨里海	男	党委委员、副局长兼纪委书记	广东揭东	2004 年 3 月—2006 年 6 月
李建平	男	党委委员、副局长	广东潮安	2005 年 4 月—2006 年 6 月
杨里海	男	副调研员	广东揭东	2006 年 6 月—2009 年 4 月
林朝红	男	党委委员、副局长	广东揭西	2007 年 1 月—
		党委委员、副局长兼纪委书记		2007 年 2 月—2010 年 2 月
刘宁东	男	党委委员、副局长	宁夏中卫	2007 年 11 月—2012 年 5 月
张木盛	男	党委书记、局长	广东潮安	2008 年 5 月—2015 年 10 月
陈克忠	男	副调研员	广东揭东	2008 年 8 月—2009 年 9 月
吴宏壮	男	党委委员、纪委书记	广东揭东	2010 年 2 月—2012 年 7 月
		副调研员		2012 年 7 月—2014 年 8 月
杨木新	男	党委委员、纪委书记	广东揭东	2013 年 4 月—2015 年 12 月
张木盛	男	调研员	广东潮安	2015 年 10 月—2015 年 12 月
杨木新	男	副调研员	广东揭东	2015 年 12 月—
王学臣	男	党委委员、副局长	河南长葛	2015 年 5 月—2016 年 4 月
钟　声	男	党委委员、纪委书记	广东梅县	2015 年 12 月—2016 年 9 月
王学臣	男	党委书记、局长	河南长葛	2016 年 4 月—
钟　声	男	党委副书记、副局长	广东梅县	2016 年 9 月—
杨小晖	女	党委委员、纪委书记	广东普宁	2017 年 7 月—

说明：表内成员按 2004—2018 年任职起始时间由远到近排序

第二节　地方金融协调机构

揭阳市地方金融协调机构，为2005年设立的揭阳市金融服务办公室，是揭阳市人民政府管理、服务、处理、协调地方金融工作的办事机构。2011 年 3 月，揭阳市金融服务办公室更名为揭阳市人民政府金融工作局，主要任务不变。

一、机构沿革

2005 年 10 月 8 日，揭阳市金融服务办公室设立，为揭阳市人民政府直属正处级事业单位。2007 年 11 月 15 日，揭阳市金融服务办公室参公管理，归口揭阳市人民政府办公室管理，单独运作，为揭阳市人民政府管理、服务、处理、协调地方金融工作的办事机构。

2011 年 3 月 10 日，揭阳市金融服务办公室更名为揭阳市人民政府金融工作局。其机构性质、隶属关系、行政级别、主要任务不变。2012 年 12 月 29 日，揭阳市人民政府金融工作局调整为揭阳市人民政府直属事业单位，不再挂靠揭阳市人民政府办公室，其党务、纪检监察、人事、财务、后勤等由揭阳市人民政府金融工作局管理。隶属关系调整后，揭阳市人民政府金融工作局的机构性质、行政级别、编制、职能任务不变。

2005 年，揭阳市金融服务办公室在编人员 5 人。2011 年，揭阳市人民政府金融工作局在编人员 5 人；2012 年 7 月 12 日增加 2 名编制；2018 年 7 人。

二、内部机构

2012 年 7 月 12 日，揭阳市人民政府金融工作局内设综合科、金融发展科（加挂资本市场科牌子）2 个科室，均为正科级建制。2013 年 10 月 15 日，揭阳市人民政府金融工作局的内设综合科，其职能增加负责对该局党务、纪检监察、人事、财务、后勤的管理协调相关职能。其余职能不变。至 2018 年 12 月，揭阳市人民政府金融工作局内设科室不变。

三、职能任务

2005 年，揭阳市金融服务办公室主要任务为：贯彻执行党和国家有关银行、证券、期货、保险、信托等金融工作方针政策和法律、法规，协调地方金融系统落实省委、省政府有关金融工作的各项决议、决定、重要工作部署；引导促进各类金融机构支持地方经济和各项事业的发展；制订揭阳市地方金融及金融产业发展的中长期规划和工作计划，协调组织有关部门对地方金融机构的管理；协调解决金融业发展中应由地方解决的矛盾和问题，协调、支持、配合各驻揭阳金融机构的工作；组织协调防范化解和处置地方金融机构风险，整顿与规范金融秩序；按照国有资产管理的有关规定，负责对地方国有金融资产的监督管理，维护地方国有金融资产出资人的权益；研究拟定地方发展和利用资本市场的政策、规划和措施，推动企业改制上市；协助国家证券监管机构做好上市公司的规范发展工作，承办揭阳市委、市人民政府交办的其他事项。此体制至 2018 年依然沿袭。

揭阳市人民政府金融工作局负责人一览表

表 2-4

姓名	性别	职务	籍贯	任职起止时间
黄光瑞	男	揭阳市金融服务办公室副主任（主持全面工作）	揭阳惠来	2005 年 11 月— 2007 年 3 月
林奕涛	男	揭阳市金融服务办公室副主任	揭阳揭西	2006 年 5 月— 2012 年 5 月
黄光瑞	男	金融服务办公室主任	揭阳惠来	2007 年 3 月— 2012 年 5 月
		揭阳市人民政府金融工作局局长		2012 年 5 月— 2012 年 9 月
江少明	男	揭阳市人民政府金融工作局局长	揭阳揭东	2012 年 10 月—
林奕涛	男	揭阳市人民政府金融工作局副局长	揭阳揭西	2012 年 5 月— 2015 年 4 月
黄晓棠	女	揭阳市人民政府金融工作局副局长	揭阳惠来	2015 年 4 月—

说明：表内成员按 2005—2018 年任职起始时间由远到近排序

第二章　银行业

第一节　国有政策性银行

中国农业发展银行揭阳市分行

至2018年年末，中国农业发展银行揭阳市分行是揭阳市境内唯一一家国有政策性银行，是以贯彻国家产业政策和区域发展政策为目的，在经济市场化环境下，不以营利为目标的金融机构。

（一）机构沿革

1996年10月14日，中国农业发展银行揭阳市分行（简称农发行揭阳市分行）设立，同时设立辖属市分行营业部和惠来县支行。10月14日，中国人民银行广东省分行颁发给农发行揭阳市分行中华人民共和国金融机构营业许可证。12月3日，挂牌营业，属中国农业发展银行的辖属二级分行。2005年4月，市分行营业部更名为营业室，并入市分行的内设机构。至2018年，仅有惠来县支行1个分支机构。

2018年年末，农发行揭阳市分行有员工62人，其中市分行47人、惠来县支行15人。

内设机构

1996年，农发行揭阳市分行内设办公室、计划信贷科、财务会计科、人事教育科、稽核监察科5个职能科室。1997年3月，增设保卫科（与办公室合署办公）。10月，稽核监察科分设稽核科、监察室。

2005年4月，农发行揭阳市分行内设机构调整为8个，其中，原农发行揭阳市分行营业部更名为营业室，并入农发行揭阳市分行的内设机构。原计划信贷科更名为计划信贷与风险管理科；原人事教育科更名为人力资源管理科（党委组织部）；增设客户服务科、办公室（党委办公室）、财务会计科、稽核科、监察室（纪委）；2006年，农发行揭阳市分行内设机构名称由“科”改为“部”。2007年2月，安全保卫职能由办公室调整到监察室，对外保留保卫科的牌子和印章。

2010年8月，农发行揭阳市分行内设机构进一步整合，将财务会计部和营业室，合并为财务会计部；监察室和内部审计部，合并为监察审计部；营业室不再作为独立的内设机构。

2011年6月，计划信贷与风险管理部分设为计划信息部和信贷与风险管理部，农发行揭阳市分行内设办公室（党委办公室）、财务会计部、监察审计部、人力资源部、客户服务部、信贷与风险管理部、计划信息部7个部（室）。

2016年6月，农发行揭阳市分行内设机构进一步整合，撤销人力资源部和监察审计部，其职能并入办公室。内设机构调整为5个：办公室（党委办公室、宣传部）、计划财会部、客户业务部、信贷与风险管理部、信息科技部。由于承担金融扶贫任务，在客户业务部门加挂扶贫业务部的牌子。2018年12月，农发行揭阳市分行内设机构5个：办公室（党委办公室、宣传部）、计划财会部、客户业务部（扶贫业务部）、信贷与风险管理部、信息科技部。

1996—2018年中国农业发展银行揭阳市分行负责人一览表

表2-5

姓名	性别	职务	籍贯	任职起止时间
郑少军	男	副行长（主持全面工作）	广东揭阳	1996年10月—1997年7月
		行长		1997年7月—2008年3月
吴小群	男	行长	广东潮州	2008年3月—2014年8月
何壁龙	男	副行长	广东揭阳	1997年7月—1998年11月
王凯彬	男	行长助理	广东揭阳	1997年7月—2000年4月
		副行长		2000年4月—2005年3月
黄御光	男	副行长	广东揭阳	2002年5月—2010年4月
				2014年8月—
叶国锋	男	副行长	广东汕尾	2005年3月—2008年8月
彭小丁	男	副行长	广东梅州	2008年10月—2013年5月
陈洪荣	男	副行长	广东揭阳	2011年8月—2014年8月
黄俊乐	男	副行长	广东汕尾	2013年8月—2016年2月
王文鸿	男	行长	广东汕头	2014年8月—
黄文树	男	副行长	广东揭阳	2016年3月—2018年9月
刘建兵	男	行长助理	广东揭阳	2017年5月—2018年5月
		副行长		2018年5月—

说明：表内成员按1996—2018年任职起始时间由远到近排序

2. 分支机构

1996年10月14日，设立农发行惠来县支行，内设3个部（室）：办公室、信贷业务部、会计结算部。

1996—2018年中国农业发展银行揭阳市分行机构人员统计表

表2-6

年份	总计		其中：市分行		县支行	
	机构（个）	人员（人）	机构（个）	人员（人）	机构（个）	人员（人）
1996	2	55	1	36	1	19
1997	2	56	1	37	1	19
1998	2	56	1	37	1	19
1999	2	57	1	38	1	19
2000	2	57	1	38	1	19

续表 2-6

年份	总计		其中：市分行		县支行	
	机构（个）	人员（人）	机构（个）	人员（人）	机构（个）	人员（人）
2001	2	57	1	39	1	18
2002	2	58	1	40	1	18
2003	2	58	1	41	1	18
2004	2	59	1	42	1	17
2005	2	59	1	43	1	16
2006	2	57	1	41	1	16
2007	2	57	1	42	1	15
2008	2	57	1	43	1	14
2009	2	56	1	43	1	13
2010	2	59	1	47	1	12
2011	2	61	1	49	1	12
2012	2	64	1	52	1	12
2013	2	66	1	48	1	18
2014	2	68	1	46	1	22
2015	2	67	1	48	1	19
2016	2	67	1	47	1	20
2017	2	65	1	45	1	20
2018	2	62	1	47	1	15

（二）职能任务和业务

中国农业发展银行于 1994 年 4 月成立，在各分支机构设立之前，其业务暂时委托中国农业银行分支机构代理。1996 年 10 月 14 日，设立农发行揭阳市分行。此前 1996 年 6 月，中国农业银行揭阳市分行设立农发行业务专柜，专门办理、核算农发行业务，中国工商银行揭阳市分行也设有农业政策性信贷业务。1996 年 11 月 30 日，农发行揭阳市分行正式接受中国农业银行揭阳市分行、中国工商银行揭阳市分行划转的农业政策性信贷业务。农发行揭阳市分行向中国农业银行揭阳市分行办理分拆后的人、财物、业务移交手续。

农发行揭阳市分行作为总行派出二级分行机构，在统一法人授权经营范围下，实行独立核算，自主、保本经营，企业化管理，业务上接受中国人民银行和中国银行保险监督管理委员会的指导和监督。主要职能任务是按照国家的法律、法规和方针、政策，以国家信用为基础，筹集农业政策性信贷资金，承担国家规定的农业政策性金融业务，代理财政性支农资金的拨付，为农业和农村经济发展服务。从 1996

年成立到2018年年末，职能任务、业务范围和种类由国家政策规定，并随国家政策调整进行相应的调整，先后经历四个发展阶段：

第一，建行初期阶段（1996—1998年）。1996年12月3日起，农发行揭阳市分行开始独立自营。其业务范围是：办理国务院确定、中国人民银行安排资金并由财政予以贴息的粮食、棉花、油料、猪肉、食糖等主要农副产品的国家专项储备贷款；办理粮、棉、油、肉等农副产品收购贷款及粮油调销、批发贷款；办理承担国家粮、油等农产品政策性加工任务企业贷款和棉麻粗加工企业贷款；办理国务院确定的扶贫贴息贷款、老少边穷地区发展经济贷款、贫困县县办工业贷款、农业综合开发贷款以及其他财政贴息的农业贷款；办理国家确定的小型农、林、牧、水利基本建设和技术改造贷款；办理中央和省、市级政府的财政支农资金代理拨付，为各级政府设立粮食风险基金开立专户并代理拨付；发行金融债券；办理业务范围内开户企事业单位存款；办理开户企事业单位结算；办理国务院和中国人民银行批准的其他业务。

第二，专司收购资金封闭管理阶段（1998—2003年）。1998年，国家深化粮食流通体制改革，作为配套改革措施，国务院对农发行职能进行相应调整。按照国务院政策调整要求，农发行揭阳市分行将承办的农村扶贫、农业综合开发、粮棉企业附营业务等项贷款业务划转到工商银行和农业银行，分两次划转人民银行专项贷款4822.50万元和粮油附营业务占用贷款6500万元。至此，农发行揭阳市分行分支机构的职能和业务范围调整为：主要集中精力专司粮、棉、油收购资金封闭管理，即主要办理粮油收购、调销、加工、专项储备贷款和财政支农资金、粮食风险基金代理拨付和监督、业务范围内开户企事业单位存款、结算等业务。至2000年，基本实现粮、棉、油收购资金封闭运行。

第三，多方位宽领域支农阶段（2004年至2015年3月）。根据国务院粮食市场化改革的意见，农发行揭阳市分行职能和业务范围逐步拓展，进入打造现代农业政策性银行的新阶段。2004年开始，将传统贷款业务的支持对象由国有粮、棉、油购销企业扩大到各种所有制的粮、棉、油购销企业；7月，国务院召开第57次常务会议，研究农发行职能调整有关问题；9月，银监会批准将信贷政策调整为政策性业务和商业性业务，开办粮、棉、油产业化龙头企业和加工企业贷款业务。2006年7月，银监会批准农发行揭阳市分行扩大产业化龙头企业贷款业务范围和开办农业科技贷款业务。2007年1月，银监会批准开办农村基础设施建设贷款、农业综合开发贷款和农业生产资料贷款业务。

2014年12月，国务院正式批复实施农发行改革方案。改革方案的出台，是党中央、国务院对农发行10年工作业绩的充分肯定，是新形势下农发行发展的新要求，也是农发行发展史上又一重要里程碑，为农发行建设一流现代农业政策性银行开创崭新局面。

第四，现代农业政策性银行建设阶段（2015年3月起）。2015年3月后，农发行主动服务国家战略，推动落实改革方案，明确提出主动提升站位，加倍努力，助力决胜小康，开创农发行履行职能和改革发展新局面的大思路，制定实施“一二三四五六”总体发展战略。在此期间，农发行揭阳市分行在上级行的领导下，掀开全面建设现代农业政策性银行的新篇章。

2018年年末，农发行揭阳市分行资产总额由1996年的4.06亿元增加至2018年25.65亿元，增幅531.77%；负债总额由1996年的3.81亿元增加至2018年的25.54亿元，增幅570.67%。各项存款余额12.22亿元，其中企事业单位存款11.81亿元。各项贷款余额24.16亿元，其中正常贷款20.92亿元，占总额86.59%；关注贷款3.24亿元，占比13.41%；可疑贷款、次级贷款、呆账贷款均为零。

1996—2018年中国农业发展银行揭阳市分行资产负债表（本币）

表2-7

单位：万元

年份	资产总额	流动资产	长期资产	其他资产	负债总额	流动负债	长期负债	所有者权益	本年利润	各项存款	其中：储蓄存款	企事业单位存款	各项贷款	其中：短期贷款	中长期贷款
1996	40589	24460	16399	—	38455	38075	—	2404	2404	1007	—	1001	31380	14981	16399
1997	53894	38119	15770	5	55552	54960	—	-1658	-1658	1901	—	1574	44212	28461	15751
1998	27968	22543	5412	13	29117	28525	—	-1149	-1149	1195	—	945	26202	20748	5454
1999	29225	19478	9734	13	29239	28647	—	-14	-14	2060	—	1014	27779	12174	15605
2000	32240	25047	7170	23	32043	31564	-113	197	197	2308	—	1895	31033	18145	12888
2001	31931	27027	4904	—	32124	31530	—	-193	-193	2373	—	1934	30067	13994	16073
2002	36093	28593	7500	—	36329	35735	—	-236	-236	2714	—	1928	34829	27810	7019
2003	40106	33299	6807	—	40374	39757	—	-268	-268	5629	—	722	37350	31177	6173
2004	39551	31640	7869	42	39607	38990	—	-56	-56	5517	—	622	37728	31365	6363
2005	38261	28054	10186	21	38458	37841	592	-197	-197	4836	—	2847	36534	27758	8776
2006	36732	27796	8935	1	36554	35937	592	178	178	3761	—	2056	35132	27544	7588
2007	41425	37950	3475	—	40832	40215	592	593	593	2345	—	832	39883	37721	2126
2008	44878	41470	3408	—	44341	43749	592	537	537	8678	—	6722	43247	41095	2152
2009	78557	56903	21654	—	78120	77528	592	437	437	27189	—	24247	76993	55511	21482
2010	81774	47322	34422	—	80592	80000	592	1152	1152	37765	—	26278	80208	47030	33178
2011	107427	74548	32879	—	105681	105089	592	1746	1746	23289	—	15611	105817	74220	31597
2012	118329	87991	30338	—	116261	115669	592	2068	2068	23390	—	15185	116802	87639	29163
2013	115939	90040	25899	—	114656	114064	592	1283	1283	10875	—	7378	114660	89895	24765
2014	188264	167820	20443	1	187061	186469	—	1203	1203	43066	—	38914	186786	167536	19250
2015	188485	141970	46515	—	188280	188280	—	205	205	26979	—	22488	187251	141814	45437
2016	200213	115854	84359	—	199719	199719	—	494	494	137320	—	129798	198654	149370	48924
2017	206672	142010	64662	—	203841	203841	—	2831	2831	105913	—	94788	189212	125802	63410
2018	256519	152167	104352	—	255359	255359	—	1160	1160	122214	—	118112	241587	138309	103278

说明：表内“—”为无法取数或无数据

第二节　国有控股商业银行

揭阳市工行、农行、中行、建行四行，原为国有专业银行，1995年，《中华人民共和国商业银行法》颁布实施后，先后向商业银行经营机制转型，改称国有商业银行。2003年起，先后改制成国有独资股份有限公司，2005—2010年，建行、中行、工行、农行先后改制成国有控股商业银行，并成功上市。2011年，升格后交通银行揭阳分行成立。

至2018年，全市国有控股商业银行有中国工商银行股份有限公司揭阳分行、中国农业银行股份有限公司揭阳分行、中国银行股份有限公司揭阳分行、中国建设银行股份有限公司揭阳市分行、交通银行股份有限公司揭阳分行5家。

一、中国工商银行股份有限公司揭阳分行

（一）机构沿革

中国工商银行股份有限公司揭阳分行（简称工行揭阳分行），是中国工商银行的二级分行，前身为中国工商银行揭阳县支行。1984年1月1日，中国工商银行揭阳县支行从中国人民银行揭阳县支行分设，分设时与人行揭阳县支行采取“一个机构，两块牌子，资金分开，两套账目”的过渡办法。11月1日，人民银行行使中央银行职能后，工商银行揭阳县支行单独设立。原人民银行的工商信贷业务、结算、城镇居民储蓄业务和部分单位现金管理、工资基金管理划归工商银行经办，成为办理辖区城市金融业务的专业银行。1991年12月，揭阳撤县建市。1992年7月11日，撤销中国工商银行揭阳县支行，设立中国工行揭阳分行。1995年7月，中国工商银行逐步向“自主经营，自负盈亏，自担风险，自求平衡，自我发展”的经营机制转换，逐步由国家专业银行向国有商业银行转变。工行揭阳分行以安全性、流动性、效益性为经营原则，逐步向国有独资商业银行二级分行转变。

2005年10月25日，中国工商银行改称中国工商银行股份有限公司。10月26日，随总行的整体规划建制，中国工行揭阳分行改称中国工商银行股份有限公司揭阳分行。2006年10月27日，中国工商银行在上海、香港两地同步上市。至2018年，工行揭阳分行名称及性质不变。

1992年，工行揭阳分行全行总人数771人，其中分行本部161人，一级支行610人。1995年从业人员达到最高峰872人，其中分行本部138人、一级支行734人。2018年，全行总人数593人，其中分行本部163人、一级支行430人。

1992—2018年中国工商银行股份有限公司揭阳分行机构人员统计表

表2-8　　单位：人

年份	总人数	二级分行	一级支行	二级支行	分理处	办事处	储蓄所
1992	771	161	610	—	—	—	—
1993	866	129	737	—	—	—	—
1994	868	126	742	—	—	—	—

续表 2-8

年份	总人数	二级分行	一级支行	二级支行	分理处	办事处	储蓄所
1995	872	138	734	—	—	—	—
1996	854	190	664	—	—	—	—
1997	835	156	679	—	—	—	—
1998	828	187	641	—	—	—	—
1999	771	164	607	—	—	—	—
2000	771	209	562	—	—	—	—
2001	773	304	469	—	—	—	—
2002	779	309	470	—	—	—	—
2003	686	245	441	—	—	—	—
2004	614	249	365	—	—	—	—
2005	558	202	356	—	—	—	—
2006	528	240	288	—	—	—	—
2007	506	168	338	—	—	—	—
2008	502	171	331	—	—	—	—
2009	506	155	351	—	—	—	—
2010	521	163	358	—	—	—	—
2011	548	166	382	—	—	—	—
2012	561	213	348	—	—	—	—
2013	587	162	425	—	—	—	—
2014	608	161	447	—	—	—	—
2015	601	157	444	—	—	—	—
2016	601	159	442	—	—	—	—
2017	598	164	434	—	—	—	—
2018	593	163	430	—	—	—	—

说明：表内“—”为无法取数或无数据

内部机构 1984年，工商银行揭阳县支行内设9个股室：办公室、人事股、会计股、出纳股、工业信贷股、商业信贷股、计划股、储蓄股、宣教股。

1992年7月，工行揭阳分行内设15个科（室、部）：办公室、劳动人事科、保卫科、监察室、工会办公室、宣教科、计划科、稽核科、会计科、出纳科、储蓄科、工业信贷科、商业信贷科、信用卡部、住房信贷部。信托投资公司、信息质询公司、南粤房地产开发公司3个直属公司。1993年1月，工行揭阳分行增设国际业务部，开展结、售汇等外汇业务。1994年11月，增设科技科，负责分行电子化建设业务。

1995年6月，工行揭阳分行在揭阳市区东山区站前大道（原揭阳市烟草局一楼）设立东山办事处，业务由商业信贷科主管。8月，工行揭阳分行住房信贷管理部更名为房地产信贷部；工会工作委员会成立。1997年4月，工行揭阳分行内设机构进行调整，精简设置。工行揭东县支行设立营业部、业务部、办公室3部（室）；工行揭西县支行、工行惠来县支行、工行榕城支行设立营业部、业务部、资金部、办公室4部（室）；工行普宁支行设立营业部、业务部、资金部、人保监察部、办公室5部（室）。8月，工行揭阳分行全面完成机关内设机构调整工作。工业信贷科、商业信贷科合并为信贷业务科，承担揭阳全市工商企业贷款业务。设立信贷管理科，管理全行本外币贷款，对全行信贷资产进行风险控制和管理，负责法律事务和合规工作。会计科、出纳科合并为会计出纳科，管理全行核算、结算、出纳、会计电算化和资金清算业务。撤销宣教科。11月，设立中国工行揭阳分行清算中心，挂靠会计科。

1998年3月，工行揭阳分行设立筹资科。12月，设立会计核算中心和事后监督中心，挂靠分行会计出纳科；会计核算中心作为分行业务处理中心；事后监督中心行使监督职能，负责会计、储蓄业务的事后监督。1999年3月，工行揭阳分行内设办公室、信息规划科、计划财务科、零售业务科、工商信贷科、项目信贷科、会计结算科、国际业务科、技术保障科、稽核科、人事科、监察室、工会办、保卫科14个科室和揭阳分行营业部1个营业部。11月，设立住房信贷科。2000年2月，工行揭阳分行设立分行法律顾问室，挂靠工商信贷科。

2001年1月，工行揭阳分行工商信贷更名为信贷管理科。4月，设立资产风险管理科。6月，撤销信息咨询公司。2002年1月，中国工商银行广东省分行揭阳市特殊资产经营部成立。4月，内设科室调整，计划财务科更名为计划财务部；零售业务科更名为个人金融业务部（信用卡、个人消费信贷）；工商信贷科更名为信贷管理部，与资产风险管理部合署办公；会计结算科更名为会计结算部（会计核算中心、电子清算中心、事后监督中心）；国际业务科更名为国际业务部；技术保障科更名为信息科技部；稽核科更名为稽核监督部；保卫科更名为保卫部；人事科更名为人力资源部（党委组织宣传部、系统团委）。办公室（与法律室合署办公）、监察室、工会办（与人力资源部合署办公）、分行营业部名称不变。撤销信息规划科、项目信贷科、住房信贷部，成立公司业务部。

2003年3月，中国工商银行广东省分行揭阳市特殊资产经营部更名为中国工商银行广东省分行揭阳市特殊资产经营分部。11月，个人信贷管理中心成立。2004年4月，贷后监督检查中心成立，挂靠分行信贷管理部。6月，工行揭阳分行票据中心成立，挂靠分行公司业务部；是月，设立工行揭阳分行机构人员编制委员会。8月，工行揭阳分行个人贷款审批中心成立。2005年1月，工行揭阳分行稽核监督部更名为内控合规部，与监察室合署办公；事后监督中心更名为监督中心。10月，保卫部更名为保卫保障部。

2006年8月20日，工行揭阳分行内设计划财务部、个人金融业务部、个人信贷管理中心（个人信贷审批中心）、公司业务部［信贷业务中心、票据业务中心、市场营销中心、国际业务中心（对外名称为国际业务部）］、信贷管理部（信贷审查审批中心、贷后监督检查中心）、会计结算部［核算中心、中心库、监督中心（含对账中心）］、内控合规部、信息科技部（中心机房）、办公室（党委办公室、党委宣传部、档案管理中心、法律事务、团委）、监察室（纪委）、人力资源部（党委组织部、工委会办公室）、保卫保障部12个部门。2007年3月，工行揭阳分行内设公司业务部、个人金融业务部、结算与现金管理部、贸易融资部、财务会计部、运行管理部、内控合规部、综合管理部（党委办公室、组织部、宣传部）、监察保卫部（纪律检查委员会）9个部门。工会工作委员会办公室、业务处理中心、现金营运中心、监督中心、风险管理中心、技术支持中心、个人客户服务中心7个附属机构。分行营业部调整为分行直属机构。

2008年12月23日，结算与现金管理部更名为结算与电子银行部，为分行内设机构。2009年3月，成立小企业与个人信贷中心，挂靠分行营业部。4月，成立中国工行揭阳分行报表分中心，挂靠分行财务会计部；成立小企业金融业务中心，挂靠分行公司业务部。7月，分行监督中心更名为运行风险监控中心，为分行附属机构，业务上接受分行运行管理部指导。12月，组建反洗钱中心，与内控合规部合署办公。

2010年8月，风险管理中心调整为信贷管理部附属机构。2011年4月，新设监察室、保卫部，撤销原来的监察保卫部。2013年7月，成立工行揭阳分行现金营运中心自助设备运营中心。

2014年5月，成立渠道管理办公室，挂靠分行综合管理部。7月，设立私人银行中心。10月，整合本部运营三个中心的职能，成立核算中心和现金营运中心，撤销原业务处理中心、现金营运中心和运行风险监控中心。2015年3月，工行揭阳分行本部将原内设机构、附属机构整合成内设机构和直属机构。公司业务部更名为公司金融业务部；贸易融资部更名为国际业务部；信贷管理部、风险管理中心合并为信贷与投资管理部；综合管理部分拆为综合管理部和人力资源部，撤销保卫部，其部门职能并入综合管理部；工会工作委员会办公室调整为内设机构，更名为工会办公室；小企业金融业务中心更名为小企业经营中心（小微金融业务中心），调整为直属机构；个人信贷业务审批中心更名为银行卡中心，调整为直属机构；技术支持中心、核算中心、现金营运中心调整为直属机构。11月，成立个人信用消费金融中心。

2018年11月，小企业经营中心更名为普惠金融事业部。12月，工行揭阳分行，将本部原内设机构和附属机构，整合和调整成包括营销管理、风险管理、综合管理、支持保障和直属机构五大子系统的12个内设机构和5个直属机构。12个内设机构分别为：公司金融业务部、个人金融业务部、结算与电子银行部、国际业务部、信贷与投资管理部、内控合规部、综合管理部、财务会计部、人力资源部、运行管理部、监察室、工会办公室。5个直属机构：普惠金融事业部、银行卡中心、技术支持中心、核算中心、现金营运中心。组织架构如下图。

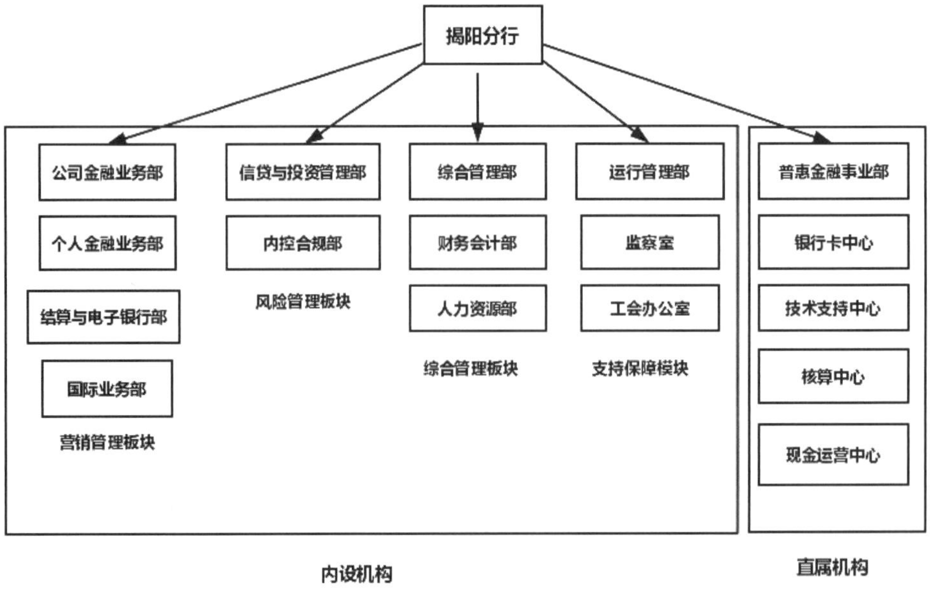

中国工商银行股份有限公司揭阳分行内部组织架构图

1992—2018年中国工商银行股份有限公司揭阳分行负责人一览表

表 2-9

姓名	性别	职　务	籍贯	任职起止时间
郑荣勋	男	行长	广东汕头	1992年7月—1994年12月
		党组书记		1992年7月—1995年11月
林俊江	男	副行长	广东惠来	1992年7月—1994年12月
		党组成员		
吴春理	男	党组成员	广东揭阳	1992年7月—1996年12月
林建忠	男	副行长	广东揭阳	1994年8月—1996年8月
		党组成员		
林俊江	男	行长	广东惠来	1994年12月—1997年9月
		党组副书记		1994年12月—1995年11月
		党组书记		1995年11月—1997年9月
吴奇光	男	副行长	广东揭阳	1996年7月—1997年9月
		党组成员		
林潮坤	男	副行长	广东揭阳	1996年7月—2004年5月
		党组成员		1996年7月—1998年9月
吴奇光	男	党组副书记	广东揭阳	1997年9月—1998年9月
		副行长（主持全面工作）		
林伟宏	男	副行长	广东揭阳	1998年4月—2006年5月
蔡　健	男	副行长	广东惠来	1998年4月—2004年5月
吴奇光	男	行长	广东揭阳	1998年9月—2004年5月
		党委书记		
林潮坤	男	党委委员	广东揭阳	1998年9月—2000年4月
林伟宏	男	党委委员	广东揭阳	1998年9月　2006年5月
林炼杰	男	党委委员	广东普宁	1998年9月—2004年5月
林潮坤	男	党委副书记	广东揭阳	2000年4月—2004年5月
蔡　健	男	党委委员	广东惠来	2000年2月—2004年8月
黄培南	男	副行长（主持全面工作）	广东汕头	2004年5月—2005年9月
		党委副书记		2004年5月—2005年7月
吴楚智	男	副行长	广东潮州	2004年5月—2009年2月
		党委委员		

续表 2-9

姓名	性别	职　务	籍贯	任职起止时间
林诗龙	男	副行长	广东汕头	2004 年 5 月— 2017 年 5 月
		党委委员		
彭伟雄	男	副行长	广东揭西	2004 年 8 月— 2009 年 3 月
		党委委员		
林潮坤	男	党委委员	广东揭阳	2004 年 5 月— 2012 年 12 月
		纪委书记、工会主任		2004 年 8 月— 2012 年 12 月
黄培南	男	行长	广东汕头	2005 年 9 月— 2009 年 2 月
		党委书记		2005 年 7 月— 2009 年 2 月
吴楚智	男	副行长（主持全面工作）	广东潮州	2009 年 2 月— 2010 年 7 月
		党委副书记		
黄健民	男	副行长	广东汕头	2009 年 2 月— 2018 年 8 月
		党委委员		
李　暋	男	行长助理	广东汕头	2009 年 5 月— 2011 年 3 月
吴楚智	男	行长	广东潮州	2010 年 7 月— 2014 年 9 月
		党委书记		2010 年 7 月— 2014 年 7 月
李　暋	男	副行长	广东汕头	2011 年 3 月— 2017 年 6 月
		党委委员		
林生明	男	行长助理	广东揭西	2012 年 5 月— 2014 年 2 月
林少銮	女	党委委员、纪委书记	广东揭西	2012 年 12 月— 2014 年 5 月
林诗龙	男	纪委书记	广东汕头	2014 年 5 月— 2017 年 5 月
林生明	男	副行长	广东揭西	2014 年 2 月—
		党委委员		
蔡志成	男	党委副书记（主持全面工作）	广东汕头	2014 年 7 月— 2015 年 10 月
		副行长（履行行长职责）		2014 年 9 月— 2015 年 10 月
		党委书记		2015 年 10 月—
		行长		
林惠雄	男	党委委员、纪委书记	广东揭西	2017 年 5 月—
方为民	男	行长助理	广东普宁	2017 年 6 月—
胡文辉	男	行长助理	广东潮阳	2018 年 8 月—

说明：表内成员按 1992—2018 年任职起始时间由远到近排序

分支机构 1984年，工行揭阳县支行外设：榕城办事处、曲溪办事处、曼头山分理处、氮肥厂分理处，以及信托公司和金融服务部（集体性质）。

1992年9月26日，中国工行揭阳分行辖普宁、揭东、揭西、惠来、榕城5个县（区）支行。1993年4月，工行揭阳分行辖属普宁县支行改为普宁市支行，原隶属关系不变。1998年10月，原揭阳分行韩祠路储蓄所划归榕城支行，更名为中国工商银行揭阳市榕城支行韩祠路储蓄所。11月21日，揭阳分行第二营业部停业。信贷业务部分划入分行，部分划转榕城、揭东、惠来县支行。公存业务并入分行，储蓄业务并入榕城支行。11月25日，东山办事处停业，业务并入揭阳分行营业部。

1999年1月18日，撤销中国工商银行揭阳市榕城支行东风储蓄所。2月1日，撤销中国工商银行揭阳市榕城支行西马路储蓄所，业务并入榕城支行西门储蓄所。6月18日，中国工商银行揭阳市榕城支行新兴办事处更名为中国工商银行揭阳市榕城支行新兴分理处；中国工商银行榕城支行东兴储蓄所更名为中国工商银行揭阳市榕城支行中心储蓄所。8月3日，撤销中国工商银行揭东县支行曲溪储蓄所、炮台玉溪储蓄所。8月4日，中国工行揭阳分行第二营业部由榕城区新兴路中段迁至东山区十号街中段办公营业。8月16日，中国工商银行揭阳市榕城支行上义储蓄所更名为中国工商银行揭阳市榕城区新湖储蓄所；撤销中国工商银行揭阳市榕城支行东兴、城隍、进贤南、渡口、榕华5家储蓄所；撤销中国工商银行榕城支行中山储蓄所，业务并入店马路储蓄所；撤销中国工商银行揭阳市榕城支行西门储蓄所，业务并入城西办事处。8月18日，中国工行揭阳分行新兴储蓄所升格，更名为中国工商银行榕城支行进贤分理处；中国工商银行揭东县支行矿山储蓄所升格为分理处，更名为中国工商银行揭东县支行城西分理处。11月15日，分行第二营业部更名为中国工商银行揭阳市分行第二营业部；分行东山办事处更名为中国工商银行揭阳市分行东山办事处；分行特美思储蓄所更名为中国工商银行揭阳市分行特美思储蓄所。

2000年1月7日，中国工行揭阳分行东山办事处、普宁市支行占陇办事处、普宁市支行洪阳办事处、普宁市支行池尾办事处、普宁市支行里湖办事处、普宁市支行城西办事处、揭西县支行棉湖办事处、揭西县支行五经富办事处、惠来县支行葵潭办事处、揭东县支行曲溪办事处、揭东县支行炮台办事处、榕城支行马牙办事处、榕城支行城东办事处、榕城支行城西办事处均改为分理处。3月30日，设立中国工商银行普宁市支行长春路分理处。4月7日，撤销中国工商银行揭西县支行第一储蓄所，改为中国工商银行揭西县支行储蓄专柜；撤销中国工商银行揭西县支行新埠储蓄所，业务并入支行储蓄专柜；撤销中国工商银行揭西县支行第二储蓄所，业务并入支行储蓄专柜；撤销中国工商银行揭西县支行第六储蓄所，业务并入支行第三储蓄所；撤销中国工商银行揭西县支行五经富分理处，业务并入支行营业部；撤销中国工商银行揭西县支行棉湖鸿光林储蓄所，业务并入棉湖分理处储蓄专柜；撤销中国工商银行揭西县支行棉湖第二储蓄所，业务并入棉湖分理处储蓄专柜；中国工商银行揭西县支行第三储蓄所更名为中国工商银行揭西县支行霖都储蓄所；中国工商银行揭西县支行第四储蓄所更名为中国工商银行揭西县支行河西储蓄所；中国工商银行揭西县支行棉湖第一储蓄所更名为中国工商银行揭西县支行棉湖解放路储蓄所；中国工商银行揭西县支行棉湖第四储蓄所更名为中国工商银行揭西县支行棉湖南门储蓄所；中国工商银行揭西县支行城东储蓄所改为自办所。4月13日，撤销中国工商银行揭西县支行五经富分理处。4月24日，撤销中国工商银行揭东县中心曲溪糖厂储蓄所。4月30日，撤销中国工商银行普宁市支行占陇西区储蓄所。6月7日，撤销中国工商银行普宁市支行里湖储蓄所。6月21日，撤销中国工商银行揭西县支行棉湖第一储蓄所，业务并入棉湖分理处储蓄专柜。6月27日，撤销中国工商银行惠来县支行葵南储蓄所、葵梅储蓄所，业务并入惠来支行营业部；撤销中国工商银行揭东县支行城西分理处，业务并入揭东支行曲溪分理处。7月4日，中国工商银行揭阳市榕城支行贤北储蓄所更名为中国工商银行揭阳市东升储蓄所。7月25日，撤销中国工商银行惠来县支行隆江分理处。8月9日，撤销中国工商银行揭阳市榕城支行岐山储蓄所，业务并入揭阳市分行营业部。8月17日，撤销中国工商银行普宁市支行洪阳东门储蓄所。10月9日，撤销中国工商银行揭西县支行棉湖湖滨储蓄所，业务并入棉湖分理处储蓄专柜；撤销中国工商银行揭西县支行城西储蓄所，业务并入揭西支行储蓄专柜。11月22日，东升储蓄所一并归属榕城支行管理；撤销中国工商银行揭西县支行棉湖南门储蓄所，业务并入棉湖分理处储蓄专柜；撤销中国工商银行揭西县支行霖都储蓄所，业务并入城东储蓄所。

2004年5月，撤销中国工商银行揭东县支行曲溪分理处；撤销中国工商银行普宁市支行河西储蓄所。9月，撤销中国工商银行揭阳市榕城支行韩祠储蓄所；撤销中国工商银行揭阳市榕城支行新湖储蓄所；中国工商银行揭阳市分行第二营业部更名为中国工商银行揭阳市分行东山支行；中国工商银行揭阳市分行榕城支行城西分理处更名为中国工商银行揭阳市分行榕城支行新湖分理处；中国工商银行普宁支行占陇分理处、洪阳分理处、里湖分理处、城北分理处、流沙分理处、东风分理处、城东分理处、中国工商银行揭西支行棉湖分理处、城东储蓄所、中国工商银行榕城支行进贤分理处升格为二级支行。2005年7月，撤销中国工商银行普宁市支行河东储蓄所。10月，中国工商银行普宁市支行城西分理处、河西，三横街分理处、中心分理处、中国工商银行揭阳市分行建阳路储蓄所、中国工商银行揭阳市分行新湖分理处、城东分理处升格为二级支行。2006年2月，揭东炮台分理处升格为中国工商银行股份有限公司揭东炮台支行。4月，撤销中国工商银行股份有限公司惠来中心储蓄所。8月11日，撤销中国工商银行股份有限公司揭阳店马路分理处。

2007年，榕城支行天福路储蓄所，升格为二级支行，更名为中国工商银行股份有限公司揭阳韩祠支行。2008年1月21日，揭阳天福储蓄所升格、变更营业场所工作。11月11日，中国工商银行股份有限公司揭阳新湖支行更名为中国工商银行股份有限公司揭阳阳美支行。揭阳榕湖支行业务并入揭阳榕城支行营业部。2009年7月15日，普宁城南支行更名为中国工商银行股份有限公司普宁中河支行。2010年4月26日，揭西河山支行迁址揭阳市区，更名为中国工商银行股份有限公司揭阳江南新城支行。6月10日，工行揭阳分行辖属中国工商银行股份有限公司普宁池尾分理处升格为支行，更名为中国工商银行股份有限公司普宁池尾支行。

2011年5月24日，中国工商银行股份有限公司普宁三横街支行更名为中国工商银行股份有限公司揭阳莲花支行。8月30日，中国工商银行股份有限公司揭东锡场支行开业，隶属揭阳揭东支行管理。12月13日，中国工商银行股份有限公司惠来隆江支行开业，隶属揭阳惠来支行管理。2012年1月12日，中国工商银行普宁城西支行更名为中国工商银行普宁服装城支行。6月28日，中国工商银行股份有限公司揭阳金属市场支行营业，隶属揭阳东山支行管理。11月14日，中国工商银行股份有限公司揭阳乔南支行开业，隶属揭阳东山支行管理。2013年8月1日，揭阳榕城仙桥支行正式营业，隶属揭阳榕城支行管理。

2016年9月10日，工行韩祠支行终止对外营业，业务并入辖属揭阳进贤支行。2018年10月1日，工行揭阳城东支行终止对外营业，业务并入揭阳榕城支行。10月31日，中国工商银行股份有限公司揭阳大南海支行开业，隶属揭阳惠来支行管理。

1992—2018年中国工商银行股份有限公司揭阳分行机构统计表

表2-10　　　　单位：个

年份	机构总数	二级分行	一级支行	二级支行	分理处	办事处	储蓄所
1992	67	1	4	—	2	19	41
1993	68	1	5	—	2	19	41
1994	69	1	5	—	2	19	42
1995	72	1	5	—	2	20	44
1996	65	1	5	—	1	21	37
1997	60	1	5	—	2	21	31
1998	78	1	5	—	2	21	49
1999	62	1	5	—	18	—	38
2000	41	1	5	—	16	—	19
2001	35	1	5	—	18	—	11
2002	35	1	6	—	20	—	8
2003	34	1	6	—	19	—	8
2004	30	1	6	10	9	—	4
2005	30	1	6	18	3	—	2
2006	27	1	6	18	1	—	1
2007	27	1	6	18	1	—	1
2008	28	1	7	19	1	—	—
2009	28	1	7	19	1	—	—
2010	28	1	7	20	—	—	—
2011	30	1	7	22	—	—	—
2012	32	1	7	24	—	—	—
2013	33	1	7	25	—	—	—
2014	33	1	7	25	—	—	—
2015	33	1	7	25	—	—	—
2016	32	1	7	24	—	—	—
2017	32	1	7	24	—	—	—
2018	32	1	7	24	—	—	—

说明：表内“—”为无法取数或无数据

1992—2018年中国工商银行股份有限公司揭阳分行撤并网点机构和分流人员一览表

表 2-11

年份	撤并机构（个）					分流人员（人）		
	合计	二级支行	分理处	办事处	储蓄所	合计	正式工	临时工或代办员
1992	—	—	—	—	—	—	—	—
1993	—	—	—	—	—	—	—	—
1994	—	—	—	—	—	—	—	—
1995	—	—	—	—	—	—	—	—
1996	8	—	1	—	7	—	—	—
1997	6	—	—	—	6	—	—	—
1998	1	—	—	1	—	—	—	—
1999	9	—	—	—	9	16	—	16
2000	21	—	2	—	19	13	—	13
2001	8	—	—	—	8	15	15	—
2002	3	—	—	—	3	21	21	—
2003	1	—	1	—	—	14	14	—
2004	14	—	10	—	4	25	25	—
2005	8	—	6	—	2	—	—	—
2006	3	—	2	—	1	—	—	—
2007	—	—	—	—	—	—	—	—
2008	1	—	—	—	1	—	—	—
2009	—	—	—	—	—	—	—	—
2010	1	—	1	—	—	—	—	—
2011	—	—	—	—	—	—	—	—
2012	—	—	—	—	—	—	—	—
2013	—	—	—	—	—	—	—	—
2014	—	—	—	—	—	—	—	—
2015	—	—	—	—	—	—	—	—
2016	1	1	—	—	—	—	—	—
2017	—	—	—	—	—	—	—	—
2018	—	—	—	—	—	—	—	—

说明：表内“—”为无法取数或无数据

（二）职能任务和业务

随着国家有关金融政策的调整，工行揭阳（县）市支行可以归纳为三个发展阶段（时期）。

第一阶段，国有专业银行时期（1984—1994年）。1984年，工行揭阳县支行是主要经营城市金融业务的专业银行。其主要职能是依据国家的方针、政策组织存款和发放贷款，支持工业生产发展和商品流通扩大，支持集体、个体工商业和服务性行业的发展；按照人民银行的统一部署和搞活经济的要求，加强现金管理，调节市场货币流通，办理清算业务，加速资金周转，通过信贷资金活动促进社会主义商品经济的发展。其业务在成立初期，主要承担原人行揭阳县支行办理的工商信贷和储蓄业务及结算业务，发展城镇储蓄业务；组织国营工商企业、城镇集体企业和机关、团体、学校等单位存款；根据人民银行授权，统一管理全民所有制工商企业流动资金，办理全民所有制工商企业、城镇集体企业和个体工商业的流动贷款；管理工商企业和有关企业主管部门用于技术改造的各种基金，办理一般技术改造贷款；开展委托、处理、租赁、咨询等业务；统一组织和办理转账结算；执行现金管理；办理现金出纳。随着金融改革不断深化，工行揭阳分行先后开办进出口贸易及结算、房地产贷款、科技开发贷款、个人消费贷款、基础设施建设贷款、助学贷款以及银行卡、现金管理、个人理财、电子银行等新业务。

1985—1986年，伴随国家经济的快速发展和服务网络不断健全，工行揭阳县支行业务范围随之扩展，开辟筹资新途径，扩大存款和贷款业务范围，参与短期的资金市场，开展资金纵、横向融通，改革结算汇总业务，辖属分支机构，陆续开办外汇存、贷、汇和进出口贸易及结算等业务，形成覆盖揭阳全县，服务县域工商企业和城区居民的存、贷、汇业务经营网络体系。1987—1991年，随着国家经济和金融体制改革，经营范围和规模在存、贷、汇等业务领域基础上迅速扩大，试办抵押贷款；开办票据承兑和贴现、信息咨询、个人汇款、代发工资、旅行支票业务；发行工商银行金融债券，直接从社会筹集资金；扩大跨省区、跨系统的横向资金融通网络，发展拆借业务。开办居民港币储蓄存款业务。设立专柜，代理外币储蓄存款业务。

1992年9月，中国工行揭阳分行的主要职能是经营人民币、外币存款、贷款，办理国内、国际结算业务；委托代理、票据贴现、开办信用卡、房地产信贷业务。从主要办理个人存款等基础金融业务的单一经营模式逐渐发展至兼顾个人结算、个人理财、代理销售（含基金、保险、贵金属）、私人银行、个人外汇、保管箱、渠道及服务管理等多元经营模式，业务职能不断扩大。1993年7月1日，工行揭阳分行财务核算由收付实现制转为权责发生制；相继开办个人汇兑结算业务、代理人身保险业务、社会福利奖券发售、代发工资、代收费用、证券市场保证金、代理股票收款业务、代理基金、代理国债等品种。1994年1月1日，工行揭阳分行会计收付记账法改为借贷记账法。全年，人民币各项存款余额9.74亿元，比年初增加1.67亿元，增幅20.70%，增加额占四专业银行比重22%，比1993年增加额占比15%提高7%，其中对公存款余额3.07亿元，比年初增加5267万元，增幅20.70%；储蓄存款余额6.67亿元，比年初增加1.15亿元，增幅20.70%，完成计划的117%。人民币各项贷款余额10.53亿元，比年初增加1.27亿元，增幅13.70%。

第二阶段，国有独资商业银行发展时期（1995—2005年）。工行由国家专业银行向国有商业银行转轨，经营下列部分或全部业务：吸收公众存款；发放短期、中期和长期贷款；办理国内外结算；办理票据贴现；发行金融债券；代理发行、代理兑付，承销政府债券；买卖政府债券；同业拆借；买卖、代理买卖外汇；提供信用证服务担保；代理收付款项及代理保险业务；提供保险箱服务；经人民银行批准的其他业务。1995年，工行揭阳分行加强管理，改进经营机制，工行揭阳分行在储蓄存款普遍增加的形势下，普宁支行流沙、河西储蓄所储蓄存款率先突破亿元大关，创出首批“亿元所”。全年，人民币各项存款余额13.26亿元，比年初增加3.52亿元，增幅36.10%，增加额占四商业银行的26.30%。其中对公存款余额3.74亿元，比年初增加6687万元，增幅21.70%；储蓄存款余额9.52亿元，比年初增加2.86亿元，增幅42.80%，完成计划的203.96%。人民币各项贷款余额12.58亿元，其中已办理有效抵押贷款余额8.33亿元，贷款有效抵押率56.39%，比年初提高11.14%；全年清收“三项贷款”金额2.66亿元，其中运用法律手段追收51宗，金额1039.60万元；转化低质资产共6901.20万元。信贷资产的安全和质量比年初明显提高。

1996—1999年，工行揭阳分行推进经营机制的转换，落实行长经营目标责任制；围绕“二个转变”（是指经营管理体制由国家专业银行向国有商业银行转变，业务发展方式从粗放型向集约型转变），在经营机制的转换中，落实增存扩储，提高资产质量各项措施；围绕行长经营目标责任制，优化负债结构，提高资产质量和经营效益，防范和化解金融风险。根据集约化经营管理需要，优化全市网点布局。利用灵通卡代理揭阳市地方税务局纳税收款业务，推进税收征管实现电子化、现代化。1998年10月15日，新开办个人住房贷款按揭新业务。1999年5月31日，分行资金汇划清算系统开通。12月23日，分行中心库成立，进行并库运作，集中全市现金管理和现金调拨。

2000年，工行揭阳分行拓展存款市场，全方位开拓优质信贷市场，清收利息和转化不良贷款。全年，人民币各项存款余额41.96亿元，比年初增加5.16亿元，增幅14.02%；其中对公存款余额12.35亿元，比年初增加9911万元，增幅6.7%；储蓄存款余额27.61亿元，比年初增加3.72亿元，增幅15.6%。人民币各项贷款余额35.38亿元，比年初增加8.19亿元（剔除剥离因素），同比多增1.34亿元。账面利润3264万元，同比减亏增盈5969万元。辖属普宁支行继续盈利，榕城支行、揭东支行扭亏为盈，惠来支行、揭西支行实现减亏。4月1日，开通人民币活期储蓄全省通存通兑业务；代理城市信用社个人存款兑付置换存单业务，历时5个月，置换存单6.58亿元，协助地方化解金融风险。9月，完成第一次不良资产剥离工作，全市共剥离不良贷款3.46亿元，表内利息5027万元，其他资产225万元。2001年，工行揭阳分行与广发证券合作代理A、B股转账业务。4月1日，代理揭阳市区东山供电公司直抄客户电费代收和查询业务。9月13日，同广东证券揭阳营业部达成服务协议，该部成为工行揭阳分行开办网上银行的第一个客户。9月23日，分行综合业务系统整合版投产，成为CB2000整合版全省较早投产的分行之一。

2003年，工行揭阳分行丰富中高端客户的服务内容，推介“理财金账户”；逐步推出灵通快线、步步为赢、稳得利系列、增利尊利稳利系列、鑫得利系列等金融产品，在币种选择上从人民币拓宽至美元、港币、欧元等外币，不断完善个人理财产品体系。2004年8月2日，成功营销广东巨轮模具股份有限公司上市募集资金，首期上市募集资金1.3亿元。10月30日，工行揭阳分行开展账务上收工作，顺利完成全行会计账务的变更。2005年4月18日，加强现金管理，投产全国统一人民币银行结算账户管理系统，为账户管理和分行拓展业务奠定良好的基础。4月30日，分行成功对潮汕学院发放第一笔国家助学贷款，开始承办国家助学贷款业务。5月24日，完成全市889户企业、2176笔借据、金额33.95亿元（本外币合计）信贷资产十二级分类的初分、审查、签批及超权限业务上报工作。完成全市CM2002法人客户信贷资产质量十二级分类系统业务验证。11月14日，首个24小时自助银行正式对外营业，也是揭阳市第一个具有24小时自助存款功能的现代化银行。2005年10月26日，中国工行揭阳分行改称中国工商银行股份有限公司揭阳分行，向股份制经营机制转变。

第三阶段，国有控股商业银行发展时期（2006—2018年）。2006年4月，工行揭阳分行经营范围为：办理人民币存款、贷款；同业拆借业务；国内外结算；办理票据承兑、贴现、转贴现；各类汇兑业务；代理资金清算；提供信用证服务及担保；代理销售业务；代理发行、代理承销、代理兑付政府债券；代收代付业务；代理证券资金清算业务（银证转账）；代理保险业务；代理政策性银行、外国政府和国际金融机构贷款业务；保管箱业务；发行金融债券；买卖政府债券、金融债券；证券投资基金、企业年金托管业务；企业年金受托管理服务、年金账户管理服务；开放式基金的注册登记、认购、申购和赎回业务；资信调查、咨询、见证业务；贷款承诺；企业、个人财务顾问服务；组织或参加银团贷款；外汇存款；外汇贷款；外币兑换；出口托收及进口代收；外汇票据承兑和贴现；外汇借款；外汇担保；发行、代理发行、买卖或代理买卖股票以外的外币有价证券；自营、代客外汇买卖；外汇金融衍生业务；银行卡业务；电话银行、网上银行、手机银行业务；办理结汇、售汇业务；黄金市场业务；经银行业监督管理机构批准的其他业务。这一时期，先后推出理财、企业年金、投资银行、现金管理等新兴业务，业务范围从成立初期的存、贷汇等传统基础业务，发展到覆盖货币市场、资本市场和保险市场等多业务领域，本外币一体化的综合化经营格局。工行揭阳分行存、贷款结构得到调整优化，人民币存款余额77.78亿元，比年初增加6.98亿元。代理销售基金、债券、保险等各类理财产品5.04亿元。人民币各项贷款余额20.63亿元，比年初减少1.43亿元。资产质量再次提升，全行五级分类不良贷款余额和占比继续保持双下降，后三类贷款余额3.25亿元，比年初减少1.08亿元，后三类贷款占比约为15.75%，比年初下降3.89个百分点。全年累计清收转化处置不良贷款1.88亿元，其中现金清收6427万元、占34.1%，核销1.04亿元、占55%，转化2039万元、占10.8%。清收转化重点关注类贷款1390万元。小企业不良贷款率由年初的22.03%下降至零。8月，获工行总行复牌。

2007年，工行揭阳分行人民币各项存款余额77.83亿元，比年初增加508万元。其中：公司存款余额13.02亿元，比年初增加1.25亿元；储蓄存款余额61.32亿元，比年初减少2.02亿元；机构及同业存款余额3.56亿元，比年初增加1.01亿元。个人金融资产增加9.01亿元。人民币各项贷款余额22.46亿元，比年初增加1.83亿元，首次扭转自2004年以来贷款余额逐年下降的局面。小企业贷款、个人按揭贷款、个人消费贷款先后复牌，为后续加快发展奠定坚实基础。2008年，全年增存30.25亿元，存款比上年增长38.87%，增量和增幅均创历史新高。做好存量项目惠来火电厂、汕揭高速、惠来风能等项目二次营销，跟进落实新项目的营销力度，对重点项目开辟业务办理“绿色通道”。全年投放新项目贷款3.11亿元；其中凯晨置业9750万元、粤电靖海发电1329万元、汕揭高速2亿元。全年，发放国内贸易融资2.67亿元。加强票据市场拓展，做大做强票据业务，全年累计贴现5.62亿元，其中异地累贴3.33亿元；榕城支行累贴1.58亿元，同比增加1.03亿元。支持中小企业企业主拓展业务，增强市场掌控力，发放个人经营性贷款7013万元。做好优质项目、优质企业的营销工作，提高低风险项目贷款比重。至12月末，流动资金贷款余额比年初下降4369万元，占比下降2.8%，低风险项目贷款比年初增加6281万元，占比提高1.46%。实收利率7.66%，同比提高1.03%。优化信贷产品结构，提高信贷资产收益，全年办理保理业务25笔，金额1.89亿元，共办理保函业务5笔，金额102万元，实现保理业务和保函业务“零的突破”。

2009年12月31日，工行揭阳分行人民币各项存款余额113.99亿元，比年初增加5.15亿元。发放国内贸易融资4.98亿元，同比增长101.28%。利用进口开证、进口押汇等优势产品，以“付汇宝”产品组合及个性化贸易融资方案竞争揭阳市进出口结算大户。累计办理国际贸易融资5.63亿元。先后取得粤东高速15亿元银团贷款、市人民医院新住院大楼6000万元、榕江大酒店固定资产支持融资1.30亿元、市广播电视台数字电视整体平移项目8000万元、高乐玩具上市项目前期贷款6000万元等新增优质项目贷款。向惠来火电厂发放流动资金贷款6500万元；办理银行承兑汇票6.26亿元；向汕揭高速公司发放贷款5.05亿元。成功发放8.63亿元贷款，储备大量优质客户资源。做好中石油揭阳炼油项目、中海油粤东LNG一体化项目以及中电投广东揭阳储煤配送中心项目等国字号大项目的贷款前期和落地服务工作。

2010年，工行揭阳分行推出“揭阳不锈钢贷”“阳美玉器贷”等特色产品，开展集群营销；拓展国际结算客户48户；开展旺季、主题营销，以亚运卡、宝贝成长卡、牡丹博维卡等为主打产品，推动个人客户拓展。全年，增加储蓄存款15.97亿元。各项存款余额137.06亿元，比年初增加23.06亿元，各项存款余额、增量均居同业首位。向重点项目发放贷款23.82亿元，成功营销中石油揭阳炼油项目公司基本账户、中石油项目配套子公司中油阳光物业管理有限公司广东石化项目部基本账户；办理表外业务16.20亿元。2011年，取得全市非税收入代理业务承办资格、社保卡发卡代办行资格，顺利营销军分区市国防教育基地专用账户，吸收同业存款3亿元。全部存款余额175.13亿元，比年初增加36.84亿元，增量同业占比42.8%。优先发展小企业、个人贷款、贸易融资等高收益产品，优化信贷结构，累计运作表外信贷业务59.50亿元，比年初增加49.76亿元。表内外信用总量118.15亿元，其中，表内55.29亿元、表外62.86亿元。至12月3日，工行揭阳分行拨备前利润突破4亿元大关，达到4.27亿元，居同业首位。中间业务收入18023元，同业占比第一。提前一年彻底还清所有内债。2011年度首次进入全国二级分行经营管理考核30强。

2012年，新增中小企业信贷客户129户，成功营销全市教育系统与中石油广东石化公司住房公积金汇缴业务，拓展个人客户22485户，新增公积金联名卡32730张，成功取得揭阳市金融社保卡代理发行资格。新开立对公账户1683户，比年初增加909户。取得“市级”非税收入业务代理资格，全年机构存款增加9774万元。至12月，工行揭阳分行各项存款余额194.43亿元，较年初增加23.33亿元，增量同业占比28%。精心设计以“企业自有设备租赁＋应收租赁款保理”的金融服务方案，成功办理T+0应收租赁保理业务8000万元，开创全省工银租赁的先河。打造专业化、全功能、“一站式”小企业服务平台。国内外贸易融资累放56.02亿元；个人信贷余额20.09亿元，比年初增加7227万元。信用卡分期付款贷款约3.50亿元，比年初增加1.57亿元，增幅80.5%。

2013年，工行揭阳分行各项存款余额突破200亿元大关，各项存款余额219.03亿元，较年初增加24.60亿元，增量同业占比42.10%，余额同业占比29.40%，较年初增长1.10%。工行揭阳分行加快中药材、玉器、五金、服装、鞋业等产业集群、大型专业市场和重点商圈的板块营销，拓宽小企业信贷、贸易融资、个人信贷业务的发展空间。

2014年，工行揭阳分行强化私人银行业务，壮大财富顾问队伍，由“省行财富顾问＋分行财富顾问＋支行理财经理”的模式对私人银行客户进行管理维护。年末全行个人有效客户76.60万户。全面实施网点竞争力提升工程，网点的盈利能力和基础服务得到全面提升。年末，各项存款余额218.46亿元，较年初减少5673万元；个人金融资产248.90亿元，比年初增加21.20亿元。表内外全口径信贷资产总额127.10亿元，比年初增加11.20亿元。其中，表内贷款余额90.93亿元，增加12.23亿元。表外贷款余额36.20亿元，较年初减少9924万元。2015年，推进网点智能化建设、自助渠道布局、自助设备投放，不断扩大服务覆盖，无线网络网点全覆盖。成立零售金融业务推进委员会，加快业务结构调整和网点经营转型。开展“揭阳分行个人结算客户存款回流”精准营销。联合推出如“商友集群与小微企业客户营销”“私人银行客户黑金卡营销”“私人银行联动个贷业务客户拓展”“e商助梦计划”“e支付二维码商户拓展”项目。

2016年，工行揭阳分行加强“应时”营销，将“住房按揭、私银、保险、分期付款、互联网金融”等确定为零售重点推动业务，实现零售中间业务收入1.48亿元；个人金融资产余额297亿元；较年初增加17.5亿元，增幅6.3%。以汽车分期为主要项目的分期付款业务累放4.50亿元，分期付款余额3.60亿元，同比增长74%，拓展二维码商户4818户。

2017年，工行揭阳分行各项存款余额266.96亿元、增加29.64亿元。

2018年10月31日，工行揭阳大南海支行开业；11月16日，工行揭阳分行与揭阳市不动产登记中心举行签字仪式，开办“不动产登记+金融服务”便民窗口。全年，各项存款余额289.16亿元，较年初增加22.20亿元。全年表内外信贷规模171亿元，比年初增加13.40亿元。

工行揭阳分行稳健经营，在支持地方经济发展壮大的同时，实现规模的持续发展扩大。总资产由1993年的34.89亿元发展到2018年的299.67亿元，增加7.59倍，年均递增8.98%。至2018年年末，各项存款2859.16亿元，各项贷款138.87亿元，分别比1992年的7.71亿元和7.72亿元，增长36.21倍和16.95倍，年均递增分别为14.96%和11.76%。

1992—2018年中国工商银行股份有限公司揭阳分行资产负债表（本币）

表 2-12

单位：万元

年份	资产总额	流动资产	长期资产	负债总额	流动负债	长期负债	所有者权益	本年利润	各项存款	其中：储蓄存款	企事业单位存款	各项贷款	其中：短期贷款	中长期贷款
1992	—	—	—	—	—	—	—	—	—	—	—	—	—	—
1993	—	—	—	—	—	—	—	—	—	—	—	—	—	—
1994	—	—	—	—	—	—	—	—	—	—	—	—	—	—
1995	—	—	—	—	—	—	—	—	—	—	—	—	—	—
1996	—	—	—	—	—	—	—	—	—	—	—	—	—	—
1997	—	—	—	—	—	—	—	—	—	—	—	—	—	—
1998	—	—	—	—	—	—	—	—	—	—	—	—	—	—
1999	—	—	—	—	—	—	—	—	—	—	—	—	—	—
2000	—	—	—	—	—	—	—	—	—	—	—	—	—	—
2001	—	—	—	—	—	—	—	—	—	—	—	—	—	—
2002	—	—	—	—	—	—	—	—	—	—	—	—	—	—
2003	—	—	—	—	—	—	—	—	—	—	—	—	—	—
2004	657125.29	515579.94	122833.64	652810.75	304706.98	348103.77	4314.54	4314.54	640311.58	520389.27	119922.30	379611.92	263634.98	115976.94
2005	721508.60	602856.94	105710.71	714859.65	328602.84	386256.80	6648.95	6575.14	697605.15	580965.91	116639.24	220471.59	128406.28	92065.31
2006	796933.85	—	—	786242.58	—	—	10691.27	10640.91	767666.64	625757.13	141909.50	205941.26	103184.14	102757.12
2007	802864.42	—	—	790193.22	—	—	12671.20	12671.20	771729.67	607485.66	164244.02	220995.58	83644.67	137350.91
2008	1114078.12	—	—	1099076.59	—	—	15001.53	15001.53	1075426.24	842319.23	233107.01	226565.03	79167.59	147397.44
2009	1174545.91	—	—	1154956.48	—	—	19589.43	19589.43	1134164.82	843594.76	290570.06	346188.06	146111.45	200076.61
2010	1431664.45	—	—	1402592.60	—	—	29071.85	29071.85	1365376.38	1003406.29	361970.09	417779.88	157089.14	260690.73
2011	1803002.60	—	—	1760756.98	—	—	42245.62	42245.62	1693040.13	1202685.53	490354.60	543020.09	234448.33	308571.76
2012	2012079.88	—	—	1976835.97	—	—	35243.91	35243.91	1851689.11	1382240.52	469448.58	684919.77	333022.37	351897.40
2013	2268661.90	—	—	2225329.19	—	—	43332.71	43332.71	2169468.15	1649689.99	519778.17	774751.98	359605.72	415146.26
2014	2282532.25	—	—	2227303.65	—	—	55228.60	47699.12	2165399.02	1664721.05	500677.97	894978.32	458925.27	436053.05
2015	2334161.27	—	—	2278497.29	—	—	55663.98	48134.50	2206760.13	1640691.19	566068.94	1010348.42	570737.91	439610.51
2016	2436734.98	—	—	2382596.96	—	—	54138.02	46608.55	2339327.81	1773007.39	566320.42	1089742.63	578535.86	511206.77
2017	2737663.98	—	—	2679959.66	—	—	57704.32	50174.85	2638017.73	1813274.42	824743.31	1237573.31	557900.91	679672.39
2018	2972094.12	—	—	2911469.09	—	—	60625.03	52095.25	2868893.43	2018101.04	850792.38	1386025.62	587134.84	798890.78

说明：表内“—”为无法取数或无数据

1992—2018 年中国工商银行股份有限公司揭阳分行资产负债表（外币）

表 2-13

单位：万元

年份	资产总额	流动资产	长期资产	负债总额	流动负债	长期负债	所有者权益	本年利润	各项存款	其中：储蓄存款	企事业单位存款	各项贷款	其中：短期贷款	中长期贷款
1992	—	—	—	—	—	—	—	—	—	—	—	—	—	—
1993	—	—	—	—	—	—	—	—	—	—	—	—	—	—
1994	—	—	—	—	—	—	—	—	—	—	—	—	—	—
1995	—	—	—	—	—	—	—	—	—	—	—	—	—	—
1996	—	—	—	—	—	—	—	—	—	—	—	—	—	—
1997	—	—	—	—	—	—	—	—	—	—	—	—	—	—
1998	—	—	—	—	—	—	—	—	—	—	—	—	—	—
1999	—	—	—	—	—	—	—	—	—	—	—	—	—	—
2000	—	—	—	—	—	—	—	—	—	—	—	—	—	—
2001	—	—	—	—	—	—	—	—	—	—	—	—	—	—
2002	—	—	—	—	—	—	—	—	—	—	—	—	—	—
2003	—	—	—	—	—	—	—	—	—	—	—	—	—	—
2004	2459.41	2455.78	3.63	2438.19	939.57	1498.62	21.21	21.21	2257.00	1409.19	847.81	425.63	412.77	12.86
2005	1447.23	1447.23	—	1400.45	186.58	1213.87	46.77	46.77	1215.17	1096.27	118.9	21.5	21.5	—
2006	1369.48	—	—	1333.75	—	—	35.73	35.73	1119.68	983.47	136.21	50.4	50.4	—
2007	1696.81	—	—	1667.16	—	—	29.65	29.65	906.23	776.06	130.17	494.8	494.8	—
2008	1026.82	—	—	1001.86	—	—	24.96	24.96	793.49	693.38	100.11	243.6	243.6	—
2009	2484.23	—	—	2469.84	—	—	14.39	14.39	843.66	671.26	172.4	2443.25	2443.25	—
2010	2334.13	—	—	2317.29	—	—	16.84	16.84	784.37	681.51	102.86	2261.76	2261.76	—
2011	3198.36	—	—	3134.45	—	—	63.91	63.91	2857.42	1760.24	1097.18	1573.91	1573.91	—
2012	18521.43	—	—	18402.53	—	—	118.9	118.9	14862.54	1854.54	13008	5186.25	5186.25	—
2013	3778.46	—	—	3685.15	—	—	93.31	93.31	3429.16	3103.30	325.86	2026.06	2026.06	—
2014	3352.46	—	—	3110.54	—	—	241.92	62.92	3091.98	2335.23	756.75	2313.04	2213.04	100
2015	3368.66	—	—	3040.33	—	—	328.33	149.33	3003.07	2679.33	323.74	2235.04	1669.94	565.1
2016	5088.43	—	—	4858.53	—	—	229.9	50.9	4822.02	3327.83	1494.19	741.2	741.2	—
2017	5052.68	—	—	4836.42	—	—	216.25	37.25	4794.21	3296.23	1497.98	667.16	667.16	—
2018	3586.12	—	—	3354.70	—	—	231.42	52.42	3305.51	2597.29	708.22	396.2	396.2	—

说明：表内“—”为无法取数或无数据

1992—2018年中国工商银行股份有限公司揭阳分行资产负债表（本外币）

表 2-14 单位：万元

年份	资产总额	流动资产	长期资产	负债总额	流动负债	长期负债	所有者权益	本年利润	各项存款	其中：储蓄存款	企事业单位存款	各项贷款	其中：短期贷款	中长期贷款
1992	—	—	—	—	—	—	—	—	77131	49160	27971	77237	—	—
1993	348863.7	336258.98	12434.93	343655.52	301388.13	42267.39	5208.18	—	83270	56707	26563	100430	92194.00	8236.00
1994	187890	171860	15753	182590	131304	51286	5298	—	97379	66692	30687	105323	99003.00	6320.00
1995	242514.17	223594.48	16873.39	236862.37	161743.9	75118.47	5651.8	—	132620	95245	37375	125788	119592.65	6195.35
1996	308885.88	284070.98	21488.71	309515.29	197779.29	1117359.99	–629.41	—	178531	129224	49307	157352	149871.20	7480.80
1997	351270.44	316385.62	31058.66	355819.45	21922.11	136597.34	–4549.01	—	215323	165923	49400	203198	185964.30	17233.70
1998	438632.74	387069.99	47937.15	446804.92	276385.23	170419.69	–8172.18	–3588	291331	200576	90755	244626	205322.79	39303.21
1999	488409.68	408267.19	77022.91	493578.93	302112.55	191466.38	–5169.24	–1872	367985	238911	129074	312962	248467.23	64494.77
2000	525499.08	355471.96	167098.89	524250.32	324616.09	199634.23	1248.77	3264	419569	276120	143449	353750	246687.71	107062.29
2001	575008.84	425447.54	146745.07	573676.52	342186.97	231489.55	1332.31	1041	440966	325362	115604	400488	268772.33	131715.67
2002	525385.48	361965.17	160612.4	525312.94	268227.38	257085.56	72.55	73	474979	385861	89118	415081	268234.10	146846.90
2003	585689.11	433414.07	145944.01	581679.59	276019.27	305660.32	4009.52	–2216	560380	449757	110623	428564	288852.36	139711.64
2004	677480.59	535905.22	122863.67	672990.47	312483.35	360507.12	4009.52	1273	661030	532052	128978	383135	267051.31	116083.69
2005	733188.00	614536.34	105710.71	726161.59	330108.58	396053.01	7026.41	–11897	708091	589813	118278	220645	128579.79	92065.21
2006	807626.82	—	—	796656.54	—	—	10970.28	–3279	777841	633437	144404	206335	103577.88	102757.12
2007	815258.55	—	—	802370.76	—	—	12887.79	6074	778349	613154	165195	224610	87259.09	137350.91
2008	1121095.49	—	—	1105923.36	—	—	15172.13	11198	1080849	847058	233791	228230	80832.48	147397.44
2009	1182018.72	—	—	1162331.04	—	—	19687.68	23066	1139925	848178	291747	362871	162794.43	200076.61
2010	1438516.13	—	—	1409332.74	—	—	29183.39	33867	1370571	1007920	362651	432759	172068.09	260690.73
2011	1823155.05	—	—	1780506.74	—	—	42648.31	42748	1711045	1213777	497268	552937	244365.24	308571.76
2012	2127533.15	—	—	2091548.06	—	—	35985.09	50277	1944334	1393816	550518	717248	365350.60	351897.40
2013	2291566.09	—	—	2247667.76	—	—	43898.33	56980	2190255	1668513	521742	787033	371887.00	415146.00
2014	2303330.82	—	—	2246601.35	—	—	56729.48	62722	2184582	1679236	505346	909328	472655.00	436673.00
2015	2356036.12	—	—	2298240.09	—	—	57796.04	63697	2226522	1658131	568391	1024862	581582.00	443280.00
2016	2472068.01	—	—	2416332.64	—	—	55735.37	59728	2373183	1796158	577025	1094892	583685.00	511207.00
2017	2770538.38	—	—	2711425.93	—	—	59112.45	64195	2669607	1834774	834833	1241917	562245.00	679672.00
2018	2996699.07	—	—	2934484.14	—	—	62214.93	58929	2891603	2035979	855624	1388748	589856.65	798891.00

说明：表内“—”为无法取数或无数据

二、中国农业银行股份有限公司揭阳分行

中国农业银行股份有限公司揭阳分行（简称农行揭阳分行），是中国农业银行的二级分行。1955年10月1日，农行揭阳县支行成立。自20世纪50年代，先后经过1955年和1964年两次建立；1957年和1965年两次撤销，业务归并人民银行。1979年，农行揭阳县支行再次从人行揭阳县支行分设。1992年，撤销农行揭阳县支行，中国农业银行揭阳市分行成立，机构和体制相继经历不断增多，逐步下伸，撤并收缩，撤销设立，分立转制的不同演变阶段。

（一）机构沿革

1955年10月1日，农行揭阳县支行成立时，归中国人民银行领导。县以下机构，在人行营业所派驻工作组。1957年6月1日，撤销农行揭阳县支行，并入人行揭阳县支行。1964年1月1日，农行揭阳县支行恢复，内设4个股（室）。1965年8月1日，农行揭阳县支行并入人行揭阳县支行。1979年12月17日，农行揭阳县支行从人行揭阳县支行分设，内设10个股（室）。1981年1月1日，试办营业所与信用联社。10月1日所、社联营停止。1984年8月27日，揭阳县信用合作社联社成立，隶属农行揭阳分行领导。

1992年6月6日，撤销农行揭阳县支行，设立中国农行揭阳分行。7月14日，中国农行揭阳分行挂牌营业。1993年12月，中国农业银行开始向国有商业银行转轨。1995年7月，农行揭阳分行坚持以安全性、流动性、效益性为经营原则，逐步向国有独资商业银行二级分行转变。1996年8月，农行揭阳分行分设农发行揭阳市分行；实行与农村信用社“脱钩”的“一分一脱”改革，不再代理农业发展银行的业务以及领导和管辖农村信用社。通过改革，12月31日农行揭阳分行完成“一分一脱”两项任务。

2009年5月14日，中国农行揭阳分行改称中国农业银行股份有限公司揭阳分行。至2018年年末，农行揭阳分行性质及隶属关系不变。

农行揭阳分行成立时，有在职员工1421人；1996年年末，有在职员工1474人，其中分行本部70人、支行1404人。2005年年末，有在职员工952人，其中分行本部191人、支行761人。2018年，有在职员工929人，其中分行本部185人、支行744人。

1992—2018年中国农业银行股份有限公司揭阳分行机构人员统计表

表2-15　　　　单位：人

年份	总人数	二级分行	一级支行	二级支行	分理处（营业所）	办事处	储蓄所
1992	1421	—	—	—	—	—	—
1993	1588	—	—	—	—	—	—
1994	1648	106	384	—	868	—	290
1995	1621	91	389	—	890	—	251
1996	1474	70	336	—	792	—	276
1997	1443	82	335	—	777	—	249
1998	1367	86	405	—	597	28	251

续表 2-15

年份	总人数	二级分行	一级支行	二级支行	分理处（营业所）	办事处	储蓄所
1999	1365	91	458	—	590	16	210
2000	1367	102	415	—	671	22	157
2001	1255	143	398	—	601	25	88
2002	1203	175	494	—	511	23	—
2003	997	212	425	8	319	33	—
2004	955	191	412	182	170	—	—
2005	952	191	398	189	174	—	—
2006	958	178	439	179	162	—	—
2007	957	196	398	293	70	—	—
2008	952	200	406	278	68	—	—
2009	953	222	260	471	—	—	—
2010	965	209	277	479	—	—	—
2011	967	211	267	489	—	—	—
2012	969	181	255	533	—	—	—
2013	1000	204	197	599	—	—	—
2014	1000	198	201	601	—	—	—
2015	1008	195	203	610	—	—	—
2016	989	193	199	597	—	—	—
2017	957	185	183	589	—	—	—
2018	929	185	175	569	—	—	—

说明：表内“—”为无法取数或无数据

内设机构 1992—1993年，农行揭阳分行内设办公室、计划科、资金组织科、信贷科、会计科、人事科、政工教育科、稽核科、监察室、信用合作管理科、保卫科、工会办公室12个科室。1994年，增设信息电脑中心。1995年，农行揭阳分行内设办公室、资金计划科、资金组织科、信贷科、财务会计科、人事教育科、监察稽核科、保卫科、信用合作管理科、工会工作委员会（兼管政工工作）10个科室。设纪检组与监察稽核科合署办公，党委办与人事教育科合署办公。

1996年10月14日，揭阳市中国农业发展银行揭阳分行成立，11月30日农行揭阳分行原代理的业务划转到农业发展银行揭阳分行。农行与农村信用社脱离行政隶属关系，分行机关信用合作管理科予以撤销。农行揭阳分行内设科室调整为办公室、资金计划科、资金组织科、信贷科、财务会计科、人事教育科、监察稽核科、保卫科、工会工作委员会（兼管政工工作）9个科室。另设纪检组与监察稽核科合署办公，党委办与人事教育科合署办公。

1997 — 1998 年，农行揭阳分行内设办公室、资金计划科、资金组织科、信贷科、财务会计科、人事教育科，其中 1997 年，撤销稽核监察科，改设总稽核室（含驻东、西两个片稽核办公室）和监察室。保卫科、工会工作委员会（兼管政工工作）10 个机关科室。另设纪检组与监察室合署办公，党委办与人事教育科合署办公。1999 年，设置经营核算科、信贷科、市场拓展科、人事教育科、监察室、稽核科、办公室、保卫科、工会工作委员会（不列入行政序列）8 个科室。党委组织部与人事教育科合署办公，党委办公室与行政办公室合署办公，纪委的工作机构与监察室合署办公。

2000 年，设置经营核算科、信贷科、资产风险监管科、零售业务科、人事教育科、监察室、稽核室、办公室、保卫科、工会工作委员会（不列入行政序列）9 个机关科室。党委组织部与人事教育科合署办公，党委办公室与行政办公室合署办公，纪委与监察室合署办公。10 月 27 日，撤销揭阳分行的东恍、韩祠、马牙储蓄所；撤销经济开发试验区渔湖储蓄所，揭东支行的玉湖透溪、玉湖、锡场第二、曲溪第二、炮台储蓄所、月城、玉窖营业所，普宁支行的洪阳里桥储蓄所，惠来支行储蓄所，揭西县支行的第三、溪西、棉湖中心、第二储蓄所、凤江营业所等 18 个营业机构。2001 年，设置经营核算科、信贷科、资产风险监管科、个人业务科、人事教育科、监察室、稽核室、办公室、保卫科、工会工作委员会办公室、法律事务科 11 个科室。党委组织部与人事教育科合署办公，党委办公室与行政办公室合署办公，纪委与监察室合署办公。

2002 年，设置经营核算科、信贷科、资产风险监管科、个人业务科、人事教育科、监察室、稽核室、办公室、保卫科、法律事务科 10 个科室（工会工作委员会办公室不列入行政序列）。党委组织部与人事教育科合署办公，党委办公室与行政办公室合署办公，纪委与监察室合署办公。2003 — 2005 年，设 16 个科室（部）：公司业务部、机构业务部（保险代理部）、个人业务部、国际业务部、银行卡部、风险资产管理部、办公室、经营核算部、人力资源部、信贷管理部、业务后台处理中心、监察室、审计部、保卫部、法律事务部、科技部。工会委员会独立挂牌，但不单独列行政序列。2006 — 2007 年，设 12 个科室（部）：对公业务部、国际业务部、个人业务部、银行卡部、计划财会部、风险管理部、会计结算部、科技部、办公室、人力资源部、保卫部、监察室；独立设置工会工作委员会办公室。审计机构职能上收省行，派驻审计办事处（农行揭阳分行属梅州审计办事处）。

2008 年，增设资产处置部。独立设置工会工作委员会办公室。2009 — 2010 年，调整内设为“三农”金融部、公司业务部、小企业业务部、个人金融部、国际业务部、运营管理部、财务会计部、信贷管理部、资产处置部、电子银行与信息技术管理部、综合管理部、人力资源部、安全保卫部、内控合规部、监察部、工会工作委员会办公室 15 个科室（部）。其间，2009 年 3 月 2 日，设立揭阳分行信贷业务审查审批中心。4 月 8 日，中国农业银行揭东县支行曲溪营业所升格，更名为中国农业银行揭阳曲溪支行；中国农业银行揭西县支行中心分理处升格，更名中国农业银行揭阳河婆城区支行；中国农业银行普宁市支行广南分理处升格，更名为中国农业银行揭阳流沙广南支行；中国农业银行普宁市支行洪阳营业所升格，更名为中国农业银行揭阳洪阳支行；中国农行揭阳分行丹凤分理处升格，更名为中国农业银行揭阳丹凤支行；中国农业银行惠来县支行靖海营业所升格，更名为中国农业银行揭阳靖海支行。5 月 6 日，分行不再单设信用卡中心，信用卡中心职能统一纳入电子银行。

2011—2012 年，农行揭阳分行设置“三农”金融部、公司业务部（加挂小企业业务部牌子）、国际业务部、个人金融部、财务会计部（加挂“三农”考核评价中心、“三农”会计核算中心牌子）、运营管理部、电子银行部/信息技术管理部、信贷管理部（加挂“三农”风险监控中心、“三农”信贷管理中心牌子）、资产处置部、内控合规部、综合管理部（加挂党委办公室、党委宣传部、团委牌子）、人力资源部（加挂党委组织部、“三农”人力资源管理中心牌子）、监察部、安全保卫部、工会工作委员会办公室15个机关科室（部）。2013年，设置公司业务部/“三农”金融部（加挂小企业业务部牌子）、机构业务部、信用卡与电子银行部、个人金融部、国际业务部、运营管理部、计划财会部、风险管理部/信贷管理部、资产处置部、科技部、办公室、人力资源部、安全保卫部、内控合规部、监察部、工会工作委员会16个机关科室（部）。

2014—2016年，农行揭阳分行设置公司业务部/“三农”金融部、（加挂小企业业务部）、机构业务部、信用卡与电子银行部、个人金融部、国际业务部、运营管理部、计划财会部、风险管理部/信贷管理部、资产处置部、科技部、办公室、人力资源部、安全保卫部、内控合规部、监察部15个机关科室（部）。2017年，设置“三农”金融部/公司业务部/普惠金融事业部、机构业务部、国际金融部、个人金融部、信用卡中心/网络金融部、风险管理部/信用管理部/风险资产处置部、内控与法律合规部、安全保卫部、办公室、计划财会部、人力资源部、纪委办公室/监察室、科技与产品管理部、运营管理部14个科室（部）。11月1日，农行揭阳分行撤销分行本部资产处置部，原资产处置部业务职能整体并入信贷管理部。

2018年，农行揭阳分行设置“三农”金融部/公司业务部/普惠金融事业部、机构业务部、国际金融部、个人金融部、信用卡中心、网络金融部、风险管理部/信用管理部/风险资产处置部、内控与法律合规部、安全保卫部、办公室、计划财会部、人力资源部、纪委办公室/监察室、科技与产品管理部、运营管理部15个科室（部）。

2018年中国农业银行股份有限公司揭阳分行内设机构一览表

表2-16

<table>
<tr><th colspan="2">类别</th><th>机构名称</th><th>加挂牌子</th><th>机构全称</th></tr>
<tr><td rowspan="6">前台</td><td rowspan="6">营销管理</td><td>“三农”金融部/公司业务部/普惠金融事业部</td><td>“三农”及普惠金融事业部管理委员会办公室</td><td>“三农”金融部/公司业务部/普惠金融事业部/“三农”及普惠金融事业部管理委员会办公室</td></tr>
<tr><td>机构业务部</td><td>—</td><td>机构业务部</td></tr>
<tr><td>国际金融部</td><td>—</td><td>国际金融部</td></tr>
<tr><td>个人金融部</td><td>消费者权益保护办公室</td><td>个人金融部/消费者权益保护办公室</td></tr>
<tr><td>信用卡中心</td><td>—</td><td>信用卡中心</td></tr>
<tr><td>网络金融部</td><td>“三农”及普惠金融互联网金融管理中心</td><td>网络金融部/“三农”及普惠金融互联网金融管理中心</td></tr>
<tr><td rowspan="3">中台</td><td rowspan="3">风险管理</td><td>风险管理部/信用管理部/风险资产处置部</td><td>“三农”及普惠金融风险管理中心/“三农”及普惠金融信用管理中心/“三农”及普惠金融信用审批中心</td><td>风险管理部/信用管理部/风险资产处置部/“三农”及普惠金融风险管理中心/“三农”及普惠金融信用管理中心/“三农”及普惠金融信用审批中心</td></tr>
<tr><td>内控与法律合规部</td><td>—</td><td>内控与法律合规部</td></tr>
<tr><td>安全保卫部</td><td>—</td><td>安全保卫部</td></tr>
</table>

续表 2-16

<table>
<tr><th colspan="2">类别</th><th>机构名称</th><th>加挂牌子</th><th>机构全称</th></tr>
<tr><td rowspan="3">中台</td><td rowspan="3">综合管理</td><td>办公室</td><td>党委办公室 / 党委宣传部 / 机关党委 / 团委 / 信访办公室 / 统战工作部 / 工会工作部</td><td>党委办公室 / 党委宣传部 / 机关党委 / 团委 / 办公室 / 信访办公室 / 统战工作部 / 工会工作部</td></tr>
<tr><td>计划财会部</td><td>“三农”及普惠金融核算与考评中心 / “三农”及普惠金融资本与资金管理中心</td><td>计划财会部 / “三农”及普惠金融核算与考评中心 / “三农”及普惠金融资本与资金管理中心</td></tr>
<tr><td>人力资源部</td><td>党委组织部 / 党建工作部 / “三农”及普惠金融人力资源管理中心</td><td>党委组织部 / 党建工作部 / 人力资源部 / “三农”及普惠金融人力资源管理中心</td></tr>
<tr><td rowspan="3">后台</td><td rowspan="3">支持保障</td><td>纪委办公室 / 监察室</td><td>—</td><td>纪委办公室 / 监察室</td></tr>
<tr><td>科技与产品管理部</td><td>—</td><td>科技与产品管理部</td></tr>
<tr><td>运营管理部</td><td>“三农”及普惠金融渠道管理中心</td><td>运营管理部 / “三农”及普惠金融渠道管理中心</td></tr>
</table>

说明：表内“—”为无法取数或无数据

1992—2018 年中国农业银行股份有限公司揭阳分行负责人一览表

表 2-17

<table>
<tr><th>姓名</th><th>性别</th><th>职　务</th><th>籍贯</th><th>任职起止时间</th></tr>
<tr><td>饶园子</td><td>男</td><td>党组书记、行长</td><td>广东潮州</td><td>1992 年 7 月— 1994 年 2 月</td></tr>
<tr><td>杨昭强</td><td>男</td><td>党组成员、副行长</td><td>广东潮阳</td><td>1992 年 7 月— 1994 年 2 月</td></tr>
<tr><td>罗炳河</td><td>男</td><td>党组成员、副行长</td><td>广东普宁</td><td>1992 年 7 月— 1998 年 9 月</td></tr>
<tr><td>杨昭强</td><td>男</td><td>党组书记、行长</td><td>广东潮阳</td><td>1994 年 2 月— 1998 年 9 月</td></tr>
<tr><td>郑少军</td><td>男</td><td>党组成员、副行长</td><td>广东揭东</td><td>1994 年 2 月— 1996 年 10 月</td></tr>
<tr><td>林锦文</td><td>男</td><td>党组成员、副行长</td><td>广东揭阳</td><td>1994 年 2 月— 1998 年 9 月</td></tr>
<tr><td>蔡贤仕</td><td>男</td><td>党组成员、副行长</td><td>广东汕头</td><td>1995 年 10 月— 1996 年 7 月</td></tr>
<tr><td>林小波</td><td>男</td><td>党组成员、副行长</td><td>广东揭阳</td><td>1997 年 4 月— 1998 年 9 月</td></tr>
<tr><td>林学民</td><td>男</td><td>党组成员、副行长</td><td>广东揭西</td><td>1998 年 7 月— 1998 年 9 月</td></tr>
<tr><td rowspan="2">徐　明</td><td rowspan="2">男</td><td>党组成员、行长助理</td><td rowspan="2">山东济阳</td><td>1998 年 7 月— 1998 年 9 月</td></tr>
<tr><td>党委委员、行长助理</td><td>1998 年 9 月— 2000 年 3 月</td></tr>
<tr><td>罗炳河</td><td>男</td><td>副行长</td><td>广东普宁</td><td>1998 年 9 月— 2003 年 3 月</td></tr>
<tr><td>林学民</td><td>男</td><td>党委委员、副行长兼纪委书记</td><td>广东揭西</td><td>1998 年 9 月— 2000 年 5 月</td></tr>
<tr><td>杨昭强</td><td>男</td><td>党委书记、行长</td><td>广东潮阳</td><td>1998 年 9 月— 1999 年 1 月</td></tr>
<tr><td>林小波</td><td>男</td><td>党委委员、副行长</td><td>广东揭阳</td><td>1998 年 9 月— 2001 年 8 月</td></tr>
</table>

续表 2-17

姓名	性别	职　务	籍贯	任职起止时间
郑高茂	男	党委书记、行长	广东潮阳	1999 年 1 月—2001 年 9 月
张春旺	男	党委委员兼普宁支行行长	广东普宁	1999 年 7 月—2003 年 4 月
徐　明	男	党委委员、副行长	山东济阳	2000 年 3 月—2000 年 9 月
杨建鹏	男	党委委员、副行长兼营业部总经理	广东揭阳	2000 年 4 月—2001 年 2 月
林学民	男	党委委员、副行长	广东揭西	2000 年 5 月—2006 年 8 月
郑锡湖	男	党委委员、纪委书记	广东揭阳	2000 年 5 月—2003 年 4 月
杨建鹏	男	党委委员、副行长	广东揭阳	2001 年 2 月—2006 年 12 月
林小波	男	党委副书记、副行长	广东揭阳	2001 年 8 月—2001 年 9 月
		党委副书记、副行长（负责全面工作）		2001 年 9 月—2001 年 12 月
		党委副书记、副行长（主持全面工作）		2001 年 12 月—2003 年 4 月
张商文	男	党委委员兼揭西支行行长	广东揭西	2002 年 8 月—2003 年 5 月
吴建生	男	党委委员、书记	广东潮安	2003 年 4 月—2004 年 3 月
张春旺	男	党委委员	广东普宁	2003 年 4 月—2005 年 3 月
郑锡湖	男	党委委员、纪委书记兼普宁支行党委书记	广东揭阳	2003 年 4 月—2003 年 7 月
郑伟光	男	党委委员、行长助理	广东潮阳	2003 年 4 月—2006 年 6 月
郑锡湖	男	党委委员、纪委书记兼普宁支行党委书记、行长	广东揭阳	2003 年 7 月—2005 年 9 月
张建洋	男	党委委员、副书记、副行长（主持工作）	广东梅州	2004 年 3 月—2005 年 9 月
		党委委员、书记、行长		2005 年 9 月—2007 年 7 月
郑锡湖	男	党委副书记、纪委书记、副行长	广东揭阳	2005 年 9 月—2010 年 2 月
郑伟光	男	党委委员、副行长	广东潮阳	2006 年 6 月—2009 年 1 月
黄壁文	男	党委委员	广东揭阳	2006 年 8 月—2006 年 10 月
		党委委员、副行长		2006 年 10 月—2011 年 1 月
朱建中	男	党委委员、书记	广东河源	2007 年 7 月—2007 年 11 月
		党委委员、书记、行长		2007 年 11 月—2009 年 1 月
徐启昭	男	党委委员、书记	广东潮州	2009 年 1 月—2009 年 3 月
		党委委员、书记、行长		2009 年 3 月—2013 年 3 月
谢贵光	男	党委委员、纪委书记	广东韶关	2010 年 2 月—2013 年 6 月

续表 2-17

姓名	性别	职 务	籍贯	任职起止时间
冯聪荣	男	党委委员	四川泸州	2010年8月—2010年9月
		党委委员、行长助理		2010年9月—2012年3月
陈映东	男	党委委员	广东潮阳	2010年9月—2011年1月
		党委委员、副行长		2011年1月—2012年12月
吴建群	男	党委委员	广东揭西	2011年7月—2011年10月
		党委委员、行长助理		2011年10月—2013年4月
冯聪荣	男	党委委员、副行长	四川泸州	2012年3月—2015年5月
杨明德	男	党委委员、副书记	山东青岛	2012年8月—2013年3月
张伟生	男	党委委员	广东揭阳	2013年1月—2013年5月
杨明德	男	党委委员、副书记、行长	山东青岛	2013年3月—2013年5月
徐启昭	男	党委委员、书记	广东潮州	2013年3月—2013年5月
吴建群	男	党委委员、副行长	广东揭西	2013年4月—2016年11月
杨明德	男	党委委员、书记、行长	山东青岛	2013年5月—2014年9月
张伟生	男	党委委员、副行长	广东揭阳	2013年5月—2016年10月
陈吉胜	男	党委委员	广东普宁	2013年6月—2013年8月
		党委委员、行长助理		2013年8月—2014年11月
陈映东	男	党委书记、党委委员、行长	广东潮阳	2014年9月—
陈吉胜	男	党委委员、行长助理、纪委书记	广东普宁	2014年11月—2014年12月
		党委委员、副行长、纪委书记		2014年12月—2016年5月
顾德明	男	党委委员、副书记	广东潮州	2015年5月—2015年6月
		党委委员、副书记、副行长		2015年6月—2016年4月
林泽坚	男	党委委员、纪委书记	广东潮阳	2016年5月—2016年6月
陈吉胜	男	党委委员、副行长	广东普宁	2016年5月—
林泽坚	男	党委委员、纪委书记、副行长	广东潮阳	2016年6月—2017年4月
吴建群	男	党委委员、副书记、副行长	广东揭西	2016年11月—2017年8月
方文春	女	党委委员	河南南阳	2016年11月—2017年1月
		党委委员、行长助理		2017年1月—2018年2月

续表 2-17

姓名	性别	职　务	籍贯	任职起止时间
林泽坚	男	党委委员、纪委书记	广东潮阳	2017 年 4 月— 2018 年 10 月
冯聪荣	男	党委委员、副书记、副行长	四川泸州	2017 年 8 月—
方文春	女	党委委员、副行长	河南南阳	2018 年 2 月—
姚欣豪	男	党委委员、纪委书记	广东汕头	2018 年 10 月—

说明：1. 根据农行总行《关于中国农业银行各分支行党组改为党委有关问题的通知》，1998 年 9 月 14 日，省行党委决定，中国农行揭阳分行党委成立，实行系统内垂直领导和管理，同时接受地方党组织的指导。党组改为党委，设党委书记、党委委员、纪委书记。

2. 表内成员按 1992—2018 年任职起始时间由远到近排序。

3. 表内“—”为无法收集到

分支机构　1955 年 10 月 1 日，农行揭阳县支行以下的机构，在人行营业所派驻工作组。1964 年 1 月 1 日，辖 19 个营业所。1979 年 12 月 17 日，辖 21 个营业所，领导 21 个区（镇）信用合作社。

1992 年，农行揭阳分行设置分支机构 8 个。其中，直属单位 3 个：分行营业部、国际业务部、信托代办处。辖属榕城支行、揭东支行、普宁支行、惠来支行、揭西支行 5 个支行。全市 83 个营业所、95 个储蓄所。负责领导和管理 5 个县（市、区）86 个农村信用社，176 个信用分社（站）、储蓄所。1993 年，设置分支机构 9 个。其中直属单位 4 个，分别为分行营业部、国际业务部、信托代办处、信用卡部，辖属榕城支行、揭东支行、普宁支行、惠来支行、揭西支行 5 个支行。1994 年，分支机构不变，1995 年机构设置分支机构 9 个，其中直属单位 4 个，分别为分行营业部、国际业务部、信息电脑中心、信用卡部。辖属榕城支行、揭东支行、普宁支行、惠来支行、揭西支行 5 个支行。

1996 年，农行揭阳分行设置分支机构 9 个。其中直属单位仍为分行营业部、国际业务部、信息电脑中心、信用卡部，辖属 5 个支行也没有变化。12 月 1 日，农行与农村信用社脱离行政隶属关系，各支行机关信用合作管理股予以撤销。11 月 28 日，撤并揭西支行的大溪、五云、良田营业所、农机储蓄代办所；撤并惠来支行的前詹、华湖、岐石、东港、侨场营业所，惠东、惠城、隆江、北郊、葵潭、文昌储蓄所；撤并普宁支行的占陇、钟堂、里湖夏园储蓄所。共撤并 18 个辖属营业网点。当年 12 月 31 日，农行揭阳分行下有 89 个营业所，111 个储蓄所。

1997 — 1998 年，农行揭阳分行设置分支机构 11 个，其中直属单位 4 个，分别为分行营业部、国际业务部、信息电脑中心、信用卡部。辖属榕城支行、揭东支行、普宁支行、惠来支行、揭西支行、马牙支行（新设）、市经济开发试验区支行（新设）7 个支行。1997 年 8 月 18 日，撤并榕城支行的玉浦渡口、53527 部队、榕华、猛水桥、西关储蓄所；揭西县支行的第四、京溪园、塔头、凤江、金和储蓄所；惠来支行的周田营业所、葵和储蓄所；普宁市支行的船埔、下架山营业所、占陇、大坝、南径储蓄所；揭东县支行的开发区办事处、玉湖镇、三涵斗、地都、新亨第二、云路北洋储蓄所等辖属营业机构新增设高效营业网点 5 个。1998 年 7 月 20 日，撤销榕城支行的丹凤、北门、东门、梅云储蓄所；揭东县支行的霖磐第二、桂岭、锡场、埔田、曲溪、玉窖、砲台第二储蓄所；惠来县支行的神泉、葵春、东门储蓄所、莱园分理处；揭西县支行的灰寨、大同、河婆、棉湖第三储蓄所；马牙支行的乔林储蓄所等辖属营业机构。

1999—2000年，榕城、马牙、试验区3个支行保留牌子，撤销内设管理机构，其辖属营业网点归属分行营业部。农行揭阳分行设置分支机构14个，其中直属机构7个，为国际业务部、科技部、信用卡部、总务部、稽核中队、分行营业部、资产经营管理部，辖属揭东支行、普宁支行、惠来支行、揭西支行、榕城支行、马牙支行、市经济开发试验区支行7个支行。1999年8月17日，撤销农行揭阳分行培训楼储蓄所、马牙支行大桥头储蓄所、新河储蓄所、榕城支行镇郊储蓄所、沟仔乾储蓄所、经济开发试验区支行塘埔储蓄所、揭西县支行钱坑储蓄所7个辖属营业机构。10月26日，撤销农行揭阳市榕城支行毓秀路储蓄所、铁街储蓄所、揭东县支行龙尾储蓄所、云路第二储蓄所、炮台新市储蓄所、普宁市支行洪阳第二储蓄所、高柏储蓄所、揭西县五经富储蓄所、东园营业所、揭阳市马牙支行乔南储蓄所、揭阳市经济开发试验区支行桥头储蓄所、揭阳分行新贤储蓄所12个营业机构。2000年9月7日，撤销榕城支行广场储蓄所，揭东支行白塔墟、白塔、霖盘、新亨、云路、登岗储蓄所；撤销普宁支行洪阳、军埠、梅塘储蓄所，下架山、船埔营业所，揭西支行河红储蓄所，惠来县支行溪西、仙庵营业所共15个辖属营业机构。增加全市网点8个，省辖网点4个。

2001年，将揭阳市区原分行营业部、榕城支行、马牙支行、经济开发试验区支行调整为独立核算单位，东升办事处改建为按揭中心，丹凤办事处改建为票据中心，直属市分行管理。农行揭阳分行设置外部机构13个，其中直属单位7个，分别为国际业务部、科技部、银行卡部、总务部、稽核中队、贷款审查中心、市场开发部，辖属市区支行（营业部、办事处）6个，即榕城支行、马牙支行、经济开发试验区支行、分行营业部、东升办事处、丹凤办事处。6月11日，农行揭阳分行撤销惠来支行的教育路储蓄所，揭东县支行的锡场华清储蓄所，揭阳县支行的龙潭营业所、坪上营业所、第一储蓄所，揭阳分行的进贤门储蓄所、普宁支行的云落营业所等7个营业机构。10月19日，撤销揭东县支行的龙尾营业所、桂岭营业所、埔田营业所、登岗营业所，榕城支行的榕东营业所、西湖营业所6个营业机构。12月3日，撤销农行普宁市支行的石牌营业所、钟堂营业所、麒麟营业所和揭西县支行的钱坑营业所、第二储蓄所5个营业机构。

2002年，农行揭阳分行设置分支机构18个。其中，直属单位7个：国际业务部、科技部、银行卡部、总务部、业务后台处理中心、贷款审查中心、市场开发部。辖属市区支行（营业部、办事处）11个：榕城支行、马牙支行、进贤支行、经济开发试验区支行、揭东支行、普宁支行、惠来支行、揭西支行、分行营业部、东升办事处、丹凤办事处。3月25日，农行揭阳分行撤销揭西支行的上砂营业所、京溪园营业所、河婆新亨储蓄所3个营业机构。9月3日，撤销普宁支行的立新路分理处、前蔡分理处、大南山营业所3个营业机构。10月18日，撤销中国农业银行揭阳榕城支行的新兴北分理处。2003—2005年，对分支机构进行整合，城区支行（含榕城支行、马牙支行、进贤支行和经济开发试验区支行）均作为营销型单点网点，不承担网点管理职能，不设内设机构，与城区13个营业网点全部由分行直接管理。设辖属支行4个：揭东支行、普宁支行、惠来支行、揭西支行。2003年7月21日，撤销揭东县支行的地都营业所、惠来县支行的葵西分理处、揭西县支行的河山分理处3个营业机构。12月29日，撤销惠来县支行的神泉营业所、揭西县支行的南山营业所、普宁支行的高埔营业所、大坪营业所4个营业机构。2004年10月8日，撤销揭西县支行的塔头营业所、惠来县支行的隆江营业所、揭东县支行的新亨营业所3个营业机构。

2006—2007年，农行揭阳分行直属单位设置分行营业部和进贤支行（管辖市区、揭东、揭西、惠来、普宁5个清收分部，不对外办理业务），辖属揭东支行、普宁支行、惠来支行、揭西支行、马牙支行5个支行。2007年2月6日，农行揭阳分行撤销马牙支行的东山分理处。2008年，设置直属单位农行揭阳分行营业部和进贤支行，辖属支行中原马牙支行更名为城区支行，辖属城区支行、揭东支行、普宁支行、惠来支行、揭西支行5个支行。7月24日，马牙支行更名为农行揭阳市城区支行；10月6日，分行撤销农行揭阳流沙支行，业务并入农行揭阳流沙大道支行。

2009—2018年，农行揭阳分行调整城区单点支行设置，进贤支行（原清收支行）归位回业务经营载体，除日常存款结算业务外，主要从事中小企业贷款业务、个人经营性贷款、消费类贷款经营，不设内设机构。直属单位为分行营业部。辖城区支行、揭东支行、普宁支行、惠来支行、揭西支行5个支行。2012年11月27日，撤销揭西支行、惠来支行2个县级支行金库。

1992—2018年中国农业银行股份有限公司揭阳分行机构统计表

表2-18　　单位：个

年份	机构总数	分行	一级支行	二级支行	分理处（营业所）	办事处	储蓄所	营业部	其他
1992	184	1	5	—	83	—	95	—	—
1993	184	1	5	—	83	—	95	—	—
1994	188	1	5	—	87	—	90	1	4
1995	196	1	5	—	89	—	97	1	3
1996	210	1	5	—	89	—	111	1	3
1997	173	1	7	—	79	—	85	1	—
1998	154	1	7	—	71	2	62	8	3
1999	136	1	7	—	70	2	44	9	3
2000	116	1	7	—	66	2	28	9	3
2001	80	1	7	—	55	2	13	2	—
2002	75	1	8	—	56	2	—	8	—
2003	72	1	8	1	52	2	—	8	—
2004	57	1	10	20	25	—	—	1	—
2005	57	1	10	21	25	—	—	—	—
2006	55	1	10	21	23	—	—	—	—
2007	54	1	6	38	9	—	—	—	—
2008	54	1	6	38	9	—	—	—	—
2009	52	1	6	43	—	—	—	—	—
2010	52	1	6	43	—	—	—	—	—
2011	52	1	5	44	—	—	—	—	—
2012	52	1	5	44	—	—	—	—	—

续表 2-18

年份	机构总数	分行	一级支行	二级支行	分理处（营业所）	办事处	储蓄所	营业部	其他
2013	52	1	5	44	—	—	—	—	—
2014	52	1	5	44	—	—	—	—	—
2015	52	1	5	44	—	—	—	—	—
2016	52	1	5	44	—	—	—	—	—
2017	52	1	5	44	—	—	—	—	—
2018	52	1	5	44	—	—	—	—	—

说明：表内“—”为无法取数或无数据

1992—2018年中国农业银行股份有限公司揭阳分行撤并网点机构和分流人员一览表

表 2-19

年份	撤并机构（个）					分流人员（人）		
	合计	二级支行	分理处	办事处	储蓄所	合计	正式工	临时工或代办员
1992	—	—	—	—	—	—	—	—
1993	—	—	—	—	—	—	—	—
1994	—	—	—	—	—	—	—	—
1995	—	—	—	—	—	—	—	—
1996	—	—	—	—	—	—	—	—
1997	36	—	10	—	26	42	42	—
1998	31	—	8	—	23	178	178	—
1999	19	—	1	—	18	48	48	—
2000	20	—	4	—	16	—	—	—
2001	26	—	12	—	14	139	139	—
2002	—	—	—	—	—	—	—	—
2003	3	—	3	—	—	192	192	—
2004	10	—	8	2	—	182	182	—
2005	—	—	—	—	—	—	—	—
2006	2	—	2	—	—	12	12	—
2007	2	—	2	—	—	22	22	—
2008	—	—	—	—	—	—	—	—
2009	—	—	—	—	—	—	—	—

续表 2-19

年份	撤并机构（个）					分流人员（人）		
	合计	二级支行	分理处	办事处	储蓄所	合计	正式工	临时工或代办员
2010	—	—	—	—	—	—	—	—
2011	—	—	—	—	—	—	—	—
2012	—	—	—	—	—	—	—	—
2013	—	—	—	—	—	—	—	—
2014	—	—	—	—	—	—	—	—
2015	—	—	—	—	—	—	—	—
2016	—	—	—	—	—	—	—	—
2017	—	—	—	—	—	—	—	—
2018	—	—	—	—	—	—	—	—

说明：表内“—”为无法取数或无数据

（二）职能任务和业务

1979 — 2018 年，农行揭阳分行相继经历农村金融专业银行到综合性国家专业银行、国有独资商业银行和国有控股商业银行的四个不同发展阶段，其职能任务和业务范围不断调整。

第一阶段，农村金融专业银行向综合性银行发展阶段（1979 — 1995 年）。1979 年，农行揭阳县支行职能任务是履行国家专业银行职能，领导、管理全区农村信用社；统一管理支农资金，集中办理农村信贷，发展农村金融事业，为更好地发展农业生产和“四个现代化”（工业、农业、国防、科技现代化）服务。 业务范围主要定位在县城以下农村。承办农村企、事业和机关团体的各项存款，办理乡镇居民和侨眷各种储蓄业务；集中主要人员和资金力量支援农业，办理国营农业部门、供销合作社、农村集体和个人的工业贷款、农副产品收购贷款、农村开发性项目贷款等各项贷款；办理农村汇款和结算业务，调节农村货币流通；监督财政部门支援农业的事业拨款和社队集体及个人的拨款；支持农村商品生产，主管社队会计辅导。1981 年 1 月 1 日，农行揭阳县支行进行改革，试办营业所和信用社联营，10 月 1 日，所、社联营停止。1984 年 8 月 27 日，揭阳县信用合作联社成立。

1992 年，农行揭阳分行从专业银行角色转向实施企业化管理。重点支持商品生产发展和农村经济全面发展，各项业务逐步由农村集镇向城区发展，从支持自然经济为主转变到支持商品经济为主；不仅办理农村的各项存款和农业贷款，而且办理农村的工业贷款、农副产品收购贷款、供销合作社系统贷款；从主要支持社队集体发展生产转变为同时支持承包户、专业户和各种经济联合体发展生产；办理农村的现金出纳，对农村现金单位执行现金管理；办理农村非现金结算；领导农村信用合作社。先后开办信托业务和国际金融业务；开办信用卡、代收代付等各种中间业务和代理业务；参与融资、票据贴现、证券、外汇等各种市场；开办个人支票、电话银行、电子汇兑、协议存款等业务，成为办理农村地区一切金融业务的农工商综合性银行。1993 年 4 月 26 日，农行揭阳分行增办外汇汇款、外汇担保和押汇、资信调查、咨询、见证等项业务，并由农行总行承诺外汇债务。

1994年2月1日，农行揭阳分行国际业务部对外挂牌营业，开展外汇业务。1995年7月1日，农行揭阳分行转变经营观念，适应总行整体经营机制由国家专业银行向国有商业银行转变打好基础。8月28日，设立中国农行揭阳分行营业部保管箱业务部，开展保管箱业务。

第二阶段，从国有专业银行向国有商业银行的转变阶段（1996—2006年）。1996年10月14日，分设农发行揭阳市分行，将中国农业银行揭阳市分行原设立农业发展银行业务专柜，专门办理、核算的农业政策性贷款业务，划归农发行揭阳市分行；与农村信用社脱离行政隶属关系，农行揭阳分行开始向商业银行转变。从主要注重贷款业务转向重视全部资产负债业务；从主要注重存贷业务增量扩张转向重视优化增量与盘活存量，实行集约经营。实施资产负债比例管理，优化信贷结构，提高资产质量。1999年，把负债业务工作重点转移到市区和经济重镇上来；拓展代收代付和银行卡业务。

第三阶段，从国有商业银行向国有控股银行的转变阶段（2007—2010年）。2009年5月14日，中国农行揭阳分行改制为中国农业银行股份有限公司揭阳分行，作为总行的二级分行，其职能任务是根据国家的金融方针、政策，对全市金融及经济发展提供服务。承办总行、省行部署的各项工作，建设面向“三农”、城乡联动、融入国际、服务多元的一流现代商业银行。2010年7月，中国农业银行A+H股于15日、16日分别在上海、香港挂牌上市。

第四阶段，从国有控股银行向大型公众持股公司发展阶段（2011—2018年）。2011年，农行揭阳分行的业务范围涵盖城乡单位和个人的各项金融业务、理财业务、信息和咨询服务。业务领域由最初的农业信贷、结算业务，发展成为品种齐全，本外币结合，能够办理国际、国内通行的各类金融业务。主要包括存款服务、综合贷款服务、外汇理财、人民币理财、代客境处理财、银行卡、汇款及外汇结算、保管箱租赁、缴费服务、代发薪服务、出国金融服务、电子银行、私人银行、融资业务、国内支付结算、国际结算、基金相关业务、企业理财服务、金融机构服务。业务品牌有“金钥匙”“金光道”“金e顺”“金益农”“金穗卡”5个，涵盖银行卡、“三农”产品、电子银行、对公存贷款及中间业务、个人金融业务。提供各种公司银行和零售银行产品和服务，开展自营及代客资金业务，业务范围还涵盖外汇业务、投资银行、基金管理、金融租赁、保险等领域。

主要任务和业务 1992年，农行揭阳分行组织和盘活资金，开展存款吸储，开办大额特种定期储蓄存款服务项目，实行结算保证金制度，开办代收代付业务，实行结算保证金制度，落实串储奖励机制。重点支持发展“三高”农业、创汇农业、支持乡镇企业、商贸流通，发展第三产业，支持山区经济发展。全年累计投放贷款22.50亿元，同比增加2.50亿元。全年各项存款余额10.17亿元，比年初增加2.35亿元，增长30%。

1993年，把存款工作放在首要位置；多渠道、多形式广辟储源、筹措资金。完善储蓄承包经营责任制。开办“贺新春优息定额定期存单”和“有奖储蓄”新储种。4月26日，分行增办外汇汇款、外汇担保和押汇、资信调查、咨询、见证等项业务，并由总行承诺外汇债务。全年，各项存款余额12.59亿元，比年初增加2.42亿元，增长23.8%。实施信贷向农业倾斜政策，合理运用信贷资金，优化信贷投向。支持农副产品收购，继续支持发展“两高一优”农业；支持乡镇企业发展，重点支持外向型企业、三资企业和乡镇企业以及农副产品深加工服务企业；支持山区和贫困地区发展经济，发放贷款2800万元，其中扶贫贷款270万元，帮助21003户农民脱贫致富，投入抗灾复产资金3000多万元。全行本外币各项贷款11.90亿元，比年初增加1.80亿元，增长17.4%。

1994年，调整网点布局，筹建“揭阳市经济开发试验区支行”和“揭阳市东山支行”；增设电脑储蓄网点，建设市区通存通兑联网系统；发售一期有奖储蓄；配合国际业务、信用卡业务多功能吸储；配合当地政府宣传金融政策，遏制“月零会”自由借贷活动，维护金融秩序稳定。全年，各项存款余额14.97亿元，比年初增加2.81亿元，增长23.1%。增大农业信贷投入，重点支持粮食生产、“菜篮子”工程，突出支持“三高”农业、农业科技应用和开发以及为农业服务的农业生产资料储备；支持乡镇企业发展，贷款向效益好、产品质量高、适销对路的企业倾斜；支持大市场、大流通，繁荣城乡经济；支持山区开发和扶贫工作。全年，全行本外币各项贷款12.72亿元，比年初增加1.59亿元，增长14.3%。

1995年，在市区、县城、城郊接合点及经济开发区增设14个较高标准、较现代化网点；建设普宁市区通存通兑网络系统；在全市率先推出保管箱业务；实行全日制营业，开办夜市储蓄。全年，各项存款余额19.10亿元，比年初增加4.13亿元，增长27.6%。支持“三高”农业；制订支农资金计划；做好支农资金的供应、管理和服务工作；支持信誉高，效益好和出口创汇的工商企业和乡镇企业。全年，全行本外币各项贷款14.25亿元，比年初增加1.59亿元，增长12.56%。

1996年，做好保支付、保农采、保信誉工作；开办代收代付业务，拓宽筹资渠道。全年，各项存款余额18.22亿元，比年初增加4.67亿元，增长34.4%。加大对农业的信贷投入，农业贷款余额占各项贷款的41.9%，增量占总增量的40.2%，累放额占总累放额的47.8%。压缩三类农户贷款，适应商业银行运作的要求，重点支持规范化、商品化农业；支持规模化乡镇企业和服务于农副产品加工的乡镇企业的正常生产经营活动；支持经济效益好、科技含量高的农业生产项目，农行普宁支行支持青梅加工贷款2100万元，支持32个乡镇企业，完成青梅加工量10200吨，支持生柑包装物生产600万元，用于对1.6万吨生柑购销的包装。投放4320万元，重点支持竹地板加工，生梅种植基地“古山二号”龙眼良苗基地，荔枝种植基地等一批效益好、科技含量高的项目，促进大农业、高效农业和市场农业的发展。全年，本外币各项贷款15.73亿元，比年初增加1.48亿元，增长10.4%。12月1日，农行揭阳分行开通省辖电子汇兑。

1997年，组织存款，整顿营业窗口劳动纪律和改善服务态度；开展“储蓄宣传周”活动；优化网点结构，提高网点业务规模。全年，网点平均存款量比年初增加456万元，各项存款余额23.51亿元，比年初增加5.29亿元，增长29%。推行贷款抵押担保制度，保全贷款资产；向农业重点产业、种养业倾斜，支持生柑、青梅、茶叶等农副产品加工以及养猪等种养业和农业生产资料储备采购，累计投放农业贷款11.88亿元，占各项贷款累放的51.2%。全年，本外币各项贷款18.64亿元，比年初增加2.08亿元，增长12.6%。

1998年，农行揭阳分行调整网点结构，撤并低效营业网点24个，对限期达标的20个营业网点落实逐月监控；做好分行直属单位改造和部分支行营业地址搬迁改造，优化网点布局，提高网点存款规模。全年，各项存款余额28.96亿元，比年初增加4.83亿元，增长20.03%。支持优势产业和优良客户，重点支持第一批7户“双优”企业和2户市级重点企业，贷款增投4800万元；支持农业产业化经济发展，累计投放农业贷款5.93亿元，占各项贷款累放额的30%；支持普宁莲花山自来水扩容工程和揭西县农村电网基础设施建设；配合国家住房制度改革，把支持居民住宅建设纳入信贷计划。全年，本外币各项贷款20.76亿元，比年初增加2.13亿元，增长11.41%。

1999年，拓展代收代付和银行卡业务，组织低成本资金，代收水费、电费、税款、通信费用、学费等16个项目，代收代付发生额10.51亿元，发卡量20467张，比年初增加13129张，卡类存款2440万元，比年初增加792万元；撤并低效网点，稳步调整网点布局，扩大网点功能，撤、并、迁19个低效网点，增加全市网点8个，省辖网点4个；改善结算服务，2个网点各项存款余额突破亿元。全年，各项存款余额35.70亿元，比年初增加6.89亿元，增长23.92%。加强信贷基础管理，加大信贷投放力度，选出17户市级重点企业作为新增贷款发放对象，新增贷款2563万元，占全行新增贷款的11%；支持农业结构调整和优化，投放农业贷款1.99亿元；支持地方基础设施建设，新增投基建贷款1.10亿元，揭东县自来水厂扩建工程3000万元；择优扶持民营企业发展，累计发放贷款2.48亿元，共收回不良贷款4.79亿元；做好信贷资产保全工作，提起诉讼49宗，涉及贷款本金1.14亿元，以资抵债9户，金额1118万元。全年，本外币各项贷款23.16亿元，比年初增加2.35亿元，增长11.29%。

2000年，拓展中联通揭阳分公司、揭阳日报社、法院系统、教育系统等行业性、系统性代收代付业务，代收代付业务发生额11.09亿元，增加存款9329万元；加大科技投入，加快网点建设，除普宁支行外，其余网点实现直连省行大机。3月，开通火气储蓄存款全省通存通兑业务；开通金穗借记卡业务，开发代收代付业务操作平台；接受中国银行惠来、渔湖支行人民币存款2.36亿元，港币存款1948.80万元，美元存款57.50万元。全年，各项本外币存款余额42.50亿元，比年初增加6.78亿元，增长18.99%。支持揭东自来水厂3000万元、揭西龙径水库发电站技改贷款1200万元，揭西北山水电厂820万元，揭阳学院3000万元；剥离不良资产6.99亿元，其中本金6.37亿元，利息6237万元；收回不良贷款5.25亿元，贷款实收利息9258万元。全年，本外币各项贷款19.05亿元，比年初减少4.11亿元。

2001年，发展中间业务；贯彻“全行办卡”方针，促进卡类业务发展，全年发卡量34295张。全年，各项存款余额47.91亿元，比年初增加5.41亿元，增长12.7%。清收二呆本息4203万元，盘活二呆本金5100万元；新增投贷款1.01亿元，支持AA级以上优良客户；压缩三类企业300多户，金额3500多万元；支持揭阳高等专科学校2000万元，揭东自来水厂扩建贷款800万元，揭东云山殡仪馆项目贷款2100万元；榕城支行先行推出汽车按揭贷款业务。全年，本外币各项贷款21.15亿元，比年初增加7186万元。

2002年，拓展同业存款业务，落实普宁、揭西、进贤、惠来支行、东升办事处分别与当地信用社签订合作协议，开办约期存款业务，全年信用社约期存款最高余额5.30亿元，年底余额2.44亿元，比年初增加2.20亿元；发展中间业务。全年，各项存款余额53.71亿元，比年初增加4.40亿元，增长8.93%。新一代“ABIS综合应用系统”［是“中国农业银行综合应用系统”的英文缩写。以处理银行柜面业务为主。ABIS可覆盖一定区域的计算机网络，并将全部营业和管理机构联为一体，也可跨越行政和资金管理体系，实现多个县（市、省）的共用，最终将成为全国农业银行统一的综合业务应用系统。ABIS具有两个最基本含义：一、是一个可以用来处理银行柜面业务的软件系统；二、是农行柜面业务软件的系统结构、系统核心和一系列开发规范与约定的总和。ABIS可完成本外币储蓄业务、信用卡业务、对公业务；外汇结算业务和资金买卖业务、各类自动转账业务（代收代付等中间业务）以及客户自助银行业务（ATM、POS）等各类业务功能。该系统可满足金融业务品种不断创新的基本目标，兼顾银行管理决策科学化的长远目标，为银行管理、分析和决策提供业务原始数据］投产应用，加强信贷管理。重点支持公路、桥梁、重点医院、学校、供水、供电、有线电视网络等有经营性、有合法收费权的公用事业单位项目；重点发展商铺、住房、汽车按揭为主的消费贷款，增投贷款2.62亿元，其中AA级以上优良客户1.23亿元。支持市妇幼保健院、市慈云医院800万元，发放个人消费贷款和创业贷款1.32亿元；拓展出口退税账户托管贷款，发放贷款3385万元；清收二呆贷款本息4787万元，盘活二呆本金3282万元，保全二呆本息8597万元。接收以资抵债资产5户，金额3667万元，处置抵债资产3户，变现76万元，出租抵债物租金收入12万元。全年，本外币各项贷款23.34亿元，比年初增加2.19亿元，增长 10.35%。

2003 年，新开办记账式国债业务、个人因私购汇业务和代理销售开放式基金业务；推进卡类业务发展，拓展电子银行业务；推进个人客户分层服务，优化个人客户结构。全年，各项存款余额 61.90 亿元，比年初增加 8.19 亿元，增长 15.25%。对优良客户和低风险客户新增贷款 1.62 亿元；推出仓单质押贷款和出口退税托管贷款；发展消费信贷业务。4 月 7 日，中国农行揭阳分行按揭中心成立，专门负责开展个人消费贷款业务；起诉 48 宗，收回不良贷款 1221 万元。全年，本外币各项贷款余额 25.40 亿元，比年初增加 2.07 亿元，增长 8.85%。

2004 年 5 月 8 日，撤销农行揭阳分行营业部等 7 个电子同城小站，其电子同城业务统一由中国农行揭阳分行承接。全年，各项存款余额 73.23 亿元，比年初增加 10.92 亿元，增长 17.5%。退出保证担保贷款 5560 万元；处置抵债资产 10 户，收回 537.30 万元。全年，本外币各项贷款余额 24.10 亿元，比年初减少 1.30 亿元。

2005 年，加大网点硬件建设，投入资金先后改造普宁西市场分理处、广南分理处、洪阳营业所和试验区支行的迁址改造以及磐东营业所、镇郊营业所、马牙支行的营业大厅扩建等；成功拓展筹备项目“惠来靖海发电有限公司”。全年，各项存款余额 83.68 亿元，比年初增加 10.45 亿元，增长 14.27%。潜在风险客户退出贷款金额 3005 万元；不良资产清收 7961 万元。年末，本外币各项贷款余额 24.02 亿元，比年初下降 804 万元。

2006 年，优化存款结构，降低付息率；推进存款分类结构向良性转变，分类结构良性变化逐步增强，全年新增存款活期占比 80%，年末定期存款占比下降 2.67%。年末，本外币各项存款余额 93.68 亿元，比年初增加 10.00 亿元，增幅 11.95%。对大型优质资产项目投放，投放汕揭高速公路项目余额 1.46 亿元、惠来靖海火电厂项目余额 3.15 亿元、广东创鸿集团创鸿消防御景湾项目 9445 万元、汕头金鸿公路项目余额 1.35 亿元；拓展票据贴现业务。年末，本外币各项贷款余额 30.91 亿元，比年初增加 6.89 亿元。增幅分别为 28.67% 和 29.15%。

2007 年，本外币各项存款余额 93.13 亿元，比年初减少 5453 万元。惠来靖海火电厂项目增投 9.80 亿元，汕揭高速公路项目增投 800 万元，投放小微企业贷款 2.86 亿元。年末，本外币各项贷款余额 32.09 亿元，较年初增加 1.18 亿元，增幅 3.82%。

2008 年，推进网点转型建设，完成 8 个网点的硬件改造，完成其他 5 个网点转型硬件建设图纸的设计工作。全年，存款突破百亿元大关，成为辖内四家国有商业银行首家百亿元银行。年末，本外币各项存款余额 114.15 亿元，比年初增加 21.02 亿元，增长 22.57%。本外币各项贷款余额 22.05 亿元，比年初增加 2.53 亿元，增长 7.9%。

2009 年，完成 6 个网点的硬件改造，新增 26 台 ATM 和 100 多台自助服务终端等自助设备。年末，本外币各项存款余额 115.91 亿元，比年初增加 1.76 亿元，增长 1.5%。先后成功营销广东巨轮、榕泰、中诚化工等行业性、龙头性企业。本外币各项贷款余额 39.35 亿元，比年初增加 17.30 亿元，增加 27.34 万元，增幅为 78.5%。

2010 年，推动对公存款业务的稳健持续发展，加大理财型产品营销力度，稳定对公存款。年末，本外币各项存款余额 135.68 亿元，比年初增加 19.77 亿元，增长 17.1%。新增投中小企业法人贷款 25.87 亿元，法人贷款余额 38.08 亿元，比年初增加 8.91 亿元。向汕揭高速公路投放贷款 2 笔 5500 万元。年末，各项贷款余额达 48.98 亿元，比年初增加 9.63 亿元，增幅 24.5%。

2011年，确定揭阳市社保卡发卡资格。对13个营业网点完成转型建设，增配大批网点自助设备，新增自动取款机42台，总数达142台；新增自助终端27台，总数达86台；新增网银体验机52台，总数达56台；新配22名大堂助理，增配至61名。年末，本外币各项存款余额156.16亿元，比年初增加20.48亿元，增幅15.09%。1月6日，个人贷款集中经营管理中心成立，各项贷款累计投放44.89亿元，综合收益率达到7.24%。发放全国第一笔县域商品流通市场建设贷款2亿元，以"市场+商户"担保方式投放个人助业贷款、个人综合授信贷款4950万元。辖内2个支行与社保局签订新农合业务协议，农户小额贷款全面超额完成省行计划，完成率居系统内第二名，不良率0.47%。年末，各项贷款余额达61.06亿元，比年初增加12.07亿元，增幅24.65%。

2012年，农行揭阳分行储蓄存款居同业第一，全年储蓄存款日均增量保持辖区内四行同业第一。年末，各项存款余额178.33亿元，比年初增加22.19亿元，增幅14.2%，在同业四行中增量市场份额26.24%，存量市场份额26.02%，比年初提升0.22%。3月，成功营销粤电靖海电厂到农行揭阳分行开立集团客户供应链。11月，为该企业开立1.10亿元国内信用证，在12月为其叙作买方押汇，对粤电靖海电厂新增流动资金贷款4975万元。成功拓展中电投惠来码头建设银团贷款项目，实现贷款投放3亿元。发放市场内商户贷款1.22亿元，在普宁国际服装城核心商区新设营业网点，对进驻服装城3400余家商户提供集"支付结算、贷款融资、信用卡透支、分期付款、理财规划"为一体的全方位、多层次综合金融服务。普宁纺织服装产业群也被总行列为县域商贸流通业集中连片服务试点。发生表内贸易融资10.01亿元，表外贸易融资3.25亿元，表内贸易融资余额3.71亿元，比年初增加1.96亿元，表内贸易融资余额占流动性贷款的9.68%。成功拓展粤东地区首笔县域房地产开发贷款，对普宁市翔栩房地产开发有限公司发放房地产三年期开发贷款4亿元。年末，各项贷款余额79.70亿元，比年初增加18.74亿元，增幅达31%。

2013年，成功拓展市财政非税代收项目，县级非税收入收缴业务相继在揭东、普侨区、揭西县取得突破；揭阳市二手房交易资金托管项目成功运作；成功拓展"惠来县医疗保险管理服务中心"基本存款账户，成功拓展普宁市、惠来县农信社企业年金托管项目，托管规模任务完成率居系统第二。年末，储蓄存款增加3.65亿元。本外币各项存款余额204.68亿元，比年初增加26.35亿元，增幅14.78%。做好惠来电厂、中电投码头、汕揭高速、翔栩万泰城等大客户大项目融资支持，营销拓展汕湛高速、潮惠高速等银团项目，成功储备普宁服装城二期市场方建设固定资产贷款3.7亿元项目、揭东丹凤城一二期2.5亿元商品房开发贷款项目，与中德金属生态城签订融资合作协议，制定"大南海"园区综合服务方案并跟进；储备普宁服装城二期市场方建设固定资产贷款项目、揭东丹凤城一二期商品房开发贷款项目；与中德金属生态城签订融资合作协议，制定并跟进"大南海"园区综合服务方案。推进"三农"各项业务指标有效发展，推广营销农村生产经营贷款业务品种。年末，各项贷款余额94.91亿元，比年初增加15.11亿元，增幅达18.93%。

2014年，全面推进网点渠道建设，搭建高效多元的服务网络。开展存款"走进乡村"活动、"个人客户升级提质营销竞赛活动"等专项竞赛，储蓄存款持续稳步增长。本外币各项存款（不含同业）226.40亿元，增加21.72亿元，其中对公存款突破30亿元大关（30.79亿元），比年初增加4.47亿元，储蓄存款直逼200亿元（195.61亿元），比年初增加17.25亿元。新增准入楼盘11个，准入金额28.74亿元，年末个人住房贷款余额15.33亿元，比年初增加4.42亿元，增幅达40.51%。年末，本外币各项贷款余额105.75亿元，增幅11.43%。

2015年，先后成功营销城区、揭西、普宁教育类资金约3.60亿元，营销市财政局及揭东财政社保资金3.30亿元、市、县两级国土拍卖保证金累计7亿多元、惠来县医疗保险管理服务中心8200万元、普宁市人民法院7800万元；成功营销广东柏堡龙股份有限公司IPO募集资金账户；成功营销中德工业园区财政补贴存款4.25亿元、揭阳市碧桂园房地产开发有限公司大额公司类存款4.55亿元。34个网点办理“活利盈”业务，签约卡活期主账户日均余额2.89亿元。年末，本外币各项存款余额242.04亿元，比年初增加15.64亿元，增幅14.78%。对惠来电厂、中德集团、广东榕泰等大客户大项目累计投放贷款5亿元。加大个人住房按揭贷款拓展力度，全年新准入按揭楼盘14个，金额60亿元，累计投放个人（自营）住房按揭贷款7.57亿元；年末个人住房按揭贷款余额20.40亿元，比年初增加5.10亿元。年末，全行各项贷款余额106.64亿元，比年初增加8900万元，增长达0.84%。

2016年，先后取得市财政国库支付代理资格、全市工伤保险基金归集账户资格、揭东乡镇国库集中支付等各类机构代理资格20个，实现全市公共资源交易中心合作资格全覆盖，成为全省第一个实现农村集体“三资”监管业务合作资格全覆盖的分行。年末，本外币各项存款余额270.76亿元，比年初增加28.72亿元，增长11.87%。营销准入新楼盘12个，累计投放个人住房商业贷款8.05亿元，同比增加39.5%。年末，各项贷款余额114.91亿元，比年初增加8.27亿元，增幅达7.76%。

2017年，先后取得市、县（区）各级机构代理合作资格19项，实现对全市代理非税业务、农村财务资金监管平台、公共资源交易保证金拍卖系统合作的“三个全覆盖”；成功营销开立惠来县财政局社保基金专户，取得粤东首家市级社保费通过ETS系统征缴直扣独家的代理资格；获得机关事业单位养老保险业务，取得市及各县区机关事业单位养老保险和职业年金账户资格11个。年末，本外币各项存款余额294.04亿元，比年初增加23.28亿元，增幅8.6%。成功投放普宁国际服装城一期经营性物业贷款4.50亿元，农户贷款余额比年初增加5005万元。10月，在业内创新推出普宁国际服装城“惠商e贷”产品，投放贷款41户，贷款金额398万元。先后准入楼盘12个，投放个人住房按揭贷款35.88亿元，个人住房按揭贷款余额比年初增加8.96亿元。个人贷款余额57.75亿元，比年初增加13.55亿元。年末，各项贷款余额135.52亿元，比年初增加20.60亿元，增长17.93%。

2018年，机构类存款日均存款余额47.79亿元，比上年增加13.57亿元。依托OCRM（操作型客户关系管理）系统、PCVM（个人客户价值管理）系统，做好个人存款。年末，人民币各项存款时点增量27.36亿元，日均增量24.38亿元。本外币各项存款余额321.32亿元，比年初增加27.29亿元，增长9.28%。做好普惠金融和服务“三农”各项重点工作，累计投放各项贷款83.48亿元，支持金属制品、纺织服装、电力、批发零售等支柱行业发展。普惠金融贷款余额14.11亿元，比年初增加6.88亿元，“惠农e贷”贷款余额3.63亿元，惠农e商户增加2932户，累计交易额23.58亿元，农户版有效客户增加89629户。累计投放扶贫小额贷款355户，投放贷款1151万元，支持产业带动扶贫项目5个，带动贷款1.65亿元，带动贫困户90户。重点加大碧桂园、恒大等总核客户楼盘和地处中心城区优质楼盘的营销准入，准入按揭楼盘16个，个人住房贷款比年初增加9.29亿元，存量份额29.63%。加大网捷贷、家装贷、房联贷、随薪贷、个人自助理财质押贷的营销推广，个人非住房贷款比年初增加2648万元；各项贷款余额154.56亿元，比年初增加19.10亿元，增长14.09%。

1992—2018年中国农业银行股份有限公司揭阳分行资产负债表（本币）

表 2-20　　单位：万元

年份	资产总额	流动资产	长期资产	负债总额	流动负债	长期负债	所有者权益	本年利润	各项存款	其中：储蓄存款	企事业单位存款	各项贷款	其中：短期贷款	中长期贷款
1992	208302	—	—	208214	—	—	88	88	100784	52538	48246	100445	96018	4427
1993	239372	—	—	239924	—	—	-551	-551	124948	62370	62578	118039	113298	4741
1994	629593	—	—	631096	—	—	-15036	-1503	148262	80157	68105	125761	116736	9025
1995	638281	—	—	639682	—	—	1400	1400	189797	114100	75697	140933	135306	5627
1996	935541	—	—	933357	—	—	5925	0	181159	160435	20724	155700	148824	6876
1997	1145052	—	—	1145925	—	—	-2322	-873	234149	207796	26353	185183	181056	4127
1998	1227676	—	—	1231984	—	—	-4308	-4308	281952	250195	31757	206363	198277	8086
1999	14861777	—	—	1489769	—	—	-7042	-3526	349367	292731	56636	230435	208867	21568
2000	1509534	—	—	1507364	—	—	-2170	2170	411238	347936	63302	189223	163392	25831
2001	1425295	—	—	1422121	—	—	-598	3176	465119	394060	71059	197901	166985	30916
2002	1679975	—	—	1677478	—	—	3844	2497	537081	458712	78369	233352	182180	51172
2003	643775	—	—	642241	—	—	1533	-32	611447	527050	84397	253042	58270	194772
2004	787402	—	—	785604	—	—	1797	232	722639	615445	107194	240095	46621	193474
2005	884461	—	—	883997	—	—	464	464	829775	692723	137052	239358	108379	130979
2006	963969	—	—	964457	—	—	-488	-2041	930704	762096	168608	308247	91114	92394
2007	960516	—	—	949222	—	—	11238	9932	927255	741362	185893	320057	40832	152271
2008	1180980	—	—	1169041	—	—	11939	11896	1137626	967183	170443	220531	46057	172030
2009	1189292	—	—	1174261	—	—	15031	9246	1155841	1024228	131613	393539	152023	241516
2010	1408423	—	—	1373760	—	—	34663	19292	1354147	1189811	164336	489262	203782	285480
2011	1640546	—	—	1586079	—	—	54467	34806	1559645	1350098	209547	609056	305332	303724
2012	2142814	—	—	2105828	—	—	36985	36985	1780579	1535788	244791	797010	489485	307525
2013	2128831	—	—	2081815	—	—	47016	47605	2045479	1793346	252133	949048	560258	388790
2014	2346294	—	—	2302156	—	—	44138	44794	2262055	1954981	291015	1057434	556923	500511
2015	2512446	—	—	2459505	—	—	52940	53801	2419005	2083713	335292	1066354	520636	545718
2016	2782331	—	—	2742680	—	—	39651	40752	2705235	2334304	370931	1149101	556016	593085
2017	3011495	—	—	2967498	—	—	43997	45355	2937681	2435359	502322	1354134	632703	721431
2018	3269073	—	—	3242046	—	—	27027	28559	3211239	2655899	555340	1545641	716469	829172

说明：表内“—”为无法取数或无数据

1992—2018年中国农业银行股份有限公司揭阳分行资产负债表（外币）

表 2-21　　　　单位：万元

年份	资产总额	流动资产	长期资产	负债总额	流动负债	长期负债	所有者权益	本年利润	各项存款	其中：储蓄存款	企事业单位存款	各项贷款	其中：短期贷款	中长期贷款
1992	352	—	—	348	—	—	4	4	158	157	1	160	160	—
1993	358	—	—	351	—	—	7	7	160	159	1	161	161	—
1994	362	—	—	356	—	—	6	6	164	161	3	163	163	—
1995	367	—	—	357	—	—	10	10	140	138	2	190	190	—
1996	450	—	—	450	—	—	0	0	127	125	2	196	157	39
1997	405	—	—	401	—	—	4	4	118	111	7	141	108	33
1998	596	—	—	581	—	—	15	15	267	263	4	150	89	61
1999	2123	—	—	2115	—	—	8	8	919	919	—	144	13	131
2000	3716	—	—	3708	—	—	128	8	1657	1656	1	153	9	144
2001	5206	—	—	5198	—	—	128	8	1686	1685	1	132	7	125
2002	4755	—	—	4738	—	—	17	17	1565	1565	—	128	5	123
2003	4221	—	—	4208	—	—	13	13	1407	1390	17	123	—	123
2004	3583	—	—	3564	—	—	19	19	1173	1153	20	111	—	111
2005	2922	—	—	2893	—	—	29	29	870	866	4	105	—	105
2006	985	—	—	957	—	—	28	28	775	748	27	105	—	105
2007	798	—	—	769	—	—	29	29	555	530	25	114	9	105
2008	714	—	—	705	—	—	9	8	570	420	150	0	—	—
2009	624	—	—	618	—	—	6	6	483	395	88	1	1	—
2010	533	—	—	529	—	—	4	4	406	329	77	88	88	—
2011	2471	—	—	2452	—	—	19	19	311	263	48	240	240	—
2012	45999	—	—	46005	—	—	−6.8	−6.8	431	142	289	151	151	—
2013	93604	—	—	93602	—	—	1.6	1.6	213	208	5	1	1	—
2014	440	—	—	439	—	—	0.44	0.44	317	182	135	16	16	—
2015	336	—	—	335	—	—	1	1	211	178	33	4	4	—
2016	499	—	—	471	—	—	27	27	337	259	544	1	1	—
2017	574	—	—	535	—	—	39	39	409	245	164	155	155	—
2018	304	—	—	299	—	—	5	5	293	206	87	76	76	—

说明：表内"—"为无法取数或无数据

1992—2018年中国农业银行股份有限公司揭阳分行资产负债表（本外币）

表 2-22

单位：万元

年份	资产总额	流动资产	长期资产	负债总额	流动负债	长期负债	所有者权益	本年利润	各项存款	其中：储蓄存款	企事业单位存款	各项贷款	其中：短期贷款	中长期贷款
1992	210243	—	—	210133	—	—	110	110	101655	53404	48251	101327	96900	4427
1993	241435	—	—	241946	—	—	-511	-511	125870	63286	59267	118967	114226	4741
1994	632713	—	—	634164	—	—	-1451	-1451	149675	81544	60018	127166	118141	9025
1995	641346	—	—	635367	—	—	7296	-1317	190966	115252	75714	142519	136892	5627
1996	939282	—	—	933357	—	—	5925	0	182215	161474	20741	157329	150129	7200
1997	1149249	—	—	1151538	—	—	-2289	-840	235127	208716	26411	186352	181951	4401
1998	1236794	—	—	1239918	—	—	-3124	-4184	289561	252372	37189	207605	199519	8086
1999	1507280	—	—	1514322	—	—	-7042	-3526	356976	300349	43799	231627	210059	21568
2000	1540296	—	—	1544024	—	—	-3728	2236	424980	361645	63310	190489	163466	27023
2001	1468385	—	—	1468983	—	—	-598	3240	479074	408007	71067	211459	167043	44416
2002	1679975	—	—	1676131	—	—	3844	2497	537082	458712	78369	233352	182180	51172
2003	655788	—	—	654159	—	—	1629	-2430	618971	538571	76626	254003	187264	66739
2004	797420	—	—	795470	—	—	1950	384	732342	624986	87597	241014	178196	62818
2005	898041	—	—	897342	—	—	699	-867	836786	699697	123295	240210	181958	58252
2006	970425	—	—	970705	—	—	-280	-1845	936759	767945	137824	309069	216675	92394
2007	965404	—	—	953974	—	—	11431	11431	931306	745230	117455	320883	168612	152271
2008	1135029	—	—	1173045	—	—	11984	11984	1141510	970042	139649	220532	48503	172029
2009	1193327	—	—	1184391	—	—	8935	8935	1159137	1026927	107864	393544	152023	241521
2010	1398783	—	—	1383741	—	—	15042	15042	1356838	1191990	121229	489843	203782	286061
2011	1635847	—	—	1599034	—	—	36813	36813	1561608	1351755	158080	610566	305332	305234
2012	1859795	—	—	1822256	—	—	37539	37539	1783287	1537239	109809	797958	492191	305767
2013	2288616	—	—	2240927	—	—	47689	47689	2046775	1783582	96678	949052	560262	388790
2014	2351431	—	—	2306424	—	—	45007	45007	2263999	1956094	82612	1057532	557021	500511
2015	25[illegible]4202	—	—	2460151	—	—	54051	54051	2420377	2084871	88748	1066383	520665	545718
2016	2785282	—	—	2744079	—	—	41203	41203	2707575	2336101	127382	1149111	556035	593076
2017	30[illegible]4595	—	—	2968815	—	—	45780	45780	2940355	2439674	154422	1355160	633739	721421
2018	3271716	—	—	3242942	—	—	28774	28774	3213248	2657311	179832	1546163	717005	829158

说明：表内"—"为无法取数或无数据

三、中国银行股份有限公司揭阳分行

（一）机构沿革

1979 年 12 月 17 日，中国银行汕头支行揭阳办事处成立，主管辖区内外汇业务。1981 年 7 月 4 日，撤销中国银行汕头支行揭阳办事处，设立中国银行揭阳县支行，隶属中国银行汕头分行管辖，实行独立核算，参加全国联行外汇往来。1986 年，中国银行揭阳县支行辖属 4 个分理处：榕城分理处、炮台分理处、新亨分理处、白塔分理处。1 个侨汇服务站：曲溪侨汇服务站。1 个储蓄所：中国银行揭阳县支行新兴南路储蓄所。1 个储蓄代办所：中国银行揭阳县支行中旅社储蓄代办所。12 月，撤销原曲溪侨汇服务站，设立曲溪侨汇分理处。

1992 年 12 月 12 日，中行揭阳分行挂牌营业。中行揭阳分行是中国银行辖属的二级分行，隶属中行广东省分行和人行揭阳分行领导。1994 年，根据国务院对金融体制改革的部署，中国银行开始向国有商业银行转轨，1995 年 7 月 1 日，中国银行逐步向“自主经营，自负盈亏，自担风险，自求平衡，自我发展”的经营机制转换，由国家外汇外贸专业银行向国有商业银行转变。随总行整体经营机制的转换，中行揭阳分行向国有独资商业银行二级分行转变。

2004 年 8 月 26 日，中国银行由国有独资商业银行整体改制为国家控股的股份制商业银行，更名为中国银行股份有限公司，简称中国银行。2005 年 4 月 13 日，中行揭阳分行改称中国银行股份有限公司揭阳分行（简称中行揭阳分行）。至 2018 年，中行揭阳分行名称、隶属关系、业务范围不变。

1986 年，中国银行揭阳县支行在职员工 84 人；1991 年 122 人。1992 年，中行揭阳分行在职员工 497 人，其中分行本部 121 人、辖属支行 156 人、办事处 155 人、分理处 11 人、储蓄所（含代办所）54 人。1996 年，中行揭阳分行在职员工 672 人，其中分行本部 199 人、辖属支行 207 人、办事处 215 人、分理处 12 人、储蓄所（含代办所）39 人。2005 年，中行揭阳分行在职员工 447 人，其中分行本部 198 人、辖属一级支行 128 人、二级支行 101 人、分理处 20 人。2015 年，中行揭阳分行在职员工 507 人，其中分行本部 228 人、辖属一级支行 119 人、二级支行 160 人。至 2018 年，中行揭阳分行在职员工 546 人，其中分行本部 231 人、辖属一级支行 120 人、二级支行 195 人。

1992 — 2018 年中国银行股份有限公司揭阳分行机构人员统计表

表 2-23

年份	机构总数（个）	总人数（人）	其中：二级分行		一级支行		二级支行		办事处		分理处		储蓄所（含代办所）	
			机构总数（个）	人数（人）	机构总数（个）	人数（人）	机构总数（个）	人数（人）	机构总数（个）	人数（人）	机构总数（个）	人数（人）	机构总数（个）	人数（人）
1992	43	497	1	121	5	156	—	—	17	155	2	11	18	54
1993	45	615	1	168	5	215	—	—	17	161	3	8	25	—
1994	39	638	1	217	5	214	—	—	17	149	3	22	11	36
1995	38	663	1	220	5	239	—	—	22	157	7	13	12	34
1996	46	672	1	199	5	207	—	—	24	215	2	12	14	39
1997	46	616	1	155	5	206	—	—	21	188	2	13	17	54

续表 2-23

年份	机构总数（个）	总人数（人）	其中：二级分行		一级支行		二级支行		办事处		分理处		储蓄所（含代办所）	
			机构总数（个）	人数（人）	机构总数（个）	人数（人）	机构总数（个）	人数（人）	机构总数（个）	人数（人）	机构总数（个）	人数（人）	机构总数（个）	人数（人）
1998	41	601	1	147	5	200	—	—	20	190	2	16	13	48
1999	39	611	1	168	5	203	—	—	20	184	2	184	11	40
2000	28	544	1	173	4	162	2	41	12	88	2	24	7	56
2001	28	519	1	194	3	136	2	44	13	75	9	47	—	—
2002	28	506	1	204	3	135	2	44	13	78	9	45	—	—
2003	25	477	1	199	3	141	2	28	12	71	7	38	—	—
2004	25	449	1	193	3	117	2	23	11	66	8	50	—	—
2005	24	447	1	198	3	128	17	101	—	—	3	20	—	—
2006	21	447	1	198	3	116	15	119	—	—	2	14	—	—
2007	20	459	1	218	3	102	16	139	—	—	—	—	—	—
2008	20	459	1	216	3	106	16	137	—	—	—	—	—	—
2009	20	473	1	226	3	103	16	144	—	—	—	—	—	—
2010	20	482	1	224	3	107	16	151	—	—	—	—	—	—
2011	20	489	1	225	3	112	16	152	—	—	—	—	—	—
2012	21	514	1	237	3	113	17	164	—	—	—	—	—	—
2013	21	508	1	229	3	114	17	165	—	—	—	—	—	—
2014	21	509	1	228	3	120	17	161	—	—	—	—	—	—
2015	21	507	1	228	3	119	17	160	—	—	—	—	—	—
2016	21	518	1	231	3	122	17	165	—	—	—	—	—	—
2017	23	537	1	231	3	118	19	188	—	—	—	—	—	—
2018	24	546	1	231	3	120	20	195	—	—	—	—	—	—

说明：表内“—”为无法取数或无数据

内部机构 1991 年，中国银行揭阳县支行内设办公室、人事股、监察室、稽核股、信贷股、计划股、存汇股、会计股、出纳股、工会、保卫股 11 个股（室）。1992 年 11 月 21 日，中行揭阳分行内设办公室、监察室、人事科、稽核科、保卫科、计划科、信贷科、财会科、国际结算科、出纳科、储蓄科、电脑电讯科和信托部 13 个科（室、部）。1993 年 11 月 6 日，增设信用卡科。1994 年 1 月 7 日，工会委员会成立。2 月 5 日，设工会办公室。1995 年 3 月 29 日，增设教育培训科。1996 年 12 月 17 日，设立信贷管理科和信贷业务科。1998 年 11 月 13 日，增设资产保全科。

1999年9月29日，中行揭阳分行内设行长办公室（党委办公室）、人事教育部（党委组织部）、监察部（党委纪律检查委员会）、保卫部、总稽核办公室、财会部、风险管理部、结算业务部、零售业务部、公司业务部、资产保全部（法律事务部）、清算部、信息科技部、营业部、工会工作委员会（党委宣传群工部、机关党总支委员会）15个部（室）。

2000年4月30日，工会工作委员会与行长办公室合署办公；监察部与保卫部合并为监察保卫部；清算部并入财会部。2004年5月22日，增设放款管理部。2005年，中行揭阳分行内设办公室、人力资源部、保卫部、监察部、工会、财会部、风险管理部、结算业务部、个人金融部、公司业务部、授信执行部、营业部12个部（室）。2007年1月，监察部更名为监察内控部。2009年6月30日，增设运营部。7月8日，整合原风险管理部和授信执行部，更名为风险与执行部。2011年，保卫部整合并入监察内控部，更名为监察保卫部。2015年5月，增设中小企业中心、行政事业业务中心，成立渠道管理部。2016年，增设内控合规中心和反洗钱中心。

2018年12月，中行揭阳分行内设综合管理部（人力资源、信息科技）、工会委员会、监察部（保卫部）、财务运营部、风险内控部、贸易金融部、个人金融部、公司金融部、网络金融与渠道管理部、中小企业中心、行政事业业务中心、内控合规中心（反洗钱中心）、个人信贷中心、银行卡中心14个部（室、中心）。

1992—2018年中国银行股份有限公司揭阳分行负责人一览表

表2-24

姓名	性别	职　务	籍贯	任职起止时间
陈铭坤	男	行长、党组成员	广东汕头	1992年11月—1997年3月
胡世德	男	副行长、党组成员	揭阳揭东	1992年12月—1996年3月
王槐茂	男	副行长、党组成员 副行长、党组（委）成员 党委委员、副行长	广东潮州	1996年3月—2000年4月
黄国强	男	副行长（主持全面工作）、党组成员	揭阳揭西	1997年3月—1999年1月
庄锦纯	男	副行长（挂职）、党组（委）成员 党委委员、副行长（挂职）	揭阳揭西	1998年8月—2001年5月
陈育明	男	党委委员、副行长	揭阳榕城	1998年12月—2001年12月
黄国强	男	党委书记、行长	揭阳揭西	1999年1月—2000年8月
郑国英	男	党委委员、副行长	广东潮州	1999年1月—2002年7月
黄俊平	男	党委书记、行长	广东潮州	2000年8月—2001年5月
田玉珊	女	党委委员、副行长 党委委员、行长（主持全面工作）	揭阳普宁	2000年9月—2001年8月
邱锦秋	男	党委委员、副行长	广东汕尾	2002年2月—2005年7月
李耿炫	男	党委委员、副行长	揭阳普宁	2002年7月—2005年8月

续表 2-24

姓名	性别	职 务	籍贯	任职起止时间
黄 凯	男	党委委员、副行长	揭阳揭东	2002 年 7 月— 2006 年 4 月
田玉珊	女	党委书记、行长	揭阳普宁	2003 年 6 月— 2006 年 3 月
庞 东	男	党委委员、副行长（挂职）	广西合浦	2003 年 10 月— 2004 年 9 月
李少浩	男	党委委员、副行长	广东汕头	2004 年 7 月— 2009 年 11 月
李耿炫	男	党委委员、纪委书记	揭阳普宁	2005 年 8 月— 2006 年 4 月
彭佐宇	男	党委书记、行长	广东云浮	2006 年 3 月— 2009 年 11 月
李耿炫	男	党委委员	揭阳普宁	2006 年 4 月— 2008 年 10 月
杨启光	男	党委委员、纪委书记	广东梅州	2006 年 4 月— 2014 年 1 月
张鑫周	男	党委委员、副行长	广东潮州	2006 年 7 月— 2007 年 12 月
伍演志	男	党委委员、副行长	广东江门	2007 年 8 月— 2013 年 4 月
尹 亮	男	党委书记、行长	广东江门	2009 年 11 月— 2014 年 1 月
韩远航	男	党委委员、副行长	广东梅州	2009 年 11 月— 2014 年 4 月
夏永元	男	党委副书记、副行长	广东高要	2013 年 7 月— 2014 年 7 月
杨增昌	男	党委委员、纪委书记	广东梅州	2014 年 1 月— 2018 年 8 月
肖 彤	男	党委委员、副行长	江西兴国	2013 年 7 月— 2018 年 4 月
谢伟芝	男	党委委员、副行长	揭阳揭东	2013 年 7 月— 2017 年 12 月
戴 群	男	党委委员、副行长	广东汕头	2014 年 1 月— 2015 年 9 月
夏永元	男	党委副书记、副行长（主持全面工作） 党委书记、行长	广东高要	2014 年 7 月— 2015 年 9 月
陈小鸥	男	高级客户经理	揭阳榕城	2015 年 10 月— 2017 年 1 月
吴榕生	男	党委委员、副行长	揭阳揭西	2017 年 6 月—
张丹敏	男	党委书记、行长	揭阳普宁	2017 年 11 月—
洪雄利	男	党委委员、副行长	揭阳揭东	2018 年 4 月—
袁 波	男	党委委员、副行长	贵州遵义	2018 年 4 月—
卢维华	男	党委委员、纪委书记	海南东方	2018 年 8 月—

说明：表内成员按 1992—2018 年任职起始时间由远到近排序

分支机构 1991 年，中国银行揭阳县支行外设 6 个办事处：榕城办事处、马牙办事处、曲溪办事处、炮台办事处、新亨办事处、白塔办事处；3 个储蓄所：西市储蓄所、榕中储蓄所、韩中储蓄所；2 个代办所：华侨大厦代办所、新兴东代办所。

1992 年，中行揭阳分行辖市区营业部及普宁、揭东、揭西、惠来、渔湖 5 个支行。1995 年，增设惠来支行葵西办事处、揭西支行金和办事处和市区榕城办事处3个营业网点。1996年，撤销韩祠路储蓄所、新兴东储蓄代办所、榕中储蓄代办所、侨社储蓄代办所。2000年2月24日，分行撤销惠来支行、渔湖支行2个支行及其辖属网点。3月22日，撤销揭东曲溪办事处、锡场储蓄所。3月23日，撤销揭西棉湖花园储蓄所、棉湖岭顶储蓄所。12月，中行揭阳分行辖分行营业部和进贤、普宁、揭东、揭西4个支行，27个营业机构。其中进贤支行辖榕城、西市、马牙共3个办事处；揭东支行辖支行本部及炮台、白塔、新亨3个办事处；普宁支行辖支行本部流沙、友谊、占陇、洪阳、军埠、池尾、里湖7个办事处以及玉华、西园、广达、广南、桥北、长春路6个分理处；揭西支行辖支行本部和棉湖分理处，辖南门、河镇、中心共3个储蓄所。

2005年，中行揭阳分行辖4个市区网点（直属分行管理）和3个具有经营管理职能支行，23个营业机构。4个市区网点分别为：进贤支行、榕城支行、东山支行、东湖路支行；3个具有经营管理职能支行：普宁支行、揭东支行、揭西支行。普宁支行，辖支行本部，以及广南支行、玉华路支行、长春路支行、西园支行、友谊支行、明珠支行、流沙大道支行、占陇支行、洪阳支行和侨北分理处、广达分理处、里湖分理处；揭东支行，辖支行本部，以及炮台支行、白塔支行、新亨支行；揭西支行，辖支行本部和棉湖支行。2006年11月，对普宁支行辖内营业机构进行整合。11月3日，玉华路支行临时停业迁址，原业务并入普宁支行营业部；11月27日，侨北分理处临时停业迁址，原业务并入西园支行，撤销广达分理处，原业务并入长春路支行；11月28日，撤销流沙大道支行、友谊支行，原业务分别并入普宁支行营业部和长春路支行。2007年2月，普宁侨北分理处升格并更名为莲花支行；普宁玉华路支行更名为榕江支行。3月，普宁支行辖属机构实施扁平化管理。至此，揭阳分行对辖内各网点全部实行垂直管理。2008年1月15日，成立中行揭阳分行本部个人理财中心。

2012年12月28日，增设中国银行股份有限公司揭阳仙桥支行，简称中国银行揭阳仙桥支行。2015年，中行揭阳分行共有营业机构21个，在四行占比15.91%。其中管辖性支行3个、经营性支行17个。自助银行及自助服务点40个，其中依附式自助银行21个、离行式自助银行13个、离行式自助服务点6个。全市自助设备135台，其中自动取款设备79台、自助终端56台。2017年2月，增设中国银行股份有限公司揭阳普宁城东支行；11月，增设中国银行股份有限公司揭阳蓝城支行，简称中国银行揭阳蓝城支行。2018年10月，重新设立中国银行股份有限公司揭阳惠来支行。至此，中行揭阳分行在揭阳市所有县域均设立支行。

至2018年12月，中行揭阳分行共有24个营业机构（含分行营业部）。市区网点8家：进贤支行、榕城支行、东山支行、东湖路支行、榕江支行、莲花支行、仙桥支行和蓝城支行；县域支行1个：惠来支行；经营管理性支行（中心支行）3个：普宁支行、揭东支行、揭西支行。其中普宁支行辖支行本部和广南支行、明珠支行、西园支行、长春路支行、占陇支行、洪阳支行、城东支行；揭东支行辖支行本部和炮台支行、白塔支行、新亨支行；揭西支行辖支行本部和棉湖支行。

1992—2018年中国银行股份有限公司揭阳分行撤并网点机构和分流人员统计表

表2-25

年份	撤并机构（个）					分流人员（人）		
	合计	二级支行	分理处	办事处	储蓄所	合计	正式工	临时工或代办员
1992	—	—	—	—	—	—	—	—
1993	—	—	—	—	—	—	—	—
1994	—	—	—	—	6	—	—	—
1995	—	—	—	—	1	—	—	—
1996	—	—	—	—	—	—	—	—
1997	—	—	—	—	—	—	—	27
1998	—	—	—	—	4	—	—	—
1999	—	—	—	—	2	—	—	—
2000	11	2	—	6	3	89	89	—
2001	—	—	—	—	—	—	—	—
2002	—	—	—	—	—	1	1	—
2003	3	—	3	—	—	13	0	13
2004	—	—	0	—	—	—	—	—
2005	1	—	1	—	—	8	8	—
2006	3	2	1	—	—	2	2	—
2007	1	—	1	—	—	20	5	15
2008	—	—	—	—	—	1	1	—
2009	—	—	—	—	—	—	—	—
2010	—	—	—	—	—	4	—	4
2011	—	—	—	—	—	—	—	—
2012	—	—	—	—	—	—	—	—
2013	—	—	—	—	—	—	—	—
2014	—	—	—	—	—	—	—	—
2015	—	—	—	—	—	—	—	—
2016	—	—	—	—	—	—	—	—
2017	—	—	—	—	—	—	—	—
2018	—	—	—	—	—	—	—	—

说明：表内“—”为无法取数或无数据

（二）职能任务和业务

1979 年 12 月 17 日，中国银行在县域揭阳设立中行汕头支行揭阳办事处。1981 年 7 月 4 日，撤销中国银行汕头支行揭阳办事处，设立中国银行揭阳县支行。1992 年 12 月 1 日，撤销中国银行揭阳县支行，设立中行揭阳分行。至 2018 年年末，中行揭阳分行历经由经营管理县域外汇业务办事处、国家外汇外贸专业银行、国有独资商业银行到国有控股商业银行的发展演变过程，其职能任务和经营业务经历四个阶段。

第一阶段，为国家统一负责经营和管理县域外汇业务阶段（1979 年 3 月至 1983 年 9 月）。其职能任务和业务范围是华侨汇款解付和转汇；华侨人民币储蓄存款；华侨信托保管业务；华侨遗产托收，代售在港澳地区的房产以及有价证券；外国货币收兑，外币票据托收；为华侨、归侨、侨眷办理与银行业务有关的其他委托事项；外贸信贷、出口贸易结算以及对外保险业务；办理经人民银行批准的委托业务和其他业务。

1979 年起，中国银行独立经营国家外汇储备，密切注视国际金融市场动向，适时调整货币结构，避免各种市场风险，增加外汇积累，保证对外支付。12 月 17 日，中行汕头支行揭阳办事处，在揭阳县域独家经营外汇业务，主管和服务县域外汇金融业务。1980 年 9 月 30 日，中行汕头支行揭阳办事处在已有的榕城侨汇服务站、炮台侨汇服务站基础上，恢复白塔、新亨 2 个侨汇服务站，积累和管理好外汇资金，服务地方经济发展。1981 年 7 月 4 日，中行汕头支行揭阳办事处升格改称中国银行揭阳县支行。9 月 14 日，将原设在榕城、炮台、白搭、新亨 4 个侨汇服务站升格改称侨汇分理处。开办境外个人乙种定期外汇存款业务，种类有：英镑、美元、新加坡币、港元等；开办外汇专户活期存款业务和外汇券专户活期存款业务；独家开办外汇兑换业务。实行独立核算，参加全国外汇往来，开办外汇调剂业务和外汇贷款业务。组织、运用、积累和管理好揭阳县域外汇资金，为揭阳社会主义现代化建设服务。

第二阶段，为国家外汇外贸专业银行阶段（1983 年 10 月至 1994 年）。其职能任务和经营主要业务是本、外币存款和贷款；对外贸易和非贸易的国际结算；华侨汇款和其他国际汇兑；外汇买卖；发行有价证券；信托投资和咨询；信用卡以及国家许可和委托办理的其他银行业务。

1984 年，中国银行揭阳县支行开始办理中国境内居民定期外币存款；办理美元贴息外汇贷款和人民币配套贷款。方便居民外汇存款，支持县域工业企业引进技术，扶植和发展出口产品，推动对外开放和经济发展。1985 年中国银行率先与国际银行电讯网络（SWIFT）连接，中行揭阳县支行实现报文的自动收发。1986 年，中国银行揭阳县支行开办各项人民币存款业务，种类有：活期存款、定期存款、信托存款、金融机构存款、外事企业存款、对外贸易存款、特种存款、机关团体一般存款和外侨、合资企业活期存款，实现人民币存款“零的突破”。5 月 5 日，制定和落实《关于调整和延长服务时间的通知》，在县城率先实行天天营业制度，落实好侨汇解付工作，增加为群众储蓄存款服务的时间。6 月，率先推出人民币长城信用卡业务。恢复设立曲溪侨汇分理处。年末，中国银行揭阳县支行汇总人民币存款余额 1442.29 万元；汇总人民币贷款余额 7569.70 万元。下放贷款业务和审批权，在分理处开办贷款业务。重点支持当地外贸、进出口企业和为外贸提供收购产品和劳务、能出口创汇的企业。

1987 年，中国银行揭阳县支行增设机构网点，利用增设的中国银行揭阳县支行新兴南路储蓄所、中国银行揭阳县支行中旅社储蓄代办所，办理侨汇和本外币存款，吸收闲散资金。11 月，发行人民币长城万事达卡。年末，中国银行揭阳县支行累计投放各项人民币贷款 1.86 亿元，余额 6932.35 万元，外币贷款余额 466.25 万美元，人民币逾期贷款 2106.88 万元，外币逾期贷款 119.70 万美元。中国银行揭阳县支行在支持地方经济建设，支持出口创汇的同时，背上沉重的包袱。1988 年，中国银行揭阳县支行加强国际结算，加速收汇结汇工作；为外向型经济提供多功能服务，开展代客外汇买卖、出口押汇、打包放款等业务、合理安排短期周转外汇贷款，做好信息处理和信息咨询工作。1989 年 8 月，中行揭阳县支行推行长城维萨卡。1991 年，揭阳支行提高经营管理水平和电算化水平，拓展各项业务，资产规模得到扩大。11 月，各项人民币存款余额 8071 万元，其中储蓄存款 6217 万元，企业存款 1854 万元。外币存款 467.83 万美元；汇总各项人民币贷款余额 1.34 亿元，外汇贷款余额 671 万美元；侨汇解付 6366 笔，金额 309.23 万美元。

1992 年，中行揭阳分行开办出口买方信贷业务。1993 年 12 月，中行揭阳分行发行人民币万事达信用卡。中行揭阳分行的职能任务和业务，逐步从外汇外贸专业银行，向业务全面发展的综合性商业银行经营机制转轨。

第三阶段，为国有独资商业银行阶段（1994 — 2004 年）。1994 年起，中行揭阳分行开始由外汇外贸专业银行，逐步向国有商业银行转变。其职能任务和经营业务由外汇、外贸业务扩展到其他各项金融业务；外币存款、贷款；对外贸易结算和非贸易结算、汇兑；与外汇外贸业务有关的人民币存款、贷款、结算；外汇买卖；本外币个人储蓄；发行和代理发行有价证券、外汇担保和见证，征信调查和咨询等业务。中行揭阳分行逐步从专业经营外汇外贸的专业银行，向稳健经营的现代商业银行转轨。

1995 年 7 月 1 日，中行揭阳分行借助总行发行港元和澳元的优势，多功能服务，综合性发展，助力地方经济发展。1996 年 1 月，中行揭阳分行对“727 短期投资”“737 长期投资”和“956 投资收益”科目和二级科目，从分行、支行到营业部都按要求做修改，确保会计报表和会计科目的统一。制订和实施《中行揭阳分行信贷体制改革方案》，撤销原信贷科，成立信贷管理科和信贷业务科；明确信贷管理科和信贷业务科的职能，本、外币各项业务稳步发展，资产规模不断扩大。年末，本外币资产合计 30 亿元，比年初增加 10 亿元，现金投放得到有效控制，全年现金净回笼 4.2 亿元。1997 年 1 月，中行揭阳分行实行审贷分离信贷制度，加强信贷管理；不断拓展业务，加快电子化建设步伐，加强信贷资产管理，防范和化解金融风险，加强财务和机构管理，全面实施控亏与扭亏增盈措施。中行揭阳分行充分发挥电子化优势，开发储蓄业务新品种，开通全市通存通兑业务；发行长城电子借记卡；开办远期结售汇业务。1998 年，中行揭阳分行开展增收节支工作，发展负债业务，科学调整资产结构。普宁、揭东、揭西、惠来、渔湖 5 家支行开办代客买卖外汇业务。各项业务得到稳步发展，经营状况逐步改善，盈利能力不断提高。盈利额比 1997 年增长 233%。1999 年，中行揭阳分行盈利汇总人民币 919 万元。

2000 年，中行揭阳分行对历年亏损、资产质量较差的 11 家机构实行撤并，对有限资源进行合理的重新配置，并妥善地处置减员人员的安置工作，加强队伍建设。5 月，完成对不良资产的剥离任务，剥离不良资产本金、利息折合人民币 2.45 亿元。4 月 18 日，中行揭阳分行与广东证券有限公司揭阳榕华大道证券营业部签订合作协议，联合推出“证银通——证券保证金电话自动转账业务”。2001 年 2 月 26 日至 3 月 1 日，中行揭阳分行办理外汇存款划转 B 股保证金 196 笔，共 209 万美元。10 月 1 日，中行揭阳分行榕城办事处获准改建为中国银行揭阳市榕城支行，在原机构业务经营范围基础上增加办理票据贴现和代理保险业务。2002 年，中行揭阳分行化解历史包袱，逐步建立良好的公司治理机制，盈利能力和盈利水平大幅提高，获得省行授予的 2002 年度“突出效益奖”“综合管理工作二等奖”“零售信贷先进单位”等奖项。10 月 31 日，中行揭阳分行同华夏证券公司签订“证银通”合作补充协议书。实现中行揭阳分行在当地同业中，首家全部网点都开办全市证券机构 A、B 股“证银通”业务。2004 年

8 月 26 日，中国银行股份有限公司成立，中国银行由一家国有独资商业银行整体改制为国有控股股份有限公司。中行揭阳分行相应改制为国有控股股份有限公司。

第四阶段，为国家控股的股份制商业银行阶段（2004 — 2018 年）。2004 年 8 月 26 日，中国银行股份有限公司成立，由国有独资商业银行整体改制为国家控股的股份制商业银行。完整承接中国银行的资产、负债和所有业务。中国银行股份有限公司继续从事原经营范围和许可的业务。2006 年 6 月 1 日，中国银行先后在香港联合交易所上市，7 月 5 日在上海证券交易所上市。随中行整体上市后，中行揭阳分行作为总行的二级分行，向国际化、多元化的经营机制转换。业务范围涵盖商业银行、投资银行和保险领域，包括吸收人民币存款；发放短期、中期和长期贷款；办理国内外结算；办理票据承兑与贴现；代理发行金融债券；代理发行、兑付、承销政府债券；买卖政府债券；从事同业拆借；提供信用证服务及担保；代理收付款项及代理业务；提供保管箱服务；外汇存款；外汇贷款；外汇汇款；外币兑换；国际结算；同业外汇拆借；外汇票据的承兑和贴现；外汇借款；外汇担保；结汇、售汇；发行和代理发行股票以外的外币有价证券；买卖和代理买卖股票以外的外币有价证券；自营外汇买卖；代客外汇买卖；外汇信用卡的发行和代理国外信用卡的发行及付款；资信调查、咨询、见证业务；组织或参加银团贷款；国际贵金属买卖；经银保监会等监管部门批准的其他业务。

2004 年，中行揭阳分行开展县级支行流程整合工作，强化内控管理，消化历史包袱。先后成立零售贷款中心、放款管理部，完成揭阳市区网点扁平化管理等 11 项流程整合工作。合理配置和优化内部资源，实现管理职能集约化、后台处理集中化和风险控制层次化，逐步建立良好的公司治理机制。2005 年 4 月 13 日，中行揭阳分行更名，改称中国银行股份有限公司揭阳分行，探索股份制改革条件下经营性分支机构稳健经营和科学发展的长效机制，各项业务取得新突破。中行揭阳分行荣获广东省委、省政府“广东省文明单位”荣誉称号。2006 年 7 月 5 日，普宁支行为广东康美药业股份有限公司募集 4.91 亿元股票增发资金。中行揭阳分行经营业绩在省中行系统同组行中名列前茅，实现营业利润 5524 万元，税后利润 2776 万元；汇总人民币存款余额 83.21 亿元，较 2005 年年末增加 5.80 亿元，增幅 7.49%；汇总人民币贷款余额 14.46 亿元，较上年末增加 4.87 亿元，增幅 50.72%，人民币贷款增幅列当地四大商业银行第一位；不良贷款余额 460 万元，不良率 0.32%；实现中间业务净收入 2104 万元，增幅 42.66%。

2007 年，中行揭阳分行在全市推行公文处理电子化系统，并取消非密级文件的纸文本传送。2008 年，中行揭阳分行荣获“跑赢大市先进单位”和“中间业务先进单位”称号，年度综合考核全省排名第三位。4 月 12 日，成功叙作揭东县骏兴毛织有限公司第一笔集体土地使用权抵押担保贷款，金额 1500 万元。2009 年，年度“跑赢大市”考核全省排名第三。2010 年，中行揭阳分行成功为揭阳市江南贸易有限公司办理粤东地区首笔跨境贸易人民币结算业务，金额 90 万元。4 月 21 日，成功营销中国玉都（香港）有限公司开立首个 NRA 人民币账户，实现揭阳地区该项业务“零的突破”。6 月 2 日，成功在揭阳市工商局开通投产“工商验资 E 线通”系统。8 月 24 日，成功与揭阳市财政局签订财政非税业务代收委托协议书，取得市财政局非税收入代缴代理银行资格。8 月 30 日，成功与揭阳市住房公积金管理中心签订住房公积金归集业务委托协议书，成为市住房公积金业务归集承办行。9 月 2 日，成功争揽田岛机械（中国）有限公司办理全市首笔海关“报关即时通”业务。12 月 9 日，与揭阳海关、中国电子口岸汕头海关数据分中心和田岛机械（中国）有限公司等 10 家企业代表，对揭阳海关网上支付税费服务系统（报关即时通）举行四方业务合作签约，成为当地首家与海关签订网上支付税费业务合作的银行。12月，配合总行，对辖内推出长城维萨白金卡，适应部分金融消费者对信用消费、预借现金、转账结算的需求。

2011年4月6日，中行揭阳分行通过与海外行沟通合作，成功叙作第一笔“人民币协议付款”业务，金额333.55万元。12月1日，中行揭阳分行营业部成功为客户办理分行第一笔个人跨境人民币汇出汇款业务，成为揭阳市首家试点开办个人跨境人民币汇出汇款业务的商业银行。2012年6月15日，成功争揽揭阳市财政局失业保险基金专户，实现揭阳中行财政社保收入专户“零的突破”。10月11日，与揭阳海关签订“中国银行中央预算单位公务卡合作协议”，实现中行揭阳分行中央预算单位公务卡发卡“零的突破”。10月20日，分行成功发放首笔“联合贷款”金额1亿元。11月11日，分行普宁支行与普宁华侨医院签订银医互联合作协议。2013年8月，中行揭阳分行普宁支行加强与中银香港合作，成功办理全市首笔投资移民内存外贷业务，带动境内新增人民币定期存款800万元，境外发放贷款1000万港元，营销客户认购中银香港港元收入基金1000万港元。10月22日，成功争揽揭阳市住宅维修基金项目独家代理银行资金，是全省中行唯一一家取得市级住宅维修基金项目独家代理银行资格的金融机构。10月23日，成功发放首笔微型企业贷款300万元。

2014年10月，中行揭阳分行辖内11家网点的ATM机通过系统升级，顺利实现对外提供人民币10元面额的取款服务。9月1日和11月1日，全市实施OCR（数字图像分析技术和文字识别技术）项目系统上线，将网点柜面凭证归集、整理、装订、流水勾对等标准化流程从网点剥离。2015年5月11日，分行为中德金属集团有限公司开出5年期融资性保函1066万美元。年末，本外币各项存款日均余额145.72亿元、贷款日均余额87.60亿元，分别较年初新增6.35亿元和6.31亿元。2016年4月22日，中行揭阳分行叙作揭阳市首笔人民币外汇货币掉期业务。7月12日，中行揭阳分行实现揭阳市全口径跨境融资业务首发。2017年6月19日，中行揭阳分行首批三台智能柜台在分行营业部对外服务。10月16日，中国银行揭阳蓝城支行对外开业。2018年，中行揭阳分行各项存款179.23亿元，各项贷款92.71亿元。

1992—2018 年中国银行股份有限公司揭阳分行资产负债表（本币）

表 2-26

单位：万元

年份	资产总额	流动资产	长期资产	负债总额	流动负债	长期负债	所有者权益	本年利润	各项存款	其中：储蓄存款	企事业单位存款	各项贷款	其中：短期贷款	中长期贷款
1992	82749	81550	1199	78417	51851	26566	4332	104	41561	30195	11366	38111	37777	334
1993	96931	82032	13313	97235	65291	31944	-304	-304	45532	37490	8042	53770	44235	9535
1994	121699	97554	21982	122884	79109	43775	-1185	-1185	67822	52466	15356	60168	47707	12461
1995	142245	108537	31133	142605	73275	69330	-359	-359	96230	78350	17880	66737	46462	20275
1996	181495	146537	32505	181914	87906	94910	-1321	-1321	126031	106734	19297	69591	44973	24618
1997	235961	146537	38138	236677	118246	118431	-2115	-2115	165306	136733	28573	72441	42116	30325
1998	244080	186436	47380	225366	62946	162420	8450	709	214020	192239	21781	77704	43779	33925
1999	341899	260707	63143	314544	147604	166940	9307	960	300290	263362	36928	82293	37605	44688
2000	351483	276842	57562	343913	149340	194573	7570	-1468	318082	280418	37664	80218	39366	40852
2001	421016	371250	49766	413790	174293	239497	7226	-943	400077	336680	63397	79067	45725	33342
2002	472238	430141	42097	461153	181718	279435	11085	1289	443450	393873	49577	91584	61473	30111
2003	561865	523160	38705	549024	208678	340346	12840	4068	529990	467541	62449	100791	73198	27593
2004	666299	656818	9481	648248	247672	400576	18050	9196	638201	543001	85114	86966	86966	—
2005	754435	741640	12795	740511	261516	478995	13924	5069	729473	612163	117310	93165	93165	—
2006	813244	801248	11996	801525	285175	516350	11718	2863	785541	670893	114648	141390	141390	—
2007	824324	814605	9719	810506	325026	485480	13818	4963	785763	478776	306987	162591	—	—
2008	978680	968574	10106	960987	353137	607850	17694	8839	941472	766096	175376	202623	202623	—
2009	1067985	1058657	9328	1048580	429063	619517	19405	10550	1032003	798632	233371	390045	390045	—
2010	1215442	1206619	8823	1191809	480895	710914	23633	14778	1168469	850845	317624	531706	531706	—
2011	1340126	1331562	8564	1325819	575655	750164	14307	3452	1295283	917722	377561	615478	615478	—
2012	1550626	1541843	8783	1508006	747557	760449	42620	9286	1470476	1049260	421216	712836	712836	—
2013	1412036	1402408	9628	1357270	586437	770833	54766	171	1327317	997391	329926	691499	691499	—
2014	1501749	1484124	17625	1450435	1394252	56183	51313	17980	1419484	1059875	359609	791399	781199	10200
2015	1542457	1525515	16942	1478103	737154	740949	64354	31021	1446268	1072841	373427	825403	815203	10200
2016	1688494	1671711	16783	1624170	912087	712083	64324	30990	1594313	1095398	498915	900373	890173	10200
2017	1710587	1694389	16198	1652184	974557	677627	58403	25069	1623423	1070595	552828	944924	934724	10200
2018	1852101	1836205	15896	1805289	1146655	658634	46813	13479	1792322	1149304	643018	927158	916958	10200

说明：表内“—”为无法取数或无数据

1992—2018年中国银行股份有限公司揭阳分行资产负债表（外币）

表 2-27

单位：万元

年份	资产总额	流动资产	长期资产	负债总额	流动负债	长期负债	所有者权益	本年利润	各项存款	其中：储蓄存款	企事业单位存款	各项贷款	其中：短期贷款	中长期贷款
1992	—	—	—	—	—	—	—	—	—	—	—	—	—	—
1993	—	—	—	—	—	—	—	—	—	—	—	—	—	—
1994	—	—	—	—	—	—	—	—	—	—	—	—	—	—
1995	—	—	—	—	—	—	—	—	—	—	—	—	—	—
1996	—	—	—	—	—	—	—	—	—	—	—	—	—	—
1997	—	—	—	—	—	—	—	—	—	—	—	—	—	—
1998	6063	4020	1226	5166	849	4317	80	80	4650	4379	271	1970	744	1226
1999	7677	6247	713	6991	645	6346	−31	−5	6705	6544	161	866	153	713
2000	8764	8324	104	8767	1140	7627	−2	−4	8060	7810	250	118	14	104
2001	8325	1195	7130	8289	1159	7130	35	34	7862	7543	319	148	43	105
2002	7926	925	7001	7934	933	7001	−8	−9	7674	7493	181	136	32	104
2003	6962	6949	13	7063	887	6176	−101	3.28	6913	6643	270	10	10	13
2004	5654	5654	—	5640	1100	4540	14	14	5549	5252	297	120	120	—
2005	4301	4301	—	4201	934	3267	100	100	4111	3738	373	140	140	—
2006	4019	4019	—	3926	1263	2663	94	94	3813	3461	352	197	197	—
2007	3550	3550	—	3468	1689	1779	82	82	2732	2282	450	1261	—	—
2008	3747	3747	—	3682	2206	1476	65	65	3174	2032	1142	2225	2225	—
2009	7163	7163	—	7158	5692	1466	5	5	2968	1996	972	7080	7080	—
2010	4866	4866	—	4813	3506	1307	53	53	2411	1846	565	4772	4772	—
2011	3381	3381	—	3324	2166	1158	57	57	3202	1920	1282	3287	3287	—
2012	4708	4708	—	4522	3419	1103	186	186	4475	1890	2585	3087	3087	—
2013	3535	3535	—	3364	2106	1258	171	21433	3111	2194	917	3390	3390	—
2014	6911	6911	—	6695	5785	910	216	216	6581	2094	4487	5156	5156	—
2015	4665	4665	—	4378	3414	964	287	287	3035	2527	508	4404	4404	—
2016	4562	4562	—	5069	3918	1151	−507	−507	4996	3548	1448	2099	2099	—
2017	4883	4883	—	5031	3827	1204	−148	−148	4957	2997	1960	1595	1595	—
2018	4800	4800	—	4703	3626	1077	97	97	4603	2631	1972	1625	1625	—

说明：表内“—”为无法取数或无数据

1992—2018年中国银行股份有限公司揭阳分行资产负债表（本外币）

表 2-28　　单位：万元

年份	资产总额	流动资产	长期资产	负债总额	流动负债	长期负债	所有者权益	本年利润	各项存款	其中：储蓄存款	企事业单位存款	各项贷款	其中：短期贷款	中长期贷款
1992	—	—	—	—	—	—	—	—	—	—	—	—	—	—
1993	154092	131964	19481	154355	110624	43731	-263	-263	67474	51406	16068	68708	53117	15591
1994	172277	140467	28512	172475	116544	55931	-198	-198	82906	64850	18056	80178	61450	18728
1995	201505	160219	38664	201478	120263	81215	27	27	118667	94595	24072	84746	56947	27799
1996	—	—	—	—	—	—	—	—	—	—	—	—	—	—
1997	—	—	—	—	—	—	—	—	—	—	—	—	—	—
1998	294268	218133	62170	268117	69960	198157	9113	1372	252505	228487	24018	94016	49941	44075
1999	405460	318622	58428	372468	124178	248290	9052	919	355811	317541	38270	89462	38867	50595
2000	424029	345749	58427	416482	158773	257709	7547	-1502	384806	345072	39734	81195	39479	41716
2001	489916	475796	14120	482396	183889	298507	7520	-662	465148	399109	66039	80291	46084	34207
2002	537848	494886	42962	526828	189447	337381	11019	1212	506971	455896	51075	92710	61734	30976
2003	619134	580476	38658	607131	215667	391464	12004	4095	587209	522529	64680	100872	73285	27587
2004	713095	703614	9481	694928	256781	438147	18167	9312	674040	581929	92111	87959	87959	—
2005	788821	776026	12795	774088	268731	505357	14733	5878	762654	642329	120325	94283	94283	—
2006	844529	832533	11996	832080	294935	537145	12449	3594	815313	697920	117393	142916	142916	—
2007	848794	839075	9719	834375	335901	498474	14419	5564	805716	491770	313946	171806	171806	—
2008	1001251	991145	10106	983112	365171	617941	18139	9284	963168	779986	183182	217829	217829	—
2009	1088662	1079334	9328	1069221	439691	629530	19441	10586	1052267	812261	240006	438387	438387	—
2010	1232018	1223195	8823	1208034	488462	719572	23984	15129	1184433	863073	321360	563309	563309	—
2011	1360862	1352298	8564	1346199	588737	757462	14663	5808	1315456	929832	385624	636188	636188	—
2012	1580224	1571441	8783	1536430	769047	767383	43795	10461	1498606	1061139	437467	732241	732241	—
2013	1432232	1422604	9628	1376408	597907	778501	55824	22491	1346283	1010769	335514	712167	712167	—
2014	1544040	1526415	17625	1491403	704592	786811	52637	19303	1459755	1072692	387063	822946	812746	10200
2015	1564467	1544564	19903	1498338	751126	747212	66129	32796	1465975	1089257	376718	853999	843799	10200
2016	1720327	1703544	16783	1659335	939264	720071	60992	27658	1628967	1120010	508957	914937	904737	10200
2017	1742501	1726303	16198	1685059	999564	685495	57443	24110	1655816	1090174	565642	955348	945148	10200
2018	1885007	1869111	15896	1837566	1171544	666022	47442	14108	1823912	1167364	656548	938314	928114	10200

说明：表内“—”为无法取数或无数据

四、中国建设银行股份有限公司揭阳市分行

（一）机构沿革

1959年3月，揭阳县财政局设立的内设机构“基建股”，对外挂“中国人民建设银行揭阳县支行”的牌子。1962年8月，撤销揭阳县建设银行机构，业务并入县财政局。1976年3月20日，建设银行揭阳县支行机构恢复，在县财政局对内设基建财务股，对外挂“中国人民建设银行揭阳县支行”的牌子。1979年1月，建设银行揭阳县支行从县财政局独立，逐步向专业银行转变。1984年1月1日，建设银行揭阳县支行实行系统干部垂直管理。1985年2月，建设银行揭阳县支行改称中国人民建设银行揭阳县支行。

1992年5月，撤销中国人民建设银行揭阳县支行，设立中国人民建设银行揭阳市分行，7月1日挂牌开业。1995年7月，中国人民建设银行逐步向“自主经营，自负盈亏，自担风险，自求平衡，自我发展”的经营机制转换，逐步由国家专业银行向国有商业银行转变。随总行整体经营机制的转换，揭阳市分行逐步向国有商业银行二级分行转变。1996年1月，中国人民建设银行更名为中国建设银行。随整体经营机制的转换和总行的规划建制，中国人民建设银行揭阳市分行改称中国建设银行揭阳市分行。

2004年9月17日，中国建设银行股份有限公司成立。由国有独资商业银行改制为国家控股的股份制商业银行。随整体经营机制的转换和建行总行的规划建制，中国建设银行揭阳市分行改称中国建设银行股份有限公司揭阳市分行（简称建行揭阳市分行）。2016年12月，建行揭阳市分行正式建立适应股份制发展需要的“二级经营、一级管理、一级保障”（“二级经营”，指全面体现“以客户为中心”的经营理念，建行揭阳市分行本部、网点二级机构都是经营主体，都直接参与经营，创造价值，对客户负责；“一级管理”，市分行对网点承担比较彻底的扁平化管理责任，精简优化市分行管理职能，坚持“少管多理”理念，简政放权明确职责，优化业务流程和内部管理程序；“一级保障”，指市分行对网点的综合保障和定位，突出柜面运营保障、后勤服务保障、综合事务保障，安全运营保障，实现“大后台、大集中、大服务、大保障”，减轻网点管理压力和负担，解决网点经营后顾之忧，让网点主要精力投入客户维护和市场营销拓展之中）的经营管理模式和以授权管理为核心的网点经营管理体系。至2018年，建行揭阳市分行名称、隶属关系、业务范围不变。

1992年，建行揭阳市分行全行在职员工185人。1993年，在职员工312人，其中分行本部88人、支行106人、分理处19人、办事处75人、储蓄所24人。1999年，在职员工680人，其中分行本部171人、支行252人、分理处33人、办事处191人、储蓄所33人。2005年年末，在职员工468人，其中分行本部245人、支行127人、分理处96人。2018年，在职员工542人，其中分行本部180人、支行362人。

1992—2018年中国建设银行股份有限公司揭阳市分行员工人数统计表

表2-29　　单位：人

年份	总人数	二级分行人数	一级支行人数	二级支行人数	分理处人数	办事处人数	储蓄所人数
1992	185	55	57	—	15	40	18
1993	312	88	106	—	19	75	24
1994	391	105	151	—	21	89	25

续表 2-29

年份	总人数	二级分行人数	一级支行人数	二级支行人数	分理处人数	办事处人数	储蓄所人数
1995	422	112	163	—	22	96	29
1996	526	137	196	—	24	128	41
1997	534	141	197	—	23	130	43
1998	539	151	208	—	20	132	28
1999	680	171	252	—	33	191	33
2000	672	172	252	—	33	182	33
2001	663	184	272	—	30	150	27
2002	653	189	275	—	39	134	16
2003	515	233	157	—	27	98	—
2004	494	242	139	—	113	—	—
2005	468	245	127	—	96	—	—
2006	467	245	125	—	97	—	—
2007	457	241	216	—	—	—	—
2008	458	221	237	—	—	—	—
2009	462	190	272	—	—	—	—
2010	471	190	281	—	—	—	—
2011	520	198	322	—	—	—	—
2012	559	199	360	—	—	—	—
2013	573	196	377	—	—	—	—
2014	579	196	383	—	—	—	—
2015	577	185	392	—	—	—	—
2016	570	184	386	—	—	—	—
2017	554	184	370	—	—	—	—
2018	542	180	362	—	—	—	—

说明：表内“—”为无法取数或无数据

内部机构　1979 年 1 月，建设银行揭阳县支行内设人秘股、业务股和会计股 3 个股（室）。

1992 年 7 月，建行揭阳市分行内设办公室、人事教育科、计划科、财会科、投资信贷科、项目评审科、筹资科、出纳科、保卫科、计算机应用管理科、建筑经济管理科、房地产信贷部、国际业务部、稽核审计科、工会、监察室、纪检组 17 个科（室、部）。1996 年 8 月，建行揭阳市分行内设办公室、资金计划科、财务会计科、人事教育科、筹资科、信贷管理科、稽核审计科、计算机科、保卫科、信用卡业务部、房地产信贷部、国际业务部、纪检组、监察室、机关工会、系统工会办、思政办（合署办公）、工程审计中心、资金清算中心19个科（室、部、中心）。1997年6月，建行揭阳市分行内设办公室、资金计划部、财务会计部、人事教育部、筹资部、信贷管理部、稽核审计部、信息技术部、保卫部、信用卡业务部、房地产信贷部、国际业务部、纪检组、监察室、机关工会、系统工会办、思政办（合署办公）、工程审价中心、资金清算中心、建筑经济部20个部（室、中心）。11月，增设资产保全部。2000年3月，增设计划财会部。7月，增设出纳部。

2002年5月，建行揭阳市分行内设办公室（党委办公室）、计划财务部、人力资源部（党委组织科）、信贷管理部、会计结算部、公司业务部、个人银行业务部、营业室、资产保全部、中间业务部、业务运行中心、信息技术部、保卫部、监察室、企业文化部（党委宣传科）、工会16个室（部、中心）。2003年9月24日，撤销惠来支行内设机构、揭东县支行内设机构和揭西县支行内设机构。2005年8月，建行揭阳市分行内设公司业务部、个人金融部、住房金融与个人信贷部、营业部、计划财务部、会计部、风险管理部、办公室、信息技术管理部、纪检监察部（安全保卫部）10个部（室）。2009年2月，建行揭阳市分行内设办公室、风险管理部、纪检监察部（安全保卫部）、营运管理部、财务会计部、个人金融部、公司业务部、住房金融与个人信贷部8个部（室）。

2015年1月，建行揭阳市分行内设资源配置与网点管理部、办公室、结算与运营管理部、公司客户部、机构客户部、消费信贷业务部、个人与小企业客户部、机构客户部、合规与风险管理部、监察保卫部10个部（室）。2016年2月，建行揭阳市分行内设办公室（安全保卫部）、资源配置部、信贷管理部、公司业务部、机构业务部、个人金融部、消费信贷与小企业部、渠道与运营管理部、纪检监察部、内控合规部10个部（室）。2017年7月，建行揭阳市分行内设办公室（安全保卫部），人力资源与渠道管理部，财会与营运管理部，信贷管理部（内控合规部），公司与跨境客户部（小企业客户部），机构客户部，网络金融与结算业务部，个人客户部、住房与消费信贷部（信用卡业务中心），纪委，监察部10个部（室）。11月，公司与跨境客户部（小企业客户部）更名为公司与跨境客户部（普惠金融业务部）。2018年4月，整合信贷管理部（内控合规部）与纪委、监察部内设机构的职能和设置，变更为信贷管理部、纪委、监察部（内控合规部）。9月10日，单独设立普惠金融业务部，公司与跨境客户部（普惠金融业务部）不再加挂普惠金融业务部牌子。10月29日，设立金融科技部（创新中心），撤销网络金融与结算业务部、创新与信息管理部（二级部）。

至2018年12月，建行揭阳市分行内设办公室（安全保卫部），人力资源与渠道管理部，财会与营运管理部，信贷管理部，公司与跨境客户部，普惠金融业务部，机构客户部，金融科技部（创新中心），个人客户部，住房与消费信贷部（信用卡业务中心），纪委、监察部（内控合规部）11个部（室）。

1992—2018年中国建设银行股份有限公司揭阳市分行负责人一览表

表2-30

姓名	性别	职　务	籍贯	任职起止时间
吴必章	男	行长、党组书记	广东普宁	1992年6月—1995年6月
陈大壁	男	副行长、党组成员	广东揭东	1992年7月—1994年7月
袁银标	男	副行长、党组成员	广东揭阳	1992年7月—1997年10月

续表 2-30

姓名	性别	职　务	籍贯	任职起止时间
林潮辉	男	副行长、党组副书记	广东揭阳	1994 年 7 月— 1998 年 11 月
肖烈明	男	副行长、党组成员	广东澄海	1995 年 6 月— 1996 年 8 月
刘文钦	男	行长、党组书记	广东鹤山	1995 年 6 月— 1996 年 8 月
肖烈明	男	行长、党组（党委）书记	广东澄海	1996 年 8 月— 2000 年 2 月
林潮辉	男	副行长、党委副书记	广东揭阳	1998 年 11 月— 2001 年 2 月
陈君声	男	副行长、党委成员	广东揭阳	1998 年 12 月— 1999 年 12 月
		副行长、党委委员、纪委书记		1999 年 12 月— 2004 年 1 月
林潮辉	男	行长、党委书记	广东揭阳	2001 年 2 月— 2003 年 2 月
陈建辉	男	副行长、党委委员	广东揭阳	2001 年 2 月— 2003 年 5 月
林忠勋	男	副行长、党委委员	广东揭西	2001 年 2 月— 2003 年 8 月
陈建辉	男	副行长（主持全面工作）、党委副书记	广东揭阳	2003 年 5 月— 2004 年 1 月
何益群	男	副行长、党委委员	湖南邵东	2003 年 7 月— 2007 年 6 月
陈建辉	男	行长、党委书记	广东揭阳	2004 年 1 月— 2008 年 1 月
洪　辉	男	副行长、党委委员	广东潮州	2004 年 1 月— 2012 年 3 月
陈君声	男	党委委员、纪委书记	广东揭阳	2004 年 1 月— 2011 年 8 月
吕育立	男	风险主管	广东海丰	2006 年 8 月— 2011 年 12 月
杨道江	男	行长、党委书记	湖北襄樊	2008 年 1 月— 2016 年 1 月
李琪元	男	副行长、党委委员	广东梅县	2008 年 1 月— 2009 年 2 月
杨伟华	男	行长助理	广东潮州	2008 年 7 月— 2009 年 9 月
陈奕潮	男	副行长、党委委员	广东潮安	2009 年 2 月— 2019 年 1 月
杨伟华	男	副行长、党委委员	广东潮州	2009 年 9 月— 2011 年 8 月
		副行长、党委委员、纪委书记		2011 年 8 月— 2014 年 3 月
林培樟	男	风险主管	广东揭阳	2011 年 12 月— 2012 年 8 月
		风险主管、党委委员		2012 年 8 月— 2012 年 10 月
		副行长、风险主管、党委委员		2012 年 10 月— 2015 年 2 月
林奕华	女	副行长、党委委员、纪委书记	广东揭东	2014 年 1 月— 2017 年 3 月
杨伟华	男	副行长、党委委员	广东潮州	2014 年 3 月— 2016 年 3 月
		副行长、党委委员		2014 年 8 月— 2016 年 3 月
林培樟	男	副行长、党委委员	广东揭阳	2015 年 2 月— 2016 年 11 月
陈建辉	男	行长、党委书记	广东揭阳	2016 年 1 月—

续表 2-30

姓名	性别	职　务	籍贯	任职起止时间
黄勇强	男	副行长、党委委员	广东汕头	2016 年 3 月— 2018 年 12
林培樟	男	副行长、合规官、党委委员	广东揭阳	2016 年 11 月—
王　东	男	纪委书记、党委委员	广东汕头	2017 年 3 月—

说明：1. 表内成员按 1992—2018 年任职起始时间由远到近排序；

2. 表内“—”表示无法收集到

分支机构 1992 年 8 月 12 日，设立建行揭阳市分行营业部、揭东县支行和榕城支行。12 月 3 日，设立经济开发区支行。

1993 年 11 月 20 日，设立普宁支行城南储蓄所。7 月 31 日，设立普宁支行东郊储蓄所。8 月 31 日，设立榕城支行天福路办事处和榕城支行新兴东路办事处。12 月 7 日，设立榕城支行榕湖办事处、榕城支行仙桥办事处。12 月 30 日，设立揭东县金都办事处、揭东县东城办事处、揭阳市分行海关前办事处和揭阳市分行东兴办事处。1994 年，先后设立市分行营业部的铁路办事处，榕城支行的东环城办事处，开发区支行的东兴办事处，惠来支行的隆江、葵潭、惠城中心储蓄所。1995 年 1 月 6 日，设立揭阳市分行华诚办事处。3 月 13 日，设立揭东县支行金溪储蓄所。1996 年 1 月 12 日，设立揭阳市分行第二营业部。9 月 28 日，设立普宁支行城北办事处。10 月 3 日，设立普宁支行金叶园储蓄所。1997 年 6 月 1 日，设立榕城支行新兴南储蓄所。1998 年 1 月 22 日，撤销惠来县支行隆江储蓄所、揭东县支行炮台中北街储蓄所。2 月 2 日，撤销揭西县支行棉湖第二储蓄所。3 月 2 日，撤销揭西县支行东光储蓄所。3 月 4 日，撤销惠来县支行葵潭储蓄所。10 月 13 日，撤销揭东县支行曲溪市场储蓄所。11 月 26 日，撤销揭东县支行白塔曼头山储蓄所。

2001 年 5 月 16 日，撤销普宁市支行洪阳办事处。5 月 25 日，撤销揭东县新亨办事处。7 月 31 日，撤销揭西县支行河山储蓄所。9 月 25 日，撤销揭西县支行棉湖第一储蓄所。12 月 11 日，撤销普宁市支行梅塘办事处。12 月 18 日，撤销普宁市支行里湖办事处。2002 年 4 月 16 日，撤销揭西县支行灰寨办事处、揭西县支行五经富办事处。6 月 12 日，撤销榕城支行新兴南路储蓄所。8 月 9 日，撤销揭东县支行金溪储蓄所。2003 年 4 月 30 日，撤销揭西县支行城西办事处。5 月 30 日，撤销榕城支行天福路储蓄所和榕城支行榕江储蓄所。6 月 17 日，撤销揭东县支行曲溪办事处。10 月 18 日，撤销惠来县支行南门储蓄所和惠来县支行中心储蓄所。11 月 24 日，撤销建行揭阳市榕城支行新兴东办事处。12 月 19 日，撤销普宁支行金叶园储蓄所。

2005 年 2 月 23 日，撤销揭阳东兴办事处和揭阳东山办事处。8 月 19 日，撤销揭阳东升办事处。撤并原东山分理处、东兴分理处和东升分理处 3 个低效益网点。2007 年 7 月 20 日，建行揭阳市分行全部分理处、办事处升格为支行。2010 年 12 月 9 日，撤销揭阳榕江支行。12 月 13 日，设立揭阳进贤支行。2012 年 1 月 11 日，撤销揭阳榕湖支行，设立揭阳东升支行和揭阳锡场支行，新增 2 个网点、1 个财富中心。2013 年 4 月 12 日，设立普宁流沙南支行。2014 年 3 月 11 日，设立揭阳江南新城支行。2015 年 10 月 30 日，设立揭阳大南海石化支行。全市设 28 个支行。

至 2018 年 12 月末，建行揭阳市分行在辖区内的网点支行设置继续沿用这一网点架构。

1992—2018年中国建设银行股份有限公司揭阳市分行机构统计表

表 2-31　　　　单位：个

年份	机构总数	分行	一级支行	二级支行	分理处	办事处	储蓄所
1992	36	1	6	—	6	13	10
1993	46	1	6	—	6	21	12
1994	52	1	6	—	6	24	15
1995	48	1	6	—	6	22	13
1996	51	1	6	—	6	23	15
1997	52	1	6	—	6	23	16
1998	45	1	6	—	6	23	9
1999	45	1	6	—	6	23	9
2000	45	1	6	—	6	23	9
2001	39	1	6	—	6	19	7
2002	35	1	6	—	6	19	3
2003	27	1	8	—	6	12	—
2004	27	1	8	—	18	—	—
2005	24	1	8	—	15	—	—
2006	24	1	8	—	15	—	—
2007	24	1	23	—	—	—	—
2008	24	1	23	—	—	—	—
2009	24	1	23	—	—	—	—
2010	24	1	23	—	—	—	—
2011	24	1	23	—	—	—	—
2012	25	1	24	—	—	—	—
2013	26	1	25	—	—	—	—
2014	27	1	26	—	—	—	—
2015	28	1	27	—	—	—	—
2016	28	1	27	—	—	—	—
2017	28	1	27	—	—	—	—
2018	28	1	27	—	—	—	—

说明：表内“—”为无法取数或无数据

1992—2018年中国建设银行股份有限公司揭阳市分行撤并网点机构和分流人员一览表

表2-32

年份	撤并机构（个）					分流人员（人）		
	合计	二级支行	分理处	办事处	储蓄所	合计	正式工	临时工或代办员
1992	—	—	—	—	—	—	—	—
1993	—	—	—	—	—	—	—	—
1994	—	—	—	—	—	—	—	—
1995	—	—	—	—	—	—	—	—
1996	—	—	—	—	—	—	—	—
1997	—	—	—	—	—	—	—	—
1998	7	—	—	—	7	—	—	—
1999	—	—	—	—	—	—	—	—
2000	—	—	—	—	—	—	—	—
2001	6	—	—	4	2	—	—	—
2002	4	—	—	2	2	—	—	—
2003	8	—	—	3	5	45	45	—
2004	—	—	—	—	—	—	—	—
2005	3	—	—	3	—	—	—	—
2006	—	—	—	—	—	—	—	—
2007	—	—	—	—	—	—	—	—
2008	—	—	—	—	—	—	—	—
2009	—	—	—	—	—	—	—	—
2010	—	—	—	—	—	—	—	—
2011	—	—	—	—	—	—	—	—
2012	—	—	—	—	—	—	—	—
2013	—	—	—	—	—	—	—	—
2014	—	—	—	—	—	—	—	—
2015	—	—	—	—	—	—	—	—
2016	—	—	—	—	—	—	—	—
2017	—	—	—	—	—	—	—	—
2018	—	—	—	—	—	—	—	—

说明：表内“—”为无法取数或无数据

（二）职能任务和业务

建行揭阳市分行的职能任务和业务，历经由县级支行单一经办国家和地方投资、办理基本建设投资拨款，以及开展存贷款业务，履行财政和银行职能的机构，发展成为地市级分行，以经营中长期项目投资为主、兼办多种金融业务的多功能、综合性国家专业银行；从国家专业银行，到由粗放经营向集约经营转变的国有商业银行；由国有商业银行向功能齐全、同业率先上市、竞争力强的国有控股商业银行转变三个阶段。

第一阶段，国家专业银行时期（1979 — 1993 年）。1979 年以前，建行揭阳县支行原为县财政局内设基建股，属“财政出纳”事业单位，主要履行财政的资源配置职能，负责管理和分配根据国家经济计划拨给建设项目和基础建设相关项目的政府资金，防止建设资金的跑、冒、滴、漏。严格执行计划，不办理现金出纳业务，为拨款记账的“账本银行”，属财政部门领导。1979 年后，建行揭阳县支行机构职能，历经撤销、业务并入县财政局，随后恢复并入人民银行、基建拨款业务划归县财政局办理的过程，非真正意义的银行。把关堵口是其主要职能任务。

1979 年 12 月，建设银行的工作重点从拨款转移到信贷资金管理，工作方法由监督转变为服务，开始利用存款发放基本建设投资贷款。建设银行揭阳县支行由经办国家和地方投资、办理基本建设投资拨款、履行财政职能的“账本银行”，向吸储存款、开展信贷业务、做好信贷资金管理等专业银行转变。

1980 — 1991 年，建行揭阳县支行为管理固定资产投资的专业银行。主要职能任务是管理全县的基本建设支出预算和拨款，按照揭阳县人民政府计划和财政预算，对基本建设单位、建筑安装企业、地质勘探单位、基本建设物质供销企业办理拨款和贷款，管理各级政府财政拨给企业的各项技术改造基金，吸收和组织利用固定资产领域的各项存款，发放基本建设贷款和技术改造贷款，并对有关资金使用情况进行检查监督。1980 年 5 月，建行揭阳县支行开通系统内全国联行往来。1985 年，建立信贷计划管理体系，将信贷资金纳入国家信贷计划统一管理，经费收入由国家拨款转变为依靠经营收入，广泛吸收存款，开始由事业型向企业化经营型的转变，建行揭阳县支行在辖区内普遍开办现金出纳业务。1986 年，建行揭阳县支行服务全县加快住房制度改革，为房改工作的开展做好金融服务。除办理个人存款外，增办代收职工集资建住宅资金、个人购商品房资金、华侨和港澳同胞捐资资金。1987 年，建设银行揭阳县支行审核工程预结算 58 份，面积 89517 平方米，价值 1594.62 万元。全年，存款余额 3171 万元，同比增加 927 万元；经办贷款 3693.10 万元，同比增加 1855.70 万元。1988 年，配合揭阳县相关部门，对全县城镇住房面积和造价进行测算，参与全县住房改革方案研究，做好房改金融业务的筹备工作。7 月，房地产开发部成立，为承办房改业务做好金融服务。1989 年，开办住宅专项储蓄、存期累进、大额可转让存单新储种。1991 年，开办政策性房改金融和“存三贷七”个人住房贷款供楼业务。

1992 年 7 月，建行揭阳市分行的职能任务和业务从汕头市分行分离，为处级建制金融企业单位。年末，一般性存款余额 4.56 亿元，比年初新增 1.70 亿元，增长 59.5%。实际贷款余额 2.27 亿元，比年初余额 1.39 亿元，增加 8798 万元，增幅 63%。累计发放贷款 7.09 亿元，累计回收 6.21 亿元。现金累计收入 21.93 亿元，支出累计 22.18 亿元，净投放 2473 万元。经办基建投资总计 2.50 亿元，其中自筹基建投资 2000 万元，其他基建投资 2.30 亿元。市分行在市区推出供楼业务，与 8 家开发企业签订供楼协议。

1993 年，建行揭阳市分行加快机构网点布局，初步建立覆盖全市的银行服务网络。至此，建行揭阳市分行从单一管理财政资金、办理基建拨款监督的银行，逐步发展成为既管财政投资，又经营信贷业务；既办理固定资产投资信贷，又发放配套流动资金贷款；既办理国内金融业务，又办理国际金融业务，以办理中长期信用为主的国家专业银行。

第二阶段，国家商业银行时期（1994—2004年）。1994年5月7日，建行揭阳市分行率先在全市金融系统中推出电脑储蓄通存通兑；10月，揭西支行实现电脑储蓄联网；12月，普宁支行开通电脑储蓄通存通兑。年末，一般性存款余额7.03亿元，比年初增加28%。各项贷款余额4.21亿元，新增贷款9873万元。编审工程预结算299份，审查价值5.26亿元，建筑面积57万平方米。

1995年，建行揭阳市分行经营下列部分或全部业务：吸收公众存款；发放短期、中期和长期贷款；办理国内外结算；办理票据贴现；发行金融债券；代理发行、代理兑付，承销政府债券；买卖政府债券；同业拆借；买卖、代理买卖外汇；提供信用证服务担保；代理收付款项及代理保险业务；提供保险箱服务；经人民银行批准的其他业务。建行揭阳市分行遵循商业银行的经营原则，规范管行，从严治行，经营管理由粗放经营向集约经营逐步转变，资金实力明显增强，资金缺口逐步缩小，绕规模贷款、账外经营和违章拆借资金等违规行为得到有效控制，整体业务健康稳妥发展。年末，一般性存款余额9.46亿元，比年初增加2.44亿元，增长34.7%，贷款余额为4.76亿元。强化储蓄通存通兑、ATM联网服务手段，推出储蓄卡业务，开通SPS（标准产品支持服务）。工程建筑面积50万平方米，价值66亿元，核增选价86万元，核减2888万元，净核减2002万元。1996年建行揭阳市分行吸引到市国税局、南方航空油头有限公司、市交警支队车辆管理所、市电力局城南供电所、吉荣空调厂、加丹啤酒厂、威达医疗器械股份公司等一批大户的存储款，存款余额1.94亿元，占企业性存款的35%。全年，各项存款余额8.64亿元，比年初增加4.33亿元，增长50.12%。收回“两呆”贷款本息227.95万元，资金贷款余额8.77亿元。在26个营业网点新开办外汇储蓄业务，使市分行外汇储蓄网点达到39个；争取到市区房改公积金的独家承办权。1997年，建行揭阳市分行大规模增设综合经营下伸网点。

1999年，建行揭阳市分行抓好企业性存款，抓好惠普高速公路公司、粤东高速公路实业公司等企业吸存工作，使企业性存款继续保持增长趋势和发展后劲。年末，企业性存款余额11.62亿元，比年初增加3.01亿元，增幅34.89%。2000年，建行揭阳市分行加大供楼按揭贷款业务的投放力度，优化服务措施，有效吸收房地产开发企业销售回笼资金。12月，全口径存款余额35.70亿元，比年初增加3.76亿元，增长11.76%。累计发放贷款7.42亿元，其中，信贷机构改革后经办的增量贷款6.73亿元，不良率为1.3%，利息实收率达100%。丰富业务品种，完善服务手段，增强网点增存能力。将全国活期储蓄通存通兑和个人电子汇款业务推广到全行各网点。网点经营增设外币存款业务，12月末，外币存款余额865万美元，比年初增加532万美元，增幅62.6%。至2001年11月30日，建行揭阳市分行承接普宁城市信用社存款5724.02万元，贷款643万元。

2002年，建行揭阳市分行发展个人银行业务，重点加强财政、电力、电信、公路等大企业、大行业和大项目的跟踪维护和资金监控工作，推广重点客户服务系统、网上银行服务系统等。年末，企业存款余额12.35亿元，市场占比36.3%，其中十大企业存款户存款余额3.75亿元。本外币储蓄存款余额38.73亿元，比年初新增2.77亿元，增长7.15%，人民币储蓄存款余额2.82亿元。压缩2001年的年底不良贷款4553.40万元，其中现金回收1139.30万元；转贷盘活贷款108万元；债务重组10万元；以物抵债238.50万元；核销呆账3057.60万元。依法起诉135笔、金额17756.37万元，依法判决胜诉63笔、金额6012.39万元，通过起诉执行回收资产441万元。拓宽中间业务的发展空间，新开办国税系统代扣税业务，开办体育彩票资金结算业务，与华夏证券公司开通“证银联”业务。设立市分行造价咨询中心、普宁分部和揭西分部。做好基金的代理销售工作、做好特约商户的拓展、营销和管理。年末，实现中间业务净收入370万元，同口径相比增加123万元，增长49.8%。加快个人供楼贷款发放进度，新推出“二手楼”按揭业务。网点点均存款余额1.14亿元，同比增加2056万元。

2003年9月26日，建行揭阳市分行成立重组改制工作小组，加强对分行重组改制的协调和组织领导。完成对辖属揭东、揭西、惠来3个县支行及其所属网点的全员竞争上岗、冗员分流；完成守押体制改革，顺利将揭西、惠来支行的押运工作委托给当地农业银行代理，对市区支行及揭东支行实行统一集中押运。11月，实行综合柜员制的网点15个，占网点总数的47%。推进网点业务扁平化管理，集中信贷审批，城区机构公司业务上移，统一管理城区票据交换，全面实行网点扁平化管理。惠来、揭东、揭西3个县支行全部撤销内设机构，人数从40余人减少为20余人，支行本部10余人。年末，本外币全口径存款余额44.55亿元，比年初增加2.21亿元。人民币一般性存款余额42.54亿元，比年初增加2.72亿元，增长6.84%，市场余额占比20.12%，新增占比9.43%。2月18日，建行揭阳市分行推出个人额度消费贷款业务。3月3日，推出“二手楼”按揭业务。3月31日，与中国人寿保险公司揭阳公司签订保险兼业代理业务合同。4月11日，与中国人民保险公司揭阳分公司签订兼业代理业务合同，代理机动车辆险、企业财产险、家财险、货运险、建安工险等保险业务。4月25日，开办个人支票业务。6月20日，开办企业财务顾问业务、远期结售汇业务。6月23日，开办委托贷款业务、柜台代销保险业务。5月至6月，争取到“中华街片区改造”“怡东花园”等楼盘的按揭权。7月1日，与揭阳市住房基金管理中心续签住房公积金委托归集协议。7月至8月，成功争取到“城市家园”“骏景花园”“乐万邦家园”“锦绣家园”“金泰苑”等多个楼盘的按揭权。新开办财政国库代理业务；10月1日起，揭阳市财政局国库支付中心零余额账户业务在辖属华城支行试点运作。年末，建行揭阳市分行共实现中间业务收入566.63万元，同比增加195.90万元。

2004年8月28日，成功营销一笔1500万元的“百易安”交易资金托管业务，成为建行广东省分行系统单笔托管金额最大的“百易安”托管业务。12月6日，与中国联通揭阳分公司就手机银行业务签署合作框架协议，双方在手机银行业务领域建立合作关系。

第三阶段，股份制商业银行时期（2004—2018年）。2004年9月17日，中国建设银行整体由国有独资商业银行改制为国家控股的股份制商业银行，建行揭阳市分行逐步向多元化经营转变，发展成为现代股份制商业银行。职能任务和经营范围为吸收公众存款；发放短期、中期、长期贷款；办理国内外结算；办理票据承兑与贴现；发行金融债券；代理发行、兑付、承销政府债券；买卖政府债券、金融债券；从事同业拆借；买卖、代理买卖外汇；从事银行卡业务；提供信用证服务及担保；代理收付款项及代理保险业务；提供保管箱服务；经银监会等监管部门批准的其他业务。

2005年，建行揭阳市分行发展负债业务，重点发展个人银行业务和中间业务以及信用卡业务、电子银行等战略性业务。开展“开门红”营销活动，第一季度实现存款新增1.60亿元；VIP客户新增818户；贷记卡新发卡732张；个人电子银行新签约客户1631户。通过转移债务使揭西和惠来县公路局两笔贷款1421万元由可疑类向关注类迁徙。清收个人不良贷款，加大对果菜批发市场和金丰花园、华强花园三个不良项目楼盘的追收，对其他楼盘的35户不良贷款户，加大贷款状态的监控力度。压缩个人类不良贷款538万元，不良贷款比年初下降495万元。

2006年，本外币个人存款余额42.38亿元，比年初新增4.82亿元。6月10日，市分行与揭阳市区新亚连锁超市签订特约商户受理龙卡业务优惠协议。7月9日，与揭阳出入境检验检疫局签订《银联特约商户受理中国银联股份有限公司广州分公司POS协议书》。11月16日，建行惠来支行成功营销广东粤电靖海发电有限公司住房公积金归集业务。累计新增贷款5250万元。12月，为广东粤电靖海发电有限公司发放贷款9000万元。办理贴现3笔，金额125万元；开出银行承兑汇票13笔，金额6170万元；保函2笔，金额20.36万元；资信证明2笔，出口议付3笔31万美元。中间业务收入大幅增长，其中，代理证券业务收入180.92万元，同比增加147.64万元；代理保险业务收入49.90万元，同比增收45.08万元；房改金融业务收入58.98万元，同比增收33.53万元。实现国际结算量1.25亿美元，同比增加2725万美元，增幅27.941%；新增外汇账户19个，实现国际业务中间业务收入155万元，同比增加40万元，增幅为34.79%。全年贷记卡新增发卡1122张；借记卡新增发卡38845张；本外币收单额2731万元。

2007年，建行揭阳市分行本外币全口径存款余额为64.94亿元，比年初新增3.78亿元。其中，一般性存款余额为64.42亿元，比年初新增3.84亿元；个人存款余额为43.39亿元，比年初新增1.01亿元；企业存款余额为21.04亿元，比年初增加2.84亿元。负债业务稳步增长，各项贷款余额17.80亿元，比年初下降2032万元。其中，公司类贷款余额16.27亿元，比年初下降1807万元；个人类贷款余额1.53亿元，比年初下降225万元。五级分类不良贷款余额为1.05亿元，比年初减少4677万元，不良贷款率为5.92%，比年初下降2.53%。实现中间业务收入3606万元，同比增加2288万元，中间业务收入在总收入中占比20.22%，同比提高9.26%。其间，开办CTS业务。7月12日，在辖区同业四行中，率先在广发证券普宁流沙营业部设立临时派出柜台。7月26日，在中信建投证券揭阳市站前路营业部设立临时派出柜台。至12月，CTS业务第三季度开户数15563个，实现中间业务收入47.10万元。

2008年，建行揭阳市分行负债业务快速增长，本外币全口径存款余额94.23亿元，比年初新增29.29亿元。企业存款余额30.80亿元，比年初新增9.25亿元。个人存款余额63.43亿元，比年初新增20.05亿元。各项贷款余额1888亿元，比年初增加1.08亿元，其中，公司类贷款余额17.14亿元，比年初增加8661.10万元；个人类贷款余额1.75亿元，比年初增加2187.17万元。五级分类不良资产余额4023.56万元，其中不良贷款额3120.67万元，完成省分行年度计划的152.07%；不良贷款处置额7351万元；不良资产超值现金回收额147万元；不良资产处置现金回收额1360万元。

2009年，全口径存款增加19.28亿元，一般性存款增18.76亿元。资产业务快速发展，各项贷款增14.56亿元。其中，公司类贷款增加13.13亿元，投放21亿元。中间业务净收入4884.73万元，增长54.08%。五级分类不良贷款余额减少1177.78万元。各项贷款增14.56亿元，规模达33.44亿元。联合建行汕头市分行，为普宁市中信房地产项目申请6.50亿元的授信，并分割1.50亿元的额度全部投放。支持中小企业发展，以市金属材料市场为主要阵地，向优质中小企业投放贷款和提供生产、贸易融资服务，倾力支持揭阳市五金不锈钢、服装、化工塑料等特色产业的发展。累计为200余户中小企业投放12余亿元的贷款。全年，小企业贷款规模8.25亿元，比年初新增6.75亿元。4月16日，现金回收广东帝浓酒业有限公司不良贷款本金830万元。5月14日，与揭阳市社会和劳动保障局、揭阳市财政局签订代理揭阳市劳动保障业务框架协议，独家承办全市社保业务。5月18日，现金回收惠来县华强房地产有限公司不良资产351万元、惠来润强实业有限公司不良资产119万元。

2010年，建行揭阳市分行本外币全口径存款余额133.48亿元，比年初新增19.86亿元；新增市场占比25.38%；一般性存款余额132.54亿元，比年初新增20.06亿元；新增市场占比26.38%。本外币贷款余额39.50亿元，比年初增加6.06亿元。乾元产品投资保有量（信托贷款）5.03亿元；对公乾元理财产品销售保有量4.38亿元。五级分类不良贷款余额1.81亿元，比年初减少136.46万元，不良贷款率为0.46%，比年初下降1.2%。实现账面利润1.73亿元，同比增加3804.5万元，增长28.22%。实现拨备前利润1.79亿元，同比增加35.63%。实现税前利润1.52亿元，同比增加2663.21万元，增幅21.17%。实现经济增加值8739.49万元，同比增加1415.05万元，增长19.32%。基金中间业务收入总体发展态势良好，收入渠道逐步拓宽，基金销售、黄金、保险稳步提升，信贷延伸中间业务收入大幅提升，非基金中间业务收入能力逐步提高。其间，推出“小额易贷”业务。8月23日，与揭阳市东山区和信小额贷款股份有限公司合作，成功向揭阳市穗汕金属材料有限公司发放全省分行系统内首笔“小额易贷”业务；完成华府支行、榕城支行、市分行办公大楼（含营业部）、财富中心4个项目建设，确保正常对外营业；11月19日，成功发放粤东地区首笔“融信通”投行项目资金2亿元。

2011年，电子银行及重点结算产品均取得重大突破。个人网上银行客户新增40916户、手机银行客户新增42285户、短信通签约客户新增57857户；结算E、结算通卡分别新增2025个和4605张，结算E总交易额184.57亿元。对公电子网银（高级版）签约487户，企业网银代发工资完成292户，公司及机构类客户加权新增905户。实现国际结算量8.05亿美元，比上年同期增加3.93亿美元，增长95%，市场占比比年初提升7%；创造外汇中间业务收入1383万元。4月，成功推出自主研发创新产品“钢贸通”2号，新增存款1.57亿元，新增贷款1.90亿元，取得252万元的中间业务收入，荣获建行广东省分行“2011年度创新创效奖二等奖”。

2012年，成功取得中电投揭阳五六中心码头项目银团牵头行项目贷款6亿元，完成信贷结构调整1.62亿元。6月，被建行总行评为2011年“平安建行”创建活动先进集体。8月31日，建行揭阳市分行作为揭阳市大学生发展基金会唯一一家金融会员单位出席助学金捐赠暨发放仪式，为揭阳市贫困大学生发放学智卡1500张。12月13日，揭阳市分行一次性成功投放5亿元资产收益权类理财产品。12月20日，中电投揭阳物流有限公司银团贷款签约仪式在广州举行，项目贷款合同总额为12亿元，建行揭阳市分行成功分配6亿元份额。

2013年，本外币全口径存款余额185.39亿元，比年初增加18.76亿元，增长11.26%。其中，一般性存款余额187.87亿元，比年初增加22.74亿元，增长13.77%；同业存款余额1100万元，比年初增加1100万元，增长889.99%。一般性存款中企业存款余额74.17亿元，比年初增加8.34亿元，增长12.67%；个人存款余额113.70亿元，比年初增加14.40亿元，增长14.5%。各项贷款余额64.47亿元，比年初增加2.38亿元，增长3.83%。其中，公司类贷款余额48.06亿元，比年初减少1.60亿元，减幅3.24%；个人类贷款余额16.41亿元，比年初增加3.98亿元，增长32.06%。个人类贷款中个人住房贷款余额12.86亿元，比年初增加5.01亿元，增长63.97%；个人消费贷款余额3.55亿元，比年初减少1.03亿元，减幅22.55%。实现中间业务净收入1.48亿元，同比增长3.3%。托管业务收入、贵金属买卖、银行卡收单业务等项目同比增长较快。实现账面利润3.25亿元，同比增加3154万元，增长10.75%。11月7日，建行揭阳市分行获批建行“公司业务产品创新直通车”试点行资格，成为广东省第二批五家试点分支行之一。分行可直接向总行公司业务部提交产品创意，只要经总行审核同意即可进行产品研发、试点及推广。至年底，建行揭阳市分行向总行提出产品创意3个。

2014年，加强网点综合化建设，成立小企业信贷分中心，开展网点综合化建设验收。11月24日，实现与中国建设银行纽约分行的跨境联动，办理首笔存款拉动型产品委托付款业务376.70万美元，实现市分行境内外联动业务“零的突破”，带来1年期定期存款377万美元，综合融2336万元。

2015年，推进网点转型综合发展。全市27个网点均组建综合营销团队66个。调整网点经营定位，下放经营权，将存量小企业信贷、个人助业贷款、房贷业务客户分解下沉到网点维护经营。全市网点均为小企业和个人助业贷款经营型网点，具备相应经营权限，其中10个网点具备消费信贷经营权限。10月29日，揭阳市分行“菜篮宝”项目正式上线，新河市场成为第一个“菜篮宝”项目，上线24户商铺。11月28日，马牙市场成为第二个“菜篮宝”项目，上线20户商铺。11月11日，揭阳市分行第一个金融IC卡校园一卡通项目（揭阳市第二中学）正式上线并成功运作，新增发卡1500余张；12月22日，第二个金融IC卡校园一卡通项目（揭阳市第三中学）正式上线，新增发卡1300多张。

推动粤通卡和手机银行拓展。12月31日，信用卡客户增加2.49万户、卡片增加31682张，其中，粤通卡套卡电子标签发行17800张，信用卡分期业务交易额4.24亿元，手机银行活跃客户同比增加2.26万户。全市27个网点均开办个人外汇业务，新增对公外汇网点4个，8个网点国际收支量达到100万美元以上，国际结算量9.18亿美元。率先突破“玉石贷”“平台贷”2个平台贷项目，投放73笔，金额7586万元；与揭阳市国税局、地税局开展“税易贷”服务项目合作；与揭阳市石材专业市场中的龙头企业共同推出小微企业“石材贷”平台业务。揭阳市中小企业贷款风险补偿资金专户、揭阳市小额贷款保证保险资金专户先后在市分行成功开立。先后成功取得揭阳市财政局财政一体化信息系统建设资格；取得代发揭阳市市级机关事业单位公车改革补贴业务资格；成功取得普宁市乡镇财政国库集中支付业务代理资格；中标揭阳市财政国库集中支付业务代理资格；成功营销市级、普宁、惠来、揭西、榕城的检察院和法院的省级零余额账户。年末，机构存款余额101.92亿元，市场占比58.91%，市场占比比年初提升8.73%；机构存款比年初新增39.39亿元，新增额四行占比81.39%。小微企业贷款（含助业）累计发放540笔、12.68亿元。公司类存款结算账户14119户，新增1942户。新签约企业网银高级版活跃客户895户，企业短信通客户新增1032户。

2016年，累计发放个人消费贷款7279笔，发放金额2.50亿元。其中，个人消费额度贷款7091笔，金额5493万元；个人助业贷款175笔，金额1.91亿元。投放自营性住房贷款2271笔，金额9.37亿元，委托性公积金贷款累计发放1446笔，金额4.81亿元。新发放二手房贷款166笔，金额5036万元，新增4358万元。分期交易额5亿元，其中，专项分期交易额2.96亿元，循环分期2.03亿元，汽车分期9499万元，装修分期5010万元，分期通1.47亿元。22个网点实现小企业贷款投放，占全市有小企业经营权网点的91.66%，投放小企业贷款215笔，金额累计5.30亿元；16个网点自营性住房贷款投放笔数和金额达标。新增“菜篮宝”项目2个，“智慧社区”项目3个，“智慧校园”项目1个，“虚拟社区”项目2.8个，“商会协会”客户4户，“房产中介”商户32户、“装修公司”商户11户、“汽车经销商”商户10户。累计发行粤通卡电子标签1.78万个；龙行四海绑卡折算后注册用户271794户，入驻商户171户，完成率164%。“悦生活”平台入驻商户12户；“善融好车”和“善融好房”各2户；龙支付商户新增125户，客户新增11402户，点均新增456.08户；移动金融交易量占比完成值64.66%，比年初提升13.8%；个人网上银行活跃客户总量22123户；手机银行活跃客户数达53476户；微信银行新增22318户；短信金融签约客户完成91005户。对公资产业务比年初新增98.06亿元，其中对公表内贷款比年初新增4200万元，实现出口收益宝、外债转贷款新产品的突破，对公表外资产业务比年初新增97.64亿元，实现全省首笔定增入池理财产品。建行揭阳市分行成功办理首笔股权收益权类理财产品18亿元，为康美药业发行超短期融资券50亿元，成功获得银行间市场交易商协会接受注册。企业存款余额137.41亿元。

2017年，打造并购金融品牌，深化与揭阳上市公司的合作，挖掘客户需求，通过股票质押融资、债转股、债务融资工具及产业基金等投行产品。累计为某上市公司办理股权类理财业务23.50亿元，注册中期票据110亿元，发行中期票据60亿元（承销份额36亿元），发行超短期融资券30亿元（承销份额20亿元），设立大健康产业基金50亿元（投放首期投资18亿元）。完成科技金融产品服务全覆盖客户63户。3月8日，与康美药业股份有限公司联合设立大健康产业基金50亿元。12月8日，成功投放基金项下股权投资18亿元。7月3日，为康美药业股份有限公司成功注册中期票据110亿元，并于7月17日、8月16日、9月15日发行3期中期票据（各20亿元），发行金额合计60亿元，其中市分行承销份额36亿元。成立私人银行财富顾问专职团队，负责全行1000万元以上私人银行客户的直接经营及本行AUM（管理的资产规模）300万元以上客户的经营管理，还承担批量营销、平台获客、活动组织、业务推动以及数据支持等工作。

2018年，成功上线住房租赁四大系统，并上线公租房源2636套；住房租赁APP累计注册用户12976户，平台文案点击量159214人次，完成企业与共享房源7459套、房源核验3590套、在线签约60户、在线支付54户、合同备案21套。增加普惠金融信贷投放，支持民营企业、小微企业发展，普惠金融（“8+1”口径）贷款余额142792万元，公司类普惠金融有贷户1180户，线上授信客户1671户，“小微快贷”“云税贷”等大数据线上信贷产品引领市场。企业及数据平台、AI贷前调查系统、RAD预警系统、员工业绩计量系统、人脸识别技术运用等新一代成果发挥作用，社会化平台对私获客37819户，对公获客1291户，新一代成果应用存款增量32.33亿元，完成“8+N”场景建设137个，促进批量获客、活客。突破首笔外币流动资金贷款20万美元和首笔跨境融资性风险参与业务470万美元，实现跨境融资业务的“双突破”，不仅突破揭阳当地同业首笔，还揽下揭阳当地同业2018年全口径融资业务。为上市公司广东榕泰续作第二次跨境融资，业务金额5000万元，非贸跨境融资业务连获突破。获得揭阳市财政局市本级社会保险基金定期存放分配资格；成功中标揭阳市榕城区开立机关事业单位基本养老保险基金财政专户采购项目和揭阳市市级财政国库集中支付代理银行资格。为广东榕泰实业股份有限公司成功发行CRMW（信用风险缓释凭证）模式超短期融资券2亿元，是全国建行系统内首单CRMW模式超短期融资券，也是建行揭阳市分行首笔债券投资业务。

至2018年12月，市分行有员工542人，营业网点28个，一般性存款日均余额304.20亿元，企业存款日均余额153.59亿元，个人存款日均余额150.61亿元；各项贷款余额102.17亿元，其中，公司类贷款余额52.14亿元；个人类贷款余额66.04亿元。中间业务净收入2.67亿元；税前利润5.84亿元；经济增加值（EVA）3.50亿元，主要业务指标均保持稳定增长，盈利能力持续增强。

1992—2018年中国建设银行股份有限公司揭阳市分行资产负债表（本币）

表 2-33　　　　单位：万元

年份	资产总额	流动资产	长期资产	负债总额	流动负债	长期负债	所有者权益	本年利润	各项存款	其中：储蓄存款	企事业单位存款	各项贷款	其中：短期贷款	中长期贷款
1992	—	—	—	—	—	—	—	607	45313	14594	30719	—	—	—
1993	94511	71962	22549	92390	52481	39909	2121	309	54904	20625	34279	36405	27088	9317
1994	129489	61442	68047	127457	107591	19866	2032	103	64934	27793	37141	36513	25925	10588
1995	172624	68603	104021	171442	117031	54411	1182	-550	86439	45036	41403	64003	33208	30795
1996	224101	66109	157992	225155	161782	63373	-1054	-1815	124219	70310	53909	52692	31647	21045
1997	272075	75014	197061	273230	165317	107913	-1155	920	160056	100839	59217	48229	28127	20102
1998	290833	68581	222252	291317	222200	69117	-484	1097	200440	118876	81564	63500	35590	27910
1999	384958	150445	234513	384010	261364	122646	948	—	294927	182772	112155	65716	30174	35542
2000	434573	117058	317515	433021	298334	134687	1552	—	302877	197394	105483	84721	37456	47265
2001	400850	86227	314623	397561	389981	7580	3289	—	368944	238391	130553	86736	48957	37779
2002	421842	89392	332450	427182	413156	14026	-5340	—	380871	258639	122232	122202	49654	72548
2003	442998	63612	379386	447916	417326	30590	-4918	—	416032	297013	119019	163530	37758	125772
2004	478006	36831	441175	479022	440125	38897	-1016	—	441449	322300	119149	141640	15439	126201
2005	534234	—	—	531372	—	—	2862	—	526687	372711	153976	172227	—	—
2006	613591	—	—	608699	—	—	4892	—	604066	421277	182789	178076	—	—
2007	660194	—	—	654503	—	—	5691	9923	645654	432693	212961	175954	—	—
2008	960596	—	—	950534	—	—	10062	10062	939548	633720	305828	186940	—	—
2009	1164611	—	—	1151224	—	—	13387	13387	1133258	685547	447711	313605	—	—
2010	1346406	—	—	1341690	—	—	4716	17249	1326810	798623	528187	380058	—	—
2011	1493976	—	—	1488118	—	—	5858	23944	1447929	859324	588605	500899	—	—
2012	1694675	—	—	1687498	—	—	7177	29126	1663780	992607	671173	604615	—	—
2013	1907495	—	—	1899632	—	—	7863	32356	1838367	1104311	734056	621025	—	—
2014	1904724	—	—	1897368	—	—	7356	36565	1832426	1075304	757122	661084	—	—
2015	2469587	—	—	2460188	—	—	9399	38644	2393304	1174174	1219130	712020	—	—
2016	2837167	—	—	2826445	—	—	10722	49020	2753601	1354141	1399460	697855	—	—
2017	3075915	—	—	3065521	—	—	10394	55769	2988418	1380629	1607789	836914	—	—
2018	3085493	—	—	3076937	—	—	8556	56402	3005024	1523482	1481542	955139	—	—

说明：表内“—”为无法取数或无数据

1992—2018年中国建设银行股份有限公司揭阳市分行资产负债表（外币）

表 2-34

单位：万美元

年份	资产总额	流动资产	长期资产	负债总额	流动负债	长期负债	所有者权益	本年利润	各项存款	其中：储蓄存款	企事业单位存款	各项贷款	其中：短期贷款	中长期贷款
1992	—	—	—	—	—	—	—	—	—	—	—	—	—	—
1993	—	—	—	—	—	—	—	—	—	—	—	—	—	—
1994	—	—	—	—	—	—	—	—	—	—	—	—	—	—
1995	—	—	—	—	—	—	—	—	—	—	—	—	—	—
1996	—	—	—	—	—	—	—	—	—	—	—	—	—	—
1997	—	—	—	—	—	—	—	—	—	—	—	—	—	—
1998	—	—	—	—	—	—	—	—	—	—	—	—	—	—
1999	—	—	—	—	—	—	—	—	—	—	—	—	—	—
2000	—	—	—	—	—	—	—	—	—	—	—	—	—	—
2001	911	31	880	907	907	—	4	—	820	820	—	—	—	—
2002	872	55	817	876	876	—	-4	—	784	762	22	—	—	—
2003	644	91	553	642	580	62	2	—	589	587	2	—	—	—
2004	573	85	488	569	549	20	4	—	488	487	1	—	—	—
2005	—	—	—	—	—	—	—	—	—	—	—	—	—	—
2006	—	—	—	—	—	—	—	—	—	—	—	—	—	—
2007	553	—	—	546	—	—	7	8	519	—	—	282	—	—
2008	429	—	—	422	—	—	7	7	400	—	—	270	—	—
2009	3073	—	—	3059	—	—	14	14	425	—	—	3043	—	—
2010	2295	—	—	2290	—	—	5	5	1217	—	—	2263	—	—
2011	6152	—	—	6106	—	—	46	45	1297	—	—	6018	—	—
2012	2648	—	—	2612	—	—	36	35	402	—	—	2623	—	—
2013	3943	—	—	3919	—	—	24	24	2560	63	2497	3917	—	—
2014	3486	—	—	3447	—	—	39	39	2792	76	2716	3198	—	—
2015	1716	—	—	1694	—	—	22	22	354	146	208	1574	—	—
2016	11675	—	—	11670	—	—	5	5	1542	294	1248	11670	—	—
2017	10209	—	—	10194	—	—	15	15	483	246	237	10189	—	—
2018	9731	—	—	9713	—	—	18	18	542	235	307	9679	—	—

说明：表内“—”为无法取数或无数据

1992—2018 年中国建设银行股份有限公司揭阳市分行资产负债表（本外币）

表 2-35 单位：万元

年份	资产总额	流动资产	长期资产	负债总额	流动负债	长期负债	所有者权益	本年利润	各项存款	其中：储蓄存款	企事业单位存款	各项贷款	其中：短期贷款	中长期贷款
1992	—	—	—	—	—	—	—	—	—	—	—	—	—	—
1993	—	—	—	—	—	—	—	—	—	—	—	—	—	—
1994	—	—	—	—	—	—	—	—	—	—	—	—	—	—
1995	—	—	—	—	—	—	—	—	—	—	—	—	—	—
1996	—	—	—	—	—	—	—	—	—	—	—	—	—	—
1997	—	—	—	—	—	—	—	—	—	—	—	—	—	—
1998	—	—	—	—	—	—	—	—	—	—	—	—	—	—
1999	—	—	—	—	—	—	—	—	—	—	—	—	—	—
2000	442052	117436	324616	440352	298651	141701	1700	1701	309783	204300	105483	84729	37464	47265
2001	408349	86439	321910	405029	397449	7580	3320	2248	375733	245179	130554	86736	48957	37779
2002	429056	89842	339214	434430	420404	14026	–5374	–5391	387356	264942	122414	122202	49654	72548
2003	448151	64185	383966	453054	421946	31108	–4903	–4903	420912	301876	119036	163530	37758	125772
2004	482538	37332	445206	483519	444471	39048	–981	2450	445487	326330	119157	141640	15439	126201
2005	537719	—	—	534789	—	—	2930	3081	529928	375628	154300	172227	—	—
2006	618560	—	—	613595	—	—	4966	4978	606764	423785	182979	180051	—	—
2007	664236	—	—	658488	—	—	5748	9979	649446	433856	215590	178014	—	—
2008	963520	—	—	953412	—	—	10108	10107	942276	634312	307964	188781	—	—
2009	1167752	—	—	1154272	—	—	13480	13480	1136160	686030	450130	334377	—	—
2010	1354471	—	—	1349720	—	—	4751	17284	1334830	799102	535728	394973	—	—
2011	1502447	—	—	1496303	—	—	6144	24230	1456096	859740	596356	538784	—	—
2012	1697404	—	—	1690007	—	—	7397	29348	1666282	993015	673267	620954	—	—
2013	1923229	—	—	1915219	—	—	8010	32502	1853851	1104691	749160	644713	—	—
2014	1921065	—	—	1913468	—	—	7596	36806	1849750	1075775	773975	680929	—	—
2015	2471384	—	—	2461844	—	—	9540	38798	2395603	1175122	1220481	722239	—	—
2016	2848069	—	—	2837315	—	—	10754	49053	2764319	1356181	1408138	778959	—	—
2017	3079260	—	—	3068769	—	—	10492	55866	2991560	1382232	1609328	903214	—	—
2018	3089458	—	—	3080777	—	—	8681	56526	3008751	1525096	1483655	1021660	—	—

说明：表内“—”为无法取数或无数据

五、交通银行股份有限公司揭阳分行

（一）机构沿革

1951 年 6 月，中国人民银行总行发出通知，第一批下达计划投资中的国营揭阳糖厂基建投资项目，由交通银行广东省支行负责办理。10 月 1 日，交通银行广东省支行揭阳办事处成立，办公地址设于揭阳县曲溪镇。1954 年，中共中央、政务院决定在交通银行原有基础上建立中国人民建设银行。从 1958 年开始，交通银行除香港分行继续营业外，其内地业务分别并入当地人民银行和建设银行，国内机构不再存在。1986 年 7 月 24 日，重新组建交通银行，成为全国第一家股份制商业银行。1987 年 4 月 1 日，正式对外营业，总行设在上海。90 年代初期，交通银行汕头分行分别在揭阳、普宁、惠来三地成立跨区域办事处。

1991 年 8 月，交通银行汕头分行流沙办事处成立。1992 年 8 月 21 日，交通银行汕头分行揭阳办事处（简称交行揭阳办事处）成立。1994 年 4 月，交通银行汕头分行惠来办事处成立。1996 年 5 月，交通银行普宁流沙办事处升格改称交通银行普宁支行。2000 年 12 月 25 日，交通银行惠来办事处升格改称交通银行惠来支行。2003 年 12 月 29 日，交通银行揭阳办事处升格改称交行揭阳分行。三家办事处先后升格改称谓以后，行政和业务仍隶属于交通银行汕头分行管辖，2004 年 9 月 21 日，从交通银行汕头分行中分设揭阳、普宁、惠来三地支行组建并升格为省辖行建制。分设后设在省会城市的分行统一改为“省分行”。揭阳支行由原汕头分行管辖改由广州分行直辖，成为省辖支行，辖属有榕城、东山、普宁、惠来分支机构。揭阳地区机构升格后，机构改称交通银行股份有限公司揭阳支行，隶属交通银行广州分行管辖。12 月 31 日，交行揭阳分行综合业务系统和零售系统从汕头分行分离。2005 年 1 月 1 日起，交行揭阳分行正式成为省辖行，单轨运行。6 月 23 日，交通银行在香港成功上市，成为首家在境外上市的中国内地商业银行。2007 年 5 月 15 日，交通银行在上海成功发行 A 股。

2011 年 8 月 10 日，交通银行股份有限公司揭阳支行升格，改称交通银行股份有限公司揭阳分行（简称交行银行揭阳分行），成为国有控股商业银行之一，为交通银行二级分行。至 2018 年，交行揭阳分行名称、隶属关系、业务范围不变。

1992 年，交通银行汕头分行揭阳办事处有员工 55 人。2003 年，交行揭阳分行有员工 62 人（隶属汕头分行管辖）。1996 年，由交通银行汕头分行流沙办事处升格改称交通银行汕头分行普宁支行，有员工 91 人，其中在编人员 83 人、代办员 8 人。2000 年 12 月 25 日，交通银行惠来办事处升格改称交通银行惠来支行，有员工 27 人。

2004 年，交行揭阳分行本部和辖属榕城、东山分支机构（营业网点）、普宁支行、惠来支行，有员工 181 人。其中，交行揭阳分行本部和榕城、东山分支机构（营业网点）52 人；交通银行普宁支行 103 人；交通银行惠来支行 26 人。2005 年，有员工 197 人。其中二级分行 78 人、二级支行 119 人。至 2018 年年末，交通银行揭阳分行员工 198 人。

1992—2018 年交通银行股份有限公司揭阳分行员工人数统计表

表 2-36　　单位：人

年份	机构总人数	二级分行人数	一级支行人数	二级支行人数	分理处人数	办事处人数	储蓄所人数	说明
1992	82	—	—	—	27	55	—	—
1993	137	—	—	—	76	61	—	—

续表 2-36

年份	机构总人数	二级分行人数	一级支行人数	二级支行人数	分理处人数	办事处人数	储蓄所人数	说明
1994	205	—	—	—	89	76	—	—
1995	218	—	—	—	136	82	—	—
1996	221	—	38	—	136	47	—	流沙办事处升格为普宁支行
1997	220	—	39	—	132	49	—	—
1998	223	—	38	—	134	51	—	—
1999	229	—	38	—	140	51	—	—
2000	228	—	47	—	141	40	—	惠来办事处升格为惠来支行
2001	228	—	47	—	143	38	—	—
2002	203	—	46	—	122	35	—	—
2003	183	—	62	—	121	—	—	揭阳办事处升格为揭阳支行
2004	181	—	62	119	—	—	—	—
2005	197	78	—	119	—	—	—	正式从汕头分行拆分，成为二级分行
2006	211	81	—	130	—	—	—	—
2007	204	83	—	121	—	—	—	—
2008	204	81	—	123	—	—	—	—
2009	203	82	—	121	—	—	—	
2010	203	82	—	121	—	—	—	—
2011	200	78	—	122	—	—	—	—
2012	204	82	—	122	—	—	—	—
2013	203	84	—	119	—	—	—	—
2014	200	88	—	112	—	—	—	—
2015	202	89	—	113	—	—	—	—
2016	201	84	—	117	—	—	—	—
2017	201	88	—	113	—	—	—	—
2018	198	85	—	113	—	—	—	—

说明：表内“—”为无法取数，或无数据，或无情况说明

内部机构 1992 年 8 月，交通银行汕头分行揭阳办事处内设人秘部、计划信贷部、会计出纳部（含储蓄业务）3 个部。1997 年，内设人秘科、保卫科、业务拓展科、计划信贷科、会计出纳科（含营业厅）、储蓄业务科 6 个科。2003 年 12 月 29 日，交行揭阳分行内设人秘科、保卫科、业务拓展科、业务管理科、风险资产管理科、营业部、储蓄专柜 7 个科（部）。

2004 年，交通银行汕头分行普宁支行内设人事秘书科、保卫科、业务管理科、业务拓展科、国际

结算科、风险管理科和支行营业部7个科（部）。

1994年4月，交通银行汕头分行惠来办事处内设人秘保卫股、计划信贷股、会计出纳股（包括储蓄业务）3个股。1995年2月，增设储蓄业务股。1997年9月，汕头分行惠来办事处内设机构由“股”改称“科”。人秘保卫股改称人秘保卫科，计划信贷股改称计划信贷科，会计出纳股（包括储蓄业务）改称会计出纳科（包括储蓄业务），增设业务拓展科。至此，惠来办事处内设人秘保卫科、业务拓展科、会计出纳科（包括营业厅）、计划信贷科4个科。2002年，交通银行汕头分行惠来支行内设人秘保卫科、业务拓展科、业务管理科、营业部4个科（部）。

2005年1月1日，从交通银行汕头分行中分设揭阳、普宁、惠来三地支行组建并升格为省辖行建制。揭阳支行正式成为省辖支行，单轨运行。内部机构设置“三部一中心”，即综合部、财务会计部、业务管理部、账务中心。4月，增设业务发展部。6月，账务中心划归财会部管理。10月，内部设立4个职能部门：综合部、财务会计部、业务管理部和业务发展部，部门负责人称为“经理”。2006年5月，内设6个职能部（室）：办公室、公司业务部、私人金融业务部、授信管理部、风险监控部、财务会计部。2007年3月1日，私人金融业务部更名为个人金融业务部（简称个金部），职责不变。8月，揭阳支行科技信息中心成立，隶属办公室管理。2009年7月，公司部普宁分部暨小企业信贷服务中心普宁分中心成立。

2011年1月，揭阳支行监察室成立。8月10日，交通银行股份有限公司揭阳支行升格，改称交通银行股份有限公司揭阳分行。12月，交行揭阳分行内设7个职能部（室）：办公室、公司业务部、个人金融业务部、授信管理部、风险监控部、财务会计部、监察室。至2018年，交行揭阳分行内设7个职能部门：综合部、财务与营运部、公司部、国际部、个金部、授信与风险部、安全保卫部。

2018年交通银行股份有限公司揭阳分行内设机构一览表

表2-37

类别	内设部门	加挂牌子	机构全称
机关部门	综合管理部	综合管理部	综合管理部
	财务与营运管理部	财务与营运管理部	财务与营运管理部
	公司业务部	公司业务部	公司业务部
	个人金融业务部	个人金融业务部	个人金融业务部
	授信与风险管理部	授信与风险管理部	授信与风险管理部
	国际业务部	国际业务部	国际业务部
	安全保卫部	安全保卫部	安全保卫部

2004—2018年交通银行股份有限公司揭阳分行负责人一览表

表2-38

姓名	性别	职　务	籍贯	任职起止时间
贺宝光	男	党委书记、行长	广东河源	2004年12月—2006年3月

续表 2-38

姓名	性别	职　务	籍贯	任职起止时间
陈东升	男	党委副书记、副行长	广东潮阳	2004 年 12 月— 2006 年 3 月
陈伟明	男	党委委员、副行长	广东揭阳	2004 年 12 月— 2006 年 12 月
朱晓明	男	副行长	河北唐山	2004 年 12 月— 2008 年 7 月
唐纯喜	男	党委书记、行长	湖南常德	2006 年 3 月— 2009 年 3 月
陈运涛	男	党委副书记	广东汕头	2006 年 3 月— 2008 年 1 月
郑邦豪	男	党委委员、副行长	广东汕头	2006 年 3 月— 2009 年 3 月
王燕忠	男	党委委员、副行长	广东揭阳	2006 年 12 月— 2009 年 3 月
张　平	男	党委委员、副行长	广东梅州	2008 年 7 月— 2009 年 4 月
陈志民	男	党委书记、行长	广东澄海	2009 年 3 月— 2013 年 4 月
陈春广	男	党委委员、副行长	广东普宁	2009 年 3 月— 2011 年 3 月
周程瑾	男	党委委员、副行长	广东澄海	2009 年 3 月— 2013 年 11 月
杨　吉	男	党委委员、副行长	河北石家庄	2009 年 4 月— 2011 年 3 月
陈瑞锋	男	党委委员、副行长	广东汕头	2011 年 3 月— 2015 年 5 月
池创周	男	党委委员、副行长	广东揭阳	2011 年 10 月—
陈春广	男	党委书记、行长	广东普宁	2013 年 4 月— 2018 年 10 月
黄淑兰	女	党委委员、副行长	广东普宁	2014 年 5 月—
陈泳瑜	女	党委委员、行长助理	广东揭阳	2015 年 5 月—
王燕忠	男	党委书记、行长	广东揭阳	2018 年 11 月—

说明：表内成员按 2004—2018 年任职起始时间由远到近排序

分支机构　1992 年 8 月 21 日，交通银行汕头分行揭阳办事处，设有 4 个营业网点：办事处营业部、天福分理处、马牙分理处和金溪分理处。2002 年 9 月，撤销金溪分理处，业务和人员并入办事处营业部。2003 年 12 月 29 日，交通银行汕头分行揭阳办事处升格改称交行揭阳分行，仍隶属汕头分行管理，设置 3 个营业网点：交通银行揭阳榕城支行、交通银行揭阳东山支行和交行揭阳分行营业部。

1995 年，交通银行惠来办事处增设城南分理处。2000 年 12 月 25 日，交通银行惠来办事处升格，改称交通银行惠来支行时，设立 1 个经营网点，即城南分理处。这一管理架构沿用至 2004 年 12 月。

1996 年 5 月，交通银行汕头分行普宁流沙办事处升格，改称交通银行汕头分行普宁支行时，设立 7 个经营网点：支行营业部、占陇分理处、侨北路分理处、中市场分理处、中华路分理处、龙马分理处、新安分理处。2002 年 9 月 30 日，撤销汕头分行流沙办事处新安分理处，其业务由中华路分理处承接。

2004 年 12 月 27 日，交通银行汕头分行惠来支行改称交通银行揭阳惠来支行；交通银行汕头分行普宁支行改称交通银行揭阳普宁支行。

2005 年 1 月 1 日起，交行揭阳分行由原汕头分行管辖改由广州分行直辖，成为省辖支行时，辖区内设置榕城、东山、普宁、惠来分支机构，10个营业网点。其中，揭阳市区经营网点（二级支行）3个：本部营业厅（后改称营业部）、揭阳榕城支行、揭阳东山支行。普宁市区有经营网点（二级支行）6个：本部营业厅、长春路支行、侨北支行、中市支行、中华路支行、龙马支行。惠来县有经营网点（二级支行）1个：惠来支行。2006年5月1日起，揭阳支行决定对揭阳普宁支行辖属6个营业网点实行扁平化管理。扁平后原揭阳普宁支行分设2个中心支行：普宁中心支行和中华路中心支行。普宁中心支行管辖本部营业部、龙马支行、长春支行；中华路中心支行管辖本部营业部、中市支行、乔北路支行。

2007年9月1日起，交行揭阳分行10个营业网点全部实施扁平化管理。龙马支行、中华路中心支行、侨北支行、中市支行改由揭阳支行直辖。2008年9月24日，交通银行揭阳榕城支行更名交通银行揭阳莲花支行。2011年7月26日，交通银行普宁侨北支行更名为交通银行揭阳普宁新河支行。12月19日，首个离行式自助银行——交通银行揭阳农垦大厦自助银行投入营运。8月10日，交通银行股份有限公司揭阳支行升格，改称交通银行股份有限公司揭阳分行。设立10个营业网点，其中综合型网点1个（普宁支行）、普通型网点9个（含分行营业部）。至12月，交通银行揭阳分行有10个营业网点，其中，揭阳市区经营网点（二级支行）4个：营业部、揭阳东山支行、揭阳莲花支行、揭阳阳美支行。普宁市区有经营网点（二级支行）5个：揭阳普宁支行、揭阳普宁中华路支行、揭阳普宁龙马支行、揭阳普宁中市支行、揭阳普宁新河支行。惠来县有经营网点（二级支行）1个：惠来支行。

2013年6月24日，位于揭阳市北环城6号（原办公楼旧址）的离行式自助银行正式对外营业。先后完成3家网点装修改造和2家网点搬迁新址。2014年1月20日，交通银行中市支行更名为交通银行揭阳普宁城东支行。2015年6月16日，揭阳市区首家社区银行——交通银行揭阳汇景蓝湾支行开业。

至2018年，交通银行揭阳分行有营业网点9个：揭阳分行营业部、揭阳东山支行、揭阳汇景蓝湾支行、揭阳江南支行、揭阳普宁支行、揭阳龙马支行、揭阳占陇支行、揭阳城东支行、揭阳惠来支行。

1992—2018年交通银行股份有限公司揭阳分行机构统计表

表2-39　　单位：个

年份	机构总数	分行数	一级支行数	二级支行数	分理处数	办事处数	储蓄所数	说明
1992	82	—	—	—	2	2	—	—
1993	137	—	—	—	4	2	—	—
1994	205	—	—	—	8	3	—	—
1995	218	—	—	—	9	3	—	—
1996	221	—	1	—	9	2	—	流沙办事处升格为普宁支行
1997	220	—	1	—	9	2	—	—
1998	223	—	1	—	9	2	—	—
1999	229	—	1	—	9	2	—	—
2000	228	—	2	—	9	1	—	惠来办事处升格为惠来支行
2001	228	—	2	—	9	1	—	—

续表 2-39

年份	机构总数	分行数	一级支行数	二级支行数	分理处数	办事处数	储蓄所数	说 明
2002	203	—	2	—	8	1	—	—
2003	183	—	3	—	7	1	—	揭阳办事处升格为揭阳支行
2004	181	—	3	7	—	—	—	—
2005	197	1	3	7	—	—	—	正式从汕头分行拆分，成为二级分行
2006	211	1	4	6	—	—	—	—
2007	204	1	—	10	—	—	—	—
2008	204	1	—	10	—	—	—	—
2009	203	1	—	10	—	—	—	—
2010	203	1	—	10	—	—	—	—
2011	200	1	—	10	—	—	—	—
2012	204	1	—	10	—	—	—	—
2013	203	1	—	10	—	—	—	—
2014	200	1	—	10	—	—	—	—
2015	202	1	—	11	—	—	—	—
2016	201	1	—	9	—	—	—	—
2017	201	1	—	9	—	—	—	—
2018	198	1	—	9	—	—	—	—

说明：表内“—”为无法取数，或无数据，或无情况说明

（二）职能任务与业务

1951年6月5日，中国人民银行总行发出通知《关于交通银行自1951年6月1日起办理中央基建拨款工作的指示》，作为交通银行广东省支行第一批下达计划投资中的国营揭阳糖厂基建投资项目，由交通银行广东省支行派出工作组进驻国营揭阳糖厂负责办理。按照隶属关系划分，交行揭阳分行发展经历两个阶段。

第一阶段，交通银行汕头分行管理时期（1951年至2004年8月）。1951年10月，交通银行汕头分行揭阳办事处成立，主要业务有人民币存、贷款，个人储蓄、票据兑现，结算及经人民银行批准的其他金融服务强化管理手段，防范金融风险，发展壮大业务。

交通银行汕头分行揭阳办事处把业务发展重点放在拓展机关团体等单位存款上，奠定立行基础。1993年10月，交通银行天福分理处率先为揭阳市人民医院开办代发工资业务，代发工资人数700余人，月代发工资额25万余元。办事处营业部、马牙分理处和金溪分理处网点先后开办代发工资业务。1994年1月1日起，对公业务采用电脑记账算账。2月，交通银行揭阳办事处加入全国联行，提高结算效率

和结算质量。1998 年 2 月 1 日，汕头分行正式启用储蓄通存通兑同城清算系统，开通通存通兑业务，提供电子化系统多币种、全储种的同城、异地［揭阳、普宁、潮阳、澄海、惠来等县（市）储蓄网点］通存通兑功能。1999 年，交通银行揭阳办事处发展私营和太平洋卡业务。2001 年，交通银行揭阳办事处各营业网点对私存款余额 1.39 亿元，占各项存款余额的 61.73%。太平洋卡发卡量为 2140 张，卡存款余额 1784 万元。

2003 年 12 月 29 日，汕头分行揭阳办事处升格为交通银行汕头分行揭阳支行，所属网点一并升格。利用太平洋卡的品牌优势，带动存款的增长。发展对私业务，如拓展住房按揭、商铺按揭和个人周转性贷款等。2004 年年末，支行各项存款余额 4.56 亿元，其中：对私存款余额 3.42 亿元，占 75.15%。各项贷款余额 7264 万元，实现利润 908 万元。

1992—2004 年交通银行股份有限公司汕头分行揭阳办事处存款构成一览表

表 2-40

年份	各项存款余额（万元）	对公存款余额（万元）	占比（%）	对私存款余额（万元）	占比（%）	卡存款余额（万元）	占对私存款（%）
1992	4984	4605	92.39	379	7.61	—	—
1993	10130	8462	83.53	1668	16.47	—	—
1994	12609	9143	72.51	3466	27.49	—	—
1995	16226	9665	59.56	6561	40.44	—	—
1996	20869	10457	50.11	10418	49.92	—	—
1997	26591	13798	51.89	12793	48.11	—	—
1998	28613	12492	43.66	16121	56.34	—	—
1999	26890	11480	42.69	15410	57.31	—	—
2000	28112	14538	51.71	13574	48.29	—	—
2001	22515	8617	38.27	13898	61.73	1784	12.84
2002	31234	8383	26.84	22851	73.16	4919	21.53
2003	38855	9086	23.38	29769	76.62	6045	20.31
2004	45565	11322	24.85	34243	75.15	9454	27.61

说明：1. 2001 年以前卡存款余额未单独计列；

2. 表内“—”为无法取数或无数据

1992—2004 年交通银行股份有限公司汕头分行揭阳办事处资产负债表

表 2-41　　单位：万元

年份	各项存款余额	其中				各项贷款余额	实现利润
		营业厅（揭阳支行营业部）	马牙分理处（东山支行）	天福分理处（榕城支行）	金溪分理处		
1992	4984	4984	—	—	—	111	0.15
1993	10130	9380	—	750	—	511	171
1994	12609	6441	3970	2198	—	6736	454
1995	16226	6166	5770	3275	1015	9388	457
1996	20869	7410	6845	4106	2508	11238	594
1997	26591	8888	7736	6281	3686	14443	820
1998	28613	10259	7207	6809	4338	14790	616
1999	26890	8104	9728	5687	3371	13006	240
2000	28112	8394	10100	7057	2561	12170	289
2001	22515	6726	6364	6855	2570	10996	-182
2002	31234	10700	9528	9735	1271	10498	-734
2003	38855	13924	11548	13383	—	6256	134
2004	45565	16593	14805	14167	—	7264	908

说明：1. 2002 年 9 月撤销金溪分理处；

2. 表内“—”为无法取数或无数据

交通银行汕头分行普宁流沙办事处的业务范围为办理人民币存款、贷款、结算业务；办理票据贴现；代理发行金融债券，代理发行、代理兑付、销售政府债券；代理收付款项；办理外汇存款、外汇贷款、外汇汇款、外币兑换、国际结算和结汇、售汇业务；交通银行总行在中国人民银行批准的业务范围内授权的业务；经中国人民银行批准的其他业务。

1991 年 8 月，交通银行普宁流沙办事处设营业部开始办理对公存款和储蓄业务。年末，各项存款余额 7254 万元，其中对公存款 5589 万元，储蓄存款 1665 万元。1992 年 12 月至 1995 年 9 月，先后设立龙马分理处（后改龙马支行）、侨北支行、中市支行、中华路支行、新安分理处（后撤并）5 个营业网点。2003 年 12 月，营业网点升格为二级支行。至 2004 年，各项营业网点存款余额 9.80 亿元，比 1991 年增加 12.51 倍。其中，对公存款 2.33 亿元，占各项存款的 23.81%；储蓄存款 5.58 亿元，占各项存款的 56.97%，卡存款 1.88 亿元，占各项存款的 19.21%。

从 1991 年 8 月起，交通银行汕头分行普宁流沙办事处各营业网点均开办贷款业务，主要是发放流动性资金贷款。2003 年起，开办个人消费贷款。年末，各营业网点各项贷款余额 3.43 亿元，是 1991 年贷款余额 5300 万元的 6.5 倍。2004 年 9 月，对历年积累的不良贷款进行集中处置，通过债务重组及打包出售，各项贷款余额回落为 5479 万元，比上一年度贷款余额减少 2.88 亿元。

随着存贷款及结算业务的扩大和经营效益的提高，至1991年年末，办事处经营利润163万元。1992—1996年，每年均以较大的幅度增长。1996年年末，支行利润达2055万元。1997年，利润1503万元，1998年，利润851万元。1999—2003年，由于原粗放经营存在的问题逐步暴露，不良资产占比高，连续五年出现亏损。通过采取对不良资产的集中处置和加快业务发展等措施，2004年开始盈利，至12月，盈利933万元。

1991—2004年交通银行股份有限公司汕头分行普宁流沙办事处资产负债表

表2-42　　单位：万元

年份	对公存款	储蓄存款	卡存款	存款合计	贷款	利润
1991	5589	1665	—	7254	5300	163
1992	9066	3403	—	12469	8750	308
1993	12563	8786	—	21349	12884	432
1994	18376	18859	—	37235	12905	844
1995	22105	29830	—	51935	15153	1298
1996	22580	43349	—	65929	18433	2055
1997	34125	43408	—	77533	33058	1503
1998	28022	54960	—	82982	35293	851
1999	20518	32963	—	53481	34771	–208
2000	26258	31517	285	58060	34403	–830
2001	20047	32435	2898	55380	34328	–1316
2002	23810	38918	5704	68432	35453	–950
2003	24611	46205	10657	81473	34320	277
2004	23344	55848	18834	98026	5479	933

说明：1.2000年以前卡存款余额未单独计列；

2.表内“—”为无法取数或无数据

交通银行汕头分行惠来办事处的业务范围主要为人民币存、贷款，个人储蓄，票据贴现，结算及经人民银行批准的其他金融服务。1994年，设计划信贷股、会计出纳股（含储蓄业务）开始承办信贷、储蓄存款业务。1995年，增设储蓄业务股、城南分理处，存贷款余额逐年增加。1997年，对公存款占比有所攀升。2000年，办事处各项存款余额1.31亿元，比1994年存款余额2032万元增加1.10亿元，增加5.43倍。其中，对私存款余额8390万元，占比64.19%，对公存款余额4681万元，占比35.81%，比1996年占比15.52%提高20.29%。年末，办事处各项贷款余额3297万元，比1994年贷款余额800万元增加2497万元，增加3.12倍。

2001年，交通银行汕头分行办事处升格改称交通银行汕头分行惠来支行，仍隶属交通银行汕头分行管辖。交通银行汕头分行惠来支行营业部提供电子系统多币种、全储种的同城、异地、通存通兑服务功能，效益明显提高。至2004年，各项存款余额2.79亿元，比1994年存款增加2.59亿元，增加12.72倍。其中，对私存款余额1.33亿元，占比47.77%，对公存款余额1.46亿元，占比52.23%，占比首次高于对私存款。9月，支行对历年积累的不良贷款进行集中处置，通过债务重组及打包出售，年底各项贷款余额回落为600万元，比1998年各项贷款余额3363万元，减少2763万元。全年，盈利357万元，比1995年利润18万元增加339万元，增加18.83倍。

1994—2004年交通银行股份有限公司汕头分行惠来办事处资产负债表

表2-43

年份	各项存款余额（万元）	对公存款余额（万元）	占比（%）	对私存款余额（万元）	占比（%）	各项贷款余额（万元）	实现利润（万元）
1994	2032	820	40.36	1212	59.64	800	75
1995	3629	938	25.85	2691	74.15	1485	18
1996	5530	858	15.52	4672	84.48	2745	196
1997	8500	1400	16.47	6100	83.53	2793	73
1998	10530	3053	28.99	7477	71.01	3363	73
1999	11342	3601	31.75	7741	68.25	3168	10
2000	13071	4681	35.81	8390	64.19	3297	76
2001	13197	4267	32.33	8930	67.67	3297	84
2002	18419	5436	29.51	12983	70.49	2816	94
2003	20668	7568	36.62	13100	63.38	2333	97
2004	27889	14567	52.23	13322	47.77	600	357

第二阶段，揭阳分行管理时期（2004年9月至2018年）。2004年9月，交通银行汕头分行揭阳办事处升格改称交通银行揭阳分行，加快转型发展，着力做好政府机构类客户、上市企业、地方法人金融机构等目标客户的服务和合作，对公存款规模稳步增长。先后成功营销多家重点企业的配股资金、认股权证行权资金、可转债资金和“高管股权激励”募集资金，以及多家引资企业的投资资金和政府部门的专用资金，对公存款规模稳步增长。开设对公金融服务包括有客户账户信息查询、对公双利账户、现金池功能、银企直联功能的现金管理服务平台，有为企业提供“一站式”服务的蕴通产业链金融，有全程纳税电子化的缴税通金融服务。加强票据业务管理，适应企业多样化融资需求。

2005—2018年交通银行股份有限公司揭阳分行对公存款发展一览表

表2-44

年份	对公存款余额（万元）	同比增量（万元）	同比增速（%）	机团存款（万元）	企业存款（万元）
2005	194862	—	—	1479	193383
2006	240738	45876	23.54%	7538	233200

续表 2-44

年份	对公存款余额（万元）	同比增量（万元）	同比增速（%）	机团存款（万元）	企业存款（万元）
2007	264826	24088	10.01%	6579	258247
2008	100257	-164569	-62.14%	20863	79394
2009	126584	26327	26.26%	43883	82701
2010	167659	41075	32.45%	64748	102911
2011	200077	32418	19.34%	71579	128498
2012	213359	13282	6.64%	51864	161495
2013	256410	43051	20.18%	15118	241292
2014	296269	39859	15.55%	35537	260732
2015	328720	32451	10.95%	162669	166051
2016	334388	5668	1.72%	153518	180870
2017	359750	25362	7.58%	158396	201354
2018	339365	-20385	-5.67%	194689	144676

说明：表内“—”为无法取数或无数据

2005年后，贴现业务稳中向好发展，发生额虽在2006年、2013年、2015年和2017年较上年有所下跌，但总体呈现稳步上升趋势，发展态势良好。2018年贴现业务累计发生额7.01亿元，创出新高，同比增加5.03亿元，增幅255%。

2005—2018年，14年间承兑余额和年累计发生额均呈现先下降后逐步上升的凹形走势，并在2016年达到顶峰，承兑发生额为1.01亿元，同比增量6566万元，增幅184%；余额6061万元，同比增量2716万元，增幅81%，随后两年又有所下降。

2005年，交通银行揭阳市支行加强存款考核，加强网点建设，增加业务品种，推进业务处理电子化，建立个人金融业务经营体制，以储蓄业务发展作为突破口，集中力量强化营销，银行卡、高端客户理财重点业务快速发展，储蓄存款余额稳步大幅增长。2005年年末，储蓄余额为13.35亿元。至2018年年末，储蓄存款增至35.86亿元。

2005年，发行交通银行太平洋卡，按资信等级，分为普通卡、金卡和白金卡。按卡种分类，有标准信用卡、沃尔玛信用卡、卜蜂莲花信用卡、康美药业信用卡、Y-POWER信用卡、Y-Elite优逸白金卡、标准白金卡、爱奇艺轻奢卡等多个卡种。通过增加ATM和POS机数量，开通电话银行和银证业务，发展特约商户，形成用卡网络。2005年后，实行零售业务批发经营模式，从技术、人员、营销力量等方面入手，强化营销模式拓展市场。2006年3月7日，对外发行太平洋双币信用卡。至2015年年末，信用卡存量25868张。至2018年年底，信用卡存量达133410张。

2005年12月31日，各项贷款余额7559万元。2006年，坚持严格把握贷款投向，坚持授信审查原则，进行信贷资产行业结构及客户结构调整，提高资产质量。明确授信准入标准，严格授信审查，新增贷款符合上级行授信政策，主要投向成长性好、回报率较高的支持类行业企业；严格授信准入机制，统一授信审查标准，对贷审会成员进行调整，充实集体审贷力量，前移风险防范关口；加大授信检查频度，强化监控力度；利用总行授信讲堂，加大对客户经理和授信人员的培训力度。年末，各项贷款余额 2.09 亿元，新增贷款本息回收率均达 100%。

2007 年，提升授信业务审查和审批效率，引导信贷投放，新增贷款质量优良，行业投向合理。2007 年 12 月末，贷款余额 3.95 亿元，比年初增加 1.87 亿元，增长 89.41%。6 月 22 日，交行揭阳惠来支行扩大外汇业务经营范围：外汇存款、外汇贷款、外汇汇款、国际结算和通过上级行办理代客外汇买卖。7 月 18 日，交行揭阳分行开通自助通跨行转账业务。经交行总行核准，新加坡和邦集团成功在总行离岸中心开立离岸账户，该集团是揭阳惠来大南海国际石化港首期项目的投资公司，总投资规模达 300 多亿美元。8 月 22 日，交行揭阳分行与普宁市金信典当行有限公司签订第三方存管业务协议，存管资金 1.80 亿元。9 月，成功营销广东康美药业股份有限公司增发股票专项资金 10.30 亿元。11 月，成功办理民生银行广州分行转贴现业务 2 笔 3 亿元，增加利息收入 453 万元；办理广东康美药业股份有限公司 1 亿元贷款，支持该司“计算机在中药饮片生产管理中的应用”项目二期投建，该项目被列入 2007 年度国家“倍增计划”，预计投资 4.85 亿元。至 12 月 25 日，交行揭阳分行成功收回“武汉项目”非信贷类不良资产 1500 万元。

2008 年，各项贷款余额 5.05 亿元，比年初增加 1.10 亿元，增长 27.7%，增量存贷比为 177%，不良贷款率为零。1 月 6 日，撤并交行普宁支行金库。1 月 7 日，成功受理普宁市源鑫制衣有限公司远期结汇业务 90 万美元，实现国际业务“开门红”。1 月 8 日，正式受理正信实业有限公司申请开立离岸账户，并上报总行离岸中心核准，交行揭阳分行成为揭阳市唯一开办离岸账户业务的银行。1 月 21 日，成功为民生银行广州分行办理 4.10 亿元转贴现业务。2 月 27 日，办理“广东榕泰”风险敞口银行承兑汇票业务 118.80 万元。4 月 7 日，成功办理首笔大南海国际石化港有限公司资本金结汇业务 1000 万美元。4 月 21 日，国际业务 SWIFT（SWIFT 又称“环球同业银行金融电讯协会”，是国际银行同业间的国际合作组织，成立于 1972 年，目前全球大多数国家大多数银行已使用 SWIFT 系统。SWIFT 为银行的结算提供安全、可靠、快捷、标准化、自动化的通信业务，从而提高银行的结算速度）集中平台 Centralized Swift Platform，简称“CSP”成功上线，解决外汇业务通过省分行代转，汇款速度慢的问题。4 月 28 日，全国支票影像直联交换系统成功上线，实现支票全国通用。5 月 14 日，成功营销广东康美药业有限公司可转债募集资金 9 亿元。9 月 24 日，成功营销普宁市康美实业有限公司第三方存管业务股票托管专户，并于当日完成首笔股票交易 1000 万元。

2009 年 3 月，推出办理个人实物黄金买卖业务，所销售黄金产品均由总行负责与黄金供应商、上海黄金交易所等合作单位签订协议，统一把关准入，并统一运作。所销售的黄金产品通过销售系统实现系统出单和系统管控。黄金业务以“沃德金”为主品牌，逐渐形成沃德收藏金、沃德投资金和沃德交易金三大系列。贵金属业务自推出以来，每年销售额在 300 万元左右波动，2009 年贵金属销售额 375 万元，2018 年销售额 325 万元。重点支持和鼓励适应国家所发展的领域，严格控制对产能过剩行业的贷款，严格控制对环保方面违法违规企业的贷款，坚决压缩、退出对落后产能的贷款。年末，各项贷款余额 7.04 亿元，比年初增加 1.99 亿元，增幅 39.4%。5 月 26 日，成功销售康美药业股份有限公司认股权证行权募集的全部资金 8.87 亿元。5 月 27 日，交行揭阳分行营业部成功发放第一笔“易贷通”个人循环贷款 75 万元。6 月 1 日，交行揭阳分行成功开办自助设备外卡收单业务。6 月 24 日，成功销售广东康美药业有限公司流动资金贷款授信额度 5 亿元。7 月，成功销售普宁市国土局土地开发专户，参与华侨大厦竞标的首位投标者划入保证金5000万元；成功为“广东榕泰”增发股票募集资金5000万元，本次发行为定向股票发行，募集资金4亿元；成功为揭阳市安捷进出口有限公司办理100%保证金贸易融资汇款业务22.77万美元。先后成功营销榕城区城市设防综合工程账户拆迁赔偿资金2000万元；“揭阳市土地整理中心”土地赔偿款2433万元。12月24日，交行惠来支行成功为揭阳市惠民生物科技有限公司办理首户银期机构转账业务。12月25日，成功与揭阳冠盛石油化工有限公司建立合作，当日汇入对公存款2450万元。成功收回“武汉项目”非信贷类不良资产2400万元，累计收回金额3615万元。

2010年，各项贷款余额10.84亿元，比年初增加3.80亿元，增幅53.98%。全行不良贷款率为零，贷款本息回收率继续保持“两个100%”，全行贷款保持良好发展态势。1月14日，成功吸收广东创鸿集团有限公司存款1.10亿元。3月22日，成功为揭阳市安捷进出口有限公司办理保付加签业务347万元。3月31日，成功吸纳普宁市国土局土地拍卖保证金2.40亿元。8月26日，交行普宁支行成功吸收普宁市药品街建设项目的启动资金4000万元；交行揭阳分行营业部成功吸收揭阳市和丰酒店管理有限公司注册资本金1000万元。9月，成功吸纳“康美药业”从同业转入存款3.14亿元。10月12日，成功叙作首笔NRA人民币账户存单质押业务，该项业务在粤东地区同业中属首次办理。普宁市流沙城东商会申办“商惠贷”3亿元授信额度获得省分行审批通过。成功与揭阳市新亚贸易有限公司、惠来县好又多超级商场、惠来县南门好又多购物中心等超市建立合作，拓宽用卡渠道，优化用卡环境；同月“康美药业”申办10亿元授信额度获得总行审批通过，成为首个授信额度达10亿元的贷款大户。11月，成功营销普宁市汇通信用担保有限公司开立临时验资账户，存入验资款1000万元；成功营销普宁市鹏泰实业有限公司开立验资账户，存入验资款1000万元；成功营销客户从他行转入本行开立的第三方存管账户，划入资金1700多万元；成功营销康美药业有限公司个人控股股东开立第三方存管账户，证券资产总额达17多亿元；成功吸收普宁市汇通信用担保有限公司验资款3000万元。12月9日，营业部成功发放首笔个人住房公积金贷款，实现该项业务“零的突破”。截至12月14日，成功吸纳普宁国土局拍卖水上乐园的土地保证金6亿元。

2011年，各项贷款余额16.38亿元，较年初增加5.54亿元，增幅51.11%。全行不良贷款率为零，贷款本息回收率继续保持“两个100%”。1月，交通银行揭阳分行营业部成功发放首笔小企业流动资金担保贷款400万元，实现该业务品种“零的突破”；成功营销获得康美药业股份有限公司的配股募集资金34.44亿元；揭阳普宁流沙中华路支行贷款早投放、早收益，成功发放中长期固定资产贷款4900万元；成功营销南方梅园生态村有限公司资本金结汇近2095万港元。3月，成功营销普宁市翡翠大酒店开立临时筹建账户，存入验资款1000万元；成功为广东巨轮模具股份有限公司办理票据贴现1110万元，累计为该公司办理贴现3310万元。截至3月22日，成功叙作98%保证金进口汇出汇款融资业务18笔，融资金额724万美元，增加定期存款4749万元。4月29日，成功营销广东银泰能源科技股份有限公司开立验资户，存入资金1000万元。5月，成功吸收揭阳市南梅健康产业园有限公司的注册资本1000万元；成功营销普宁市汇通信用担保有限公司划入资金1亿元；成功营销普宁市汇润地产有限公司从他行转入存款3000万元；成功营销揭阳市宏泰废旧物资回收有限公司增加注册资本1040万元；成功收回“武汉项目”剩余欠款1600万元，至此，已全额收回“武汉项目”及相关利息费用共计1.32亿元，彻底解决这一历史遗留问题。截至5月17日，成功营销普宁市土地交易中心存款共10亿元。6月，成功营销广东润亨泰投资担保有限公司验资款2000万元；成功为揭阳市锦宏进出口有限公司叙作首笔跨境人民币进口TT汇出汇款业务640万元，实现该项业务“零的突破”；成功营销“康美药业”公司债项目资金（扣除发行费用后全部归集本支行），实现存款 2.49 亿元；成功营销广东南方梅园生态村有限公司转入资金 2000 万元，购买“蕴通财富·稳得利”对公理财产品 P4111M031 款；成功营销“家易通”商户 68 户，完成进度任务的 136%，荣获省分行 2011 年“万家欢乐—家易通”商户业务竞赛月度冠军。7 月，成功为广东领航数控机床股份有限公司办理贴现 1260 万元；成功为广东南方梅园生态村有限公司办理资本金结汇 760 万美元；成功营销普宁市永宁建筑工程有限公司购买“蕴通财富·稳得利”对公理财产品 4900 万元；成功吸纳广东创鸿集团存款 5000 万元；成功吸纳广东巨轮模具股份有限公司的可转债募集资金 1.46 亿元，这是继“广东榕泰”“康美药业”后当地第三家上市公司的资金归集。8 月，交行揭阳分行成功营销广东南方梅园生态村有限公司购买对公理财产品“蕴通财富·稳得利”1500 万元。交行揭阳分行“黄金延期交易业务”系统上线，8 月共成功开立交易账户 5 户，实现该项业务“零的突破”。8 月，成功营销广东巨轮模具股份有限公司使用“薪金 IC 卡”代发工资，制卡 2266 张。9 月，成功叙作一笔人民币结构性存款 3500 万元，实现该项业务“零的突破”；成功营销揭阳市土地交易中心转入资金 2000 万元。10 月，成功营销“普宁市永宁建筑工程有限公司”购买“蕴通财富·稳得利”对公理财产品 3000 万元；成功营销“普宁市新坛村慈善基金会”存款 3000 万元。11 月，成功营销广东柏堡龙股份有限公司开立验资户并存入验资款 9075 万元；至 11 月末，为广东领航数控机床股份有限公司等 2 家公司办理贴现业务累计 1.22 亿元，是年全行贴现业务累计发生额增至 1.32 亿元。12 月，成功营销揭阳市土地交易中心拍卖款保证金 3215 万元；同月，交行揭阳分行成功营销广东南方梅园生态村有限公司办理资本金结汇 1630 万美元，折合人民币 1 亿多元，累计结汇 2500 多万美元，领跑辖属各支行。

交行揭阳分行开展保险代理业务，所销售保险产品均由总行负责与各家合作保险公司签订协议，统一把关准入。随着业务的发展，分行保险代理业务逐渐扩展，大部分产品可以通过手机银行、网银等渠道进行购买，方便、快捷。2013 年以后，每年销量达 1500 万元。2016 年趸交产品大力发展，当年达到 5714 万元，此后年销量基本在 2000 万元左右。

2012 年，各项贷款余额 17.87 亿元，较年初增加 2400 万元，增幅 1.33%。全行不良贷款率为零，贷款本息回收率保持“两个 100%”。5 月 18 日，与交银国际信托有限公司合作，为普宁市康美实业有限公司成功发起设立流通股股票股权受益权挂钩的理财产品 8 亿元。6 月 26 日，交行揭阳惠来支行成功为惠来县源瀚制衣有限公司办理跨境人民币结算业务 2 笔，合计 792 万元，实现惠来支行该业务“零的突破”，率先为当地企业打开跨境人民币结算服务通道。7 月，交行揭阳中华路支行成功营销普宁市供水管理局，实现符合产业链金融“1 家核心企业 +5 家链属企业”的标准产业链金融业务“零的突破”。人民币各项存款余额 55.23 亿元，比年初增加 7.93 亿元，增长 16.77%。人民币各项贷款余额 17.36 亿元，比年初减少 5100 万元，比 6 月末增加 1.31 亿元。人民币贷款余额为 17.10 亿元，较年初减少 7700 万元，下降 4.31%。其中对公贷款主要投向医药制造业 9.40 亿元、专用设备制造业 1.83 亿元和化学原料制造业 3000 万元，房地产业 9000 万元。全行不良贷款率为零，贷款本息回收率继续保持“两个 100%”。

2013 年 2 月 27 日，成功与揭阳市首家综合性网络购物平台——“百百来”网签约银联在线收单。4 月，交行揭阳东山支行成功为揭阳市公路局广太收费站利用 E 动终端上门办理卡激活、手机银行签约及双币卡申请等业务，办理代发工资 112 户。8 月 23 日，成功为广东巨轮股份有限公司办理票据贴现 4115 万元。9 月 10 日，交行揭阳莲花支行成功办理首笔非税系统缴款业务，市级非税系统正式上线运行。

2014 年，人民币对公日均存款 25.19 亿元，比年初增加 3.43 亿元，完成率 114.2%；人民币储蓄日均存款 31.23 亿元，比年初增加 3.27 亿元，完成率 115.2%。成功营销康美药业发行优先股募集资金 29.72 亿元全部归集分行，成功营销广东巨轮公司，定向增发股票募集资金在分行开立募集资金监管专户及存款 8300 万元。坚持构筑平台促增存，实现财政非税代扣系统、国土拍卖系统、医药交易平台、“银烟通”等系统相继成功上线。成功签约“银烟宝”零售商户 98 户，不足半年带来活期存款 1300 多万元；成功签约医药平台客户 10 户，为“康美药业”及属下“康美医院”绑定药品交易平台，锁定普宁片区药品交易结算 60% 的市场份额。新增广东科迪、广东微晶等 26 家代发企业。其中广东微晶代发 1000 余人。推广代发工资、贷记卡、手机银行等业务。为应对创鸿集团发生的“突发事件”，收回创鸿系贷款本金 1.05 亿元和全部利息 1237 万元。荣获省行 2014 年“强责任、除隐患、保平安”创建活动先进集体称号。年末，各项贷款余额 16.11 亿元，较年初增加 1.78 亿元，增长 12.42%。

2015 年，小微贷款余额 4.76 亿元，比年初增加 1.52 亿元，增幅 46.89%。其中，小企业贷款余额 4.00 亿元，比年初增加 1.55 亿元。小微贷款户数 73 户，比年初增加 15 户（其中小企业 48 户，比年初增加 14 户；个人经营性 25 户，比年初增加 4 户）。成功办理“水悦尚都二期”项目重组贷款 6407 万元，盘活创鸿贷款，给企业一定时间，售销楼房和处置资产。各项贷款余额 19.70 亿元，较年初增加 3.59 亿元，增幅 22.28%。关注类贷款余额 6300 元，可疑类贷款 99 万元，没有次级类、损失类贷款。7 月，成功为康美药业公司办理 1 亿元的票据贴现业务；分行营业部成功办理一笔人民币 NRA 账户跨行汇款业务；10 月 8 日，交行揭阳分行成功营销康美药业公司发行 25 亿元超短期融资券；11 月 27 日，再次营销康美药业公司发行 20 亿元短期融资券。12 月，分行营业部成功办理全行首笔“一卡通”项目应用业务，实现交行揭阳分行“一卡通”项目应用业务“零的突破”；交行新河支行成功营销嘉桦大酒店办理个人化货币价格服务（DCC）业务。

2016 年，个人贷款业务增速较快，个人贷款余额 8.41 亿元，比年初增加 2.41 亿元，增幅 40.17%。按揭贷款审查审批效率和业务大幅提升，审查按揭贷款（含商铺、公积金）558 笔，比上年增加 298 笔，金额 3.18 亿元，同比增加 1.70 亿元。分行全年各项贷款余额 25 亿元（含公积金贷款），比年初增加 4.47 亿元，增幅 21.77%。关注类贷款 6300 万元，次级类贷款 176 万元，可疑类贷款 96 万元，没有损失类贷款。2017 年，成功营销康美药业 65 亿元短期融资，并承销 20 亿元短期融资，投放 20 亿元债券过桥融资，办理 3 亿元可交换债、归集 2.90 亿元股权激励专项资金；“康美中药城”项目成功落地，投放 14 笔 1625 万元，成为总行达标项目；落地普宁供水“汤坑项目”2450 万元和市人民医院固贷项目 1970 万元。荣获省行同业业务“争先进位奖”、投行业务创新奖和投行业务发展奖一等奖。审查按揭贷款（含商铺、公积金）1713 笔，金额 9.68 亿元，笔数比 2015 年同期增加 1040 笔，金额比上年同期增加 6.06 亿元。贷款余额 28.42 亿元，比年初增加 4.53 亿元，不良贷款 249.58 万元，不良率为 0.09%。收回“创鸿系”贷款本金 2413.50 万元及全部利息。各项贷款余额 30.25 亿元（含公积金贷款），比年初增加 5.25 亿元，增幅 21%。关注类贷款 4400 万元，不良贷款余额 249.58 万元。12 月 6 日，交行揭阳分行与揭阳市公共资源交易中心实现招标通（二期）系统正式上线。在保留原揭阳市区、普宁、惠来地区业务的基础上，打通揭东、揭西县区域的业务领域，实现业务全覆盖。不仅支持土地交易业务，还支持建设工程、政府采购、产权交易等业务。

2018 年，加快发展核心负债，普惠日均存款 160 亿元，增加 6098 万元，增幅 49%。成功落实普宁供水水费代扣系统、惠来机关事业单位养老保险代发系统、公共资源交易系统（二期）、公积金住建部系统及党费管家业务系统，成功获得揭阳市财政局市级社保基金存放资格。荣获省行 2018 年度储蓄存款突出贡献奖；2018年度储蓄低成本负债贡献奖。荣获2018年度私人银行业务领先奖、2018年度“一鼓作气，勇攀高峰”有效商户拓展优胜奖。非息创收增收，累计为康美药业发行47.50亿元短期融资，带动非息收入1344万元。成功销售巨轮股份与广东榕泰发债项目。国际中间业务收入方面，成功办理2笔外汇期权业务，实现外汇财资业务突破，带动国际中间业务收入提升。信用卡中间业务收入，实现信用卡回佣1694万元，增加579万元。注重加强品牌与队伍建设，加快网点智能化建设，投放智能、移动服务设备累计45台，其中智易通19台、智能打印机9台、现金循环机3台、自助票据机1台、手持终端14台，智能、移动服务覆盖率达100%。各项存款日均余额71.56亿元，较年初增加2.29亿元，增幅3.31%。其中储蓄存款日均余额38.13亿元，较年初增加2.92亿元。人民币各项贷款日均余额36.94亿元，增加5.31亿元，增幅16.79%。贷款平均利率4.91%，较年初提升24个基点。新发放贷款利率5.44%，同比提升54个基点。不良贷款余额192.48万元，较年初减少57.10万元，不良率0.05%，较年初降低1个基点，实现不良贷款和不良率“双降”。实现中间业务净收入5961万元，增加2426万元，完成率116.20%。小微贷款客户新拓76户，完成率380%；私银客户增加16户，完成率133%；手机银行新增客户25883户，完成率216%；交银客户增加1136户，完成率223%；银证银期优质客户613户，完成率130%。

2018年，交通银行揭阳分行国际结算量累计7.20亿美元，其中离岸结算量4.54亿美元，占总结算量63%；在岸结算量2.65亿美元，占总结算量37%，跨境人民币结算量累计3.10亿元。实现国际中收153万元，其中，在岸中收89.48万元，同比增加51万元。

2005—2018年交通银行股份有限公司揭阳分行资产负债表（本币）

表 2-45

单位：万元

年份	资产总额	流动资产	长期资产	负债总额	流动负债	长期负债	所有者权益	本年利润	各项存款	其中：储蓄存款	企事业单位存款	各项贷款	其中：短期贷款	中长期贷款
2005	200174	161236	34211	200532	186448	14083	-357	-357	194862	103990	58301	7559	5560	1671
2006	248710	191048	53601	247922	231997	15925	788	788	240738	156810	75519	20877	18410	2270
2007	275358	186681	85021	275689	263983	11705	-330	-330	264826	152362	105884	39543	28320	9276
2008	285006	215040	67906	282439	265181	17258	2567	2567	271019	170762	89781	50506	41860	7129
2009	351499	323348	26745	350332	333450	16882	1167	1167	336453	209869	104598	70402	46151	22427
2010	411939	358329	53005	409767	382574	27193	2172	2172	398157	230498	135205	108438	58869	47674
2011	456055	375379	79904	449122	406317	42804	6934	6934	436064	235986	164203	163830	83888	74555
2012	499689	427042	72313	493183	420220	72963	6506	6506	473029	259669	161496	178729	109359	65917
2013	575092	496226	78711	572843	495407	77436	2249	2249	554358	297948	241292	171011	85134	72975
2014	600435	522276	77539	598346	516137	82209	2089	2089	581693	285424	260732	161142	68148	71557
2015	653877	—	—	647565	—	—	6313	6313	635080	306360	143080	197036	120677	66063
2016	670163	—	—	661432	—	—	8730	8730	651640	317252	159533	238900	145263	79650
2017	714970	—	—	704715	—	—	10256	10256	694654	334904	178878	284269	150122	127234
2018	719720	—	—	705678	—	—	14041	13619	697916	358551	121442	355781	155655	168647

说明：表内“—”为无法取数或无数据

2005—2018年交通银行股份有限公司揭阳分行资产负债表（外币）

表 2-46　　单位：万美元

年份	资产总额	流动资产	长期资产	负债总额	流动负债	长期负债	所有者权益	本年利润	各项存款	其中：储蓄存款	企事业单位存款	各项贷款	其中：短期贷款	中长期贷款
2005	372	372	—	363	347	16	9	9	127	116	11	—	—	—
2006	367	367	—	351	348	3	16	16	88	88	—	—	—	—
2007	330	330	—	315	311	3	15	15	58	58	—	—	—	—
2008	306	306	—	297	295	2	9	9	45	45	—	—	—	—
2009	780	780	—	776	773	3	4	4	88	56	—	—	—	—
2010	570	578	-8	567	566	1	3	3	366	87	269	—	—	—
2011	2041	2043	-2	2023	2020	3	17	17	296	48	197	—	—	—
2012	1490	1517	-27	1486	1440	46	4	4	135	85	50	—	—	—
2013	370	370	—	369	368	2	1	1	127	40	87	—	—	—
2014	375	375	—	375	374	1	0.3	0.3	87	72	15	—	—	—
2015	371	—	—	371	—	—	—	—	70	70	—	—	—	—
2016	313	—	—	313	—	—	—	—	103	95	8	—	—	—
2017	510	—	—	510	—	—	—	—	302	59	243	—	—	—
2018	420	—	—	420	—	—	—	—	103	45	58	—	—	—

说明：表内“—”为无法取数或无数据

2005—2018 年交通银行股份有限公司揭阳分行资产负债表（本外币）

表 2-47　　单位：万元

年份	资产总额	流动资产	长期资产	负债总额	流动负债	长期负债	所有者权益	本年利润	各项存款	其中：储蓄存款	企事业单位存款	各项贷款	其中：短期贷款	中长期贷款
2005	203060	164122	34211	203343	189135	14209	-283	-283	195894	133451	58367	7559	5560	1671
2006	251422	193760	53601	250508	234560	15948	913	913	241432	158374	75519	20877	18410	2270
2007	277580	188903	85021	277802	266073	11729	-222	-222	265476	153236	105884	39543	28320	9276
2008	286751	216786	67906	284121	266852	17269	2630	2630	271328	171071	89781	50506	41860	7129
2009	353494	325343	26745	352301	335395	16906	1193	1193	337052	210251	104598	70402	46151	22427
2010	415709	362150	52954	413516	386315	27202	2193	2193	400584	231075	137055	108438	58869	47674
2011	459293	378629	79891	452250	409425	42824	7043	7043	437929	236288	165766	163830	83888	74555
2012	501881	429406	72141	495353	422101	73252	6528	6528	473878	260206	161808	178729	109359	65917
2013	577090	498224	78711	574837	497392	77445	2253	2253	555130	298192	241820	171011	85134	72975
2014	602202	524044	77539	600111	517896	82215	2091	2091	582227	285862	260828	161142	68148	71557
2015	654347	—	—	648024	—	—	6323	6323	635536	306812	143080	197036	120677	66063
2016	670892	—	—	662150	—	—	8741	8741	652354	317907	197297	238900	145263	79650
2017	716995	—	—	706709	—	—	10286	10286	696629	335288	210364	284269	150122	127234
2018	720729	—	—	706622	—	—	14107	13684	698620	358863	158360	355781	155655	168647

说明：表内“—”为无法取数或无数据

第三节　国有独资商业银行

中国邮政储蓄银行有限责任公司揭阳市分行

2007 年 10 月 29 日，中国邮政储蓄银行有限责任公司揭阳市分行成立，是中国邮政储蓄银行的辖属二级分行。至 2018 年，揭阳市唯一一家国有独资商业银行是中国邮政储蓄银行股份有限公司揭阳市分行。

（一）机构沿革

中国邮政储蓄银行，是在改革邮政储蓄管理体制的基础上组建的商业银行，为邮政集团公司的直属单位之一。2007 年 3 月 6 日，中国邮政储蓄银行有限责任公司注册成立，中国邮政集团以全资方式出资 200 亿元组建中国邮政储蓄银行。10 月 29 日，中国邮政储蓄银行有限责任公司揭阳市分行挂牌成立。

2012 年，中国邮政储蓄银行完成股份制改造，确立现代企业制度。1 月 21 日，随总行整体经营机制的转变，中国邮政储蓄银行有限责任公司揭阳市分行，由商业银行向股份制商业银行经营机制转变，改称中国邮政储蓄银行股份有限公司揭阳市分行（简称邮储行揭阳市分行）。至 2018 年，邮储行揭阳市分行名称、性质、职能不变。

邮储行揭阳市分行成立后，辖属分支机构保持相对稳定。2007 年，机构总数 83 个，其中辖属一级支行 4 个（包括揭东支行、普宁支行、揭西支行和惠来支行），二级支行 12 个（其中包括一级支行辖属营业部 4 个），储蓄代办所 70 个。2013 年，机构总数 89 个，其中辖属一级支行 4 个，二级支行 19 个（其中包括分行辖属营业部 1 个，一级支行辖属营业部 4 个），储蓄代办所 70 个。2018 年，全市有 91 个营业网点（包括委托邮政局代办储蓄的基层网点），其中自营网点 21 个、代理网点 70 个。

2007—2018 年中国邮政储蓄银行有限责任公司揭阳市分行员工人数统计表

表 2-48　　单位：人

年份	员工总人数	二级分行员工人数	一级支行员工人数	二级支行员工人数	分理处员工人数	办事处员工人数	储蓄代办员工人数
2007	344	—	—	—	—	—	—
2008	347	54	100	193	—	—	282
2009	391	92	94	205	—	—	302
2010	410	77	138	195	—	—	338
2011	442	93	148	201	—	—	392
2012	463	82	145	236	—	—	426
2013	499	79	165	255	—	—	469
2014	499	79	148	272	—	—	519
2015	503	79	157	267	—	—	547
2016	503	147	169	187	—	—	543

续表 2-48

年份	员工总人数	二级分行员工人数	一级支行员工人数	二级支行员工人数	分理处员工人数	办事处员工人数	储蓄代办员工人数
2017	500	172	154	174	—	—	592
2018	497	166	186	145	—	—	588

说明：1. 储蓄代办机构员工不属邮储银行编制，其人数未列入员工总数

2. 表内“—”为无法取数或无数据

（二）内部机构

2007 年，邮储行揭阳市分行内设 6 个职能部（室）：办公室（含人力、党群、安保、纪检）、个人业务部、财务会计部、渠道与科技部、风险合规部、审计部。省要求，辖属一级支行内设 4 个职能部（室）：个人业务部、公司业务部、信贷业务部、综合管理部（含行政管理、合规经理管理、综合管理等）。2009 年，邮储行揭阳市分行内设 9 个职能部（室）：办公室（含行政、党群、安保、纪检）、个人业务部、公司业务部、信贷业务部、财务会计部、渠道与科技部、风险合规部、审计部、人力资源部。2013 年 9 月，设置高级管理层委员会，下设 2 个委员会：授信审议委员会、风险与内控委员会。由行领导担任各委员会主任，委员会为高级管理层决策与协调机构。邮储行揭阳市分行内设 12 个职能部（室）［其中含 4 个二级部（中心）］：个人金融部（含二级部电子银行部）、零售信贷部、“三农”金融部、公司业务部（含二级部票据中心）、小企业金融部、风险管理部（含二级部资产保全部）、授信管理部（含二级部审查审批中心）、会计与营运部、法律与合规部、办公室（党委办公室）、安全保卫部、计划财务部、人力资源部（党委组织部）、纪检监察部、党群工作部（党委宣传部）、工会。

2016 年 8 月，邮储行揭阳市分行纪检监察部更名为监察部，与本级纪委合署办公，内设其他机构不变。2018 年 2 月，邮储行揭阳市分行党群工作部（党委宣传部）更名为党委党建工作部（监察部），承担党建、纪检监察机构职能，不再与其他部门合署办公；揭阳市分行工会与办公室职能合并，更名为办公室（党委办公室、工会），内设其他机构不变。4 月，会计与营运部更名为运营管理部，电子银行部更名为网络金融部。

至 2018 年 12 月，邮储行揭阳市分行内设 12 个职能部（室）：个人金融部、“三农”金融事业部揭阳市分部，零售信贷部、公司业务部、小企业金融部、风险管理部、授信管理部、运营管理部、法律与合规部、办公室（党委办公室、工会、安全保卫部）、计划财务部、人力资源部（党委组织部）、党委党建工作部（监察部）。

2007—2018 年中国邮政储蓄银行有限责任公司揭阳市分行负责人一览表

表 2-49

姓名	性别	职　务	籍贯	任职起止时间
廖贤斌	男	党委书记、行长	广东揭阳	2007 年 10 月—2013 年 12 月
吴兴鹏	男	党委委员、副行长、纪委书记、工会主席	广东揭阳	2007 年 10 月—2018 年 10 月
倪雄波	男	党委委员、副行长、工会主席	广东揭阳	2009 年 4 月—

续表 2-49

姓名	性别	职　务	籍贯	任职起止时间
连俊生	男	党委书记、行长	广东潮州	2013 年 12 月—
陈耿标	男	党委委员、副行长	广东普宁	2016 年 6 月—
邹庆云	男	党委委员、副行长、纪委书记	广东兴宁	2018 年 10 月—

说明：表内成员按 2007—2018 年任职起始时间由远到近排序

（三）分支机构

2007 年 10 月，邮储行揭阳市分行辖属邮储行揭阳市分行营业部、邮储银行揭东支行、邮储银行揭西支行、邮储银行惠来支行、邮储银行普宁支行，83 个营业网点，其中，自营网点 12 个、代理网点 70 个。邮储行揭阳市分行辖属分支机构保持相对稳定。2007 年，机构 83 个，其中辖属一级支行 4 个（包括揭东支行、普宁支行、揭西支行和惠来支行）、二级支行 12 个（其中包括一级支行辖属营业部 4 个）、储蓄代办所 70 个。2013 年，机构 89 个，其中辖属一级支行 4 个、二级支行 19 个（其中包括分行辖属营业部 1 个，一级支行辖属营业部 4 个），储蓄代办所 70 个。2018 年，全市有 91 个营业网点（包括委托邮政局代办储蓄的基层网点），其中，自营网点 21 个、代理网点 70 个。

2007 — 2018 年中国邮政储蓄银行有限责任公司揭阳市分行机构统计表

表 2-50

年份	机构总数	二级分行数	一级支行数	二级支行数	储蓄代办所数
2007	83	1	4	8	70
2008	83	1	4	8	70
2009	84	1	4	9	70
2010	85	1	4	10	70
2011	86	1	4	11	70
2012	88	1	4	13	70
2013	89	1	4	14	70
2014	91	1	4	16	70
2015	91	1	4	16	70
2016	91	1	4	16	70
2017	91	1	4	16	70
2018	91	1	4	16	70

说明：表内邮储银行机构总数包括储蓄代办机构

（四）职能任务与业务

1986年，揭阳邮政储蓄恢复开办。2007年，邮储行揭阳市分行基本职能，主要是充分依托和发挥邮政网络优势，完善城乡金融服务功能，以零售业务和中间业务为主，为城市社区和广大农村地区居民提供基础金融服务，与其他商业银行形成互补关系，支持社会主义新农村建设和城乡经济协调发展。至2018年，揭阳邮政储蓄的业务经历起步代办阶段、自办阶段、自主运用阶段、商业银行阶段、股份制商业银行阶段五个发展阶段。

第一阶段，起步代办阶段（1986年1月至1989年12月）。1986年，揭阳邮政储蓄恢复开办，开办时的业务范围只有整存整取和零存整取2种定期储蓄及活期储蓄业务。为服务“三农”，服务社区，适应城乡居民对基础金融的需求，加快产品和业务创新。3月，储蓄邮政存款余额41亿元。全年通过邮政储汇办理的个人结算累计金额400余亿元。

由于邮政机构吸收的储蓄存款是人行的信用资金来源，作为基础货币全部缴存人行统一使用。其所需备付金，由人行核定后拨付，按缴存的月累计平均余额给付2.20%的手续费，作为其业务收入。邮储机构给付储户的存款利息，由人行按实际支付定期拨付。邮政储蓄的支付结算制度尚处于初创阶段，一直采用纸质汇票结算方式。1988年，增加代理发行国库券业务。

第二阶段，自办阶段（1990年1月至2003年7月）。1990—1998年，揭阳邮储业务平稳发展。1990年，辖区邮政储蓄由代办模式改为自办模式，对中国人民银行缴存款的资金往来方式，由缴存款转为转存款。1992年，全市邮储业务种类增加代发工资、代发奖金业务和代理发行平安保险业务。1993年，全市逐步改善邮政储蓄基础设施，加快邮政储蓄技术装备和网络建设。1995年，揭阳市邮政储蓄系统逐步推广微机代收、代缴电话费储蓄业务。揭阳市邮政储蓄系统开通至全国。

1998年10月，辖区邮电分营后，邮储网点划归邮政局管理。1990—2001年，仍处于初创阶段的邮政储蓄支付结算制度，继续采用纸质汇票结算方式。

1999—2002年，揭阳邮储业务自办快速。至2000年，全市邮政储蓄网点全国联网，实现邮储业务通存通兑。2001年，开始开办电子汇兑业务，开通24小时到达兑付的“现金—现金”电子汇款业务，开办国际特快汇款业务。2002年，全市邮政储蓄计算机系统完成银联卡改造，实现绿卡的跨行取款、查询和消费。2003年，邮政国际电子汇兑系统上线成功，废除沿用多年的手工处理汇票作业模式。

其经营方式，主要是吸收的邮政储蓄存款由缴存人行改为全额转存人民银行，在人行开立邮政储蓄定期和活期存款账户，双方协商确定转存款利率，邮政储蓄由手续费收入改为通过转存人行存款利率差额获取收入。邮电分营、邮政独立运行后，邮政储汇业务保持快速发展的势头，成为邮政业务中规模大、增长速度快、贡献率高的高效业务和支柱业务。

第三阶段，自主运用阶段（2003年8月至2007年10月）。2003年，揭阳邮政储蓄开始进入改革发展时期。8月1日，揭阳邮政储蓄对转存人行的资金实行新老划段，即2003年7月31日（含）前，为老存款按4.131%结付利息，并逐步转出。此后，新增的储蓄存款资金邮政局可自主运用，仍转存人行的按1.89%结付利息。此后，揭开邮政储蓄市场化改革的序幕。2005年8月1日，原邮储转存人行资金分5年转出，转出比例依次为10%、15%、20%、25%、30%。未转出部分仍执行原规定4.131%结付利息。邮储资金可扩大运用范围，如支持“三农”、购买信用等级高的政府和企业债券等。邮政储蓄与电子汇兑系统两网互通工程上线，形成账户到账户、现金到账户以及商务汇款、“网汇通”等多种汇款产品。2007 年 4 月 3 日，业务资金账户实行分户管理；为邮储行揭阳市分行成立奠定基础。

新增存款余额自主运用资金范围：进入银行间市场参与证券买卖；与中资商业银行和农村信用社办理大额协议存款；与政策性银行进行业务合作；开展部分中间业务；承销国债和政策性金融债券等。

第四阶段，商业银行阶段（2007 年 10 月至 2011 年 12 月）。2007 年 10 月 29 日，邮储行揭阳市分行成立，承继原揭阳市邮政局经营的邮政金融业务及因此而形成的资产和负债，并继续从事原经营范围和业务许可文件批准、核准的业务。2008 年，开始办理对公业务，对公存款和对公结算业务在全市铺开。7 月，推出该行成立后的第一款保证类信贷产品“小额贷款”。8 月，开办小额信贷业务，至 12 月，累计发放贷款 2619.60 万元。年末，存款累计余额 2366 万元。“商易通”业务发展喜人，装机 2235 户，开通率 98.52%，累计交易笔数 5 万余笔，交易金额 21 亿元，沉淀余额 3.17 亿元，户均余额 14.19 万元。增办“银信通”业务 53957 户，累计用户 73910 户，占活期总户数的 9.36%；加“办亲情汇款”用户 3231 户。商贸市场拓展成果丰硕，“华商联盟”累计加盟客户 1487 户，开发“商易通”集团客户 8 个，涉及钢材、服装、百货等多个行业；“淘宝绿卡”“网汇 e”等一系列产品发展良好；理财业务销售总量 1552 万元。推出“定期存单质押贷款”；相继普及点钞机、计算器、电脑和 ATM 设备，存、取款工作现代化网络系统，覆盖全市金融机构。

2009 年，邮储行揭阳市分行自营收入 6124 万元，同比增长 34.53%。其中，贷款、公司 2 项重点业务分别完成收入 897 万元、162 万元，同比增长 143.8% 和 500%。年末，贷款余额 1.84 亿元。销售理财产品 5655.28 万元。其中，代理保险业务发展迅猛，代理保费 1955 万元（自营）。个人储蓄累计新增余额 6.17 亿元，达 60.86 亿元，市场占有率 9.74%，其中，自营新增 2.24 亿元，年终余额 20.94 亿元。“商易通”总数 3126 户，户均余额 10.70 万元。“绿卡通”发放 14692 张。信用卡市场开发逐渐起步，发卡 917 张。6 月，首次推出抵押类信贷产品“个人商务贷款”。9 月，首次推出住房按揭贷款产品。成功营销全市多个社保、财政类项目，实现社保、财政类余额 1 亿余元。代理保费 4156.60 万元。新开办公司存款业务，包括单位活期存款、单位定期存款等。9 月，开立财政专户 6 个，余额 1169 万元；开立社保专户 7 个，余额 6645 万元。公司企事业单位存款余额 1951 万元。业务收入 1.48 亿元，同比增长 19.05 %；其中，自营收入 6124 万元，同比增长 34.53%；完成利润 2054 万元，同比增长 37.85%。

2010 年，在“贷款下乡行”基础上，推进“贷款村村通”活动，在全市 1600 多个行政村、街道和办事处，建立一支 1800 余人的信息员队伍，构筑一张城乡居民无差别的信贷服务网络，丰富市分行贷款业务信息渠道，全面提升邮储银行服务“三农”和地方经济的品牌知名度。启动中小企业贷款营销工作，举行 5 场中小企业贷款推介会。信贷业务实现收入 2432 万元，收入占比 29.24%。发放个人贷款 6640 笔，金额 5.40 亿元，结余 3.73 亿元；其中，小额贷款发展突出，全省领先，累计发放贷款 6157 笔，累计 4.06 亿元，结余 2.46 亿元，成为全省小额贷款年度结余第 1 位；发放个人商务贷款 1.22 亿元；发放住房按揭贷款 1249 万元。市分行开通网上银行网站。6 月，新推出个人网银业务，网银累计注册客户数 11411 户；个人网银累计交易笔数 14.40 万余笔；电话银行累计开户数 19620 户，万元客户注册率 24%。年末，存款余额 76.78 亿元，比年初增加 14.17 亿元，同比增长 22.63%。代销各类保险累计 1.22 亿元。

2011 年，社保卡项目切入取得重大突破。自营收入占比 50.44%，超过邮政代理金融收入。信贷、公司收入占比分别达 37.24%、10.76%，合计占比 48%，全市 13 个自营网点点均创收 770.93 万元，比上年同期的 574.77 万元，增长 34.13%，余额 2 亿元。开始办网上银行，累计新增 3.21 万户。1 月，市分行新推出小企业贷款业务，2 月，发放首笔小企业工业贷款 150 万元。小企业商业贷款投放累计 3480

万元。9 月 7 日起，对外开办公司外汇业务，包括美元、欧元、港币、日元、英镑等币种的对公外汇存款、对公结售汇、外币兑换和国际结算业务。业务开办当日成功开立 1 户对公外汇账户。承办公司外汇结算累计 77.60 万美元。9 月 21 日，会计处理平台上线，将会计科目级别由原来的三级扩展为五级，其中一级科目、二级科目和三级科目的编号位数保持不变，四级科目和五级科目的编号分别为 2 位数字，为股份制改革奠定基础。10 月，推广“小额取现村村通”工程，新推出第三方托管、保本基金等投资组合理财产品。至 12 月 20 日，对公存款成功突破 11 亿元大关，其中企事业单位类余额 6.08 余亿元；市分行全年存款余额 84.26 亿元，比年初增加 12.55 亿元，同比增长 17.51%；代销各类保险累计 1.86 亿元；累计销售各类基金 2942 万元。

第五阶段，股份制商业银行阶段（2012 年 1 月至 2018 年 12 月）。2012 年，中国邮储银行完成股份制改造，确立现代企业制度，改称中国邮政储蓄银行股份有限公司。邮储行揭阳市分行改称中国邮政储蓄银行股份有限公司揭阳市分行。年末，各项存款 116.95 亿元，同比增加 22.34 亿元，其中，公司存款规模 16.90 亿元，全年增加 6.42 亿元，占全市增加额的 15.7%，信贷结余 12.71 亿元，同比增加 5.70 亿元，增幅达 81%。重点打造普宁市支行和分行营业部，小企业贷款结余普宁市支行和分行营业部双双突破亿元大关；理财产品普宁市支行销售 9.80 亿元，分行营业部销售 2.60 亿元，2 个支行理财产品业务占全市总量的 88%。先后开办市级、普宁、惠来、空港、产业园、榕城、揭东、大南山等非税代收业务，全年沉淀资金 3.80 亿元。全年销售各类基金累计 9967 万元，理财产品销售量 13.95 亿元，同比增幅 349%。取得政府、供电、烟草和电信等部门的工资等代收代付业务；新增加承办代理证券保证金第三方存管业务。12 月，邮储行揭阳市分行票据中心正式对外开办票据直贴业务，当月成功办理首笔票据贴现 153 万元，全年（含票据中心成立前）实现跨市贴现 3.30 亿元；手机银行全年新增 2.50 万户，网上银行新增 3.30 万户；承办全市公司外汇结算 260.98 万美元。首次推出“市场方担保贷款”，业务为邮储银行广东首家、全国首批业务开办的分行之一；首次推出由政府贴息的信贷产品“再就业小额担保贷款”；发放首笔小企业农业贷款 131 万元。

2013 年，全行贷款余额 18.03 亿元，增加 5.30 亿元；公司存款 21.02 亿元，增加 4.11 亿元。全行储蓄余额 116.60 亿元，其中，自营储蓄余额 37.40 亿元，增加 4.58 亿元；金融资产日均保有量 37.90 亿元，增加 7 亿元；信用卡发卡 3605 张，创收 216.30 万元；理财产品销售 32.60 亿元；网上银行和手机银行本年分别新增 3.60 万户和 3.80 万户；票据中心运作全年办理票据贴现 126 笔，贴现 10.76 亿元，收入 219 万元。供应链业务实现放款 6600 万元。先后与 4 家行业协会、2 家大型企业、1 个重点项目签订战略合作协议并授信 118.30 亿元。向普宁医药行业贷放款累计 1.20 亿元。先后推出个人综合消费贷款、个人信用消费贷款、个人汽车消费贷款，以及“小额结算流水贷”“烟草贷”“渔船抵押贷款”等金融产品。4 月起，建立揭阳中小企业融资服务网站，推出小额、小企业、供应链等业务的网上受理功能，分别成为全省邮储银行系统和揭阳银行业第一家提供网络受理贷款服务的银行。全年，增设投入使用的电话银行客户服务专用号 95580。6 月，开办供应链金融业务，至年末办理供应链金融业务 6590 万元，其中自主办理供应链融资业务 3540 万元，跨市供应链业务 3050 万元。承办全市公司外汇结算 883.56 万美元，其中跨境人民币 2400 万元，签订远期结售汇合约 160 万美元。代销各类基金 1.01 亿元。

2014 年，全市邮政金融储蓄余额 131.79 亿元，增加 15.14 亿元，同比增长 13%。其中自营储蓄余额达到 41.97 亿元，年增加 4.61 亿元；理财保有量达 6.69 亿元；信用卡发卡 5865 张。加大对电商村的贷款支持，助推电商发展，在电商村发放贷款累计 3400 余万元。推动个商小企业业务的快速发展，个商小企贷款结余18亿元，年增加5.15亿元。公司存款余额33.39亿元，增加12.10亿元。新推出家庭农场（专业大户）贷款业务；自主办理发放供应链金融业务5300万元，累计正常收回贷款5340万元；办理票据贴现5.95亿元。

2015年，全行贷款结余33.21亿元，年增加5.85亿元，其中，小贷结余达到4.42亿元，增加2600万元；消费贷款结余6.87亿元，增加2.29亿元；小企业贷款结余6.74亿元，下降2700万元，个商贷款结余11.83亿元，增加8600万元。全行公司存款规模40.80亿元，增加7.40亿元。普宁支行年增加2.40亿元，规模达17.40亿元，占全行42.6%。自营储蓄存款45.58亿元，年增加3.60亿元。承办公司外汇结算3331万美元，同比增长317%，其中，揭东支行开立国内信用证769万元。代理各类保险累计销售1.06亿元，重点基金销售9800万元，理财销售66亿元。全行各项贷款不良率0.2%。1月，全部收回供应链贷款；全年票据业务经营良好，办理贴现业务57批，票据107张，金额1.43亿元；转卖省行资金部4批次，票据22张，金额3906.41万元，实现利润收入74万元（含省行清分）；办理低风险承兑业务3批，票据4张，金额25.40万元。

2016年，中国邮政储蓄银行在香港上市。邮储行揭阳市分行推进创业担保贷款，发放小额担保贷款1.52亿元；贷款结余1.14亿元。与市农业局、中国人民财产保险公司合作开展农业“政银保”项目，与揭阳国雄饲料有限公司、中华联合财产保险公司合作开展“三农”保证保险贷款业务，借助政府和农业龙头企业资源，批量开发“三农”金融市场，发展现代农业、创新创业贷款业务。与团市委、银监局在全市重点区域打造7个“揭阳市农村青年创业金融服务站”。小企业贷款年增加1.56亿元，结余8.30亿元。市分行储蓄存款余额158.16亿元，比年初增加17.19亿元，同比增长12.2%。先后为康美药业办理公司贷款3亿元、股票定增资本留存5亿元、银承汇票8000万元。揭东碧桂园项目发放一手房按揭贷款8529万元。理财销售量118亿元，理财保有量13.50亿元，年新增5.25亿元。自主创新并先后成功推出“新能源汽车补贴贷款”和“药材贷”；先后推出电商类信贷产品“掌柜贷”、第一款扶贫小额信贷产品“惠农易贷”和“光伏扶贫贷”。

2017年，康美药业在之前突破6亿元公司贷款基础上，新增债券投资3亿元、股权质押＋托管业务33亿元。市分行小企业贷款结余突破10亿元，达到10.23亿元，年增加1.93亿元。对商业企业发放流动资金贷款余额6亿元。发放扶贫小额贷款67笔282万元；传统小贷结余3.76亿元，年增加5400万元。推进邮储信用卡商圈建设，发卡1.69万张，同比增幅94%，消费规模1.34亿元，卡均收益233元。理财销售量121.60亿元，全年新增手机银行客户4.48万户，新增激活4.48万户。外汇年度评级达到B+级，惠来支行办理结汇1271.47万美元，占全市总量的71%。开立国内信用证7笔1.39亿元；开立首笔低风险国内保函、办理福费廷业务2.15亿元、企业理财销售46.80亿元并成功突破封闭式理财1000万元、城区成功营销全市首笔债券质押式回购业务1亿元。2月15日，与揭阳市住房公积金管理中心签订《住房公积金委托贷款协议》，办理住房公积金贷款业务。丰富“三农”金融产品，创新推出“个商新产品饲料贷”、“药材贷”、“邮享贷”、第一款担保公司担保贷款的“农担贷”、第一款线上信贷产品“邮薪贷”；“小额信速贷”“税贷通”获批后开办；城区成功发放全省首笔小额税贷通业务100万元；“个商E捷贷”结余2709万元；“邮薪贷”结余4806万元。

2018年，全市理财保有量20.69亿元，年新增3.37亿元，全市代理保险销售6257万元，中邮期交累计销售874万元。累计发放信用卡1.26万张，年累计新增客户7403户，ETC信用卡发卡1768张，累计绑定459户。手机银行年新增注册客户4.83万户，新增激活5.06万户，新增激活率105%。累计办理银行承兑业务34笔，票面金额2.21亿元，开出信用证7笔7980万元，买方押汇年累计放款6笔4584万元，公司信贷新增授信申报5笔，新增授信客户4户，贷款余额7.50亿元，较年初新增4.50亿元。在“三农”领域贷款投放，个商贷款结余11.86亿元；小额贷款结余4.94亿元；网贷消费产品结余9000万元，年增加2500万元。全市网点营销“三农”和零售信贷业务986笔，放款金额2.13亿元。推动小企业贷款结余达到12.16亿元，年增加1.93亿元。全市设立银行卡助农取款服务点531个，营销小企业贷款16笔，放款金额7500万元。市分行推出“信速贷”，累计放款526笔，金额4857万元；首次成功办理对工业类国企子公司的流动资金贷款1亿元；对工业民营企业发放流动资金贷款5000万元；向商业民营企业发放流动资金贷款余额累计6亿元。至12月，分行全年承办公司结售汇3280万美元，同比增长7%，办理跨境人民币结算644万元，同比增长37%。随着代销基金、“银信通”、代理保险等新业务的陆续推出，邮储行揭阳市分行不断扩大业务经营范围，吸收公众存款，办理以本外币储蓄存款为主体的负债业务；办理以国内、国际汇兑、转账业务、国内外结算、银行卡业务、代理保险及证券业务、代收代付、代理承销发行、兑付政府债券、代销开放式基金、提供个人存款证明服务及保管箱服务等多种形式的中间业务；办理以债券投资、大额协议存款、银团贷款、小额信贷等为主渠道的资产业务；办理网上银行业务；买卖和代理买卖外汇；办理票据承兑与贴现；经银行业监督管理机构批准的其他业务。至2018年年末，邮储行揭阳市分行资产总额257.86亿元，负债总额253.59亿元。各项存款余额238.56亿元，各项贷款余额51.86亿元，分别比2008年增长4.34倍和208.63倍。

2007—2018年中国邮政储蓄银行有限责任公司揭阳市分行资产负债表（本币）

表 2-51　　单位：万元

年份	资产总额	流动资产	长期资产	负债总额	流动负债	长期负债	所有者权益	本年利润	各项存款	储蓄存款	企事业单位存款	各项贷款	短期贷款	中长期贷款
2007	—	—	—	—	—	—	—	—	—	—	—	—	—	—
2008	—	—	—	—	—	—	—	—	549311.42	546945.00	2154.00	2562.00	2562.00	—
2009	—	—	—	—	—	—	—	—	626550.07	608690.66	76797.16	18464.10	17064.06	1400.04
2010	—	—	—	—	—	—	—	—	767794.50	717074.91	47803.48	37362.96	26134.91	11228.05
2011	—	—	—	—	—	—	—	—	946146.64	842608.10	103538.54	70848.51	46428.08	24420.42
2012	1206421.72	—	—	1206421.72	—	—	—	4784.09	1169513.28	1000752.85	126767.06	127294.09	90172.31	37121.78
2013	1427432.92	—	—	1427432.92	—	—	—	6802.63	1375622.27	1166511.40	116109.75	180339.95	114032.43	66307.52
2014	1721846.99	—	—	1721785.68	—	—	61.31	8599.46	1648276.72	1317889.95	71602.48	273659.45	97347.46	176312.00
2015	1918576.94	—	—	1906068.19	—	—	12508.75	12447.45	1816135.35	1167829.06	107858.23	302145.18	84413.95	217731.22
2016	2144104.29	—	—	2130762.61	—	—	13341.68	13280.37	2020217.47	1264324.78	55961.23	349397.21	104545.27	244851.94
2017	2348705.98	—	—	2318398.33	—	—	30307.65	16870.46	2192820.99	1257673.87	59780.42	433148.19	162687.27	270460.92
2018	2578426.16	—	—	2535813.81	—	—	42612.35	11607.23	2385542.91	1294503.89	56739.93	518599.74	245367.81	273231.94

说明：表内“—”为无法取数或无数据

2007—2018 年中国邮政储蓄银行有限责任公司揭阳市分行资产负债表（外币）

表 2-52　　单位：万美元

年份	资产总额	流动资产	长期资产	负债总额	流动负债	长期负债	所有者权益	本年利润	各项存款	储蓄存款	企事业单位存款	各项贷款	短期贷款	中长期贷款
2007	—	—	—	—	—	—	—	—	—	—	—	—	—	—
2008	—	—	—	—	—	—	—	—	—	—	—	—	—	—
2009	—	—	—	—	—	—	—	—	—	—	—	—	—	—
2010	—	—	—	—	—	—	—	—	0.09	0.09	—	—	—	—
2011	—	—	—	—	—	—	—	—	0.09	0.09	—	—	—	—
2012	0.09	—	—	0.09	—	—	—	0.14	0.09	0.09	—	—	—	—
2013	0.12	—	—	0.12	—	—	—	0.46	0.12	0.12	—	—	—	—
2014	0.54	—	—	0.54	—	—	0.09	0.09	0.54	0.54	—	48.00	48.00	—
2015	16.65	—	—	4.82	—	—	6.39	6.39	4.82	4.82	—	76.90	76.90	—
2016	23.54	—	—	9.78	—	—	13.77	13.77	9.76	9.76	—	66.00	66.00	—
2017	23.64	—	—	7.11	—	—	16.53	16.53	7.11	7.08	—	—	—	—
2018	24.27	—	—	8.06	—	—	16.20	16.20	8.06	8.06	—	—	—	—

说明：表内“—”为无法取数或无数据

2007—2018年中国邮政储蓄银行有限责任公司揭阳市分行资产负债表（本外币）

表 2-53　　单位：万元

年份	资产总额	流动资产	长期资产	负债总额	流动负债	长期负债	所有者权益	本年利润	各项存款	其中：储蓄存款	企事业单位存款	各项贷款	其中：短期贷款	中长期贷款
2007	—	—	—	—	—	—	—	—	—	—	—	—	—	—
2008	559787.66	—	—	559787.66	—	—	—	1489.84	549311.42	546945.00	2154.00	2562.00	2562.00	—
2009	635150.20	—	—	635150.20	—	—	—	1979.08	626550.07	608690.66	76797.16	18464.10	17064.06	1400.04
2010	785331.60	—	—	785331.60	—	—	—	2086.73	767795.12	717075.53	47803.48	37362.96	26134.91	11228.05
2011	974689.20	—	—	974689.20	—	—	—	1816.00	946147.23	842608.69	103538.55	70848.51	46428.08	24420.42
2012	1206422.31	—	—	1206422.31	—	—	—	4784.94	1169513.87	1000753.44	126767.06	127294.09	90172.31	37121.78
2013	1427433.63	—	—	1427433.63	—	—	—	6805.46	1375622.97	1166512.10	116109.75	180339.95	114032.43	66307.52
2014	1721850.28	—	—	1721788.98	—	—	61.31	8599.99	1648280.02	1317893.25	71602.48	273953.17	97641.17	176312.00
2015	1918685.05	—	—	1906099.49	—	—	12585.56	12488.96	1816166.65	1167860.35	107858.23	302644.53	84913.31	217731.22
2016	2144267.60	—	—	2130830.42	—	—	13437.18	13375.88	2020285.20	1264392.50	55961.23	349855.05	105003.11	244851.94
2017	2348860.45	—	—	2318444.77	—	—	30415.68	16978.49	2192867.45	1257720.33	59780.42	433148.19	162687.27	270460.92
2018	2578592.72	—	—	2535869.16	—	—	42723.56	11718.44	2385598.26	1294559.24	56739.93	518599.83	245367.81	273232.03

说明：表内“—”为无法取数或无数据

第四节 股份制商业银行

一、广发银行股份有限公司揭阳支行

（一）机构沿革

广发银行股份有限公司揭阳支行（简称广发银行揭阳支行），其前身是广东发展银行股份有限公司揭阳办事处。1993年8月19日，广东发展银行揭阳支行成立，10月28日开业。业务上接受人民银行揭阳分行的指导和监督，行政上归口揭阳市人民政府财贸办公室管理。广东发展银行揭阳支行，实行自主经营、单独核算，具法人资格；属分行级办事处，为正处级金融单位。1995年3月，随广东发展银行对分支机构实行垂直领导，统一法人经营机制，总行实行一级法人治理，授权经营，分级管理，广东发展银行揭阳办事处不再具法人资格。

1999年10月12日，广东省财政厅确认广东发展银行为国有控股银行，是具独立法人资格的自主经营、自负盈亏、自担风险、自求平衡的金融企业。是一家从广东区域性银行，成长为全国性、跨区域经营的股份制商业银行。2001年5月，广东发展银行揭阳支行划归广东发展银行汕头分行管辖，作为汕头分行异地经营管理的基层综合型经营机构。

2003年12月，广东发展银行揭阳办事处升格为广东发展银行揭阳支行，升格后其隶属关系、业务范围不变。2004年，广东发展银行实行股份制改革。4月，广东发展银行揭阳支行改称广东发展银行股份有限公司揭阳支行（科级金融单位）。2006年，广东发展银行改革重组，引入美国花旗集团、IBM信贷等世界一流企业和中国人寿、国家电网、中信信托等实力雄厚的国内知名企业，新引进的投资者团队获得广东发展银行的控股权和经营管理权。

2011年4月8日，广东发展银行股份有限公司更名为广发银行股份有限公司。广东发展银行股份有限公司揭阳支行相应改称广发银行股份有限公司揭阳支行（简称广发银行揭阳支行）。2016年9月，中国人寿入驻广发银行。至2018年，广发银行揭阳支行名称、性质、业务范围、隶属关系等不变。

1993年，广东发展银行揭阳办事处在岗员工20人，其中，编制人员20人。2012年，广发银行揭阳支行在岗员工69人，其中，编制人员63人、租赁人员6人。2018年，广发银行揭阳支行在岗员工69人，其中编制人员60人、租赁人员3人、大堂引导员3人、保安员3人。

1993—2018年广发银行股份有限公司揭阳支行员工人数统计表

表2-54 单位：人

年份	总人数	一级支行人数	二级支行人数	分理处人数	办事处人数	储蓄所人数
1993	20	—	—	—	1	—
1994	41	—	—	—	—	—
1995	43	—	—	—	1	2
1996	43	—	—	—	2	2
1997	42	—	—	—	2	2

续表 2-54

年份	总人数	一级支行人数	二级支行人数	分理处人数	办事处人数	储蓄所人数
1998	42	—	—	—	2	2
1999	42	—	—	—	2	2
2000	59	—	—	—	2	2
2001	65	—	—	—	1	2
2002	65	—	—	—	1	2
2003	64	1	2	—	—	—
2004	64	1	2	—	—	—
2005	59	1	2	—	—	—
2006	64	1	2	—	—	—
2007	65	1	2	—	—	—
2008	65	1	2	—	—	—
2009	69	1	2	—	—	—
2010	69	1	2	—	—	—
2011	68	1	2	—	—	—
2012	69	1	2	—	—	—
2013	66	1	2	—	—	—
2014	63	1	2	—	—	—
2015	63	1	2	—	—	—
2016	68	1	3	—	—	—
2017	70	1	3	—	—	—
2018	63	1	3	—	—	—

说明：表内“—”为无法取数或无数据

内部机构　1993年11月，广东发展银行揭阳办事处内设5个部（室）：计财部、信贷部、国际业务部、营业部、办公室。1998年3月，成立工会委员会。1999年5月1日，揭阳办事处迁址揭阳市东山区站前大道南段广发大楼。至2001年4月，广发银行揭阳支行内设机构不变。2001年5月，广发银行揭阳办事处划归广东发展银行汕头分行管辖，广发银行揭阳办事处内设5个部（室）：综合管理部、业务管理部、营业部、市场部、办公室。2003年，广发银行揭阳办事处升格为广发行揭阳支行，内设5个部：综合管理部、业务管理部、市场部、银行卡部、营业部。2005年，广发银行揭阳支行内设5个部：综合管理部、业务管理部、市场部、个人银行部、营业部。2006年，广发银行揭阳支行内设6个部：综合管理部、业务管理部、市场一部、市场二部、个人银行部、营业部。2010年5月，广发银行揭阳支行内设5个职能部门：办公室、运营管理部、公司银行部、个人银行部、营业部。

2011 年 4 月，广东发展银行股份有限公司揭阳支行更名为广发银行股份有限公司揭阳支行，内设 5 个部（室）：办公室、运营管理部、公司银行部、个人银行部、营业部。2012 年，内设 6 个部（室、中心）：办公室、运营管理部、公司银行部、个人银行部、营业部、小企业金融中心。2018 年 1 月，广发银行揭阳支行内设 4 个部（室）：综合管理部、公司银行部（小企业金融部）、零售银行部、营业部。至 2018 年 12 月，广发银行揭阳支行内设机构不变。

1993—2018 年广发银行股份有限公司揭阳支行负责人一览表

表 2-55

姓名	性别	职　务	籍贯	任职起止时间
江元锐	男	副行长	广东普宁	1993 年 10 月—1998 年 8 月
罗汉坤	男	副行长	广东普宁	1993 年 10 月—1998 年 12 月
林江华	男	副行长	广东揭阳	1998 年 9 月—2002 年 7 月
罗汉坤	男	行长	广东普宁	1998 年 12 月—2001 年 10 月
汤如创	男	行长	广东饶平	2001 年 10 月—2003 年 1 月
谢创江	男	行长	广东揭阳	2002 年 10 月—2004 年 8 月
陈凯鸿	男	副行长	广东揭阳	2002 年 10 月—
林贤乔	男	行长	广东惠来	2004 年 10 月—2006 年 4 月
李　鹰	男	行长	广东潮州	2006 年 4 月—2009 年 11 月
吴蔚东	男	副行长	广东揭阳	2006 年 4 月—2014 年 3 月 2016 年 12 月—
詹扬波	男	行长	广东饶平	2009 年 11 月—2012 年 5 月
陈哲鸣	男	行长	广东普宁	2012 年 5 月—2017 年 3 月
庄耀名	男	副行长	广东普宁	2014 年 3 月—2016 年 12 月
李　波	男	行长	广东揭阳	2017 年 3 月—2018 年 4 月
黄思潮	男	行长	广东普宁	2018 年 4 月—

说明：表内成员按 1993—2018 年任职起始时间由远到近排序

分支机构　1995 年 4 月，设立广东发展银行揭阳办事处东山营业部，并正对外营业。11 月 10 日，设立广东发展银行揭阳办事处榕鸿储蓄所。1996 年 11 月 8 日，广东发展银行揭阳普宁办事处成立开业。1997 年至 2001 年 4 月，广东发展银行普宁办事处，归属广东发展银行揭阳办事处管辖。

1997 年 1 月，广东发展银行揭阳办事处 3 个辖属分支机构分别是广东发展银行揭阳办事处东山营业部、广东发展银行揭阳办事处榕鸿储蓄所、广东发展银行揭阳普宁办事处。1998 年 4 月 29 日，广东发展银行揭阳办事处榕鸿储蓄所更名为广东发展银行揭阳办事处东兴储蓄所。1999 年 8 月 4 日，广发行揭阳办事处榕城分理处成立开业。

2001 年 5 月，广东发展银行揭阳支行划归广东发展银行汕头分行管辖；普宁办事处成为汕头分行辖属网点。2 月 4 日，广东发展银行揭阳办事处东兴储蓄所升格为广东发展银行揭阳办事处东兴分理处。至此，广东发展银行揭阳办事处辖属 2 个网点：榕城分理处和东兴分理处（东山营业部）。2003 年 12 月，广东发展银行揭阳办事处升格为广东发展银行揭阳支行，其辖属榕城分理处升格为榕城支行、东山营业部升格为东山支行。升格后其隶属关系、业务范围不变。

2004 年 4 月，广东发展银行揭阳支行改称广东发展银行股份有限公司揭阳支行，其辖属广东发展银行揭阳榕城支行改称广东发展银行股份有限公司揭阳榕城支行，广东发展银行揭阳东山支行改称广东发展银行股份有限公司揭阳东山支行。2011 年 4 月 8 日，原注册名称“广东发展银行股份有限公司”更改为“广发银行股份有限公司”。广东发展银行股份有限公司揭阳支行相应更名为广发银行股份有限公司揭阳支行（简称广发银行揭阳支行），辖属二级支行分别改称广发银行揭阳榕城支行和广发银行揭阳东山支行。2012 年 8 月 16 日，广发银行揭阳支行“小企业金融中心”成立。2005 年至 2016 年 11 月，广发银行揭阳支行辖属广东发展银行股份有限公司揭阳榕城支行、广东发展银行股份有限公司揭阳东山支行 2 个二级支行。12 月，广发银行中德金属生态城支行成立开业。

至 2018 年 12 月，广发银行揭阳支行辖属广发银行揭阳榕城支行、广发银行揭阳东山支行、广发银行揭阳中德金属生态城支行 3 个二级支行。

1993—2018 年广发银行股份有限公司揭阳支行机构统计表

表 2-56　　　　单位：个

年份	机构总数	一级支行	二级支行	分理处	办事处	储蓄所
1993	1	—	—	—	1	—
1994	1	—	—	—	1	—
1995	3	—	—	—	1	2
1996	4	—	—	—	2	2
1997	4	—	—	—	2	2
1998	4	—	—	—	2	2
1999	4	—	—	—	2	2
2000	4	—	—	—	2	2
2001	3	—	—	—	1	2
2002	3	—	—	—	1	2
2003	3	1	2	—	—	—
2004	3	1	2	—	—	—
2005	3	1	2	—	—	—
2006	3	1	2	—	—	—
2007	3	1	2	—	—	—
2008	3	1	2	—	—	—

续表 2-56

年份	机构总数	一级支行	二级支行	分理处	办事处	储蓄所
2009	3	1	2	—	—	—
2010	3	1	2	—	—	—
2011	3	1	2	—	—	—
2012	3	1	2	—	—	—
2013	3	1	2	—	—	—
2014	3	1	2	—	—	—
2015	3	1	2	—	—	—
2016	4	1	3	—	—	—
2017	4	1	3	—	—	—
2018	4	1	3	—	—	—

说明：表内“—”为无法取数或无数据

（二）职能任务与业务

1993 年，广东发展银行揭阳办事处成立。至 2018 年，广东发展银行揭阳支行经历地方商业银行、国有控股商业银行、股份制商业银行、中国人寿控股商业银行四个发展阶段。

第一阶段，地方商业银行阶段（1993 年 8 月至 1999 年 9 月）。1993 年 8 月 19 日，广东发展银行揭阳办事处成立，注册资本金 3000 万元；10 月 28 日，正式对外营业。揭阳办事处属分行级办事处，业务上直属总行，经济上实行单独核算；根据国家金融方针政策，在人民银行和广东发展银行总行的领导下，筹集和融通国内外资金，支持区域内商品经济的发展，主营为办理人民币存款、贷款、票据贴现、结算以及人民银行批准的其他金融业务。1994 年 2 月 1 日，广东发展银行揭阳办事处开通系统内联行业务（二级联行）。1995 年 3 月，广东发展银行推出广发卡。

第二阶段，国有控股商业银行阶段（1999 年 10 月至 2004 年 3 月）。1999 年 10 月 12 日，广东省财政厅确认广东发展银行为国有控股银行，是具独立法人资格的自主经营、自负盈亏、自担风险、自求平衡的金融企业。 是一家从广东区域性银行，成长为全国性、跨区域经营的股份制商业银行。2000 年 5 月，广东发展银行推出以奥运为主题的信用卡“千禧奥运信用卡”。2001 年 1 月，广东发展银行揭阳办事处增加办理外汇业务，经营范围为国际结算；结汇、售汇；资信调查、咨询、见证业务。

2002 年 5 月，广东发展银行推出女性专属信用卡“真情卡”，揭阳支行开办银行承兑汇票业务。2003 年 12 月，广东发展银行揭阳办事处升格为广东发展银行揭阳支行。广东发展银行揭阳办事处榕城分理处也随之升格为广东发展银行揭阳榕城支行；广东发展银行揭阳办事处东山营业部升格为广东发展银行揭阳东山支行。三家支行的隶属关系、业务经营范围不变。广东发展银行揭阳支行推出“动产质押”业务。

第三阶段，股份制商业银行阶段（2004 年 4 月至 2016 年 8 月）。2004 年，广东发展银行实行股份制改革。4 月，广东发展银行揭阳支行改称广东发展银行股份有限公司揭阳支行（科级金融单位）。11 月，广东发展银行总行与南方航空公司联合推出“广发南航明珠卡”，研发国内首张异型卡“南航明珠万事达卡非常版”。揭阳支行在辖区内率先推出存取款免填单，办理网上银行业务。2005 年，广发银行揭阳支行重点推进信用卡发行。全年，日均存款 5.27 亿元，比上年同期的 4.58 亿元，增长 15.16%。年末，存款余额 5.28 亿元；年底各项贷款余额 1.73 亿元。全口径清收处置不良资产 105.24 万元，其中现金清收 105.24 万元。新增发卡累计 2446 张，新增优惠户 86 家，完成计划的 143%，新装机户 28 家。外汇结售汇累计 5538 万美元，同比增加 4357 万美元，增长 368.92%。新开办“银证先锋”业务。

2006 年，广东发展银行改革重组，引入美国花旗集团、IBM 信贷等世界一流企业和中国人寿、国家电网、中信信托等实力雄厚的国内知名企业，新引进的投资者团队获得广东发展银行的控股权和经营管理权。广东发展银行揭阳支行各项业务稳健发展，确保平稳过渡；存款和国际结算等核心业务实现跨越式发展，经营效益大幅度提高。至 12 月 31 日，人民币各项存款余额 7.88 亿元，比上年末的 5.28 亿元增加 2.60 亿元，增幅 49.24%；各项贷款余额 8981 万元，比年初的 1.73 亿元减少 8359 万元，其中，剥离不良资产 8260 万元。全年结售汇累计 8717 万美元，比上年同期的 5538 万美元增加 3179 万美元，增幅 57.4%。信用卡启用卡 1725 张（信用卡营销中心的数字除外），比分行下达全年任务指标多 1116 张。不良贷款余额 1468.08 万元，比年初的 9252.74 万元，减少 7784.66 万元。

2007 年，人民币各种存款余额 7.40 亿元，各项贷款余额 1.23 亿元，比年初的 8981 万元增加 3292 万元。全年累计结售汇 8208 万美元，其中，结汇 7542 万美元、售汇 666 万美元。不良贷款余额 1098 万元，比年初的 1468 万元减少 370 万元，下降 25.2%。全年收回不良资产现金共 86.73 万元。新增发卡 1101 张，新增市场商户 36 家。累计销售理财产品 2295 万元，其中，基金销售额 1629 万元，“薪 + 薪 1 号”666 万元。个贷余额 2910 万元。贴现余额 1793 万元。

2008 年，广发行揭阳支行人民币各种存款余额 8.29 亿元，比上年底的 7.40 亿元增加 8865 万元，增幅 11.98%。各项贷款余额 1.44 亿元，比上年的 1.23 亿元增加 2090 万元。累计结售汇 8840 万美元，其中，结汇 8785 万美元、售汇 55 万美元，比上年的 8208 万美元增加 632 万美元，增幅 7.7%，创支行历年结售汇量的最高纪录。全年不良贷款余额 1020.50 万元，比上年的 1098.02 万元减少 77.52 万元，下降 7.06%。收回不良资产现金 23.96 万元，其中，不良贷款本金 21.78 万元、不良贷款利息 2.18 万元。新增发卡 1223 张，拓展市场商户 239 家，新增 16 家。销售“+ 薪”系列产品 1004.50 万元；代理保险产品营销：个险 35 万元，团险 10 万元。

2009 年，人民币各项存款余额 8.36 亿元，比上年同期的 8.29 亿元增加 695 万元，增幅 0.84%。各项贷款余额 1.51 亿元，比上年底的 1.44 亿元增加 741 万元，增幅 5.16%。累计结售汇 1.06 亿美元（其中结汇 1.00 亿美元、售汇 553 万美元），比上年累计结售汇的 8840 万美元，增加 1719 万美元，增幅 19.45%。

2010 年，贷款年末余额 5.34 亿元，比上年年底的 1.51 亿元增加 3.83 亿元，增幅 253.31%。全年，实现账面利润 1689 万元，由 2007 年账面利润负 315 万元增加 2004 万元。

2011 年，广发行揭阳支行本外币存款余额 10.83 亿元，比上年底的 10.70 亿元增加 1241 万元；各项贷款余额 5.88 亿元，比上年底的 5.34 亿元增加 5396 万元，增长 10.1%。累计结售汇 1681 万美元（其中结汇 16.70 万美元、售汇 106 万美元），比上年的 1.51 亿美元增加 1521 万美元。累计新增发放信用卡 7234 张，比上年的 5443 张增加 1791 张，增长 32.9%，累计销售“薪 + 薪”系列产品 1.49 亿元，比上年的 1666 万元增加 1.32 亿元，增长 894.4%。2012 年年末各种存款余额 11.43 亿元，比年初的 10.83 亿元增加 6063 万元。累计结售汇 1.88 亿美元（其中结汇 1.86 亿美元、售汇 146 万美元），比上年同期增加 1950 万美元。年末，贷款余额 6.32 亿元，比年初的 5.88 亿元增加 4412 万元。新增发卡 6140 张。8 月 16 日，广发银行揭阳支行“小企业金融中心”在辖属榕城支行成立，先后推出“好融通”“快融通”等授信品种，以及“生意通”“自信一贷”“家多好”等个人经营、消费、按揭贷款金融产品。

2013 年，广发行揭阳支行存款余额 13.61 亿元；各项贷款余额 6.47 亿元，比年初的 6.32 亿元增加 1543 万元。3 月 7 日，新开办即期和远期结售汇（对公、对私）业务；推出新型“天天智能通”智能储蓄产品。2014 年，各项存款余额 16.71 亿元，比年初增加 3.11 亿元。人民币各项贷款余额 9.15 亿元，比年初的 6.47 亿元增加 2.68 亿元，增幅 41.46%。全年，新增发放信用卡 5800 张，比上年的 4748 张增加 1052 张，增幅 22.15%。新增生意人卡 151 户，贷款余额 5461 万元，比年初的 3272 万元增加 2189 万元，增幅 66.9%。2015 年，揭阳支行推出小企业“随借随还”新型贷款金融产品。

第四阶段，中国人寿控股商业银行阶段（2016 年 9 月至 2018 年 12 月）。2016 年 9 月，中国人寿入驻广发银行，广发行揭阳支行名称、性质、业务范围、隶属关系等不变。2016 年年末，广发行揭阳支行本外币存款余额 22.12 亿元，比上年增加 2.64 亿元，增长 13.54%。新增第三方存管有效客户 759 户。对不锈钢企业办理授信及授信续作额度 2885 万元，授信余额 2.89 亿元，其中贷款余额 8700 万元、承兑余额 2.02 亿元。累计对医药企业投放贷款 7137 万元，年末融资敞口余额 7939 万元，其中贷款余额 6045 万元、承兑敞口余额 1894 万元。加大对鞋类行业的信贷支持力度，对该类企业授信敞口合计 2.14 亿元，累计投放贷款 1.22 亿元，年末授信敞口余额 1.76 亿元，其中贷款余额 6710 万元、承兑敞口余额 1.09 亿元。

2017 年，广发行揭阳支行公司业务，人民币公司基础存款日均增量 2.45 亿元，对公资产日均增量 4388万元。房地产开发贷款取得突破，单个公司客户平均使用产品数增量0.72。财险保费21.72万元。年末，问题贷款重组 3 笔，金额 6870 万元，收回本金 210 万元，利息 150 万元。新增信用卡有效发卡 1533 张，国寿期缴保险保费 101.10 万元。推出“企业通”“E 秒贴”产品。2018 年，拓展市场，推进银保协同，业务稳健发展。年末，各项本外币存款余额 21.10 亿元；各项人民币贷款余额 11.28 亿元。推出“税银通”信贷产品。

至 2018 年年末，广发银行揭阳支行按照《中华人民共和国商业银行法》规定的业务范围，经营所有银行业务以及经中国人民银行和中国银行业监督管理机构批准的其他业务。

1993—2018 年广发银行股份有限公司揭阳支行资产负债表（本币）

表 2-57　　　　单位：万元

年份	资产总额	流动资产	长期资产	负债总额	流动负债	长期负债	所有者权益	本年利润	各项存款	其中：储蓄存款	企事业单位存款	各项贷款	其中：短期贷款	中长期贷款
1993	3499	3499	—	958	958	—	—	42	376	81	295	2508	2508	—
1994	13252	12834	418	10666	10495	171	2585	71	7452	2497	4955	8603	8603	—
1995	18488	15104	3384	15707	15363	344	2781	260	12107	3723	8384	11594	11594	—
1996	26489	21750	4739	23793	23641	152	2695	145	20569	9174	11395	13281	13281	—
1997	49842	42501	7341	46954	46915	39	2785	337	26992	21430	5562	17853	17853	—
1998	47610	31908	15702	44654	44576	78	2955	405	18861	13274	5587	15067	15067	—
1999	50264	34741	15523	47461	39416	8045	2802	22	27909	11091	16818	15576	15576	—
2000	49285	34341	14944	38368	30301	8067	2850	300	27800	16816	10984	16357	16357	—
2001	66501	47092	19409	52767	41807	10960	2774	223	36961	22532	14429	15709	15709	—
2002	56727	33908	22819	54599	42190	12409	2128	−422	32910	11658	21252	15640	15640	—
2003	45587	22748	22839	43873	26521	17352	1714	−322	43524	23117	20407	21936	18193	3743
2004	60053	36699	23354	58303	42265	16038	1750	−270	57936	34708	23228	19222	14300	4922
2005	55689	34700	20989	53523	35031	18492	2166	145	52667	28979	23688	17340	13199	4141
2006	79526	72677	6849	79444	73919	5525	82	−1027	78580	32448	46132	8981	5779	3202
2007	76830	70389	6441	74622	69671	4951	2208	188	73664	31298	42366	12273	9377	2896
2008	86010	80275	5735	83238	76766	6472	2331	311	82620	35527	47093	14363	11698	2665
2009	85812	79557	6255	84107	77426	6681	1705	−315	83398	34023	49375	15103	11853	3250
2010	111530	101252	10278	107820	100380	7440	3709	1689	106828	37701	69127	53364	49839	3525
2011	112864	102055	10809	109157	101119	8038	3707	1683	107978	39299	68679	58760	56799	1961
2012	118890	89095	29795	114873	98784	16089	4017	1992	114199	47478	66721	63172	56921	6251
2013	141001	73786	67215	137109	107083	30026	3892	1867	135876	45892	89984	64716	61055	3661
2014	173044	79152	93892	168732	134136	34596	4312	2292	167018	43995	123023	91548	87674	3874
2015	201708	85343	116365	195753	159948	35805	5953	3933	194589	47771	146818	114218	108828	5390
2016	223459	137275	86184	221821	150885	70936	1638	−1381	220807	40591	180216	88185	80066	8119
2017	217849	108292	109557	211713	132298	79415	6136	3112	210726	43877	166849	112755	91289	21466
2018	138135	49695	88440	139869	72795	67074	−1734	−4759	139043	56265	82778	95652	72200	23452

说明：表内“—”为无法取数或无数据

1993—2018年广发银行股份有限公司揭阳支行资产负债表（外币）

表 2-58　　单位：万美元

年份	资产总额	流动资产	长期资产	负债总额	流动负债	长期负债	所有者权益	本年利润	各项存款	其中：储蓄存款	企事业单位存款	各项贷款	其中：短期贷款	中长期贷款
1993	—	—	—	—	—	—	—	—	—	—	—	—	—	—
1994	—	—	—	—	—	—	—	—	—	—	—	—	—	—
1995	—	—	—	—	—	—	—	—	—	—	—	—	—	—
1996	—	—	—	—	—	—	—	—	—	—	—	—	—	—
1997	—	—	—	—	—	—	—	—	—	—	—	—	—	—
1998	—	—	—	—	—	—	—	—	—	—	—	—	—	—
1999	20	20	—	20	20	—	—	—	18	18	—	—	—	—
2000	21	21	—	21	21	—	—	—	19	19	—	—	—	—
2001	21	21	—	21	21	—	—	—	19	19	—	—	—	—
2002	22	22	—	22	22	—	—	—	20	20	—	—	—	—
2003	22	22	—	22	22	—	—	—	20	20	—	—	—	—
2004	23	23	—	23	23	—	—	—	21	21	—	—	—	—
2005	24	24	—	24	24	—	—	—	22	22	—	—	—	—
2006	24	24	—	24	24	—	—	—	22	22	—	—	—	—
2007	52	52	—	52	48	4	—	—	48	21	27	—	—	—
2008	59	59	—	59	56	3	—	0.01	38	19	19	—	—	—
2009	58	58	—	58	58	—	—	-0.02	26	17	9	—	—	—
2010	52	52	—	52	52	—	—	—	33	20	13	—	—	—
2011	49	49	—	49	49	—	—	0.6	49	21	28	—	—	—
2012	76	76	—	76	76	—	—	0.9	24	22	2	—	—	—
2013	42	42	—	42	42	—	—	—	40	26	14	—	—	—
2014	26	26	—	26	26	—	—	—	25	25	—	—	—	—
2015	50	50	—	50	50	—	—	—	34	33	1	—	—	—
2016	54	54	—	54	54	—	—	—	54	42	12	—	—	—
2017	55	55	—	55	55	—	—	0.6	54	33	21	—	—	—
2018	51	51	—	51	51	—	—	—	50	25	25	—	—	—

说明：表内“—”为无法取数或无数据

1993—2018年广发银行股份有限公司揭阳支行资产负债表（本外币）

表2-59　　单位：万元

年份	资产总额	流动资产	长期资产	负债总额	流动负债	长期负债	所有者权益	本年利润	各项存款	其中：储蓄存款	企事业单位存款	各项贷款	其中：短期贷款	中长期贷款
1993	3499	3499	—	958	958	—	—	42	376	81	295	2508	2508	—
1994	13252	12834	418	10666	10495	171	2585	71	7452	2497	4955	8603	8603	—
1995	18488	15104	3384	15707	15363	344	2781	260	12107	3723	8384	11594	11594	—
1996	26489	21750	4739	23793	23641	152	2695	145	20569	9174	11395	13281	13281	—
1997	49842	42501	7341	46954	46915	39	2785	337	26992	21430	5562	17853	17853	—
1998	47610	31908	15702	44654	44576	78	2955	405	18861	13274	5587	15067	15067	—
1999	50430	34907	15523	47627	39583	8045	2802	22	28058	11240	16818	15576	15576	—
2000	49459	34515	14944	46609	38542	8067	2850	−74	27957	16991	10984	16357	16357	—
2001	66675	47266	19409	63901	52941	10960	2774	−150	37118	22689	14429	15709	15709	—
2002	56909	34090	22819	54781	42372	12409	2128	−650	33076	11824	21252	15640	15640	—
2003	45769	22930	22839	44055	26703	17352	1714	−322	43690	23283	20407	21936	18193	3743
2004	60243	36889	23354	58493	42456	16037	1750	−270	58110	34882	23228	19222	14300	4922
2005	55883	34894	20989	53717	35224	18491	2166	145	52843	29155	23688	17340	13199	4141
2006	79713	72864	6849	79631	74106	5525	82	−1027	78752	32620	46132	8981	5779	3202
2007	77209	70768	6441	75001	70050	4951	2208	188	74014	31451	42563	12273	9377	2896
2008	86371	80636	5735	84040	77568	6472	2331	311	82879	35657	47222	14363	11698	2665
2009	86208	79953	6255	84503	77822	6681	1705	−315	83574	34139	49435	15103	11853	3250
2010	111873	101595	10278	10816	100723	7440	3709	1689	107045	37833	69212	53364	49839	3525
2011	113172	102363	10809	109465	101427	8038	3707	1687	108286	39431	68855	58760	56799	1961
2012	119363	89568	29795	115346	99257	16089	4017	1998	114349	47615	66734	63172	56921	6251
2013	141255	74040	67215	137363	107337	30026	3892	1872	136118	46049	90069	64716	61055	3661
2014	173205	79313	93892	168893	134297	34596	4312	2292	167173	44150	123023	91548	87674	3874
2015	202031	85666	116365	196078	160273	35805	5953	3933	194810	47985	146825	114218	108828	5390
2016	223834	137650	86184	222196	151260	70936	1638	−1381	221182	40883	180299	88185	80066	8119
2017	218207	108650	109557	212071	132656	79415	6136	3116	211041	44092	166949	112755	91289	21466
2018	138486	50046	88440	140220	73146	67074	−1734	−4754	139387	56437	82950	95652	72200	23452

说明：表内“—”为无法取数或无数据

二、广发银行股份有限公司普宁支行

（一）机构沿革

1996 年 11 月 8 日，广东发展银行普宁办事处成立开业。由于广东发展银行实行总行一级法人体制，对分支机构实行垂直领导，所以成立后的广东发展银行普宁办事处不具法人资格。1996 年至 2001 年 4 月，广东发展银行普宁办事处，归属广东发展银行揭阳办事处管辖。2001 年 5 月，广东发展银行普宁办事处划归广东发展银行汕头分行管辖，成为广东发展银行汕头分行网点。2002 年 11 月 12 日，广东发展银行普宁办事处升格为广东发展银行揭阳普宁支行。

2004 年 4 月 7 日，广东发展银行揭阳普宁支行改称广东发展银行股份有限公司揭阳普宁支行。2011 年 4 月 8 日，广东发展银行股份有限公司揭阳普宁支行更名为广发银行股份有限公司揭阳普宁支行（简称广发银行普宁支行）。2018 年，广发银行揭阳普宁支行名称、隶属关系、业务范围不变。

1996 年，广东发展银行普宁办事处有员工 16 人。2001 年，有员工 24 人。2011 年，有员工 33 人。2018 年，有员工 36 人。

1996—2018 年广发银行股份有限公司普宁支行员工人数统计表

表 2-60　　　　单位：人

年份	机构总人数	一级支行人数	二级支行人数	分理处人数	办事处人数	储蓄所人数
1996	16	—	—	—	16	—
1997	20	—	—	—	20	—
1998	20	—	—	—	20	—
1999	24	—	—	—	24	—
2000	24	—	—	—	24	—
2001	24	—	—	—	24	—
2002	27	27	—	—	—	—
2003	25	25	—	—	—	—
2004	26	26	—	—	—	—
2005	26	26	—	—	—	—
2006	26	26	—	—	—	—
2007	26	26	—	—	—	—
2008	26	26	—	—	—	—
2009	28	28	—	—	—	—
2010	30	30	—	—	—	—
2011	33	33	—	—	—	—
2012	35	35	—	—	—	—
2013	33	33	—	—	—	—

续表 2-60

年份	机构总人数	一级支行人数	二级支行人数	分理处人数	办事处人数	储蓄所人数
2014	31	31	—	—	—	—
2015	36	36	—	—	—	—
2016	37	37	—	—	—	—
2017	38	38	—	—	—	—
2018	36	36	—	—	—	—

说明：表内“—”为无法取数或无数据

内部机构　1996年11月，广东发展银行普宁办事处内设4个股（部）：人秘综合股、信贷股、计财股、营业部。

2001年5月，广东发展银行普宁办事处划归广东发展银行汕头分行管辖。2002年2月6日，广东发展银行普宁办事处内设3个部：综合管理部、业务管理部、营业部。11月12日，广东发展银行普宁办事处升格为广东发展银行普宁支行。2004年4月，广东发展银行因规范称谓，广东发展银行揭阳普宁支行改称广东发展银行股份有限公司揭阳普宁支行，内设5个部：业务管理部、综合管理部、营业部、市场一部、市场二部。2006年，广东发展银行改革重组，引入美国花旗集团、IBM信贷等世界一流企业和中国人寿、国家电网、中信信托等实力雄厚的国内知名企业，新引进的投资者团队获得广东发展银行的控股权和经营管理权。2006年8月，广东发展银行普宁支行增设个人银行部。2008年，内设5个部：营业部、综合管理部、业务管理部、个人银行部、市场部。

2010年5月，广东发展银行股份有限公司揭阳普宁支行内设4个部（室）：营业部、公司银行部、个人银行部、办公室。2011年4月8日，广东发展银行股份有限公司揭阳普宁支行更名为广发银行股份有限公司揭阳普宁支行（简称广发普宁支行）。2012年10月，普宁支行成立“小企业金融中心”。2016年9月，中国人寿入驻广发银行。2018年1月，广发普宁支行内设4个部：综合管理部（保卫部）、公司银行部（小企业金融部）、零售银行部、营业部。至12月，其内设机构不变。

1996—2018年广发银行股份有限公司普宁支行机构统计表

表 2-61　　单位：个

年份	机构总数	一级支行数	二级支行数	分理处数	办事处数	储蓄所数
1996	16	—	—	—	16	—
1997	20	—	—	—	20	—
1998	20	—	—	—	20	—
1999	24	—	—	—	24	—
2000	24	—	—	—	24	—
2001	24	—	—	—	24	—
2002	27	27	—	—	—	—

续表 2-61

年份	机构总数	一级支行数	二级支行数	分理处数	办事处数	储蓄所数
2003	25	25	—	—	—	—
2004	26	26	—	—	—	—
2005	26	26	—	—	—	—
2006	26	26	—	—	—	—
2007	26	26	—	—	—	—
2008	26	26	—	—	—	—
2009	28	28	—	—	—	—
2010	30	30	—	—	—	—
2011	33	33	—	—	—	—
2012	35	35	—	—	—	—
2013	33	33	—	—	—	—
2014	31	31	—	—	—	—
2015	36	36	—	—	—	—
2016	37	37	—	—	—	—
2017	38	38	—	—	—	—
2018	36	36	—	—	—	—

说明：表内“—”为无法取数或无数据

1996—2018年广发银行股份有限公司普宁支行负责人一览表

表 2-62

<table>
<tr><th>姓名</th><th>性别</th><th>职　务</th><th>籍贯</th><th>任职起止时间</th></tr>
<tr><td>陈俊坚</td><td>男</td><td>行长</td><td>普宁占陇</td><td>1996年10月—2004年1月</td></tr>
<tr><td rowspan="2">陈哲鸣</td><td rowspan="2">男</td><td>副行长</td><td rowspan="2">普宁流沙</td><td>1997年4月—2004年4月</td></tr>
<tr><td>行长</td><td>2004年4月—2012年5月</td></tr>
<tr><td rowspan="2">庄耀名</td><td rowspan="2">男</td><td>副行长</td><td rowspan="2">普宁麒麟</td><td>2003年7月—2014年3月</td></tr>
<tr><td>副行长</td><td>2016年12月—</td></tr>
<tr><td rowspan="4">黄思潮</td><td rowspan="4">男</td><td>行长助理</td><td rowspan="4">普宁占陇</td><td>2006年3月—2008年6月</td></tr>
<tr><td>副行长</td><td>2008年7月—2014年3月</td></tr>
<tr><td>临时负责人</td><td>2014年3月—2014年6月</td></tr>
<tr><td>行长</td><td>2014年6月—2018年4月</td></tr>
<tr><td>詹扬波</td><td>男</td><td>行长</td><td>汕头饶平</td><td>2012年5月—2014年3月</td></tr>
</table>

续表 2-62

姓名	性别	职　务	籍贯	任职起止时间
吴蔚东	男	副行长	梅州丰顺	2014 年 3 月— 2016 年 12 月
黄　妮	女	副行长	普宁流沙	2015 年 1 月—
陈煜枝	男	行长	汕头潮阳	2018 年 4 月—

说明：表内成员按 1996—2018 年任职起始时间由远到近排序

（二）职能任务与业务

1996年11月，成立广东发展银行普宁办事处。至2018年，广东发展银行普宁支行经历地方商业银行、国有控股商业银行、股份制商业银行、中国人寿控股商业银行四个发展阶段。

第一阶段，地方商业银行阶段（1996 年 8 月至 1999 年 9 月）。1996 年，广东发展银行普宁办事处（简称广发行普宁办事处）的业务范围包括活期、定期储蓄存款、信用卡、理财通卡、电话银行、银行汇票和商业汇票承兑、贴现，人民币各项贷款业务。11 月至 12 月末，存款 3260 万元，无贷款，利润 -15 万元。

1997 年，广发行普宁办事处存款 1.32 亿元，贷款 3195 万元，利润 152 万元，中间业务收入 1 万元。1998 年，存款 2.23 亿元，贷款 5053 万元，利润 201 万元；“一逾两呆”不良率 2.26%；实现中间业务收入 2 万元。

1999 年，存款 1.80 亿元，贷款 5581 万元，利润 230 万元；实现中间业务收入 4 万元；“一逾两呆”不良率 8.67%。

第二阶段，国有控股商业银行阶段（1999 年 10 月至 2004 年 3 月）。1999 年 10 月 12 日，广东省财政厅确认广东发展银行为国有控股银行，是具独立法人资格的自主经营、自负盈亏、自担风险、自求平衡的金融企业。是一家从广东区域性银行，成长为全国性、跨区域经营的股份制商业银行。2000 年，广发行普宁办事处存款 1.70 亿元，贷款 5795 万元，实现利润 376 万元；“一逾两呆”不良率 6.53%，同比下降 2.14%；实现中间业务收入 17 万元，同比增加 13 万元，增长 325%。2001 年 5 月，广发银行揭阳办事处划归汕头分行直接管理，普宁办事处由此成为汕头分行辖属网点。全年，广发行普宁办事处存款 2.56 亿元，贷款 6156 万元；利润 381 万元，“一逾两呆”年末余额 1839 万元，“一逾两呆”不良率 29.73%，中间业务收入 13 万元。

2002 年 9 月 1 日，广东发展银行普宁办事处正式由广东发展银行汕头分行直接管理。11 月 12 日，广发行普宁办事处升格为广东发展银行普宁支行。全年，存款 2.09 亿元，贷款 5920 万元，利润 228 万元；“一逾两呆”年末余额 1905 万元，“一逾两呆”不良率 32.18%；实现中间业务收入 13 万元。5 月，支行新开办银行承兑汇票业务。2003 年，存款 3.57 亿元，贷款 7354 万元，实现利润 476 万元；是年年末资产余额 3.69 亿元，负债余额 3.59 亿元；实现中间业务收入 18 万元。创新推出动产质押业务。2004 年，存款 5.08 亿元，贷款 8707 万元，实现利润 179.92 万元。年末，资产余额 5.17 亿元，负债余额 5.11 亿元；“一逾两呆”余额 2642 万元；实现中间业务收入 31.80 万元。推出存取款免填单，办理网上银行业务。

第三阶段，股份制商业银行阶段（2004 年 4 月至 2016 年 8 月）。2004 年，因广东发展银行规范称谓，4 月 7 日，广东发展银行揭阳普宁支行改称广东发展银行股份有限公司揭阳普宁支行（简称广发行普宁支行）。2005 年，广发行普宁支行存款 5.77 亿元，贷款 6451 万元，实现利润 648.19 万元，年末，资产余额 5.92 亿元，负债余额 5.80 亿元；“一逾两呆”余额 2648 万元；中间业务实现收入 48.53 万元。2006 年，广东发展银行改革重组，引入美国花旗集团、IBM 信贷等世界一流企业和中国人寿、国家电网、中信信托等实力雄厚的国内知名企业，新引进的投资者团队获得广东发展银行的控股权和经营管理权。年末，广发行普宁支行存款 6.70 亿元，贷款 4402 万元，利润下降 273.34 万元；年末，资产余额 6.75 亿元，负债余额 6.73 亿元；中间业务收入 67.76 万元。2007 年，存款 7.28 亿元，贷款 6065 万元，实现利润 268.41 万元；年末，资产余额 7.40 亿元，负债余额 7.33 亿元；实现中间业务收入 115 万元。

2008 年，广发行普宁支行存款 8.03 亿元，贷款 1.06 亿元，实现利润 548 万元；年末，资产余额 8.19 亿元，负债余额 8.09 亿元；中间业务收入 115 万元。2009 年，累计签发银承兑汇票 3086 笔，出票金额 1.04 亿元，结清 3251 笔，金额 10.21 亿元。银行承兑汇票余额 5.15 亿元，活期保证金存款余额 2554 万元，定期保证金存款余额 4.43 亿元，保证金存款余额合计达到 4.68 亿元。贴现余额比年初增加 5356 万元，同比增长 141.96%。晖景花园、华美家园、福盛花园等 3 个小区均在广发行普宁支行办理按揭。中间业务收入 121 万元。

2010 年，广发行普宁支行各项存款余额 9.60 亿元，比年初的 8.81 亿元增加 7890 万元，增长 8.95%。各类贷款余额 3.64 亿元（含贴现），比年初的 2.22 亿元增加 1.42 亿元，增幅 64.04%，剔除贴现，年末各类贷款余额 3.57 亿元，比年初的 1.30 亿元增加 2.27 亿元，增幅 174%。年末不良贷款余额 21 万元，比年初的 615 万元减少 594 万元。经营利润实现较大幅度增长，实现利润 916 万元，同比增加 208 万元，增幅 29.3%。2011 年 4 月 8 日，广东发展银行股份有限公司揭阳普宁支行更名为广发银行股份有限公司揭阳普宁支行（简称广发普宁支行）。年末，各类贷款余额 4.78 亿元（全部为贷款），比年初的 3.64 亿元增加 1.15 亿元，增幅 31.49%。实现账面利润 2079 万元，同比增加 1162 万元，增幅 127%。2012 年，各项存款余额 7.98 亿元；年末信贷总量 5.06 亿元，比年初的 4.78 亿元增加 2746 万元，增幅 5.74%。实现利润 1866 万元，资产余额 8.28 亿元，负债余额 8.04 亿元。中间业务收入 136 万元。成立“小企业金融中心”；先后推出“好融通”“快融通”授信品种；以及“生意通”“自信一贷”“家多好”等个人经营、消费、按揭贷款金融产品。

2013 年，广发行普宁支行各项存款余额 8.25 亿元，比年初的 7.98 亿元增加 2682 万元，增长 3.36%；信贷总量 6.55 亿元，比年初的 5.06 亿元增加 1.49 亿元，增长 29.51%。国际结算业务量 1513.11 万美元，结售汇 1179.99 万美元，汇兑收益 3.90 万元，手续费收入 1.16 万元。账面利润 2101 万元，比上年同期增加 235 万元，增长 12.59%。新开办即期和远期结售汇（对公、对私）业务；推出新型“天天智能通”智能储蓄产品；在普宁市国际商品城，增设包括有 2 台具备自动循环功能的 CRS 自助设备的离行式自助银行。2014 年，与中国普宁国际服装城、康美药业股份有限公司等普宁地区龙头企业签订战略合作协议，拓展对公存款来源。各项存款余额 13.84 亿元，比年初的 8.25 亿元增加 5.59 亿元，增长率 67.83%。其中，对公存款 6.46 亿元，比年初的 2.88 亿元增加 3.58 亿元，增长 125%；全年信贷总量 10.73 亿元，比年初的 6.55 亿元增加 4.18 亿元，增幅 63.80%。发放生意人卡 257 张，新增发放信用卡 938.6 张。国际结算业务量 1903.35 万美元；结售汇量 1487.34 万美元，其中资本金类 152.29 万美元；跨境人民币结算量 2560.74 万元。实现账面利润 2940 万元，同比增加 839 万元，增长 39.93%。

2015 年，广发行普宁支行吸收财政专项资金增量 5000 万元。年末，本外币各项存款余额 14.84 亿元，比年初的 13.84 亿元增加 9950 万元，增长 7.19%。继续与康美药业股份有限公司合作，发放 5 亿元短期流动资金贷款，带动该户结算资金在支行沉淀。推出小企业“随借随还”贷款产品，完成新增10户任务，同时投向小、微型企业资金6.03亿元。个人信贷业务余额1.49亿元。全年新增发放信用卡815张。信贷总量15.20亿元，比年初的10.73亿元增加4.47亿元，增长41.7%。

第四阶段，中国人寿控股商业银行阶段（2016年9月至2018年12月）。2016年9月，中国人寿入驻广发银行，广发行普宁支行名称、性质、业务范围、隶属关系等不变。年末，各项存款余额9.89亿元。信贷总量12.14亿元，信贷总量比年初的15.20亿元减少3.06亿元。个人信贷业务余额为1.32亿元，发放自信卡211张，生意人卡15张，折合生意人卡120.5张；信用卡发卡593张。与国寿普宁分公司共同举办4场次沙龙活动，成功销售保险109万元。推出“灵活息”智能存款产品。

2017年，广发行普宁支行各项存款余额13.60亿元，比年初的9.89亿元增加3.71亿元，增长37.51%。信贷总量11.50亿元，比年初的12.14亿元减少6406万元，下降5.28%。累计签发银行承兑1062笔，出票金额4.41亿元，结清1170笔，金额5.53亿元。年末，银行承兑汇票余额1.61亿元，银承保证金存款余额1.16亿元。与国寿普宁分公司共同举办沙龙活动，成功销售保险69.30万元。先后推出“企业通”“E秒贴”等金融产品。

2018年，广发行普宁支行新发展普宁金叶实业公司、佳隆股份公司、达康医药系列户、普宁华侨中学、普宁市绿宝科技有限公司等存款户，成功营销普宁中医院结算和社保局社银通业务。年末，各项存款余额10.53亿元。信贷总量10.10亿元，其中，对公贷款8.59亿元，个人贷款1.52亿元。资产余额9.99亿元，负债余额10.73亿元。清收不良资产1.61亿元，增加个人用卡有效客户1977户，鑫福卡发卡1355张，信用卡发卡899张；达成代理个人中国人寿期缴保险保费102.8万元，对公国寿对公保险保费11万元。推出“税银通”信贷产品。

1996—2018年广发银行股份有限公司普宁支行资产负债表（本币）

表2-63

单位：万元

年份	资产总额	流动资产	长期资产	负债总额	流动负债	长期负债	所有者权益	本年利润	各项存款	其中：储蓄存款	企事业单位存款	各项贷款	其中：短期贷款	中长期贷款
1996	1829	1598	36	3262	2342	918	—	-15	3260	1583	1677	—	—	—
1997	14269	13862	229	13616	13616	0	652	152	13203	8763	4440	3195	3195	—
1998	25609	24315	1029	24907	24628	279	701	201	22333	17111	6478	5053	5053	—
1999	19795	18234	1344	19065	16005	3061	730	230	17955	10064	7891	5581	5581	—
2000	18764	18127	510	17887	14867	3020	876	376	17041	11984	5057	5795	5795	—
2001	27184	24986	2082	26310	23136	3174	874	381	25640	14395	11245	6156	6156	—
2002	22100	19615	2248	21372	17419	3953	728	228	20923	11850	9072	5920	5824	96
2003	36910	30464	6248	35937	20641	15296	973	476	35697	13855	21842	7354	4065	3289
2004	51733	45770	5822	51053	23313	27740	680	179.92	50771	15830	34941	8707	5528	3179
2005	59158	59312	5232	58010	28285	29724	1148	648.19	57704	15138	42566	6451	3928	2523
2006	67514	64689	2799	67327	64796	2530	187	-273.34	66971	14503	52468	4402	1501	2901
2007	74040	71012	3013	73271	70791	2481	768	268.41	72779	15569	12577	6065	3260	2805
2008	81914	77870	4039	80866	77623	3243	1048	548	80260	23001	10518	10561	6599	3962
2009	89946	24744	2702	88738	73637	15399	1208	708	88118	24872	15848	22175	14085	8090
2010	97929	89121	8806	96512	92687	3825	1416	916	96008	23909	21443	36375	28340	8035
2011	96702	88710	7689	94123	89006	5117	2579	2079	93642	26218	43041	47830	41555	6275
2012	82757	76532	5979	80391	74419	5972	2366	1866	79782	28360	24523	50576	45599	4977
2013	85639	77358	8065	83038	76789	6246	2101	2101	82464	36890	28760	65499	58419	7080
2014	142696	124523	18027	139257	122287	16970	3439	2940	138402	52306	63592	107287	97295	9992
2015	171634	154716	16844	169258	162927	6331	2376	1876	148352	59922	66244	152022	118695	33327
2016	120897	118306	2569	119591	113889	11.34	1305	805	98923	45115	27998	121423	92007	29416
2017	136046.97	109338	26674	136602.4	133232	14351	-555	-1055	136028.81	46592	77717.54	115017	89312	25705
2018	99814.93	91798	7987	107327.84	86726	18563	-7513	-8012.9	105293.12	53162	39265.86	101033	84225	16808

说明：表内“—”为无法取数或无数据

三、中国民生银行股份有限公司揭阳分行

2014 年 3 月 27 日，中国民生银行股份有限公司揭阳分行成立。

（一）机构沿革

2014 年 3 月 27 日，中国民生银行股份有限公司揭阳分行（简称民生银行揭阳分行）成立，5 月 16 日开业。民生银行揭阳分行业务上接受人行揭阳市中心支行、中国银行业监督管理委员会揭阳监管分局的指导和监督，行政上隶属揭阳市人民政府金融工作局管理。民生银行揭阳分行是隶属中国民生银行股份有限公司汕头分行的辖属二级分行。

民生银行总行设在北京，于 1996 年 1 月 12 日成立，是一家现代金融企业，也是中国第一家由民营企业发起设立的、全国性、跨区域经营的股份制商业银行。2000 年 12 月 19 日，中国民生银行 A 股股票（代码：600016）在上海证券交易所挂牌上市。2005 年 10 月 26 日，中国民生银行完成股权分置改革，成为国内首家实施股权分置改革的商业银行。2009 年 11 月 26 日，中国民生银行 H 股股票（代码：01988）在香港证券交易所挂牌上市。此后，中国民生银行致力于完善公司治理，推动全行业务发展方式和经营管理模式转型。

2014 年 3 月至 2018 年 12 月，民生银行揭阳分行名称、性质、隶属关系、经营范围不变。

2014 年，民生银行揭阳分行有员工 57 人，其中，初级会计师 7 人、中级会计师 1 人、中级经济师 7 人。2016 年，有员工 78 人，其中，初级会计师 8 人、中级会计师 2 人、中级经济师 8 人。2018 年，有员工 74 人，其中，初级会计师 9 人、中级会计师 2 人、中级经济师 8 人。

2014—2018 年中国民生银行股份有限公司揭阳分行机构人员统计表

表 2-64　　　　单位：人

年份	机构总人数	一级分行人数	二级分行人数	一级支行人数	二级支行人数
2014	57	—	57	—	—
2015	68	—	68	—	—
2016	78	—	54	24	—
2017	72	—	50	22	—
2018	74	—	50	24	—

说明：表内“—”为无法取数，或无数据，或无情况说明

内设机构　2014 年 3 月，民生银行揭阳分行内设 8 个部（室）：办公室、公司银行部、风险管理部、企业金融一部、企业金融二部、零售银行部、零售业务部、运营管理部。2015 年 11 月 17 日，将办公室、运营管理部职能划转到综合管理部，撤销办公室、运营管理部，增设营业部、综合管理部。调整后，内设 8 个部：综合管理部、公司银行部、风险管理部、企业金融一部、企业金融二部、零售银行部、零售业务部、营业部。

2016 年 4 月 18 日，民生银行揭阳分行内设机构撤销零售业务部，其职能并入零售银行部。调整后，内设 7 个部：综合管理部、公司银行部、风险管理部、企业金融一部、企业金融二部、零售银行部、营业部。至 2018 年 12 月 31 日，民生银行揭阳分行内设机构不变。

2014—2018年中国民生银行股份有限公司揭阳分行负责人一览表

表 2-65

姓名	性别	职　务	籍贯	任职起止时间
陈　磊	男	行长	河北博野	2014年3月—2015年5月
杨佳崇	男	副行长	广东深圳	2014年3月—2015年5月
李王俊	男	副行长	广东汕头	2014年10月—
李东杰	男	行长助理	广东揭阳	2014年3月—2015年9月
杨佳崇	男	行长	广东深圳	2015年5月—2016年12月
李东杰	男	副行长	广东揭阳	2015年9月—
吴楚文	男	行长	广东揭阳	2016年12月—

说明：表内成员按2014—2018年任职起始时间由远到近排序

分支机构　2016年4月20日，揭阳阳美支行成立，为民生银行揭阳分行在揭阳地区开设的第一家同城辖属支行，7月14日开业。4月22日，揭阳普宁广达支行成立，为民生银行揭阳分行在揭阳地区开设的第一家县域支行，7月8日开业。

2017年3月17日，民生银行揭阳分行在揭阳市区，分别增设服务社区居民的经营型网点揭阳江滨花园社区支行、揭阳明珠帝苑社区支行、揭阳水产大楼小微支行，并正式营业。3月23日，隶属于民生银行揭阳分行揭阳普宁广达支行的普宁商品城小微支行成立，并正式营业，是普宁地区第一家经营型的小微支行。2018年12月18日，撤销民生银行揭阳分行揭阳江滨花园社区支行。

2014—2018年中国民生银行股份有限公司揭阳分行机构统计表

表 2-66　　单位：个

年 份	机构总数	一级分行	二级分行	一级支行	二级支行	说明
2014	1	—	1	—	—	—
2015	1	—	1	—	—	—
2016	3	—	1	2	—	—
2017	7	—	1	2	—	另设社区支行2个、小微支行2个
2018	6	—	1	2	—	社区支行1个、小微支行2个

说明：表内“—”为无法取数，或无数据，或无情况说明

（二）职能任务与业务

民生银行揭阳分行以“民营企业的银行”“科技金融的银行”“综合服务的银行”为战略定位，服务揭阳实体经济的发展。其职能有：吸收公众存款；发放短期、中期和长期贷款；办理国内外结算；办理票据承兑与贴现；代理发行、代理兑付、承销政府债券；买卖、代理买卖外汇；从事银行卡业务；提供信用证服务及担保；代理收付款项；经银行业监督管理机构批准的其他业务。

2014年5月，民生银行揭阳分行开业后，致力于服务民营企业及“两小”金融客户，为其提供便

捷的个性化金融服务，在个性化服务及手续费优惠政策的带动下，开业后各项存款稳步上升。年末，各项存款余额 8.08 亿元，其中，对私存款 4.16 亿元、对公存款 3.92 亿元。开业至年底日均存款 4.89 亿元。至 12 月，分行信贷总量 6.79 亿元，其中企业贷款 2.97 亿元、个人贷款 3.82 亿元；年末存贷比 84.07%。服务地区实体经济，召开金融产品推介会，通过提供快速简便的商贷通及微贷产品解决优质小微企业主融资难问题。全年，累计发放贷款 5.92 亿元，其中企业贷款 2.72 亿元、个人经营性贷款 3.08 亿元、个人消费信贷 1157 万元。年末，营业收入 1715 万元，其中，利息净收入 2164 万元、手续费及佣金净收入亏损 449 万元。营业支出 3247 万元，其中业务及管理费 1714 万元资产减值损失 1225 万元。开业至年末揭阳分行现金整体呈现回笼状态，累计收入现金 10.23 亿元，累计支出 3.51 亿元，累计回笼现金 6.72 亿元；整理上缴人行发行库 6.67 亿元。

2015 年，民生银行揭阳分行通过手续费优惠政策及逐渐丰富的业务品种，全年各项存款保持强劲增长态势。至 12 月，各项存款余额 14.92 亿元，比年初增加 6.84 亿元。全年信贷总量 9.61 亿元，比年初增加 2.82 亿元。以小微企业主和个体工商户经营性贷款为主的个人贷款占贷款总量 59.63%。累计发放贷款 13.03 亿元（剔除贷款移行部分）。至 12 月，表外银行承兑汇票余额 9.68 亿元，较年初增加 7.54 亿元。累计签发银行承兑汇票 21.62 亿元。实现盈利，全年账面利润总额 1108.08 万元，同比增加 2639.98 万元。营业收入 5636.52 万元，其中，利息净收入 5250.50 万元，手续费及佣金净收入亏损 86.67 万元；营业支出 4528.47 万元，主要是业务管理费 2933.03 万元，占营业支出的 64.77%，资产及预计负债减值准备 1127.29 万元，占营业支出的 24.89%。全年分行现金整体呈回笼状态，累计收入现金 25.53 亿元，累计支出 5.86 亿元，累计回笼现金 19.99 亿元。6 月起，开办外汇业务资格，至 12 月，累计开立外汇账户 60 户，外汇结算及结售汇业务全面铺开。

2016 年，民生银行揭阳分行扩大业务品种，加大存款营销力度。年末，各项存款余额 20.59 亿元，比年初增加 5.67 亿元；年日均存款 18.87 亿元，较年初增加 6.42 亿元。至 12 月末，各项贷款余额 13.91 亿元，比年初增加 4.30 亿元。以小微企业主和个体工商户经营性贷款为主的个人贷款占比 43.71%。全年累计发放贷款 18.62 亿元，其中企业贷款 11.47 亿元、个人经营性贷款 5.02 亿元、个人消费信贷 2.13 亿元。累计签发银行承兑汇票 20.76 亿元，截至 12 月末银行承兑汇票余额 9.38 亿元，较年初减少 3100 万元。银行承兑汇票敞口余额 4.45 亿元。账面利润总额 2027.24 万元，同比增加 919.16 万元。营业收入 6961.53 万元；营业支出 4934.30 万元。是年分行现金整体呈回笼状态，累计收入现金 30.36 亿元，累计支出 9.06 亿元。全年累计回笼现金 21.08 亿元，推出整存整取的升级版——“定多利”金融产品。

2017 年，民生银行揭阳分行各项本外币存款余额 23.73 亿元，比年初增加 3.14 亿元，其中，对私存款 12.80 亿元，较年初增加 2.59 亿元，对公存款 10.93 亿元，较年初增加 5500 万元。各项贷款余额 13.63 亿元，比年初减少 2800 万元。个人短期贷款 1.97 亿元，个人中长期贷款 3.88 亿元，合计 5.85 亿元，累计发放贷款 15.44 亿元，其中，企业贷款 10.50 亿元、个人经营性贷款 3.88 亿元、个人消费信贷 1.06 亿元。全年，分行新发放对公贷款，大型企业累计发放 4.01 亿元，中型企业累计发放 4.10 亿元。银行承兑汇票余额 6.96 亿元，较年初减少 2.42 亿元。银行承兑敞口余额 2.12 亿元。账面利润总额 2432.80 万元，比上年同期增加 405.56 万元。营业收入 6934.55 万元，其中，利息净收入 5681.05 万元，手续费及佣金净收入 314.17 万元。营业支出 4461.82 万元。分行现金全年整体呈回笼状态，累计收入现金 33.92 亿元，累计支出 14.26 亿元，累计回笼现金 7.55 亿元。推出“安心存”金融产品。1 月，为广东巨轮智能装备股份有限公司发放一笔 800 万欧元的中长期境外并购贷款。10 月， 为广东高乐股份有限公司发放一笔

9600万元的企业并购贷款。

2018年，民生银行揭阳分行各项存款余额28.27亿元，比年初增加4.54亿元，其中，储蓄存款15.48亿元，比年初增加2.68亿元；对公存款12.79亿元，比年初增加1.86亿元。全年各项贷款余额18.42亿元，比年初增加4.79亿元，其中企业贷款11.29亿元、个人短期贷款2.28亿元、中长期个人贷款3.42亿元、票据贴现1.43亿元。全年累计发放贷款19.99亿元，其中企业贷款13.18亿元、个人经营性贷款4.22亿元、个人消费信贷1600万元、票据贴现2.43亿元。全年累计签发银承22.90亿元，至12月末银行承兑汇票余额13.45亿元，比年初增加6.49亿元。银行承兑敞口余额7.37亿元。全年营业收入7169.73万元，其中，利息净收入4917.85万元、手续费及佣金净收入730.11万元。营业支出3973.52万元。账面利润总额3196.04万元，较上年同期增加763.24万元。分行全年现金整体呈回笼状态，累计收入现金33.52亿元，累计支出14.65亿元，累计回笼现金18.87亿元。8月，开设票据贴现业务，至年末，票据贴现业务余额1.43亿元。11月，召开厅堂客户化2.0（厅堂客户化2.0项目迎合总行战略转型。通过流程变革，创新设计全新银行运营服务模式，以客户化带动运营向轻量化转型，以运营转型推动网点向智能化转型。客户化运营的全面实施，将释放大量运营柜员、提升服务效率、降低运营成本，支持网点小型化发展，以进一步推动银行网点效益的提升）转型启动会。至12月，辖属所有营业网点均完成厅堂客户化2.0项目的转型。

民生银行揭阳分行成立后，坚持以服务民营企业为宗旨的客户战略，着力于创新营销模式，推动公司信贷业务的发展。2014—2018年，分行企业贷款规模持续增长，年均增长81.88%，为支持当地民营企业做强做大，分行不断推出适合企业发展的信贷产品，其中包括企业流动贷款、企业并购贷款、贸易融资贷款及票据贴现等信贷产品，信贷支持涉及制造业及批发与零售企业。至2018年年末，民生银行揭阳分行贷款余额12.72亿元，助推揭阳民营企业的发展壮大。

民生银行揭阳分行成立后，落实国家金融战略，充分发挥自身优势，发展普惠金融，增强服务小微企业的能力，结合揭阳地区小微企业群体多、特性不同、所处行业不同，对金融服务的需求性质不同等特点，开展覆盖产品创新、流程优化、减费让利、银企合作等多样化的金融服务。

2014—2015年，民生银行揭阳分行在揭阳地区推出互联保保证类贷款及大力发放抵押类贷款，优先给予小微企业信贷资金配置，至2015年年底，分行经营性贷款余额5.43亿元。2016—2018年，由于揭阳地区五金、纺织、鞋类等特色行业受经济波动及国家相关环保政策影响，经营及贸易形势日趋严峻，部分小微企业生产经营受影响较大，给分行信贷资产安全带来潜在风险，分行及早调整信贷投向，将民生银行揭阳分行弱担保类贷款逐渐转为强担保类贷款。通过制定稳妥的过渡方案，保证企业生产经营正常进行。民生银行揭阳分行在遵守监管各项规定的前提下，严格落实续贷模式“三个不原则”，对仍在正常经营的企业不轻易抽贷、断贷，采用调整还款期限、还款方式、授信重组等方式灵活处理，同时对优质且符合标准的企业提供转期的续贷模式，减轻小微企业还款压力，降低其资金周转成本。其间，逐渐将互联保保证类贷款及担保条件不足的企业贷款进行调整，提高强抵押类贷款占比，保证分行信贷资产安全。

民生银行揭阳分行成立后，通过落实金融支持新消费领域相关指引政策，丰富消费贷款品种，其中包括个人抵押类综合消费性贷款、个人信用消费贷款、个人住房按揭贷款三类个人消费信贷产品，促进当地消费市场的壮大。在传统信贷业务品种的基础上，在原推出的以“小区宝”为媒介推广消费性微贷等产品的持续推动下，揭阳分行推出“网乐贷”消费性贷款，通过白名单向客户推送消费性贷款产品，除实现无纸化审批、信贷工厂批量化审批外，更是实现客户在网银或手机银行自助申请、自助签署电子合同、自助提款使用，进一步优化客户体验，满足授信需求。随着居民收入水平的提升和消费水平的提高，不断推出符合当地消费市场的信贷产品，消费信贷规模不断增长（见下图）。

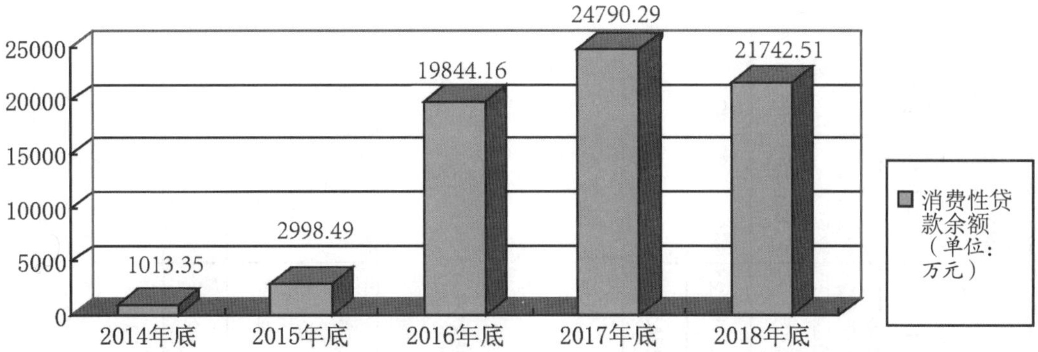

2014—2018 年民生银行揭阳分行消费性贷款逐年规模一览图

民生银行揭阳分行成立初期，推出个人抵押类综合消费性贷款和个人信用消费贷款。2014—2018 年，随着揭阳地区房地产产业的发展及国家对于三四线城市房地产去库存任务的相关指引政策，民生银行揭阳分行贯彻落实总行关于推行住房按揭贷款的各项政策方针。2016 年，主动部署落实住房按揭贷款的相关配套资源，有针对性地出台具体考核激励措施，安排专业按揭团队对接房产按揭业务，提升业务人员办理个人住房按揭贷款的意愿，支持个人购置房产的融资刚性需求。2016—2017 年，累计发放个人住房按揭贷款金额 2.64 亿元，至 2018 年年末，分行累计发放个人住房按揭贷款 2.67 亿元，个人住房按揭贷款余额 2.06 亿元。

2014 年分行开业后，开展的个人消费贷款业务品种，主要是面对短期内有家庭综合消费需求的客户群体，为个人抵押消费性贷款及微型信用消费性贷款。2015 年，增加个人住宅按揭贷款及个人商用房按揭贷款，主要面向有购置房产需求，且需要较长期限分期付款的客户群体。至 2018 年年末，个人消费贷款种类有：个人抵押消费性贷款、微型信用消费性贷款、个人住宅按揭贷款、个人商用房按揭贷款共 4 种。2014 年，全年发放的个人消费贷款 1156.51 万元；2015 年为 7267.78 万元；2016 年，随着碧桂园、恒大等大型开发商进驻揭阳，按揭贷款业务出现一个高峰，全年发放的个人消费贷款数增加到 2.14 亿元；2017 年继续消化上一年未消化完的按揭贷款，全年发放的个人消费贷款 1.07 亿元；2018 年，因市场对楼市热情相比前两年有所下降，分行存量按揭业务消化完毕，无再新增合作按揭项目，全年发放的个人消费贷款降至 1854.98 万元。

民生银行揭阳分行通过制度创新，不断丰富信贷产品，针对公司业务，着力创新营销模式，注重线上、线下相结合，发展供应链融资业务，有效解决民营企业融资难题；强化民营战略开发渠道，提出独特、全面的民营战略服务方案，加大对民营企业的开发和支持力度，推进公司业务结构调整，加速实现转型跨越发展；充分发挥自身优势，大力发展普惠金融，不断增强服务小微企业能力，通过改革转型推出小微金融 3.0（指运用大数据，以互联网等新兴技术打造小微之家线上平台，构建小微生态圈，围绕小微企业和企业主的需求提供更加专业的综合金融服务，实现在小微金融领域的自我变革和全面升级），结合揭阳地区特点，分行针对小微企业群体多、特性不同、所处行业不同，对金融服务的需求性质不同等特点，开展覆盖产品创新、流程优化、减费让利、银企合作等多样化的金融服务，包括丰富授信品种，增加专项信贷规模；实行信贷部门集约化、专业化管理；减免财务费用、结算费用和优化续贷模式。

2014—2018年中国民生银行股份有限公司揭阳分行资产负债表（本币）

表 2-67

单位：万元

年份	资产总额	流动资产	长期资产	负债总额	流动负债	长期负债	所有者权益	本年利润	各项存款	其中：储蓄存款	企事业单位存款	各项贷款	其中：短期贷款	中长期贷款
2014	89822.61	88570.64	1251.97	81354.51	72413.21	8941.3	8468.1	-1531.9	80785.46	41603.11	39182.35	67940.45	67940.45	—
2015	161229.13	154144.39	7084.74	150121.14	123322.98	26798.16	11107.99	1107.99	149188.88	69426.18	79762.7	96.100.38	90.283.64	5.816.74
2016	218470.65	183034.64	35436.01	206448.11	170130.34	36317.77	12022.54	2022.54	205543.91	101792.14	103751.77	139.104.53	105.366.47	33.738.06
2017	249876.54	200082.66	49793.88	237450.15	223529.13	13921.02	12426.38	2426.38	236536.22	127744.99	108791.23	136.331.22	87.894.31	48.436.91
2018	296988.4	252104.1	44884.3	283729.1	269878.81	13850.29	13259.29	3234.53	282070.24	154414.13	127656.11	176.372.23	132.531.48	43.840.75

说明：表内“—”为无法取数或无数据

2014—2018年中国民生银行股份有限公司揭阳分行资产负债表（外币）

表 2-68

单位：万美元

年份	资产总额	流动资产	长期资产	负债总额	流动负债	长期负债	所有者权益	本年利润	各项存款	其中：储蓄存款	企事业单位存款	各项贷款	其中：短期贷款	中长期贷款
2014	4.15	4.15	—	4.15	4.15	—	—	—	4.15	4.15	—	—	—	—
2015	5.62	5.62	—	5.60	4.7	0.9	0.01	0.01	5.60	5.60	—	—	—	—
2016	52.51	52.51	—	51.83	47.09	4.74	0.68	0.68	51.80	39.07	12.73	—	—	—
2017	119.8	119.8	—	118.81	114.07	4.74	0.98	0.98	118.74	38.94	79.8	—	—	—
2018	1162.02	247.31	914.71	1167.63	1165.94	1.69	-5.61	-5.61	97.35	50.87	46.48	1144.71	230.00	914.71

说明：表内“—”为无法取数或无数据

2014—2018 年中国民生银行股份有限公司揭阳分行资产负债表（本外币）

表 2-69　　单位：万元

年份	资产总额	流动资产	长期资产	负债总额	流动负债	长期负债	所有者权益	本年利润	各项存款	其中：储蓄存款	企事业单位存款	各项贷款	其中：短期贷款	中长期贷款
2014	89847.99	88596.02	1251.97	81379.89	72438.59	8941.3	8468.1	-1531.9	80810.84	41628.49	39182.35	67940.45	67940.45	—
2015	161265.6	154180.86	7084.74	150157.52	123353.49	26804.03	11108.08	1108.08	149225.25	69462.53	79762.72	96100.38	90283.64	5816.74
2016	218834.92	183398.91	35436.01	206807.68	170457	36350.68	12027.24	2027.24	205903.29	102063.16	103840.13	139104.53	105366.47	33738.06
2017	250659.3	200865.42	49793.88	238226.5	224274.49	13952.01	12432.8	2432.8	237312.11	127999.42	109312.69	136331.22	87894.31	48436.91
2018	297671.06	246508.91	51162.15	284450.26	270588.35	13861.91	13220.8	3196.04	282738.38	154763.25	127975.13	184228.62	134110.02	50118.60

说明：表内“—”为无法取数或无数据

第五节 城市商业银行

广东南粤银行股份有限公司揭阳分行

（一）机构沿革

2014年3月25日，广东南粤银行股份有限公司揭阳分行（简称南粤银行揭阳分行）成立，5月30日开业，隶属人行揭阳市中心支行、中国银行保险业监督管理委员会揭阳监管分局管理。南粤银行揭阳分行是隶属于广东南粤银行总行的一级分行。

广东南粤银行股份有限公司总行设在湛江，于1998年1月成立，其前身是由六家城市信用社组建而成的湛江市城市商业银行。2011年9月，湛江市城市商业银行更名为广东南粤银行股份有限公司（简称广东南粤银行），是一家建立起较为完善的公司治理架构和内控管理制度，从地方性商行成功转型为区域性、跨区域经营的股份制商业银行；是具有独立法人资格、自主经营、自负盈亏、自担风险、自求平衡的金融企业。

2016年11月，南粤银行揭阳分行首家辖属普宁支行成立。至2018年，南粤银行揭阳分行是总行除湛江市3家直属支行以外，辖属15家跨区域经营的分行之一。至2018年12月，南粤银行揭阳分行名称、性质、隶属关系不变。

2014年，南粤银行揭阳分行有员工57人。2016年，有员工63人，其中，揭阳分行56人、普宁支行8人。2018年，有员工61人，其中，揭阳分行53人、普宁支行8人。

2014—2018年广东南粤银行股份有限公司揭阳分行员工人数统计表

表2-70　　单位：人

年份	总人数	一级分行人数	二级分行人数	一级支行人数	二级支行人数	备注
2014	57	57	—	—	—	含派遣人员
2015	64	64	—	—	—	含派遣人员
2016	71	63	—	—	—	含派遣人员
2017	69	60	—	—	—	含派遣人员
2018	61	53	—	—	—	含派遣人员

说明：表内“—”为无法取数或无数据

内设机构　2014年3月，南粤银行揭阳分行内设8个部：综合部（下设科技部、安全保卫部2个二级部）、人力资源部、计划财务部、风险管理部、运营管理部、公司金融部、零售业务部、内控合规部。

2015年，撤销综合部属下的科技部，其他不变。2016年，内设7个部：综合部（下设安全保卫部1个二级部，涵盖人力、计财管理职能）、公司金融部、公司风险部、财富管理部、零售风险部、运营管理部、内控合规部。

至2018年，南粤银行揭阳分行内设7个部：综合部、安全保卫部、风险管理部、内控合规部、运营管理部、公司金融部、零售金融部。

2014—2018年广东南粤银行股份有限公司揭阳分行负责人一览表

表2-71

姓名	性别	职　务	籍贯	任职起止时间
李兆臻	男	行长	广东湛江	2014年3月—2015年6月
冯积河	男	行长助理	广东恩平	2014年3月—2014年6月
魏雄斌	男	副行长	广东揭阳	2014年7月—2017年1月
吴海峰	男	党委委员	广东化州	2014年12月—2015年3月
桑　明	男	党委委员	湖南益阳	2014年12月—2015年5月
吴立波	男	党委委员	广东湛江	2015年3月—2016年5月
沈启连	女	行长	广东廉江	2015年10月—
陈云翔	男	党委委员	广东湛江	2016年5月—2016年10月
许世林	男	党委委员	广东化州	2017年4月—

说明：表内成员按2014-2018年任职起始时间排序

分支机构　2015年12月29日，南粤银行揭阳分行启动普宁支行筹建。2016年11月22日，南粤银行揭阳分行普宁支行设立开业，为南粤银行揭阳分行首家辖属一级支行。

2014—2018年广东南粤银行股份有限公司揭阳分行机构统计表

表2-72　　单位：个

年份	机构总数	一级分行	二级分行	一级支行	二级支行	说明
2014	1	1	—	—	—	—
2015	1	1	—	—	—	—
2016	2	1	—	1	—	—
2017	2	1	—	1	—	—
2018	2	1	—	1	—	—

说明：表内“—”为无法取数，或无数据，或无情况说明

（二）职能任务与业务

广东南粤银行总行对辖属揭阳分行的内部定位是，粤东区域一级分行。其主要职能：吸收公众存款，发放短期、中期和长期贷款；办理国内结算，办理票据贴现；代理发行、代理兑付、承销政府债券、买卖政府债券，从事同业拆借，提供担保；代理收付款项，提供保管箱服务，办理地方财政信用周期使用资金的委托存贷款业务；经中国人民银行批准的其他业务，开办银行承兑汇票业务；外汇存款、外汇贷款、外汇汇款、外汇兑换、国际结算，同业外汇拆借、外汇票据承兑和贴现，外汇借款，外汇担保，结汇、售汇，自营外汇买卖或代客外汇买卖；资信调查、咨询、见证业务；经中国银行业监督管理委员会批准的其他业务。

2014年5月，南粤银行揭阳分行推进16个行业（商会）的营销，与榕江大酒店、大地数字影院等商户的合作，激发客户刷卡热情；实现小微业务放款13笔，合同金额2035万元，合同余额1847.37万元。年末，各项存款余额4.40亿元；贷款余额1.25亿元；开立银行承兑业务余额6900万元，风险资产余额1.56亿元，中间业务收入69万元，拨备前经营净收入809万元，净利润亏损403万元，新增零售价值客户460户，新增公司价值客户23户。累计开立对公账户230户，借记卡4093张，个人网银签约2562户，手机银行签约395户，蓄利宝811户。2015年，公司各项存款余额8.57亿元，比年初增加4.18亿元，增幅94.77%；各项贷款余额2.27亿元，比年初增加1.03亿元。实现公司价值客户19户。双主办客户2户。定制并销售对公保本理财产品7笔，金额累计2.60亿元；成功营销结构性存款28笔，累计金额3.24亿元。办理低风险银行承兑汇票业务6.48亿元，实现中间业务收入32.39万元；办理委托贷款1笔，金额3000万元，为分行贡献中间业务收入4.50万元；新增代发工资户7户。对军埔电商成功发放南粤e贷31笔，累计金额819.30万元。全年储蓄存款余额1.07亿元，个人保本理财余额9400万元，个人非保本理财余额1.13亿元，零售价值客户数522户，发卡3271张，签约第三方存管账户208户。理财产品累计销售1803笔（不含宝盈天利），累计销售金额16.22亿元。个人消费性贷款累计发放68笔，金额5800万元。全年开立个人结算账户3442户；单位结算账户216户；企业网银开立198户，个人网银1768户，手机银行1663户。2016年，南粤银行揭阳分行活期存款余额2.60亿元，占比22%，比年初增加8.19%，全年负债总额12.92亿元，比年初增加2.25亿元。全年资产总额14.00亿元，比年初增加2.33亿元，其中表内各项贷款余额4.24亿元，比年初增加1.97亿元。全年表外银行承兑汇票余额2.26亿元，比年初减少3.99亿元；表外委托贷款余额3.26亿元，比年初减少3029万元。2017年，零售AUM余额5.27亿元，比年初增加1.55亿元；零售价值客户619户，全年累计新增157户。拓展上市公司、银政、小企业银税三大业务板块。开拓优质上市公司及优质民营企业、政府PPP项目（PPP是Public-Private Partnership的英文首字母缩写，指在公共服务领域，政府采取竞争性方式选择具有投资、运营管理能力的社会资本，双方按照平等协商原则订立合同，由社会资本提供公共服务，政府依据公共服务绩效评价结果向社会资本支付对价）、小企业、零售信贷业务，分散风险、优化贷款结构。全年表内各项贷款余额4.38亿元，比年初增加1422万元，增幅3.36%；表外授信余额为7.61亿元，比年初增加2.09亿元，增幅37.8%。全部信贷资产风险分类有一笔个人消费贷款39万元为可疑，其他均属正常类资产业务，不良贷款率0.09%。各项业务稳步发展、没有发生风险事件。

2018年，南粤银行揭阳分行零售AUM余额7.04亿元，比年初新增1.68亿元，零售价值客户数709户，比年初新增90户。全年负债总额10.69亿元，比年初增加5.90亿元。各项存款余额9.09亿元，比年初增加4.32亿元；资产总额11.79亿元，比年初增加5.89亿元。表内各项贷款余额11.42亿元，比年初增加7.05亿元。其中对公贷款余额10.62亿元，比年初增加6.87亿元；个人类贷款余额8030万元，比年初增加1826万元。无不良贷款，资产质量五级分类总体正常。全年表外授信余额14.42亿元，比年初增加6.81亿元；其中银行承兑汇票余额6.00亿元，比年初增加1.63亿元；全年新增国内信用证业务余额5.01亿元；委托贷款余额3.41亿元，比年初增加1785万元。表外业务无垫款。部署小微金融服务，助推揭阳民营企业发展；深耕当地市场，深耕小微“三农”路线，做大基础客户群，为揭阳市小微经济实体拓宽融资途径，全年累计发放个人经营性贷款59笔5904万元。

2014—2018 年广东南粤银行股份有限公司揭阳分行资产负债表

表 2-73　　单位：万元

年份	资产总额	流动资产	长期资产	负债总额	流动负债	长期负债	所有者权益	本年利润	各项存款	其中：储蓄存款	企事业单位存款	各项贷款	其中：短期贷款	中长期贷款
2014	53767.99	—	—	44171.24	—	—	9596.75	-403.25	43983.57	11410.59	32572.98	12475.03	5062.60	7412.43
2015	116700.70	—	—	106638.25	—	—	10062.45	62.45	85739.57	10735.71	75003.86	22664.33	10406.83	12257.50
2016	140046.73	—	—	129155.71	—	—	10891.02	-108.98	118328.29	10008.19	108320.10	42357.18	23950.26	18406.92
2017	58983.46	—	—	47900.99	—	—	11082.47	82.47	47664.16	10406.34	37257.82	43779.37	16292.00	27407.37
2018	117893.38	—	—	106873.34	—	—	11020.04	20.04	90902.60	14428.12	76474.48	114232.58	17926.00	96306.58

说明：表内“—”为无法取数或无数据

第六节 农村商业银行

农村股份制商业银行是辖区内农民、农村工商户、企业法人和其他经济组织共同入股组成的股份制的地方性金融机构。这种产权制度和管理体制，构建起产权明晰、自主经营、自我约束、架构规范、运作科学、治理有效、适应社区特点的公司治理模式，由其前身农村信用合作联社改制组建。

2009 年 9 月，揭阳市人民政府决定将揭阳榕城农村信用合作联社，作为改革组建农村商业银行股份有限公司试点单位。24 日，揭阳榕城农村商业银行筹建工作全面启动。2010 年 6 月 25 日，揭阳榕城农村商业银行股份有限公司成立；6 月 29 日开业，成为在广东省非珠三角地区率先完成股份制改革的农村信用合作联社。

2011 年 3 月 28 日，揭阳榕城农村商业银行股份有限公司，更名为广东揭阳农村商业银行股份有限公司（简称揭阳农商行）。辖区内揭西县、揭东县、普宁市农村信用合作联社，分别于 2011 年 11 月 9 日、2014 年 1 月 26 日、2016 年 3 月 18 日成立开业，先后完成改革组建农村商业银行股份有限公司工作。

至 2018 年，全市 5 家农村信用合作联社，有 4 家改革组建为农村商业银行股份有限公司。

一、广东揭阳农村商业银行股份有限公司

（一）机构沿革

2009 年，揭阳市全面启动农村商业银行筹建工作，按照广东省联社要求，揭阳榕城农村商业银行（筹）进行流程银行建设，主要内容：以服务“三农”、服务小微企业、服务县域和社区的市场定位，制定清晰、科学发展战略，形成中长期发展规划；完善法人治理，设立董事会、监事会、股东大会和经营管理层；实行一级法人治理，统一核算，分级管理，授权经营的管理体制，具有独立法人资格；改进业务流程；建立绩效考核制度。2010 年 6 月 25 日，揭阳榕城农村商业银行股份有限公司成立；6 月 29 日，揭阳榕城农村商业银行股份有限公司揭牌开业，成功改制揭阳榕城农村商业银行股份有限公司。改制后原揭阳榕城农村信用合作社联合社的全部资产、负债、机构和人员，依法由设立后的揭阳榕城农村商业银行承继，业务上接受人行揭阳市中心支行和中国银行业监督管理委员会广东监管局揭阳分局的指导和监督；行政上隶属于广东省农村信用社联合社揭阳办事处［经广东省政府授权。广东省农村信用社联合社在省政府的领导下，负责行使对辖内市、县（市、区）农村信用合作联社、农村信用合作社联合社、农村合作银行、农村商业银行等农村合作金融机构的行业管理、业务指导、协调服务职能］管理。

2011 年 3 月 28 日，揭阳榕城农村商业银行股份有限公司更名为广东揭阳农村商业银行股份有限公司（简称揭阳农商行）。至 2018 年，揭阳农商行隶属关系、业务范围、独立法人资格不变。

2010 年 6 月，揭阳榕城农村商业银行员工 473 人，大专及以上毕业 400 人，其中，大专毕业员工 191 人、本科毕业 206 人、研究生毕业 3 人。2018 年 12 月，揭阳农商行有员工 654 人，大专及以上毕业 636 人，其中，大专毕业员工 133 人、本科毕业 481 人、研究生毕业 22 人。

2018 年，揭阳农商行有中、初级专业技术职务人员 356 人，其中，经济师 116 人，会计师 5 人，政工师 7 人；助理经济师 167 人，助理会计师 18 人，助理政工师 5 人，会计员 32 人，经济员 6 人。

2010—2018年广东揭阳农村商业银行股份有限公司员工人数统计表

表 2-74

年份	总人数	总行（本部）	一级支行	二级支行	营业部	分理处
2010	473	92	175	15	17	174
2011	504	96	200	15	17	176
2012	518	102	210	15	17	174
2013	541	108	222	15	19	177
2014	576	116	243	15	18	184
2015	604	122	251	16	18	197
2016	603	122	258	16	18	189
2017	641	124	282	16	20	199
2018	654	138	280	15	20	201

内部机构　2010年6月，揭阳榕城农村商业银行内设14个部（室）：办公室、人力资源部、合规与风险管理部、内审监察部、计划财务部、会计结算部、信息科技部、公司银行部、个人银行部、授信管理部、行政保卫部、营业部、授信审批中心、工会办公室。2011年3月，揭阳农商行，内设机构不变。2013年，增设国际业务部。2014年，揭阳农商行内设15个部（室、中心）：公司银行部、个人银行部、信息科技与电子银行部、资金业务部、国际业务部、授信管理部、授信审批中心、计划财务部、运营部、办公室、人力资源部、行政保卫部、合规与风险管理部、内审监察部、村镇银行管理办公室（与办公室合署办公）。另设立3个专营中心：小微企业贷款中心、对公贷款中心、票据中心。总行工会委员会设立工会办公室。

2018年，揭阳农商行内设15个部（室、中心）：公司银行部、个人银行部、信息科技与电子银行部、资金业务部、国际业务部、授信管理部、授信审批中心、计划财务部、运营部、办公室、人力资源部、行政保卫部、合规与风险管理部、内审监察部、村镇银行管理办公室（与办公室合署办公）。工会办公室、监事会办公室、董事会办公室与办公室合署办公，纪委办公室、党委办公室与办公室合署办公，组织部与人力资源部合署办公，宣传部与工会办公室合署办公。

2010—2018年广东揭阳农村商业银行股份有限公司负责人一览表

表 2-75

姓名	性别	职　务	籍贯	任职起止时间
徐延秋	男	董事长	广东揭阳	2010年8月—2011年4月
黄胜章	男	行长	广东揭阳	2010年8月—2011年4月
许晓葵	男	副行长	广东揭阳	2010年8月—2011年4月
苏鸿龙	男	副行长	广东普宁	2010年8月—2011年4月

续表 2-75

姓名	性别	职　务	籍贯	任职起止时间
陈汝秋	男	监事长	广东惠来	2010 年 6 月— 2011 年 4 月
徐延秋	男	董事长	广东揭阳	2011 年 4 月— 2018 年 6 月
黄胜章	男	行长	广东揭阳	2011 年 4 月— 2018 年 3 月
陈汝秋	男	监事长	广东惠来	2011 年 4 月— 2017 年 1 月
许晓葵	男	副行长	广东揭阳	2011 年 4 月— 2017 年 1 月
苏鸿龙	男	副行长	广东普宁	2011 年 4 月—
许晓葵	男	监事长	广东揭阳	2017 年 6 月— 2018 年 3 月
梁柏坚	男	党委委员	广东顺德	2017 年 10 月—
许晓葵	男	行长	广东揭阳	2018 年 3 月— 2018 年 9 月
黄胜章	男	监事长	广东揭阳	2018 年 3 月— 2018 年 10 月
梁柏坚	男	副行长	广东顺德	2018 年 1 月—
张　珂	男	党委书记	河南南阳	2018 年 6 月—
梁剑宇	男	党委副书记	广东南海	2018 年 11 月—
陈志权	男	党委副书记	广东陆河	2018 年 11 月—
何国伟	男	纪委书记	广东东源	2018 年 11 月—

说明：表内成员按 2010 — 2018 年任职起始时间由远到近排序

分支机构　2011 年 5 月 10 日，西郊支行完成行址扩建。7 月 7 日，双寮分理处从揭阳市榕城区梅云镇石头村迁往揭阳市榕城区梅云镇圩场路 176 号（原梅云信用社双光分社址），完成辖内 60 个网点的机构更名工作。2012 年 1 月 19 日，淡浦分理处从揭阳市东山揭丰公路砂松路段迁往揭阳市东山区建阳路以北、淡浦村改造第一期工程 R 栋东至西第 7—10 号。5 月 14 日，龙石分理处从揭阳市东山龙石村村道中段迁往“揭阳市东山区龙石村村道西侧铁路下”。6 月 15 日，上义分理处升格并更名为砲台支行。

2013 年 7 月 24 日，乔南分理处从 揭阳市磐东镇乔南村迁往新址揭阳市磐东镇乔南村龙上湖路村公所斜对面。2014 年 7 月 1 日，增设下六分理处。9 月 19 日，燎原分理处从揭阳市榕城区榕东梅兜村，迁往新址揭阳市榕城区榕东街道办事处梅兜经济联合社红亭路片汇雅轩大楼首层。9 月 24 日，增设万景支行。10 月 1 日，增设揭东支行。

2015 年 1 月 21 日，增设蓝城支行。4 月 9 日，下义分理处从揭阳市榕城区新兴东路（邱金元中学对面），迁往新址揭阳市榕城区东湖路中段、下义村路口北侧自南向北排起第 1 至 5 号。2016 年 5 月 18 日，渔湖支行更名为空港经济区支行。8 月 1 日，市场支行从揭阳市东山磐东镇乔南玉器中心 E 区 6 幢 1—3 号、35—38 号，迁往新址揭阳市东山阳美路以东环市北路以南玉都万玉广场一期三幢 11 号。9 月 8 日，榕松分理处从榕城区榕松路北侧榕华苑二座 12—16 号，迁往新址揭阳市榕城区临江南路以南榕华大道以东江南新城一期 23 号铺。12 月 28 日，增设登岗支行。

2017 年 6 月 14 日，沟口分理处从揭阳市东山新河路以东、新阳路以南，迁往新址揭阳市榕城区东升街沟口社区学校片区 7 幢。6 月 20 日，山南分理处从揭阳市榕城区梅云镇伯劳村，迁往新址揭阳市榕城区梅云街伯劳社区田东开发区紫服港路北座 6 号。9 月 18 日，增设地都支行。

2018 年 9 月 5 日，北河分理处完成改建装修并开业。9 月 25 日，陆联分理处从揭阳市榕城区榕东后畔村，迁往新址揭阳市榕城区榕东办事处西陈村后水门。

至 2018 年 12 月，揭阳农商行全市有营业网点 66 个，其中，营业部 1 个、支行 19 个、分理处 46 个。

2010—2018 年广东揭阳农村商业银行股份有限公司机构统计表

表 2-76　　单位：个

年份	机构总数	总行	一级支行	二级支行	营业部	分理处
2010	61	1	11	3	1	45
2011	61	1	11	3	1	45
2012	61	1	11	3	1	45
2013	61	1	11	3	1	45
2014	64	1	13	3	1	46
2015	65	1	14	3	1	46
2016	66	1	15	3	1	46
2017	67	1	16	3	1	46
2018	67	1	16	3	1	46

（二）职能任务与业务

2010 年 7 月，揭阳榕城农村商业银行经营范围为吸收人民币存款；发放短期、中期和长期贷款；办理国内结算；代理发行、代理兑付政府债券；买卖政府债券、金融债券；从事银行卡（借记卡）业务；代理收付款项；提供保管箱服务；经银行业监督管理机构批准的其他业务。

2010 年，揭阳榕城农村商业银行先后推出支付宝卡通、“信游 e 家”网上银行和第三方存管业务。发放珠江平安卡 38031 张，卡内存款余额 6.25 亿元，卡交易笔数 113 万笔，交易金额 1.24 亿元，银联清算金额 5.97 亿元。中间业务收入 388 万元，同比增加 127 万元，增长 48.66%。资产总额 53.65 亿元，比上年末增加 12.72 亿元，增长 31.09%；负债总额 48.11 亿元，比上年末增加 9.12 亿元，增长 23.38%。各项存款 46.78 亿元，比上年末增加 8.82 亿元，增长 23.25%。各项贷款 33.16 亿元，比上年末增加 5.90 亿元，增长 21.63%。中小企业贷款余额 17.47 亿元，同比增加 2.58 亿元，增长 17.34%。发放中小企业贷款 21.62 亿元。全年，实现财务总收入 3.62 亿元，同比增加 6071 万元，增长 20.14%；财务总支出 3.05 亿元，同比增加 4381 万元，增长 16.76%；实现经营利润 1.64 亿元，同比增加 4450 万元，增长 37.29%；实现账面利润 9625 万元，同比增加 5609 万元，增长 139.67%。8 月 9 日上线广东省农村合作金融机构第七批数据大集中工程。12 月 21 日，开办网上银行业务。

2011 年 4 月，揭阳农商行增加股本 4500 万股，送股后总股本为 34500 万股。全年新开基本账户 292 个，同比增长 21.39%，对公存款余额 7.05 亿元，比上年末增加 1.99 亿元，增长 22.04%。截至 12 月末，各项贷款余额40.45亿元，同比增加7.29亿元，增长21.98%。贷款余额25.61亿元，中小企业贷款增量8.14亿元，涉农贷款余额37.54亿元，占各项贷款的92.81%。实现中间业务收入695万元，同比增加307万元，增长79.12%。1月4日，与深圳发展银行合作，开办第三方存管业务；由揭阳农商行发起的、以股权投资为纽带，实现跨区域经营而设立的澄海潮商村镇银行、普宁汇成村镇银行分别于10月9日、12月19日挂牌开业并投入运营。2012年5月，增加股本51749815股，送股后总股本为396749815股。12月，增资扩股11000万股，扩股后总股本506749815股。其中，法人股东持股比例51.45%，自然人股东持股比例48.55%。资本净额为10.30亿元，比上年增加4.07亿元，增长39.55%。全年累计发放贷款55.92亿元，同比增加7.91亿元，增长19.54%。各项贷款余额48.35亿元，同比增加7.90亿元，增长19.53%；其中，涉农贷款余额44.90亿元，占比92.88%，涉农贷款增量7.37亿元，增幅19.63%；中小微企业贷款余额34.92亿元，占比72.24%，中小微企业贷款增量9.31亿元，增幅36.37%。全年办理银行承兑汇票授信16户合计18.70亿元，实际开出331笔，金额16.29亿元；办理委托贷款18笔，金额4.63亿元。相继开设代收电费、财政非税特色中间业务、代扣数字电视收视费等业务平台并投入使用。代理发行"金摇篮"理财系列产品10期，代理理财销售金额达到4.55亿元。全年实现中间业务收入885万元。6月4日，启动定向境内金融机构法人和境内非金融机构企业法人。9月7日，注册资本金由人民币396749815元变更为人民币506749815元。

2013年4月，揭阳农商行增加股本50674646股，总股本增至557424461股。8月9日，揭阳农商行经营范围：吸收人民币存款；发放短期、中期和长期贷款；办理国内结算；代理发行、代理兑付、承销政府债券；买卖政府债券、金融债券；从事同业拆借；从事银行卡（借记卡）业务；代理收付款项；提供保管箱服务；办理票据承兑与贴现；经银行业监督管理机构批准的其他业务。12月4日，经揭阳市工商行政管理局核准变更登记，其经营范围：吸收人民币存款；发放短期、中期和长期贷款；办理国内结算；代理发行、代理兑付、承销政府债券；买卖政府债券、金融债券；从事同业拆借；从事银行卡（借记卡）业务；代理收付款项及代理保险业务；提供保管箱服务；办理票据承兑与贴现；经银行业监督管理机构批准的其他业务。截至12月末，农商行总资产101.40亿元，同比增加22.27亿元，增长28.15%。各项贷款余额54.88亿元，同比增加6.54亿元，增长13.52%；总负债89.81亿元，同比增加21.04亿元，增长30.59%。各项存款余额75.42亿元，同比增加9.12亿元，增长13.75%。加大对中小微企业信贷投入，全年累计发放贷款58.34亿元，同比增加2.42亿元，增长4.33%。涉农贷款余额51.07亿元，占比93.04%，涉农贷款增量6.16亿元，增幅13.73%；中小微企业贷款余额42.57亿元，占比77.55%，中小微企业贷款增量7.65亿元，增幅21.89%。

2014年5月，揭阳农商行增加股本83613178股，总股本增至641037639股。8月，揭阳榕城农村商业银行经营范围：吸收公众存款；发放短期、中期和长期贷款；办理国内外结算；办理票据承兑与贴现；代理发行、代理兑付、承销政府债券；买卖政府债券、金融债券；从事同业拆借；买卖、代理买卖外汇；从事银行卡（借记卡）业务；代理信用证服务及担保；代理收付款项及代理保险业务；提供保管箱服务；经银行业监督管理机构批准的其他业务（依法须经批准的项目，经相关部门批准后方可开展经营活动）。12月，增资扩股25000万股，总股本891037639股。全行总资产105.45亿元，总负债87.79亿元，所有者权益余额17.67亿元。各项存款余额83.00亿元，同比增加7.58亿元，增长10.05%；各项贷款余额61.85亿元，同比增加7.58亿元，增长13.97%。全年实现财务总收入7.47亿元，同比增加6793万元，增长10%。实现经营利润3.24亿元，同比增加1398万元，增长4.51%；实现账面利润2.97亿元，同比增加4460万元，增长17.69%。实现中间业务收入1074万元，同比增加48万元，增长4.68%。累计办理结售汇业务3303.79万美元。贸易融资业务量1651.51万美元，余额1115.51万美元，实现外汇经营利润8.50万美元。开通粤信通间联POS业务，拓展间联POS商户104户。全年累计发放贷款68.19亿元，同比增加9.85亿元，增长16.89%。截至12月末，涉农贷款余额50.50亿元，同比增加6.40亿元，增长14.5%，新增涉农贷款占新增各项贷款的91.76%；中小微企业贷款余额51.88亿元，同比增加9.31亿元，增长21.88%。开票金额33.94亿元，同比增加7.31亿元，增长27.5%。1月，农商银行电子验印系统上线。2月27日，获国家外汇管理局揭阳市中心支行批准上线外汇金宏系统。3月，开展保险兼代理业务。4月28日，农商银行国际业务部在金城支行隆重开业，成为粤东第一家开办自营外汇业务的农商行。9月3日，事后监督系统顺利上线，成为广东省农合机构第五批上线机构。10月14日，揭阳农商行万景支行暨票据中心挂牌开业。

2015年5月，揭阳农商行转增股本267310731股，转增后总股本1142252909股。10月，回购股份40180430股，回购后总股本1102072479股。全年资产总额124.27亿元，同比增加18.82亿元，增长17.84%。各项贷款余额65亿元，同比增加3.14亿元，增长5.08%；负债总额107.47亿元，同比增加19.68亿元，增长22.42%。各项存款余额92.54亿元，同比增加9.54亿元，增长11.50%。实现中间业务收入1149万元，同比增加75万元，增长6.98%。财务总支出5.75亿元，同比增加1.24亿元，增长27.58%。实现经营利润33474万元，同比增加1085万元，增长3.35%。12月，揭阳农商行中标揭阳市市级财政国库集中支付业务代理银行资格项目，开展相关业务。

2016年，累计发放贷款67.92亿元。涉农贷款余额57.98亿元，占各项贷款的82.88%，比年初增加4.66亿元，增长8.74%；小微企业贷款余额62.07亿元，占各项贷款的88.73%，比年初增加5.26亿元，增长9.27%。累计现金收回不良贷款282户，金额8442万元；起诉不良贷款户68户，涉诉本金7084万元。4月14日，开办榕城区财政局国库直接支付和授权支付业务。5月3日，推出个人购房贷款金融产品“福贷宝”。7月，推出代理国税业务。8月1日，推出保管箱业务，配备4种不同箱体规格。12月13日，推出承办纸介质票据转贴现业务，截至12月末，余额5095万元。12月18日，首次开办一笔7天交易期金额1亿元同业拆借业务。

2017年4月，揭阳农商行转增股本55103071股，转增后总股本1157175550股。开立助农取款服务点47个，填补45个行政村金融服务的空白。发放“致富快捷贷”16笔，金额2458万元。与粤财普惠金融（揭阳）融资担保股份有限公司签订合作协议，拓宽增信渠道，支持小微企业发展。资产总额135.51亿元，比年初增加9.01亿元，增长7.13%；负债总额119.33亿元，比年初增加9.66亿元，增长8.81%。各项存款余额107.99亿元，比年初增加4.82亿元，增长4.67%。各项贷款余额69.29亿元，比年初减少6653.03万元，下降0.95%。中间业务收入1533万元，同比增加54万元，增长3.65%。财务总支出7.14亿元。实现经营利润2.94亿元，同比减少6119万元。拓展7家教育机构上架“鲜特汇”教育缴费平台；新增借记卡29008张；新增手机银行20811户，网上银行13461户，网上支付52309户。银联POS清算笔数549902笔。增设自助银行8家，增投自助设备22台。4月26日，揭阳农商行在辖属金城支行、空港经济区支行、仙桥支行、揭东支行、磐东支行、蓝城支行、东山支行、江南支行8个网点，开办个人即期结售汇业务。9月，承办电子票据转贴现业务，至年末余额11.65亿元。

2018年6月，揭阳农商行转增股本46286445股，转增后总股本1203461995股。8月，回购股份34153593股，回购后农商行总股本1169308402股。全年“致富快捷贷”累计发放69笔，金额1.02亿元。截至12月末，农商行总资产137.73亿元，比年初增加2.22亿元，增长1.64%，其中各项贷款余额81.16亿元，比年初增加11.87亿元，增长17.13%；总负债121.80亿元，比年初增加2.47亿元，增长2.03%；各项存款余额109.80亿元，比年初增加1.81亿元，增长1.68%。全年实现财务总收入7.07亿元；实现经营利润2.60亿元；账面利润2207.71万元，同比增加90.69万元，增长4.28%；净利润933.21万元，同比增加64.26万元，增长7.4%；中间业务收入820.79万元。全年累计现金收回不良贷款298户，金额8029.05万元；起诉违约客户55户，涉诉本金2.63亿元。10月，揭阳农商行在营业部营业厅安装超级柜台终端，测试完毕并投入使用。完成上海票据交易所票据交易系统上线；推出代征国地税业务。截至12月末，在揭阳农商行开立国际业务单位的客户16户，结售汇人民币累计余额1.76亿元，贸易融资人民币累计余额790.74万元，外币存款（人民币）累计3739.46万元，外汇业务利润收益169.86万元。

2010—2018年广东揭阳农村商业银行股份有限公司资产负债表（本币）

表 2-77　　单位：万元

年份	资产总额	流动资产	长期资产	负债总额	流动负债	长期负债	所有者权益	本年利润	各项存款	其中：储蓄存款	企事业单位存款	各项贷款	其中：短期贷款	中长期贷款
2010	536474	—	—	481074	—	—	55400	5707	467768	377549	—	331586	307688	23898
2011	641330	—	—	576304	—	—	65026	9978	541814	431726	—	404469	375369	29100
2012	791307	—	—	687687	—	—	103620	15851	663039	514125	—	483451	449068	34383
2013	1014027	—	—	898073	—	—	115954	17882	754216	540278	—	548830	510673	38157
2014	1054542	—	—	877883	—	—	176659	22103	830014	599200	—	618548	505021	113527
2015	1242694	—	—	1074682	—	—	168012	16591	925439	660734	—	649966	533227	116739
2016	1264961	—	—	1096692	—	—	168269	17040	1031716	748740	—	699563	579809	119754
2017	1355105	—	—	1193313	—	—	161792	869	1079877	816182	—	692910	519378	173532
2018	1377270	—	—	1218023	—	—	159247	933	1097992	857463	—	811624	475966	335658

说明：表内“—”为无法取数或无数据

二、广东揭东农村商业银行股份有限公司

（一）机构沿革

广东揭东农村商业银行股份有限公司（简称揭东农商行），其前身为揭东县农村信用合作联社。2013年12月13日，揭东县农村信用合作联社进行流程银行建设，改制成立股份制农村商业银行。随后召开创立大会暨股东大会第一次会议，更名为广东揭东农村商业银行股份有限公司。改制后原揭东县农村信用合作联社的全部资产、负债、机构和人员，依法由设立后的广东揭东农村商业银行股份有限公司承继，其经营管理模式按照现代股份制商业银行的标准运作。2014年1月26日，广东揭东农村商业银行股份有限公司开业。至2018年，揭东农商行名称、隶属关系，业务范围不变。

2013年，揭东县农信社有员工757人，其中，中级职称112人、初级职称315人。2018年，有员工808人，其中，中级职称48人、初级职称325人。

2014—2018年广东揭东农村商业银行股份有限公司员工人数统计表

表2-78　　单位：人

年份	总人数	总 行（本部）	一级支行	二级支行	营业部	分理处
2014	768	105	261	—	28	374
2015	799	125	285	—	27	362
2016	811	127	295	—	25	364
2017	822	128	303	—	24	367
2018	808	138	290	—	20	360

说明：表内“—”为无法取数或无数据

内部机构　2014—2015年，揭东农商行内设15个股（室）：办公室、行政管理部、人力资源部、工委会办公室、安全保卫部、内审监察部、计划资金财务部、授信管理部、授信审批部、资产保全部、合规与风险管理部、董事会办公室、会计结算部、个人业务与科技部、公司业务部。2016年，内设17个股（室）：办公室、行政管理部、人力资源部、工委会办公室、安全保卫部、内审监察部、计划财务部、资金业务部、授信管理部、授信审批部、资产保全部、合规与风险管理部、董事会办公室、监事会办公室、运营部、个人业务与科技部、公司业务部。

至2018年12月，揭东农商行内设科室不变。

2014—2018年广东揭东农村商业银行股份有限公司负责人一览表

表2-79

姓名	性别	职　务	籍贯	任职起止时间
徐茂发	男	副行长	广东揭阳	2014年1月—2016年5月
李泽瑜	男	行长	广东揭阳	2014年1月—2016年5月

续表 2-79

姓名	性别	职　务	籍贯	任职起止时间
郑鸿华	男	副行长	广东揭阳	2014 年 1 月— 2018 年 12 月
江文生	男	副行长	广东揭阳	2014 年 1 月— 2018 年 12 月
江永松	男	监事长	广东揭阳	2014 年 1 月—
陈少伟	男	副行长	广东揭阳	2014 年 2 月—
李旭升	男	董事长	广东揭西	2017 年 7 月—
张育良	男	副行长	广东揭西	2018 年 3 月—
林海山	男	行长	广东惠东	2018 年 9 月—

说明：表内成员按 2004—2018 年任职起始时间由远到近排序

分支机构　2014 年，揭东农商行有机构 94 个，其中，揭东农商行辖属支行 16 个、分社（分理处、储蓄所）77 个。至 2018 年，揭东农商行股份有限公司共有机构 93 个，其中法人单位 1 个（含营业部）、支行 17 个、分理处（储蓄所）75 个，各级网点覆盖辖区所有行政镇。

2014—2018 年广东揭东农村商业银行股份有限公司分支机构（网点）暨变动一览表

表 2-80　　单位：个

年度	机构总数	其中				机构变动情况		备注
		法人单位	营业部	信用社（信用站）/ 支行	分社、分理处、储蓄所	增	减	
2014	94	1	1	16	77	—	—	—
2015	94	1	1	16	77	—	—	—
2016	94	1	1	17	76	新增一个支行	撤销一个分理处	新增蓝城支行，撤销西河分理处
2017	94	1	1	17	76	—	—	—
2018	93	1	1	17	75	—	撤销一个分理处	月城松山

说明：表内“—”为无法取数，或无数据，或无情况说明

（二）职能任务与业务

2013 年 12 月 13 日，揭东农商行成立。

2014 年 1 月 26 日，揭东农商行开业，是全省第 25 家由农村合作银行改制组建的农村商业银行，实行产权明晰，规范运作，分级管理，授权经营的法人治理机制和内部管理机制。截至 12 月末，全行存款总额 135.88 亿元，增长 13.12%，其中储蓄存款总额 123.09 亿元，比年初增长 13.85%。推出“电商创业贷款”“小微企业创业贷款”“卡贷宝”“商位租赁贷款”等特色产品。截至 12 月末，支持小微企业贷款 474 户，余额 56.27 亿元。扶持揭东区军埔村电商发展和揭阳市“一镇一品”工程，发放电商贷款 11 户 12 笔，金额 388 万元。

2015年，揭东农商行全面推进“小银行+大平台”发展战略，深耕农村市场，推进流程银行建设工作。11月20日，流程银行顺利上线，初步形成以流程为核心的营运模式。全年存款总额155.44亿元，增长率14.39%，储蓄存款总额137.73亿元，增长率11.89%；对公存款余额17.70亿元，比2014年的12.80亿元增加4.90亿元，增长38.40%。全年涉农贷款余额74.10亿元，比年初增加5.80亿元，增幅8.49%；小微企业贷款余额79.13亿元，比年初增加9.48亿元，增幅13.61%。抵押贷款余额55.60亿元，比年初增加11.92亿元。创建信用村69个，授信农户39045户，授信金额298651万元；创新金融产品，推出“卡贷宝”“淘宝贷”“农民创业贷款”“青年创业贷款”“妇女创业贷款”“惠农种养贷款”和“惠农工贸贷款”等金融信贷产品；推出农民合作社“政银保”专项贷款业务，发放金额500万元；推出“青年创业贷款”。

2016年，全行涉农贷款余额81.58亿元，占各项贷款的71.28%，比年初增加7.49亿元，增幅10.11%。小微企业贷款（含个体工商户）余额102.48亿元，占各项贷款的89.54%，比年初增加10.86亿元，增幅11.85%。对揭东辖区创建的69个信用村，授信农户39048户，授信金额29.87亿元；发放“卡贷宝”“淘宝贷”“农民创业贷款”“青年创业贷款”“妇女创业贷款”“惠农种养贷款”和“惠农工贸贷款”等金融信贷产品1286户，贷款余额7183万元。处置不良贷款1.13亿元。

2017年，存款总额180.56亿元，同比增长7.37%，其中储蓄存款总额162.79亿元，同比增长8.59%；对公存款余额17.78亿元。现金收回大户贷款本金6.26亿元，利息7171万元，盘活转贷1.78亿元，清息压降6.96亿元。收回小户贷款1437万元。推出“助学贷”“助企贷”“精英贷”。开展“民工返乡休息站”“社保卡下乡激活”“金融知识进万家”等活动。

2018年，月城支行通过开通手机银行和注册“鲜特汇”回馈优惠、锡场支行通过开卡回馈优惠、曲溪支行通过开展回馈优惠营销等促销活动，拓展“鲜特汇收银台”106户。白塔支行首季拓展开立企事业单位公户30户，存款增加8500万元。月城支行拓展开立S335省道拆迁款专用户。全年存款总额191.88亿元，同比增长6.27%，其中储蓄存款175.27亿元，同比增长7.67%；对公存款余额16.60亿元，下降1.18亿元。与10个楼盘合作，授信额度17.63亿元，受理按揭户数860户，金额5.18亿元，发放4.71亿元（其中商业贷3.84亿元，公积金贷8200万元）。投放精英贷1258户2.17亿元，助企贷113户9000万元，助学贷4户6.70万元，扶贫小额贷16户56万元。化解重点风险大户系列贷款本金7.64亿元，其中盘活续贷3.40亿元，现金收回本金2.71亿元，大户呆账核销1.53亿元。

2013—2018年广东揭东农村商业银行股份有限公司资产负债表（本币）

表2-81　　单位：万元

年份	资产总额	流动资产	长期资产	负债总额	流动负债	长期负债	本年利润	各项存款	其中：储蓄存款	企事业单位存款	各项贷款	其中：涉农贷款	中小微企业贷款
2013	1355235.04	1245156.82	110078.22	1251638.36	1120288.12	131350.24	46812.82	1201200.00	1081146	95074.00	820179.88	786544.75	562746.50
2014	1565703.09	1497863.79	67839.30	1435035.77	1302873.60	132162.17	53963.11	1358848.00	1230882	101141.00	965157.62	682992.90	696511.50
2015	1766298.37	1712005.49	54292.88	1621920.26	1380055.76	241864.50	52793.04	1554386.00	1377286	135385.00	1045790.60	740951.33	797705.70
2016	1896996.45	1828205.42	68791.03	1735854.32	1469501.87	266352.45	49037.22	1681670.00	1499151	45383.00	1144533.44	815849.61	910175.57
2017	2026407.84	1859439.15	166968.69	1868275.06	1406265.21	462009.85	46613.85	1805615.00	1627856	52890.00	1027025.35	769708.48	808131.14
2018	2131461.04	1835472.10	295988.94	1972737.71	1344188.39	628549.32	18763.90	1918779.00	1752741	91677.00	1036266.22	677997.88	795568.14

三、广东揭西农村商业银行股份有限公司

（一）机构沿革

2011 年 11 月 9 日，揭西县农村信用合作联社改制，广东揭西农村商业银行股份有限公司成立（简称揭西农商行），成为全省成立的第 8 家股份制农村商业银行。其业务接受中国人民银行揭西支行和揭阳银监分局的指导监督，行政上隶属广东省农村信用社联合社管理。至 2018 年 12 月，揭西农商行名称、性质、经营范围、隶属关系不变。

2011 年，揭西县农信社员工 546 人，其中，行本部 85 人、一级支行 294 人、营业部 25 人，分理处 142 人；其中，中级及以上职称 81 人、初级职称 196 人。2015 年，有员工 565 人，其中，行本部 109 人、一级支行 280 人、营业部 23 人、分理处 153 人。至 2018 年，有员工 576 人，其中，行本部 149 人、一级支行 263 人、营业部 16 人、分理处 148 人；其中，中级及以上职称 127 人、初级职称 198 人。

2011—2018 年广东揭西农村商业银行股份有限公司员工人数统计表

表 2-82　　　　单位：人

年份	总人数	总行	一级支行	二级支行	营业部	分理处
2011	546	85	294	—	25	142
2012	551	89	229	—	25	208
2013	553	94	306	—	23	130
2014	571	111	292	—	22	146
2015	565	109	280	—	23	153
2016	566	154	258	—	12	142
2017	571	173	243	—	13	142
2018	576	149	263	—	16	148

说明：表内“—”为无法取数或无数据

内部机构　2011 年 11 月，广东揭西农村商业银行股份有限公司成立，按银行流程建设，建立健全内部职能管理部门。2012 年起，建立健全内部职能管理机构。2016 年，内设 16 个部（室）：公司业务部、个人金融部、电子银行部、创新发展部、营业部、授信管理部、大客户管理部、资产保全部、计划资金财务部、运营部、工会办公室、办公室、人力资源部、安全生产管理部、合规与风险管理部、内审监察部。

2018 年，揭西农商行内设 14 个部（室）：办公室、安全管理部、人力资源部、工会办公室、业务发展与科技部、资产保全部、合规与风险管理部、计划资金财务部、运营部、内审监察部、监事会办公室、董事会办公室、纪委办、授信管理部。其中，董事会办公室、监事会办公室和纪律检查委员会办公室，下设一级中心 2 个：大客户管理中心和贷款营销中心；二级中心 3 个：不良贷款清收中心、现金管理中心以及押运和监控中心。

2011—2018年广东揭西农村商业银行股份有限公司负责人一览表

表 2-83

姓名	性别	职　务	籍贯	任职起止时间
黄建新	男	副行长	广东揭西	2011 年 11 月— 2018 年 12 月
魏阳山	男	副行长	广东兴宁	2011 年 11 月— 2017 年 10 月
邱建财	男	监事长	广东揭西	2011 年 11 月— 2018 年 4 月
卢树德	男	党委书记	广东揭阳	2014 年 8 月— 2015 年 7 月
何伟军	男	董事长	广东惠东	2015 年 7 月— 2018 年 9 月
赖志灵	男	副行长	广东惠东	2015 年 7 月—
骆嘉慧	男	副行长	广东茂名	2016 年 1 月— 2019 年 5 月
张仟来	男	党委委员	广东五华	2016 年 1 月— 2017 年 2 月
梁锦焕	男	行长	广东新会	2017 年 10 月—
杨柳斌	男	副行长	广东河源	2017 年 10 月—
庄少川	男	监事长	广东汕头	2018 年 4 月—
蔡子湖	男	副行长	广东汕头	2018 年 4 月—
陈志钟	男	党委书记	广东陆河	2018 年 9 月—

说明：表内成员按 2011—2018 年任职起始时间由远到近排序

分支机构　2011年，揭西农商行有分支机构网点54个，其中，总行营业部1个、支行17个、分理处（储蓄所）36个。至2018年12月，揭西农商行分支机构不变。

2011—2018年广东揭西农村商业银行股份有限公司分支机构（网点）暨变动一览表

表 2-84　单位：个

年度	机构总数	其中				机构变动情况		备注
		法人单位	营业部	支行	分理处（储蓄所）	增	减	
2011	54	1	1	17	36	—	—	—
2012	54	1	1	17	36	—	—	—
2013	54	1	1	17	36	—	—	—
2014	54	1	1	17	36	—	—	—
2015	54	1	1	17	36	—	—	—
2016	54	1	1	17	36	—	—	—
2017	54	1	1	17	36	—	—	—
2018	54	1	1	17	36	—	—	—

说明：表内“—”为无变动、无情况说明

（二）职能任务与业务

2011年11月，广东揭西农村商业银行股份有限公司成立，经营宗旨为：依据国家法律、法规和规章，遵守信用，合法经营，秉承社区银行和零售银行的发展定位，支持“三农”经济和中小企业发展，为社会提供优质、高效的金融服务，促进地方经济协调快速发展，实现股东权益和本行价值的最大化。全年各项存款余额47.36亿元，比年初增加7.58亿元，增幅19%，其中新增存款7.58亿元；全年各项贷款余额32.04亿元，比年初增加3.42亿元，增幅11.96%。全年投放涉农贷款19.89亿元；中间业务收入占比实绩0.87%；新增银行卡实绩22217张；新增POS商户14户。2012年，增发股票2.50亿股、每股3.30元，募集资金8.25亿元。截至12月末，各项存款余额79.58亿元，比年初增加23.58亿元，增幅42.11%。全年共拓展对公存款9.09亿元，比年初增幅251%。各项贷款余额50.50亿元，比年初增加18.47亿元，增幅57.64%。与企业签约资金5.20亿元，其中与10家企业代表现场签约贷款意向1.41亿元。截至12月末，对中小微企业贷款余额48.76亿元，比年初增加18.34亿元，增幅60.32%，其中，小微企业贷款余额46.66亿元，比年初增加19.24亿元，增幅70.14%。涉农贷款余额37.63亿元，比年初增加14.33亿元，增幅61.51%。全年压缩2010年年底前形成表内外不良贷款2026.38万元。珠江平安卡存卡量99940张，比上年新增19252张，增长23.86%；拓展网上银行客户3638户，手机银行客户556户。拓展支付宝卡通、腾讯财付通、银联无卡支付等网上支付网约客户2420户。

2013年，揭西农商行各项存款余额124.28亿元，增加44.70亿元，增幅67.01%。全行各项贷款余额78.82亿元，比年初增加28.32亿元，增幅56.08%。与揭西县政府和106家企业代表分别签订《政银战略合作协议》《银企合作协议》，增量融资32.80亿元。涉农贷款余额59.71亿元，较年初增加22.08亿元，增幅58.67%。推出“卡贷宝”业务，全年拓展“卡贷宝”业务共134户，余额1524.08万元。对中小微企业贷款余额77.19亿元，较年初增加28.44亿元，增幅58.32%。全行办理委托贷款10亿元。6月19日，与潮州市区联社成功签订战略合作意向书。2014年，揭西农商行各项贷款余额92.93亿元，比年初增加14.11亿元，增幅17.89%。其中，涉农贷款余额71.28亿元，小微企业贷款余额89.75亿元，同比分别增长19.38%和19.24%。各项存款余额131.99亿元，比年初增加7.71亿元，增幅6.20%。1月，推出“金摇篮·安盈系列”理财产品，完成4期8000万元代理理财产品销售，成功赎回8000万元。全行新增发卡45.54万张，新增ATM（含CRS）10台，新增自助银行1家，拓展银联POS商户24户，签约网银客户4516户，网银交易金额159.41亿元。全年增加中间业务收益3606万元，清收表内不良贷款2002万元，表外不良贷款1469万元。1月，电子验印系统上线应用，3月1日，全市电子验印实现联通功能。6月17日，事后监督中心设立运行。8月，配合人行成功上线第二代支付系统。12月，小微企业专营中心、“三农”贷款专营中心成立。

2015年3月，揭西农商行启动流动银行建设，12月23日上线营运。信贷通过“一镇一品”民生工程，重点支持梅榄、甜玉米、珍禽、茶叶等农业龙头项目，支持特色农业经济发展。至12月，涉农贷款余额71.29亿元，小微企业贷款余额95.35亿元。信贷产品推出“个人小额担保贷款”“农户联保贷款”“公职人员贷款”等品种，新发放50万元（含）以下小额贷款637户，余额1.14亿元。5月起，实行免收POS收单手续费方式，与揭西县卫生和计划生育局合作，在全县各乡镇（街道）计生办、县属各医疗单位全系统推行设立POS机具收单结算。全年新拓展POS机195台，新装存取一体机2台，累计配置自助设备46台。全年发行社保卡1.31万张，累计存量50.47万张。12月3日，变更营业执照，其经营宗旨：依据国家法律、法规和规章，恪守信用，合法经营，秉承社区银行和零售银行的发展定位，支持“三农”

经济和中小企业发展，为社会提供优质、高效的金融服务，促进地方经济协调快速发展，实现股东权益和本行价值的最大化。

2016年，揭西农商行本地存款增加13.10亿元，增幅15.45%，收回表内不良贷款6.63亿元，推出“智惠存”新型存款产品，至12月，开办“智惠存”客户共212户，账户余额8300万元，推广“卡贷宝”等自助循环贷款，推出“电商贷”“薪易贷”信贷产品。全年新发放50万元以下小额贷款共6300万元；为揭西县当地金和镇电商“小巨人”陈益武发放首笔“电商贷”。发展与县医院“互联网+医疗”合作项目；持续组织各基层支行进村下乡便民激活社保卡，全行激活社保卡19.12万张。2017年，全年新增存款11.65亿元，其中，对公存款新增3.87亿元；“智惠存”存量客户签约1001户，比年初增加726户，增长264%，吸存2.36亿元。新发放贷款10.34亿元，主要投向农林牧渔、电力热力燃气、水生产和供应业，推出信贷产品——“妇女创业贷”。

2018年，揭西农商行全年对公存款新增8.04亿元，增幅47.31%。推出“惠农贷”“电商贷”“薪易贷”等特色信贷产品，推出“妇女创业小额贷款”。截至12月末，涉农贷款余额71.78亿元，占各项贷款余额的81.83%；小微企业贷款余额78.97亿元，占各项贷款余额的90.03%。截至12月末，揭西农商行股本金总额671263317股，户数3299户，其中法人股东16户，326374868股，占比48.62%；自然人股东3283户，344888449股，占比51.38%。

2011—2018 年广东揭西农村商业银行股份有限公司资产负债表（本币）

表 2-85　　单位：万元

年份	资产总额	流动资产	长期资产	负债总额	流动负债	长期负债	本年利润	各项存款	其中：储蓄存款	企事业单位存款	各项贷款	其中：涉农贷款	中小微企业贷款
2011	552224.32	505009.7	47214.62	486128.81	391590.3	94538.51	9558.77	473586.89	437446.00	36134.00	320358.00	232993	290453
2012	889024.22	736512.82	152511.4	725995.44	572027.23	153968.21	15250.39	795798.60	673636.43	60047.96	505019.00	376309.42	481029
2013	1563374.29	885238.29	678136	1381329.15	1214769.22	166559.93	24538.83	1242837.55	1115697.82	98502.92	788227.95	597097.76	762263
2014	1873152.80	1524314.91	348837.89	1670802.84	1471572.93	199229.91	29761.63	1319898.00	878632.86	400783.77	929280.23	712833.06	905930
2015	2012571.71	1522697.1	489874.61	1820588.51	1100860.64	719727.87	3062.49	1339963.95	752042.42	494125.29	980510.15	712912.23	953471
2016	1892819.36	1453431.51	439387.85	1699197.54	1142895.9	556301.64	6909.41	1269014.06	847899.38	353520.28	935594.98	707065.55	923977
2017	1336316.36	876638.76	459677.6	1141674.63	837062.12	304612.51	968.36	1095451.21	926354.89	66097.25	846732.26	647669.10	838472
2018	1465312.21	976190.8	489121.41	1278865.55	916680.05	362185.5	-8454.41	1250630.56	1000883.80	117229.19	877187.86	717820.70	869731

说明：表内“—”为无法取数或无数据

四、广东普宁农村商业银行股份有限公司

（一）机构沿革

2014年2月25日，普宁农信联社全面启动改制农商银行，完成预测规划、清产核资、筹建验收、发起人征集、申报筹建等组建工作。11月26日，召开创立大会，选举产生董事会、监事会、股东大会和高级管理层成员。2016年3月18日，普宁市农村信用合作联社改制成立广东普宁农商行股份有限公司（简称普宁农商行），挂牌开业。至2018年12月，普宁农商行名称、性质、隶属关系、经营范围不变。

2016年，普宁农商行员工948人，其中，总行本部177人，一级支行348人，营业部38人，分理处385人；其中，中级及以上职称351人，初级职称237人。2018年，员工929人，其中，总行本部165人，一级支行346人，二级支行15人，营业部63人，分理处340人；其中，中级及以上职称372人，初级职称236人。

2016—2018年广东普宁农村商业银行股份有限公司员工人数统计表

表2-86　　单位：人

年份	总人数	总行（本部）	一级支行	二级支行	营业部	分理处
2016	948	177	348	—	38	385
2017	931	154	379	—	40	358
2018	929	165	346	15	63	340

说明：表内“—”为无法取数或无数据

内部机构　2016年，普宁农商行内设18个部（室、中心）：办公室、人力资源部、计划财务部、资产管理部、安全保卫部、个人银行部、内审监察部、会计结算部、事后监督中心、授信审批中心、授信管理部、合规与风险管理部、信息科技部、公司银行部、工会办公室、小微企业专营中心、监事会办公室、“三农”贷款专营中心。2017年，将市场创新部和小微企业专营中心调整拆分为市场创新部、消费金融部和小微金融部。调整后，普宁农商行内设16个部（室、中心）：办公室、人力资源部、运营部、安全保卫部、电子银行与信息科技部、内审监察部、授信审批中心、消费金融部、资金业务部、合规与风险管理部、小微金融部、市场创新部、工会办公室、授信管理部、资产管理部、监事会办公室。

2018年，普宁农商行董事会办公室专职部门成立，拆分内审监察部职能，监察室和内审部成立，监察室与纪委办公室合署办公。优化资产运营中心、小微金融部等9个准事业部门和专业业务中心的架构，与支行实行“双轨运作”。普宁农商行内设14个部（室、中心）：办公室、董事会办公室、监事会办公室、人力资源部、工会办公室、纪委办公室、合规与风险管理部、内审部、安全保卫部、运营部、电子银行与信息科技部、授信管理部、授信审批中心、市场创新部；4个准事业部，分别是消费金融部、小微金融部、资产运营中心、资金业务部。

2016—2018年广东普宁农村商业银行股份有限公司负责人一览表

表2-87

姓名	性别	职　务	籍贯	任职起止时间
蔡俊雄	男	监事长	广东普宁	2016年3月—2017年11月
黄剑颖	男	副行长	广东惠来	2016年3月—2018年9月
周　新	男	董事长	湖南湘阴	2018年1月—
陈文峰	男	监事长	广东兴宁	2018年8月—
黄锐才	男	副行长	广东龙门	2018年10月—

说明：表内成员按2016—2018年任职起始时间由远到近排序

分支机构　2018年，撤并服务半径重复、网点建设落后的4个分理处，3个一级支行降格为二级支行，优化网点布局和人员配置。

2016—2018年广东普宁农村商业银行股份有限公司分支机构（网点）暨变动一览表

表2-88　　单位：个

年度	机构总数	其中				机构变动情况		备注
		法人单位	营业部	支行	分理处（储蓄所）	增	减	
2016	123	1	1	21	101	—	—	—
2017	123	1	1	21	101	—	—	—
2018	119	1	1	21	97	—	城北分理处、龙苑分理处、中华路分理处、城西分理处	—

说明：表内“—”为无法取数、或无数据，或无情况说明

（二）职能任务与业务

2016年，普宁农商行以“立足地方，服务‘三农’、中小微企业和城乡居民，支持社区经济发展”为发展宗旨，扎根农村、精心耕耘，发挥区域金融主力军作用。主要业务范围是吸收人民币公众存款；发放人民币短期、中期和长期贷款；办理国内结算；代理发行、代理兑付政府债券；买卖政府债券、金融债券；从事同业拆借；从事银行卡（借记卡）业务；代理收付款项及代理保险业务；办理票据承兑；经银行业监督管理机构批准的其他业务。

2016年，日均余额167.63亿元，同比增加6.28亿元，增长3.89%，剔除归还的9亿元协议存款，实际增加15.28亿元。全年投放涉农企业贷款余额为102.15亿元，比年初增加14.27亿元，增长16.23%，占贷款总额的83.95%；中小微企业贷款余额127.48亿元，比年初增加12.63亿元，增长11%，占贷款总额94.97%。加快洪阳镇宝镜院村信用村建设，年末完成信用户授信工作；开展扶贫金融产品调研，创新推出大学生助学贷款“园梦贷”、扶贫产业贷款“浓情贷”等精准扶贫金融信贷产品；同普宁市国地税局签订“普宁市‘银税互动、扬帆小微’服务项目”合作意向书。增加公务员消费贷款、应收账款质押贷款等新业务；试点“两权”抵押贷款，累计发放林权抵押贷款金额520万元。截至12

月末，各项贷款余额134.23亿元，增加12.20亿元，增长1.01%。2月，运行“网上支付跨行清算系统”。

2017年，普宁农商行制订营销计划，以存款、电子银行业务、小微业务、消费业务及零售业务、总对总业务为主要营销方向，开拓县域市场。全行各项存款余额184.41亿元，比年初增加16.20亿元。推出主产品“商捷贷”，配套开发“商药贷”“立码贷”等子产品；推出除个人购房贷款外的其他综合性消费类信贷产品“分期宝”。截至12月末，涉农贷款余额114.22亿元，占各项贷款余额的79.44%；小微企业贷款余额133.62亿元，占各项贷款余额的92.94%。新投放贷款4081万元，其中制造业127万元，批发零售业3723万元，公职人员消费贷款138.58万元；累计发放扶贫再贷款11户1.29亿元；累计发放精准扶贫11户11笔26.50万元；累计发放“妇女创业贷款”7户7笔70万元。全行办理存放同业业务累计215笔，累计发生额298亿元，同比增加91笔61.50亿元，增长26.00%；存放同业利息收入1.73亿元，同比增加4790.33万元。3月24日，第二代金融平台上线；新办公自动化管理系统上线运行。

2018年，普宁农商行各项存款余额比年初增加20.81亿元，增长11.28%。涉农贷款余额114.47亿元，增幅0.22%；小微贷款余额126.25亿元，减幅5.52%。发放水果、蔬菜、生猪等涉农贷款余额分别为79.84万元、1067.88万元和2092.42万元。创新推出服务小微企业“立码贷”“商药贷”等特色产品，累计发放“立码贷”20户20笔441万元，“商药贷”4户4笔174万元。银税互动业务存量贷款23户8.33亿元，其中新增13户4.13亿元。扶持贫困户1008户，发放扶贫小额贷款和“妇女创业贷”38户370万元。开办“分期宝”业务71笔，金额1040万元。住房按揭贷款楼房项目有御景城等11处楼盘，授信金额41.04亿元。发放银行卡129.89万张，比年初增加3.5万张；累计投放自助设备78台。上架“鲜特汇”产品数量41.5个，拓展“鲜特汇收银台”11839户，交易笔数266.79万笔，沉淀资金2.36亿元。年末存放同业余额36亿元，比年初增加4亿元，收入1.49亿元。

第七节　村镇银行

广东普宁汇成村镇银行股份有限公司

2011年12月8日，广东普宁汇成村镇银行股份有限公司（简称普宁汇成村镇银行）组建成立。至2018年，普宁汇成村镇银行为揭阳市境内唯一一家村镇银行。

（一）机构沿革

2011年12月8日，广东普宁汇成村镇银行股份有限公司组建成立，是揭阳市第一家具有独立法人资格的本土村镇股份制商业银行。2011年12月9日注册，注册资本1.5亿元。普宁汇成村镇银行由广东揭阳农商行发起，于2011年11月4日参股组建。股本总数15000万股，其中，发起人股东1家5250万股，股本占比35%；法人股12975万股，占股份总数的86.5%；自然人股2025万股，占股份总数的13.5%。为自主经营、自负盈亏、自担风险、自求平衡的金融企业。

2017年9月8日，普宁汇成村镇银行启动增资扩股工作，增资扩股4500万股，金额4500万元。其中，确定非职工自然人19名及职工自然人149名作为本次股份定向增发的对象。

至2018年12月31日，普宁汇成村镇银行名称、性质、经营范围不变。股份总数24195.6万股，金额为24195.6万元。其中，发起人股东1家，股本占比27.84%；（职工和非职工）自然人股本占比33.82%；法人股本占比66.18%。

2011年，普宁汇成村镇银行有员工33人，其中，中级职称5人、初级职称4人。2015年，有员工166人，其中，中级职称7人、初级职称20人。2018年，有员工218人，其中，中级职称9人、初级职称21人。

2011—2018年广东普宁汇成村镇银行股份有限公司员工人数统计表

表2-89

年份	总人数（人）	一级分行（人）	二级分行（人）	一级支行(人）	二级支行（人）	说明
2011	33	—	—	—	—	—
2012	37	—	—	—	—	—
2013	81	—	—	30	—	—
2014	119	—	—	63	—	—
2015	166	—	—	95	—	—
2016	188	—	—	120	—	——
2017	204	—	—	127	—	—
2018	218	—	—	136	—	—

说明：表内“—”为无法取数，或无数据，或无情况说明

内部机构　2011年，普宁汇成村镇银行内设4个部：综合管理部、风险管理部、营运部、业务发展部。2015年，增设个人小额贷款中心。

2018年，普宁汇成村镇银行内设5个部（中心）：综合管理部、风险管理部、营运部、业务发展部和个人小额贷款中心。

2011—2018年广东普宁汇成村镇银行股份有限公司负责人一览表

表2-90

姓名	性别	职 务	籍贯	任职起止时间
苏鸿龙	男	董事长	广东普宁	2011年12月—
林 伟	男	行长	广东揭阳	2011年12月—
王耀才	男	副行长	广东普宁	2011年12月—
刘培红	女	副行长	广东普宁	2011年12月—2012年4月
王利创	男	监事长	广东普宁	2015年6月—

说明：表内成员按2011—2018年任职起始时间由远到近排序

分支机构 2013年2月6日，普宁汇成村镇银行增设军埠支行。8月4日，增设占陇支行。11月30日，增设流沙东支行。2014年1月14日，增设麒麟支行。3月17日，增设大坝支行。5月30日，增设云落支行。12月11日，增设洪阳支行。

2015年7月1日，增设南溪支行。10月15日，增设里湖支行。2016年1月13日，增设高埔分理处。10月1日，增设流沙南支行、广太支行。

2017年12月26日，增设南径支行。2018年1月28日，增设南溪西分理处。6月30日，增设中药城支行。

至2018年12月，普宁汇成村镇银行有支行、分理处16个营业网点。

2011—2018年广东普宁汇成村镇银行股份有限公司机构统计表

表2-91　　单位：个

年份	机构总数	一级分行	二级分行	一级支行	二级支行	说明
2011	1	—	—	—	—	—
2012	1	—	—	—	—	—
2013	4	—	—	3	—	—
2014	8	—	—	7	—	—
2015	10	—	—	9	—	—
2016	13	—	—	12	—	—
2017	14	—	—	13	—	—
2018	16	—	—	15	—	—

说明：表内“—”为无法取数，或无数据，或无情况说明

（二）职能任务与业务

2011年，广东普宁汇成村镇银行坚持立足县域，支持“三农”，服务地方经济发展的经营宗旨，发挥自身经营机制灵活、决策链条短、运营效率高、扎根基层的优势，坚持阳光信贷，优化信贷资源配置，加大对“三农”经济支持力度，适应普宁地区农户生产经营资金需求和解决融资难。其主要业务范围：吸收人民币存款，发放人民币贷款，办理国内结算，办理票据承兑与贴现，从事同业拆借，从事银行卡（借记卡）业务，代理发行、代理兑付、承销政府债券，代理收付款及代理保险业务以及经银行业监督管理机构批准的其他业务。

2011年，普宁汇成村镇银行各项存款余额达7680万元，其中，个人存款余额1566万元，对公存款余额6113万元；各项资产总额2.15亿元，其中，现金及存放中央银行款项1019万元、存放同业款项1.89亿元、应收利息1.60万元、其他应收款1万元、发放贷款和垫款1500万元、固定资产22万元。投放贷款1500万元。2012年，各项存款余额2.04亿元，比年初增加1.27亿元，增长165.42%；全年存款日均余额1.24亿元，同比存款日均余额增加5564.44万元。各项贷款余额1.80亿元。贷款主要投放于普宁当地“三农”经济、城乡中小微企业和个体商户的生产经营区域。全年营业总收入1563.46万元，总支出1189.28万元，利润总额374.18万元。

2013年，普宁汇成村镇银行网点建设步伐加快，服务功能及设施日趋完善，先后在商贸流通活跃，金融需求大的军埠镇、占陇镇、流沙东街道设立3家分支机构。存款余额8.04亿元，比年初增加6亿元，增长294.54%；全年贷款余额5.99亿元，比年初增加4.19亿元，增长232.78%。存贷比74.50%，收息率为100%。财务总收入3713.91万元，同比增加2150.45万元，增长137.54%；财务总支出3212.89万元，同比增加2023.60万元，增长170.15%；实现净利润710.84万元，同比增加336.66万元，增长89.97%。2014年，全行总资产17.41亿元，同比增加7.20亿元，增长70.45%。其中，各项贷款余额11.60亿元，同比增加5.60亿元，增长93.53%；存贷比67.48%；全行总负债15.87亿元，同比增加7.18亿元，增长82.55%。其中，各项存款余额12.74亿元，同比增加4.70亿元，增长58.39%。财务总收入7700万元，同比增加4000万元，增长107.20%。9月18日，推出小额循环贷款。

2015年，普宁汇成村镇银行总资产24.82亿元，同比增加7.41亿元，增长42.55%。其中，各项贷款余额15.05亿元，同比增加3.45亿元，增长29.74%，存贷比58.7%；总负债23.11亿元，同比增加7.24亿元，增长45.62%。其中，各项存款余额18.82亿元，比上年底增加6.08亿元，增长47.71%；财务总收入1.31亿元，比上年底增加5400万元，增长70.6%。3月12日，小额贷款中心成立，全面发展小额贷款。推出“农村青年创业贷”“农村种植养殖贷款”等符合当地金融需求的信贷产品，丰富业务产品种类。2016年，全行总负债29.61亿元，同比增加6.51亿元，增长28.16%。其中，各项存款余额27.76亿元，同比增加8.94亿元，增长47.53%。推出专业市场、农户、种养殖、青年创业等小额贷款品种；走进普宁市区各专业市场，向商户提供存贷款、汇兑结算、银行卡等金融业务的咨询服务，带动各项业务的发展。年末，贷款户数1705户，其中30万元以下小贷户数1400户，户均贷款达到99.40万元。全行总资产31.57亿元，同比增加6.75亿元，增长27.21%。其中，各项贷款余额16.95亿元，同比增加1.90亿元，增长12.64%，存贷比55.64%，贷款不良率为1.97%。

2017年，普宁汇成村镇银行针对普宁地区青柑、中药材、花卉苗木种植等“一镇一品”特色产业，制定推出多个特色优势信贷品种。截至12月末，全行总资产33.33亿元，同比增加1.76亿元，增长5.57%。其中，各项贷款余额19.97亿元，同比增加3.02亿元，增长17.85%。全年总负债30.28亿元，同比增加

6700万元，增长2.26%。其中，各项存款余额24.40亿元，比上年底减少3.36亿元。2018年，全行资产总额41.09亿元，同比增加7.76亿元，增长24.57%。负债总额37.97亿元，同比增加7.69亿元，增长25.38%。所有者权益3.12亿元，资本净额3.40亿元，提取贷款损失准备6063.13万元，损失准备率2.51%。各项存款余额32.62亿元，同比增加8.21亿元，增长33.66%。各项贷款余额24.17亿元，同比增加4.19亿元，增长21%，存贷比60.3%，同比增长0.17%。资本充足率11.62%；不良贷款3265.53万元，比年初减少66.66万元，不良贷款占比1.35 %，比年初减少0.32%。拨备覆盖率185.67%，同比增长29.77%。新增500万元（含）以下抵押贷款共144笔，金额合计15581万元。

2014年起，普宁汇成村镇银行中间业务及表外业务，实现全网点覆盖加入人民银行大小额结算系统、广东金融平台、农信银结算系统。2018年，开展国内结算业务，国内结算渠道有柜面渠道及电子银行渠道。电子银行渠道包括手机银行和网上银行。

2014—2018年广东普宁汇成村镇银行股份有限公司各渠道汇兑支付业务往账一览表

表2-92　　单位：万元

年份	大额		小额		农信银		金融二代平台		系统外通存通兑	
	笔数	金额	笔数	金额	笔数	金额	笔数	金额	笔数	金额
2014	16051	2256203.17	21943	28687.96	2039	11448.44	—	—	—	—
2015	23528	2935038.1	43846	55821.87	2715	70013.19	183	7380.02	—	—
2016	25947	2938385.71	57535	83543.81	3462	52179.69	1323	11139.87	9465	17242.31
2017	28808	3802819.57	39420	76154.43	2744	81772.92	1591	84779.04	9803	40693.73
2018	34751	6974523.18	29136	74583.26	5674	252756.01	5674	252756.01	8157	45277.93

说明：表内“—”为无法取数或无数据

2014—2018年，普宁汇成村镇银行开展广东农信珠江平安卡业务。方便客户存取现金、转账结算、消费、预授权交易、在线支付、代收付、查询等，实现一卡通用。

2014—2018年广东普宁汇成村镇银行股份有限公司银行卡业务量一览表

表2-93

年份	期末卡数量（张）	资金交易情况	
		笔数	金额（万元）
2014	15239	286071	568274
2015	25979	455358	756734
2016	41634	796843	797362
2017	56182	659263	1085304
2018	94201	665110	1049669

2014年6月9日，开始办理银行承兑汇票业务。2018年10月24日，普宁汇成村镇银行承兑汇票业务接入人民银行电子商业汇票系统、上海票据交易所中国票据交易系统和广东农信新票据业务交易系统，具备签发电子汇票的条件。10月，完成测试并成功签发电子商业汇票。引导客户签发承兑汇票电子商业汇票，逐步压降纸质票据业务规模。

2014—2018年广东普宁汇成村镇银行股份有限公司承兑汇票业务发展一览表

表2-94　　单位：万元

项目＼年份	2014	2015	2016	2017	2018
余额	54497	66812	40827	36548	26768
其中，纸质余额	54497	66812	40827	36548	14233
电票余额	—	—	—	—	12535
保证金余额	16350	24433	22118	19462	18684
风险敞口	38147	42378	18709	17086	8084

说明：表内“—”为无法取数或无数据

2011—2018年广东普宁汇成村镇银行股份有限公司资产负债表（本币）

表 2-95　　　　单位：万元

年份	资产总额	流动资产	长期资产	负债总额	流动负债	长期负债	所有者权益	本年利润	各项存款	其中：储蓄存款	企事业单位存款	各项贷款	其中：短期贷款	中长期贷款
2011	21466.91	8586.76	1521.58	7699.39	6028.23	566.42	13767.52	−1232.48	7680.08	1566.42	6113.66	1500.00	1500.00	0
2012	35028.36	14170.14	1457.48	20505.65	16.055.68	648.47	14522.71	374.18	20384.85	6513.71	13871.14	18006.44	16861.58	1144.86
2013	102150.49	26088.05	6856.50	86916.94	66519.24	1241.97	15133.55	710.84	80426.56	15025.20	65401.36	59921.28	54232.00	5689.28
2014	174110.42	38995.54	9381.29	158668.17	78971.64	16147.19	15442.25	296.39	127389.35	36875.59	90513.76	115967.01	109020.00	6947.01
2015	248193.23	77354.27	8044.81	231052.99	109503.21	59253.15	17140.24	1697.99	188169.2	57378.69	130790.51	150452.17	143587.20	6864.97
2016	315719.91	103964.58	55952.12	296124.85	132066.27	134077.75	19595.06	2674.08	277611.95	138147.56	139464.39	169470.96	150023.70	19447.26
2017	333315.25	69809.72	87848.35	302832.62	126891.41	83798.76	30482.63	2209.64	244018.81	135678.32	108340.47	199721.53	162798.44	36923.09
2018	410899.30	96252.62	74985.36	379694.90	168213.65	134215.29	31204.4	2206.78	326151.66	196628.55	129523.11	241656.99	165052.50	76604.50

第八节　外资商业银行

21世纪初，随着揭阳致力打造金融平安区，推进建设金融科技产业融合创新综合试验区，筹建广东省科技金融综合服务中心揭阳分中心，揭阳金融改革开放深入和金融市场环境的不断优化，2013年，先后有汇丰银行（中国）、东亚银行（中国）2家外资银行落户揭阳，组建汇丰银行（中国）有限公司揭阳支行和东亚银行（中国）有限公司揭阳支行。

一、汇丰银行（中国）有限公司揭阳支行

（一）机构沿革

2012年11月21日，汇丰银行（中国）有限公司揭阳支行（简称汇丰银行揭阳支行）获批筹建。2013年5月17日，汇丰银行揭阳支行成立，隶属于汇丰银行（中国）有限公司东莞分行。6月27日，汇丰银行揭阳支行开业，与总行进行资金调拨联行往来。2018年7月1日起，汇丰银行揭阳支行变更隶属由汇丰银行（中国）有限公司广州分行管理。总行汇丰银行（中国）有限公司于2007年4月2日正式成立，设在上海，是一家在境内注册的外资法人银行，由香港上海汇丰银行有限公司全资拥有。

内设机构　2013年，汇丰银行揭阳支行内设4个部：工商金融服务部、合规部、零售银行及财富管理部、营运部。2017年起，原由营运部管理的支行柜台服务，调整并入零售银行及财富管理部，内设3个部：工商金融服务部、合规部、零售银行及财富管理部。至2018年，仍没有下设分支网点机构。

2013年，汇丰银行揭阳支行有员工12人。至2018年12月，有员工9人。

2013—2018年汇丰银行（中国）有限公司揭阳支行负责人一览表

表2-96

姓名	性别	职　务	籍贯	任职起止时间
佘沅青	男	行长	广东汕头	2013年6月—2016年9月
刘哲君	男	副行长	广东云浮	2014年5月—2016年11月
郭君茹	女	行长	江苏铜山	2016年10月—2016年12月
佘沅青	男	行长	广东汕头	2017年1月—2018年10月
黄细春	女	副行长	广东揭阳	2018年7月—
江宏光	男	行长	广东揭阳	2018年11月—

说明：表内成员按2013—2018年任职起始时间由远到近排序

（二）职能任务与业务

2013—2018年，汇丰银行揭阳支行的主要职能任务是为企业及个人客户提供广泛的本外币国际化金融服务以及金融解决方案，包括存贷款、贸易服务和现金管理等。业务范围为吸收公众存款；发放短期、中期和长期贷款；办理票据承兑与贴现；买卖政府债券、金融债券，买卖股票以外的其他外币有价

证券；提供信用证服务及担保；办理国内外结算；买卖、代理买卖外汇；从事同业拆借；从事银行卡业务；提供保管箱服务；提供资信调查和咨询服务；经中国银行保险业监督管理委员会批准的其他范围。

2013 年，汇丰银行揭阳支行存款业务按客户类型分为单位存款和储蓄存款，以单位存款为主。资产总额折合人民币 2436.73 万元；负债总额折合人民币 2799.26 万元。各项存款余额折合人民币 277.97 万元，其中单位存款余额 244.46 万元，个人存款余额 33.51 万元。2014 年，资产总额折合人民币 2.26 亿元；负债总额折合人民币 2.32 亿元。各项存款余额折合人民币约 882.50 万元，其中，单位存款余额 697.30 万元，个人存款余额 185.20 万元。各项贷款余额折合人民币 2 亿元。为辖内民营企业提供领先的融资方案和跨境服务，成功开立第 1 笔金额 600 余万元的备用信用证跨境担保。为各类企业办理包括流动资金贷款、银承汇票贴现等多种业务。

2015 年年末，汇丰银行揭阳支行本外币资产总额折合人民币 4894.50 万元，同比减少 1.78 亿元，减幅 78.39%；负债总额折合人民币 5694.70 万元，同比减少 1.75 亿元，减幅 75.48%。各项存款余额折合人民币 251.97 万元，同比减少 630.53 万元， 减幅 71.45%；各项贷款余额折合人民币 3399.32 万元，同比减少 1.66 亿元， 减幅 83.00%。2016 年，资产总额折合人民币 2.79 亿元，同比增加 2.31 亿元， 增幅 470.93%；负债总额折合人民币 2.90 亿元，同比增加 2.33 亿元，增幅 408.29%。各项存款余额折合人民币 1.44 亿元，同比增加 1.41 亿元。各项贷款余额折合人民 1.29 亿元，同比增加 9542.91 万元。

2016 年，汇丰银行揭阳支行继续发挥本行贸易融资服务的优势，为揭阳上市公司提供供应链融资业务解决方案，为客户指定的优良供应商提供提前付款安排。12 月 5 日，汇丰银行揭阳支行根据总行业务推广，首次推出汇丰生活信用卡、汇丰旅行信用卡、汇丰卓越理财旅行信用卡业务。

2017 年，汇丰银行揭阳支行本外币资产总额折合人民币 4.57 亿元，同比增加 1.78 亿元， 增幅 63.63%；负债总额折合人民币 4.65 亿元，同比增加 1.76 亿元，增幅 60.79%。各项存款余额折合人民币约 1.55 亿元，同比增加 1089.35 万元， 增幅 7.58%。先后升级汇丰手机银行、微信银行和个人网上银行，为客户带来全新的使用体验。2018 年，本外币资产总额折合人民币 2.94 亿元，负债总额折合人民币 3.02 亿元。各项存款余额 1308.12 万元，其中，单位存款余额 996.11 万元。

2018 年 1 月 15 日起，“超级网银”全面登录汇丰中国电子渠道——手机银行、微信服务号、个人网上银行。4 月起，微信服务号推出“小额转账免 TOKEN”（安全密码器），推出新功能——环球转账亲情速汇，推出账户新产品——易存账户（Ⅱ类账户）及Ⅲ类账户。国内结算可通过支行柜台、电话银行、网上银行、微信官方公众号、手机银行等，多渠道进行本地转账汇款。

2013—2018年汇丰银行（中国）有限公司揭阳支行资产负债表（本币）

表2-97　　单位：万元

年份	资产总额	流动资产	长期资产	负债总额	流动负债	长期负债	所有者权益	本年利润	各项存款	其中：储蓄存款	企事业单位存款	各项贷款	其中：短期贷款	中长期贷款
2013	2075.81	—	—	2424.18	—	—	-348.37	-348.37	277.54	33.08	244.46	1000.00	—	—
2014	22292.76	—	—	22845.45	—	—	-552.69	-204.33	803.54	106.23	697.31	20000.00	20000.00	—
2015	4625.80	—	—	5402.70	—	—	-776.90	-224.21	227.29	117.29	110.00	3399.32	3399.32	—
2016	27721.05	—	—	28693.35	—	—	-972.30	-195.40	14277.99	142.57	14135.42	12942.23	12942.23	—
2017	36249.12	—	—	37038.24	—	—	-789.12	183.19	15373.51	191.66	15181.85	11000.00	11000.00	—
2018	18906.73	—	—	19676.68	—	—	-769.95	59.04	1267.91	271.81	996.10	6490.00	6490.00	—

说明：表内“—”为无法取数或无数据

2013—2018年汇丰银行（中国）有限公司揭阳支行资产负债表（外币）

表2-98　　单位：万美元

年份	资产总额	流动资产	长期资产	负债总额	流动负债	长期负债	所有者权益	本年利润	各项存款	其中：储蓄存款	企事业单位存款	各项贷款	其中：短期贷款	中长期贷款
2013	59.20	—	—	61.52	—	—	-2.32	-2.32	0.07	0.07	—	—	—	—
2014	58.18	—	—	61.62	—	—	-3.44	-1.12	12.90	12.90	0.00	—	—	—
2015	41.38	—	—	44.97	—	—	-3.59	-0.35	3.80	1.29	2.51	—	—	—
2016	32.15	—	—	36.38	—	—	-4.23	-0.87	12.19	10.97	1.22	—	—	—
2017	1449.97	—	—	1454.53	—	—	-4.56	-0.08	12.00	10.19	1.81	—	—	—
2018	1527.53	—	—	1532.27	—	—	-4.74	-0.39	5.86	5.86	—	—	—	—

说明：表内“—”为无法取数或无数据

2013—2018 年汇丰银行（中国）有限公司揭阳支行资产负债表（本外币）

表 2-99　　单位：万元

年份	资产总额	流动资产	长期资产	负债总额	流动负债	长期负债	所有者权益	本年利润	各项存款	其中：储蓄存款	企事业单位存款	各项贷款	其中：短期贷款	中长期贷款
2013	2436.73	—	—	2799.26	—	—	-362.53	-362.53	277.97	33.51	244.46	1000	—	—
2014	22648.76	—	—	23222.47	—	—	-573.71	-211.18	882.5	185.2	697.3	20000	20000	—
2015	4894.5	—	—	5694.7	—	—	-800.2	-226.49	251.97	125.7	126.27	3399.32	3399.32	—
2016	27944.06	—	—	28945.68	—	—	-1001.62	-201.42	14362.57	218.64	14143.93	12942.23	12942.23	—
2017	45723.51	—	—	46542.46	—	—	-818.95	182.68	15451.92	258.24	15193.68	11000	11000	—
2018	29390.47	—	—	30192.95	—	—	-802.48	56.34	1308.12	312.01	996.11	6490	6490	—

说明：表内“—”为无法取数或无数据

二、东亚银行（中国）有限公司揭阳支行

（一）机构沿革

2013年9月11日，东亚银行（中国）有限公司揭阳支行（简称东亚银行揭阳支行）成立。2013年11月1日，东亚银行揭阳支行开业。东亚银行揭阳支行英文名称为The Bank of East Asia（China）Limited Jieyang Sub-branch，为东亚银行（中国）有限公司于内地设立的第123家网点，是东亚银行（中国）有限公司广州分行辖属管理的异地支行，为非独立核算分支机构，不具独立法人资格，属外商投资企业。该行接受中国银行保险监督管理委员会揭阳监管分局、人行揭阳市中心支行属地监管。东亚银行（中国）有限公司是中国内地较早获准设立的外资法人银行之一，为东亚银行有限公司在内地注册成立的全资附属银行，东亚银行有限公司于1918年在香港成立，总部设在香港，在香港联合交易所上市。

截至2018年12月，东亚银行揭阳支行名称、性质、隶属关系、经营范围不变。

内设机构　2013年成立时，东亚银行揭阳支行设置2个部门：营运部、市场部，共有员工9人（不含外包人员，下同）。截至2018年12月31日，设置3个部门：营运部、业务拓展部、支行零售银行条线，共有员工10人。

2013—2018年东亚银行（中国）有限公司揭阳支行负责人一览表

表2-100

姓名	性别	职　务	籍贯	任职起止时间
林兴裕	男	行长	广东汕头	2013年11月—

（二）职能任务与业务

2013—2018年，东亚银行揭阳支行作为东亚银行（中国）有限公司在揭阳地区的分支机构，以“扎根中国，发挥集团综合化、国际化优势，成为最佳本土化的外资银行”为愿景，以“提供卓越的金融产品及服务，让客户享有优质的服务体验”为使命，践行差异化、特色化、本土化的发展模式，致力为广大客户提供一应俱全的金融服务。

业务范围：吸收公众存款；发放短期、中期和长期贷款；办理票据承兑和贴现；买卖政府债券、金融债券，买卖股票以外的其他外币有价证券；提供信用证服务及担保；办理国内外结算；买卖、代理买卖外汇；代理保险；从事同业拆借；从事银行卡业务；提供保管箱服务；提供资信调查和咨询服务；经中国银行保险监督管理委员会批准的其他业务。

2014年，东亚银行揭阳支行本外币各项存款余额5951.93万元，其中企业存款占比73.65%，储蓄存款占比26.35%；理财产品余额394万元。企业贷款规模2.10亿元，比上年新增贷款授信客户4户；贴现业务发生额2118万元。12月31日，车位大额分期业务当年累计发放986.80万元，平安信保业务当年累计发放158.30万元，个人抵押贷款业务累计发放1400万元。

2015年，东亚银行揭阳支行本外币各项存款余额2.46亿元，其中企业存款占比84.32%，储蓄存款占比15.68%；企业存款2.07亿元，比上年增加1.64亿元；各项贷款余额1.62亿元，比上年减少4800万元；银行承兑汇票余额3000万元，比上年增加3000万元；理财产品余额2017万元，车位大额分期业务当年累计发放1072.60万元。

2016 年，东亚银行揭阳支行本外币各项存款余额 3.65 亿元，其中企业存款占比 95.62%，储蓄存款占比 4.38%；各项贷款余额 1.70 亿元；理财产品余额 5578 万元。对公贷款余额 1.70 亿元，银行承兑汇票余额 5630 万元，车位大额分期业务当年累计发放 719.40 万元。

2017 年，东亚银行揭阳支行资产总额 4.56 亿元，同比增长 16.25%；本外币各项存款余额 4.23 亿元，同比增长 15.89%，其中，企业存款余额 4.03 亿元，储蓄存款余额 1970.77 万元，个人理财余额 1356 万元。各项贷款余额 2.03 亿元，同比增长 19.41%，其中，企业贷款余额 2.03 亿元；银行承兑汇票余额 2200 万元。

2018 年，东亚银行揭阳支行资产总额 3.14 亿元，负债总额 2.95 亿元；各项存款余额 2.79 亿元，同比下降 34.1%；本外币各项贷款余额 1.93 亿元，同比下降 5.07%；银行承兑汇票余额 1.03 亿元；理财产品余额 1.63 亿元。企业存款余额 2.66 亿元，企业贷款余额 1.81 亿元，储蓄存款余额 1.25 亿元，个人抵押贷款余额 1171.40 万元，为企业客户开出银行承兑汇票（包括电子银行承兑汇票）35 笔。

2014—2018 年东亚银行（中国）有限公司揭阳支行承兑汇票业务一览表

表 2-101　　单位：万元

年份	金额	
	纸票	电票
2014	—	—
2015	3000.00	—
2016	3161.70	5630.00
2017	—	4249.10
2018	—	14043.52

说明：表内“—”为无法取数或无数据

2014—2018年东亚银行（中国）有限公司揭阳支行资产负债表（本币）

表 2-102

单位：万元

年份	资产总额	流动资产	长期资产	负债总额	流动负债	长期负债	所有者权益	本年利润	各项存款	其中：储蓄存款	企事业单位存款	各项贷款	其中：短期贷款	中长期贷款
2014	7548.70	—	—	7437.19	—	—	111.51	155.13	5943.88	1560.20	4383.68	21000.00	21000.00	—
2015	26755.91	—	—	26233.77	—	—	522.14	410.63	24586.58	3848.60	20737.98	16200.00	16200.00	—
2016	39194.70	—	—	38167.81	—	—	1026.88	504.74	36430.82	1521.30	34909.52	17000.00	17000.00	—
2017	45479.95	—	—	44204.80	—	—	1275.14	248.26	42279.85	1943.06	40336.79	20300.00	20300.00	—
2018	31351.84	—	—	29345.01	—	—	2006.83	175.18	27842.47	1221.66	26620.81	19271.40	18100.00	1171.40

说明：表内“—”为无法取数或无数据

2014—2018年东亚银行（中国）有限公司揭阳支行资产负债表（外币）

表 2-103

单位：万美元

年份	资产总额	流动资产	长期资产	负债总额	流动负债	长期负债	所有者权益	本年利润	各项存款	其中：储蓄存款	企事业单位存款	各项贷款	其中：短期贷款	中长期贷款
2014	1.01	—	—	1.32	—	—	-0.31	-0.37	1.32	1.32	0.00	0.00	0.00	0.00
2015	0.54	—	—	1.36	—	—	-0.82	-0.53	1.36	1.36	0.00	0.00	0.00	0.00
2016	2.98	—	—	11.12	—	—	-8.14	-7.37	11.11	11.09	0.02	0.00	0.00	0.00
2017	16.51	—	—	19.83	—	—	-3.32	5.32	4.24	4.24	0.00	0.00	0.00	0.00
2018	12.72	—	—	21.22	—	—	-8.50	-5.34	4.58	4.58	0.00	0.00	0.00	0.00

说明：表内“—”为无法取数或无数据

2014—2018年东亚银行（中国）有限公司揭阳支行资产负债表（本外币）

表 2-104　　单位：万元

年份	资产总额	流动资产	长期资产	负债总额	流动负债	长期负债	所有者权益	本年利润	各项存款	其中：储蓄存款	企事业单位存款	各项贷款	其中：短期贷款	中长期贷款
2014	7554.91	—	—	7445.26	—	—	109.65	152.84	5951.93	1568.25	4383.68	21000	21000	0.00
2015	26759.44	—	—	26242.63	—	—	516.81	407.16	24595.42	3857.44	20737.98	16200	16200	0.00
2016	39215.41	—	—	38244.97	—	—	970.44	453.63	36507.89	1598.21	34909.68	17000	17000	0.00
2017	45587.84	—	—	44334.39	—	—	1253.45	283.01	42307.56	1970.77	40336.79	20300	20300	0.00
2018	31439.15	—	—	29490.64	—	—	1948.51	138.55	27873.91	1253.10	26620.81	19271.40	18100	1171.40

说明：表内“—”为无法取数或无数据

第九节　信用合作金融机构

一、揭阳市农村信用合作社

（一）概述

农村信用合作社（简称农信社），是农村合作金融的一种组织形式。广东农村合作金融最早始于民国二十二年（1933），由国民党政府推动组建信用社。揭阳地区的农村信用合作社，最早出现于20世纪40年代。1942年，揭阳县试点办起农村第一个信用合作社。

1942—1996年，是揭阳县域信用合作社的试办、建立和发展时期，先后经历人民公社化、“大跃进”、“文化大革命”运动的波折以及潮汕行政区划调整后的机构变动与发展阶段。

1942年，选定八区集和乡（现桂岭大白乡）作为组织信用合作社的试点，办起揭阳县农村第1个信用合作社。参加的社员62人，认62股，每股金额10元（国币）。至1942年10月15日，全县办起信用社75个，其中乡社9个，保社66个。

1951—1953年，是广东信用社的试办阶段。1951年8月，第一届全国农村金融工作会议，提出“重点试办、创造经验、推动全面”的方针，决定在全国范围普遍试办信用社。当时的信用合作有三种组织形式：信用合作社、供销合作社附设的信用部和农村的信用互助小组。

1952—1957年，农信社由农行代行管理，辖区结合农业合作化，掀起大办农信社高潮。1952年，中国人民银行广东分行提出“组织、加强领导，稳步前进”的方针，部署各级银行配合土改运动，大力开展信用社建社工作。汕头专区各县普遍建立信用互助组。人行揭阳县支行广泛组织人力，发展农村金融事业，并择定将渔湖区京岗乡作为办社试点。8月21日，新中国成立后揭阳县第1个农村信用合作社成立。成立时入股1750股，股金2625万元（旧人民币）。年末，全县先后成立安乐区（即现在仙桥区）高美信用社、梅北区庵后信用社和新龙美德信用社（现属揭西县京溪园镇）。其后，揭西、普宁、惠来分别成立辖区内第一家农村信用社。

1954年11月，广东省第一届信用合作代表会议召开，制定实施《广东农村信用社章程准则》，成为办好信用社的指导性文件，会议要求1955年基本达到乡乡有社，会后建社速度明显加快。至1955年，沿着专区4县各乡、村均先后设立农信社。随着农业合作化运动的开展，信用社逐步发展，到1955年年末，揭阳县已建立信用社252个（其中揭阳区域157个、揭西区域95个）。1956年起，根据撤区并乡农村行政区域变动及巩固已建社要求，改组撤并信用社，揭阳县（含揭西区域，下同）成立乡社（大社）20个，下辖信用站168个，实行乡社统一核算。随后，各县根据信用社“自觉自愿，民主管理；依靠贫雇，团结中农；结合生产，服务生产”的原则，继续巩固提高扩大现有社，迅速发展新社。信用社的普遍建立，对支持农业合作化和农业生产的发展起到积极作用。

从1958—1978年中共十一届三中全会前，是农村信用社发展历经波折的时期。这一时期，农村信用社曾先后下放至人民公社、生产大队，后来又交给贫下中农管理，农村信用社基本成为基层社队的金融工具。1958年，“大跃进”和人民公社化运动使农村信用社发展出现波折。信用社曾与银行在公社的营业所合并成立“公社信用部”，受上级银行和公社双重领导，公社发放大量“跃进”贷款，信贷失控，后又作为“信用分部”成为生产大队的组成部分，受生产大队直接领导，造成账务混乱和发展缓慢。

农信社由人民公社管理，汕头专区揭阳等7县实行人民公社、生产大队、生产队“三级管理、三级核算”体制，信用社被纳入公社的体制之中，根据国务院《关于改进农村财政贸易经营体制的决定》精神，实行“二放、三统、一包”（即机构、人员下放；政策、计划、流动资金统一；财政包干），银行营业所下放给人民公社，银行营业所与信用合作社合并，以人民公社、生产大队为单位组建公社信用部、信用分部，隶属同级公社、大队。9月，渔湖试点办人民公社，三社合一（农业社、供销社、信用社），年底，全县并成9个人民公社信用部（含揭西县共14个），原信用社改为信用分站。1959年起，又把信用分部（乡社）下放给农村生产大队，作为生产大队的组成部分，由大队统一核算。从此，信用社的人员、资金和业务失去独立自主权，银行对信用社也失去有效领导，金融政策得不到贯彻。

1961年后，省人行逐步正式恢复信用社、信用分社名义，不再使用“信用部”“信用分部”名称，并对信用社的性质、任务、机构设置以及组织领导、业务经营、民主管理制度等重新进行合理规定，使农村信用社进一步得到巩固发展。随后，实行三级所有，以大队设信用社，独立核算，揭阳县有信用社464个（其中揭阳区域394个，揭西区域70个）。由于规模小机构分散，不适应生产发展的需要，1962年，又合并为278个信用社（其中揭阳区域193个，揭西区域85个）和19个服务站（其中揭阳区域14个、揭西区域5个）。1965年，揭阳县分为揭阳县、揭西县建制以后，揭阳县设19个信用社、187个信用分社。1969年，信用社下放给大队贫下中农管理，实行三权下放（人权、财权、资金使用权），全县增设至225个信用社。

1966—1976年，“文化大革命”期间，农村信用社下放给大队让贫下中农管理，农村信用社规章制度遭到“破坏”和“横扫”，直至1973年，下放大队的信用社才陆续收回，恢复“文化大革命”前公社办社的形式。1973年1月1日起，揭阳、揭西、普宁、惠来四县信用社全面收回下放权，恢复为人民银行管理。年末设225个信用社，228个信用分社，18个信用站。1974年，对各县信用社全面开展整顿。通过整顿进行改革，建立健全各项管理制度，实行营业所、信用大社联合办公，人员统一安排，资金统一运用，经济独立核算。

1978年12月，随着中共十一届三中全会召开，农村生产关系的变革和农村经济的发展，农村信用社开始改革。1979年2月，农村信用社由中国农业银行领导，同时规定农村信用社是集体所有制的金融组织，又是农业银行的基层机构。1979—1996年，广东省各地农村信用社由农业银行广东省分行管理。

1979—1984年，在农业银行的领导和管理下，农村信用社重新得到恢复和发展，但离合作金融组织的性质越来越远，“官办”性质越来越明显。1979年12月17日，农行揭阳县支行从人行揭阳县支行分设后，信用社归农业银行领导，恢复为集体所有制性质。揭阳县设立21个大社，235个分社，8个信用站。1984年1月，中共中央提出要把信用社“真正办成群众性的合作金融组织”。8月，国务院提出把农村信用社办成真正的合作金融组织，恢复农村信用社合作金融的性质，即恢复农村信用社“三性”（组织上的群众性、管理上的民主性和经营上的灵活性）；农业银行要加强对农村信用社的领导，对农村信用社要实行政策上领导、业务上指导；建立农村信用合作社的县联社，县联社是各个基层农村信用社组织起来的联合组织，要在农业银行县支行领导下开展工作，日常具体工作由县支行信用合作股负责。

8月27日，揭阳县信用社联合社成立。1987年12月，揭西县信用联社成立；普宁县和惠来县信用联社也分别成立，负责管理、协调、服务和计划等工作。行政和业务上由当地县农业银行领导。

1991年12月，揭阳撤县建市。撤销原揭阳县农村信用合作社联合社，分设为榕城、市区和揭东3家农村信用合作社联合社；揭西、普宁、惠来保留原来的县级农村信用合作社联合社不变。1995

年，全市农村信用合作金融机构各项存款余额25.57亿元，比上年的19.50亿元增加6.07亿元，增长31.15%；各项贷款余额23.38亿元，比上年的17.92亿元增加5.45亿元，增长30.42%。

1996—2002年，农信社和农业银行脱离行政隶属关系（简称脱钩），实行县、镇农信社二级独立法人体制，为农村金融体制改革办公室（简称农金体改办）直接管理和人行监管时期。其间：

1996年8月22日，国务院要求建立和完善以合作金融为基础，商业性金融、政策性金融分工协作的农村金融体系。12月31日，广东省农村信用社与中国农业银行正式脱离行政隶属关系。9月23日，揭阳市农村金融体制改革领导小组及办公室成立，为临时性、过渡性机构，具体领导和协调农村金融体制改革，处理农信社与农行揭阳分行脱钩的各项事务。10月，榕城、市区2家联合社合并为揭阳市区农村信用合作社联合社。市、县人民银行相应设立农村合作金融管理科（股），负责辖内农村信用社的监管工作。11月1日，农信社与农行完成对农信社机构、人员、资金、财产的清理，农信社存款准备金和存款及原属农行的干部人事关系转移手续等工作。12月31日，农信社与农行正式脱离行政隶属关系，成为自主经营、自我管理、自我约束、自我发展的独立法人。脱钩后，实行农信联社、镇信用社各为独立法人的二级法人体制，农信社开始真正走向合作办社的道路。原来的县信用合作联社更名为县农村信用合作社联合社（简称县联社）。

1997年5月起，人民银行直接对农信社进行监管。市、县人民银行增设农村合作金融管理科（股）（2000年，更名为合作金融机构监管科），与农金体改办合署办公，实行“一个机构、两个牌子”，作为人民银行对农村信用合作社实施监管的机构。其职责是负责审核农信社的设立、变更、撤并，审查法人任职资格；检查农信社资产负债比例管理情况；监督农信社执行利率政策情况；防范、化解农信社金融风险；检查督促农信社坚持合作方向和为农服务的宗旨等。人民银行对农村信用社的监管，实际上既发挥监管职能，又发挥行业管理的职能。 全市信用社正式与农业银行脱钩后，通过实行二级独立法人体制和清股扩股等改革措施，辖区内农信社得到较大发展。由于在改革产权制度、法人治理结构、约束机制、服务功能等方面还不够到位，业务没有得到应有的发展，经营状况仍不够理想。

1999年4月，中国人民银行召开全国农村信用社工作会议。会议提出，根据需要，逐步组建地（市）联社，承担行业管理和服务职能；在全国各省建立信用合作协会，主要职能是对信用社提供联络、指导、协调、咨询、培训等方面的服务。截至12月末，全市农村信用合作金融机构各项存款余额50.35亿元，比上年的52.12亿元减少1.77亿元，下降3.40%；各项贷款余额39.19亿元，比上年的37.40亿元减少1.79亿元，下降4.80%。2000年9月12日，中国人民银行广州分行广东省信用合作管理办公室正式成立（省信合办），对全省农村信用社行使行业管理职能。2003年广东银监局成立后，省信合办划入广东银监局，继续履行对全省农村信用社的行业管理职能。2003年起，深化农村信用社改革，实行统一法人体制，为揭阳银监分局监管和省农信联社揭阳办事处直接开展行业管理时期。揭阳市农金体改办更名为揭阳市农村信用合作管理办公室（简称农信合办），继续履行对辖区内信用社的管理职能。农金体改办的业务、人员部分转入农信合办，部分划转人行揭阳市中心支行。12月，揭阳银监分局设立后，农信社的行业管理和监管职能转入揭阳银监分局。2004年起，揭阳市农信合办与人行揭阳市中心支行相关部门、人员和业务划转揭阳银监分局。揭阳银监分局正式对外办公后，正式接管原人民银行代管农信合机构的职能。

行社脱钩之后，全市农村信用社迎来新的发展机遇。面对四大国有银行退出农村，广东农信人捕捉市场信息，坚持服务“三农”和小微企业的宗旨，深入基层，营业网点遍布镇村和城乡接合部，为广大客户及时提供贴身的产品和服务，业务迅速发展。信用合作社按照平等互利的原则出资入股，实行民主管理，是主要为信用社社员服务的联合经济组织，也是依法自主经营、自负盈亏、自担风险、自我约束的独立企业法人。全市5个县（市、区）均有农村信用合作社联合社，与其各辖区的农信社均为各自独立的法人组织。2004年，全市有揭阳市区、普宁、惠来、揭东、揭西5个县（市、区）联社，73个镇级信用社，营业网点413个，从业人员2784名。

2005—2006年，全市各县（市、区）取消乡镇信用社的法人资格和县联合社的法人资格，由原二级独立法人合并成立一级法人联社，以各县（市、区）为单位组建一级法人，名称由农信社联合社改称农村信用合作联社（简称农信联社）。各县（市、区）均成立深化农村信用社改革试点工作领导小组，以县（市、区）为单位，开始进行将信用社和县（市、区）联社各为法人改为统一法人的工作。先后开展清产核资、增资扩股、压降不良贷款、完善法人治理结构和健全内控制度建设等各项改革试点前期工作。全市5家农村信用合作联社先后进行第一次增资扩股；全部完成中央专项票据的申请工作，获得中央银行专项票据金额39111.6万元。2006年10月，揭东县农村信用社被列为广东省首批开展以县为单位统一法人的单位，实施由二级法人向一级法人体制的变革，取消各信用社的法人资格，实行一级法人，统一核算，分级管理，授权经营的经营管理体制，10月8日挂牌营业，完成统一法人改制工作。揭阳市区、揭西县、普宁市、惠来县农村信用合作社分别于2006年12月30日、2007年5月21日、2007年6月15日、2009年12月挂牌开业，完成由二级法人向一级法人经营管理体制的变革。至此，全市5个县（市、区）级联社陆续完成建立“三会一层”（社员代表大会、理事会、监事会、经营管理层）组织架构的工作，先后召开各县（市、区）联社创立大会暨第一届社员代表大会，选举产生首届理事会、监事会和经营管理层成员。

2007年8月，省农信联社揭阳办事处启动农信社改革票据兑付工作，推进票据兑付工作。至2008年12月，全市农信社成功兑付专项央行票据的有：揭阳市区农信社兑付4474.30万元；揭东县农信社兑付1.17亿元；揭西县农信社兑付6751.80万元；普宁市农信社兑付1.15亿元；惠来县农信社兑付4689万元。2009年，揭阳市人民政府决定将揭阳榕城农信联社作为改革组建农村商业银行股份有限公司的试点单位，至2016年，辖区有揭西县、揭东县、普宁市农村信用合作联社，先后启动由县（区）农信联社，向县（区）农村商业银行股份有限公司的经营体制改革和组建转变。

1983年之前，联社的主要职能和任务：对本县（市、区）农信社进行管理和服务。联社营业部开展业务经营，坚持不与农信社竞争的原则。联社的社员为入股的辖内信用社，联社员工可以集中资金入股，其他法人和自然人不能入股。农信社向联社入股，并受其管理。1983年起，联社的职能和任务是：在县（市）范围内调剂信用社的资金余缺；从信用社利润中，提取一定数量的互助基金，用于调剂盈亏；统筹解决职工退休、退职经费；组织经验交流和信息交流；管理职工培训教育工作；综合并考核信用社各项计划完成情况；检查信用社执行方针、政策情况等。各联社均开设营业部，办理各项存、贷款，接受国家银行委托的各项业务。1996年，农村信用社全面体制改革后的任务是：根据全国信用社统一的规章制度，制定辖内信用社人事、劳资、信贷、财务、会计、稽核、保卫等方面的具体制度办法并组织实施；管理辖内信用社人事、劳资，统筹解决信用社职工退职退休经费；制定并检查、考核辖内信用社信贷、财务收支计划执行情况，稽核、辅导辖内信用社业务和财务；监察、处理辖内信用社案件，组织指导辖内信用社做好安全保卫工作；协调有关方面的关系，维护辖内信用社的合法权益；综合汇总辖内信用社的会计、统计报表，按规定及时上报；代理人民银行和其他专业银行委托的业务。

为辖内信用社服务，组织辖内信用社之间的资金调剂；经中国人民银行批准，参加资金市场，为辖内信用社融通资金；办理或代理辖内信用社的资金清算和结算业务；组织管理辖内信用社的社团贷款；组织做好辖内信用社的现金供应和回笼；筹集、管理辖内信用社风险防范基金；组织辖内信用社职工培训教育；组织经验交流，为辖内信用社提供各种信息咨询服务。各县（市、区）农信联社实行社员代表大会、理事会、监事会和以联社主任为首的经营管理层的组织架构。社员大会是权力机构，由全体社员组成，社员大会每一少举行一次。理事会设理事长1人，为联社法定代表人；下设6个委员会。监事会由2名职工监事和1名非职工监事组成；下设2个委员会。经营管理层由联社主任和副主任组成，由理事会聘任；主任全面负责各项经营管理工作，对联社理事长负责；下设资产负债管理委员会、经营与风险管理委员会、授信审查委员会、采购管理委员会、薪酬与绩效管理委员会。

2010年，全市各县（市、区）农信联社实施流程化管理模式改革后，均内设11个职能部门，分别为办公室、公司银行部、个人银行部、授信管理部、运营部、人力资源部、安全保卫部、合规与风险管理部、内审监察部、资产保全部、授信审批中心。农村信用社深化改革后，以服务“三农”、支持中小微企业和县域经济发展为宗旨，主要为广大农户、个体工商户，为农产品产前产后经营的各个环节提供金融服务。农信社处于农村金融的最基层，是联系农民的金融纽带，是支持农业和农村经济发展的重要力量。

（二）广东省农村信用社联合社揭阳办事处

辖区农村信用合作社与农业银行脱离行政隶属关系以后，1997年6月，人行揭阳分行增设农村合作金融管理科；各县（区）支行分别增设农村合作金融管理股，加强对辖区农村信用合作金融机构的领导。2001年2月9日，广东省揭阳市农村金融体制改革领导小组办公室（简称市农金改办，其前身为人行揭阳分行1996年12月至2001年2月的农村合作金融管理科）成立。2006年6月23日，广东省农村信用社联合社揭阳办事处成立，系省联社派驻揭阳的行业管理机构。其前身为揭阳市农村金融体制改革领导小组办公室（2001年2月至2006年6月，改为中国银行业监督管理委员会揭阳监管分局揭阳市农村信用合作管理办公室）。

2018年12月29日，撤销广东省农村信用社联合社揭阳办事处，由广东省揭阳市农商银行系统党委负责做好办事处撤销的善后工作。

主要职能　在省联社授权范围内，履行对辖内农村信用社的监督、管理、指导、协调、服务职能。具体负责辖内农信社的审计稽核，对其业务经营、财务活动、资金结算、网络系统维护等进行指导、检查并负责经营信息与调查统计资料的汇总上报；组织开展辖内农信社机构党建和干部管理工作；落实案件专项治理和风险防范处置工作；协调辖内农信社机构与地方党政、人行和银监等有关部门的关系及跨区域的经营管理活动；组织开展辖内农信社机构各类业务培训或专题培训；依法合规组织辖内农信社机构开展平等互利的合作事宜；为辖内农信社机构提供政策、法规和经营管理咨询；做好办事处干部员工队伍建设、制度建设和内部管理工作；完成省联社交办的其他工作和授权范围内的其他事宜等。

内设机构　1996年12月至2001年2月，人行揭阳分行增设农村合作金融管理科，编制人员5人。各县（区）支行分别增设编制人员3—5人的农村合作金融管理股。2001年2月至2004年6月，农金体改办时期，设办公室、信贷审查管理组、财务管理组，属下设6个部门：综合、保卫部；业务统计部；财会部；人事、教育部；稽监部；电脑部，有员工12人。2002年2月1日，为加强对全市农村信用社各项工作的管理、协调、指导和服务，农金体改办内设5个科室：人事教育科、综合科、业务科、稽监保卫科、科技科，有员工16人。2003年5月20日，揭阳市农村信用合作社计算机网络中心（简称网络中心）成立，有员工16人。

2006年6月至2018年12月，省联社揭阳办事处时期，内部设置2个职能部门：综合业务部、稽核检查部。2008年10月，综合业务部拆分为综合部和业务部，内部设置3个职能部门：综合部、业务部、稽核部。编制在职人员11人。其中，主任1人、副主任1人。

2001—2018年广东省农村信用社联合社揭阳办事处负责人一览表

表2-105

姓名	性别	职　务	籍贯	任职起止时间
陈瑶南	男	揭阳市农金体改办主任（兼）	广东汕头	2001年2月—2004年6月
卢树德	男	揭阳市农信合办主任	广东揭阳	2004年6月—2006年6月
		省联社揭阳办事处副主任（主持全面工作）		2006年7月—2009年6月
		省联社揭阳办事处主任		2009年7月—2015年12月
张　珂	男	省联社揭阳办事处主任	河南南阳	2015年12月—2018年6月

说明：表内成员按2001—2018年任职起始时间由远到近排序

（三）各县（市、区）农村信用合作联社

1.揭阳市区农村信用合作联社

机构沿革　揭阳市区农村信用合作联社的前身是原揭阳县信用合作联社机构其中的组成部分。随潮汕行政区划改变，组织形式先后历经区域分拆经营、合并发展的演变。

1984年8月27日，揭阳县信用合作联社成立，各镇设21个信用社，全县238个分社、17个信用站。1985年，把原来单人分社改并为双人分社及信用站，全县调整设21个信用社、183个分社、19个信用站。

1992年，撤销揭阳县农村信用合作社联合社，分设为榕城、市区和揭东3家农村信用合作社联合社。1996年10月25日，榕城、市区2家联合社合并为揭阳市区信用合作社联合社。12月，农村信用合作社与农业银行脱离行政隶属关系，独立行使经营管理职能，实行市区联社和信用社二级法人管理模式。

2005年9月8日，揭阳市区农村信用合作社联合社启动统一法人的改制工作。2006年12月30日，取消各信用社的法人资格，实行一级法人，统一核算，分级管理，授权经营的管理体制后，揭阳市区农村信用合作联社开业。

分支机构　2000年3月3日，仙桥社由揭阳市榕城区仙桥中学迁至揭阳市榕城区仙桥街道榕池路美西路段西侧第2幢8—11号。4月10日，营业部天福分社由揭阳市榕城区天福路农行培训楼一楼西侧迁至揭阳市榕城区华诚二期生活小区南面104号并更名为华诚分社。7月19日，撤销渔湖社仁辉分社。

2001年4月27日，东山社玉西分社从立荣广场对面迁至揭阳市东山区7号街以西2号路富榕大厦15—18号，渔湖社港口分社由试验区渔湖镇镇前街中段迁址至试验区中心路与西二横路交界处并更名为中心分社。6月29日，撤销东山社山东围分社、新河储蓄所、淡浦储蓄所、玉浦储蓄所、渡头储蓄所、第二营业部凤林分社、仙桥社下六分社（业务并入槎桥分社）、仙马分社（业务并入篮兜分社）、渔湖社广美分社、顶乡分社、京北分社、凤联分社、新联分社、桥头分社14个分社。12月4日，撤销渔湖社副业分社。12月29日，渔湖社京南分社从揭阳市试验区京南村隐相祠迁至揭阳市试验区榕京路南段并更名为京冈分社。2002年5月22日，榕城社东郊分社由榕城区环城路后埔巷第一栋第一层1—4号迁至榕城区同德路与望江北路交叉口东南50米，并更名为榕湖分社。6月24日，仙桥社西岐分社更名为古溪分社。8月15日，第二营业部从揭阳市榕城区榕华大道南段西侧榕城供销社仓库前迁至揭阳市榕城区进安街进兴路208路，第二营业部榕华分社从揭阳市榕城区榕华大道师范南13号迁至揭阳市榕城区榕华大道南段西侧榕城供销社仓库前。8月23日，揭阳市区联社及营业部由揭阳市榕城区进安街进兴路208号迁至揭阳市东山区建阳路联泰花园一期前幢。9月28日，榕城社榇松分社由榕城区港墘老祠堂旁迁至榇松路中段藩城幼儿园对面。

2003年4月14日，撤销榕城社榕福分社，其业务并入榕城社，榕城社榕华分社由榕城区榕华大道迁至天福路口。4月17日，撤销仙桥社仙桥储蓄所，其业务并入高湖分社。7月17日，撤销磐东社市场分社，其业务并入西关分社，撤销渔湖社中联分社，其业务并入东寨分社，撤销仙桥社永东分社，其业务并入古溪分社。2004年9月23日，市区联社营业部华诚分社等4个分社、第二营业部燎原分社等8个分社更名。2005年9月5日，撤销渔湖信用社东寨分社，其业务并入溪南分社，渔湖社中心分社从试验区中心路与西二横路交界处迁至揭阳市试验区渔湖镇渔湖桥头。10月1日，撤销渔湖社渔江分社。2006年10月19日，市区农村商业银行西郊支行迁至市区农村信用社仙滘分社营业。

2007年8月10日，撤销市区农信社飞燕分社、巷畔分社、东星分社。8月13日，榕城信用社从榕城区进安街中段24号迁至榕城区东湖路中段金龙花园G幢。9月3日，永西分社从仙桥街省道1930线桂南村东红路段南侧屯埔经联社办公楼隔壁迁至揭阳市榕城区省道1930线桂南村东红路段南侧。12月30日，撤销新兴分社，其业务并入榕东信用社。2008年12月29日，撤销大桥头分社，其业务并入东山信用社。8月15日，撤销仙窖分社，其业务并入榕城信用社。2009年4月25日，撤销联兴分社。12月30日，撤销阳美分社，其业务并入渔湖信用社；撤销进贤分社其业务并入榕城信用社；撤销双光分社，其业务并入双寮分社。

1994—2010年揭阳市区农村信用合作联社负责人一览表

表2-106

姓名	性别	职　务	籍贯	任职起止时间
郑永河	男	主 任	广东揭阳	1994年5月—1999年9月
许映从	男	主 任	广东揭阳	1996年10月—1999年4月
佘树隆	男	副主任	广东揭阳	1996年10月—2007年8月
郑永河	男	副主任	广东揭阳	1999年9月—2007年8月
郑捷泉	男	副主任	广东揭阳	2001年12月—2006年9月
郑捷泉	男	监事长	广东揭阳	2006年10月—2007年10月
李泽瑜	男	副主任	广东揭阳	2006年11月—2007年10月
郑浩波	男	副主任	广东揭阳	2006年11月—2008年4月
黄胜章	男	主 任	广东揭阳	2006年12月—2010年6月

续表 2-106

姓名	性别	职　务	籍贯	任职起止时间
郑永河	男	理事长	广东揭阳	2007 年 8 月— 2007 年 10 月
徐延秋	男	理事长	广东揭阳	2007 年 10 月— 2010 年 7 月
陈汝秋	男	监事长	广东惠来	2007 年 10 月— 2010 年 7 月
许晓葵	男	副主任	广东揭阳	2007 年 10 月— 2010 年 7 月
苏鸿龙	男	副主任	广东普宁	2007 年 10 月— 2010 年 7 月

说明：表内成员按 1994—2010 年任职起始时间由远到近排序

职能任务与业务　1996 年，揭阳市区农村信用合作社联合社与农业银行脱离行政隶属关系。此后，揭阳市区农信联社与各乡镇农村信用合作社，实行分开独立经营的二级法人治理经营管理体制。2003 年 9 月 8 日，揭阳市区农村信用合作社联合社加入揭阳市农村信用社综合业务系统并上线。2005 年 6 月，揭阳市区农村信用合作社联合社认购专项央行票据 4474.30 万元。11 月，首次增资扩股 4801 万股，增资扩股后总股本 4801 万股。

2006 年 12 月 30 日起，揭阳市区农村信用合作联社取消各信用社的法人资格，实行一级法人，统一核算，分级管理，授权经营的管理体制，并举行挂牌仪式。2007 年 4 月，揭阳市区农村信用合作联社经揭阳市工商行政管理局核准登记，其经营范围为吸收公众存款；发放短期、中期和长期贷款；办理国内结算；代理发行、代理兑付政府债券；买卖政府债券、金融债券；按中国人民银行规定从事同业拆借；代理收付款项；经银行业监督管理机构批准的其他业务。截至 12 月末，全社资产总额 29.88 亿元；负债总额 28.83 亿元，其中各项存款余额 27.84 亿元。

2007 年，全社贷款总额 20.49 亿元。2008 年 3 月，揭阳市区农村信用合作联社增资扩股 5000 万股，增资扩股后总股本为 9801 万股。6 月，成功兑付专项央行票据 4474.30 万元。9 月 24 日，揭阳市区农村信用合作联社获准从事同业拆借业务。10 月 16 日，开设珠江平安卡对外发卡业务。

2009 年，揭阳市区农村信用合作联社各项贷款余额 27.26 亿元，同比增加 3.14 亿元，增长 12.82%。全社实现财务总收入 3.01 亿元，同比增加 2189 万元，增长 7.83%；财务总支出 2.61 亿元，同比增加 1646 万元，增长 6.72%；实现账面利润总额 3012 万元，同比增加 542 万元，增长 15.6%；实现经营利润 1.19 亿元，同比增加 2760 万元，增长 30.08%。7 月 27 日，向揭阳市人民政府递交筹建农村商业银行申请，完成清产核资。9 月 15 日，获广东省人民政府批准进入筹建农村商业银行系列工作。

2006—2009年揭阳市区农村信用合作联社资产负债表（本币）

表 2-107

单位：万元

年份	资产总额	流动资产	长期资产	负债总额	流动负债	长期负债	所有者权益	本年利润	各项存款	其中：储蓄存款	企事业单位存款	各项贷款	其中：涉农贷款	中小微企业贷款
2006	310218	285932	24286	300910	279075	21835	9308	2897	287753	276961	—	204993	14624	—
2007	298764	280277	18487	288376	266484	21892	10388	1456	278427	238695	—	204910	20313	—
2008	382069	372322	9747	365653	343766	21887	16416	1411	353305	308516	—	244839	199181	—
2009	408585	367848	40737	389278	359243	30035	19307	3012	379463	330406	—	272624	247541	—

说明：表内“—”为无法取数或无数据

2. 揭东县农村信用合作联社

机构沿革 1992 年，揭东县农村信用联社是从原揭阳县农村信用合作社联合社中分设出来的农村信用合作社联合社。12 月 31 日，揭东县农村信用合作社联合社与中国农业银行揭东县支行脱离行政隶属关系，独立行使经营管理职能，实行县联社和信用社二级法人管理模式。“脱钩”后的揭东县农村信用合作社联合社，业务上接受人民银行揭东支行的指导和监督，行政上由揭阳市农村金融体制改革领导小组办公室领导和管理。

1998 年，揭东县农村信用合作社联合社选择县农村信用社联合社、炮台农村信用社、云路农村信用社、埔田农村信用社、月城农村信用社、桂岭农村信用社 6 个单位作为试点，按照合作制原则进行规范。县联社由县联社职工、辖内农村信用社入股组成，实行民主管理，主要为农村信用社服务的联合经济组织。试点制为了把农村信用社办成依法自主经营、自担风险、自负盈亏、自我约束的一级法人机构。后来经实践证明，按合作制原则规范农村信用社的做法并不适应农村信用社的经营和发展，所以该项试点工作没有继续开展。

2003 年 4 月，中国银行业监督管理委员会成立，专职行使对银行业的监管职能，揭东县农村信用合作社联合社接受中国银行业监督管理委员会的行业监管。2006 年 10 月 8 日，揭东县农村信用合作社联合社召开创立大会暨首届社员代表大会，更名为揭东县农村信用合作联社，由二级法人治理统一为一级法人治理。2007 年 6 月 25 日，揭东县农村信用合作联社挂牌开业。

1996 年，揭东县农村信用合作社联合社有员工 713 人。2006 年，有员工 708 人，其中，中级职称 40 人、初级职称 264 人。2013 年，有员工 757 人，其中，中级职称 112 人、初级职称 315 人。

1996 — 2013 年揭东县农村信用合作联社员工人数统计表

表 2-108 单位：人

年份	总人数	联社（本部）	信用合作大社	储蓄所	联社营业部	分社
1996	713	96	153	24	25	415
1997	740	98	164	24	26	428
1998	738	94	158	—	23	463
1999	749	95	161	—	24	469
2000	736	93	157	—	27	459
2001	735	93	156	—	26	460
2002	723	94	152	—	28	449
2003	733	96	157	—	24	456
2004	731	95	157	—	25	454
2005	717	95	151	—	26	445
2006	708	94	151	—	26	437
2007	719	96	154	—	27	442

续表 2-108

年份	总人数	联社（本部）	信用合作大社	储蓄所	联社营业部	分社
2008	725	99	179	—	28	419
2009	743	87	229	—	33	394
2010	742	92	245	—	34	371
2011	736	83	254	—	31	368
2012	741	96	238	—	32	375
2013	757	102	245	—	32	378

说明：表内“—”为无法取数或无数据

内部机构　1992—1996 年，揭东县农村信用合作社联合社由农业银行揭东支行管理。1996 年行社管理分离后，揭东县农村信用合作社联合社内设 7 个部门：人事政工股、资金计划股、办公室、财务会计股、信贷管理股、监察稽核股、保卫股。

1996 — 1997 年，县农村信用合作社联合社内置 8 个部门：人事政工股、资金计划股、办公室、财务会计股、信贷管理股、监察稽核股、保卫股、工会委员会。至 1997 年，揭东县农村信用合作社联合社沿用内设“8 部门”管理架构。

1998 — 2003 年，县农村信用合作社联合社内设 9 个部门：人事政工股、资金计划股、办公室、财务会计股、信贷管理股、监察稽核股、保卫股、工会委员会、资产保全部。至 2003 年，揭东县农村信用合作社联合社沿用内设“9 部门”管理架构。

2004 — 2007 年，县农村信用合作社联合社内设 14 个部门：办公室、行政管理部、人力资源部、工委会办公室、稽核保卫部、财务会计部、信贷管理部、贷款审批委员会、资产保全部、合规发展部、风险管理及关联交易控制委员会、会计结算部、科技部、市场拓展部。

2008 — 2013 年，揭东县农村信用合作社联合社内设 15 个部门：办公室、行政管理部、人力资源部、工委会办公室、监察保卫部、稽核监督部、计划资金财务部、信贷管理部、贷款审批委员会、资产保全部、合规发展部、风险管理及关联交易控制委员会、会计结算部、科技部、市场拓展部。

1996 — 2013 年揭东县农村信用合作联社负责人一览表

表 2-109

姓名	性别	职　务	籍贯	任职起止时间
徐延秋	男	主任、理事长	广东揭阳	1996 年— 2008 年 2 月
洪美顺	男	副主任	广东揭阳	1996 年— 1997 年 8 月
杨利明	男	副主任、监事长	广东揭阳	1997 年 8 月— 2012 年 1 月
徐茂发	男	副主任	广东揭阳	2003 年 4 月— 2013 年 12 月

续表 2-109

姓名	性别	职 务	籍贯	任职起止时间
李泽瑜	男	主任	广东揭阳	2008 年 2 月—2013 年 12 月
郑鸿华	男	主任助理、副主任	广东揭阳	2008 年 2 月—2013 年 12 月
江文生	男	副主任	广东揭阳	2010 年 3 月—2013 年 12 月
江永松	男	监事长	广东揭阳	2012 年 1 月—2013 年 12 月

说明：表内成员按 1996—2013 年任职起始时间由远到近排序

分支机构 1996 年，揭东县农村信用合作社和县联合社有机构 210 个，其中，法人单位 16 个、信用社（信用站）6 个、分社（分理处、储蓄所）188 个。2006 年，揭东县农村信用合作社联合社，由二级法人治理统一为一级法人治理，机构总数 95 个，法人单位由原来的 16 个统一为 1 个，县联合社依法具备法人资格，原 15 个信用社改为非法人单位，县联合社辖属信用社（信用站）16 个、分社（分理处、储蓄所）78 个。

2013 年，揭东县农村信用合作社联合社有机构 94 个，其中，县联合社辖属信用社（信用站）16 个、分社（分理处、储蓄所）77 个。

1996—2006 年揭东县农村信用合作联社分支机构（网点）暨变动一览表

表 2-110　　单位：个

年度	机构总数	其中				机构变动情况		说明
		法人单位	营业部	信用社（信用站）/ 支行	分社、分理处、储蓄所	增	减	
1996	210	16	—	6	188	—	—	—
1997	210	16	—	6	188	—	—	—
1998	208	16	—	—	192	—	撤 2 个分社	6 个信用站升为分社
1999	208	16	—	—	192	—	—	—
2000	205	16	—	—	189	—	撤 3 个分社	—
2001	154	16	—	—	138	设 1 个分社	撤 48 个分社，4 个储蓄所	—
2002	125	16	—	—	109	—	撤 27 个分社，2 个储蓄所	—
2003	111	16	—	—	95	—	撤 14 个分社	—
2004	104	16	—	—	88	—	上半年撤 7 个分社	—
2005	95	16	—	—	79	—	4 月撤 3 个分社，9 月撤 6 个分社	年初 102 个网点
2006	95	1	—	16	78	—	—	—

说明：表内"—"为无法取数，或无数据，或无情况说明

职能任务与业务　1992 年 12 月，揭东县农村信用社实行行社“脱钩”后，明确职能，履行职责：服务“三农”，服务中小微企业以及地方经济发展。经营范围为吸收公众存款；发放短期、中期和长期贷款；办理国内结算；代理发行、代理兑付政府债券；买卖政府债券、金融债券；按中国人民银行规定从事同业拆借；代理收付款项；经银行业监督管理机构批准的其他业务。

1998 年，随着县联社办公大楼的落成和县联社营业部开通“天地对接”同城结算系统，开创电子汇兑结算新时期。年底，全县有 16 个信用社（含县联社），183 个分社，8 个储蓄所。各项存款余额 13.94 亿元，各项贷款余额 9.91 亿元。1999 — 2004 年，揭东县农村信用社联合社防范风险，提高效益，提高服务“三农”水平。2000 年，揭东县农村信用合作社联合社开始对低效、无效网点进行撤并，并逐步加大网点撤并力度，加快电子化建设步伐，不断增强服务功能。6 月，开通“天地对接”电子联行清算系统，实现客户资金实时到账；完善贷款建档管理，推行贷款微机管理，实现传输电脑化。2001 年，开发代发工资软件。2002 年，加强计算机网络建设，全市电脑覆盖率 85%。2003 年，各营业网点实现电脑办理业务，结束传统手工作业时代。12 月，县农村信用社开通全市综合业务系统，储蓄存款实现全市通存通兑；2004 年 6 月，储蓄存款实现全省通存通兑。加快网点调整撤并速度，全年撤并低效无效网点 7 个；成立贷款审批委员会，改革现行信贷审批机制。全县农信社各项存款余额 27.77 亿元，比 1999 年的 13.17 亿元增加 14.60 亿元，增加 1.11 倍；全年累投各项贷款 20.20 亿元，其中累投农业贷款 6.42 亿元，占 31.78%。

2005 年，揭东县农信社稳妥推进统一法人改革试点工作，按时按质完成清产核资，全年各项存款增加 5000 多万元。全年，累投各项农业贷款 7.09 亿元，支持种植蔬菜、龙眼、竹笋、香蕉等经济作物 11951 亩，饲养生猪 22927 头、“三鸟”212673 只，养殖四大家鱼 32350 亩；支持农田水利建设 512 宗、购农机具 68 台（套）、种子 84200 公斤、化肥 3834 吨、农药 798 吨。

2006 年，揭东县农信社各项存款余额 39.46 亿元，比年初增加 6.17 亿元，增长 18.53%。截至 12 月末，各项贷款余额 28.36 亿元，其中，农业贷款余额 10.74 亿元。各项贷款余额比年初增加 4.10 亿元，其中，增投农业贷款 2.07 亿元。处置收回 2005 年年底前不良贷款 5042 万元。处置收回专项票据置换贷款 106 万元。全年实现财务总收入 2.51 亿元，其中，贷款利息收入 1.91 亿元，中间业务收入 59 万元；财务总支出 2.40 亿元，其中各项存款利息支出 6949 万元。账面利润 1377 万元，实际利润 4811 万元。完成以县为一级法人改革后的农村信用社，逐步建立科学的决策、激励、约束和发展机制。

2007 年，揭东县农信社净资产 1.44 亿元，风险资产 22.96 亿元。起诉贷款 316 宗，标的金额 2190 万元，收回金额 527 万元，其中以物抵债 69 万元。全年变现抵债资产 1301 万元，核销呆账 3529 万元。全年全县农信社各项存款余额 45.08 亿元，比年初增加 5.12 亿元，增长 12.8%。全年累投各项贷款 28.27 亿元，其中，累投涉农贷款 23.93 亿元，占 84.65%；累收各项贷款 23.70 亿元；截至 12 月末，各项贷款余额 32.92 亿元，其中涉农贷款余额 27.03 亿元，占各项贷款总额的 82.1%；各项贷款余额比年初增加 4.56 亿元。2008 年，开展第二次增资扩股工作，完成募集新股 1.20 亿元的计划。截至 12 月末，资本净额 3.09 亿元，成功兑付央行票据资金 1.17 亿元。办理约期存款 12 亿元，通过全国资金拆借市场分销债券 2 亿元，累计办理债券逆回购 57.30 亿元，实现净收入 1351 万元。9 月发行“珠江平安卡”，至 12 月发卡 10825 万张，卡内存款余额 4837 万元。全年筹措支农资金 3 亿元，发放支持以养猪、养鸭、养鸡、池鱼、虾蟹为主的养殖业贷款 8004 万元；发放支持埔田香蕉、竹笋基地，玉湖果蔬、绿茶基地，地都水产养殖基地等种植业贷款 1.18 亿元。

2009—2013 年，揭东县农村信用合作联社开通农信银、大小额支付系统、公民身份查核系统、票据影像交换系统，实现资金跨地区、跨系统实时到账，形成通达全国各地农村信用社的结算网络。开办个人按揭贷款、代理保险、债券逆回购等新业务品种。加入中国银联，发行自主品牌信用卡“珠江平安卡”，并率先在辖区农村市场布局 ATM 等新型银行自助设备。开办推广“农民消费贷款”“农民创业贷款”“新农村建设贷款”“仓单质押贷款”“贵宾客户贷款”等一批富有特色的服务产品。至 2012 年 5 月，各项存款余额 95 亿元，各项贷款余额 63 元，发行“珠江平安卡” 31 万张。9 月，推出带有医保账户的社保卡，客户使用社保卡既可以存取款，还能进行医保消费。

截至 2013 年 12 月末，揭东县农信社各项贷款余额 82.02 亿元，各项存款余额 120.12 亿元。

1992—2013年揭东县农村信用合作联社资产负债表（本币）

表2-111　　单位：万元

年份	资产总额	流动资产	长期资产	负债总额	流动负债	长期负债	本年利润	各项存款	其中：储蓄存款	企事业单位存款	各项贷款	其中：涉农贷款	中小微企业贷款
1992	62935.03	10267.99	52667.04	56003.92	12933.55	43070.37	257.00	34679.00	25643	9036.00	25808.66	19653.39	7043.82
1993	71003.28	62461.54	8441.18	58744.51	34957.11	23787.40	152.00	44304.00	31534	12770.00	33042.60	26894.60	9731.86
1994	93147.82	82985.99	10060.14	79859.36	48702.38	31156.98	243.00	55826.00	52817	3009.00	43535.01	36694.22	15953.70
1995	107379.88	88741.94	18597.94	96139.44	56427.64	39711.80	291.00	72765.00	70139	2626.00	58999.28	51790.02	26585.51
1996	145820.39	118084.78	27735.61	134545.32	95161.42	39383.90	-103.00	88859.00	86515	2344.00	71268.93	62496.42	32495.94
1997	176856.25	138661.59	37823.66	170950.16	120449.02	50501.14	-440.00	113284.00	110514	2770.00	86481.08	76948.27	40204.85
1998	197056.91	144290.42	52214.39	191298.32	126077.84	65220.48	-769.00	129370.00	124023	5347.00	99120.74	87730.44	46911.74
1999	206326.51	149289.14	56492.76	201800.40	136414.64	65385.76	124.33	131739.00	125381	6358.00	105610.71	92742.33	49476.81
2000	227028.15	157234.84	69413.29	223809.47	150774.75	73034.72	248.73	147819.00	137834	9985.00	115110.62	99324.00	53147.00
2001	264569.93	186699.19	77493.58	262468.12	174437.30	88030.82	43.46	171093.00	160867	10226.00	129320.73	111528.00	59079.00
2002	311443.51	235200.23	76243.28	309517.20	226777.29	82739.91	230.68	202260.00	191685	10575.00	147375.67	127531.58	66823.70
2003	328418.65	254698.52	73161.68	326576.15	306588.45	19987.70	639.62	232080.00	215878	16202.00	174954.37	146257.03	77443.01
2004	413502.94	330304.41	82440.68	411546.69	383113.16	28433.53	1746.59	277704.00	260937	16767.00	201970.53	166969.50	93743.06
2005	504818.82	424977.51	79362.96	498112.69	459357.42	38755.27	2678.69	332898.00	309602	23296.00	242537.65	209568.09	122952.09
2006	421221.58	316655.77	104157.10	413308.44	360304.88	53003.56	5209.55	394644.00	365496	29148.00	283583.58	245863.68	138505.31
2007	488098.10	377290.09	110384.07	479610.31	419860.17	59750.14	6584.93	450833.00	414784	36049.00	329216.85	233532.00	120413.00
2008	592831.67	456510.04	136321.63	570679.88	512058.09	58621.79	9802.36	545231.00	493431	51800.00	385599.21	345979.00	222232.00
2009	698509.71	652683.73	45825.98	674397.09	664645.62	70464.41	14963.16	646710.00	575082	71628.00	445856.99	403651.34	256483.00
2010	797584.35	732720.61	64863.74	771203.16	701214.16	69989.00	22971.09	751852.00	664333	87519.00	508757.82	461402.00	271672.00
2011	957138.69	933174.49	23964.20	906350.89	772641.89	133709.00	33945.79	878756.00	781982	96774.00	608505.80	552440.00	352840.00
2012	1159937.44	1103204.53	56732.91	1100045.41	936154.27	163891.14	39333.84	1021249.00	928271	88917.00	690714.35	656708.42	437436.18
2013	1355235.04	1245156.82	110078.22	1251638.36	1120288.12	131350.24	46812.82	1201200.00	1081146	95074.00	820179.88	786544.75	562746.50

3. 揭西县农村信用合作联社

机构沿革　揭西县农村信用合作联社，其前身为1952年成立的揭西县第一家农村信用社。1987年12月，揭西县信用联社成立。1996年12月，揭西县农村信用社与农业银行脱离行政隶属关系，揭西县农村信用合作社联合社成立，全县各乡镇设立农村信用合作社，属于二级法人机制。“脱钩”后的揭西县农村信用合作社联合社，业务上接受人民银行揭西支行和中国银行业监督管理委员会揭阳监管分局的指导和监督，行政上由揭阳市农村金融体制改革领导小组办公室领导和管理。

2007年5月21日，揭西县农村信用合作联社开业。由二级法人治理，统一为一级法人治理。实行统一核算，分级管理，授权经营的管理体制。

1996年，揭西县农村信用合作社联合社有员工494人，其中，中级及以上职称18人、初级职称261人。2007年，有员工481人，其中，中级及以上职称40人、初级职称219人。2010年，有员工530人，其中，联社本部80人、信用社（站）和分理处（储蓄所）450人。

1996—2010年揭西县农村信用合作联社员工人数统计表

表2-112　　单位：人

年份	总人数	信用联社（本部）	信用社（站）	信用分社	储蓄所
1996	494	—	—	—	—
1997	507	—	—	—	—
1998	515	—	—	—	—
1999	515	—	—	—	—
2000	507	54	—	—	—
2001	497	—	—	—	—
2002	485	69	—	—	—
2003	480	—	—	—	—
2004	480	68	—	—	—
2005	479	72	—	—	—
2006	462	—	—	—	—
2007	481	80	—	—	—
2008	468	80	—	—	—
2009	518	83	—	—	—
2010	530	80	—	—	—

说明：表内“—”为无法取数或无数据

内设机构　1996年12月，揭西县农村信用社和农业银行的行政隶属关系“脱钩”后，揭西县农村信用合作社联合社成立。1997年，揭西县农村信用合作社联合社内设8个部门：人事政工股、资金计划股、办公室、财务会计股、信贷管理股、监察稽核股、保卫股、工会委员会。

2007年，揭西县农村信用合作社联合社取消各信用社的法人资格，实行一级法人，统一核算，分级管理，授权经营的管理体制。5月21日，揭西县农村信用合作联社开业，完成统一法人体制改革。内设理事会，根据“职权分明、平衡制约、高效运行”的原则，引入内部跨部门的协调机制，以缩短流程的运行时间，提高服务质量和管理水平。后设置战略规划委员会、审计委员会、提名与薪酬管理委员会、全面风险管理与关联交易控制委员会。各委员会独立履行职责，对联社理事会负责。至2010年，内设机构不变。

1996—2011年揭西县农村信用合作联社负责人一览表

表2-113

姓名	性别	职　务	籍贯	任职起止时间
李锡维	男	副主任	广东揭西	1996年—2002年
李文彬	男	副主任	广东揭西	1998年—2000年
黄建新	男	副主任	广东揭西	2001年—2011年10月
魏阳山	男	副主任	广东兴宁	2001年—2011年10月
邱建财	男	监事长	广东揭西	2003年—2011年10月

说明：表内成员按1996—2011年任职起始时间由远到近排序

分支机构　1996年，揭西县农村信用社与农业银行脱离行政隶属关系以后，全县农信社有161个网点机构。2007年，由揭西县农村信用合作社联合社和各镇（乡）农村信用合作社二级法人治理，改为取消镇（乡）农村信用合作社法人治理，实行县农村信用合作社联合社统一法人治理之后，全县有网点机构56个，其中，信用社（信用站）17个，分社（分理处、储蓄所）38个。

2010年，揭西县农村信用合作社联合社增设良田分理处。揭西县联社和镇（乡）信用合作社（信用站）有网点机构54个，其中，有河婆、棉湖等镇（乡）信用合作社（信用站）17个，分社（分理处、储蓄所）36个。

1996—2010年揭西县农村信用合作联社分支机构（网点）暨变动一览表

表2-114　　单位：个

年度	机构总数	其中				机构变动情况		说明
		法人单位	营业部	信用社（信用站）	分社（分理处、储蓄所）	增	减	
1996	161	—	—	—	—	—	—	—
1997	156	—	—	—	—	—	5	—
1998	155	—	—	—	—	—	1	—
1999	155	—	—	—	—	—	0	—
2000	154	—	—	—	—	—	1	—
2001	118	—	—	—	—	—	36	—
2002	93	—	—	—	—	—	25	—

续表 2-114

年度	机构总数	其中				机构变动情况		说明
		法人单位	营业部	信用社（信用站）	分社（分理处、储蓄所）	增	减	
2003	70	—	—	—	—	—	23	—
2004	72	—	—	—	—	2	—	—
2005	60	—	—	—	—	—	12	—
2006	56	—	—	—	—	—	4	—
2007	56	1	1	17	38	—	—	—
2008	53	1	1	17	35	—	—	—
2009	53	1	1	17	35	—	—	—
2010	54	1	1	17	36	1	—	—

说明：表内“—”为无法取数，或无数据，或无情况说明

职能任务与业务 1996年之前，揭西县农村信用社由农业银行揭西支行管理。1996年，揭西县农村信用社各项存款余额突破6亿元。1987年12月，揭西县信用联社成立。贷款规模的情况为1993年、1994年、1995年、1996年贷款余额，分别为2.21亿元、2.76亿元、3699万元、4.94亿元。贷款投向主要是服务当地农户、小手工业、个体工商户。

1997—2000年，揭西县农村信用合作社联合社行社“脱钩”后，县农村信用社1997年、1998年、1999年、2000年各项存款余额，分别为8亿元、9.47亿元、9亿元和9.80亿元。1997年起，实行信用社和县联社二级法人管理。1997年、1998年、1999年、2000年全系统各项贷款余额分别为5.81亿元、6.80亿元、7.38亿元和7.30亿元。贷款大多用于服务农业，支持县域农村各地对农业生产资料、农田基本建设改造等方面。2000年，县农村信用社加入揭阳市人行电子同城（联行）清算系统，按照《揭阳市电子联行“天地对接”同城清算系统管理暂行办法》的规定完成各项清算业务。

2001—2010年，揭西县农村信用合作联社贷款规模快速扩大，10年贷款增加20.39亿元，主要是支持地方旅游业、农业龙头企业、电线电缆行业。2001年各项存款余额突破10亿元，达11.19亿元。2003年，揭西县农村信用社加入揭阳市农村信用社综合业务系统并顺利上线。2004年，揭西县农村信用社实现全省通存通兑（部分省外通存通兑）。2005年省联社成立，对县级农村信用合作社联合社进行规范管理。5月，揭西县农村信用合作社联合社启动县级统一法人的改制工作，6月认购专项央行票据6751.8万元。2006年6月，完成增资扩股2211万股；按法定程序取消各信用社的法人资格，实行一级法人、统一核算、分级管理、授权经营的管理体制。全年，各项存款余额突破20亿元，达21.97亿元。

2007年4月30日，揭西县农村信用合作联社取得营业执照，其经营宗旨是依据国家法律、法规和规章，恪守信用，合法经营，自主开展各项业务，主要为本社社员服务，为辖区内农业和农村经济发展服务，为辖区内企事业单位、组织和居民服务，为本县经济协调发展服务。5月21日，正式开业。12月，正式对外发行全省统一品牌的“珠江平安卡”。2008年3月，揭西县农村信用合作联社完成增资扩股7000万股。6月，成功兑付专项央行票据6751.80万元，全年各项存款余额突破30亿元，达

30.81 亿元；各项贷款余额 21.08 亿元。2009 年 7 月，揭西县农村信用合作联社启动改制广东揭西农商行筹备工作组成立。

2010 年 8 月，揭西县农村信用合作联社加入全省数据大集中业务系统并成功上线，各营业网点具备存款、取款、汇款、缴费等全面的支付服务功能，通过省联社间接参与人民银行大、小额支付系统、广东省金融服务平台和支票影像系统，通过省联社间接参与“农信银”支付结算系统，农村地区支付清算系统接入覆盖率 100%。截至 12 月末，各项存款余额 39.78 亿元，各项贷款余额 28.61 亿元。

1992—2010 年揭西县农村信用合作联社资产负债表（本币）

表 2-115　　　　单位：万元

年份	资产总额	流动资产	长期资产	负债总额	流动负债	长期负债	本年利润	各项存款	其中：储蓄存款	企事业单位存款	各项贷款	其中：涉农贷款	中小微企业贷款
1992	—	—	—	—	—	—	2.52	15281.75	—	—	16620.26	—	—
1993	56392.75	44144.77	11935.91	48646.56	34030.63	14615.93	—	16566.91	—	—	—	—	—
1994	75772.72	63252.57	12076.35	66612.61	45900.94	20711.67	—	25580.9	—	—	—	—	—
1995	93211.73	68395.94	24256.87	84594.81	64802.88	19791.92	—	33292.86	—	—	—	—	—
1996	104528.48	70865.43	33025.94	99020.62	80825.79	18194.83	—	62537.87	—	—	49396.80	—	—
1997	129646.63	97684.4	31043.2	126672.91	95416.96	31255.95	−796.52	80043.85	—	—	58120.57	—	—
1998	200501.90	161976.84	37679.54	197463.91	174593.66	22870.25	—	94729.63	—	—	68011.91	—	—
1999	132577.57	93219.92	38522.13	130483.14	116850.11	13635.03	—	90062.00	—	—	—	—	—
2000	141596.45	100637.85	40542.95	139221.7	121065.12	18156.58	13.15	98007.65	90425.00	7330.13	73041.43	—	—
2001	157059.32	118214.56	38180.18	154171.09	137845.12	16325.96	198.72	111911.48	94527.00	8664.22	82233.42	—	—
2002	193868.60	156436.39	37067.23	190816.95	177027.38	13789.57	570.37	131977.98	107586.00	13239.17	84505.85	—	—
2003	208602.34	162319.7	39923.84	205319.95	182601.6	17067.98	−231.07	143577.70	127707.00	15871.00	91383.47	—	—
2004	235225.79	194051.22	40284.15	231657.68	210240.38	21417.3	−295.06	166645.03	149438.00	17207.00	101016.32	—	—
2005	263092.98	216309.01	45798.81	258716.72	232494.58	26222.14	227.22	186181.76	169666.00	16516.00	122859.95	—	—
2006	318842.75	268833.97	49068.7	313667.56	281201.76	32465.8	270.79	219731.56	198582.00	21150.00	136966.00	—	—
2007	266995.14	215176.24	50836.64	260588.89	224078.39	36510.5	993.04	247368.51	223434.00	23935.00	169942.00	—	77790
2008	349094.39	290005.12	53361.18	329654.74	285135.36	44519.38	1112.48	308147.05	279018.00	29129.00	210753.00	—	111229
2009	383717.64	325007.79	57682.93	363792.32	317109.95	50527.34	1182.47	355446.28	328182.00	27263.00	257396.00	—	173014
2010	425881.09	388131.63	37749.46	405609.59	349934.79	55674.8	1195.11	397814.49	367549.00	30265.00	286148.00	218280	238938

说明：表内“—”为无法取数或无数据

4.普宁市农村信用合作联社

机构沿革　普宁市农村信用合作联社，其前身为1952年普宁县成立的第一个农村信用社，历经由地方政府、人民银行、农业银行等管理和多轮农村金融体制改革。1996年，普宁农村信用社与农业银行脱离行政隶属关系，普宁市农村信用合作社联合社成立，各乡镇设立农村信用合作社，属于二级法人机制；逐步建立起以市场为导向的现代金融管理构架，走上“自主经营，自我约束，自负盈亏，自担风险”的发展道路，逐步迈向金融电子化、服务差异化、管理人性化的发展道路。

2005年8月5日，普宁市农村信用合作社联合社参股加入广东省农村信用社联合社。12月26日，普宁农村信用社召开第三届理事会第十四次会议，审议通过联社改革为一级法人资格，合并普宁辖区20家基层农村信用社，成立统一法人的普宁市农村信用合作联社。2006年11月1日，召开创立大会和第一届社员代表大会，顺利完成县级统一法人组建工作。2007年4月25日，普宁市农村信用合作社联合社更名为普宁市农村信用合作联社；6月15日，挂牌开业。

2006年，普宁市农村信用合作社联合社有员工794人，其中，联社本部92人、乡（镇）信用合作社316人、联社营业部23人、分社363人；其中，中级及以上职称90人、初级职称239人。2015年，有员工949人，其中，联社本部175人、乡（镇）信用合作社343人、联社营业部24人、分社407人；其中，中级及以上职称343人、初级职称264人。

1996—2015年普宁市农村信用合作联社员工人数统计表

表2-116　　单位：人

年份	总人数	联社（本部）	乡（镇）信用合作社	储蓄所	联社营业部	分社
1996	—	—	—	—	—	—
1997	—	—	—	—	—	—
1998	—	—	—	—	—	—
1999	—	—	—	—	—	—
2000	—	—	—	—	—	—
2001	—	—	—	—	—	—
2002	—	—	—	—	—	—
2003	—	—	—	—	—	—
2004	—	—	—	—	—	—
2005	—	—	—	—	—	—
2006	794	92	316	—	23	363
2007	811	102	339	—	22	348
2008	841	99	380	—	26	336
2009	856	112	374	—	29	341
2010	869	138	351	—	24	356

续表 2-116

年份	总人数	联社（本部）	乡（镇）信用合作社	储蓄所	联社营业部	分社
2011	855	147	335	—	24	349
2012	881	168	323	—	23	367
2013	890	167	331	—	23	369
2014	925	174	334	—	24	393
2015	949	175	343	—	24	407

说明：表内"—"为无法取数或无数据

内部机构　1996 年，普宁市农村信用合作社与农业银行脱离行政隶属关系。2005 年，普宁市农村信用合作社联合社内设 11 个部门：工会办公室、人事教育股、办公室、稽核监察部、信贷管理部、资产保全部、计划财务部、信息科技部、财会部、安全保卫部、贷审委。

2007 年 6 月，普宁市农村信用合作联社统一法人体制改革，由二级法人治理，统一为一级机构法人治理。内设 12 个部门：人力资源部、办公室、稽核部、信贷管理部、资产保全部、市场拓展部、信息科技部、计划财务部、安全保卫部、贷审委、行政管理中心、合规与风险管理部。2008 年，内设 13 个部门：人力资源部、办公室、稽核部、信贷管理部、资产保全部、市场拓展部、信息科技部、计划财务部、安全保卫部、贷审委、行政管理中心、合规与风险管理部、会计结算部。

2009 年，内设 14 个部门：行政管理中心、合规与风险管理部、人力资源部、办公室、市场拓展部、稽核部、会计结算部、贷审委、信贷管理部、资产管理部、计划财务部、信息科技部、监察保卫部、工会办公室。

2012 年，普宁市农村信用合作联社内设 16 个部门：行政管理中心、人力资源部、计划财务部、资产管理部、办公室、个人银行部、内审监察部、事后监督中心、会计结算部、授信审批中心、授信管理部、合规与风险管理部、信息科技部、安全保卫部、公司银行部、小微企业专营中心。2014 年，增设"三农"贷款专营中心，增设后内设 17 个部门：行政管理中心、人力资源部、计划财务部、办公室、资产管理部、个人银行部、内审监察部、事后监督中心、授信审批中心、授信管理部、合规与风险管理部、信息科技部、会计结算部、公司银行部、安全保卫部、小微企业专营中心、"三农"贷款专营中心。至 2015 年 12 月，内设机构不变。

1996—2016 年普宁市农村信用合作联社负责人一览表

表 2-117

姓名	性别	职　务	籍贯	任职起止时间
卢树德	男	主任	广东揭阳	1996 年 8 月—2001 年 5 月
张卓伟	男	副主任	广东普宁	1996 年 8 月—2000 年 6 月
许建华	男	副主任	广东普宁	1997 年 3 月—2001 年 5 月
		主任		2001 年 5 月—2006 年 10 月

续表 2-117

姓名	性别	职　务	籍贯	任职起止时间
李泽瑜	男	副主任	广东普宁	2001 年 2 月— 2007 年 1 月
蔡俊雄	男	监事长	广东普宁	2001 年 12 月— 2016 年 3 月
江文生	男	副主任	广东揭阳	2006 年 11 月— 2009 年 5 月
李文彬	男	副主任	广东揭西	2006 年 12 月— 2016 年 3 月
陈少伟	男	主任助理	广东揭阳	2006 年 12 月— 2012 年 5 月
黄剑颖	男	副主任	广东惠来	2014 年 4 月— 2016 年 3 月

说明：表内成员按 1996—2014 年任职起始时间由远到近排序

分支机构　2001 年，普宁市农村信用合作社联合社有县联社和农村信用合作社分支网点 157 个，其中，法人单位 22 个、营业部 2 个、信用社 21 个、分社 134 个。2007 年，县联社和农村信用合作社分支网点 128 个，其中，法人单位 1 个、营业部 1 个、信用社 21 个、分社 106 个。

2014 年，普宁市农村信用合作联社升格 6 个储蓄所，改造、搬迁 6 个服务网点。2015 年，有县联社和农村信用合作社分支网点 123 个，其中，法人单位 1 个、营业部 1 个、信用社 21 个、分社 101 个。

1996 — 2015 年普宁市农村信用合作联社分支机构（网点）暨变动一览表

表 2-118　　单位：个

年度	机构总数	其中				机构变动情况		说明
		法人单位	营业部	信用社（信用站）	分社（分理处、储蓄所）	增	减	
1996	—	—	—	—	—	—	—	—
1997	—	—	—	—	—	—	—	—
1998	—	—	—	—	—	—	—	—
1999	—	—	—	—	—	—	—	—
2000	—	—	—	—	—	—	—	—
2001	157	22	2	21	134	—	—	—
2002	—	—	—	—	—	—	—	—
2003	—	—	—	—	—	—	—	—
2004	—	—	—	—	—	—	—	—
2005	127	22	1	21	105	—	—	—
2006	128	22	1	21	106	万安分社	—	—
2007	128	1	1	21	106	—	—	—
2008	123	1	1	21	101	—	白石分社、高埕分社、果陇二分社、横山分社、军埠分社	—

续表 2-118

年度	机构总数	其中				机构变动情况		说明
		法人单位	营业部	信用社（信用站）	分社（分理处、储蓄所）	增	减	
2009	123	1	1	21	101	—	—	—
2010	123	1	1	21	101	—	—	—
2011	123	1	1	21	101	—	—	—
2012	123	1	1	21	101	—	—	—
2013	123	1	1	21	101	—	—	—
2014	123	1	1	21	101	—	—	—
2015	123	1	1	21	101	—	—	—

说明：表内“—”为无法取数，或无数据，或无情况说明

职能任务与业务 普宁市的合作金融组织，从普宁市农村信用社到普宁市农村信用合作联社，始终以“立足地方，服务‘三农’、中小微企业和城乡居民，支持社区经济发展”为发展宗旨，扎根农村、精心耕耘，当好名副其实的区域金融主力军。其业务范围为吸收公众存款；发放短期、中期和长期贷款；代理发行，代理兑换政府债券；按中国人民银行规定从事同业拆借；代理收付款项；经银行保险业监督管理机构批准的其他业务。

2001 年，普宁市农村信用合作社联合社各项存款余额达 23.70 亿元，同比增加 3.60 亿元，增长 17.9%；各项贷款余额达 15.86 亿元；同比增加 1.40 亿元，增长 9.8%。2002 年，各项存款余额 25.55 亿元，同比增加 1.86 亿元，增长 8%；各项贷款余额 17.85 亿元，同比增加 1.99 亿元，增长 12%。2003 年 10 月，联社网点全面开通“通存通兑”业务。

2004 年，各项存款余额 34.40 亿元，同比增加 5.42 亿元，增长 18.7%。

2005 年，实现全省通存通兑，加入全国现代大额支付系统，享有汇款瞬间到账的服务功能，结算手段现代化。6 月 2 日，成功认购央行专项票据 1.15 亿元。全年各项存款余额达 39.12 亿元，同比增加 4.72 亿元，增长 18.71%。2006 年，普宁市农村信用合作联社存款总额 46.18 亿元，同比增加 7.06 亿元，增长 18.05%。

2007 年 4 月，普宁市农村信用合作社联合社统一法人治理，普宁市农村信用合作联社成立，建立“三会一层”的法人治理结构，明确职责分工，形成理事会决策、经营管理层执行、监事会监督的各负其责、相互制衡的法人治理经营机制。截至 12 月末，各项存款余额 51.51 亿元，同比增加 5.33 亿元。2008 年，各项存款余额 60.16 亿元，各项贷款余额 43.41 亿元，同比增加 3.74 亿元，增长 9.43%。6 月 6 日，成功兑付 1.15 亿元央行专项票据资金；成功开通银行卡业务。

2009 年，普宁市农村信用合作联社各项存款余额 68.18 亿元，比上年增加 8.02 亿元，增长 13.33%。各项贷款余额 51.19 亿元，同比增加 7.78 亿元，增长 17.93%。新增“三农”和中小企业贷款增幅分别为 26.07% 和 47.5%。6 月推出个人创业贷款，丰富信贷品种。2010 年，各项存款余额 80.06 亿元，比年初增加 11.88 亿元，增长 17.42%。各项贷款余额 58.73 亿元，比年初增加 7.53 亿元，增长

14.72%。8 月，联社全面上线省联社数据大集中系统，综合业务系统更新换代，实现与全省农合机构互联互通。

2011 年，普宁市农村信用合作联社各项存款余额 94.10 亿元，比年初增加 14.04 亿元，增长 17.54%。1 月 25 日，信贷管理系统顺利上线运行。全年新投放贷款 15.69 亿元，其中，涉农贷款 12.22 亿元，占新投放总额的 77.91%；中小企业贷款 13.87 亿元，占新投放总额的 88.38%。2012 年，存款余额 112 亿万元，比年初增加 17.57 亿元。9 月起，力推当地实施特色农业"一镇一品"工程。11 月，推出第一个面向特色农产业的系列贷款——"金梅贷"。11 月 26 日，揭阳地区首家小微企业专营中心成立。开办"个人创业贷款""银行卡个人自助循环贷款""股权质押"等特色信贷业务品种。高埔镇龙堀村揭阳市第一家农村金融服务站成立。全年支农贷款 20.10 亿元，占累投总额 84.17%。截至 12 月末，支农贷款余额 70.90 亿元，比年初增加 12.24 亿元，增长 20.87%。金融服务站成立，并对信用村授牌，总体授信额度 1.20 亿元，累计发放"青梅贷"等农户贷款 1.50 亿元。开办"绿色信贷"业务，全年发放"绿色信贷"项目贷款 4600 万元。在县域设立 217 个银行卡助农取款服务点，填补金融服务空白行政村 148 个。

2013 年，普宁市农村信用合作联社各项存款余额 132.05 亿元。推出面向县域蕉柑产业创新信贷产品——"柑富贷"；面向花卉苗木产业创新信贷产品——"绿色园林贷"；面向县域支柱产业、民生产业创新信贷产品——"衣贷通"。各项贷款余额 95.93 亿元，比年初增加 13.84 亿元，增长 16.86%。开办第一笔银行承兑汇票业务。2014 年，存款余额 15.35 亿元，比年初增加 21.40 亿元，增长 16.21%；其中，定期存款 96.11 亿元，增长 15.98%。截至 12 月末，涉农贷款余额 111.24 亿元，比年初增加 21.19 亿元，增长 23.53%，占贷款总额 94%；中小微企业贷款余额 111.19 亿元，比年初增加 22.06 亿元，增长 24.75%，占贷款总额 94%。发放"金梅贷"145 万元、"柑富贷"368 万元、"绿色园林贷"180 万元，累投"青梅贷"2.18 亿元。创新推出"电商贷"贷款产品。

2015 年，普宁市农村信用合作联社对公存款占总存款额 12.31%，余额比年初增加 5.14 亿元，成功取得代理普宁国税业务和普侨区"三资平台"、乡镇国库集中支付代理资格。12 月，同普宁国税局签订代收税款和代开税票的业务合作协议，率先在县域开办国税发票"双开"业务。截至 12 月末，总资产 195.19 亿元，比年初（下同）增加 8.74 亿元，增幅 4.69%；总负债 175.04 亿元，增加 8.86 亿元，增幅 5.33%；各项存款余额 162.88 亿元，增加 9.42 亿元，增幅 6.14%。截至 12 月末，"青梅贷"余额 2.20 亿元；全年投放"金梅贷"125 万元支持梅企梅农做强青梅品牌，投放 694 万元扶持 6 家蕉柑等农企缓解大宗农产品收购资金压力；累投"绿色园林贷"691 万元支持家庭农场、苗木种植专业户解决生产资金短缺问题；发放 100 万元"政银保"贷款帮助普宁市金鸟苗木专业合作社解决流动资金需求。12 月，银行卡存量达 118.31 万张；网上银行 2.38 万户；网上银行交易金额 324.15 亿元；网上支付业务存量户数 36060 户，手机银行开户存量 3.45 万户，交易金额 9.33 亿元；电子交易替代率 56.23%。

5. 惠来县农村信用合作联社

机构沿革　惠来县农村信用合作联社，其前身为始建于 1952 年的惠来县农村信用合作社。1992 年，惠来县农村信用合作联社成立。1992 — 1996 年，惠来县农村信用合作社行政上隶属农业银行的管理和领导。1996 — 2009 年 11 月，县农村信用社与农业银行脱离行政隶属关系以后，走上自主经营的二级法人治理时期，各信用社实行自主管理、自负盈亏，行政上隶属惠来县农村信用社联合社领导和管理。

2009 年 12 月起，惠来县农村信用合作社联合社更名为惠来县农村信用合作联社。辖下各信用社经营权上收县联社统一经营，实行授权经营、分级管理，统一法人治理。各单位在县联社的统一指导下开展经营工作。

2008年，惠来县农村信用合作联社有员工310人，其中，有专业技术职称人员，中级及以上18人、初级（助师）131人。2009年，有员工317人，其中，有专业技术职称人员，中级及以上27人、初级（助师）131人。2018年，有员工425人，其中，有专业技术职称人员，中级及以上40人、初级（助师）141人。

1996—2018年惠来县农村信用合作联社员工人数统计表

表2-119 单位：人

年份	总人数	联社（本部）	信用合作大社	储蓄所	联社营业部	分社
1996	—	—	—	—	—	—
1997	—	—	—	—	—	—
1998	—	—	—	—	—	—
1999	—	—	—	—	—	—
2000	—	—	—	—	—	—
2001	—	—	—	—	—	—
2002	—	—	—	—	—	—
2003	—	—	—	—	—	—
2004	—	—	—	—	—	—
2005	—	—	—	—	—	—
2006	—	—	—	—	—	—
2007	—	—	—	—	—	—
2008	310	45	175	4	11	75
2009	317	65	163	4	15	70
2010	328	68	168	5	15	72
2011	337	66	186	4	18	63
2012	353	79	188	4	19	63
2013	373	77	197	6	22	71
2014	383	78	210	6	18	71
2015	396	108	194	6	20	68
2016	420	114	202	6	19	79
2017	426	111	224	6	22	63
2018	425	151	194	6	15	59

说明：表内"—"为无法取数或无数据

内部机构　1996，惠来县农村信用社和农业银行的行政隶属关系"脱钩"，惠来县农村信用合作社联合社成立。1997年起，对应上级职能部门，不断建立健全内部职能机构。2008年，惠来县农村信用合作联社内设11个部：办公室、贷款审批委员会、财务会计部、稽核监察部、信贷部、资产保全部、科技部、人力资源部、安全保卫部、合规部、市场拓展部。

2009年11月，统一法人体制改革，惠来县农村信用合作联社由二级法人治理，统一为一级机构法人治理时，内设11个部：贷款审批委员会、办公室、计划资金财务部、会计结算部、稽核监察部、信贷管理与资产保全部、科技部、人力资源部、安全保卫部、合规部、市场拓展部。2012—2013年，内设12个部：办公室、人力资源部、工会办公室、科技部、稽核监察部、贷款审批委员会、合规部、安全保卫部、计划资金财务部、会计结算部、市场拓展部、信贷管理与资产保全部。2014年，根据业务发展和市场拓展需要，县农村信用合作联社内设12个部门：办公室、人力资源部、工会办公室、科技部、稽核监察部、贷款审批委员会、合规部、安全保卫部、计划资金财务部、会计结算部、市场拓展部、信贷管理与资产保全部。

2015年，惠来县农村信用合作联社内设14个部门：办公室、人力资源部、工会办公室、科技部、稽核监察部、贷款审批委员会、合规部、安全保卫部、计划资金财务部、会计结算部、市场拓展部、信贷管理与资产保全部、“三农”贷款专营中心、小微企业专营中心。2016年，内设14个部门：办公室、人力资源部、工会办公室、电子银行科技部、金融市场部、内审监察部、合规与风险管理部、安全保卫部、运营部、计划资金财务部、授信管理部、资产保全部、“三农”贷款专营中心、小微企业专营中心。

2017年，惠来县农村信用合作联社内设15个部门：办公室、人力资源部、工会办公室、电子银行科技部、金融市场部、内审监察部、合规与风险管理部、安全保卫部、运营部、计划资金财务部、授信管理部、资产保全部、小微企业专营中心、“三农”贷款专营中心、监事会办公室。至2018年12月，惠来县农村信用合作联社内设14个部：办公室、人力资源部、工会办公室、电子银行与科技部、理事会办公室、审计部、合规与风险管理部、安全保卫部、运营部、计划资金财务部、授信管理部、资产保全部、“三农”与小微企业贷款专营中心、监事会办公室。

2008—2018年惠来县农村信用合作联社负责人一览表

表2-120

姓名	性别	职　务	籍贯	任职起止时间
翁俊清	男	监事长	广东惠来	2008年6月—2009年8月
陈宏章	男	监事长	广东惠来	2009年11月—2013年1月
		监事长		2013年1月—2018年6月
李泽瑜	男	理事长	广东普宁	2015年10月—2018年3月
黄旭波	男	副主任	广东普宁	2015年10月—
许晓丰	男	副主任	广东揭东	2015年10月—
冯继潮	男	理事长	广东佛山	2018年3月—
刘　涛	男	副主任	广东韶关	2018年3月—
王喜群	男	监事长	广东澄海	2018年8月—

说明：表内成员按2008—2018年任职起始时间由远到近排序

分支机构 1996年，行社脱离行政隶属关系以后，惠来县农村信用社有营业网点44个。2000年，撤并辖下周田狮石农村信用合作分社、东港百坽农村信用合作分社、东陇寄陇农村信用合作分社、仙庵东红农村信用合作分社、靖海市内农村信用合作分社共5个分社。2002年，撤并神泉农村信用合作社新兴分社、惠城农村信用合作社文昌分社、隆江农村信用合作社南门分社3个分社。

2003年，撤并东陇农村信用合作社东门分社、惠城农村信用合作社惠东分社2个分社。2006年，撤并惠城农村信用合作社城东分社。2008年，撤并惠城农村信用合作社城郊分社、葵潭农村信用合作社葵东分社2个分社。

至2018年12月，惠来县农村信用合作联社有营业网点31个。

1996—2018年惠来县农村信用合作联社分支机构（网点）暨变动一览表

表2-121　　单位：个

年度	机构总数	其中				机构变动情况		说明
		法人单位	营业部	信用社（信用站）	分社（分理处、储蓄所）	增	减	
1996	44	44	1	15	28	—	—	—
1997	44	44	1	15	28	—	—	—
1998	44	44	1	15	28	—	—	—
1999	44	44	1	15	28	—	—	—
2000	39	39	1	15	23	—	5	—
2001	39	39	1	15	23	—	—	—
2002	36	36	1	15	20	—	3	—
2003	34	34	1	15	18	—	2	—
2004	34	34	1	15	18	—	—	—
2005	34	34	1	15	18	—	—	—
2006	33	33	1	15	17	—	1	—
2007	33	33	1	15	17	—	—	—
2008	31	31	1	15	15	—	2	—
2009	31	31	1	15	15	—	—	—
2010	31	1	1	15	15	—	—	—
2011	31	1	1	15	15	—	—	—
2012	31	1	1	15	15	—	—	—
2013	31	1	1	15	15	—	—	—
2014	31	1	1	15	15	—	—	—
2015	31	1	1	15	15	—	—	—

续表 2-121

年度	机构总数	其中				机构变动情况		说明
		法人单位	营业部	信用社（信用站）	分社（分理处、储蓄所）	增	减	
2016	31	1	1	15	15	—	—	—
2017	31	1	1	15	15	—	—	—
2018	31	1	1	15	15	—	—	—

说明：表内“—”为无法取数，或无数据，或无情况说明

职能任务与业务　惠来县的农村合作金融，从农村信用合作社到农村信用合作联社，以服务地方经济、服务“三农”为目标，通过发挥农村金融主力军作用，推进县域农村经济的发展。其经营范围为吸收公众存款；发放短期、中期和长期贷款；办理国内结算；代理发行、代理兑付政府债券；买卖政府债券、金融债券；按中国人民银行规定从事同业拆借；代理收付款项；经银行业监督管理机构批准的其他业务。

1996—2007年，惠来县农村信用合作社，面对社行“脱钩”后的实际，建立健全内部机构和管理规章制度，实行自主经营的二级法人治理，辖下各信用社实行自主管理、自负盈亏，行政管理上隶属惠来县农村信用社联合社领导。2005年，全面启动新一轮改革工作，完成增资扩股4654万元。2006年12月，召开惠来县农村信用社联合社第五届社员代表大会，选举产生新一届理事会、监事会，完善“三会一层”组织框架。2007年12月，推出“珠江平安卡”业务，年末扭亏为盈，实现全市盈利38万元。

2008年，惠来县农村信用合作联社各项存款余额13.36亿元，比年初增加2.89亿元，增长27.60%。各项贷款余额9.58亿元，比年初增投1.59亿元，增长19.85%。全年2次还清市办拆借资金7150万元，年末备付金3.77亿元，不良贷款余额2.42亿元。实现财务总收入9062万元，比年初增收2603万元，增长40.31%，财务总付出8764万元，比年初增加2323万元，增长36.07%，收支相抵，账面利润125万元，经营利润945万元。12月，完成央行专项票据申请与兑付，成功取得央行的改革票据兑付资金4689万元。12月开办银行卡业务，推出发行“珠江平安卡”，至12月发卡1501张，卡内存款779万元。2009年，实现经营利润1207万元，同比增加257万元，各项贷款总额12.13亿元，各项存款总额16.40亿元，分别同比上升26.57%和22.81%。深化全县合作金融经营管理体制，实行授权经营、分级管理的统一法人治理体制。11月，全系统由原县联社和镇（乡）信用社二级法人治理，变革为县联社一级法人治理，取消镇（乡）信用社一级治理。与揭阳市电力公司网络数据对接，开办批量代扣电费业务。

2010年，惠来县信用联社系统规范法人治理，吸纳外地资金近4000万元；争取征地款资金存入农信社近4800万元，代发渔船油差补助资金近5000万元。涉农贷款余额12.98亿元，比年初增加2.89亿元，增长28.67 %。各项贷款余额15.30亿元，比年初增投3.17亿元，增长26.13%。8月综合业务系统并入全省农信社数据大集中系统并成功上线。年末，实现扭亏为盈。2011年，各项存款余额25.23亿元，比年初增加4.68亿元，增长22.75%。各项贷款余额18.49亿元，比年初增加3.19亿元，增长20.86%；其中，涉农贷款余额16.05亿元，占各项贷款余额86.80%，比年初增加3.07亿元，增长23.61%；中小企业贷款余额10.92亿元，占各项贷款余额59.08%，比年初增加2.73亿元，增长33.32%。至12月末，发行“珠江平安卡”67401张，比年初增加20937张；开通网银1833户。实现财务总收入1.56亿元，同比增加4112万元，增幅35.64%，其中，贷款利息收入1.45亿元，同比增加3634万元，增幅33.42%，

同比增盈 1638 万元，增幅 44.62%。与中国人寿保险公司揭阳惠来分公司签订合作协议，开办代理小额贷款借款人意外伤害险，填补惠来联社代理保险业务的空白。

2012 年 4 月，惠来县农村信用合作联社全社资格股全部转换成投资股；上半年新募集股金 1 亿股，总股本 1.47 亿元，均为投资股，其中，企业法人 8 家，持股 6505.6 万元，占总股本 44.39%。各项存款余额 30.22 亿元，比年初增加 5 亿元，增长 19.80%。各项贷款余额 22.01 亿元，比年初增加 3.52 亿元，增长 19.05%。其中，涉农贷款余额 19.56 亿元，占各项贷款余额的 88.86%，比年初增投 3.51 亿元，增长 21.87%；中小微企业贷款余额 13.88 亿元，占各项贷款余额的 63.05%，比年初增加 2.95 亿元，增长 27.02%。设立银行卡助农取款服务点 96 个，填补金融服务空白行政村 96 个；拓展网银 3972 户，比年初增加 2139 户；中间业务收入 325 万元，同比增加 85 万元，增长 35.42%。2013 年，各项存款余额 43.84 亿元，比年初增加 13.62 亿元，增长 45.07%。全年发放“一镇一品”项目贷款 43 户，金额 1220.40 万元。涉农贷款余额 25.31 亿元，比年初增加 5.75 亿元，增长 29.40%；小微企业贷款余额 18.10 亿元，较年初增加 4.22 亿元，增长 30.45%。全年新增支持小微企业 7 家，累计扶持小微企业 133 家，投入贷款 18.10 亿元。

2014 年，惠来县农村信用合作联社各项存款余额 64.33 亿元，比年初增加 20.48 亿元，增长 46.72%。采取“一站式直通车”方式办理贷款发放，提供优质的现金结算、转账等一系列金融服务，并对该类贷款给予利率优惠，支持惠来县农业“一镇一品”工程的信贷资金需求。发放“一镇一品”项目贷款 67 户，金额 1799.3 万元。涉农贷款余额 47.52 亿元，占比 97.09%，增量 22.21 亿元，增幅 87.76%；中小微企业贷款余额 39.93 亿元，占比 81.58%，增量 21.28 亿元，增幅 114.08%。中间业务收入 411 万元，同比增加 31 万元，增长 8.16%。

2015 年，惠来县农村信用合作联社涉农贷款累放 23.79 亿元，余额 40.51 亿元，占比 82.31%；小微企业贷款 879 户，余额 39.03 亿元，增速为 1.43%。发放支农再贷款 1.90 亿元，支持农户 74 户，金额 7100 万元；支持涉农中小微企业及经济组织 4 户，金额 1.19 亿元。各项贷款余额 49.22 亿元，比年初增加 2800 万元。推出“智慧存”业务。

2016 年，惠来县农村信用合作联社各项存款余额 55.15 亿元，比年初增加 3.09 亿元。其中，全年办理“定活通”产品 585 笔，吸收社会公众存款约 1.47 亿元；吸收碧桂园项目征地款约 3.97 亿元；辖下惠南分社作为精品网点实施扁平化试点管理，至 12 月增加 5436 万元。全年增投支农支小 498 户 7215 万元，截至 12 月末，涉农贷款 4382 户，余额 40.80 亿元，占比 86.74%。投放小微企业贷款 884 户，余额 39.09 亿元，增速 4.5%。运用支农再贷款 1.90 亿元，投放涉农小微企业、农户贷款 76 户 79 笔；运用扶贫再贷款 6000 万元，支持贫困户、帮扶单位 19 户 19 笔。与当地人民银行达成互补共助的合作意向，取得人民银行支农再贷款 1.90 亿元、揭阳市首笔扶贫再贷款 6000 万元的信贷资金支持。2017 年，各项存款余额 62.74 亿元，比年初增加 7.59 亿元。各项贷款余额 44.29 亿元，比年初下降 2.74 亿元。涉农贷款余额 40.22 亿元，占比 90.82%，减量 5700.21 万元，减幅 1.4%；中小微企业贷款余额 36.94 亿元，占比 83.39%，减量 2.15 亿元，减幅 5.51%。推行信贷“大零售”业务转型，营销“薪金宝”生产经营性贷款、“家家乐”消费性贷款、“渔家乐”经营性贷款、“巾帼”创业小额担保贷款、“小额扶贫”贷款，采取等额本息、等额本金等还贷方式，增强创新信贷发展能力。发放五种贷款产品 354 笔，余额 2489.03 万元；与惠来碧桂园房地产开发有限公司达成个人购房按揭贷款业务合作，成功开办个人住房按揭贷款业务。投放个人购房按揭贷款 2 笔金额 119 万元。依托省联社“鲜特汇”平台，推出移动交易缴费业务，为惠来县 1 万余名高中生提供足不出户的便捷缴费模式；推出“悦农 e 付收银台”业务，为惠来县 2000 余户个体工商户提供便捷安全的收银模式。

2018 年，惠来县农村信用合作联社各项存款余额 69.15 亿元，比年初增加 6.41 亿元，增幅 10.22%；各项贷款余额 40.06 亿元，比年初减少 4.23 亿元，降幅 9.56%；其中涉农贷款余额 36.70 亿元，小微企业贷款余额 33.67 亿元。现金收回涉政类不良贷款 68 笔、贷款金额 178.97 万元、利息 22.63 万元；现金收回内部职工不良贷款 54 笔、贷款金额 205.67 万元，利息 29.21 万元。发行银行卡 66.94 万张（其中社保卡 48.01 万张），比年初增加 1.53 万张，增幅 2.34%；累计拓展网银用户 3.14 万户、手机银行用户 4.64 万户；实现中间业务收入 332.28 万元。

完成组建农商行工作，与县委县政府、深圳农商行对接，推进组建农商行工作规程。

2016—2018 年惠来县农村信用合作联社业务情况表

表 2-122

年份	同业资金规模（亿元）	同业资金占总资产比例（%）	同期增长率（%）
2016	20.11	27.95	71.19
2017	24.58	32.46	22.23
2018	30.8	38.97	25.31

1996—2018年惠来县农村信用合作联社资产负债表（本币）

表 2-123

单位：万元

年份	资产总额	流动资产	长期资产	负债总额	流动负债	长期负债	所有者权益	本年利润	各项存款	其中：储蓄存款	企事业单位存款	各项贷款	其中：涉农贷款	中小微贷款
1996	46076	—	—	37991	—	—	8085	-170	19612	18760	852	—	—	—
1997	49840	—	—	47430	—	—	2410	—	29483	27672	1811	—	—	—
1998	57172	—	—	54465	—	—	2707	-851	33334	32019	1315	—	—	—
1999	56987	—	—	55054	—	—	1933	-830	31169	29360	1809	—	—	—
2000	61597	—	—	60954	—	—	643	-1514	34791	32510	2281	—	—	—
2001	54661	—	—	55213	—	—	-553	-1370	37871	35659	2212	—	—	—
2002	67386	44174	22018	69128	65116	4012	-1741	-1163	45174	42379	2795	—	—	—
2003	90956	65454	23868	94288	88731	5557	-3331	-1440	52015	49446	2569	—	—	—
2004	92833	65223	26016	97116	89763	7354	-4283	-897	64606	58562	6044	—	—	—
2005	114938	85312	28308	114680	105337	9343	258	-628	76303	66477	9826	—	—	—
2006	132181	102545	28376	131538	119318	12220	643	-376	89655	78665	10990	—	—	—
2007	153796.87	123854.84	28681.61	152916.87	138024.82	14892.04	880	18.54	104673.24	89192.44	15480.8	79954.26	—	—
2008	214898.99	174055.33	28283.67	202403.59	183155.543	19248.05	12495.4	110.71	133562.48	116644.53	16917.92	95826.07	—	—
2009	180690.06	136974.76	31155.32	167418.66	145250.23	22168.43	13271.4	907.07	164028.49	139943	24084.59	121283.41	—	—
2010	226276.28	211031.92	15244.36	210006.75	190874.64	19132.11	16269.51	2951.4	205502.57	167682.34	37820.23	152970.85	129800	—
2011	275269.4	258667.48	16601.92	257551.42	215593.46	41957.96	17717.96	1584.04	252258.62	207034.99	45216.02	184884.03	160500	—
2012	338385.73	323180.19	15205.54	308972.52	268024.08	40948.44	29413.21	2289.75	302213.8	257360.75	44846.05	220099.13	195600	181000
2013	482348.64	470985.16	11363.48	450250.97	398499.1	51751.87	32097.68	3032.78	438431.25	367294.99	71125.36	279837.85	253100	—
2014	763304.51	716158.32	47646.19	672370.83	606851.18	65519.65	91433.68	14450.13	643269.13	530822.8	112442.63	489425.79	475200	399300
2015	678277.15	555501.14	122776.01	590517.29	482874.98	107642.31	87759.86	6352.15	520673.65	365188.5	155474.15	492192.73	237900	—
2016	719596.96	652233.99	67362.97	632308.89	543622.53	88686.36	87288.07	866.18	551542.81	429376.87	122149.9	470293.93	408000	—
2017	757108.75	665959.39	91149.36	672356.07	556718.34	115637.73	84752.68	960	627411.02	472566.2	154837.67	442934.68	402200	169400
2018	790585.28	705335.39	85249.89	704763.36	567213.11	137550.25	85821.92	975.0	691503.85	490783.08	200720.77	400607.21	367000	336700

说明：表内"—"为无法取数或无数据

二、揭阳市城市信用合作社

城市信用合作社（简称城市信用社或城信社，是指城市居民集资建立的合作金融组织。其宗旨是通过信贷活动为城市集体企业、个体工商户以及城市居民提供资金服务），是计划经济向市场经济发展过程中，经济和金融体制改革的产物。城市经济体制改革的发展，出现集体、合作和个体工商户等多种经济成分并存和不断增加，对调剂资金和各种金融服务，有不同层次的需求。城市信用合作社就是主要为解决这种需求而出现的群众性合作金融组织。揭阳地区城市信用合作社，出现于改革开放以后，是辖区金融机构体系的一个组成部分。

20世纪80年代中后期，为完善国有专业银行的金融功能，解决城市集体、合作和个体工商企业“存款难、贷款难、开户难、结算难”及融资需求等问题，1986年7月，中国人民银行印发《城市信用合作社管理暂行规定》。人行广东省分行结合广东的实际情况，制定《贯彻执行〈城市信用合作社管理暂行规定〉具体实施办法》。申请建立城市信用社必须具备的条件是：确属经济发展需要，具有同其规模相适应的业务量；人行总行原规定最少具有10万元的实收货币资本金，广东规定为50万元。1988年，人行总行修改后的管理规定为50万元，广东又增至100万元；有懂得金融业务的合格管理人员；符合经济核算原则；具有完备的组织章程；有固定的经营场所。城市信用社的业务范围为办理城市集体企业和个体工商户及实行承包租赁的小型国有企业的存款、贷款、结算业务；办理城市个人储蓄存款业务；代办保险及其他代收代付业务；代理发行中国人民银行批准的证券业务；办理中国人民银行批准的其他业务。1986年，广东试行组建城市信用社。随后，揭阳地区纷纷组建城市信用合作社。

1987年5月3日，由榕城镇人民政府发起的揭阳县榕城城市信用合作社，经中国人民银行广东省分行〔1987〕粤银管字第53号文批准设立，为全省设立的第一家县级城市信用合作社，于同年6月19日开业。初期，该社仅有位于榕城新马路10号的一个面积不足40平方米的营业点和4名工作人员，至1992年5月，经人行揭阳分行批准，更名为揭阳市区城市信用合作社，总社办公地址位于揭阳市城区榕华大道南段。总社设立营业部、进贤营业部、新马路储蓄所、车站储蓄所4个服务网点。总社设置人事股、业务股和计划股，全社有干部职工45人，股金348万元，盈余公积金53万元，固定资产43万元。城信社坚持“守信、灵活、快捷、高效”的办社宗旨，大力发展信贷和融资结算业务，积极筹集资金，实行“存贷挂钩”的信贷管理办法，支持地方集体经济和个体经济的发展。1992年揭阳撤县建市以来，随着社会经济的发展，该社存款总额逐年增长，至1997年年末，全社各项存款余额23146万元，比1992年的3033万元增加20113万元，增加6.6倍；城信社作为各专业银行金融功能的补充机构，根据自己的实力，帮助、扶持一些有发展前途的集体或个体企业解决发展中的资金困难。

1988年11月15日，由揭阳县贸易总公司发起的揭阳县民兴城市信用合作社，经人行汕头市分行根据《中华人民共和国银行管理暂行条例》和中国人民银行《城市信用社管理暂行规定》，经〔1988〕汕人银金管字第139号文批准设立，同月开业。至1992年8月，全社有干部职工11人，股金51万元。1992年6月末，各项存款余额941万元（其中储蓄存款余额698万元）；各项贷款余额730万元。

1988年12月12日，由揭阳县工商联合会发起的揭阳县工商联城市信用合作社，经人行汕头市分行〔1988〕汕人银金管字第145号文经请示人行广东省分行同意批准设立，同月开业。至1992年8月，全社有干部职工11人，股金51万元。1992年6月末，各项存款余额853万元（其中储蓄存款余额453万元）；各项贷款余额730万元。

1989—1991年，针对成立后的榕城镇、工商联、民兴3家城市信用社业务人员素质参差不齐的情况，人行揭阳县支行通过举办会计人员培训班，由人行揭阳县支行金融管理股、会计股负责人，就城信社会计报表科目模式、重新编制的会计报表、联行的有关核算手续和会计工作等，进行辅导培训，提高城信社相关人员的业务能力；开展以维护安定团结，提高拒腐防变能力，改进服务态度，提高工作能力，更好为当地集体经济和个体私营经济服务为主要内容的专题教育活动，加强城信社金融队伍思想建设。在经营行为上，加强对辖区城市信用合作社进行规范经营的监管和整顿提高，推进辖区城市信用合作社合规经营行为在治理、整顿中得到提高，通过整顿不规范经营行为，落实合规经营管理工作，推进城信社金融业务健康发展。

揭阳撤县设地级揭阳市以后，为适应当地集体、合作和个体企业在生产经营过程对资金存贷、结算和融资服务的需求，辖区纷纷组建城市信用合作社。1992年5月26日，由揭西县建业集团公司发起（1992年11月23日变更发起人为揭西县融兴服务公司），揭西县城市信用合作社，经人民银行广东省分行粤银发〔1992〕531号文批复设立，同年8月开业。1992年8月，普宁流沙城市信用合作社，经人民银行广东省分行粤银发〔1992〕90号文批复设立。1992年10月16日，揭东县曲溪城市信用合作社，经人民银行广东省分行粤银发〔1992〕1094号文批复设立。1992年，由揭阳市物资回收公司发起，揭阳市商贸城市信用社经人民银行广东省分行批复设立。1992年11月17日，由人行揭阳分行系统工会发起，惠来县金丰城市信用合作社，经人民银行广东省分行粤银发〔1992〕1253号文批复设立，1993年3月开业。1992年12月12日，由揭阳市金饰品营业部和榕城区个体劳动者协会共同发起，揭阳市金商城市信用合作社，经人民银行广东省分行粤银发〔1992〕1381号文批复设立，1993年1月6日开业。

为理顺和统一隶属关系，1992年下半年，原揭阳县榕城城市信用合作社、揭阳县民兴城市信用合作社和揭阳县工商联城市信用合作社，经市政府同意，行政上归口揭阳市人民政府财贸办公室管理。并分别改称揭阳市区城市信用合作社、揭阳市民兴城市信用合作社和揭阳市工商联城市信用合作社。其中，经人行广东省分行粤银管〔1996〕34号和揭银管〔1996〕43号文批准，揭阳市民兴城市信用合作社更名为揭阳市进贤城市信用合作社。

1993年3月22日，由惠来县惠城镇政府发起，惠来县惠城城市信用合作社，经人民银行广东省分行粤银发〔1993〕85号文批准设立，1993年5月开业。1993年，由揭阳经济开发试验区企业发展总公司发起，揭阳经济开发试验区城市信用社，经人民银行广东省分行批准设立。1993年，由揭阳市经济技术协作办公室发起的榕江城市信用合作社、普宁市振华实业发展公司发起的普宁金华城市信用合作社和揭东县物资调配综合公司发起的揭东县金发城市信用合作社共3家城信社，经人民银行广东省分行粤银发〔1994〕1号文统一批复设立。

经人行揭阳分行审核批准，1994—1996年，榕兴城市信用合作社天福营业部（1994年11月迁址并更名为广德营业部）、东山营业部；流沙城市信用合作社南侨、安东营业部（1996年更名为长春营业部）；惠城城市信用合作社永兴营业部；金丰城市信用合作社蓬莱营业部；金华城市信用合作社侨北营业部；揭阳市区城市信用合作社西关、中山、榕华、进贤营业部；金商城市信用社榕华、仙桥、东风、试验区营业部；揭西县城市信用社河山营业部、惠来城市信用合作社城东营业部、揭阳市进贤（原民兴城市信用合作社）城市信用合作社景贤营业部；榕江城市信用合作社新华、新山营业部先后设立。

1994年起，经人行揭阳分行审核批准，撤销揭东县枫江、炮台信用合作基金会，分别设立揭东县金发城市信用合作社试验区营业部和炮台营业部；撤销揭阳市区东郊、仙桥信用合作基金会，分别设立揭阳市金商城市信用合作社新兴营业部和仙桥营业部；撤销揭阳市区东郊、磐东信用合作基金会，设立揭阳市金商城市信用合作社新兴、磐东营业部；撤销揭阳市区渔湖信用合作基金会，设立揭阳市金商城市信用合作社渔湖营业部。普宁城市信用合作社侨光、南韩街储蓄所分别改设侨光、南韩街营业部。1997 年，揭阳市进贤城市信用合作社新安营业部、义和储蓄所先后设立；揭阳市区城市信用合作社新马路储蓄所迁址并改称马牙储蓄所。

全市 13 家具有法人资格的城市信用合作社及其辖属独立核算营业部，在吸收社会闲散资金，支持地方“两小”建设，促进商品流通，活跃地方经济方面，发挥了积极作用。辖区城信社规模稳步发展，1994 年，共有从业人员 349 人，吸收各项存款 7.25 亿元，发放各项贷款 5.34 亿元。实现利润 2269 万元。1995 年，实收资本金 3388 万元，有从业人员 411 人，实现各项存款 9.81 亿元，发放各项贷款 6.19 亿元，实现利润 1175 万元。1996 年，拥有股本金 4104 万元，从业人员 410 人，实现各项存款 12.87 亿元，发放各项贷款 8.26 亿元（其中投向于集体、个体工商企业 7.75 亿元，投向比例 94%），实现利润 1786 万元。

1997 年，辖区部分城市信用合作机构和业务发展达到鼎盛时期。全市 13 家具有法人资格城市信用合作社及其 45 家分支机构（营业部，储蓄所），共有从业人员 510 人，至是年 6 月，拥有股本金 5176 万元，实现各项存款 17.50 亿元，发放各项贷款 11.66 亿元，分别比年初增长 36% 和 41%。其中，揭阳市区城市信用合作社，全年累计发放各项贷款 2.88 亿元，比 1992 年的 1.53 亿元增加 1.35 亿元，增长 88%。至 1997 年年末，已与全国 13 省市 63 家城市信用社建立直接通汇业务网络，建立一套完整的票据交换手续，方便客户的汇兑结算。1997 年办理汇兑业务 13915 笔，金额 7.90 亿元，成为当时揭阳市城市合作金融机构中，办理直接通汇业务量最大的一家金融企业。

辖区城市信用合作社，对支持地方“两小”经济发展发挥积极作用。1998 年全市个体、集体和合作经济工业总产值（按 1990 年不变价）28.67 亿元，比 1992 年的 10.79 亿元增加 1.66 倍。1998 年全市个体、集体商业企业商品销售额 82.97 亿元，比 1992 年的 14.12 亿元增加 4.87 倍。1998 年年末，辖区城市信用合作社各项存款余额 22.20 亿元，比上年的 19.51 亿元增加 2.69 亿元，增长 13.78%；各项贷款余额 17.08 亿元，比上年的 12.47 亿元增加 4.61 亿元，增长 36.94%。

1999—2010 年，因某些地区的城信社经营不善出现挤兑风波，为维护金融秩序稳定，保护债权人合法权益，按照国办发《国务院办公厅转发中国人民银行整顿城市信用合作社工作方案的通知》，以及广东省人民政府处置金融风险的“一揽子”方案，在省、市二级地方政府的支持下，经揭阳市停业整顿城信社退出市场工作领导小组的努力，对金融城信社机构在优先全额兑付个人储蓄存款后，并对其他债权债务进行清理清偿，经过前后 12 年的清理整顿，辖区城市信用合作社在分期撤销中逐步退出市场，原有机构和分支机构采取自我救助、收购或兼并重组、行政关闭或依法破产、依法取缔、工商注销等方式化解城市信用合作社风险。至此全市 37 家城市信用合作机构完成其历史使命后在金融舞台上谢幕，并从此退出历史舞台。

第三章 保险业

第一节 中国人民财产保险股份有限公司揭阳市分公司

一、机构沿革

1992年11月9日，中国人民保险公司揭阳分公司成立并举行揭牌仪式，由中国人民保险公司广东省分公司直接管理。1996年3—7月，中国人民保险公司按照保险法关于财产、人寿保险实行分业经营的规定，进行重大机构改革。揭阳市人民保险系统按照公平、公正、公开的原则，相应进行机构体制改革，原中国人民保险公司揭阳分公司改设为中保财产保险有限责任公司揭阳分公司和中保人寿保险有限责任公司揭阳分公司。1999年1月18日，中国人民财产保险有限公司为继承中国人民保险公司品牌，更名为中国人民保险公司。中保财产保险有限责任公司揭阳分公司更名为中国人民保险公司揭阳分公司。

2003年7月19日，中国人民保险公司重组后更名为中国人保控股公司，并发起设立中国内地最大的非寿险公司——中国人民财产保险股份有限公司和首家保险资产管理公司——中国人保资产管理有限公司。2003年8月，中国人民保险公司揭阳分公司变更为中国人民财产保险股份有限公司揭阳市分公司（简称人保财险揭阳市分公司）。

2011年6月，汕头保监分局核准撤销人保财险揭阳市分公司建阳营销服务部、揭东支公司试验区营销服务部、惠来支公司隆江营销服务部、惠来支公司葵潭营销服务部、惠来支公司神泉营销服务部、普宁支公司第二营销服务部、普宁支公司洪阳营销服务部、普宁支公司里湖营业部等8家机构。

2011年起，人保财险揭阳市分公司农险部响应中央支农惠农的号召和要求，扩大农村市场，向中心乡镇延伸服务，成立“三农”保险营销服务部8个，并在全市128个试点行政村建立农村协保员队伍，拥有协保员156名，其中揭东108名、惠来28名、揭西19名、榕城1名。

主要职能：财产损失保险、责任保险、信用保险、意外伤害保险、短期健康保险、保证保险等人民币或外币保险业务；与上述业务相关的再保险业务；各类财产保险、意外伤害保险、短期健康保险及其再保险的服务与咨询业务；代理保险机构办理有关业务；国家法律法规规定的或国家保险监管机构批准的其他业务。

二、内设及辖属机构

（一）内设机构

1992年，中国人民保险公司揭阳分公司内设办公室、人事科、计财科、监察科、稽核审计科、工会办、车辆运输科、人寿部、资金运用部、营业部10个部门。1994年3月，撤销保险公司揭阳分公司营业部，设立车运部、财险部、人寿部。1996年，内设办公室、人事部、计财部、监察工会4个部门。

2002年6月，中国人民保险公司揭阳分公司设立客户服务中心、业务处理中心、财务中心和业务管理部，撤销原中国人民保险公司揭阳分公司运输工具保险部、财产保险部和计划财务部。2003年8月，内设综合部、业务管理部、个险营销管理部、团险营销管理部、信息技术部、财务中心、理赔与客户服务中心、承保中心8个部（中心）。2005年1月14日，撤销营销管理部，改设团险营销管理部和个险营销管理部。2009 年 1 月 12 日，内设办公室、人力资源部、监察部、法律部、合规部、渠道管理部，车辆保险部、理赔中心、客户服务中心、承保中心合署办公；新设立人保财险揭阳市分公司车行业务部。2010 年 1 月 12 日，成立交叉销售互动部。

2013 年 10 月 10 日，人保财险揭阳市分公司人力资源部、教育培训部与销售管理部合并，部门名称为人力资源部，销售管理部相关职能纳入人力资源部；理赔中心与客户服务部合并，部门名称为理赔中心，客户服务部相关职能纳入理赔中心；设立办公室、人力资源部、信息技术部、理赔中心、出单中心、财务中心、车辆保险部、非车险部、“三农”保险部等 9 个部门。

2018 年 12 月，人保财险揭阳市分公司内设总经理室、办公室、监察部、人力资源部、信息技术部、销售管理部、客户服务部、车险部、非车险部、责任信用保险部、农村保险事业部、财务中心、理赔中心、出单中心、社会医疗保险事业部、车商业务部、市分公司业务部、商业非车险业务部、交叉销售互动部、个人贷款保证保险业务部、V 盟业务部。

（二）辖属机构

1992 年 11 月，中国人民保险公司揭阳分公司辖属普宁、揭西、惠来县支公司及揭东、东山、渔湖办事处，有投保险站 59 个，员工 197 人。1996 年，辖揭西县支公司、普宁市支公司、揭东县支公司、惠来县支公司及东山、渔湖办事处。2003 年 8 月，辖揭东、揭西、普宁、惠来 4 个支公司和分公司营业部、东山营业部，城区、经济试验区、榕城营销服务部，共有员工 156 人。

2008 年 2 月，设立揭西支公司灰寨营销服务部。2010 年 12 月，揭阳市区东山营业部第一营销服务部更名为人保财险揭阳市分公司电子商务营销服务部。2015 年 5 月 26 日，中国人民财产保险股份有限公司广东省分公司同意将原来归揭阳市分公司管理的流沙营业部调整由普宁支公司管理，机构层级为区县级以下营业部。

至 2018 年 12 月，人保财险揭阳市分公司外设机构有揭阳市分公司、普宁支公司、流沙营业部、流沙第一营销服务部、流沙第三营销服务部、占陇营销服务部、大南山营销服务部、揭东支公司、城西营销服务部、白塔营销服务部、炮台营销服务部、揭西支公司、灰寨营销服务部、惠来支公司、葵潭营销服务部、东山营业部、棉湖营业部、城区营销服务部、榕城营销服务部、空港经济区营销服务部、电子商务营销服务部、仙桥营销服务部、磐东营销服务部 23 个。年末，人保财险揭阳市分公司共有员工 381 人，其中，中级经济师专业技术职称以上人员 8 人。

三、保险业务

2018 年，人保财险揭阳市分公司实现保费收入 8.61 亿元，增速 16.07%，商业险保费收入 6.20 亿元，增速 4.2%；车险保费 5.05 亿元，增速 1.5%；商非保费 1.17 亿元，增速 21.5%。

政策性业务方面，社保业务保费收入 2.23 亿元，同比增长 68.5%；政策性农险保费收入 1556 万元，同比增长 7.1%。

1992—2018 年中国人民财产保险股份有限公司揭阳市分公司负责人一览表

表 2-124

姓名	性别	职务	籍贯	任职起止时间
詹　松	男	党委书记、总经理	汕头潮阳	1992 年 10 月— 1997 年 1 月

续表 2-124

姓名	性别	职务	籍贯	任职起止时间
王木明	男	党委书记、总经理	揭阳榕城	1997 年 1 月— 1999 年 6 月
陈宋辉	男	党委书记、总经理	揭阳普宁	2010 年 7 月— 2013 年 3 月
陈钦城	男	党委书记、总经理	揭阳揭东	2015 年 12 月— 2019 年 1 月
魏乐珊	女	党委副书记、副总经理（主持全面工作）	揭阳榕城	2019 年 1 月—

2012 — 2018 年中国人民财产保险股份有限公司揭阳市分公司保险业务收支统计表

表 2-125　　单位：万元

年份	保险业务品种与收入				保险业务支出	
	车险	非车险	政策性险	总保费收入	赔付	赔付率
2012	27082.88133	5181.436213	6323.347722	38587.66527	23348.4537	68.26%
2013	30248.0955	5954.027259	7173.552875	43375.67563	40694.21479	104.65%
2014	33652.58259	5983.543126	20930.08481	60566.21053	40181.38427	72.79%
2015	38859.00411	6634.258033	14623.82019	60117.08233	36818.5886	67.67%
2016	43243.4087	7772.30302	13649.84718	64665.5589	37994.56452	65.56%
2017	49876.79031	9595.989566	14712.08866	74184.86854	41302.37911	60.49%
2018	50502.47634	11806.18884	23796.1018	86104.76698	57855.12896	72.38%

第二节　中国人寿保险股份有限公司揭阳分公司

一、机构沿革

中国人寿保险股份有限公司揭阳分公司（简称中国人寿揭阳分公司），其前身为 1992 年 11 月 9 日成立的中国人民保险公司揭阳分公司。1994 年 3 月，中国人民保险公司揭阳分公司进行内部机构改革，撤销保险公司揭阳分公司营业部，设立车运部、财险部、人寿部，这些部门负有营销和管理双重职能。

1996 年 2 月，中国人民保险（集团）公司成立，中保人寿保险有限公司和中保财产保险有限公司分设完毕。1996 年 4 月 17 日，原中国人民保险公司揭阳分公司完成办公场地、其他固定资产以及财务账目的分割工作，业务按照原来的产、寿险各自归属，分业经营工作完成。中保人寿保险有限公司揭阳分公司成立。

1996 年 9 月，中保人寿保险有限公司揭阳分公司内设 15 个部（室）。1997 年 7 月 25 日，中保人寿保险有限公司揭阳分公司举行揭牌仪式。1998 年 10 月 7 日，撤销中国人民保险（集团）公司。1999 年 1 月，中国人寿保险公司（总公司）在北京成立。 1999 年 9 月 6 日上午，中国人寿保险公司揭阳分公司挂牌。

2002 年 1 月 7 日，广东省公司决定将揭阳、汕尾 2 个分公司合并组成新的揭阳分公司。揭阳分公司的寿险业务覆盖区域由揭阳市延伸到汕尾市。2002 年 1 月 7 日，广东省公司在揭阳召开“中国人寿保险公司广东省分公司调整揭阳、汕尾分公司内部管理体制动员大会”，省公司卓春先副总经理宣布省公司关于揭阳、汕尾 2 个分公司合并的决定，将 2 个分公司合并组成新的揭阳分公司。原汕尾分公司本部与海丰支公司合并为 1 个支公司，为便于开展工作，对外仍保留“分公司”的称谓，对内与支公司的架构、职能相同。2003 年 8 月 28 日，中国人寿保险公司重组为“中国人寿保险（集团）公司”和“中国人寿保险股份有限公司”。2003 年 10 月 1 日，中国人寿揭阳分公司正式运作。

主要职能：人寿保险、健康保险、意外伤害保险等各类人身保险业务；人身保险的再保险业务；国家法律法规允许的或国务院批准的资金运用业务；各类人身保险服务、咨询和代理业务；国家保险监督管理部门批准的其他业务。

二、内设及辖属机构

（一）内设机构

1998 年 12 月，中保人寿保险有限公司揭阳分公司机关设立综合部（原办公室、人事部、监察审计、工会合署办公）、计财部、业务管理部、业务拓展部（负责制定全市业务发展规划，研究和协调解决全市寿险业务发展中遇到的各种问题，组织业务攻关；制订和实施业务培训计划，指导全市专、兼职代理网点的管理和建设）4 个后勤管理部；建立分公司市区直销部和行销部。直销部负责拓展市区直销业务，并可在市区范围内发展营销业务。行销部履行原营销部的职能，以拓展市区营销业务为主，并可在市区范围内发展直销业务。

2000 年 12 月，中国人寿揭阳分公司机关设立 5 个管理部：行政部（履行原综合部的职能）、计财部、业务管理部、代理部（除履行原行销部的职能之外，还负责制定全市营销业务发展规划、阶段性业务推动规划；负责制订营销员管理制度；负责营销业务人员的培训工作；指导各支公司营销组训工作）、团险部（是分公司全市团险业务发展和农村基层代理网点的管理部门，负责制订全市团险业务发展规划、阶段性推动计划，研究解决团险业务拓展中的问题，负责全市各支公司农村基层中心站、保险站或营销分部的管理和建设）；设立市区业务拓展一部（正科级，负责榕城区除郊区镇之外的业务拓展）、业务拓展二部（正科级，负责东山区除郊区镇之外的业务拓展），设立渔湖、仙桥、梅云、磐东 4 个办事处（股级）。2002 年 1 月，分公司本部设立 8 个管理部门：办公室（监审室、工会与办公室合署办公）、人力资源部、计划财务部、业务处理中心、客户服务中心、个人业务部（履行原代理部职能，并兼管分公司本部 2 个营销部）、团体业务部、信息技术部。撤销原来的 2 个业务拓展部，把 4 个办事处并入之后成立市区营业部，管辖区域是揭阳市区的榕城区、东山区、试验区，履行支公司一级职能，分公司对其管理等同于支公司。

至 2018 年 12 月，中国人寿揭阳分公司内设 11 个部：综合部、财务部、人力资源部、运营服务部、个险企划部、个险培训部、收展发展部、营销发展部、银行保险部、团体业务部、风险管理部。

（二）辖属机构

1996 年 9 月，中保人寿保险有限公司揭阳分公司系统分设情况为：设置分公司 1 个，支公司 4 个，科级办事处 1 个，股级办事处 7 个和保险站 50 个。2018 年，全市机构总数 24 个，其中，分公司 1 个、支公司 4 个、营业部 2 个、营销服务部 17 个。

1996年，中保人寿保险有限公司揭阳分公司系统有干部职工114人。2018年12月，中国人寿揭阳分公司有员工225人，营销人员总数3907人，其中，个险渠道3199人、银保渠道522人、团险渠道186人。

三、经营情况

2018年，中国人寿揭阳分公司实现期交保费6047.90万元，客经自营期交保费1888.1万元。通过银行网点精准营销，实现渠道大单开拓，累计保费收入730万元，渠道业务贡献度30%；同时渠道业务结构持续优化，五年期以上业务拓展979万元，占比41%，实现高价值产品主导的转换，促进渠道转型升级。全年完成自营总保费12.82亿元，其中，首年期交保费2.66亿元，3年期、5年期保费1.74亿元，短期险7311万元，续期8.94亿元，同比增长20.85%；保障型业务达成7014万元。

1996—2018年中国人寿保险股份有限公司揭阳分公司负责人一览表

表2-126

姓名	性别	最高职务	籍贯	任职起止时间
刘卓明	男	副总经理（主持全面工作）	广东揭西	1996年6月—2000年1月
杨汉光	男	总经理	广东普宁	2000年1月—2004年2月
吴伟生	男	总经理	广东揭西	2004年2月—2007年12月
林广龙	男	总经理	广东汕头	2007年12月—2011年2月
柯松华	男	总经理	广东汕头	2011年2月—2017年4月
李国华	男	总经理	广东新会	2017年4月—

1996—2018年中国人寿保险股份有限公司揭阳分公司保险业务收支统计表

表2-127　　单位：万元

年份	保险业务收入					保险业务支出			
	寿险	意外险	健康险	万能险	保费收入	赔付	满期给付	退保	给付率
1996	—	—	—	—	—	—	—	—	—
1997	0.04	—	—	—	0.04	—	—	—	—
1998	8.29	—	—	—	8.29	—	—	—	—
1999	7290.97	—	0.01	—	7290.98	—	—	0.61	0.01%
2000	8227.13	—	0.93	—	8228.05	24.32	—	134.80	1.93%
2001	8270.31	—	1.91	—	8272.22	110.74	—	966.17	13.02%
2002	12609.95	—	4.83	—	12614.78	78.42	—	794.29	6.92%
2003	9690.14	0.23	8.07	—	9698.43	132.33	—	1375.23	15.54%
2004	13161.19	0.59	34.28	—	13196.05	108.99	—	888.70	7.56%
2005	16504.08	6.42	101.36	—	16611.86	155.77	36.11	1369.47	9.40%

续表 2-127

年份	保险业务收入					保险业务支出			
	寿险	意外险	健康险	万能险	保费收入	赔付	满期给付	退保	给付率
2006	34999.96	39.67	226.60	—	35266.23	212.44	238.52	1216.46	4.73%
2007	36687.03	215.15	363.43	—	37265.61	347.32	3640.39	2668.34	17.86%
2008	73710.89	560.58	606.37	—	74877.84	820.95	1348.28	3285.57	7.28%
2009	68813.75	854.64	1338.31	—	71006.71	1656.95	3189.82	2925.50	10.95%
2010	90518.11	1355.65	2243.86	—	94117.63	2579.89	5040.38	5048.38	13.46%
2011	92207.05	1727.66	2981.77	—	96916.48	2376.47	18040.11	7614.71	28.92%
2012	95024.74	1761.31	3412.07	—	100198.12	2718.00	16986.80	8211.90	27.86%
2013	84177.27	1837.37	3353.83	—	89368.47	2776.72	42492.77	16804.53	69.46%
2014	88249.08	2201.95	4156.66	—	94607.69	3090.50	17596.11	16009.31	38.79%
2015	90877.39	2657.33	4945.29	4441.05	102921.06	3163.39	28641.32	22462.26	52.73%
2016	98624.03	3819.07	6807.34	40743.42	149993.86	3980.57	50903.39	23335.64	52.15%
2017	100215.76	3752.08	8201.78	9587.62	121757.24	4228.99	35149.45	22627.66	50.93%
2018	122177.39	3874.34	12387.52	4309.59	142748.84	4662.48	19240.71	24634.55	34.00%

说明：1996—2014 年省公司数据系统无法齐全导出数据

第三节　中国人寿财产保险股份有限公司揭阳中心支公司

一、机构沿革

中国人寿财产保险股份有限公司揭阳中心支公司（简称人寿财产揭阳中支）是中国人寿财产保险股份有限公司设立在揭阳市的三级机构。2010 年 5 月 6 日，获准筹建；2010 年 7 月 23 日，获得保险业经营许可证；8 月 18 日开业。其主要职能为办理机动车辆保险、企业财产保险、家庭财产保险、工程保险、国内货物运输保险、责任保险、保证保险、组合险、人身险、健康保险。

二、内设及辖属机构

内设机构　2010 年，人寿财产揭阳中支内设 6 个部门：办公室、财务会计部、理赔（客户服务中心）、业务处理中心、销售管理部、互动业务部。至 2018 年 12 月，内设机构不变。

辖属机构　2010 — 2018 年，人寿财产揭阳中支辖属四级机构 3 家：中国人寿财产保险股份有限公司揭阳市普宁支公司；中国人寿财产保险股份有限公司揭阳市榕城营业部；中国人寿财产保险股份有限公司揭阳市揭西支公司。

2011 年 7 月 25 日，中国人寿财险揭阳市普宁支公司设立，为在揭阳市设立的第一家四级机构，办公地址在揭阳市普宁流沙广达司法局宿舍北侧西畔。2012 年 12 月 24 日，中国人寿财产保险股份有限公司揭阳市榕城营业部成立，与中支本部合署办公，办公地址：揭阳市东山区新河路沟口新区 37 幢 1—5 号二楼北侧，2015 年 5 月 1 日迁址至揭阳市榕城区莲花大道以东东泮村规划 F 区 949 号三楼。2016 年 9 月 6 日，中国人寿财险揭阳市揭西支公司成立，办公地址在揭阳市揭西县河婆街道办东侧北起第 14 — 15 间。

三、保险业务

2018 年，人寿财产揭阳中支车险保费收入 1.25 亿元，企业财产保险保费收入 279.60 万元，家庭财产保险保费收入 10.70 万元，工程保险保费收入 17.70 万元，责任保险保费收入 169.60 万元，保证保险保费收入 10 万元，组合险保费收入 10 万元，短期健康险保费收入 178.90 万元，健康保险保费收入 15.30 万元，全年保费收入 1.32 亿元，总保额 568.80 亿元。全年，理赔报案件数 14606 件，办结件数 11360 件，结案率 93.17%，赔付金额 6170.01 万元。

2010 — 2018 年中国人寿财产保险股份有限公司揭阳中心支公司负责人一览表

表 2-128

姓名	性别	职务	籍贯	任职起止时间
林树标	男	副总经理（主持全面工作）	广东揭阳	2010 年 8 月— 2012 年 5 月
		总经理		2012 年 6 月— 2015 年 1 月
方铮雄	男	临时负责人	广东揭阳	2015 年 1 月— 2015 年 3 月
		副总经理（主持全面工作）		2015 年 3 月— 2016 年 6 月
林树东	男	总经理助理	广东揭阳	2015 年 3 月— 2016 年 10 月
李奕彬	男	总经理	广东揭阳	2016 年 6 月—
黄逢喜	男	副总经理	广东汕头	2016 年 12 月— 2018 年 1 月
钟子良	男	副总经理	广东梅州	2018 年 1 月—

2010—2018年中国人寿财产保险股份有限公司揭阳中心支公司保险业务收支统计表

表 2-129　　单位：万元

年份	保险业务品种与收入											保险业务支出			
	车险	企业财产保险	责任保险	短期健康保险	国内货物运输保险	家庭财产保险	工程保险	组合险	健康保险	保证保险	保费收入	赔案件数	赔付	赔付率	退保
2010	586.9	3.4	0.9	8.5	—	—	—	—	—	—	599.8	196	41.1644	86.61%	4.9334
2011	2613	38.5	65.9	21.4	1.9	—	—	—	—	—	2740.8	2909	707.36	76.89%	41.413
2012	3544.7	205.3	126.7	43.9	3.6	3.2	—	—	—	—	3927.5	4815	1768.08	65.51%	75.2413
2013	4362.8	246.4	89.6	85.9	26.5	10	1.5	—	—	—	4822.7	5701	2836.43	73.17%	51.0256
2014	6160.4	281.6	111	57.5	11.8	11.3	—	—	—	—	6633.5	7241	3100.47	64.99%	71.2944
2015	6757.9	290.5	113.9	64.8	1.6	2.4	—	—	—	—	7231.1	9094	3775.43	59.61%	66.039
2016	8381	300.1	79.9	74.2	—	0.9	—	—	—	—	8836.1	7665	4346.31	58.19%	98.1219
2017	10338.9	252.3	104	117.2	—	6.6	229.9	7	6.8	—	11062.8	8333	4669.53	51.54%	102.5678
2018	12501.3	279.6	169.6	178.9	—	10.7	17.7	10	15.3	10	13193	11360	6170.01	56.22%	870.207

说明：“—”为无法取数或无数据

第四节 中国平安人寿保险股份有限公司揭阳中心支公司

一、机构沿革

2008 年 1 月 1 日，中国平安人寿保险股份有限公司广东分公司揭阳营销服务部成立。办公地址：揭阳市东山区仁义路西、建阳路南 08—09 铺面 1—3 层，隶属于汕头中心支公司。6 月 7 日，揭阳营销服务部迁至揭阳市东山区九号街以西一号路以南彩龙花园 44—46 号铺面及 6—8 幢二楼 B201 号。

2009 年 5 月 14 日，中国平安人寿保险股份有限公司广东分公司揭阳营销服务部升级为中国平安人寿保险股份有限公司揭阳中心支公司（简称平安人寿揭阳中支），直属广东分公司，机构性质为股份制。办公地址为揭阳市东山区九号街以西一号路以南彩龙花园 44—46 号铺面及 6—8 幢二楼 B201、202 号及九幢 47—57 号铺面。2018 年 5 月，营业地址迁至揭阳市榕城区东山新河路以东环市北路以南综合楼 3 号 1—4 层及 1 号至 3 号五层，营业面积 6550 平方米。

该公司主要承保人民币和外币的各种人身保险业务，包括各类人寿保险、健康保险（不包括“团体长期健康保险”）、意外伤害保险等保险业务；办理各种法定人身保险业务；代理国内外保险机构检验、理赔及其委托的其他有关事宜；证券投资基金销售业务；经中国保监会批准的其他业务。

二、内设及辖属机构

（一）内设机构

2009 年，平安人寿揭阳中支内设 6 个部（室）：银行保险部、营销管理室、培训室、区拓管理室、运营室、财务室。2018 年年末，内设 17 个部（室）：销售管理部、销售企划部、培训部、运营部、银行保险部、财务室、人事行政室、人员管理室、业务管理室、销售企划室、人力发展室、综合开拓室、培训运作室、训练管理室、运营督导室、运营管理室、客户服务室。

（二）辖属机构

2009 — 2018 年，平安人寿揭阳中支辖榕城营业一区、榕城营业二区、榕城营业三区、普宁营业一区、普宁营业二区、普宁营业三区、揭西营业区、揭东营业区 8 个营业区。

2009 年年末，有员工 41 人，另有外勤持证代理人 696 人。2018 年 12 月，有员工 166 人，其中，干部 25 人，另有外勤持证代理人 4193 人。

三、保险业务

2009 年，平安人寿揭阳中支有榕城、普宁 2 个网点，新单保费合计 4587 万元，保费累计前三的险种为智胜人生、护身福、鑫利。

至 2018 年 12 月，包括培训中心在内，有 9 个网点，新单保费合计 3.04 亿元，保费累计前三的险种为玺越人生、平安福、鑫祥。

全年，理赔结案件数 11097 件，赔款金额 1.71 亿元。

2008—2018年中国平安人寿保险股份有限公司揭阳中心支公司负责人一览表

表 2-130

姓名	性别	职务	籍贯	任职起止时间
郑凯锋	男	揭阳支公司总经理	广东潮阳	2008年1月—2010年11月
阎　浩	男	揭阳支公司总经理	内蒙古赤峰	2010年11月—2014年6月
丁太诚	男	揭阳支公司总经理	安徽合肥	2014年6月—2016年8月
颜廷旭	男	揭阳支公司总经理	广东茂名	2016年8月—

2009—2018年中国平安人寿保险股份有限公司揭阳中心支公司保险业务收支统计表

表 2-131　　单位：万元

年份	保险业务收入				保险业务支出			
	意外伤害险	健康险	寿险	保费收入	赔付	满期给付	退保	给付率
2009	66.24	471.39	16713.29	17250.91	348.87	154.46	182.03	2.02%
2010	89.90	645.35	18773.18	19508.44	507.82	280.66	147.82	2.60%
2011	256.71	1326.37	21090.68	22673.76	1562.11	1008.08	407.72	6.89%
2012	510.58	2127.38	27852.89	30490.85	2826.19	1785.91	638.73	9.27%
2013	949.77	3509.96	36284.28	40744.01	3908.91	2357.83	1141.28	9.59%
2014	1702.68	5558.48	43893.27	51154.43	7849.35	5506.64	1936.89	15.34%
2015	2770.32	8771.37	49645.57	61187.27	11150.22	8151.65	6326.08	18.22%
2016	13539.50	4013.80	61725.49	79278.79	10506.85	6479.67	5635.00	13.25%
2017	18917.69	5252.42	76242.72	100412.84	12617.30	6151.18	6250.78	12.57%
2018	25983.67	6571.04	88416.45	120971.17	17079.50	5883.35	6496.84	14.12%

第五节　中国人民人寿保险股份有限公司揭阳市分公司

中国人民人寿保险股份有限公司是中国人民保险集团旗下的重要成员，是经国务院同意、中国保监会批准于2005年11月成立的全国性寿险公司。

一、机构沿革

2012年6月29日，中国人民人寿保险股份有限公司揭阳市分公司获准设立（简称人保寿险揭阳市分公司）。7月，人保寿险揭阳市分公司成立。

其主要职能为办理人寿保险、健康保险和意外伤害保险等保险业务（法定保险业务除外）；在中国保险监督管理委员会批准的范围内，代理中国人民财产保险股份有限公司和中国人民健康保险股份有限公司的保险业务。

二、内设及辖属机构

（一）内设机构

2012年，人保寿险揭阳市分公司设3个部：综合管理部、综拓部、业务管理部。3个渠道部门、个人保险部、银行保险部和互动业务部6个部门，内勤员工15人。

2018年，人保寿险揭阳市分公司内设8个部：综合管理部，客户服务中心，培训部和个人保险部，银行保险部，互动业务部，团体保险部，收展业务部5大渠道部门。员工29人（包含合同制员工26人，派遣制员工3人），代理制员工430人。

（二）辖属机构

2017年1月24日，中国人民人寿保险股份有限公司揭阳市分公司普宁市支公司成立。11月，更名为“中国人寿保险股份有限公司揭阳市分公司普宁市支公司”，办公地址为普宁市池尾街道金池路南侧。

三、保险业务

2012年，人保寿险揭阳市分公司规模保费1.28亿元，规模保费年均增长率为153%。2015年，实现规模保费5.63亿元，实收保费收入5.55亿元。至2018年，规模保费为2.77亿元，实收保费收入2.85亿元。

2012—2018年，报案件数为145件，赔付件数553件，其中，赔付比达96.85%，赔付金额2078.28万元。

2012—2018年中国人民人寿保险股份有限公司揭阳市分公司负责人一览表

表2-132

姓名	性别	职务	籍贯	任职起止时间
张佩瑜	女	总经理	广东潮州	2012年1月—2018年12月
马小军	男	副总经理（主持全面工作）	江苏南京	2018年7月—

2012—2018年中国人民人寿保险股份有限公司揭阳市分公司保险业务收支统计表

表2-133

单位：万元

年份	保险业务收入				保险业务支出			
	健康险	寿险	意外险	保费收入	赔付	满期给付	退保	给付率
2012	—	—	5.20	12800.00	2.47	—	—	—
2013	—	—	130.43	11961.44	61.26	—	—	—
2014	—	—	182.28	43102.74	190.26	—	—	—
2015	—	—	204.16	55510.33	912.60	—	—	—
2016	—	—	206.64	41922.82	533.35	—	—	—
2017	—	—	291.49	32344.14	194.21	—	—	—
2018	924.32	27346.36	276.45	28547.12	184.13	—	—	—

第六节　中国太平洋人寿保险股份有限公司揭阳中心支公司

一、机构沿革

2008 年 5 月 5 日，中国太平洋人寿保险股份有限公司揭阳中心支公司（简称太平洋寿险揭阳中支）成立，为非法人三级机构。办公地址在揭阳市东山区十一号路中心名郡 18—19 号店铺。2018 年，有员工 32 人，业务员 475 人。

其主要职能为：承保各种人身保险业务，包括人寿保险、健康保险、意外伤害保险等保险业务；办理各种法定人身保险业务；与国内外保险公司及有关机构建立代理关系和业务往来关系，代理外国保险机构办理对损失的鉴定和理赔业务及其委托的其他有关事宜；与中国太平洋财产保险股份有限公司分支机构建立代理关系和业务往来关系；经批准参加国际保险活动及其他业务。

二、内设及辖属机构

（一）内设机构

2008 年，太平洋寿险揭阳中支内设 7 个部：行政人事部、营运部、财务会计部、个险业务部、营销培训部、服务营销部、渠道业务部。至 2018 年，内设机构不变。

（二）辖属机构

2014 年，太平洋寿险揭阳中支新增四级机构普宁支公司。办公地址在普宁市流沙市区环市北路南侧广达北路东侧时代中心 C 栋财富大厦。2018 年年末，公司在职员工 2 人，业务员 144 人 。

三、保险业务

2018 年，太平洋寿险揭阳中支在售长期险种共有 13 种，分别是：守护专享两全保险、金福人生终身寿险、少儿金福终身寿险、金佑人生 2018、爱无忧 3.0、心无忧、少儿超能宝、安行宝 3.0、至尊鑫满意、长相伴、聚宝盆、爱相守、老来福，另外还有多种一年期短期险，应税保费收入 1.70 亿元。

2008—2018 年，太平洋寿险揭阳中支报案数、赔案数与业务量逐年增加。2013 年，赔款金额 100 万元。2018 年保费收入 1.67 亿元，赔付 1712.89 万元，给付率 10.27%。

2008 — 2018 年中国太平洋人寿保险股份有限公司揭阳中心支公司负责人一览表

表 2-134

姓名	性别	职务	籍贯	任职起止时间
上官培喜	男	揭阳中支总经理	湖南	2008 年 3 月— 2013 年 10 月
高少雄	男	揭阳中支总经理	广东	2013 年 10 月— 2017 年 11 月
薛　泉	男	揭阳中支副总经理（主持工作）	广东	2017 年 11 月— 2018 年 6 月
徐艳清	女	揭阳中支总经理	湖北	2018 年 6 月—

2008—2018年中国太平洋人寿保险股份有限公司揭阳中心支公司保险业务收支统计表

表2-135　　　　单位：万元

年份	保险业务收入						保险业务支出			
	万能险	传统险	分红险	短意险	短健险	保费收入	赔付	满期给付	退保	给付率
2008	—	—	—	—	—	—	—	—	—	—
2009	—	—	—	—	—	—	—	—	—	—
2010	—	—	—	—	—	—	—	—	—	—
2011	—	—	—	—	—	—	—	—	—	—
2012	—	—	—	—	—	—	—	—	—	—
2013	—	—	—	—	—	—	—	—	—	—
2014	—	—	—	—	—	—	—	—	—	—
2015	—	—	—	—	—	7506.3	2703.65	2293	3899.45	36.02%
2016	—	—	—	187.62	114.28	12374.65	2535.27	1802	600.51	20.49%
2017	0.01	4665.68	9816.83	213.40	182.46	14878.38	1019.87	87	440.51	6.85%
2018	0.02	5854.29	10261.21	239.21	329.41	16684.15	1712.89	320	780.32	10.27%

说明："—"为无法取数或无数据

第七节　中国平安财产保险股份有限公司揭阳中心支公司

一、机构沿革

2003年7月3日，中国平安财产保险股份有限公司揭阳中心支公司（简称平安财险揭阳中支）成立，为平安产险下辖的三级机构。2003—2005年的办公地址在揭阳市临江北路乐万邦花园。2006—今在揭阳市东山区站前大道金叶大厦。经营范围为企业财产损失保险、家庭财产损失保险、短期健康保险、意外伤害保险、建筑工程保险、安装工程保险、货物运输保险、机动车辆保险、船舶保险、能源保险、法定责任保险、一般责任保险、保证保险、信用保险，代理国内外保险机构检验、理赔、追偿及其委托的相关事宜，经中国保监会批准的其他业务。

二、内设及辖属机构

（一）内设机构

2018年年末，平安财险揭阳中支内设7个部：综合管理部、客服理赔部、车险部（原业务管理部）、政企业务部、综拓业务部、车商业务部混合渠道、直通业务部。

（二）辖属机构

至2018年12月，揭阳中支辖属5个机构：揭东支公司、普宁支公司、惠来支公司、揭西支公司、棉湖营销部。

2005年6月29日，平安财险揭东营销服务部成立，为揭阳中支下辖的第一个四级机构。2016年4月8日，揭东营销服务部升格为揭阳市揭东支公司。

2007年1月29日，惠来营销服务部成立。2016年9月21日，惠来营销服务部升格为揭阳市惠来支公司。

2007年2月1日，揭西营销服务部成立。2016年11月15日，揭西营销服务部升格为揭阳市揭西支公司。

2008年5月30日，揭阳市普宁支公司成立。

2017年12月25日，棉湖营销服务部成立，为揭阳中支下辖第一个五级机构。

2018年12月，平安财险揭阳中支员工有145人，下辖揭东支公司10人，揭西支公司10人，普宁支公司21人，惠来支公司5人，棉湖营销部5人。

三、保险业务

平安财险揭阳中支支持解决地方实体经济融资难、融资贵问题，重点搭建政府板块民生类保险，推动校方责任保险、安全生产责任险、食品安全责任险、环境污染责任险、诉讼财产保全责任保险、建筑工程团体意外险等业务发展。为解决揭阳实体经济融资难题，揭阳中支引进平安租赁公司。至2018年，先后成功帮扶2家制药工厂、3家小微企业获取融资近5000万元，做好生产企业设备升级和技术改造工作。

承保的大保额业务项目校方责任险，2018年达成保费290万元，为惠来县所有师生提供高达29亿元保额的安全保障。责任险种由单一的校方责任险逐步扩展至5个责任险种，即平安校方责任险、平安教职工责任险、平安实习生责任险、平安食品安全责任险、校车承运人责任险，更加全面地保障在校师生的安全。2018年，平安产险开发、经营的主险已超过1000种。

2013—2018年，平安财险揭阳中支累计保费收入约22.02亿元，累计赔案件数约23.24万宗，累计赔付约10亿元，赔付率45.41%。

2003—2018年中国平安财产保险股份有限公司揭阳中心支公司负责人一览表

表2-136

姓名	性别	职务	籍贯	任职起止时间
龚明山	男	总经理	广东茂名	2003年3月—2004年3月
王海丰	男	总经理	河南	2004年4月—2006年12月
吴诰河	男	总经理	广东潮州	2007年1月—2011年6月
董大隆	男	总经理	江西	2011年7月—2014年5月
谢开钧	男	总经理	广东阳春	2014年5月—2015年10月
喻　辉	男	总经理	湖南	2015年11月—2017年11月
蒋　超	男	总经理	贵州	2017年11月—

2013—2018年中国平安财产保险股份有限公司揭阳中心支公司保险业务收支统计表

表2-137　　单位：万元

年份	保险业务收入				保险业务支出			
	车险	财产险	意健险	保费收入	赔案件数	赔付	退保	赔付率
2013	21974.91	1559.85	167.57	23702.33	31820	13820.07	—	58.31
2014	27106.77	1153.63	225.21	28485.61	35375	12187.45	—	42.78
2015	32660.44	1183.63	189.03	34033.10	41772	14536.78	—	42.71
2016	36119.14	1316.43	339.84	37775.41	33671	16026.56	—	42.43
2017	42354.51	1425.63	796.23	44576.37	37564	18512.25	—	41.53
2018	49035.83	1043.08	1578.29	51657.20	52198	24974.71	—	48.35

说明："—"为无法取数或无数据

第八节　中国太平洋财产保险股份有限公司揭阳中心支公司

一、机构沿革

中国太平洋财产保险股份有限公司揭阳中心支公司的前身为中国太平洋财产保险股份有限公司汕头中心支公司揭阳营销服务部，于2004年10月30日成立。2007年1月17日，中国太平洋财产保险股份有限公司汕头中心支公司揭阳营销服务部升级为中国太平洋财产保险股份有限公司揭阳中心支公司（简称太平洋产险揭阳中支），为中国太平洋财产保险股份有限公司广东分公司下属中心支公司。2018年12月，有员工95人。

其主要经营范围为财产损失保险、责任保险、信用保险和保证保险，短期健康险业务和意外伤害保险；上述业务的再保险业务；国家法律、法规允许的保险资金运用业务；经中国保监会批准的其他业务。主要职能为执行广东分公司各项管理制度及经营方针；承担出单、理赔、批改等客户服务职能；遵守人行揭阳市中心支行、银保监局、金融局等监管条例，履行金融维稳、机构反洗钱、反非法集资、消费者权益保护等各项义务。

二、内设及辖属机构

（一）内设机构

2007年，太平洋产险揭阳中支内设11个部（中心）：综合管理部、销售管理部、财务部、理赔中心、车商业务部、交叉销售业务部、渠道业务部、农险业务部、团体业务一部、团体业务二部、团体业务三部。至2018年，内设机构不变。

（二）辖属机构

至2018年12月，太平洋产险揭阳中支有3个辖属机构：揭阳市普宁支公司、揭阳市揭东支公司、揭阳市揭西支公司。

2008年1月7日，揭阳市揭东支公司获准开业，办公地址在揭阳市揭东县城西中心市场；2015

年 10 月，迁至广东省揭阳市揭东区金凤祥苑二期理想家园。2018 年，有员工 8 人。

2008 年 1 月 7 日，揭阳市普宁支公司获准开业，办公地址在揭阳普宁市池尾镇上寮村长春路北侧，2012 年 10 月迁至广东省揭阳市普宁市池尾玉潭路上寮路段西侧。2018 年，有员工 9 人。

2017 年 2 月 20 日，揭阳市揭西支公司获准开业，办公地址在广东省揭阳市揭西县城过境路北侧。2018 年，有员工 4 人。

三、保险业务

2018 年，太平洋产险揭阳中支全险种经营实现总保费收入 1.12 亿元，其中，车险保费收入 1.03 亿元，非车险保费收入 929.52 万元（包含企财险 167.82 万元，家财险 7.72 万元，货运险 13.04 万元，意健险 284.15 万元，责任险 456.79 万元）。

2015—2017 年，太平洋产险揭阳中支连续三年承保揭阳市校方责任险（承保区域为揭阳市揭西县、榕城区），每年为该片区学生提供 281 亿元的风险保障，为教职工提供 143 亿元的风险保障，三年保费合计 674 万元。2018—2020 年，成功中标揭阳市校方责任险招标项目。统保揭东区（含揭阳产业园、空港经济区）的校园方责任险，每年为该片区教职工与学生提供超过 120 亿元的风险保障，三年保费超过 1040 万元。

2007—2018 年中国太平洋财产保险股份有限公司揭阳中心支公司负责人一览表

表 2-138

姓名	性别	职务	籍贯	任职起止时间
黄小鹏	男	副总经理（主持工作）	广东揭阳	2007 年 3 月—2016 年 10 月
吴少波	男	总经理助理	广东揭阳	2007 年 3 月—2012 年 2 月
吴少波	男	副总经理	广东揭阳	2012 年 3 月—2016 年 1 月
林洁斌	男	车险总监	广东揭阳	2016 年 2 月—2018 年 6 月
彭伟豪	男	总经理	广东汕头	2016 年 10 月—
陈华延	男	车险总监	广东茂名	2018 年 7 月—

2007—2018年中国太平洋财产保险股份有限公司揭阳中心支公司保险业务收支统计表

表 2-139

单位：万元

年份	保险业务品种与收入																				保险业务支出		
	货物运输保险	商业车险行业示范	家庭财产保险	企业财产保险	健康保险	意外医疗险	意外伤害保险	交强险	火灾责任险	承运人责任险	其他公众责任险	产品责任险	雇主责任险	其他责任险	城乡居民住宅地震巨灾保险	机动车辆保险	电动车险	建筑工程险	安装工程险	保费收入	赔案件数	赔付	给付率
2007	3.83	0	5.07	147.81	0	0	98.73	808.63	0	0	0.43	0.6	0	0	0	939.11	0	0	0	2004.21	2452	279.44	13.94%
2008	7.53	0	9.45	180.72	0.83	0	116.05	755.97	0.1	4.79	4.03	3.78	1.35	0	0	1455.51	0	0	0	2540.11	6436	1131.31	44.54%
2009	11.84	0	22.92	187.94	0	13.3	26.19	1127.89	0.3	7.49	7.43	5.06	57.62	0	0	2686.75	0	0	0	4154.73	7540	1725.18	41.52%
2010	55.06	0	30.11	138.47	0.02	11.56	26.35	2064.67	0.3	4.23	16.72	5.15	99.34	0	0	4884.37	37.73	0	0	7374.08	9963	2567.05	34.81%
2011	55.89	0	39.41	175.39	0.08	19.66	42.96	2402.68	0	23.36	21.14	3.78	192.73	0	0	4739.61	345.4	0	36.05	8098.14	11977	3778.19	46.66%
2012	39.39	0	28.83	201.21	0.67	18.25	45.78	2796.98	0.25	14.99	26.23	3.18	359.82	0	0	4841.88	802.77	0	30.24	9210.47	13237	5364.09	58.24%
2013	44.39	0	38.76	246.44	0.35	27.33	67.41	2987.5	0.85	8.09	14.38	2.58	638.85	0	0	5731.39	985.54	0	21.65	10815.51	15170	6349.48	58.71%
2014	21.84	0	19.76	357.45	0.02	31.26	102.53	3324.34	0.45	13.61	23.92	2.37	697.87	3.2	0	7374.66	1059.74	0	0	13033.02	16333	8560.43	65.68%
2015	27.07	46.93	1.59	246.74	0.3	33.38	91.81	3130.3	0.45	14.18	193.28	2.78	288.36	4.28	0	7360.67	1009.22	21.2	0	12472.54	17430	8630.6	69.20%
2016	18.74	6637.75	6.36	181.83	0.57	37.17	74.1	2521.12	0.84	26.39	186.28	2.31	190.75	5.89	0.01	352.47	93.87	0	0	10336.45	11252	7535.57	72.90%
2017	12.05	6464.77	4.6	126.28	8.64	42.91	96.07	2264.02	0.24	46.8	197.24	2.38	148.31	4.6	0.01	0	0	0	0	9418.92	9834	5492.92	58.32%
2018	13.04	7693.03	7.72	167.82	29.38	72.34	182.43	2600.83	0.24	19.42	198.46	6.15	202.1	30.42	0	1.03	0	0	0	11223.38	10727	6249.54	55.68%

第九节　中国大地财产保险股份有限公司揭阳中心支公司

一、机构沿革

2007年2月13日，中国大地财产保险股份有限公司揭阳中心支公司（简称大地财险揭阳中支）成立，3月5日，正式开业。办公地址在广东省揭阳市榕城区望龙头寨前。

其主要职能为办理机动车辆保险、企业财产保险、货物运输保险、责任保险、保证保险、短期健康保险、意外伤害保险及出口信用保险等业务。

2018年12月，在职员工111人。

二、内设及辖属机构

（一）内设机构

2007年，大地财险揭阳中支内设4个部：业务管理部、理赔部、财务会计部、综合部。至2018年，内设机构不变。

（二）辖属机构

2006—2018年，大地财险揭阳中支辖下设有普宁支公司、流沙营销服务部和霖磐营销服务部。

2006年11月7日，中国大地财产保险股份有限公司广东分公司普宁营销服务部成立。2015年3月20日，普宁营销服务部升级为中国大地财产保险股份有限公司普宁支公司，办公地址为广东省普宁市池尾金池路南侧商品楼。2007年7月4日，大地财险揭阳中支霖磐营销服务部设立，办公地址为揭阳产业转移工业园霖磐镇德中村凤来农场头揭阳五金制品交易中心。

2009年5月14日，大地财险揭阳中支占陇营销服务部变更为大地财险揭阳中支流沙营销服务部。办公地址为普宁市流沙大道西段北侧赤华路口往西。

三、保险业务

2018年，大地财险揭阳中支在理赔政策上，响应车商联动政策，采取车商、维修企业分类管理。推动线上直赔，操作简便快捷，专岗“一站式”在线处理，全流程可在线完成。在赔付速度上，立案制结案率高达99.001%，车险小额非人伤案件结案周期3.69天，所有案件的结案周期仅为8.47天。截至12月末，保费收入1.04亿元，赔付5670.32万元，给付率54.59%。

2007—2018年中国大地财产保险股份有限公司揭阳中心支公司负责人一览表

表2-140

姓名	性别	职务	籍贯	任职起止时间
陈伟琼	女	揭阳中支副总经理（负责人）	广东普宁	2007年3月—
郑剑文	男	揭阳中支总经理（负责人）	广东普宁	2011年12月—
杨海鹏	男	普宁支公司负责人	广东普宁	2007年3月—
许素如	女	流沙营销部负责人	广东普宁	2008年8月—
林奕忠	男	霖磐营销部负责人	广东揭阳	2007年7月—

2007—2018年中国大地财产保险股份有限公司揭阳中心支公司保险业务收支统计表

表 2-141　　单位：万元

年份	保险业务品种与收入										保险业务支出			
	机动车辆险	交强险	企业财产险	家庭财产险	责任险	货物运输险	工程保险	意外险	健康险	保费收入	赔付	满期给付	退保	给付率
2007	829.67	497.22	13.08	0.11	24.19	—	—	15.80	0.27	1380.34	186.36	—	2.26	64.14%
2008	1024.95	632.60	24.98	0.21	58.63	—	—	41.61	0.31	1783.29	826.34	—	14.47	69.41%
2009	1295.49	578.36	85.78	0.03	76.96	—	—	40.25	0.33	2077.20	988.18	—	11.18	54.64%
2010	1951.85	601.52	87.50	0.04	198.40	0.56	—	22.09	0.44	2862.40	1332.90	—	21.95	62.04%
2011	2254.07	708.46	62.36	20.82	223.24	2.50	—	26.411	0.62	3298.18	1435.52	—	48.80	47.42%
2012	2971.12	919.32	58.95	51.24	248.12	0.06	—	30.84	0.10	4279.75	2102.95	—	50.08	51.51%
2013	3882.79	1037.46	60.88	59.86	242.83	—	—	60.82	—	5344.64	2842.17	—	49.66	61.87%
2014	4904.97	1212.07	47.41	63.49	278.25	0.00	—	72.20	—	6578.39	3117.71	—	47.03	58.21%
2015	6114.00	1476.52	73.80	43.64	108.93	0.63	—	62.87	0.06	7880.45	3397.25	—	63.96	51.60%
2016	6804.28	1918.49	56.32	22.97	110.00	0.50	—	131.90	—	9044.46	4512.59	—	83.06	52.42%
2017	7307.24	2235.16	29.08	7.25	101.43	1.53	—	151.04	16.27	9849.00	4664.43	—	82.73	52.62%
2018	7540.59	2468.43	16.88	3.11	103.01	6.58	0.08	230.14	29.88	10398.70	5670.32	—	100.37	54.59%

第十节　中华联合财产保险股份有限公司揭阳中心支公司

一、机构沿革

2004年年初，中华联合财产保险公司广州分公司开始在揭阳筹建营销服务部。6月15日，中华联合财产保险公司广州分公司揭阳营销服务部成立。11月1日，升格为中华联合财产保险公司揭阳中心支公司。办公地址在揭阳市东山区新阳路宏光大厦一、二楼。经中国保监会批准，2006年12月，公司名称变更为中华联合财产保险股份有限公司，中华联合财产保险公司揭阳中心支公司更名为中华联合财产保险股份有限公司揭阳中心支公司（简称中华联合财险揭阳中支）。公司控股股东为中华联合保险集团股份有限公司（简称中华保险）。2012年年底，中华保险引入资本实力雄厚的中国东方资产管理股份有限公司作为控股股东和战略投资者。

中华联合财险揭阳中支作为一家三级机构，主要承担中华保险在揭阳市的落地承保、理赔服务。经营范围为：企业财产保险、家庭财产保险、建筑工程保险、安装工程保险、货物运输保险、机动车辆保险、船舶保险、飞机保险、航天保险、核电站保险、能源保险、法定责任保险、一般责任保险、保证保险、信用保险、种植业保险、养殖业保险、经中国保监会批准的其他财产保险业务、上述财产保险业务的再保险业务；个人意外伤害保险、团体意外伤害保险、个人短期健康保险、团体短期健康保险、经中国保监会批准的其他人身保险业务、上述人身保险业务的再保险业务等。

二、内设及辖属机构

（一）内设机构

2004年，中华联合财产保险公司广州分公司揭阳营销服务部内设办公室、计划财务部、业务管理部、理赔部，团队设置业务一部、业务二部、业务三部、业务四部、业务五部、业务六部和业务八部7个业务团队。

2018年12月，中华联合财险揭阳中支内设综合管理部、财务会计部、理赔客服部、车辆保险部和非车辆保险部等5个职能部门，还设置车商业务部、重要客户部、政务业务部、综修厂业务部、农村保险事业部、创新渠道业务部等6个业务部门。

（二）辖属机构

至2018年12月，中华联合财险揭阳中支下辖普宁支公司、揭东支公司、揭西支公司、流沙营销部、空港营销部、惠来营销部共3家支公司、3家营销服务部。截至12月末，有员工98人。

三、保险业务

2013年，揭阳中支承保政策性水稻种植保险。2015—2017年，承保揭阳市校方责任险和教职员工责任险等教育保险。2016—2017年，承保岭南特色水果种植保险。2018年，获得揭阳市2018—2020年校方责任险和政策性农业保险的承保资格，开展针对水稻、母猪、生猪等的保险服务项目，服务“三农”成效显著，入围揭阳市安全生产责任保险承保资格。

2018年，中华联合财险揭阳中支保费收入1.01亿元，赔付6544.16万元，赔付率64.93%。

2004—2018年中华联合财产保险股份有限公司揭阳中心支公司负责人一览表

表2-142

姓名	性别	职务	籍贯	任职起止时间
郑剑文	男	副总经理（主持全面工作）	广东普宁	2004年6月—2004年8月
李庆弘	男	副总经理（主持全面工作）	广东汕头	2004年8月—2006年8月
许树仁	男	副总经理（主持全面工作）、总经理	广东潮州	2006年11月—2009年12月
陈立群	男	副总经理（主持全面工作）、总经理	广东汕头	2009年12月—2018年1月
林泽群	男	总经理	广东汕头	2018年1月—

2004—2018年中华联合财产保险股份有限公司揭阳中心支公司保险业务收支统计表

表 2-143　　单位：万元

年份	保险业务品种与收入												保险业务支出			
	企业财产险	家庭财产险	机动车辆险	责任险	保证保险	货物运输险	农业保险	工程险	船舶险	意外险	健康险	保费收入	赔案件数	赔付	退保	赔付率
2004	66.83	—	795.15	13.60	—	1.78	—	—	—	—	—	877.36	—	52.95	—	6.04%
2005	65.18	—	2258.21	3.67	—	0.81	—	—	59.77	—	—	2387.64	—	732.57	—	30.68%
2006	62.13	—	2760.84	44.64	—		—	—	17.33	51.29	—	2936.23	—	1367.33	—	46.57%
2007	71.76	—	3216.54	56.92	—	49.22	—	—	42.86	105.02	23.07	3565.39	—	1990.9	—	55.84%
2008	63.20	0.12	3175.16	64.99	—	124.78	—	—	—	104.89	45.46	3578.60	—	2594.15	—	72.49%
2009	46.22	6.8	3132.98	66.28	—	41.25	—	—	—	66.34	25.13	3385	—	2568.08	—	75.87%
2010	52.24	14.74	3576.66	71.57	—	137.47	—	—	—	47.10	13.42	3913.20	—	2105.27	23	53.80%
2011	63.29	4.21	3950.61	86.88	—	144.80	—	—	—	66.66	12.95	4329.40	—	2116.91	27	48.90%
2012	60.64	2.59	5101.51	84.46	0.24	108.70	—	—	—	106.21	22.88	5487.23	15915	3142.62	51.12	57.27%
2013	128.16	2.43	6101.76	77.73	1.39	119.23	9.61	—	—	132.46	35.22	6607.99	19676	3851.9	64.18	58.29%
2014	188.21	2.28	7087.67	168.82	—	94.45	—	—	—	167.57	47	7756	19658	4359.95	82.04	56.21%
2015	169.73	1.78	9034.83	266.02	—	51.29	—	—	—	177.48	51.36	9752.49	22408	4868.91	65.17	49.92%
2016	200.05	1.15	8009.08	304.76	2.55	32.53	16.05	49.74	60.28	288.54	70.16	9034.89	16699	5658.73	73.34	62.63%
2017	187.01	1.43	7956.13	365.14	—	82.15	60.59	46.04	84.77	281.74	64.19	9129.19	16245	5353.37	80	58.64%
2018	168.16	0.16	8652.58	454.21	1.67	191.64	73.20	0.56	108.52	409.57	18.81	10079.08	19260	6544.16	128.10	64.93%

说明：1. 因系统原因，上表“赔案件数”2004—2006年无法导出数据，2007—2011年导出数据不准确；“退保”2004—2009年无法导出数据；
2. “—”为无法取数或无数据

第十一节 民生人寿保险股份有限公司揭阳中心支公司

一、机构沿革

2013 年 3 月 13 日，民生人寿保险股份有限公司揭阳中心支公司（简称民生寿险揭阳中支）成立。办公地址为揭阳市东山黄岐山大道以东新阳路以北东宝综合大楼。

2018 年 12 月，有员工 50 人。

其主要职能为经营人寿保险、健康保险、意外伤害保险等各类人身保险业务，经中国保险监督管理委员会批准并经总公司授权的其他业务。公司主要销售寿险产品，分为主险和附加险。主险的主要产品为民生如意鑫康终身重大疾病保险、民生优医保费用补偿医疗保险、民生康顺意外伤害保险。附加险主要为民生附加意外伤害保险、民生附加康悦住院医疗保险。

二、内设及辖属机构

（一）内设机构

2013 年 10 月至 2018 年 12 月，民生寿险揭阳中支内设 4 个室（中心）：营销室、收展室、综合室、客服中心。

（二）辖属机构

2015 年 5 月 19 日，民生寿险揭阳中支新增民生人寿保险股份有限公司普宁支公司，办公地址为广东省揭阳普宁市流沙大道西。

三、保险业务

2018 年，民生寿险揭阳中支理赔率一直保持 100%，年末保费收入达 603.53 万元，赔款支出 7.03 万元，赔付率达 100%。

2013—2018 年民生人寿保险股份有限公司揭阳中心支公司负责人一览表

表 2-144

姓名	性别	职务	籍贯	任职起止时间
郭伟斌	男	筹备负责人	广东汕头	2013 年 4 月—2013 年 5 月
徐学申	男	副总经理（主持工作）	江苏邳州	2013 年 5 月—2014 年 5 月
刘俊深	男	副总经理（主持工作）	广东汕头	2014 年 5 月—2014 年 8 月
黄河清	男	副总经理（主持工作）	广东乐昌	2014 年 8 月—2015 年 4 月
陈海滨	男	临时负责人	广东普宁	2015 年 4 月—2015 年 7 月
丘关锋	男	临时负责人	广东梅州	2015 年 7 月—2015 年 8 月
		副总经理（主持工作）		2015 年 8 月—2016 年 9 月
杨诗聪	男	副总经理（主持工作）	广东肇庆市	2016 年 9 月—2017 年 1 月
纪浩钿	男	临时负责人	广东汕头	2017 年 1 月—2017 年 3 月

续表 2-144

<table>
<tr><th>姓名</th><th>性别</th><th>职务</th><th>籍贯</th><th>任职起止时间</th></tr>
<tr><td>纪浩钿</td><td>男</td><td>总经理</td><td>广东汕头</td><td>2017 年 3 月— 2018 年 5 月</td></tr>
<tr><td rowspan="2">陈海滨</td><td rowspan="2">男</td><td>临时负责人</td><td rowspan="2">广东普宁</td><td>2018 年 5 月— 2018 年 6 月</td></tr>
<tr><td>副总经理（主持工作）</td><td>2018 年 6 月—</td></tr>
</table>

2013 — 2018 年民生人寿保险股份有限公司揭阳中心支公司保险业务收支统计表

表 2-145　　单位：万元

<table>
<tr><th rowspan="3">年份</th><th colspan="7">保险业务</th><th colspan="3" rowspan="2">保险业务支出</th></tr>
<tr><th colspan="3">个人业务</th><th colspan="4">法人业务</th></tr>
<tr><th>健康险</th><th>寿险</th><th>意外伤害险</th><th>健康险</th><th>寿险</th><th>意外伤害险</th><th>保费收入</th><th>赔付</th><th>退保</th><th>给付率</th></tr>
<tr><td>2013</td><td>18.849523</td><td>13.125584</td><td>0.1368</td><td>0.6521</td><td>0</td><td>0.7219</td><td>33.485907</td><td>0</td><td>0</td><td>0</td></tr>
<tr><td>2014</td><td>86.239121</td><td>82.610381</td><td>1.912</td><td>4.187704</td><td>4.0061</td><td>1.2287</td><td>180.184006</td><td>1.425781</td><td>0.115983</td><td>1%</td></tr>
<tr><td>2015</td><td>107.956972</td><td>171.202039</td><td>4.9379</td><td>4.368672</td><td>4.016613</td><td>2.295447</td><td>294.777643</td><td>1.269412</td><td>4.049861</td><td>1%</td></tr>
<tr><td>2016</td><td>224.669469</td><td>195.783912</td><td>7.593154</td><td>4.02101</td><td>2.98328</td><td>1.326286</td><td>436.377111</td><td>6.646608</td><td>6.324512</td><td>2%</td></tr>
<tr><td>2017</td><td>156.52152</td><td>375.544874</td><td>7.874618</td><td>2.018988</td><td>1.548915</td><td>0.753089</td><td>544.262004</td><td>7.61346</td><td>6.399207</td><td>1%</td></tr>
<tr><td>2018</td><td>189.102836</td><td>405.703694</td><td>8.47517</td><td>0.153201</td><td>0</td><td>0.092624</td><td>603.527525</td><td>7.031592</td><td>10.203122</td><td>2%</td></tr>
</table>

第十二节　泰康人寿保险有限责任公司广东揭阳中心支公司

一、机构沿革

泰康人寿保险有限责任公司（简称泰康人寿）是泰康保险集团股份有限公司（简称泰康保险集团）的子公司。泰康保险集团前身为泰康人寿保险股份有限公司，1996年成立，总部设于北京。

2004年8月6日，泰康人寿保险有限责任公司广东揭阳中心支公司（简称泰康人寿揭阳中支）设立，10月9日，取得营业执照，业务正式启动。泰康人寿揭阳中支是泰康人寿广东分公司第三批成立的三级机构，机构性质为有限责任公司分公司（法人独资）。其主要职能为：经营各类人民币、外币的人身保险业务，其中包括各类人寿保险、健康保险（不包括团体长期健康保险）、意外伤害保险等保险业务；上述业务的再保险及共保业务；为境内外的保险机构代理保险、检验、理赔等业务；开展保险咨询业务；依照有关法规从事资金运用业务；经中国保险监督管理委员会批准的其他业务。

二、内设及辖属机构

（一）内设机构

2004—2018年，泰康人寿揭阳中支内设总经理室、公共资源部、营销部、培训部、续期保费部、运营部、财务部、银保部8个职能部门。

（二）辖属机构

至2018年12月，泰康人寿揭阳中支下辖普宁营销服务部、惠来营销服务部2个四级机构。

2004年8月，揭阳本部营销服务部与中支同址同时成立。

2005年4月27日，普宁营销服务部成立，原址广东省普宁市流沙北长春路，2017年4月，搬迁至广东省普宁市流沙大道西88号。

2012年9月13日，惠来营销服务部成立，原址广东省揭阳市惠来县惠城镇祚通惠南路段，2015年4月，迁至广东省揭阳市惠来县惠城镇蓬莱新村。

2018年12月，泰康人寿揭阳中支有员工31人，外勤员工474人。

三、保险业务

2004年后，泰康人寿揭阳中支不断地变更、升级自己的设施，推进现场办公及承保、保全、理赔等流程的电子化进程，推动业务发展。2010年起，统一配备杀毒监控软件，2013年，配备自有的服务器，提供共享文件服务和系统补丁更新推送服务，2014年，内部网络升级为统一的局域网络准入验证管理，2016年，职场统一Wi-Fi标准管理，提供职场Wi-Fi覆盖和安全审计，2017年，推出“泰行销”软件，打造支持各业务线发展的智能统一销售端APP（应用程序），实现销售支持端的“统一入口、统一应用”和“数字化、智能化”目标，在销售支持上打造互联互通的双生态体系，即微信+APP。2018年12月26日，泰康人寿揭阳中支与普宁华侨医院举行“健保通”项目签约仪式。这是揭阳地区首个“健保通”落地项目。“健保通”项目，是泰康于2009年率先推出的一项理赔变革，它通过将保险核心业务系统与医院管理系统直联对接，实现出院即可完成理赔。

至2018年12月，泰康人寿揭阳中支理赔报案总件数984件，赔付金额312.57万元，赔付总件数805件，拒付总件数79件，办结总件数984件，结案率100%。

2004—2018年泰康人寿保险有限责任公司广东揭阳中心支公司负责人一览表

表2-146

姓名	性别	职务	籍贯	任职起止时间
张　帆	男	总经理	湖北	2004年9月—2005年5月
郭伟斌	男	总经理	广东汕头	2005年6月—2006年11月
梁胜艳	女	总经理	湖北荆州	2007年5月—2007年12月
宋文焰	男	总经理	广东湛江	2008年1月—2014年8月
苏冠群	男	总经理	广东揭阳	2014年9月—2017年5月
刘　刚	男	总经理	天津	2017年5月—2018年3月
罗小利	女	总经理	广东梅州	2018年3月—

2004—2018年泰康人寿保险有限责任公司广东揭阳中心支公司保险业务收支统计表

表2-147　　单位：万元

年份	保险业务收入						保险业务支出			
	分红险	非分红险	万能险	健康险	意外险	保费收入	赔付	满期给付	退保	给付率
2004	108.52	19.60	0.00	5.07	2.19	135.39	0.00	0.00	0	0
2005	480.57	46.17	0.00	29.94	14.56	571.24	15.52	0.05	22.78	6.71%
2006	537.48	57.41	757.66	25.47	7.02	1385.04	4.68	0.00	106.13	8%
2007	746.65	65.98	277.66	31.09	6.00	1127.39	31.32	0.00	245.51	24.5%
2008	791.58	56.28	1038.30	32.35	7.98	1129.30	11.78	1.20	34.07	4.16%
2009	1622.79	72.97	1495.10	44.24	9.12	3244.23	19.07	0.00	269.32	8.89%
2010	4658.84	83.47	355.48	62.16	11.35	5171.30	65.04	2.00	36.54	2%
2011	10977.07	90.21	208.38	151.43	60.29	11487.39	124.92	0.00	133.02	2%
2012	6370.89	87.67	165.47	214.96	65.35	6904.34	139.97	4.18	409.02	8.01%
2013	7465.49	146.18	141.17	313.40	82.98	8149.22	234.30	0.00	927.07	14.25%
2014	5522.24	7644.59	132.19	635.53	79.11	14013.66	271.90	33.46	3192.88	24.96%
2015	6138.30	1983.61	125.54	744.71	31.83	9023.99	236.71	2301.35	1435.16	44%
2016	7067.50	1410.04	142.55	1110.27	32.23	9762.59	214.69	5916.91	6188.16	126.19%
2017	8389.04	9176.99	128.71	1621.48	30.45	19346.67	523.20	1261.90	1555.26	17.27%
2018	8755.55	2222.51	119.09	2262.78	28.64	13388.61	312.57	659.95	597.91	11.72%

第十三节 富德生命人寿保险股份有限公司揭阳中心支公司

一、机构沿革

富德生命人寿保险股份有限公司是一家全国性的专业寿险公司，成立于2002年3月4日，总部位于深圳。公司注册资本117.52亿元，总资产近4500亿元，至2018年有35家分公司，1000多个分支机构及其服务网点，超过20万人的管理和销售人员。

2014年8月27日，生命人寿保险股份有限公司揭阳中心支公司成立。9月5日，更名为富德生命人寿保险股份有限公司。12月24日，生命人寿保险股份有限公司揭阳中心支公司变更为富德生命人寿保险股份有限公司揭阳中心支公司（简称富德寿险揭阳中支）。经营范围也随之扩宽，除原有经营范围外，增加富德财产保险股份有限公司在广东（不含深圳）下属分支机构的各类保险产品一项。

主要经营个人意外伤害保险、个人定期死亡保险、个人两全寿险、个人终身寿险、个人年金保险、个人短期健康保险、个人长期健康保险、团体意外伤害保险、团体定期保险、团体终身保险、团体年金保险、团体短期健康保险、团体长期健康保险以及经中国保险监督管理委员会和总公司批准的其他人身保险业务。

二、内设及辖属机构

（一）内设机构

至2018年12月，富德寿险揭阳中支内设8个部：人事行政部、财务部、营运部、保费部、营销业务部、营销培训部、银保业务部、本级营销服务部。

（二）辖属机构

2016年9月6日，富德寿险揭阳中支普宁支公司成立。办公地址在广东省普宁市普宁广场万泰商务中心。

2018年12月，富德寿险揭阳中支有员工28人，其中，市区24人，普宁4人。个险代理人389人，其中，市区256人，普宁133人；银保代理人25人。

2017年，富德寿险揭阳中支合作网点有35个。2018年，有220个网点，形成工、农、建、中、邮储全面覆盖。2018年保费收入3.08亿元，全年办结各类理赔报案件数90件，赔付107.09万元，满期给付446.31万元。

2016—2018年富德生命人寿保险股份有限公司普宁支公司负责人一览表

表2-148

姓名	性别	职务	籍贯	任职起止时间
林秀玲	女	经理	广东揭阳	2016年9月—2017年3月
张　梅	女	经理	江西崇仁	2017年3月—2018年5月
陈家涛	男	经理	广东揭阳	2018年5月—

2014—2018年富德生命人寿保险股份有限公司揭阳中心支公司负责人一览表

表2-149

姓名	性别	职务	籍贯	任职起止时间
宋文焰	男	总经理	广东湛江	2014年9月—2015年9月
黄柱光	男	副总经理（主持工作）	广东揭阳	2015年9月—

2014—2018年富德生命人寿保险股份有限公司揭阳中心支公司保险业务收支统计表

表2-150　　单位：万元

年份	保险业务收入					保险业务支出			
	养老年金险	意外险	长期寿险与健康险	万能险	保费收入	赔付	满期给付	退保	给付率
2014	233.1	1	203.98	729.34	1167.42	0	23.84	0.25	—
2015	628.82	4.76	12249.84	6477.63	19361.05	7.8	91.96	73.65	0.82%
2016	1256.39	9.78	26954.77	17171.6	45392.54	60.92	201.8	1122.11	0.67%
2017	1453.38	16.19	13271.74	17068.61	31809.92	75.14	342.81	16759.18	1.14%
2018	1298.37	19.41	9434.15	20096.36	30848.29	107.09	446.31	14952.38	1.79%

第十四节　前海人寿保险股份有限公司揭阳分公司

一、机构沿革

2012年2月，前海人寿保险股份有限公司获准成立，是首家总部位于广东深圳前海蛇口自贸区的全国性金融保险机构。

2014年12月8日，前海人寿保险股份有限公司揭阳分公司（简称前海人寿揭阳分公司）获准设立，隶属于前海人寿保险股份有限公司（简称前海人寿）的三级机构，机构性质为股份制公司下辖分支机构。2018年年末，有员工27人，保险代理人431人。

其经营范围为：个人意外伤害保险、个人定期死亡保险、个人两全寿险、个人终身寿险、个人年金保险、个人短期健康保险、个人长期健康保险、团体意外伤害保险、团体定期寿险、团体终身保险、团体年金保险、团体短期健康保险、团体长期健康保险以及经中国保险监督管理委员会批准的其他人身保险业务。

二、内设及辖属机构

（一）内设机构

至2018年12月，前海人寿揭阳分公司内设8个部门：总经理室、综合部、运营管理部、营销部、培训部、银行保险部、本部营业区、团险部。

（二）辖属机构

2017 年 1 月，设立前海人寿保险股份有限公司普宁支公司，办公地址在普宁市流沙市区普宁广场南侧万泰商务中心。

三、保险业务

前海人寿揭阳分公司不同类型的保险产品责任涵盖个人两全寿险、团体定期寿险、终身寿险、重疾、意外、医疗等保险需求，不断推出符合市场需要的产品，得到客户和市场的肯定。

2018 年，前海人寿揭阳分公司保费收入 6.28 亿元，赔付金额 1138.86 万元。

2014 — 2018 年前海人寿保险股份有限公司揭阳分公司负责人一览表

表 2-151

姓名	性别	职务	籍贯	任职起止时间
李久国	男	总经理	湖南常德	2014 年 12 月— 2015 年 9 月
张建辉	男	副总经理（主持工作）	广东潮州	2015 年 9 月— 2017 年 5 月
张　毅	男	临时负责人	广东揭阳	2017 年 5 月— 2017 年 8 月
高建坪	男	副总经理（主持工作）	广东汕尾	2017 年 8 月— 2018 年 4 月
孙　斌	男	总经理	广东揭阳	2018 年 4 月— 2018 年 9 月
陈振宇	男	总经理（兼）	湖北宜昌	2018 年 9 月—

2014 — 2018 年前海人寿保险股份有限公司揭阳分公司保险业务收支统计表

表 2-152　单位：万元

年份	保险业务收入					保险业务支出			
	人寿险	健康险	意外险	年金险	保费收入	赔付	满期给付	退保	给付率
2014	—	—	—	—	—	—	—	—	—
2015	24562.60	—	—	13353.78	37916.38	14.92	—	306.23	0.04%
2016	21045.40	36.10	21.66	15997.45	37100.61	49.60	—	22792.06	0.13%
2017	-154.90	53.01	41.65	47945.90	47885.66	987.86	—	30587.86	2.06%
2018	62443.74	217.31	147.89	—	62808.94	1138.86	—	19948.27	1.81%

说明：“—”为无法取数或无数据

第十五节　阳光人寿保险股份有限公司揭阳中心支公司

一、机构沿革

2007 年 12 月，阳光人寿保险股份有限公司成立，注册资本金 18.34 亿元，是主要经营人寿保险、健康保险和意外伤害保险等一切人身险业务的全国性专业寿险公司。2015 年 3 月 6 日，阳光人寿保险股份有限公司揭阳中心支公司（简称阳光寿险揭阳中支）获准成立，隶属阳光人寿广东分公司下设三级分支机构，3 月 23 日开业。其经营范围为：人寿保险、健康保险、意外伤害保险等各类人身保险业务；经中国保监会批准的其他业务。

2018 年 12 月，阳光人寿揭阳中支有员工 44 人，其中，内勤人员 7 人，在册外勤从业人员和持证营销人员 37 人。

二、内设机构

2015 年，阳光人寿揭阳中支销售渠道设立个人业务部，后增设团险部、综拓业务部。至 2018 年 12 月，内设 5 个部（室）：总经理室、财务部、人事行政部、营销与培训部、运营管理部。

三、保险业务

2018 年，阳光人寿揭阳中支保费收入为 941 万元。

2015 — 2018 年阳光人寿保险股份有限公司揭阳中心支公司负责人一览表

表 2-153　　单位：万元

姓名	性别	职务	籍贯	任职起止时间
徐慧敏	女	副总经理（主持工作）	安徽宣城	2015 年 3 月— 2015 年 7 月
纪浩钿	男	副总经理（主持工作）	广东汕头	2015 年 7 月— 2016 年 12 月
关　锋	男	副总经理（主持工作）	黑龙江绥化市	2016 年 12 月— 2017 年 6 月
周春庚	男	副总经理（主持工作）	陕西省汉中市	2017 年 6 月— 2018 年 5 月
		总经理（兼）		2018 年 5 月—

2015 — 2018 年阳光人寿保险股份有限公司揭阳中心支公司保险业务收支统计表

表 2-154　　单位：万元

年份	保险业务收入				保险业务支出			
	寿险	意外险	健康险	保费收入	赔付	满期给付	退保	给付率
2015	95.17	5.52	78.82	179.51	4.89	0	0.16	10.41
2016	396.29	26.47	171.84	594.60	15.70	0	4.87	6.55
2017	574.25	39.78	247.91	861.94	54.34	0	13.92	8.52
2018	610.12	32.61	298.26	941.00	63.40	0	19.99	5.57

第十六节 平安养老保险股份有限公司揭阳中心支公司

一、机构沿革

平安养老保险股份有限公司是平安集团子公司，于2004年12月在上海成立，是国内首家专业经营养老险的公司。2006年与平安人寿团体保险重组，主要经营以年金为主的养老资产管理，以企业员工福利保障和城乡居民大病保障为主的保险业务，具备企业年金、职业年金、基本养老金管理和第三方资管资质。

2014年6月4日，经平安养老保险股份有限公司（简称平安养老保险总公司）批复，同意设立平安养老险揭阳支公司，直属平安养老险广东分公司。2015年3月6日，设立平安养老保险股份有限公司揭阳中心支公司（简称平安养老揭阳中支）。是年5月8日，注册成立。平安养老揭阳中支是隶属于平安养老险总公司的三级支公司，机构性质为其他股份有限公司分公司（非上市）。主要经营团体养老保险及年金业务、个人养老保险及年金业务；团体人寿保险及年金业务、团体长期健康保险业务、短期健康保险业务、意外伤害保险业务、上述业务的再保险业务、开展养老保险资产管理产品业务；受托管理委托人委托的以养老保障为目的的人民币、外币资金；经中国保险监督管理委员会批准的其他业务。

2015年11月23日，平安养老险经营范围发生变更，按照公司要求，各级分支公司也进行变更。2016年3月24日，平安养老中险揭阳支公司经营范围变更为经营团体养老保险及年金业务、团体人寿保险及年金业务、团体长期健康保险业务、个人养老保险及年金业务、个人长期健康保险业务、短期健康保险业务、意外伤害保险业务和上述业务的再保险业务；还有国家法律、法规允许的保险资金运用业务，养老保险资产管理产品业务，受托管理委托人委托的以养老保障为目的的人民币、外币资金，经营与健康保险有关的咨询服务业务及代理业务；与资产管理业务相关的咨询业务；经中国保监会批准的其他业务。主要经营的人寿保险险种有：意外伤害保险、意外医疗保险、意外住院津贴、飞机意外保险、火车轮船意外保险、汽车意外保险、疾病身故保险、重大疾病保险等。

2018年12月，平安养老揭阳中支有员工14人。

二、内设机构

至2018年12月，平安养老揭阳中支内设前线、后援、共同资源三大系列，其中，前线系列设置综合开拓部、直销营业部，主要工作范围涉及业务推动、业务部门的管理；后援系列设置保险运营部，主要工作范围涉及契约投保、保单保全、理赔、客户服务、续收保费、投诉处理等；共同资源系列设置综合管理部，主要工作范围涉及费用、对外关系、内勤管理等。营业部副总经理李培鹏的任职时间：2018年2月起。

三、保险业务

2016年，平安养老揭阳中支保费收入1866.51万元。2017年，保费收入2583.36万元。2018年，保费收入2865.17万元。2016年赔付537.64万元。2017年赔付1035.81万元。2018年赔付1401.01万元。

2016—2018年平安养老保险股份有限公司揭阳中心支公司保险业务收支统计表

表2-155　单位：万元

年份	保险业务收入			保险业务支出			
	短期健康险	意外险	保费收入	赔付	满期给付	退保	给付率
2016	529.01	1337.50	1866.51	537.64	0	0	28.80%
2017	778.26	1805.10	2583.36	1035.81	0	0	40.10%
2018	947.38	1917.79	2865.17	1401.01	0	0	48.90%

第十七节　友邦保险有限公司广东分公司揭阳营销服务部

一、机构沿革

友邦保险控股有限公司及其附属公司（统称“友邦保险”）是独立上市的人寿保险集团，集团总部设于中国香港。

2012年4月，友邦保险有限公司广东分公司揭阳营销服务部（简称友邦揭阳营销服务部）成立，是进入揭阳市的首家外商独资保险公司。2018年12月，有员工4人，外勤营销员43人。其主要职能为：经公司授权，经营意外伤害保险、健康保险、传统人寿保险、人寿保险新型产品、传统年金保险、年金新型产品，从事经中国保监会批准的其他人身保险业务的查勘理赔。

二、保险业务

2012年4月至2018年12月，友邦揭阳营销服务部理赔结案473件，其中，普通理赔（意外医疗、疾病医疗）465件，占比98.3%；重大理赔（身故、重大疾病、残疾等）8件，占比1.7%。赔偿总金额156.23万元，其中普通理赔赔偿94万元，占比60.3%；重大理赔赔偿61.90万元，占比39.7%。

2012—2018年友邦保险有限公司广东分公司揭阳营销服务部负责人一览表

表2-156

姓名	性别	职务	籍贯	任职起止时间
林洁丹	女	负责人	广东揭阳	2012年4月—2013年3月
孙曲涛	男	负责人	广东广州	2013年3月—2014年10月
陈泽文	男	负责人	广东韶关	2014年10月—2015年11月
陈迎阳	男	负责人	广东普宁	2015年11月—2017年4月
郑立颖	男	负责人	广东揭阳	2017年4月—2018年6月
谢叙滨	男	负责人	广东揭阳	2018年6月—

2012—2018年友邦保险有限公司广东分公司揭阳营销服务部保险业务收支统计表

表 2-157　　单位：万元

年份	保险业务收入				保险业务支出					
	寿险	健康险	意外险	保费收入合计	赔款支出	死伤给付	年金给付	满期给付	退保	给付率
2012	73.39	53.34	6.23	132.96	0.15	0.78	—	—	0.13	1.4%
2013	114.55	75.02	9.28	198.86	1.62	1.08	—	—	4.05	0.7%
2014	135.56	133.70	15.91	285.17	3.44	4.28	—	—	2.94	1.5%
2015	136.27	248.90	25.48	410.66	3.46	4.45	7.36	—	15.35	2.5%
2016	171.94	382.93	31.55	586.41	12.27	8.38	4.81	—	18.57	1.8%
2017	232.61	493.32	38.34	764.27	17.69	52.07	6.84	—	18.45	5.1%
2018	259.19	601.08	45.87	906.13	19.36	27.20	21.21	—	21.93	3.3%

说明：“—”为无法取数或无数据

第十八节　天安财产保险股份有限公司揭阳中心支公司

一、机构沿革

天安财产保险股份有限公司是中国首家由企业出资组建的股份制商业保险公司和国内第四家财产保险公司，1995年1月成立，总部设在上海浦东，注册资本177.60亿元。

2004年6月18日，天安财产保险股份有限公司揭阳中心支公司（简称天安财险揭阳中支）获准设立，为天安财产保险股份有限公司广东省分公司所辖机构。主要承保机动车交通事故责任强制险、机动车商业险、团体人身意外伤害保险、财产基本险、财产综合险等险种。

二、内设及辖属机构

（一）内设机构

至2018年12月，天安财险揭阳中支内设4个部（室）：总经理室、综合部、销售推动部、运营分部。

（二）辖属机构

至2018年12月，天安财险揭阳中支辖下设有3家分支机构：天安财险揭阳中支揭东营销服务部、天安财险揭阳中支普宁营销服务部、天安财险揭阳中支普宁占陇营销服务部。

2018年12月，有员工48人。

三、保险业务

2018年，天安财险揭阳中支保费收入3425.36万元，理赔案件数3968件，赔付金额1969万元。

2004—2018 年天安财产保险股份有限公司揭阳中心支公司负责人一览表

表 2-158

姓名	性别	职务	籍贯	任职起止时间
廖兴佳	男	筹建期间负责人	广东汕头	2004 年 2 月— 2004 年 9 月
毕　乐	男	临时负责人	广东汕头	2004 年 9 月— 2005 年 7 月
		副总经理（主持工作）		2005 年 7 月— 2008 年 10 月
江　宏	男	负责人	广东汕头	2008 年 10 月— 2009 年 4 月
		副总经理（主持工作）		2009 年 4 月— 2011 年 5 月
谢木群	男	普宁营销服务部经理	广东揭阳	2010 年 2 月—
江　宏	男	总经理	广东汕头	2011 年 5 月—
杨旭亮	男	揭东营销服务部经理	广东揭阳	2015 年 5 月—
叶淑如	女	普宁占陇营销服务部经理	广东汕头	2015 年 5 月—

2014—2018 年天安财产保险股份有限公司揭阳中心支公司保险业务收支统计表

表 2-159　　单位：万元

年份	保险业务收入					保险业务支出			
	车险	财产险	人身险	水险	保费收入	赔付	满期给付	退保	赔付率
2014	3221.67	42.67	37.13	20.58	3322.05	1634	—	—	49.19%
2015	3055.81	106.47	51.78	33.57	3247.63	1812	—	34.19	55.79%
2016	2682.23	36.68	129.69	12.32	2860.92	1839	—	57.75	64.28%
2017	2591.64	124.04	62.23	12.26	2790.17	1516	—	54.77	54.33%
2018	3256.36	84.43	78.08	6.49	3425.36	1969	—	25.57	57.48%

说明：“—”为无法取数或无数据

第十九节　浙商财产保险股份有限公司揭阳中心支公司

一、机构沿革

浙商保险是 2009 年 6 月 25 日开业的全国性财产保险公司，公司总部在杭州，注册资本 30 亿元，是国内唯一一家总部设在浙江的全国性财产保险公司。

2012 年 7 月 6 日，浙商财产保险股份有限公司揭阳中心支公司（简称浙商财险揭阳中支）成立，机构性质为股份制。其经营范围为机动车辆险、企业财产保险、货物运输保险、责任保险、保证保险、意外伤害保险、家庭财产保险、工程保险、船舶保险、健康保险、农业保险等13个险种大类，其中以机动车辆保险为主。2018年12月，有员工29人。

二、内设及辖属机构

（一）内设机构

至2018年12月，天安财险揭阳中支内设5个部（室）：总经理室、理赔服务部、市场部、综合管理部、业务管理部。

（二）辖属机构

2016年1月5日，浙商财产保险股份有限公司普宁支公司成立，属下辖四级机构。办公地址在普宁市池尾街道新寮村新春路西侧。有员工6人。

三、保险业务

至2018年12月，浙商财险揭阳中支累计保费（不含税）金额2663.22万元，其中，机动车辆险保费收入2368.85万元，占比88.95%；企业财产保险保费收入8.67万元，占比0.33%；责任保险保费收入11.70万元，占比0.44%；意外伤害保险保费收入274万元，占比10.29%。

2012—2018年浙商财产保险股份有限公司揭阳中心支公司负责人一览表

表2-160

姓名	性别	职务	籍贯	任职起止时间
吴诰河	男	总经理	广东潮州	2012年7月—2014年5月
陈灿彬	男	副总经理	广东揭阳	2012年7月—2014年12月
		总经理		2014年12月—
孙曼玲	女	总经理助理	广东揭阳	2015年1月—2016年1月
		副总经理		2016年1月—

2012—2018年浙商财产保险股份有限公司揭阳中心支公司保险业务收支统计表

表2-161

单位：万元

年份	保险业务收入						保险业务支出			
	企业财产保险	机动车辆险	责任保险	意外伤害保险	家庭财产保险	保费收入	赔付	满期赔付	退保	赔付率
2012	1.42	310.15	0.3	0	0	311.87	28.35	59.57	0.53	45.85%
2013	13.27	1388.17	11.59	5.77	0	1418.80	285.46	66.76	11.03	64.26%
2014	25.51	2175.64	6.78	8.64	0	2216.56	355.36	47.04	10.94	51.21%
2015	34.95	2633.40	9.42	30.57	0	2708.34	475.57	42.06	24.44	55.43%
2016	135.87	2743.80	23.22	85.29	0	2988.18	508.41	48.39	18.16	51.59%
2017	170.48	2625.02	8.78	109.16	0.26	2913.70	551.98	66.88	28.80	63.41%
2018	8.67	2368.85	11.70	274.00	0	2663.22	609.62	70.46	19.68	69.72%

第二十节　阳光财产保险股份有限公司揭阳中心支公司

一、机构沿革

2008年4月22日，阳光财产保险股份有限公司揭阳中心支公司（简称阳光财险揭阳中支）获批准筹备营销服务部。2012年12月20日，阳光财产保险股份有限公司揭阳中心支公司成立。其主要经营财产损失保险、责任保险、信用保险和保证保险、短期健康保险和意外伤害保险，上述业务的再保险业务；国家法律、法规规定的或国家保险监管机构批准的其他业务。2018年12月，有员工32人。

二、内设及辖属机构

（一）内设机构

至2018年12月，阳光财险揭阳中支内设4个部（室、中心）：总经理室、综合管理部、客户服务中心、理赔部。

（二）辖属机构

至2018年12月，阳光财险揭阳中支下辖阳光财产保险股份有限公司揭阳市普宁支公司、阳光财产保险股份有限公司揭阳市揭西支公司2家四级机构和揭阳市揭东区阳光财险聚贤专属代理店、揭阳市普侨区阳光财险凌逸专属代理店2家专属代理店。

三、保险业务

2018年，阳光财险揭阳中支保费收入2231.96万元，同比增长21.74%。

2013—2018年阳光财产保险股份有限公司揭阳中心支公司保险业务收支统计表

表2-162　　单位：万元

年份	保险业务收入						保险业务支出			
	车险	财产险	意健险	交强险	商车险	保费收入	赔付	满期给付	退保	综合赔付率
2013	440.16	34.26	6.57	97.37	342.79	481	130.44	—	2.5	55.35%
2014	1031.41	110.1	3.85	369.76	661.64	1031.41	367.88	—	5.78	55.34%
2015	1221.73	542.78	26.11	392.56	829.17	1790.62	949.54	—	10.55	59.54%
2016	1431.29	349.68	42.15	383.35	1047.94	1823.12	867.17	—	13.59	53.28%
2017	1439.43	275.49	118.52	436.88	1002.54	1833.44	1102.15	—	18.41	61.82%
2018	1849.27	213.53	169.16	568.44	1280.83	2231.96	938.34	—	25.93	49.31%

说明："—"为无法取数或无数据

第二十一节　紫金财产保险股份有限公司揭阳中心支公司

一、机构沿革

紫金财产保险股份有限公司是江苏省委、省政府直接领导的省属一类国有大型企业，是首家总部设在江苏省的全国性财产保险公司。公司注册资本金25亿元，注册地江苏省南京市。

2013年8月27日，紫金财产保险股份有限公司揭阳中心支公司（简称紫金财险揭阳中支）成立，隶属于紫金财产保险股份有限公司下的三级机构，机构性质属于国有控股股份有限公司分公司，为紫金财产保险股份有限公司在广东省揭阳市内开设的第一家分支机构。公司主要以财产及其相关利益和损害赔偿责任为保险标的，以意外事故为保险责任，以补偿被保险人的经济损失为基本目的。主要职能有损失补偿职能、分散危险职能、防损职能。其经营范围为财产损失保险、责任保险、信用保险和保证保险、短期健康保险和意外伤害保险，经保险监管机关批准的其他业务。

二、内设机构

2013年，紫金财险揭阳中支内设4个部（室）：总经理室、综合管理部、理赔部和业务部。2018年12月，将原先的部门划分为总经理室、综合管理部、客服理赔部、车险（非车险业管部）、直销业务一部、直销业务二部、直销业务三部和专代业务一部。年末，有员工23人。营业部副总经理陈晓东的任职时间：2016年7月起。

三、保险业务

2018年12月，紫金财险揭阳中支公司的各项承保总额为75.66亿元，实现保费收入1683.30万元，及时立案率为100%，结案率为99%。

2016—2018年紫金财产保险股份有限公司揭阳中心支公司保险业务收支统计表

表2-163　　单位：万元

年份	保险业务收入					保险业务支出			
	车险	财产险	意健险	责任险	保费收入	赔付	满期给付	退保	综合赔付率
2016	1135.63	1.98	9.36	8.16	1155.13	1047.71	57.43%	10.29	—
2017	1656.7	1.5	16.29	7.22	1681.7	1136.62	64.61%	5.87	—
2018	1662.52	0.85	12.9	7.03	1683.3	912.13	56.13%	9.45	—

说明：“—”为无法取数或无数据

第二十二节　鼎和财产保险股份有限公司揭阳中心支公司

一、机构沿革

鼎和财产保险股份有限公司是由中国南方电网有限责任公司、广东电网公司、广西电网公司、云南电网公司、贵州电网公司、海南电网公司、南方电网财务有限公司共同出资设立的全国性财产保险公司，总部设在深圳，2008年5月22日成立，注册资本金30.18亿元。公司经营范围涵盖非寿险的各个领域，包括机动车辆保险、财产损失保险、责任保险、信用保险和保证保险、短期健康和意外伤害保险、再保险、保险资金运用业务等。

2014年4月10日，鼎和财产保险股份有限公司揭阳中心支公司（简称鼎和财险揭阳中支）获准设立，为鼎和财产保险股份有限公司下属三级机构。5月12日成立，类型为股份有限公司分公司（国有控股）。其经营范围为财产损失险、责任保险、信用保险和保证保险、短期健康险和意外伤害险，经保监会批准的其他业务。

二、内设机构

至2018年12月，鼎和财险揭阳中支内设3个部（室）：总经理室、综合管理部、业务管理部，有员工30人。

三、保险业务

2018年度，鼎和财险揭阳中支受理车险报案3891件，结案件数4369件，赔付金额2286.08万元，结案率93.74%。

2014—2018年鼎和财产保险股份有限公司揭阳中心支公司负责人一览表

表2-164

姓名	性别	职务	籍贯	任职起止时间
张志云	男	总经理	广东佛山	2014年6月—2014年12月
黄锐辉	男	副总经理（主持工作）	广东揭阳	2015年1月—2018年12月

2014—2018年鼎和财产保险股份有限公司揭阳中心支公司保险业务收支统计表

表2-165　　单位：万元

年份	保险业务收入								保险业务支出			
	机动车辆保险	企业财产保险	家庭财产保险	责任保险	意外险	工程保险	短期健康保险	保费收入	赔付	满期给付	退保	给付率
2014	324.88	1.97	0	74.04	2.01	0	0	402.9	16.54	—	—	—
2015	1143.41	2.89	0	25.49	296.37	0	0	1468.16	376.34	—	—	—
2016	2439.78	3.53	0.01	23.54	448.32	0	0	2915.18	1000.16	—	—	—
2017	3578.64	12.18	0.07	37.45	557.33	0	0	4185.67	1517.18	—	—	—
2018	3827.81	1812.85	0	580.44	555.44	474.08	2.59	7253.21	2286.08	—	—	—

说明：“—”为无法取数或无数据

第二十三节 都邦财产保险股份有限公司揭阳中心支公司

一、机构沿革

都邦财产保险股份有限公司（简称都邦保险）是经中国保险监督管理委员会批准，于 2005 年 10 月 19 日开业的全国性财产保险公司，注册地为吉林省吉林市，总部设于北京。

2007 年 3 月 19 日，都邦财产保险股份有限公司广东分公司揭阳营销服务部成立，隶属都邦财产保险股份有限公司广东分公司。2016 年 4 月 29 日，升级为都邦财产保险股份有限公司揭阳中心支公司（简称都邦财险揭阳中支）。其经营范围为财产损失保险、责任保险、信用保险和保证保险、短期健康保险和意外伤害保险，上述业务的再保险业务，中国保监会批准的其他业务。

二、内设及辖属机构

（一）内设机构

2007 年，都邦财产保险股份有限公司广东分公司内设 3 个部（室）：总经理室、业务管理部、财务综合部。2017 年 10 月 25 日，都邦财险揭阳中支增设理赔部。2018 年 12 月，有员工 31 人。

（二）辖属机构

至 2018 年 12 月，都邦财险揭阳中支下辖都邦财产保险股份有限公司揭阳市普宁支公司（四级机构）。

三、保险业务

2018 年 12 月，都邦财险揭阳中支保费收入 1777.70 万元。

2007—2018 年都邦财产保险股份有限公司揭阳中心支公司负责人一览表

表 2-166

姓名	性别	职务	籍贯	任职起止时间
陈文焰	男	总经理	广东揭阳	2008 年 1 月—2009 年 9 月
黄健生	男	总经理	广东揭阳	2009 年 9 月—2011 年 8 月
陈树生	男	总经理	广东潮州	2011 年 8 月—2012 年 4 月
连家定	男	总经理	广东汕头	2012 年 4 月—2014 年 5 月
陈炳辉	男	总经理	广东汕头	2014 年 5 月—

2007—2018 年都邦财产保险股份有限公司揭阳中心支公司保险业务收支统计表

表 2-167 单位：万元

年份	保险业务收入				保险业务支出			
	商车险	交强险	非车险保费（财产、意健、公众、雇主责任险等）	保费收入	赔付	满期给付	退保	给付率
2007	217.74	219.32	5.98	443.04	54.19%	—	—	—

续表 2-167

年份	保险业务收入				保险业务支出			
	商车险	交强险	非车险保费（财产、意健、公众、雇主责任险等）	保费收入	赔付	满期给付	退保	给付率
2008	663.06	416.96	81.84	1161.86	47.52%	—	—	—
2009	840.02	630.39	29.07	1499.48	70.68%	—	—	—
2010	638.34	414.25	30.21	1082.8	48.31%	—	—	—
2011	413.48	267.17	17.89	698.54	58.61%	—	—	—
2012	363.03	254.97	14.27	632.27	46.1%	—	—	—
2013	442.9	241.53	3.35	687.78	61.7%	—	—	—
2014	706.56	328.23	3.44	1037.23	66.28%	—	—	—
2015	1403.32	587.25	13.74	2004.31	50%	—	—	—
2016	1650.06	667.53	8.90	2326.49	63%	—	—	—
2017	1299.61	555.01	16.75	1871.37	66.22%	—	—	—
2018	1259.77	486.98	30.95	1777.70	78.45%	—	—	—

说明：“—”为无法取数或无数据

第二十四节　华安财产保险股份有限公司广东分公司揭阳支公司

一、机构沿革

2016 年 1 月 20 日，华安财产保险股份有限公司广东分公司揭阳支公司（简称华安财险揭阳支公司）成立，4 月 14 日开业。其主要经营企业财产损失保险、家庭财产损失保险、建筑工程保险、安装工程保险、货物运输保险、机动车辆保险、船舶保险、能源保险、短期健康保险、意外伤害保险、一般责任保险、保证保险、信用保险（出口信用除外）及经中国保监会批准的其他财产保险业务。

二、内设机构

2018 年 12 月，华安财险揭阳支公司内设 3 个部（室）：总经理室、业务管理部、揭阳营业一部。有员工 7 人。

三、保险业务

2016 年，华安财险揭阳支公司保费收入 62.05 万元，赔款 5.70 万元。2017 年，保费收入 309.55 万元；赔款 84.98 万元。2018 年，保费收入 586.98 万元，赔款 208.17 万元。

2016—2018年华安财产保险股份有限公司广东分公司揭阳支公司保险业务收支统计表

表2-168 单位：万元

年份	保险业务收入						保险业务支出			
	交强险	商业险	车险	财产险	人身险	保费收入	赔付	满期给付	退保	赔付率
2016年	23.93	37.99	61.92	0	0.13	62.05	5.70	—	1.81	9.18%
2017年	136.95	171.16	308.11	0	1.44	309.55	84.98	—	2.68	27.45%
2018年	261.75	323.66	585.41	0	1.57	586.98	208.17	—	5.05	35.47%

说明：“—”为无法取数或无数据

第二十五节 太平财产保险有限公司揭阳中心支公司

一、机构沿革

太平财产保险有限公司，简称“太平财险”，隶属于《财富》杂志所评世界500强的中国太平保险集团。太平财险的前身是太平水火保险有限公司，1929年创立于上海，1956年按照国家统一部署停办国内业务，移师境外经营，2001年在深圳复业，2009年更名为太平财险。

2017年6月6日，太平财产保险有限公司揭阳中心支公司（简称太平财险揭阳中支）成立，为太平财产保险有限公司广东分公司的下级机构。经营范围为企业财产损失保险、家庭财产损失保险、短期健康保险、意外伤害保险、建筑工程保险、安装工程保险、货物运输保险、机动车辆保险、船舶保险、能源保险、一般责任保险、保证保险、信用保险（出口信用险除外）以及经保险监督管理机构批准的其他财产保险业务。2017年，有员工32人，2018年，有员工33人。

二、内设机构

2018年12月，太平财险揭阳中支内设4个部（室）：总经理室、综合管理部、销售管理部、运营支持部。太平财险揭阳中支总经理林树东的任职时间：2016年10月起。

三、保险业务

2018年，太平财险揭阳中支总体业务3151.03万元，其中，车险业务收入3115.22万元，占总体业务的98.86%。全年赔款支出1081.38万元，赔付率为59.88%。

2017—2018年太平财产保险有限公司揭阳中心支公司保险业务收支统计表

表2-169 单位：万元

年份	保险业务收入								保险业务支出	
	交强险	商业险	责任险	工程险	企业财产险	健康险	意外伤害险	保费收入	赔付	已报告赔付率
2017	197.09	777.56	19.65	0.00	5.04	0.15	1.82	1001.32	72.15	56.08%
2018	667.92	2447.30	12.73	1.02	6.90	0.80	14.35	3151.03	1081.38	59.88%

第二十六节　珠江人寿保险股份有限公司广东分公司普宁营销服务部

一、成立及职能

2012年9月26日，珠江人寿保险股份有限公司成立。由广东珠江投资控股集团有限公司、广州金融控股集团有限公司、广东韩建投资有限公司、广东新南方集团有限公司、衡阳合创房地产开发有限公司、广东珠光集团有限公司和广东粤财信托有限公司等7家股东共同投资的综合性寿险公司，注册资本金67亿元。珠江人寿保险股份有限公司总部位于广东省广州市。

2017年4月12日，珠江人寿保险股份有限公司广东分公司普宁营销服务部（简称珠江寿险普宁营销部）成立。其经营范围为：人寿保险、健康保险、意外伤害保险等各类人身保险业务。2018年，有员工3人，保险代理从业人员108人。

二、机构

至2018年12月，珠江寿险普宁营销服务部内设4个岗：业务负责人、组训岗、综合内勤岗、后援管理岗。营业部广东分公司副总经理兼广东分公司普宁营销服务部经理陆贵鸿的任职时间：2017年4月起 。

三、保险业务

2018年，珠江寿险普宁营销服务部总保费收入104.46万元，其中，新单保费81.05万元（包含个险新单保费73.42万元，短期健康险保费7.27万元，意外险保费3500元），个险续期保费23.42万元。总给付3.68万元。

2018年珠江人寿保险股份有限公司广东分公司普宁营销服务部保险业务收支统计表

表2-170　　单位：万元

年份	保险业务收入					保险业务支出			
	个险新单	个险续期	短期健康险	意外险	保费收入	赔付	满期给付	退保	给付率
2018	73.42	23.42	7.27	0.35	104.46	0	3.68	0	3.52%

第二十七节　安邦财产保险股份有限公司广东分公司揭阳营销服务部

2011年12月31日，安邦财产保险股份有限公司成立，总部设在深圳，注册资本金为370亿元。拥有37家分公司，1400多个服务网点，经营各类财产险、责任险、信用保证保险、短期意健险以及上述业务的再保险和国家法律、法规允许的保险资金运用业务。

一、机构沿革

2006年8月23日，安邦财产保险股份有限公司广东分公司揭阳营销服务部（简称安邦财险揭阳营销部）成立，隶属安邦财产保险股份有限公司广东分公司。其经营范围为对营销员开展培训及日常管理；

收取营销员代收的保险费、投保单等单证；分发保险公司签发的保险单、保险收据等相关单证；接受客户的咨询和投诉；经保险公司核保，营销服务部可以打印保单；经公司授权，从事所经营险种的查勘理赔。2018年，有员工5人。

二、保险业务

2018年11月20日，安邦财险推出“车险定价系统”。报行合一正式开始执行之后，为应对商车费改，帮助公司有效降低车险赔付率及综合成本率，实现真正的精细化管理、节约成本，公司分析车险市场的赔付情况和竞争环境，结合商车费改内容，借鉴国内外相关经验，厘定车险成本费率表，设计符合要求的车险精准定价模型和承保流程，实现费赔联动，有效地提升车险业务品质，降低综合成本率。

2009—2018年安邦财产保险股份有限公司广东分公司揭阳营销服务部负责人一览表

表2-171

姓名	性别	职务	籍贯	任职起止时间
许康勇	男	负责人	—	2009年6月—2011年8月
陈泽龙	男	经理	广东揭阳	2011年8月—2017年6月
洪洁萍	女	经理	广东揭阳	2017年6月—

2011—2018年安邦财产保险股份有限公司广东分公司揭阳营销服务部保险业收支统计表

表2-172 单位：万元

年份	保险业务收入									保险业务支出			
	企业财产保险	家庭财产保险	工程保险	责任保险	保证保险	机动车辆法定第三者	机动车辆商业险	短期健康保险	意外伤害保险	赔付	满期给付	退保	给付率
2011	0	0	0	0	0	1.15	0.97	0	0	0	—	0	—
2012	7.87	0	0	1.57	0	173.50	219.72	0	0	95.81	—	0	—
2013	10.26	0	0	0.30	0	49.96	151.44	0	0.03	139.68	—	0	—
2014	30.10	0	1	1.70	0	77.69	295.21	0	3.21	209.41	—	0	—
2015	53.41	0	10	2.55	0	93.46	369.76	0	3.25	257.33	—	0	—
2016	30.49	0	0	1.46	0.15	72.37	235.00	0	5.29	251.65	—	0	—
2017	13.65	0.25	0	11.90	0.86	97.67	285.02	0.14	8.19	143.06	—	0	—
2018	8.76	0	0	0.72	0.05	104.23	274.06	0.03	7.93	307.88	—	0	—

说明：“—”为无法取数或无数据

第二十八节　中银保险有限公司揭阳中心支公司

一、机构沿革

中银保险有限公司是经中国保险监督管理委员会批准成立的全国性财产保险公司，是中国银行股份有限公司的全资子公司，总部设在北京。

2018 年 5 月 22 日，中银保险有限公司揭阳中心支公司（简称中银保险揭阳中支）成立。其主要经营范围为：财产损失险、责任保险、信用保险、保证保险等财产保险业务；短期健康保险、意外伤害保险；机动车交通事故责任强制保险业务；关税保证保险；经中国保监会批准的其他业务。

二、内设机构

2018 年，中银保险揭阳中支内设 4 个部（室）：总经理室、综合管理部、营业部、业务管理部。

三、保险业务

2018 年 11 月 16 日，中银保险揭阳中支作为关税保证保险正式在全国实施的业务单位，在与揭阳海关、相关企业三方共同努力下，顺利出具揭阳地区首单关税保证保险保单，为揭阳市某化工有限公司申报进口的高纯阴极铜提供关税保证保险单并顺利通关。这是中银保险在广东揭阳关区开出的首单关税保证保险保单，同时也是揭阳海关以“关税保证保险”担保进口税款的首单业务。

2018 年中银保险有限公司揭阳中心支公司负责人一览表

表 2-173

姓名	性别	职务	籍贯	任职起止时间
蔡利勤	男	总经理	广东揭阳	2018 年 5 月—
陈悦钿	女	副总经理	广东潮州	2018 年 8 月—

2018 年中银保险有限公司揭阳中心支公司保险业务收支统计表

表 2-174　　单位：万元

年份	保险业务收入										保险业务支出			
	企财险	家财险	车险	工程险	责任险	保证险	货运险	健康险	意外险	保费收入	赔付	满期给付	退保	给付率
2018	42.9	7.95	364.77	39.88	8.2	0.54	0.39	85.32	68.37	618.32	11.31	0	0.92	1.83%

第四章 证券业

第一节 中信建投证券股份有限公司揭阳黄岐山大道证券营业部

一、机构沿革

1993年12月25日，经中国工商银行广东省信托投资公司“（93）粤工银信托司字第118号”文件批准成立中国工商银行广东省信托投资公司揭阳市办事处证券部。1994年1月19日开业。1995年9月8日，明确为中国工商银行广东省信托投资公司所属单独核算的证券机构，由中国工商银行广东省信托投资公司拨付800万元的营运资金，机构性质为全民所有制分支机构（非法人）。1996年9月10日，中国工行揭阳分行决定将所属证券交易（揭阳）营业部转让给华夏证券有限公司。1997年1月，中国工商银行广东省信托投资公司揭阳证券交易部更名为华夏证券有限公司揭阳证券交易营业部并开业。

2003年2月8日，华夏证券有限公司名称变更为华夏证券股份有限公司。3月17日，华夏证券有限公司揭阳证券交易营业部变更为华夏证券股份有限公司揭阳站前路证券营业部，营运资金为550万元。2005年11月2日，中信建投证券有限责任公司成立。12月2日，华夏证券股份有限公司揭阳站前路证券营业部更名为中信建投证券有限责任公司揭阳市站前路证券营业部，营运资金500万元。2009年4月3日，中信建投证券有限责任公司揭阳市站前路证券营业部更名为中信建投证券有限责任公司揭阳站前路证券营业部，营运资金为500万元。

2011年6月30日，中信建投证券有限责任公司变更为中信建投证券股份有限公司。10月27日，中信建投证券有限责任公司揭阳站前路证券营业部更名为中信建投证券股份有限公司揭阳站前路证券营业部，营运资金为500万元。2014年12月24日，中信建投证券股份有限公司揭阳站前路证券营业部更名为中信建投证券股份有限公司揭阳黄岐山大道证券营业部（简称中信建投揭阳营业部），企业性质为股份有限公司分公司（国有控股）。

至2018年12月，营业部依托公司的全业务平台，结合当地实际开展综合性的业务，经营范围为：证券经纪；证券投资咨询；与证券交易、证券投资活动有关的财务顾问；证券承销与保荐；证券资产管理；证券投资基金代销；为期货公司提供中间介绍业务；融资融券；代销金融产品；销售贵金属制品。

二、内设机构

至2018年12月，中信建投证券揭阳营业部内设14个部（小组）：电脑部、财务部、综合部、合规部、柜台业务小组、电话咨询小组、融资融券小组、基金产品小组、客户回访小组、IB业务小组、营销1组、营销2组、互联网1组、互联网2组。有员工43人。

三、证券业务

具体分为华夏证券时期、中信建投时期。

华夏证券时期，证券账户业务主要包括沪深A股、B股、基金及开放式基金账户的开户、修改、换卡、冻结、解冻、挂失、解挂、销户等。资金账户业务主要包括资金账户的开户、修改、清密、换卡、冻结、解冻、挂失、解挂、销户等。资金存取业务主要包括现金存取、支票转账、资金冻结解冻、利息结算等。代理委托业务主要包括资金划转、证券交易、委托撤单、证券冻结、证券解冻和代理配售、配股缴款、分红派息、国债回购、转股回售以及指定交易、撤销指定交易和转托管等。交割对账业务指打印证券交易的交割单及资金变动和证券变动的流水单对账单等。资料查询业务指通过查询向客户提供账户、资金和证券等相关资料。其他衍生业务指从上述基本业务中衍生分离出来并相对独立的业务，主要包括银证转账业务（开通、修改、注销）、代理配售开通业务、网上交易开通业务、优惠方案协议签订业务等。自助委托业务主要为客户本人通过营业部提供的相关委托渠道（刷卡、嵌入、电话、手机、可视电话、网上交易等）进行资金划转、证券交易、交割对账以及信息查询等操作的“自助”业务。行情资讯业务是指营业部通过一定的媒介或方式，如大屏、广播、委托机、行情机、电话、手机、TV视频系统、可视电话系统、网上交易系统以及张贴报纸及营业部搜集整理的资料等，向客户提供证券行情以及与证券市场相关的资讯信息的服务。投资咨询业务主要为通过一定的媒介和方式，或广播、张贴、电话、行情机、TV视频系统、网上交易系统，或举办投资报告会、股民学校，或分析师当面解答等，向投资者讲解投资常识、传授投资技巧、提供投资建议的服务。

中信建投时期，中信建投证券是经中国证监会批准设立的全国性大型综合证券公司，公司拥有全业务平台，主要提供包括股权融资、债务融资和财务顾问在内的投资银行服务，包括经纪及财务管理、融资融券和回购业务在内的财富管理服务，包括股票销售及交易、固定收益销售及交易、投资研究、主经纪商和QFII业务在内的交易及机构客户服务。营业部依托公司的全业务平台，结合当地实际开展综合性的业务。中信建投证券揭阳营业部为投资者提供股票、债券、基金、理财、融资融券、港股通、贵金属、期货、期权等丰富的证券投资品种，依托公司行业领先、均衡全能的投资银行业务平台为企业提供A股及新三板挂牌上市、融资、财务顾问等多种金融服务。

2018年，中信建投证券揭阳营业部总成交额（不含权证）793.13亿元。

1997—2018年中信建投证券股份有限公司揭阳黄岐山大道证券营业部负责人一览表

表2-175

姓名	性别	职务	籍贯	任职起止时间
王玉琴	女	营业部经理	湖北武汉	1997年—2015年
李建华	男	营业部经理	广东揭阳	2016年—

2003—2018年中信建投证券股份有限公司揭阳黄岐山大道证券营业部经营情况及股票开户和交易一览表

表2-176-1　　单位：万元

年份	总资产	营业收入	利润	开户数	成交额					从业人员（人）
					A股	债券	基金	权证	总成交额（不含权证）	
2003	—	—	—	415	290684.07	101.65	2677.72	0.00	478434.81	18
2004	—	—	—	644	433280.01	1440.67	2649.03	0.00	515848.35	18
2005	—	—	—	230	7994.39	4572.13	66.39	0.00	63892.91	18

续表 2-176-1

年份	总资产	营业收入	利润	开户数	成交额					从业人员（人）
					A股	债券	基金	权证	总成交额（不含权证）	
2006	27395.47	2726.93	—	950	869878.90	489.75	4256.97	105823.27	880230.29	17
2007	81838.84	16775.34	—	17878	6397300.92	1087.26	58484.70	571929.13	6484869.65	21
2008	40404.16	8601.44	—	4536	3443108.51	0.00	28953.95	590067.37	3476018.32	23
2009	114725.52	14329.18	—	6381	8609187.69	4114.38	32255.54	434903.51	8658411.83	23
2010	98955.74	9193.91	—	3400	8109580.00	3143.03	24405.24	105568.30	8148137.00	28
2011	42324.43	5200.62	—	1733	6918009.00	3428.88	19212.08	24612.94	8742256.00	31
2012	45128.33	3539.91	—	812	4903591.00	8915.40	32419.19	0.00	7217309.00	33
2013	36149.26	4679.43	—	848	6196505.00	16063.88	36161.60	0.00	8246993.00	35
2014	90078.73	7322.91	—	2399	7985600.00	14116.43	211023.20	0.00	11394340.00	39
2015	129382.98	17862.73	—	11051	26577370.00	28843.27	313646.70	0.00	28888050.00	42
2016	70303.39	6733.92	—	9897	10972400.00	7574.70	110321.50	0.00	12681390.00	43
2017	49536.51	4701.65	—	6002	8100360.45	3582.01	21071.74	0.00	10535894.95	45
2018	39603.41	3293.86	—	2110	5466614.00	36251.31	38305.83	0.00	7931322.00	43

说明：1. 成交额取数于广东证券期货业协会。

2. “—”为无法取数或无数据

（1）2005—2018年在揭阳市区交易量排名

表 2-176-2

项目	2005年	2006年	2007年	2008年	2009年	2010年	2011年
市区占比	59.90%	53.90%	55.60%	54.30%	61.10%	60.70%	55.90%
排名	1	1	1	1	1	1	1
营业部家数	2	3	3	3	3	4	6
项目	2012年	2013年	2014年	2015年	2016年	2017年	2018年
市区占比	58.90%	52.00%	48.20%	38.66%	29.14%	26.25%	25.39%
排名	1	1	1	1	1	1	1
营业部家数	7	8	8	9	10	13	14

（2）2005—2018年在揭阳市区交易量排名

表 2-176-3

项目	2005年	2006年	2007年	2008年	2009年	2010年	2011年
地区占比	34.30%	32.80%	35.90%	48.20%	41.10%	40.60%	41.00%

续表 2-176-3

项目	2005年	2006年	2007年	2008年	2009年	2010年	2011年
排名	2	2	1	1	1	1	1
营业部家数	3	4	4	4	5	7	10
项目	2012年	2013年	2014年	2015年	2016年	2017年	2018年
地区占比	38.40%	32.40%	27.70%	20.20%	16.29%	14.51%	14.00%
排名	1	1	2	2	2	2	2
营业部家数	11	13	13	14	16	22	23

第二节　广发证券股份有限公司普宁流沙证券营业部

一、机构沿革

广发证券于1991年成立，是A+H股上市公司（000776，01776HK），为国内首批综合类证券公司，营业网点实现全国31个省市自治区全覆盖。广发证券是广东省内最大的证券公司，也是揭阳市的战略合作单位，在揭阳地区设立普宁流沙、揭阳揭西、揭阳临江北路3家营业部，都属于企业非法人，由广发证券普宁流沙营业部作为广发证券揭阳地区管理部，协调管理揭阳地区3家营业部。

广发证券股份有限公司普宁流沙证券营业部（简称广发证券普宁流沙营业部）属于综合类A类营业部，前身是交通银行汕头分行流沙办事处证券交易营业部，于1993年6月设立；7月9日开业。

1997年5月5日，交通银行汕头分行流沙办事处证券交易营业部被广东国际信托投资有限公司受让，更名为广东国际信托投资公司普宁证券交易营业部。2001年7月26日，广东国际信托投资公司破产被广发证券收购，广东国际信托投资公司普宁证券交易营业部更名为广发证券普宁流沙营业部。随着中国证券市场的不断创新发展，广发证券揭阳地区营业部的经营范围逐渐增加，由证券经纪走向综合业务。

1993—1996年，交通银行汕头分行流沙办事处证券交易营业部经营范围为代理发行各种有价证券；自营和代理证券买卖；代理支付和代理证券的本息红利；证券的鉴证；证券的保管；证券的咨询。1997—2002年，其经营范围为代理发行各种有价证券；代理买卖各种有价证券；有价证券的代保管、鉴证和过户；代理还本付息、分红派息等权益分派。

2002—2009年，其经营范围为证券代理买卖；代理还本付息、分红派息、证券代保管、鉴证；代理登记开户。2010—2013年的经营范围为证券经纪。2014年，广发证券实现全牌照经营，营业部经营范围变更为证券经纪，证券投资咨询与证券交易、证券投资活动有关的财务顾问、融资融券、证券投资基金代销，为期货公司提供中间介绍业务、代销金融产品。

二、内设及辖属机构

（一）内设机构

2012年，广发证券设立揭阳地区管理部，普宁流沙营业部作为广发证券揭阳地区管理部所在地，协调管理普宁流沙、揭阳揭西、揭阳临江北路3家营业部。广发证券揭阳地区营业部内设：总经理、总经理助理、运营管理部（包括综合部、财务部、电脑部和机构业务部）、财富管理部（包括客户服务部和营销拓展部）。

至2018年12月，普宁流沙营业部有员工49人，揭阳揭西营业部有员工21人，揭阳临江北路营业部有员工34人。

（二）辖属机构

广发证券揭阳揭西营业部前身为揭西证券服务部，2002年8月21日，由广发证券收购变更为广发证券普宁流沙营业部揭西服务部。2009年6月19日，规范升级为广发证券股份有限公司揭阳揭西营业部，是揭西县唯一一家证券营业部。内设：总经理、综合部、客户服务部和营销拓展部。

广发证券股份有限公司揭阳临江北路营业部 原名广发证券股份有限公司揭阳环市北路营业部，2011年1月17日筹建，5月19日对外运营。2014年12月，更名为广发证券股份有限公司揭阳临江北路证券营业部。内设：总经理、运营管理部、财富管理部（包括客户服务部和营销拓展部）。

三、证券业务

广发证券运用互联网思维和技术，率先在传统券商经纪业务领域开创客户服务新模式。建立完善互联网服务平台，客户可通过APP“广发证券易淘金”办理包括身份证信息更新、存量客户增开证券账户、创业板转签等业务，在广发证券手机易淘金中实现客户自助操作，并通过开户APP实现自助开户、转户下挂等业务。通过整合公司内部资源，先后推出“券商版滴滴打车”——有问必答（24小时）服务、“金融淘宝平台”——理财网店平台，“理财专家”——投顾机器人业务，实现全方位服务。广发证券揭阳地区3家营业部在不断发展的过程中，借助公司金融集团化架构，服务客户能力持续提升，形成业务特点和特色。

证券资讯全面，业内首先推出机器人投顾，以及资讯金股棒、睿组合等，提供私人订制的金融理财方案；金融产品丰富，主流、特色理财品种满足多样化理财服务需求；业务品种齐全，具备科创板业务、期货介绍、融资融券、转融通、新三板和主板挂牌上市项目承揽、股权质押、约定购回、港股通、网下打新、个股期权、私募托管等新业务资格。借助金融技术、金融创新和电商平台，推出金管家服务营销体系，不断优化经纪业务服务平台和金融科技产品，实现线上7×24小时“有问必答”快捷服务和积分商城。有先进的柜台系统、网上（手机）开户系统，稳定高速的交易系统有电脑版、手机版、网页版、营业部终端、电话委托，交易快捷便利。与银行金融机构合作，实行单客户多银行三方存管业务，客户资金转账安全便捷。2018年12月，开户173266户，股票和基金成交1013.40亿元，经纪业务手续费净收入2603.43万元。

1993—2018年广发证券股份有限公司普宁流沙证券营业部负责人一览表

表2-177

姓名	性别	职务	籍贯	任职起止时间
江锡雄	男	负责人	广东	1993年6月—1995年4月
方汉龙	男	负责人	广东	1995年5月—1998年12月
徐润栊	男	负责人	广东	1999年1月—2006年1月
谢礼丰	男	负责人	广东	2006年2月—2012年7月
郑益长	男	负责人	广东	2012年8月—

2009—2018年广发证券股份有限公司揭阳揭西营业部负责人一览表

表 2-178

姓名	性别	职务	籍贯	任职起止时间
蔡赐通	男	负责人	广东	2009年6月—2012年4月
胡南山	男	负责人	广东	2012年5月—2014年6月
苏子士	男	负责人	广东	2014年7月—

2011—2018年广发证券股份有限公司揭阳临江北路营业部负责人一览表

表 2-179

姓名	性别	职务	籍贯	任职起止时间
陈煜治	男	负责人	广东	2011.1.2—

2001—2018年广发证券股份有限公司普宁流沙营业部经营情况及股票开户和交易一览表

表 2-180　　单位：万元

年份	总资产	营业收入	利润	开户数	成交额					从业人员
					股票	企业债券	基金	其他	总交易量	
2001	145111	1002	181	23360	498509	—	36167	34319	568995	43
2002	149383	2058	629	23680	534677	—	—	—	534677	31
2003	115700	1176	725	19049	394900	—	—	—	394900	27
2004	117400	1795	1146	19765	563314	—	—	—	563314	22
2005	81080	1336	666	19289	402700	—	—	—	402700	27
2006	179454	3657	2717	20505	1088600	—	—	—	1088600	27
2007	461162	17353	15507	52035	6185612	—	—	—	6185612	25
2008	57468	9209	6954	33027	3201670	—	—	—	3370733	26
2009	129450	13113	11244	42265	6499843	—	—	—	6609651	21
2010	236994	7334	5884	46330	5340479	—	—	—	5396661	34
2011	34917	3894	2688	49072	3509166	—	—	—	3519222	46
2012	38295	2571	1532	80319	2614734	—	—	—	2620711	40
2013	33478	4197	2934	83163	4509404	—	—	—	4537709	38
2014	88003	7340	5725	93722	10256009	—	—	—	10490483	37
2015	188303	23474	18957	129385	44004075	—	—	—	44631420	40
2016	87283	7933	6402	146161	17105394	—	—	—	17235508	50
2017	83200	5120	3697	161663	13923691	—	—	—	13998032	52
2018	76831	3625	2217	173266	9828602	—	—	—	9916394	49

说明：“—”为无法取数或无数据

2009—2018 年广发证券股份有限公司揭阳揭西营业部经营情况及股票开户和交易一览表

表 2-181　　单位：万元

年份	总资产	营业收入	利润	开户数	成交额					从业人员
					股票	企业债券	基金	其他	总交易量	
2009	23761	1150	713	3895	891291	—	—	—	891291	7
2010	38697	720	451	5066	526544	—	—	—	526544	14
2011	3220	400	124	5575	326600	—	—	—	326600	16
2012	34600	275	18	6121	277600	—	—	—	277600	13
2013	3967	463	149	5578	476388	—	—	—	577124	14
2014	11498	798	441	7379	1265993	—	—	—	1428583	15
2015	30674	3024	2031	17030	7240876	—	—	—	7474947	20
2016	21384	1290	884	20029	3168857	—	—	—	3834524	23
2017	11872	997	598	22700	3048742	—	—	—	3972902	24
2018	10732	721	325	25261	1918280	—	—	—	2852943	21

说明：1. “—”为无法取数或无数据

2. 经营表格可根据本单位业务修改项目

2011—2018 年广发证券揭阳临江北路营业部经营情况及股票开户和交易一览表

表 2-182　　单位：万元

年份	总资产	营业收入	利润	开户数	成交额					从业人员
					股票	企业债券	基金	其他	总交易量	
2011	498.05	13	-275.40	876	9716.16	—	—	—	10532.02	43
2012	413.83	85	-254.04	1549	85044.85	—	—	—	116408.12	28
2013	286.61	162	-266.18	2630	219690.94	—	—	—	491607.72	28
2014	6440.18	356	-230.62	6088	720061.83	—	—	—	1076571.14	21
2015	18767.97	2416	1168.56	29386	6447722.00	—	—	—	8642380.66	34
2016	15772.29	1280	660.92	42496	4862188.21	—	—	—	7366453.90	38
2017	8700.85	960	375	50124	4133910.62	—	—	—	7053554.25	36
2018	8527.55	778	158.55	62556	2818476.87	—	—	—	5382367.62	34

说明：1. “—”为无法取数或无数据

2. 经营表格可根据本单位业务修改项目

第三节　安信证券股份有限公司揭阳临江北路证券营业部

一、成立及职能

1992年12月20日，广东证券公司揭阳营业处成立。1993年1月6日，挂牌开业。 10月27日，广东证券公司揭阳营业处与广州市粤榕企业发展有限公司合作，在广东证券公司揭阳营业处设立广东证券公司揭阳营业处股票交易部。1994年7月18日，广东证券公司揭阳营业处股票交易部正式开业。1997年3月18日，广东证券公司接管广东证券揭阳营业处的证券经纪业务。

1998年9月18日，广东证券公司接管广东证券公司揭阳营业处证券经纪业务后所设立的广东证券股份有限公司揭阳证券营业部，后改称为广东证券股份有限公司揭阳新兴东一路营业部，属广东证券公司分支机构，不具法人资格，于2001年10月迁址至揭阳市东山沿江路中国银行大厦8—9层，附楼1—2层，并更名为“广东证券股份有限公司揭阳市沿江路证券营业部”。

2001年4月，外设机构广东证券股份有限公司揭阳营业部惠城镇证券服务部变更为“广东证券股份有限公司揭阳营业部惠城镇证券服务部”。2001年8月20日，在惠来县注册登记。2007年12月20日，关闭广东证券股份有限公司揭阳市沿江路证券营业部、广东证券股份有限公司揭阳营业部惠城镇证券服务部。由安信证券接收其证券类资产，设立安信证券股份有限公司揭阳晓翠路证券营业部、安信证券股份有限公司揭阳晓翠路证券营业部惠城证券服务部。2009年6月25日，安信证券股份有限公司揭阳晓翠路证券营业部惠城证券服务部变更为安信证券股份有限公司揭阳惠来证券营业部。2016年9月26日，安信证券揭阳晓翠路营业部更名为安信证券股份有限公司揭阳临江北路证券营业部（简称安信证券揭阳营业部），隶属安信证券股份有限公司。

安信证券揭阳营业部经营范围为证券经纪；证券投资咨询；与证券交易、证券投资活动有关的财务顾问；证券承销与保荐；证券资产管理；融资融券；证券投资基金销售；代销金融产品。业务品种主要有代理证券买卖、还本付息、分红派息、证券代保管、鉴证；代理上海证券登记公司和深圳证券登记公司登记开户业务；代理深交所、上交所挂牌流通A股、B股、三板市场、国债、企业债、可转债、基金、其他金融产品的买卖；证券代保管、过户、分红派息；融资融券、期货中间介绍业务、期权等。2003年，广东证券揭阳营业处有员工30人。2008年，安信证券揭阳营业部有员工26人。2018年，有员工63人。

二、内设及辖属机构

（一）内设机构

2013年，机构改革，安信证券股份有限公司揭阳晓翠路证券营业部内设运营部管理柜台业务、计财工作、系统运行工作；投顾中心管理客户服务及投资顾问工作；理财中心主管营销拓展工作。

至2018年12月，安信证券揭阳营业部内设运营部、投顾中心、理财中心。

（二）辖属机构

2001年4月，下辖广东证券股份有限公司揭阳营业部惠城镇证券服务部变更为广东证券股份有限公司揭阳营业部惠城镇证券服务部。2006年9月，安信证券接收广东证券的证券类资产。2007年12月20日，关闭广东证券股份有限公司揭阳市沿江路证券营业部、广东证券股份有限公司揭阳营业部惠城镇证券服务部，同时翻牌为安信证券股份有限公司揭阳晓翠路证券营业部、安信证券股份有限公司揭阳晓翠路证券营业部惠城证券服务部，2009 年 6 月 25 日，安信证券股份有限公司揭阳晓翠路证券营业部惠城证券服务部变更为安信证券股份有限公司揭阳惠来证券营业部。2013 年，设安信证券股份有限公司揭阳惠来证券营业部。2016 年 3 月 16 日，“安信证券揭阳普宁流沙大道营业部”正式筹建，7 月 26 日开始营业。

至 2018 年 12 月，安信证券揭阳营业部内设运营部、投顾中心、理财中心；外设安信证券股份有限公司揭阳惠来证券营业部、安信证券股份有限公司揭阳普宁流沙大道证券营业部 2 个营业部。

三、证券业务

2007 年起，安信证券揭阳营业部转变客户服务和市场营销理念，引进客户服务责任制，由“坐商”向“行商”转变。2008 — 2009 年，安信证券揭阳营业部开始招聘少量客户经理，开拓营销市场。2010—2011 年，扩大营销团队规模，以应对市场竞争，2010 年，安信证券揭阳营业部及辖属机构有营销人员 36 人。2012—2015 年，对营销团队进行精简，提高市场营销单产。2016 — 2018 年，为打开市场，继续扩大团队规模，2017 年 12 月，有营销人员 45 人。2018 年，年末，配合行业及公司转型，营销团队精简成 29 人。

至 2018 年 12 月，安信证券揭阳营业部总资产 45.25 亿元，实现营业收入 1504.89 万元，实现利润 62.89 万元。

2000 — 2018 年安信证券股份有限公司揭阳临江北路证券营业部负责人一览表

表 2-183

姓名	性别	职务	籍贯	任职起止时间
黄旭忠	男	广东证券揭阳营业部总经理	广东潮州	2000 年 3 月—2006 年 8 月
		安信证券揭阳临江北路营业部总经理		2006 年 9 月—2018 年 2 月
方钲雯	男	揭阳惠来营业部总经理	广东揭阳	2016 年 5 月—
吴锐亮	男	揭阳普宁流沙大道营业部总经理	广东揭阳	2016 年 6 月—
罗亿东	男	揭阳临江北路营业部总经理	广东梅州	2018 年 2 月—

2003—2018年安信证券股份有限公司揭阳临江北路证券营业部经营情况及股票开户和交易一览表

表 2-184

年份	成交额（万元）					收入（万元）	利润（万元）	客户资产（万元）	客户数（人）	占揭阳份额（%）	股基份额（占市场股基）（‰）	从业人员（人）
	股票	债券	基金	其他	总成交量							
2003	263972.53	338.92	1717.33	5992.63	272021.41	—	—	—	—	16.13	—	30
2004	346630.68	1314.60	1788.81	3661.61	353395.70	—	—	—	—	18.24	—	29
2005	241705.87	10203.14	1213.07	1809.37	254931.45	—	—	—	—	26.71	—	27
2006	686948.69	489.75	4256.97	3796.06	695491.47	—	—	—	—	25.51	—	25
2007	3839865.41	912.56	30013.92	42491.99	3913283.88	—	—	—	—	22.33	—	23
2008	2006047.64	2267.16	13716.25	6913.73	2028944.78	—	—	127112.12	—	22.49	—	23
2009	5022163.28	2804.25	17091.43	19839.71	5061898.67	—	—	320883.12	31549	24.03	—	55
2010	5015186.80	1066.77	12191.37	21212.66	5049657.60	5572.34	3946.76	361701.54	35495	25.12	0.1531	62
2011	3939739.70	1334.68	12015.20	275405.62	4228495.20	3839.83	1539.43	260132.36	37118	19.84	0.4679	61
2012	2693632.70	1536.36	11626.36	452708.78	3159504.20	2891.51	1089.34	270080.72	37806	16.83	0.4441	54
2013	3447815.90	935.43	39328.40	770103.47	4258183.20	3798.09	1945.86	280943.81	38394	16.73	0.4126	49
2014	4984889.80	1968.02	115488.95	1159385.83	6261732.60	5670.96	3156.93	412649.48	39924	15.26	0.4348	48
2015	15340620.00	9838.45	336246.38	1300478.17	16987183.00	10359.09	7196.81	536335.62	48789	11.81	0.406	60
2016	7178209.37	2987.28	3357517.40	1051417.55	11590131.60	3287.23	1488.37	492194.75	55625	14.88	0.4757	71
2017	5863462.10	1428.15	2295565.58	1572648.67	9733104.50	2106.71	483.81	484499.70	65015	13.35	0.4166	75
2018	4128384.60	5606.06	41834.57	2020228.77	6196054.00	1504.89	62.89	370189.93	66709	10.62	0.2991	63

说明：“—”为无法取数或无数据

第四节 中国银河证券股份有限公司揭阳望江北路证券营业部

一、机构沿革

2006年2月，中国银河证券有限责任公司揭阳临江北路证券营业部成立。2007年3月15日，变更为中国银河证券股份有限公司揭阳临江北路证券营业部。2011年，变更为中国银河证券股份有限公司揭阳望江北路证券营业部（简称中国银河证券揭阳营业部），注册资金500万元，为中国银河证券股份有限公司（上市公司）分支机构，隶属银河证券广东分公司。

中国银河证券揭阳营业部主要从事证券经纪和投资咨询服务，为客户开立证券账户并提供交易平台进行证券交易。其业务范围为证券经纪、证券投资咨询、证券投资基金代销、与证券交易和证券投资活动有关的财务顾问、代销金融产品、融资融券、中国证监会批准的其他业务。2018年7月5日，经营范围增加销售贵金属制品。2018年9月17日，经营范围增加证券承销与保荐。

二、 内设机构

至2018年12月，中国银河证券股份有限公司揭阳望江北路营业部内设4个部（室）：总经理室、市场营销部、理财服务部、运行管理部。年末，有员工11人。

三、证券业务

营业部设立之初，定位为新型营业部，总体设想是改变传统的经营模式，大幅减少营业面积和前期投入，以场外交易为主，特别是为网上交易的客户提供创新的服务模式，通过采用基于Windows网络平台互联网营业部模式，完成客户交易（场内），电话委托以及内部业务（柜台业务，公司内部网等）的连接，外网上网主线路采用电信ADSL，备份线路采用网通ADSL及电信的拨号上网两种备份方式；电话委托采用电信4008业务接入方案；内网使用公司VPN系统连接汕头中心机房，实现柜台系统相关功能，主线路采用网通公司ADSL，备份线路采用电信ADSL或点对点拨号接入方式。网络设计可支持150台无盘工作站，第一批上线32台联想无盘商用电脑，营业部成为揭阳地区首家非传统类型的券商营业部。营业部除提供现场服务外，通过QQ、MSN等大众化软件，为客户远程维护、安装设备和银河证券网上交易软件。

2012年，中国银河证券推出一款为证券投资者量身定做的债券质押式报价回购创新产品“天天利”。银河证券以足额债券为质押物，与银河证券指定交易客户之间的特定债券质押式回购交易，客户融出资金，到期收回本金和利息。产品特点是足额债券质押，资金安全保障充分，收益率相比短期理财工具具有竞争力，直接在证券保证金账户买卖，到期资金T+0可用、T+1可取，全部品种可自动续作，7天期及以上可提前购回，交易时间延长至15：10分，所有交易暂不收取任何费用，收益更显优势，单笔交易最低限额仅1000元。

2013年，中国银河证券推出“深圳质押式报价回购交易”业务“金自来”，该产品是指银河证券以分级基金A和基金专户份额等符合条件的自有资产为质押物，以质押式报价回购交易的形式，向符合条件的公司客户提供期限为1—365天的固定收益类产品。投资范围包括已上市分级基金A份额、基金专户份额，其中基金专户份额投资范围包括利率类固定收益类产品、AA级（含）以上信用类固定收益类产品、货币市场基金、银行存款等。质押物品种包括上市分级基金A份额、基金专户份额、交易所债券等。2014 年，中国银河证券推出 2 款创新产品“鑫新雨”和“鑫易雨”，是券商首次正式推出第四类的类贷款产品。

2016 年，中国银河证券推出新的互联网金融服务品牌“麒麟财富”，该平台主打稳健理财，提供优基汇、定期理财、基金组合、达人、银荷包等多个服务频道，实现多样化的产品布局“一站式”满足不同投融资需求。

2006—2018 年中国银河证券股份有限公司揭阳望江北路证券营业部负责人一览表

表 2-185

姓名	性别	部门及岗位	籍贯	任职时间
元松生	男	总经理室总经理	河南林州	2006 年 2 月—
蔡泽林	男	总经理室副总经理兼市场营销部部门经理	广东潮州	2010 年 10 月—
陈　铎	男	总经理室总经理助理兼运行管理部部门经理	广东汕头	2006 年 2 月—

2006—2018 年中国银河证券股份有限公司揭阳望江北路证券营业部经营情况及股票开户和交易一览表

表 2-186　　单位：万元

年份	总资产	营业收入	利润	开户数	成交额					从业人员
					股票	企业债券	基金	总交易量	税收贡献	
2006	4130	80	-21	259	—	—	—	39400	—	10
2007	34072	1034.72	572	2092	—	—	—	509300	—	10
2008	16971	582.77	288	2614	—	—	—	312200	—	10
2009	49677	1254.08	739.87	2992	779503	—	40609	820112	220.61	9
2010	48587	765.64	432.98	3793	693578	—	11077	704655	122.31	9
2011	37123	505.01	23.36	5295	928314	—	2972	931286	98.13	9
2012	40705	362.69	61.6	5908	437900	—	1777	439677	61.6	9
2013	44049	507.46	21.66	6479	610631	—	63442	674073	77.91	9
2014	116900	608	242.79	8183	961402	—	715924	1677326	113.24	9
2015	167800	2844	1563	15041	6365743	—	879598	7245341	449.15	10
2016	160300	1246	348	17141	3210952	—	822114	4033066	432.93	10
2017	155900	1047.95	236.36	19022	2712079	—	642240	3354319	200.04	10
2018	125500	762	148.71	19910	1934473	—	820481	2754954	131.45	11

说明：“—”为无法取数或无数据

第五节　东莞证券股份有限公司揭阳分公司

一、机构沿革

2010年4月2日，东莞证券股份有限公司揭阳分公司（简称东莞证券揭阳分公司）成立，前身为东莞证券有限责任公司揭阳黄岐山大道证券营业部 。2014年11月18日，东莞证券有限责任公司股改为东莞证券股份有限公司。 2015年1月13日， 东莞证券有限责任公司揭阳黄岐山大道证券营业部变更为东莞证券股份有限公司揭阳分公司。总公司为东莞证券股份有限公司，东莞市国资委控股。2018年3月，揭阳分公司成立中国共产党东莞证券股份有限公司揭阳支部委员会。

东莞证券揭阳分公司经营范围为证券经纪、证券投资咨询、与证券交易和证券投资活动有关的财务顾问；证券承销与保荐、证券自营、证券资产管理、证券投资基金代销、为期货公司提供中间介绍业务、融资融券、代销金融产品、商品期货经纪、金融期货经纪、期货投资咨询、投资管理、股权投资、企业投资咨询。交易品种有深沪A股、深沪B股、基金、国债、企业和公司债券、企业债和国债回购、融资融券、期货IB、代销金融产品、股票IPO、“新三板市场”、沪港通、深港通、股指期权等。

二、内设机构

2018年，东莞证券揭阳分公司内设5个部门：总经理办公室、综合保障部、财富管理中心、机构与创新业务部、市场拓展部。揭阳分公司负责汕头营业部和普宁营业部的经营管理。2018年12月，有员工26人（其中投资顾问3人）、证券经纪人12人；汕头营业部有员工13人（其中投资顾问2人）；普宁营业部员工8人（其中投资顾问1人）、证券经纪人10人。

三、证券业务

至2018年12月，东莞证券揭阳分公司A股证券账户62931户、B股证券账户34户、基金账户15439户，资产总额8367.12万元，负债总额8367.12万元，客户资产合计10.79亿元。汕头营业部有A股证券账户28181户、基金账户1364户，资产总额2338.58万元，负债总额2338.58万元，客户资产合计18.47亿元。普宁营业部有A股证券账户6044户、基金账户91户，资产总额274.57万元，负债总额274.57万元，客户资产合计5712.48万元。

2018年12月，东莞证券揭阳分公司营业收入1059.18万元，全年A股交易额208.56亿元、B股交易额64.62万元、基金交易额3.97亿元。汕头营业部营业收入300.77万元，全年A股交易额62.99亿元、基金交易额1.54亿元。普宁营业部营业收入74.36万元，全年A股交易额27.47亿元、基金交易额1514.64万元。

2010—2018年东莞证券股份有限公司揭阳分公司负责人一览表

表2-187

姓名	性别	职务	籍贯	任职起止时间
何少壮	男	总经理	广东汕头	2010年1月—2016年5月
李宋龙	男	总经理	广东揭阳	2016年4月—

2010—2018年东莞证券股份有限公司揭阳分公司经营情况及股票开户和交易一览表

表 2-188　　　　　　　　　　　　　　　　　　　　　　　　　　　　单位：万元

年份	总资产	营业收入	利润	开户数	成交额					从业人员
					股票	企业债券	基金	其他	总交易量	
2010	—	—	—	—	—	—	—	—	—	—
2011	—	—	—	—	—	—	—	—	—	—
2012	47366.33	781.55	-464.61	11245	822072.37	133.70	4845.24	190411	1017462.32	62
2013	58002.05	1130.57	-90.31	13093	1057843.72	511.87	9262.61	312605.4	1380223.61	60
2014	126581.70	1631.97	279.97	14883	1633434.91	455.67	17694.37	431159.8	2082744.76	57
2015	271136.47	5021.45	1518.82	24812	6563690.55	828.99	86817.43	359013.5	7010550.46	68
2016	150385.08	2092.50	662.87	28846	3197444.99	16.42	34971.56	453654.9	3686087.87	59
2017	148788.33	1505.56	469.02	30785	2498482.43	3205.07	11955.47	839532	3353174.97	49
2018	107859.61	1059.17	150.09	33391	2085575.33	12266.34	39733.36	628239.7	2765814.73	38

说明：1.“—”为无法取数或无数据

2.经营表格可根据本单位业务修改项目

第六节　联讯证券股份有限公司揭阳临江北路证券营业部

一、机构沿革

2010年8月25日，联讯证券股份有限公司揭阳临江北路证券营业部（简称联讯证券揭阳营业部）获准设立，11月开业。2014年6月12日，变更企业类型为股份有限公司分公司（非上市）的综合性金融服务的证券营业部。

联讯证券揭阳营业部业务范围为：证券经纪；证券投资咨询；与证券交易、证券投资活动有关的财务顾问；证券资产管理；证券投资基金代销；代销金融产品；融资融券；证券承销。

二、内设机构

至2018年，联讯证券揭阳营业部内设3个部：运营支持部、零售业务部、机构业务部。运营支持部下设综合管理岗、合规岗、柜台岗、客服岗、信息技术岗；零售业务部下设客户经理、证券经纪人、投资顾问岗；机构业务部下设机构业务岗、投资顾问岗。至年末，有员工32人。

三、证券业务

2010年11月至2013年11月，联讯证券揭阳营业部经营范围为单一的证券经纪业务。2013年12月至2014年6月，经营范围2次变更，业务范围从单一的“证券经纪业务”扩大到证券经纪；证券投资咨询；与证券交易、证券投资活动有关的财务顾问；证券资产管理；证券投资基金代销；代销金融产品；融资融券；证券承销。营业部业务涵盖融资融券业务、股票质押式回购业务。

至2018年年末，联讯证券揭阳营业部证券账户43393户，创业板开户数8547户，证券交易额

1383.61亿元，其中股票交易额119.84亿元，手续费及佣金收入5439.71万元，营业部平均佣金率约0.04%，市场占有率0.008%。

2010—2018年联讯证券股份有限公司揭阳临江北路证券营业部负责人一览表

表2-189

姓名	性别	职务	籍贯	任职起止时间
邹绍春	男	营业部总经理	江西于都	2010年10月—2015年7月
蔡耿生	男	营业部总经理	广东揭阳	2015年8月—

2010—2018年联讯证券股份有限公司揭阳临江北路证券营业部经营情况及股票开户和交易一览表

表2-190　　单位：万元

年份	总资产	营业收入	利润	开户数	成交额					从业人员
					股票	债券	基金	其他	总交易量	
2010	3255.40	4.98	-100.77	768	5024.21	—	7.92	56.20	5088.34	62
2011	21700	482.93	-438.58	6465	594789.55	20.06	492.01	267723.21	863024.85	65
2012	25900	389.08	-350.37	8778	378741.95	424.12	3616.94	190275.80	573058.82	61
2013	33500	462.55	-196.60	9854	502744.43	21.83	2885.44	325424.20	831075.92	46
2014	82600	777.90	21.16	11937	907832.24	123.69	8575.37	371839.90	1288371.21	43
2015	188100	3206.24	1340.85	25245	3464793.41	106.58	46574.57	346131.20	3857605.77	45
2016	152800	1373.71	386.67	29122	1906801.09	25.13	16833.09	353601.30	2277260.63	46
2017	153300	914.72	154.64	35164	1574564.46	322.32	4385.40	718105.20	2297377.39	37
2018	115400	699.34	-29.02	43393	1198441.68	1013.84	8401.91	635403.40	1843260.84	32

说明：1."—"为无法取数或无数据

2.经营表格可根据本单位业务修改项目

第七节　华西证券股份有限公司揭阳临江北路证券营业部

一、机构沿革

2017年3月30日，华西证券股份有限公司揭阳临江北路证券营业部（简称华西证券揭阳营业部）成立，5月4日，工商营业注册，7月对外营业。2018年2月5日，华西证券股份有限公司在深圳交易所首次公开发行并上市。7月3日，华西证券揭阳营业部营业执照类型变更为股份有限公司分公司（国有控股、上市）。

华西证券揭阳营业部业务范围为证券经纪、证券投资咨询、证券投资基金代销、融资融券、代销金融产品。

二、内设机构

2018 年 12 月，华西证券揭阳营业部内设 3 个部（中心）：运营管理部、营销中心、财富管理中心。2018 年，有员工 10 人。

三、证券业务

2018 年 12 月，华西证券揭阳营业部服务客户 3349 位，客户托管资产 1.23 亿元，新增融资融券客户 25 户，新增资产峰值达到 3.77 亿元。股基成交量 21.59 亿元。全年营业收入 93.33 万元，上缴各项税金 6.47 万元。

2017—2018 年华西证券股份有限公司揭阳临江北路证券营业部负责人一览表

表 2-191

姓名	性别	职务	籍贯	任职起止时间
林靛曦	男	营业部总经理	广东揭阳	2017 年 5 月—2017 年 6 月
郑腾鑫	男	营业部总经理	广东揭阳	2017 年 7 月—

第八节　东北证券股份有限公司揭阳临江南路证券营业部

一、机构沿革

2016 年 8 月 17 日，东北证券股份有限公司揭阳临江南路证券营业部（简称东北证券揭阳营业部）获准筹建，12 月 10 日，成立并开业，为东北证券股份有限公司在潮汕地区成立的第一家营业部。其主要职能为为客户提供交易服务，满足投资者的个性化需求，为投资者提供适合的投资理财建议。

2018 年 12 月，东北证券揭阳营业部经营范围主要有：证券经纪、证券投资咨询、证券承销与保荐，与证券交易、证券投资活动有关的财务顾问、融资融券业务、证券投资基金代销业务、代销金融产品业务。其交易品种包括深沪 A 股、深沪 B 股、基金、国债、企业和公司债券、企业债和国债回购、融资融券、股票质押、代销金融产品、沪港通、深港通、期权等。

2016 年 12 月，东北证券揭阳营业部有员工 9 人。2018 年 12 月，有员工 27 人（含经纪人），其中，总经理 1 人、市场总监 1 人、合规专员 1 人、账户岗 1 人、投资顾问 1 人、营销团队 22 人。

二、内设机构

2016 年 12 月至 2018 年 12 月，东北证券揭阳营业部内设总经理、合规专员、账户岗、营销团队。营业部总经理吴博的任职时间：2016 年 11 月起。

三、证券业务

2016 年 12 月至 2018 年 12 月，东北证券揭阳营业部依托公司总部的平台，产品销售、融资业务、传统经济业务均衡发展。

随着金融科技的发展，作为新时代的券商营业部，在开立之初取消设置交易大厅，打造服务型轻型营业网点。公司自行研发交易软件“融e通”APP，客户可以通过“融e通”进行股票交易、理财产品购买、基金购买、在线投顾服务、实时资讯查阅、业务办理等。9月，在券商中国主办的“2018证券行业金融科技峰会暨优秀证券公司APP评选”颁奖典礼中，东北证券荣获“2018年轻用户喜爱的券商APP”“海报王”双项大奖。

截至2018年12月，东北证券揭阳营业部总资产544.95万元，开户数11859户，成交额60.03亿元，手续费及佣金收入101万元，利润-183.86万元。

第九节 国元证券股份有限公司揭阳新阳路证券营业部

一、机构沿革

2017年5月19日，国元证券股份有限公司揭阳新阳路证券营业部（简称国元证券揭阳营业部）成立，隶属国元证券股份有限公司深圳分公司，为国元证券在粤东地区设立的唯一一家营业部。营业部内设电子显示屏、监控器、业务处理系统等设备，轻型营业部不提供客户现场交易环境。

其经营范围为：证券经纪，证券投资咨询，证券投资基金代销，融资融券业务与证券交易、证券投资活动有关的财务顾问业务，代销金融产品，证券资产管理（限项目承揽、项目信息传递与推荐、客户关系维护等辅助工作），证券承销与保荐（限项目承揽、项目信息传递与推荐、客户关系维护等辅助工作），依法须经批准的项目，经相关部门批准后方可开展经营活动。

国元证券揭阳营业部采取个性化、产品化和线上化的服务方式，以了解客户需求为基础，结合适当性要求有针对性提供客户服务。针对营业部交易型客户群体，以客户画像、KPM事件为核心的基础服务，融资融券、股票质押等两融服务，国元视点、金短信等基础资讯服务、股民学校等投教类服务、产品商城、智能选股和智能资产配置等线上服务。提供线下投资顾问服务、线上投资组合、研究报告、研究策略报告等咨询研究服务；策略报告会和投资论坛、资产配置方案、上市公司调研、账户诊断服务。主要针对营业部核心客户，提供交易VIP服务；一级市场投融资服务；定制化研究支持等服务。

二、内设机构

至2018年12月，国元证券揭阳营业部内设2个部：营运部、营销部。截至12月末，有员工14人。

三、证券业务

2016年9月，国元总部启动“一柜通”平台项目建设。至2018年12月，“一柜通”完成一期全部经纪业务的上线，实现以业务流程为驱动的智能化模式，覆盖普通经纪业务、融资融券、股票期权、资产管理等多业务全景，实现柜员“一套终端、一个账号、一次登录”便捷式操作方式，完成异构系统无缝对接，通过信息系统传输压力测试，打造“通柜”和“前端分散受理，后端集中审核”功能。7月，国元证券开展投资组合产品线上推广，投资者可通过国元点金APP投资组合栏目、微信服务号投顾平台以及官网投资组合页面，订阅线上投资组合产品，线上投资组合产品是由国元证券总部及各营业部资深投资顾问通过模拟交易系统创建的A股组合，成功订阅后即可查看模拟组合持仓详情、调仓记录以及操盘心得等。

2018 年 9 月，国元总部对办公系统 CRM 系统进行升级，新建客户评价管理模块，对客户的交易行为数据进行聚类分析，针对客户进行用户画像、适当性营销、运营优化和流水预警，加强与客户全生命周期的互动，为适当的客户提供合适的产品和服务。截至 12 月末，开户数 315 户、国债交易 4400 万元、期货交易 4400 万元、基金交易 100 万元。

2017—2018 年国元证券股份有限公司揭阳新阳路证券营业部负责人一览表

表 2-192

姓名	性别	职务	籍贯	任职起止时间
陈　亮	男	营业部总经理	安徽	2017 年 6 月—2017 年 12 月
黄旭珍	女	营业部总经理	广东	2017 年 12 月—

第十节　国泰君安证券股份有限公司揭阳黄岐山大道证券营业部

一、机构沿革

2016 年 6 月 21 日，国泰君安证券股份有限公司揭阳黄岐山大道证券营业部（简称国泰券股揭阳营业部）成立，8 月 18 日开业，机构类型为股份有限公司分公司（上市、国有控股），为依法设立的从事证券服务业务的机构，隶属国泰君安证券广东分公司。

二、内设机构

至 2018 年 12 月，国泰券股揭阳营业部设 3 个部（室）：总经理办公室、市场营销部、营运部。年末，有员工 9 人，经纪人 23 人。营业部总经理陈辉（任职时间：2016 年 6 月起）。

国泰券股揭阳营业部经营范围为：证券经纪、证券投资咨询、融资融券业务、证券投资基金代销业务，为期货公司提供中间介绍业务、代销金融产品业务。

三、证券业务

国泰君安证券持续推进自主信息科技创新，自主研发多款交易软件，有股票交易软件、手机版国泰君安君弘 APP、电脑版富易交易软件、期权交易软件、期货交易软件等，满足客户各种交易需要。特色业务为股票期权业务。在市场行情低迷、股票亏损较大、资产缩水严重、交易量萎缩、佣金水平快速下降的环境中，为谋求发展，该部期权专员潜心研究期权市场，通过期权沙龙、期权模拟交易等方式，2018 年 5 月开始全面推进期权业务发展，2018 年，开通期权账户 84 户，总创收 151.39 万元。

2018 年 12 月，国泰券股揭阳营业部股票开户数 13185 户，A 股交易额 71.90 亿元，债券成交额 567.11 万元，基金交易额 2522.23 万元，利润 -38.92 万元。至 2018 年 12 月，营业收入 416.14 万元，总资产达 1746.90 万元，总负债 1485.82 万元。

2016—2018年国泰君安证券股份有限公司揭阳黄岐山大道证券营业部开户和股票交易情况一览表

表2-193　　单位：万元

年份	股户开户	A股成交额	利润	债券成交额	基金交易额
2016	4233	7.74	-33.85	1284.18	87.82
2017	10883	64.34	-113.81	307.05	883.61
2018	13185	71.90	-38.92	567.11	2522.23

2016—2018年国泰君安证券股份有限公司揭阳黄岐山大道证券营业部营业情况表

表2-194　　单位：万元

年份	营业收入	总资产	总负债
2016	27.67	1123.64	857.48
2017	217.71	2250.51	2064.32
2018	416.14	1746.90	1485.82

第十一节　中泰证券股份有限公司揭阳普宁长春路证券营业部

一、机构沿革

中泰证券股份有限公司是山东国资委控股（国有控股非上市公司），原名为齐鲁证券有限公司。2010年6月，中泰证券股份有限公司揭阳普宁长春路证券营业部（简称中泰证券普宁营业部）开始筹建，为中泰证券股份有限公司在粤东地区部署的第一家营业部。2010年12月29日正式成立，2011年1月10日开始营业，注册资金500万元。营业部为信息系统B型营业部，具备现场交易设备，提供热自助交易系统，现场客户采用通达信行情揭示系统，网上交易采用核新、融易汇等系统。

2011年1月10日，中泰证券股份有限公司揭阳普宁长春路证券营业部开始营业。经营范围为：证券经纪。2014年2月，变更经营范围，由证券经纪变更为证券经纪、证券投资咨询、融资融券、证券投资基金代销、代销金融产品。2015年9月25日，公司完成股份制变更，正式更名为中泰证券股份有限公司，普宁营业部更名为中泰证券股份有限公司揭阳普宁长春路证券营业部，经营范围未改。

二、内设机构

至2018年12月，中泰证券普宁营业部内设3个部：营运部、财富管理部和营销部。年末，有员工12人。

2010—2018年中泰证券股份有限公司揭阳普宁长春路证券营业部负责人一览表

表2-195

姓名	性别	职务	籍贯	任职起止时间
鞠少华	男	总经理	山东潍坊	2010年12月—2013年11月
陈浩强	男	副总经理（主持工作）	广东普宁	2013年11月—2016年7月
于少华	男	副总经理（主持工作）	河南扶沟	2016年7月—

三、证券业务

中泰证券普宁营业部以经纪业务佣金、信用业务息差为主要收入来源，以传统开户和两融开户作为主要业务拓展方向，行情因素对客户资产、交易量及收入影响较为明显；从2016年开始，营业部加大对金融产品的销售力度，推出现金类产品及固收类产品。

2011年，中泰证券普宁营业部总资产3468.37万元，累计开户数3187户，股票交易额41.50亿元，利润-340.62万元，债券交易额83.24万元，基金交易额516.38万元。2012年，总资产4403.56万元，累计开户数4503户，股票交易额42.06亿元，利润为-255.07万元，债券交易额181.43万元，基金交易额1879.65万元。2013年，总资产3525.34万元，累计开户数5119户，股票交易额55.80亿元，利润-111.77万元，债券交易额350.49万元，基金交易额4558.51万元。

2014年，中泰证券普宁营业部总资产9798.99万元，累计开户数6645户，股票交易额104.33亿元，利润371.39万元，债券交易额258.39万元，基金交易额5640.97万元。2015年，总资产为3.23亿元，累计开户数为16310户，股票交易额为613.05亿元，利润为1854.95万元，债券交易额为866.14万元，基金交易额为7.19亿元；2016年，总资产2.10亿元，累计开户数17571户，股票交易额304.53亿元，利润631.33万元，债券交易额8.47万元，基金交易额为2.43亿元。2017年，总资产为1.60亿元，累计开户数为18930户，股票交易额为232.23亿元，利润为240.15万元，债券交易额264.49万元，基金交易额1.39亿元。2018年，总资产1.16亿元，累计开户数19283户，股票交易额164.80亿元，债券交易额1382.38万元，基金交易额1.25亿元，利润103.25万元。

2011—2018年中泰证券揭阳普宁长春路营业部经营情况及股票开户和交易一览表

表2-196　　单位：万元

年份	总资产	营业收入	利润	开户数	成交额					从业人员
					股票	债券	基金	其他	总交易量	
2011	3468.37	386.41	-340.62	3187	415003.97	83.24	516.38	25512.04	441115.63	31
2012	4403.56	423.03	-255.07	4503	420573.86	181.43	1879.65	122358.7	544993.65	27
2013	3525.34	605.21	-111.77	5119	558048.25	350.49	4558.51	203609.3	766566.56	17
2014	9798.99	1315.77	371.39	6645	1043260.94	258.39	5640.97	258582.98	1307743.29	18
2015	32333.65	4887.06	1854.95	16310	6130482.79	866.14	71874.71	183245.92	6386469.56	16

续表 2-196

年份	总资产	营业收入	利润	开户数	成交额					从业人员
					股票	债券	基金	其他	总交易量	
2016	21072.38	1812.29	631.33	17571	3045269.83	8.47	24280.31	501384.64	3570943.25	15
2017	16042.53	1158.48	240.15	18930	2322268.86	264.49	13945.66	1046275.53	3382754.54	14
2018	11586.26	815.06	103.25	19283	1648003.25	1382.38	12514.97	773532.04	2435432.65	12

说明：1.“—”为无法取数或无数据

2. 经营表格可根据本单位业务修改项目

第十二节　中信证券股份有限公司揭阳临江南路证券营业部

一、机构沿革

2013 年 2 月 20 日，中信证券股份有限公司揭阳环市北路证券营业部设立。3 月 29 日开业。营业部属新型 C 类营业部，现场无服务机、卫星接收系统、终端机、电子显示屏、监控器，客户交易软件系统为通达信或同花顺。2015 年 9 月 23 日，更名为中信证券股份有限公司揭阳临江南路证券营业部（简称中信证券揭阳营业部），属上市股份有限公司的分公司。

中信证券揭阳营业部主要职能为：服务机构与个人客户，提供经纪业务、证券投资咨询及代销金融产品等服务，为客户的资产保值增值提供更全面更专业的金融服务。

2013 年，中信证券揭阳营业部经营范围为证券经纪。2014 年，变更经营范围为证券经纪（限山东省、河南省、浙江省、福建省、江西省以外区域）；证券投资咨询；与证券交易、证券投资活动有关的财务顾问；证券承销与保荐；融资融券；证券投资基金代销；为期货公司提供中间介绍业务；代销金融产品。2017 年，经营范围变更为证券经纪（限山东省、河南省、浙江省天台县、浙江省仓南县以外区域）；证券投资咨询；与证券交易、证券投资活动有关的财务顾问；证券承销与保荐；证券资产管理；融资融券；证券投资基金代销；代销金融产品。

二 内设机构

至 2018 年 12 月，中信证券揭阳营业部内设 3 个部：市场拓展部、运营管理部、合规部。

2013 年，中信证券揭阳营业部有员工 7 人。2018 年，有员工 20 人。

三、证券业务

2013 年，中信证券揭阳营业部总资产 1194.70 万元，股户开户 222 户，总成交额 1.92 亿元，A 股成交额 1.13 亿元，债券融券回购交易 7855.50 万元，基金成交额 5.75 万元，净利润 –52.2 万元，人均创利 –7.46 万元。2014 年，总资产 3906.40 万元，股户开户 354 户，总成交额 25.95 亿元，A 股成交额 15.64 亿元，债券融券回购交易 10.12 亿元，基金成交额 1976.01 万元，净利润 –74.15 万元，人均创利 –10.59 万元。2015 年，总资产 5844.22 万元，股户开户 2858 户，总成交额 161.01 亿元，A 股成交额 134.65 亿元，债券融券回购交易 24.26 亿元，基金成交额 1.93 亿元，净利润 –12.60 万元，人均创利 –5700 元。

2016 年，中信证券揭阳营业部总资产 8228.19 万元，股户开户 2306 户，总成交额 159.80 亿元，A 股成交额 108.10 亿元，债券融券回购交易 50.27 亿元，基金成交额 1.13 亿元，净利润 -177.97 万元，人均创利 -7.74 万元。

2017 年，年末总资产 5929.72 万元，股户开户 3225 户，总成交额 178.88 亿元，A 股成交额 101.90 亿元，债券融券回购交易 76.25 亿元，基金成交额 3788.86 万元，净利润 -150.71 万元，人均创利 -7.18 万元。

2018 年，总资产 6020.17 万元，股户开户 701 户，总成交额 115.05 亿元，A 股成交额 70.76 亿元，债券融券回购交易 41.82 亿元，基金成交额 1.02 亿元，净利润 -184.23 万元，人均创利 -9.21 万元。

2013—2018 年中信证券股份有限公司揭阳临江南路证券营业部负责人一览表

表 2-197

姓名	性别	职务	籍贯	任职起止时间
宋　浩	男	营业部总经理	湖北	2013 年 3 月—2014 年 3 月
陈四稳	男	营业部总经理	广东揭阳	2014 年 3 月—2015 年 9 月
俞键雄	男	营业部总经理	广东汕头	2015 年 9 月—

2013—2018 年中信证券股份有限公司揭阳临江南路证券营业部经营情况及股票开户和交易一览表

表 2-198　　单位：万元

年份	总资产	营业收入	利润	开户数	成交额					从业人员
					A 股成交额	债券融券回购交易	基金	其他	总交易量	
2013	1194.70	6.36	-52.2	222	11308.69	7855.50	5.75	—	19169.94	7
2014	3906.40	44.47	-74.15	354	156399.30	101168.30	1976.01	—	259543.60	7
2015	5844.22	354.48	-12.6	2858	1346451.00	242644.40	19272.22	—	1610094.00	22
2016	8228.19	255.91	-177.97	2306	1081024.00	502718.10	11292.70	—	1597971.00	23
2017	5929.72	228.03	-150.71	3225	1019024.00	762527.00	3788.86	—	1788764.00	21
2018	6020.17	—	-184.23	701	707600.00	418200.00	10200.00	—	1150500.00	21

说明：“—”为无法取数或无数据

第十三节 国信证券股份有限公司揭阳揭东证券营业部

一、机构沿革

国信证券股份有限公司（简称国信证券）前身是1994年6月30日成立的深圳国投证券有限公司，公司总部设在深圳。2012年8月15日，国信证券设立揭阳揭东证券营业部（简称国信证券揭阳揭东营业部）。

国信证券揭阳揭东营业部业务范围为证券经纪、证券投资咨询；与证券交易、证券投资活动有关的财务顾问、融资融券、证券投资基金代销、代销金融产品、证券资产管理（限承揽）、证券承销与保荐（限承揽）。

二、内设机构

至2018年12月，国信证券揭阳部内设2个中心：运行中心、财富中心。有年末，员工23人。营业部总经理为李卓勉，任职时间从2012年8月起。

三、证券业务

国信证券揭阳部是集证券经纪、证券投资咨询、与证券交易、证券投资活动有关的财务顾问、融资融券、证券投资基金代销、代销金融产品、证券资产管理（限承揽）、证券承销与保荐（限承揽）等多种业务经营范围为一体的综合证券营业部。

2013年，国信证券揭阳部开展期货IB业务，推广金属、螺纹钢等套期保值理念。2014年，国信证券引进TradeStation（交易站）平台，并于2015年3月正式发布。该平台支持股票、融资融券、股指期货、商品期货和期权交易，内置快捷的下单工具、止盈止损等高级订单。

2018年12月，国信证券揭阳部证券开户数1765户，基金成交额1.35亿元，股票成交额94亿元，总交易量134.26亿元，营业收入432万元，净利润-127.56万元，总资产3249万元。

2013—2018年国信证券股份有限公司揭阳揭东证券营业部资产利润表

表2-199　　　　单位：元

年份	总资产	净利润
2013	1895928.04	-2939400.21
2014	16483270.42	-2028445.37
2015	88874437.44	353327.76
2016	46089804.46	-440601.42
2017	38815895.36	-582806.18
2018	32490624.28	-1275639.06

第十四节　海通证券股份有限公司揭阳普宁新河东路证券营业部

一、机构沿革

2013年12月，海通证券股份有限公司揭阳普宁新河东路证券营业部（简称海通证券揭阳普宁营业部）成立。其业务范围为经营金融产品，如A股、B股、债券、基金、国债回购、约定式回购等基础业务。公司自主互联网金融品牌“e海通财”，具备快融宝、融资融券、转融通、新三板、科创板等新业务营销资格。

二、内设机构

至2018年12月，海通证券揭阳普宁营业部内设机构：业务拓展部、综合管理部。年末，有员工4人。负责人为黄烁林，任职时间：从2013年12月起。

三、证券业务

2014年，海通证券揭阳普宁营业部全年新增资金账户671户，代理买卖证券业务净收入市场份额达0.0116%，股基市场份额达0.0326%。2015年，全年新增资金账户3599户，代理买卖证券业务净收入市场份额达0.0270%，股基市场份额达0.0730%，销售产品430万元。

2016年，海通证券揭阳普宁营业部全年新增开户数4613户，新增有效户约400户，证券交易量总额约180亿元，股基交易量市场占有率为0.07%，客户总资产峰值高达14.07亿元。注重开拓创新业务，融资余额规模高峰值为9000万元，全年融资融券收入320万元，其中息费收入160万元。机构户资金规模高达6亿元。2017年，全年新增开户数2457户，新增有效户数628户，新增有效户客户资产1.88亿元，新增“两融”［“融资融券”（securities margin trading）又称“证券信用交易”或保证金交易，是指投资者向具有融资融券业务资格的证券公司提供担保物，借入资金买入证券（融资交易）或借入证券并卖出（融券交易）的行为。包括券商对投资者的融资、融券和金融机构对券商的融资、融券。从世界范围来看，融资融券制度是一项基本的信用交易制度。2010年3月30日，上交所、深交所分别发布公告，将于2010年3月31日起正式开通融资融券交易系统，开始接受试点会员融资融券交易申报。融资融券业务正式启动］客户48户，“两融”日均余额为7000万元，新增APP装机2153台，重点产品销售593.80万元，股基市场份额0.0845%，客户总资产22亿元。

2018年，海通证券揭阳普宁营业部全年新增开户数1103户，新增有效户260户，新增“两融”客户38户，“两融”日均余额3400万元，新增APP装机约550户，重点产品销售541万元，机构户引入2个，股基交易量市场份额为0.0922%，证券交易量总额约243亿元，息费收入1253万元，客户总资产11.22亿元。

第十五节　五矿证券有限公司揭阳临江南路证券营业部

一、机构沿革

2013年9月23日，五矿证券有限公司揭阳临江南路证券营业部（简称五矿证券揭阳营业部）设立，

2014 年 4 月 8 日，取得证券经营许可证，5 月 6 日开业。其业务范围为证券经纪、证券投资咨询、与证券交易和证券投资活动有关的财务顾问、融资融券、证券投资基金销售、为期货公司提供中间介绍业务、代销金融产品等业务。

二、内设机构

至 2018 年 12 月，五矿证券揭阳营业部为 C 类营业部，内设 5 个部：运营管理部、综合部、柜台部、客服部、营销部门。2018 年，有员工 70 人。负责人王晓燕的任职时间为 2014 年 3 月 24 日至 10 月 15 日；黄伟丰的任职时间为 2014 年 10 月 16 日起。

三、证券业务

2014 年，五矿证券揭阳营业部开立 A 股账户 1033 户，客户托管资产 8665.75 万元，年累计交易 10.18 亿元，其中 A 股交易量 7.74 亿元；基金交易量为 1246.96 万元；债券交易量 5.73 万元。全年营业收入 49.71 万元，净利润 –58.46 万元。2015 年，开立 A 股账户 6832 户，客户托管资产 4.73 亿元，本年交易 210.33 亿元，其中 A 股交易量为 204.67 亿元；基金交易量为 2.374 亿元；债券交易量为 1731.39 万元。全年营业收入为 1042.05 万元，缴纳税额 67.56 万元，净利润 196.19 万元。

2016 年，五矿证券揭阳营业部开立 A 股账户 2537 户，客户托管资产 4.85 亿元，交易 119.25 亿元，其中 A 股交易量为 112.84 亿元；基金交易量 7593.19 万元；债券交易量 37.96 万元；其他证券交易量 68.02 万元；融资融券回购交易 5.64 亿元。全年营业收入 603.96 万元，纳税额 61.11 万元，净利润 140.24 万元。2017 年，开立 A 股账户 2722 户，客户托管资产 5.90 亿元，交易 138.65 亿元，其中 A 股交易量 104.69 亿元；基金交易量 2391.13 万元；债券交易量 111.83 万元；其他证券交易量 492.21 万元；融资融券回购交易 33.66 亿元。全年营业收入 521.10 万元，缴纳税额 149.59 万元，利润 17.91 万元。

2018 年，五矿证券揭阳营业部开立 A 股账户 1796 户，客户托管资产 4.52 亿元，交易 122.52 亿元，其中 A 股交易量 73.01 亿元；基金交易量 2585.72 万元；债券交易量 1226.87 万元；其他证券交易量 5.86 万元；融资融券回购交易 49.13 亿元。全年营业收入 375.43 万元，缴纳税额 120.85 万元，净利润 92.65 万元。

2014—2018 年五矿证券有限公司揭阳临江南路证券营业部经营情况及股票开户和交易一览表

表 2–200　　　　单位：万元

年份	总资产	营业收入	利润	开户数	成交额					从业人员
					股票	债券融券回购交易	基金	其他	总交易量	
2014	8665.75	49.71	–58.46	1033	77441.42	5.73	1246.96	—	101794.64	43
2015	47319.04	1042.05	196.19	6832	2046693.67	1731.39	23745.52	—	2103311.77	66
2016	48526.32	603.96	140.24	2537	1128363.99	37.96	7593.19	68.02	1192498.46	76
2017	59005.9	521.1	17.91	2722	1046854.01	111.83	2391.13	492.21	1386489.45	90
2018	45183.95	375.43	92.65	1796	730101.93	1226.87	2585.72	5.86	1225236.18	72

说明：“—”为无法取数或无数据

第十六节　万联证券股份有限责任公司揭阳普宁证券营业部

一、机构沿革

2016年2月25日，万联证券股份有限公司揭阳普宁证券营业部（简称万联证券揭阳普宁营业部）设立，6月2日成立，7月17日营业。万联证券股份有限公司是广州市属全资国有证券公司，普宁营业部是万联证券股份有限公司在潮汕三市部署的首家营业部，万联证券股份揭阳普宁证券营业部为C型营业部。

其业务范围为证券经纪、证券投资咨询、融资融券、证券投资基金代销、代销金融产品（依法须经批准的项目，经相关部门批准后方可开展经营活动）。2017年2月7日，公司完成股份制变更，2017年4月5日，经营范围变更为证券经纪、证券投资咨询、证券投资基金代销、融资融券、代销金融产品、证券资产管理（仅限项目承揽、项目信息传递与推荐、客户关系维护等辅助工作）；证券承销与保荐（项目承揽、项目信息传递与推荐、客户关系维护等辅助工作），依法须经批准的项目，经相关部门批准后方可开展经营活动。

二、内设机构

至2018年12月，万联证券揭阳普宁营业部有从业人员24人，包含经纪人6人，所有从业人员均取得证券从业资格。负责人王俊杰的任职时间为2016年6月起。

三、证券业务

2016年，万联证券揭阳普宁营业部总资产1.20亿元，资金账户2640户，股票交易额6.33亿元，基金交易额146.58万元，债券回购7.49亿元，利润–69.31万元。2017年，总资产1.72亿元，资金账户（累计）7626户，股票交易额27.72亿元，基金交易额618.97万元，债券回购32.91亿元，利润–153.62万元。

2018年，总资产1.61亿元，资金账户（累计）11528户，股票交易额28.99亿元，基金交易额2322.42万元，债券回购10.74万元，利润–152.1万元。

第十七节　中山证券有限责任公司揭阳普宁河滨路证券营业部

一、机构沿革

2016年8月23日，中山证券有限责任公司揭阳普宁河滨路证券营业部（简称中山证券揭阳普宁营业部）成立。是年11月2日开业。机构性质属分支机构，无注册资金。该机构以打造新型财富管理模式为突破口，代理沪深上市证券买卖、港股通、期权、期货IB、融资融券、股票质押等信用业务；金融产品销售、中间介绍、综合理财及投融资服务。同时建立起安全、高效、功能全面的运营与管理体系，形成以客户为中心，集开户、交易、咨询于一体的综合金融服务平台。

其业务范围为证券经纪；证券投资咨询；与证券交易、证券投资活动有关的财务顾问；证券承销与保荐；融资融券；证券投资基金代销；代销金融产品等，并分别于2016年12月23日取得IB业务资格，

2017 年 2 月 9 日取得“两融”业务资格，2017 年 2 月 13 日取得期权业务资格。其中，债券交易额、基金交易额呈从无到有，逐年增加的趋势。期货交易额于 2016 — 2017 年快速增长。2018 年各项经营业绩趋于平稳。

二、内设机构

至 2018 年 12 月，中山证券揭阳普宁营业部内设柜台业务岗、反洗钱联络员岗、财务联络人岗、合规管理人岗、IB 业务专员、期权业务专员等岗位。2016 年，有员工 4 人。2017 年，有员工 5 人。2018 年年末有从业人员 5 人。总经理许锦敦的任职时间为 2016 年 8 月 1 日起 。

2016 — 2018 年中山证券有限责任公司揭阳普宁河滨路证券营业部经营业绩情况表

表 2-201

年份	2016	2017	2018
历年总资产（亿元）	2.24	4.65	3.96
股户开户（个）	281	595	261
年成交额（亿元）	1.03	30.22	159.35
利润（万元）	–16.50	–51.40	–44
人均创利（万元）	–4.13	–10.28	–8.80
债券交易额（万元）	0	15.50	132.90
期货交易额（亿元）	74.38	122.25	40.66
基金交易额（万元）	40.90	699.10	567.30
佣金收入（万元）	2.34	50.25	94.88
上缴税金（元）	2964.41	41882.76	84482.40

第十八节 世纪证券有限责任公司揭阳普宁环市北路证券营业部

一、机构沿革

2017 年 5 月 5 日，世纪证券有限责任公司揭阳普宁环市北路证券营业部（简称世纪证券揭阳普宁营业部）成立，隶属世纪证券有限责任公司管理，6 月 8 日开业。其业务范围为证券经纪、证券投资咨询、融资融券、证券投资基金代销、代销金融产品。

二、内设机构

至 2018 年 12 月，世纪证券揭阳普宁营业部内设综合岗、柜台岗、理财经理、证券经纪人。年末，有员工 16 人。负责人何炎城的任职时间为 2017 年 4 月起。

三、证券业务

2018 年度，世纪证券揭阳普宁营业部客户托管总资产 5777.94 万元，证券交易金额 6.96 亿元，销售金融产品总额 2600 万元，债券融券交易量 1.43 亿元，利润 –97.96 万元。

2017—2018年世纪证券揭阳普宁环市北路证券营业部经纪业务经营数据

表 2-202　　单位：万元

项目		2017年年底	2018年年底
客户托管资产总量		6166.14	5777.94
实现交易量	证券交易总额	20868.23	69571.84
	债券融券回购总额	15570	14324.10
平均佣金率		0.31‰	0.31‰
净利润		-57.31	-97.96

第十九节　中银国际证券股份有限公司揭阳揭东路篦路证券营业部

一、机构沿革

中银国际证券股份有限公司揭阳揭东路篦路证券营业部是揭阳市唯一一家港澳台与境内合资券商公司的分支机构，属于C类营业部，隶属中银国际证券股份有限公司。

2017年2月14日，中银国际证券有限责任公司揭阳揭东路篦路证券营业部设立，3月2日获经营证券期货业务许可证，7月19日开业。2018年4月11日，更名为中银国际证券股份有限公司揭阳揭东路篦路证券营业部（简称中银证券揭阳揭东营业部）。

中银证券揭阳揭东营业部业务范围为证券经纪；证券投资咨询；与证券交易、证券投资活动有关的财务顾问；证券承销与保荐（限承揽）；证券资产管理（仅承揽）；融资融券；证券投资基金代销；代销金融产品；为期货公司提供中间介绍业务（依法须经批准的项目，经相关部门批准后方可开展经营活动）。现与公司三方存管签约银行有中国银行、农业银行、工商银行、建设银行、交通银行、广发银行、平安银行、招商银行、浦发银行、兴业银行等。委托方式包括网上交易委托、电话委托、手机交易等。

二、内设机构

营业部内设综合运营部和经纪业务部。

2017年营业部成立时有从业人员3人，2018年年末有从业人员9人，均为大专及大专以上学历，证券从业资格覆盖率100%，其中同时具备证券、基金从业资格覆盖率约90%，同时具备证券、基金、投顾从业资格的有5人。总经理陈文奕的任职时间从2017年7月起 。

三、经营情况

经纪业务方面，为客户提供专业化、多元化的金融服务，包含股票沪深A、B股、封闭式、开放式基金、国债企业债、融资融券、期现套利产品等传统投资品种和创新理财产品。通过“中银证券”的公众微信号、手机APP、短信、官网、实时交流、营业部投教园地、年度报告会等资讯平台为客户提供投资顾问服务，包括每日总部研究报告、融资融券、新股发行提示、模拟盘操作、热点个股等资讯产品。私行级客户享有“1+1+N”服务体系，从基础服务和增值服务两方面为客户量身设计资产配置方案和尊享优惠政策。

投行业务方面，为企业提供各种融资方式需求，帮助企业解决融资难的问题，为客户联系公司投行部提供上市企业的股权质押、企业发债、ABS、新三板、市值管理、IPO、重组并购等全功能、全过程的业务服务。

IB 业务方面，为期货公司提供中间介绍业务，包括代理期货开户、股指期货投资教育活动的服务。

客户端交易系统包括微信和官网理财商城、电脑软件通达信、中国银行手机 APP、中银证券新一代手机 APP 等线上委托工具。其中，2017 年 8 月 8 日上线的新一代手机 APP 涵盖理财频道、相似 K 线、智能选股、个股诊断、智投基金、两融大数据、网上营业厅、短线雷达、投资学堂等各种功能，在 2018 年 9 月 21 日由证券时报·券商中国主办的 2018 优秀证券公司 APP 评选中，中银证券新一代手机 APP 斩获“最受年轻用户喜爱的券商 APP”奖。

公司端技术系统主要有交易系统、集中清算系统、风险监控系统、账户管理系统、自营资产管理系统、第三方存管系统、反洗钱系统、周边交易接入系统及短信、邮件、客服中心等服务支持系统。

2017 年，营业部客户总资产 1584.80 万元，开户数 389 户，年交易量 1.20 亿元，营业收入 5.80 万元。2018 年年末，营业部客户总资产 2300 万元，开户数 1385 户，年交易量 5.77 亿元，营业收入 21.20 万元，上缴所得税 5600 元。

第五章 期货业

揭阳市期货行业产生于 21 世纪初。伴随着金融市场改革的进一步深化，资本市场国际化进程的加快，国家期货市场也快速发展。2011 年，华联期货有限公司进驻揭阳，设立营业部，辖区期货业正式起步。至 2018 年 12 月，全市期货公司营业部有 2 家。

第一节 华联期货有限公司揭阳营业部

一、机构沿革

2011 年 5 月 4 日，华联期货有限公司揭阳营业部（简称华联期货揭阳营业部）设立，9 月 9 日开业。华联期货揭阳营业部接受中国证券监督管理委员会广东监管局的监督管理，隶属华联期货有限公司。公司股东为东莞证券股份有限公司、东莞信托有限公司、东莞金融控股集团有限公司和广东锦龙发展股份有限公司。2012 年，员工 21 人；2018 年，有员工 10 人。

2011 — 2018 年华联期货有限公司揭阳营业部负责人一览表

表 2-203

姓名	性别	职务	籍贯	任职时间
吴艺佳	男	营业部负责人	广东揭阳	2011 年 9 月— 2016 年 12 月
许文捷	男	营业部负责人	广东汕头	2017 年 1 月— 2018 年 12 月

二、职能任务和业务

华联期货揭阳营业部业务包括商品期货经纪和金融期货经纪。营业部以中国金融体制改革和多层次资本市场发展为契机，服务实体经济，以“深耕华南，辐射全国”为经营思路，依法经营，稳健发展；依托公司控股股东东莞证券的营业网点，开展中间介绍业务；通过银行、行业协会及商会、专业市场及投资机构、居间等多种渠道开拓业务。

华联期货揭阳营业部接受公司“四统一”管理，即统一结算、统一风险控制、统一资金调拨、统一财务管理与会计核算。经营管理、财务管理、营销风险管理、信息技术管理与控制、投资者适当性管理、合规管理、反洗钱内部控制的各营运环节，严格遵守公司规章制度。

华联期货揭阳营业部采用符合期货监管规定的交易软件和结算软件，为客户交易提供充分的技术保障。公司总部在东莞、上海两地建设有两地三中心信息机房，部署有恒生期货主席交易管理系统、CTP二席综合交易管理平台、迅投资产管理系统、CRM营销管理系统、反洗钱内控管理系统、CMS综合管理平台等信息系统。向投资者提供有恒生UFT、文华一键通、澎博闪电手、快期、TB开拓者、MC、华联期货手机APP等众多期货行情交易终端，为投资者提供全方位的交易安全保障。揭阳营业部在营业场所内设有LED显示屏，利用电子显示屏方式做好投资者教育、反洗钱宣传工作。

三、期货业务

2012年，华联期货揭阳营业部开户367户，交易额614.90亿元。2013年，开户206户，交易额774.06亿元。2014年，开户202户，交易额758.88亿元。2015年，开户534户，交易额1343.74亿元。2016年，开户423户，交易额816.99亿元。2017年，开户338户，交易额732亿元。2018年，开户270户，交易额715.37亿元。

第二节　南华期货股份有限公司普宁营业部

一、机构沿革

2011年12月30日，南华期货股份有限公司普宁营业部（简称南华期货普宁营业部）设立。2012年3月28日南华期货普宁营业部成立。11月14日，更名为南华期货股份有限公司普宁营业部。至2018年12月，南华期货普宁营业部为南华期货在粤东地区设立的首家期货营业部。

二、内设机构

2012年，南华期货普宁营业部内设业务岗、风控岗、反洗钱、财务岗、客服岗。2013年1月，内设：业务岗、风控岗、反洗钱、客服岗。至2018年12月，内设机构不变。经理曾卫林任职时间为2012年3月至2013年1月；经理王晨的任职时间从2013年1月起。

2012年12月，有员工17人。2018年12月，有员工8人。

三、职能任务和业务

南华期货普宁营业部的上属南华期货股份有限公司是中国金融期货交易所全面结算会员和上海期货交易所、郑州商品交易所、大连商品交易所的全权会员。业务包括商品期货经纪，金融期货经纪，证券投资基金代销；普宁营业部经营范围为商品期货经纪、金融期货经纪、证券投资基金代销。

普宁营业部拥有快期、博易大师、文华财经、富远、金仕达等多种（套）计算机报价、交易、分析系统及其他的客户服务设施。公司总部已开通网上交易、电话自助委托、人工报单、手机行情查询与交易委托等多项交易服务。客户通过网络与上海、大连、郑州、中金所四家期货交易所查看行情报价或进行交易。营业部不设现场交易，客户一般通过电脑、手机APP等终端进行开户、交易、变更等多项服务。

普宁营业部在公司总部建立的统一的内控制度汇编下，按照适用于分支机构的各项规定进行执行和落实，包括但不限于市场营销管理办法、期货经纪业务账户管理办法、投资者适当性管理办法、交易管理办法、保证金封闭运行管理办法、财务管理制度、出入金管理办法、客户服务管理细则、投资者教育与保护管理制度、分支机构信息技术管理办法。

2012年3月，普宁营业部成立以后，交易品种涉及上海期货交易所、郑州商品交易所、大连商品交易所、中国金融期货交易所上市交易的多个品种，以聚乙烯（简称PE）、聚丙烯（简称PP）、精对苯二甲酸（简称PTA）等期货品种进行交易。至2018年12月31日，涉及交易所上市的品种数量情况为：上海商品期货交易所商品期货15个，期权1个；上海国际能源交易中心期货1个；郑州商品期货交易所商品期货18个，期权1个；大连商品期货交易所商品期货17个，期权1个；中国金融期货交易所金融期货6个。

四、期货业务

2013年，南华期货普宁营业部开户165户，交易额1063.25亿元。2014年，开户158户，交易额1081.90亿元。2015年，开户284户，交易额2917.25亿元。2016年，开户232户，交易额1065.25亿元。2017年，开户145户，交易额687.47亿元。2018年，开户51户，交易额597.31亿元。

第六章　支付机构

第一节　广州银联网络支付有限公司揭阳分公司

一、机构沿革

2009年7月20日，揭阳市好易联网络支付技术有限公司（简称揭阳市好易联公司）成立；10月13日营业，为广州银联网络支付有限公司的全资子公司。

2013年7月11日，广州银联网络支付有限公司揭阳分公司（简称广州银联揭阳分公司）成立，为广州银联网络支付有限公司的属下分公司与揭阳市好易联公司实行“一套人马、两块牌子”。广州银联揭阳好易联分公司作为广州银联网络支付有限公司的分支机构之一，隶属其管理，并逐步承接揭阳市好易联公司的全部业务。2015年6月1日，广州银联网络支付有限公司揭阳分公司开始营业，代表广州银联网络支付有限公司，负责在揭阳地区提供银行卡收单及专业化服务、互联网支付、预付卡受理等综合支付服务。同时，揭阳市好易联公司的所有权利义务，转由广州银联揭阳好易联分公司承担。2016年3月28日，注销揭阳市好易联公司。

二、内设机构

2009年7月20日，揭阳市好易联公司成立时，内设3个部门：总经理室、综合部、市场部。2017年4月1日，内设部门随公司的注销而取消。

2015年6月1日，广州银联揭阳分公司正式对外开展业务，内设4个部（室）：总经理室、综合部、维护部、市场部。2018年8月30日，内设3个部（室）：总经理室、综合部、市场部。至2018年12月，内设机构不变。

三、分支机构

2009年7月20日，揭阳市好易联公司成立时，外设普宁办事处1个分支机构。2017年4月1日，外设分支机构随公司的注销而取消。

2015年6月，广州银联网络揭阳分公司展业初期，分设普宁办事处；在揭东区、揭西县、惠来县设驻点。至2018年12月，外设保持1个办事处和3个驻点不变。

2009年7月20日，揭阳市好易联公司有员工12人。2017年4月1日随公司的注销而解散和分流。

2015年，广州银联网络揭阳分公司有员工35人，其中编内20人、劳务派遣15人。2018年末，有员工28人，其中编内20人、劳务派遣8人。

2009—2015年揭阳市好易联网络支付技术有限公司负责人一览表

表2-204

姓名	性别	职务	籍贯	任职时间
方海泉	男	总经理	广东揭阳	2009年10月—2010年3月
许　瀚	男	总经理	广东汕头	2010年3月—2010年10月
陈克忠	男	总经理	广东揭阳	2010年10月—2014年10月
梁天沁	男	总经理	广东河源	2014年10月—2015年10月

2014—2018年广州银联网络支付有限公司揭阳分公司负责人一览表

表2-205

姓名	性别	职务	籍贯	任职时间
梁天沁	男	总经理	广东揭阳	2014年10月—2015年10月
张华生	男	总经理	广东普宁	2015年10月—

四、职能任务和业务

广州银联揭阳分公司主要职能：公司通过接入中国银联跨行信息交换系统的资源优势，将先进的支付科技与专业的金融服务紧密结合，借助中国电子支付领域强大的银行卡跨行网络网上支付平台和公共支付平台，在揭阳市范围内专业从事银行卡终端机具（POS机）安装、维护（排障）、银行卡网上支付、银行卡增值服务等现代电子支付业务。通过网上支付、手机支付、自助支付终端、银联缴费通、网络POS业务和系统集成等丰富的产品线，为各发卡银行的银行卡在银联POS机上联网通用，为各类企事业单位及广大持卡人提供“一揽子”安全、高效、便捷的电子支付解决方案，并提供每周7×24小时联机服务。

业务范围涵盖公共交通、超市百货、餐饮、医院医保、加油站、书店、娱乐旅游、保险、商业流通、公共事业缴费、基金、电信通信、直销、网游、网上商城、房地产等众多行业领域。银联商户 POS 机的受理、装机、收银员操作培训、日常维护等业务。收单业务由各银行负责，按“谁拓展，谁收单、谁负责”的原则执行。

2016—2018 年广州银联网络支付有限公司揭阳分公司交易规模一览表

表 2-206　　　　单位：亿元

年份	交易笔数（万笔）	交易金额
2016	195.83	79.24
2017	270.30	74.27
2018	494.38	71.16

2018 年年末，揭阳分公司总资产 264.93 万元。2018 年，支付业务收入 481.50 万元，其中，银行卡收单业务收入 388.70 万元；自助终端收入为 76.99 万元；其他业务收入 14.53 万元。缴纳增值税、企业所得税、综合申报等各项税金共 14.65 万元。

第二节　通联支付网络服务股份有限公司揭阳分公司

一、机构沿革

2009 年 7 月，通联支付网络服务股份有限公司汕头分公司揭阳办事处设立，负责对接银行直联 POS 机具的外包维护。

2010 年 9 月 29 日，通联支付网络服务股份有限公司揭阳分公司（简称通联支付揭阳分公司）获准设立；11 月 8 日成立，无注册资金，业务主要是银行直联 POS 机具外包维护工作，与工、农、中、建、交等银行都有合作关系。

二、内设机构

2013 年 11 月 21 日，通联支付揭阳分公司内设 2 个部门：市场部和运营部。市场部负责市场拓展维护工作；运营部负责日常运营工作。截至 2018 年，内设机构未变。

2009 年 7 月，汕头分公司揭阳办事处员工 2 人。2010 年 11 月，通联支付揭阳分公司有员工 3 人。2013 年 11 月，有员工 11 人。2018 年 12 月，有员工 10 人。

2009—2018年通联支付网络服务股份有限公司揭阳分公司负责人一览表

表2-207

姓名	性别	职务	籍贯	任职时间
伍翊瀚	男	负责人	广东潮州	2009年7月—2018年12月
陈　照	男	总经理	广东揭阳	2011年11月—2018年12月
林　龙	男	市场部总经理	广东揭阳	2011年11月—2018年12月

三、职能任务与业务

2011年5月，通联支付揭阳分公司业务范围为：为企业、个人的支付、转账等业务提供技术平台、软件开发和相关专业化服务，计算机软件服务，计算机系统的设计、集成、安装、调试和管理，数据处理及相关技术业务处理服务，广告设计、制作、代理，经济贸易咨询服务，自有设备租赁，计算机、软件及辅助设备、电子产品销售，金融自助设备运营管理维护服务及技术咨询服务。

通联支付揭阳分公司在揭阳地区主要开展银行卡收单业务拓展维护及合作银行的POS机具外包维护服务工作。2012年3月15日起，通联支付揭阳分公司开展自主收单业务，公司先后推出的产品有通联收银宝、当面付和数字营销等。

揭阳分公司在揭阳地区商户的收单业务，由2013年商户收单18.56万笔，交易金额6.02亿元，发展至2018年年末，商户收单452.56万笔，交易金额25.72亿元，分别增加23.38倍和3.27倍。

2012—2018年通联支付网络服务股份有限公司揭阳分公司交易业务一览表

表2-208

年份	交易笔数（万笔）	交易金额（亿元）
2012	2.95	0.50
2013	18.56	6.02
2014	38.48	17.73
2015	55.12	22.43
2016	74.97	33.07
2017	215.45	24.91
2018	452.56	25.72

第三节　典当行

典当行，亦称当铺，是专门发放质押贷款的非银行金融机构，是以货币借贷为主，以商品销售为辅的市场中介组织。典当行以实物作为抵押品取得放款，主要办理金银、珠宝、玉器、电视机、录像机、电冰箱、音响、汽车、摩托车、有价证券、房地产等价值在100元以上物品的抵押贷款；动产质押、财产权利质押、限额内典当物品的变卖、鉴定评估及咨询服务、商务部依法批准的其他典当业务。中华人民共和国成立前，因抵押放款额多在抵押品价值的五成以下，利息又高，被人们视为高利贷盘剥。中华人民共和国成立后至2002年，辖区无典当机构。

2003年后，随着揭阳市经济的发展，经济活动日益活跃，典当行业开始在揭阳辖区复兴。典当行作为一种辅助性融资手段，因其抵押物广泛、手续方便及费用较低、放款速度快、业务不受地域限制受到私人和中小企业融资贷款者的青睐，成为非金融机构中解决私人和中小企业融资难问题的主力军。2003年5月13日，普宁市金信典当行有限公司成立，为揭阳市第一家典当行，注册资本1000万元。

一、普宁市金信典当行有限公司

2003年5月13日，普宁市金信典当行有限公司成立，注册资本1000万元，营业地址为普宁市揭神路东侧普宁中药材专业市场15幢105号首层。法定代表人是马兴田。经营范围包含动产质押典当业务、财产权利质押典当业务、房地产（外省、自治区、直辖市的房地产或者未取得商品房预售许可证的在建工程除外）抵押典当业务、限额内绝当物品的变卖、鉴定评估及咨询服务、商务部依法批准的其他典当业务。

二、普宁市财盛典当行有限公司

2003年10月13日，普宁市财盛典当行有限公司成立，注册资本550万元，营业地址为普宁市城西街道尚堤中央H栋中梯西向东起51–52号。法定代表人是詹爱珍。经营范围包含动产质押典当业务、房地产（外省、自治区、直辖市的房地产或者未取得商品房预售许可证的在建工程除外）抵押典当业务、限额内绝当物品的变卖、鉴定评估及咨询服务、商务部依法批准的其他典当业务。

三、揭阳市义天典当行有限公司

2006年3月13日，揭阳市义天典当行有限公司成立，注册资本1000万元，法人代表为李文阳。营业地址在揭阳市东山区九号街以西二号路以南五福园商住楼四期B幢3号底层。经营范围包括动产质押典当业务、财产权利质押典当业务、房地产（外省、自治区、直辖市的房地产或者未取得商品房预售许可证的在建工程除外）抵押典当业务、限额内绝当物品的变卖、鉴定评估及咨询服务、商务部依法批准的其他典当业务。

四、广东群泰典当有限公司

2006年11月10日，广东群泰典当有限公司成立，注册资本为2000万元，营业地址在揭阳市东山区环市北路与莲花大道交界处。法人代表为吴翼群。经营范围动产质押典当业务财产权利质押典当业务、房地产（外省、自治区、直辖市的房地产或者未取得商品房预售许可证的在建工程除外）抵押典当业务限额内绝当物品的变卖、鉴定评估及咨询服务、商务部依法批准的其他典当业务、二手汽车交易。

五、广东德信典当有限公司

2009年1月5日，广东德信典当有限公司成立，注册资本1000万元，法人代表陈朝鑫，经营地址在普宁市揭神路东侧普宁中药材专业市场8幢114号首层。经营范围包括动产质押典当业务、财产权利质押典当业务、房地产（外省、自治区、直辖市的房地产或者未取得商品房预售许可证的在建工程除外）抵押典当业务、限额内绝当物品的变卖、鉴定评估及咨询服务、商务部依法批准的其他典当业务、销售珠宝玉器、金银首饰、工艺品。

六、揭阳市万德盈典当有限公司

2009年5月12日，揭阳市万德盈典当有限公司成立。注册资本1000万元。营业地址在揭阳市东山区建阳路以南广信商住楼A幢A4、A5号，法人代表为刘巧英。经营范围为货币金融服务、动产质押典当业务、财产权利质押典当业务、房地产（外省、自治区、直辖市的房地产或者未取得商品房预售许可证的在建工程除外）抵押典当业务、限额内绝当物品的变卖、鉴定评估及咨询服务、商务部依法批准的其他典当业务（上述项目有效期至2016年2月3日）；为企业、个人消费，提供符合法律法规的担保服务（以上项目不含融资性业务）；从事法律、法规允许的行业投资。

七、揭阳市丰鼎典当有限责任公司

2011年4月13日，揭阳市丰鼎典当有限责任公司成立。注册资本2000万元。法人代表为孙定丰。经营地址在揭阳市榕城区黄岐山大道以西美阳路以南裕华商业城A幢63号。经营范围为动产质押典当业务、财产权利质押典当业务、房地产（外省、自治区、直辖市的房地产或者未取得商品房预售许可证的在建工程除外）抵押典当业务、限额内绝当物品的变卖、鉴定评估及咨询服务、商务部依法批准的其他典当业务。

八、揭阳市泰裕典当有限公司

2012年1月31日，揭阳市泰裕典当有限公司成立。注册资本2000万元。营业地址为揭阳市榕城区黄岐山大道以东美阳路以南中心花园110、2110号铺。法定代表人为陈卓浩。经营范围包含动产质押典当业务、财产权利质押典当业务、房地产（外省、自治区、直辖市的房地产或者未取得商品房预售许可证的在建工程除外）抵押典当业务、限额内绝当物品的变卖、鉴定评估及咨询服务、商务部依法批准的其他典当业务。

九、揭阳市中泰典当有限公司

2012年1月31日，揭阳市中泰典当有限公司成立。注册资本2000万元。营业地址在揭阳市蓝城区磐东阳美玉都三期独立商铺P501号。法定代表人为林勉涛。经营范围包含动产质押典当业务、财产权利质押典当业务、房地产（外省、自治区、直辖市的房地产或者未取得商品房预售许可证的在建工程除外）抵押典当业务、限额内绝当物品的变卖、鉴定评估及咨询服务、商务部依法批准的其他典当业务；加工金银饰品、玉器；销售金银饰品、珠宝玉器（不含文物）。

十、揭阳市景洲典当有限公司

2013年5月15日，揭阳市景洲典当有限公司成立。注册资本2000万元。法人代表是邢景河。经营地址为揭阳市东山区火车站前东山村综合市场铺房5幢38—41号铺。经营范围为动产质押典当业务、财产权利质押典当业务、房地产（外省、自治区、直辖市的房地产或者未取得商品房预售许可证的在建工程除外）抵押典当业务、限额内绝当物品的变卖、鉴定评估及咨询服务、商务部依法批准的其他典当业务。

十一、揭阳市博泰典当行有限公司

2014 年 3 月 6 日，揭阳市博泰典当行有限公司成立。注册资本 2000 万元。法人代表是谢耀霆。经营范围为典当业信息咨询服务等。

十二、广东英豪典当行有限公司

2014 年 11 月 14 日，广东英豪典当行有限公司成立。注册资本 2000 万元。法人代表是陈思谋。经营地址在普宁市流沙西街道赵厝寮村广达东汇润雅苑 1 幢西边 7 号 1—2 层。经营范围为动产质押典当业务、财产权利质押典当业务、房地产（外省、自治区、直辖市的房地产或者未取得商品房预售许可证的在建工程除外）抵押典当业务、限额内绝当物品的变卖、鉴定评估及咨询服务、商务部依法批准的其他典当业务。

十三、广东平润典当行有限公司

2016 年 1 月 7 日，广东平润典当行有限公司成立。注册资本 2000 万元。法人代表是赖鸿程。经营地址在普宁市广达北路长春路岔口西南侧西起 5 号 1—2 层。经营范围为动产质押典当业务、财产权利质押典当业务、房地产（外省、自治区、直辖市的房地产或者未取得商品房预售许可证的在建工程除外）抵押典当业务、限额内绝当物品的变卖、鉴定评估及咨询服务、商务部依法批准的其他典当业务。

十四、广东金润典当行有限公司

2017 年 5 月 2 日，广东金润典当行有限公司成立。注册资本 3000 万元。法人代表是戴嘉浩。经营地址为普宁市占陇镇交丙坛村广北三区第六幢三号一层。经营范围为包括动产质押典当业务、财产权利质押典当业务、房地产（外省、自治区、直辖市的房地产或者未取得商品房预售许可证的在建工程除外）抵押典当业务、限额内绝当物品的变卖、鉴定评估及咨询服务、商务部依法批准的其他典当业务。

十五、普宁市嘉润典当行有限公司

2017 年 5 月 2 日，普宁市嘉润典当行有限公司成立。注册资本 500 万元。法人代表为黄佳玉。经营地址在普宁市流沙西街道汇润雅苑东起三号二层。经营范围为动产质押典当业务、房地产（外省、自治区、直辖市的房地产或者未取得商品房预售许可证的在建工程除外）抵押典当业务、限额内绝当物品的变卖、鉴定评估及咨询服务、商务部依法批准的其他典当业务。

十六、揭阳市百美典当有限公司

2017 年 5 月 19 日，揭阳市百美典当有限公司成立。注册资本 2000 万元。法人代表为陈坚歆。经营地址在普宁市流沙南街道泗竹埔村庵后片 8 号。经营范围为动产质押典当业务、财产权利质押典当业务、房地产（外省、自治区、直辖市的房地产或者未取得商品房预售许可证的在建工程除外）抵押典当业务、限额内绝当物品的变卖、鉴定评估及咨询服务、商务部依法批准的其他典当业务。

十七、广东友泰典当行有限公司

2018年6月26日，广东友泰典当行有限公司成立。注册资本1000万元。营业地址为普宁市流沙北街道西陇村御景城二期49号。法定代表人为杨壮坤。经营范围包含动产质押典当业务、财产权利质押典当业务、房地产（外省、自治区、直辖市的房地产或者未取得商品房预售许可证的在建工程除外）抵押典当业务、限额内绝当物品的变卖、鉴定评估及咨询服务、商务部依法批准的其他典当业务。

第四节　小额贷款公司

小额贷款公司是由自然人、企业法人与其他社会组织投资设立，不吸收公众存款，经营小额贷款业务的有限责任公司或股份有限公司，具有独立的法人财产，享有法人财产权，以全部财产对其债务承担民事责任。申请程序简单便捷，避免烦冗的评估、担保手续。公司股东依法享有资产收益、参与重大决策和选择管理者等权利，以其认缴的出资额或认购的股份为限对公司承担责任。

小额贷款公司应遵守国家法律、行政法规，执行国家金融方针和政策，执行金融企业财务准则和会计制度，依法接受各级政府及相关部门的监督管理。执行国家金融方针和政策，在法律、法规规定的范围内开展业务，自主经营，自负盈亏，自我约束，自担风险，其合法的经营活动受法律保护，是国有金融机构投融资的重要补充。因其主要服务对象为中小微企业、低收入群体和农户个人，在民间资金和小微企业间发挥着重要的桥梁作用，故又称“草根金融机构”。

自2009年6月12日揭阳市首家小额贷款公司——揭阳市榕城区和信小额贷款股份有限公司开业挂牌，辖区民间金融活动如雨后春笋应运而生。到2018年12月底（下同），全市有小额贷款公司21家，其中市直2家、榕城区5家、揭东区1家、普宁市5家、惠来县2家、揭西县1家、空港区3家、普侨区1家、大南山侨区1家。小额贷款公司注册资本金共13.90亿元，均为民营资本。

小额贷款公司的特点：专门为中小微企业和“三农”提供资金支持，只能发放贷款，不能揽储存款，贷款利息收入是其唯一的获利手段，按照银监会、人民银行规定，贷款利率上限不得高于基准利率的4倍，下限不得低于基准利率的0.9倍，具体浮动幅度按照市场原则可双方协商，自主确定。小额贷款公司作为民间资本，其贷款期限短、额度小、办理速度快，受到许多中小微企业的欢迎。但由于受其规模限制，其影响力有限。且其信贷业务目前仍大都未加入人民银行征信系统，无法及时查询、了解借款人的信用信息，贷款风险控制难度较大。全市21家小额贷款公司的资金主要投放于小微型企业和涉农等银行支持薄弱领域，小额贷款公司客户广泛分布各个行业，如农、林、牧、渔业、生产加工制造业、商贸企业、服务业、物流企业、个体工商户等。至2018年年底，全市小贷公司累投涉农贷款204笔，贷款金额1.81亿元。

2018年12月底，全市21家小额贷款公司注册资金13.90亿元，总资产12.30亿元，负债2685万元，所有者权益12.08亿元。全市21家小额贷款公司，正常经营15家，停业5家（泰元、惠信、融达、正鑫、联胜）。至2018年年底，全市小贷公司不良贷款余额6059万元、不良贷款占期末贷款余额的7.23%。

全市小额贷款公司在职职工278人，其中高级管理人员87人。

一、揭阳市榕城区群联小额贷款有限公司

2009 年 9 月 27 日成立，注册资本 5000 万元。法人代表为林奕彪。营业地址为揭阳市榕城区黄岐山大道以东美阳路以南中心花园一区 129 号。主要办理各项小额贷款和其他经批准的业务。

二、揭阳市榕城区宏和小额贷款股份有限公司

2009 年 6 月 12 日成立，原名揭阳市榕城区和信小额贷款股份有限公司，2018 年改名为揭阳市榕城区宏和小额贷款股份有限公司。注册资本 5000 万元。法人代表为吴克新。营业地址为揭阳市榕城区临江北路西以东环市北路以南宏和大厦 A2401—2 号。经营范围为办理各项小额贷款和其他经批准的业务。

三、揭阳市榕城区镛汇小额贷款股份有限公司

2012 年 7 月 4 日成立，注册资本 1 亿元。法人代表为黄奕鹏。营业地址为揭阳市东山马牙路以东临江北路以南金润帝豪湾 A121 号铺。经营范围为办理各项小额贷款和其他经批准的业务。

四、揭阳市榕城区汇通小额贷款股份有限公司

2011 年 7 月 6 日成立，注册资本 8000 万元。法人代表为陈楚荣。营业地址在揭阳市榕城区莲花大道南中段。经营范围为办理各项小额贷款和其他经批准的业务等。

五、揭阳市榕城区粤汇小额贷款有限公司

2014 年 8 月 26 日成立，注册资本 1 亿元。法人代表为黄俊鸿。经营地址在揭阳市榕城区榕池路东侧篮兜村地段。经营范围为办理各项小额贷款及其他经批准的业务。

六、普宁市汇金小额贷款有限责任公司

2009 年 7 月 14 日成立，注册资本 1 亿元。法人代表为许冬瑾。经营地址在普宁市流沙广汕公路北侧新光路东侧（南一幢）三层。经营范围为办理各项小额贷款和其他经批准的业务。

七、普宁市翔栩小额贷款有限公司

2012 年 3 月 6 日成立，注册资本 5000 万元。法人代表为罗育四。经营地址为普宁市流沙大道药品街 96—98 号。经营范围为办理各项小额贷款和其他经批准的业务。

八、普宁市丰泰小额贷款股份有限公司

2010 年 4 月 13 日成立，注册资本 5000 万元。法人代表为苏华晓。经营地址在普宁市池尾街道广汕公路电影院南侧。经营范围为办理各项小额贷款和其他经批准的业务。

九、普宁市宏海小额贷款有限公司

2013 年 6 月 26 日成立，注册资本 1 亿元。法人代表为徐乔娜。经营地址为普宁市里湖镇茶叶专业市场美松路西侧第 1—3 间 1—2 层。所属行业为其他金融业，经营范围为办理各项小额贷款和其他经批准的业务。

十、揭阳市大南山融达小额贷款股份有限公司

2011 年 1 月 11 日成立，注册资本 1 亿元。经营地址在揭阳市大南山华侨管理区岭门工业区。经营范围为办理各项小额贷款和其他经批准的业务。

十一、普宁市汇启小额贷款有限公司

2014 年 5 月 20 日成立，注册资本 1 亿元。法人代表为张锐洪。经营地址在普宁市街道贵政山村环城南路北东起第 8、9 间商铺。经营范围为办理各项小额贷款及其他经批准的业务。

十二、揭阳市普侨区正鑫小额贷款有限公司

2011 年 5 月 11 日成立，注册资本 5000 万元。法人代表为连文雄。经营地址在揭阳市普侨区玉兰苑 D 幢首层。经营范围为办理各项小额贷款和其他经批准的业务。

十三、揭阳空港经济区榕昌盛小额贷款有限公司

2010 年 12 月 17 日成立，注册资本 3000 万元。法人代表为吴漫秋。经营地址在揭阳空港经济区仁和工业园。经营范围为办理各项小额贷款及其他经批准的业务。

十四、揭阳空港经济区合隆小额贷款股份有限公司

2015 年 2 月 16 日成立，注册资本 5000 万元。法人代表为林树雄。经营地址在揭阳空港经济区炮台镇工业园内。经营范围为办理各项小额贷款和其他经批准的业务。

十五、揭阳市百美小额贷款有限公司

2016 年 9 月 19 日成立，注册资本 5000 万元。法人代表为陈丽娜。经营地址为普宁市流沙南街道泗竹埔村庵后片 9 号。经营范围为办理各项小额贷款和其他经批准的业务。

十六、揭东县银融小额贷款有限公司

2010 年 11 月 12 日成立，注册资本 3000 万元。法人代表为吴茁锐。经营地址在揭阳市揭东区揭东中心市场 B—13 栋 3 号。经营范围为办理各项小额贷款和其他经批准的业务。

十七、揭西县惠信小额贷款股份有限公司

2010 年 11 月 18 日成立，注册资本 5000 万元。法人代表为陈奕鹏。经营地址为揭西县河婆镇霖都大道 56 号。经营范围为办理各项小额贷款及其他经批准的业务。2014 年 11 月 5 日停业整顿。

十八、惠来县成信小额贷款股份有限公司

2009 年 11 月 17 日成立，注册资本 5000 万元。法人代表为高元华。经营地址在惠来县惠城镇南门大道 9 号 3 楼 A 区。经营范围为办理各项小额贷款和其他经批准的业务。

十九、惠来县荣利小额贷款有限公司

2016年9月8日成立，注册资本5000万元。法人代表为钟妹仔。经营地址在惠来县隆江镇龙洋新区。经营范围为办理各项小额贷款及其他经批准的业务。

二十、揭阳空港经济区联胜小额贷款有限公司

2014年7月3日成立，注册资本1亿元。法人代表为郑小丽。经营地址在揭阳空港经济区凤美街道办事处办公大院主楼四层402。经营范围为办理各项小额贷款和其他经批准的业务。

二十一、揭阳市泰元小额贷款有限公司

2014年5月14日成立，注册资本1亿元。法人代表为吴喜君。经营地址为揭阳市揭东区榕江新城步行街13幢33号。依法须经批准的项目，经相关部门批准后方可开展经营活动。

第五节 融资性担保公司

融资性担保公司是指依法设立，经营融资性担保业务的有限责任公司和股份有限公司。 融资性担保是指担保人与银行业金融机构等债权人约定，当被担保人不履行对债权人负有的融资性债务时，由担保人依法承担合同约定的担保责任的行为。

进入21世纪，在深化地方金融改革创新过程中，通过政府和人民银行及金融监管部门的引导和支持，企业之间、银企之间的融资合作形式不断创新，为缓解企业融资困难的担保公司运用而生。2008年12月26日，揭阳市开始出现第一家融资性担保公司——揭阳市银通融资担保有限公司。2010年3月8日，中国银行业监督管理委员会、国家发展和改革委员会、工业和信息化部、财政部、商务部、中国人民银行、国家工商行政管理总局发布《融资性担保公司管理暂行办法》（简称办法），民间资本逐步整合规范。

至2018年年底，全市有融资性担保公司4家，资产总额4.83亿元。分别比年初减少1家和5200万元。盈利水平持续下降。行业盈利水平较低，全市融资担保机构担保业务收入185.30万元；业务利润62.20万元；净利润20.20万元（其中政策性担保231.20万元）。行业发展审慎稳健。全市融资担保机构在保户数70户，在保余额3.63亿元，融资在保余额1.67亿元，仅为净资产的0.38倍，没有超过净资产10倍的规定，运营审慎稳健。融资担保机构对单个被担保人的融资担保责任余额没有超过净资产的10%，对单个被担保人及关联方融资担保责任没有超过净资产的15%。提取未到期责任准备金1.64亿元，超过融资性担保费收入的50%，达到1114.0%，提取担保赔偿准备金1.74亿元，超过担保责任余额的1%，达到4.8%。形成新的非银行金融机构行业，在为中小企业融资提供综合配套服务、缓解中小企业融资困难、促进企业发展和揭阳经济转型升级以及社会诚信体系建设、推动全市金融服务业多元化发展等方面发挥积极作用。融资性担保公司归口揭阳市人民政府金融工作局监督管理。

一、揭阳市乾正融资担保有限公司

2010年4月20日成立。注册资本1亿元。法人代表为时维。公司地址为揭阳市榕城区东山新河路

以东新阳路以北新阳花园17号铺。

公司股东董事会成员2人，执行董事为公司法人，兼任总经理。公司内设业务综合部、风险管理部、财务部。有员工5人。

经营范围包括为企业及个人提供贷款担保、票据承兑担保、贸易融资担保、项目融资担保、信用证担保等融资性担保；兼营诉讼保全担保、履约担保业务，与担保业务有关的融资咨询、财务顾问等中介服务，以自有资金进行投资。

二、广东博大融资担保股份有限公司

2009年11月5日成立。注册资本1.01亿元。法人代表为陈楚荣。公司地址为揭阳市试验区迎宾广场西侧迎宾花园第四幢第30号。

公司股东会成员2人，执行董事为公司法人，兼任总经理。公司内设业务综合部、风险管理部、财务部。2018年，有员工7人。

经营范围是为企业及个人提供贷款担保、票据承兑担保、贸易融资担保、项目融资担保、信用证担保等融资性担保；兼营诉讼保全担保、履约担保业务，与担保业务有关的融资咨询、财务顾问等中介服务，以自有资金进行投资。

三、粤财普惠金融（揭阳）融资担保股份有限公司

2017年3月16日成立。注册资本1.21亿元。法人代表为罗力力。公司地址为揭阳市榕城区东山环市北路宏和大厦13楼A1301—A1305号。

公司现有专职员工14人，其中专职高管2人、担保业务部8人、风险管理部1人、财务管理部1人、综合管理部2人。

经营范围是为企业及个人提供贷款担保、票据承兑担保、贸易融资担保、项目融资担保、信用证担保等融资性担保；兼营诉讼保全担保、履约担保业务，与担保业务有关的融资咨询、财务顾问等中介服务，以自有资金进行投资。

四、普宁市利信融资担保股份有限公司

2009年9月22日成立。注册资本1.19亿元。法人代表为黄楚宏。公司地址为普宁市流沙长春路段德政园第二幢西起1号铺面。

经营范围是为企业及个人提供贷款担保、票据承兑担保、贸易融资担保、项目融资担保、信用证担保等融资性担保；兼营诉讼保全担保、履约担保业务，与担保业务有关的融资咨询、财务顾问等中介服务，以自有资金进行投资。

五、揭阳市银通融资担保有限公司

2008年12月26日成立。注册资本6000万元。法人代表为陈枋。公司地址在揭阳市榕城区仁义路以东建阳路以北金碧商业城A区22号三楼。

经营范围是为企业和个人消费提供担保（不含融资性担保）；对实业的投资及国家法律法规允许项目的投资（依法须经批准的项目，经相关部门批准后方可开展经营活动）。2017年3月24日注销。

第三篇　金融业务

第一章　中央银行业务与金融监管

第一节　货币发行与金银管理

1992年，人行揭阳分行根据《中国人民银行货币发行管理制度（试行）》《全国银行出纳管理制度（试行）》要求，结合揭阳市实际，组织全市各金融机构对货币发行管理工作和现金管理工作进行清理、检查，并按照要求落实有关措施，为规范揭阳市的货币发行、现金管理、金银市场的管理工作奠定基础。1993年2月，人行揭阳分行在全市宣传《中华人民共和国国家货币出境管理办法》，使国家货币出境管理办法在本市有效实施。

1997年9月，人行揭阳分行货币发行工作开始运用计算机平台进行管理，1997年至2005年12月，货币发行计算机系统不断升级，有效地提高了货币发行管理的电子化水平。

2000年5月，《中华人民共和国人民币出境管理条例》颁布实施，这部条例的实施是中华人民共和国成立以来第一部系统规范人民币管理的专门法规。6月，根据《中国人民银行人民货币发行库管理办法》《中国人民银行人民货币发行管理信息系统管理规定（试行）》，人行揭阳市中心支行进一步加强全市人民币发行库管理工作，规范货币发行系统的操作和管理，确保发行库房、库款的安全。

一、货币发行库和业务库制度

发行库是人民银行为国家保管的、存放准备投放而尚未投放的人民币票券（发行基金）的金库。业务库是人民银行对外营业机构及商业银行保管备付现金的金库。《中华人民共和国中国人民银行法》规定，发行人民币、管理人民币流通是各级中国人民银行的职责。人民币发行实行高度集中统一原则。

1992年，揭阳建市后全市发行基金改为人民银行广州分行直接调拨，人行揭阳分行以保供应、保安全为工作重点，开展市场现金流通量、投向情况的调查、分析、预测工作，合理编制发行基金投放计划，保证全市正常现金供应。

1999年2月28日起，揭阳发行库在人行揭阳市中心支行开展业务，发行库面积408平方米。发行工作不断创新工作机制，保证现金供应，优化券别结构，提高流通中人民币整洁度，打造良好人民币流通环境，为全市人民群众提供优质高效的货币金融服务。

人行揭阳市中心支行根据《中国人民银行人民币发行库管理办法》要求，加强发行库管理，规范发行库业务操作，保障发行库安全，出入库业务安全无差错。

发行库业务主要有：保管发行基金、保管品和代保管品；办理发行基金、保管品的出入库，包括调拨、金融机构交取现金、钞票清分、残损人民币复点，以及销毁出库业务；办理代保管品出入库；监督、管理金融机构交存现金的质量。

在人行揭阳市中心支行发行库办理业务的银行业金融机构有：工行揭阳分行、农行揭阳分行、中行揭阳分行、建行揭阳市分行、邮储银行揭阳分行、民生银行揭阳分行、交通银行揭阳分行、广发银行揭阳支行、揭阳农商行、揭东农商行、揭西农商行、普宁农商行、惠来联社、普宁汇成村镇银行。

2006 年，人行揭阳市中心支行发行库经人民银行广州分行考核定级，升级为人行总行二级发行库。2009 年，人行揭阳市中心支行发行库被授予人行总行二级达标发行库。

2011 年，人行揭阳市中心支行根据广州分行《关于进一步完善县支行职能，促进广东县域经济金融发展的指导意见》及批准广东省内四家县支行恢复设置发行库的有关要求，做了大量工作，通过广州分行的合格验收。4 月 11 日，普宁支库举行发行库恢复运行启动仪式，力拔广东省人行县支行恢复发行库头筹。普宁市和惠来县共 9 家银行业金融机构已在普宁支库发生存取款业务。现金累计投放 39.29 亿元，累计回笼 71.19 亿元，净回笼 31.90 亿元。

二、人民币发行与调拨

人行揭阳市中心支行作为国家在揭阳辖区唯一的货币发行机关，在本辖区内负责货币发行。

先后在揭阳辖区发行五套人民币、47 种面额、126 个版别。除 1 分、2 分、5 分三种硬币外，第一套、第二套和第三套人民币先后于 1955 年 5 月 15 日、1964 年 5 月 15 日、2000 年 7 月 1 日停止流通，第二套的纸分币于 2007 年 4 月 1 日退出流通。至 2015 年仍在全市流通的人民币，是第四套人民币和第五套人民币，以第五套为主，两套人民币同时等值流通，其中，人民币主币为 7 种纸币：1 元、2 元、5 元、10 元、20 元、50 元、100 元；辅币 6 种，其中纸币 3 种：1 角、2 角、5 角；硬币 3 种：1 角、5 角和 1 元。

（一）流通中的第四套人民币

1992 年 8 月 20 日，为适应反假人民币工作需要，辖区发行第四套人民币改版后的 1990 年版 50 元券、100 元券，增加安全线。1995 年 3 月 1 日起，发行第四套人民币 1990 年版 1 元券。

1996 年 3 月 1 日起，第三套人民币纸币实行只收不付，开始退出流通。4 月 10 日起，发行第四套人民币 1990 年版 2 元券。1997 年 4 月 1 日起，发行第四套人民币 1996 年版 1 元券。

第四套人民币的特点，在设计思想、风格和印制工艺上都有一定的创新和突破。主景图案集中体现在中国共产党领导下，中国各族人民意气风发，团结一致，建设有中国特色的社会主义的主题思想。在设计风格上，这套人民币保持和发扬中国民族艺术传统特点，主币背面图景取材于中国名胜古迹、名山大川，背面纹饰全部采用富有中国民族特点的图案。在印制工艺上，主景全部采用大幅人物头像水印，雕刻工艺复杂；钞票纸分别采用满版水印和固定人像水印，它不仅表现出线条图景，而且表现出明暗层次，工艺技术很高，中国印钞工艺技术水平和钞票防伪能力进一步提高。

（二）流通中的第五套人民币

1999 年 10 月 1 日起，第五套人民币在辖区开始发行，先后发行 8 种面额、16 个版别，即 1 元、5 元、10 元、20 元、50 元、100 元，其中 1 角、5 角为硬币，1 元有纸币、硬币 2 种。同时，根据市场流通需要，调整人民币的面额结构，取消 2 元券和 2 角券，增加 20 元券。

2005年8月31日，发行第五套人民币2005年版100元、50元、20元、10元、5元纸币和不锈钢材质1角硬币。2005年版第五套人民币发行后，与1999年版第五套人民币同时流通。

第五套人民币继承中国印制技术的传统经验，借鉴国外钞票设计的先进技术，在防伪性能和适应货币处理现代化方面有较大提高。为充分表现中国悠久的历史和壮丽的山河，弘扬中国伟大的民族文化，各面额货币正面均采用毛泽东主席新中国成立初期的头像，底衬采用中国著名花卉图案，背面主景图案通过选用有代表性的富有民族特色的图案。

2015年11月12日起，发行新版第五套 人民币100元。新版100元纸币与2005年版第五套人民币100元纸币在规格、主图案、主色调上等保持不变，新版100元纸币只是对票面图案、防伪特征以及布局上进行一些调整，提高机读性能，并采用先进的公众防伪技术。正面图案票面中部增加光彩光变数字“100”，其下方团花中央花卉图案调整为紫色；取消左下角光变油墨面额数字，调整为胶印对印图案，其上方为双色横号码；正面主景图案右侧增加光变镂空开窗安全线和竖号码；右上角面额数字由横排改为竖排，并对数字样式进行调整。背面图案票面年号改为“2015年”；取消右侧全息磁性开窗安全线和右下角防复印图案；调整面额数字样式、票面局部装饰图案色彩和胶印对印图案及其位置。

三、人民币流通

人民币发行基金由中国人民银行总行统一掌握。辖区发行基金的调拨则是指人民银行根据国家现金投放计划和本地区经济发展的需要，以行政命令的形式在发行库之间进行发行基金调度的业务行为。

1992年揭阳建市后，全市发行基金改为人民银行广州分行直接调拨，人行揭阳市中心支行以保供应、保安全为工作重点，开展市场现金流通量、投向情况的调查、分析、预测工作，合理编制发行基金投放计划，保证全市正常现金供应。

1992—2004年，揭阳市现金收支情况良好，货币流通基本正常。12年间，揭阳全市累计现金投放3163.22亿元，累计现金回笼4006.01亿元，现金净回笼842.79亿元。

1992—2018年，27年间，揭阳辖区全年现金净投放年份有12年，现金净回笼年份有15年，其中：现金净投放年份主要集中于1992—2007年，现金净回笼年份集中于2008—2018年。从现金运行情况看，1999年现金净投放107.63亿元，为现金净投放峰值，2013年现金净回笼突破100亿元，至2015年达到峰值，现金净回笼158.90亿元。

现金净回笼年份情况：

全市现金净回笼的年份是1994年、1995年、2002年、2005年、2008—2018年，共15年，合计净回笼现金1196.78亿元。2013—2018年，现金净回笼均在100亿元以上，6年净回笼现金合计831.70亿元，占净回笼总数的69%。

现金净投放年份情况：

全市现金净投放的年份是1992年、1993年、1996年、1997年、1998年、1999年、2000年、2001年、2003年、2004年、2006年和2007年，12年合计净投放现金353.99亿元，其中1999年净投放现金占12年净投放现金总量的30%。

1992—2018年揭阳市货币流通情况表

表3-1　　单位：亿元

年份	调运发行基金	回笼	投放	净回笼（+）投放（-）
1992	85.40	137.10	149.20	-12.04
1993	17.93	15.03	29.09	-14.06
1994	3.60	89.80	25.50	+64.30
1995	3.70	112.17	47.43	+47.43
1996	81.98	81.76	88.63	-6.87
1997	42.98	57.67	95.27	-37.60
1998	81.50	49.94	118.62	-68.67
1999	118.08	40.92	148.55	-107.63
2000	58.59	52.45	107.80	-55.25
2001	48.42	57.46	72.80	-15.34
2002	42.05	73.06	69.20	+3.85
2003	63.21	78.80	100.27	-21.47
2004	48.01	93.22	95.66	-2.44
2005	12.30	96.12	76.22	+19.90
2006	13.86	95.43	96.33	-0.90
2007	66.71	99.68	111.23	-11.55
2008	30.87	118.24	110.34	+7.89
2009	17.28	137.82	106.49	+31.33
2010	19.21	175.52	141.90	+33.62
2011	127.25	228.37	142.00	+86.37
2012	139.40	144.85	91.79	+53.06
2013	343.26	315.43	183.55	+131.88
2014	388.17	354.12	202.98	+151.14
2015	209.58	367.58	208.68	+158.90
2016	156.80	348.66	211.79	+136.87
2017	185.92	328.69	193.12	+129.96
2018	180.96	279.22	156.77	+122.45

2005年，共投放发行基金76.22亿元、回笼96.12亿元，净回笼19.90亿元。总收付172.34亿元。调拨、押运发行基金14车次、金额12.30亿元，销毁残钞1次、金额1.26亿元、1595万张。

2006年，共投放发行基金96.33亿元，回笼95.43亿元，净投放发行基金9000万元，总收付191.76亿元。共调运发行基金20车次、金额13.86亿元、5265件。组织销毁残钞2次、金额9424万元。

2007年，共投放发行基金111.23亿元、回笼99.68亿元，净投放11.55亿元，总收付210.91亿元。共调运发行基金34车次，6734件、66.71亿元。回笼残损人民币16.40亿元。

2008年，共投放发行基金110.34亿元、回笼118.24亿元，净回笼7.89亿元，总收付228.58亿元。

共调运发行基金 21 车次，30.87 亿元。回笼残损人民币 11.14 亿元。

2009 年，共投放发行基金 106.49 亿元、回笼 137.82 亿元，净回笼 31.33 亿元，总收付 244.31 亿元，出入库业务安全无差错。共调运发行基金 19 车次、17.28 亿元、4336 件。回笼残损人民币 7.02 亿元。

2010 年，共投放发行基金 141.90 亿元、回笼 175.52 亿元，净回笼 33.62 亿元，总收付 317.42 亿元。共调运发行基金 20 车次、19.21 亿元、3998 件。回笼残损人民币 6.97 亿元。

2011 年，全市共投放发行基金 142.00 亿元，回笼 228.37 亿元，净回笼 86.37 亿元。调入发行基金 16.70 亿元，调运发行基金 127.25 亿元，回笼残损人民币 6.05 亿元。

2012 年，共投放发行基金 91.79 亿元、回笼 144.85 亿元，净回笼 53.06 亿元，总收付 236.64 亿元。调运发行基金 139.40 亿元，回笼残损人民币 17.16 亿元。

2013 年，揭阳全市共投放发行基金 183.55 亿元、回笼 315.43 亿元，净回笼 131.88 亿元，总收付 498.98 亿元。回笼残损人民币 31.51 亿元，投放 20 元以下流通券 5.23 亿元。

2014 年，全市共投放发行基金 202.98 亿元、回笼 354.12 亿元，净回笼 151.14 亿元，总收付 557.16 亿元，回笼残损人民币 24.28 亿元，投放 20 元以下流通券 5.13 亿元。揭阳市对外现金收支自 2008 年转为净回笼以来，现金回笼因素大于投放因素，现金净回笼量逐年增加，2014 年现金净回笼量位居全省第二。

2015 年，全市共投放发行基金 209.58 亿元、回笼 367.58 亿元，净回笼 158.90 亿元，总收付 576.26 亿元。投放 20 元以下流通券 5.61 亿元。回笼残损人民币 34.18 亿元。现金继续保持大回笼的态势，据发行报表统计，全年现金累计净回笼为 159 亿元，同比多回笼 8 亿元。从现金收支的结构性分析，储蓄存款收入、商品销售收入、服务业收入等项目本月现金收入中占有较大比重；储蓄存款支出、行政企业管理与经营费支出、工资性及个人其他支出等项目在本月现金支出中占有较大比重。现金收入和现金支出项目的前三位比较固定，多年未变。由于玉器、高端翡翠玉石生意不好做，由此现金投放量大幅减少。据阳美玉器市场网点金融机构反映，2015 年现金投放同比大幅减少。据统计，工行揭阳阳美支行 2015 年现金投放 15.8 亿元，同比少投 2.70 亿元；建行揭阳玉都支行投放 3.80 亿元，同比少投 1.80 亿元；交行阳美支行投放 1.82 亿元，同比少投 1.70 亿元，揭阳农商行阳美市场支行投放 1.10 亿元，同比少投 1.20 亿元。

2016 年度，揭阳辖区现金投放 211.79 亿元，回笼 348.66 亿元，净回笼 136.87 亿元，同比减少 22 亿元，减幅为 13.87%。其中，现金投放 211.80 亿元，同比增加 3.11 亿元，增幅为 1.49%；2016 年现金回笼 348.66 亿元，同比减少 18.90 亿元，减幅为 5.14%。

2017 年，揭阳辖区现金回笼 328.69 亿元，比 2016 年同期减少 19.97 亿元，降幅 5.73%；现金投放 193.12 亿元，比 2016 年同期减少 18.67 亿元，降幅 8.82%，年累计净回笼 129.96 亿元，比 2016 年同期减少 6.91 亿元，降幅 5.05%。

2018 年，全市共投放发行基金 156.77 亿元、回笼 279.22 亿元，总收付 435.99 亿元，投放 20 元以下流通券 6.07 亿元。回笼残损人民币 71.52 亿元。押运中心押运发行基金 444 车次，2126 吨，距离 78024 公里，775 亿元，93248 箱。

四、人民币防假反假

人行揭阳市中心支行联合公安机关打击制贩假币活动，依法加强人民币管理、维护法定货币信誉。

1992 年 6 月，人行揭阳分行贯彻在福建省厦门市召开的全国反假货币工作会议精神，按照《关于进一步加强反假人民币工作的通知》要求，对全市反假人民币工作进行全面部署，推动反假人民币工作向制度化、法治化迈进。

1993 年，根据中国人民银行《反假人民币工作奖惩的有关办法》，把原来仅对金融系统反假币工作的奖励扩展到整个社会反假币工作中，对揭发检举伪造、变造假人民币或抓获犯罪分子的有功人员，给予一定的表彰和奖励。

1994 年 11 月，国务院组织召开国务院反假货币工作联席会议，并建立联席会议制度。人行揭阳分行执行中国人民银行《关于加强假币实物管理的通知》，全市金融机构收缴假人民币 37.19 万元。

1995 — 2000 年，全国人民代表大会常务委员会、国务院相继通过并施行《关于惩治破坏金融秩序犯罪的决定》《中华人民共和国货币管理条例》，规范反假币工作的各个方面，包括打击制贩假币犯罪，收缴流通中的假币、保管收缴的假币等，并对行政执法部门、办理存取款业务的金融机构、单位和个人行为主体的行为作进一步规范。

2000 年 5 月 1 日，实施《中华人民共和国人民币管理条例》，市公安机关在揭西县钱坑镇查获一宗制假人民币案件，缴获假人民币 50 元券半成品 1.40 亿元。全年公安机关没收假人民币 1.75 亿元。

2001 年 3 月，揭阳市公安机关在惠来县查获 3 个制假人民币窝点，缴获假人民币共 3039080 张，8.51 亿元。全年市公安机关没收假人民币 1.42 亿元。

1992 — 2004 年揭阳市货币管理情况表

表 3-2　　单位：万元

年份	各金融管理机构回收、销毁损伤人民币	收缴假人民币	
		市金融管理机构	市公安机关
1992	1354	1354	0
1993	1573	1573	0
1994	8246.50	37.19	0
1995	7787	52.19	48
1996	35700	19.97	4
1997	46000	14.66	2120
1998	36700	145.68	7585
1999	52400	13.60	2822
2000	53400	28.14	17470
2001	72600	10.88	14188
2002	78900	53400	15600
2003	35000	113	5086
2004	63900	220	14600

2005 年，揭阳市反假货币工作在人民银行广州分行、揭阳市委市政府领导下，通过“打击、联动、宣传、教育、管理”五个重要环节，落实反假货币主要工作目标和任务，不断深化警银合作，明确反假货币工作联席会议各成员单位职责，进一步落实“关口前移、提前介入、信息互享”工作目标，在打击

整治方面下足功夫，取得较好成效。

2005年以来，揭阳市的反假货币工作根据国务院“2005反假货币工作年”工作方案和广东省反假货币工作联席会议的通知要求，6月8日，召开市反假货币工作联席（扩大）会议，部署全市2005年反假货币工作年工作，要求各县（市）人民政府作为反假货币工作第一责任人，增加市教育局、市交通局、行政执法局为新的成员单位，反假货币宣传工作取得更大的效果。3月11日，揭阳市中级人民法院召开宣判执行大会，依法以伪造货币罪判处“2001年1月3日揭东炮台假币案”主犯黄某死刑。通过召开宣判执行大会严厉打击制造假币的犯罪团伙，以威慑犯罪。8月4日，惠来县公安局刑警大队根据群众举报线索，在东陇镇四风管区后堀村阙西六横巷11号庄某（女）家抓获贩卖假币犯罪嫌疑人庄某，现场查获第五套（1999年版）假人民币20元券30万元、50元券14.07万元、100元券13万元，合计金额57.25万元。

2006年，全市公安机关破获假币案15宗，没收假人民币9240.53万元、1047982张（枚），假美元面额6800元68张。辖区金融机构共收缴假人民币面额140.08万元、16940张（枚）。办理公安机关反假人民币奖励1笔、金额4万元。3月28日，普宁赤岗山工商所联合赤岗镇政府、镇打假办、派出所等部门，快速出击，端掉位于洪棉公路边一制假硬币窝点，现场查获冲床2台，没收假1元面值硬币1007枚及金属片一批，成功破获全市第一宗制造假硬币案件。普宁市公安局经侦大队继续侦查，7月11日，在揭西县棉湖镇洪沟林村又捣毁一伪造硬币窝点，缴获伪造1元硬币9100枚及已成形金属片和制假工具一批，抓获3名犯罪嫌疑人。11月22日，根据群众举报，普宁市公安局经侦大队在池尾街道新寮村查获一印制假人民币窝点，现场缴获成品伪造第五套100元券假币38箱，总面额7360万元。

2007年，破获假币案件6宗、没收成品假人民币面额1.15亿元。辖区金融机构共收缴假人民币面额142.60万元，办理奖励申报案件5宗，兑现奖励金额60.85万元。

主要假币案件：5月12日，在惠来县东陇镇寄陇村观音院门前一平房（该地属县农业局牧草场）捣毁一制假币窝点。缴获2005年版100元半成品假人民币面额7100万元，缴获制假人民币生产工具印刷机、晒板机、切纸机各1部及生产辅料一批。7月13日，在普宁市军埠镇大长陇村花上片一厂房内，发现一伪造第五套2005年版20元券纸币的制假窝点，缴获2005年版20元券假币半成品约1720万元。11月10日，在惠来县东埪镇破获一贩运假人民币案件，抓获犯罪嫌疑人5名，缴获假人民币1998.43万元。11月21日，在惠来县鳌江镇三清庵旁边果林场捣毁一印制假币窝点，现场抓获柳某、王某建和王某3名犯罪嫌疑人，查获彩色印刷机1部、切纸机1部、柴油发电机2台、2005年版100元面额半成品假人民币3000万元及制假币材料一批。

2008年，全市公安机关破获假币案件5宗、没收成品假币面额5449.40万元，金融部门柜台收缴假人民币面额242.40万元，办理公安机关奖励申报案件4宗、奖励金额51万元。

主要假币案件：1月8日，揭阳市公安局经侦支队在揭西县金和镇破获一起制造假人民币案件，抓获犯罪嫌疑人3名，缴获2005年版100元券半成品假人民币8500万元。5月4日11时左右，惠来县公安局经侦大队联合该县东陇派出所，在东陇镇苗海管区花寨村一杂货店的厨房内查获2005年版100元面额假人民币295万元，现场抓获犯罪嫌疑人方某（女，东陇镇花寨村人），并在其身上搜获2005年版100元面额假人民币1.40万元。8月24日，揭阳市公安局经侦支队根据群众举报，在普宁市占陇镇石港村捣毁一印制假人民币窝点，现场缴获第五套2005年版20元券假人民币660万元。12月16日6时50分，联合惠城交警中队在深汕高速公路惠来收费站入口处拦截一辆从甲子开往汕头的大客车，从车上抓获一犯罪嫌疑人陈某（男，浙江省苍南县人），从陈某的提包内查获面额 10 元、20 元、50 元、100 元等券别的假人民币 60 万元。

2009 年，人行揭阳市中心支行为奖励公安机关办理案件 6 宗，兑现奖励金额 77 万元。公安机关侦破假币案件 15 宗，捣毁伪造、加工窝点 24 个，缴获假币面额 2.14 亿元，抓获犯罪嫌疑人 46 名，其中逃犯 15 名。金融机构收缴假币 247.80 万元。

主要假币案件：4 月 9 日在惠来县隆江镇捣毁三个加工假币窝点，现场抓获犯罪嫌疑人朱某等 12 人，缴获 2005 年版 100 元券、50 元券、20 元券假人民币面额共 549.64 万元。4 月 11 日，在惠来县前詹镇捣毁一个印制假人民币窝点，现场抓获犯罪嫌疑人 2 人，缴获 2005 年版 100 元面额假人民币 8110 万元。6 月 4 日，东陇镇委、镇政府组织派出所、赤洲管区干部对赤洲村进行重点排查，从村民陈某家的粟桶中查获 8 箱 2005 年版 20 元面额假人民币 242 万元。8 月 6 日，惠来县公安局东陇派出所联合东陇派出东陇村干部对虎地祠附近废弃厕池进行搜查，在该祠西侧一废弃公厕池内打捞到用薄膜袋包装的 2005 年版 100 元面额假人民币 7 大包，共 450 万元。后在另一厕池查获另一批假人民币，共 190 万元，两次总共 640 万元。11 月 13 日，揭阳市公安局经侦支队在开展对假币犯罪的围剿行动中，在惠来县东港收费站附近一废弃老屋内查获 2005 年版 100 元券假人民币面额共 1000 万元。

2009 年，以惠来县为重点的打击假币犯罪“09 行动”专项整治工作中，人行揭阳市中心支行精心组织各金融机构，全力配合开展专项整治工作，得到国家、省有关单位和领导的充分肯定和高度评价，国务院反假货币工作联席会议办公室在《反假货币工作简报》（2009 年第 17 期）中刊发揭阳中支《揭阳创新“六个”工作机制、严厉打击假币犯罪》的做法和经验，并以参考件发送全国各地。

2010 年，共破获假币案件 4 宗，没收成品假币 1.51 亿元。金融机构收缴假币 117.52 万元。兑现奖励 5 宗、金额 66.30 万元。

主要假币案件：8 月 5 日在榕城区西马办事处西郊村捣毁一个印制假人民币窝点，现场抓获犯罪嫌疑人 4 人，缴获 2005 年版 100 元券半成品假人民币面额 4100 万元。后经继续追查，8 月 9 日，在犯罪嫌疑人郭某家中缴获 2005 年版 100 元券成品假人民币面额 42.65 万元。11 月 23 日，在东港镇捣毁一个印制假人民币窝点，现场抓获犯罪嫌疑人 4 名，查获印刷机 1 部、切纸机 1 部、晒板机 1 部及 2005 年版 100 元券假人民币 9570 万元（每版 15 张未切割）。

2011 年，全市金融机构通过创新方式，加强反假货币宣传网络建设，购置 47 部具有先进技术的反假货币宣传工作站设备，成为广东省第一个配备反假货币宣传工作站的地级市。当年只发生一宗贩卖假币案件，公安机关收缴假币 164 万元，同比减少 98%。公安机关申请奖励 2 宗、金额 32 万元。办理兑奖手续 1 宗、金额 10.50 万元。

2012 年，在公安机关持续打击下，假币犯罪得到有效遏制，货币市场得到进一步净化，揭阳市公安机关严厉打击制贩假币犯罪行动，破获假人民币案件 11 宗。其中购买假币案件 6 宗、持有假币案件 2 宗、制造假币案件 3 宗、捣毁窝点 2 个。公安机关总共缴获 2005 年版 100 元成品假人民币 9792.19 万元。金融机构收缴假币 144.17 万元，为公安机关申请奖励 3 宗，兑现奖励金额 36 万元。

主要假币案件：惠来县公安局 5 月 24 日下午 4 时，在惠来县隆江镇海埕村成功捣毁一个印制假币窝点，现场抓获制假场地业主庄某（男，隆江海埕村人）、工人钟某（男，隆江前埔村人）、施某（男，四川人）、刘某（男，四川人）等 4 人，缴获半成品 2005 年版 100 元假人民币 8000 万元及印刷机、晒版机、切纸机和油墨等一批制假工具。这是全市乃至全省公安机关破获的案值比较大的印制假币犯罪案件，被公安部列为“破案会战”经典案例之一。7 月 20 日，揭阳市公安局经侦支队根据群众举报在惠来县广汕公路葵潭路段破获一宗购买假人民币案件，抓获犯罪嫌疑人陆某（男，贵州省人），现场缴获 2005 年版 100 元假人民币 300 万元。11 月 9 日，揭阳市公安局经侦支队在深汕高速公路惠来县溪西出入口处破获一宗出售、购买假人民币的案件，抓获犯罪嫌疑人詹某（男，惠来县人）、罗某（男，贵州省人）2 人，现场缴获 2005 年版 100 元假人民币 500 万元。12 月 17 日，揭阳市公安局经侦支队在惠来县隆江镇象湖村捣毁一制造假人民币窝点，抓获犯罪嫌疑人郑某（男，惠来县人）等 5 名，现场缴获 2005 年版 100 元半成品假币 6000 多万元、成品假币 200 万元。

2013 年公安机关破获假币案件 2 宗，缴获假币 1537 万元，市各金融机构收缴假币 16912 张、149.20 万元，兑现奖励金额 13.75 万元。

主要假币案件：1 月 22 日凌晨揭阳市公安局经侦支队在惠来县周田镇兴岗村捣毁一制造假人民币窝点，现场缴获 2005 年版 100 元半成品假币 7740 万元，查获用于印制假币的印刷机、晒版机、切纸机各 1 部，“假币胶片”1 套，以及油墨等材料辅料一批，抓获黄某（男，揭阳惠来人）等 6 名犯罪嫌疑人。10 月 18 日中午 12 时，揭阳市公安局经侦支队在普宁市流沙西街道南山村捣毁一特大假币储存窝点，现场抓获张某（男，陆丰市人，假币储存点老板）和马某（男，普宁市人，假币储存点股东 ） 等 8 名犯罪嫌疑人，收缴 2005 年版 100 元面额假人民币 48 箱共 1.17 亿元。通过对案件进行深挖扩线， 10 月 19 日揭阳市公安局经侦支队在汕头市澄海区盐鸿镇上社村莲花山水库边的养狗场里捣毁一个伪造货币窝点，现场抓获犯罪嫌疑人养狗场场主林某（男，汕头市澄海区盐鸿镇人），收缴印刷机、晒版机、切纸机各 1 部。辖区各银行业机构积极落实全面建设反假货币宣传网络的工作部署，使揭阳市成为广东省第一个配备电子“反假货币宣传工作站”的地级市。2013 年，全市共建立 123 部具有先进技术的电子“反假货币宣传工作站”，访问、使用人数达 12.6 万人次。

2014 年，揭阳市共缴获假人民币 161.65 万张、16146 万元。公安机关破获假币案件 11 宗、缴获第五套 2005 年版假人民币 1.60 亿元，反假货币工作取得显著成效。

5 月 28 日，人行揭阳市中心支行组织辖区各银行业金融机构开展银行业点钞反假币劳动竞赛活动，举行以“中国梦 · 劳动美”为主题的总决赛。通过激烈的角逐，揭东农商行、工行揭阳分行、普宁市农信社分别获得团体赛第一、二、三名；工行揭阳分行参赛选手吴穗、揭东农商行徐旭东、交通银行揭阳分行杨晓娜分别获得个人赛第一、二、三名。

2015 年，揭阳市共缴获假人民币 56656 张、536.05 万元，比 2014 年同期减少 96.68%。公安机关破获假币案件 5 宗、缴获假人民币 391.54 万元，比 2014 年同期减少 97.55%。辖区各金融机构收缴假币 15993 张、144.50 万元，比 2014 年同期减少 18.09%。

主要假币案件：3 月 11 日上午 9 时普宁市公安局经侦大队根据上级公安机关提供的线索，在流沙镇抓获犯罪嫌疑人徐某（男，湖北人），现场查获 2005 年版 100 元假人民币 68.05 万元、2005 年版 50 元假人民币 100 元。3 月 20 日上午 9 时揭阳市公安局经侦支队根据线索，在流沙镇抓获犯罪嫌疑人杨某（男，湖北人），现场查获 2005 年版 100 元假人民币 59.74 万元、2005 年版 50 元假人民币 15.03 万元。8 月 14 日上午 8 时，揭阳市公安局经侦支队根据线索在普宁市一辆由汕头开往陕西的长途客车上查获一宗贩卖假人民币的案件，现场抓获 2 名犯罪嫌疑人，在其随身携带的行李包内查获第五套 2005 年版 100 元面额假人民币 49.43 万元。经过比对是新型假币。 8 月揭阳市公安局经侦支队在工作中侦查发现有一湖北籍妇女在普宁市购买假币的线索。8 月 15 日上午 9 时在普宁市流沙陈沙公路一辆由普宁开往湖北的长途客车上将一名女性犯罪嫌疑人抓获，并查获其购买的第五套2005年版100元面额假人民币199.28万元，经过比对是新型假币。11月27日9时许，惠来县公安局经侦大队联合东陇镇政府、东陇派出所等部门在东陇镇寄陇村方某（男，东陇镇寄陇村人）家中查获印刷机1部、切纸机1部、晒版机1部、金属线纸张39箱、油墨11箱（每箱6罐）等物品。经过多方工作，犯罪嫌疑人方某于11月28日到县公安局投案自首，并主动交代在同村人方某（男，东陇镇寄陇村人）指使下参与伪造货币的犯罪事实。

新版人民币发行配套工作：中国人民银行定于2015年11月12日起发行2015年版第五套人民币100元纸币。为确保2015年版人民币顺利发行，人行揭阳市中心支行制定《揭阳市新版人民币发行配套工作方案》，做好新版人民币发行配套工作。

9月10日，举办2015年版100元纸币防伪业务培训班，人行揭阳市中心支行货币金银科、辖内各支行反假币业务部门负责人及相关人员，市内各商业银行现金业务部门负责人及反假币业务骨干共65人参加培训。在新版人民币发行前，共举办15场培训班、培训2282名出纳人员掌握新版100元纸币防伪知识。对辖内银行业金融机构在用点钞机2456部、清分设备465部、自助存取款一体机802台进行技术升级。根据《中国人民银行广州分行办公室关于做好新版人民币100元纸币宣传工作暨在交通领域开展反假货币宣传活动的通知》工作要求，人行揭阳市中心支行组织全市银行业金融机构开展2015年版第五套人民币100元纸币知识和在交通领域反假货币宣传活动，起到良好的社会效果。11月在揭阳有线电视主要频道滚动播放“2015年，第五套人民币100元纸币”宣传知识，内容生动，知识易懂。使群众第一时间获知新版人民币100元纸币发行的知识。11月12日，组织各金融机构在第五套人民币新版100元纸币发行当天开展户外宣传活动。各银行机构通过在农贸市场、车站、码头、城市广场、大型社区等人流密集场所组织公众宣传活动，揭阳电视台《民生热线》栏目对活动现场进行报道。11月22日开展交通领域宣传活动，通过在全市各交通领域的候车厅、服务区设置宣传栏、张贴摆放宣传资料、发放反假货币纸制宣传资料和光盘、开展宣传咨询、在揭阳电视综合频道定时播出等方式，向广大市民群众宣传2015年版第五套人民币100元纸币知识，讲解打击制贩假币违法犯罪活动的相关法律法规和假币对社会的危害。宣传活动共派发宣传册8500册，各类宣传品1.5万份，接受群众咨询1.2万人次，为群众兑换2015年版第五套人民币100元纸币18.60万元，兑换小面额及残损人民币25.50万元。人行揭阳市中心支行报送的调查业务信息《建议加强对银行网点点验钞机具配置的管理》《广东完成柜员机冠字号码查询和贴标工作成效初显》《基层行普通纪念币反假鉴定工作体系有待完善》《广东省ATM投放10元券开展情况调查》《广东省打击假币犯罪专项行动简报告第2期》《广东省打击假币犯罪专项行动简报告第4期》《广东省打击假币犯罪专项行动简报告第6期》《粤东强化警银协作打击假币犯罪》等文章被人行广州分行采用。

2016年，根据公安部、人民银行打击整治假币违法犯罪专项行动的统一部署，破获特大制贩假币案件。4月19日，人行揭阳市中心支行联合揭阳市公安局组织各银行业金融机构在市区仙桥街道办事处古溪西岭商贸市场开展以“为了国家名片尊严”为主题的2015年版第五套100元人民币知识暨反假货币大型户外宣传活动，为人民群众提供残损和小面额人民币兑换服务。宣传活动共发放3000份宣传资料，接受群众咨询1200多人次，兑换残损和小面额人民币12万元。市公安局经侦支队干警、市区各银行业金融机构青年志愿者共75人参加宣传活动。6月4日，揭阳市公安机关与人行揭阳市中心支行联合行动，在大南海工业区溪西镇破获一宗贩卖假币案件，现场抓获2名犯罪嫌疑人，并在惠城镇英内管区联英停车场内一辆小货车上缴获 2005 年版 100 元假币 5400 万元，通过连夜对犯罪嫌疑人的审问，根据犯罪嫌疑人的供认，6 月 5 日揭阳市公安局副局长、人行揭阳市中心支行副行长率领联合行动组在惠来县靖海绿洲农场惠来二轻靖海汽车零件厂捣毁一个制假币窝点，现场缴获印制 KOMOR（小森）印刷机 1 台、切纸机 1 台、全自动碘镓灯晒版机 1 台、PS 快速烘版箱 1 台、烫有烫金纸的印制假币纸 25 箱、TDK27000TE 发动机 2 台、油墨 95 罐、PS 版 88 张。人民银行总行副行长、人民银行广州分行行长及副行长对揭阳中心支行积极联合公安部门开展打击制贩假币活动、追根溯源、力争捣毁制假窝点的工作成果，发来祝贺信息并给予表扬和慰问。

2016 年，全市共缴获假人民币 563647 张、5618.42 万元。公安机关破获案件 3 宗，缴获假人民币 5479.90 万元；辖区各金融机构收缴假币 15656 张、138.52 万元。

2017 年，揭阳市共缴获假人民币 253869 张、2525.89 万元。公安机关破获假币案件 7 宗、缴获假人民币 2413.16 万元，比 2016 年同期减少 55.96%。辖区各金融机构收缴假币 112.74 万元，比 2016 年同期减少 18.61%。

主要假币案件：2 月 5 日，揭阳市公安局经侦支队在揭阳市普惠高速东港高速路口现场抓获涉嫌购买假币的犯罪嫌疑人林某（男，海南省儋州人），现场缴获第五套 2005 年版 100 元券假人民币 5001 张，面额 50.01 万元。3 月 18 日，市公安局经侦支队在惠来县境内高速公路上侦破一起购买假币案件，现场抓获犯罪嫌疑人李某（男，湖南道县人）、方某（男，揭阳惠来人）、林某（男，揭阳惠来人），在李某驾驶的小轿车上缴获第五套 2005 年版 100 元券假人民币 1000 万元。4 月 11 日，揭阳市公安局经侦支队连续出击，一举破获三宗出售、购买假人民币案。4 月 11 日下午 18 时左右，在揭阳市火车站抓获涉嫌购买假币的犯罪嫌疑人程某（男，湖北人）、黄某（女，湖北人），现场缴获 2005 年版 100 元假币面额 40 万元。4 月 11 日晚上 20 时左右，在惠来县岐石镇抓获涉嫌出售假币的犯罪嫌疑人林某（女，惠来人），在林某家中查获假币面额 300 元。同时在惠来县岐石镇抓获涉嫌出售假币的犯罪嫌疑人吴某（男，惠来人），在其驾驶的车辆上缴获 2005 年版 100 元假币面额共 880 万元。4 月 12 日凌晨 5 时左右，在惠来县岐石镇查获吴某储藏的 2005 年版 100 元假币面额 400 万元。7 月 12 日，揭阳市公安局禁毒支队联合惠来县公安局在惠城镇南门田洋供电局宿舍 201 房许某的出租屋捣毁一个涉毒窝点时，现场缴获第五套 2005 年版 100 元券假人民币 4294 张，面额 42.94 万元。抓获犯罪嫌疑人许某（男，惠来县人）。9 月 13 日，揭阳市公安局榕城分局侦破一宗利用彩色打印机伪造货币案，捣毁一个印假币窝点，缴获第五套 2005 年版 20 元券假人民币 80 元，以及用于伪造假币的笔记本电脑 1 台和爱普生 R330 打印机 4 台。抓获犯罪嫌疑人袁某（男，揭阳市揭东区白塔镇人）。

2018 年，揭阳市共缴获假人民币 551.81 万元，同比下降 78.20%。公安机关破获假币案件 4 宗，没收假币 458.16 万元，同比下降 81.01%。金融机构收缴假币 93.64 万元。同比下降 20.57%。

主要假币案：3 月 20 日上午，在普宁市区破获一宗购买假人民币案，现场抓获犯罪嫌疑人 1 名，缴获假第五套人民币 2005 年版 100 元券 397 万元。9 月 22 日，人行揭阳市中心支行联合揭阳市公安局在惠来县东陇镇四凤村开展 2018 年爱护人民币与反假货币暨联合整治假币违法犯罪专项行动大型户外宣传活动，活动现场气氛热烈，效果良好。

2005—2018 年揭阳市收缴假币情况表

表 3-3　　单位：万元

年份	总金额	公安收缴	银行收缴	案件（件）
2005	71.05	4.89	66.16	2
2006	9380.61	9240.53	140.08	15
2007	11642.6	11500	142.60	6
2008	5692	5449.40	242.60	5
2009	21647.8	21400	247.80	15
2010	15247.52	15130	117.52	4
2011	277.5	164	113.50	1
2012	9936.36	9792.19	144.17	11
2013	15519.2	15370	149.20	2
2014	8228.69	8080.77	147.92	6
2015	536.04	391.54	144.50	5
2016	5618.42	5479.9	138.52	3
2017	2525.84	2413.10	112.74	7
2018	551.8	458.16	93.64	4
合计	106875.43	104874.48	2000.95	86

五、纪念币发行

纪念币是为纪念国家政治、历史、文化等方面的重大事件、杰出人物、名胜古迹、珍稀动植物、体育赛事等，由国家授权中国人民银行指定国家造币厂设计制造，并统一计划发行的法定货币，它包括普通纪念币和贵金属纪念币。普通纪念币与市场上同面额的人民币同等值流通。由于其设计铸造精美，限量发行，大部分被民间收藏，流通中极为少见。在揭阳市发行的纪念币有：

2005 年，发行青城山（硬 5 元）纪念币 2.50 万元，丽江（硬 5 元）纪念币 2.50 万元，陈云（硬 1 元）纪念币 5000 元。

2006 年，发行敬字亭（硬 5 元）纪念币 4 万元，2006 年贺岁（硬 1 元）纪念币 6000 元，奥运举重（硬 1 元）纪念币 5000 元，奥运游泳（硬 1 元）纪念币 5000 元。

2007 年，发行龙门（硬 5 元）纪念币 4 万元，颐和园（硬 5 元）纪念币 4 万元，2007 年贺岁（硬 1 元）纪念币 6000 元，奥运体操（硬 1 元）纪念币 6000 元，奥运射箭（硬 1 元）纪念币 6000 元，奥运乒乓球（硬 1 元）纪念币 6000 元。

2008 年，发行 2008 年贺岁（硬 1 元）纪念币 8000 元，奥运击剑（硬 1 元）纪念币 6000 元，奥运足球（硬 1 元）纪念币 6000 元，奥运五项（硬 1 元）纪念币 6000 万元。

2009 年，发行 2009 年贺岁（硬 1 元）纪念币 5 万元，篆书“和”字（硬 1 元）纪念币 1 万元，关注环境保护（硬1元）纪念币1万元。

2010年，发行2010年贺岁（硬1元）纪念币5万元，上海世博会（硬1元）纪念币9万元，隶书“和”字（硬1元）纪念币1万元，参与环境保护（硬1元）纪念币1万元。

2011年，发行2011年贺岁（硬1元）纪念币5万元，中国共产党成立90周年（硬5元）纪念币50万元。

2012年，发行2012年贺岁（硬1元）纪念币14万元。

2013年，发行2013年贺岁（硬1元）纪念币14万元，行书“和”字（硬5元）纪念币40万元。

2014年，发行2014年贺岁（硬1元）纪念币16万元，草书“和”字（硬5元）纪念币40万元。

2015年，发行2015年贺岁（硬10元）纪念币110万元，中国人民抗日战争暨世界反法西斯战争胜利70周年（硬1元）普通纪念币63万元，航天（硬10元）普通纪念币200万元，航天（纸100元）纪念钞6000万元。

2016年，发行2016年贺岁（硬10元）纪念币900万元，中山（硬5元）普通纪念币400万元。

2017年，发行2017年贺岁（硬10元）纪念币700万元，建军90周年（硬10元）纪念币580万元，楷书“和”字（硬5元）纪念币290万元。

2018年，发行2018年贺岁（硬10元）纪念币740万元，高铁（硬10元）纪念币400.70万元，改革开放40周年（硬10元）纪念币320万元，人民币发行70周年（纸50元）纪念钞400万元。

六、人民币专项整治

2009年起，辖区市面上流通的人民币中出现印有反动宣传内容字样的人民币，其主要特征：反动分子通过在人民币上加盖刻制好的印章或通过打印机直接在人民币上印刷反动宣传的内容，然后利用商品交易收费、找零渠道，进行反动宣传。

为防范打击违法犯罪分子利用人民币进行反动宣传，有效压缩利用人民币进行反动宣传的空间，减少在市场流通的带有反动宣传内容人民币数量，维护人民币信誉，人行揭阳市中心支行采取防范、堵截措施等，开展专项整治。加强防范打击，加大宣传动员，畅通收兑渠道，逐步形成长效机制，有效压缩反动邪教组织利用人民币进行反动宣传的空间，减少在市场流通的反宣币数量，有效遏制反宣币发展蔓延的势头。

按照中央防范处理邪教办和人民银行总行及广州分行关于2014年3—8月开展对制作传播反宣币活动专项整治的工作要求，人行揭阳市中心支行组织市银行业金融机构开展反宣币专项整治工作，成立领导小组，人行揭阳市中心支行行长任组长、主管行领导任副组长，成员由揭阳市各银行业金融机构分管现金工作副行长及人行揭阳市中心支行货币金银科科长组成。

2016年，人行揭阳市中心支行制订《揭阳市金融机构反宣币专项整治工作方案》，要求各单位加强宣传培训。人民银行各支行和银行业金融机构要配合当地防范处理邪教办，通过多种形式和平台开展专项宣传活动，向社会大众普及正确处理反宣币的方式方法，提高广大群众拒收、拒用和主动兑换反宣币主动性。在开展整治工作中人行揭阳市中心支行指导银行业金融机构加强从业人员尤其是直接面对公众的工作人员的培训工作，使其熟悉并掌握关于反宣币问题的政策规定，及时了解反动邪教组织在人民币上印刷二维码等新型反宣币的动向，提高正确处理反宣币的业务能力和效率。通过开展整治工作，提高银行业金融机构发挥残损人民币兑换窗口的收兑功能，通过灵活便捷的方式，减少群众兑换残损币的中间环节和等候时间。银行业金融机构通过深入农贸市场、商场超市、公共交通等人口集中和现金流通量大的公共场所开展收兑服务，及时了解大量兑换小面额人民币的客户信息。

银行业金融机构提高柜台堵截能力，对柜面收入现金及时检查，加大日常清分工作力度，清查库存现金及自助设备内现金，按照规定做好反宣币的交存工作，防止反宣币从银行业金融机构流向社会，有效截断反宣币流通链条。在办理现金业务中发现客户持有大量反宣币以及其他可疑情况的，应及时报警并报告当地人民银行。2月25日，揭东公安局城西派出所在辖区路篦村田下二巷五号的米店三楼抓获反宣组织成员徐瑞萍等人，人行揭阳市中心支行获悉情况后，迅速开通特种残损币收兑的“绿色通道”，就近安排到揭东农商行营业部收兑。

2017年，辖区各金融机构按照中国人民银行广州分行《关于加强特种残损币收兑工作事项的通知》要求对印有反宣标语的人民币按特种残损币进行收兑。规定各营业机构负责人为第一责任人，业务经理为主要责任人，负责本机构特种残损币收兑工作，不断提高防范打击意识，杜绝印有反宣标语的特种残损币流出柜台。开通兑换特种残损币的“绿色通道”，实现首兑负责制，发现一张收兑一张。清理全市现有尾箱中库存的现金，对印有反宣标语的特种残损币进行上缴处理。

七、残钞回收与销毁

人行揭阳市中心支行认真履行中央银行职责，落实《中华人民共和国人民币管理条例》，组织全市各金融机构做好损伤人民币的回收、销毁工作，提高流通中人民币的整洁度。人行揭阳市中心支行做好残损人民币的销毁和回笼工作，辖区商业银行切实履行好社会责任，做好残损人民币挑剔和兑换工作，努力提高辖区人民币流通的整洁度。

2005年，共回笼残损人民币1.48亿元。销毁残钞1次、金额1.26亿元、1595万张。

2006年，共回笼残损人民币5.22亿元。组织销毁残钞2次、金额9424万元。

2007年，共回笼残损人民币16.40亿元。

2008年，共回笼残损人民币11.14亿元。

2009年，共回笼残损人民币7.02亿元。

2010年，共回笼残损人民币6.94亿元。

2011年，共回笼残损人民币6.06亿元。

2012年，共回笼残损人民币17.16亿元。

2013年，共回笼残损人民币31.51亿元。

2014年，共回笼残损人民币24.21亿元。

2015年，共回笼残损人民币34.18亿元。

2016年，共回笼残损人民币40.03亿元。

2017年，共回笼残损人民币43.66亿元。

2018年，共回笼残损人民币71.52亿元。

八、金银收购配售与管理

一直以来，国家对金银采取严禁流通、私自买卖、由国家授权人民银行统一经营和管理的政策。人行揭阳市中心支行作为金银管理机关，主要是根据国家规定对金银实行收购、兑换、计划配售，在职权内会同工商部门审批经营金银单位，负责辖内金银市场的日常管理、监督检查，会同物价部门管理金银饰品价格，配合海关、公安、工商部门打击金银及其制品的倒买倒卖、走私活动。

1999年10月，中国人民银行发出通知，加强金银市场管理，取消白银统购统配的管理体制。辖区放开白银市场，封闭半个世纪的白银交易开禁，允许白银生产企业与用银单位产销直接见面；取消对白银制品加工、批发、零售业务的许可证管理制度（银币除外），对白银生产经营活动按照一般商品的有关规定管理；利用现有的有色金属交易市场组织白银上市交易。

2001年4月，中国人民银行宣布取消黄金“统购统销”的计划管理体系；6月1日起，实行黄金周报价制度；11月28日，随着上海黄金交易所挂牌运行，中国黄金市场全面放开，取消黄金制品零售业务许可证管理制度，黄金制品的零售管理由审批制改为实行核准制，标志着五十多年“统购统配”黄金管理体制的终结。是年，根据中国人民银行金银管理体制改革的要求，辖内开放黄金市场，黄金开始走向老百姓的家中，成为自由交易、自主拥有的财产。人行揭阳市中心支行收兑和配售金银业务及管理职能随之结束。

2015年3月19日，中国人民银行和中国海关总署制定发布的《黄金及黄金制品进出口管理办法》（简称管理办法）于2015年4月1日起实施，规定对黄金及黄金制品进出口实行准许证制度。即由中国人民银行会同海关总署制定、调整并公布《黄金及黄金制品进出口管理商品目录》。列入该目录的黄金及黄金制品进口或出口通关时，应向海关提交中国人民银行及其分支机构签发的“中国人民银行黄金及黄金制品进出口准许证”。该管理办法还规定中国人民银行根据国家宏观经济调控需求，可以对黄金及黄金制品进出口的数量进行限制性审批。

2015年，货币金银科开始有黄金及其制品进出口审批的行政许可项目，该项目由货币金银科受理，广州分行审批，人行揭阳市中心支行至2018年年底未办理该项目业务。

第二节 经理国库

经理国库是中国人民银行的重要职能之一。1985年，国务院发布《中华人民共和国国家金库条例》，明确中国人民银行具体经理国库，各级国库的主任由各级人民银行行长兼任，不设人民银行机构的地方，国库业务由人民银行委托当地专业银行办理。国库机构按照国家财政管理体制设立，原则上一级财政设立一级国库。中央设立总库；省、自治区、直辖市设立分库；省辖市、自治州设立中心支库；县和相当于县的市、区设立支库。国库的基本职责包括办理国家预算收入的收纳、划分和留解；办理国家预算支出的拨付；向上级国库和同级财政机关反映预算收支执行情况；协助财政、税务机关督促企业和其他有经济收入的单位及时向国家缴纳应缴款项，对于屡催不缴的，应依照税法协助扣收入库；组织管理和检查指导下级国库的工作；办理国家交办的同国库有关的其他工作。国库的主要权限包括督促检查各经收处和收入机关所收之款是否按规定全部缴入国库，发现违法不缴的，应及时查究处理；对擅自变更各级财政之间收入划分范围、分成留解比例，以及随意调整库款账户之间存款余额的，国库有权拒绝执行；对不符合国家规定要求办理退库的，国库有权拒绝办理；监督财政存款的开户和财政库款的支拨；任何单位和个人强令国库办理违反国家规定的事项，国库有权拒绝执行，并及时向上级报告；对不符合规定的凭证，国库有权拒绝受理。

一、国库管理

1986—1992年，揭阳县支库、普宁县支库、惠来县支库和揭西县支库由汕头市中心支库管辖。

1992年，潮汕行政区域调整，设立揭阳地级市。是年6月11日，经广东省分行批准，揭阳市中心支库、揭东县支库、揭阳市榕城区支库设立。揭阳市榕城区支库、揭东县支库、普宁县支库、惠来县支库和揭西县支库由揭阳市中心支库管辖。

1993年，揭阳经济开发试验区支库（由建行代理）设立。是年，普宁县支库更名为普宁市支库。

1994年，揭阳市东山区支库设立。是年，为适应分税制改革以及国、地税分设的需要，揭阳市各级国库分设中央国库和地方金库，中央国库实行垂直领导管理体制，地方金库实行中国人民银行和地方政府双重领导，以中国人民银行为主的管理体制。

1995年，揭阳市大南山华侨管理区支库设立。是年颁布的《中华人民共和国中国人民银行法》以立法形式将“经理国库”作为中国人民银行的职责之一。

1996年，普宁华侨管理区支库设立。

1999年，中华人民共和国国家金库揭阳市中心支库正式挂牌。

2010年，揭阳市行政区域调整，新设揭阳高新技术产业开发区，为落实“一级财政，一级国库”原则，国家金库揭阳高新技术产业开发区支库设立。

2013年，为配合揭阳市行政区域名称调整，国家金库揭阳市经济开发试验区支库、国家金库揭阳市东山区支库分别更名为国家金库揭阳空港经济区支库和国家金库揭阳市蓝城区支库。

2014年，揭阳市行政区域调整，新设揭阳大南海石化工业区，为落实“一级财政，一级国库”原则，国家金库揭阳大南海石化工业区支库设立。

2015年，国家金库揭东县支库更名为国家金库揭东区支库。

2017年，为配合揭阳市行政区域名称调整，国家金库揭阳市蓝城区支库更名为国家金库揭阳产业转移工业园支库。

二、国库会计核算与信息化建设

国库会计核算包括预算收入的收纳、划分、留解和退库，库款支拨，国债发行和兑付，以及预算外收支等业务。

1991年，揭阳市中心支库开始用计算机编制会计报表，迈出国库会计核算从手工到电子化的第一步。

1992年，中国人民银行颁布《关于改革人民银行系统记账方法的通知》，要求将会计记账方法由收付记账法改为借贷记账法。揭阳市各级国库从1993年开始实行借贷记账法，按规定设置账簿和科目，采用“有借必有贷，借贷必相等”的复式记账方法记账，同时对国库的收纳、报解、退库、支拨处理程序进行统一规范。并按照《中国人民银行广东省分行国库会计核算规范化标准》，统一国库核算操作方法，改变国库账务做法不一、差异比较大的状况，提高国库会计核算质量。

1994年，人行揭阳分行（1999年更名为人行揭阳市中心支行）协助广东省分行成功开发FOXBASE版国库会计核算系统，并在全省国库推广使用，改变各地各自为政的报表编报方式，初步建立现代化的核算手段，实现核算处理的程序化、电子化、标准化。1995年，揭阳市各级国库开始通过计算机联网报送报表文件，报表报送速度和资金汇划入库速度得到有效提升。

1998 年 1 月，中国人民银行、财政部、国家税务总局颁发《国库与财政、征收机关对账办法》，揭阳市各级国库严格按照对账制度要求，实行与财政、税务、海关按旬、月、年进行对账，与人民银行会计部门每天核对行库往来，加强上下级国库对账。

2000 年，揭阳市各级国库试行国家金库会计核算系统（TBS 系统）1.0 版。并于 2001 年开始正式运行，该系统上线对实现国库操作程序标准化、会计核算手段现代化和国库资金监管规范化起到重要作用。是年，中国人民银行颁发《中国人民银行关于国库会计核算管理与操作的规定》，重新设置工作岗位和业务流程，揭阳市各级国库核算水平得到提高。

2001 年 1 月，揭阳市各级国库正式运行《国家金库综合业务处理系统》1.0 版本，实现国库操作程序标准化、会计核算手段现代化和国库资金监管规范化。

2003 年 1 月，揭阳市各级国库开始国库会计核算系统 2.0 版与 1.0 版试并行。9 月 28 日，人行揭阳市中心支行联合市财政局印发《揭阳市直财政国库管理制度改革实施办法（试行）》，并于 10 月开始实施财政资金集中支付改革试点工作。

2005 年成功开发揭阳市电子缴税入库系统（ETS）并试运行。

2006 年，ETS 系统正式投产使用，揭阳市国税系统以及辖区 10 家银行机构先后接入，全市税款入库时间从平均 3—5 天缩短为当天入库。

2009 年，揭阳市部分国库业务接入广东省金融结算服务（EFT）系统及辖区同城票据手工交换停运工作，解决部分国库业务通过手工同城票据交换效率差、场次少、存在资金安全隐患的问题，提高国库资金清算效率。

2010 年，揭阳市各级国库上线试运行国库管理信息系统（TMIS）。

2011 年，揭阳市各级国库正式上线 TMIS 系统，该系统涵盖财政资金运行分析、国库制度建设、国债发行兑付管理、国库监督管理、国库现金管理、国库综合管理等内容，推动国库管理工作的信息化和网络化。8 月 1 日，交通银行股份有限公司揭阳支行成功接入 ETS 系统。

2012 年 10 月 15 日，中国邮政储蓄银行揭阳市分行及普宁汇成村镇银行成功接入 ETS 系统。

2013 年 5 月 2 日，揭阳市各级国库成功上线运行国库会计数据集中系统（TCBS），实现国库会计核算业务统一处理、数据集中存储、税款直达入库、支出即时到账、资金零在途、风险多环节控制。10 月 1 日，揭阳市中心支库组织全市国税、地税部门和商业银行成功上线并运行国库信息处理系统（TIPS），实现银行、征收机关与国库系统间互联互通。

2014 年 10 月 13 日，人行揭阳市中心支行印发《中国人民银行揭阳市中心支行国库风险防控工作实施细则》，全面加强国库资金风险防控管理，提升基层国库履职效能。

2015 年 8 月 31 日，揭阳市各级国库成功上线电子退库、更正、免抵调业务，提升退库、更正及免抵调业务的处理效率。8 月 23 日，揭阳市各级国库 TCBS 系统正式切换至第二代支付系统报文标准。

2016 年 5 月 27 日，揭阳市成功实现在一台 POS 机上刷卡受理国、地税税款扣缴直解国库业务，方便纳税人办理税款缴纳。9 月 26 日，揭阳市各级国库成功上线广东省非税收入集中缴库业务系统。10 月 26 日，揭阳市各级国库正式上线国库监管子系统（事后监督系统），实现国库事后监督流程电子化。10 月 28 日，揭阳市中心支库成功上线国库资金运行智能分析系统，进一步提升国库资金运行分析报告的质量和时效性。

2017 年 1 月 1 日，国库会计事后监督业务正式移还辖属各支行。3 月 20 日，揭阳市各级国库顺利上线运行财关库银横向联网银行端查询缴款业务，有效拓宽TIPS系统的服务范围，提升海关税款入库速度。8月3日，揭阳市各级国库顺利实现社保费征缴从TIPS系统切换到广东省财税库行联网系统（省ETS系统），减少社保费流转环节，提高社保费征缴效率，为缴费人带来便利。

2018年3月31日至4月1日，揭阳市各级国库成功上线运行二代国库信息处理系统（二代TIPS），国库业务信息处理系统性能得到提升，风险防范能力进一步增强。6月1日，揭阳产业转移工业园乡镇（街道）纳入财政国库集中支付改革，财政资金运行效率得到有效提升。7月3日，总行印发《中国人民银行国库局关于税务机构改革后国库业务有关事项的通知》，揭阳市各级国库按照文件要求加强与税务部门的沟通协调，保障各项税收入库工作平稳有序开展。

三、国债管理

1990年，中国人民银行印发《国家债券票样管理办法（试行）》。揭阳市中心支库按照办法相关要求，加强国债票样管理，妥善保管使用国债票样。

1992年，在全市范围内进一步推行承购包销方式发行国债。承销合同由财政部门同各承销机构签订，承销机构主要是各商业银行及中介机构等。此后，承购包销逐渐成为国库券的主要发行方式，市人民银行对国债发行也由具体操作转变为主要履行监管职责。

1994年，揭阳市开始发行凭证式国库券，并逐渐成为国库券发行的主要品种。凭证式国券采用填制“国库券收款凭证”的方式，由商业银行承购包销发行，该债券可记名、挂失，但不可转让。当年还发行二年期可上市国债，发行方式可“以旧换新”。1994—1998年，采用公开发行、直接销售和承购包销三种方式发行国债。

1998年后，国家停止发行实物券无记名国债，凭证式和记账式国债成为辖内国债市场主要的国债品种，国债的发行规模也逐步扩大，发行方式则采取市场价格招标和收益率招标及网上发行等。

1999年，人民银行、财政部颁发《凭证式国债质押贷款办法》，开始赋予国债券的贷款质押功能。当年，国家开征储蓄存款利息所得税，国债则免征利息所得税，相对提高国债的收益，因而出现国债热销。是年，揭阳市中心支库对辖内承担凭证式国债发行及兑付业务的国有商业银行分支机构进行抽查，并对自身办理的国债兑付业务进行自查。

2003年，揭阳市中心支库根据《中国人民银行办公厅关于开展国债兑付业务检查的通知》要求，组织开展对辖内国债兑付业务进行检查，检查范围为2000—2003年办理的国债兑付业务。

2006年，国家发行储蓄（电子式）国债，以丰富国债品种，改进国债债权管理模式，提高国债发行效率，方便国债投资者。

2011年，揭阳市中心支库坚持“公平、公正、公开”的原则，组织各家国债承销机构对外主动宣传，提升国债服务水平；对内强化管理，保障辖区国债发行秩序。同时加大对农村地区国债宣传和销售力度，提升国债在农村地区的认知度。

2012年，揭阳市中心支库根据《关于开展国家债券收款单集中催兑活动的通知》要求，在《揭阳日报》刊登催兑公告，解决国家债券收款单到期未兑付长期沉淀的问题，保障债权人合法权益。

2013年，揭阳市中心支库按照《广东省国库部门国债管理工作实施办法》相关要求，严格规范国债业务操作，并明确国债管理工作职责、国债发行和兑付、国债监督、国债档案、国债业务系统管理等方面的具体规定，全市国债管理水平得到提高。

2014年，揭阳市中心支库根据《关于持续督促承销机构落实发行文件要求的通知》要求，加大对承销机构的监督检查力度，及时纠正并帮助承销机构解决工作中存在的问题，切实做好国债发行组织工作。是年，积极推广运行广东省国库业务监管评价（储蓄国债承销机构考核）系统，指导承销机构做好相关工作，确保系统上线运行。

2015年，揭阳市中心支库根据人民银行广州分行国库处《关于深入推进国债下乡工作的指导意见》通知要求，通过开展业务培训、创新宣传方式、上门登记预约、实地检查督导等形式，多措并举推进辖区国债下乡工作。

2016年，人民银行总行、财政部印发《凭证式国债到期资金约定转存业务工作指引》，揭阳市中心支库指导国债承销机构积极落实该指引要求，按照“机构自愿”和“投资者自愿”原则，宣传推广凭证式国债到期资金约定转存业务。

2017年，揭阳市中心支库定期开展对国债承销机构的考评，积极组织开展国债知识宣传活动，促进国债市场健康协调发展。

第三节　银行会计结算与现金管理

一、会计核算基本制度

1987年，人民银行制定《全国银行统一会计基本制度（试行本）》，统一银行业会计标准。

1992年，实现会计计算机记账，开办电子区辖往来业务，会计操作进一步自动化、规范化，降低差错率。

1993年，中国人民银行、财政部联合颁布《金融企业会计制度》。为适应经济、金融形势发展和与国际通用惯例接轨，全市金融机构停止使用资金收付记账法，采用借贷记账法。

会计核算改收付实现制为权责发生制，即凡债权、债务一经发生，不论有无收、付行为，均应记账，以正确反映财务状况及经营成果。在实行权责发生制的会计核算原则下，全市金融机构逐步建立和完善会计账务核算办法，按复式记账原理，采用借贷记账法，即以科目为主，借方在左，贷方在右；表外科目采用单式收付记账法，发生记收入，减销记付出。外汇业务则统一设置外汇会计科目，实行外汇分账核算，以准确、及时地反映和核算各级人民银行的外汇资金往来业务。在钱账分管，相互制约原则下，全市金融机构按照人行总行制定的《会计基本制度》，实行钱账分管、有账有据、账折见面，先收款后记账、先记账后付款、收款必复点、付款必复核；执行当日记账、当日结账、总分核对、内外对账的制度；实行会计出纳双人临柜、交叉复核制度；做到账账、账款、账据、账实、账表、内外账务“六相符”。

实行借贷记账法后，全市金融机构从1994年1月1日起，相继调整更新会计科目。会计科目的设置，按照流动性及业务特点、经营管理和会计核算要求，依照资产=负债+所有者权益的等式和损益等要素分别设置科目，改变过去具有浓厚计划经济色彩的资金来源=资金运用的等式分类设置。各银行因管理需要可增设资产、负债共同类科目。会计科目的设置均由各家银行总行制定，市、县（区）分、支行无权制定或增减。

1994年，人民银行开始实行会计核算的计算机单机处理。正式推广运行单机版“中央银行会计核算系统”，人民银行会计核算开始进入电算化核算。账务组织分为明细核算和综合核算两大类。明细核算由分户账（卡）、登记簿（卡）和余额表组成；综合核算由科目日结单、总账、日计表组成。前者按账户核算，后者按科目核算，相互联系、制约。在会计报表方面，确立以资产负债表、损益表为主体的会计报表体系，以符合会计作为国际商业语言的潮流。分为日计表、月计表、业务状况报告表、资产负债表、损益表 5 种主表，各金融机构可根据实际需要制定各种会计附表。

2001 年 1 月 1 日起，为反映中央银行的资产负债状况，根据人行总行《关于印发人民银行新会计科目的通知》，人行揭阳分行对会计科目进行大幅度修订，遵循国家现行会计标准，实行收付实现制会计原则，从大类上增加反映资金状况所有者权益类，科目数量由原来 140 个减少到 129 个，其中，资产类 36 个、负债类 41 个、资产负债共同类 21 个、所有者权益类 5 个、损益类 9 个、表外科目 17 个。新会计科目体现央行业务种类和资金性质。

2002 年，人民银行正式运行“集中会计核算、集中事后监督、集中查询查复、集中档案管理”会计核算系统，人行揭阳市中心支行成为一个会计核算主体，提供相应核算服务。人行揭阳市中心支行实现全系统联网集中核算。

2003 年，人行揭阳市中心支行开始改革会计核算组织体系和管理体制，1 月 1 日推广实施中央银行会计核算管理“四集中”（会计核算集中、事后监督集中、财务查询集中、会计档案保管集中）系统，改变以往“集中领导，分级管理”会计管理体制。2005 年 3 月，人行揭阳市中心支行上线中央银行会计集中核算系统（ABS）。

2007 年，为适应业务发展和会计核算需要，人行总行对 2001 年 1 月 1 日以来实行的会计科目进行修订。2008 年 1 月 1 日起，全市启用修订后会计科目（简称新科目）。人行新会计科目仍分为资产类、负债类、资产负债共同类、所有者权益类、损益类和表外科目等六类。新科目在框架结构方面，设计为两级科目结构，形成由 93 个一级科目、90 个二级科目组成多层次科目体系，并在此基础上重新编排科目代码；调整科目排列顺序，资产分类更加明确、清晰。在具体内容，按再贷款性质和用途置贷款科目，改变原来按贷款对象即按金融机构设置贷款科目的做法。设置“流动性贷款”“金融稳定贷款”“专项政策性贷款”3 个一级贷款科目，并按货币信贷部门和金融稳定部门的分类标准，设置相应的二级科目，在“金融稳定贷款”科目下设置“待核销金融稳定贷款”二级科目，用于核算破产或行政撤销金融机构占用、破产财产或清算分配资产偿还后，仍无法收回，需经有关部门批准核销的再贷款。对公开市场业务有关科目进行修订，“有价证券”科目下分设“国家债券”和“金融债券”2 个二级科目；将“发行债券”科目更名为“发行票据”，设置“面值发行”和“贴现发行”2 个二级科目；将“发行票据”科目更名为“发行专项票据”科目，用于核算支持金融机构改革发行的专项票据，以区分用于实施金融宏观调控而发行的中央银行票据。调整部分内部业务对应的会计科目。按金融机构性质分设准备金存款科目。调整与支付清算业务有关的会计科目。调整部分所有者权益类科目设置。调整部分表外科目设置。损益科目和国库业务科目保持不变。

2009 年，规范会计核算管理，确保会计资金安全。做好中央银行会计集中核算系统（V5.1 版）升级换版工作；完成中央银行会计核算电子对账系统推广运行工作，实现人民银行营业部门与开户单位之间账务核对的电子化；结合新业务系统推广运行及业务发展要求，修订完善会计核算内控制度；加强对手工同城票据交换业务撤销过渡阶段的安全管理，切实防范资金风险。

2009 — 2010 年，人行揭阳市中心支行分别上线财务综合管理系统和固定资产管理系统，进一步提高财务管理和核算的信息化水平。人民银行注重中央银行会计核算体系建设，从2005年中央银行会计集中核算系统（ABS）上线到2014年中央银行会计核算数据集中系统（ACS）在全国推广运行，实现央行会计核算模式的重大变革，我国中央银行会计核算步入业务集中处理、数据集中存储的新时代。

2014年4月，中央银行会计核算数据集中系统（ACS）在广东省全面上线。实现央行会计核算模式的重大变革，中央银行会计核算步入业务集中处理、数据集中存储的新时代。

二、支付结算体系建设

1995年，人行揭阳分行与中国人民银行广东省分行清算中心协商，决定成立以刘保泉为组长，曾琼辉、林炳华、张清明、梁艳菁、叶建龙为成员的揭阳市电子联行“天地对接”同城清算系统课题领导小组；同时成立技术开发组，由张清明任组长，成员有张启宏、李宁玉、陈淑娟。9月下旬，项目研制工作正式启动。电子联行“天地对接”是电子联行小站与各银行业务处理系统互联、电子联行小站与中央银行会计核算系统互联，实现支付信息从汇出行到汇入行以及资金实时清算的全程自动化处理。

1996年6月，揭阳市电子联行“天地对接”同城清算系统开发成功；6月17日，人行揭阳分行营业部和金商、榕兴、市区三家城市信用社正式组网模拟运行；6月26日，在揭阳召开全省清算工作会议，参加会议的各二级分行清算中心主任观摩揭阳市电子联行“天地对接”同城清算系统模拟运行情况；8月28日，省人民银行会计、科技、清算中心等部门领导和专家对该项目进行现场检查，认为“结构合理、账务规范、安全可靠、投资少、效率高，符合揭阳市经济特点，可以组网试运行”；9月16日，揭阳市17家金融机构作为第一批网点正式组网运行实际业务，人行总行清算总中心主任印甫盛、总工程师李德功、省人行党组副书记、副行长陈亿有以及揭阳市委副书记、常务副市长柳锦州等有关领导对系统开通给予高度评价。各专业银行也加快结算业务电子化进程，建行揭阳市分行资金清算系统建成，为客户提供快捷、安全、高效的电子汇划服务，实现异地系统内资金清算24小时内到账。

“天地对接”同城清算系统开发成功结束市区银行手工票据交换清算资金的历史，标志着揭阳市已建成四通八达的资金汇划“高速公路”。开通后首月，即办理往账8114笔22亿元，接收来账9282笔23亿元，以每笔资金平均缩短2天在途时间，相当于每天为地方多提供1.50亿元资金，为企业节省利息支出100多万元。人行总行清算中心负责人和省分行领导及地方政府领导在参观该系统开通运行过程中均给予高度的评价，并予以推广应用。1997年4月24日，“天地对接”同城清算系统顺利通过广东省科学技术委员会组织的科学技术成果鉴定。在全市成功开通电子联行“天地对接”同城清算系统后，年底，在原有系统基础上经过修改，帮助甘肃省西宁市和陇西县建立两地电子同城清算系统，1998年1月1日正式开通运行。

“天地对接”同城清算系统全部建成后，至2002年12月，包括11个中心节点、135个网点，基本覆盖全市所有金融机构。2004年，建行揭阳市分行实现全国数据集中系统（DCC系统）切换上线。DCC系统的上线，标志着建行揭阳市分行经营管理模式的转变，信息资源的整合利用、业务创新和管理能力又跨上一个新的台阶。2005年，揭阳市大额实时支付系统成功上线运行，大额实时支付系统处理的业务包括汇兑、委托收款划回和其他贷记支付业务。2006年，小额批量支付系统在揭阳市成功上线，小额批量支付系统处理的业务包括：小额贷记支付，如汇兑、委托收款划回、定期贷记、事先授权借记支付等。

2010年，人行揭阳市中心支行推荐的阳美玉器市场被评为支付服务环境建设示范点。2012年，人行揭阳市中心支行通过引导银行业金融机构推出不同的支付产品组合，并鼓励多家金融机构进驻市场设立网点，大力改善普宁国际服装市场、金属材料市场等农村专业市场支付服务环境建设。

稳步推进银行卡助农取款服务工作。2012 年 10 月 22 日，人行揭阳市中心支行辖区完成全市的银行卡助农取款推广工作，实现取款功能全覆盖，填补 1007 个行政村取款服务空白，全市共设立助农取款服务点 1339 个，受理终端 1339 台，极大地方便了农村地区小额现金取款需求。

根据中国人民银行广州分行关于印发《广东省移动支付便民工程实施方案的通知》，人行揭阳市中心支行以重点行业移动支付应用为抓手，完善移动支付受理环境，实施“移动支付 +”战略模式，推进移动支付在公共交通、文化教育、医疗卫生等公共服务领域规模化应用，以点带面逐步推进移动支付便民工程，有效提升移动支付助力普惠金融、服务民生的水平。移动支付在交通、教育、生活服务等领域的应用得到进一步推广。

2012 年，人行揭阳市中心支行支持指导揭阳辖区第一家挂牌成立的村镇银行普宁汇成村镇银行开展接入支付系统、人民币银行结算账户系统及联网核查系统等相关业务。

2018 年，推广移动支付，深化移动支付在公共服务领域的应用。根据《揭阳市移动支付便民工程实施方案（2017—2018 年）》的要求，继续完善“智慧公交”项目，实现公交项目移动支付全覆盖。揭阳市“智慧公交”10 月 29 日正式上线运营。实现全市公交支持银联手机闪付、银联二维码支付以及银联 IC 卡闪付等多种先进支付方式，是目前国内公交车领域金融 IC 卡及移动支付多元化应用程度最高的项目，标志着金融 IC 卡和银联移动支付助力“智慧公交”建设取得新的突破。揭阳市“智慧公交”项目已全面覆盖揭阳市榕城区、揭东区、普宁市、揭西县和惠来县，合计 1143 辆公交车（包括 698 辆城市公交车、404 辆农村客运和 41 辆机场高铁快线），乘客通过银联手机闪付、银联二维码支付以及银联 IC 卡闪付等方式即可便捷乘车，无须携带现金，给市民带来新的支付体验。至 12 月，全市重点行业和便民场景应用项目规划 207 个，已完成的项目 145 个，移动支付商户总数 1.95 万户，累计交易笔数 220.74 万笔，交易额 91088.54 万元。移动支付的创新应用提升金融支付服务民生的水平，减少现金使用，促进信息消费，为市民提供便利、安全、优质的支付环境，扩大普惠金融的受益面，为智慧城市建设添上亮丽的一笔。

是年，人行揭阳市中心支行推动揭阳潮汕国际机场无感停车项目上线运营，并于 10 月 29 日正式上线运营。“揭阳潮汕国际机场无感停车”项目采用无感支付的收费方式，车主只需提前完成车牌与“云闪付”APP 的绑定，并开通小额免密支付功能，车辆进场时通过停车场智能设备的图像识别技术来辨认车牌，便可以在出场时畅享无须现金、无须支付操作甚至无须携带手机、银行卡的自动结算扣费手续。无感停车车辆过闸时间比原来节省 80%，车辆离开停车场只需 3 秒，真正实现“不领卡、不排队、不扫码、不用贴标签”，方便市民出行。至 12 月底，全市建成央行支付现代化系统网络，初步形成城乡支付服务多元化，有效满足全市居民各种支付活动需要。全市资金清算处理呈现批量化、高效化特点，企业和居民个人的异地跨行支付结算搭建起一条“高速公路”，彻底结束过去异地汇款耗时长、通汇难、结算难的局面。企业和居民个人资金结算实现零在途。票据、银行卡、网银交易等非现金支付工具得到广泛普及，成为企业和市民主要支付方式。

三、票据交换与支付清算

商业银行支付结算系统概括为“三票一卡三方式”模式（“三票”是指支票、本票、汇票；“一卡”

是指银行卡；“三方式”是指汇兑、托收承付、委托收款）。支付结算指单位、个人在社会经济活动中使用票据、信用卡和汇兑、托收承付、委托收款等结算方式进行货币给予及资金清算行为，大量的支付清算活动都必须通过银行的支付结算方式完成。主要结算工具有银行汇票、商业汇票、银行本票、支票和银行卡。结算方式主要包括同城结算方式和异地结算方式。

票据交换，亦称票据清算，指同一城市（或区域）各金融机构对相互代收、代付的票据，按照规定时间和要求通过票据交换所集中进行交换并清算资金的一种经济活动。它是银行的一项传统业务，票据交换业务不仅涉及银行间票据的交换与清算，还牵涉社会资金的使用效益等。

1991 年，人行广东省分行率先在国内引进第一套票据自动清分系统，建立国内联网城市最多、辐射范围最广的广州大同城票据交换。

1994 年，广东扩大票据交换覆盖面，将县、市以下周围的乡镇纳入同城票据交换；以中心城市为依托，将票据交换向毗邻县、市辐射；打破行政区域，在一些经济发达地区建立若干个票据交换中心，在经济区域内使用支票，扩大支票的使用范围。

1996 年 1 月 1 日，《中华人民共和国票据法》（简称《票据法》）颁布实施。与此相配套的，中国人民银行制定《票据管理实施办法》于 1997 年 10 月 1 日起施行。中国人民银行制定颁布《支付结算办法》和《支付结算会计核算手续》于 1997 年 12 月 1 日起实行，1988 年 12 月 19 日印发的《银行结算办法》和《银行结算会计核算手续》同时废止。《票据法》遵循票据当事人平等的原则，采取汇票、本票、支票“三票合一”，统一立法的体制形式，在票据行为、票据权利的行使、票据义务的履行等方面作全面系统的规定，确立调整票据关系，规范票据活动的各项规则和制度。人行广东省分行在广州、揭阳等地推广使用“天地对接”地面处理系统。为建设电子同城清算系统，保障银行和企业的利益，做好票据的防伪、防诈骗工作，实现同城票据借记、贷记业务的实时清算，人行广东省分行在各地推广应用支付密码器。人行广东省分行制定《电子同城清算网络会计核算制度》《电子支付密码业务标准》《加强银行支付密码器管理的暂行规定》。

1997 年，人行总行《关于支付密码使用与管理的通知》规范支付密码的使用，明确支付密码的使用范围、支付密码与签章的关系、支付密码器具的管理等。人行广东省分行推出第一套同城 EFT（电子资金转账）系统，成为国内最大的同城电子资金汇划系统。

1998 年，人行总行印发《关于加快城市网络建设，规范同城业务处理的通知》。揭阳市电子同城支付系统的应用，取消人工跑票，变“纸票”传递为“电子票据”传输，实现市内各银行间同城票据实时转划和清算，与电子联行卫星网联结，出城市的可走卫星网，改变“天上三秒，地下三天”的局面。

1997—2000 年，对票据自动清分系统进行升级改造，扩大广东省支票使用范围。处理商业银行跨行之间和系统内的异地汇兑业务，包括汇兑、委托收款汇划、托收承付汇划、中央银行和国库部门办理的资金汇划，公开市场操作和债券交易的即时转账等。2000 年以前，小额支付系统实行 24 小时不间断运行，主要业务有普通贷记、实时贷记、定期贷记、普通借记、定期借记、实时借记、跨行通存通兑等业务。收（付）费单位、结算中心、各商业银行之间建立统一的业务通道、由收（付）费单位集中委托结算中心完成，只需在任何一家银行开户，都可通过结算中心对广州地区乃至广东省内任何一家银行开户的企事业单位及个人扣收或支付各项费用。

2005 年，全市大额实时支付系统成功上线运行，大额实时支付系统处理的业务包括汇兑、委托收款汇划和其他贷记支付业务。2006 年，小额批量支付系统在揭阳市成功上线，小额批量支付系统处理的业务有小额贷记支付，如汇兑、委托收款划回、定期贷记、事先授权借记支付等。

四、跨境人民币结算

2009年4月8日，国务院常务会议决定在上海和广东省的广州、深圳、珠海、东莞等五个城市开展跨境贸易人民币结算试点。7月1日，中国人民银行、财政部、商务部、海关总署、国税监局、银监会等六部委联合发布《跨境贸易人民币结算试点管理办法》，标志着我国跨境人民币业务试点正式启程。11月16日，经人民银行广州分行跨境人民币结算试点工作小组办公室批准，揭阳市作为粤东首个试点地区参加全国跨境贸易人民币结算试点工作。为将跨境人民币结算这一利国利民的政策落到实处，人行揭阳市中心支行加强组织领导，制定方案，加强与上级行、地方政府相关职能部门的沟通协调，开展对外汇指定银行和涉外企业的政策宣传和业务培训，及时跟踪解决银、企在业务办理中遇到的困难，确保试点工作顺利开展。

2010年6月，跨境贸易人民币结算试点境内范围扩大到北京等20个省市，广东省的试点范围由4个城市扩大到全省；2011年8月试点境内范围扩大至全国，境外范围从毗邻国家扩展到境外所有国家和地区。

企业方面，跨境人民币业务类型从一开始仅为货物贸易服务发展到目前所有经常项目和资本项目业务。目前业务种类包括所有经常项目项下的货物贸易、服务贸易及其他经常转移和资本项目项下的直接投资、跨境融资、其他投资、境外放款等。按照中国人民银行关于《国务院办公厅关于支持外贸稳定增长的若干意见》指导意见第四条：简化跨境贸易和投资人民币结算业务，银行业金融机构可在“了解你的客户”“了解你的业务”和“尽职审查”三原则基础上，凭境内企业提交的收付款指令直接办理经常项下和直接投资项下人民币跨境结算业务。其他资本项下业务需凭相关主管部门登记证明文件办理。按照中国人民银行2018年3号文规定，凡依法可以使用外汇结算的跨境交易，企业都可以使用人民币结算。根据银发〔2014〕168号文的规定，允许银行业金融机构为个人开展的货物贸易、服务贸易跨境人民币业务提供结算，结算业务种类仅包括货物贸易和服务贸易项下人民币结算。根据规定，允许个人办理其他经常项下的跨境人民币结算业务，包括赡家款、职工薪酬、捐赠、遗产继承、保险赔付以及投资收益等业务，不包括资本项下业务。

2010年，全市跨境人民币业务结算量7.56亿元，其中，出口项下6600万元，进口项下4.92亿元，服务贸易及其他转移1400万元；资本项目1.84亿元，跨境人民币业务居粤东各市前列。业务推广过程中，涉外企业对跨境人民币结算业务的态度已逐渐由观望转变为接受、主动，全市业务量快速增长。

2011年，全市跨境人民币业务结算量35.94亿元，其中出口项下4.38亿元，进口项下19.17亿元，服务贸易及其他转移5.74亿元；资本项目6.65亿元。

2012年，全市累计发生跨境人民币结算业务916笔，金额60.18亿元，金额同比增长67.45%；其中进出口773笔，金额38.08亿元，占比63.29%；服务贸易及其他经常项目收付款67笔，金额12.78亿元，占比21.23%；资本项下收付款76笔，金额9.32亿元，占比15.48%。

2013年，全市跨境人民币结算业务1159笔，结算量为81.20亿元，同比增长34.93%。其中出口项下16.82亿元，进口项下31.83亿元，服务贸易及其他转移20.46亿元；资本项目12.09亿元。

2014年，全市跨境人民币业务结算量77.36亿元，其中出口项下29.93亿元，进口项下28.99亿元，服务贸易及其他转移7400万元；资本项目17.70亿元。

2015年，全市跨境人民币业务结算量82.61亿元，其中出口项下61.56亿元，进口项下12.56亿元，服务贸易及其他转移1.51亿元；资本项目6.98亿元。

2016年，全市跨境人民币业务结算量114.17亿元，其中出口项下101.47亿元，进口项下3.55亿元，服务贸易及其他转移6400万元；资本项目8.51亿元。

2017年，全市跨境人民币业务结算量29.27亿元，其中出口项下21.15亿元，进口项下2.01亿元，服务贸易及其他转移1.75亿元；资本项目4.36亿元。

2018年，全市跨境人民币业务结算量37.81亿元，其中出口项下30.83亿元，进口项下2.31亿元，服务贸易及其他转移7900万元；资本项目3.88亿元。

揭阳市从2010年1月开始，发生跨境人民币业务，经过9年多的发展，至2018年12月，全市累计业务结算量已达526.10亿元，涉及境外结算地区50多个，境内参与企业1000多家。

五、结算管理

（一）账户管理

1992年，为加强军队银行账户和存款管理，中国人民银行、中国人民解放军总后勤部联合发文《军队银行账户和存款管理规定》，规定团或相当团以上单独编报决算报表领报经费的单位及实行独立核算的生产经营和其他单位才能开立基本账户；各级部队的银行基本账户统一由后勤财务部门开设；各单位办理开户，按经费供应系统，由开户单位提出书面申请，经上级财务部门逐级审查同意后，由审批单位签发“开户许可证”，并在“开户许可证”上签署审批意见，加盖账户审批专用章，向驻地银行办理开户手续。

1994年，中国人民银行颁布《关于颁发〈银行账户管理办法〉的通知》，规定存款账户分为基本存款账户、一般存款账户、临时存款账户和专用存款账户；基本存款账户是存款人办理日常转账结算和现金收付的账户；一般存款账户是存款人在基本存款账户以外的银行借款转存、与基本存款账户的存款人不在同一地点的附属非独立核算单位开立的账户；存款人不能通过一般存款账户办理现金支取；专用存款账户是存款人因特定用途需要，依据有权部门批准立项的文件或国家有关文件的规定开立的账户；临时存款账户是存款人因临时经营活动需要开立的账户；存款人只能在银行开立一个基本存款账户；存款人在银行开立基本存款账户，实行由人行当地分支机构核发开户许可证制度。

1994年9月、10月，中国人民银行颁布《关于加强银行结算工作的决定》和《银行账户管理办法》，揭阳市银行账户管理工作逐步走上制度化和规范化轨道。

1997年下半年，人行揭阳市中心支行启用广东省账户管理系统，运用计算机建立账户管理数据库，银行账户管理由手工操作逐步向单机版电子化管理迈进。至2000年，全省各中心支行都运用计算机系统对账户进行管理。人民银行使用计算机系统对账户进行管理，能够有效地促进银行机构按照《银行账户管理办法》规定开立账户，防止企事业单位多头开立基本存款账户。

2000年，国务院颁布《个人存款账户实名制规定》，广东省各金融机构按照实名制的有关规定办理个人存取款业务，杜绝“公款私存”和“私款公存”现象。

2003年9月1日起，中国人民银行颁布实施《人民币银行结算账户管理办法》，对银行结算账户管理制度进行改革和完善。该办法增加个人银行结算账户种类，将个人与个体工商户的银行结算账户加以区分，满足个人因投资、消费的各种转账结算需求。

2005年1月，中国人民银行颁布《人民币银行结算账户管理办法实施细则》，账户管理操作日趋规范。

2005年4月18日，揭阳市成功上线运行人民币银行结算账户管理系统。

2016年9月30日，根据央行发布《中国人民银行加强支付结算管理防范电信网络新型违法犯罪有关事项的通知》与11月25日发布《中国人民银行关于落实个人银行账户分类管理制度的通知》，相关个人账户以及支付新政开始实施。个人账户将分为Ⅰ类、Ⅱ类、Ⅲ类账户，同时新政对账户数量、转账限额、具体功能都做了具体调整。

人行揭阳市中心支行成立市县二级联合整治支付结算重大违法犯罪办公室，加入揭阳市打击治理电信网络新型违法犯罪联席会议领导小组，配合公安部门建立打击治理电信诈骗工作机制，协助揭阳市打击治理电信网络新型违法犯罪中心完成基础建设工作，组织市区8家银行机构携带资源进驻揭阳市打击治理电信网络新型违法犯罪中心，中心于10月19日正式启动。

人行揭阳市中心支行推动打击治理电信网络新型违法犯罪工作，根据人行广州分行、广东省公安厅关于印发《广东省银行机构、非银行支付机构打击治理电信网络新型违法犯罪工作考核评估办法（试行）》通知要求，对辖内打击治理电信网络新型违法犯罪工作进行考核，按月推进相关工作任务，按年考核揭阳市银行机构打击治理电信网络新型违法犯罪工作考核评估。主动配合打击治理电诈犯罪，保障人民群众财产安全，加强支付结算管理强化源头治理。督促银行机构加强基层网点风险防控，完善打击电诈犯罪源头治理机制。提高电诈涉案账户查冻扣效率。进一步加强、督促银行及支付机构配合公安部门做好涉电诈涉案账户的查询、冻结和扣划工作。协助市公安局制定《揭阳市打击电信网络新型违法犯罪预警拦截和劝阻工作方案》，并转发给辖内各商业银行，配合相关工作。

（二）支付工具及结算方式

传统支付结算是指单位、个人在社会经济活动中使用票据、信用卡和汇兑、托收承付、委托收款、信用证结算方式进行货币给付及其资金清算的行为。

1980—2015年，根据经济改革发展的需要，辖区金融机构先后推广使用“三票一卡”支付工具及4种结算方式。结算方式分为异地结算和同城结算，除支票、本票用于同城结算、汇兑用于异地结算外，银行汇票、商业汇票、信用卡和委托收款在同城和异地均可用于结算使用。

电子支付结算是指电子交易的当事人，包括消费者、厂商和金融机构，使用安全电子支付手段通过网络进行的货币支付或资金流转清算。

2000年起，辖区的电子支付结算系统逐步建立和完善，银行网上支付、手机支付等电子支付手段不断满足人们日常交易结算需求。

汇兑。汇兑指汇款人委托银行将其款项支付给收款人的结算方式。单位和个人的各种款项结算，均可使用汇兑结算方式。汇兑分信汇和电汇。

20世纪90年代后，随着结算工具电子化，电汇结算方式逐步取代信汇结算方式，至2013年，信汇结算方式淡出历史舞台。

托收承付。托收承付是根据购销合同由收款人发货后委托银行向异地付款人收取款项，由付款人向银行承认付款的结算方式。1989年4月1日起执行总行新的《银行结算办法》，取消异地托收承付办法。

1990年4月1日起，又恢复托收承付结算方式，加速银行和企业资金周转。1995年以后，银行业执行新的《异地托收承付结算办法》。1997年12月1日起，在全国实行的《支付结算办法》，将托收承付规定为其中一种支付结算方式。

委托收款。委托收款是收款人委托银行向付款人收取款项的结算方式。1994 年 9 月，辖区各银行执行中国人民银行《关于加强银行结算工作的决定》。同城委托收款仅限于公用事业费的收取，且必须具有收付双方事先签订的经济合同，由付款单位向开户银行授权，经开户行同意，报当地人民银行批准。原凭发票办理委托收款结算的，可选择汇兑、托收承付等结算方式。11 月起，全市执行新的委托收款方式，要求办理委托收款必须凭已承兑的商业汇票、债券、存单等付款单位的债务证明，仅凭发票不能使用该方式。4 月，根据改革开放和经济发展需要，恢复开办票据承兑、贴现与再贴现业务。

1996 年 1 月，《中华人民共和国票据法》颁布、人行总行《票据管理实施办法》实施后，辖区金融系统坚决贯彻执行，推行商业汇票承兑、贴现与再贴现业务。

1997 年 12 月 1 日起，在全国实行的《支付结算办法》，将委托收款规定为其中一种支付结算方式。

信用证。信用证是指开证行依照申请人申请开出的，凭符合信用证条款单据支付的付款承诺，为不可撤销、不可转让的跟单信用证。

银行汇票。银行汇票的出票和付款，由人行和各商业银行参加“全国联行往来”的银行机构办理。跨系统银行签发的转账银行汇票的付款，受理银行通过同城票据交换将银行汇票和解讫通知提交同城的有关银行机构审核支付后抵用，叫“收妥抵用”。1997 年 12 月 1 日起，在全国实行的《支付结算办法》，将银行汇票规定为其中一种支付结算方式。

商业汇票。商业汇票是出票人签发的，委托付款人在指定日期无条件支付确定的金额给收款人或持票人的票据。

2013 年年末，随着各银行机构业务系统网络改造升级，网络金融服务日趋完善，各银行机构先后建立电子商务综合金融服务平台，电子渠道涵盖互联网、固定电话、移动电话，并在门户网站为客户提供资信和营销平台，充分利用网上银行、电话银行等在线金融交易支付结算平台发展电子商务，加大在线交易宣传和营销力度，培育居民网络消费习惯，提高金融电子支付水平。

2014 年，全市金融基础设施建设得到进一步加强，辖区支付服务环境不断优化，引导驻点银行机构大力推广“票据 + 汇兑”“银行卡 +POS 机具 + 自助银行”“网银 + 电话银行 + 手机银行”结算模式等，满足不同层次商户支付需求。

2018 年年末，商业银行（农信社）分支机构先后开办网上银行结算支付业务。电子银行产品包括网上银行、电话银行、手机银行、企业银行、自助银行、微信银行六大系列、20 多类服务、200 多项功能比较完整的产品体系。电子化支付渠道建设，让揭阳金融服务变得更加高效与便捷。

（三）结算和联行检查

辖区金融机构严格执行银行结算纪律，并通过审查结算凭证，严格办理结算业务，审查拒付理由，实行柜台监督，发现大额支现和可疑不正当交易及违反财经纪律的结算进行处理等手段进行有效管理和监督。银行结算纪律监督的主要内容：

对款项收付单位，在办理转账过程中，不准出租、出借银行账号，不准签发空头支票和远期支票，不准套取银行信用。

对银行在办理结算过程中，必须严格执行银行结算办法的规定，及时处理结算凭证，需要向外寄发的结算凭证，必须于当天及时发出，最迟不得超过次日；汇入银行收到结算凭证，必须及时将款项支付给确定的收款人；不准延误、积压结算凭证；不准挪用、截留客户和他行的结算资金；未收妥款项，不准签发银行汇票、本票；不准向外签发未办汇款的汇款回单；不准拒绝受理客户和他行的正常业务。

对于邮电部门，应及时传递银行结算凭证，不准延误，积压银行结算凭证。

1990 — 1993 年，人行广东省分行会同工行、农行、中行、建行广东省分行，根据人行总行的要求，对全省各家银行压票、退票、违反规定承兑、贴现、盗取结算资金、重要空白凭证管理情况等进行自查和抽查。在检查工作中边查边改，建立健全结算规章制度，纠正压票、随意退票和无理拒付等违章违纪行为，使银行结算秩序进一步得到改善，特别是 1993 年实行大额银行汇票通过人民银行清算资金后，汇路得以畅通。

1993 年 5 月后，人行揭阳市中心支行转发省行《关于切实加强货币信贷管理工作的意见》《关于加强汇划资金管理的通知》，重新明确现金管理规定，采取大额提现实行柜台审批制度，禁止单位通过储蓄转账套取现金，建议市政府注意严格控制固定资产投资和房地产开发、控制机关团体消费等控制不合理现金投放的措施；严格执行结算制度，加强同城票据资金清算业务管理，各专业银行在人行的存款账户绝对不允许透支，同时实行汇划资金同汇差资金同步清算措施，对外来的大额汇款一律通过人行转汇。

1994 年，全国、全省银行结算工作会议后，人行揭阳市中心支行开展结算纪律整顿活动，公布结算服务工作举报电话，在各银行营业网点张贴结算服务工作“三不准”（不准压票、不准任意退票、不准在受理时无理由拒付）。

是年，揭阳市银行系统执行人行总行《关于加强银行结算工作的决定》。规定“八不准”和“三公开一监督”：银行不准以任何理由压票、任意退票、截留挪用客户和他行资金、受理无理拒付、不扣少扣滞纳金；不准在结算制度之外规定附加条件，影响汇路畅通；不准违反规定开立账户；不准拒绝受理、代理他行正常结算业务；不准放弃对企业单位违反结算纪律的制裁；不准违章承兑、贴现商业汇票和逃避承兑责任，拒绝支付已承兑的商业汇票票款；不准超额占用联行汇差资金，转嫁资金矛盾；不准逃避向人民银行转汇大额汇划款项和清算大额银行汇票资金。各基层银行要向客户公开结算方式，公开银行的结算业务处理时间和到账参考时间，公开企业办理结算的注意事项，实行客户公开监督。为使“三公开一监督”制度得到落实，人行揭阳分行要求各商业银行在对公营业网点张贴整顿结算秩序的公告，公布整顿结算纪律“八不准”和“三公开一监督”的具体内容并开展检查与处罚相结合的结算监督，使各种影响汇路畅通“土政策”得到纠正。

1997 年，人民银行根据《中华人民共和国票据法》，发布《票据管理实施办法》，根据《票据管理实施办法》精神，明确人行揭阳市中心支行为辖区票据的管理部门。

1999 年，人行揭阳市中心支行根据人行总行、广州分行的通知要求，对辖区参加信用合作联行的商业银行、城市信用合作社的联行专用章、汇票专用章、联行密押进行收缴，由会计科统一保管并监督使用，人行各县（市）支行参照执行。同时，逐级订立责任书，承诺保证严格按照《关于实施保证信用合作联行汇差资金安全措施的通知》等文件规定，保证信用合作联行汇差资金的足额、及时、准确，如出现资金清算占用，追究有关人员责任。

2000 年，人行揭阳市中心支行对电子联行系统运行情况及规章制度建设和执行情况进行检查，完善实施管理制度的细则，建立电子联行系统运行管理日志和大事记簿。

2002 年，人行揭阳市中心支行依据《中华人民共和国票据法》《支付结算办法》《银行账户管理办法》对辖区内支付结算工作进行检查。开展 2 次会计联行工作检查，纠正一些违反银行账户开立、使用和管理，个别非基本账户取现；变更、撤销银行账户不及时报送人行，开办重要支付结算业务未按规定程序报批人行；一些金融机构未按支付结算业务查询查复而违规入账；个别机构审票不严和印、押、证的管理和使用不符合规定；联行内控制度执行不规范等现象。

2009年，加强对手工同城票据交换业务撤销过渡阶段的安全管理，切实防范资金风险。履行支付结算职能。加强非现金结算工具管理，布置各银行机构做好春节期间县域银行卡宣传服务和银行卡风险防范工作；联合公安、银监、工商部门深入开展整治银行卡违法犯罪专项行动；加强对银行机构支付清算业务、人民币银行结算账户业务的检查，进一步规范业务行为；组织做好存量单位银行结算账户法定代表人或单位负责人及代理人公民身份信息真实性核实工作。

全力推进揭阳市集中代收付业务顺利开通。在做好制度建设、人员培训、硬件配置、对外宣传、单位协调等相关工作的基础上，11月3日，揭阳市集中代收付业务签约仪式成功举行，广州银行电子结算中心与辖区各商业银行、农信社以及三家收费单位分别签订集中代收付业务合作协议书（或意向书），标志着全市集中代收付业务这项便民利民的工作取得实质性进展。

2010年，开展会计集中核算自查、会计联行工作检查，进一步规范业务处理；加强业务系统安全管理，完成辖区中央银行会计集中核算系统前置机集中整合工作。

2011年，根据《中国人民银行会计检查辅导办法》和《中国人民银行会计联行检查办法》要求，人行揭阳市中心支行组织辖内各营业部门、事后监督中心开展会计联行自查，结合中国人民银行2011年内控制度综合检查，对全市的会计联行业务进行全面检查。

通过抽查各支行的内控制度、各类登记簿、岗位设置表、考勤登记表、印、押、证、总账、分户账、余额表、会计凭证、分户明细（用于对账）、计息清单、支付往来账清单、准备金存款余额清单等会计资料，对各支行的会计内控制度、会计核算和清算业务进行比较全面的检查。从检查情况看，各支行领导能重视会计联行工作，定期或不定期组织人员对会计联行工作进行检查；支行会计国库股基本能够执行会计内控制度，按规定组织会计核算，正确办理支付清算业务，规范业务操作程序，切实控制会计风险；中支事后监督能按照规定时限对会计核算业务进行全面复核审验。

2012年，履行支付结算管理职能。指导普宁汇成村镇银行开展接入支付系统、人民币银行结算账户系统及联网核查系统等相关业务。

2013年，根据《中国人民银行广州分行办公室关于开展2012年度中央银行会计集中核算业务现场检查的通知》要求，人行揭阳市中心支行组织辖内各支行、中支营业室、事后监督科、科技科对2012年度中央银行会计集中核算业务进行自查。4月10日至27日，人行揭阳市中心支行派出检查组对辖内四家支行进行现场检查。检查采取自查和现场检查相结合的方式，自查面100%。通过抽查各支行的内控制度、各类登记簿、岗位设置表、考勤登记表、印、押、证、总账、分户账、余额表、会计凭证、分户明细（用于对账）、计息清单、支付往来账清单、准备金存款余额清单等会计资料，对各支行的会计内控制度、会计核算和清算业务进行比较全面的检查。从检查情况看，各支行领导能重视中央银行会计集中核算业务，定期或不定期组织人员对中央银行会计集中核算业务进行检查；支行会计国库股基本能够执行会计内控制度，按规定组织会计核算，正确办理支付清算业务，规范业务操作程序，切实控制会计风险；中支事后监督能按照规定及时对会计核算业务进行全面复核审验。

2016年8月24日至9月23日，人行揭阳市中心支行结合辖区实际，组织中支及各县支行成立检查组，分别对工行揭阳分行、民生银行揭阳分行以及广东普宁汇成村镇银行股份有限公司开展支付结算执法检查。检查内容包括单位人民币银行结算账户、个人人民币银行存款账户、银行机构人民币同业结算账户管理工作和线下银行卡收单业务。通过检查，进一步维护揭阳辖区支付体系的安全、高效运行，严肃支付结算纪律，提高辖区支付结算服务水平。

2017 年 6 月 21 日至 8 月 9 日，人行揭阳市中心支行分别对广发银行股份有限公司揭阳支行、广发银行揭阳普宁支行、民生银行揭阳分行、民生银行普宁广达支行、揭西农商行以及惠来联社开展支付结算执法检查。检查内容涵盖支付结算综合管理、同业银行结算账户、票据业务、支付清算、ACS 综合前置子系统管理等。

六、现金管理

现金管理是我国一项重要的财经制度，对集聚社会闲散资金，有计划地调节货币流通，打击经济领域的犯罪活动和制止违纪行为，稳定市场物价起到重要作用。

1993 年，为堵住不合理的现金支付，遏制现金大投放势头，辖区建立大额提现审批制度，凡是一万元以上的提现，必须由开户行的负责人审批，异地汇款，收款人为单位的，一律不得提取现金；收款人为个人的，应劝其转账。

1997 年，国家进一步整顿金融秩序，为严格执行适度从紧的货币政策，强化现金管理，实施大额提现登记、审批、备案制度，各商业银行、非金融机构按月向开户人民银行分支行报送《大额提现情况登记表》，规定单笔提现（不含正常的工资性支出）50 万元（含）以上的，要经开户人民银行审批；严格执行只有基本账户才能提取现金，其他账户一律不得提取现金的制度；各金融机构的开户单位严禁坐支现象和超限额留存库存现金。

2002 年 2 月 10 日，人行揭阳市中心支行按省人行要求，将现金管理职责由货币信贷与统计科调整到货币金银科，移交工作按“人随业务走”的原则进行。

2002 年，人行揭阳市中心支行组织现金管理业务培训，加强现金管理理论知识及相关政策法规的学习，尽快熟悉和掌握相关的业务知识和政策法规，以适应现金管理工作的要求，人行揭阳市中心支行货币金银科于 3 月上旬在市行举办现金管理培训班，参加人员有货币金银科全体同志和各支行的货币金银股股长、现金管理人员。学习《现金管理暂行条例》《中国人民银行关于大额现金支付管理的通知》等政策法规，以及怎样开展现金检查和对金融机构现金管理违法违规形式及处罚依据、操作规程等，同时，通过案例分析，总结出现金管理中对违法违规问题的判别方法。根据人行揭阳市中心支行《关于开展现金管理工作大检查的通知》和《转发中国人民银行广州分行关于开展现金管理大检查的通知》，分别于 8 月和 11 月在辖区组织两次关于现金管理工作的检查，对检查出的违规问题，按现金管理有关规定进行经济处罚、警告、发出稽核检查意见书责令从速整改，并在全辖区进行通报，要求各金融机构引以为戒，切实加强现金管理工作。

2003 年，根据广州分行货币金银处《转发中国人民银行货币金银局关于修订现金管理检查工作季报表的通知》，人行揭阳市中心支行 3 月和 5 月派出检查组对市区金融机构 1 月和揭西县辖属棉湖镇 5 家金融机构 4 月现金管理执行情况进行现场检查，重点检查金融机构现金管理的内控制度健全情况和揭西县辖属棉湖镇 5 家金融机构 4 月现金管理执行情况，包括大额现金支付审批登记备案制度执行情况，违规提取现金和可疑现金交易等问题。从这次检查的机构网点的情况看，多数单位基本能执行现金管理有关规定，建立健全现金管理的内控制度，大额现金支付审批登记备案制度执行情况，未发现转账进入储蓄套现和可疑现金交易等问题，市区金融机构整个现金管理工作水平有明显的改进和较大的提高。但在检查中发现仍有部分金融机构存在违反现金管理规定的行为，主要有：大额现金支付审批登记备案制度执行不严格；账户违规提取现金；为维护现金管理制度的严肃性，规范现金管理行为，中心支行已责令上述违反现金管理规定行为的行、社、局迅速整改并完善有关报批手续。要求各金融机构引以为戒，执行现金管理有关规定，并结合已发布实施的反洗钱三大法规，组织有关人员学习，进行一次再教育，坚决制止现金管理中有章不循、有禁不止的现象。

人行揭阳市中心支行辖内各支行加大对违反现金管理规定行为的查处力度，发现问题严格按照有关规定予以处理。完善现金管理的基础工作，做好非现场监管工作。分析辖内异常大额现金支付情况，及时查明原因，跟踪管理。规范检查程序，加大季度现场检查查处力度。对日常监管、现场检查中发现的违规问题及时查处。加强对临时存款、专用存款账户提取现金的管理。严格审核支现用途和范围，堵塞非正常支取现金漏洞。深入开展调查研究，掌握现金流通的有关住处按季根据现金收支及流通量的变化，做好调查分析，为现金管理工作提供依据。

2004 年，进一步加强和改进现金管理，人行揭阳市中心支行派出检查组对市区金融机构现金管理执行情况进行现场检查，重点检查金融机构现金管理的内控制度健全情况，包括大额现金支付审批登记备案制度执行情况，违规提取现金和可疑现金交易等问题。通过检查，使多数单位能执行现金管理有关规定，建立健全现金管理的内控制度，执行大额现金支付审批登记备案制度，未发现转账进入储蓄套现和可疑现金交易等问题。但在检查中发现仍有部分金融机构存在违反现金管理规定的行为，主要有：大额现金支付审批登记备案制度执行不严格；账户违规提取现金；为维护现金管理制度的严肃性，规范现金管理行为，中心支行已责令上述违反现金管理规定行为的行、社、局迅速整改并做出处理。通过检查使市区金融机构整个现金管理工作水平有明显的改进和较大的提高。

2005 年，按照广州分行“关于进一步做好广东省现金管理工作的若干意见”的要求，依据《现金管理条例》《金融机构反洗钱规定》及《人民币账户管理办法》等，依法行政，提高现金管理水平，加强现金管理。关注新形势下现金管理工作中的热点问题，如银行卡大额提现、电子银行转账提现等问题。加强检查，采取自查、交叉检查和专项检查等方式组织对公账户现金存取规范性的检查。加强协调配合，与反洗钱、支付部门及商业银行现金管理部门密切配合，及时反馈和交流现金管理工作中碰到的新问题和新情况，既整合人力资源，又提高工作效率。继续加强制度宣传和培训，结合新法规《人民币现金管理条例》出台，灵活采取“以查代训”“以研代训”等形式，加强业务交流和信息沟通，进一步拓宽现金管理工作人员视野，提高现金管理人员的工作能力和水平。切实纠正重检查、轻处罚的管理手段和方法，注重检查问题的查处、证据的收集整理，做到警示和处罚相结合，有理有据、依法依规地开展现金管理工作。

2006 年，根据《中国人民银行关于进一步加强人民币收付业务管理的通知》，加强人民币收付业务管理。人行揭阳市中心支行于 2006 年 7 月 10 日至 8 月 8 日和 11 月 20 日至 12 月 1 日组成检查组分别对揭阳市区、揭东县、揭西县、普宁市和惠来县等五个行政区域的 84 个金融机构营业网点的现金收付业务、假币收缴工作进行现场检查。提高金融机构支付人民币质量，不断加强对柜台收付现金质量的管理，规范假币收缴程序。

对检查出的违规问题，责成被查机构必须高度重视，立即整改，对检查情况及时上报广州分行并全市通报，要求各金融机构必须重视现金收付工作，严格执行《中华人民共和国人民币管理条例》，加强营业柜台出纳人员的培训、学习和考核，熟悉并掌握《不宜流通人民币挑剔标准》《残缺污损人民币兑换办法》的有关规定及反假货币知识，提高挑剔、兑换残损币、识别真假币能力，不断提高现金出纳业务工作水平。同时，进一步提高服务质量，加大服务设施的投入，各营业网点必须配备有防伪技术的反假仪器和点钞机供顾客使用。要求各金融机构严格执行《中国人民银行假币收缴、鉴定管理办法》，熟悉并掌握假币的特征，严格执行假币收缴的规定程序，完整准确填写假币收缴凭证和代保管登记簿，并做好假币实物的保管工作。同时加强辖区装帧流通人民币和使用人民币图样的管理。

加强金融机构库存现金管理。根据中国人民银行广州分行货币金银处《关于加强库存现金管理的通知》，对各开户单位现金库存、投放、回笼情况进行调查分析，依据各行社分支机构数量、路途交通情况和是否承担其他金融机构在本行业务库开户的任务等因素，下达《揭阳市各开户行社现金库存限额的通知》。

加大对金融机构现金管理制度的检查力度。为深化现金管理体制改革，强化现金管理，防范和打击利用现金从事违法犯罪活动，人行揭阳市中心支行结合本辖区的实际对现金管理职能进行整合，由中支履行全市现金管理职能，既整合人力资源，又提高工作效率。并按照年度现金管理工作计划，组织对中国工行揭阳分行、中行揭阳分行、惠来农村信用合作社联合社、揭西农村信用合作社联合社等金融机构及其所辖部分网点现金管理制度执行情况进行现场检查，注重检查问题的查处、证据的收集整理，做到警示和处罚相结合，有理有据、依法依规地开展现金管理工作。

加强与反洗钱、支付部门及商业银行现金管理部门密切配合，及时反馈和交流现金管理工作中的新问题和新情况，做好本辖区的现金管理工作。

2006 年 9 月，根据中国人民银行广州分行《关于设立反洗钱科的通知》，人行揭阳市中心支行增设反洗钱科，是中心支行的内设部门，与营业室合署办公，现金管理职责调整到反洗钱科。

2007 年，现金管理工作由人行揭阳市中心支行反洗钱科负责。《中华人民共和国反洗钱法》《金融机构大额交易和可疑交易报告管理办法》分别于 1 月 1 日和 3 月 1 日起实施，加强对现金支取业务的管理，对办理单笔 5 万元以上现金支取业务核对存款人的有效身份证件；对单笔或者当日累计交易 20 万元以上的现金支取交易按规定向中国反洗钱监测分析中心报告；各银行自动柜员机由系统设定每卡每日现金支取不超过 2 万元。

七、邮政汇兑资金管理

1981 年，人行广东省分行、农行广东省分行、省邮电管理局联合发出《广东省邮政汇兑资金调拨办法》，各地银行对邮政汇兑资金加强管理。但由于少数基层行（处所）对两行一局联合通知的各项规定未能严格执行，平时对当地邮政局（所）的汇兑账目和资金使用缺乏检查监督，每月底余额不按时全数上划，也不及时发出对账单，使贪污挪用有可乘之机。

1983 年，人行广东省分行、农行广东省分行联合发文，要求人民银行、农业银行各分支行根据上述管理办法核定邮政汇兑资金收支计划，严格做好余额上划、对账、检查监督工作。

1993 年，为解决邮政汇款兑付难的问题，邮政汇兑资金清算改由人民银行统一管理，人民银行负责清算资金和供应（回笼）现金。中国人民银行颁发新的《邮政汇兑资金清算办法》。是年，人行广东省分行、农行广东省分行、省邮电管理局联合发文，明确规定“县、市以上邮电局必须在当地人民银行开立一个邮政汇兑资金往来账户”“县、市以下的邮电支局（所）仍在农业银行开立邮政汇兑资金往来账户，由农业银行代理邮政汇兑资金的收、付，在不设农行机构的地方，农村信用社义务代理邮政汇兑的收、付，不得以任何理由拒办。并应每五日将其账户余额上划至县、市局在人民银行开立的账户内”“各级人民银行要加强对委托代理的专业银行和其他金融机构和邮电部门上划时限和款项收、付的监督和检查工作，以保证邮政汇兑资金的及时清算”。

1998年，辖区开办全省“汇款到户”业务，即汇款人将汇款直接汇入收款人的一个邮政储蓄活期账户（限于本省范围内）内，办理汇款时，只要告知收款人的省内邮政储蓄活期存折账号即可通汇。

2001年，人行揭阳市中心支行在转发人行广州分行关于严格执行《邮政汇兑资金清算办法》中明确：市、县城镇基层邮政、所在商业银行开立的邮政汇兑资金往来账户余额，必须于每日营业终全额上划县、市局在人行开立的邮政汇兑资金往来账户；邮政汇兑资金往来账户只能办理邮政汇兑资金清算，不准支取现金。

第四节　货币信贷

一、规模限额管理

20世纪80年代中期，由于受国民经济出现全面过热的影响，辖区金融机构信贷增长过快。1991年，为加强地区信贷规模的灵活调剂，下半年起，人行总行决定将贷款总量的5%作为人民银行调剂贷款限额，由人民银行省分行直接调剂给专业银行省分行安排使用。人民银行省分行适当参与贷款限额调剂分配，改变贷款限额全部由专业银行“条条”分配的做法，对于灵活调剂贷款限额，改善资金与规模之间不平衡的矛盾起到积极作用。

1992年，揭阳新设立地级市，受投资热影响，经济发展大上快上，辖区信贷投入规模受到限制，信贷供求矛盾突出，各银行贯彻“扶持重点，照顾一般”的信贷政策，以贷款年中“鼓肚子”（即把全年贷款规模集中提早使用，甚至突破规模，年终再压回限额内）的办法增加贷款投入，支持企业和地方经济发展。全市银行机构各项贷款余额40.50亿元。非银行金融机构农村信用社各项贷款余额10.08亿元。

1998年1月1日起，央行货币信贷调控措施重大变革，取消对所有商业银行贷款规模（限额）控制，即对商业银行贷款增加量，不再按年分季下达指令性计划，改为按年（季）下达指导性计划，在逐步推行资产负债比例管理和风险管理的基础上，实行“计划指导，自求平衡，比例管理，间接调控”的信贷资金管理体制。标志着货币信贷政策基本实现由直接调控向间接调控的历史性转变。

1998年，经国务院批准，中国人民银行决定从1998年起，取消对国有商业银行贷款限额的控制，在推行资产负债比例管理和风险管理的基础上，实行“计划指导，自求平衡，比例管理，间接调控”的新的管理体制。改进对国有商业银行的贷款规模管理办法，实行资产负债比例管理和风险管理，这是中央银行金融宏观调控方式的重大改革。

二、再贷款

中央银行贷款指中央银行对金融机构的贷款，简称再贷款，是中央银行调控基础货币的渠道之一。中央银行通过适时调整再贷款的总量及利率，吞吐基础货币，促进实现货币信贷总量调控目标，合理引导资金流向和信贷投向。

1999年，中国人民银行出台《关于加强改进对中小企业金融服务的指导意见》，要求商业银行全面放宽对中小企业的信贷政策，人民银行将在再贷款、再贴现和发行金融债券等方面积极扶持中小金融机构的发展。

2000年，为贯彻落实中央农村工作会议精神，进一步加大农业信贷投放，支持农村经济建设和农业产业结构调整，人民银行批准再次增加对农村信用社再贷款限额200亿元，支持农村信用社进一步扩大农业信贷投放。

中国人民银行决定增加农村信用社再贷款333亿元，用于加大农村信用社支农力度，支持农民开展生产经营。

2004年，经国务院批准，印发《中国人民银行关于实行再贷款浮息制度的通知》。再贷款浮息制度是指中国人民银行在国务院授权的范围内，根据宏观经济金融形势，在再贷款（再贴现）基准利率基础上，适时确定并公布中央银行对金融机构贷款利率加点幅度的制度。从2004年3月25日起，对期限在1年以内、用于金融机构头寸调节和短期流动性支持的各档次再贷款利率，在现行再贷款基准利率基础上加0.63个百分点。以20天以内再贷款为例，现行基准利率为2.7%，加点浮息后为3.33%。再贴现利率在现行再贴现基准利率2.97%的基础上加0.27个百分点，加点浮息后利率为3.24%。

2009年，中国人民银行印发《关于完善支农再贷款管理 支持春耕备耕 扩大“三农”信贷投放的通知》，适当调整完善支农再贷款政策。

2012年，中国人民银行印发《关于管好用好支农再贷款 支持扩大“三农”信贷投放的通知》，安排增加支农再贷款100亿元，支持春耕备耕；要求人民银行各级分支行牢固树立金融服务实体经济的指导思想，管好用好支农再贷款，支持扩大涉农信贷投放。

2013年，中国人民银行印发《关于加强地方法人金融机构流动性管理 有效发挥短期再贷款流动性供给功能的通知》，要求各分支机构充分认识再贷款对地方法人金融机构临时性流动性供给的积极作用，引导金融机构将短期再贷款作为解决短期流动性不足的正常资金来源渠道，有效运用短期再贷款工具满足金融机构合理的流动性需求。

2013年，人行揭阳市中心支行发挥支农再贷款政策，引导“三农”信贷资金流向。在广州分行的大力支持下，人行揭阳市中心支行获得支农再贷款额度2.38亿元，比2012年增加1.88亿元。配合市政府支持揭东区锡场镇军埔村村民发展电子商务，助力“中国电商第一村”建设，支持农业龙头企业带动当地农户发展和农村基础设施建设，配合支持揭阳市“一镇一品”工程建设，提高全市优势农产品的产业化程度。

2014年，为进一步改善金融宏观调控，规范再贷款的功能定位，发挥中央银行流动性供给和引导金融机构优化信贷结构的功能，更好地服务于中央银行履职，中国人民银行发布《关于调整再贷款分类的通知》，将再贷款由现行三类调整为四类，即将流动性再贷款划分为流动性再贷款和信贷政策支持再贷款，金融稳定再贷款和专项政策性再贷款分类总体不变。同年，创设支小再贷款，专门用于支持金融机构扩大小微企业信贷投放。

2014年，人行揭阳市中心支行制定印发《支农再贷款使用管理操作办法》和《支小再贷款操作规程》，为再贷款的合规使用和风险防范提供保障。建立完善“‘三农’金融服务中心”“再贷款支农示范点”“农村金融服务站”三个平台，提供更加全面的金融服务。通过鼓励金融机构对产业化程度较高的新型农业经营主体开展“公司+基地+农户”等供应链金融服务，更好地支持涉农和小微企业健康发展。全市共计投放支农再贷款4.31亿元、支小再贷款2亿元，总量比2013年增加3.92亿元。

2015 年，人行揭阳市中心支行引导各法人金融机构通过支农再贷款资金的运用，优先满足春耕备耕信贷资金需求和扩大涉农领域的信贷支持，重点是满足本市农业龙头企业、涉农科技型企业、农户和农村中小企业、揭东区军埔村电商、“一镇一品”工程等的贷款需求，将支农再贷款额度 93% 向县域农村金融机构倾斜，保证“三农”信贷需求，以提高支农再贷款使用效率。当年辖区支农再贷款余额 7.50 亿元，比 2014 年增加 3 亿多元，共带动涉农贷款累放金额 260 多亿元，涉农户数 2.7 万户。

2016 年，中国人民银行印发《关于开办扶贫再贷款业务的通知》，创设扶贫再贷款，专门用于支持贫困地区地方法人金融机构扩大扶贫地区涉农信贷投放，降低贫困地区融资成本，为打赢脱贫攻坚战提供有力金融支持。

2017 年，人行揭阳市中心支行联合市扶贫办等印发《揭阳市扶贫小额信贷工作实施方案》，推动辖区金融机构与地方扶贫办、保险公司签订金融支持精准扶贫合作框架协议，落实 300 万元风险担保金、全额贷款贴息及 80% 的保费补贴等配套政策，破解扶贫小额信贷的落地瓶颈。推进信用扶贫“三个一百”工程，与金融工作局、市扶贫办等联合印发《关于扎实推进揭阳市信用扶贫工作的实施意见》等文件，指导金融机构推动信用扶贫基础建设，开通贷款“绿色通道”，创新信贷产品，推进金融扶贫精准对接。年末，全市扶贫再贷款余额 2.29 亿元。

三、再贴现

再贴现是中央银行对金融机构持有的未到期已贴现商业汇票予以贴现的行为。在我国，中央银行通过适时调整再贴现总量及利率，明确再贴现票据选择，达到吞吐基础货币和实施金融宏观调控的目的，同时发挥调整信贷结构的功能。

自 1986 年人民银行在上海等中心城市开始试办再贴现业务以来，再贴现业务经历试点、推广到规范发展的过程。再贴现作为中央银行的重要货币政策工具，在完善货币政策传导机制、促进信贷结构调整、引导扩大中小企业融资、推动票据市场发展等方面发挥重要作用。

1986 年，针对当时经济运行中企业之间严重的贷款拖欠问题，人民银行印发《中国人民银行再贴现试行办法》，决定在北京、上海等 10 个城市对专业银行试办再贴现业务。这是自人民银行独立行使中央银行职能以来，首次进行的再贴现实践。

1994 年下半年，为解决一些重点行业的企业贷款拖欠、资金周转困难和部分农副产品调销不畅的状况，中国人民银行对“五行业、四品种”（煤炭、电力、冶金、化工、铁道和棉花、生猪、食糖、烟叶）领域专门安排 100 亿元再贴现限额，推动上述领域商业汇票业务的发展。再贴现作为选择性货币政策工具为支持国家重点行业和农业生产开始发挥作用。

1995 年年末，人民银行规范再贴现业务操作，开始把再贴现作为货币政策工具体系的组成部分，并注重通过再贴现传递货币政策信号。人民银行初步建立较为完整的再贴现操作体系，并根据金融宏观调控和结构调整的需要，不定期公布再贴现优先支持的行业、企业和产品目录。

1998 年以来，为适应金融宏观调控由直接调控转向间接调控，加强再贴现传导货币政策的效果、规范票据市场的发展，人民银行出台一系列完善商业汇票和再贴现管理的政策。改革再贴现、贴现利率生成机制，使再贴现利率成为中央银行独立的基准利率，为再贴现率发挥传导货币政策的信号作用创造条件。为满足金融体系多元化和信贷结构调整的需要，扩大再贴现的对象和范围，把再贴现作为缓解部分中小金融机构短期流动性不足的政策措施，提出对资信情况良好的企业签发的商业承兑汇票可以办理再贴现。将再贴现最长期限由4个月延长至6个月。

2008年以来，为有效发挥再贴现促进结构调整、引导资金流向的作用，人民银行进一步完善再贴现管理：适当增加再贴现转授权窗口，以便于金融机构尤其是地方中小金融机构法人申请办理再贴现；适当扩大再贴现的对象和机构范围，城乡信用社、存款类外资金融机构法人、存款类新型农村金融机构，以及企业集团财务公司等非银行金融机构均可申请再贴现；推广使用商业承兑汇票，促进商业信用票据化；通过票据选择明确再贴现支持的重点，对涉农票据、县域企业和金融机构及中小金融机构签发、承兑、持有的票据优先办理再贴现；进一步明确再贴现可采取回购和买断两种方式，提高业务效率。

2012年，人行揭阳市中心支行加强再贴现业务管理，有效发挥再贴现引导信贷资金流向的作用。通过密切监测辖区金融机构再贴现需求，在全面调查了解辖区金融机构再贴现业务需求和中小微企业票据占比较高的基础上，向广州分行沟通汇报，并获得广州分行批准的再贴现额度7亿元。

2016年，人行揭阳市中心支行制定再贴现管理操作规程。经多次征求相关部门意见，制定再贴现业务操作规程，确保再贴现业务开展各个环节有序衔接和依法、合规操作。经过多次和分行沟通申请，获得再贴现额度1000万元，成功办理首笔再贴现业务，再贴现业务在全市取得“零的突破”。

四、资金拆借

资金拆借是指银行或其他金融机构之间在经营过程中相互调剂头寸资金的信用活动。在我国开展资金拆借的时间不长，主要是各金融机构同业之间开展同业拆借业务。

1996年1月，全国银行间拆借市场开始试运行。1996年5月17日，中国人民银行发布银传〔1996〕35号《关于取消同业拆借利率上限管理的通知》，规定从1996年6月1日起，中国人民银行对同业拆借利率不再实行上限管理的直接控制方式，由拆借双方根据市场资金供求情况，自行确定同业拆借利率，这个政策加快利率改革，强化利率对市场供求的调节作用。人民币拆借市场的操作是通过询价方式进行的，在交易中心设有席位，完全通过计算机直接交易。由于业务操作的规范，全国银行间的拆借业务保持着平衡运行和健康发展。

商业银行与非银行金融机构之间的拆借，在1997年6月6日中国人民银行〔1997〕245号文中进行了严格规定，要求必须在全国统一同业拆借市场（包括各地融资中心）进行，禁止所有的场外拆借行为；同时规定评判公司拆入资金不得超过1天，拆入资金总额不得超过该机构实收资本金的80%，拆入资金只能用于头寸调剂，不得用于证券交易；非银行金融机构之间的拆借如全国各信托投资公司、证券公司只能由总部在当地（注册地）融资中心从事拆借业务，分支机构不能从事拆借业务，并规定严格查处违规行为的措施。这项规定主要是控制银行资金流入股市，保持金融秩序的稳定。

五、利率政策与管理

1992年，市、县人行和各专业银行组建利率管理监督网络，分行指定一名科长主管利率工作，各县支行指定一名专人负责。建立每季度各专业银行、各县人行向人行揭阳分行报送管辖区内利率执行情况的报告制度，开展对利率政策和制度执行情况调查。

1993年，央行两次调整提高利率，并针对银行同业竞争激烈、利率混乱的局面，人行总行8月出台《关于不准擅自提高和变相提高存、贷款利率的十项规定》。中国人民银行揭阳分行结合金融秩序整顿，多次召开利率管理会议，开展利率执行情况专项检查，对变相提高利率，采取基准利率加奖励10%—50%

违规拉存款的金融机构处以罚款和通报批评，对违反《利率管理暂行规定》，擅自降低贷款利率的金融机构处以罚款。

1994年，人行揭阳分行召开辖区金融机构负责人联席会议，对辖区利率管理执行情况进行清理检查，将利率管理职能归口计划部门管理，建立新的利率检查报告制度，提高利率管理透明度，各种利率档次和浮动幅度在全市金融机构营业网点上墙公布，设立利率违章举报中心，公布举报电话。对金融机构变相提高利率吸收的存款和擅自超范围吸收的存款，无息存入该机构在人行的专户，多付利息处以同额罚款；对被群众举报违规行为的金融机构，处以其存款额50%罚款；对拒不接受处罚或拒绝纠正违规行为的金融机构，强制从其人行账户扣款，情节特别严重的责令其停业，直至吊销经营金融业务许可证。

1995年，《中华人民共和国中国人民银行法》颁布实施后，加强存贷款利率监管，辖区利率政策执行秩序好转。1996年6月，中国人民银行取消拆借利率上限管理。1998年10月31日，为进一步改善对小企业的金融服务，推进我国的利率体制改革，促进经济增长，中国人民银行决定自即日起扩大对小企业贷款利率的浮动幅度。商业银行、城市信用社对小企业的贷款利率最高上浮幅度由现行的10%扩大为20%，最低下浮幅度10%不变；农村信用社贷款利率最高上浮幅度由40%扩大为50%。

2000年，辖区各银行机构推行个人存款实名制，人行揭阳市中心支行多次组织检查，个人存款实名制在辖区得到执行。建立利率管理重点联系行制度。9月，央行放开外币贷款利率和300万美元（含）以上的大额外币存款利率；300万美元（或等值其他外币）以下的小额存款，其利率水平由中国银行业协会统一制定，经中国人民银行核准后对外公布。各金融机构统一按中国银行业协会公布的利率水平执行。

2002年初，中国人民银行在全国八个县农村信用社进行利率市场化改革试点，贷款利率浮动幅度由50%扩大到100%，存款利率最高可上浮50%。9月，改革试点进一步扩大到直辖市以外的每个省、自治区。

2004年1月1日，经国务院批准，扩大金融机构贷款利率浮动区间。商业银行、城市信用社贷款利率的浮动区间上限扩大到贷款基准利率的1.7倍，农村信用社贷款利率的浮动区间上限扩大到贷款基准利率的2倍，金融机构贷款利率的浮动区间下限保持为贷款基准利率的0.9倍不变。不再根据企业所有制性质、规模大小分别确定贷款利率浮动区间。政策性银行贷款及国务院另有规定的贷款利率不上浮。10月29日，报经国务院同意，上调金融机构存贷款基准利率，放开金融机构（城乡信用社除外）人民币贷款利率上限并允许人民币存款利率下浮。金融机构一年期存款基准利率上调0.27个百分点，由现行的1.98%提高到2.25%；一年期贷款基准利率上调0.27个百分点，由现行的5.31%提高到5.58%。其他各档次存、贷款利率也相应调整，中长期存贷款利率上调幅度大于短期。金融机构（不含城乡信用社）的贷款利率不再设定上限，贷款利率下限仍为基准利率的0.9倍。对金融竞争环境尚不完善的城乡信用社贷款利率仍实行上限管理，最高上浮系数为贷款基准利率的2.3倍。实行人民币存款利率下浮制度。所有存款类金融机构对其吸收的人民币存款利率，可在不超过各档次存款基准利率的范围内浮动。

2005年3月17日，经国务院批准，金融机构在人民银行的超额准备金存款利率由现行年利率1.62%下调到0.99%，法定准备金存款利率维持1.89%不变。将现行的住房贷款优惠利率回归到同期贷款利率水平，实行下限管理，下限利率水平为相应期限档次贷款基准利率的0.9倍，商业银行法人可根据具体情况自主确定利率水平和内部定价规则。

是年，人行揭阳市中心支行加强利率管理，实施贷款利率浮动政策，跟踪、分析各项利率政策的实施效应，建立辖区市场利率水平月监测制度，将贷款利率浮动情况的监测扩大到各商业银行，增加民间借贷和房地产贷款利率水平监测。两次调查全市金融机构和农信社贷款利率浮动政策实施情况，特别就中央银行调整金融机构在人民银行的超额准备金存款利率对辖区农信社的影响开展专题调研。

2006 年 4 月 28 日，中国人民银行上调金融机构贷款基准利率。其中，一年期贷款基准利率上调 0.27 个百分点，由 5.58% 提高到 5.85%。其他各档次贷款利率也相应调整。金融机构存款利率保持不变。8 月 19 日，上调金融机构人民币存贷款基准利率。金融机构一年期存款基准利率上调 0.27 个百分点，由 2.25% 提高到 2.52%；一年期贷款基准利率上调 0.27 个百分点，由 5.85% 提高到 6.12%；其他各档次存贷款基准利率也相应调整，长期利率上调幅度大于短期利率上调幅度。同时，商业性个人住房贷款利率的下限由贷款基准利率的 0.9 倍扩大为 0.85 倍，其他商业性贷款利率下限保持 0.9 倍不变。

是年，人行揭阳市中心支行落实利率市场化政策，不断完善市场利率监测体系，充实监测分析内容，加强和改进民间借贷市场资金供求、流动性状况、利率走势的监测，及时召开贷款利率定价座谈会，组织开展对农信社贷款利率定价工作的培训辅导，指导、督促辖区各联社制定科学的贷款利率定价办法，跟踪评估农信社贷款利率定价办法的实施效果。

是年，人行揭阳市中心支行对辖区的经济影响进行多次跟踪快速调查，及时反馈利率政策实施效应。运用货币政策工具，在提高利率监测水平基础上，对农信社贷款定价工作进行检查和辅导，督促农信社尽快制定贷款利率定价管理办法，完善贷款定价机制。

2007 年 3 月 18 日，中国人民银行决定上调金融机构人民币存贷款基准利率。金融机构一年期存款基准利率上调 0.27 个百分点，由现行的 2.52% 提高到 2.79%；一年期贷款基准利率上调 0.27 个百分点，由现行的 6.12% 提高到 6.39%；其他各档次存贷款基准利率也相应调整。5 月 19 日，中国人民银行决定小幅上调金融机构人民币存贷款基准利率。金融机构一年期存款基准利率上调 0.27 个百分点，由现行的 2.79% 提高到 3.06%；一年期贷款基准利率上调 0.18 个百分点，由现行的 6.39% 提高到 6.57%；其他各档次存贷款基准利率也相应调整。个人住房公积金贷款利率相应上调 0.09 个百分点。7 月 21 日，中国人民银行决定上调金融机构人民币存贷款基准利率。金融机构一年期存款基准利率上调 0.27 个百分点，由 3.06% 提高到 3.33%；一年期贷款基准利率上调 0.27 个百分点，由 6.57% 提高到 6.84%；其他各档次存贷款基准利率也相应调整。个人住房公积金贷款利率相应上调 0.09 个百分点。8 月 22 日，中国人民银行决定上调金融机构人民币存贷款基准利率。金融机构一年期存款基准利率上调 0.27 个百分点，由 3.33% 提高到 3.60%；一年期贷款基准利率上调 0.18 个百分点，由 6.84% 提高到 7.02%；其他各档次存贷款基准利率也相应调整。个人住房公积金贷款利率相应上调 0.09 个百分点。9 月 15 日，中国人民银行决定上调金融机构人民币存贷款基准利率。金融机构一年期存款基准利率上调 0.27 个百分点，由 3.60% 提高到 3.87%；一年期贷款基准利率上调 0.27 个百分点，由 7.02% 提高到 7.29%；其他各档次存贷款基准利率也相应调整。个人住房公积金贷款利率相应上调 0.18 个百分点。12 月 21 日，中国人民银行决定上调金融机构人民币存贷款基准利率，一年期存款基准利率上调 0.27 个百分点，由 3.87% 提高到 4.14%；一年期贷款基准利率上调 0.18 个百分点，由 7.29% 提高到 7.47%；其他各档次存贷款基准利率也相应调整。个人住房公积金贷款利率保持不变。

2007 年，央行多次调整金融机构存贷款基准利率，人行揭阳市中心支行第一时间对各方反应进行快速调查，及时掌握、反馈相关政策在辖区的执行效果。加强利率管理，按季做好银行业贷款、金融同业存款、个人住房贷款、民间借贷等利率监测工作，市场利率走势分析，跟踪分析央行利率政策对辖区金融机构经营行为及地方经济运行的调控效应。做好放开城乡信用社贷款利率上限准备工作，建立相关监测备案制度。开展对放开农信社贷款利率上限的摸底调查，重点了解辖内农信社贷款利率定价机制完善和实施情况，贷款管理水平和风险控制能力等。

2008 年 1 月 18 日，中国人民银行发布《关于开展人民币利率互换业务有关事宜的通知》，全面推出利率互换业务。9 月 16 日，中国人民银行决定下调金融机构人民币贷款基准利率。金融机构一年期贷款基准利率下调 0.27 个百分点，由 7.47% 下调至 7.20%，其他各档次贷款基准利率相应调整。同时下调个人住房公积金贷款利率。5 年期以下由 4.77% 下调到 4.59%，下调 0.18 个百分点；5 年期以上由 5.22% 下调到 5.13%，下调 0.09 个百分点。存款基准利率保持不变。10 月 9 日，中国人民银行决定下调金融机构人民币存贷款基准利率。金融机构一年期存款基准利率下调 0.27 个百分点，由 4.14% 下调至 3.87%；一年期贷款基准利率下调 0.27 个百分点，由 7.20% 下调至 6.93%；其他各档次存贷款利率相应调整。个人住房公积金贷款利率相应下调 0.27 个百分点。10 月 22 日，中国人民银行决定自 2008 年 10 月 27 日起，扩大商业性个人住房贷款利率下浮幅度，调整最低首付款比例。商业性个人住房贷款利率的下限扩大为贷款基准利率的 0.7 倍；最低首付款比例调整为 20%。个人住房公积金贷款利率相应下调 0.27 个百分点。10 月 30 日，中国人民银行决定下调金融机构人民币存贷款基准利率。金融机构一年期存款基准利率下调 0.27 个百分点，由 3.87% 下调至 3.60%；1 年期贷款基准利率下调 0.27 个百分点，由 6.93% 下调至 6.66%；其他各档次存贷款利率相应调整。个人住房公积金贷款利率保持不变。11 月 27 日，中国人民银行决定下调人民币存贷款基准利率和人民银行对金融机构存贷款利率。一年期存款利率由 3.60% 下调至 2.52%，下调 1.08 个百分点；1 年期贷款利率由 6.66% 下调至 5.58%，下调 1.08 个百分点；其他期限档次存贷款基准利率作相应调整。5 年期以下个人住房公积金贷款利率下调至 3.51%，下调 0.54 个百分点；5 年期以上（含）下调至 4.05%，下调 0.54 个百分点。同时，下调人民银行对金融机构存贷款利率。其中，法定准备金存款利率由 1.89% 下调至 1.62%，下调 0.27 个百分点；超额准备金存款利率由 0.99% 下调至 0.72%，下调 0.27 个百分点；1 年期流动性再贷款利率由 4.68% 下调至 3.60%，其他再贷款利率相应下调；再贴现利率由 4.32% 下调至 2.97%。

是年，人行揭阳市中心支行落实人行总行和广州分行利率按月报备工作要求，并按月公布辖区利率水平，引导市场合理定价。加强对货币市场银行间同业拆借利率的宣传，督促指导农信社不断完善自身的定价机制，提高定价能力。

2010 年 10 月 20 日，中国人民银行决定上调金融机构人民币存贷款基准利率，其中，一年期存款基准利率上调 0.25 个百分点，由 2.25% 提高到 2.50%；一年期贷款基准利率上调 0.25 个百分点，由 5.31% 提高到 5.56%；其他期限档次存贷款基准利率作相应调整。12 月 26 日，中国人民银行决定上调金融机构人民币存贷款基准利率。其中，一年期存款基准利率上调 0.25 个百分点，由 2.50% 提高到 2.75%；一年期贷款基准利率上调 0.25 个百分点，由 5.56% 提高到 5.81%；其他期限档次存贷款基准利率作相应调整。同时，上调中国人民银行对金融机构贷款利率，其中一年期流动性再贷款利率由 3.33% 上调至 3.85%；一年期农村信用社再贷款利率由 2.88% 上调至 3.35%；再贴现利率由 1.80% 上调至 2.25%。

2011 年 2 月 9 日，中国人民银行决定上调金融机构人民币存贷款基准利率，其中，一年期存款基准利率上调 0.25 个百分点，由 2.75% 提高到 3%；1 年期贷款基准利率上调 0.25 个百分点，由 5.81% 提高到 6.06%；其他期限档次存贷款基准利率及个人住房公积金贷款利率作相应调整。4 月 6 日，中国人民银行决定上调金融机构人民币存贷款基准利率，其中，一年期存款基准利率上调 0.25 个百分点，由 3% 提高到 3.25%；一年期贷款基准利率上调 0.25 个百分点，由 6.06% 提高到 6.31%；其他各档次存贷款基准利率及个人住房公积金贷款利率相应调整。7月7日，中国人民银行决定上调金融机构人民币存贷款基准利率。其中，一年期存款基准利率上调0.25个百分点，由3.25%提高到3.50%；一年期贷款基准利率上调0.25个百分点，由6.31%提高到6.56%；其他各档次存贷款基准利率及个人住房公积金贷款利率相应调整。

是年，人行揭阳市中心支行继续加强利率管理及监测分析调研工作，强化利率知识普及，通过“金融知识进乡村 助农民群众理财”大型户外宣传活动，开展利率知识宣传。

2012年6月7日，中国人民银行决定自2012年6月8日起下调金融机构人民币存贷款基准利率，其中，一年期存款基准利率下调0.25个百分点，由3.5%下调到3.25%；一年期贷款基准利率下调0.25个百分点，由6.56%下调到6.31%；其他各档次存贷款基准利率及个人住房公积金存贷款利率作相应调整。同时，调整金融机构存贷款利率浮动区间：（1）将存款利率浮动区间的上限调整为基准利率的1.1倍；（2）将贷款利率浮动区间的下限调整为基准利率的0.8倍。7月5日，中国人民银行决定自2012年7月6日起下调金融机构人民币存贷款基准利率。其中，一年期存款基准利率下调0.25个百分点，由3.25%下调到3%；一年期贷款基准利率下调0.31个百分点，由6.31%下调到6%；其他各档次存贷款基准利率及个人住房公积金存贷款利率相应调整。同时，将金融机构贷款利率浮动区间的下限调整为基准利率的0.7倍。

2012年，人行揭阳市中心支行加强利率管理，推进利率市场化。及时掌握辖区利率水平和变化趋势，并将利率情况向辖区金融机构公布，引导其根据利率政策及市场信息确定合理的利率水平。加强利率监测分析与研究，并重点监测分析地方法人金融机构利率定价情况，提出推进利率市场化的政策建议。指导辖区法人金融机构完善其存贷款计结息操作规则和备案制度，督促金融机构做好存贷款计结息操作规则报备工作，并对其进行利息计算辅导等，确保利率调整后有关利息计算方面平稳运行。

2013年7月20日，中国人民银行决定全面放开金融机构贷款利率管制。取消金融机构贷款利率0.7倍的下限，由金融机构根据商业原则自主确定贷款利率水平。取消票据贴现利率管制，改变贴现利率在再贴现利率基础上加点确定的方式，由金融机构自主确定。对农村信用社贷款利率不再设立上限。为继续严格执行差别化的住房信贷政策，促进房地产市场健康发展，个人住房贷款利率浮动区间暂不作调整。9月24日，市场利率定价自律机制成立暨第一次工作会议在北京召开。市场利率定价自律机制是由金融机构组成的市场定价自律和协调机制，旨在符合国家有关利率管理规定的前提下，对金融机构自主确定的货币市场、信贷市场等金融市场利率进行自律管理，维护市场正当竞争秩序，促进市场规范健康发展。会议审议通过《市场利率定价自律机制工作指引》《贷款基础利率集中报价和发布规则》，选举首任市场利率定价自律机制主任委员。10月25日，贷款基础利率集中报价和发布机制正式运行。贷款基础利率是商业银行对其最优质客户执行的贷款利率，其他贷款利率可在此基础上加减点生成。在报价行自主报出本行贷款基础利率的基础上，指定发布人对报价进行加权平均计算，形成报价行的贷款基础利率报价平均利率并对外公布。贷款基础利率机制是市场基准利率报价从货币市场向信贷市场的进一步拓展，为金融机构信贷产品定价提供重要参考。

2013年，人行揭阳市中心支行健全利率管理机制，稳步推进利率市场化改革。及时将利率政策传导到位，积极就政策调整后对辖区金融机构经营情况影响、利率定价方式变化、金融机构适应程度等展开调查，并及时向广州分行汇报辖区金融机构利率执行情况，确保利率政策得到有效落实，维护辖区金融机构利率竞争秩序。建立健全利率监测体系。调动小额贷款公司、农户、企业等力量形成社会利率监测合力，拓宽利率信息来源渠道，全面掌握辖内利率水平和变化趋势，依托利率报备系统和监测分析报告，形成连续有效的利率监测平台，同时，定期向金融机构公布利率水平，促进信息共享及引导合理定价。强化金融机构利率报备工作，注重监测金融机构在存款利率浮动区间扩大后的差异化定价情况，加强贷款利率市场化对金融机构定价的影响分析，全面及时掌握影响存贷款利率变动的主要因素。指导辖内法人金融机构完善其存贷款计结息操作规则和备案制度，督促金融机构做好存贷款计结息操作规则报备工作，并对其进行利息计算辅导等，确保利率调整后有关利息计算方面平稳运行。

2014 年 11 月 22 日，中国人民银行采取非对称方式下调金融机构人民币贷款和存款基准利率。其中，金融机构一年期贷款基准利率下调 0.4 个百分点至 5.6%；一年期存款基准利率下调 0.25 个百分点至 2.75%。同时结合推进利率市场化改革，将金融机构存款利率浮动区间的上限由存款基准利率的 1.1 倍调整为 1.2 倍；其他各档次贷款和存款基准利率相应调整，并对基准利率期限档次作适当简并。

2014 年，根据人行总行《金融机构合格审慎评估实施办法》有关要求，继续健全市场利率定价自律机制，推动揭阳市地方法人金融机构参与市场利率定价自律机制成员遴选，争取更多市场化定价权，2014 年 3 月，动员辖区内各地方法人金融机构积极参与，组织开展合格审慎评估指标试算，并根据各金融机构试算结果，有针对性提出改进意见，加大日常工作指导力度，提升金融机构合格审慎经营能力。10 月 23 日，召开揭阳市地方法人金融机构合格审慎评估暨利率定价座谈会，由广州分行货币信贷管理处韦婵娜副处长带队调研，听取揭阳市各法人金融机构合格审慎经营情况汇报，并根据各金融机构指标测算结果，初定推荐揭西农商行及普宁市农村信用合作联社为粤东地区合格审慎评估示范对象，参与下一批次市场利率定价自律机制成员遴选，同时，分别针对其他金融机构经营情况提出增资扩股、差别化贷款定价等措施，明确任务，全力推进揭阳地区利率市场自律机制建设。

2015 年 3 月 1 日，中国人民银行下调金融机构人民币贷款和存款基准利率。其中，金融机构一年期贷款基准利率下调 0.25 个百分点至 5.35%；一年期存款基准利率下调 0.25 个百分点至 2.5%，同时结合推进利率市场化改革，将金融机构存款利率浮动区间的上限由存款基准利率的 1.2 倍调整为 1.3 倍；其他各档次存贷款基准利率及个人住房公积金存贷款利率相应调整。5 月 11 日，中国人民银行下调金融机构人民币贷款和存款基准利率。其中，金融机构一年期贷款基准利率下调 0.25 个百分点至 5.1%；一年期存款基准利率下调 0.25 个百分点至 2.25%，同时结合推进利率市场化改革，将金融机构存款利率浮动区间的上限由存款基准利率的 1.3 倍调整为 1.5 倍；其他各档次存贷款基准利率及个人住房公积金存贷款利率相应调整。6 月 28 日，中国人民银行下调金融机构人民币贷款和存款基准利率，以进一步降低企业融资成本。其中，金融机构一年期贷款基准利率下调 0.25 个百分点至 4.85%；一年期存款基准利率下调 0.25 个百分点至 2%；其他各档次贷款及存款基准利率、个人住房公积金存贷款利率相应调整。8 月 26 日，中国人民银行下调金融机构人民币贷款和存款基准利率，以进一步降低企业融资成本。其中，金融机构一年期贷款基准利率下调 0.25 个百分点至 4.6%；一年期存款基准利率下调 0.25 个百分点至 1.75%；其他各档次贷款及存款基准利率、个人住房公积金存贷款利率相应调整。同时，放开一年期以上（不含一年期）定期存款的利率浮动上限，活期存款以及一年期以下定期存款的利率浮动上限不变。10 月 24 日，中国人民银行下调金融机构人民币贷款和存款基准利率，以进一步降低社会融资成本。其中，金融机构一年期贷款基准利率下调 0.25 个百分点至 4.35%；一年期存款基准利率下调 0.25 个百分点至 1.5%；其他各档次贷款及存款基准利率、人民银行对金融机构贷款利率相应调整；个人住房公积金贷款利率保持不变。

2015年，央行加快利率市场化进程，并于10月24日，对商业银行和农村合作金融机构等不再设置存款利率浮动上限，在利率市场化推进过程中，人行揭阳市中心支行加强利率监测和引导，维护辖区利率市场健康发展，这标志着中国利率管制的基本放开，利率市场化改革取得关键性进展。继续做好利率日常监测工作。及时转发总行和广州分行降息文件，贯彻落实总行和广州分行利率政策，做好利率政策调整对辖区金融机构经营管理和微观主体影响的调研工作，引导金融机构切实降低企业融资成本。及时做好相关调研和后续跟踪工作，重点分析利率市场化改革对金融机构定价、盈利、经营管理及企业、居民等微观主体的影响，评估金融机构对改革的承受能力。

2016年2月17日，中国人民银行、住房和城乡建设部、财政部印发《关于完善职工住房公积金账户存款利率形成机制的通知》，决定自2月21日起，将职工住房公积金账户存款利率，由现行按照归集时间执行活期和三个月存款基准利率，调整为统一按一年期定期存款基准利率执行。

2016年，人行揭阳市中心支行组织辖内5家地方法人金融机构参加合格审慎评估工作和年检工作，揭东农商行、揭阳农商行、普宁农商行、惠来农信联社4家金融机构被评为自律机制基础成员，成员资格的取得使金融机构拥有发行同业存单的资格和获得更多的市场化定价权，促进金融机构强化财务约束、提高自主定价能力，完善市场供求决定的利率形成机制。

2017年，人行揭阳市中心支行继续加强辖区存款利率自律管理，引导金融机构自觉维护市场竞争秩序。推动辖区地方法人金融机构稳步开展合格审慎评估，组织辖内5家地方法人金融机构参加合格审慎评估工作和年检工作，揭东农商行和揭阳农商行保留自律机制基础成员资格，惠来农信社、普宁农商行和揭西农商行被评为自律机制观察成员。

2018年，人行揭阳市中心支行继续强化利率监测管理，加强利率监测和引导，关注利率市场化对金融机构的影响。按季做好地方法人金融机构定价行为评估，督促金融机构加强自身定价行为的自律管理，维护辖区有序的利率定价秩序。

六、资产负债比例管理

资产负债比例管理是《中华人民共和国商业银行法》的核心内容之一，它既是中央银行监管商业银行的基本方法，也是商业银行自律的措施。资产是指企业拥有或者控制的能以货币计量的经济资源。根据商业银行的特点，主要包括各种贷款、库存现金、证券及投资等。

负债是指企业所承担的能够以货币计量、需要以资产或劳务偿付的债务。商业银行的负债包括各项存款、借款、金融机构往来等。资产负债比例管理是对资产和负债之间的组合关系，通过比例的形式进行科学的、及时的协调，正确处理控制风险与增加收益的关系，在保证资金使用的流动性、安全性的前提下，获得尽可能多的盈利。

我国银行业从1994年在4家国有商业银行试行“限额下的资产负债比例管理”以后，银行的经营管理才开始走上科学化和现代化的轨道。1994年，人行总行印发《信贷资金管理暂行办法》提出“固定资产贷款从严控制，流动资金贷款区别对待，农副产品收购贷款保证供应”的方针。人行发布《商业银行资产负债比例管理考核暂行办法》，推行资产负债比例管理和风险管理办法。同年，人行广东省分行印发《关于办理外汇抵押人民币贷款业务有关问题的通知》，对外汇抵押人民币贷款比例作出规定。

1995年，中国人民银行分四类编制信贷计划：政策性银行实行指令性计划管理，工、农、中、建4家银行实行贷款限额下的资产负债比例管理，其他商业银行实行以资产负债比例管理为基础的规模管理，非银行金融机构按有关规定实行资产负债比例管理；印发《贷款通则》（试行），规范贷款行为，保障借贷双方合法权益；印发《商业银行自营住房贷款管理暂行规定》和《个人定期储蓄存款存单小额抵押贷款办法》，规范住房贷款业务和个人贷款业务。人行广东省分行对辖内商业银行房地产信贷业务进行清理，对工、农、中、建4家银行信贷资金来源与运用进行专项稽核。

1996年后，中国人民银行揭阳分行不断完善对辖区金融机构资产负债比例指标考核制度，并逐步推行全面的资产负债比例管理制度。

1996年12月，中国人民银行颁布《关于印发商业银行资产负债比例管理监控、监测指标和考核办法的通知》。

1998年1月1日起，对辖区农村信用社实施资产负债比例管理，主要有资本充足率、贷款质量指标、单户贷款指标、备付金比例、拆借资金比例、存贷款比例、中长期贷款比例、资产利润率、贷款利息收回率9大指标。至此，辖区各商业银行和信用社实现全面的资产负债比例管理，促使商业银行和信用社高度重视信贷资金安全性、流动性和效益性。

2010年10月26日，《关于印发商业银行资产负债比例管理监控、监测指标和考核办法的通知》失效。

七、窗口指导

1992年，揭阳建市，恰逢邓小平视察南方谈话。10月，党的十四大又明确提出建立社会主义市场经济体制基本框架的改革目标和使国民经济提前翻两番的发展目标。全国宏观政策再度趋松，辖区通过加强信贷管理，提高资金效益，加强资金灵活调控，向上争取增援指标，向内强调优化结构，盘活存量，强化金融管理。

1994年，中央印发《关于制定国民经济和社会发展“九五”计划和2010年远景目标的建议》，中国人民银行采取适度从紧的货币政策，缩小信贷规模控制范围，对商业银行实行贷款限额控制下的资产负债比例管理，并实行新增贷款责任制制度，建立由政府、银行、企业“三位一体”的管理办法和贷款跟踪使用的手段，从定项目，定贷款，跟踪资金使用，投产效益，收回贷款全程承包、全程服务，实现“借、用、还”良性循环。

1996年，辖区按国民经济发展计划要求，严格控制货币信贷总量，不准超计划、绕规模发放贷款。按照国家产业政策，对不同的产业，企业产品的信贷支持有“松”有“紧”，实行“区别对待，扶优限劣”的信贷政策导向，增加对农业、工业及商贸进出口领域资金支持。

1997年，辖区根据中央经济工作会议精神，中央银行将继续执行适度从紧货币政策，促进经济的稳中求进的方针政策大局。结合揭阳市经济、金融实际，人行揭阳市中心支行提出促进经济稳健发展措施：对农业的投入，将新增贷款的15%投入农业及其相关项目，特别是对“三高”农业的支持；调整信贷结构促进经济结构调整，培育新的经济增长点。对产品暂时没有市场和效益，目前较为困难，但产品市场前景看好的企业或经过注入一定资金，可以启动搞活的企业，通过财政贴息，银行给予支持；对亏损企业中个别有市场、有效益的产品，采取剥离出来的办法，单独对该产品给予支持，企业必须对贷款资金实行专用，确保贷款本息如期归还，促其扭亏转盈，清理银行承兑汇票；为企业办理银行承兑汇票，帮助工业企业解决资金困难，对企业收到的银行承兑汇票，予以办理贴现贷款，国有商业银行因办理贴现贷款出现暂时资金困难时，人民银行通过使用掌握的再贴现贷款和规模给予解决；执行利率政策，促进企业改善经营管理等措施，避免信贷资金使用分散化，达到“精用增量资金、活化存量资金”，确保左右全市经济形势、关系经济命脉的支柱产业和骨干企业有较充裕的资金环境，促进全市经济协调发展的大局。

1998年，辖区执行货币信贷政策，监督引导信贷投向。国务院、人行总行先后出台一系列支持地方经济建设，促进国民经济增长的货币信贷政策，如取消贷款规模管理限制，三次降低存贷款利率，推行个人住房贷款等，开展贷款清分工作，对此及时进行传达贯彻，并转发到辖属各金融机构执行，人行揭阳市中心支行制定《关于进一步支持揭阳经济发展的十条具体措施》，指导各行、社优化信贷投向，把有限的资金用好用活，用在刀刃上。围绕全国经济工作会议精神，加大对农业基础地位的投入，向农业和乡镇企业倾斜。“围绕努力寻求极大地促进生产力发展的公有制多种实现形式”方针，更新信贷观念，扶持私营个体经济发展，增投1.34亿元，居各种贷款增速前列。拓展个人住房贷款业务，使年贷款余额达到9183万元，比年初增加6693万元，增长2.69倍，对推动住房制度改革，培育新经济增长点有较大意义。

1999年，辖区引导信贷结构的调整，充分发挥监管“指导窗口” 作用，组织辖内金融机构形成执行宏观货币政策的整体，推动金融业务的顺利开展。全市金融机构的各项存贷款余额达223.52亿元和148.11亿元，分别比1998年年底增加23.33亿元和18.39亿元，增长11.66%和14.17%。全市金融机构新增贷款突出重点地支持全市重点工业企业生产、重点工程建设，支持对外经贸出口、农副产品收购加工，启动和扩大住房按揭等消费贷款，改善对中小型企业金融服务等，培植经济新增长点，推动全市经济的平稳发展和增长目标的实现。

2000年，人行揭阳市中心支行实施适当的货币政策，银行业进一步加大对经济结构调整和经济发展的支持力度。在信贷业务上，贯彻国家关于刺激消费、扩大需求的宏观调控政策，不断开辟新的企业融资品种和拓展个人消费信贷品种，贷款重点支持有市场、有效益、有信用的国有、个体、民营企业开展生产和经营以及地方的基础设施重点建设项目。

2001年，辖区落实稳健货币政策，加强“窗口”指导作用，不断提升央行服务职能和效率，大力支持服务地方经济的发展。支持非公有制经济和中小企业的发展。中小企业在揭阳市企业中占绝大多数，是经济的基础和新的经济增长点。引导农信社加大支农力度，支持特色农业、科技农业和高效农业的开发；推广农户联保贷款，大力简化贷款手续，解决农户贷款难问题，全市农信社共发放支农贷款19.73亿元，增长4.74%。

2002年，辖区以促进生产力发展为标准，顺应和把握战略趋势，合理运用多种货币政策工具，加大对“三农”和中小企业的信贷支持力度，促进消费贷款、助学贷款业务，加大维护金融债权力度，分类指导和宏观调控的力度，辖区银行存款、贷款保持稳步增长的势头，有力支持地方经济的发展。强化窗口指导，切实做好窗口指导工作，督促各国有商业银行继续完善现代企业制度改革，促使其以利润为目标，以市场为导向，以资金营销为主体，加强金融业务创新，强化贷款营销意识，建立激励和约束机制，努力增加有效信贷投入。继续深化推广农户小额信用贷款和创建信用村镇工作。指导农村信用社大力推动农户小额信用贷款的同时，努力做好各项金融服务工作，为农户提供各种信息，帮助农户理财，指导农户用好贷款。把提高信用农户、创建信用村（镇）工作，始终作为一项十分重要的基础工作来抓，用农户良好的信誉，来保证农户小额信用贷款的质量。督促金融机构加大业务创新力度，开发既适应中小企业特点又能降低信贷风险的金融新产品，努力增加对中小企业的信贷投入。

2003年，辖区按照发展先进生产力的要求，全面提高货币政策的有效性，创新货币政策传导环境，确保货币政策有效渗透到经济发展中，为辖区经济的发展提供良好的金融支持。构建政银企合作平台。优化信贷结构。结合辖区经济发展目标，紧紧围绕市政府建立“发达轻工业基地”的战略定位，引导商业银行提高信贷市场营销观念，支持重点行业、出口创汇企业和民营中小型生产性企业的发展；引导各金融机构加强对外贸和居民消费的信贷支持，推进助学贷款和下岗失业人员小额担保贷款业务，鼓励商业银行开办出口退税账户托管贷款业务；引导加大对“三农”的信贷投入，制定印发《揭阳市农村信用社支农服务工作意见》，推动小额信贷和农户联保贷款工作，创建支农示范点，以支农典型促进农信社的发展，实行挂钩抓点制度，实行支农政策宣传和调研、支农力度与支农面、支农贷款发放形式三方面内容评比通报制度，实现支农工作和农村信用社经营双赢。

2005 年，辖区落实稳健的货币政策，改进“窗口”指导，推动金融业务长足发展。指导金融机构有效贯彻落实信贷政策，密切关注信贷资金在不同地区、行业和企业间的动态变化和风险状况，引导金融机构分析、掌握县域经济发展亮点和态势，加大对县域经济的支持力度，促进全市经济协调发展。支持非公有制经济发展。开展金融服务中小企业和非公有制经济的专题调研，对辖区金融支持中小企业的主要症结进行研究，并从政府、企业、金融的角度分别提出措施和建议。

落实国家助学贷款新政策，按照新机制的要求，协调金融机构、教育、财政部门和高等院校的密切配合，针对国家助学贷款推行中碰到的困难和问题，研究解决办法，推动辖区工商银行与潮汕学院、揭阳学院全面建立银校合作关系。继续与政府有关部门、商业银行联手做好下岗失业人员小额担保贷款业务，加大金融对就业与再就业工作的支持，引导商业银行在防范风险的前提下，有效落实国家就业和信贷政策。

2007 年，为落实国家信贷政策，防止信贷投放过快，防范信贷风险，10 月召开全市货币信贷与地方经济金融发展座谈会，及时传达人行总行信贷工作会议精神，对辖区货币信贷工作提出指导意见；11 月组织对辖内信贷增长较快的农信社逐个实地调研，督促其加强信贷资金管理，控制贷款合理增长，防范信贷风险。坚持区别对待、有保有压的信贷政策，引导商业银行优化信贷结构，配合揭阳区域发展政策，合理安排信贷投放。引导金融机构加大金融创新力度，加强中小企业金融服务；找准金融支农着力点，助推新农村建设。

2008 年，通过货币政策暨金融稳定分析制度、金融运行分析联席会议和房地产金融会议等形式，督促金融机构加强流动性管理，及时调整资产结构，合理控制贷款增长，保持贷款平衡投放，避免贷款大起大落；引导金融机构加强信贷结构调整，加强和改进对“三农”的信贷支持，严格限制对“两高一剩”等行业的贷款，继续加强对就业、助学、中小企业等经济弱环节的支持。同时根据货币信贷调控需要和上级行要求做好特种存款办理工作，回收相关金融机构流动性，引导金融机构合理投放贷款。试点建立揭阳市信贷政策导向效果评估报告工作制度。成立揭阳市信贷政策导向效果评估工作领导小组，选取金融支持“三农”、中小企业信贷和房地产信贷作为评估内容，研究制定《揭阳市银行业金融机构信贷政策导向效果评估试行办法》，每半年对辖区农信社支持“三农”和商业银行支持中小企业及房地产信贷情况进行评估，动态跟踪监测和评估信贷政策执行效果，促进金融机构落实国家有关信贷政策，提高信贷政策的导向效果。

2009 年，人行揭阳市中心支行与揭阳银监分局联合印发《关于进一步加强信贷结构调整促进国民经济平稳较快发展的实施意见》,引导辖区金融机构正确把握政策意图,找准金融支持经济发展的切入点，突出信贷投向重点，增加信贷总量。配合推进中小企业信用担保机构建设，促成市政府出台《关于推进全市中小企业信用体系建设的意见》，鼓励发展多种不同组织形式的担保机构，推动信用担保机构与银行之间的合作。督促指导金融机构贯彻落实好国家支农信贷政策，延伸服务领域，提高农村金融的覆盖面和影响力。辖区各农信联社在贷款方式、流程和简化手续方面进行改进，农行揭阳分行主动延伸金融服务触角，农发行揭阳市分行拓展业务领域，解决农户“贷款难”问题。完善信贷政策导向效果评估制度，修改《揭阳市银行业机构信贷政策导向效果评估办法（试行）》，完成对辖内11家金融机构2008年度和2009年上半年度执行中小企业和“三农”信贷政策情况的试评估工作，促进金融机构落实信贷政策。

2010年，辖区继续加强对金融机构的信贷“窗口”指导，在保持政策连续性和稳定性的基础上增强灵活性和针对性，把握好政策实施的力度、节奏和重点，有效地支持地方经济的发展。依托信贷形势分析联席会、金融工作协调会、信贷政策导向效果评估通报会等形式，畅通货币政策传导渠道，引导金融机构把握好信贷投放节奏，不断优化信贷结构，合理配置信贷资源。把握货币政策导向，支持经济结构调整，贯彻上级有关文件精神，引导金融机构找准金融支持经济发展的切入点，进一步做好支持重点产业调整振兴、节能减排和淘汰落后产能的金融服务工作，提升金融对中小企业的服务能力，推进农村金融产品和服务方式创新。建立新增信贷投放监测快报制度，重点监测法人金融机构信贷投放情况，准确把握好揭阳辖区的信贷投放节奏，及时掌握信贷增长与投向情况，全面分析揭阳市信贷结构和增长趋势。完善信贷政策导向效果评估制度，完成对揭阳市11家金融机构2009年及2010年上半年贯彻执行中小企业和“三农”信贷政策情况的评估，促其落实国家有关信贷政策。同时与地方政府密切配合，搭建政银企合作平台，支持中小企业发展。人行揭阳市中心支行协助市政府组织举行揭阳市2010年政银企合作签字仪式，共有13家金融机构与184家企业签订融资意向额度156.78亿元，同比增长40%。同时引导金融机构创新信贷产品和审批模式，探索多种抵押担保方式，解决中小企业信贷服务难题。

落实涉农信贷政策，转发上级行《关于做好春季农业生产和西南地区抗旱救灾金融服务工作的紧急通知》，督促指导辖区金融机构落实工作。建立金融支持大学生“村官”创业富民专项监测报告制度。

2011年，开展对地方法人金融机构全年新增贷款投放计划情况的摸底调查，详细了解每家农信社的贷款总量需求，建立信贷监测旬报制度，按旬监测、按月考核农信社贷款增长情况；对新增贷款超过规划的农信社贷款增长的原因、投向及时进行调查了解。加强对贷款规划落实工作的指导。督促农信社信贷规划工作，向各农信社明确人行总行的货币政策意图，要求各农信社合理控制贷款投放进度，防范流动性风险。根据每个月度的信贷监测情况，督促信贷投放超标的单位严格执行贷款投放规划和节奏。坚持“区别对待，有保有压”，继续加强对“三农”、中小企业、就业、助学等改善民生类项目的信贷支持工作，并加强货币政策与财政政策、产业政策的协调配合，为经济发展创造良好的金融生态环境。

2012年，加大“窗口”指导，提高信贷政策导向力。建立健全信贷政策导向效果评估制度，有序推进评估工作。根据《揭阳市银行业机构信贷政策导向效果评估办法（试行）》，对辖区金融机构2011年度涉农和中小企业信贷业务进行评估，并将评估结果以正式文件的形式在辖区金融机构进行通报，同时抄报给市领导及相关部门，切实提高评估结果有效性，为促进信贷政策的有效传导和实施提供有力支撑。通过建立“信贷形势分析暨信贷导向效果评估会议”制度，每季度召开会议，分析辖区经济和金融发展形势，引导金融机构在控制风险的前提下加大对经济发展的支持力度，保证货币信贷总量满足经济发展需要，优化信贷结构，坚持“区别对待，有保有压”，继续加强对“三农”、中小企业、就业、助学等改善民生类信贷支持工作。

2013年，辖区认真执行稳健货币政策，贯彻落实《关于加大金融创新力度支持现代农业加快发展的指导意见》，引导金融机构增加“三农”信贷投入和涉农金融服务，大力支持农村基础设施建设和农业产业化龙头企业。积极引导金融机构推行“分年评级、一次授信、额度控制、循环使用”的贷款方式，做实做精小额信用贷款和小额联保贷款，推动涉农金融机构大力推广农户小额信用贷款、农户联保贷款、联合信用贷款、“公司＋农户”贷款等创新产品。同时引导各金融机构创新贷款担保方式，扩大有效担保品范围，发展“信贷＋保险”产品，分散农业信贷风险；探索开展农村土地承包经营权、宅基地使用权抵押贷款试点工作，不断提升“三农”金融服务水平。贯彻落实广州分行王景武行长在《中国人民银行广州分行 揭阳市人民政府共建产业金融创新发展试验区合作框架协议》签约仪式上的讲话精神，加大对新兴战略产业的金融支持，加快传统产业转型升级。贯彻落实《关于加强金融支持广东重点领域建设的通知》精神，对辖内各支行和辖区各金融机构提出扩大社会融资总量规模、促进实体经济转型升级、创新金融资本运营模式、推动“普惠金融”发展、扩大外贸融资、增强支付结算服务能力、加大金融改革发展力度和强化政策与配套措施的激励机制等八条指导意见，全面助力揭阳经济发展提质增速。

2014 年，稳定协调发展的良好态势，引导辖区货币信贷适度平稳增长。组织金融机构按“总量适度、节奏合理、结构优化”的原则用足用好全年新增贷款额度。引导金融机构加强和改进涉农及小微企业金融服务工作，加大对民生金融的投入。引导扩大涉农和小微企业信贷投放。建立完善“‘三农’金融服务中心”“再贷款支农示范点”“农村金融服务站”三个平台，提供更加全面的金融服务。通过鼓励金融机构对产业化程度较高的新型农业经营主体开展“公司＋基地＋农户”等供应链金融服务，更好地支持涉农和小微企业健康发展。按季度落实“信贷形势分析暨信贷导向效果评估”信息交流制度，按上级要求将中小企业信贷政策导向效果评估制度调整为小微企业信贷政策导向效果评估制度，建立起金融支持新型农业经营主体专项监测制度。

2015 年，加强“窗口指导”作用，组织金融机构按“总量适度、节奏合理、结构优化”的原则用足用好全年新增贷款额度。引导金融机构加强和改进涉农及小微企业金融服务工作，加大对民生金融的投入。用足用好再贷款，引导扩大涉农和小微企业信贷投放。引导各法人金融机构优先满足春耕备耕信贷资金需求和扩大涉农领域的信贷支持，重点是满足全市农业龙头企业、涉农科技型企业、农户和农村中小企业、揭东区军埔村电商、“一镇一品”工程等的贷款需求。强化业务创新、加强信贷指导，助推地方经济良性发展。探索科技、金融融合发展，助力科技创新驱动，与科技局共同研究出台《关于推动揭阳市科技与金融结合发展的指导意见》，推动 2 家高新技术企业成功在银行间债券市场发行直接债务融资 14 亿元，设立科技支行 1 家，共计发放科技型企业贷款 2 亿多元。

2016 年，引导各金融机构继续围绕全市经济发展的重点、特点，开发、应用具有行业特色的信贷产品，如“绿色园林贷”“政银保”等金融产品，加大对弱势群体、新消费领域的支持力度。加强“窗口”指导，引导金融支持钢铁煤炭行业去产能。综合运用货币信贷政策，切实推动企业融资成本降低。2016 年辖区企业贷款加权平均利率较 2015 年下降 0.75 个百分点，减轻企业融资成本约 3.10 亿元。

2017 年，发挥信贷政策导向作用，将支农再贷款、扶贫再贷款额度向县域农村金融机构倾斜，有效传导政策红利，扩大涉农和小微企业贷款覆盖面，切实降低企业融资成本。持续推进金融精准扶贫，联合揭阳市扶贫办等单位印发《揭阳市扶贫小额信贷工作实施方案》，推动辖区金融机构与地方扶贫办、保险公司签订金融支持精准扶贫合作框架协议，落实 300 万元风险担保金、全额贷款贴息及 80% 的保费补贴等配套政策，着力破解扶贫小额信贷的落地瓶颈。与市金融工作局、市扶贫办等联合印发《关于扎实推进揭阳市信用扶贫工作的实施意见》等文件，指导金融机构推动信用扶贫基础建设，开通贷款“绿色通道”，创新信贷产品，推进金融扶贫精准对接。探索科技金融融合发展。联合市科技局、金融局出台《关于完善揭阳市科技金融服务创新驱动发展的指导意见》，引导金融机构加大对科技型企业的金融服务力度。配合做好去库存、去产能等工作。落实差别化住房信贷政策要求，与统计、房管等单位构建信息交流机制，强化住房信贷政策管理，保障房地产金融稳健发展。印发关于加强涉钢企业融资监管的文件，开展涉钢企业融资授信排查，引导金融机构做好有关贷款的压降清收工作。

2018年，落实人行总行《关于开展金融扶贫领域作风问题专项治理的通知》提出的22个治理重点，深入开展专项治理工作；组织召开金融精准扶贫工作座谈会，引导金融机构持续推进金融精准扶贫工作；完善扶贫小额信贷制度，合理引导金融机构与市扶贫部门合作开展扶贫小额信贷业务。加强消费信贷业务规范管理，防范信贷资金违规流入房地产市场；完善住房信贷政策管理，坚决按国家差别化住房信贷政策要求，督促辖区法人金融机构执行住房金融服务工作新要求，助力辖区房地产健康发展。制定出台《揭阳市深化小微企业金融服务行动方案（2018—2019）》，实施深化小微企业金融服务七大行动、24条举措，全面提升小微企业金融服务水平。

八、货币信贷监督管理

20世纪90年代起，辖区各专业银行开始实行贷款质量分类办法，以规范和加强信贷风险管理。先后执行人民银行1994年制定的《资产负债比例管理办法》和1996年颁布的《贷款通则》，以贷款逾期长短为标志划分和衡量贷款质量，确定正常贷款、逾期贷款、呆滞贷款、呆账贷款（按财政部规定标准确定需要冲销的贷款），后三类称为不良贷款（简称“一逾两呆”）。同时，人行揭阳分行建立货币信贷质量监管考核制度，实行贷款“比例”和“规模”双向考核，强化不良贷款清收责任制，严格控制信贷总量和不良贷款，引导合理调整信贷结构。

1992年，中国人民银行揭阳分行通过深入开展金融体制改革，切实转换职能，强化金融管理，在潮汕地区行政区域调整中，逐步理顺各金融机构的设置和摆布及其挂靠关系，建立完善新市金融布局。主要工作是治理通货膨胀、消除经济过热；完善贷款计划管理，严格控制信用总量，加强资金灵活调控，合理引导贷款投向，调整信贷结构，强化金融管理，建立完善新市金融布局，保证信贷增长质效。

1993年，严格控制信用总量，调整信贷结构针对信用总量扩大过快的问题，在专业银行的信贷计划管理方面实行贷款最高限额下的比例管理，将全年贷款限额分解为季度控制，保证各专业银行安排运用资金的灵活性和合理性，促使其对本系统的信贷资金运用情况、资金供需情况自觉地进行系统分析和预测，增强营运能力，确保信贷资金在符合市场经济条件下的合理流向结构调整。

1994年，人民银行揭阳分行执行中国人民银行《关于人民银行分支行转换职能的意见》和国务院《关于金融体制改革的决定》，转变职能，以《中国人民银行法》等金融法律、法规的颁布实施为契机，加强宏观调控为目标，贯彻适度从紧的货币政策，深化职能改革。为贯彻中央《关于制定国民经济和社会发展“九五”计划和2010年远景目标的建议》，人民银行揭阳分行执行中国人民银行印发的《关于对商业银行实行资产负债比例管理的通知》和《关于印发〈信贷资金管理暂行办法〉的通知》，信贷资金管理按照“总量控制、比例管理、分类指导、市场融通”的基本原则，对全市金融机构实行有条件的资产负债比例管理，严格考核存贷款比例管理指标的动态情况，及时掌握贷款计划执行情况，同时，继续对固定资产贷款规模进行指令性指标控制考核，不得突破。缩小信贷规模控制范围，对商业银行实行贷款限额控制下的资产负债比例管理，并实行新增贷款责任制制度，建立由政府、银行、企业“三位一体”的管理办法和贷款跟踪使用的手段，从定项目，定贷款，跟踪资金使用，投产效益，收回贷款全程承包、全程服务，实现“借、用、还”良性循环。全市超规模、超比例发放贷款的势头初步得到遏制。

1995年，《中华人民共和国中国人民银行法》颁布实施后，工作重点由过去的分资金、管规模、批机构转变为贯彻执行中央银行的货币政策，强化对金融机构的监管，增强宏观调控能力，对经济运行加强调研和监测。

1998年，为提高贷款透明度，降低信贷风险，便于银行管理好信贷资产质量，帮助金融机构清理风险贷款，自7月1日起，在辖区金融机构正式实施贷款证制度，禁止无证户贷款。即企业向银行借款时必须向银行提供资格证明书，由人民银行向申请办理贷款证的企业颁发。为适应金融体制改革形势，及时识别、控制和化解金融风险，辖区各商业银行开展全面的信贷资产清理和改进贷款分类工作（简称清分工作），探索推出新的五级分类管理模式，与沿袭财政部同年颁布的《金融保险企业财务制度》规定贷款四级（正常贷款、逾期贷款、呆滞贷款、呆账贷款）分类制度并行，提高信贷经营管理水平。

1999年7月起，市金融机构开始使用信贷登记咨询系统。至2000年，全市金融机构全面使用信贷登记咨询系统，实现开户许可证和贷款证两证合一的信贷管理。辖内任何一家金融机构通过该系统，可以实时查询借款企业的主要财务指标，对其他金融机构的负债、信用拖欠、逃废债、经济纠纷等借款人重要信息，随时监测，以防范银行信贷风险。

2002年1月9日起，改革信贷货币管理工作，辖区金融机构开始全面推行以风险管理为基础的贷款质量五级分类管理，各商业银行按照1998年人民银行制定的《贷款分类指导原则》进行贷款质量五级分类，即按贷款风险程度划分为正常、关注、次级、可疑、损失五类，后三种为不良贷款，并实施分类管理。

2004年起，国有商业银行取消原并行的贷款四级分类制度，辖区金融机构信贷风险管理全面单轨实行五级分类管理办法。

2005年，提出引导各金融机构调整信贷资产期限结构，加大信贷投入；规范和引导民间金融健康有序发展；企业应不断完善自身建设，提高市场竞争力；整顿社会信用秩序，优化融资环境等货币信贷政策管理工作意见。建立民间借贷情况监测制度，落实“三农”金融支持工作重点联系行制度。加强房地产信贷管理。及时反馈房地产信贷政策效应，督促商业银行加强房地产政策和市场研究，提高风险预警能力。

2006年，针对我国经济中出现的投资增长过快、信贷投放过多等问题，中国人民银行按照党中央、国务院的统一部署，继续实施稳健的货币政策。采取综合措施大力回收银行体系流动性，分三次上调金融机构存款准备金率共1.5个百分点；发挥利率杠杆作用，两次上调金融机构存款基准利率，引导投资和货币信贷合理增长。加强货币监测和经济金融运行分析。重点加强对地方经济、货币信贷、市场利率和金融市场等方面的监测分析，完善监测分析制度，提高监测分析的广度和深度；在研究分析揭阳市货币信贷运行情况的基础上，加强定量和定性分析，及时发现、预见苗头性问题，增强监测分析的前瞻性。

2007年，针对银行体系流动性偏多，货币信贷扩张压力较大，价格涨幅上升的形势，货币政策逐步从“稳健”转为“从紧”。人行揭阳市中心支行加强银行体系流动性管理，优化信贷结构，进一步改进和完善“窗口”指导，引导金融资源合理配置。为落实国家信贷政策，防止信贷投放过快，防范信贷风险，人行揭阳市中心支行采取宏观调控综合措施，10月召开全市货币信贷与地方经济金融发展座谈会，及时传达人行总行信贷工作会议精神，对揭阳市货币信贷工作提出指导意见；11月组织对辖内信贷增长较快的农信社逐个实地调研，督促其加强信贷资金管理，控制贷款合理增长，防范信贷风险。坚持区别对待、有保有压的信贷政策，引导商业银行优化信贷结构，配合揭阳市区域发展政策，合理安排信贷投放。引导金融机构加大金融创新力度，加强中小企业金融服务；找准金融支农着力点，助推新农村建设。

2008 年，货币政策取向根据形势需要适时调整，前瞻性、针对性和灵活性进一步提高。年初，为防止经济增长由偏快转为过热，防止价格由结构性上涨演变为明显通货膨胀，货币政策保持从紧；年中，美国次贷危机蔓延加深，国家宏观调控政策进行重大调整，按照既要保持经济平稳较快发展，又要控制物价上涨的要求，调减公开市场操作力度将全年新增贷款预期目标提高至 4 万亿元以上，指导金融机构扩大信贷总量，并与结构优化相结合，向“三农”和中小企业等倾斜。

2008—2011 年，辖区各商业银行、政策性银行信贷风险管理实行精细化变革，按照银监会 2007 年发布《贷款风险管理分类指引》规定，基于《新巴塞尔资本协议》的风险内部评价方法，在实行贷款五级分类为贷款风险分类最低要求的基础上，先后将五级再细分为十二级，由原来五级定性为主的分类转变为以定量为主，由一维分类标准转变为二维分类标准，由简单的统计功能转变为系统自动控制，以更加全面、及时、准确地反映资产质量真实情况。

是年，辖区银行业建立精细化信贷管理模式，提高信贷投放效能。各银行机构以银监会出台的《固定资产贷款管理暂行办法》《流动资金贷款管理暂行办法》《个人贷款管理暂行办法》《项目融资业务指引》（简称“三个办法、一个指引”）为抓手，改进业务管理流程，配套完善相应管理制度，注重把握信贷投放力度与节奏，进一步优化信贷投向与结构，真正实现经营和发展方式的转变。

2009 年，面对极其复杂的国内外形势，我国坚持的财政政策和适度宽松的货币政策，保持银行体系流动性充裕，引导金融机构扩大信贷投放，优化信贷结构，加大金融支持经济发展的力度，切实将货币政策传导到位。2009 年上半年度执行中小企业和“三农”信贷政策情况的试评估工作，促进金融机构落实信贷政策。

2010 年，中国人民银行继续实施适度宽松的货币政策，逐步引导货币条件从反危机状态向常态水平回归，引导金融机构把信贷资金更多投向实体经济特别是中小企业和“三农”等领域，加大金融支持经济发展方式转变和经济结构调整的力度。建立新增信贷投放监测快报制度，重点监测法人金融机构信贷投放情况，准确把握好揭阳市的信贷投放节奏，及时掌握信贷增长与投向情况，全面分析揭阳市信贷结构和增长趋势。

2012 年，贯彻落实好房地产调控政策，促进房地产金融和房地产市场健康发展。加强房地产市场监测分析，落实差别化住房信贷政策，持续跟踪辖区金融机构房贷政策执行情况。对地方法人金融机构各月新增贷款投放计划情况进行摸底调查，了解农信社的贷款总量需求及计划贷款投放节奏情况，引导贷款合理投放。分析贷款增长原因、贷款投向，全面掌握每家法人金融机构经营及贷款增长情况，引导全市银行业机构找准金融支持经济发展切入点，把握好政策实施的力度、节奏和重点。

2013 年，辖区执行稳健货币政策，促进经济金融协调发展，发挥货币政策工具调控作用，服务好“城镇化”和“农业现代化”。引导金融机构增加“三农”信贷投入和涉农金融服务，大力支持农村基础设施建设和农业产业化龙头企业。引导各金融机构创新贷款担保方式，扩大有效担保品范围，发展“信贷 + 保险”产品，分散农业信贷风险；探索开展农村土地承包经营权、宅基地使用权抵押贷款试点工作，不断提升“三农”金融服务水平。

2014 年，辖区深入贯彻落实稳健的货币政策，经济金融保持平稳运行。组织金融机构按“总量适度、节奏合理、结构优化”的原则用足用好全年新增贷款额度。认真落实“定向降准”政策精神，推动辖区揭阳农商行、揭西农商行、揭东农村商业银行累计释放约4亿元资金，有力地支持地方经济发展。

2015年，坚持稳健货币政策的基本取向，引导金融机构优化信贷结构，着力改进和提升“三农”金融服务，加大对小微企业的信贷政策倾斜，注重平衡宏观调控总体要求与支持地方经济发展的关系，做好政策宣传工作，积极主动引导社会舆论和市场预期，强化对辖内各支行和地方法人金融机构信贷指导工作。

2016年，传达国家有关信贷资源投放要求，引导辖区金融机构在稳健货币政策的整体框架下，发挥金融支持供给侧改革，控制好经营风险，合理加大对经济发展的支持力度，保证货币信贷总量满足经济发展需要，优化信贷结构，积极支持“三去一降一补”，加强对“三农”、小微企业、就业、助学等民生金融支持力度。

2017年，落实全国金融工作会议关于金融回归本源的原则要求，围绕地方政府发展重心，落实稳健中性的货币政策，加强住房信贷政策管理，坚决按国家差别化住房信贷政策要求，督促落实辖区法人金融机构执行住房金融服务工作新要求，合理拓宽首套住房认定标准，科学确定首付比例和利率水平，保证辖区首套住房信贷的合理增长及辖区房地产健康发展。

2018年，及时传达国家有关信贷资源投放要求，引导辖区金融机构在稳健中性货币政策的整体框架下，控制好经营风险，合理加大对经济发展的支持力度，保证货币信贷总量满足经济发展需要，优化信贷结构。加强消费信贷业务规范管理，防范信贷资金违规流入房地产市场；完善住房信贷政策管理，坚决按国家差别化住房信贷政策要求，督促法人金融机构执行住房金融服务工作新要求，助力全市房地产健康发展。

九、贷款证制度与银行信贷登记咨询系统建设

1996年，人行总行制定并颁布《贷款证管理办法》，逐步在全国200个大中城市推行贷款证制度。人行广东省分行开发通过企业基本账户来管理企业贷款的IC卡管理系统（简称“两证一卡”系统）。

1997年，人行广东省分行印发《广东省贷款证制度实施细则》，全省逐步推行贷款证制度。

1998年，全面推行贷款证制度，逐步建设广东省银行信贷登记咨询系统。随着金融体制改革和企业体制改革深入，为防范和化解金融风险，强化对银行信贷资产质量和社会信用的监督管理，全市贷款证申领工作全面铺开，全市金融机构全面实施贷款证制度，禁止无证户贷款。即企业向银行借款时必须向银行提供资格证明书，由人民银行向申请办理贷款证的企业颁发。人行揭阳市中心支行及辖属县支行机构定期组织检查监督贷款证制度执行落实情况，对贷款证每年进行一次年审。贷款证管理向电子化管理方向发展，辖区人民银行信贷登记系统建设工作正式启动，并建立银行信贷登记咨询管理制度。

1999年，全省21个城市陆续推广银行信贷登记系统。广东银行信贷登记咨询系统是银行信贷登记咨询制度的电子化管理系统，是以贷款卡（磁条卡）为媒介，以城市为单位，使用现代化通信和计算机网络技术手段，连接各级金融机构的信贷信息及咨询的网络系统。实行《银行信贷登记咨询管理办法（试行）》后贷款证停办。至2000年，全市金融机构全面使用信贷登记咨询系统，实现开户许可证和贷款证两证合一的信贷管理。辖内任何一家金融机构通过该系统，可以实时查询借款企业的主要财务指标，对其他金融机构的负债、信用拖欠、逃废债、经济纠纷等借款人重要信息，随时监测，以防范银行信贷风险。

2001年2月，银行信贷登记咨询系统实现广东省内联网，随后开通金融机构省内异地借款人查询业务。3月银行信贷登记咨询系统实现全国联网。

2003年1月，银行信贷登记咨询工作月报制度开始实施。广东各级金融机构利用该系统，对任何一家金融机构可以实时查询借款企业的主要财务指标，对其他金融机构的负债、信用拖欠、逃废债、经济纠纷等借款人重要信息，随时监测，拓展贷款证的功能和防范信贷风险的能力。银行信贷登记咨询系统不断完善和发展，在防范化解金融风险和推动社会信用建设方面发挥越来越重要的作用。

2005年开始，以一级数据库为标志的“企业征信系统”的建设，与以前的系统相比，收集的系统信息量增大，内涵丰富，大大提高审批效率、决策参考能力和预警能力等。

2009年5月22日，银行信贷登记咨询系统在全国范围内停止使用，宣告着以贷款卡为标志的“银行信贷登记咨询系统”时代的结束。

十、宏观审慎评估

2016年开始，为防范系统性金融风险，尤其是防止系统性金融风险顺周期累积以及跨机构、跨行业、跨市场和跨境传染，提高金融体系韧性和稳健性，降低金融危机发生的可能性和破坏性，促进金融体系的整体健康与稳定，人行揭阳市中心支行在中国人民银行总行和广州分行的指导下，有序推进辖区宏观审慎评估工作，按季对法人金融机构开展宏观审慎评估，准确运用评估结果，督促评估结果不达标的机构改善和提高审慎经营管理水平。

第五节　调查统计与经济金融监测

中国人民银行调查统计工作主要是拟订金融业综合统计规划，制定统一的金融统计标准与制度，承担金融统计、采集数据、编制报表，建设国家金融基础数据库并实现信息共享，按规定公布统计调查结果并提供咨询，承担服务中央银行政策的调查分析及预测。

调查统计工作是人民银行实施宏观调控和维护金融稳定的支持服务体系，是有效履行中央银行职责的重要基础性工作。调查统计工作以促进经济增长为目标，立足金融分析，研究国民经济发展形势和前景。通过整合系统资源，突出抓好经济金融分析监测，对经济金融形势及发展趋势进行准确的判断，充分发挥调查统计工作对上级行及地方政府科学决策的参谋和助手作用。

揭阳建市以来金融统计体系逐步健全，经济调查范围不断延伸，分析预测框架日趋完善，逐渐形成与“货币政策与宏观审慎政策双支柱调控框架”相配套的调查统计体系。调查统计工作以全面推进金融业综合统计为抓手，更好服务人民银行中心工作，同时为社会提供更优质的金融统计信息服务。辖区的调查统计和经济与信贷监测工作由人行揭阳市中心支行负责组织实施，主要是运用科学统计方法，对辖区金融活动的数量、现象进行搜集、整理和分析，为经济金融决策、检查和监督经济金融运行状况、加强金融监管和经营管理提供依据。在开展金融统计、制度性调查、金融研究等各项基础性工作方面，不断提供和改善金融服务。

调查统计是中国人民银行的一项重要的基础性业务，调查统计工作始终围绕人民银行中心工作，提供准确、及时的统计调查资料，对宏观调控和金融改革发挥重要作用。改革开放以后，特别是1984年人民银行专门行使中央银行职能以来，金融统计适应人民银行职能转变，服务国家宏观调控和货币政策执行。1986年以来，先后建立物价统计、工业景气调查、居民储蓄问卷调查、银行家问卷调查、进出口企业问卷调查、服务业景气调查、小微企业融资调查和企业用工情况调查等制度，及时捕捉经济运行的变化。

一、金融调查统计

1993年起，辖区实施货币监测分析工作制度，掌握辖内金融经济的运行动向，为各级人行提供货币动态信息和货币政策决策依据。人民银行揭阳分行编制资金流量核算表（金融交易部分），全面描述各经济部门资金来源、运用状况，为宏观经济分析和金融发展规划提供较全面的资金流动信息。

1994年起，辖区金融机构试行在信贷限额下的资产负债比例管理，实施新的会计科目和借贷记账法，统计制度同时进行改革，统计报表由以往的收支平衡表式改为资产负债表式。并建立考核和监测制度，按人行总行《商业银行资产负债比例管理暂行监控指标》，对全市各银行执行资产负债比例管理情况进行统计监测和分析。次年1月起，辖区城市信用社正式实行资产负债比例管理，纳入全市资产负债比例管理统计监测考核范围。

1995年起，辖区执行人民银行制定新的《金融统计管理规定》，开始对统计指标体系进行改革。

1996年，辖区金融统计监测管理系统始建，并与老系统双轨试运行，该系统是金融统计数据采集、编制、发布、共享的重要平台。全市金融统计数据直接从各金融机构统计系统接口生成，结束手工录入计算机操作历史，进入统计数据自动化时代。

1997年1月1日起，辖区实行“全会计科目统计指标体系”上报制度，各金融机构按新的统计指标体系向人行揭阳分行报送金融统计数据。报送频度分为五日报、旬报、月报、季报和年报。是年7月起，辖区实施证券业务统计报送制度。“全科目统计”，用基于会计全科目资产负债表的统一指标体系，取代之前商业银行自行设定的指标体系形成的项目电报，这是金融统计制度的重大变革，是真正规范统计的开端。

是年，建立涵盖我国股票市场、债券市场、外汇市场、保险市场、票据市场的金融市场统计制度，及时反映金融市场的发展完善情况。

1998年，建立房地产信贷统计报表制度，包括房地产信贷月报表、房地产贷款累收累放统计表、个人住房贷款情况统计表、国家安居工程相关数据月报表。辖区农村信用社纳入全市资产负债比例管理统计监测考核范围，保险公司机构的人民币业务和全部金融机构的外币业务信息均纳入新的统计指标体系。

1999年，人行揭阳市中心支行围绕金融改革和经济发展中带普遍性的热点和难点问题进行调查，全年完成21个项目的调查分析，全面掌握辖区的金融活动情况和改革动态，加强金融政策的宣传和指导。

2002年，辖区各商业银行开始向人行揭阳市中心支行报送“商业银行中间业务基本情况统计表”，纳入统计的主要范围有支付结算类中间业务，包括国内外结算业务，银行卡业务（包括信用卡和借记卡业务）；代理类中间业务，包括代理证券业务、代理保险业务、代理金融机构委托、代收代付等业务；担保类中间业务，包括银行承兑汇票、备用信用证、各类银行保函业务等；交易类中间业务；其他类中间业务，包括保管箱业务；承诺类、咨询顾问类业务。每季度报送一次。

2002年，人行揭阳市中心支行加强对金融信息的调研，对辖区金融运行情况进行监测，通过金融看形势，为地方党委、政府和上级行决策提供依据。全年收集调研文章 87 篇，上报信息调研材料 100 多篇，其中被广州分行《工作简报》《金融监管》《参阅件》内部刊物刊用 15 篇，《金融时报》《金融早报》《南方金融》刊发 13 篇，被揭阳市政府上报省政府刊用 5 篇。

2003 年，根据新颁布的中国人民银行法中进一步强化人民银行宏观调控职能的需要，先后新增中长期贷款、助学贷款、下岗失业人员小额贷款、房地产贷款、代客理财、涉农贷款等专项统计，满足各部门对统计信息的需要。在这个过程中，人民银行不断改进金融统计制度方法，特别是推行“全科目统计”、实施金融统计数据全国“大集中”，为现代化中央银行统计奠定坚实基础。

2004 年前，各银行对中间业务量和业务收入的统计方式和手段，大部分项目通过后台或会计报表取数。2005 年后，逐步实现电算化处理和网络传送。

2007 年，加强对经济金融热点问题的调查研究，主要有揭阳市农村劳动力市场情况、农村金融发展情况、征信市场情况和民间融资情况等调查。作为广州分行确定的粤东振兴政策落实情况调研课题重点联系协作行，对粤东会议的各项扶持政策在揭阳的落实情况、取得的成效及发展中的瓶颈进行调研，并结合实际，提出加快地方经济社会发展的对策措施。做好银行家问卷和景气调查，为辖区 5 个调查样本企业颁发“中国人民银行景气调查定点企业”荣誉牌匾，同时与被调查企业签订《揭阳市工业景气调查合作协议》，促使企业景气调查的顺利开展。

2008 年，加强对货币政策在辖区实施效应的调查研究，掌握辖区流动性需求、经营行为变化等特点，增强贯彻执行货币政策的有效性。分析货币政策对辖区经济金融的影响，提出建议与对策，为上级行货币政策的制定提供依据。同时，继续开展企业景气、批发物价和银行家问卷调查，为上级行提供真实有效的参考信息。

2009 年，人民银行实施金融统计数据全国集中，金融统计管理模式由分散式管理改为数据采集、存储、生产、共享使用等环节均由人行总行统一管理，极大地提高了金融统计的生产和管理效率。“全科目”和“大集中”是人民银行现代金融统计的起点和现代金融统计理念的基石，保障金融统计的准确性、灵活性、高效性和科学性。人行揭阳市中心支行扎实做好金融统计基础性工作，执行人行总行 2009 年金融统计制度，建立统计数据二层把关核对机制，保证辖区金融统计数据及时、准确上报；做好金融统计数据集中系统上线运行有关工作；开展对部分金融机构《境内大中小型企业贷款专项统计制度》执行情况的检查调研工作，进一步提高金融机构统计数据报送质量，确保金融统计报送口径及机制的规范化。

2010 年，广州分行行长、工委会主任周一凡等领导莅临揭阳开展《珠江三角洲地区改革发展规划纲要》落实情况、金融支持地方经济发展情况、农村金融改革发展情况、人民银行县支行建设情况等调研工作。人行揭阳市中心支行重视调查研究，为上级行和地方党政提供决策依据。围绕货币政策导向、宏观调控关注焦点和区域经济社会发展特点开展调查研究。配合广州分行或联合其他中支，开展金融机构信贷投放情况、房地产调控政策的实施效应、央行提高存款准备金率的政策效应、纺织工业调整和振兴规划实施效果、部分农产品价格上涨过快加剧通胀预期等调研；开展基层商业银行信贷行为和货币政策关系、金融危机背景下揭阳市 2009 年出口增幅冠全省成因、揭阳市与东盟地区贸易情况等调研工作。

同时，开展有关业务调研，就农村金融效率问题、农村信用社定向合作问题、票据兑付后农信社不良贷款反弹压力加大问题等进行专题调研，为促进农村金融改革与发展提供决策信息支持；开展农村信用合作组织调查摸底工作，更好地发挥其在促进农村经济发展中的作用。开展跨境贸易人民币结算试点业务、加工贸易和转口贸易外汇收支及其管理情况、贸易信贷登记管理制度改革等调研，促进外汇管理有关工作的更好开展。向地方党政部门报送反映人行揭阳市中心支行及辖区金融机构履职、支持地方经济发展情况和成效的信息。2010 年人行揭阳市中心支行共向地方党政报送金融信息 11 篇，其中被市委办采用 3 篇。人行揭阳市中心支行申报的分行重点青年调研课题“现行金融运行体制与欠发达地区城乡经济发展关系——揭阳实证分析”，被分行团委评为十佳文章并选送人行总行参加评选。人行揭阳市中心支行全年上报分行各类信息调研文章共 370 篇，其中被分行采用 168 篇，人行总行采用 8 篇，国务院办公厅采用 1 篇，国务院领导批示 1 篇。签订《粤东区域金融统计信息交流与共享协议》，实现与粤东四市的人行、银监和保监机构的有序交流和数据的互惠共享。

2011 年，推进金融统计标准化工作。金融统计标准化工作推进小组成立，推进辖区金融统计标准化工作有序开展，按照人行总行调统司《关于对按照标准化机构编码报送金融统计数据验收阶段工作安排的通知》精神，做好全国性金融机构对照关系的审核工作和辖区中小法人金融机构对照关系建立工作，并按照标准化机构编码向前置系统报送辖区中小法人金融机构数据，确保其可进入单轨运行状态。以调研促工作，以政务信息服务决策，人行揭阳市中心支行领导深入各支行和辖区金融机构调查研究，探寻辖区经济金融新热点，探索基层央行履职新手段，不断提升履职效能。主要工作重点围绕货币政策、房地产宏观调控政策的实施效应和区域经济金融发展特点开展调查研究。配合广州分行或联合其他中支，开展金融机构执行房地产新“国八条”及地方限购细则情况、保障性住房建设和管理存在问题、中小企业经营和融资及倒闭情况、猪肉涨价背景下猪农生存状况、银政企合力共推不锈钢产业发展成效、民间融资等调研。开展揭阳市贸易进出口情况、银行汇率避险产品、跨境结算人民币对外负债业务、农信社票据兑付等业务调研。拓宽调研关注面，联合其他中支对广东金融支持不锈钢产业发展的成效、广东省地方性准金融机构发展过快存在的风险等开展调查，配合其他中支开展印度粮食安全的经验及对我国的启示、借鉴日本经验完善我国巨灾保险体系等调研。2011 年，人行揭阳市中心支行共上报人行广东省分行各类政务信息 281 篇，被人行广东省分行采用 144 篇，人行总行采用 8 篇，国务院办公厅采用 1 篇，人行总行领导批示 1 篇。向地方党政报送金融信息 12 篇，被采用 3 篇。其中，中支《金融运行简报》第 1 期得到市长陈奕威的批示，市政府办公室以《揭阳政务信息》上报省政府。

2012 年，建立和完善金融机构流动性、货币市场业务、房地产信贷运行、利率变动、民间借贷等重要指标的监测分析工作，进一步完善重大事项报告制度，切实掌握包括银行、证券、期货、保险公司等金融机构在内的经营情况，及时搜集、整理、分析并反馈辖区金融运行中的苗头性、突出性问题。加强金融统计数据监测，准确把握辖区金融运行特点，向市政府定期报送《金融运行简报》，准确反映金融运行中出现的新问题和新情况。针对普宁汇成村镇银行新开业和揭阳农商行首次在市辖区外设立分支机构，准确调整统计系统相关汇总关系、参照信息和报表项目，全面反映地方中小法人金融机构的设立和变动对统计数据的影响。

2013 年，人行揭阳市中心支行组织有关部门深入金融机构、企业车间调研，服务企业做强做大。按照分行践行群众路线部署要求，践行群众路线，转变作风，服务基层。2013 年，针对日趋复杂的国际国内经济形势，人行揭阳市中心支行开展对地方政府融资平台、房地产市场、涉农贷款、城镇化建设、农户消费贷款等民生金融领域专题调查。

2014 年，改进制度性调查方式，建立重点行业监测制度，选择水泥、电声行业为市重点行业，采取座谈会、电话、微信、QQ 等交流形式进行监测，形成行业发展状况的调研报告，提供上级行决策参考。是年，针对互联网金融热点问题，结合居民储蓄问卷调查方式和调查内容，人行揭阳市中心支行与广东省内兄弟行一起对梅州、中山、江门、清远、汕头、潮州、湛江、肇庆、茂名、佛山、惠州、汕尾、河源、揭阳 14 个地市 89 家金融机构的 219 个营业网点开展互联网理财问卷调查，回收有效问卷 1375 份。结果显示，23% 的居民购买互联网理财产品，其中多数投资金额占家庭金融资产比例低于 10%。超七成居民预期互联网理财年化收益率超过 5%，部分居民对资金亏损风险承受力较弱，居民普遍关注互联网理财资金安全性，近六成希望加大监管力度。形成的调研报告《广东 14 地市居民互联网理财调查》被人行广州分行送阅信息采用。

是年，依托金融学会平台，创建产业金融研究中心。组织揭阳金融学会与揭阳职业技术学院达成战略合作协议，共同组建揭阳产业金融研究中心，并通过学术论坛、课题研究等方式，深入推进调查研究工作。组织与潮汕三市金融学会合作，举办“潮汕三市金融一体化”征文活动。是年向广州分行报送政务信息 91 篇、向市委报送信息专报 20 篇、向市政府报送工作简报 14 期。其中《广东揭阳金融助推“淘宝村”产业转型升级成效明显》被人行总行采用；金融信息《广东揭阳金融支持推动阳美传统玉器产业聚集升级成效明显》被省政府采用并获得省领导批示。针对 2013 年辖内揭东撤县设区，并先后新设 1 家股份制银行和 1 家城市商业银行分支机构，准确调整统计系统相关汇总关系、参照信息和报表项目，全面反映地方行政区划调整以及金融机构的设立和变动对统计数据的影响。

2015 年，积累辖区统计数据，建立经济金融数据库。人行揭阳市中心支行以金融统计监测管理信息系统为基础数据源，整合其他相关部门宏观数据资源，初步形成以服务医药重点行业监测为主、覆盖揭阳经济金融概况统计指标基础数据库。开展金融实务研究调研，进一步推动金融行业监测工作，开创地方特色行业监测，发挥中国人民银行引导金融支持实体经济职能。3 月，组织对普宁市的中药行业开展“中药特色行业监测”，对中药行业的生产经营特点、金融支持情况进行调研，重点听取针对中药行业生产经营周期、资金需求情况以及金融支持情况的介绍，提出金融支持的相关建议，为推动中药行业金融支持提供有益的建议。承办人行总行培训会议，进一步深化景气调查研究氛围，有效拓宽观察和研究问题视野。

是年，以揭阳金融学会为平台，不断提升金融调查研究的深度和广度。举办“区域金融研究与创新”专题报告会，与揭阳学院达成共建揭阳产业金融研究中心战略合作协议，举办“第四届粤东区域金融合作联席会暨第二期揭阳金融论坛”。按照分行调查统计处开展特色行业监测分析的要求，及进一步完善地方经济金融分析的需要，着力开展医药特色行业监测工作。联合地方高校成立产业金融研究中心。依托该产业金融研究中心，2015 年共设立 3 个专题研究小组，开展专项经济金融调研，课题组荣获中国人民银行广州分行 2015 年度重点课题三等奖。

2016 年，协助中国互联网金融学会建立和完善互联网金融统计制度，并负责互联网金融协会会员单位日常数据报送及审查工作。人行揭阳市中心支行联合暨南大学探索构建并在全省首创发布“粤东西北地区普惠金融发展指数”，为提升区域普惠金融发展水平提供重要决策参考，并以揭阳金融学会名义推介区域普惠金融发展政策建议，此举获得广东金融学会、分行金融研究处及兄弟中支的充分肯定与大力支持，创造性地提升重点课题研究精准度及研究价值社会贡献度。

2017 年，参与广东省首次金融统计“双随机”执法检查，主动承接 2017 年度第一季度广东省服务业试点调查任务，二季度正式开展服务业季度性景气调查。

2018 年，人行揭阳市中心支行与辖区金融机构签订共享协议，重新签订数据共享协议规定数据共享范围。完成广东省小微企业融资情况问卷调查 152 家、城镇居民家庭资产负债调查 52 户以及企业成本费用调查。

二、企业景气监测

工业企业景气监测调查制度是央行分析宏观经济的重要信息资料来源，实现宏观调控的重要手段，是人行揭阳市中心支行调查统计的一项职能。

1990 年开始，辖区建立企业景气调查监测制度和批发物价指数调查统计制度，对全市重点工业企业景气进行调查，内容包括财务指标和资金、成本效益、投资状况等。每月和每季向省人行报送《国营工业企业主要财务经济指标月报》和《工业景气问卷季报》；批发物价指数调查的物品对象有 14 种。

1991 年，开展工业企业景气调查，问卷调查企业总体情况、生产供给、市场需求、成本效益、投资等方面 30 个问题数据，这项工作难度大、涉及部门多、技术性强。为确保调查数据完整、准确、及时上报，确保景气监测和各项重点调查的顺利开展，提高景气分析的质量和水平，更好地为货币政策决策服务，为上级行制定货币政策和企业经营决策提供依据或参考意见。

1992 年起，建立企业家问卷调查制度，按季度进行，调查对象为全市范围内有关工业企业，调查内容主要包括企业总体生产状况、生产要素状况、市场需求状况、资金状况、成本效益状况、投资状况和其他等七个方面。多次召开座谈会对被调查企业的厂长（经理）就工业企业融资总量与结构现状、融资意向、资金投向、损益与融资风险、企业融资过程中存在的问题与原因等情况进行问卷调查，了解和掌握全市工业经济景气状况。

1993 年后，全市工业企业景气调查增加对部分合资、外资及股份制企业的调查。涉及行业有水泥、电子信息、医药、有色金属冶炼、制造业等。

1999 年，按照《中国人民银行工业景气调查制度》的工作要求，开展辖区的工业景气调查，工业景气调查是中央银行判断、分析和预测经济运行情况，研究金融宏观对策的重要手段之一。可以及时掌握工业景气状况，了解工业生产、经营及资金供求态势，为制定货币信贷政策和调控经济运行提供准确、及时的信息。调查制度包括企业月度财务调查和企业景气季度问卷调查两部分。

2000 年，辖区按照人民银行景气与物价调查统计工作的要求，及时、完整、准确地编制工业景气调查分析报表、城镇储户问卷调查分析报表和国内批发物价及生产资料价格指数；反映和分析企业景气、居民行为和物价运行的现状、趋势及存在的突出问题；提出必要的相关政策建议，为货币政策决策提供更加准确、全面的信息。

2004 年起，辖内开展银行家问卷调查，按季度对辖区市级各类银行机构的行长或主管信贷业务的副行长进行全面调查，对部分农信社联社的负责人采用分层 PPS 抽样（按规模大小成比例概率抽样）调查。调查主要包括银行基本信息、银行家对宏观经济形势和货币政策实施状况的判断和预测、银行家对银行业景气状况的判断和预测等内容。通过问卷调查，编制银行业景气指数，为中央银行制定货币政策，宏观管理部门判断金融形势，提供参考和依据；同时增进社会各界对银行业景气状况和货币政策的了解。

2011 年，开展常规化制度性调查，上报工业企业景气调查的月度报表和季度问卷，完成工业景气企业的临时性调查问卷、企业财务调查分析材料、企业问卷调查分析材料。

2012 年，建立民间融资中介机构调查制度，定期评估民间融资中介机构的经营状况。针对原材料价格上涨、劳动力价格上涨、人民币汇率升值对企业经营的影响、宏观政策对微观主体的影响问题，开展工业企业景气调查和季度问卷调查、企业商品交易价格、民间融资专项调查等制度性调查。建立揭阳支柱产业、特色产业企业定点联系机制，开展有地方特色的行业和区域经济运行监测。在揭阳市的钢铁、服装、药材、塑料和玉器五大产业中，选取代表性企业，通过现场走访、召开座谈会和发放调查问卷等形式，开展不定期调查。

2013 年 7 月，人行揭阳市中心支行与市金融局、金融机构相关负责人分别到大南海石化工业区管委会、揭东区锡场镇、巨轮股份有限公司、惠来县中石油广东石化公司等进行实地调研，对企业发展提出相关金融指导意见，并督促辖区金融机构关心支持企业发展壮大，为地方和企业提供高效优质的金融服务。8 月 13 日，揭阳上市公司、国内轮胎模具制造技术的领航者——巨轮股份有限公司主要负责人一行专程到中支赠送“创新模式破解难题 优质服务帮扶实体”锦旗，感谢揭阳市人民银行和外汇管理局一直以来为企业提供“保姆式”的服务、关心、支持企业发展壮大。

2014 年，做好常规调查研究分析，及时按质上报调查结果。完成企业景气月报表及分析报告、企业景气季度问卷及综合分析报告，外向型汇率调查及案例分析报告，银行家问卷基本情况、银行家问卷调查报表及分析报告，批发物价报表及分析报告等常规报送任务，共报送企业景气分析报告 10 篇，企业景气季度综合分析报告 3 篇，外向型汇率调查案例分析报告 2 篇，银行家问卷调查分析报告 2 篇，批发物价分析报告 10 篇。推进企业景气财务调查基层工作，完成样本企业调整目标，成功衔接地方代表性企业 1 家进入调查系统。开展经济调查创新，完成分行任务要求，按照分行调查统计处的要求，构建特色行业监测分析模版。整合企业景气财务调查、企业景气季度调查问卷、物价调查以及外向型汇率调查相关指标，针对中药行业发展特点，完成行业分析模版。配合分行工作，帮助分行完成相关调研报告。通过沟通配合，共协助分行调查统计处完成物价调查金融信息 2 篇，并且开创药业分析模块；协助分行调查统计处完成企业景气季度分析报告 1 篇。进行宏观调查研究，完成年度调查统计专题。揭阳中支调查统计科开展统计研究，形成调查统计专队，完成《储蓄投资缺口，债务与部门经济增长——来自资金流量表的证据》的年度调查统计专题，并获得分行调查统计处的好评。

2015 年，按时按质完成景气调查，提升履职实效，完成景气调查基础任务，切实履行工作职责。以问卷调查为载体，发现、挖掘辖区经济金融新动向，完成 2015 年度企业商品价格调查、5000 户企业财务调查、5000 户企业景气季度问卷调查、银行家季度问卷调查、外向型企业汇率承受能力调查、微型企业调查及民间融资调查。落实《关于执行〈中国人民银行 5000 户企业财务调查制度（2015 年）〉的通知》，及时有效实现由旧报表、旧财务指标向新报表、新财务指标报送的转变。进一步充实景气调查监测样本，将康美药业纳入企业商品价格调查制度以及 5000 户企业财务调查样本序列，夯实景气调查研究基石。广东省粤东片区景气调查工作会议在揭阳举办，确立景气工作重点，明确重点行业分工及任务要求，立足调查分析研究基本点，履行好基层央行调查统计部门职责，并确定我科室开展医药重点行业研究方向，从调查样本、报告实用价值及数据来源等三方面找准摸清调查研究过程的薄弱环节与短板，突破现有的调查瓶颈，以地方支柱产业为基础，明确重点行业监测目标，并进一步做好调查统计数据积累，挖掘整理分析数据价值，进一步找准重点监测分析定位，有效输出分析研究成果，切实为地方经济发展服务。

是年，严格依据广州分行《关于开展 2015 年广东省经济调查制度工作检查的通知》的文件要求，组织景气调查员针对企业商品价格调查制度及 5000 户企业景气调查（新修订）、银行家问卷调查（新修订）、外向型企业汇率变动承受力调查、民间融资调查等经济调查制度的组织实施、数据的准确性、文件档案的管理等方面开展细致的自查与区域交叉检查。自查及区域交叉检查的结果显示我科室能落实各项制度要求，及时做好变更交接工作，确保经济调查制度工作连续性，规范做好档案管理工作，完善经济调查资料储备。

组织开展“物价调查系统”业务操作学习活动，鼓励物价调查员深入学习《物价调查系统简明使用手册》，梳理物价调查相关制度及历史资料，参加2015年广东经济调查培训班，详细学习广东省景气直报系统业务操作规程、5000户企业财务调查新制度情况说明、物价调查工作检查阶段总结及重点行业监测工作研究思路等内容。按照《中国人民银行调查统计司关于举办新常态下的经济调查工作远程培训的通知》要求，动员科室负责人及景气调查员参与人行总行远程培训，提高自身业务素质。

开展经济金融分析，提高工作质量，按时按质完成分析报告写作，客观反映辖区实际。建立分析报告年度写作规划与目标任务，客观反映辖区经济金融政策执行情况、发展现状及潜在问题等内容，发挥调查统计科调查职能作用，指导辖区经济金融健康快速发展，为上级制定和执行货币政策提供重要的决策参考依据。按照分行调查统计处的要求，按月、按季、按年有序报送常规分析报告。其中，报送月度统计与分析报告《金融支持助推先进制造业发展转型》等18篇，报送月度动态信息《产业结构优化情况分析——来自揭阳的情况分析》等6篇；报送季度货币监测专题《浅谈我国P2P网络借贷发展与监管》等6篇；报送年度调查统计专题2篇。

协助分行开展形势分析调研，服务上级决策部署，协助广州分行开展经济金融分析调研工作。按照调查统计处的部署，开展2015年一季度广东经济金融形势调研、2015年三季度广东经济金融形势调研、广东三四线城市房地产市场发展现状调查、广东省投资增长影响因素调查等。其中，第三季度编写的《广东医药企业经营总体上升，转型升级效果明显》作为附件被2015年三季度广东经济金融形势调研采用，同时协助分行编写2015年第三季度企业家调查问卷临时问题。

组织开展辖区经济金融分析，促进地方经济发展，组织开展揭阳市经济金融运行情况分析。按照人行揭阳市中心支行履职实际，深入开展经济金融分析，服务地方经济健康快速发展，撰写季度经济金融运行分析共4篇，并针对辖内重大数据变化，其中，针对2015年上半年金融数据较大波动情况，撰写《存贷款大幅度波动原因分析——揭阳市2015年上半年金融形势调查报告》。

2016年，以景气调查问卷为载体，高质量完成经济制度调查基础任务，发现、挖掘辖区经济金融新动向，完成2016年度企业商品价格调查、5000户企业财务调查、5000户企业景气季度问卷调查、银行家季度问卷调查、外向型企业汇率承受能力调查、微型企业调查及民间融资调查，收集来自政府、企业及银行等微观经济主体的经济行为数据及预期反馈，为人行总行货币政策调控提供扎实的基层数据支撑。进一步开展广东省医药行业监测分析创新工作，撰写的第一和第三季度《广东医药制造业监测分析报告》2篇被《广东统计与分析》采用。严格按照经济调查制度基础远程培训及广州分行调查统计处培训会要求，组织开展景气调查员培训，深化对经济调查制度基础的认识，提升景气调查业务水平。开展经济调查制度工作检查，查漏补缺完善工作，确保经济调查制度工作准确性，完善经济调查资料储备。

成功承办人行总行调查统计司第二季度经济金融形势专题调研活动。召开政府债务专题座谈会及金融支持实体经济座谈会，协助人行总行调研组了解政府部门、城投公司有关政府债务融资情况、存在问题及未来计划，听取金融机构和企业高管汇报当前企业生产经营状况、金融服务情况及金融经营管理存在问题等，并上报2篇经济金融分析材料获调统司经济调查分析处采用，为上级经济金融决策部署提供来自地方的微观信息基础支撑。圆满完成分行调查统计处四个季度的经济金融形势调研工作，报送12篇高质量的经济金融分析专题文章，其中负责撰写广东省基建投资专题文章，获处室领导肯定并上报人行总行，转化调研分析的价值。

2016年，紧扣普惠金融这一金融改革、发展和创新的时代主题，为发挥金融支持粤东西北振兴发展的突出作用，从扎实推进和提升粤东西北这一广东省欠发达地区普惠金融发展水平的角度出发，联合暨南大学开展课题论证工作，历经指数构建、数据收集、指数测算及结果验证等重点课题研究过程，探索构建并在全省首创发布"粤东西北地区普惠金融发展指数"，测度、比较和分析粤东西北地区普惠金融发展情况，为探索构建我国普惠金融统计和考核指标体系、提升区域普惠金融发展水平提供重要决策参考，进一步引导社会公众关注粤东西北地区普惠金融发展，并以揭阳金融学会名义推介区域普惠金融发展政策建议，此举获得广东金融学会、分行金融研究处及19个地市中支充分肯定与大力支持，创造性地提升重点课题研究精准度及研究价值社会贡献度。

参与人行总行、分行重点课题研究项目，组织业务骨干参与人行总行、分行重点课题撰写工作，其中参与并完成人行总行周小川行长主持的《我国服务业价格管制及改革效应研究》，在人行总行课题成果汇报会获得各方好评。参与完成分行调统处重点课题《象限观察：广东经济转型升级状况研究》撰写工作，被选为广州分行2016年重点课题，获分行领导好评。《货币政策溢出，公告效应与中外股票市场联动性》被选为"2016年广东省金融统计与分析课题研讨会"会议论文，由分行调统处上报人行总行调查统计司2016年"调查统计专题研究"课题论文，成果《货币政策溢出与金融市场时变关系——基于事件分析法-DCC-GARCH的研究》获分行团委推荐上报人行总行全国青年课题评选。重点课题《粤东西北地区金融支持产业发展研究——基于仿真模拟技术的分析与方案选择》被广东金融学会评为2016年第九届广东省优秀金融科研成果研究报告类二等奖，《产业投资基金在欠发达地区金融杠杆运用研究——基于揭阳地区的案例分析》获广州分行2015年度重点课题三等奖。

2017年，高质量完成景气调查任务。扎实做好景气调查各项工作，服务上级货币政策决策，高质量地完成2017年度5000户企业财务调查、企业景气季度问卷调查、银行家季度问卷调查、民间融资调查及企业商品价格调查，收集来自企业及银行等微观经济主体的经济行为数据及预期反馈，为货币政策决策提供扎实的数据支撑；协助广州分行承接人行总行第一季度服务业试点调查工作，完成2017年第一季度广东省服务业试点调查样本采集、数据汇总及分析报告，获得处室肯定，并依据经济金融转型升级特点布局生产性服务业及批发零售业样本企业，调整完善各项经济制度调查样本选点，提升样本区域和行业代表性；挖掘景气调查应用，发挥经济调查信息价值，创新景气调查月度异动分析材料写作思路及内容要点，紧密结合辖内制造业景气情况与5000户工业企业行业代表性，选取资金运营及收益利润为报告主要内容，提高5000户企业财务调查成果应用价值。

探索建立经济分析新模式。牵头完成广东省各季度经济金融形势分析调研，以服务业、基建投资为核心，深入走访巨轮智能装备制造、普宁国际服装城、建行揭阳市分行、军埔电商村及高埔青梅产业园等进行调研，形成《生产性服务业经营较好，但与制造业融合度仍不够》《基建投资迎来开门红，但后续增长压力较大》等4篇汇总分析报告，切实反映经济金融热点问题。深度聚焦制造业和服务业强省的战略定位，以关注和剖析制造业、服务业为核心，构建"课题+调研+数据+案例+信息"的经济分析框架，其中2篇制造业运行分析获广东省委采用，2篇服务业调查分析及1篇服务业课题获推荐上报人行总行。密切跟踪经济金融运行走势，发挥信息决策参谋作用，政务信息报送质量与效率明显提升，共完成自主撰写政务信息7篇、参与约稿15篇，3篇获分行办公室推荐上报人行总行。

高质量完成调研分析报告、动态信息、统计与分析及货币监测专题写作任务，其中《小微企业经营持续改善，但仍存在四方面制约因素》3篇调研分析报告经调统处推荐上报人行总行调统司，完成8篇动态信息、8篇统计分析及4篇货币监测专题分析。

2018年，高质完成景气调查专题调查，满足政策决策调整需要，完成景气调查基础任务，提升履职成效。以问卷调查为载体，发现、挖掘辖区经济金融新动向，高质量完成2018年5000户企业景气调查、银行家问卷调查、服务业景气调查等经济制度性调查任务，并提升景气调查分析成果运用水平，紧密结合辖内企业运行情况，撰写月度财务分析报告、银行家调查分析报告共11篇；协助广州分行完成生产性服务业分析报告共3篇，将景气调查数据及信息转化为决策参考有力依据。其中《经济信心继续增强通胀预期全面回落——2018年1季度广东省企业家、银行家、居民问卷调查综合分析》被47期《金融信息》采用；《原材料价格继续下降企业商品价格总体小幅回落——2018年3月广东省企业商品交易价格调查月报》《主要经营指标回落预期下季将有好转——2018年第一季度广东省生产性服务业调查分析报告》分别被第59期、第76期《金融信息》采用。根据政策调整需求，人行总行多次进行临时性专题调查。在接到任务后，调统科立即组织调查小组，通过加强培训、夯实基础、精心组织三方面，高效率高质量完成广东省小微企业融资情况问卷调查152家、城镇居民家庭资产负债调查52户以及企业成本费用调查，形成完整调查报告。不断提升经济金融调查深度、广度，有效提升调查专业水平，为分行、总行政策决策提供基层信息支撑。

人行揭阳市中心支行成功承办人行总行调查统计司2018年一季度关于房地产专题调研活动。分别组织6个房地产企业、5个银行机构分析召开房地产形势专题座谈会，及时协助人行总行调研组了解银行机构、房地产企业有关房地产市场基本情况、房地产金融及风险情况、棚改及保障性住房情况等，并上报相关调研素材，为上级经济金融决策部署提供来自地方的微观信息基础支撑。

第六节 征信系统建设

征信体系是现代金融体系运行的基石，也是社会信用体系的核心组成部分。人民银行征信系统的前身为银行信贷登记咨询系统，辖内实行三级数据库运行机制。

1995年，中国人民银行制定《贷款证管理办法》，将贷款证作为一项制度推广。1997年，人民银行揭阳分行开始建设银行信贷登记咨询系统。1999年，人民银行揭阳分行启动个人征信系统建设。

2001年初，人民银行信贷登记咨询系统形成地市支行、省分行和国家总行三级数据库全国联网。人行揭阳市中心支行开始向市金融机构提供全面、快速的企业信用信息服务。

2003年，国务院赋予人民银行信贷征信工作。

2004年，开始组织商业银行建设全国统一的个人信用信息基础数据库，为银行业金融机构提供更全面、更便捷的信用信息服务。全市金融机构充分应用现代信息技术，扩大金融服务范围，加快金融产品创新，提高金融服务效率，为企业和个人提供授信、结算、保险、投资咨询等各种服务，更好地满足社会各界对金融服务不断增长的多样性需求。

2005年，辖区对银行信贷登记咨询系统进行升级，开始启动以总行一级数据库为标志的“企业征信系统”的建设，与以前的系统相比，收集的系统信息量增大且服务功能增加。大大提高审批效率、决策参考能力和预警能力。

加强信贷登记咨询系统建设，提高系统运行效率，改进县支行贷款卡系统数据上报方式，成功实施通过内联网上报数据和访问咨询系统，提高工作效率。是年，协助全省银行信贷登记咨询系统交叉检查工作组完成对工行揭阳分行、广发行揭阳支行信贷登记咨询工作情况的检查，促进规章制度的落实。配合市政府有关部门推进企业信用建设，对工商部门拟报为“2004年守合同重信用企业”的290多家企业进行核查，对2004年未能按时归还银行贷款的10家企业，向工商部门提出不确认或不能授予“守合同重信用企业”的意见。

配合上级行做好全国企业、个人信用信息系统建设。8月，辖区个人信用信息基础数据库开始试运行。11月全国企业信息系统试运行后，及时做好信贷登记咨询系统数据迁移和辖区人行业务系统运行环境的调试工作，迅速向全国企业信用信息系统报送贷款卡信息。督促、协助农信社做好信贷数据接入全国个人信用基础数据库工作，至2005年年底，揭阳市农信社已顺利完成个人征信系统接口程序的开发工作并开始向总行个人信用信息系统试报送数据。

2006年1月16日，个人征信系统正式运行。加强征信系统建设，促进企业、个人征信业务发展。履行贷款卡行政许可核准、贷款卡年审职责，严把借款人信息质量关。建立企业贷款卡资料档案，加强信贷登记咨询系统安全管理，按时完成银行信贷登记咨询系统补丁升级工作，保证系统正常运行。全年共发放贷款卡800张，其中实发卡692张、配卡108张，为862家企业办理年审手续，对未参加年审的2800家企业的贷款卡暂停使用。推进企业和个人信用信息基础数据库建设，指导、督促相关金融机构做好企业信用信息基础数据库接口程序和非接口程序的开发，安装和登记工作，完成新、老系统的切换工作。完成532家中小企业的信用信息采集和建档工作，促进企业和个人信用信息基础数据库在辖区的推广应用。7月，企业信用信息基础数据库系统正式运行，并实现全国联网查询。

2007年，配合上级行做好个人和企业征信系统的建设工作，督促商业银行按时完成在个人征信系统新增金融机构代码工作，为全市金融机构通过该系统进行公民身份信息核查做好准备。实行基本账户开户行负责制，超额完成全年中小企业信用信息采集和建档工作。同时，强化对征信业务的监督管理，建立征信系统运行监督制度，全面了解企业、个人征信系统运行情况，切实提高系统的数据质量和数据入库率。开展对辖内支行和金融机构征信业务的现场检查，督促其完善和落实相关制度，确保企业和个人征信系统正常运行。协同当地政府有关部门推进地方信用建设，与政府有关部门联系，向其介绍企业和个人征信系统建设情况以及系统建设对地方经济和社会发展的促进作用，力争获得支持和配合。与市环保局建立合作关系，联合打击环境违法行为，市环保局从2007年第三季度开始向人行揭阳市中心支行报送企业环境违法信息，丰富企业征信系统的非银行信息。与市社会劳动保障局建立联合制裁机制，共同遏制企业拖欠工资问题。向市建设局、质检局、民政局等单位了解全市企业资质认证、个人低保救助信息采集情况，征求对企业和个人信息采集接口规范的意见和建议，探讨信息共享。6月，人民银行地市级分支机构开通个人信用报告临柜查询权限。9月23日，个人征信异议处理系统正式对外提供服务。12月，开通全国统一的“4008108866”征信中心客户服务电话，对社会公众提供统一的征信咨询。

2006—2008年，辖区实行银行信贷登记咨询系统与征信系统双轨运行。

2008年，加强信用体系建设，有效缓解中小企业贷款难问题。依法依规履行贷款卡发放行政许可，贷款卡年审职责，严把借款人基础信息质量关，全年共发放贷款卡392张，其中实发卡226张、配卡166张。建立揭阳市企业征信系统信贷数据核算制度，督促金融机构做好信贷业务数据的核对和入库工作，提高征信系统数据质量，发挥该系统防范信贷风险的整体效能。做好中小企业信用信息征集工作，缓解中小企业融资难问题，将征集任务落实到各家金融机构，加大工作力度，全年共征集中小企业信息733家（累计征集中小企业2315家）。中小企业信用信息数据库及其功能不断完善，系统良好的效果不断显现，至2008年年底，被征集信息的中小企业到人行揭阳市中心支行办理贷款卡的有167家，其中有147家企业获得商业银行累计19.23亿元的资金支持。

2009年，征信体系建设加快，落实征信系统信贷数据核对机制，督促金融机构完善信贷数据核对、自查和纠错工作，提高征信系统数据质量。协助农信社建立信贷数据报送情况反馈制度，举办数据质量培训班，提高业务人员工作水平，信贷数据质量得到明显改善；开展商业银行执行《个人信用信息基础数据库管理办法》情况的现场检查，规范其征信管理工作。通过开展信息监督员问卷调查、加强系统数据删除管理、建立紧急问题通报机制等措施，维护征信系统稳定运行。不断提高征信系统异议处理效率和服务质量，全市共受理个人信用报告查询222人次，帮助客户正确解读信用报告200多人次，受理企业和个人信用信息异议申请2笔，保障当事人合法权益，维护征信系统的公信力。先后在人民银行企业征信系统对有关中小企业标注“2006年度纳税光荣户”“2007年度揭阳市民营外资企业纳税光荣户”金银奖、2007年荣获“中国驰名商标”“广东省著名商标”和“2008年度科技进步奖”等荣誉信息；与市社会劳动保障局建立联合制裁机制，定期分析揭阳市企业拖欠工资情况，共同遏制拖欠工资问题企业，激励企业创新，强化企业诚信意识，改善地方信用环境。8月，人民银行县级分支机构开通个人信用报告临柜查询权限。

发挥征信系统作用。建立征信系统应用成效调查长效机制，及时反映征信系统在防范金融风险中发挥的作用；通过征信系统了解拟申请适用A类管理的企业信用记录情况，协助海关履行相关管理工作，加深有关部门对人民银行征信系统在社会信用体系建设中的重要性的认识，强化企业的诚信意识。开展征信宣传活动，组织全市金融机构开展征信知识户外宣传，注重对大学生特定人群的征信宣传，与揭阳学院和潮汕学院两所院校建立征信宣传合作伙伴关系。

2010年，大力推进地方信用环境建设。加强监管，不断提高征信系统数据质量。开展对工行揭阳分行、农行揭阳分行征信管理工作、辖内支行个人征信系统使用情况和贷款卡行政许可执行情况的现场检查，进一步规范征信管理工作；配合两端数据核对、量化评分等工作建立数据核对和反馈工作机制，加强对地方性金融机构征信数据质量的监管。2010年，辖区地方性金融机构企业和个人征信数据质量在全省评比中取得名次；完成征信系统上海数据中心接入的测试工作，保证系统顺利切换。做好信用报告查询和信用信息异议处理工作，对有关个人信用报告异议核实，落实有关银行及时修改。2010年，人行揭阳市中心支行系统共受理535人次的个人信用报告查询，帮助客户解读信用报告500多人次，处理企业和个人信用信息异议申请4笔，保障当事人合法权益，促进融资业务的顺利开展，维护征信系统的公信力。做好对担保公司和小额贷款公司的服务工作。在保护企业和个人信息安全的前提下，协助担保公司和小额贷款公司了解有关企业和个人的信用信息，防范信贷风险；同时向上级行反映他们接入征信系统防范信贷风险的强烈愿望。加强部门协作，助力中小企业发展。利用企业征信系统了解申请适用海关A类管理资质的企业信用记录情况，协助诚信经营的企业得到优惠政策支持；与揭阳市中小企业局达成利用揭阳中小企业网作为宣传征信知识、提高对企业服务质量网络平台的共识；加强与政府相关部门的合作，推动对失信企业的联合惩戒机制建设。开展“信用关爱日”等宣传活动，推广征信知识。

2011年，做好征信管理工作，扎实推进地方信用环境建设。加强监管及数据核对工作，不断提高征信系统数据质量，辖区地方性金融机构企业和个人征信数据质量在全省评比中取得名次。加强与政府部门协作，推进地方信用体系建设。向有关部门递交《人行揭阳中支打造诚实守信环境建立激励约束机制工作情况的报告》，介绍征信系统在反腐败和治理商业贿赂中所发挥的作用，提高政府部门对征信系统的认识。配合揭阳市创建广东省文明城市工作，提出地方信用体系建设工作措施，及时落实相关工作任务。发挥征信系统功能，做好市政协“关于加强保障性住房审批管理的建议”提案的会办工作，促进社会资源分配的公平公正。加强检查监督，规范征信管理工作。开展对辖内各支行征信业务内控制度的综合检查。加强非银信息采集工作，提高征信服务水平。至2011年年底，累计向征信系统报送全市单位和个人住房公积金缴存信息65万条，丰富征信系统信息内容；共受理1023人次的个人信用报告查询，帮助客户解读信用报告1000多人次，处理企业和个人信用信息异议申请5笔。拓宽征信宣传渠道。组织全市金融机构开展主题为“我与我的信用记录”等户外宣传活动。借助市中小企业局的网络平台，开展征信知识宣传活动，大力弘扬“珍爱信用记录，享受幸福人生”理念。9月19日，新改版的2011银行版个人信用报告上线。

2012年5月23日，揭阳市农村青年信用示范户评定暨承诺书签字仪式在揭东县正式启动，标志着揭阳市农村青年信用示范户工作取得实质性进展。6月1日，机构信用代码应用服务系统向各银行业机构开放，标志着揭阳机构信用代码推广工作正式启动。通过建立与现有代码的对应关系，机构信用代码能够发挥查询检索功能，促进各部门、各行业的信息共享；机构信用代码全国通用，能够提升机构的信息透明度，促进机构加强自身信用管理，提升社会信用意识；机构信用代码结构清晰、含义明确，能够分机构类别、机构性质、行政区划等不同口径进行统计分析，为宏观决策提供基础数据参考。7月27日，新版企业信用报告上线试运行。累计向征信系统报送公积金信息110万条。全年全市共受理查询个人信用报告2488人次，妥善处理个人信用信息异议申请10笔。完成机构信用代码推广应用工作，推进农村信用体系建设。围绕揭阳经济和社会发展大局制定《揭阳市信用服务市场建设实施方案（征求意见稿）》《揭阳市信贷行业信用体系建设试点工作实施方案（征求意见稿）》等，坚持征信宣传活动的常态化和制度化，加强辖区信用环境建设。

2013年1月30日，国务院公布《征信业管理条例》（简称《条例》），将企业和个人信用信息基础数据库改称金融信用信息基础数据库。《条例》借鉴国外严格保护个人信用信息的立法经验，对个人征信业务实行严格管理，明确市场准入、信息采集及查询范围、不良信息提供、异议和投诉、保障信息等各个环节有关数据准确和安全的具体规定。3月，国务院《征信业管理条例》明确中国人民银行及其派出机构是征信业监督管理部门，依法推进本地区、本行业的社会信用体系建设。4月19日，企业征信系统非银行数据在线上报功能上线。6月1日，机构信用代码应用服务系统向各银行业机构开放，标志着揭阳机构信用代码推广工作正式启动。通过建立与现有代码的对应关系，机构信用代码能够发挥查询检索功能，促进各部门、各行业的信息共享；机构信用代码全国通用，能够提升机构的信息透明度，促进机构加强自身信用管理，提升社会信用意识；机构信用代码结构清晰、含义明确，能够分机构类别、机构性质、行政区划等不同口径进行统计分析，为宏观决策提供基础数据参考。8月30日，企业异议处理系统开通金融机构添加企业异议标注业务功能。11月14日，签署失信被执行人名单信息纳入征信系统合作备忘录。11月15日，土地储备机构相关信息纳入企业征信系统项目正式上线。以行业信用体系建设为突破，深入推进社会信用体系建设。制定印发《揭阳市信贷行业信用体系建设试点工作实施方案》《揭阳市信用服务市场建设实施方案》《康美（普宁）中药材专业市场信贷信用体系建设配套方案》，根据揭阳市金属企业联合会实际情况，拟定《揭阳市金属企业联合会信用体系建设工作实施方案（初稿）》《中德金属生态城投融资信用系统信息采集暂行办法》，构建揭阳市金属企业联合会信用体系。“广东恒诚信用管理有限公司”“普宁市汇启信用评级有限公司”两家公司分别在 2013 年 11 月、2014 年 4 月落户揭阳，成为粤东地区仅有的两家信用评级公司。

2014年,推进信用体系建设,助力打造信用揭阳。1月1日,个人信用报告异常查询监测系统正式运行。初步完成“中德金属生态城投融资信用系统”“军埔电子商务征信系统”两大行业信用体系建设的平台搭建工作，并指导军埔电子商务村“揭阳市电子商务征信中心”挂牌成立。推进“信用村”建设工作，努力改善农村信用环境，缓解农民贷款难、增收难问题。9 月 27 日，互联网个人信用信息服务平台服务正式启用，10 月 20 日，互联网查询个人信用报告新增银行卡身份验证方式，拓展身份验证渠道，具有覆盖面广、验证效率高、安全有保障等特点。11 月，揭阳辖区第一家普宁汇成村镇银行）接入人民银行企业征信系统。11 月 23 日，根据《国务院关于取消和调整一批行政审批项目等事项的决定》，取消贷款卡发放核准行政许可。12 月 5 日，机构信用代码二期功能正式上线。12 月 29 日，互联网个人信用信息服务平台新版上线，新增移动金融 IC 卡验证，进一步拓展身份验证渠道; 设计开发新版平台界面，优化用户注册、信息查询及获取等业务流程，增加安全等级设置、新手导航等功能，着力提升用户体验。初步完成“中德金属生态城投融资信用系统”“军埔电子商务征信系统”两大行业信用体系建设的平台搭建工作，并指导军埔电子商务村“揭阳市电子商务征信中心”挂牌成立。其中，“军埔电子商务征信系统”成功被评选为 2014 年人民银行广州分行的“十大亮点工程”之一。

是年，人行揭阳市中心支行征信管理科正式挂牌。是年，经验收考核，普宁市高埔镇龙崛村、揭东区曲溪镇港畔村先后获得“信用村”称号。

2015 年，以揭东区建设全省农村普惠金融试验区的契机，与揭东区政府协调沟通，5 月 21 日，揭东区综合征信中心揭牌成立并顺利投入运营，是揭阳市唯一一个全省农村普惠金融试点县区。有力地推动辖区农村信用体系建设，小微企业信用体系建设稳步推进。以人民银行“广东省小微企业信用信息系统”为依托，通过纵向采集区信用村农户信用信息、横向采集公安、工商、法院、税务、国土、环保、海关、供水、供电、质检等部门的非银信用信息数据，建立综合性的网络信用信息平台，实现政银之间信用信息的互联互通、共建共享。6 月，揭阳辖区第一家小额贷款公司（揭阳市榕城区和信小额贷款股份有限公司）接入人民银行个人征信系统。全市有“信用村”72 个，中心采集并导入信用村农户信息 6 万多条，比 2014 年增长 6.51 倍。2016 年 8 月，人行揭阳市中心支行正式上线揭阳首台个人征信自助查询机。

2017 年，持续推进社会信用体系建设，深化农户信用信息系统应用。与市金融局联合印发《关于应用广东省农户信用信息系统 扎实推进农村信用体系建设的意见》，发挥系统在促进支农信贷投放，解决“三农”融资难题，防范和化解农户信贷风险等方面的作用。推进广东（揭阳）中小微企业信用信息和融资对接平台建设。自主开发平台数据转换程序，解决信息无法直接导入难题，为分行和其他兄弟中支提供参考。辖区有 15 家金融机构在融资对接平台发布金融产品信息，达成融资交易 21 笔，金额 4.52 亿元。2017 年，辖区达成融资交易 212 笔，金额 57.76 亿元，比 2016 年增长 52.52%。8 月，广东（揭阳）中小微企业信用信息和融资对接平台完成与广州银行电子结算中心网络连通工作，辖区商业银行省市互联互通网络，并为各商业银行开通用户。10 月 18 日，完成信用扶贫“三个 100%”工作，即完成省农户信用信息系统在贫困县域应用覆盖率 100%，完成建档立卡 41349 户贫困户与省农户信用信息系统收录数比对率 100%（其中，省农户信用信息系统收录 348428 条），完成省农户信用信息系统对有劳动能力的 19588 户贫困户评分率 100%。为提升服务效能，中心支行还开设新的征信服务窗口，逐步推广使用自助查询机，打造便民惠民工程。年末，融资对接平台采集 2 万多条公共信用信息，18 家商业银行在融资对接平台发布金融产品信息 21 条，达成融资 5 笔，融资金额 9927 万元。

2018 年，全面实施信用创建支持乡村振兴“521 行动”，缓解“三农”融资难、融资贵问题。8 月，征信查询安全管理平台正式上线。12 月，人民银行二代征信系统试运行。至 12 月末，在广东省农户信用信息系统录入辖区 35 万户农户信息。协调地方政府相关部门，推进“粤信融”平台建设。平台累计发布金融信息产品 30 个，累计达成融资金额 11.36 亿元。开展中征应收账款融资服务平台应用，稳妥推进“信用 + 应收账款平台 + 供应链”模式。指导辖内金融机构和企业通过平台达成融资交易 61 笔，金额 2.50 亿元。

第七节　外汇管理

外汇管理是指一国政府授权国家的货币金融当局或其他机构，对外汇的收支、买卖、借贷、转移以及国际间结算、外汇汇率和外汇市场等实行的控制和管制行为。狭义上是指对本国货币与外国货币的兑换实行一定的限制。20 世纪 70 年代末，随着国家外贸体制和外汇制度改革深入，揭阳辖区的外汇管理从高度集中逐步向与对外改革开放和经济体制改革及市场经济相适应的外汇管理体制转变。

1992 年 7 月 1 日，国家外汇管理局揭阳分局成立。

1993 年 11 月 14 日，党的十四届三中全会通过《中共中央关于建立社会主义市场经济体制若干问题的决定》中明确要求，“改革外汇管理体制，建立以市场供求为基础的、有管理的浮动汇率制度和统一规范的外汇市场，逐步使人民币成为可兑换货币”。这为外汇管理体制进一步改革明确方向。

1994 年，围绕外汇体制改革的目标，按照预定改革步骤，我国外汇管理体制主要进行重大改革，实行人民币经常项目有条件可兑换。1 月 1 日起，实行银行结售汇制度，取消外汇上缴和留成，取消用汇的指令性计划和审批。取消各类外汇留成、上缴和额度管理制度，对境内机构经常项目下的外汇收支实行银行结汇和售汇制度。除实行进口配额管理、特定产品进口管理的货物和实行自动登记制的货物，须凭许可证、进口证明或进口登记表，相应的进口合同和与支付方式相应的有效商业票据（发票、运单、托收凭证等）到外汇指定银行购买外汇外，其他符合国家进口管理规定的货物用汇、贸易从属费用、非贸易经营性对外支付用汇，凭合同、协议、发票、境外机构支付通知书到外汇指定银行办理兑付。为集中外汇以保证外汇的供给，境内机构经常项目外汇收入，除国家规定准许保留的外汇可以在外汇指定银行开立外汇账户外，都须及时调回境内，按照市场汇率卖给外汇指定银行。汇率并轨，实行以市场供求为基础的、单一的、有管理的浮动汇率制度。人民币官方汇率与市场汇率并轨，实行以市场供求为基础的、单一的、有管理的浮动汇率制，并轨时的人民币汇率为 1 美元合 8.70 元人民币。人民币汇率由市场供求形成，中国人民银行公布每日汇率，外汇买卖允许在一定幅度内浮动。建立统一的、规范化的、有效率的外汇市场。中资企业退出外汇调剂中心，外汇指定银行成为外汇交易的主体。4 月 1 日银行间外汇市场——中国外汇交易中心在上海成立，连通全国所有分中心，4 月 4 日起中国外汇交易中心系统正式运营，采用会员制、实行撮合成交集中清算制度，并体现价格优先、时间优先原则。中国人民银行根据宏观经济政策目标，对外汇市场进行必要的干预，以调节市场供求，保持人民币汇率的稳定。对外商投资企业外汇管理政策保持不变。为体现国家政策的连续性，对境内机构实行银行结售汇制度时，对外商投资企业的外汇收支仍维持原来办法，准许保留外汇，外商投资企业的外汇买卖仍须委托外汇指定银行通过当地外汇调剂中心办理，统一按照银行间外汇市场的汇率结算。

是年 1 月 1 日，禁止在境内外币计价、结算和流通。我国重申取消境内外币计价结算，禁止外币境内流通和私自买卖外汇，停止发行外汇兑换券。对于市场流通的外汇兑换券，允许继续使用到 1994 年 12 月 31 日，并于 1995 年 6 月 30 日前可以到中国银行兑换美元或结汇成人民币。

通过上述各项改革，1994 年我国顺利地实现人民币经常项目有条件可兑换。

1996 年取消经常项目下尚存的其他汇兑限制，7 月 1 日起，外商投资企业外汇买卖纳入银行结售汇体系，同时外商投资企业的外汇账户区分为用于经常项目的外汇结算账户和用于资本项目的外汇专用账户。12 月 1 日宣布实现人民币经常项目可兑换。将外商投资企业外汇买卖纳入银行结售汇体系。外汇局核定外汇结算账户的最高金额，外商投资企业在核定的限额内保留经常项下的外汇收入，超过部分必须结汇。外商投资企业经常项目下的对外支付，凭规定的有效凭证可直接到外汇指定银行办理，同时，继续保留外汇调剂中心为外商投资企业外汇买卖服务。

1998 年 7 月 1 日，大幅提高居民因私兑换外汇的标准，扩大供汇范围。取消尚存的经常性用汇限制。取消出入境展览、招商等非贸易非经营性用汇的限制，并允许驻华机构及来华人员在境内购买的自用物品、设备、用具等出售后所得人民币款项可以兑换外汇汇出。经过上述改革后，我国取消所有经常性国际支付和转移的限制，达到国际货币基金组织协定第八条款的要求。12 月 1 日，外汇调剂中心关闭以后，外商投资企业外汇买卖全部在银行结售汇体系进行。提高居民用汇标准，扩大供汇范围。12 月 1 日，我国正式宣布接受第八条款，实现人民币经常项目完全可兑换。至此，我国实行人民币经常项目可兑换、对资本项目外汇进行严格管理、初步建立适应社会主义市场经济的外汇管理体制，并不断得到完善和巩固。如 1997 年再次大幅提高居民个人因私用汇供汇标准，允许部分中资企业保留一定限额经常项目外汇收入，开展远期银行结售汇试点等等。在亚洲金融危机影响蔓延深化的背景下，针对逃、套、骗汇和外汇非法交易活动比较突出的情况，在坚持改革开放和人民币经常项目可兑换的前提下，完善外汇管理法规，加大外汇执法力度，保证守法经营，打击非法资金流动，维护人民币汇率稳定和正常的外汇收支秩序，为创造公平、健康的经营环境，保护企业、个人和外国投资者的长远利益做出努力。

1999 年 1 月 1 日，国家外汇管理局揭阳分局更名为国家外汇管理局揭阳市支局。2001 年 4 月 18 日，国家外汇管理局揭阳市支局更名为国家外汇管理局揭阳市中心支局。

2001 年，加入世界贸易组织以来，我国对外经济迅速发展，国际收支持续较大顺差，改革开放进入一个新阶段。外汇管理主动顺应加入世贸组织和融入经济全球化的挑战，进一步深化改革，继续完善经常项目可兑换，稳步推进资本项目可兑换，推进贸易便利化。主要措施有：大幅减少行政性审批，提高行政许可效率。根据国务院行政审批改革的要求，2001 年外汇管理部门分三批共取消 34 项行政许可项目，取消的项目占原有行政审批项目的 46.5%。按照《中华人民共和国行政许可法》的要求，对保留的 39 项行政许可项目进行全面清理，对这些项目办理和操作程序予以明确规定和规范，提高行政许可效率。

进一步完善经常项目外汇管理，促进贸易投资便利化。允许所有中资企业与外商投资企业一样，开立经常项目外汇账户，提高企业可保留现汇的比例并延长超限额结汇时间。提高境内居民个人购汇指导性限额并简化相关手续。简化进出口核销手续，建立逐笔核销、批量核销和总量核销三种监管模式，尝试出口核销分类管理；推广使用“出口收汇核报系统”，提高出口核销业务的准确性、及时性。实行符合跨国公司经营特点的经常项目外汇管理政策，便利中外资跨国企业资金全球统一运作。

稳步推进资本项目可兑换，拓宽资金流出入渠道。放宽境外投资外汇管理限制，将境外投资外汇管理改革试点推广到全国，提高分局审核权限和对外投资购汇额度，改进融资性对外担保管理办法，大力实施“走出去”战略。允许部分保险外汇资金投资境外证券市场，允许个人对外资产转移。实行合格境外机构投资者制度，提高投资额度，引进国际开发机构在我国境内发行人民币债券，促进证券市场对外开放。允许跨国公司在集团内部开展外汇资金运营，集合或调剂区域、全球外汇资金。出台外资并购的外汇管理政策，规范境内居民跨国并购和外国投资者并购境内企业的行为。规范境内居民通过境外特殊目的公司开展股权融资和返程投资的行为。

加强资金流入管理，防范金融风险。调整短期外债口径。对外资银行外债实行总量控制，外资银行向境内机构发放的外汇贷款按照国内外汇贷款管理。实行支付结汇制，严控资本项目资金结汇。将外商投资企业短期外债余额和中长期外债累计发生额严格控制在“投注差”内，明确规定外商投资企业的境外借款不可以结汇用于偿还国内人民币贷款。以强化真实性审核为基础，加强对出口预收贷款和进口延期付款的管理。将境内机构 180 天（含）以上、等值 20 万美元（含）以上延期付款纳入外债管理，同时规范特殊类外商投资企业的外债管理，并将境内贷款项下境外担保按履约额纳入外债管理，由债务人逐笔登记改为债权人定期登记。加强对居民和非居民个人结汇管理。

强化国际收支统计监测，加大外汇市场整顿和反洗钱力度。加快国际收支统计监测预警体系建设，初步建立高频债务监测系统和市场预期调查系统，不断提高预警分析水平。加大外汇查处力度，整顿外汇市场秩序，推进外汇市场信用体系建设，初步建立起以事后监管和间接管理为主的信用管理模式。

2002 年起，市外管局将管理职能科室调整为国际收支科和外汇管理科。国际收支科负责组织、协调国家外汇管理局揭阳市中心支局的日常工作，负责综合、宣传、信息、信访、保密工作；负责外汇管理政策法规的咨询、解释；负责辖内国际收支、外汇收支统计制度的建立和实施；对辖内国际收支、外汇收支状况进行监测、预警和分析；负责对辖内外汇指定银行结售汇业务、银行间外汇市场运行和人民币汇价的实施情况进行管理；依法对辖内涉及外汇收支活动的机构执行法规情况进行监督、检查和管理；查处违反外汇管理法规的活动；协助有关司法部门和行政执法部门调查处理涉及外汇的违法案件；负责辖内电子化管理及技术支持工作；配合、协助人行内审部门对有关外汇业务开展审计工作。外汇管理科负责辖内经常项目和资本项目的外汇管理工作；监督检查经常项目下的汇兑行为，对超比例、超金额的经常项目下售汇进行事前真实性审查；办理进出口收付汇的核销；规范境内外汇账户管理；依法管理资本项目下的外汇交易和汇兑；审核辖内机构借用国外商业性债务资本、发行外币债券、对外担保以及对外发生债权等资本交易和汇兑；对外债和对外担保以及对境外直接投资者的外汇进行登记和统计监测；对还本付息进行审核；对境外直接投资者的外汇进行风险审查；对境内机构在境外发行、上市外币股票的汇兑事务进行审核。

2005 年，辖区执行国家汇率市场改革制度。7 月 21 日起，中国外汇管理制度进行新一轮改革，美元对人民币交易价格一次性调整为 1 美元兑 8.11 元人民币，作为次日银行间外汇市场上外汇指定银行间交易的中间价，外汇指定银行可自此时调整对客户的挂牌汇价。此后，汇率更具灵活性，外汇市场更加完善：调整汇率基准价格和挂牌汇价体系，扩大人民币汇率的浮动区间，允许人民币兑美元汇率日波幅为上下浮动0.3%。人民币汇率不再单一盯住美元，将人民币与非美元货币汇率的浮动区间扩大到3%。扩大银行自行定价的权限，现汇和现钞买卖价在基准汇率上下1%—4%以内由银行自行决定，允许一日多价。增加外汇交易主体，允许符合条件的非金融企业和非银行金融机构进入即期银行间外汇市场，将银行对客户远期结售汇业务扩大到所有银行。引进美元做市商制度，在银行间市场引进询价交易机制。引进人民币对外币掉期业务；增加银行间市场交易品种，开办远期和掉期外汇交易；实行银行结售汇综合头寸管理，增加银行体系的总限额。调整银行汇价管理办法，扩大银行间市场非美元货币波幅，取消银行对客户非美元货币挂牌汇率浮动区间限制，扩大美元现汇与现钞买卖差价，可一日多价。

2006年，以维护辖区良好外汇市场秩序为重点，落实各项外汇管理政策，细化内控建设，增强服务效能，加强国际收支监测预警，加大外汇查处力度，有效地促进外向型经济发展。

2007年，围绕省分局外汇管理总体要求，以维护国际收支平衡为根本目标，依法履行职责，完善内控要求，提高监管服务水平，促进涉外经济的发展。全年银行结售汇收入17.69亿美元，售汇支出1.26亿美元。同比分别增长29.59%和57.3%，结售汇顺差约16.43亿美元，同比增长27.86%，全年全市国际收支收入17.13亿美元，支出1.54亿美元，同比分别增长25.64%和53.51%，顺差15.59亿美元，同比增长23.43%。

2008年，以维护国际收支平衡为出发点和落脚点，落实好外汇管理各项政策，依法加强监督，顺利完成各项任务，促进辖区涉外经济的健康发展。全年银行结汇收入20.92亿美元，售汇支出1.71亿美元，同比分别增长17.82%和35.29%，结售汇顺差19.21亿美元，同比增长16.48%；全市国际收支收入19.98亿美元，支出1.68亿美元，同比分别增长16.64%和9.37%，顺差18.30亿美元，同比增长约17.38%。

2009年，围绕省分局外汇管理工作指导思想和总体要求，按照“保增长、促平衡、防风险”的工作目标，完善外汇管理政策措施，加强政策宣传引导，强化部门协作配合，提高管理服务效能，顺利完成各项工作任务，促进辖区涉外经济的健康发展。1—12月，全市银行结汇收入23.93亿美元，售汇支出2.59亿美元，同比分别增长14.4%和51.52%，结售汇实现顺差21.35亿美元，同比增长11.14%。

落实出口收结汇联网核查管理有关规定，及时解决出口企业因出口数据传输时滞原因导致可收汇余额暂时不足等问题；落实预收贷款和延期付款调整政策，确保企业正常收汇业务的开展；完善售付汇管理政策，便利进口企业售付汇业务的正常开展。完善内部操作管理，规范审核程序，简化手续，践行服务承诺制度，提高行政审批效率，有效解决企业进出口收付汇业务中的实际问题，满足企业的实际需求。

2010年，按照省分局外汇管理工作的指导思想和总体要求，稳步实施各项外汇管理改革，加强政策宣传引导，强化部门协作配合，提高管理服务效能，促进辖区涉外经济健康发展。全年全市银行结汇收入30.84亿美元，售汇支出3.79亿美元，比上一年分别增长28.86%和46.33%，结售汇实现顺差27.05亿美元，比上一年增长26.70%。根据省分局工作部署，人行揭阳市中心支行主体监管试点工作领导小组成立，制订《外汇管理主体监管探索工作方案》，在现行的政策法规框架下，充分利用现有业务管理系统数据，设定监管指标值，选取3家样本企业，对其经常项目、资本项目、国际收支申报等有关业务指标进行定时监测分析，筛选确定风险企业，以期实现对涉汇企业外汇收支及其经营行为的立体式、全方位定期跟踪监测。对于个别超预警指标，利用非现场核查等手段，进一步延伸监测和分析排查。通过对主体监管的有效探索，加强对样本企业外汇业务的全方位认识，增强对数据的利用和敏感性，提高监管成效。

2011 年，继续推进各项外汇管理改革，加强政策宣传引导，强化部门协作配合，改进管理服务方式，提高管理服务效能，保障辖区外汇资金有序进出，促进辖区涉外经济健康发展。全市银行结汇收入 36.86 亿美元，售汇支出 4.04 亿美元，同比分别增长 19.51% 和 6.83%，结售汇实现顺差 32.81 亿美元，同比增长 21.29%。利用外资总额 1.04 亿美元，批准对外协议投资总额 3826.49 万美元，已投资 1734.96 万美元，均创历史新高。继续推进进口付汇核销改革，促进贸易便利化。做好进口付汇历史数据清理，开展对进口付汇核销制度改革实施后企业进口付汇业务办理情况的非现场监测和现场核查，根据核查结果，结合企业日常业务办理情况，对辖内进口名录企业进行分类考核。强化贸易外汇资金流动监管。执行出口收结汇联网核查管理政策，加强贸易外汇资金动态监测，保证出口收结汇的贸易真实性；深入开展总局进料加工可收汇余额清理政策执行情况的调查、核实工作；做好以企业进料抵扣额对进料加工可核注额的人工扣减工作，防范套利资金以货物贸易外汇收支渠道流入境内，促进货物贸易外汇收支平衡。开展对出口已收汇未核销数据的清理和已进口未抵扣且未付汇的现场核查工作。开展贸易信贷非现场核查工作。深入分析辖区贸易信贷基本状况，开展贸易信贷负债非现场监测与核查，根据核查情况提出切实可行的政策建议。加强资本项目资金流动的管理和监测。继续加强外汇资本金流入及结汇管理，核算资本金账户限额和资金结构，坚持实地考察与调查走访制度，严格执行外商投资企业验资询证和外资外汇登记制度，遏制投机性外汇资金流入。就外商投资企业外汇登记中发现的问题以及如何做好外商投资企业年检等工作，加强与外经贸部门的沟通协调，发挥监管合力作用，提高辖区利用外资的质量。加强对银行短期外债余额指标和融资性对外担保余额指标执行情况的管理，完善监控指标体系，扩大调查样本，深入开展外汇管理主体监管工作实践，进一步提高监管成效。大力推进货物贸易外汇管理制度改革工作。揭阳市中心支局货物贸易外汇管理改革领导小组和工作小组成立，制订详细的改革实施方案和工作计划书，分别制订《揭阳市中心支局货物贸易外汇管理制度改革推广实施方案》《揭阳市中心支局货物贸易外汇管理改革推广实施工作计划书》《货物贸易改革工作安排日程》。组织各外汇指定银行国际业务部负责人及相关业务人员就货物贸易外汇管理改革政策业务进行培训。探索开展非现场核查和现场核查工作。共排查筛选重点监测企业 149 家。

2012 年，按照省分局外汇管理工作会议的指导思想和总体要求，推进各项外汇管理改革，完善管理政策措施，加大调研分析力度，改进管理服务方式，加强政策宣传引导，提高管理服务效能，强化对跨境资金双向流动的监测和管理，推进跨境人民币结算业务深入开展，提升贸易投资便利化水平，有效保障辖区经常项目和资本项目外汇资金有序进出，促进辖区涉外经济健康发展。妥善做好库存出口收汇核销单销毁工作。9 月 18 日，揭阳中支对包括辖内普宁市、惠来县、揭西县支局的共计 24422 份空白核销单进行集中销毁。全市银行结汇收入为 39.24 亿美元，比 2011 年同期增长 6.45%；银行售汇支出 5.23 亿美元，同比增长 29.45%。银行结售汇顺差 34.01 亿美元，同比增长 3.65%。

2013 年，以外汇管理改革为切入点，推动涉外经济健康发展。利用改革货物贸易外汇管理方式为契机，大力促进对外贸易便利化。按照“先易后难，先进口后出口”的原则，分步实施辖区货物贸易外汇管理方式改革工作，明确外汇管理服务的职能定位，牢固筑好外汇管理服务实体经济发展根本基础，实施贸易和投资便利化新举措，丰富外汇管理对涉外经济发展的服务功能。利用便民化电子信息管理平台，全方位提供便利性行政服务。利用国家资本账户逐步开放的有利时机，支持辖区符合条件的民营企业“走出去”。在中心支局的支持下，广东高乐股份有限公司、广东巨轮模具股份有限公司、广东运通塑料包装有限公司等市民营经济龙头企业对外融资业务金额6122万美元，对外投资合同金额5236万美元，已投资金额3412万美元，均达到历史最好水平。1—12月，全市银行结汇43.11亿美元，同比增长9.86%，银行售汇3.13亿美元，同比下降40.15%，结售汇顺差39.98亿美元，同比增长17.55%。

2014年5月，国家颁布新的《跨境担保外汇管理规定》，进一步简化跨境担保外汇管理，揭阳中支通过强化培训，深化政策理解，加强政策宣传辅导，鼓励存在业务需求的潜在企业开展此项业务，拓宽融资渠道。辖内共有3家企业发生跨境担保业务，累计担保金额3.80亿人民币。同时，支持各金融机构开拓外汇业务，当年全市银行结汇47.65亿美元，同比增长10.53%，银行售汇3.06亿美元，同比下降2.24%，结售汇顺差44.59亿美元，同比增长11.53%。

2015年，以落实外汇管理改革发展为契机，大力支持企业“走出去”。做好直接投资项下简政放权政策的落实，促进贸易和投资便利化。加强资本项目数据核查，强化跨境资金流动监测，做好资本项目事后监管工作和非现场核查工作，严格直接投资外汇管理登记的审核，做好防范贸易项下跨境资金流出工作。巩固和完善货物贸易外汇管理工作，加强对货物贸易外汇监测、跨境资金流动监测与分析，防范构造贸易融资套利、虚假交易行为。

2016年，加强跨境资金监测和管理，促进国际收支基本平衡。坚持“扩流入”与“控流出”两手抓，通过银行窗口指导、重点企业跟踪监测、企业约谈、风险提示、专项核查、跨部门协同监管等一系列措施，多管齐下，确保辖区经常项目顺差规模持续扩大。2016年，涉外收入69亿美元，同比增长10.42%，涉外支出4.34亿美元，同比下降34.64%。同时，大力推进人民币跨境结算工作，全年全市累计发生跨境人民币结算业务7056笔，金额114.17亿元，同比增长38.20%。

2017年，强化政策执行，加强跨境资金流动监测分析，推进“扩流入、控流出、稳预期、防风险”工作，增加外汇市场有效供给，满足有效需求，维持辖区外汇收支顺差的良好局面。落实国家贸易投资便利化改革措施，开展外汇业务和跨境人民币政策业务宣传培训，推进全口径跨境融资业务，促进跨境投融资便利化。全市涉外收支顺差61.19亿美元，跨境人民币结算额29.27亿元，跨境融资3800万美元。

2018年，提升外汇管理与服务水平，促进辖区涉外经济健康发展。强化各项外汇管理政策执行，加大跨境资金流动监测管理，促进辖区涉外经济健康、持续、快速发展。为辖区涉外企业排忧解难。稳步推进外汇管理改革，促进跨境投融资便利化。全市涉外收支57.30亿美元，顺差49.83亿美元，跨境人民币结算额37.95亿元，跨境融资2549万美元。

一、经常项目管理

经常项目管理，主要具体管理不以资本转移为目的的交易项目，包括进出口贸易、劳务转移等收支项目的外汇金融活动。

（一）贸易外汇管理

1992年7月至12月，国家外汇管理局揭阳分局结合新市、新分局的新情况、新问题，采取积极措施，努力做好外汇外债管理，使各项工作初步走上正轨，国际收支也取得实绩。至年末，各项外汇收入4116万美元。其中：贸易出口收汇3014万美元；“三来一补”加工收汇736万美元；非贸易结汇338万美元，分别完成年计划的120%、141%和59.5%。各项外汇支出6083万美元。外汇调剂达9300万美元。

1993年，国家外汇管理局揭阳分局认真贯彻中共十四大和十四届三中全会精神，认真贯彻整顿金融秩序和外汇外债管理方针政策，结合本地区实际，采取积极措施，努力做好外汇外债管理。全年各项外汇收入 3370 万美元。其中，贸易出口收汇 2806 万美元；“三来一补”收汇 404 万美元；非贸易结汇 88 万美元。各项外汇支出 4350 万美元。外汇调剂达 5589 万美元，外债余额 4255 万美元。

全面实行核销员制度。制定《出口收汇核销指南》，明确规定企业核销员的条件及申请手续等，并对核销员进行业务培训，经考核合格后发给出口收汇核销员证，用于领取核销单和办理收汇核销手续时出具，共已发证 300 份。实行核销员制度后，加强出口企业收汇核销的自觉性和责任心，克服人员变动频繁对业务的影响，收到明显的效果。简化核销手续。对部分业务量大、核销工作做得比较好的企业，实行“定期集中核销”，逐步将出口收汇核销手续改为企业自核、外管局总复核的制度，方便企业又不失管理。

加强台前服务。经常组织有关人员进行学习，提高业务水平，改善服务质量，寓管理于服务，把好“发单关”，“收单关”实行按合同和“工料比”监督收汇核销，做到专人管理，防止核销单流失；要求柜台人员在办理核销业务中，切实做到审查存根、报关单、产品清单上所列单位名称、合同号、商品名称及收汇金额是否相符，核销单与报关单海关印章是否齐全，对不符合规定的不给予核销。

大力追收逾期外汇。通过出口收汇核销与出口退税，出口收汇核销与外汇分成，出口收汇核销与外汇调剂“挂钩”的办法，建立出口收汇核销的制约机制。特别是针对一部分“三来一补”企业因长期被拖欠“工缴费”而陷入困境的问题采取积极对策：加强政策宣传，增强企业和外商遵守外汇管理政策的自觉性；对拖欠“工缴费”较严重企业限制或停止发放出口收汇核销单，制约其货物出口；进行外汇追踪，对拖欠“工缴费”的企业，及时打印催收逾期外汇通知单，督促企业收汇。通过以上措施，进一步搞好核销工作，收汇率和结汇率明显提高，到 12 月底，收汇率达到 40%，结汇率达到 62%，收汇率上升 14%。

1994 年，《国务院关于进一步改革外汇管理体制的通知》决定，1 月 1 日起，进一步改革我国外汇管理体制。实现汇率并轨，实行以市场为基础的、单一的、有管理的浮动汇率制；实行银行结汇和售汇制，取消外汇留成和上缴；建立银行间外汇交易市场，改进汇率形成机制、禁止外币在境内计价、结算和流通；改进和完善收、付汇核销管理；实现经常项目人民币可兑换；取消外汇收支指令性计划，国家主要用经济、法律手段实现对外汇和国际收支的宏观调控。为保证上述体制改革的顺利进行，采取一些过渡性措施，先实行经常项目下人民币有条件可兑换。

国家外汇管理局揭阳分局认真学习国家外汇体制改革有关政策规定，紧紧围绕推行汇率并轨，实行银行结售汇制和建立银行间外汇市场及职能转换等改革措施开展工作，至 1994 年 10 月底揭阳市外汇总收入 1.35 亿美元，超额 64.2% 完成全年贸易出口收汇任务，外汇总支出 1.85 亿美元，外汇收支同比分别增长 4.89 倍和 4.03 倍，创历史最高水平。

落实进口付汇核销制度，继续做好出口收汇核销工作。8 月中旬省局进口付汇核销会议结束后，分局及时在惠来支局召开各支局股长及市直经营外汇银行有关人员会议，传达上级会议精神，组织学习进口付汇核销有关文件，使大家明确实行进口付汇核销的必要性，掌握进口付汇核销的内容、特点及操作规则，督促各经营外汇业务银行积极做好准备工作，保证 8 月 20 日起进口付汇核销制度在全市实施。至 10 月底全市进口付汇核销 1766 万美元，核销率达 100%。继续做好出口收汇核销工作。逐步完善管理，简化核销手续，对外贸出口企业实行“定期核销”，逐步将出口企业的收汇核销手续改为企业自核、外管局总复核制度。抓好对逾期外汇数额较大的企业进行调查，采取对拖欠“工缴费”较严重的企业限制或停止发单，打印催收逾期外汇通知单等措施，督促企业收回逾期外汇，通过以上措施，使出口收汇结汇率由 1993 年的 74%上升到 92%。

1995 年，做好出口收汇核销工作，提高收结汇率。完善核销员制度，要求企业由核销员办理核销业务，做到专人管理，防止核销单流失，克服人员变动频繁对业务的影响；做好更换新核销单的宣传换发工作，保证企业出口业务的正常开展；做好逾期外汇原因的调查及催收工作。针对下半年全市逾期外汇上升的情况，认真调查逾期外汇增加的原因并积极催收，对逾期外汇大的企业采用控制发单的方法，收到效果；做好报表的统计、汇总上报工作，不断提高报表质量。

国家外汇管理局揭阳分局执行十四届五中全会精神和国家外汇管理有关政策法规，围绕深化外汇体制改革，完善银行结售汇制，配合人民银行总行组织的揭阳外汇检查组做好对辖区的外汇检查工作，加强对外汇指定银行业务监管，服务地方经济建设。全年揭阳市贸易出口收汇 1.98 亿美元，外汇支出 3.52 亿美元，同比增长 18% 和 69%。

1996 年 1 月 29 日，国务院第 193 号令公布《中华人民共和国外汇管理条例》，国家外汇管理局揭阳分局执行有关政策法规，围绕深化外汇体制改革，加强外汇金融监管、学习、宣传，维护辖区外汇秩序及服务地方经济建设。加强出口收汇核销管理，提高收结汇率。执行上级关于加强出口收汇核销工作的有关要求，切实加强出口收汇核销工作的管理。做好 1995 年 6 月以前旧核销单的清理工作，根据总局《关于清理旧出口收汇核销单的通知》，对全市辖属企业 1995 年上半年以前领取的旧出口收汇核销单（包括逾期未交和逾期未核销的核销单）进行一次全面的清理，对已关闭的 265 家“三资”企业和 272 家“来料加工”企业的 4781 份旧核销单，逾期未核销金额 1398 万元，按照有关规定做注销处理，对超过清理期限的 96 家半停产“来料加工”企业和“三资”企业以及 7 家外贸公司的逾期外汇，积极督促其前来办理核销手续；抓好逾期外汇的催收工作。第二季度，由于诸多原因，致使全市逾期外汇急剧上升，其高峰期达 8000 多万美元，针对存在问题，分支局及时采取措施，深入企业了解逾期原因，做好逾期大户的催收工作，督促其及时收汇，同时，控制逾期大户领取核销单数量，通过采取上述措施，使逾期外汇大幅度下降，结汇率提高。

1997 年 9 月 25 日，国家外汇管理局发布《境内外汇划转管理暂行规定》，对境内机构通过经营外汇业务的金融机构办理外汇汇款、转账等行为作出规定。

1998 年 6 月 22 日，《出口收汇核销管理办法实施细则》发布，8 月 1 日起施行。9 月 1 日，国家外汇管理局发布《境内居民个人外汇管理暂行办法》。10 月 25 日，中国人民银行、国家外汇管理局发布《关于停办外汇调剂业务的通知》，决定从 1998 年 12 月 1 日起，取消外汇调剂业务。全市外汇总收入 8.76 亿美元，总支出 8.54 亿美元。

1999 年，强化服务意识，提高工作效率。外汇管理部门抓住国家扩大出口、刺激经济增长这一措施，通过简化企业出口收汇核销手续，改进外汇担保项下人民币贷款管理，积极支持外贸企业扩大出口。

2000 年，切实加强进出口核销管理。全面修订、完善业务操作规程和岗位责任制，严格内部管理机制，确保进出口核销业务依法合规办理。开展自检和检查，堵塞漏洞，完善管理。全面清理催收逾期未收汇和未交单。全年全市出口收汇交单率 95.73%，收汇率 81.90%，核销率 83.63%。严格进口付汇核销管理，加强和改进进口付汇名录管理和备案制度管理，执行二次核对和计算机联网核查制度，保证进口付汇的真实性。改进对外服务，提高服务质量。印发业务宣传资料，方便企业办理业务；实行扶优限劣措施，简化荣誉企业进出口核销手续。加大外汇政策法规宣传力度，举办 3 期业务培训班，对全市 300 多名企业人员进行法规培训。

2001 年，规范进出口核销业务，顺利完成电子口岸出口收汇系统的试点和运行工作，实现以电子数据传送代替纸质单证邮寄，以电子核对代替手工核对，加强外汇业务电子化管理。加强监管，实行综合催收催核。加强与有关部门的协调配合，督促企业收汇核销，全年共催收逾期外汇 5448 万美元。组织对市直和揭东县 82 家企业的核销员业务培训，提高核销员政策业务水平。推行服务承诺，提升服务质量。严格进出口收汇管理，全面推行进出口企业核销员制度，实行一个工作日完成核销单证审核，三个工作日内完成数据录入的服务承诺；开设“快速通道”，设立优先窗口，集中为出口收汇荣誉企业办理领单、收单及核销业务，方便客户业务办理。完善进出口核销管理工作，结合辖区实际制订进出口核销预警制度，加强进出口收付汇管理，规范进出口收付汇核销工作。

2002 年，加强出口收汇核销管理。树立主动监管意识，严格操作规程。始终按照“电子口岸”系统有关操作规定办理各项业务。严格单证审核手续。对银行、企业存在的不合规情况或者违规行为及时予以纠正，或者移交检查部门给予处罚。实行发单与核销相挂钩制度。针对辖内逾期未核销较严重的情况，实行发单与核销相挂钩制度，督促企业尽快收汇核销。加强跟踪监管。充分利用“电子口岸”系统的跟踪监控功能，及时调查核实，督促企业尽快收汇核销。至年底，全市外汇收入达 38588 万美元，同比增长 48.35%。全市外贸出口总额达 4.48 亿美元，同比增长 41%。发放出口收汇核销单 24218 份，同比增长 20%。出口核销总额 4.40 亿美元，同比增长 32%。收汇率高达 98%，同比提高 18 个百分点。狠抓出口逾期未核销促降工作。全市共核销逾期外汇 4500 万美元。同时，对 204 家企业的 12021 份、总额 2.60 亿美元的逾期未核销单和 1348 份逾期未交单作核销备查处理，使辖内逾期外汇从 2001 年年末的 2.86 亿美元降低到 1767 万美元，实际降幅达 94%。强化售、付汇核销管理。严格执行联网核查系统有关业务操作规定，杜绝异常售付汇的发生，并加强对企业的检查督促，提高报审率，防止出现进口逾期未核销情况。至 12 月末，全市贸易进口付汇 4061 万美元，企业核销报审 3768 万美元，报审率达 92.79%。

2003 年，加强出口收汇核销管理，狠抓出口逾期未核销促降工作。强化日常监管，严格操作规程和单证审核手续，纠正银行及企业的不规范行为。全年出口收汇率达 99.22%，出口核销率达 99.83%。狠抓出口逾期未核销促降工作。采取全面清理、积极催收催核以及进行核销备查等措施，全市出口逾期未核销额下降明显，下降至 775 万美元，同比下降 56%。加强进口付汇核销监管，努力提高报审率。按照进口付汇核销管理法规和“进出口报关单联网核查系统”的操作规定办理各项外汇业务，努力提高报审率。全年全市进口付汇额 7389 万美元，核销率达 99.8%；企业货到报审 1909 万美元，报审率达 95%。规范经常项目外汇账户管理，降低企业经营成本。开展经常项目外汇账户合并、限额调整工作，增强开立外汇账户的积极性和规范汇率风险的敏感性，使外汇账户个数、限额和余额得到大幅增加。同时，为继续深化经常项目外汇账户管理改革，进一步加强对外汇资金收支活动的监测，要求有经常性外汇收入的中资企业必须开立经常项目外汇账户，将辖内中资企业的经常性外汇收支纳入“外汇账户管理信息系统”进行统一管理。开展“出口收汇核报系统”培训，夯实新系统运用、推广工作的基础。为进一步规范出口收汇核销业务，保障 2004 年 1 月 1 日起出口收汇核报系统在揭阳市顺利推广，促进对外贸易发展，在省分局的统一布置下，揭阳市中心支局于 10 月对全市银行及 273 家出口企业进行培训。通过宣传、培训，使银行、企业的有关人员对新系统有较全面的认识，对新法规的政策要点有较深入的了解，同时，对逾期未收汇、未核销收汇等数据进行大力清理，为辖区推广新系统工作提供基础性保障。

2004 年，推广“出口收汇核报系统”，3 月 1 日在广东省辖内全面推广，提高出口收汇核销效率。落实经常项目外汇账户管理改革。4 月，国家外汇管理局印发关于调整经常项目外汇账户限额核定标准有关问题的通知，将企业经常项目外汇账户的保留外汇限额上调至30%，对上年度外汇支出占外汇收入超过80%的上调至50%。及时调整经常项目外汇账户管理操作规程，以新的限额核定标准审核新的开立外汇账户业务，并做好宣传工作，进一步方便企业自主经营决策，减少结售汇的兑换成本，支持外贸出口，同时让企业对自己的外汇收入有更大的处置权，增强外汇风险意识。实现货到汇款项下贸易进口付汇自动核销。9月，国家外汇管理局对现有进口付汇核销系统进行升级，以实现货到汇款项下贸易进口付汇的自动核销。做好业务政策宣传与指导工作，保证政策顺利落实，进一步简化进口企业的核销手续，提高进口核销效率。做好总局取消行政审批项目清理、政策衔接工作。7月，国家外汇管理局公告取消“出口收汇核销员备案管理”“境内居民个人购汇业务从业人员资格认证”“保险经营机构外汇从业人员资格认证”等行政审批项目。为保障各项业务正常开展，强化“企业法人授权”制度，以取代核销员管理制度，避免可能发生的业务办理责任纠纷，解决暂时性的政策衔接中存在的问题，并对原已发放的核销员证进行回收清理。抓好进出口逾期外汇清理、催核。按照《进出口收付汇逾期未核销行为处理暂行办法》的规定，狠抓进出口逾期未核销的清理和促降工作。一方面建立清理催核制度。每月统计逾期情况，采取寄发催核通知书或电话通知、约见谈话、上门催收等多种方式，积极开展催收催核工作。另一方面，加强柜台监督，将出口发单、进口付汇备案与核销相挂钩，督促企业及时处理逾期未核销外汇。全年全市共发出催核通知书77份，催核金额1041万美元。至12月底，全市出口逾期未核销额降至228万美元，同比下降71%。

2005年，“大力推进贸易投资便利化”是外汇管理工作的重要内容。揭阳市中心支局推广应用适合外向型经济发展的网上核销新方式。6月，“出口收汇核销网上报审系统”正式推广应用。至12月末，揭阳市出口企业开户379家，占参训企业的100%，网上核销17006笔4.90亿美元，网上核销业务量占同期核销总量的85%。12月，网上核销率已达100%。全市出口收汇9.67亿美元，同比增长31%；出口收汇核销39331笔，同比增长17%，出口核销率达99.84%；发放出口核销单40153份，同比增长6%；新备案出口企业79家。进口付汇7831万美元，同比增长4%，进口付汇443笔，同比降低17%，进口核销率达91%，同比下降31%；进口到货报审率达92%，新备案进口企业17家。开展进出口逾期未核销的清理、促降工作。共发出出口催核通知书82份，催核金额1137万美元；全市出口逾期未核销额147万美元，同比下降36%，共发出进口逾期催核通知书4份，催核金额106万美元，并对4家企业的334万美元进口逾期未核销进行备查处理。

2006年，在广东省分局的统一部署和中支党委的领导下，揭阳市中心支局严格贯彻落实各项外汇管理改革，履行职责，提高监管水平，细化内控建设，强化服务效能，深入调查研究，顺利完成各项工作任务，有效地促进全市涉外经济的健康发展。进一步完善进出口核销管理，服务进出口贸易。全市出口收汇12.34亿美元，同比增长28%，出口收汇率达86.89%；出口收汇核销41454笔13.58亿美元，同比分别增长14%和23%，出口核销率达99.87%；发放出口核销单43625份，同比增长9%。进口付汇核销471笔1.05亿美元，同比分别增长6%和35%，进口核销率达97.27%。出口收汇网上报审系统开户81家企业，网上核销率持续保持100%。全市共发出出口逾期催核通知书116份，催核金额1495万美元，发放进口逾期催核通知书17份，催核金额371万美元。进出口逾期未核销案件移交企业1家。4月，国家外汇管理局对经常项目外汇管理的三项政策进行重大调整，范围涉及境内居民个人购汇、服务贸易售付汇和经常项目外汇账户管理，并于5月1日起正式实行。为使该政策在辖区得到更好的贯彻落实，揭阳市中心支局组织召开由辖属支局和市直各外汇指定银行参加的经常项目外汇管理政策调整培训会议。9月，按照《关于进一步改进贸易外汇收汇与结汇管理有关问题的通知》，揭阳市中心支局通过大量细致的计算，核定揭阳市贸易外汇收汇与结汇“关注企业”名单，对贸易项下收汇与同期贸易项下应收汇差额较大的企业实行分类管理。经常账户收入和支出分别为12.05亿美元和9403万美元，同比分别增长26.93%和41.89%，顺差11.11亿美元，同比增长25.8%。

2007年，实施出口企业收结汇分类管理、“关注企业”重点监管是2007年外汇局改进贸易外汇收支与结汇管理的核心工作。10月，揭阳市中心支局核定并上报全市第一批贸易外汇收汇与结汇“关注企业”名单，对贸易项下收结汇异常和违反外汇局管理规定的企业实行分类管理。10月，完成揭阳辖区2006年出口单位收结汇、核销业务考核及“关注企业”指标测算工作并重新核定、上报9家辖区贸易收结汇“关注企业”。11月初完成“贸易外汇资金流入动态监测管理系统”的安装、启用工作。外汇局重点规范外汇指定银行、出口单位在出具出口收汇核销专用联、更正进出口核销数据的操作。严格要求外汇指定银行在出口收结汇经办人员、单证形式变更时及时、规范以正式文件形式报送出口收汇核销专用联备案样式，很好地促进出口收汇核销工作的规范有序开展。重新调整或新增揭阳市“对外付汇进口单位名录”和“由外汇局审核真实性进口单位名单”，同时严格执行延期付汇等相关外汇管理办法，规范进口付汇核销工作。4月重新调整揭阳市“对外付汇进口单位名录”和“由外汇局审核真实性进口单位名单”；8月和10月两次新增揭阳市“对外付汇进口单位名录”。7月，按照国家外汇管理局广东省分局部署，切实做好“企业业务档案数据库系统”推广应用工作，完成该系统的配置、调试、上线工作。该系统实现外汇局出口核报、进口核销、外汇账户和外债系统的企业档案的信息共享，避免重复性的录入。

2008年，重点落实好贸易收结汇分类管理政策，确保外汇资金流入管理的有效性。外汇流入加速、外汇储备增长幅度继续加大。从2月起，按照省分局要求，核定关注企业工作的政策由过去的每季度核定一次更改为每月核定一次。1—6月共核定新增“关注企业”10家，其中，揭阳市直7家，普宁3家。监督检查外汇指定银行按照新政策规定为“关注企业”办理收汇与结汇业务情况，确保政策贯彻实施的有效性。新出台《出口收结汇联网核查办法》，揭阳市中心支局于7月13日举办相应的培训班，对全市3个支局、23家外汇指定银行和580多家进出口企业进行相关政策讲解和业务操作培训。同时，加强与政府部门的沟通联系，就新出台的《出口收结汇联网核查办法》及货物贸易项下外债登记管理规定等外汇管理政策在辖区的宣传、贯彻实施等与市外经贸局负责人进行沟通并达成一致意见，取得地方政府有关部门的大力支持。全市共发放出口核销单50448份，同比增长8%。出口收汇核销47898笔20.73亿美元，同比分别增长3%和19 %，出口核销率99.68%；进口付汇620笔1.53亿美元，同比分别增长14.39 %和21.34%，进口核销率达99.61%。至12月底，全市出口逾期未核销额402万美元，进口逾期未核销5笔263万美元。

2009年，做好进出口核销管理，服务进出口贸易。完善出口收汇核销操作管理，开展对外汇指定银行执行出口收结汇联网核查管理政策情况和收结汇业务合规性的检查，实施企业银行出口收结汇与海关出口报关之间数据的联网核查，保证出口收结汇的贸易真实性。配合海关做好“粤东电子口岸企业入网网上审批系统”在全市的推广运用试点工作，方便企业办理电子口岸入网手续。做好出口核报系统、进口核销系统与外汇金宏系统收付汇数据的核对工作，保障收付汇数据的完整正确。做好进出口逾期未核销以及已收汇未核销的清理和促降工作，力求辖区贸易外汇收支与贸易进出口的相对平衡。1—12月，全市出口收汇率和出口核销率分别为90.74%和99.73%，进口付汇核销率为98%。继续完善个人外汇收支和服务贸易外汇管理。做好服务贸易外汇业务非现场监管系统试运行工作，开展对外汇指定银行个人外汇业务、服务贸易外汇业务政策执行情况的现场和非现场核查，严肃查处违规行为。实施进出口重点样本企业问卷调查制度，为完善贸易外汇管理政策、进行贸易外汇管理和调控提供决策依据。

受金融危机影响，国际经济持续下行，国内经济受其波及，外需急剧下滑，外资、外贸形势不容乐观。为促进和保持经济增长，中国实施财政政策和适度宽松的货币政策，出台扩大内需的多项政策，“保增长”成为当年国家经济发展首要目标，外汇管理工作也面临新的形势和更大的挑战。外汇管理科继续深化管理改革，完善管理政策措施，加大调研分析力度，改进管理服务方式，加强政策宣传引导，强化部门协作配合，提高管理服务效能，有效地保障辖区经常项目和资本项目外汇资金有序进出，促进辖区经济的健康、较快发展。

继续落实好出口收结汇联网核查政策，密切监测辖区跨境外汇资金流动，配合做好“粤东电子口岸企业入网网上审批系统”在揭阳的推广运用试点工作，派员参加海关部门组织的该系统的应用培训，做好粤东电子口岸企业入网网上审批工作，使企业办理电子口岸入网手续更加方便快捷。在国际收支“金宏工程”新系统上线后，做好出口核报系统、进口核销系统与金宏工程国际收支系统收付汇数据核对工作，保障收付汇数据的完整正确。2009 年，全市共发放出口核销单 59372 份，同比增长 18%。出口收汇核销 52007 笔 24.25 亿美元，同比分别增长 9% 和 17%，出口核销率 99.73%；进口付汇 1068 笔 3.31 亿美元，同比分别增长 72% 和 116%，进口核销率达 98%。至 12 月底，全市出口逾期未核销额 495 万美元；进口逾期未核销 53 万美元。

2010 年，加强经常项目管理，保障辖区外汇资金合法有序进出。按照总局的统一部署，在辖区顺利实施 2010 年外汇管理改革的“重头戏”——进口付汇核销改革，进一步推进贸易便利化。加强贸易外汇资金流动监管。加强外汇账户信息监控，严密监测资金异动。认真执行出口收结汇联网核查管理政策，进一步加强贸易外汇资金动态监测，保证出口收结汇的贸易真实性；加强个人结售汇监测核查工作。安装运行个人外汇非现场监管系统，加强对个人结售汇分拆等的监控；定期开展对外汇指定银行个人外汇业务、服务贸易外汇业务政策执行情况的现场核查，督促其依规合法办理个人结售汇业务。为深化外汇管理体制改革，支持涉外经济稳步发展，推进贸易便利化，按照总局统一部署，建立于 1994 年的进口付汇核销制度从 12 月 1 日起进行重大改革，是 2010 年外汇管理改革的重头戏。为确保进口付汇核销改革政策在揭阳辖区顺利推广，揭阳市中心支局紧紧按照上级部署，有条不紊开展进口付汇核销改革各项工作，召开专题会议贯彻落实，认真组织学习领会政策精神，加强组织领导，强化政策宣传，组织对辖内银行和企业业务政策培训，严格执行相关政策规定。揭阳市中心支局进一步加强贸易外汇资金流动监管，严控资金非法进出。11 月，按照上级局统一部署，根据汇发〔2010〕59 文要求，实施将辖属企业出口收结汇联网核查中来料加工可收汇比例由 30% 调整为 20% 等更加严厉的管控措施，进一步堵塞不法资金流动的漏洞。全市共发放出口核销单 68328 份，同比增长 15%。出口收汇核销 64531 笔 30.97 亿美元，同比分别增长 24% 和 28%，出口核销率 99.68%。进口付汇 1107 笔 3.49 亿美元，同比分别增长 3.65% 和 5.32%，进口核销率达 95.2%。至 12 月底，全市出口逾期未核销 135 笔，金额 318 万美元；进口逾期未核销 39.50 万美元。

2011 年，为支持涉外经济快速发展，推进贸易便利化，推进进口付汇核销改革，揭阳市中心支局做好货物贸易外汇管理制度改革试点相关工作。10 月，揭阳市中心支局按照上级局关于货物贸易外汇管理制度改革试点相关工作安排，引导辖区进出口企业尽早签署《货物贸易外汇收支业务办理确认书》，共有662家进出口企业提早签署确认书，作为上报到总局成为第一批导入货物贸易外汇监测系统中的企业，占所有辖区企业总数约90%。货物贸易外汇管理制度改革于12月在江苏、山东、湖北、浙江、福建、大连、青岛五省二市试点。

2012年，为支持外贸稳定增长，国家外汇管理局、海关总署、国家税务总局于8月1日起在全国范围实施货物贸易外汇管理制度改革。

20世纪90年代初，我国对企业实行进出口货物流与资金流逐笔对应、现场核销的管理制度，该制度在很长一段时间内与我国宏观经济和外贸形势相适应，在督促企业及时足额收汇、防范出口骗税及打击逃汇等方面起到积极作用。但随着我国对外贸易规模的迅猛增长，进出口收付汇逐笔核销管理方式难以适应贸易方式和主体多样化的需要。为此，国家外汇管理局在2010年推出进口付汇核销改革的基础上，于2012年8月1日起在全国范围实施货物贸易外汇管理制度改革。

改革的主要内容包括，简化进出口贸易收付汇业务办理手续和程序。外汇局取消进出口收付汇核销制度，企业不再到外汇局办理逐笔核销手续；取消出口收结汇联网核查，合规企业出口收结汇不受额度限制；取消对企业预收贷款和延期付汇等贸易信贷的事前比例管理，改为事后的动态监测；简化进口购付汇单证，合规企业可根据真实合法的进口付汇需求在银行提前购汇，可凭进口报关单、合同或发票等能够证明交易真实性的单证在银行直接办理付汇。调整出口报关流程，简化出口退税凭证。企业办理出口报关和申报出口退税时均不再提供核销单。通过总量核查、动态监测和分类管理方式提升监管手段。外汇局非现场总量比对企业的进出口货物流与资金流，对企业进行分类管理和动态监测，切实防范外汇收支风险。加强部门联合监管，外汇局、海关、税务进一步加强合作，完善协调机制，实现数据共享，形成监管合力，严厉打击各类违规跨境资金流动以及走私、骗税等违法行为。

在推进改革过程中，外汇局积极转换政府职能，大幅减少行政审批，货物贸易外汇管理相关行政许可项目由过去的19小项简化为4小项，共废止116件与贸易外汇管理有关的规范性文件。同时，建立健全操作规程等标准规范，完善内控制度，提高行政效能。

货物贸易外汇管理制度改革是2012年外汇管理工作的重中之重。揭阳市中心支局严格按照上级局的统一部署和要求，精心组织，周密部署，扎实推进，把这一促进贸易便利化的重大举措抓实抓好。认真做好进出口逾期未核销以及出口已收汇未核销的清理和促降工作，1至7月，全市共发放出口核销单36770份，同比下降3%；出口收汇核销35437笔21.22亿美元，同比分别下降7%和增长10%，出口核销率99.74%；进口付汇629笔3.96亿美元，同比分别增长4%和增长44%；2012年7月24—26日，分别举办4场培训班，共对全市29个银行网点、782家企业的816名代表进行政策培训。至7月底，全市出口逾期未核销金额1074万美元。8月，全面实施的货物贸易外汇管理制度改革在2013年迎来逐步总结经验、分析存在问题和完善管理的阶段。妥善做好库存出口收汇核销单销毁工作，9月18日，将全市库存24422份空白出口收汇核销单进行封装并集中销毁。从宏观、中观、微观多角度出发，探索开展非现场核查和现场核查工作。截至12月底，全市共有名录企业677家。

2013年，揭阳市中心支局积极有效探索，力促货物贸易外汇管理工作上新台阶。切实抓好后续培训工作，再次举办2期货物贸易外汇管理政策业务培训班，对2013年新增名录登记的91家企业及新政实施以来列入现场核查的53家企业和部分外汇指定银行的负责人、业务人员进行相关政策业务培训，培训覆盖面达到100%。探索完善非现场核查和现场核查工作机制，经验不断丰富，模式不断成熟，工作逐渐趋于成型。积极做好经验总结与回顾，全市共上报“回顾与展望：货物贸易外汇管理改革”征文

24 篇，其中有 5 篇优秀征文被《南方金融》广东货物贸易外汇管理制度改革专刊刊载，刊载文章数量位于全省中支前列，至 12 月底，全市共有名录企业 764 家。

2014 年，揭阳市中心支局继续深化管理改革，完善管理政策措施，加强政策宣传引导，推进贸易便利化，力促辖区外向型经济快速健康有序发展。揭阳市货物贸易收入 37.58 亿美元，货物贸易支出 3.93 亿美元，货物贸易顺差 33.65 亿美元。截至 12 月底，全市共有名录企业 935 家。

2015 年，揭阳市中心支局积极保障跨境资金流动平稳有序。开展货物贸易外汇流出专项核查，共核查 9 家企业的 210 笔业务，涉及 10633 万美元购付汇规模。揭阳市货物贸易收入 58.73 亿美元，同比增长 56%；货物贸易支出 3.64 亿美元，同比下降 7 %；货物贸易顺差 55.09 亿美元，同比增长 64%。至 12 月底，全市共有名录企业 1253 家。

2016 年，揭阳市中心支局巩固成效，继续推进贸易投资便利化。5 月 7 日，联合市商务局、市外经贸企业协会举办政策业务宣讲会，对来自各县、市、区商务局以及银行、企业代表共 300 余人深入解读外汇管理相关政策。揭阳市货物贸易收入 66.18 亿美元，同比增长 13 %；货物贸易支出 2.36 亿美元，同比下降 35%；货物贸易顺差 63.82 亿美元，同比增长 16%。截至 12 月底，全市共有名录企业 1476 家。

2017 年，揭阳市中心支局通过数据监测与信息调研把握辖区经济方向，根据形势判断夯实业务基础，在推进贸易投资便利化的同时，多措并举，大力支持地方实体经济的发展。揭阳市货物贸易收入 63.36 亿美元，同比下降 4%；货物贸易支出 2.79 亿美元，同比增长 18%；货物贸易顺差 60.57 亿美元，同比下降 5%。截至 12 月底，全市共有名录企业 1653 家。

（二）非贸易外汇管理

随着机构的变革，全市旅游事业创汇及其他非贸易收汇也有较快的增长。在加强对赡家侨汇、捐赠外汇等外汇管理的同时，重点抓好外汇券收券企业的管理。及时审查、报批新增收券点，先后上报 15 个，已批准发证 11 个，同比增长近一倍；规定收券企业及时报送报表，逐月审核，按季结汇，保证国家的外汇收入，全年非贸易结汇达 338 万美元。

1999 年，加强居民因私出境用汇管理。外汇管理部门针对辖区第一季度居民因私出境用汇增幅较大的情况，及时与有关部门联合制订相关措施，采用押金制度，将关口前移，有效地控制因私用汇急剧增长的态势，收到效果。5 月、6 月全市居民因私用汇比 4 月分别下降 70% 和 357%。

2001 年，完善非贸易外汇管理制度。结合业务实际，制订非贸易外汇管理操作规程，进一步规范非贸易外汇管理。开展现场检查工作。对外汇指定银行旅游项下外汇收支开展全面检查，及时掌握辖区旅游项下外汇业务存在问题，进一步加强旅游项下外汇业务管理。

2002 年，做好“境内居民个人因私购汇”系统的试点、运行工作。“境内居民个人因私购汇系统”在 6 月 1 日开始试点运行，该系统既方便居民的因私用汇，又提高银行的经营效率及竞争能力，并能有效地抑制外汇黑市。落实境内居民个人自费出国（境）留学中放宽供汇对象与标准、简化审核程序的有关政策，使本地居民的合理用汇需求及时得到满足。全年非贸易外汇支出 213 万美元。

2003 年，加强保险外汇业务管理，做好市场准入的初审工作。组织保险经营机构外汇从业人员资格认证培训，得到省分局的肯定。7 月，揭阳市中心支局承办粤东地区的培训考核组织工作，积极组织汕头、潮州、梅州、揭阳四市保险经营机构外汇从业人员参加资格认证培训班，由省局领导对 16 家保险公司 62 名外汇业务人员进行集中培训及考试。由于组织到位，使考核工作得到顺利开展并取得预期效果，得到省分局的充分肯定。做好保险外汇业务市场准入的初审工作。清理历史遗留问题。对辖内保险经营机构外汇账户进行全面清理，并依法撤销辖内中国人民保险公司揭阳分、支公司的外汇账户。要求辖内保险公司对保险外汇业务经营情况开展自查。严格按照有关规定，做好市场准入初审工作。做好保险外汇从业人员证的发放工作，严格按照《保险业务外汇管理暂行规定》初审保险公司的开办保险外汇业务申请资料，12月，核准中国平安财产揭阳中支经营保险外汇业务。疏堵并举，满足居民个人合理用汇需求。揭阳市中心支局认真落实居民个人用汇政策各项调整措施，按实需原则积极满足个人合理用汇需求，从源头上减少辖内外汇非法交易的供给和需求。全年辖区居民个人因私购汇28万美元，其中：出国留学26万美元，占比93%，同比增长44%。当年共对中国农行揭阳分行、中国农业银行惠来县支行等2家外汇指定银行申请开办境内居民个人售汇业务进行核准备案和系统授权。

2004年，落实居民个人外汇结汇管理改革。3月，国家外汇管理局发布加强居民个人外汇结汇管理的有关通知，对居民个人一次性结汇金额在等值1万美元以下、1万美元以上5万美元以内的办理手续分别作具体规定。积极做好政策宣传，密切关注政策实施效应，做到疏堵并举。

2007年，个人外汇政策调整是外汇局2007年实施的重大政策改革之一，外汇局首次将个人外汇管理政策整合分离出来，形成《个人外汇管理办法》及《个人外汇管理办法实施细则》，内容涵盖经常项目个人外汇管理、资本项目个人外汇管理、个人外汇账户、外币现钞管理等等。该政策的出台极大地便利居民个人外汇收支活动。

2008年，外汇局加强对个人结售汇、服务贸易外汇业务的非现场核查，严格落实政策文件精神，确保对辖区服务贸易外汇收支的有效监管。

2009年，完善服务贸易外汇管理，开展对外汇指定银行服务贸易外汇业务政策执行情况现场核查，对发现违规行为进行移交查处，维护外汇管理法规严肃性。认真开展调查、分析工作，做好服务贸易外汇业务非现场监管系统运行工作，确保对辖区服务贸易外汇收支有效监管。

2010年，加强个人结售汇和服务贸易监测核查工作。3月按照省分局统一部署，安装运行个人外汇非现场监管系统，加强个人结售汇分拆等方面的监控，并按要求上报监测报告。

2011年，加强服务贸易结售汇监测核查工作，加强结售汇分拆等方面的监控，督促外汇指定银行整改存在问题，依规合法办理服务贸易结售汇业务。

2012年，揭阳市中心支局认真做好服务贸易非现场核查工作，通过服务贸易外汇业务非现场监管系统进行监测，提升系统信息准确性。不定期开展对外汇指定银行服务贸易外汇业务政策执行情况的现场核查。全市服务贸易外汇收入3373万美元，同比下降32%；外汇支出3219万美元，同比增长87%。

2013年，为落实国务院关于金融支持实体经济的有关要求，进一步推进贸易投资便利化，促进服务贸易发展，国家外汇管理局发布《国家外汇管理局关于印发服务贸易外汇管理法规的通知》，决定自2013年9月1日起，在全国范围内实施服务贸易外汇管理改革。此次改革的主要内容包括推进简政放权；取消服务贸易购付汇核准，服务贸易购付汇业务可在金融机构直接办理；外汇管理部门强化对金融机构的尽职要求，推动金融机构完善相关内控制度与业务操作流程，并监督、检查其执行情况；小额交易无须审单，服务贸易小额收付汇业务可在金融机构直接办理，金融机构对单笔等值5万美元以下的服务贸易收付汇业务原则上可不审核交易单证，境内机构和个人需留存每笔服务贸易外汇收支相关交易单证5年备查；简化单证审核，对于仍需审核单证的业务，简化相应审单要求，包括对现行的数十类单证审核规定进行简化与合并；取消对绝大部分主管部门核准、备案文件的审核要求；清理整合法规。制定《服务贸易外汇管理指引》及其实施细则，废止50多项相关法规文件，为涉外主体办理服务贸易外汇业务提供系统、清晰、透明的法规依据；放宽境外存放，放宽境内机构服务贸易外汇收入境外存放的条件，允许企业集团将服务贸易外汇收入集中境外存放；强化均衡管理和事后管理，加强对服务贸易外汇资金流入、流出的双向监测，建立由宏观分析、中观监测、微观核查紧密结合的非现场监管体系，并辅以必要的现场核查，加强风险防控。

服务贸易外汇管理改革体现外汇管理理念与方式的转变，有助于形成便利化与防风险相结合的新型管理方式，有利于顺应服务贸易发展趋势，促进我国服务贸易健康发展。

积极组织开展政策宣传培训工作，共培训机构 43 家（次），培训人员 67 人次，有效地确保新政策在辖区的顺利实施。全市服务贸易外汇收入 4251 万美元，同比增长 26%；外汇支出 4461 万美元，同比增长 39%。

2014 年，揭阳市中心支局继续深化管理改革，完善管理政策措施，加强政策宣传引导，大力推进贸易便利化，力促辖区外向型经济快速健康有序发展。提升服务贸易外汇监测手段，上线新的服务贸易外汇监测系统，配套新的服务贸易外汇管理及实施细则，推进服务贸易管理方式的转变。强化非现场核查和现场核查工作，有效地提高辖区服务贸易外汇管理水平。全市服务贸易外汇收入 3523 万美元，同比下降 17%；外汇支出 4326 万美元，同比下降 3%。

2015 年，揭阳市中心支局提升服务贸易外汇监测手段，强化非现场核查和现场核查工作，有效地提高辖区服务贸易外汇管理水平。开展服务贸易外汇流出专项核查，非现场核查 7—9 月购付汇业务 70 笔，金额 1233 万美元，现场核查 21 笔，金额 135 万美元。开展利润汇出外汇业务专项核查，非现场核查 13 笔金额 1688 万美元，现场核查 2 笔金额 805 万美元。全市服务贸易外汇收入 2717 万美元，同比下降 23%；外汇支出 7442 万美元，同比增长 72%。

2016 年，揭阳市中心支局巩固成效，继续推进贸易投资便利化。提升服务贸易外汇监测手段，强化非现场核查和现场核查工作，有效地提高辖区服务贸易外汇管理水平，共将 25 家（次）企业列入非现场核查，涉及服务贸易收支业务 43 笔金额 1385 万美元。全市服务贸易外汇收入为 1709 万美元，同比下降 37%；外汇支出 7097 万美元，同比下降 5%。

2017 年，开展服务贸易核查工作，向外汇检查部门移交线索一组。全市服务贸易外汇收入 1619 万美元，同比下降 5%；外汇支出 8666 万美元，同比增长 22%。

二、资本项目管理

1992 年，做好外债的登记、监测，结合同汕头市的移交，对全市外债情况进行清理，摸清外债的规模、结构，并对部分外债逾期原因和企业还债能力进行调查。在此基础上，对全市直接外债及市直（含揭东、榕城区）的外债转贷款全面上计算机登记，实行规范化管理。列入登记监测的外债共 88 笔，金额 3945 万美元。

1993 年，加强对外资企业的管理。在外资企业的管理上，重点搞好“三资”企业开户的规范化管理，加强对外商投资款到位的清理和监控。利用进一步改革开放的形势和新市建设的有利条件，吸引大量外商投资，是年全市新增“三资”企业达 547 家，在办理开户手续时，坚持严格审查，规范管理，优质服务。对符合条件的基本做到当天申请，当天批复，获得企业好评。对投资款未及时到位问题，严格管理措施，全面清理，按企业的不同性质和投资规模，分别填列资本金到位计划，经常性检查考核。在与企业主管部门共同努力下，督促企业落实投资，收到效果。是年全市共吸收利用外资达 63786 万美元，同比增长

44.1%。加强对外债工作的管理。贯彻上级局印发的《关于加强外汇（转）贷款统计监测管理的通知》，做好外汇（转）贷款的登记、统计、监测工作，及时收集外汇（转）贷款变动数据，并按规定录入计算机，做好每月报表上报，按时按质完成。对全市外债情况进行一次清理，摸清外债的规模、结构，并对部门外债逾期期限、原因、偿还能力进行调查，从调查中发现全市目前逾期外债（转）贷款比重较大，达到74%，而且大部分偿债有困难。及时将有关情况通报有关部门，并督促企业出口创汇还债，并在调剂外汇方面给予适当支持，是年用于还贷的外汇达到210万美元。

1994年，做好外债、外汇（转）贷款的统计监测工作。认真贯彻执行总局颁发的《新体制下完善外货（汇）贷款管理的通知》精神。加强对企业、银行进行政策宣传，提高对做好外汇（转）贷款登记必要性、重要性的认识。对外汇经营银行完善外债（汇）贷款管理提出了具体要求，增强银行和企业自觉执行有关规定的自觉性，收到较好效果。据统计至10月底，银行向企业发放外汇转贷款和自营外汇贷款460万美元，现已偿还295万美元。

1995年，继续做好外债、外汇转贷款的统计监测工作，使全市企业借用外债、外汇转贷款的登记及还贷核准等统计监测工作逐步走上规范化，提高报表质量。针对1994年外债、外汇转贷款工作中存在问题，加强对外债、外汇转贷款的管理工作。4月初对全市外债、外汇转贷款“借”“用”“还”的情况进行一次全面调查，摸清全市外债、外汇转贷款的分布、结构及使用效益情况，重点调查外债、外汇转贷款本息严重逾期的原因。经调查，全市一年以上外债、外汇转贷款62笔，债务余额4121万美元，其中直接外债273.68万美元，间接外债（指外汇转贷款）2152万美元，外汇租赁1695.32万美元，逾期本息3791万美元，逾期率为92%。造成全市外债、外汇转贷款严重逾期的原因是多方面的，主要是多数外债、外汇转贷款技改项目经济效益低下，外汇使用效益差。据10月底统计，本年头10个月外汇转贷款发生额为1350万美元，而还贷金额为2453万美元。

加强对外商投资企业的管理。为配合外汇体制改革，加强对外商投资企业的外汇管理，落实总局关于实行外商投资企业外汇登记证制度的规定，为保证该项制度的顺利实施，首先召开各支局及市直经营外汇业务专业银行的会议，明确实行该项制度的必要性及发证程序，并要求各外汇指定银行配合，协助做好该项工作。其次是利用多种形式通知全市辖属外商投资企业前来外汇管理局办理领用登记证手续，再次是分工专人负责该项工作，并督促企业持证到原开户行办理现汇账户开户记录手续，至10月底全市已办证外商投资企业428家。1996年，做好外商投资企业外汇账户的申报和区分工作。按照总局的统一部署，揭阳市从7月中旬至10月中旬办理市辖外商投资企业外汇账户的申报和区分工作。在外汇指定银行的支持配合下，全市应申报和区分的450户外商投资企业，全部完成账户的申报和区分工作，共开立外汇账户468个，其中开立结算账户378个，资本金账户72个，外汇债务账户18个，平均每个企业开立外汇账户1.04个，在办理外商投资企业外汇账户申报和区分过程中，对394个空户按照总局的要求予以撤销，对账户虽有少量余额，但长期没有发生外汇收支的432个睡眠户实行封闭管理。根据上级规定，结合全市实际，1995年度外商投资企业的外汇年检工作，授权给市审计师事务所和普宁会计师事务所办理，分支局做好配合工作，配合省局做好年检机构的培训工作；利用多种形式加强政策宣传，提高参检率，本年参加年检企业428家，同比增加195家；深入年检机构，进行检查指导，提高年检质量；实现年检进入计算机操作，提高工作效率。通过外汇年检、掌握外商投资企业资本金到位、外汇收支、经营状况及现汇账户的开立和使用情况。

1999年，开展外商投资企业的联合年检和外汇登记证年审工作。在年检中，严格依据相关法规加强对企业年检材料的审核，确保其合法合规性，进一步规范对外商投资企业的管理。

2000年，改进和加强对外商投资企业的管理。做好联合年检工作，企业参检率大大提高，为历年来最好成绩。加强管理，规范企业的外汇行为。重点加强外商投资企业资本金汇入、汇出管理，严格资本金结汇手续，严格审核利润汇出和再投资，并对外汇账户进行一次全面清理，取消睡眠户，封闭违规户，进一步规范外汇账户的开立和使用。

2001年，完善资本项目外汇管理制度。制订资本项目外汇管理业务内控制度、资本项目外汇管理操作规程等制度，进一步规范资本项目外汇管理。对外汇指定银行的信用证业务、资本项目外汇账户开展全面检查，及时掌握各项业务经营中存在的问题，对加强本、外币业务监管起到重要作用。

2002年，开展外商投资企业的联合年检和外汇登记证年审工作。年检中，严格依据相关法规加强对企业年检材料的审核，确保其合法合规性，进一步规范对外商投资企业的管理。全市共办理年检企业251家。加强外商投资企业验资工作和健全外资外汇登记制度。4月，外汇管理部门主持召开相关工作会议，贯彻执行有关制度进行统一的部署，并针对相关的具体操作办法进行研究讨论。从5月1日起，对外商投资企业验资工作中涉及外方出资的审验程序以及外资外汇登记的有关工作，严格按照相关规定进行办理，保证外汇资金合理、有序流动，促进地方利用外资工作的健康发展。全年共批准开立外商投资企业外汇账户85个，全市外商投资企业办理外汇登记累计27笔，直接投资结汇金额为2778万美元。实施外商投资项下资本金结汇管理方式的改革，授权外汇指定银行直接办理外商投资项下资本金结汇和外汇贷款工作。对辖内外汇指定银行申请直接办理外商投资企业资本金结汇和国内外汇贷款业务情况进行审核和对外汇指定银行专职管理人员进行培训合格的基础上，授权符合条件的外汇指定银行直接办理外商投资企业资本金结汇、国内外汇贷款登记和以自有外汇偿还外汇贷款核准业务。进一步改善辖内外商投资环境，提高外商投资项下资本金结汇监管效率，便利企业投资资金运作。

2003年，落实外商投资项下资本金结汇和国内外汇贷款管理方式改革措施，便利银行和企业经营。通过加强对外汇指定银行有关外汇业务人员的培训、强化政策宣传和事后监督，有效地简化外商投资企业的办事手续，增强银行执行外汇管理法规的意识。开展对外商投资企业资本金结汇业务的合规性检查，规范辖内外商直接投资业务。对辖区外商投资企业开展外商投资项下资本金结汇业务合规性检查，并就有关外汇管理政策法规对企业进行指导，力促辖内投资业务的规范发展。

2004年，开展外商投资企业外汇年检工作。由于揭阳市尚未形成外商投资企业联合年检机制，为加强年检信息交流和数据核对，揭阳市中心支局与市外经贸局、市工商局等联合年检部门进行衔接，形成各管理部门间的监管合力。截至2004年5月31日，全市参加联合年检企业320家，参加外汇年检企业225家，外汇年检参检率70%。落实外商投资项下资本金结汇管理方式改革措施，做好外汇指定银行直接办理外商投资项下资本金结汇业务的授权工作，进一步便利银行和企业的操作。全年共对5家申请授权直接办理外商投资项下资本金结汇业务的外汇指定银行的18名外汇从业人员开展培训考核，并已授权其直接办理外商投资项下资本金结汇业务。关注资本项下外汇资金流动的监管。揭阳市中心支局通过外商企业验资询证和外资外汇登记制度，严格审核外资流入的真实性和合规性。全年共受理外方出资询证函27份，其中：货币投资1177万美元，实物投资95万美元；办理外债签约4笔，签约金额5100万美元，其中，已提款3950万美元，结汇3950万美元。

2005年，突出重点，继续加强资本项目外汇管理，特别是强化对资本流入和结汇的管理，力促辖区资本项目外汇资金有序流动。8月，外资外汇验资询证管理系统在揭阳辖区全面推广应用。完成2004

年度外商投资企业外汇年检工作。全市参加外汇年检企业251家，参检率为82%，同比提高12个百分点。严格审核揭阳市新榕眼镜有限公司偿还外债本息和揭阳市第二自来水公司、揭阳市信息中心偿还外债转贷款本息付汇业务。共核准偿还外债本息53万美元，核准偿还外债转贷款本息40万美元。通过外商投资企业验资询证程序和外资外汇登记制度，严格审核资本金流入和结汇的真实性和合规性。共开立资本金账户41个，受理外方出资询证函78份，其中货币投资5126万美元，实物投资930万美元。

2006年，审核外商投资企业办理外汇登记和开立资本金账户相关资料，把好外汇资本金流入关口。通过业务审核发现并移交未按规定参加外商投资年检的企业1家。共受理外方出资询证函168份7050万美元（其中货币投资6147万美元，实物投资903万美元），同比分别增长115%和16%。共办理外商投资企业外汇登记93家，开立资本金账户109个。完成辖区2005年度外商投资企业外汇年检和外汇登记证换证工作。全市参加外汇年检外商投资企业共242家。其中，揭阳市直及揭东县113家，普宁市83家，惠来县31家，揭西县15家。参检率85%，同比增长3.66%。审慎对待具有特殊性的资本项目外汇业务，高效地完成包括股权转让、外资撤资清算、境内居民境外投资外汇登记等业务的审核。共核准偿还外债本息758万美元，同比增长1330%，共核准偿还外汇转贷款36.51万美元，同比下降8.73%。全市资本和金融账户收入14839万美元，同比增长52.97%，支出612万美元，同比增长469.21%，顺差1.42亿美元，同比增长48.3%。

2007年，从严审核资本跨境流动。全市办理外商投资企业外汇登记106家，开立资本金账户112个。全年共受理外方出资询证函182份，其中货币投资8462万美元，实物投资1322万美元。审慎对待新发生业务、特殊性业务，及时向上级局请示。1月经请示省分局，批复普宁市支局关于广东高乐玩具股份有限公司申请办理境外投资外汇登记事项。严格审查并核准市第二自来水公司、市运通塑胶包装有限公司等单位偿还外债、外汇转贷款本息付汇。1—10月共核准偿还外债本息250万美元，共核准偿还外汇转贷款4万美元。完成辖区2006年度外商投资企业外汇年检工作。全市参加外汇年检企业共311家，年检率81.2%。其中，揭阳市直及揭东县172家，普宁市86家，惠来县35家，揭西县18家。

2008年，外商投资企业外汇年检方式进行重大的改革，改为由企业进行网上报检。揭阳市中心支局会同市外经贸部门，就辖区2007年度外商投资企业网上年检及外商投资企业历史数据信息采集整理对外商投资企业进行培训，共有396家企业参加培训。全市参加外汇年检企业437家，同比增加126家，外汇年检参检率为99.5%，同比上升18.3个百分点。其中，揭阳市直及揭东县230家，普宁市111家，惠来县41家，揭西县55家。通过外汇年检390家，不通过47家，通过率为89.2%，收到企业历史信息登记表387家，占通过年检企业的99.2%。严格审核资本跨境流动，把好外汇资本金流入关口，严格审核外资流入的真实性和合规性，规范中介机构验资行为。全市共办理外商投资企业外汇登记68家，核准开立资本金账户68个；共受理外方出资询证函161份，1.40亿美元，其中货币投资1.33亿美元，实物投资716万美元。共核准偿还外债本息1600万美元，共核准偿还外汇转贷款5.80万美元。

2009年，加强资本项目管理，促进资本项下外汇资金良性流动。开展2008年度外商投资企业外汇年检工作，辖区通过年检企业共342家，其中揭阳市直和揭东192家，普宁市91家，惠来县39家，揭西县20家。从严把关，加强对跨境资本流动的管理和监测。8月按照上级统一部署，在辖区安装使用“贸易信贷登记数据综合利用系统”，强化贸易信贷数据的统计分析，进一步完善贸易信贷登记管理。全市共办理外商投资企业外汇登记16家，核准开立资本金账户18个。共受理外方出资询证函150份，11304.58万美元，其中货币投资1.09亿美元，实物投资278.04万美元，资本公积、盈余公积、未分配利润转增资本141.91万美元。受理转股收汇外资外汇登记2笔，136.89万美元。共核准偿还外汇转贷款3.29万美元，核准外债结汇62万美元。

2010年，针对投资资本流入管理存在的薄弱环节，继续加强外汇资本金流入及结汇管理，核算资本金账户限额和资金结构，坚持实地考察与调查走访制度，遏制投机性外汇资金流入；严格执行外商投资企业验资询证和外资外汇登记制度，严格审核外资流入的真实性和合规性；安装调试资本项目跨境资本流动汇总分析系统并进行数据补录入工作，进一步加强资本项目资金流动监测分析；加强与政府有关部门的沟通协调，发挥监管合力作用，提高辖区利用外资的质量。按照资本项目外汇管理操作规程的要求办理各项直接投资外汇业务。共办理外商投资企业外汇登记14家，核准开立资本金账户26个。共受理外方出资询证函65份，9712万美元，其中货币投资9623万美元，实物投资89万美元。直接投资系统会计师事务所端口开放，鼓励企业委托会计师事务所报送外汇年检数据，参加外汇年检的企业有336家，其中，本部193家，普宁市88家，惠来县36家，揭西县19家，参检率为93.85%，同比上升19.85个百分点，经济参检率为95.09%。其中，312家企业委托会计师事务所报送年检数据，占所有企业的92.86%。密切关注辖内外债签约企业，共核准购汇偿还外债本金250万美元，以人民币偿还外债本息共折1157万美元，偿还外汇转贷款利息1.36万美元。

2011年，加强资本项目资金流动的管理和监测，进一步规范辖区外商直接投资结汇以及其他各项资本项目业务管理。全市共办理外商投资企业外汇登记12家，核准开立资本金账户16个。共受理外方出资询证函39份，6044.64万美元，其中货币投资5313.39万美元，资本公积转增资731.25万美元。共核准偿还外汇转贷款1.28万美元。做好外商投资企业外汇年检。辖区通过年检企业共342家，其中，揭阳市直和揭东197家，普宁市85家，惠来县37家，揭西县23家，年检率达96.61%，经济参检率96.56%。同时，首次实现99%的企业通过会计师事务所进行年检电子数据报送。

2012年，以真实性审核为重点，改进资本项目外汇管理，引导资本有序流动。改进资本项目资金流动的管理和监测，加强外汇资本金流入及结汇管理，遏制投机性外汇资金流入。严格执行落实外商投资企业验资询证和外资外汇登记制度，严格审核外资流入的真实性和合规性，进一步规范中介机构验资行为。全市共办理外商投资企业外汇登记8家，核准开立资本金账户8个；共受理外方出资询证函33份，4251万美元，其中货币投资4092万美元，实物投资159万美元；共核准偿还外汇转贷款0.66万美元。参加外汇年检企业333家，参检率为96.80%，同比上升0.19个百分点，经济参检率为98.36%，同比上升1.81个百分点，2个参检率指标均高于全省平均水平；应参检的3家境外投资企业实现外汇年检企业网上申报。有效落实放宽资本项目外汇管理工作措施，支持地方民营经济对外投融资发展，1—11月全市共办理境外投资企业新登记5家，新增协议投资总额701万美元，资本金汇出1159万美元，达到历史最好水平。

2013年，按时保质完成外汇年检工作，全市共有328家外商企业参加外汇年检，其中揭阳市直188家，普宁市78家，惠来县31家，揭西县31家，参检率达到93.18 %，注册资本总额的参检率为97.29%，通过率100%，连续第三年实现会计师事务所代申报率100%；全市共有8家企业通过对外投资外汇年检，参检率达到100%，通过率100%，再次实现会计师事务所代申报率100%。继续加强外汇资本金流入及结汇管理，严格执行落实外商投资企业验资询证和外资外汇登记制度，遏制投机性外汇资金流入，1—11月全市共办理外商投资企业外汇登记9家，共受理外方出资询证函36份，2365.33万美元，均为货币投资，共核准偿还外汇转贷款0.68万美元。做好资本项目信息系统推广上线工作，促进资本项目管理便利化。发挥资本项目外汇管理政策支持优势，辖区民营经济对外投资取得明显成效，对外融资业务金额6122万美元，对外投资合同金额5236万美元，已投资金额3412万美元，均达到历史最好水平。

2014年，充分发挥资本项目外汇管理政策优势，支持企业“走出去”。是年5月国家颁布新的《跨境担保外汇管理规定》，进一步简化跨境担保外汇管理，揭阳中支通过强化培训，深化政策理解，加强政策宣传辅导，鼓励存在业务需求的潜在企业开展此项业务，拓宽融资渠道。支持各金融机构开拓外汇业务，是年全市银行结汇47.65亿美元，同比增长10.54%，银行售汇3.06亿美元，同比下降2.23%，结售汇顺差44.59亿美元，同比增长11.54%。做好外商投资企业外汇年报工作，外商投资企业“年检制”改为“年报制”，辖内应参加外汇年报企业335家，实际参报企业299家，其中已报年报的企业通过率为100%。加强对直接投资登记的审核，全市共办理外商投资企业外汇登记23家，受理外方出资询证函35份，6264.7万美元。支持辖区符合条件的民营企业“走出去”，参与国际竞争与合作，利用国内国外两个市场、两种资源，辖内共有3家企业发生跨境担保业务，累计担保金额3.80亿元人民币；辖内企业对外融资业务金额1359万美元，对外投资合同金额3.24亿美元，已投资金额9683.70万美元，均达到历史最好水平。

2015年，为进一步深化直接投资外汇管理改革，促进和便利企业跨境投资资金运作，国家外汇管理局发布《国家外汇管理局关于进一步简化和改进直接投资外汇管理政策的通知》，自2015年6月1日起实施。内容包括：取消直接投资项下外汇登记核准。境内外投资主体可直接到银行办理境内直接投资项下和境外直接投资项下相关外汇登记。简化境内直接投资项下外国投资者出资确认登记管理。取消境内直接投资项下外国投资者非货币出资确认登记和外国投资者收购中方股权出资确认登记，将外国投资者货币出资确认登记调整为境内直接投资货币出资入账登记。取消境外再投资外汇备案。境内投资主体设立或控制的境外企业在境外再投资设立或控制新的境外企业时，无须办理外汇备案手续。取消直接投资外汇年检。改为实行境内直接投资和境外直接投资存量权益登记。放宽登记时间，允许企业通过多种渠道报送相关数据。做好外商投资企业存量权益登记工作，辖内应参加存量权益登记外商投资企业315家，参报企业275家，占全部应参企业的87.30%。加强对直接投资登记的审核，全市共办理外商投资企业外汇登记5家，对外直接投资登记2家。开展资本项目外汇业务专项核查，现场核查ODI登记业务1家，境外直接投资资金汇出4笔，涉及金额249万美元。进一步简化跨境担保外汇管理，鼓励存在业务需求的企业拓宽融资渠道，辖内共有3家企业发生跨境担保业务，累计担保金额3.74亿元人民币；辖内企业境外放款金额800万元人民币，对外投资合同金额339万美元，已投资金额238万美元。

2016年，深化改革，促进跨境投融资便利化。广泛宣传新政，全力推进全口径跨境融资业务，共组织3场涉及404家企业的培训会，向全市300余家银行和企业代表进行政策宣传等，共完成全口径跨境融资备案登记3笔，金额为320万美元。

2017年，推进全口径跨境融资业务，共完成全口径跨境融资备案登记2笔，金额为3800万美元。开展直接投资存量权益申报工作，辖内ODI（对外直接投资）存量权益申报率为100%，FDI年检率为79.11%，同比提高约23个百分点。

三、外汇分配制度管理

1992年，揭阳市为新设市，辖属县、区原来调剂外汇就供不应求。适逢进一步改革开放新形势，全面用汇增加，加上行政干预，画地为牢和全国性价格急剧上涨等因素，供求矛盾更加突出。面对这种情况，坚持服务地方经济发展，为新市建设做贡献的指导思想，克服困难，拓展汇源渠道，大力筹措外汇资金，努力优化外汇投向，将有限的外汇用在刀刃上。大力开拓资金来源，补充本地外汇不足。在眼睛向内，及时预拨留成外汇，挖掘调剂外汇潜力的同时，更多的是目光向外，争取上级中心和兄弟分局的支持。先后从全国中心、省中心、上海和福建、山西、浙江等省，及省内一些市调入外汇 5933 万美元，占全市外汇调剂总量的 62.4%，有效地缓解供求矛盾，保证重点重点项目的用汇。合理控制用汇投向，提高资金使用效益。在外汇供求矛盾突出的情况下，为保证有限的外汇用在刀刃上，把好批汇关，按照上级局新的投向规定安排用汇，分先后缓急，保证重点项目，支持交通能源、先进科技和工农业生产的急需，控制一般商品进口，合理投放，发挥效益。全年工业原辅材料用汇 3370 万美元，占总用汇量的 39.71%；农用化肥、农药用汇 1500 万美元，占 15.78%；科技、交通能源用汇 2500 万美元，占 26.31%；归还外汇贷款本息 1279 万美元，占 13.46%，其他用汇 451 万美元，占 4.7%。加强预测灵活调度，努力避免市场风险。由于多种因素影响，本年外汇市场价格变动频繁，波动幅度较大。针对自身是新设立中心，经营经验不足，调度能力较弱的实际，立足主动，加强对市场行情预测，并参照挂钩兄弟局的信息反馈，合理制定本市的调剂外汇指导价格，及时通报有关单位，由于工作主动适时调节，有效地避免价格变动带来的风险，取得一定效益。

1993 年，广东省实行新的外汇留成计拨办法（以下称“新计拨办法”），其要点是切块管理，“按市清算，分段计拨”“先上缴、后分成”。这对于完成上缴中央任务是加强保证，但与企业在收汇时间上的不平衡及企业之间收汇不平衡矛盾很大，尤其揭阳市新设市，许多外贸企业也刚建立，家底薄，创汇能力差，使矛盾更加突出。面对这样的困难，采取现实的态度。首先是组织好“新计拨办法”的贯彻实施。4 月中旬在揭西县召开全市外管局分支局长会议，与会同志学习“新计拨办法”，并就“新计拨办法”在实施过程中可能碰到的具体问题进行富有建设性的探讨，从而提高认识，协调步调，为“新计拨办法”的贯彻实施打好思想和业务基础。与此同时，主动向当地政府汇报，与外经贸主管部门和出口企业反复研究探讨，制定揭阳市《关于一九九三年外贸企业出口商品收汇留成计拨暂行办法》（简称《办法》）。经市政府同意，批转各县（市、区）执行，使政策得以实施。其次是解决《办法》执行中产生的问题，由于企业在创汇时间上的不平衡以及企业之间收汇的不平衡，一些收汇较好的企业因为全市按月等比例整体不完成，留成外汇未能得到及时预拨，出口创汇的积极性受到很大的挫伤，严重影响全市出口收汇任务的完成，6 月全市收汇仅 62 万美元，只占月均进度的 25%。针对这种情况，及时向省局反映实际问题，报送《关于要求改变出口收汇上缴办法的请示》，要求将“切块承包，按市考核”的办法，变为按“全年仍由市承包，逐月按出口企业考核”的办法，取得省局的理解和支持，有效地促进全市企业出口收汇的进度。10 月开始，全市出口收汇大量增加，第四季度各月份出口收汇额分别是 454 万美元、587 万美元和 375 万美元，促进全年计划完成和低限上缴中央任务。最后是在做好先无偿上缴中央外汇额度的前提下，做好有偿上缴中央外汇额度的收购，及时贯彻《广东省收购有偿上缴中央外汇额度管理暂行规定》，并结合实际，与市外经贸委、中国银行和企业共同研究，解决好收汇的考核，资金的清算等具体操作问题，以保证及时、准确地把收购资金拨还企业，提高企业经营效益。6 月以来共收购上缴中央外汇 556 万美元额度，计付人民币 1745 万元，由于资金计拨及时，价格合理，企业反映良好，也调动了收汇的积极性。

1994 年，做好“三资”企业外汇调剂，保证外商投资企业的外汇买卖。至 10 月底调剂中心共成交外汇 5135 万美元。新体制实施后，外汇调剂中心的业务范围仅缩小为“三资”企业的外汇买卖，由于全市“三资”企业规模小、收汇零碎，买入后必须积累成大笔才能卖出，加上市外汇调剂中心及辖属各支局外汇调剂代办处的人民币垫付资金使用人民银行的 0342 科目，人行向调剂中心计收利息，增加调剂中心的经营成本，给调剂中心经营上增加困难。根据外汇新体制出现的新情况，调剂中心加强与有关单位联系，尽量缩短外汇积压时间，减少利息支付，降低购汇成本，避免经营亏损或少亏损。同时对外商投资企业申请卖出的外汇及时办理成交手续，缓解外商投资企业人民币资金紧缺的矛盾，为外商投资企业提供方便。

1995 年，外汇新体制实施后，根据国家外汇管理有关政策规定，外商投资企业量的外汇买卖仍然进入外汇调剂中心调剂，由于全市绝大多数外商资企业规模较小，收汇零碎，调剂中心买入后必须组成大笔才能卖出，加上全市外商投资企业的用汇又缺乏计划性，致使外汇供求呈现阶段性不平衡，有时过剩，有时又不能满足企业的用汇需求。当外汇过剩时占用大量人民币资金，按照有关规定，垫付资金又必须计付利息，给调剂中心经营上增加难度。根据新体制出现的新情况，调剂中心在经营过程中，把服务企业、支持地方经济建设放在首位，对外商投资企业申请卖出的外汇及时办理成交手续，缓解企业人民币资金紧缺的矛盾，为企业提供方便：加强政策宣传，讲解外商投资企业的外汇进入外汇调剂中心调剂的必要性，以及外汇调剂运作程序等，使企业和有关部门增加对外汇调剂业务的了解，促进业务顺利开展；当外汇过剩时，调剂中心加强与用汇企业和外地中心联系，尽量缩短外汇积压时间，减少利息支付，避免经营亏损。当外汇不能满足企业用汇需求时，及时从外地调入，保证企业的用汇。据统计，头 10 个月外汇调剂中心共成交 6106 万美元（其中港币 2.40 亿元、美元 2999 万元），同比增长 18.9%，促进地方外向型经济发展。

1996 年上半年，外商投资企业的外汇买卖仍然进入外汇调剂中心调剂，下半年实行银行结售汇，外商投资企业既可以到行结售汇也可以到外汇调剂中心办理外汇买卖，由于政策的变化，给调剂中心经营增加困难。为服务企业，支持地方经济发展，增加集体收益，调剂中心没有轻易放弃外汇调剂业务，而是面对现实，克服困难，开展工作。加强服务，方便企业，减少调剂中间环节，及时办理成交手续；坚决执行外汇调剂有关政策规定，把好售汇关，严格审核企业的购汇凭证；严格执行汇价管理规定，按照人行总行每天公布的价格办理外汇买卖；调剂外汇余缺缓解供求矛盾，当外汇供大于求时，及时将外汇调往外地。当外汇求大于供时，及时从外地调入，保证企业用汇，支持外向型经济发展，取得社会效益和经济效益。

四、国际收支与外汇统计的管理

1994 年，国家实行外汇体制改革后，外汇计划统计职能发生较大的变化。外汇管理局揭阳分局执行总局《关于报送银行结汇售汇统计报表的通知》及补充通知《关于"银行结汇售汇统计月（快）报"修改说明的通知》等有关报表的具体操作规程和填报办法，指导督促各外汇指定银行及时、准确报送相关报表、资料，并做好自身外汇报表资料的统计上报工作。

1995 年，执行总局发布的《关于修改银行结售汇统计报表的通知》《关于报送银行结售汇统计报表的补充通知》。1996 年，又执行总局发布的《关于银行结售汇统计报表补充项目的通知》《关于调整〈银行结售汇统计月报、旬报及明细表〉报送时间的通知》《关于对外商投资企业实行银行结售汇后统计工作有关问题的通知》等文件。1996 年 1 月 1 日起，中国实行国际收支申报制度。1 月 1 日，实行的《外汇管理条例》明确规定："国家实行国际收支申报制度。凡有国际收支活动的单位和个人，必须进行国际收支统计申报。"外汇管理局揭阳分局组织实施国际收支统计申报办法，督促各外汇指定银行和外汇支局严格遵守操作规程，同时加强国际收支统计工作的申报。

1997年1月，执行外汇总局《汇兑业务统计申报操作规程》和《直接投资统计申报业务操作规程》，汇总上报《汇兑业务统计申报汇总表》和《直接投资统计申报汇总表》，加强汇兑统计和直接投资统计工作。7月，加强银行结售汇统计报表报送工作，要求外汇指定银行按时报送银行结售汇统计旬报、银行结售汇统计月报、银行结售汇统计月报明细表。是年，做好外汇指定银行间接申报的国际收支统计日常工作：加强对国际收支统计申报单、统计表和日结单的审核，保管好有关单证；每天检查各外汇指定银行和外汇管理支局的申报数据的传输情况，向省分局传送基础数据；通过汇总系统按月进行数据汇总，将汇兑数据与结售汇报表、国际收支统计月报表等相关数据进行核对分析，并上报省分局；按月将计算机录入数据与申报单、统计表进行核对。另外，国际收支统计电子计算机监测系统实现联网，采用微机网络传输方式向上级局报送数据，国际收支统计工作大大加强。

1998年，完成全市监测系统的联网，国际收支统计申报系统也进行升级，对申报数据进行补录，并举办3期国际收支统计申报业务人员培训班，使国际收支申报工作逐步走上正轨。1999年，督促银行做好国际收支申报工作，提高国际收支数据质量。

2000年，重点抓好外汇指定银行国际收支统计申报基础数据的录入、传送。先后3次召开全市国际收支统计申报管理专题会议，进一步明确有关国际收支统计申报业务操作规定，通报不同时期各外汇指定银行申报情况及申报工作达标要求，并对不达标的单位进行通报批评。为确保上报数据质量，我们建立申报数据核查核对制度，上报数据必须经与市直各行、各支局传送数据及全市结售汇报表核对无误方可传报广州分局。严格审核外汇指定银行国际收支统计申报单各项要素的合规性、完整性，发现问题及时退回并要求修正。

2001年，多次对支局及外汇指定银行上报的各项报表进行清理，在此基础上进一步明确填报要求，落实填报责任，并对各上报单位的报表质量进行登记，通报情况，切实提高各项统计报表的准确性、及时性。

2002年，对1994—2001年揭阳市银行结售汇逐月的统计资料进行整理汇编上报省局；制订国际收支申报、外汇统计操作规程；加大非现场核查工作力度，运用IT技术对全市国际收支申报情况定期或不定期进行非现场核查，发现问题及时落实整改，提高各类申报单、表要素填写和录入质量，国际收支申报数据的准确性得到提高；对部分外汇指定银行进行现场核查。通过实地查阅外汇指定银行相关会计凭证、业务台账和国际收支申报单证，对发现的问题督促落实整改措施，进一步规范银行外汇国际收支申报、结售汇行为。2004年，对结售汇、国际收支统计申报和外汇分析等13个内部业务操作规程进行修订完善；对农行揭阳分行、建行揭阳市分行的国际收支统计间接申报及其相关业务进行现场核查。

2005年，分别于4月26—27日、6月27—29日对交通银行普宁支行、广东发展银行股份有限公司揭阳支行2004年度国际收支统计间接申报情况进行现场核查。2006年，做好新版国际收支统计监测系统上线准备工作，保证新系统按时运行；开展对中国农业银行惠来县支行2005年度国际收支统计间接申报业务进行现场核查工作。2007年，对中国银行揭东支行2006年度国际收支统计间接申报及相关业务情况进行现场核查；选择两家业务量在辖区占比大、有代表性的企业作为贸易信贷调查对象，按时保质完成辖区贸易信贷调查报告。

2008年，做好外汇金宏系统试点工作；对辖区2家进出口业务较大的重点企业实施贸易信贷调查；对7家外汇指定银行进行国际收支现场核查。2009年，加强国际收支和外汇收支统计分析，为外汇管理提供基础信息。做好“金宏工程”外汇局子项——国际收支平衡管理信息系统的推广启用工作，全市七家外汇指定银行的相关分支机构已经顺利上线。推广启用贸易信贷调查系统，开展辖区贸易信贷抽样调查工作。开展对外汇指定银行国际收支统计间接申报情况的现场核查，督促其严格履行国际收支统计间接申报义务；逐月开展对全市国际收支数据的全面非现场核查，努力提高数据质量和有效性。

对农行揭阳分行2008年国际收支统计间接申报情况进行现场核查，敦促其严格履行国际收支统计间接申报义务。8月，参加人行揭阳市中心支行综合执法检查组，对广东发展银行揭阳支行2009年以来国际收支间接申报情况进行现场核查。11月对中国银行揭阳进贤支行2008年至2009年9月期间国际收支间接申报情况进行现场核查。2009年1—12月，共对国际收支涉外收入4万笔进行逐笔核查，国际收支统计申报准确率达99.2%。严把市场准入关，对邮政储蓄银行揭阳市分行等机构开办远期结售汇业务进行审核备案。

2010年，完成广东省国际收支工作会议的承办，开展辖区贸易信贷抽样调查工作，开展国际收支核查工作，推广启用国际收支间接申报核查系统，加强对国际收支数据的非现场核查等工作。会同汕头、潮州中支，开展对工行揭阳分行国际收支统计间接申报业务的交叉现场核查工作；先后派员到潮州、东莞、佛山中支参加对当地工商银行的国际收支交叉现场核查工作。全市开展外汇统计执法大检查，提高外汇统计数据质量。开展银行执行外汇管理规定情况的考核工作，督促和激励银行合规经营。同时组织开展辖内“迎亚运，创新金融服务”国际收支业务知识竞赛活动。

2011年，加强统计分析监测，夯实外汇管理工作基础。加强国际收支核查工作，提高统计申报质量。开展对全市国际收支数据的全面非现场核查，并对中行揭东支行、农行揭阳分行、建行揭阳市分行的国际收支统计业务进行现场核查。派员到佛山参加对当地中国银行的国际收支交叉现场核查工作。加强国际收支及外汇收支统计分析、银行结售汇统计分析工作。开展辖区贸易信贷抽样调查工作。做好银行执行外汇管理规定情况的考核工作，督促和激励银行合规经营。加强外汇市场准入管理工作。对农行揭阳分行辖内7家机构网点、中行揭阳分行辖内6家机构、市邮政储蓄银行辖内2家机构申办结售汇业务和工行揭阳分行申办人民币对外币期权业务进行审核备案，对农行揭阳分行辖内2家机构网点、中行揭阳分行辖内1家机构网点和广东发展银行股份公司揭阳支行、交行揭阳分行结售汇机构信息变更进行备案。

2012年，加强统计分析，不断提高外汇收支监测有效性。加强国际收支核查。全年共对3家外汇指定银行进行国际收支现场核查，督促其切实履行国际收支统计申报义务。加强国际收支及外汇收支统计分析，及时上报外汇收支形势、跨境收支状况分析报告和国际收支非现场核查报告等。开展辖区企业调查工作。做好银行执行外汇管理规定情况的考核工作，完成并上报《对银行执行外汇管理法规的考核评估报告》。加强外汇市场准入管理工作。先后审核备案辖区外汇指定银行机构网点申办结售汇业务2家、申办人民币对外币期权业务2家、申办人民币对外币掉期业务1家、办理机构信息变更备案7家。

2013年，开展对广发银行揭阳支行、工行榕城支行、工行揭阳分行等3家外汇指定银行的国际收支现场核查，督促其切实履行国际收支统计申报义务；组织召开2013年揭阳市国际收支统计申报业务培训会议，邀请省分局国际收支处苏耿斌科长对辖内各外汇指定银行22个机构网点的60多名国际收支统计申报人员进行集中培训；开展辖区企业调查工作，督促辖内样本企业及时上报贸易信贷抽样调查数据、出口换汇成本数据和进出口企业调查问卷。

2014年，对中行揭阳进贤支行、汇丰银行揭阳支行、农行揭阳分行、中行揭阳分行等4家外汇指定银行的国际收支现场核查，督促其切实履行国际收支统计申报义务；参加省分局举办的2014年“中银杯”广东省银行业国际收支业务技能竞赛，经过半决赛，揭阳地区代表队和个人选手成功晋级团体和个人总决赛，并在总决赛中获得优胜奖，有效地提升辖区国际收支服务形象。

2015年，有针对性地选取差错率相对较高以及新办理外汇业务的银行机构进行现场核查，帮助揭阳农商行完善相关管理制度，并对业务人员进行现场辅导培训，以此督促银行履行审核职责。2016年，落实“双随机”抽查制度，在非现场核查的基础上，选取辖区5家银行开展现场检查2017年，落实企业抽样调查相关制度；按月份组织对辖区25家企业进行贸易信贷抽样调查，对3家进出口企业开展季度问卷调查；组织辖区揭阳农商行等法人机构做好银行卡境外交易外汇管理系统数据报送工作。

2018年，通过“双随机”和指定相结合的方式，选取辖区邮储行揭阳市分行、汇丰银行揭阳支行、广发银行揭阳支行、农行揭阳分行、工行揭阳分行开展现场核查，督促银行严格按照国际收支统计申报相关规定办理涉外收支申报业务。

五、金融机构外汇业务的管理

随着外汇管理体制改革的不断深入，对金融机构外汇业务的监管日益加强。

1993年，国家外汇管理局印发对银行金融机构和非银行金融机构经营外汇业务的管理规定，并在下半年正式实施。

1996年年底，实现经常项目可兑换后，经常项目的外汇收支基本上直接到外汇指定银行办理；资本项目的外汇收支经外汇管理部门批准或核准后，在外汇指定银行办理。

1997年8月，实行金融机构外汇业务非现场监管工作制度，要求外汇指定银行按季(年)度上报季(年)度报告，外汇管理局自身则及时上报金融机构外汇业务报告，主要内容为金融机构外汇业务经营情况、执行外汇监管制度和外汇监管工作情况。第三季度起，按季度报送经营外汇业务金融机构市场准入情况表、金融机构外汇业务经营情况表、金融机构外汇业务资产质量指标表、金融机构外汇业务资产流动性考核指标表、金融机构外汇业务盈利水平考核指标表、金融机构外汇业务经营状况监管一览表，按年度报送各地区主要经济指标报表。9月，执行国家外汇管理局发布的《银行外汇业务管理规定》，全面加强对外汇业务的管理。根据规定，银行经批准可以经营下列部分或者全部外汇业务：外汇存款；外汇贷款；外汇汇款；外币兑换；国际结算；同业外汇拆借；外汇票据的承兑和贴现；外汇借款；外汇担保；结汇、售汇：发行或者代理发行股票以外的外币有价证券；买卖或者代理买卖股票以外的外币有价证券；自营外汇买卖或者代客外汇买卖；外汇信用卡的发行和代理国外信用卡的发行及付款；资信调查、咨询、见证业务；国家外汇管理局批准的其他外汇业务。该规定还对银行经营外汇业务的审批权限，银行开办、扩大、停办外汇业务的申请条件，银行外汇业务经营资格到期的重新核准，外汇业务经营的基本规则，银行外汇业务的监督和管理，以及法律责任等都作明确规定。

1998年10月20日，中国人民银行发布《关于对金融机构外汇业务监管职责划分的通知》，指出，外汇管理局将金融机构外汇业务市场准入审批职能以及对金融机构外币资产质量和风险监管职能移交给人民银行。以上职能移交后，外汇管理局保留对金融机构外汇业务的监管职责。监管职责分工如下：

1. 对金融机构执行国际收支统计申报制度的监管。外汇管理局负责监督金融机构执行国际收支统计制度，并按照规定向人民银行提供国际收支统计数据。

2. 对金融机构在外汇交易市场交易活动的监管。人民银行通过与金融机构协商，制定交易风险监管模型；外汇管理局负责监督金融机构在外汇交易市场的交易行为及有关外汇市场的发育、成长及相关事宜。

3. 对金融机构办理国际结算、结售汇、外汇汇款、外汇兑换等业务的监管。人民银行负责监管金融机构在经营国际结算业务中的风险状况，将金融机构的国际结算业务纳入授信管理；外汇管理局负责监管金融机构办理国际结算、结售汇、外汇汇款、外币兑换及办理进出口核销中执行外汇管理政策法规的情况。

4. 对金融机构资本项目交易活动的监管。人民银行负责金融机构境外借款、发债的政策协调和统一金融机构有关信用评级问题的对外口径；外汇管理局负责金融机构境外借款、发债的具体审批，包括制定合同规范，审核金融条件，协调发行市场，境外投资资金的汇出审批，对外担保的审批和外债的统计监测等。

5. 对金融机构境外账户开立和使用的监管。外汇管理局负责审批非银行金融机构在境外开立账户，审核各银行总行制定的境外账户管理办法，并对金融机构使用境外账户的收支情况是否符合外汇管理法规进行检查。

6. 对金融机构外币资本金和营运资金调整的监管。人民银行负责审批金融机构资本金或营运资金作本外币种调整；超过规定调整金额的，事先征得外汇管理局的同意，近期内逐笔商议。外汇管理局负责对外汇指定银行外汇结售汇周转头寸的调整和监管。

7. 对金融机构外汇从业人员考核。人民银行负责对证券公司和保险公司以外的金融机构外汇从业人员进行考核。对证券公司和保险公司外汇从业人员的考核由外汇管理局负责。

8. 对金融机构外汇业务检查。对于金融机构外汇业务的全面检查以及风险监控方面的检查，由人民银行负责；如涉及对金融机构处罚，应在处罚之前商外汇管理局，以便协调政策。对于金融机构外汇业务经营中执行外汇管理政策法规情况的监督检查和处罚，由外汇管理局负责；处罚中涉及停止外汇业务经营权的，由外汇管理局提供材料和意见转请人民银行发处罚通知。检查和处罚情况以及发现的金融机构在目常外汇业务中的走规同题应互相沟通。

9. 人民银行和外汇管理局在制定涉及金磁机构外汇业务法规时，事先互相征求对方意见并相互抄送；同时加强双方对金融机构外汇业务监管的信息交流和沟通，共同做好金融外汇业务监管工作。

10. 人民银行在审批金融机构开办外汇业务时要考虑该机构整体上遵守外汇管理政策和法规的情况。

11: 金融机构统计报表。外汇管理局可根据汇兑管理和国际收支统计的需要，编制并要求金融机构报送外汇业务报表，同时要求金融机构将外汇业务报表抄报人民银行。

12. 外汇管理局负责保险公司、证券公司的外汇业务市场准入审批及其外币资产质量和风险监管。

2004 年，外汇指定银行经营结售汇业务市场准入权限由人民银行监管部门移交至外汇局，由所在地外汇局分支机构对辖区外汇指定银行经营结售汇业务资格进行重新核准备案。对辖区 15 家外汇指定银行经营结售汇业务资格进行重新核准备案。

2006 年，共核准 2 家金融机构（中国工商银行股份有限公司揭东支行和榕城支行）开办结售汇业务（不包括居民个人购汇业务）；对 4 家金融机构开办人民币与外币掉期业务进行审核备案。2009 年，对中国邮政储蓄银行有限公司揭阳分行及其辖内岐山支行、揭东县支行开办结售汇业务和中国工商银行股份有限公司揭阳榕城支行、揭东支行开办远期结售汇业务进行审核备案。

2011 年，对农行揭阳分行辖内 7 家机构网点、中行揭阳分行辖内 6 家机构、市邮政储蓄银行辖内 2 家机构申办结售汇业务和工行揭阳分行申办人民币对外币期权业务进行审核备案，对农行揭阳分行辖内 2 家机构网点、中行揭阳分行辖内 1 家机构网点和广东发展银行股份公司揭阳支行、交行揭阳分行结售汇机构信息变更进行备案。2012 年，审核备案辖区外汇指定银行机构网点申办结售汇业务 2 家、申办人民币对外币期权业务 2 家、申办人民币对外币掉期业务 1 家、办理机构信息变更备案 7 家。

2013 年，审核备案辖内外汇指定银行机构网点申办即期结售汇业务 5 家、申办远期结售汇业务 2 家、办理机构信息变更备案 6 家。2014 年，审核备案辖内外汇指定银行机构网点申办即期结售汇业务 10 家、申办远期结售汇业务 3 家、办理机构信息变更备案 1 家。

2015 年，审核备案辖内外汇指定银行机构网点申办即期结售汇业务 6 家、申办远期结售汇业务 1 家。

2016 年，审核备案辖内外汇指定银行机构网点即期结售汇业务备案 12 家、人民币与外汇衍生产品业务备案 1 家、办理机构信息变更备案 8 家。2017 年，审核备案辖内外汇指定银行机构网点申办即期结售汇业务 9 家、办理机构信息变更备案 11 家。2018 年，远期结售汇业务报备 1 家、机构信息变更报备 2 家，结售汇业务停办报备 1 家。

六、违反外汇管理规定的查处

外汇检查的主要工作职责：依法组织实施外汇检查工作，对违反外汇管理行为进行调查和处罚；参与打击地下钱庄，协助公安司法机关调查非法买卖外汇、逃汇及骗购外汇等涉嫌外汇违法案件；承担对机构和个人外汇收支及外汇经营活动的检查工作。

1993 年，对 9 家企业没收非法所得和罚款 3.80 万元。1994 年，重点检查外汇经营行汇率挂牌情况，看汇率上下浮动是否符合汇价管理规定。抽查银行结售汇情况，看售汇、付汇手续是否齐全。抽查部分银行的业务，检查中发现部分经营外汇银行放松管理，片面追求利润，对企业购汇、付汇手续审查不严格，用汇手续缺乏完整性，造成一些外汇流失。针对存在问题，分局及时召开经营外汇银行的会议，要求端正经营指导思想，责成他们自查自纠，加强政策学习，自觉执行银行结售汇的有关政策规定。

1995 年，对辖内 3 家银行经营外汇业务和执行政策情况进行全面检查。

1996 年，加强外汇指定银行的监管，对 3 家外汇经营银行违规经营处以人民币 19 万元罚款；配合公安部门对 9 家套汇企业遗留问题的续查工作；对市直 3 家售汇频繁且超过 100 万美元的企业进行检查；对违反规定售汇的企业和银行进行检查，维护正常金融秩序。

1999 年，依法整顿违规经营的外汇指定银行。在有关部门的配合下，加大打击外汇黑市等违法行为。另外，通过外汇检查活动，对严重存在超范围经营结售汇业务等问题的广发行揭阳办事处、工行揭阳分行、中行揭阳分行、农行揭阳分行、建行揭阳市分行分别处以没收违法所得、罚款、停办外汇业务三个月至一年的处罚，维护正常的外汇经营秩序。

2000 年，对市区 3 家规模较大宾馆外币结算业务进行检查；组织辖内各支局对保险公司的外汇业务进行检查；对辖内非国有商业银行 1998 — 1999 年结售汇业务的真实性和合规性进行检查；对外汇指定银行所报送的进口售付汇报表是否有数据瞒报现象和进口付汇名单管理制度执行情况进行检查；对市旅游公司外汇收支情况进行一次检查；对 2 家利用伪造的出口收汇核销单进行逃汇嫌疑的企业进行查处，共处以罚款人民币 20 万元的处罚；协助中央打击出口骗税工作组开展调查工作。

2001 年，对工行揭阳分行、农行揭阳分行信用证业务、资本项下外汇账户进行现场检查。对辖区 2 家证券公司营业部的 B 股交易业务情况进行现场检查；对两家旅行社外汇收支情况进行现场检查；对 11 家违反外汇管理的企业进行查处，共收缴罚没款 64.20 万元。

2002 年，配合总局检查组完成对辖内 1 家银行 2001 年外汇业务的检查；对辖内经营高尔夫球场的 2 家公司 1999 年 1 月 1 日至 2001 年 12 月 31 日期间发生的外币计价情况和外汇收支情况及相关人民币资金收支情况的检查；对涉外宾馆、酒店外币计价结算和外汇收支业务的检查调查；对全市各外汇指定银行对居民、非居民大额外币现钞存取款和划账报备情况进行现场检查。

2003 年，对辖内 1 家银行外汇账户业务进行专项检查；对辖内 7 家外汇指定银行分支机构收汇、结汇业务进行现场检查；对辖内 1 家证券公司揭阳营业部 B 股外汇业务进行现场检查；对 10 家外商投资企业资本金结汇业务规范性进行检查；对 1 家未按时参加外汇年检的外商投资企业处以罚款金额人民币 1000 元；对中国银行揭西支行违反国际收支申报的有关规定予以警告。

2004 年，对辖内 1 家银行上半年外汇业务经营情况进行合规性检查；开展对平安财险揭阳中支的现场检查；开展对 3 家涉外旅游企业外汇收支业务的专项检查；2005 年，开展对 2 家外商投资企业外债流入、结汇情况的专项检查；对两家外商投资企业进行立案处罚，罚款金额 3000 元；2006 年，对外汇管理局揭阳分局辖内 1 家银行外汇业务进行合规性专项检查；对 4 家企业共处罚款人民币 7.90 万元。

2007 年，对 3 家外汇违规企业处以人民币 41591 元的罚款；对辖内 1 家银行外汇业务合规性进行专项检查；对 2 家公司外汇资金流入与结汇情况进行现场延伸检查。

2008 年，加强外汇查处，依法维护外汇市场秩序。深入实践“以检查促管理、以检查促服务”的工作理念，及时把握外汇违法活动的新特点、新动向，加大查处力度，及时揭露和弥补管理漏洞。全年，共立案 6 宗，实施行政处罚 6 宗，罚款人民币 4.50 万元。全面检查与专项检查并举。一方面，以新开办外汇业务的外汇指定银行为重点，对其某一时期内所有外汇业务活动进行全面检查，对其整体经营状况进行全面掌握和总体评价。另一方面，突出重点开展专项检查，节省时间、人力和物力。处罚与教育并重。坚决查处外汇违法违规行为，对中行揭阳分行违反个人结售汇管理规定、5 家外商投资企业未按规定参加外汇年检的行为分别处以罚款，处以人民币 3.40 万元罚款。强化外汇指定银行合规经营理念，维护外商投资企业管理规定的严肃性。对 9 家外汇指定银行开展执行“外汇资本金结汇”“关注企业”政策情况专项检查。在处罚活动中，重引导，强教育，促使被罚单位认错服罚，依法依规开展业务。宽严相济。在行政执法过程中，审慎处理案件线索，做到既严肃，树立外汇管理部门权威，又人性化执法，对因客观原因违反外汇管理规定的情形区别对待，引导涉汇主体自觉遵守外汇管理法规。2009 年对 4 家企业和 1 家银行分别进行查处，共处以罚款 4.40 万元人民币；开展对辖内 1 家银行外汇业务合规性全面检查；对辖内 1 家银行个人外汇业务情况进行专项检查。对工行揭阳分行 2009 年度外汇业务合规性的专项检查。同时严肃查处违规行为，按规定对 3 家出口逾期未核销企业进行调查处理；对 2 家未按规定参加外汇年检的企业进行立案查处，罚款人民币 2000 元。

2010 年，开展外汇检查工作，为外汇管理提供有力保障。开展对辖区 7 家企业、9 家银行分支机构加工贸易、转口贸易资金流入情况的专项检查，防范异常外汇资金跨境流动风险。

2011 年，人行揭阳市中心支行进一步增强检查工作的预见性和主动性，及时把握外汇违法活动的新特点、新动向，加大查处力度，及时揭露和弥补管理漏洞。开展对中国农行揭阳分行 2010 年外汇业务合规性的全面检查，对其经营状况进行全面掌握和总体评价，敦促银行依法合规经营。严肃查处违规行为。当年共对 4 家外汇违规企业罚款 4000 元；对未按规定进行国际收支统计申报的中国银行揭东支行予以警告。

2012 年，加大外汇查处力度，依法维护外汇市场秩序。组织开展辖区外汇指定银行资本项目外汇业务合规性专项检查。布置各有关银行开展自查工作，并对辖内 6 家外汇指定银行 2011 年度办理外汇资本金收结汇及撤资、利润汇出等外汇业务合规性情况进行现场检查。开展特定经济区域企业外汇收支合规性专项检查。开展银行外汇业务合规性检查。对交通银行揭阳分行2011年至2012年8月办理外汇业务合规性情况进行全面检查，对其整体经营状况进行全面掌握和总体评价。严肃查处外汇违规行为。共对1家未按规定参加外汇年检的企业处以人民币5000元罚款，全部罚款均已足额收缴，顺利结案。

2013年，开展打击虚假转口贸易专项行动，组织开展对辖内3家企业进行现场检查，对其中涉嫌以虚假单证办理转口贸易业务的2家企业进行立案调查，建议外汇业务部门将该2家企业降为C类企业；对辖内1家银行的外汇业务开展合规性检查；开展外汇指定银行及非金融机构回访工作。

2014年，继续开展打击虚假转口贸易专项行动；开展银行转口贸易外汇业务专项检查；依法开展外汇查处工作，维护外汇市场秩序。揭阳市中心支局充分发挥外汇查处“探测器”作用，进一步增强检查工作的预见性和主动性。开展非现场检查分析工作。继续开展打击虚假转口贸易专项行动。开展银行转口贸易外汇业务专项检查。全部罚款足额收缴，实现零复议、零诉讼。

2015年，对依法开展外汇查处工作，维护外汇市场秩序。强化监测，切实加大分析、监测力度，提高数据质量和监测有效性，增强风险预警防范能力。严厉打击外汇违法行为。共做出行政处罚2宗，对辖内2家外汇指定银行处以罚款19万元人民币，突破近6年来未对外汇指定银行处以行政罚款的局面，有效加大对银行外汇违规行为的警示力度。同时加强部门协作，形成监管合力。与海关签署合作备忘录，建立联席会议制度，共同打击辖区走私、非法跨境资金交易活动，维护地方良好外贸秩序。做好案件协查工作。在协助调查深圳地下钱庄案交易对手中，查明4家涉嫌单位的账户及基本情况、资金性质及流向。

2016年，对部分银行机构流出项下外汇业务进行现场检查，防范跨境异常资金流出；协助揭阳市公安局侦破辖内2家企业通过地下钱庄非法购买外汇140万美元案件，涉案金额合计人民币919万元，捣毁窝点3个，冻结银行账户75个，冻结金额1200万元，收缴存折和银行卡4张，现场抓获人数4人，刑拘3人，批捕2人。

2017年，开展对银行流出项下外汇业务和个人外汇业务两个专项检查；处罚2家银行，罚款金额人民币45万元；对2家未按规定办理2014—2015年度境内直接投资存量权益登记行为分别处以罚款人民币3万元，对1家未按规定进行延期收款贸易信贷报告的企业处以罚款人民币3万元；协助公安机关查询相关外汇账户信息3批次，涉及企业9家，协助公安机关侦破地下钱庄案件2宗，涉及交易金额100多亿元人民币，抓获涉案人员8名，查扣作案工具一批，冻结银行账户58个，冻结银行存款及涉案财物金额人民币2938万元，批捕2人，刑拘1人。

2018年，开展对辖内2家银行外汇业务专项检查；处罚居民个人利用他人购汇额度分拆购汇逃避购汇年度总额管理1宗，罚款金额人民币8.60万元。

1994—2018年揭阳市银行结售汇收支情况表

表3-3　　单位：万美元

年份	银行结汇收入	银行售汇支出	结售汇顺差（+）逆差（-）
1994	16945	20727	-3782
1995	19833	35198	-15365
1996	39938	55417	-15479
1997	133986	113558	20428

续表 3-3

年份	银行结汇收入	银行售汇支出	结售汇顺差（+）逆差（-）
1998	87622	85391	2231
1999	108991	12429	96562
2000	53179	9148	44031
2001	26011	14462	11549
2002	38588	3769	34819
2003	61695	7351	54344
2004	86473	6663	79810
2005	105028	4845	100183
2006	136506	8024	128482
2007	177566	12622	164944
2008	209207	17076	192131
2009	239337	25873	213464
2010	308404	37861	270543
2011	368586	40447	328139
2012	392372	52261	340111
2013	431057	31297	399760
2014	476507	30600	445907
2015	519612	38914	480698
2016	525780	29650	496130
2017	617415	33642	583773
2018	486127	29420	456707

第八节　金融监管

一、金融监管体制变革与制度建立

金融监督管理是中国人民银行、银监会、保监会、证监会等监督管理机关对本辖内银行业、保险业、证券业、信托业及其他（典当行、基金会等）金融机构进行的现场与非现场的综合业务监督管理。

人行揭阳市中心支行金融监管的原则主要包括以下 5 方面：

依法监管与严格执法原则。金融监管必须依据现行的金融法规，保持监管的严肃性、权威性、强制性和一贯性。

综合性与系统性监管原则。各种金融监管手段即经济手段、行政手段、法律手段等要综合运用，以实现有效的监管。金融监管的方式、方法或工具要综合运用，即监管工具要现代化、系统化，日常监管与重点监管、事前督导与事后监察要同时运用。

公平、公正、公开原则。各类金融机构不论其性质、规模、背景如何，都必须在统一标准下合理竞争。中央银行也要按照统一、公正、公平的监管标准和监管方式对其实施监管，规范金融机构的市场行为。

有机统一原则。各级金融监管机构要统一监管标准和口径；宏观金融监管与微观金融监管要统一；国内金融与国际金融要统一。国内金融监管政策、法规、措施要与国际接轨，基本符合巴塞尔银行监管委员会颁布的《有效银行监管的核心原则》的规定。

监管适度与适度竞争原则。既防止监管过滥过头，又防止监管过松、不到位。形成和保持金融业适度竞争环境和格局，促进金融业和社会经济的健康发展。

监管方式有非现场检查和现场检查，管理着重审批登记和制定各种制度。非现场检查，主要通过对金融机构各种业务和财务报表资料的分析及其有关情况的稽核来执行监督职能。通过非现场检查，对有关资料进行分析，发现存在问题。现场检查是由人民银行派出专门检查人员进驻金融机构，对其业务经营情况实施全面或专项的检查、评价和处理。现场监管主要是对金融机构违反金融机构管理、经营范围管理、信贷资金管理、现金管理、票证管理、外汇管理、证券业的营运管理、保险业的营运管理及其他管理规定的行为进行查处。

地级市的金融监管以现场稽核检查为主，主要内容为检查金融机构各项业务的合规性、资本金的充足率、资产质量、负债清偿能力、盈利情况、经营管理状况等。稽核类型有常规稽核、专项稽核、委托稽核、后续稽核、报送报表资料稽核、内部稽核。非现场监管主要是通过对全市金融机构报送的统计报表资料进行对比分析，监测掌握其经营状况，提出监管意见和措施。人行揭阳分行、市银监分局、市保险行业协会履行对辖区金融机构的监管职能，在防范和化解金融风险，稳定金融秩序方面，依法加强对金融机构执行金融方针政策的日常监管工作，不断推动辖区的金融业发展和对本辖内金融机构进行监督管理。

1993 年，辖区人民银行建立金融机构行长联席会议制度。

1994 年，根据国务院发布《外资金融机构管理条例》和中国人民银行发布《金融机构管理规定》，人行揭阳分行对金融机构设立原则和条件、审批的权限和程序、许可证管理、资本金或营运资本管理、法人代表及主要负责人任职资格的审查和金融机构的变更、终止年检与日常检查等按照广州分行的详细的规定执行。随着市场经济的发展和金融体制改革的深入，人民银行职能转换，工作重点从分配和供应信贷资金转移到对辖区金融业务的监管和对经济金融运行的监测。各专业银行开始试行资产负债比例管理，人民银行揭阳分行转变监管方式和手段，从侧重于对信贷规模的监控转到对金融资产负债的风险监管上；监管手段从过去主要依靠再贷款和信贷规模调剂权转到主要依靠法律法规进行货币信贷的监管，监管内容主要从资金来源、信贷资金投向、存贷款利率三个方面进行。同时，建立资产负债比例监测考核制度，按照资产负债比例的资本充足率、存贷款比例、中长期贷款比例、流动性资产比例、备付金比例、单个贷款比例、拆借资金比例、对股东贷款比例、贷款质量 9 大监管指标，监控和考核其动态情况和信贷计划执行情况，贷款增长仍不能突破指令性计划的限额指标。

1995 年，国家先后颁布中国人民银行法、商业银行法、票据法、保险法、担保法和《关于惩治破坏金融秩序犯罪的决定》等金融法律和《中华人民共和国外资金融机构管理条例》《中华人民共和国外汇管理条例》《金融违法行为处罚办法》等行政法规。人民银行揭阳市分行实施金融监管，对商业银行提出审慎经营的要求，并把资产负债比例管理作为审慎管理的基本内容。按照省人行统一部署，人行揭阳分行从5月起启用“金融检查证”，作为辖区人行分支行主管金融监管工作的行长、金融监管工作全体成员依法履行职责，对辖区金融机构进行检查的凭证。

1996年，全市正式实施人行总行颁布的《贷款通则》，各金融机构对贷款进行分类，分为正常贷款、逾期贷款、呆滞贷款和呆账贷款，后三类称为不良贷款（简称“一逾两呆”）。人行揭阳分行突出非现场监管职能，在全市实行信贷总量和不良贷款统计监测报表报送制度，重点进行风险监管，规范贷款条件，建立和完善贷款集体审批责任制和贷款质量监控机制。1月，人民银行印发《关于加强彩票市场管理的紧急通知》；4月，印发《关于进一步加强彩票市场管理的通知》，明确规定中国人民银行为国务院授权主管彩票市场的行政机关。辖内彩票市场由市、县人行分支机构监督管理。辖区市、县人行建立金融监管例会制度和金融监管工作季度报告制度。1997年，又进行改进和完善，将金融监管工作报告分为快报、季报和年报，实行一行一报。

1996年年末至1997年年初，农村金融体制改革，农村信用社与农业银行隶属管理关系脱钩，人行揭阳分行及各县（市）支行分别设立农村合作金融管理科、股，履行对农村信用合作金融管理的职责。监管主要内容：审查农信社机构设立和撤并，按规定检查其资产负债比例管理情况，监督其正确执行利率政策，防范和化解金融风险，检查督促农村信用社坚持合作制办社方向和为农民服务的宗旨。对辖内农信社实施资产负债比例管理，每半年对农信社贷款质量、备付金比例、拆借资金比例、存贷款比例指标按月考核监测；核心资本充足率、中长期贷款比例指标按季监测考核；贷款利息收回率、资产利润率指标则每半年监测一次。1997年，中国保险监督管理委员会成立，人行揭阳分行不再履行保险业监管职责。

1999年，改进金融监管报告制度，制定统一监管报告格式，规范非现场监管数据和报表的报送渠道，监管部门由原对口向上提供改为统一由各单位统计部门收集上报，从金融统计“全科目上报”指标中取得数据；综合性的季度监管报告由原各县（市）支行向人行揭阳市中心支行报送改为各县（市）支行监管部门向人行揭阳市中心支行对口报送分类监管报告。监管工作报告的内容主要包括：辖区金融机构的重要变更事项、资产负债管理情况、辖区内社会金融秩序情况、现场检查中发现的重要问题、对金融机构和有关人员的处罚情况、金融机构违规经营情况、突发风险事件及原因和处置情况、信贷收支情况、金融系统发生经济案件情况；监管指标动态情况分析，包括变动情况、特点、原因和变动趋势分析及基本判断；辖区监管工作和成效、存在的问题、思路和建议。辖区全面实施金融监管责任制。根据《中国人民银行金融监管责任制（暂行）》和人行广州分行制定的《中国人民银行金融监管责任制实施细则（暂行）》，建立辖区“统一领导，行长负责，分级管理，部门落实，责任到人，跟踪监测，严格奖惩”的监管工作制度。

人行总行、民政部印发《关于做好社团基金会监管职责交接工作的通知》，基金会的全部业务管理移交各级民政部门，人行揭阳市中心支行不再履行对基金会的监管职能。1999年后，监管报告侧重于反映合规性监管和现场检查情况及辖内突出的金融风险分析情况。至2000年，中国金融法律、法规体系和金融监管体系的基本框架已经确立。

2000年2月，根据人行总行通知要求，将中国福利彩票、体育彩票发行机构的监管职责和典当行的监管工作分别移交给市、县财政部门和经济贸易委员会。

2003 年，人行揭阳市中心支行对被监管单位实行集体监管约见、诫勉谈话制度，以加强对辖区金融机构及其高级管理人员的联系沟通、考核监督。即根据监管工作需要、现场和非现场监管、日常监管、举报和反映及监管部门掌握的情况，由人行行长、主管副行长或有关监管科室负责人对金融机构高级管理人员进行约见、诫勉谈话，谈话形式主要是询问、提醒、告诫、勉励等。谈话内容包括金融政策、法律、法规的贯彻落实情况；内控制度建设和完善情况；经营管理及重大业务风险防范情况；业务经营异常变化情况；对人行监管意见整改落实情况；苗头性和倾向性问题；金融违法违规问题等。约见、诫勉谈话形成谈话记录，存入金融机构和高级管理人员任职资格档案，作为人民银行对金融机构实施跟踪整改情况和后续监管及高级管理人员任职资格审批和任职期间考核的依据。12 月，中国银行业监督管理委员会揭阳监管分局成立，全市银行业、农信社的监管职能从人行揭阳市中心支行银行管理科、合作金融机构监管科、农村合作金融管理办公室三个职能机构中分离出来，转入揭阳银监分局，其人员和业务一并划转揭阳银监分局。

2004 年 1 月，人行揭阳市中心支行对金融机构的监管职能由中国银行业监督管理委员会揭阳监管分局履行。揭阳银监分局主要是负责对辖区内银行业金融机构、信用社及其分支机构的设立、变更、终止和业务经营活动及其风险状况进行现场和非现场监管；依法对金融违法、违规行为进行查处；依法审查和批准高级管理人员任职资格；统计有关银行业、信用社经营数据和信息。

2010 年，落实《广东省金融业风险评估指引》，完善监测指标体系，定期对辖区金融业进行风险评估，全面查找辖区金融业的薄弱环节和风险隐患，推动金融业健康发展；落实《广东省新设银行业机构加入人民银行金融服务与管理体系指引》，规范人民银行提供金融服务的行为和标准，提高金融服务效率，加强金融监督管理，维护辖区金融稳定。

2011 年，揭阳市金融风险评估委员会和揭阳市新设银行业机构金融服务与管理工作领导小组成立，进一步做好辖区金融风险评估工作，加强对新设银行业机构金融服务与管理工作的统筹协调，切实防范和化解金融风险。建立揭阳市金融稳定信息联络制度，有效推进重大事项及重要信息报告制度的落实。开展辖区银行业机构稳健性首次试评估工作。配合有关部门推进小额贷款公司试点工作，加强对已开业小额贷款公司经营情况的监测，促进其稳健经营。

2012 年，建立揭阳市银行、保险、证券、期货大金融稳健经营监测系统，切实防范辖区系统性金融风险。规范处置金融机构突发事件行为，切实提高应急防范能力，维护好辖区金融稳定。密切监测分析辖区法人金融机构的资本、资产质量、风险集中、流动性等风险因素；督促辖区金融机构对上市公司及贷款大户进行跟踪监测；对辖区银行、保险、证券业相关指标进行统计，为开展金融业风险评估打下基础。 开展金融机构稳健性评估。针对金融机构稳健经营情况、资本与质量情况、发展过程中存在的问题和原因等方面对辖区地方法人金融机构开展稳健性调查，就发现的问题和风险向各金融机构反馈，并提出合理化建议。

2014 年，人行揭阳市中心支行建立风险监测、评估和排查机制。对银行业资产质量变化情况和流动性风险、地方政府融资平台、房地产、产能过剩行业等信用风险、企业担保链传染风险进行监测。建立银行卡快速查询冻结机制，防范和打击外部不法分子进行银行卡诈骗等犯罪活动。

建章立制，有效防范金融风险。修订《揭阳市金融机构突发事件应急预案》，从制度上提升应对各类金融突发事件应急工作的质量和效率。联合揭阳市金融工作局和揭阳银监分局制定印发《揭阳市金融稳定工作协调机制方案》，建立起揭阳市金融稳定协调工作联席会议制度和信息共享制度。在辖区开展整顿规范辖区金融机构同业业务。配合相关部门开展整顿金融秩序等工作，营造良好金融运行环境。

2015年，加大对银行业金融机构经营稳健性动态和金融风险的监测力度，定期向纳入评估的15家金融机构分别印发经营稳健性风险提示书，推动金融机构优化自身风险管理措施，提升其风险管理水平。根据辖区金融风险发展趋势，人行揭阳市中心支行在银行机构稳健性评估的基础上，探索加强对金融机构交叉性金融风险的识别、评估方法，通过现场评估与非现场评估风险监测情况相结合，深入挖掘影响辖区金融稳定的共性问题，完善人民银行防范和化解金融风险的稳定工作职能。

开展流动性风险应急演练。制定应急演练方案，组织协调相关部门加强应急处置相关规程的学习，并开展挤兑风险应急演练，提升金融风险应急处置能力，确保金融风险报告准确及时、处置工作有条不紊、处置措施得力有效。

2017年，加强金融风险的监测、分析、预警，妥善应对网络负面舆情、局部不良贷款攀升等风险事件。协同地方党政和其他监管部门做好地方法人金融风险防范化解工作，推进金融监管协调机制建设。印发关于加强涉钢企业融资监管的文件，开展涉钢企业融资授信排查，引导金融机构做好有关贷款的压降清收工作。推进辖区利率市场化改革、信贷资产质押再贷款试点、辖区中国农业银行县级“三农金融事业部”改革试点等相关工作。12月13日，人行揭阳市中心支行与揭阳银监分局联合召开金融监管协调工作会议，双方结合各自监管职能开展业务交流、就如何加强工作协调与配合进行座谈，并签订《金融监管合作备忘录》。人行揭阳市中心支行行级领导，办公室、货币信贷管理科、调查统计科主要负责人；银监分局局领导，办公室、统计信息科主要负责人参加会议。

二、金融机构与高管人员监管

（一）金融机构监管

1995年，根据有关政策加强对金融机构监管，严格规范其经营范围，开展金融机构年检，收回全部老许可证，换发新证。部署对全市的信托业、证券业、典当行、农村基金会开户清理。撤销农行揭阳分行、中行揭阳分行、建行揭阳市分行的信托代办处和揭阳市证券登记公司，并按要求及时将经营金融业务许可证的正副本上交省人民银行。对全市3家证券机构的合法性、业务范围经营的合规性和安全性进行检查清理登记。对7家典当行进行摸底调查，从中发现6家管理比较混乱，存在着收费率偏高，没有统一规范的财务管理制度，潜在风险性大等问题。

1996年，开展金融机构经营风险调查。人行广东省分行印发《关于开展金融风险调查的通知》后，为加强对全市金融风险监督防范工作，人民银行揭阳市分行成立以行长为组长的金融风险调查领导小组，集中各监管科室人员分成三个调查组对辖内5家城市信用社、6家农村信用联社以及4家证券机构1995年的经营现状进行调查，从调查中发现这些金融机构在资金来源与资金运用中存在不少问题以及产生不容忽视的资金风险。资金运用比例高甚至超负荷经营，如曲溪城市信用社存贷比例为100.6%，市区2家农村信用联社和揭西、揭东县农村信用联社存贷比例高达287%，严重超负荷经营。贷款投向不合理，资金到期回收难度大，揭阳市城乡信用社1995年年底投于房地产贷款1794万元，由于房地产处于低潮，造成逾期贷款率高。单户贷款比例偏高，风险高度集中，原民兴城市信用社由于行政干预严重，粗放经营，为市贸易集团公司提供贷款1023万元，占贷款总额的42%。股金结构不合理，变相提高利率吸收存款几年来农村信用社吸收一年期股金1.61亿元，月利率10.5‰。速规搞账外经营，金商城信社试验区营业部1995年4月账外发放贷款500万元给开发建设总公司，至检查日未能收回，存在严重违规问题，6

月末，存贷比例高达 92.8% 且贷款投向不合理，单户贷款比例高，逾期贷款包袱沉重，经营亏损，更为严重的是该部账外经营，资金本息难以回收。人行揭阳分行处理情况及时向市政府领导汇报，取得市政府领导的支持，责令其停业整顿。扣缴经营金融业务许可证并责成试验区管委有关部门协助清收不良贷款头寸的监控及监测工作。针对存在问题，人行揭阳分行相应提出一些措施，从风险转让，优化结构，依法经营管理等方面加以改进，收到一定成效，如民兴城市信用社重组领导班子报省分行批准，更名为进贤城市信用社，各项业务逐步走上正轨。至 11 月底，逾期率从 93% 下降为 65%。

1998 年，把好金融机构市场准入关和退出关。针对各金融机构在前几年由于滥设机构，造成机构重叠，效益差等问题，建议金融机构对效益差的机构进行兼并、撤销，全年新设（改建）机构 4 个，撤、并机构 39 个，实现负增长。人民银行揭阳市分行与所办城市用社脱钩，分行辖属的 4 家支行，根据省分行《转发中国人民银行关于加强对县（市）城市信用社监管的紧急通知》，实施与所办城市信用社的脱钩工作，取得不同程度的进展，除完成清产核资工作外，揭西县城信社完成股权转让、人员调离行政挂靠脱钩工作；惠来县金丰城信社、揭东县曲溪城信社城西营业部与农联社签订归口行业管理协议：普宁市金华城信社侨营业部与金华城信社达成归并协议。

1999 年，配合地方政府，按省政府的统一部署和广州分行的工作要求，开展城信社停业整顿工作。在规定的时间内准确、完整向广州分行报送辖区城信社有关数据，为城信社的停业整顿提供可靠依据。做好城信社停业整顿的各项准备，抽派精干力量参加停业整顿工作组，全过程参与整顿工作，严格履行监管职能保证城信社停业整顿各项政策的正确实施和顺利开展。对区域性中小金融机构实施特别监管。指定专人负责对交行揭阳分行、广发行揭阳办事处进行跟踪监测，定期召开这两个金融机构负责人会议，加强对他们的业务开展和风险防范工作的指导，及时处置出现的险情，确保业务的健康发展。强化对农信社的监管。监督农信社劳动用工制度的开展，建立人员淘汰机制，为农信社体制改革的深入开展奠定基础。对新形成高风险联社、农信社发出风险预警通知书，按照分类指导处置和“一社一策”原则，帮助各联社制定防范和化解风险的措施，督促农信社将资本充足率、不良贷款比率、减亏幅度等指标层层分解，逐项落实到社，落实到人。

2001 年，开展辖内 2000 年度 901 个机构网点的年检工作，经检查共有 895 个机构通过年检并给予登记。合理调整优化辖区机构网点布局。是年共核准机构升格 26 个，机构迁址变更 101 个，撤并机构 160 个。

加强机构合法合规性管理。对全市金融机构工商登记情况、安全合格证和消防合格证办理情况进行全面清理，规范机构的准入行为。加强对业务准入的监管，受理审核扩大业务范围 53 家，其中核准 51 家，否决 2 家，促进全市金融业务规范发展。

2002 年，依法取缔非法金融机构，“揭阳市区城市信用社榕华营业部分理处”未经人民银行批准，由榕城区榕华街道办事处擅自批准设立，属于非法金融机构。人行揭阳市中心支行态度坚决，依法进行取缔，为防范非法金融机构储户可能出现过激行为而引发群体事件，确保辖区金融、经济、社会稳定，制订取缔工作方案，依靠党政，加强沟通协调，使取缔工作顺利进行。

2006 年，人行揭阳市中心支行密切关注辖区金融机构的风险状况，做好金融风险监测工作，全面掌握全市金融运行动态。完善全市金融风险处理机制，制订《揭阳市金融机构突发事件应急预案（试行）》，提高应对金融机构突发事件的能力，加强对辖内城乡信用社的定期监测分析，防范中小金融机构风险。加强对全市银行业金融机构和证券、保险、担保机构的监测分析，防范系统性金融风险，稳步推进辖区金融体制改革，消除金融发展中的不稳定因素，加强对国有商业银行改革的跟踪、监测和分析反馈，及时反映改革中出现的新情况、新问题。加大对农村信用社的监测考核力度，推广应用“深化农村信用社改革监测考核系统”，对农信社改革试点实施进展情况进行连续的动态监测和实地考核。加强对农村信用社资本充足率、不良贷款占比、支农服务、盈利水平、专项中央银行票据置换不良贷款的管理。清收，以及法人治理、内外部控制约末制度等情况的监测，对各项指标变动幅度较大、机制建立缓慢、置换不良贷款清收不力的农信联社及时进行督促，并开展现场检查，确保各项改革措施的落实。参与城信社退市和风险处置工作，加强与揭阳市金融服务办公室、银监部门的联系和沟通，密切关注退市过程中的有关风险，进行有效处置，确保退市工作平稳顺利进行。

2009 年，继续推进农村信用社改革工作。推动惠来县农村信用社完成改制为统一法人工作，全市农村信用社统一法人改制工作圆满完成。对市区、揭西农信联社筹建农村商业银行工作的督导，促进改制工作有序进行。完善台账监测制度，继续按季对农村信用社业务经营状况和改革进展情况进行动态监测考核，总结改革试点工作成效和存在的问题。在全市建立农村信用社经营财务状况数据库，做好农村经济金融和农村合作金融机构经营财务状况数据的统计和上报工作。推进小额贷款公司试点工作。对已开业小额贷款公司报表资料报送制度的管理和利率、资金流向的监测，促进其稳健经营。是年，全市 4 家小额贷款公司成立，有关业务稳步、正常开展。

是年，人行揭阳市中心支行继续配合地方政府和监管部门推动停业整顿城信社市场退出和风险处置工作，派员参加停业整顿城信社市场退出清算工作。

（二）金融机构高级管理人员监管

金融机构高级管理人员是金融机构法定代表人和对经营管理具有决策权或对风险控制起重要作用的人员。金融监管部门对金融机构高级管理人员的任职资格管理包括任职资格审核、任职期间考核、任职资格取消及任职资格的档案管理。

1990 年起，市人民银行参与对辖内各专业银行、保险公司、信托投资公司、城市信用社和农村信用社负责人的任免考察管理和人员监管。

1994 年，人民银行发布《金融机构管理规定》和《关于银行业机构主要负责人任职资格的审查办法》，规定人民银行对金融机构的法定代表人及主要负责人实行资格审查制度，未经人民银行进行任职资格审查或审查不合格的，金融机构主管部门一律不得办理任免手续。

1995 年，人行揭阳分行开始实施金融机构高级管理人员任职资格监管。

1996 年，中国人民银行颁布《金融机构高级管理人员任职资格管理暂行规定》，对金融机构高级管理人员任职资格实行审查批准制。市、县人行执行人行总行《金融机构高级管理人员任职资格管理暂行规定》，开始实施辖区金融机构高级管理人员及网点负责人任职资格的管理，各县（市、区）辖内的储蓄机构（含城市和农村信用社、邮政储蓄）、农信社信用分社、保险代办所机构的拟任管理人员及网点负责人的任职资格由所在地人行县（市、区）支行负责审核批准；各县（市、区）的银行支行、保险支公司、农信联社、邮政支局等其他金融机构及网点负责人的拟任高级管理人员及网点负责人的任职资格一律由人行揭阳分行负责审查批准；市级的银行分行、证券营业部、保险分公司、邮政分局、信用联社等金融机构及网点拟任负责人的任职资格上报省人行审查批准。是年，对全市 268 个金融机构拟任负责人的任职资格进行审查，批准变更负责人 230 人及换发“经营金融业务许可证”，其中，工行揭阳分行、农行揭阳分行、中行揭阳分行、建行揭阳市分行及其分支机构 152 人，农村信用社分社及其分支机构72人，邮政储蓄及其分支机构6人，16名拟任负责人经审查不合格，要求其主管部门另报符合条件人选；对102个擅自变更主要负责人和20个遗失“经营金融业务许可证”的金融机构进行处罚。

1997年，人行揭阳分行按新的规定要求对全市各金融机构现任负责人进行资格审查，并建立全市各金融机构高级管理人员任职资格档案。人行揭阳分行建立金融机构高级管理人员及网点负责人信息档案集中制度，审查收集辖内1229个金融机构高级管理人员及网点负责人信息档案。是年，经审查并核准的高级管理人员共66人，因条件不符被否决的有3人。同时，对1996年9月30日以前各行任命的高级管理人员的任职资格重新进行认定，一人一档，完善高级管理人员档案管理。

1998年，结合年检工作，做好金融机构高级管理人员的任职资格审查，强化对高级管理人员任职资格审查管理，按政策、程序、权限严格把关，不讲情面。对市工商银行二起未经人民银行批准擅自任命高级管理人员，进行严肃处理。全年经人行揭阳分行任职资格审查43人，合格的40人（其中由省分行审核13人），不合格的3人，并按要求建立健全档案资料。同时对全市城市信用社进行一次风险普查，将高风险的机构实行一社一策，逐个提出整改措施和解决方案。

1999年，依法监管，从严查处金融违法违规行为。人行揭阳市中心支行坚持《金融违法行为处罚办法》等金融法律法规为金融监管的法律依据，坚决查处各种违法违规金融活动。严格金融机构高级管理人员任职资格审查工作。人行揭阳市中心支行按《金融机构高级管理人员任格管理暂行办法》规定，不折不扣搞好金融机构高级管理人员任职资格审查工作。全年对全市金融机构高级管理人员进行任职审查共74人，对符合任职条件或基本符合任职条件的67人予以确认，不符合任职资格的7人坚决予以否决；对工行揭阳分行未经人民银行任职资格审查而擅自任命工行揭东县支行主要负责人的行为，经调查核实后，宣布工行揭阳分行的任命无效，并责成向揭阳中支作出书面检讨；对农行揭阳分行市区机构未经人行资格审查聘用、变更部分基层负责人予以通报批评，并限期按程序向人行揭阳市中心支行补办有关申报手续。

2000年，人民银行颁布《金融机构高级管理人员任职资格管理办法》，对金融机构高级管理人员任职资格的审核，分核准制和备案制两种，将高级管理人员任职资格的审查重点转移到主要对拟任人工作业绩和劣迹的审查上来，严禁有不良记录的人员进入银行高级管理层。严把金融机构管理人员准入关。2000年，共审查金融机构高级人员任职资格45人，经初审上报广州分行5人，按权限由人行揭阳市中心支行审查同意38人，不符合高级管理人员任职资格有2人。

三、银行业营运监管

1993年起，揭阳市加强金融监督工作力度，全面整顿乱放款、乱拆借、乱提高利率等违规经营行为，清理银行账外账，严肃金融纪律。20世纪90年代中后期，揭阳市一些中小金融机构风险突显，多年积聚的金融风险逐步暴露，不良贷款大量冒出，金融机构亏损严重，曾出现较大的支付困难，曾一度发生存款挤提事件。人民银行不断强化金融监管，防范和化解金融风险。国有独资商业银行不良贷款余额及比例开始下降，经营效益逐步好转。农村信用社支付风险降低，社会信誉得到恢复，整体经营情况也开始好转。对各类中小金融机构进行清理整顿和分类处置，有效化解一些地方突出的金融风险，保护存款人利益，维护金融和社会稳定。

1994年起，揭阳市实行适度从宽的货币政策，在促进经济增长的同时，有效抑制通货膨胀。1995年，围绕金融中心工作，发挥金融稽核的监督职能，加强对金融机构经营的开展以固定资产贷款，粮棉油收购资金贷款、商业银行信贷资金来源与运用等为主要内容，以常规稽核、专项稽核、委托稽核、内部稽核、报送稽核等为主要形式，覆盖面达人行、工行、农行、建行、中行、交行、发行、城信社及农信社等的稽核监督工作，共查出各种违规金额 6300 万元，向被稽核单位提出改进工作建议 5 条，责令限期纠正 807.60 万元，停止部分业务 1 家。下半年，在开展对商业银行信贷资金来源与运用的现场专项稽核中，发现部分专业银行存在着绕规模发放贷款、搞基建和购置占用信贷资金等问题，据实将暴露出来的问题整理向上汇报，并责令其严整改，逐步规范经营。

1996 年，依法履行央行职能，加强监管在新字上下功夫。重组监管新格局，把着眼点转移到合力监管上来，把稽核、金管、资金计划、会计、货币发行等主要监管职能科室，组成监管联合小组，做到金融监管统一部署，力量统一组织，查处问题统一政策，实现调控、监管、服务三并举的金融监管新格局，效果明显。在强化中央银行金融监管职能的工作中，重点加强稽核监督工作。加强稽核人员的政治思想教育与提高业务素质。实行“一专多能”“一岗两责”制度是稽核监与稽核服务并重。对内建立稽核监督信息通报制度，将稽核查出的问题及时向本行相关职能部门反馈，由各职能部门跟踪管理和实施整改，形成合力，从而促选整体监管水平提高。对外寓监管于服务之中，针对金融运行中出现的新问题，提出有理论价值判断和政策建议。如在清查账外速规经营后，针对存在问题，制定“十个规范和十不准”的金融监管机制，收到良好效果，并及时反馈给地方党政领导，使地方党政部门认识到人行规范金融业务与创造良好金融环境是促地方经济稳健发展的重要环节，从反感到同感乃至支持。稽核检查与稽核调查并重，以稽核形式开展工作，以调查的方式向上级部门反映存在的问题，提出改革建议。如在稽核检查中与各职能部门有同一内容多头检查，处理政策不一，使被检查单位无所适从。向领导反映得到重视，并规定“金融监管任务统一部署，力量统一组织，查处问题统一政能”，形成合力监管。稽核基层经营行的经营行为与稽核管理行的管理行为并重。人行揭阳分行稽核监管部门始在稽查内部各经营行、社的同时，注意对其上级管理行、社的管理，对其决策行进行综合稽核、评判，通过建议纠正其管理上不良行为来促进内部金融机构存在问题，以达到标本兼治的目的。针对个别城市信用社超比例发放贷款、搞假证券回购等情况，人行揭阳分行连续 2 次发文强调严格资产负债比例管理，对他们实行“分类核定、按月考核按季处罚”的管理办法，分别核定各社（部）的存贷运用率，当月新增存贷比率以及逐月压缩贷款任务，使各社（部）存贷比例过高的现状得到有效解决。至当年年末，全市城市信用社的存贷比例为 54.09%，符合资产负债比例管理的考核指标。加强各金融机构备付金头寸监测，坚持日综头寸监测表，督促各金融机构及时补足头寸，保证存款支付，杜绝压单压票现象。是年，全市各金融机构的备付率保持在 7% 之上，特别是四家国有商业银行的备付率经常达到两位数。突出监管重点，完善管理，建立金融新秩序。抓住利率、结算、信贷和分业经营四个重点，建立十条规范管理机制和“十不准”：规范机构管理，不准乱设金融机构；规范结算管理，不准乱开账户，乱卡结算；规范信贷管理不准账外经营；规范分业经营管理，不准超业务范围经营；规范资金管理，不准乱拆借资金；规范利率管理，不准乱提存贷款利率；规范证券市场管理，不准搞回购；规范现金管理，不准超限额库存现金：规范国库管理，不准延压揽款；规范统计报表管理 ，不准做假账报假表等。从而使金融步入有序轨道，为促进经济建设创造良好的金融环境。在监管工作中，完善金融监管决策体系、建立金融监管例会制度，每月由行长主持召开稽核、金管、计划、外管、会计、货币发行等主要监管职能科室，通报和研究监管工作中出现的新问题、新情况、新动向，统一部署阶段性监管工作。完善调研体系，加强宏观经济金融形势分析，运用计划、统计、货币发行等监测系统，监测辖区内资金营运质量，把握资金运行趋势，检查货币政策效应，为此建立每旬各专业行报送备付率旬报和预警预测制度，由营业部及时跟踪分析日常备付率变化，发现异常情况，立即发出预警通知书，限期补充头寸，加强资金调度。

1997年，抓好案件查处落实工作。协助指导金融机构查处经济案件6宗，涉案金额115.17万元，涉案人数7人，已全部结案，追回金额44.37万元。组织执法监察项目9个，检查金融机构网点23个，发出执法监察建议9份，提出整改意见21条，并实施反馈检查，加大金融执法监察力度，维护金融法律法规执行的严肃性。1997年以后，执行中央扩大内需的方针，实施稳健的货币政策，取消贷款规模控制，运用利率、再贴现等货币政策工具调控货币供应量，金融宏观调控实现由直接控制向间接调控的根本性转变。在防范和化解金融风险的同时，疏通货币政策传导机制，增强贷款营销观念，改进贷款管理，加大对经济发展的支持力度，防止和克服通货紧缩，确保人民币币值和市场物价的稳定。

1998年，以加强金融监管，防范和化解金融风险，维护金融秩序稳定为重点，以构筑金融安全区，保一方金融平安为目的。强化大监管，维护全市正常的金融秩序，构筑金融“安全区”，防范和化解金融风险，保一方金融平安。在巩固以往金融监管成果的基础上，根据金融发展的新特点和防范风险的新任务，行使基层央行的监管职能，突出监管重点，完善监管体系，改进监管方式，使金融监管工作迈向一个新层次，维护全市正常的金融秩序。完善金融监管体系，把着眼点转移到合力监管上来，集中管、计划、稽核、外管、发行、会计、监察室等主要监管职能科量组成监管小组，做到监管任务统一部署，力量统一组织，查处问题统一政策，实现“调控、监管、服务”三并举的金融监管格局。大胆行使金融监管职权，人行揭阳分行领导经常带领调查组，对各金融机构的网点建设，信贷资产质量及风险管理情况进行调查、剖析，全面准确地掌握揭阳市金融现状及预测发展趋势，并建立金融机构行长（经理、主任）联席会议制度，针对不同阶段金融运行的新情况新问题进行通报，分析全市金融经营管理的现状，增强各家行、司、社经营危机感和防范化解金融风险的紧迫感。同时促使各金融机构组织力量清收到逾期贷款，规范资产管理行为，实现存款持续上升，资金环境宽松，贷款有效投放，存量得以盘活的良好局面。加快监管手段转变，改进监管方式。把对金融机构合规性监管向以风险防范为核心的审慎性监管转变，由过去的现场监管向非现场的并表管理办法转变，通过加强对金融机构报表的分析和管理，建立金融系统风险预警指标监测体系。存款准备金制度改革后，各单位有存款准备金的缴存、动用，欠缴情况，全面掌握监测各金融机构资金头寸变化动态和信贷总量，对个别单位贷款运用超比例的，及时发出预警，督促采取措施把贷款运用降到规定比例之内。突出监管重点，重点是抵御风险能力差的地方性金融机构的监管。对农村信用社实施直接的金融监管，选准工作切入点，抓住联社监管“龙头”全面按合作制原则规范联社的股权结构、管理形式和服务方向，全方位实施对农村信用社资产负债、风险防化、内控制度建设等有效监管。对城市信用社实施专门监管，在市政府的直接领导下，城市商业银行筹备领导小组成立，组织稽核力量对市区13家社（部）进行清产核资，查清底数，分类处理。对榕江城信社、试验区营业部、东风营业部等，组织专人进行重点监控，采取“一社一策”的办法逐步化解风险。依法严管，确保各金融机构遵章守法。从严把好金融机构各项业务经营活动。把好现金投放管理关，通过加强现金大检查，对违规机构进行通报批评，严格执行大额现金支付登记制度等办法控住现金投放，使现金投放势头得到有力抑制，全年对外现金收支相抵净投67.38亿元。严肃查处经济案件，严守金融法纪，纪检监察部门加大对金融系统经济案件的查处力度，深入发案单位了解掌握案情，指导案件的查处，督促追回赃款，严惩违法违纪人员，全年共协助指导金融部门查处经济案件8宗，追缴资金75.50万元，占涉案金额的38%。

1999年，人行揭阳市中心支行按广州分行提出金融监管重点，按照属地监管、属地排险化险原则，抓监管责任制的落实；在改进监管方式，突出监管重点，完善监管体系上下功夫；依法动真格查处打击金融违法违规行为，打开监管工作的新局面。抓责任落实，夯实金融监管基础工作，按照《中国人民银行金融监管责任制》及广州分行制订的实施细则要求，落实金融监管责任制。人行揭阳市中心支行从辖属支行抽调具有较强管理能力的同志担任金融部门的负责人，增调熟悉业务的同志充实到金融管理科。各支行也逐步调整充实监管力量，按AB制原则，落实监管专管员。中心支行根据“统一领导，分级监管，部门落实责到人，风险监管，加强考核”的监管工作制度，对全市每一家金融机构指定专职监管员，实行AB制，使金融监管做到“进行入社，责任到人”，强化对每一家金融机构的监管工作。人行揭阳市中心支行加快监管手段的转变，使监管工作能尽快适应我国中央银行新的监管要求，实施本外币、表内外、现场与非现场、合规性与风险性的统一监管。由对金融机构合规性监管向以风险防范为核心的监管转变，增强风险预警性。人行揭阳市中心支行总结1998年市区城信社发生挤提风险及化解的经验教训，对各行社的资金营运的监测，实行按日监测资金头寸，按月监测信贷资产质量，全面掌握、监测金融机构资金头寸变化动态和信贷资产质量，对个别单位准备金接近临界线的，及时发出预警，督促采取措施缴足，保持充裕的资金头寸，确保全市国有商业银行和农村信用社不出现支付问题。针对城信社头寸不平衡情况，加强发生支付风险的城信社支付缺口的预测和调查，督促采取措施改进，并及时上报广州分行；加强信用合作联行汇差资金的安全管理和联行清算机构的金融监管，及时、全面掌握联行清算机构的备付状况，防止清算资金被占用。现场监管向现场监管和非现场监管相结合转变，注重监管连续性。人行揭阳市中心支行加大现场检查的广度和深度，检查内容涉及信贷资产质量、信用证、对外担保、银行承兑汇票、粮食企业附营贷款、邮政储蓄业务等，强化对金融机构的报表监督制度，按月对全市所有金融机构的报表资料进行收集、整理、综合分析，监测和考核金融机构的资产负债状况和风险状况，形成专题监管报告上报广州分行。通过监管报表的分析，建立规范的风险报告制度和风险预警报告制度，对发现的问题，及时进行质询和现场检查，充分运用这两种手段来实现连续性的有效监管。第二季度，人行揭阳市中心支行发现交行揭阳办事处不良贷款出现猛增趋势，不良贷款占比高达78.9%，及时发送监管意见书，要求该办事处寻找原因，并及时组织对该办事处的检查，与该办事处一起研究对策，落实措施，努力把不良贷款的比例降下来。对重点机构，分门别类监管和处置风险，人行揭阳市中心支行根据全市金融机构经营和风险情况，突出重点，强化对抵御风险能力差的中小金融机构的监管。在全面完成城信社清产核资的基础上，向上级行提出加快城信社整顿、处置、改革的措施和建议；密切注意城信社的支付状况，切实做好存款支付缺口的预测和各项预案措施。对区域性中小金融机构实施特别监管。指定专人负责对交行揭阳分行、广发行揭阳办事处进行跟踪监测，定期召开这两个金融机构负责人会议，加强对他们的业务开展和风险防范工作的指导，及时处置出现的险情，确保业务的健康发展。依法治理高揽存，强化账户管理和现金管理。人行揭阳市中心支行监管部门，组织对全市金融机构高息揽存、账户管理、对外担保等经常性或专项检查监督活动，从严查处违法违规行为。现金检查中发现的违规支付现金的5家金融机构按《金融违法行为处罚办法》的规定，从严从重科以经济处罚，受处罚的金融机构对有关责任人进行行政处理，报人行揭阳市中心支行，并在全市进行通报批评。金融机构加强内控制度建设，增强自律意识，依法合规经营，防止金融经营动中不正当竞争行为的发生，共同维护良好的金融运行环境。实施农村信用社的直接金融监管。农村信用社点多、面广、线长，是基层央行监管的重点和难点。人行揭阳市中心支行把加强农信社的监管工作作为一项全行性工作重点，做到对农信社监管人员、对象、制度责任的“四落实”。6月召开由揭阳市和辖属各县（市）管金融工作的领导、人行揭阳市中心支行领导和科室负责人及各县（市）支行行长，全市各联社、信用社主任参加的农村信用社工作会议，传达贯彻上级行关于对农村信用社进一步改革、规范、管理的政策和措施，部署1999—2000年全市农村信用社的工作任务，提出加强农村信用社监管的新思路和防范风险的对策，确保农村信用社改革过渡时期业务经营管理的合法性、合规性和连续性。做好农信社支付风险预测和核查工作，建立农信社支付缺口按季分月滚动报告制度，制订切实可行的风险紧急处置预案，完善农村信用社风险预警系统及时调剂资金，充实备付能力。对出现挤提的农信社，人行揭阳市中心支行领导亲临第一线指挥，协调各方力量；监管人员现场密切监控动态，防范和及时处置农信社出现的挤提风波。12月8日，各城市信用社停业整顿工作组进驻、进行内部清理，2000年1月4日和2月14日分别进行个人储蓄存款的登记、确认、置换工作，各项工作有序进行，操作规范，进行顺利，社会反响良好。

2000年，加大城信社停业整顿，个人储蓄存款兑付工作的监管，确保依规操作，使辖区城信社停业整顿工作自始至终平稳有序运作。至12月底，已兑付城信社个人储蓄存款58618户11.87亿元，分别占应兑付户数和金额的86%和90.5%。在地方政府城信社资产管理办公室正式挂牌运作后，人行揭阳市中心支行及时把监管重心转移到资产清理、保全、处置上来，针对城信社贷款追讨保全难度大，清收进展缓慢情况，派出工作组深入调查研究，摸清整体情况，提出强化催收贷款力度的建议上报广州分行，并与资产办建立日常联系工作制度，掌握工作进展情况，共同研究对策，为地方政府当好参谋助手。及时向广州分行反映基金会问题。对揭阳市中山、揭西南山等基金会股民上访，人行揭阳市中心支行及时向广州分行和地方政府反映，做好接待和解释工作，防范基金会问题诱发新的金融风波。工作组进驻和接管城市信用社工作，完成城市信用社个人储蓄存款的内部清理、核对，经各工作组进行内部清理、确认，揭阳市（普宁市除外）市信用社个人储蓄存款本息7.70亿元，其中本金7.14亿元，利息5639万元。有序进行个人储蓄存款的登记、确认、置换工作。

2001年，重点工作是国有商业银行不良贷款的促降工作，集中监管人力，全面摸清国有商业银行资产质量状况。年初，开展对全市国有商业银行资产质量和2000年新发贷款的现场检查，找出不良贷款形成的原因和内部管理问题及贷款管理风险点，明确各行不良贷款促降目标、措施以及进一步规范信贷管理等内容。建立行长约见谈话制度，对不良贷款不降后升、变化异常的机构由人行揭阳市中心支行主要领导约见国有商业银行主要负责人，面对面研究分析降低不良贷款比例的存在问题、原因及盘活不良贷款的具体措施。

全程跟踪，及时掌握国有商业银行不良贷款变动情况，实施对国有商业银行不良贷款月度监控考核制度和按季度监测分析制度，按行别、区域建立不良贷款台账，逐月掌握不良贷款变动情况，按季分析不良贷款变动原因和变动趋势，进一步督促其建立健全内控制度，切实加强信贷资金管理，防止出现新的信贷风险。同时，督促加大不良贷款的清收、盘活、保全工作力度，加强对信贷资产质量及风险化解工作情况和效果的考核。全市4家国有商业银行不良贷款余额为29.98亿元，占各项贷款余额的33.38%，同比下降2.17百分点。

整顿金融秩序，净化金融环境。人行揭阳市中心支行按照整顿和规范金融秩序的要求，结合辖区实际，有针对性地开展一系列整顿工作，辖区金融违法违规现象得到明显遏制，金融秩序进一步好转。加大清理整顿力度，有效规范金融机构经营行为。先后开展对辖内政策性粮油购销企业多头开户情况进行清理；对揭阳市邮政储蓄进行清理整顿；对辖内国有独资商业银行分支机构开办外汇业务、现金管理制度及利率政策执行情况的清理检查，共通报处罚机构32家，罚款金额21.25万元。辖属普宁支行加大检查力度，共组织检查项目16个，处罚机构8家，罚款金额10.75万元，查处违规人员6人，提出整改意见和建议54条，有效维护正常的金融秩序。召开金融机构负责人座谈会，协调各金融机构停止上门收款业务和节假日在市区选择部分网点营业，规范金融机构有序竞争。加大打击逃废银行债务力度。共联合制裁逃废、悬空金融债务企业64家，涉及金额2.54亿元，其中本金1.98亿元，利息5611.42万元。全市金融机构严格执行联合制裁的有关规定，使被制裁企业在寻求金融服务时处处碰“红灯”，收到效果。至12月底，四批被通报企业已有15家自觉落实银行债务，金额1916万元。

推进停业整顿城信社资产处置工作。至12月底，全市停业整顿城信社兑付个人储蓄存款64070户，金额11.47亿元，占个人储蓄存款的96.6%；资产处置收回贷款本息6.95亿元，占应收回的26.03%，其中变现1.98亿元，占应收资产的7.42%。人行揭阳市中心支行强化对农信社的监管。监督农信社劳动用工制度的开展，建立人员淘汰机制，为下一步农信社体制改革的深入开展奠定基础。重点挂钩防化风险，人行揭阳市中心支行和支行分管领导分别挂钩辖内5家五类社的防化工作，及时对新形成高风险联社、农信社发出《风险预警通知书》，按照分类指导处置和“一社一策”原则，帮助各联社制定防范和化解风险的措施，督促农信社将资本充足率、不良贷款比率、减亏幅度等指标层层分解，逐项落实到社，落实到人。加强检查，规范发展。组织对农信社“三外”资金、内控制度1999—2000年，新增贷款质量及管理状况和支农再贷款使用情况的现场检查，进一步掌握全市农信社的风险点，研究制订案件的防范措施，规范农信社的经营行为，提高经营效益。至12月底，全市农信社各项存款余额68.98亿元，同比增加9.23亿元，增长15.44%，各项贷款余额48.07亿元，同比增加4.98亿元，增长11.55%；实现减亏1148万元，呈现良好的发展态势。

2002年，寓监管于服务，以服务促监管。做好商业银行不良贷款促降工作。2001年，中国人民银行印发《关于全面推行贷款质量五级分类管理的通知》，并公布《贷款风险分类指导原则》。2002年，中国人民银行制定并颁布《股份制商业银行公司治理指引》和《股份制商业银行独立董事、外部监事制度指引》。人行揭阳市中心支行根据相关规定，督促辖区商业银行建立健全治理结构，实现稳健经营和可持续发展。组织对全市商业银行2001年不良贷款促降情况和新增不良贷款原因进行调查，分析工作中存在的问题和新增不良贷款形成的主要原因，加强现场检查，向各商业银行发出监管意见，督促整改。在加强对商业银行不良贷款监测中，对不良贷款居高不下、不降反升的商业银行做好预警，列为重点监控对象，并实行行长谈话，督促其进一步落实不良贷款清收措施，当年底，辖区商业银行不良贷款比年初下降1.4个百分点。实施分类指导，化解高风险农信社。针对揭阳市辖区高风险农信社数量多、占比高、情况复杂的特点，研究制订《揭阳市农村信用社高风险社管理处置办法》，按“一社一策”的方法制订风险防化计划，实行领导挂钩联系防化风险点，帮助提高资产质量。至12月底，全市高风险联社比当年初减少1家，高风险农信社减少10家。指导农信社加大机构整合力度，共撤并非法人机构72个。对处于竞争较为激烈的地域的市区信用联社，揭阳中支对其加强指导，使之准确把握市场定位，拓宽发展空间，形成具有自身经营特色的经营模式。11月广州分行在揭阳市召开现场会，介绍揭阳市农信社管理经验。

2003年12月，第十届全国人大常委会第六次会议通过《中华人民共和国中国人民银行法》和《中华人民共和国商业银行法》的修改决定，通过《中华人民共和国银行业监督管理法》，以法律的形式肯定中国金融业改革的成果。人民银行的职能调整为制定和执行货币政策、维护金融稳定和提供金融服务三个方面，在履责上集中体现“一个强化、一个转换和两个增加”，即：强化人民银行与制定和执行货币政策有关的职责；由过去主要通过对银行业金融机构的设立审批、业务审批和高级管理人员任职资格审查及日常监督管理等直接监管的职能，转换为履行对金融业宏观调控和防范与化解系统性金融风险的职能；增加反洗钱和管理信贷征信业两项职能。银行业监督管理职能从人行揭阳市中心支行分离出去，中国银行业监督管理委员会揭阳监管分局成立。相关法律的修订和出台，从法律上厘清人民银行和银监部门的职责，为两个机构依法行政提供法律依据。

2006 年，加强风险监测预警，构建良好金融生态环境，维护辖区金融稳定，人行揭阳市中心支行密切关注全市金融机构的风险状况，稳妥推进地方金融改革，严肃维护金融秩序，为全市经济金融的稳定发展创造一个良好的金融环境。抓好金融风险监测工作，全面掌握全市金融运行动态。完善辖内金融风险处理机制，制订《揭阳市金融机构突发事件应急预案（试行）》，提高应对金融机构突发事件的能力进一步加强对辖内城乡信用社的定期监测分析，防范中小金融机构风险；加强对全市银行业金融机构和证券、保险、担保机构的监测分析，防范系统性金融风险稳步推进全市金融体制改革，消除金融发展中的不稳定因素。加强对国有商业银行改革的跟踪、监测和分析反馈，及时反映改革中出现的新情况、新问题。加大对农村信用社的监测考核力度，推广应用“深化农村信用社改革监测考核系统”，对农信社改革试点实施进展情况进行连续的动态监测和实地考核。加强对农村信用社资本充足率、不良贷款占比、支农服务、盈利水平、专项中央银行票据置换不良贷款的管理和清收，以及法人治理、内外部控制约束制度等情况的监测，对各项指标变动幅度较大、机制建立缓慢、置换不良贷款清收不力的农信联社及时进行督促，并开展现场检查，确保各项改革措施的落实。参与城信社退市和风险处置工作，主动加强与揭阳市金融办公室、银监部门的联系和沟通，密切关注退市过程中的有关风险，及时进行有效处置，确保退市工作平稳顺利进行。

2009 年，完善金融风险监测和预警指标体系，形成规范的金融风险监测工作制度。密切关注国际金融危机发展动态及对全市经济金融产生的影响，围绕银行、证券、保险等领域中涉及金融稳定的重点问题，做好风险监测、分析和评估工作，建立地方法人金融机构风险监测报告制度，按月报送风险监测报告。

2012 年，对金融市场管理监督，重点在加强对同业拆借市场监测管理，完善备案统计制度，做好风险防范预警工作。加强全市黄金市场监督管理，掌握金融机构黄金业务开展情况，加强对金融机构理财产品的监测分析力度，逐步完善理财产品监测体系。加强债券市场监测管理和债券市场监测统计工作，抓好辖区银行间债券市场准入备案管理工作，继续做好商业银行记账式国债柜台交易试点工作，加强对全市承办商业银行柜台交易的日常监督。

2014 年，点面结合，做好县域风险管理和区域重点行业风险监测。协助开展对揭西县、普宁市、惠来县县域风险及管理状况专项调查，加强对县域风险事件的监测，维护县域金融稳定。选取辖区“纺织服装、中医药材、五金不锈钢、塑料、模具”五大重点行业和企业定期开展持续、动态的监测分析，全面掌握全辖区重点行业的综合授信情况，及时提出有针对性的风险提示。持续跟踪融资性担保公司、典当行等机构的经营变化情况，全面掌控辖区金融风险。

2015 年，加强对重点领域信贷风险监测和研究。针对揭阳辖区异地存贷款前期占比、规模增长较快且造成一定负面影响的情况，重点加强流动性状况与经营行为的监测分析，及时、全面地掌握辖内地方法人金融机构流动性状况。针对全市金融机构部分客户还款能力下降可能导致产生不良信贷风险的情况，人行揭阳市中心支行及时加强业务指导，切实帮助银行化解相关金融风险，防范信贷风险的链条式传染。健全、完善流动性管理框架体系，引导法人金融机构充分参与金融市场业务对冲流动性风险，提高金融机构对市场利率风险的抵抗能力。对辖区小额贷款公司、典当行等非银金融机构数量较多，潜在风险较大的特点，加强对辖区银行业与非银行机构货币传导状况及交叉性风险监测力度。

2017 年，做好金融系统社会治安综合治理暨平安金融创建工作，会同有关部门开展互联网金融风险专项整治、打击假币犯罪、打击治理电信网络新型违法犯罪、非法集资风险排查等工作，有力防范涉众型金融不稳定问题。

2018 年，推进宏观审慎和稳健性评估工作，完善金融风险防控机制。组织全市 5 家地方法人金融机构参加合格审慎评估和年检工作，督促其改善和提高审慎经营管理水平；对辖区银、证、保金融机构实施稳健性现场评估；完善辖区重点行业授信风险监测制度，及时识别存在过度授信情况的行业和企业；加强对上市公司及贷款大户经营和信贷风险的监测分析，及时掌握其股权质押风险。加强日常流动性监测管理。根据地方法人金融机构流动性状况及风险连续评估制度的要求，坚持日常按季监测与重要时点按日监测相结合的方法，加强对全市金融机构流动性状况与经营行为的监测分析，及时、全面地掌握地方法人金融机构流动性状况。全面落实存款保险相关制度要求。按季完成央行金融机构评级、存款保险费率管理和保费核定等工作，组织开展辖区法人投保机构数据真实性现场核查，对发现的问题提出限期整改要求，加强风险防范化解工作指导。

四、保险业营运监管

保险业是指获准经营保险业务的各类保险公司的统称。中国人民银行作为国务院金融监督管理部门，在国家保险监督管理委员会成立之前，依法对保险业进行监管。1995 年前我国没有保险法，人民银行揭阳分行主要是依据保险条例和有关法规对保险市场进行监管。

1995 年 10 月 1 日，新中国的第一部保险法《中华人民共和国保险法》正式实施，标志着我国保险业进入依法管理的新阶段。随后，中国人民银行陆续制定发布《保险管理暂行条例》等规章办法。人民银行揭阳分行执行《中华人民共和国保险法》（简称《保险法》）及有关规章办法，根据《保险法》的规定和上级行的授权，履行辖区内保险监管职责，主要是：在职权内对保险业分支机构的设立、变更和撤销进行监管，对保险机构高级管理人员、保险代理人等进行监管，按规定颁发经营保险业务许可证，对保险企业的业务经营状况、财务状况和资金运用状况进行监管，对保险条款、保险费率执行情况进行监管，纠正、制裁保险业务活动中的违法违规行为；纠正、制裁非保险机构经营保险业务；对保险企业的风险情况进行监控。人民银行揭阳分行要求揭阳市各保险机构定期不定期报送营业报告、统计报表、财务收支报告等报表、资料，并加强对保险机构日常和年度检查，整顿和规范保险市场秩序，对保险业的监管逐步加强。

1996 年，人民银行揭阳市支行查处揭阳市环宇保险咨询公司擅自开办保险代理业务行为，该公司未经人民银行批准，在市区设点挂起“中国太平洋保险公司深圳分公司揭阳办事处”的招牌，对外代理太平洋保险公司深圳龙岗支公司的业务，并在银行开立结算账户办理保费汇兑业务，扰乱金融秩序。揭阳市人民银行配合公安部门查封该机构，做出严肃的处理，撤销非法设立网点，责成立即停办业务，为客户退保，并冻结其银行账户，没收非法所得，维护保户利益和金融秩序。

1996 年和 1997 年初，根据中国人民银行发布的《金融机构高级管理人员任职资格管理暂行条例》，对人民保险公司揭阳市分公司分业经营后，新设立的中保人寿、中保财产保险公司揭阳分公司、各县（市）支公司的主要负责人进行任职资格审查和考核。印发《关于建立保险监管报表联系人制度的通知》，建立各保险公司监管报表联系人制度，并根据《中国人民银行关于进一步贯彻全国保险监管会议精神，全面整顿保险市场秩序的通知》，开展对市保险市场的整顿。

1998 年 7 月，党中央、国务院决定改革我国保险监督管理体制，中国保险监督管理委员会成立，作为全国商业保险监管部门，履行保险监督管理职能。根据上级行关于保险监督管理委员会成立后监管职责的要求，人民银行揭阳分行及四县（市）支行不再负责保险机构市场准入、退出、保险机构高级管理人员的监管，但在保险监管分支机构完善前，仍负责保险分支机构迁址、年检及保险业务的日常监管，以及兼业代理机构、保险个人代理的管理。11 月 18 日，中国保险监督管理委员会在北京成立，按照银行、信托、保险分业经营管理的要求，经国务院批准，中国人民银行不再负责对全国保险业的监督管理，其职能交给新设立的中国保险监督管理委员会，该会为国务院的直属机构，是国家专门从事对全国商业保险和商业保险机构包括中资和外资保险机构进行管理和监督的最高机构，标志着中国的保险事业进入新的发展时期，也是我国金融体制改革的一个重要方面和成就。保监会成立之后，为规范保险市场秩序，下令停办所有地方性险种。

2000 年 4 月 26 日，中国保险监督管理委员会广州保险监督管理办公室设立，根据人民银行广州分行令，从即日起人行揭阳市中心支行不再履行辖内保险业监督管理职能，相关保险业务的监管职责移交中国保险监督管理委员会广州保险监督管理办公室。全市的保险机构在加强运营监管上，加强内部的各项管理，取得一定的效果，为保险业务的健康发展提供保障。

2003 年，中国人寿揭阳分公司纪检监察工作扎实有效，办案力度前所未有，对一些在业务保全等岗位上，利用计算机程序和内部管理的漏洞进行职务犯罪的人员进行严厉查处，共查办案件 6 宗，挽回经济损失 68 万元。中国人寿揭阳分公司针对个别单位因过去承保质量不高造成的不良后果，业务管理部门加大理赔案件的调查力度，共拒赔案件 28 宗，金额 150 多万元。

2004 年 12 月 28 日，广东省保险行业协会揭阳市办事处举行揭牌庆典仪式，是广东省保险行业协会会员单位，受揭阳市民政局的监督管理和中国保险监督管理委员会广东监管局及揭阳市政府有关职能部门的业务指导。协会的宗旨：遵守中华人民共和国宪法、法律、法规和国家政策，遵守社会道德风尚，为会员提供服务，维护行业和会员合法权益，加强行业自律、维护市场秩序和公平竞争，促进行业交流合作，加强行业宣传和文化建设，推动揭阳市保险行业和谐健康发展。办事处会员单位有：中国人寿揭阳分公司、人保财险揭阳市分公司、平安财险揭阳中支、中华联合财产保险公司揭阳中支、泰康人寿保险揭阳中支、天安保险揭阳中支、中国太平洋财产保险股份有限公司汕头中心支公司揭阳营销服务部等 7 家公司。

2007 年，揭阳市保险协会加强行业自律，规范市场运作。根据广东省保监局领导指示精神，针对揭阳市车险保险市场存在的问题，特别是个别公司摩托车交强险支付高额手续费的问题，揭阳保险协会于当年 11 月 7 日下午召集揭阳市 8 家财险公司主要负责人开会，传达省保监局领导的指示精神，通报揭阳车险市场的运行情况，对如何规范揭阳市财产保险市场秩序进行深入研究并形成决议，以书面报告报保监局。揭阳保险协会成立监督检查小组，不定期进行检查，对违规苗头及时批评，杜绝和减少违规操作现象发生。抓好自律公约的落实，提升服务品质，维护市场秩序。揭阳市保险协会签订的《小额赔案快速理赔服务公约》和《人员流动自律公约》，在实践中发挥了效应。在人员流动方面，市保险协会随时监控公司人员流动意向，发现不良苗头立即制止；对新筹建公司，协会提前介入与筹建负责人沟通，要求遵守公约，不要做危害市场和谐的行为。通过努力，揭阳保险业从业人员队伍稳定，流动正常有序，市场和谐。

2008 年 6 月中旬，按保监局《关于印发〈广东省机动车交通事故责任强制保险车型界定办法（修订版）的通知〉》，市保险协会要求各财产保险公司、保险代理机构要严格执行保监局的车辆界定办法规定和相关要求，依法依规做好车辆险的承保工作。同时要求各单位要对当年的车辆险承保情况进行深入自查，发现问题及时纠正，并于 7 月 15 日前，将自查结果以书面形式报告市保险协会。市保险协会根据各单位的自查报告，组织人员对各家经营主体在车险业务经营过程中的行为进行监督检查，检查中未发现明显的违规经营行为。为进一步维护市场秩序，市保险协会要求各单位从维护大局利益出发，在自身严格执行各项规定、公约的基础上，做到互相监督，及时准确地向协会报告各种违规行为，形成一种“人人自觉自律，个个维护市场秩序”的良好风气，促进全市车辆险市场健康、稳定发展。在此基础上，市保协出台《揭阳市机动车辆保险自律协议》。该协议经 2008 年 7 月 31 日协会理事会讨论通过并签署，8 月 8 日正式实施，10 月对协议条款做修改补充。

2009 年，市保险协会加强对机动车辆保险行业自律，制订《揭阳市机动车辆保险行业自律协议》，“协议”的核心内容是：新车（包含非营业用车、家用车、营运车）优惠不得超过 14.5%（即是不能低于 8.55 折），车损险保险金额不得低于购车发票金额；保单必须附上购车发票复印件；省公司招标统保的不受本条约束。所有续保车辆（即使上年度不是本公司承保也视同续保，包含非营业用车、家用车、营运车）各项优惠（含无赔款优惠）之和最高不得超过 20%（即是不能低于 8 折）；交强险按“粤保监发〔2007〕130 号《机动车交通事故责任强制保险费率浮动办法》”执行。所有续保车辆（即使上年度不是本公司承保也视同续保，包含非营业用车、家用车、营运车）在保单有效期内每台一年出险次数三次以上（含三次）的，不管是在原公司续保或到别的公司续保，都不得享受打折优惠，并应在基准保费的基础上加收 10%（比如某车本来基准保费是 1000 元，现在应该为 1100 元）。

2010 年，执行见费出单、赔款和批退对被保险人实名转账等管理制度，有效防范经营风险。对车险被保险人名称与行驶证不一致问题进行整改。在被保险人名称与行驶证不一致的保单里面，有些被保险人根本就不具备保险利益，违反《中华人民共和国保险法》第 12 条，使省局“关于赔款向被保险人实名转账”的管理制度流于形式，被一些不良的兼业代理商（修理厂或车行）有机可乘，可以造假案和扩大损失。8 月，揭阳保险协会发现问题之后要求各公司整改，对问题保单中被保险人名称与行驶证不一致而且无保险利益的进行批改，对有保险利益的补齐相关手续。市保险协会始终坚持把防范风险放在第一位，按照规定做好督导检查。对行之有效的行业自律协议，要求各公司忠诚履行，坚持行业自律，维护市场秩序。自律包括两方面，自觉执行保险法律法规和各项监管制度；严格执行行业自律协议。

2011 年，揭阳保险业风险有效防范，产险市场违法违规问题逐步得到解决，手续费真实列支比例进一步提升，虚假批退等违规行为得到遏制，寿险市场风险得到有效控制。银保业务经营逐步规范，手续费结算单一银行账户制度得到实施，退保风险大幅降低。同时坚定不移地反对商业贿赂，为规范经营行为，保险协会一直严厉抵制各种商业贿赂，严格监管制度和有关规定，随着监管的不断完善，各公司在严格执行的同时日益重视效益经营。在外部监管和内在需求两种作用力下，商业贿赂得到有效遏制，商业贿赂行为已经难觅踪迹。

2012 年，在揭阳保险市场运行平稳，秩序良好，和谐的主旋律继续高扬。各主体和谐相处，良性竞争，没有出现恶意抢单、恶意诋毁、违规打折、恶意挖角等严重的恶性竞争行为。

2013年5月，揭阳市保险行业协会成立，原广东省保险行业协会揭阳市办事处改为揭阳市保险行业协会。市保险协会签两个自律协议分别是“不准并案”（包括喷漆工时费）和“人员流动协议”，推行新车购置价（含旧车车身价浮动）承保规定。

寿险公司方面，没有发现通过虚列会议费、交通费等科目套取市场展业费用的情况，也没有发现通过列支银保专管员绩效工资套取费用用于市场展业的情况。在人员培训教育、售前、售中和售后服务中，没有发现采用误导性材料进行营销员培训、私自印制宣传材料、印制误导性投保建议书、回访未在犹豫期内完成、代抄风险提示语句等情况。在公司高管任职方面，要求公司要按规定、按程序办事。保单续期收费和趸交保单满期履约时均没有发生异常退保潮，没有发生异常的保单违约责任中止现象。

在维护市场稳定特别是队伍稳定方面，每当新公司筹建，协会都提前介入、跟踪督促、做好服务协调，揭阳从业人员队伍稳定。

2014年，揭阳保险业抓经营成本控制，提倡良性竞争，反对不正当竞争。年初，市保险协会根据省局、分局和省协会的相关要求，督促各单位要严格按照监管规定和公司经营的内在规律，根据自身实际，制订符合市场情况的发展思路，要求各公司不能为片面追求规模而不计成本，要从提升服务质量和调整业务结构方面下功夫。省局“非现场监管”制度实施以后，每个月都根据省局印发的监管结果，与指标异常的公司负责人分析问题产生的原因，寻找克服问题的办法，使出现指标异常公司的问题逐步减轻。保险业市场秩序良好，各项指标运行平稳，主体和谐相处，良性竞争的气氛浓烈。市保险协会每月督促公司定期向分局报送小额赔案统计报表和未能达标原因分析报表，促使公司始终确立优质服务意识。抓好自律公约的落实，提升服务品质，维护市场秩序。近年签订《小额赔案快速理赔服务公约》和《人员流动自律公约》，在实践中发挥的效应。

揭阳市保险协会督促公司切实杜绝代刷卡行为。在平时跟踪督促的基础上，揭阳市保险协会执行《关于进一步贯彻落实保监局规定切实加强代刷卡风险管控防范的通知》，11月发文要求各单位严格执行省保监局《广东省机动车辆保险“见费出单”管理制度》及汕头保监分局《关于加强代刷卡风险管控防范的通知》的规定，进一步规范车险承保流程管理，防范风险，保护保险消费者、保险从业人员等相关人员及行业的合法权益，避免代刷卡行为可能引发的各类风险。协会要求各单位务必严格执行保监局的相关规定，杜绝保险从业人员在车行、4S店等中介机构替中介机构或投保人代刷卡垫付保险费的行为。

2015年，揭阳市保险协会抓好自律检查和公约的落实，提升服务品质，维护市场秩序。按照省协会的部署，分别组织“新车购置价、车身保额”检查和“10个纯风险损失率”以及寿险客户资料真实性、寿险60周岁以上投保一年期以上人身险“双录”检查。制定2015年车险及非车险自律工作方案、关于严格规范使用商业车险费率调整系数的通知等，督促各家主体必须严格遵守平台的业务规则，严格按照报批条款费率的规定规范优惠系数的使用，所有业务必须通过平台出单，确保定价、核保、出单的各业务各环节均符合平台的有关规定，防范业务人员在系统外不通过平台出单。保险协会密切关注各主体使用平台的动态，一旦发现有主体不通过平台出单，或通过平台进行恶意访问的行为，立即上报保监局，以共同维护市场秩序。

揭阳市保险协会加强对车险销售费用的管控，根据当地市场实际，按照车险经营的内在规律，兼顾规模发展和成本控制，反对不计成本、靠投放高销售费用来抢市场的“血拼”行为，维护市场和谐。揭阳市保险协会每月依据《广东保监局关于广东财产保险公司车险业务非现场监管评价有关情况的通报》，对照相关项目异常的公司，与公司领导深入沟通，查找问题产生的根源，分析问题存在的危害性，制定解决问题的办法和措施。对问题突出的，将召开行业会议，在大会上提出批评并限期整改。对严重扰乱市场秩序的屡犯者，将请求保监局对该公司的经营情况进行现场检查。进一步提升车险理赔服务质量，规范行业理赔服务标准，执行《关于正式实施〈粤东车险小额赔案快速理赔服务“一二三”标准〉的通知》，做好车险小额赔案快速理赔督导工作。在承保和理赔环节中，按照保监局的各项管理制度做好追踪督促。非车财产险业务要严格按照《广东省十行业企财险纯风险损失率表》操作，各公司在承保《广东省十行业企财险纯风险损失率表》适用的业务时，必须使用合规的报备条款，登录数据系统，录入完整、正确的企业名称，计算承保费率、免赔额及免赔率，生成有效的报价单，并打印出报价单留存在保险公司的承保单证中合并归档，以备检查。揭阳保险协会随时收集并处理当地产险公司在执行过程中出现的问题，组织各产险公司按照纯风险损失率速算表及使用要求，充分利用纯风险损失率数据系统，确保实施工作落到实处。督促各产险机构在实施十行业企财险纯风险损失率表过程中，实时监测分析纯风险损失率，对实施过程中出现的问题及时向省保协反馈。

在检查督促、追踪落实情况方面，揭阳市保险协会根据省协会的统一部署抓好每一场检查。平时要根据当地市场实际，不定期地组织检查，确保非车财产险市场健康稳定发展。

2016 年，揭阳市保险协会上半年针对商业车险改革，新条款费率上线，组织两次检查。采取分组交叉检查的方式进行。在相互检查过程中，严格按照相关规定进行检查。在承保方面，检查各公司在使用报批的商业车险条款费率方面是否合理使用“渠道系数”和“自主核保系数”，重点检查新车业务承保情况，费率是否按照达成共识执行；在理赔方面，重点检查各机构是否存在理赔并案行为。按照省协会的部署，开展寿险客户信息真实性检查，对被抽查的公司在系统随机抽取 100 份保单，逐个打电话向客户确认。

在检查督促、追踪落实情况方面，根据省协会的统一部署抓好每一场检查。平时根据当地市场实际，不定期地组织检查，确保非车财产险市场健康稳定发展。

进一步提升车险理赔服务质量，规范行业理赔服务标准，执行《关于正式实施〈粤东车险小额赔案快速理赔服务“一二三”标准〉的通知》，做好车险小额赔案快速理赔督导工作。按照省局和省协会的工作要求，揭阳保险协会 7 月对 9 家中间公司进行巡查，并将巡查结果上报。在分局的指导下，8 月对与中介公司合作的保险机构进行清查，杜绝违法违规行为。

揭阳市保险协会根据省局、分局和省协会的相关要求，督促各单位要严格按照监管规定和公司经营的内在规律，根据自身实际，制订符合市场情况的发展思路，要求各公司不能为片面追求规模而不计成本，要从提升服务质量和调整业务结构方面下功夫。每个月都根据省局印发的“非现场监管情况通报”结果，与指标异常的公司负责人分析问题产生的原因，寻找克服问题的办法，使出现指标异常公司的问题逐步减轻。对问题突出的，召开行业会议，在大会上提出批评并限期整改。对严重扰乱市场秩序的屡犯者，将请求保监局对该公司的经营情况进行现场检查。市场秩序基本良好，各项指标运行比较平稳，主体和谐相处，良性竞争的气氛浓烈。

2017 年，揭阳市保险协会根据省局、分局和省协会的相关要求，督促各单位要严格按照监管规定和公司经营的内在规律，根据自身实际，要求各公司不能为片面追求规模而不计成本，要从提升服务质量和调整业务结构方面下功夫。每月揭阳保险协会都根据省局印发的“非现场监管情况通报”结果，与指标异常的公司负责人分析问题产生的原因，寻找克服问题的办法，使出现指标异常公司的问题逐步减轻。市保险协会对各项检查和公约进行落实，提升服务品质，维护市场秩序。上半年针对商业车险改革，新条款费率上线，组织两次检查。采取分组交叉检查的方式进行。在相互检查过程中，严格按照相关规定进行检查。在承保方面，检查各公司在使用报批的商业车险条款费率方面是否合理使用“渠道系数”和“自主核保系数”，重点检查新车业务承保情况，费率是否按照达成共识执行。在理赔方面，重点检查各机构是否存在理赔并案行为。开展寿险客户信息真实性检查，对被抽查的公司在系统随机抽取100份保单，逐个打电话向客户确认。防范代刷卡风险方面。执行《关于进一步贯彻落实保监局规定切实加强代刷卡风险管控防范的通知》，督促各公司务必严格执行保监局的相关规定，杜绝保险从业人员在车行、4S店等中介机构替中介机构或投保人代刷卡垫付保险费的行为，规范车险承保流程管理，防范风险，保护保险消费者、保险从业人员等相关人员及行业的合法权益，避免代刷卡行为可能引发的各类风险。督促产险公司按省协会《承运人责任险纯风险损失率表》承保，反对不计成本竞争，防范经营风险。在检查督促、追踪落实情况方面，根据省协会的统一部署抓好每一场检查。平时根据当地市场实际，不定期地组织检查，确保非车财产险市场健康稳定发展。8月，揭阳市保险协会根据上级的要求，进行车险市场整顿，要求各单位不得大幅提高销售费用，不得以低于成本价格争抢车险业务，不得通过微信、短信等方式进行虚假宣传、诋毁竞争对手；不得输送保单保障外不当利益；不得参与商家通过网络平台进行“买车险送等值商品”的违规行为；停止在承保车险时赠送礼品、油卡，送维修保养服务和举办抽奖活动等。不得以低于成本价销售车险产品，要抵制通过不正当竞争而扰乱市场秩序的行为。整顿之后市场秩序良好，各项指标运行比较平稳，主体和谐相处，良性竞争的气氛浓烈。产险方面：不定期调查走访，防范代刷卡风险。执行《关于进一步贯彻落实保监局规定切实加强代刷卡风险管控防范的通知》，督促各公司务必严格执行保监局的相关规定，杜绝保险从业人员在车行、4S店等中介机构替中介机构或投保人代刷卡垫付保险费的行为，进一步规范车险承保流程管理，防范风险，保护保险消费者、保险从业人员等相关人员及行业的合法权益，避免代刷卡行为可能引发的各类风险。非车财产险业务严格按照《广东省十三行业企财险及道路客运承运人责任险纯风险损失率表》操作，各公司在承保适用的业务时，使用合规的报备条款，登录数据系统，录入完整、正确的企业名称，计算承保费率、免赔额及免赔率，生成有效的报价单，并打印出报价单留存在保险公司的承保单证中合并归档，以备检查。协会随时收集并处理当地产险公司在执行过程中出现的问题，组织当地各产险公司按照纯风险损失率速算表及使用要求，充分利用纯风险损失率数据系统，确保实施工作落到实处。督促各产险机构在实施纯风险损失率表过程中，实时监测分析纯风险损失率，对实施过程中出现的问题及时向省保协反馈。在检查督促、追踪落实情况方面，根据省协会的统一部署抓好每一场检查。平时根据当地市场实际，不定期地组织检查，确保非车财产险市场健康稳定发展。寿险方面：重点做好防止销售人员销售非保险类的理财产品甚至参与非法集资，市保险协会经常深入公司走访，要求公司密切掌握人员动向，有情况及时制止并报分局和省协会；杜绝销售误导，要求公司从人员培训到销售层层把关，把依法合规经营作为公司日常重要工作抓紧抓好。根据省局、分局和省协会的相关要求，督促各单位要严格按照监管规定和公司经营的内在规律，根据自身实际，制订符合市场情况的发展思路，要求各公司不能为片面追求规模而不计成本，要从提升服务质量和调整业务结构方面下功夫。市保险协会每月都根据省局印发的“非现场监管情况通报”结果，与指标异常的公司负责人分析问题产生的原因，寻找克服问题的办法，使出现指标异常公司的问题逐步减轻。对问题突出的将召开行业会议，在大会上提出批评并限期整改。对严重扰乱市场秩序的屡犯者，将请求保监局对该公司的经营情况进行现场检查。继续抓市场销售费用，防止拼销售费用抢单（交强险保证4点不突破、商业险维持在合理范围据实列支，但是要根据市场情况投放，不能不顾成本）；把好理赔关，严格执行“中国保险监督管理委员会关于印发《机动车辆保险理赔管理指引》的通知”做好理赔服务工作，一个事故一个报案，严格控制并案，杜绝代报案，不以提高维修费用争客户资源；要严格按照上级公司报备的新车、转保、续保车费率执行，不能有自由裁量空间。严格执行《十三行业企财险和道路客运承运人责任险纯风险损失率表》，凡是符合条件的业务都必须通过企财险十三行业报价系统报价，并打印报价表存档备查；反对不正当竞争，防范经营风险。执行《揭阳市保险行业协会保险从业人员流动自律公约》，反对和坚决制止恶性挖角，确保队伍（内外勤主管和销售团队）稳定；销售人员招收录用严格按照《中华人民共和国保险法》第111条“保险公司从事保险销售的人员应当品行良好，具有保险销售所需的专业能力”的相关规定，避免滥用标准，放松要求，使从业人员素质下降，给经营管理埋下隐患。杜绝销售误导，维护消费者利益。同时，各保险机构也要对照当年保险业市场乱象整治工作重点，自查存在的乱象问题。对涉及的内容必须百分之百自查，不留死角。坚持自查与自纠并重，做到立查立改、即查即改。根据要求，对已经整改到位的，各保险机构要举一反三、完善提高，防止边清边冒、前清后冒。对短时期内确实难以完成整改的问题，要建立台账、分解任务，明确责任人和完成时限，按期完成整改。通过持续深入的乱象整治工作，各级保险监管部门梳理排查监管漏洞，切实弥补监管短板，进一步完善公司股权、信息披露、偿付能力、精算报告、资金运用等制度，营造保险机构规范经营、高质量发展的制度环境。各保险机构以乱象整治为契机，加快转变发展方式，进一步健全内控管理，提高制度执行力。

2018年，揭阳监管部门开展保险业市场乱象整治工作，加大现场检查，坚持严惩重处，监管部门“亮剑”保险业乱象，坚持不回避、不遮掩，市场整治毫不手软。整治工作重点围绕股权、公司治理、资金运用、产品、销售、理赔、违规套费、数据造假等八个方面乱象深入整治，并将加大对现场检查的投入，确保查深查透、查出实效。整治的八大重点包括：严肃处理股东使用非自有资金甚至保险资金注资问题；开展公司治理现场评估“回头看”等工作，推动“三会一层”依法合规运作，着力解决决策机制缺乏制衡问题；开展资产负债管理能力评估、保险资金运用现场检查等工作，坚决遏制资产负债严重错配和违规投资；开展人身险产品专项核查清理等工作，强化产品保障属性，提高产品供给质量。同时，开展“治乱打非”专项检查、保险中介机构互联网保险业务合规性检查等工作，切实查处欺骗、隐瞒等销售误导问题，严厉打击拒不依法履行赔偿或者给付义务，消极拖延定损或拖延赔付等行为，开展车险检查、保险中介机构业务合规性检查等工作，切实规范市场经营行为；开展偿付能力数据真实性全面检查、农险专项检查等工作，夯实保险监管数据基础。采取靶向治疗的方式严惩重处是2018年乱象整治主基调。是年，保险监管部门把现场检查作为整治的重要抓手，着力聚焦重点机构、重点业务、重点风险、重点环节，采用“双随机”机制确定检查对象，有针对性地开展检查。各级保险监管部门将保持严打高压态势，使严惩重处成为保险业市场乱象治理常态。依法加大行政处罚力度，并且严格执行双罚制，加强对高管人员的处罚，综合采取限制业务范围、责令停止接受新业务、吊销业务许可证、撤销任职资格、禁止进入保险业等多种处罚措施，切实提高违法违规成本。同时，要求各保险机构要对照保险业市场乱象整治工作重点，自查存在的乱象问题。对涉及的内容百分之百自查，不留死角。坚持自查与自纠并重，做到立查立改、即查即改。对已经整改到位的，各保险机构要举一反三、完善提高，防止边清边冒、前清后冒。对短时期内确实难以完成整改的问题，要建立台账、分解任务，明确责任人和完成时限，按期完成整改。通过以上整治工作，各级保险监管部门梳理排查监管漏洞，切实弥补监管短板，进一步完善公司股权、信息披露、偿付能力、精算报告、资金运用等制度，营造保险机构规范经营、高质量发展的制度环境。11 月 25 日，汕头保监分局通知，即日起不再监管揭阳保险业，揭阳保险业监管工作由中国银行业监督管理委员会揭阳银监分局负责，此前协会已经跟揭阳银监分局做好工作对接。12 月 26 日，揭阳银监分局挂牌，正式翻开由揭阳银监分局监管揭阳保险业的历史。

五、证券业营运监管

证券的本质及证券市场运作的复杂性，决定证券价格具有很大的波动性和不确定性，也决定以它为交易对象的证券市场从形成起就具有高风险性，证券业营运因而必须加强风险意识和防范工作，严格监督和管理。

加强证券市场的法治建设，做到“有法可依、有法必依、执法必严、违法必究”是保证证券市场健康稳定发展的重要基础。我国十分重视证券市场法治建设工作，先后制定出台 250 多个证券法律、法规、规章和制度。多年来，证券业的监督管理部门贯彻“法制、监管、自律、规范”发展证券市场八字方针，执行证券法律法规，加强执法监管，督促指导证券机构加强自我约束，规范业务运作，保证全市证券业的稳步健康发展。

1992 年 10 月，国务院证券委员会和中国证监会成立，标志着中国资本市场逐步纳入全国统一监管框架，中国证券市场在监管部门的推动下，建立一系列的规章制度，初步形成证券市场的法规体系。1996 年，我国开始实行银证分离，规定分业经营的模式。1998 年，撤销国务院证券委员会，中国证监会成为中国证券期货市场的监管部门，并在全国设立派出机构，建立集中统一的证券期货市场监管框架，证券市场由局部地区试点试验转向全国性市场发展阶段。

1999 年 7 月，《中华人民共和国证券法》实施，以法律形式确认证券市场的地位，奠定我国证券市场基本的法律框架，使我国证券市场的法治建设进入一个新的历史阶段。

1992 — 2018 年，揭阳市证券业的营运监管经历以下变化：

20 世纪 90 年代初期，随着各地证券发行、交易的兴起，国务院证券委员会、中国证券监督管理委员会（简称中国证监会）、中国人民银行等部门及各地方政府逐步加强对证券业的监管，证券监管架构逐步建立。

1992 年，是揭阳市证券业初始阶段，在营运监管上，监督管理部门贯彻“法制、监管、自律、规范”的发展证券市场八字方针，执行落实证券法律法规，加强执法监管，督促指导证券机构加强自我约束，规范业务运作，保证全市证券业的稳步健康发展。这段时期揭阳市证券市场也逐步兴起和发展，根据规定由中国人民银行揭阳分行负责审核和归口管理证券机构，对证券业进行日常监管。初期，人民银行揭阳分行主要是对企业发行有价证券进行监管，对企业发行债券实行“规模控制、集中管理、分级审批”，制止非法发行债券和非法集资行为。随着有价证券交易的增加，又加强对证券交易市场的管理，对证券交易行为进行规范。是年，揭阳市第一家证券营业部成立后，人行揭阳分行履行对全市证券机构的监管，根据职责范围，对证券经营机构的设立、变更、撤并及高级管理人员的任职资格进行初审，报上级行审批，并开展对证券经营机构进行日常监管。

1995 年，人行揭阳分行加强对全市金融机构的规范化管理，切实加强对金融机构的监管，严格规范其经营范围。在抓好金融监管工作中对证券业进行机构年检，收回全部老证，换发新证，同时部署对全市的信托业、证券业等进行清理，撤销农行揭阳分行、中行揭阳分行、建行揭阳市分行的信托代办处和揭阳市证券登记公司，并按要求及时将《经营金融业务许可证》的正副本上交省人民银行。经常对当地三家证券机构的合法性、业务范围经营的合规性和安全性进行检查和登记。1996年，人民银行揭阳分行在证券机构的监管中突出监管重点，完善管理，建立金融新秩序，当年对证券业的监管重点是规范证券市场，不准搞回购。为适应市场规模的不断扩大，投资者的增加和监管要求的提高，1998年我国实行集中统一的证券监管体制，实行统一监管的机构是中国证监会。原国务院证券委员会的职能、人民银行履行的对证券公司进行监管的职能划入中国证监会。当年的第二季度，根据人民银行总行部署，人民银行揭阳分行对辖内证券经营机构的监管职责，不再履行对证券机构的监管职能。证券进行集中统一监管后，中国证监会广州证券监管办公室加强对本市证券机构的监管，加强对证券机构的清理整顿，规范市场秩序，规范证券经营机构的业务范围，每年都组织人员对本市的证券公司进行业务检查，规范证券经营行为。

2004年8月，按照党中央、国务院的决策，中国证监会启动为期3年的证券公司综合治理，有效化解行业多年积累的风险，逐步建立以净资本为核心的风险监控、客户资金第三方存管、公司合规管理等基础性制度，相关监管法规和监管制度渐成体系，证券公司合规管理和风险控制能力明显提高。2005年4月，中国证监会启动股权分置改革工作，至2007年初步完成，实现大小股东利益的一致性，解决证券市场的基础性问题。

2007年，是《中华人民共和国反洗钱法》实施的第一年，人行揭阳市中心支行开展反洗钱宣传，6月和11月组织全市银行、保险、证券金融机构开展“反洗钱宣传月活动”。加大培训力度，提高金融业从业人员反洗钱业务素质。6月和11月分别举办全市证券业反洗钱业务培训班和金融机构高级管理人员反洗钱业务培训班，邀请人民银行广州分行反洗钱处领导授课，参训人员249人。2009年，人行揭阳市中心支行检查组于6月1日开始对中国银河证券股份有限公司揭阳临江北路证券营业部进行反洗钱全面检查，至6月26日如期完成现场作业。现场作业共投入工作日20个，投入工作量68人次，对该营业部2008年1月1日至12月31日反洗钱组织机构建设、反洗钱内控制度建设和执行情况、客户身份识别、客户身份资料及交易记录保存、大额和可疑交易报告、反洗钱培训及宣传情况等进行检查，共调阅客户档案资料173套、有关制度及其他资料36份、会议记录1本，抽查17个账户、交易2162笔。10月，创业板的推出标志着多层次资本市场体系框架基本建成。

2013年12月，新三板准入条件进一步放开，新三板市场正式扩容至全国，标志着多层次资本市场体系的建立和完善。2014年，人行揭阳市中心支行在对证券业的反洗钱现场检查中试用广州分行反洗钱处开发的证券业反洗钱现场检查软件，并结合日常检查经验使用相关SQL（结构化查询语言）语句进行搜索，有力提高数据的搜索效率和质量。现场检查总结软件试用过程中存在的问题，提出软件改进完善建议，并形成报告上报广州分行反洗钱处。2015年，股票市场出现剧烈波动，为证券市场的长远健康发展，中国证监会及相关监管部门进一步加强对证券行业的监管，要求各证券经营机构要本着“规范经营，稳健发展”的经营宗旨，规范经营，严格遵守国家各项政策、法律、法规以及公司内部各项规章制度。一切经营活动都以政策为导向，以法律为准绳，贯彻执行各项政策、法律、法规。在开展经常性的业务检查中，要求做到：不做自营业务，即营业部不挪用客户保证金，借用银行贷款，绝对不参与股票交易等一切自营业务；不给予客户透支；不给予客户融资；不搞手续费返还。在投资者心目中树立起规范经营的形象，证券市场进入全面从严监管阶段。

在证券业的行业监督和自律上各单位根据各自的业务和特点，规范经营，严格遵守国家各项政策、法律、法规以及公司内部各项规章制度。揭阳市各证券经营机构依据相关法律、法规和证券公司的工作总则，制订各单位、各部门的《员工岗位责任制》《员工岗位工作守则》《交易业务操作规程》等内部管理制度，从而实现规范管理的制度化，使各部门开展工作有章可循，由于管理制度健全，科学性高，并得到严格的实施，从而使内部管理得到完善。中信建投揭阳营业部的前身华夏证券有限公司，是1992年我国第一批设立的三家老牌全国性证券公司之一。该公司在对营业部的各项工作检查中坚持做到：不做自营业务；不给予客户透支；不给予客户融资；不搞手续费返还。在投资者心目中树立起规范经营的形象，同时营业部资产质量一直保持100%优良率，没有一分钱的不良资产，没有形成一分钱的资金沉淀，能够在任何时间100%给予投资者兑现。把规范运作制度化并且落到实处，有效地加强内部控制，提高服务质量，形成自身的经营特色和品牌。揭阳营业部坚持“规范经营，稳健发展”的宗旨，推进合规管理工作，在全面合规管理的大形势下，将合规工作推到管理的第一线，把合规管理渗透到各项业务流程之中，倡导合规工作人人参与的工作氛围，各部门配合，全面准确完成各类日常、专项合规工作。揭阳市各证券营业部近年来按照监管部门和有关部门的工作要求和安排，持续开展投资者教育工作，结合实际情况组织实施各类主题的宣传教育活动，参加市有关部门组织的各项活动，如“3·15”国际消费者权益日、“金融消费者权益保护日”、“打击非法集资”活动等。加强风险教育：在风险教育、风险提示方面，通过短信、电话回访、粘贴公告、微信公众号提示等多种形式做好相关股票的风险提示工作，同时根据法律法规及中国人民银行的要求稳妥地开展反洗钱工作，按时报送大额和可疑交易、反洗钱工作动态、反洗钱调研信息、报告报表、内控制度等，落实客户风险等级划分工作，开展非自然人客户的身份识别工作等。配合各监管部门、司法机关、监察机关等部门的协查工作。从严加强各项业务管理以及运营管理，根据各公司管理要求，定期或不定期进行自查。加强员工执业行为管理，强化员工执业行为合规意识，坚决杜绝员工和经纪人违规炒股行为。 严格按照监管部门的要求建立反洗钱内控制度、回访和投诉处理工作实施细则、投资者教育工作制度、重大事项及重要信息报告制度、适当性管理办法、突发公共事件应急预案等，有效地保障证券业务的健康发展。至2018年12月，揭阳市仍未设立证券监督管理委员会的分支机构。

六、 基金会的监管

基金会是指利用自然人、法人或者其他组织捐赠的财产，以从事公益事业为目的，依法成立的非营利性法人组织。

20世纪80年代初，广东农村普遍实行家庭联产承包制。人民公社解体后，旧的体制不适应，新的体制还没有建立起来，多年积累的农村集体资产曾一度处于失控状态。贪污、挪用和挥霍浪费集体资金的现象时有发生，相当大的一部分集体资产被一些单位和个人长期占用。参照外省的一些做法，在资产所有权不变的前提下，对集体资产实行有偿使用，将原来长期被占用、暂时不能收回的集体资产转为有偿贷款，收回一定的利息，收回的资金再有偿投放到社区内的农业生产。其后，这种形式和做法，在全省各地推广。基金会在一些地区，一定程度上缓解农户信贷资金不足的问题。但在发展过程中，大多数基金会改变原来的互助组织性质和宗旨，实际上已从事或变相从事存贷业务，加上有相当部分基金会内部管理混乱，存在大量风险，随时可能发生支付困难。

1988年9月27日，国务院颁布的《基金会管理办法》规定，基金会由各级人行审查批准，民政部门登记注册发给许可证，相关业务主管部门管理。

1991 年起，为落实中央办公厅和国务院办公厅《关于严格审批和整顿基金会的通知》精神，人行揭阳分行与市民政局多次对辖区内基金会进行清理整顿。1992 年下半年到 1993 年上半年，国民经济在继续保持高速增长的同时，也出现金融秩序混乱（乱拆借、乱集资、乱批设金融机构以及擅自或变相提高利率）的问题。人行揭阳分行以整顿金融秩序为突破口，运用金融手段加强宏观调控，坚决查处乱拆借、乱集资、乱提高利率等非法行为，整顿金融秩序工作领导小组及办公室成立，以清理违章拆借为突破口，清理企业在专业银行开立集资专用账户，清理农村合作基金会。清理整顿工作的主要原则是：政府负责清理整顿全省的农金会，并承担领导、组织、协调和善后处理的责任；农金会的债务按照谁造成风险谁承担责任的原则处理，不得将金融风险转嫁给金融机构；要保护农户入会股金和存款的合法利益。清理整顿的主要措施：停止新设农金会，现有农金会立即停止吸收存款、发放贷款。组织力量进行清产核资。根据不同情况分类处置。经清产核资冲销实际形成的呆账后，资产大于负债的，可申请并入农村信用社，报人民银行分支机构进行审批；资不抵债的，由当地政府予以清盘、关闭。1993 年，撤销 3 家未经人民银行批准擅自设立的金融机构。1994 年，取缔未经批准擅自办理金融业务的农村合作基金会 5 家。1995 年，对 2 家经揭阳市农委批设的农村合作基金会开展抽查。调查中发现这些基金会存在大量问题：吸收股金不规范，变相吸收存款；违规放款；执行利率不规范，行政干预严重；进城设机构；潜在风险性大，绝大部分反映经营亏损。针对这些存在的问题，人行揭阳分行主动同市农委责成基金会按粤农委〔1995〕009 号文规定开展业务，同时为加强管理，规范经营，使之健康发展，人行揭阳分行对基金会实行开户证制度，到当地人行领取开户证，指定一家专业行或信用社提供开户，严格规定基金会执行现行的银行存贷款利率，同时撤销设立在县城以上的基金会。

1999 年 12 月 22 日，人民银行广州分行召开广东省辖属人行中支行长电话会议，通报广东省中小金融机构风险处置工作开展情况。

广东省政府和人行广州分行关于处置城信社和农金会金融风险工作会议后，人行揭阳市中心支行立即分别召开党委会议和支行长会议进行传达，人行揭阳市中心支行处置城信社和农金会金融风险领导小组成立，抽调人员参加揭阳市城信社停业整顿工作组，配合地方政府搞好城信社和农金会风险的处置，把处置城信社和农金会风险工作作为当前各级党委（组）的中心任务来抓。12 月，揭阳市政府组织召开市城信社停业整顿工作组全体工作人员会议，在组织学习省政府和人行广州分行关于处置我省城信社和农金会金融风险有关文件精神的基础上，全面、系统地对全市城信社停业整顿工作进行业务培训，做好城信社停业整顿的前提工作。人行揭阳市中心支行处置城信社和农金会金融风险领导小组成立，抽调人员参加揭阳市城信社停业整顿工作组，配合地方政府搞好城信社和农金会风险的处置。根据人行总行、民政部《关于做好社团基金会监管职责交接工作的通知》要求，社团基金会的全部业务管理移交市民政局，人行揭阳市中心支行不再履行对基金会的审批和监管职责。

第九节　维护辖区金融稳定

一、整顿金融秩序

揭阳建市后，百事待举，百业待兴，新市新县新区的金融秩序急待建立完善。人民银行揭阳市分行本着经济决定金融，金融服务经济的指导思想，积极帮助指导各级行社做好机构审批工作，按照合理布局，讲求效益的原则，对网点设置进行充实平衡，条件成熟一个，审批一个。据统计，全市全年共报批、审批各类机构网点44个，其中国家银行市分行、保险分公司均以获准挂牌办公，新县新区各家银行、信用社、营业所、办事处、储蓄所等相继搭配齐全，陆续营业，垂直挂靠关系逐步理顺，摆布基本合理，企业债权债务归属全面落实。既保证过渡时期金融业务的正常运转，又为新市建设配套良好的金融环境。

1992年下半年至1993年上半年，国民经济在继续保持高速增长的同时，出现金融秩序混乱的现象。人民银行揭阳市分行以整顿金融秩序为突破口，运用金融手段加强宏观调控，坚决查处乱拆借、乱集资、乱提高利率等非法行为，堵住资金流失缺口；适时微调，按总量从紧的原则，改进贷款供应，实行保国有企业、保重点建设和保农业合理资金需要的“三保”政策；调高存贷款利率，重新开办保值储蓄，稳定储户心理，加快现金回笼。这一期间，揭阳市金融运行受社会高息乱集资热、房地产开发热、炒股票热等影响，贷款逐渐扩张，现金呈现大投放势头，银行备付能力下降，压单压票现象时有发生，固定资产投入、消费基金等过快增长。人民银行揭阳分行一方面加强监管力度，成立整顿金融秩序工作领导小组及办公室，以清理违章拆借为突破口，清理企业在专业银行开立集资专用账户，清理农村合作基金会。另一方面，整顿规范金融机构经营行为，严肃结算纪律，清理压单压票，清查到期逾期贷款，对金融机构实施资产负债比例管理，推广和使用票据结算，减少现金投放。1993年，全市共清理违章拆借资金8000万元，查处乱集资11宗，撤销3家未经人民银行批准擅自设立的金融机构。

1994年，揭阳市区泛起“月零会”歪风，严重扰乱金融秩序，造成金融存款业务持续滑坡，人民银行揭阳市分行及时进行调查研究，并与当地党政和上级行汇报，经过采取妥善措施，遏止“标会”歪风的蔓延，维护良好的金融环境。是年，人民银行揭阳市分行制定《揭阳市金融机构清理方案》，集中主要精力按照方案分阶段实施整顿计划，收到较好效果，共撤销22个符合要求的金融机构（3家专业银行信托公司代办处和19家经人行批准的信用合作基金会），全部收回经营金融业务许可证，停办新业务并妥善处理债权债务。对市区9家经市农委批准设立的农村合作基金会，重申不得办理存贷款业务，规范其业务范围，使之办成真正的社区型的资金互助组织。

1995年，人民银行揭阳市分行加强对典当行等非银金融机构的规范化管理。对7家典当行进行摸底调查，从中发现6家典当行管理比较混乱，存在着收费率偏高、没有统一规范的财务管理制度等问题，要求典当行落实整改措施。对23家经农委批设的农村合作基金会开展抽查，从中发现这些基金会存在吸收股金不规范、变相吸收存款、违规放款、执行利率不规范等问题，会同市农委责成基金会按粤农委〔1995〕009号文规定开展业务，并对基金会实行开户证制度，严格规定基金会执行现行的银行存贷款利率，撤销设立在县城以上的基金会。

1997年12月，人民银行揭阳市分行发现揭阳市经济开发试验区管委会办公室未经该分行审核，擅自以揭试委办函〔1997〕7号文批设“试验区典当行”。对此，该分行依据有关金融法规查处该机构，宣布撤销非法设立的“试验区典当行”，冻结其开立的账户，责成试验区管委会会同有关部门进行清盘处理，以防止不良事态的发生，并依照有关法规予以处罚，确保辖区金融秩序稳定。

2000年，人行揭阳市中心支行及时向广州分行反映基金会问题。对揭阳市中山、揭西南山等基金会的股民上访问题，该中支及时向广州分行和地方政府反映，认真做好接待和解释工作，积极防范基金会问题诱发新的金融风波。

2001年，人行揭阳市中心支行有针对性地开展整顿工作，金融违法违规现象得到明显遏制，金融秩序进一步好转。依法取缔非法金融机构。该中支促请地方政府取缔非法金融机构“揭阳市区城市信用合作社榕华营业部分理处”，提请公安机关予以依法立案侦查；促请地方政府对未经人行或农委会批准设立的揭阳市工商联合作互助基金会等机构作出处置。加大清理整顿力度，有效规范金融机构经营行为。对揭阳市邮政储蓄进行清理整顿；对辖内国有独资商业银行分支机构开办外汇业务、现金管理制度及利率政策执行情况进行清理检查，共通报处罚机构32家，罚款金额21.25万元。召开金融机构负责人座谈会，协调各金融机构停止上门收歉业务和节假日在市区选择部分网点营业，规范金融机构有序竞争。加大打击逃废银行债务力度。全年共联合制裁逃废、悬空金融债务企业64家，涉及金额2.54亿元，其中本金1.98亿元，利息5611.42万元。辖内金融机构严格执行联合制裁的有关规定，使被制裁企业在寻求金融服务时处处碰“红灯”，收到较好效果。至12月底，4批被通报企业已有15户自觉落实银行债务，金额1916万元。

2002年，人行揭阳市中心支行依法取缔“揭阳市区城市信用社榕华营业部分理处”这一非法金融机构。该机构未经人民银行批准而由榕城区榕华街道办事处擅自批准设立，属于非法金融机构。

2012年4月，人行揭阳市中心支行联合市公安局、工商行政管理局和揭阳银监分局对揭阳市黄金市场进行清理整顿。加强辖区黄金市场监督管理，掌握金融机构黄金业务开展情况，加强对金融机构理财产品的监测分析力度，逐步完善理财产品监测体系。

2013年，人行揭阳市中心支行开展涉嫌非法集资广告资讯信息排查清理活动工作。落实广东省政府金融工作办公室《广东省开展涉嫌非法集资广告资讯信息排查清理活动方案》、中国人民银行广州分行金融稳定处《关于开展涉嫌非法集资广告资讯信息排查清理活动的通知》精神，成立涉嫌非法集资广告资讯信息排查清理活动指导协调小组，明确职责分工，制定实施方案，组织部署辖区各银行业金融机构、保险业机构及证券业机构开展涉嫌非法集资广告资讯信息排查清理工作，强化行业自纠，制订整改方案并落实整改措施。

2016—2017年，人行揭阳市中心支行开展互联网金融风险排查。积极与金融局交流沟通做好全市互联网金融领域资产管理及跨界从事金融业务风险排查，落实县区相关部门开展全市资产管理公司业务界定及风险排查，防止风险跨行业传染。对无证经营多用途预付卡发行与受理业务的第三方支付机构开展整顿。

2018年，人行揭阳市中心支行积极配合地方政府开展非法集资案件排查，组织金融机构加大非法集资宣传，通过征信宣传、金消保宣传平台进一步加强非法集资宣传，推进宣传进校园、进军营。配合互联网金融整治办公室，对冠东石化交易所、现金贷、涉昆明泛亚科技新区等开展风险整治，严厉打击网络借贷违法犯罪行为。

二、推动农村信用社改革、发展和稳定

1997年，根据全省金融工作会议精神要求，为加强对全市农村信用社的领导和管理，人民银行揭阳市分行成立农村金融协调领导小组及办公室、农村金融管理科（股），强化对农村信用社系统的规范管理，进一步完善联社管理职能，督促农村信用社朝合作制方向规范发展，并认真抓好农村信用社主要负责人任职资格的审查把关工作。狠抓抵御风险能力差的农村信用社监管，加强对其资产负债、风险防化、内控制度建设等方面的监管。

1999年，人行揭阳市中心支行实施对农村信用社的直接金融监管。在6月召开全市农村信用社工作会议，部署辖区农村信用社改革工作任务，提出加强农村信用社监管新思路和防范风险对策，确保农村信用社改革过渡时期业务经营管理的合法性、合规性和连续性。做好农信社支付风险预测和核查工作，建立农信社支付缺口按季分月滚动报告制度；制订风险紧急处置预案，完善农村信用社风险预警系统；及时调剂资金，充实备付能力。对出现挤提农信社做到中支领导亲临第一线指挥，协调各方力量；监管人员现场密切监控动态，积极防范和及时处置农信社出现的挤提风波。大造声势，通过各种媒介，向社会宣传农村信用社的地位、性质、作用，动员全社会力量重视和支持农村信用社工作，维护农村信用社信誉，使农村信用社保持稳定的局面。

2000年，人行揭阳市中心支行强化对农信社的监督管理，积极防范和化解农信社风险。在清产核资的基础上，对所辖82个农信社按风险等级分类，对高风险社实施“一社一策”的不同处置办法，落实对四类、五类社的专人跟踪监控，按月建立高风险农信社跟踪监测台账，在实际工作中做到对风险苗头早发现、早处置。通过组织对农信社“脱钩”以来新增不良贷款、信贷资产风险状况和不良资产形成原因的全面调查，摸清风险的真实情况，制定和落实不良资产处置计划和贷款清收考核办法，督促加大贷款催收力度，提高资产质量。在狠抓农信社的班子管理和各联社班子成员业绩考核的同时，指导和督促农信社系统开展好职业道德教育活动，培育农信员工遵纪守法、爱岗敬业精神，提高农村金融服务质量，树立起有农信社特色的品牌形象。至2000年年底，辖区农信社各项存款余额达59.61亿元，比年初增加9.26亿元，增长18.9%，各项贷款余额43.16亿元，比年初增加3.93亿元，增长10.02%。

2001年，人行揭阳市中心支行强化对农信社的监管。监督农信社劳动用工制度的开展，建立人员淘汰机制，为下一步农信社体制改革的深入开展奠定基础。重点挂钩，防化风险。中支和支行分管领导分别挂钩辖内5家五类社的防化工作，及时对新形成高风险联社、农信社发出风险预警通知书，按照分类指导处置和“一社一策”原则，帮助各联社制定防范和化解风险的措施，督促农信社将资本充足率、不良贷款比率、减亏幅度等指标层层分解，逐项落实到社，落实到人。加强检查，规范发展。组织对农信社“三外”资金、内控制度、1997—2000年新增贷款质量及管理状况和支农再贷款使用情况的现场检查，进一步掌握辖内农信社的风险点，研究制订案件的防范措施，规范农信社的经营行为，提高经营效益。至12月底，全辖农信社各项存款余额68.98亿元，同比增加9.37亿元，增长15.72%；各项贷款余额48.07亿元，同比增加4.91亿元，增长11.38%；实现减亏1148万元，呈现良好的发展态势。

2002年，人行揭阳市中心支行实施分类指导，化解高风险农信社。针对辖区高风险农信社数量多、占比高、情况复杂的特点，研究制订《揭阳市农村信用社高风险社管理处置办法》，按“一社一策”的方法制订风险防化计划，并且实行领导挂钩联系防化风险点，帮助提高资产质量，至年底，辖区高风险联社比年初减少1家，高风险农信社比年初减少10家。同时指导农信社加大机构整合力度，共撤并非法人机构72个。此外，加强对揭阳市区信用联社指导，推动其准确把握市场定位，拓宽发展空间，形成具有自身特色的经营模式，受到上级的高度肯定。

2003年，根据国务院办公厅《关于进一步深化农村信用社改革试点的意见》精神，按照“明晰产权关系、强化约束机制、增强服务功能、国家适当支持、地方政府负责”的总体要求，人行揭阳市中心支行配合地方政府，做好对辖区农村信用社改革的资金支持，协助支持辖区5家农信社完成专项中央银行票据的申请工作。

2004年，广东省政府制定辖区内农村信用社改革试点实施方案并获国务院批准实施。人行揭阳市中心支行积极推动揭阳市农村信用社改革试点资金支持工作顺利进行，会同银监部门对信用社增资扩股的合规性和真实性进行审核，按旬监测考核机构的准备金头寸和按季监测机构信贷投向情况，及时提请银监部门重点关注辖区农信社贷款增长过快、部分农信社违规新增发放房地产开发企业流动贷款等情况，并做好农信社不良贷款调研，详细分类，为专项票据发行审核做好准备。

2005 年，人行揭阳市中心支行扎实做好农信社改革资金支持工作。成立资金支持考核领导小组、考核工作组和专项中央银行票据考核评审委员会，认真核查农信社股本金、资本充足率、不良贷款等数据，严格按程序审核和上报辖区 5 个农信联社的增资扩股计划，及时完成农信社增资扩股真实性、合规性，以及专项票据发行申请的审查工作。加强季度专项央行票据监测考核工作，确保农信社专项票据置换、不良贷款降比及资本充足率的真实性。至 2005 年 9 月底，辖区 5 家农信联社全部完成中央专项票据的申请工作，获得中央银行专项票据金额 39.11 亿元，通过率 100%。

2006 年，人行揭阳市中心支行稳步推进辖区农信社改革。加大对农村信用社的监测考核力度，积极推广应用“深化农村信用社改革监测考核系统”，对农信社改革试点实施进展情况进行连续的动态监测和实地考核。加强对农村信用社资本充足率、不良贷款占比、支农服务、盈利水平、专项中央银行票据置换不良贷款的管理和清收以及法人治理、内外部控制约束制度等情况的监测，对各项指标变动幅度较大、机制建立缓慢、置换不良贷款清收不力的农信联社及时进行督促，并认真开展现场检查，确保各项改革措施的落实。

2007 年，人行揭阳市中心支行加强专项票据兑付考核工作，推动农村信用社改革的顺利进行。做好票据兑付考核工作，督促农村信用社准确把握改革工作重点，强化资本约束，完善法人治理，加强内部管理，增强支农服务功能，努力实现“花钱买机制”的政策目标。建立健全合账登记制度，加强对农信社改革工作进展和实际效果的动态监测。开展农村信用社改革工作检查和调研。组织对辖内 5 家农信联社改革进展情况、抵债资产情况的现场检查，开展农信社置换资产处置情况、农信社产权制度组织形式、农信社经营情况等调研，为有效督促指导农信社做好改革工作提供依据，促进农信社尽早达到专项票据兑付条件。

2008 年，人行揭阳市中心支行认真落实农信社改革试点央行资金支持政策，辖区农信社改革取得新进展。加强对农信社改革进展情况的动态监测，完善台账监测制度，按季对农村信用社业务经营状况和改革试点进展情况进行动态监测考核。根据辖内各联社申报兑付专项票据的申请意见，及时联合揭阳银监分局开展现场核查，对有关农信社不符合兑付考核标准的问题，要求及时整改。认真组织做好各联社央行专项票据兑付申请的审核上报工作，辖内 5 家联社分 2 批分别在第二和第四季度进行票据兑付申请，成功兑付专项票据资金 3.91 亿元，通过率达到 100%。继续完善对已兑付农信社的按季动态监测制度，跟踪监测其后续改革进程，促进其向改革预期目标稳步推进。

2009 年，人行揭阳市中心支行继续推进农村信用社改革工作。推动惠来县农村信用社完成改制为统一法人的工作，全市农村信用社统一法人改制工作圆满完成。加强对市区、揭西农信联社筹建农村商业银行工作的督导，促进改制工作有序进行。完善台账监测制度，继续按季对农村信用社业务经营状况和改革进展情况进行动态监测考核，及时总结改革试点工作成效和存在的问题。在辖内建立农村信用社经营财务状况数据库，做好农村经济金融和农村合作金融机构经营财务状况数据的统计和上报工作。

2011 年，人行揭阳市中心支行加强农村信用社专项票据兑付后续监测工作，扎实推进农村金融体制改革。认真落实农村信用社专项票据兑付后续监测考核工作，加强对农信社资本约束、内控管理、经营成效和贷款增长情况的监测考核，督促其加强内控管理，真正实现“花钱买机制”目标，巩固和深化农信社改革成果，及时将总行在农信社专项票据兑付后续监测考核中发现的问题反馈给辖内各农信社，督促有关农村信用社按照广州分行相关文件要求，做好限期整改。推进地方法人金融机构改革重组，加强对揭西农信联社改制为农村商业银行工作的调研指导，协助解决改制过程中存在的问题，促进改制工作有序进行。2011 年 9 月 26 日，揭西联社召开农商行创立大会，11 月 9 日，揭西农商行正式开业，为全省第八家农村商业银行，粤东第二家农村商业银行。

2012 年，人行揭阳市中心支行积极推进农信社深化改革，不断增强其支持地方经济主力军地位。建立健全农村合作金融机构经营财务数据库系统操作制度和机构核心监管指标和财务经营指标的动态监测长效机制，加强对农信社资本约束、内控管理、经营成效和贷款增长情况的监测考核，督促其加强内控管理，真正实现“花钱买机制”目标。针对机构稳健经营情况、资本与资产质量等情况开展稳健性现场调查，深入基层网点，现场核查地方法人机构捐赠资产和抵债资产，摸清地方法人机构接受政府扶持情况。推进地方法人金融机构改制重组。推动揭东县农信联社做好启动改制农村商业银行的各项准备工作，加强对揭东农信联社改制为农村商业银行工作的调研指导，协助解决改制过程中存在的问题，促进改制工作有序进行。截至年底，组建农商行工作已获省联社和省银监局批复同意。推动地方法人金融机构完善股权结构，提高资本实力和抗风险能力。密切关注地方法人金融机构股权结构改革进展，推动完善地方法人金融机构股权结构。揭阳农商行、揭西农商行和惠来农信社相继完成增资扩股工作，共新增股本 4.60 亿份，募集资金 12.67 亿元，充实资本实力，优化股权结构；推动惠来农信联社制定《惠来县农村信用合作联社资格股转投资股工作实施方案》，成立股权改造领导小组，实现全部资格股转换为投资股，投资股股权在股本总额中占比达到 100%。

2013 年，人行揭阳市中心支行加强农村信用社专项票据兑付后续监测工作，深化地方法人体制改革，进一步健全农村合作金融机构经营财务数据库系统操作制度和机构核心监管指标和财务经营指标的动态监测长效机制，巩固和深化农信社改革成果。持续推进地方法人金融机构改制重组。推动揭东县农村信用合作联社做好启动改制农村商业银行的各项准备工作，加强对揭东农信联社改制为农村商业银行工作的调研指导，协助解决改制过程中存在的问题，促进改制工作有序进行。10 月 8 日，揭东县农村信用合作联社筹建农村商业银行正式获得中国银保监会批准。进一步推动地方法人金融机构完善股权结构，提高资本实力和抗风险能力。密切关注和跟进辖内地方法人金融机构股权结构改革进展，推动完善地方法人金融机构股权结构。揭东县农村信用合作联社、普宁市农村信用合作联社相继完成增资扩股工作，共新增股本 10.70 亿份，募集资金 26.16 亿元，充实资本实力，优化股权结构。

2014 年，人行揭阳市中心支行推进农村金融改革工作。普宁联社于 11 月 26 日召开创立大会暨第一次股东大会。惠来联社完成增资扩股 2.80 亿股，共募集资金 7.17 亿元，获中国银保监会批复同意筹建广东惠来农村商业银行。

2015 年，人行揭阳市中心支行推动法人金融机构改制工作有序进行。推动普宁市和惠来县农村信用合作联社做好启动改制农村商业银行的准备工作，加强对普宁农信联社、惠来农信联社进一步改善自身资产状况，推动改制进程及揭阳农商行定向募股工作的指导，协助解决各金融机构改制过程中存在的问题，促进改制工作有序进行。同时加强农村信用社专项票据兑付后续监测。开展 2014 年揭阳市农村信用社改革试点专项中央银行票据兑付后续监测审核，督促和指导农村金融机构在处置置换资产、降低不良贷款、改善财务状况等方面继续做好工作，加强内控管理，不断提升经营能力。指导机构继续规范法人治理结构，增强股东（社员）大会的权力和功能、完善董（理）事会的职责、功能，建立合格的监事会制度，完善经营管理机制。加强信贷管理水平，严格规范信贷管理人员的岗位责任制和监督约束机制，管理好资产负债比例，调整信贷结构，加大贷款清收和保全力度，提高资产质量。

2016 年，人行揭阳市中心支行稳步推进农信社改革、发展和稳定。推动普宁联社完成农商行改制工作。3 月 18 日，普宁农商行正式对外挂牌营业。加强农村信用社专项票据兑付后续监测工作。开展 2015 年揭阳市农村信用社改革试点专项中央银行票据兑付后续监测审核，督促和指导农村金融机构在处置置换资产、降低不良贷款、改善财务状况等方面继续做好工作，规范法人治理结构，增强股东（社员）大会的权力和功能、完善董（理）事会的职责、功能，建立合格的监事会制度，加大贷款清收和保全力度，提高资产质量。经考核，辖区 6 家地方法人金融机构中，仅 3 家法人机构在资本约束能力、资产质量、内部管理以及支农服务功能等十个方面达标。推动机构控风险去杠杆。对辖区资本充足率下降、不良贷款率上升、利润明显下降、存贷比高的 3 家农合机构高管展开约谈及走访，及时掌握风险机构的信用风险、流动性风险、财务风险状况，督促风险机构切实采取有效的去杠杆、控风险等措施。

2018 年，揭阳辖区农合机构流动性风险、信用风险、声誉风险叠加，成为全市重点领域金融风险，是揭阳打赢防范化解重大风险攻坚战的关键，人行揭阳市中心支行切实发挥金融稳定职能，结合货币信贷调控手段，以“查清底数揭示风险、注重建议参与化解、监测舆情应急联动、党建指引增强队伍专业建设”的工作思路，推动农合机构加强风险防范和化解。运用存款保险现场核查工具，摸清底数提示风险。揭露新增真实不良贷款，核实表外业务风险，及时向地方政府报告、监管部门通报核查结果。积极建言献策，参与打击逃废债行动。建言地方政府打击逃废债推动农合机构债务加快处置，督促银行对于恶意逃废债务单位、企业的法定代表人和其他自然人开户、资金支付、汇总采取限制性措施，组织相关银行开展涉嫌恶意逃废银行债务的单位和个人的账户清理。指导协调贷款重组利率定价，加快揭西农商行风险化解。加快以龙颈、北山水库收益权作为质押的贷款重组速度，化解该行“安远系列”信用风险。严密监测负面舆情，成功防止声誉风险扩散。及时指导农合机构处置舆情，布置突发挤兑风险防控，增加节假日现金库存，成功防范负面舆情风险。开展流动性风险应急演练。开展分行、中支、支行与揭西农商行多级联动的金融机构流动性风险事件应急演练。发挥存款保险早期纠正职能，促进问题投保机构风险化解。以风险约谈形式要求问题投保机构“补充资本、控制重大交易授信、降低杠杆率”，引导问题机构在稳中求进框架内化解风险，近两年问题机构通过清收、盘活、核销、债权转让等方式化解不良贷款 35.25 亿元。

三、稳妥处置城市信用合作社风险

1997 年，全市各家城市信用社基本能严格执行国家金融方针政策，按许可证和《城市信用社管理规定》界定的业务范围开展各项业务活动，至 1997 年年底实现各项存款 19 亿元，此年初增加 6.44 亿元，增长 50%，各项贷款 12 亿元，比年初增加 3.86 亿元，增长 46.7%，存贷比例 62.8%，资本充足率达 9.5%，备付率 28.4%，大部分能保证存款的支付，但由于部分城市信用社存在行政干预，内部管理混乱和违规经营行为，暴露一些问题。对此，人民银行揭阳市分行采取责成行政主管部门组织人力对信用社（营业部）进行清理整顿、积极催收逾期贷款、采取托管形式化解风险、全面稽核评估各家社（部）的信贷资产质量等一系列措施，取得一些效果。是年，针对金商城信社试验区营业部出现储户存单到期无法兑现的现象，该分行派出专门力量对该部进行全面调查摸底，在掌握其经营状况后，责令其停业整顿，并将有关情况向上级行和地方党政组织汇报，争取政法机关对该部两个负责人立案侦查，在一定程度上化解金融风险，稳定金融秩序，保护存款人的合法权益。

1998年，揭阳市部分城市信用社由于违规经营、管理混乱、行政干预等原因，受广东国际信托投资公司的关闭及周边地区城市信用社挤提的影响，市金商城市信用社磐东营业部和试验区营业部、普宁市城市信用社等出现挤提情况，人行揭阳市中心支行组织专人实施重点监控，采取“一社一策”的办法逐步化解风险，并通过紧急调拨现金、动员各单位暂缓支取在金融机构的集体存款、依法清收资产、申请运用存款准备金和再贷款等方式，有效地抑制市区和普宁市城信社等金融机构的支付风波。

1999年，人行揭阳市中心支行妥善处置部分城信社支付风险，及时向上级行和当地党政领导汇报情况，配合市防范化解金融风险领导小组的统一部署，妥善运用和安排上级调拨的用于解决1999年春节前小额储蓄存款支付的救助资金，重点解决市区发生支付风险的城信社5000元以下小额储蓄存款的支付，确保1999年春节期间市区社会金融稳定。在全面完成城信社清产核资的基础上，向上级行提出加快城信社整顿、处置、改革的措施和建议，并密切注意城信社的支付状况，切实做好存款支付缺口的预测和各项预案措施。对7月中旬以后，普宁城信社发生的挤提风波，中心支行领导亲临第一线指挥，现场办公，协调解决风险处置中碰到的问题；派驻工作组，掌握风险动态，及时上报广州分行和当地党政部门；在权限内及时批准动用存款准备金，用于存款支付；监督好“打点滴”贷款使用，确保专款专用，缓慢支付风险的蔓延和扩大。配合地方政府，按省政府的统一部署和广州分行的工作要求，开展城信社停业整顿工作。抽派精干力量全过程参与整顿工作，严格履行监管职责，保证城信社停业整顿各项政策的正确实施和顺利开展。

2000年，人行揭阳市中心支行按照省政府的统一部署和广州分行的要求，积极配合地方政府稳妥处置城信社风险，及时协助地方政府做好资金借入手续的办理，确保兑付资金及时到位；同时，加大城信社停业整顿个人储蓄存款兑付工作的监管，确保依规操作，使辖区城信社的停业整顿工作自始至终平稳有序运作。至12月底，已兑付城信社个人储蓄存款58618户11.87亿元，占应兑付户数和金额的86%和90.5%。在地方政府城信社资产管理办公室正式挂牌运作后，该中支及时把监管重心转移到资产清理、保全、处置上来，针对城信社贷款追讨保全难度大，清收进展缓慢等情况，派出工作组深入调查研究，摸清整体情况，提出强化催收贷款力度的建议上报广州分行，并与资产办建立日常联系工作制度，掌握工作进展情况，共同研究对策，为地方政府当好参谋助手。

2001年，人行揭阳市中心支行积极推进停业整顿城信社和资产处置工作。至12月底，停业整顿的城信社兑付个人储蓄存款64070户，金额11.47亿元，占个人储蓄存款的96.6%；资产处置收回贷款本息6.95亿元，占应收回的26.03%，其中变现1.98亿元，占应收资产的7.42%。

2004年，人行揭阳市中心支行与区城信社资产管理办公室、相关的停业整顿城信社联系和沟通，定期做好逾期再贷款债权的征询确认，洽商清偿再贷款本息，摸清相关城信社的资产清收变现情况。截至2004年年末，辖区停业整顿城信社有13家法人社、独立核算的营业部37个。

2006年，人行揭阳市中心支行积极参与城信社退市和风险处置工作，主动加强与揭阳市金融服务办公室、银监部门的联系和沟通，密切关注退市过程中的有关风险，及时进行有效处置，确保退市工作平稳顺利进行。

2007年，人行揭阳市中心支行针对辖区停业整顿城信社即将退出市场，为防范和迅速有效处置可能引起的金融突发事件，维护金融稳定，根据有关法律法规，制定《揭阳市停业整顿城信社退出市场金融突发事件应急预案（试行）》，防患于未然。积极配合地方政府和监管部门推动停业整顿城信社市场退出工作，配合地方金融服务办公室和揭阳银监分局制定停业整顿城信社退出市场工作方案和退出市场应急预案，派员参加城信社停业整顿清算组，全力维护好人民银行再贷款债权。

2008 年，人行揭阳市中心支行继续配合地方政府和监管部门，在法定职责范围内做好停业整顿城信社市场退出和风险处置工作。派员参加停业整顿城信社市场遗出的清算工作，明确角色定位，积极行使人民银行作为人行自办社债权人的权利，及时做好人民银行再贷款债权的申报工作。利用城信社退出市场的契机，经广州分行批准和普宁、揭西城信社退市领导机构同意，对原普宁金融业资金拆借市场与城信社的 2000 万元债权债务实施对冲处置，对揭西支行原自办经济实体欠城信社的 402 万元债务以资产项目进行抵偿，全面消除对城信社系统的债务风险。

2009 — 2010 年，人行揭阳市中心支行继续配合地方政府和监管部门推动停业整顿城信社市场退出和风险处置工作，就原中支自办城信社退市后的资产处置等问题与清算小组进行沟通，及时做好人民银行再贷款债权的申报工作，加强对退市初步清算方案的审查，最大限度维护人民银行再贷款债权。

2011 年，人行揭阳市中心支行及时跟进辖区城信社市场退出进程，最大限度维护人民银行债权。经与揭阳市城信社退市领导小组办公室和相关清算组的充分沟通与协调，并取得退市办的同意，提前解决中支干部职工在城信社的个人债权问题；成立揭阳市金融稳定再贷款损失认定工作领导小组和核查工作组，开展对辖内金融稳定再贷款损失核查工作。

2012 年，人行揭阳市中心支行全力推进城信社退市工作，切实维护中央银行权利。召开辖内专项再贷款管理工作会议，成立金融稳定再贷款损失认定小组领导小组。按照一社一策，制定城信社退出市场工作计划，对城信社债务兑付、资产处置等方面的工作环节提出具体要求，按月对城信社退市进展情况进行总结。加强与地方政府领导及相关部门沟通汇报，由市金融工作局牵头专门召开各县（市）退市工作协调会。针对停业整顿城信社的市场退出工作由地方政府退市办和银监部门主导实施以及城信社撤销清算组的工作人员主要抽调于各个单位、人员召集难、相关工作人员畏难情绪严重的事实，通过加强沟通协调，积极参与对辖内城信社清算资产处置、清偿安排，有效推进城信社工作顺利展开。

四、金融业监管

1993 年，人民银行揭阳市分行根据建市后机构新人员新的实际，进一步强化监管职能，促进辖区金融事业健康发展。加强稽核监督工作。发挥金融稽核的监督、保护、评价和反馈作用，全年共完成常规稽核 3 个，内部稽核 1 个，专项稽核 9 项，委托稽核 5 项，促进金融机构稳健经营。加强纪律检查和监察工作，防范各类违法行为的发生。全年全市金融系统共查处 2000 元以上违法违纪的经济案件 9 宗，金领达 142.95 万元，查处违法违纪人员 9 人，基本遏制大案、要案发生。完善各项规章制度，制订《揭阳市金融机构管理规定》《揭阳市信用合作基金会管理规定》和《关于信用合作基金会执行财务管理制度问题的通知》，促进非银行金融机构走向规范化经营。

1994 年，人民银行揭阳市分行强化金融监管，维护正常金融秩序。加强机构管理，严格规范经营。把全市金融机构的增设、清理、整顿、协调、违规处理有机结合起来，做到“统一规划，严格把关，坚决清理，合理调整”，为各类金融机构的合法经营和公平竞争提供一个良好的环境。加强稽核监管工作，发挥“金融警察”作用。全年共查出违规金额 9191 万元，向被稽核单位提出改进工作建议 56 条，收回少缴存款准备金 28.40 万元，罚款 7 万元没收非法所得 5.60 万元。加强案件查处，遏制金融犯罪。全年共查处金融系统各类经济案件 7 宗，涉及总金额 943 万元，追回赃款 943 万元，追赃率 100%，牵涉人员 7 人，有 2 人被司法机关依法逮捕。

1995 年，《中华人民共和国中国人民银行法》正式实施，人民银行揭阳市分行实施金融监管，对商业银行提出审慎经营的要求，并把资产负债比例管理作为审慎管理的基本内容。是年，人民银行揭阳市分行持续发挥“金融警察”作用，全年共查出违规金额 6.30 万元，向被稽核单位提出改进工作建议 45 条，责令限期纠正 807.60 万元，停止部分业务 1 家次。加强金融机构规范化管理，严格规范其经营范围，在抓好年检、收回老许可证及换发新证的同时，对全市信托业、证券业进行开户清理。

1996 年，人民银行揭阳市分行重组监管新格局，把着眼点转移到合力监管上来，把稽核、金管、资金计划、外管、会计、货币发行等有监管职能的科室，组成监管联合小组，做到“金融监管任务统一部署，力量统一组织，查处问题统一政策”，实现“调控、监管、服务”三并举的金融监管新格局。把金融机构市场准入、监管业务活动和市场退出管理有机地结合起来，加强机构设置规划管理和审批程序管理，改变各机构由过去争地盘、增网点分散粗放经营向提高单位网点质量效益的规范集约经营转化，实现人民银行依法履行央行职能，维护金融业合法经营，稳健运行。

1997 年，成立中国保险监督管理委员会，人民银行揭阳市分行不再履行保险业监管职责。是年，人民银行揭阳市分行通过建立监管例会制度、加强金融风险监测、金融机构管理和任职资格审查等方式落实金融业监管要求，维护辖内金融秩序稳定，为经济建设创造一个良好的金融环境。其中，全年累计查处各类金融机构违规金额 3.80 亿元，其中存款违规 500 万元，贷款违规 4500 万元，利率违规 5100 万元，其他违规 2.80 亿元。全年稽核监督 39 家金融机构，查处一批违规行为，如查处建行揭西县支行利用重要空白凭证搞账外经营（违规资产 6124 万元，违规负债 6155 万元）的事实，作出停止违规经营行为、保全信贷资产、处理有关违规经营责任人等的决定，并在全市金融系统进行通报，过制金融领域违法违规现象的再发生。全年累计查处各类违纪案件 24 宗，涉案金额为 4319.11 万元，分别比 1996 年同期上升 100% 和 1867%，涉案人数为 29 人，其中涉案金额在百万元以上的大案要案 5 件，金额为 3909.66 万元，属当年作案的 2 件。

1998 年，人民银行揭阳市分行强化金融大监管，构筑金融“安全区”。完善金融监管体系，建立金融机构行长（经理、主任）联系会议制度，制订金融机构“十条规范管理制度和十不准”，促使各机构组织力量清收逾期贷款，规范资产管理行为，金融监管工作取得成效，实现存款持续上升，资金环境宽松，贷款有效投放，存量得以盘活的良好局面。加快转变监管手段，把对金融机构合规性监管向以风险防范为核心的审慎性监管转变，由过去的现场监管向非现场的管理办法转变，通过加强对金融机构报表的分析和管理，建立金融系统风险预警指标监测体系。把好金融机构市场准入关和退出关，建议金融机构对效益差的进行兼并、撤销，全年新设（改建）机构 4 个，撤、并机构 39 个。强化对高级管理人员任职资格审查管理，全年开展任职资格审查 43 人，合格的 40 人（其中由省分行审核 13 人），不合格的 3 人。严肃查处经济案件，全年共协助指导金融部门处理经济案件 8 宗，追缴回赃款 75.50 万元。

1999 年，人行揭阳市中心支行从严执法，打开金融监管新局面。抓责任落实，严格按照《中国人民银行金融监管责任制》及广州分行制订的实施细则要求，落实金融监管责任制，对辖内每一家金融机构指定专职监管员，实行 AB 制，使金融监管做到“进行入社、责任到人”。抓方式改进，认真总结部分城信社发生挤提风险及化解的经验教训，做好各行社资金营运监测，实行按日监测资金头寸，按月监测信贷资产质量，对个别单位准备金接近临界线的，及时发出预警，督促采取措施缴足，保持充裕的资金头寸，确保辖内国有商业银行和农村信用社不出现支付问题。抓依法监管，全年对辖区金融机构高级管理人员进行任职资格审查共 74 人，对符合任职条件或基本符合任职条件的 67 人予以批准，对不符合任职资格的 7 人坚决予以否决。抓体系完善，争取地方党政的重视与支持，加强对防范化解金融风险的领导，支持人民银行开展金融监管工作。市委、市政府专门成立防范和化解金融风险工作领导小组，研究制订防范和化解金融风险对策，推动全市防范和化解金融风险工作开展。

2000 年，人行揭阳市中心支行树立新的监管理念，改进监管方式和完监管手段，促进监管工作的规范化、程序化和制度化，提高监管效能。完善监管责任制。明确每个监管部门、监管岗位、监管人员的监管任务、范围、权限、标准和应承担的责任，做到层层落实任务、人人明确责任。对高风险金融机构划片包干，确定专人跟踪监测。建立金融监管信息系统，利用金融机构月度、季度、年度各种反映业务经营情况和风险状况的报表及监测数据，对金融机构综合分析、评价，撰写有质量的监管报告。运用计算机技术改进信息传送方式，加强对风险实时监控。严把金融机构管理人员准入关，2000 年，共审查金融机构高级人员任职资格 45 人，经初审上报广州分行有 5 人，按权限由中支审查同意 38 人，不符合高级管理人员任职资格有 2 人。制定《揭阳市 2000—2002 年防范和化解金融风险工作规划》，明确规划的工作目标、措施和职责，确保到 2002 年年底辖区金融机构各项风险防范和化解措施达到或优于上级行规定的目标，推动金融安全区建设的顺利开展。

2001 年，中国人民银行印发《关于全面推行贷款质量五级分类管理的通知》，并公布《贷款风险分类指导原则》。是年，人行揭阳市中心支行进一步夯实监管基础，提高金融监管效能，大力推进辖区金融安全区的建设。全力抓好国有商业银行不良贷款的促降工作。全面摸清国有商业银行资产质量状况，发挥“银行信贷登记咨询系统”在防范信贷风险方面作用，全年辖区各商业银行信贷网点共查询 5654 次，规避信贷风险 3961 万元，实施不良贷款月度监控考核制度和季度监测分析制度，督促国有商业银行建立健全内控制度，加强信贷资金管理，加大不良贷款的清收、盘活、保全工作力度。至 12 月底，全辖四家国有商业银行不良贷款余额为 29.98 亿元，占各项贷歉余额的 36.38%，同比下降 2.17 个百分点。严格市场准入与退出关。把好任职资格审查关，当年经该中支审查并核准的高级管理人员共 66 人，因条件不符被否决的有 3 人。同时，对 1996 年 9 月 30 日以前各行任命的高级管理人员的任职资格重新进行认定，完善档案管理，开展 901 个机构网点的年检工作。合理调整优化辖区机构网点布局，核准机构升格 26 个，机构地址变更 101 个，撤并机构 160 个。加强机构合法合规性管理，对金融机构工商登记情况、安全合格证和消防合格证办理情况进行全面清理。抓好案件查处落实工作。指导金融机构查处经济案件 6 宗，涉案金额 115.17 万元，涉案人数 7 人。组织执法监察项目 9 个，检查金融机构网点 23 个，发出执法监察建议 9 份，提出整改意见 21 条，维护金融法律法规严肃性。开展对全市金融系统人员受党纪政纪处分决定执行情况的大检查和 1997 年以来辖内农信社系统未结案件、金融系统 1998 年以来携款潜逃案件、1999 年以来银行承兑汇票案件的专项治理，规范案件管理。

2002 年，中国人民银行制定并颁布《股份制商业银行公司治理指引》和《股份制商业银行独立董事、外部监事制度指引》。人行揭阳市中心支行根据相关规定，督促辖区商业银行建立健全治理结构，实现稳健经营和可持续发展。同时持续创新金融监管理念，寓监管于服务，以服务促监管，辨证施治，努力做好商业银行不良贷款促降工作。对不良贷款居高不下，不降反升的商业银行及时做好预警，列为重点监控对象，并实行行长谈话，督促其进一步落实不良贷款清收措施，至年底，辖区商业银行不良贷款比年初下降 1.4 个百分点。

2003 年，人行揭阳市中心支行在顺应监管体制改革过程中，持续做好金融监管工作，抓好商业银行不良贷款的“促降”工作，开展对辖内四家国有商业银行2002年度不良贷款变化情况的调查，确保贷款质量的真实性。至12月底，全辖金融机构不良贷款占比比2002年年初下降3.26个百分点。同时加强贷款风险监测和预警，引导金融机构规避信贷风险，通过联席会、指导意见等方式及时发布信贷预警信息，引导商业银行分散、规避和防范信贷风险。

2004年2月，中国银行业监督管理委员会揭阳市监管分局独立建制，人行揭阳市中心支行对金融机构的监管职能由中国银行业监督管理委员会揭阳监管分局履行。

五、维护金融稳定

2003年12月，修改后的《中华人民共和国中国人民银行法》发布，明确中国人民银行防范和化解金融风险、维护金融安全与稳定的职能。人行揭阳市中心支行以维护辖区金融安全稳定运行为目标，以防范系统性金融风险为重点，加强对金融业整体风险的监测评估，制定金融风险处置方案，密切与银行、证券、保险监管当局的分工协作关系，加强协调，共同防范和化解金融风险。

2004年，人行揭阳市中心支行根据《中华人民共和国中国人民银行法》规定，着手建立金融稳定工作的三个协调机制，即信息共享机制、沟通协调机制、风险处置机制。建立金融风险预警指标体系，加强对市场风险和系统性金融机构的监测和分析，要求金融机构及时报送影响辖区金融稳定和与系统风险有关的事故、案件、与人民银行履行法定职责有关的金融信息，对地方经济和居民生活有较大影响的金融信息，建立银行、保险、证券行长（经理）联席会议制度，定期通报情况，及时掌握辖区金融风险状况。加强与地方政府、银监部门的沟通协调，配合地方政府和银监机构处置停业整顿金融机构，协助地方政府制定金融产业发展规划，健全对逃废债企业的联合制裁机制。制定重大风险应急处置预案，做好对地方金融机构风险监测，共同维护辖区金融稳定。

2005年，人行揭阳市中心支行密切关注辖区金融机构的风险状况，建立金融稳定监测指标体系和预警机制，积极探索防范和化解系统性金融风险的新思路，推动地方金融改革，创造稳定、和谐的金融环境。建立健全监测、预警机制，成立金融稳定分析小组，撰写《区域金融稳定报告》，健全金融稳定监测指标体系，重点监测金融机构特别是法人金融机构的风险状况和抗风险能力、金融机构近五年来的信贷增长及其质量情况，分析银行业运行中潜在的不稳定因素，防范系统性金融风险。着手构建良好的金融生态环境，积极响应总行关于加强金融生态环境建设的要求，认真开展金融生态调研，针对辖区经济与金融存在的诸多不协调因素，组织召开全市金融机构负责人座谈会，就如何改善辖区金融生态环境，促进经济、金融协调发展提出具体指导意见，得到市政府领导重视，与地方政府和各金融机构达成构建和谐金融生态环境共识，充分发挥协调、服务和政策引导功能。

2006年，人行揭阳市中心支行抓好金融风险监测工作，全面掌握辖区金融运行动态，维护辖区金融稳定。完善辖内金融风险处理机制，制订《揭阳市金融机构突发事件应急预案（试行）》，提高应对金融机构突发事件能力。进一步加强对辖内城乡信用社的定期监测分析，防范中小金融机构风险。加强对辖内银行业金融机构和证券、保险、担保机构的监测分析，防范系统性金融风险。

2007年，人行揭阳市中心支行进一步完善金融稳定工作机制，切实防范金融风险。明确职责，健全工作协调机制。建立起银行、保险和证券业的金融稳定协调机制，不断完善协调机制的信息交流功能，为切实维护好地方金融安全和稳定提供有力保障。积极与当地有关部门沟通联系，构建地区金融稳定协调机制，大力推动地方金融安全网建设。认真开展金融稳定评估和金融风险监测。完善金融风险监测工作制度，定期监测分析辖内银行、证券和保险业风险状况，开展对辖内13家上市公司及贷款大户的风险监测。加强与地方金融服务办公室等部门的沟通，做好区域系统性金融风险因素的监测分析。密切跟踪农业银行和邮储行机构改革进展情况。适时了解辖内农行揭阳分行外部审计、清产核资和不良资产处置情况，改革进程。

2008年，人行揭阳市中心支行认真履行金融稳定职责，为辖区经济发展创造良好的金融生态环境。健全金融风险监测和预警指标体系，形成规范的金融风险监测工作制度，主要包括：围绕银行、证券、保险等领域中涉及金融稳定的重点问题，认真撰写行业风险分析报告；针对下半年国内外经济金融形势复杂多变的实际，重点加强对农信社等法人金融机构的风险监测评估工作，及时掌握其经营状况、流动性状况及风险情况；密切监测企业参与市场的活动，开展对辖内企业及居民稳健状况、2005年以来关闭、停产的中小企业情况的专题调研；定期开展对辖内13家上市公司及贷款大户的风险监测分析工作。

2009年，人行揭阳市中心支行切实履行金融稳定职责，积极推动地方金融改革发展，扎实推进小额贷款公司试点工作。加强对已开业小额贷款公司报表资料报送制度的管理和利率、资金流向的监测，促进其稳健经营。截至年底，全市已成立4家小额贷款公司，有关业务稳步、正常开展。加强金融稳定评估和风险监测工作。密切关注国际金融危机发展动态及对全市经济金融产生的影响，围绕银行、证券、保险等领域中涉及金融稳定重点问题，做好风险监测、分析和评估，完成《2008年揭阳市金融运行报告》《2008年金融稳定报告》撰写工作。

2010年，人行揭阳市中心支行进一步健全金融稳定工作机制。建立揭阳市金融业重大事项及重要信息报告制度，增强辖区人民银行维护金融稳定和提供金融服务的能力；认真落实《广东省金融业风险评估指引》，不断完善监测指标体系，定期对辖区金融业进行风险评估，全面查找辖区金融业的薄弱环节和风险隐患，推动金融业健康发展；落实《广东省新设银行业机构加入人民银行金融服务与管理体系指引》，规范人民银行提供金融服务的行为和标准，提高金融服务效率，加强金融监督管理，维护辖区金融稳定。

2011年，人行揭阳市中心支行完善监测评估机制，为金融维稳工作提供制度保障。认真贯彻实施广州分行“一个制度两个指引”，细化各项工作要求，并按机构、按类别建立金融业重大事项和重要信息工作档案。成立揭阳市金融风险评估委员会和揭阳市新设银行业机构金融服务与管理工作领导小组，进一步做好辖区金融风险评估工作，加强对新设银行业机构金融服务与管理工作的统筹协调，切实防范和化解金融风险。建立揭阳市金融稳定信息联络制度，有效推进重大事项及重要信息报告制度的落实。做好辖区银行业机构稳健性首次试评估工作。同时，扎实推进金融改革，做大做强金融产业。加强村镇银行筹建工作指导，12月19日，全市第一家村镇银行普宁汇成村镇银行正式开业。配合有关部门推进小额贷款公司试点工作，加强对已开业小额贷款公司经营情况的监测，促进其稳健经营。

2012年，人行揭阳市中心支行扎实开展金融风险监测和稳健性评估。建立揭阳市银行、保险、证券、期货大金融稳健经营监测系统，切实防范辖区系统性金融风险。进一步规范处置金融机构突发事件行为，切实提高应急防范能力，维护好辖区金融稳定。密切监测分析辖区法人金融机构的资本、资产质量、风险集中、流动性等风险因素；督促辖区金融机构对上市公司及贷款大户进行跟踪监测；对辖区银行、保险、证券业相关指标进行统计，为扎实开展金融业风险评估打下基础。扎实开展金融机构稳健性评估。针对金融机构稳健经营情况、资本与质量情况、发展过程中存在的问题和原因等方面对辖区地方法人金融机构开展稳健性调查，就发现的问题和风险向各金融机构反馈，并提出整改建议。

2013年，人行揭阳市中心支行进一步完善金融稳定工作机制。积极推动金融市场监管体系建设工作。起草《揭阳市金融市场监管体系工作规划（2012—2016年）》，力争通过五年的努力，建设科学、依法、公平、高效的金融市场监管长效机制。印发《揭阳市金融市场监管体系建设工作实施方案》，组建揭阳市金融市场监管体系建设专责小组，加强金融市场监管体系建设。扎实开展金融机构稳健性评估。落实《中国人民银行广州分行关于印发〈广东省银行业机构综合评估办法（暂行）〉的通知》，对辖区15家银行机构全面开展综合评估工作，对中国工行揭阳分行、安信证券股份有限公司开展稳健性现场评估。深入开展金融改革，推动辖区金融多元化。截至年底，辖区地方法人金融机构改革走在全省前列，已成功改制组建3家农村商业银行、1家村镇银行，控股汕头市唯一一家村镇银行。汇丰银行揭阳支行、东亚银行揭阳支行顺利开业，南粤银行揭阳分行、民生银行揭阳分行筹建工作有序推进。

2014年，人行揭阳市中心支行切实履行金融稳定职责。做好县域风险管理和区域重点行业风险监测。协助开展对揭西县、普宁市、惠来县县域风险及管理状况专项调查，加强对县域风险事件的监测，维护县域金融稳定。选取辖区“纺织服装、中医药材、五金不锈钢、塑料、模具”五大重点行业和企业定期开展持续、动态的监测分析，全面掌握全辖区重点行业的综合授信情况，及时提出有针对性的风险提示。跟踪融资性担保公司、典当行等机构的经营变化情况，全面掌控辖区金融风险。健全风险应急处置机制。修订《揭阳市金融机构突发事件应急预案》，联合揭阳市金融工作局和揭阳银监分局制定印发《揭阳市金融稳定工作协调机制方案》，建立辖区金融稳定协调工作联席会议制度和信息共享制度。开展金融机构稳健性评估，推进《广东省证券分支稳健性现场评估实施方案（试行》）和《揭阳市保险分支机构稳健性评估实施方案》的制定和实施工作。加大银行业金融机构经营稳健性动态监测力度，提升金融机构风险管理水平。

2015年，人行揭阳市中心支行进一步履行好金融稳定职责。加强对重点领域信贷风险监测和研究。针对揭阳辖区异地存贷款前期占比、规模增长较快且造成一定负面影响的情况，重点加强流动性状况与经营行为的监测分析，及时、全面地掌握辖内地方法人金融机构流动性状况；针对辖区金融机构部分客户还款能力下降可能导致产生不良信贷风险的情况，及时加强业务指导，帮助银行化解相关金融风险，防范信贷风险的链条式传染。健全、完善流动性管理框架体系，引导法人金融机构充分参与金融市场业务对冲流动性风险，提高金融机构对市场利率风险的抵抗能力。深入开展金融机构稳健性评估。加大对银行业金融机构经营稳健性动态和金融风险的监测力度，向纳入评估的15家金融机构分别印发经营稳健性风险提示书，推动金融机构优化自身风险管理措施，提升其风险管理水平。根据辖区金融风险发展趋势，探索加强对金融机构交叉性金融风险的识别、评估方法，通过现场评估与非现场评估风险监测情况相结合，深入挖掘影响辖区金融稳定的共性问题，完善人民银行金融稳定工作职能。

2016年，人行揭阳市中心支行扎实做好金融稳定工作，夯实金融稳健运行基础。完善流动性风险应急处置机制，构建突发金融风险防控体系。印发《中国人民银行揭阳市中心支行关于单一金融机构风险事件引发揭阳地区金融机构系统性流动性风险的应急预案》等制度，开展流动性风险应急演练。组织协调相关部门开展挤兑风险应急演练，提升金融风险应急处置能力，确保金融风险报告准确及时、处置工作有条不紊、处置措施得力有效。加强系统性风险防范，推动宏观审慎评估落地，每季对法人金融机构开展宏观审慎评估，准确运用评估结果，对应各法人机构的评估档次，运用再贷款利率加点幅度给予适当鼓励，对评估进入C档的惠来农信联社高管约见谈话，督促辖区法人金融机构改善和提高审慎经营管理水平。完善风险监测，夯实金融稳定管理基础。完善日常按月监测和重要时点按日监测相结合的地方法人金融机构流动性状况及风险的连续评估制度，加强对担保、典当、小额贷款公司等非银行机构风险监测，完善“纺织服装、中医药材、五金不锈钢、塑料、模具”五大重点行业授信风险监测制度，开展上市公司及贷款大户的监测分析。

2017 年，人行揭阳市中心支行坚守不发生系统性金融风险底线，扎实做好金融稳定工作。加强宏观审慎及稳健性评估。按季对法人金融机构开展宏观审慎评估，引导法人金融机构做好不良贷款压降，强化系统性风险防范。创新经营稳健性非现场评估工作方式，选取辖区银、证、保各 1 家金融机构实施稳健性现场评估，针对性地提出风险关注点，推动金融机构优化风险管理措施。加强金融风险的监测、分析、预警，妥善应对网络负面舆情、局部不良贷款攀升等风险事件。积极协同地方党政和其他监管部门做好地方法人金融风险防范化解工作。积极推进金融监管协调机制建设。与揭阳银监分局联合召开金融监管协调工作会议，就各自监管职能履行情况以及如何加强工作协调与配合进行座谈交流，并签订《金融监管合作备忘录》。

2018 年，人行揭阳市中心支行把防控金融风险放在更加重要的位置，切实维护地方金融稳定。深入推进宏观审慎和稳健性评估工作，完善金融风险防控机制。组织辖内 5 家地方法人金融机构参加合格审慎评估和年检工作，督促其改善和提高审慎经营管理水平；对辖区银、证、保金融机构实施稳健性现场评估；完善辖区重点行业授信风险监测制度，及时识别存在过度授信情况的行业和企业；加强对上市公司及贷款大户经营和信贷风险的监测分析，及时掌握其股权质押风险；加强风险应急管理，指导辖区金融机构完善流动性风险应对预案并开展应急演练。加强日常流动性监测管理。根据地方法人金融机构流动性状况及风险连续评估制度的要求，坚持日常按季监测与重要时点按日监测相结合的方法，加强对辖区金融机构流动性状况与经营行为的监测分析，及时、全面地掌握地方法人金融机构流动性状况。

六、存款保险制度实施

根据国家《存款保险条例》，从 2015 年 5 月 1 日起，辖区各商业银行、农村信用社实施存款保险制度。被保存款，包括人民币和外币存款，但金融机构同业存款、投保机构的高级管理人员在本投保机构的存款以及存款保险基金管理机构规定不予保险的其他存款除外。最高赔付限额人民币 50 万元。保费由各吸收存款的银行、信用社法人机构按规定费率统一向存款保险基金机构支付，辖区商业银行、信用社分支机构承担存款保险费率成本。存款保险制度在辖内的实施，对于依法保护存款人的利益，及时防范和化解辖区金融风险，维护辖区金融稳定具有特别重要的意义。

2015 年 5 月，人行揭阳市中心支行结合辖区实际，统筹规划，通过召开辖区存款保险制度工作会议、与地方党政和其他金融监管部门沟通联系、成立存款保险制度工作领导小组和指导金融机构建预案等一系列措施，稳步推进存款保险制度落地实行。其中揭阳农商行、揭东农商行、揭西农商行、普宁市农村信用合作联社、惠来县农村信用合作联社、普宁汇成村镇银行 6 家地方法人银行业金融机构按规定办理存款保险投保手续；辖区其他非法人银行业金融机构按规定，由其总行办理存款保险投保手续。自 2015 年 5 月 1 日起，辖区存款人在投保机构的存款依法受存款保险保护。

2016 年 7 月，存款保险制度由单一费率机制调整为风险差别费率机制。人行揭阳市中心支行按规定，开始逐年对辖区 6 家法人投保机构开展存款保险风险评级，核定各法人投保机构存款保险适用费率。

2017 年，存款保险逐步加强对投保机构风险校正的制度建设进程、完善存款保险履职方式。2017

年3月，人行揭阳市中心支行建立辖区存款保险风险处置预案体系。2017年4月起，人行揭阳市中心支行不定期组织对法人投保机构的存款保险保费缴纳基数核查、风险状况核查。2017年12月，中国人民银行将存款保险风险评级制度并入央行金融机构评级制度。人行揭阳市中心支行按规定，开始逐年对辖区6家地方法人银行业金融机构开展央行金融机构评级，结合各法人投保机构经营管理状况和风险状况，核定存款保险适用费率。

2018年，全面落实存款保险相关制度要求。按季完成央行金融机构评级、存款保险费率管理和保费核定等工作；组织开展辖区法人投保机构数据真实性现场核查，对发现的问题提出限期整改要求，加强风险防范化解工作指导。

第二章　商业银行业务

第一节　负债业务

负债业务是形成银行资金来源（包括存款、借入款和银行自有资本等）的业务，是银行赖以生存的必要条件，主要由存款和借款构成。存款是银行的主要负债业务，也是银行金融机构负债业务和信贷资金来源的主体。揭阳撤县建地级市以后，揭阳国民经济持续高速发展，城乡居民收入不断增加，为辖区银行金融机构组织存款提供丰富的源泉。至2018年，全辖本外币各项存款总额2273.64亿元，比1998年（全面实行资产负债比例管理后第一年的200.10亿元）增加2073.54亿元，增加10.36倍，20年平均增长12.92%。

1986—1991年，在新旧金融体系运转机制的转换中，揭阳县银行业金融体制顺应改革发展的趋势，完成第一阶段的改革，建立中央银行体制。随着金融体制改革的深入，人民银行不再以贷款按指标进行分配的形式，包办专业银行资金；专业银行实行“多存多贷”自求平衡的资产负债管理形式。辖区确立国有专业银行在金融机构体系中的主导地位，初步形成金融机构多样化、多层次的格局。改变以前规定专业银行要在中央银行有存款才能放贷款，也改变以前银行以结算业务为主，被动吸收存款的局面，形成以存款额的多少决定贷款的发放的局面。

1986年，辖区各专业银行竞争开始，为解决城镇储蓄网点少，储户排队办理业务的问题，人民银行出台新政策，允许各家银行在吸收居民存款方面实行业务交叉和竞争。中行揭阳县支行开始开办人民币储蓄存款。工行揭阳县支行、农行揭阳县支行开始开办外币存款。各专业银行开始发行金融债券，办理商品房专项储蓄，筹集资金。这一时期，辖区银行业务范围逐步拓宽，各专业银行原来规定的业务分工被打破，展开业务交叉竞争。辖区各专业银行及农信社在吸收城乡居民存款方面也形成竞争，出现“农行进城、中行上岸、建行破墙、工商银行揽四万”的局面，竞争以存款为焦点。同时，由于实行多存可以多贷的信贷资金管理办法，极大地调动各专业银行吸收存款的积极性。辖区银行金融机构转变经营观念，始终把存款作为生存之本、经营之本、发展之本，作为壮大自身整体资金实力，发展和开拓各项业务的基础，在员工中树立“存款立行”“存款兴行”“客户就是上帝”的观念。随着金融机构网点不断拓展、业务范围不断扩大，辖区各银行业金融机构在组织存款工作上逐步形成竞争，主要通过加强宣传，改进服务和积极进行动员，增加存款种类，创新存款业务，增加和改造网点，提升网点存款服务功能等措施吸收更多储蓄存款。如工行揭阳县支行为更大范围地吸纳存款，通过广设储蓄网点、铺开营销网络的方式来实现吸储增存，在榕城通过与企业合作，开设一批包括棉纺厂联办所、啤酒厂代办所、机床厂代办所、东兴代办所、南门代办所网点联办和代办储蓄所等，对增加储蓄存款、密切银企关系发挥积极的促进和推动作用。对企业、机关、团体等单位存款，从主要靠实行现金管理，用行政手段作硬性规定到转变为运用经济方法和创新服务手段组织存款。为适应业务发展需要，各银行金融机构先后建立和不断完善各种吸存制度和激励机制，不断推出新的业务品种、采取措施努力吸收存款，增加资金来源。1988年国家调高存款利率，对各银行金融机构吸收存款、增加资金来源起到积极作用。1986—1991年，辖区各项存款余额，逐年同比增长分别为28.60%、33.28%、14.01%、32.85%、41.08%和45.84%。至1991年年末，全县各项存款余额11.16亿元，比1986年的2.69亿元增加3.15倍，平均增长26.76%。是年12月，潮汕调整行政区划，揭阳撤县设立地级市，银行业金融机构负债业务进入新的发展阶段。

1992年，辖区人行揭阳分行、工行揭阳分行、农行揭阳分行、中行揭阳分行、建行揭阳市分行五家分行相继成立，银行业金融机构负债业务在新市建设中起步发展。由于揭阳新市建设，百事待举，百业待兴，急需大量资金。为增加有效供给，工行揭阳分行目标明确，克服机构新、人员新、业务新、工作新等困难，积极做好增存扩储工作，年末各项存款余额7.71亿元，比年初增加1.79亿元，增长30.20%；农行揭阳分行成立后，为弥补资金缺口，适应新市经济发展的资金需求，全行上下增强“存款立行”意识，引进激励机制，开办新储种，改善结算服务，年末各项存款余额19.16亿元，比年初增加5.47亿元，增长39.90%，外币存款余额158万美元；成立后的中行揭阳分行，利用辖区网点，积极吸储存款，年末，各项人民币存款余额4.16亿元，为新开办出口买方信贷业务，支持新市外贸发展，夯实资金支持；建行揭阳市分行成立后，艰苦创业，开拓进取，强化服务意识，年末各项存款余额4.53亿元；交行揭阳分行是年各项存款余额4984万元。年末全辖银行金融机构各项存款增加13.30亿元，余额44.88亿元，增长42.20%。各项存款的集中和投放，推动新市的经济社会各项建设的起步和发展。全市地区生产总值（GDP）62.65亿元；固定资产投资10.54亿元，新增固定资产8.36亿元；社会消费品零售总额17.09亿元；外贸出口总额2.46亿美元。

1993年，影响辖区各项存款变化的因素多，存款变化起伏大。新市发展经济底子薄，起步不高，资金稀薄，基础设施等方面建设资金需求量大；而辖区出现大办各种经济实体，出现社会集资热，股票热，连续推出“路源”“国泰”“威达”三种股票，总发行额达3.58亿元，造成社会闲散资金锐减，辖区银行业存款受到严重冲击。受社会集资和物价上涨等经济变化的影响，社会资金分流加剧，银行金融机构存款出现先“滑坡”后回稳，存款变化起伏大。这一期间，全市金融机构紧紧抓住两次国家调整银行存贷款利率的有利时机，努力改善服务质量，将串储任务分配到人并与经济利益挂钩，开拓业务种类，迅速扭转存款被动局面，年末各项存款得到较大增长，年增加12.34亿元，余额57.22亿元，同比增长27.50 %。其中，工行揭阳分行针对存款资金被分流，年中一度出现增速大幅减缓的现状，推出“有奖有息”和“住房有奖存单”等新储种，伴以实行增加存款有效措施，年增加6200万元，余额8.33亿元，增长8.04%，同时引进资金，至年末，从外地借入资金余额2.06亿元，改善资金短缺状况；农行揭阳分行年增加2.42亿元，余额12.5亿元，增长23.80%。中行揭阳分行年增加3800万元，余额12.59亿元，增长 9.18%，各项外汇存款年增加 408 万美元，余额 2377 万美元，增长 20.72%；建行揭阳市分行一般性存款年增加 9300 万元，余额 5.49 亿元，年增长 20.39%；交行揭阳分行增加 5146 万元，余额 1.01 亿元，增长 1.03 倍；广发银行各项存款余额 376 万元。

1994 年，国家严控信用总量，全市金融机构贯彻落实“继续整顿金融秩序，稳步推进金融改革，严格控制信用质量，切实加强金融监管”的金融方针，辖区房地产开发热、债券热、股票热和内部集资热降温。整顿金融秩序成绩显著，“五乱”（乱拆借、乱收费、乱提利率、乱集资和乱设金融机构）得到迅速纠正和制止，一些银行压单压票、结算程序混乱状况得到整肃。货币增长减速，经济总体降温。但新市建设不改资金供不应求的态势，宏观局势与辖区现状的矛盾，给银行业经营带来诸多困难。辖区银行业金融机构迎难而上，采取有效措施扩储增存，为新市建设集中资金支持，年增加 17.98 亿元，余额 75.20 亿元，增长 31.42%。其中，工行揭阳分行年中 3—4 月受“月零会”干扰，市区储蓄存款出现较大下降，全行掀起揽储高潮。是年采取综合有效措施扩储增存，年增加 1.41 亿元，余额 9.74 亿元，增长 16.93%，同时引进资金改善资金短缺状态，先后从北京、广州、深圳等地引进资金累计 8.10 亿元，年末借入资金余额 2.79 亿元，同比增加 7275 万元；农行揭阳分行合理调整网点布局，增强吸储功能，全年增加 2.38 亿元，余额 14.97 亿元，增长 18.90%；中行揭阳分行采取保支付、不拒付、不拖压，以诚信赢客户，争取存款，全年储蓄和企业存款 9 月同降，3、4、5 月和 8 月同升，其余月份呈升降反向增减互补总量增加，全年增加 2.24 亿元，余额 6.76 亿元，增长 49.56 %，外币存款年减少 617 万美元，余额 1975 万美元，下降 23.80%；建行揭阳市分行全年重点组织四次增存吸储高潮，提高资金自求平衡能力，全年增加 1.54 亿元，余额 7.03 亿元，增长 28.05%；交行揭阳分行是年 1 月起，对公业务采用计算机记账算账，同年 2 月起，业务加入全国联行，提高结算质量和效率，全年增加 2.00 亿元，余额 5.19 亿元，增长 62.88%；广发银行是年 2 月起，开通系统内联行业务（二级联行），全年增加 7073 万元，余额 7449 元，增长 18.81 倍。

1995 年，国家加快金融立法，金融法规相继出台。辖区银行业贯彻执行“适度从紧的货币政策、强化金融监管、改善金融服务、坚决抑制通货膨胀”的金融方针。国内固定资产投资得到有效控制，证券市场大势疲软，许多资金重新退出流通，但银行业同业竞争趋于激烈。辖区银行业金融机构积极探索适应“三性”和“四自”（指由《中华人民共和国商业银行法》框定的经营原则和机制：商业银行以安全性、流动性、效益性为经营原则，实行自主经营，自担风险，自负盈亏，自我约束）经营管理要求，由专业银行向商业银行经营机制转换，由粗放经营向集约经营发展，依法稳健经营，各项存款业务稳步增长，资金实力不断增强。年末，全辖银行业金融机构各项存款增加 18.94 亿元，余额 94.14 亿元，增长 25.19%。其中，工行揭阳分行多渠道挖掘储源，调整优化网点功能，年增加 4.11 亿元，余额 13.85 亿元，增幅 42.22%，涌现普宁支行流沙、河西二个年存款率先超亿元的储蓄所；农行揭阳分行按“成本效益”原则，合理布局，增强网点吸储能力，但因受外部环境资金分流影响，全年减少 1.42 亿元，余额 13.55 亿元，下降 9.48%；中行揭阳分行以文明、优质、高效服务赢得客户，全年增加 2.84 亿元，余额 9.62 亿元，增长 41.89%，建行揭阳市分行切实把筹资目标转移到提高存款市场占有份额上来，内部实施吸储增存激励机制，全年增加 2.53 亿元，余额 9.56 亿元，增长 36.01%。交行揭阳分行增加 1.99 亿元，余额 7.19 亿元，增长 38.52%；广发银行揭阳支行增加 4658 万元，余额 1.21 亿元，增长 62.53%。

1996 年，是国民经济建设进入第九个五年计划的第一年，辖区银行金融机构贯彻执行“控制货币信用总量，逐步使货币发行与经济增长相适应”的金融方针。推进适度从紧的货币政策与当地经济发展相一致，促进辖区物价的稳定，有效抑制通货膨胀出现。辖区的政策性金融业务从专业银行中分离出来，银行金融机构逐步由专业银行向商业银行转变，由粗放经营向集约化经营发展。“存款立行”成为辖区银行金融机构的普遍共识，存款业务竞争更趋激烈，各银行金融机构纷纷完善经营机制，建立和完善稳存、增存管理机制，争占市场份额，各项负债业务得到较快发展。辖区银行业各项存款实现稳步增长，年增加31.92亿元，余额126.06亿元，增长33.91%。其中，工行揭阳分行按照商业银行经营管理的运作要求，针对年中两次存款利率降低的实际，致力于“两个转变”（管理体制从专业银行向国有商业银行转变，业务发展方式从粗放型向集约型转变），落实经营目标责任，调动揽储积极性；合理优化网点布局，加大公存力度等有效措施，实现扩储增存，年增加4.45亿元，余额18.30亿元，增长32.13%；农行揭阳分行实行行社（农行揭阳分行与农村信用合作社）行政隶属关系“脱钩”改革；围绕“管理年”强化经营管理，为整体向商业银行经营机制转化奠定基础；通过开展首季揽储“开门红”等有力措施扩储增存，年增加5.21亿元，余额18.76亿元，增长38.47%，资金拆借率由年初的7.8%下降为2.5%；中行揭阳分行坚持把走集约化经营之路，作为由专业银行经营机制向商业银行经营机制转换的核心，强化存款兴行，开展存款吸储工作，年增加2.93亿元，余额12.53亿元，增长30.55%，外币增加760万美元，余额2318万美元，增长48.78%；建行揭阳市分行针对资金缺口大，个别支行支付困难，经营难以为继的现实，把筹资工作作为全年经营的中心工作，实施“抢市场、争份额、实现筹资大发展”的战略，全面落实各项行之有效的措施，存款稳步快速增长，年增加5.48亿元，余额15.04亿元，增长57.36%。交行揭阳分行增加1.92亿元，余额9.11亿元，增长26.69%；广发银行增加8462万元，余额2.06亿元，增长69.89%。

1997年，全市银行业金融机构继续执行“适度从紧”的货币政策，积极防范和化解金融风险，促进金融体制改革。是年，受股市不景气、社会保障还不完善等因素影响，虽然存款利率下调、但城乡居民为应对未来养老，以及住房、医疗、教育等不确定性开支而储蓄的意愿不减；辖区银行业金融机构优化网点布局，推行“大所战略”，扩储增存，促进各项存款实现稳步较大增长，各项存款年增加41.54亿元，余额167.60亿元，增长32.95%，其中储蓄存储增加34.52亿元，余额132.93亿元，增长35.08%。银行同业之间激烈的市场竞争犹存，在合规经营的前提下，各银行业金融机构避短扬长，群雄角逐、揽储增存。其中，工行揭阳分行面临资金缺、欠付账外负债务多、超负荷经营包袱重、存款利率下调等困难，实行存款目标责任制，层层分解和考核，落实吸储激励机制；按照“总量减少，结构调整”优化网点布局，推行“大所战略”，资源向效益好、有前途的大网点倾斜，发挥大网点的辐射战略效应。存款年增加4.04亿元，余额22.34亿元，增长22.08%。农行揭阳分行开展以优质服务为主要内容的“文明储蓄所”“最佳储蓄员”的劳动竞赛活动，以诚以优吸储增存，年增加5.38亿元，余额24.14亿元，增长28.66%。中行揭阳分行年增加3.88亿元，余额16.41亿元，增幅30.93%，外汇减少167万美元，余额2151万美元，下降7.20%；建行揭阳市分行大规模增设综合经营下伸网点，扩大服务覆盖面，是成立以来网点数量增加最多的年份。全年一般性存款增加4.73亿元，余额19.78亿元，增长31.50%。交行揭阳分行增加2.25亿元，余额11.35亿元，增长24.66%；广发银行增加1.96亿元，余额4.02亿元，增长95.56%。

1998年，为积极应对东南亚金融风波带来的影响，辖区银行金融机构积极贯彻国家的金融方针，强化监管，构筑金融安全区，为辖区营造和谐安全的经营环境。辖区国民经济继续保持稳定快速发展的态势，据统计局显示，全市国内生产总值361.48亿元，按可比价格计算，比上年增长17.20%。实现经济总量增长的过程，带来全辖企事业单位结算存款的增加。央行三次降息，对辖区存款影响不大，反而受股市低迷影响，城乡居民到银行存款热情增加，金融机构存款增速不减。全辖各项存款增加32.50亿元，余额200.10亿元，增长19.39%，各项外汇存款比年初增加3085万美元，余额6158万美元，增长100.39%。其中，工行揭阳分行抓住严禁高息存款的有利时机，克服市场疲软、存款利率三次下调、存款一度分流严重和市区部分信用社出现挤兑影响等不利因素，采取切实有效措施，实现存款总量快速增长和结构的再优化，年增加5.43亿元，余额27.77亿元，增长24.32%。农行揭阳分行在受东南亚金融风波和利率下调影响以及市区非银行金融机构存款挤兑风波的冲击，致第四季度存款常规性回落，但存款整体增势持续稳定，年增加4.82亿元，余额28.95亿元，增长19.95%。中行揭阳分行在转换经营机制中，实行存款目标管理，本外币增量增幅均有较大突破，年增加4.99亿元，余额21.40亿元，增幅30.42%，外汇存款比年初增加2529万美元，余额4651万美元，增幅119.18%。其中涌现存款超2亿元的市区营业部储蓄专柜和普宁支行存汇专柜二个辖属网点；首次以辖区最少的网点，创造年存款增量、增幅、市场份额和增加额全辖前茅的佳绩。建行揭阳市分行年增加5.83亿元，余额25.61亿元，增长29.48%。交行揭阳分行增加1.11亿元，余额12.47亿元，增长9.80%；广发银行增加2225万元，余额4.25亿元，增长5.53%。

1999年，亚洲金融风波影响持续，央行再次降息；国家开征利息税；股市回暖、国债发行。为克服和降低以上因素影响，辖区银行金融机构贯彻人行总行关于扩大内需、刺激消费的货币政策，防范和化解金融风险，积极做好城信社和农金会风险处置工作，继续构建揭阳金融安全区。全市各项存款年增加22.27亿元，余额222.37亿元，增幅11.13%；同比少增10.23亿元，增势有所减缓，主要是国家刺激消费政策使储蓄存款分流明显。其中，工行揭阳分行面对居民储蓄意愿明显下降，储蓄存款增速减慢，下半年出现存款下降，采取吸储稳存有效措施，保持存款增长，年增加7.49亿元，余额35.26亿元，增长26.98%；农行揭阳分行把组织存款重点转移到市区和经济重镇上来，改变过去存款增速缓慢状况，年增加6.91亿元，余额35.86亿元，增长23.87%；中行揭阳分行实行存款目标责任制，激发员工发展存款积极性，以全市四家国有商业银行最少的网点（占比13.14%），年存款增加总量为辖区之冠，年增加8.65亿元，余额30.05亿元，增长40.42%，外汇存款余额6707万美元，增加2056万美元，增长44.21%；建行揭阳市分行第二季度全市分行柜面服务质量“滑坡”，存款环比下降，第三季度重点加强检查和考核见成效，年末后两个月柜面综合服务水平明显改观，存款重拾上升趋势，后两个月一般性存款增加3.54亿元，占全年新增额的58.2%，年增加5.25亿元。全年一般性存款余额30.86亿元，增长20.52%，交行揭阳分行减少3.27亿元，余额9.19亿元，下降26.24%；广发银行增加4087万元，余额4.65亿元，增长9.63%。

2000年，国家上年实施刺激消费，启动内需的政策效应延续，消费市场回升，成效明显。由于储蓄存款实名制、证券市场火爆，带来部分储蓄资金分流。银行业由此同业竞争加剧，辖区银行金融机构不断改善经营管理，扩储增存营销方式推陈出新，积极为当地经济发展聚集资金，实现存款稳步增长。全市各项存款增加26.93亿元，余额229.83亿元，增幅13.27%，各项外汇存款比年初增加2874万美元，余额1.24亿美元，增长30.26%。其中，工行揭阳分行受宏观经济因素影响，第二季度起存款增速缓慢，吸储难度加大，通过实行内部激励机制，优化网点服务质量，实现扩储增存等有效措施，年增加4.71亿元，余额39.97亿元，增长13.36%。农行揭阳分行在社会资金分流渠道多、吸储增存难度加大的情况下，通过加大市场拓展力度，完善内部激励机制等有力措施吸储增存，存款年增加7.05亿元，余额42.91亿元，增长 19.65%，外汇存款增加 737 万美元，余额 1657 万美元，增长 80.11%。中行揭阳分行内强素质，外树形象，转变观念，适时调整发展策略，调动一切积极因素挖掘储源，存款年增加 1.76 亿元，余额 31.81 亿元，增长 5.86%，外汇增加 1353 万美元，余额 8060 万美元，增长 20.18%。建行揭阳市分行强化组织管理，以优质服务增存吸储，在重点区域巩固和扩大储源，存款年增加 1.96 亿元，余额 32.83 亿元，增长 6.37%。交行揭阳分行各项存款增加 7032 万元，余额 9.90 亿元，增长 7.65%；广发银行各项存款减少 1538 万元，余额 5.50 亿元，下降 3.30%；邮政储蓄各项存款增加 6790 万元，余额 6.09 亿元，增长 12.55%。

2001 年，辖区银行金融机构贯彻落实稳健的货币政策，继续推进金融平安区建设。全市金融运行平稳正常，存款增加明显，流动性增强。至 12 月末，全辖各项存款增加 34.67 亿元，余额 264.64 亿元，增长 15.07% ，同比多增 7.74 亿元。其中，工行揭阳分行克服储蓄存款受网点撤并、代理兑付城信社储蓄存款、对公存款大户资金上划等因素给增存带来的困难，通过改善服务，开拓新的存款市场，存款年增加 2.62 亿元，余额 42.59 亿元，增长 6.55%；农行揭阳分行针对国家扩大内需政策到位和机构网点撤并等因素，带来存款分流加剧、吸储难度大的困难，采取有效措施，大力发展存款，存款年增加 5.38 亿元，余额 48.29 亿元，增长 12.54%；中行揭阳分行实行市区网点和辖属支行并重发展，实现以全辖 17.86% 的网点数，创造全辖本币负债业务增量 52.47% 的效果，存款年增加 8.20 亿元，余额 40.01 亿元，增长 25.78%，外币存款减少 198 万美元，余额 7862 万美元，下降 2.30%；建行揭阳市分行深入开展 “抓优质服务，促存款增长”活动，存款年增加 4.77 亿元，余额 37.60 亿元，增幅 14.54%，外币存款余额 820 万美元。交行揭阳分行存款减少 108 亿元，余额 8.82 亿元，下降 10.86%；广发银行增加 1.78 亿元，余额 6.28 亿元，增长 39.47%；邮政储蓄各项存款增加 2.15 亿元，余额 8.24 亿元，增长 35.27%。

2002 年，揭阳市实施“工业立市”，围绕“稳中求快，加强管理”的方针，积极发展支柱产业，不断加大产业结构调整、市场开拓和改革发展力度，工业经济保持良好的发展态势，全市完成工业总产值（按 90 年不变价）786.24 亿元，同比增长 11.50%，产业结构不断优化。辖区银行业金融机构继续贯彻稳健的货币政策，合理运用多种货币政策工具，优化金融经营环境，充分利用辖区经济加快发展带来的经营资源，扩储增存，集中资金，支持和推进地方经济社会建设的发展。全辖各项存款实现稳步增长，年增加 29.89 亿元，余额 294.54 亿元，增长 11.30%。其中，工行揭阳分行面对地方经济呈恢复性止跌缓升势头，居民收入水平不断提高，为各银行储蓄业务带来新机遇，而辖区电信、移动、电力等系统大户改革财务管理体制，资金大部分上划省局，极大冲击对公存款市场现实，及时调整策略，采取有效措施尽力争揽存款，年增加 3.40 亿元，余额 45.99 亿元，增长 7.98%；农行揭阳分行针对辖下网点撤并力度加大（全辖共撤并 15 个网点）、造成储蓄存款分流加剧（网点撤并影响储蓄存款金额 2.40 亿元，实际造成存款流失近 1.80 亿元），采取多点出击，大力发展对公存款和同业存款，推进全行存款继续保持稳定增长，年增加 4.49 亿元，余额 52.40 亿元，增长 9.36%，外币存款余额 1565 万美元，减少 121 万美元，下降 7.18%；中行揭阳分行确立企业存款工作“一把手”负责制，实施全员营销，企业存款取得良好效果，年增加 4.34 亿元，余额 44.35 亿元，增幅 10.84%，外汇存款减少 188 万美元，余额 7674 万美元，下降 2.39%；建行揭阳市分行实行储蓄存款月通报制度、黄红牌警告和负责人问责制，强化优质服务巡查工作，着力提高柜面服务水平，推动存款持续增长，年一般性本币存款增加 1.93 亿元，余额 39.82 亿元，增长 5.09%，外汇存款减少 36 万美元，余额 784 万美元，下降 4.39%。交行揭阳分行各项存款增加 1.89 亿元，余额 10.71 亿元，增长 21.42%；广发银行存款减少 8769 万元，余额 5.40 亿元，下降 13.96%；邮政储蓄各项存款增加 2.52 亿元，余额 10.76 亿元，增长 30.64%。

2003 年，辖区银行业金融机构克服抗击“非典”带来的不利影响，贯彻执行国家货币政策，不断改进金融服务，确保货币政策有效渗透到经济发展的末梢，为辖区经济社会的发展提供稳健协调的金融支持，揭阳市经济社会发展呈现由弱转强的发展势头。这一期间，为再适应市场发展需要，辖区中行揭阳分行、建行揭阳市分行、工行揭阳分行、农行揭阳分行分别随整体管理体制的改革和经营机制的转换，探索和构建新的经营管理体制和经营机制，整体增强筹资能力，壮大存款业务。中行揭阳分行和建行揭阳市分行率先进行股份制改造试点，改革管理体制，转换经营机制，创新经营模式，逐步转变经营理念，改变原来单纯追求存款规模观念，建立起成本效益观念。不断调整网点结构，改善网点服务环境，提升网点服务功能，逐步建立客户经理制度，确立以“客户为中心”的指导思想，不断创新业务品种。筹资能力不断增强，存款业务不断壮大，筹资成本不断降低；工行揭阳分行和农行揭阳分行为实施商业银行发展战略、构建商业银行的经营管理体制，逐步撤并、整合低效网点，推行市区“扁平化”改革，建立健全柜员制，逐步实行客户经理制度，存款业务得到较快发展。至 12 月末，辖区各项存款实现稳步较大增长，年增加 49.30 亿元，余额 343.83 亿元，增长 16.74%。其中，工行揭阳分行采取多元化营销策略，稳住老客户，拓宽新储源，实行差别服务，争取优质客户，存款年增加 8.65 亿元，余额 54.64 亿元，增长 18.80%；农行揭阳分行实行网点等级考核，加大综合营销力度，推行个人客户分层服务，有效适应同业竞争，克服“非典”负面影响，存款年增加 8.87 亿元，余额 61.27 亿元，增长 16.93%；中行揭阳分行以不断改进服务赢得储户，开展经营集约管理，以最少的网点和人员，在辖区银行业金融机构中，网点平均存款余额、存款新增额、人均存款余额皆列前茅，年增加 8.65 亿元，余额 53.00 亿元，增幅 19.52%，外汇存款减少 761 万美元，余额 6913 万美元，下降 9.92%；建行揭阳市分行实施由市分行直接考核到网点、突出以增量为主的考核办法，有效明晰激励导向，推动存款增长，年一般性本币存款增加 2.73 亿元，余额 42.54 亿元，增长 6.84%，外汇存款减少 195 万美元，余额 589 万美元，下降 24.87%。交行揭阳分行增加 1.67 亿元，余额 12.37 亿元，增长 15.52%；广发银行增加 2.54 亿元，余额 7.94 亿元，增长 47.02%；邮政储蓄各项存款增加 4.47 亿元，余额 15.23 亿元，增长 41.51%。

2004 年，辖区银行金融机构贯彻国家宏观调控政策，深化改革，落实经营目标责任制，强化内部管理，防范和化解金融风险，不断改进金融服务，支持和推进揭阳市经济持续协调发展。随着货币政策的贯彻落实，辖区金融环境不断优化，经济金融协调发展，全市各项存款保持平稳增长。全辖各项存款增加 62.45 亿元，余额 415.23 亿元，增长 17.70%，各项外汇存款比年初减少 1085 万美元，余额 9731 亿美元，下降 10.03%。其中，工行揭阳分行落实存款目标责任制，激励网点员工揽储积极性，拓宽新储源，发展优质客户，年增加 9.05 亿元，余额 63.51 亿元，增长 16.63%，外汇存款减少 241 万元，余额 2257 万美元，下降 11.95%；农行揭阳分行将存款目标分解到各网点，落实存款问责制，完善吸存揽储激励机制，年增加 11.12 亿元，余额 72.26 亿元，增长 18.19%，外汇存款减少 234 万美元，余额 1173 万美元，下降 16.63%；中行揭阳分行加大对辖属县级支行和基层网点的吸储指导力度，不断优化存款结构和客户结构，增强人民币存款的稳定性，实现存款业务的快速增长，年增加 9.85 亿元，余额 62.85 亿元，增幅 18.58%，外汇存款减少 1364 万美元，余额 5549 万美元，下降 19.73%；建行揭阳市分行继续完善和实施由市分行直接考核辖属网点存款业务，以增量为主的考核办法，推进存款持续增长，年一般性本币存款增加 3.35 亿元，余额 45.89 亿元，增长 7.88%，外汇存款减少 101 万美元，余额 488 万美元，下降 17.15%。交行揭阳分行增加 1.87 亿元，余额 14.24 亿元，增长 15.12%；广发银行作为地方性商业银行而成立，自成立起就按照商业银行模式进行经营，是年实行股份制改革，在经营理念和营销策略上紧跟市场变化，存款业务不断发展，年增加 2.95 亿元，余额 10.89 亿元，增长 37.15%；邮政储蓄各项存款增加 9.10 亿元，余额 24.33 亿元，增长 59.77%。

2005 年，揭阳市实施“工业强市”、打造“四大产业带”（①沿江城市经济产业带，以榕江中下游的沿江城市产业带，主要包括卅岭工业新城、揭阳市区、揭东开发区、空港经济区以及沿线城镇；②中部商贸经济产业带，以普宁流沙为中心，沿揭普惠高速向东西两侧拓展；③沿海临港经济产业带，以惠来 82 公里海岸线为中心的沿海地区；④西部生态经济产业带，以揭西河婆为中心，包括揭西大部分和普宁西南部地区的城镇）和实施“五大工程”。（城市生态屏障工程，包括黄岐山、紫峰山森林碳汇工程 1.69 万亩的建设。生态廊道工程，包括潮惠高速、揭惠高速榕城段生态景观林带建设 17.8 公里；榕江南河、北河以及仙桥河沿江生态廊道工程建设 32.6 公里（其中榕江北河 9.2 公里，榕江南河 12.1 公里，榕城区仙桥河两岸 11.3 公里）建设。乡村绿化美化工程。包括乡村绿化美化工程建设 51 个（其中城郊型 25 个、农村型 26 个）；乡村绿化美化工程建设 35 个（其中城郊型 6 个、农村型 29 个）。城市绿化工程，包括新增湿地公园 1 个，建成“城市小森林”16 个。城镇美化绿化工程，以郊区街道驻地为重点，在推进城镇化建设过程中建设城镇化美化绿化工程 5 个，强势推进全市经济快速发展，促进五金机械、化工塑料、纺织服装、食品制药、电子信息等支柱产业的兴起，惠来石牌山风电场、潮汕民用机场、潮揭、汕揭高速公路揭阳段工程、临江南路和市区污水处理厂、垃圾处理场等大型能源、交通、水利基础设施和市政项目相继大规模启动。辖区银行金融机构贯彻落实稳健的货币政策，充分利用地方经济快速发展带来的经营资源，完善协调沟通机制，畅通货币政策传导，营造和谐稳定的金融生态环境，经济金融协调、健康发展，促进各项存款实现稳步增长，年增加 56 亿元，余额 468.15 亿元，增长 13.41%。但外币存款走低，外汇各项存款同比减少 2983 万美元，余额 6749 万美元，下降 30.65%。其中，工行揭阳分行加强考核网点绩效，激发和调动网点员工开拓市场、营销产品的积极性，提升网点综合竞争力和持续发展能力，年增加 5.73 亿元，余额 69.76 亿元，增长 8.95%，外汇存款减少 542 万美元，余额 1215 万美元，下降 24.01%；农行揭阳分行整合资源，开拓市场，提高经营集约度，年增加 10.54 亿元，余额 82.98 亿元，增长 14.56%，外汇存款减少 303 万美元，余额 870 万美元，下降 25.83%；中行揭阳分行克服年初受营业机构歇业、改扩建，搬迁和存款市场萎缩等因素影响，及时调整策略，对后进网点进行帮扶、指导，营销高端客户，加大绩效考核、中层干部问责和考核力度等措施，有力扭转年初储蓄存款缓慢增长局面，年增加 8.11 亿元，余额 70.96 亿元，增幅 12.91%，外汇存款减少 1438 万美元，余额 4111 万美元，下降 25.91%；建行揭阳市分行完成网点撤并和布局调整工作，网点布局结构更加合理，其中撤并三个低效益网点，改造和合理布局网点分布，使网点功能更加完善，市场竞争力进一步提升，此外，与揭阳市住房公积金管理中心签订和履行公积金归集委托协议书，巩固该项业务的优势地位，年一般性存款增加 5.31 亿元，余额 52.55 亿元，增长 11.24%，交行揭阳分行增加 5.24 亿元，余额 19.49 亿元，增长 36.74%，外汇各项存款余 127 万美元；广发银行增加 1668 万元，余额 11.05 亿元，增长 1.53%；邮政储蓄各项存款增加 6.97 亿元，余额 31.30 亿元，增长 28.66%。

2006 年，国家继续实施“双稳健”的宏观调控政策，延续宽货币紧信贷的货币政策，经济增长方式的转变、结构调整的力度、内需的启动得以再深化，投资在增长较快中稳中趋降，经济在持续平稳较快发展态势中温和放缓，金融改革随国家金融业逐步全面开放而向纵深推进。是年，位居广东省内经济欠发达地区之一的揭阳市，创业和赶超进位意识强烈。在省委、省政府支持下，实施工业强市、文化大市、商贸旺市、三农优先、绿色揭阳“五大战略”，突出组织工业发展、城镇建设、基础教育“三个突破”，强势推进全市经济社会快速发展，进一步激活揭阳市的经济活力，促进五金机械、化工塑料、纺织服装、食品制药、电子信息等支柱产业的兴起，市区城市设防工程、惠来电厂、惠来石碑山风电场、潮汕民用机场、汕揭和潮揭高速公路揭阳段工程等重大项目建设，为银行金融机构提供潜力巨大的经营资源。辖区银行金融机构抓住机遇，继续贯彻稳健的货币政策，稳步推进利率市场化改革，维护辖区金融稳定，加强流动性管理，注重优化存款结构，各项存款实现稳步较大增长，年增加 71.12 亿元，余额 539.89 亿元，增长 15.17%。其中，工行揭阳分行把存款增量、活期占比作为综合反映存款工作的重要指标，存款业务得到量增和结构优化，年增加 7.01 亿元，余额 76.77 亿元，增长 10.04%，外汇存款减少 96 万美元，余额 1119 万美元，下降 7.90%；农行揭阳分行优化存款结构，大力发展活期存款，优化定活期比例，向优化存款结构要效益，年增加 10.09 亿元，余额 93.07 亿元，增长 12.16%，外汇存款减少 95 万美元，余额 775 万美元，下降 10.92%；中行揭阳分行将存款考核重点调整到日均存款计划完成率、低成本存款拓展和存款结构优化等方面，激励员工将工作重点转移到发展低成本储蓄上，年增加 7.67 亿元，余额 78.62 亿元，增幅 10.80%，外汇存款减少 298 万美元，余额 3813 万美元，下降 7.25%；建行揭阳市分行加大对中高端客户的识别、维护和拓展力度，利用旺季营销、联动营销和驻点营销等措施，促进个人存款快速增长，年一般性存款增加 7.75 亿元，余额 60.30 亿元，增长 14.75%。交行揭阳分行存款增加 4.59 亿元，余额 24.07 亿元，增长 24.54%，外汇各项存款余 88 万美元；广发银行存款增加 3.52 亿元，余额 14.57 亿元，增长 31.82%；邮政储蓄各项存款增加 8.07 亿元，余额 39.37 亿元，增长 28.78%。

2007 年，由于资本市场和房地产市场火爆，吸引城乡居民投资渠道增多。受资本市场活跃影响，部分储蓄存款分流到股市、房地产市场、理财产品等领域，存款市场竞争激烈。全市银行金融机构继续贯彻稳健的货币政策，抓早争先，强化服务，抓住揭阳市落实粤东经济会议和招商引资重大项目签约机遇，积极发展负债业务，各项存款总体保持稳步增长态势。各项存款年增加 27.93 亿元，余额 569.32 亿元，增长 5.16%；各项外汇存款走低，减少 1611 万美元，余额 4571 万美元，下降 26.06%。其中，工行揭阳分行不断优化负债结构，年末活期存款比年初上升 0.76 个百分点，在致力发展负债业务中，年增加 4063 万元，余额 77.17 亿元，增长 0.53%，外汇存款减少 213 万美元，余额 906 万美元，下降 19.03%；农行揭阳分行受外部激烈市场竞争，资金分流影响，存款业务发展滞后，年减少 3449 万元，余额 92.73 亿元，下降 0.37%，外汇存款减少 220 万美元，余额 555 万美元，下降 28.39%；中行揭阳分行针对资本市场活跃导致商业银行存款分流严重的局面，加大考核和激励力度，落实专项奖励方案和严格问责制度，加强主动负债管理，大力发展低成本产品、业务和客户群，年增加 226 万元，余额 78.65 亿元，增幅 0.03%，外汇存款减少 1081 万美元，余额 2732 万美元，下降 28.35%；建行揭阳市分行注重捕捉市场信息，延伸市场触角，以提高服务质量和多元化联动营销，推进负债业务的发展，年一般性存款增加 3.95 亿元，余额 64.25 亿元，增长 6.54%，外汇存款余额 519 万美元。交行揭阳分行存款增加 2.41 亿元，余额 26.48 亿元，增长 10.01%，外汇各项存款余 58 万美元；广发银行存款增加 1065 万元，余额 14.68 亿元，增长 0.73%；邮储行揭阳市分行各项存款增加 2.85 亿元，余额 42.22 亿元，增长 7.24%。

2008 年，国家实行稳健的财政政策和适度从紧的货币政策。经济发展方式的转变、结构调整力度的加强，经济运行继续保持平稳较快发展态势但增速温和放缓。揭阳市以广东省政府加快粤东经济发展的有利契机，抓住世界新一轮经济结构调整和珠三角产业转移的机遇，加大招商引资力度。为实现揭阳地区实质性经济转型和跨越式发展，继续实施“三个新增 100”（指从 2004 年起，投资 1000 万元以上项目每年新增100个，投资500万元以上工业项目每年新增100个，规模以上工业企业每年新增100家）和“668计划”（指6个工业城、6个生产基地、8个工业园），培育壮大集群经济。这些举措，为辖区银行金融机构提供潜力巨大的经营资源。全市银行金融机构抓住这一有利机遇，克服金融脱媒［又称“金融非中介化”，在英文中被称为“Financial Disintermediation”。是指在金融管制的情况下，资金供给绕开商业银行体系，直接输送给需求方和融资者，完成资金的体外循环。随着经济金融化、金融市场化进程的加快，商业银行主要金融中介的重要地位在相对降低，储蓄资产在社会金融资产中所占比重持续下降及由此引发的社会融资方式由间接融资为主，向直、间接融资并重转换的过程。金融深化（包括金融市场的完善、金融工具和产品的创新、金融市场的自由进入和退出、混业经营和利率、汇率的市场化等）也会导致金融脱媒。金融脱媒是经济发展的必然趋势］趋势加快；居民投资理财意识增强；负债业务市场波动较大，存款活期化；货币政策对流动性管理提出更高要求等因素的影响和挑战，大力开展多渠道、多形式的存款市场营销，为辖区招商引资重大项目启动，集中经济建设发展的支持资金，各项存款大幅增长。各项存款年增加154.25亿元，余额723.66亿元，增长27.09%。其中，工行揭阳分行面对大量资金撤离资本市场的机遇和日益加剧的同业竞争的挑战，利用品牌、网点、系统、产品等方面的优势，切入优质客户营销，增加有效存款，存款年增加30.37亿元，余额107.54亿元，增长39.35%，外汇存款减少113万美元，余额793万美元，下降12.47%；农行揭阳分行抓住股市不景气，资金回流的有利时机，抓早抓主动，分层落实存款目标责任制，加大存款激励力度，促进储蓄业务快速增长，通过多措并举，存款年增加21.04亿元，余额113.76亿元，增长22.69%，外汇存款增加15万美元，余额570万美元，增长2.70%；中行揭阳分行加大对网点储蓄存款的督导帮扶，落实行领导挂钩、部门督导和分片区研讨会制度，同时加强主动负债管理，优化存款结构，存款年增加15.51亿元，余额94.16亿元，增幅19.72%，外汇存款增加442万美元，余额3174万美元，增长16.18%；建行揭阳市分行加强网点改造，推进网点转型，提升服务水平，增强增存吸储能力，年一般性本币存款增加29.38亿元，余额93.63亿元，增长45.73%，外汇存款减少119万美元，余额400万美元，下降22.93%，交行揭阳分行存款增加6193万元，余额27.10亿元，增长2.34%，外汇各项存款余45万美元；广发银行存款增加1.64亿元，余额16.31亿元，增长11.14%；邮储行揭阳市分行各项存款增加12.71亿元，余额54.93亿元，增长30.11%。

2009年，国家围绕“扩内需、调结构、保增长”出台一系列刺激方案，实行积极的财政政策和适度宽松的货币政策，宏观经济平稳较快发展的基本面、区域经济向前向上的发展态势并未发生根本改变。广东省政府进一步加快落实东西两翼发展步伐，实施新十大工程建设（指交通运输体系工程、能源保障工程、现代服务业工程、高新技术产业工程、先进制造业工程、现代农业和水利工程、产业转移工程、宜居环境工程、社会发展工程、资源储备保障工程），推进“产业和劳力双转移”。揭阳市加快特色城市、交通项目、能源项目和水利项目建设，调整优化产业结构，加大招商引资力度，促进产业和劳动力“双转移”。推进揭阳经济社会“赶超进位，后来居上”“力拔粤东五年大变化头筹”的跨越式发展。辖区银行金融机构抓住机遇，贯彻落实“适度宽松”的货币政策；全市银行金融机构各扬所长，吸储增存，优化存款结构，集中资金支持揭阳经济强势发展，本外币各项存款突破800亿元大关，银行体系流动性充裕。实现各项存款稳步增长，年增加89.31亿元，余额813.31亿元，增长12.33%。其中，工行揭阳分行推进负债业务结构优化，努力降低负债成本，活期占比比年初上升2.35个百分点，在开展吸储增存中，年增加5.87亿元，余额113.42亿元，增长5.46%，外汇存款增加50万美元，余额843万美元，增长6.31%；农行揭阳分行在巩固传统储蓄市场领先地位的基础上，加快业务转型步伐，强势推进网点硬转型和软转型，提升网点增存吸储竞争力，年增加 1.82 亿元，余额 115.58 亿元，增长 1.60%，外汇存款减少 87 万美元，余额 483 万美元，下降 15.26%；中行揭阳分行支持辖下网点存款实施源头营销挖掘存量大户存款、重点目标锁定有效扩大储蓄存款规模等的营销举措，有效扩储增存，存款年增加 9.04 亿元，余额 103.20 亿元，增幅 9.60%，外汇存款减少 206 万美元，余额 2968 万美元，下降 6.49%；建行揭阳市分行实施“精品网点”战略，指导和推进网点的特色经营，增强增存吸储竞争力，与揭阳市社保局、揭阳市财政局签订和履行全市社保业务全面合作框架协议，独家承办全市社保“五险合一”业务，年一般性本币存款增加 18.75 亿元，余额 112.38 亿元，增长 20.03%，外汇存款增加 25 万美元，余额 425 万美元，增长 6.25%。交行揭阳分行存款增加 6.54 亿元，余额 33.65 亿元，增长 24.14%，外汇各项存款余 88 万美元；广发银行存款增加 8549 万元，余额 17.17 亿元，增长 5.24%；邮储行揭阳市分行各项存款增加 7.68 亿元，余额 62.61 亿元，增长 13.98%。

2010 年，国内外经济基本面持续好转，国家继续加大“扩内需、调结构”的力度，努力巩固国内经济企稳向好势头。据广东省统计局显示，揭阳市上年（2009 年）主要经济指标增速在全省名列前茅，其中 GDP、地方财政一般性预算收入等 6 项主要指标增幅进入全省前三名，被广东省委书记汪洋誉为“粤东经济大发展新亮点”。全市继续推进重大项目建设，着力城市扩容提质，力促实现地区产业经济实质性转型和跨越式发展，为辖区银行金融机构围绕地方经济发展重心，优选经营方向提供有利机会。辖区银行金融机构抓住契机，继续贯彻落实“适度宽松”货币政策，完善金融稳定工作机制，优化地方金融生态环境，通过多形式吸储增存，夯实对推进地方经济发展的资金支持。是年各项存款实现稳步较大增长，年增加 153.72 亿元，余额 967.03 亿元，增长 18.90%。其中，工行揭阳分行通过强化储蓄基础地位，全力做大存款规模，强化营销维护，提升公存占有率，抢占存款市场制高点，年增加 23.12 亿元，余额 136.54 亿元，增长 20.39%，外汇存款减少 59 万美元，余额 784 万美元，下降 7.00%；农行揭阳分行针对对公存款持续下滑、市场竞争力不强的现实，采取多种行之有效的措施，确保对公存款维持稳健快速增长势头，年增加 19.83 亿元，余额 135.41 亿元，增长 17.16%，外汇存款减少 77 万美元，余额 406 万美元，下降 15.94%；中行揭阳分行存款增加 13.40 亿元，余额 116.60 亿元，增幅 12.99%，外汇存款减少 557 万美元，余额 2411 万美元，下降 18.77%；建行揭阳市分行以加大财政社保等机构客户的资金归集和挖掘，抓好重点行业、重点项目、重点客户及辖区内建设项目和专业市场的拓展等多举措，强化公司与机构客户的维护拓展，实现负债业务稳步增长，年一般性存款增加 19.53 亿元，余额 131.91 亿元，增长 17.38%，外汇存款增加 792 万美元，余额 1217 万美元，增长 186.35%。交行揭阳分行存款增加 6.17 亿元，余额 39.82 亿元，增长 18.34%，外汇各项存款余 366 万美元；广发银行存款增加 3.14 亿元，余额 20.31 亿元，增长 18.27%；农商银行（市区农商银行）各项存款余额 46.78 亿元；邮储行揭阳市分行各项存款增加 14.17 亿元，余额 76.78 亿元，增长 22.63%。

2011 年，央行先后连续 6 次上调人民币存款准备金率、3 次上调人民币存贷款基准利率，随后 1 次下调人民币存款准备金率，并出台将保证金存款纳入存款准备金交存范围政策。在流动性逐渐收紧的形势下，揭阳市以转变经济发展方式为核心，狠抓现代产业体系建设，狠抓自主创新，狠抓扩大内需，狠抓社会建设，狠抓民生保障，以大项目带动大发展，以工业化促进城市化，强势推进跨越发展。包括中石油广东石化炼油项目、揭阳潮汕机场、珠海（揭阳）产业转移工业园等在内的一些重大项目如火如荼进行中，成为揭阳经济发展的重要增长极。辖区银行金融机构贯彻落实国家的货币政策，找准金融支持经济发展的切入点，把握好政策实施的力度、节奏和重点，促进辖区经济金融平稳较快发展。全市本外币各项存款突破 1000 亿元大关，各项存款实现稳步增长，年增加 163.69 亿元，余额 1130.77 亿元，增长 16.93%。其中，工行揭阳分行围绕拓户，挖掘新储源，联动理财，实现客户的有效营销和存款挖潜，健全机制，细化管理，紧跟同业，强化督导，推动储蓄存款赶超计划的落实（全年同比提升 1.77 个百分点），存款年增加 34.05 亿元，余额 171.10 亿元，增长 24.84%，外汇存款减少 2073 万美元，余额 2857 万美元，增长 264.41%；农行揭阳分行强化“一揽子”综合营销，锁定客户季末、月末存款，增强客户与本行的黏合度，同时调整优化网点布局，提高网点服务水平和辐射吸储覆盖范围，提升负债业务市场份额，存款年增加 20.50 亿元，余额 156.14 亿元，增长 15.08%，外汇存款减少 95 万美元，余额 311 万美元，下降 23.40%；中行揭阳分行以负债业务为核心，提升存款业务市场竞争力，不断壮大存款业务规模，存款年增加 13.35 亿元，余额 131.54 亿元，增幅 11.29%，外汇存款增加 791 万美元，余额 3202 万美元，增长 32.81%；建行揭阳市分行前三季度，紧紧围绕“过程抓广义，时点抓狭义”的经营策略，及早部署，抢客户、占市场，第四季度，为确保存款稳定，及时调整存款计划，引导网点转变思路，注重日均增长，做到时点与日均两并重，推动存款业务的发展，年末一般性存款增加 11.87 亿元，余额 144.42 亿元，增长 8.96%，外汇存款增加 80 万美元，余额 1297 万美元，增长 6.57%。交行揭阳分行存款增加 3.73 亿元，余额 43.79 亿元，增长 9.32%，外汇各项存款余 296 万美元；广发银行存款减少 1035 元，余额 20.22 亿元，下降 0.51%；邮储行揭阳市分行各项存款增加 17.84 亿元，余额 94.61 亿元，增长 23.23%；农商银行（含市区、揭西县农商银行）各项存款增加 54.76 亿元，余额 101.54 亿元，增长 117.07%。

2012 年，广东省委省政府关于振兴粤东西北发展政策的提出，为揭阳振兴经济，推进揭阳经济社会发展提供机遇。揭阳市为推进经济跨越发展，继续开展招商引资，先后举办揭阳空港经济区高端招商会，签约七大类 49 个项目；举办揭阳（惠来）大南海国际石化综合工业园高端招商会，签约项目 39 个。实施国有企业专项招商行动，央企中科建设开发总公司、中石油集团公司、华润电力控股有项公司与揭阳签约，分别计划投资建设空港经济区大型城市综合体及科技创新孵化园、中石油揭阳 LNG（液化天然气）项目、园区热电联产项目。这些潜在的经营资源，为辖区银行业带来新的发展机遇。辖区银行金融机构继续贯彻国家货币政策，落实存款准备金政策和利率管理规定，防范流动性风险和推进利率市场化；紧贴当地市场特点，转变经营观念，谋创新促转型，控风险保质量，科学把握存款发展的规律和特点，推进辖区经济金融协调发展。各项存款实现稳步较大增长，年增加 180.45 亿元，余额 1311.12 亿元，增长 18.96%。其中，工行揭阳分行通过“理财引存”“外拓增存”“服务稳存”增加储蓄存款，通过落实“拓户增存”“产品引存”增加对公存款，通过“平时抓流量，时点抓存量”巩固在同业存款竞争中的领先地位，年增加 23.41 亿元，余额 194.51 亿元，增长 13.68%，外汇存款增加 1.20 亿美元，余额 1.49 亿美元，增长 420.20%；农行揭阳分行充分发挥总部与网点城乡联动的独特优势，通过考核激励调动全员营销积极性，通过深入开展存款营销攻关，深挖储源稳存增存，年增加 22.19 亿元，余额 178.33 亿元，增长 14.21%，外汇存款增加 120 万美元，余额 431 万美元，增长 38.59%；中行揭阳分行认真贯彻落实国家各项宏观经济金融政策和微观货币政策，各项存款稳步增长，年增加 18.32 亿元，余额 149.86 亿元，增幅 13.93%，外汇存款增加 1273 万美元，余额 4475 万美元，增长 39.76%；建行揭阳市分行通过“盘活存量客户、拓展行外客户、做大全量客户”的举措，抓大不放小，盘活存量做大增量，实现存款稳步增长，年一般性本币存款增加 20.72 亿元，余额 165.13 亿元，增长 14.34%，外汇存款减少 895 万美元，余额 402 万美元，下降 69.01%。交行揭阳分行增加 3.69 亿元，余额 47.39 亿元，增长 8.46%，外汇各项存款余额 135 万美元；广发银行揭阳支行减少 8104 元，余额 19.41 亿元，下降 4.01%；农商银行（含市区、揭西县农商银行）增加 35.71 亿元，余额 137.25 亿元，增长 35.16%；邮储行揭阳市分行增加 22.34 亿元，余额 116.95 亿元，增长 23.61%。普宁汇成村镇银行存款余额 2.04 亿元。

2013 年，辖区经济发展延续上年的强劲态势。揭阳市继续推进以转变经济发展方式为核心，招商引资带来的多项基础设施建设和大项目频频落地，空港、海港经济圈逐步形成，多家大型企业争相进驻揭阳，成为银行业难得的发展机遇。辖区银行金融机构继续贯彻稳健的货币政策，抓住基础设施和大项目建设，以及揭阳作为全省民生金融示范区试点建设等的发展机遇，积极集中社会闲散资金，服务好"工业化""城镇化"和"农业现代化"建设，推进辖区经济金融协调发展。全市本外币各项存款突破 1500 亿元大关，地区经济生产总值（GDP）1605.35 亿元，总量跃居粤东首位，主要经济指标持续保持全省前列。各项存款实现稳步较大增长，年增加 218.58 亿元，余额 1529.69 亿元，增长 16.67%。其中，工行揭阳分行采取外延拓展与内涵挖潜同步、高端服务与普惠金融同步、经营贡献与资源配置同步，推动存款业务拓土开疆，年增加 24.53 亿元，余额 219.04 亿元，增长 12.61%，外汇存款减少 1.14 亿美元，余额 3429 万美元，下降 76.93%。农行揭阳分行采取抓短板促稳增，持续提升存款市场份额；多策并举力促公司类存款有效增长，年增加 26.35 亿元，余额 204.68 亿元，增长 14.78%，外汇存款减少 218 万美元，余额 213 万美元，下降 50.58%。中行揭阳分行采取提升渠道服务能力、提升金融服务功能、提供民生金融产品，为客户财富保值增值，助力建设粤东上善之区，年减少 15.23 亿元，余额 134.63 亿元，下降 10.16%，外汇存款减少 1364 万美元，余额 3111 万美元，下降 30.48%。建行揭阳市分行充分发挥"部门联动、上下联动"协同效应，坚持存量和增量并举；扎实做好存款基础工作，培育存款可持续发展能力，年一般性存款增加 22.75 亿元，余额 187.88 亿元，增长 13.77%，外汇存款增加 2158 万美元，余额 2560 万美元，增长 536.82%。交行揭阳分行增加 8.13 亿元，余额 55.51 亿元，增长 17.15%，外汇各项存款余额 127 万美元。广发银行揭阳支行增加 2.45 亿元，余额 21.86 亿元，增长 12.59%。农商银行（含市区、揭西县农商银行）增加 62.45 亿元，余额 199.69 亿元，增长 45.50%。邮储行揭阳市分行增加 20.61 亿元，余额 137.56 亿元，增长 17.62%。普宁汇成村镇银行增加 6.00 亿元，余额 8.04 亿元，增长 294.85%。外资银行（含汇丰、东亚）本外币存款余额 1914 万元。

2014 年，国家在实施"双稳健"财政、货币政策的同时，坚持稳中求进、以稳促进，努力释放改革红利，激发市场活力和社会创造力。揭阳农业经济发展稳定，工业经济快速增长，商贸市场持续兴旺，消费需求保持活跃。辖区银行金融机构贯彻落实稳健的货币政策，围绕揭阳市建设粤东经济强市和粤东上善之都的目标，贯彻落实《中共揭阳市委、揭阳市人民政府关于建设粤东金融强市的决定》，突出增强发展内生动力，加快业务转型升级。全市经济金融保持平稳协调发展的良好态势，各项存款实现稳步增长，年增加 180.24 亿元，余额 1709.93 亿元，增长 11.78%，其中受储蓄存款增幅走低影响，各项存款同比少增 38.34 亿元。工行揭阳分行贯彻落实最新监管要求，遏制"冲时点"，平衡好业务发展与偏离度管理，科学把握新形势下存款发展的规律和特点，各项存款日均余额 213.50 亿元，同比增加 12.5 亿元，将存款工作重心摆正到抓"日均"上。年减少 6057 万元，余额 218.43 亿元，下降 0.28%，外汇存款减少 338 万美元，余额 3091 万美元，下降 9.86%。农行揭阳分行狠抓对公客户的营销突破，全力扭转对公存款的弱势地位；多策并举全力巩固个人存款的优势地位。年增加 21.72 亿元，余额 226.40 亿元，增长 10.61%，外汇存款增加 104 万美元，余额 317 万美元，增长 48.83%。中行揭阳分行坚持时点与日均存款统筹兼顾发展策略，通过"抓源头存款、抓结算平台、抓理财沉淀、抓重点突破"等方式多措并举，主动发展负债业务，有效扭转上年存款持续下跌的趋势并保持较快增长，年增加 11.33 亿元，余额

145.96 亿元，增长 8.41%，外汇存款增加 3470 万美元，余额 6581 万美元，增长 111.54%。建行揭阳市分行扎实推进网点综合化转型，提升核心竞争力，但因受外部资金分流加剧影响，年一般性存款减少 3.54 亿元，余额 184.34 亿元，下降 1.88%，外汇存款增加 232 万美元，余额 2792 万美元，增长 9.06%。交行揭阳分行增加 2.71 亿元，余额 58.22 亿元，增长 4.88%，外汇各项存款余额 87 万美元；广发银行增加 8.70 亿元，余额 30.56 亿元，增长 39.80%；民生银行揭阳分行存款余额 8.08 亿元；农商银行（含市区、揭西、揭东县农商银行）增加 151.17 亿元，余额 350.86 亿元，增长 75.70%；邮储行揭阳市分行增加 27.27 亿元，余额 164.83 亿元，增长 19.82%。普宁汇成村镇银行增加 4.70 亿元，余额 12.74 亿元，增长 58.39%；南粤银行揭阳分行存款余额 4.40 亿元。外资银行（含汇丰、东亚）本外币增加 4920 万元，余额 6834 万元，增长 256.93%。

2015 年，经济新常态催生金融新常态，"主动适应新常态"成了这一年的主基调。面对国家经济发展步入"新常态"，银行业也步入金融改革深入推进、金融结构持续变化、金融机构更为多元的"新常态"时代，利率市场化的推进、央行非对称降息导致银行净利差的收窄、客户需求更为多样、互联网金融的发展、风险特征更为复杂等因素，对传统商业银行的经营模式提出新的挑战。辖区银行金融机构继续贯彻落实稳健的货币政策；经营模式继续转型，经营方式多措并举；稳步推进存款保险制度落地实行；辖区地方法人金融机构全部完成投保手续办理工作，经济金融保持平稳协调发展态势。银行金融机构各项存款实现稳步增长，年增加 127.87 亿元，余额 1837.87 亿元，增长 7.48%。其中，工行揭阳分行针对存款增长稳定性提升，但市场地位有所下滑的实际，明晰经营导向，采取有力有效经营策略，构筑存款增长稳定支撑，年增加 4.21 亿元，余额 222.65 亿元，增长 1.93%，外汇存款减少 88 万美元，余额 3003 万美元，下降 2.85%；农行揭阳分行实施经营高层介入、深推扩户提质、贵宾客户提质增效等的精准营销策略，实现存量、增量双增长，年增加 15.64 亿元，余额 242.07 亿元，增长 6.91%，外汇存款减少 106 万美元，余额 211 万美元，下降 33.44%；中行揭阳分行多渠道、多手段、多元化揽储存款资金。年增加 6671 万元，余额 146.65 亿元，增长 0.46%，外汇存款减少 3546 万美元，余额 3035 万美元，下降 53.88%；建行揭阳市分行实行加强公私联动，大力拓展客户，全面推动"双增双争""两会两圈"的经营策略，实现对客户规模的扩张，对客户经营能力的明显提升，年一般性存款增加 57.51 亿元，余额 241.86 亿元，增长 31.20%，外汇存款减少 2438 万美元，余额 354 万美元，下降 87.32%。交行揭阳分行增加 5.33 亿元，余额 63.55 亿元，增长 9.16%，外汇各项存款余额 70 万美元；广发银行增加 3.76 亿元，余额 34.32 亿元，增长 12.30%；民生银行揭阳分行增加 6.84 亿元，余额 14.92 亿元，增长 84.66%；农商银行（含市区、揭西、揭东县农商银行）增加 32.12 亿元，余额 382.98 亿元，增长 9.15%；邮储行揭阳市分行增加 16.79 亿元，余额 181.62 亿元，增长 10.19%。普宁汇成村镇银行增加 6.08 亿元，余额 18.82 亿元，增长 47.71%；南粤银行揭阳分行增加 4.18 亿元，余额 8.57 亿元，增长 94.94%。外资银行（含汇丰、东亚）本外币增加 1.80 亿元，余额 2.48 亿元，增长 263.56%。

2016 年，宏观经济发展延续上年的发展态势，"主动适应新常态"仍为这一年主基调，宏观经济在较长时期内面临较大下行压力。金融行业改革力度不断加大，随着上年央行连续 5 次降息带来的效应，利率市场化加快推进，银行业息差急剧收窄，金融脱媒、互联网金融带来的冲击不可逆转，潜在风险复杂多样等的新挑战。辖区银行金融机构构建突发金融风险防控体系，完善和落实流动性风险应急处置机制，维护辖区金融稳定；主动适应市场，经营继续转型，积极对接支持广东省"粤东西北振兴发展战略"的揭阳地区重点项目建设。全市经济金融平稳较快发展。全区银行金融机构本外币各项存款突破 2000

亿元大关。年末，各项存款实现稳步增长，比年初增加 179.39 亿元，余额 2017.26 亿元，增长 9.78%。其中，工行揭阳分行以“优质客户经营”“核心业务引领”“创新推动举措”作为主要工作着力点，以“走高端之路、抓应时营销、创发展特色”为发展路径，强化转型导向，实现负债业务的即期市场拓展和长效优势建立的有效统筹，各项存款年增加 14.66 亿元，余额 237.31 亿元，增长 6.58%，外汇存款增加 1819 万美元，余额 4822 万美元，增长 60.57%；农行揭阳分行抓实抓细做好存款基础工作，通过深入推进网点经营转型、坚持不懈抓好扩户提质，实现储蓄存款时点、日均增量在同业双双名列前茅，年增加 28.72 亿元，余额 270.79 亿元，增长 11.86%，外汇存款增加 126 万美元，余额 337 万美元，增长 59.72%；中行揭阳分行细化落实客户倍增计划及“粤升计划”，抢抓存款源头营销；发展特色产品做大做实存款“蓄水池”，年增加 16.27 亿元，余额 162.92 亿元，增长 11.09%，存款结构持续优化，外汇存款增加 1961 万美元，余额 4996 万美元，增长 64.61%；建行揭阳市分行围绕“以客户为中心”的经营理念，提供定制型、私享型服务，不断夯实客户基础，着力提升中高端客户的服务能力；细化旗舰型、综合型、轻型网点的经营范围，建立以授权管理为核心的网点经营管理体系，全方位深化网点综合化经营；打造“综合金融服务同业标杆”和“综合金融服务平台”，提供“一站式”综合金融服务，全面提升网点综合金融服务能力。全行“三综合”深化及渠道转型实现提质增效，年增加 31.98 亿元，余额 273.83 亿元，增长 13.22%，外汇存款增加 1188 万美元，余额 1542 万美元，增长 335.59%。交行揭阳分行增加 1.68 亿元，余额 65.24 亿元，增长 2.65%，外汇各项存款余额 103 万美元；广发银行减少 2.31 亿元，余额 32.01 亿元，下降 6.72%；民生银行揭阳分行增加 5.67 亿元，余额 20.59 亿元，增长 37.98%；农商银行（含市区、揭西、揭东、普宁农商行）增加 183.47 亿元，余额 566.45 亿元，增长 47.91%；邮储行揭阳市分行增加 20.41 亿元，余额 202.03 亿元，增长 11.24%。普宁汇成村镇银行增加 8.94 亿元，余额 27.76 亿元，增长 47.53%；南粤银行揭阳分行增加 3.26 亿元，余额 11.83 亿元，增长 38.01%。外资银行（含汇丰、东亚）本外币存款增加 2.60 亿元，余额 5.09 亿元，增长 104.73%。

2017 年，国家推进经济发展由高速度转向高质量发展，加速形成经济增长新动能，供给侧结构性改革继续深化，“三去一降一补”（是根据习近平总书记提出的供给侧结构性改革提出的。供给侧改革主要涉及产能过剩、楼市库存大、债务高企这三个方面，为解决好这一问题，就要推行“三去一降一补”的政策，即去产能、去库存、去杠杆、降成本、补短板五大任务）持续加力，为战略性新兴产业、高新技术产业发展等带来机遇。年初，揭阳工业经济、外贸出口等增速明显回落；工业园区集聚度不高，新投产企业不多，存量动能不足，增量规模小，地区经济发展压力大。这一年，广东 GDP（地区生产总值）同比增长 7.5%，揭阳增速较慢，仅为 5.0%。为顺应国家经济发展转型升级，揭阳市委、市政府按照“重要工作项目化、重点项目责任化”的思路，谋划实施开展“迎盛会・百日百项大行动”（是揭阳市 2017 年为迎接广东省第七届粤东侨博会召开，而开展的“百日百项大行动”项目，共分为重大项目、经济发展、基础设施、社会事业、改革事业、党的建设和基层治理等七大类别，共 111 个项目。其中重大项目 6 个、经济发展项目 27 个、基础设施项目 49 个、社会事业项目 21 个、改革事业项目 4 个、党的建设项目 2 个、基层治理项目 2 个，分别落实责任领导、首席责任人和责任单位等），在此基础上，论证和制订的《揭阳滨海新区发展总体规划（2017—2030）》获省政府常务会议审议通过，并颁发实施。全市合力打造揭阳副中心和新的发展极，形成建设揭阳滨海新区、大南海石化、海上风电项目等一系列希望工程，在“产业聚集”“城区扩容提质”“深化对德合作”等一系列重点工程项目的带动下稳中有进，投资规模稳步扩大，消费稳步增长，产业转型升级效果显现。给地区银行金融机构深化转型、推进发展提供新的空间和机遇。这一年，辖区银行金融机构贯彻落实稳中求进的总基调，坚持金融回归本源，大力支持供给侧结构性改革；适应环境变化，立足实体经济、切实加大金融对地方经济发展的支持力度；加快转型步伐，积极发展负债业务，为揭阳经济社会发展和产业结构转型升级提供有力的支撑。各项存款实现稳步增长，年增加 89.78 亿元，余额 2107.05 亿元，增长 4.45%。其中，工行揭阳分行抓实存款业务的传导与推动，通过压实责任增压力；改进方法提能力；投入资源添动力，各项存款年增加 29.66 亿元，余额 266.97 亿元，增长 12.50%，外汇存款减少 28 万美元，余额 4794 万美元，下降 0.58%。农行揭阳分行既抓存量又抓增量，将扩户提质作为推进业务发展，提升市场核心竞争力的重要抓手。通过抢资格、抓源头、对存量客户开展深度营销；通过抓扩户、促提质，推进各项存款有效增长，年增加 23.25 亿元，余额 294.04 亿元，增长 8.59%，外汇存款增加 72 万美元，余额 409 万美元，增长 21.36%。中行揭阳分行狠抓平台、产业链促存，强化源头营销；围绕代发量、覆盖率、留存率三大指标狠抓增量突破，年增加 2.70 亿元，余额 165.61 亿元，增长 1.65%，外汇存款减少 39 万美元，余额 4957 万美元，下降 0.78%。建行揭阳市分行围绕“价值创造”，重点推进消费金融、科技金融、并购金融、跨境金融，强化公司机构业务、大零售业务、资管投行金融市场业务，围绕“大资产、大负债、经营效益、客户账户”四大重点，以科技金融、并购金融、跨境金融、交易金融为抓手，推动对公业务的转型升级，全面提升市场竞争力，年一般性存款增加 24.33 亿元，余额 298.16 亿元，增长 8.88%，外汇存款减少 1059 万美元，余额 483 万美元，下降 68.68%。交行揭阳分行存款增加 4.43 亿元，余额 69.66 亿元，增长 6.79%，外汇各项存款余额 302 万美元；广发银行存款增加 2.70 亿元，余额 34.71 亿元，增长 8.42%；民生银行揭阳分行增加 3.14 亿元，余额 23.73 亿元，增长 15.25%；农商银行（含市区、揭西、揭东、普宁农商行）增加 16.06 亿元，余额 582.51 亿元，增长 2.83%；邮储行揭阳市分行增加 17.26 亿元，余额 219.29 亿元，增长 8.54%。普宁汇成村镇银行减少 3.36 亿元，余额 24.40 亿元，下降 12.10%；南粤银行揭阳分行下降 7.07 亿元，余额 4.77 亿元，下降 59.72%。外资银行（含汇丰、东亚）本外币增加 6889 万元，余额 5.78 亿元，增长 13.54%。

2018 年，是国家落实决胜全面建成小康社会、实施“十三五”规划承上启下的关键一年，国家继续实行稳健中性的货币政策。揭阳市“百日百项大行动”持续推进，全市投资 306 项重点建设项目共 441 亿元，空港经济区和海港经济区建设步伐加快；“打造粤东发展极，建设幸福新揭阳”推动谋划和启动的一批开工、在建和竣工项目的开展，形成较大的发展空间和增长潜力。辖区银行金融机构继续抓住机遇，贯彻落实国家稳健中性货币政策，在辖区经济结构继续转型升级的背景下，围绕地方政府的发展重心，主动作为，大力发展负债业务，切实加大金融对地方经济发展的支持力度，为揭阳经济社会发展和产业转型升级提供有力的支撑。全市各项存款实现稳步增长，年增加 166.59 亿元，余额 2273.64 亿元，增长 7.91%。其中，工行揭阳分行突出存款核心地位，提高存款竞争力，通过抓实压力传导、注重开源节流、强化过程管理，各项存款年增加 22.21 亿元，余额 289.18 亿元，增长 8.32%，外汇存款减少 1489 万美元，余额 3305 万美元，下降 31.06%。农行揭阳分行继续以扩户、提质、增效为主要抓手，通过明确目标、压实责任、考核推动，建立起横向联动线条、纵向联动上下、覆盖分支行网点三级机构的分层营销体系，推动各项负债业务实现有效发展，年增加 27.29 亿元，余额 321.33 亿元，增长 9.28%，外汇存款减少 116 万美元，余额 293 万美元，下降 28.36%。中行揭阳分行围绕“紧盯市场，管控风险，强化联动，提升效能，夯实基础，持续发展”二十四字工作方针，坚持“存款立行”理念，狠抓行政事业存款拓展，强化源头营销；以平台产品促存；继续围绕代发量、覆盖率、留存率三大指标狠抓增量突破，年增加 15.02 亿元，余额 180.63 亿元，增长 9.07%，外汇存款减少 354 万美元，余额 4603 万美元，下降 7.14%。建行揭阳市分行把企业存款业务作为立行之本，加大对行外资金的营销拓展，通过大额存单、结构性存款等优势产品，积极争揽他行存款大户转移本行；落实对公客户分层管理机制，落实好企业存款大额变动管控机制，持续推进企业存款常态化营销工作；强化考核激励及管理机制，制定有效的激励和约束考核机制，推动企业存款新增。年企业存款时点余额、日均余额继续保持四行前茅，一般性存款增加 1.85 亿元，余额 300.01 亿元，增长 0.62%，外汇存款增加 59 万美元，余额 542 万美元，增长 12.22%，交行揭阳分行存款增加 1987 万元，余额 69.86 亿元，增长 0.29%，外汇各项存款余额 103 万美元；广发银行存款减少 10.24 亿元，余额 24.47 亿元，下降 29.50%；民生银行揭阳分行存款增加 4.54 亿元，余额 28.27 亿元，增长 19.14%；农商银行（含市区、揭西、揭东、普宁农商行）存款增加 49.45 亿元，余额 631.96 亿元，增长 8.49%；邮储行揭阳市分行存款增加 19.27 亿元，余额 238.56 亿元，增长 8.79%。普宁汇成村镇银行增加 8.21 亿元，余额 32.62 亿元，增长 33.66%；南粤银行揭阳分行存款增加 4.32 亿元，余额 9.09 亿元，增长 90.72%。外资银行（含汇丰、东亚）本外币减少 2.86 亿元，余额 2.92 亿元，下降 49.48%。

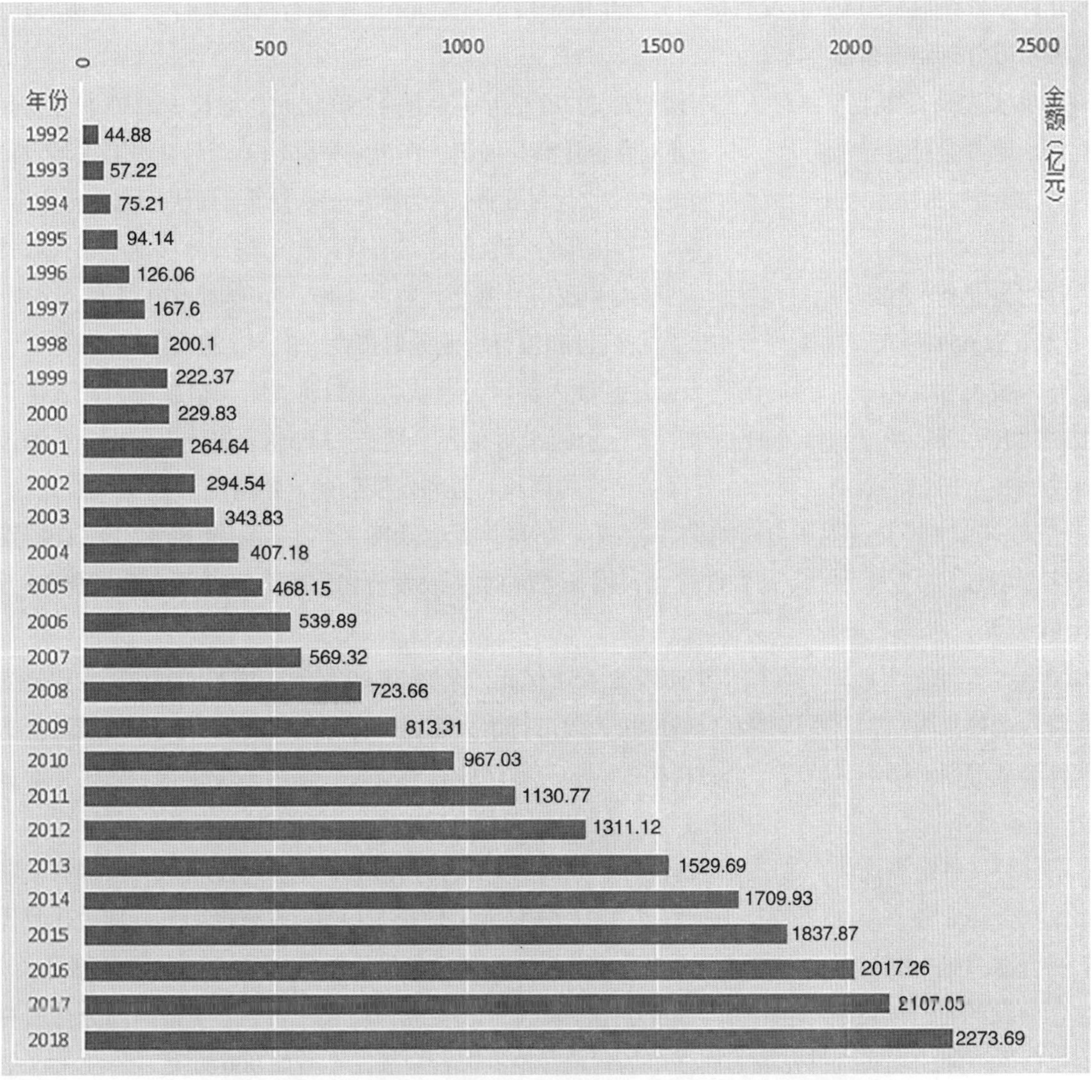

1992—2018 年揭阳市本外币各项存款情况示意图

一、企事业单位存款

企事业单位存款，又称对公存款或单位存款，是指各类企业（包括国营、集体、合资、联营、私营企业单位等）、事业、机关、团体、部队、学校等单位的存款。随着国民经济日益发展，新企业单位不断涌现，各金融机构的企事业单位存款种类也相应增加。1998—2018 年，全区企事业单位存款总额增加 564.08 亿元，比 1998 年的 32.29 亿元增长 17.47 倍，年均递增 15.70%。其中，工行揭阳分行、农行揭阳分行、中行揭阳分行分别增加 78.36 亿元、52.82 亿元、56.70 亿元， 年均递增分别为 13.26%、16.16%、18.97%。

1998 年，全市企事业单位存款比年初增加 4.52 亿元，余额 32.29 亿元，增长 16.28%。主要是银行金融机构大力发展中间业务、代收代付业务，移动通信、公路等基础设施建设的上级拨款转存等增加企业存款。其中，工行揭阳分行实行“以贷引存”“以贷稳存”策略，吸引大批优质客户，争取大量存款，年末余额 7.16 亿元。农行揭阳分行加强结算服务，完善电子汇兑服务功能，大力拓展代收代付业务和金穗卡业务，以及代理发行国库券业务，年末余额 2.78 亿元。中行揭阳分行年末余额 1.74 亿元。建行揭阳市分行年末余额 8.50 亿元。交行揭阳分行年末余额 4.32 亿元；广发银行揭阳支行年末余额 1.47 亿元；农发行揭阳市分行年末余额 945 万元。

1999 年，全市企事业单位存款比年初增加 11.70 亿元，余额 43.99 亿元，增长 36.23%。主要是国家刺激消费，地方党政引导消费，支持促进工商企业商品展销，在市区举办轻工产品交易会，增设商场和供应网点，提高服务质量；银行金融机构开办代收代付业务，大力推广转账结算，加快工商企业资金周转，提高资金利用率，增加回笼货币。其中，工行揭阳分行服务地方消费，在全辖开办移动电话代收费、水费等代收代付业务；代理市直行政事业性收费和政府性基金代收款工作，年增加 3.70 亿元，余额 10.85 亿元，增长 51.65%。农行揭阳分行拓展代收代付和银行卡业务取得良好效果，年增加 1.87 亿元，余额 4.65 亿元，增长 67.29%。中行揭阳分行通过理顺内部对公存款管理归属关系，措施得力，下半年对公存款止跌回升，效果明显，年增加 1.63 亿元，余额 3.38 亿元，增长 93.65%。建行揭阳市分行通过实施巩固与发展并重的经营战略，对公存款保持良好的增长趋势和发展后劲，年增加 2.97 亿元，余额 11.46 亿元，增长 34.91%。交行揭阳分行对公存款减少 7598 万元，余额 3.56 亿元，下降 17.59%；广发银行的对公存款增加 8505 万元，余额 2.33 亿元，增长 57.68%；农发行揭阳市分行此类存款增加 69 万元，余额 1014 万元，增长 7.30%。

2000 年，全市企事业单位存款比年初增加 1.51 亿元，余额 38.09 亿元，增长 4.13%。主要是受国家刺激消费政策效果明显，以及国债发行进度快、股市行情火爆、资金分流显现，兼之当地严厉打击假退税，重典治乱等因素影响，使银行金融机构的对公存款增速有所减缓。辖区不少银行金融机构通过改进对行政、企事业单位的金融服务，提高服务质量，巩固存量，开拓增量，达到对公存款的稳存增存。其中，工行揭阳分行发挥结算优势，在原来代收代付业务基础上，开办住房公积金、住房补贴资金的代理归集，代收社保基金等业务，年增加 7727 万元，余额 11.63 亿元，增长 7.12%。农行揭阳分行加大代收代付业务的拓展力度，增加法院系统、教育系统等行业性、系统性的代收代付业务，扭转原来对公存款下降局面，实现对公存款的可持续发展，年增加 4546 万元，余额 5.11 亿元，增长 9.77%。中行揭阳分行面对第三季度企业存款下降的现实，讲究策略加强市场营销，抢占市场份额，年增加 906 万元，余额 3.47 亿元，增长 2.68%。建行揭阳市分行通过置换兑付存单业务，协助化解辖区普宁市 3 家城信社存款挤提金融风波。

年减少 5794 万元，余额 10.88 亿元，下降 5.06%。交行揭阳分行增加 9457 万元，余额 4.51 亿元，增长 26.56%；广发银行减少 6078 万元，余额 1.72 亿元，下降 26.14%；农发行揭阳市分行增加 881 万元，余额 1895 万元，增长 86.88%。

2001 年，银行金融机构贯彻稳健的货币政策，致力推进金融平安区建设。在服务地方经济社会发展中，全市金融运行平稳正常，全市企事业单位存款比年初增加 4.41 亿元，余额 42.54 亿元，增长 11.58%。其中，工行揭阳分行面对电信、移动、电力等系统大户存款分别上划省公司，对公存款大幅下跌的困难，千方百计挖掘新存款源，以拓展新的中间业务为突破口，扩大对公存款业务，努力弥补公存缺口，减缓对公存款下降趋势，同比减少 8050 万元，余额 10.82 亿元，下降 6.92%。农行揭阳分行在原来代收代付项目的基础上，开拓和大力发展代收移动通信话费、代收保险公司保费、代收税务系统税费等，带来对公存款的增长，年增加 7358 万元，余额 5.84 亿元，增长 14.41%。中行揭阳分行大力发展进口结算业务，通过不断改善服务，大幅提高业务外理效率，吸引企业客户，有力地推动企业存款的发展，年增加 2.32 亿元，余额 5.78 亿元，增长 66.82%。建行揭阳市分行增加 1.99 亿元，余额 12.87 亿元，增长 18.29%。交行揭阳分行减少 1.21 亿元，余额 3.29 亿元，下降 26.96%；广发银行增加 8686 万元，余额 2.59 亿元，增长 50.58%；农发行揭阳市分行增加 39 万元，余额 1934 万元，增长 2.06%。

2002 年，全市企事业单位存款比年初减少 3.41 亿元，余额 39.13 亿元，下降 8.01%。主要是电信、移动、电力等系统大户改革财务管理体制，资金大部分归集省局，冲击对公存款市场，辖区对公存款受到较大影响。其中，工行揭阳分行减少 2.60 亿元，余额 8.23 亿元，下降 23.98%。农行揭阳分行“堤外损失堤内补”，加强银企、银政合作，做大代收代付业务，做大中间业务，发展对公存款，年增加 8231 万元，余额 6.66 亿元，增长 14.09%。中行揭阳分行存款减少 1.34 亿元，余额 4.44 亿元，下降 23.17%，主要是受粤东高速公路大户和移动、联通、电力等行业用款或资金归集上存等因素影响。建行揭阳市分行由于存在企业存款客户结构过于集中，缺乏新的增长点、依托点，出现对公存款持续增长后劲不足。年减少 7946 万元，余额 12.08 亿元，下降 6.17%。农发行揭阳市分行减少 6 万元，余额 1928 万元，下降 0.31%。

2003 年，全市企事业单位存款比年初增加 2.69 亿元，余额 41.82 亿元，增长 6.88%。增长的主要原因：各金融机构发放贷款增多，由此派生的存款多；企业效益好转，相应积累的资金增多，尤其是交通、电力行业，存入银行资金也较多。其中，工行揭阳分行采取多元化营销，差别化服务，年增加 7018 万元，余额 8.93 亿元，增长 8.53%。农行揭阳分行“以贷引存”“以贷稳存”年增加 9364 万元，余额 7.60 亿元，增长 14.05%。中行揭阳分行重点做好移动、电力公司两个大户的维护工作；克服困难，拓展行政事业单位存款，年增加 1.15 亿元，余额 5.60 亿元，增长 26.00%。建行揭阳市分行减少 4180 万元，余额 11.66 亿元，下降 3.46%，主要是对当地数量众多的民营工商企业客户重视不够，抓存措施欠得力；存款增长过分依赖财政性、系统性和行业性客户，集约化经营水平不高，缺乏新的增长点，造成市分行企业存款净下降。农发行揭阳市分行减少 1206 万元，余额 722 万元，下降 62.55%。

2004 年，辖区企事业单位存款增长较快，比年初增加 8.28 亿元，余额 50.11 亿元，增长 19.80%。其中，工行揭阳分行利用广东巨轮股份有限公司首期上市募集资金为契机，取得为其提供发行股票收款 1.6 亿元代理权，带来存款；新增惠来风电项目资本金 839 万美元的开户存款等，促进对公存款增长，年增加 2.10 亿元，余额 11.03 亿元，增长 23.54%。农行揭阳分行为揭阳烟草、揭阳电力、揭阳电信、揭阳移动等系统性用户开展代收代代付业务，带动对公存款业务的发展，年增加 2.46 亿元，余额 10.06 亿元，增长 32.36%。中行揭阳分行积极维护和拓展系统性客户和企业大户存款业务，年增加 2.08 亿元，余额 7.67

亿元，增长 37.12%。建行揭阳市分行依托网上企业银行、重要客户服务系统、企业结算服务网络、公积金业务系统、财政统发工资等优势业务，以垄断性、系统性和结算源头客户为龙头，进行重点营销和拉网式渗透，有效减缓对公存款下降趋势，年减少 1260 万元，余额 11.53 亿元，下降 1.08%。农发行揭阳市分行减少 100 万元，余额 622 万元，下降 13.85%。

2005 年，辖区银行金融机构贯彻落实稳健的货币政策，打造和谐发展的金融生态环境。全区企事业单位存款比年初增加 5.35 亿元，余额 55.46 亿元，增长 10.68%。其中，工行揭阳分行上下联动，加强对重点项目的对公存款吸存；大力发展中间业务和新业务，推动经营模式和增长方式的转变，年增加 167 万元，余额 11.05 亿元，增长 0.15%。农行揭阳分行整合资源，拓展市场，提高经营集约度，对公存款取得较大增长，同比增加 2.63 亿元，余额 12.69 亿元，增长 26.15%。中行揭阳分行在继续加大对电力电信交通能源等行业存款营销基础上，发展农垦局等 11 家行政事业单位的新增开户，增加对公存款，同比增加 1549 万元，余额 7.83 亿元，增长 2.02%。建行揭阳市分行精心组织好对公账户年检工作，规范账户管理，稳住对公客户市场，稳存增存。是年使对公存款由降转升，同比增加 6739 万元，余额 12.21 亿元，增长 5.84%。农发行揭阳市分行增加 2225 万元，余额 2847 万元，增长 357.72%。2006 年，全市企事业单位存款比年初增加 13.53 亿元，余额 68.99 亿元，增幅 24.40%，同比多增 8.18 亿元。主要是因为辖区能源、基础设施建设发展提速，贷款增多，带来派生存款增加，如中石化银团、惠来石碑山风电场、惠来靖海火电厂、汕揭高速公路公司等在加快建设步伐中，生产经营过程增加的贷款转化为企业存款的增加；以及来自康美、榕泰二家股份上市公司增发股票的融资。其中，工行揭阳分行增加 2.45 亿元，余额 13.50 亿元，增长 22.21%。农行揭阳分行在拓展大项目，带来对公存款业务有效增加之外，大力拓展低成本存款，优化存款结构，对公存款同比增加 3.21 亿元，余额 15.90 亿元，增长 25.30%。中行揭阳分行取得为康美、榕泰二家上市股份公司新股增发股票收款代理权，收款资金共 7.61 亿元转为企业存款，年增加 1.41 亿元，余额 9.24 亿元，增长 18.05%。建行揭阳市分行上下联动，拓宽对公存款增长来源，同比增加 2.72 亿元，余额 14.93 亿元，增长 22.28%。农发行揭阳市分行减少 791 万元，余额 2056 万元，下降 27.78%。

2007 年，全市企事业单位存款比年初增加 6.80 亿元，余额 75.79 亿元，增长 9.86%。主要原因是，辖区银行金融机构以地方党政强势推进的揭阳市经济跨越式发展的重点项目、30 亿元工程等为依托，增加对项目和核心企业贷款的维护和拓展，带来企业派生存款的增加，以及增加投资和专项拨款转企事业单位存款。其中，工行揭阳分行抓大不放小，针对优质项目大客户、核心企业上下游产业链，大力发展针对小企业现金流、物流的债项融资，增加对公派生存款，年增加 843 万元，余额 13.59 万元，增长 0.62%。农行揭阳分行扎实做好股改基础工作，优化存款结构，对公存款同比增加 2.44 亿元，余额 18.34 亿元，增长 15.33%。中行揭阳分行突出企业存款的稳定性和效益性，通过做好基础设施行业对公存款维护，拓展行政事业单位对公存款市场，推行客户经理退出机制，提高企业存款市场竞争力，年增加 9857 万元，余额 10.23 亿元，增长 10.66%。建行揭阳市分行延伸市场触角，以提高服务质量和多元化联动营销为手段，加大对公存款的营销力度，推进公司、机构存款业务的可持续发展，有效促进企业存款稳步增长，年增加 1.62 亿元，余额 16.55 亿元，增长 10.88%。农发行揭阳市分行减少 1224 万元，余额 832 万元，下降 59.53%。

2008 年，由于大部分企业资金头寸充裕，全市企事业单位存款保持较快增长，全市企事业单位本外币存款比年初增加 14.36 亿元，余额 90.15 亿元，增长 18.95%。主要原因是银行金融机构强化对辖区重点项目、重点基础设施建设及“三农”工作的支持，如加大潮汕民用机场、中铁厦深铁路项目、粤东高速公路项目、中海油 LNG 项目和新城投资等方面，重点资金的保障和投放，以及移动、电力公司和下游基建项目的资金支持，带来企业事业单位派生存款的增加。其中农发行揭阳市分行同比增加 5890 万元，余额 6722 万元，占比 87.62%，增长 707.93%。工行揭阳分行增加 6.37 亿元，余额 19.96 亿元，占比 31.93%，增长 46.91%。农行揭阳分行减少 1.57 亿元，余额 16.77 亿元，下降 8.53%。中行揭阳分行增加 1.86 亿元，余额 12.09 亿元，占比 15.37%，增长 18.17%。建行揭阳市分行增加 7.72 亿元，余额 24.27 亿元，占比 31.81%，增长 46.65%。

2009 年，全区企事业单位本外币存款比年初增加 18.58 亿元，余额 108.73 亿元，增长 20.62%。企业存款明显增长的原因，主要是辖区重点项目、重点基础设施建设等企业贷款增加较快，带来派生存款增加；物价水平有所下降，企业资金需求在原材料价格下降的带动下有所减少；金融危机发生后企业的投资信心、内外部需求尚未完全恢复，部分企业处于持币观望状态。其中，工行揭阳分行增加 2.90 亿元，余额 22.86 亿元，增长 14.52%。农行揭阳分行减少 3.95 亿元，余额 12.82 亿元，下降 23.57%。中行揭阳分行增加 4.51 亿元，余额 16.60 亿元，增长 37.29%。建行揭阳市分行增加 9.46 亿元，余额 33.73 亿元，增长 38.98%。农发行揭阳市分行增加 1.75 亿元，余额 2.42 亿元，增长 260.71%。

2010 年，全市企事业单位存款比年初增加 40.88 亿元，余额 150.49 亿元，增长 37.30%。主要是辖内经济稳步复苏，企业经营效益好转，辖区重点项目和重点基础设施建设加快，企事业单位存款也增加较多。其中，工行揭阳分行增加 5.02 亿元，余额 27.87 亿元，增长 21.94%。农行揭阳分行增加 3.31 亿元，余额 16.13 亿元，增长 25.79%。中行揭阳分行增加 9.81 亿元，余额 26.41 亿元，增长 59.13%。建行揭阳市分行增加 7.96 亿元，余额 41.70 亿元，增长 23.60%。农发行揭阳市分行增加 2031 万元，余额 2.63 亿元，增长 8.38%。

2011 年，全市企事业单位存款比年初增加 102.55 亿元，余额 253.04 亿元，增幅 68.15%。主要原因：银政企合力共推具有揭阳特色的产业发展，如揭阳不锈钢、揭阳鞋业、普宁纺织服装等产业；支持玉器、钢材、服装等专业批发市场的建设和扩建，推进当地特色产业的发展和商品流通交易市场的扩大，带来企事业单位存款持续增长。其中，工行揭阳分行增加 21.56 亿元，余额 49.44 亿元，增长 77.37%。农行揭阳分行增加 4.84 亿元，余额 20.97 亿元，增长 30.04%。中行揭阳分行增加 11.57 亿元，余额 37.98 亿元，增长 43.83%。建行揭阳市分行增加 16.75 亿元，余额 58.44 亿元，增长 40.16%。农发行揭阳市分行减少 1.07 亿元，余额 1.56 亿元，下降 40.59%。

2012 年，揭阳市贯彻落实广东省委、省政府提出的关于振兴粤东西北发展政策，振兴揭阳经济，推进揭阳经济社会发展。潮汕机场、中石油广东石化炼油项目、中海油粤东 LNG 一体化、中电投揭阳物流中心、惠来电厂、中德金融生态城等重大项目加速推进；举办“广东揭阳产品全国行（长沙）展销活动”，签约投资金额 83.33 亿元。受全市交通基础设施提速升级、主导产业做大做强、经济发展振兴赶超等因素影响，全市企事业单位存款比年初增加 39.29 亿元，余额 292.33 亿元，增长 15.53%。其中，工行揭阳分行增加 4.47 亿元，余额 53.90 亿元，增长 9.03%。农行揭阳分行增加 3.53 亿元，余额 24.51 亿元，增长 16.85%。中行揭阳分行增加 5.28 亿元，余额 43.26 亿元，增长 13.91%。建行揭阳市分行增加 6.25 亿元，余额 64.69 亿元，增长 10.69%。农发行揭阳市分行减少 426 万元，余额 1.52 亿元，下降 2.73%。

2013 年，揭阳地区经济发展延续上年的强劲态势。据统计局显示：全市国内地区生产总值 1605.35 亿元，同比增长 14.50%，社会消费品零售总额 657.66 亿元，同比增长 15.20%，全年外贸出口总额

43.80 亿美元，同比增长 15.00%。受主导产业做大做强，经济总量增长较快因素影响，全市企事业单位存款比年初增加 21.98 亿元，余额 314.31 亿元，增长 7.52%。其中，工行揭阳分行以客户拓展为主线，围绕本土专业市场、工商信息源头、社会民生领域等多个板块开拓进取，实现客户规模扩张和客户结构优化的同步推进；持续加大存款业务长期性、基础性的资源投入，因受同业竞争、资金分流影响，年减少 1.80 亿元，余额 52.10 亿元，下降 3.34%。农行揭阳分行狠抓对公有效结算账户扩户，严格落实信贷客户资金归行管理，强化资源配置，年增加 7108 万元，余额 25.22 亿元，增长 2.90%。中行揭阳分行加大对政府机关金融服务力度，成为揭阳市首家与市社保局合作网上代发社保基金的金融机构，为发放社保金提供金融便利，受同业竞争、资金分流影响，年减少 10.34 亿元，余额 32.82 亿元，下降 23.90%。建行揭阳市分行增加 9.23 亿元，余额 73.92 亿元，增长 14.26%。农发行揭阳市分行减少 7807 万元，余额 7378 万元，下降 51.41%。

2014 年，全市经济发展的强劲态势持续不减。发展以能源石化为主导的重化工业；以中小企业产业集群升级为特征的本地产业结构调整；以“三旧改造”和城市空间拓展为主线的城镇化建设。三驾引擎成为揭阳经济社会发展的主要拉动力。据统计局显示：全市国内地区生产总值 1780.44 亿元，同比增长 10.91%，经济总量居粤东第 1 位，其中规模以上工业增加值 974.67 亿元，增长 10.94%，社会消费品零售总额 759.02 亿元，增长 15.41%，商贸流通市场旺盛，全年外贸出口总额 50.81 亿美元，同比增长 16.00%。三驾引擎拉动，经济总量增长较快，受这些主要因素影响，全市企事业单位存款明显增多，比年初增加 95.24 亿元，余额 409.55 亿元，增长 30.30%。其中，农行揭阳分行增加 3.97 亿元，余额 29.18 亿元，增长 15.74%。中行揭阳分行增加 5.85 亿元，余额 38.67 亿元，增长 17.83%。建行揭阳市分行增加 2.82 亿元，余额 76.74 亿元，增长 3.82%。工行揭阳分行减少 1.78 亿元，余额 50.32 亿元，下降 3.42%。农发行揭阳市分行增加 3.15 亿元，余额 3.89 亿元，增长 427.43%。

2015 年，经济的强劲发展不仅增加全市经济发展的总量，也使全市产业结构持续优化。据统计局显示：全市实现国内地区生产总值 1890.01 亿元，同比增长 6.15%。其中，第一产业增加值 167.69 亿元，同比增长 3.71%；第二产业增加值 1126.51 亿元，同比增长 7.20%；第三产业增加值 595.82 亿元，同比增长 11.30%。其中规模以上工业增加值 1054.89 亿元，增长 8.23%，全年外贸出口总额 67.04 亿美元，同比增长 31.93%。受全市经济总量增长，产业结构持续优化等主要因素影响，全市企事业单位本外币存款比年初增加 108.27 亿元，余额 521.58 亿元，增长 26.20%。其中，工行揭阳分行聚焦于有贷户、重点大户、上市公司和拟上市公司等优质客户群体的深度挖掘拓展上，进一步强化对客户存款与金融资产的联动营销，积极做好资管类、结算类产品渗透，年增加 6.36 亿元，余额 56.75 亿元，增长 12.62%。农行揭阳分行成功营销中德工业园区财政补贴存款 4.25 亿元、揭阳市碧桂园房地产开发有限公司大额公司类存款 4.55 亿元等，年增加 2.76 亿元，余额 31.96 亿元，增长 9.47%。中行揭阳分行落实行政事业存款战略发展措施，优化存款结构，年减少 2.35 亿元，余额 36.32 亿元，下降 6.92%。建行揭阳市分行通过为中石油上下游和配套项目服务，使中石油大南海四方共管账户落户建行揭阳市分行，带来稳定性低息存款 5 亿元；中德金属生态城实现沉淀 1 亿余元资金存款，年增加 46.98 亿元，余额 123.59 亿元，增长 61.33%。农发行揭阳市分行减少 1.64 亿元，余额 2.25 亿元，下降 42.21%。

2016 年，全市企事业单位存款比年初增加 25.33 亿元，余额 546.97 亿元，在全省 19 个地级市中排名第 11 位，粤东第 2 位，增长 4.86%。主要原因：既有当地对基础设施建设、中心城区扩容、发展产业园区经济等项目，上级拨款的专项投入和市场主体的投资，使企事业单位存款增加，也有辖区银行金融机构为集中支持地方经济建设资金，集约经营，引存增存增加公存款。其中，工行揭阳分行落实基础管理，重塑对公存款的稳步增长态势，不断提升对公存款资金来源的多样性和稳定性，年增加8619万元，余额57.61亿元，增长1.52%。农行揭阳分行坚持不懈做好对公业务扩户提质，推进代收代付、改善结算服务，增加对公存款，年增加4.10亿元，余额36.05亿元，增长12.82%。中行揭阳分行深化对财政、社保、公积金、学校等行政事业单位重点客户存款业务的拓展，对公存款明显增长，年增加10.93亿元，余额47.25亿元，增幅30.08%。建行揭阳市分行拓展大客户，聚焦优质客户，做大对公存款业务，年增加13.82亿元，余额137.41亿元，增长11.18%。农发行揭阳市分行增加10.73亿元，余额12.98万元，增长477.19%。

2017年，全市企事业单位存款比年初增加40.21亿元，余额587.10亿元，增长7.35%。主要原因："一河两岸"20平方公里的空港新城核心起步区；蓝城区围绕"玉"元素扎实推进玉都商贸核心区；通过"三旧改造"，系统推进老城区成片改造；潮汕机场扩容建设等项目持续推进，专项拨款和引资投资，辖区银行金融机构通过多种经营方式，大力发展对公存款，使企事业单位存款比年初增长。其中，工行揭阳分行抓实存款业务的传导与推动，强化达标的底线意识和内生动力，以差异化定价和创新产品为抓手，加强对目标客户群的竞争，抢抓市场占比，对公存款大幅增长，比年初增加25.71亿元，余额83.32亿元，增幅44.63%。农行揭阳分行通过抢资格、抓源头，对存量客户深度营销，推动对公存款大幅增长；通过抓扩户、促提质，推进机构存款实现有效增长，年同比增加13.19万元，余额49.24亿元，增长36.58%。中行揭阳分行梳理重点客户上下游企业资金动向，仅此项累计吸收产业链条企业资金5.2亿元，年增加4.36亿元，余额51.61亿元，增长9.22%。建行揭阳市分行以科技金融、并购金融、跨境金融、交易金融为抓手，推动对公业务的转型升级，全面提升市场竞争力，企业存款时点余额、日均余额、日均新增列辖区同业前茅，年增加21.93亿元，余额159.35亿元，增长15.96%。农发行揭阳市分行减少3.50亿元，余额9.48亿元，下降26.97%。

2018年，全市企事业单位存款比年初增加9.66亿元，余额596.49亿元，增长1.65%。主要是揭阳市"百日百项大行动"持续推进，全市投资306项重点建设项目共441亿元，形成较大的发展空间和增长潜力。辖区银行金融机构继续抓住机遇，贯彻落实国家稳健中性货币政策，在辖区经济结构继续转型升级的背景下，围绕地方政府的经济社会发展重心，加大金融对地方经济建设的支持力度，推动地方经济社会事业建设增量提质持续发展。受全区"基础设施建设、园区建设、中心城市扩容建设"等项目的普遍建成和运营的拉动，以及环境的改善引来的新投资，增加企事业存款。其中，工行揭阳分行立足于拓户引存和存量提质，推进对公存款持续均衡增长，增加2.13亿元，余额85.45亿元，增长2.55%。农行揭阳分行通过明确目标、压实责任、考核推动，横向联动条线、纵向联动上下、覆盖分支行网点三级机构的分层营销，提高对公存款增量，增加6.35亿元，余额55.59亿元，增长12.90%。中行揭阳分行狠抓行政事业存款拓展，强化源头营销，推动行政事业单位行政事业存款较大增长。对公存款余额56.20亿元，增加4.59亿元，增长8.90%。建行揭阳市分行落实对公客户分层管理机制和企业存款大额变动管控机制，持续推进企业存款常态化的营销，优化存款结构，受同业竞争加剧，资金分流影响，企业存款比年初减少12.60亿元，余额146.75亿元，下降7.90%。农发行揭阳市分行增加2.33亿元，余额11.81亿元，增长246.06%。

1992—2018年揭阳市各项存款及企事业单位存款余额表

表3-4 单位：亿元

年份	存款合计	其中：企事业存款	年份	存款合计	其中：企事业存款
1992	44.88	7.13	2006	544.72	68.99
1993	57.22	7.00	2007	572.65	75.79
1994	75.21	9.53	2008	726.87	90.15
1995	94.14	11.17	2009	816.18	108.73
1996	126.06	12.82	2010	967.03	150.49
1997	167.60	27.38	2011	1130.77	253.04
1998	200.10	32.29	2012	1311.12	292.33
1999	223.52	43.99	2013	1529.69	314.31
2000	229.83	38.09	2014	1709.93	409.55
2001	264.64	42.54	2015	1837.87	521.58
2002	294.54	39.13	2016	2017.26	546.97
2003	343.83	41.82	2017	2107.05	587.10
2004	415.23	50.11	2018	2273.64	596.49
2005	473.60	55.46	—	—	—

说明：1.1992—2003年各项存款余额为人民币余额，2004—2018年各项存款余额为本外币余额

2.1998—2010年，企事业存款口径为企业存款加机关团体存款，2011—2015年，口径为单位存款，2016—2018年，口径为非金融企业存款、机关团体存款和非银行业金融机构存款

二、财政性存款

财政是政府为达到优化资源配置、公平分配及经济稳定和发展的目标，集中一部分国民收入用于满足公共需要的收支活动。财政性存款主要是财政金库款项和政府财政拨给机关单位的经费以及其他特种公款等，包括国库存款和其他财政存款。国库存款是指在国库的预算资金（含一般预算和基金预算）存款；其他财政存款是指未列入国库存款的各项财政在专业银行的预算资金存款以及部分由财政部指定存入专业银行的专用基金存款等。具体由中央财政收入、地方财政收入和市财政预算外资金组成。财政性存款根据财政收入的收缴、上划和拨付而出现增减变化。由于中央银行不直接对单位开户办理存款，所以，一部分财政存款存在商业银行。根据〔1985〕银发字第281号、银会计〔1996〕108号文规定：财政性存款业务包括财政金库存款、地方财政预算外存款、部队存款、基本建设存款等财政性存款，属于中央银行的信贷资金，由中央银行委托办理，全额划缴中央银行。自1997年1月1日起，部队预算内、预算外存款作为商业银行资金来源。政府机关机构改革前，一直是靠财政拨款，随着机构改革的发展，有些行政机构改为事业机构，有些事业单位改为企业。原行政事业编制的改变，由原财政拨款改为财政补贴，原差额补贴改为自收自支、自负盈亏，因此原属于财政性存款范围的单位资金来源发生新的变化。按规定商业银行对吸收的财政性存款和一般性存款应按同一比例在规定时间内缴存中央银行。

1984 年，中国人民银行专门行使中央银行职能后，揭阳县财政收入由人民银行汕头分行委托各专业银行代理收缴，并全额划缴人民银行。

1985 年，国务院修改《中央金库条例》，颁布新的《中华人民共和国国家金库条例》（简称《条例》）。1986 年起，按照《条例》规定，人行揭阳县支行内设国库股，负责办理全县财政性存款的收支、汇集、上划等国库业务。

1986 — 1992 年 6 月，国家金库揭阳县支库、国家金库普宁县支库、国家金库惠来县支库和国家金库揭西县支库由国家金库汕头市中心支库管理。

1992 年 7 月，人民银行揭阳分行挂牌办公，根据《条例》规定，分行及辖属支行内设国库科（股），负责办理揭阳地区中心支库（各县支库）的收支、汇集、上划等国库业务。初期由分行国库科与会计科合署办公。

2007 年，全辖财政性存款增加 5.82 亿元，比上年增长 73.58%，为自 1998 年以来增长额最多和增幅最大的一年。主要因素是辖区地方党政强势推进揭阳市经济跨越式发展的重点项目、30 亿元工程等，全市财政收入明显增加，同比多增 5.32 亿元；揭阳市全面开展增收节支活动和加强税务管理工作；人行配合财政部门做好政府收支分类改革；就财政非税收专户的设立及报解问题，人行揭阳市中心支行与市财政、建行揭阳市分行不定期联席沟通，统一思想，规范操作；人行组织对各专业银行进行财政性存款稽核，对转移占用资金及时发现和追回。

2014 年，全市人民币财政性存款明显增加，环比增速创新高。至 12 月末，财政性存款余额 82.74 亿元，比年初增加 18.90 亿元，比 2013 年同期多增 9.70 亿元，增速 29.59%。

1998 — 2018 年，随着改革开放深入，虽然国民收入分配渠道发生变化，但辖区通过财政集中的资金，总体上与企业存款和储蓄存款同步增长。2018 年，人民币财政性存款余额 63.77 亿元，比 1998 年的 1.33 亿元增加 62.44 亿元，增长 46.95 倍，年均递增 21.35%。这显示政府财力不断增强。

1992 — 2018 年揭阳市人民币财政性存款余额表

表 3-5　　单位：亿元

年份	余额	年份	余额	年份	余额
1992	—	2001	3.92	2010	41.33
1993	—	2002	5.61	2011	57.96
1994	—	2003	6.79	2012	54.65
1995	—	2004	6.33	2013	63.85
1996	0.59	2005	7.41	2014	82.74
1997	0.72	2006	7.91	2015	60.18
1998	1.33	2007	13.73	2016	73.28
1999	1.60	2008	20.38	2017	45.20
2000	2.41	2009	30.84	2018	63.77

说明：表内“—”为无法取数或无数据

三、机关团体存款

机关团体存款是指事业单位、国家机关、社会团体（工会、妇联）之类的活期存款。国家机关、团体、事业单位存入银行待用的经费拨款。这些单位的经费开支，由财政机关或上级单位拨给预算资金。由于这部分资金是先拨后用，其尚未支用的部分便在银行形成存款。

机关团体存款原是财政性存款的组成部分。1979 — 1989 年，辖区（设地级市之前的揭阳县）先后开办机关团体一年、二年和三年定期存款业务。1989 年 3 月 21 日起，根据中国人民银行《关于改革存款准备金制度的通知》的规定，财政预算外存款和机关团体存款划归金融机构的一般存款，按法定存款利率计息，并列入商业银行一般存款缴存存款保证金，不再列入财政性存款范围。

1992 — 2018 年揭阳市机关团体存款余额表

表 3-6　　单位：亿元

年份	余额	年份	余额	年份	余额
1992	—	2001	5.54	2010	48.36
1993	—	2002	6.63	2011	—
1994	—	2003	6.29	2012	—
1995	—	2004	6.98	2013	—
1996	0.33	2005	8.02	2014	—
1997	0.34	2006	12.60	2015	249.77
1998	0.50	2007	18.80	2016	297.05
1999	1.16	2008	19.15	2017	347.38
2000	1.16	2009	26.96	2018	375.04

说明：1992—1995 年无统计数据。2011—2014 年未单独统计。 2015 年起，机关团体存款列入广义政府存款的组成部分进行统计

四、单位协定存款

单位协定存款是指客户通过与银行签订《协定存款合同》，约定期限、商定结算账户需要保留的基本存款额度。其协定存款是指企业、事业单位的闲余的短期资金和机关、团体的各项预算外资金或自有资金。必须经过单位存户与银行签订《协定存款合同》后才能办理，合同期限一年，到期时任何一方没有提出终止或修改合同，即视作自动延期。单位存户的款项收支一律先经过结算账户，如果结算账户的存款余额超过协定留存额度，银行主动将其超出部分转入协定存款户，结算账户的存款余额低于协定留存额度，银行将不足部分主动从存户的协定存款户转入其结算账户中。转户的金额以万元为单位，万元以下金额不予办理转户手续。

单位协定存款由银行对基本存款额度内的存款按结息日或支取日活期存款利率计息。超过基本存款额度的部分按结息日或支取日人民银行公布的高于活期存款利率、低于六个月定期存款利率的协定存款利率给付利息的一种存款。

2011 年起，中行揭阳分行开办单位协定存款业务。单位协定存款是年余额 6.03 亿元，至 2018 年余

额7.13亿元，年均递增2.12%。交行揭阳分行开办单位协定存款业务。单位协定存款是年余额6.11亿元，至2017年余额8.86亿元，年均递增5.46%。2018年余额4.83亿元。

2012年起，建行揭阳市分行开办单位协定存款业务。单位协定存款是年余额3.90亿元，至2018年余额47.90亿元，年均递增43.08%。揭西农商行开办单位协定存款业务。单位协定存款是年余额2.77亿元，至2018年余额2500万元，年均递减28.97%。

2014年起，广发银行开办单位协定存款业务。单位协定存款是年余额2.99亿元，至2018年余额5.26亿元，年均递增11.97%。2015年起，广发银行普宁支行开办单位协定存款业务，单位协定存款是年余额1600万元，至2018年余额3400万元，年均递增21.75%。民生银行揭阳分行开办单位协定存款业务。单位协定存款是年余额31.87万元，至2018年余额1532.89万元，年均递增116.98%。

2015年起，南粤银行揭阳分行开办单位协定存款业务。单位协定存款是年余额1万元，至2018年余额979.00万元，年均递增459.37%。

2017年起，广东普宁农商行开办单位协定存款业务。单位协定存款是年余额6500万元，至2018年余额8100万元，增长24.38%。

五、储蓄存款

1992—2018年，全市本外币储蓄存款总额增加1576.98亿元，增长52.06倍，年均递增16.50%。其中，1992—1998年，全辖储蓄存款以年均26.74%的双位数增长。1999年，全市储蓄存款增长速度略为波动，从双位数增长转为单位数增长（1999年为6.88%）。2000—2006年，进入恢复性双位数速度增长（2006年为13.10%）。2007年，全市储蓄存款减缓为呈单位数速度增长，仅增长1.43%。2008年又以双位数速度呈反弹增长，增长28.13%。2009年，增长速度减缓为呈单位数增长，增长8.38%。2010—2013年，全市储蓄存款增长速度以年均12.96%的双位数增长。2014—2015年，储蓄存款增长速度缓慢，从双位数转单位数增长（2015年为3.16%）。2016年以双位数速度呈反弹增长，增长11.25%。2017—2018年，从双位数转单位数增长（2018年为9.37%）。

这一期间，伴随着国家改革开放发展的深入，全市经济总量不断壮大，社会保障水平不断完善，人们的物质文化生活水平不断提高，是储蓄存款不断增加的重要源泉。全辖储蓄存款总体呈逐年增长态势，其中有19年呈双位数速度增长，有7年呈单位数速度增长。

1992年，全辖储蓄存款余额30.29亿元。其中城乡居民储蓄存款比年初增加长7.26亿元，增幅36.20%。主要原因：一是辖区工行揭阳分行、农行揭阳分行、中行揭阳分行、建行揭阳市分行等四家分行相继成立，为新市建设集中资金，专业银行“存款立行”创业意识强。通过引进激励机制、开办新储种、改善结算服务、增加储蓄网点、延长服务时间、改善服务态度等手段，促进储蓄事业发展。二是城乡就业机会多，居民收入渠道较宽，收入水平逐步提高，为辖区储蓄存款创造增加的条件。三是受4—7月深圳、珠海等发达地区股票、房地产热的影响，揭阳的社会闲散资金有一定外流，致储蓄存款增减变化，呈现波浪型态势；四是各专业银行开办定活两便储蓄和开办有奖储蓄活动，吸储引存，居民的储蓄意愿上升。其中，工行揭阳分行储蓄存款比年初增加7503万元，余额4.92亿元，增长18.00%；农行揭阳分行增加1.37亿元，余额5.34亿元，增长34.35%，外币存款157万美元；中行揭阳分行人民币储蓄存款余额3.02亿元；建行揭阳市分行人民币储蓄存款余额1.46亿元；交行揭阳分行储蓄存款余额3.31亿元。

1993年，影响辖区储蓄存款变化的因素突出。首先是新市建设资金需求量大，其次是辖区连续推出“路源”“国泰”“威达”三种股票，总发行额达 3.58 亿元，造成社会闲散资金锐减，辖区银行业储蓄存款受到严重冲击。受社会集资和物价上涨等经济变化的影响，社会资金分流加剧，银行金融机构存款出现先“滑坡”后回稳，存款变化起伏大：一季度由于节后结余资金归行而大幅增加；二季度由于受企业集资热、股票热以及外地房地产热的影响而“滑坡”，大幅下跌；三季度由于人民银行连续两次大幅度提高存贷款利率，1 年定期存款的年利率由 2 年前的 7.56% 提高到 10.98%，增幅达 45.2%，并且对 3 年以上的定期存款再次实行保值的因素，使一度“滑坡”的居民储蓄出现明显的逐月回升；四季度由于房改和物价波动，增速放缓。年末，全市储蓄存款余额 35.96 亿元，同比增加 5.67 亿元，增幅 18.74%。储蓄存款余额占各项存款余额的 62.85%。其中，工行揭阳分行同比增加 6061 万元，余额 5.52 亿元，增长 12.33%；农行揭阳分行增加 9882 万元，余额 6.33 亿元，增长 18.50%，外币存款余额 159 万美元，比增 1.27%；中行揭阳分行增加 7440 万元，余额 3.76 亿元，增长 24.64%，外币存款余额 1648 万美元，比增 408 万美元；建行揭阳市分行人民币增加 6030 万元，余额 2.06 亿元，增长 41.32%；广发银行人民币储蓄余额 80 万元；交行揭阳分行减少 2.26 亿元，余额 1.05 亿元，下降 68.29%。

1994 年，全市储蓄存款余额 49.66 亿元，同比增加 13.70 亿元，增幅 38.10%，增速同比上升 19.38 个百分点。形成增幅较大的主要原因是全市工资制度改革和农村经济发展，带动城乡居民收入提高。据统计局显示，年末，城镇居民收入 4032 元，增长 38.60%，农民纯收入 2018 元，同比（1993 年为 1468 元）增长 37.47%；股票市场低迷，房地产市场处于低潮，居民储蓄的意愿增强；此外各银行金融机构加大吸储力度，促进储蓄事业发展。其中，工行揭阳分行储蓄存款同比增加 1.15 亿元，余额 6.67 亿元，增长 20.77%；农行揭阳分行增加 1.83 亿元，余额 8.15 亿元，增长 28.85%，外币储蓄存款余额 161 万美元；中行揭阳分行增加 1.61 亿元，余额 5.38 亿元，增幅 42.88%，外币储蓄存款减少 617 万美元，余额 1975 万美元，下降 45.14%；建行揭阳市分行人民币增加 1.25 亿元，余额 3.31 亿元，增长 60.65%；广发银行增加 2417 万元，余额 2497 万元，增长 3021.25%；交行揭阳分行增加 1.31 亿元，余额 2.35 亿元，增长 124.50%。

1995 年，全市储蓄存款余额 70.95 亿元，同比增加 21.29 亿元，增幅 42.87%，储蓄增加的主要因素是：证券市场大势疲软，国家抑制通货膨胀，储蓄存款的保值补贴率较高，3 年期以上保值储蓄对储户的吸引力增强；其次因素是随着住房、医疗制度改革的深入，居民为应对未来的不确定性，增加留存资金而增加存款。其中，工行揭阳分行储蓄存款同比增加 2.86 亿元，余额 9.52 亿元，增长 42.94%；农行揭阳分行增加 3.37 亿元，余额 11.53 亿元，增长 41.29%，外币储蓄减少 23 万美元，余额 138 万美元，下降 14.29%；中行揭阳分行增加 2.72 亿元，余额 8.10 亿元，增长 50.56%；建行揭阳市分行人民币增加 2.14 亿元，余额 5.46 亿元，增长 64.45%；广发银行储蓄存款余额 3723 万元，增加 1226 万元，增长 49.10%；交行揭阳分行增加 1.55 亿元，余额 3.91 亿元，增长 65.68%。

1996 年，据统计局抽样调查显示，市区城镇居民人均生活费收入 4620 元，增长 12.50%，扣除物价上涨因素，实际增长 7.80%；农民人年均纯收入 2937 元，增长 16.50%，扣除物价上涨因素，实际增长 11.60%，为储蓄存款增加提供条件。另外，央行两次下调存款利息，储蓄存款的波动明显增大。尤其是 8 月第二次降息后，活期存款比重明显提高，定期存款减少，提前支取比例上升；另外股市行情看好，全区开户新股民明显增加，交易总额再度增高，年中居民资金分流明显。然而，多数城乡居民为应对未来的不确定性，预防动机高于投资动机，储蓄意识不减反增。辖区银行金融机构结合不同实际，普遍采取合理优化网点布局，方便城乡居民存款取款，实现储蓄存款的扩储增存。年末，全辖储蓄存款余额

98.41亿元，同比增加27.46亿元，增长38.70%。其中，工行揭阳分行同比增加3.40亿元，余额12.92亿元，增长35.71%；农行揭阳分行增加4.62亿元，余额16.15亿元，增长40.07%，外币储蓄减少13万美元，余额125万美元，下降9.42%；中行揭阳分行增加2.90亿元，余额11.00亿元，增长31.87%，外汇储蓄存款增加760万美元，余额2311万美元，增长49.00%；建行揭阳市分行增加3.48亿元，余额8.93亿元，增长63.85%；广发银行增加5574万元，余额9297万元，增长149.72%；交行揭阳分行增加1.47亿元，余额5.38亿元，增长37.60%。

1997年，尽管上年央行存款利率下调的降息效应延续，但城乡居民为应对未来养老、住房、医疗、教育等不确定性开支而储蓄的意愿仍然没有减退。银行金融机构优化网点布局，推行“大所战略”，以及增设综合经营下伸网点，扩大服务覆盖面，全辖储蓄存款出现较大增长，年余额132.93亿元，同比增加34.52亿元，增长35.08%，储蓄存款余额占各项存款余额的79.31%。其中，工行揭阳分行同比增加3.23亿元，余额16.15亿元，增长25%；农行揭阳分行增加4.72亿元，余额20.87亿元，增长29.23%，外币储蓄减少14万美元，余额111万美元，下降11.20%；中行揭阳分行增加2.85亿元，余额13.85亿元，增长25.91%，外汇储蓄存款减少212美元，余额2106万美元，下降9.15%；建行揭阳市分行人民币增加4.17亿元，余额13.10亿元，增长46.70%；广发银行增加1.21亿元，余额2.14亿元，增长130.11%；交行揭阳分行增加8567万元，余额6.23亿元，增长16.07%。

1998年，全市储蓄存款继续保持稳定增长态势，储蓄存款余额159.08亿元，同比增加26.14亿元，增长19.66%，储蓄存款余额占各项存款余额的79.50%。主要原因：人们存钱养老的预防动机高于投资动机，随着经济体制改革的深入，下岗、待岗、转岗人员增加，在社会保障体系不完善情况下，在岗人员危机感相应增强，城乡居民的储蓄意愿不因央行三次降息而减弱，反而增强；城乡居民年人均可支配收入同比少增317元，而住房、医疗、教育等负担支出增长较快，故增加储蓄，减少支出成辖区城乡居民的重要选项，居民存款意愿提高。其中，工行揭阳分行同比增加3.89亿元，余额20.06亿元，增长24.21%；农行揭阳分行增加4.36亿元，余额25.24亿元，增长20.91%，外币储蓄增加152万美元，余额263万美元，增长136.94%；中行揭阳分行增加5.37亿元，余额19.22亿元，增长38.77%，外汇储蓄存款增加2273美元，余额4379万美元，增长107.93%；建行揭阳市分行增加3.38亿元，余额16.48亿元，增长25.80%；广发银行增加5009万元，余额2.64亿元，增长23.36%；交行揭阳分行增加1.66亿元，余额7.89亿元，增长26.65%；邮政储蓄存款余额4.69亿元。

1999年，国家鼓励消费，受央行降息、国家开征利息税等一系列出台政策，以及股市回暖，国债发行等因素影响，城乡居民储蓄意愿明显下降，全市储蓄存款先增后降，资金分流明显，整体增速减缓。年末余额170.02亿元，同比增加10.94亿元，增长6.88%。其中，工行揭阳分行同比增加3.83亿元，余额23.89亿元，增长19.09%；农行揭阳分行增加4.80亿元，余额30.03亿元，增长19.02%，外币储蓄增加656万美元，余额919万美元，增长249.43%；中行揭阳分行增加7.11亿元，余额26.34亿元，增长37.00%，外币储蓄存款增长49.44%，余额6544万美元，增加2165万美元；建行揭阳市分行增加3.08亿元，余额19.57亿元，增长18.68%；广发银行减少4211万元，余额2.22亿元，下降15.91%，外币储蓄存款余额18万美元；交行揭阳分行减少2.28亿元，余额5.61亿元，下降28.90%；邮政储蓄存款增加7183万元，余额5.41万元，增长15.31%。

2000年，全市储蓄存款余额180.82亿元，比年初增加22.18亿元，增长13.98%。主要原因是资本市场比较活跃，消费市场回升，分流部分储蓄存款。其中，工行揭阳分行余额27.61亿元，比年初增加

3.72 亿元，增长 15.57%；农行揭阳分行增加 6.13 亿元，余额 36.16 亿元，增长 20.41%，外币储蓄存款增长 80.20%，余额 1656 万美元，增加 737 万美元；中行揭阳分行增加 1.71 亿元，余额 28.04 亿元，增长 6.49%，外币储蓄存款增长 19.35%，余额 7810 万美元，增加 1266 万美元；建行揭阳市分行增长 2.45 亿元，余额 22.02 亿元，增长 12.52%；广发银行增长 5588 万元，余额 2.78 亿元，增长 25.13%，外币储蓄存款余额 19 万美元；交行揭阳分行减少 2631 万元，余额 5.35 亿元，下降 4.69%；邮政储蓄存款增加 6790 万元，余额 6.09 亿元，增长 12.55%。

2001 年，全市城乡居民储蓄存款大幅增长，比年初增加 28.02 亿元，12 月末，储蓄存款余额 208.84 亿元，增长 15.50%。储蓄存款分流节奏减缓，活期化倾向转强。主要原因：一是股票市场风险明显增大，股市的波动加大，股票市场资金分流使居民储蓄的能力明显下降；二是国债到期，部分资金转入储蓄； 三是随着市场经济的发展和改革的深入，居民支出预期上升，为子女教育、医疗、养老、防失业等刚性需求因素增强；四是国家再次提高国家公务员的工资水平，收入增加；五是各金融机构重视存款工作，加大吸存力度。其中，工行揭阳分行比年初增加 3.42 亿元，余额 31.03 亿元，增长 12.39%；农行揭阳分行增加 4.6 元，余额 40.80 亿元，增长 12.83%，外币储蓄存款增长 1.75%，余额 1685 万美元，增加 29 万美元；中行揭阳分行增加 5.63 亿元，余额 33.67 亿元，增长 20.08%，外币储蓄存款下降 3.42%，余额 7543 万美元，净减 267 万美元；建行揭阳市分行本外币新增 2.63 亿元，余额 24.65 亿元，增长 11.94%，其中，外汇储蓄存款 820 美元；广发银行增加 9062 万元，余额 3.69 亿元，增长 32.55%，外汇储蓄存款余额 19 万美元；交行揭阳分行增加 1518 万元，余额 5.50 亿元，增长 2.80%；邮政储蓄存款增加 2.15 亿元，余额 8.24 亿元，增长 35.30%。

2002 年，全市储蓄存款持续增长，结构占比提高，稳定性较强。年末，全市储蓄存款比年初增加 32.41 亿元，余额 241.25 亿元，增长 15.52%，储蓄存款余额与各项存款余额占比 81.91%，同比上升 3 个百分点。虽然央行于 2002 年 2 月 21 日第 8 次连续下调存贷利率和国家于 9 月出台“国有股停止向二级市场减持、提高增发门槛、保护投资者权益”等政策，但城乡居民储蓄并没有大量流出，增速反而加快，主要原因：收支预期不确定。随着各项改革的深入，就业、医疗、教育、养老等一系列预期收入和支出的不确定，居民储蓄意愿不断增强；投资渠道窄，股市长期低迷，资本市场分流储蓄存款的能力明显下降；物价持续下跌，居民持币待购现象普遍；揭阳经济呈现恢复性止跌缓升的发展势头，居民收入水平相应提高；银行金融机构在同业竞争中，扬长避短，继续加大吸存力度。其中，工行揭阳分行比年初增加 6.04 亿元，余额 37.08 亿元，增长 19.46%；农行揭阳分行增加 3.79 亿元，余额 44.59 亿元，增长 9.46%，外汇储蓄存款下降 6.72%，余额 1665 万美元，净减 120 万美元；中行揭阳分行增加 5.72 亿元，余额 39.39 亿元，增长 16.99%，外汇储蓄存款下降 0.66%，余额 7493 万美元，净减 50 万美元；建行揭阳市分行新增 2.82 亿元，余额 27.47 亿元，增长 11.44%，外汇储蓄存款减少 58 万美元，余额 762 万美元，下降 7.07%；广发银行减少 4321 万元，余额 3.26 亿元，下降 11.70%，外汇储蓄存款余额 21 万美元；交行揭阳分行增加 1.34 亿元，余额 6.84 亿元，增长 24.36%；邮政储蓄存款增加 2.52 亿元，余额 10.76 亿元，增长 30.58%。

2003 年，全市储蓄存款增加 41.08 亿元，余额 282.33 亿元，占新增存款的 82.97%，比年初增长 17.03%。其主要原因：城乡居民收入增加，即时消费和支出未能相应增长；股市行情低迷，储蓄仍是居民投资首选；改革不断深入，而社会保障体系尚不完善，居民预防性储蓄进一步增加；个体私营企业经营性存款占比大。其中， 工行揭阳分行增加 6.52 亿元，余额 43.60 亿元，增长 17.58%；农行揭阳分行增加 8.11 亿元，余额 52.70 亿元，增长 18.19%，外汇储蓄存款下降 11.18%，余额 1390 万元，净减 175 万元；中行揭阳分行增加 7.37 亿元，余额 46.75 亿元，增长 18.72%，外汇储蓄存款下降 11.34%，余额 6643 万元，净减 850 万元；建行揭阳市分行新增 2.89 亿元，余额 30.35 亿元，增长 10.52%，外汇储蓄存款减少 175 万元，余额 587 万元，下降 22.97%；广发银行增加 4573 万元，余额 3.71 亿元，增长 11.03%，外汇储蓄存款余额 20 万元；交行揭阳分行增加 1.40 亿元，余额 8.24 亿元，增长 20.47%；邮政储蓄存款增加 4.47 亿元，余额 15.23 亿元，增长 41.54%。

2004 年，年初受实际存款利率为负的影响，辖区部分社会资金分流，分流渠道主要是投资国债、基金和商业银行推出的各种理财产品、商铺等。下半年央行提高定期存款利率，在社会保障不很完善的情况下，城乡居民对医疗、教育、住房、养老等方面的预防性需求高于投资需求，选择储蓄存款的意愿高于投资意愿。年末，全市储蓄存款比年初增加 53.24 亿元，余额 344.25 亿元，增长 18.29%。其中，定期储蓄存款比年初增加 28.63 亿元，占全部新增储蓄的 53.78%。其中，工行揭阳分行比年初增加 8.44 亿元，余额 52.04 亿元，增长 19.36%，外汇储蓄存款余额 1409 万元；农行揭阳分行增加 8.84 亿元，余额 61.54 亿元，增长 16.77%，外汇储蓄存款下降 17.05%，余额 1153 万元，净减 237 万元；中行揭阳分行增加 7.55 亿元，余额 54.30 亿元，增长 16.15%，外汇储蓄存款下降 20.94%，余额 5252 万元，净减 1391 万元；建行揭阳市分行新增 3.52 亿元，余额 33.87 亿元，增长 11.60%，外汇储蓄存款减少 100 万元，余额 487 万元，下降 17.04%；广发银行增加 8369 万元，余额 4.55 亿元，增长 15.58%，外汇储蓄存款余额 21 万元；交行揭阳分行增加 1.15 亿元，余额 9.39 亿元，增长 13.96%；邮政储蓄存款增加 9.10 亿元，余额 2.43 亿元，增长 78.92%。

2005 年，辖区的金融生态环境和谐稳定。受居民收入增加，上年国家利率上调效应继续显现等因素影响，存款稳定性增强，定期储蓄存款新增额占全部储蓄存款新增额的 63.98%，比 2004 年同期增加 10.2 个百分点。全市本外币城乡储蓄存款余额 392.24 亿元，比年初增加 47.99 亿元，增长 13.94%。其中，工行揭阳分行比年初增加 6.06 万元，余额 58.10 亿元，增长 11.64%，外汇储蓄存款余额 1096 万元，减少 313 万元，下降 22.21%；农行揭阳分行增加 7.73 亿元，余额 69.27 亿元，增长 10.04%，外汇储蓄存款下降 24.89%，余额 866 万元，净减 287 万元；中行揭阳分行增加 6.91 亿元，余额 61.21 亿元，增长 12.73%，外汇储蓄存款下降 28.83%，余额 3738 万元，净减 1514 万元；建行揭阳市分行新增 3.40 亿元，余额 37.27 亿元，增长 10.04%；广发银行减少 1633 万元，余额 4.39 亿元，下降 3.52%，外汇储蓄存款余额 22 万元；交行揭阳分行增加 3.83 亿元，余额 13.21 亿元，增长 40.83%，外汇储蓄存款余额 116 万元；邮政储蓄存款增加 6.97 亿元，余额 31.30 亿元，增长 28.65%。

2006 年，全市储蓄存款余额 443.62 亿元，比年初增加 51.39 亿元，增长 13.10%，增速低于各项存款增速 1.92 个百分点。主要原因：尽管央行提高定期存款利率，但吸引城乡居民投资渠道增多。受股市持续上扬的影响，加上各商业银行因势利导大力发展代理基金、保险、国债等产品的营销，拓宽居民投资渠道，储蓄存款大量分流。其中，工行揭阳分行比年初增加 4.48 亿元，余额 62.58 亿元，增长 7.71%，外汇储蓄存款减少 113 万元，余额 983 万元，下降 10.31%；农行揭阳分行增加 6.94 亿元，余额 76.21 亿元，增长 10.02%，外汇储蓄存款下降 9.47%，余额 784 万元，净减 82 万元；中行揭阳分行增加 5.87 亿元，余额 67.09 亿元，增长 9.59%，外汇储蓄存款下降 8.51%，余额 3461 万元，净减 322 万元；建行揭阳市分行增长 4.86 万元，余额 42.13 亿元，增长 13.04%；广发银行增加 3011 万元，余额 4.69 亿元，增长 6.83%，外汇储蓄存款余额 22 万元；交行揭阳分行增加 2.47 亿元，余额 15.68 亿元，增长 18.70%，外汇储蓄存款余额88万元；邮政储蓄存款增加8.07亿元，余额39.37万元，增长25.78%。

2007年，全市储蓄存款增速明显下降，主要是股票、基金市场异常火热，居民对股票、基金的投资、申购热情高涨，居民通过理财寻求保值增值意愿增强，导致储蓄存款持续向股市和基金，以及保险、国债等方面分流。全市储蓄存款余额449.98亿元，比年初增加6.35亿元，增长1.43%，增速低于各项存款增速3.7个百分点。其中，工行揭阳分行比年初净减1.83亿元，余额60.75亿元，下降3.11%，外汇储蓄存款减少207万元，余额776万元，下降21.06%；农行揭阳分行减少2.07亿元，余额7.41亿元，下降21.84%，外汇储蓄存款下降29.14%，余额530万元，净减218万元；中行揭阳分行净减2.48亿元，余额64.61亿元，下降3.59%，外汇储蓄存款下降34.07%，余额2282万元，净减1179万元；建行揭阳市分行新增1.14亿元，余额43.27亿元，增长2.57%；广发银行增加135万元，余额4.70亿元，增长0.29%，外汇储蓄存款余额21万元；交行揭阳分行减少4448万元，余额15.24亿元，下降2.84%，外汇储蓄存款余额58万元；邮储行揭阳市分行增加2.85亿元，余额42.22亿元，增长7.24%。

2008年，由于揭阳市居民个人投资和消费意愿下降，存款市场储蓄化特征明显，储蓄存款余额576.53亿元，比年初增加126.57亿元，增长28.13%，占各项存款新增额比重达82.06%。同时，储蓄存款出现定期化趋势，定期储蓄存款比上年增加77.80亿元，占新增储蓄存款的61.47%，定期储蓄存款增长29.38%，活期储蓄存款增长26.34%，定期储蓄增长高于活期储蓄3.04个百分点。主要原因是2008年资本市场持续走低，投资意愿降低，居民投资渠道减少，证券资金回流到银行并以定期的方式锁定收益，上市公司筹集资金后归还部分银行借款，增加银行存款。其中，工行揭阳分行比年初增加23.48亿元，余额84.23亿元，增长38.65%，外汇储蓄存款减少83万元，余额693万元，下降10.70%；农行揭阳分行增加22.58亿元，余额96.72亿元，增长30.46%，外汇储蓄存款下降20.75%，余额420万元，净减110万元；中行揭阳分行增加12.00亿元，余额76.61亿元，增长18.57%，外汇储蓄存款下降10.96%，余额2032万元，净减250万元；建行揭阳市分行新增20.10亿元，余额63.37亿元，增长46.45%；广发银行增加1.16亿元，余额5.87亿元，增长24.63%，外汇储蓄存款余额19万元；交行揭阳分行增加1.84亿元，余额17.07亿元，增长12.07%，外汇储蓄存款余额45万元；邮储行揭阳市分行增加12.48亿元，余额54.69亿元，增长29.55%。

2009年，全市储蓄存款增加48.33亿元，余额624.85亿元，占各项存款余额76.83%，增长8.38%。主要原因：一是银行金融机构支持揭阳地方经济“赶超进位，后来居上”“力拔粤东五年大变化头筹”的目标和举措，推动揭阳整体经济强势发展。另外各银行金融机构扬其所长，采取有效措施，吸引社会闲散资金增存。二是受公务员调增工资、教师队伍进行绩效工资改革等方面因素的影响，揭阳区域内的工资水平有所提高，带动城乡居民收入的提高，为储蓄存款的稳定增长提供一定条件。其中，工行揭阳分行比年初增加1276万元，余额8.44亿元，增长1.56%，外汇储蓄存款减少22万元，余额671万元，下降3.17%；农行揭阳分行增加5.70亿元，余额102.42亿元，增长5.89%，外汇储蓄存款下降5.95%，余额395万元，净减25万元；中行揭阳分行增加3.25亿元，余额79.86亿元，增长4.24%，外汇储蓄存款下降1.77%，余额1996万元，净减36万元；建行揭阳市分行新增5.18亿元，余额68.55亿元，增长8.17%；广发银行增加351万元，余额5.90亿元，增长0.6%，外汇储蓄存款余额17万元；交行揭阳分行增加3.91亿元，余额20.99亿元，增长22.89%，外汇储蓄存款余额56万元；邮储行揭阳市分行增加6.17亿元，余额60.87亿元，增长11.28%。

2010年，全市储蓄存款比年初增加91.31亿元，同比多增42.98亿元，余额716.17亿元，增长

14.61%。主要原因：一是受国际金融危机不确定因素影响，资本市场低位徘徊，大部分社会资金分流出资本市场；二是央行两次提高三个月以上定期储蓄存款利息，在社会保障不很完善情况下，为预防未来住房、医疗、教育、养老等不确性支出，储蓄存款仍是城乡居民的首选；三是辖区银行金融机构继续贯彻落实“适度宽松”货币政策，增加对地方经济发展的资金支持，并努力优化地方金融生态环境，采取多形式吸储增存社会闲散资金。其中，工行揭阳分行比年初增加 15.98 亿元，余额 100.34 亿元，增长 18.94%，外汇储蓄存款增加 10 万元，余额 681 万元，增长 1.45%；农行揭阳分行增加 16.56 亿元，余额 118.98 亿元，增长 16.17%，外汇储蓄存款下降 16.71%，余额 329 万元，净减 66 万元；中行揭阳分行增加 5.22 亿元，余额 85.08 亿元，增长 6.54%，外汇储蓄存款下降 7.52%，余额 1846 万元，净减 150 万元；建行揭阳市分行新增 11.31 亿元，余额 79.86 亿元，增长 16.50%；广发银行增加 7732 万元，余额 6.67 亿元，增长 13.05%，外汇储蓄存款余额 20 万元；交行揭阳分行增加 2.06 亿元，余额 23.05 亿元，增长 9.81%，外汇储蓄存款余额 87 万元；农商银行（市区农商银行）储蓄存款余额 46.78 亿元；邮储行揭阳市分行增加 10.84 亿元，余额 71.71 亿元，增长 17.81%。

2011 年，据统计局显示，辖区城镇居民人月均可支配现金收入和家庭人月均可支配现金收入，同比分别提高 13.20% 和 13.30%，居民收入增长较快；但投资、理财渠道却相对较窄，民间借贷活跃程度相对较低。央行连续 6 次上调人民币存款准备金率、3 次上调人民币存贷款基准利率，1 次下调人民币存款准备金率，并出台将保证金存款纳入存款准备金交存范围政策，储蓄存款出现持续增长。全市金融机构本外币储蓄存款余额为 810.98 亿元，比年初增加 95.52 亿元，增长 13.35%，增速比全省平均水平高 4.09 个百分点。其中，工行揭阳分行比年初增加 18.42 亿元，余额 119.22 亿元，增长 18.27%，外汇储蓄存款增加 1079 万元，余额 1760 万元，增长 158.44%；农行揭阳分行增加 14.65 亿元，余额 133.85 亿元，增长 12.29%，外汇储蓄存款下降 20.06%，余额 263 万元，净减 66 万元；中行揭阳分行增加 6.67 亿元，余额 92.98 亿元，增长 7.73%，外汇储蓄存款下降 3.71%，余额 1920 万元，减少 74 万元；建行揭阳市分行新增 3.81 亿元，余额 83.71 亿元，增长 4.77%；广发银行减少 998 万元，余额 6.57 亿元，下降 1.50%，外汇储蓄存款余额 21 万元；交行揭阳分行减少 816 万元，余额 22.35 亿元，下降 0.36%，外汇储蓄存款余额 48 万元；农商银行（含市区、揭西县农商银行）储蓄存款增加 49.16 亿元，余额 86.92 亿元，增长 130.21%；邮储行揭阳市分行增加 12.55 亿元，余额 84.26 亿元，增长 17.50%。

2012 年，央行两次下调存款准备金率和存贷款基准利率后揭阳辖区的市场利率有所下行，理财产品收益率随之下降，加上股票市场不景气，受投资渠道少的因素影响，部分社会资金向银行回流，是年股票基金交易额 1245.67 亿元，同比下降 25.46%；同时，利率市场化后，存款利率可上浮至基准利率的 10%，金融机构普遍相应上调存款利率，吸引部分资金回流银行，存款增加提速。年末，全市本外币储蓄存款余额 950.56 亿元，比年初增加 139.57 亿元，增速 17.21%，高于各项存款增速 1.25 个百分点。其中，工行揭阳分行实行“理财引存”“外拓增存”“服务稳存”经营策略，年末储蓄存款余额 136.48 亿元，比年初增加 17.27 亿元，增长 14.44%，外汇储蓄存款增加 94 万元，余额 1854 万元，增长 5.34%；农行揭阳分行增加 19.87 亿元，余额 153.72 亿元，增长 14.84%，外汇储蓄存款下降 46.01%，余额 142 万元，净减 121 万元；中行揭阳分行增加 13.13 亿元，余额 106.11 亿元，增长 14.12%，外汇储蓄存款下降 1.56%，余额 1890 万元，减少 30 万元；建行揭阳市分行新增 11.12 亿元，余额 98.43 亿元，增长 12.74%；广发银行增加 9152 万元，余额 7.49 亿元，增长 14%，外汇储蓄存款余额 22 万元；交行揭阳分行增加 6351 万元，余额 22.99 亿元，增长 2.86%，外汇储蓄存款余额 85 万元；农商银行（含市区、揭西县农商银行）

储蓄存款增加 22.73 亿元，余额 109.65 亿元，增长 26.15%；邮储行揭阳市分行存款增加 15.81 亿元，余额 100.08 亿元，增长 18.76%。

2013 年，揭阳被列为全省民生金融示范区进行试点建设，辖区银行金融机构抓住这一重要发展机遇，积极发展储蓄存款业务，集中资金支持地方经济建设。全市本外币储蓄存款余额突破千亿元，全年余额 1128.99 亿元，比年初增加 178.43 亿元，增速 18.77%，高于企事业存款增速 11.25 个百分点，各项存款高达 73.80%。主要原因：据统计局显示，全市国内地区生产总值 1605.35 亿元，同比增长 14.50%，受经济总量增长较快影响，城镇居民人月均可支配现金收入和家庭人月均可支配现金收入同比分别提高 11.00% 和 11.20%。居民收入持续增长，为储蓄存款增加提供条件；是年资本市场持续低迷，资金分流，使辖区居民首选银行存款；银行金融机构加大吸存力度，储蓄存款持续增长。其中，工行揭阳分行比年初增加 18.65 亿元，余额 155.13 亿元，增长 13.67%，外汇储蓄存款增加 1249 万元，余额 3103 万元，增长 67.37%；农行揭阳分行增加 24.63 亿元，余额 178.36 亿元，增长 16.02%，外汇储蓄存款增长 46.48%，余额 208 万元，增加 66 万元；中行揭阳分行减少 5.04 亿元，余额 101.08 亿元，下降 5.25%，外汇储蓄存款增长 16.08%，余额 2194 万元，增加 304 万元；建行揭阳市分行新增 15.58 亿元，余额 110.41 亿元，增长 16.43%，外汇储蓄存款余额 63 万元；广发银行增加 6601 万元，余额 8.15 亿元，增长 8.81%，外汇储蓄存款余额 26 万元；交行揭阳分行增加 2.30 亿元，余额 25.29 亿元，增长 10.03%，外汇储蓄存款余额 40 万元；邮储行揭阳市分行增加 16.58 亿元，余额 116.65 亿元，增长 16.57%，外汇存款余额 1200 元；农商银行（含市区、揭西县农商银行）增加 55.95 亿元，余额 165.60 元，增长 51.03%。普宁汇成村镇银行储蓄存款增加 8511 万元，余额 1.50 亿元，增长 131.16%。外资银行（含汇丰、东亚）本外币储蓄存款余额 45 万元。

2014 年，揭阳市贯彻落实广东省委、省政府关于振兴粤东西北发展政策，抓住机遇振兴揭阳经济。据统计局显示，全年全市国内地区生产总值 1780.44 亿元，同比增长 10.91%，位居全省第 11 位、居粤东首位。经济总量的增加带来城乡居民收入的增加。全市居民人均可支配收入 14953 元，同比提高 10.70%。受辖区居民收入增加的影响，全市本外币储蓄存款比年初增加 67.58 亿元，余额 1196.57 亿元，增速 5.99%。其中，工行揭阳分行比年初增加 2.35 亿元，余额 157.45 亿元，增长 1.51%，外汇储蓄存款减少 768 万元，余额 2335 万元，下降 24.75%；农行揭阳分行增加 17.25 亿元，余额 195.61 亿元，增长 9.67%，外汇储蓄存款下降 12.50%，余额 182 万元，减少 26 万元；中行揭阳分行增加 6.19 亿元，余额 107.27 亿元，增长 6.12%，外汇储蓄存款增长 4.56%，余额 2094 万元，减少 100 万元；建行揭阳市分行减少 2.84 亿元，余额 107.57 亿元，下降 2.57%，外汇储蓄存款增长 20.63%，余额 76 万元，增加 13 万元；广发银行增加 3204 万元，余额 8.47 亿元，增长 3.93%，外汇储蓄存款余额 25 万元；交行揭阳分行减少 8573 万元，余额 24.43 亿元，下降 3.39%，外汇储蓄存款增长 80.00%，达 72 万元，增加 32 万元；民生银行揭阳分行储蓄存款余额 3.91 亿元，外汇储蓄存款余额 4.15 万元；农商银行（含市区、揭西、揭东县农商银行）增加 105.43 亿元，余额 271.02 亿元，增长 63.70%；邮储行揭阳市分行增加 15.14 亿元，余额 131.79 亿元，增长 12.98%，外汇储蓄存款余额 5400 元。南粤银行揭阳分行储蓄存款余额 1.14 亿元；普宁汇成村镇银行增加 2.18 亿元，余额 3.69 亿元，增长 144.37%；外资银行（含汇丰、东亚）本外币储蓄存款增加 1314 万元，余额 1359 万元，增长 2920%，外汇储蓄存款余额 14.22 万元。

2015 年，受多种因素起伏交织影响，全市本外币储蓄存款增速有所放缓。辖区本外币储蓄存款余额 1251.86 亿元，比年初增加 43.94 亿元，增速 3.64%。主要原因：是央行五次下调定期存款基准利率，分流银行部分储蓄存款资金；全市居民收入继续增加，据统计局显示，年末人均可支配收入 16308 元，比上年的 14953 元增加 1715 元，提高 11.47%，为储蓄存款增加提供一定条件；股市先扬后抑，走势低迷资金分流，理财产品不稳定，人们选择稳定储蓄的意愿高于投资意愿。银行金融机构服务大众，为客户提供个性化普惠金融服务，开展吸储增存。其中，工行揭阳分行比年初减少 3.47 亿元，余额 163.46 亿元，下降 2.17%，外汇储蓄存款增加 344 万元，余额 2679 万元，增长 14.73%；农行揭阳分行增加 11.93 亿元，余额 206.88 亿元，增长 6.12%，外汇储蓄存款下降 2.20%，余额 178 万元，减少 4 万元；中行揭阳分行增加 2.43 亿元，余额 107.74 亿元，增长 2.31%，外汇储蓄存款增长 20.68%，余额 2527 万元，增加 433 万元；建行揭阳市分行增加 10.17 亿元，余额 117.33 亿元，增长 9.49%， 外汇储蓄存款增长 92.11%，余额 146 万元，增加 70 万元；广发银行增加 1742 万元，余额 10.69 亿元，增长 1.62%，外汇储蓄存款余额 33 万元；交行揭阳分行增加 1.71 亿元，余额 30.24 亿元，下降 5.99%，外汇储蓄存款余额 70 万元；民生银行揭阳分行储蓄存款增加 2.77 亿元，余额 6.93 亿元，增长 66.59%，外汇储蓄存款增加 1.45 万元，余额 5.60 万元，增长 34.94%；农商银行（含市区、揭西、揭东县农商银行）增加 8.55 亿元，余额 279.37 亿元，增长 3.16%；邮储行揭阳市分行增加 9.23 亿元，余额 140.99 亿元，增长 7.01%，外汇储蓄存款增加 4.28 万元，余额 4.82 万元，增长 792.59%。南粤银行揭阳分行储蓄存款余额 1.07 亿元；普宁汇成村镇银行增加 2.05 亿元，余额 5.74 亿元，增长 55.56%；外资银行（含汇丰、东亚）本外币储蓄存款增加 2260 万元，余额 3890 万元，增长 138.65%，外汇储蓄存款减少 11.57 万元，余额 2.65 万元，下降 81.36%。

2016 年，全市本外币储蓄存款余额 1392.73 亿元，比年初增加 140.87 亿元，增速 11.25%。增速比全省平均水平高 2.60 个百分点；储蓄存款新增额在各项存款新增额中的比重较上年提高 47.33 个百分点，在全省储蓄存款新增额中的比重较上年上升 0.73 个百分点。主要原因：一是揭阳市力促揭阳跨越式发展的赶超进位意识强烈，大力推进当地支柱产业转型升级，建设粤东经济强市；推进基础设施建设、园区建设、中心城市扩容建设，创建粤东上善之区。二是相对于发达地区，揭阳作为省内欠发达地区，经济呈现赶超效应。受经济总量做大影响，城乡居民收入增长较快，据统计局显示，年末城乡居民人均可支配收入 17654 元，比上年的 16308 元增加 1346 元，提高 8.25%；同时投资、理财渠道却相对较窄，民间借贷活跃程度相对较低，储蓄存款出现一定增长。其中，工行揭阳分行比年初增加 13.93 亿元，余额 178.67 亿元，增长 8.46%，外汇储蓄存款增加 648 万元，余额 3327 万元，增长 24.19%；农行揭阳分行增加 24.83 亿元，余额 232.79 亿元，增长 11.94%，外汇储蓄存款增长 45.51%，余额 259 万元，增加 81 万元；中行揭阳分行增加 5.27 亿元，余额 114.30 亿元，增长 4.83%，外汇储蓄存款增长 40.40%，余额 3548 万元，增加 1021 万元；建行揭阳市分行增加 18.14 亿元，余额 135.83 亿元，增长 15.41%，外汇储蓄存款增长 101.37%，余额 294 万元，增加 148 万元；广发银行减少 2.06 亿元，余额 8.62 亿元，下降 19.29%，外汇储蓄存款余额 42 万元；交行揭阳分行增加 1.25 亿元，余额 31.53 亿元，增长 4.13%，外汇储蓄存款余额 95 万元；民生银行揭阳分行储蓄存款增加 3.27 亿元，余额 10.20 亿元，增长 47.19%，外汇储蓄存款增加 33.47 万元，余额 39.07 万元，增长 597.68%；农商银行（含市区、揭西、揭东、普宁农商行）增加 186.05 亿元，余额 465.43 亿元，增长 66.59%；邮储行揭阳市分行增加 17.20 亿元，余额 158.19 亿元，增长 12.20%，外汇储蓄存款增加 4.94 万元，余额 9.76 万元，增长 102.49%。南粤银行揭阳分行储蓄存款余额 1.00 亿元，减少 728 万元，下降 6.78%；普宁汇成村镇银行增加 7.37 亿元，余额 13.10 亿元，增长 128.62%；外资银行（含汇丰、东亚）本外币储蓄存款减少 2176 万元，余额 1713 万元，下降 55.95%，外汇储蓄存款增加 19.41 万元，余额 22.06 万元，增长 732.45%。

2017年，全市本外币储蓄存款余额1469.54亿元，比年初增加76.80亿元，增速5.51%。全市储蓄存款增速有所放缓，主要原因：是为增强经济发展内生动力，辖区经济结构逐步转型升级，开展供给侧结构改革。据统计局显示，年末全市国内地区生产总值1987.89亿元，比上年增长5.00%；年末全市居民人均可支配收入18750元，比上年的17654元增加1096元，提高6.21%，比上年少增560元，下降41.60%，居民人均可支配收入的提高，为银行增加储蓄存款提供了条件；居民人均可支配收入增加额较上年下降，受一定影响结果使银行储蓄存款增速减缓；股市行情呈起伏式走强，分流部分社会资金；银行金融机构克服困难，加大吸存力度，开展储蓄存款同业合规有序竞争。受居民人均可支配收入变化、股市资金分流和银行金融机构吸存稳存等因素影响，年末银行本外币储蓄存款，辖区有2家保持双位数增长，9家保持单位数增长。其中，工行揭阳分行比年初增加3.85亿元，余额182.53亿元，增长2.15%，外汇储蓄存款减少31万元，余额3296万元，下降0.93%；农行揭阳分行增加10.15亿元，余额242.95亿元，增长4.36%，外汇储蓄存款下降5.41%，余额245万元，减少14万元；中行揭阳分行减少2.14亿元，余额112.16亿元，下降1.87%，外汇储蓄存款下降15.53%，余额2997万元，减少551万元；建行揭阳市分行增加2.32亿元，余额138.16亿元，增长1.71%，外汇储蓄存款下降16.33%，余额246万元，减少48万元；广发银行增加3627万元，余额8.99亿元，增长4.20%，外汇储蓄存款余额33万元；交行揭阳分行增加1.86亿元，余额33.40亿元，增长5.90%，外汇储蓄存款余额59万元；民生银行揭阳分行储蓄存款增加2.57亿元，余额12.77亿元，增长25.20%，外汇储蓄存款减少1300元，余额38.94万元，下降0.33%；农商银行（含市区、揭西、揭东、普宁农商行）增加44.38亿元，余额509.81亿元，增长9.54%；邮储行揭阳市分行增加8.78亿元，余额166.97亿元，增长5.55%，外汇储蓄存款减少2.68万元，余额7.08万元，下降27.46%。南粤银行揭阳分行储蓄存款余额1.04亿元，增加345万元，增长3.43%；普宁汇成村镇银行增加2713万元，余额13.37亿元，增长2.07%；外资银行（含汇丰、东亚）本外币储蓄存款增加387万元，余额2100万元，增长22.60%，外汇储蓄存款减少7.63万元，余额14.43万元，下降34.59%。

2018年，全市本外币储蓄存款余额1607.27亿元，比年初增加137.45亿元，增速9.35%。全市储蓄存款增速比上年有所加快，比去年同期增加60.65亿元，增速多增3.84个百分点。主要原因：揭阳市积极推进经济结构逐步实现转型升级，增强经济发展综合实力，壮大经济发展总量，带来全市居民人均可支配收入再提高。据统计局显示，年末全市国内地区生产总值2152.47亿元，同比增长5.30%；年末全市居民人均可支配收入为20042元，比上年的18750元增加1292元，提高6.90%，比上年多增加196元，提高17.88%，对增加银行储蓄存款产生一定影响；股票市场年初过后，一路下跌，理财产品不稳定，辖区居民投资意愿降低；银行金融机构注重储蓄存款日均余额和日均增量的考核管理，稳存增存。受辖区居民人均可支配收入增加，资本市场资金分流，银行金融机构强化存款日均量化增存等因素影响，全市储蓄存款增速同比有所加快。其中，工行揭阳分行比年初增加19.37亿元，余额201.91亿元，增长10.61%，外汇储蓄存款减少699万元，余额2597万元，下降21.21%；农行揭阳分行增加21.72万元，余额264.94亿元，增长8.93%，外汇储蓄存款下降15.92%，余额206万元，减少39万元；中行揭阳分行增加122.81亿元，余额112.16亿元，增长9.49%，外汇储蓄存款下降12.21%，余额2631万元，减少366万元；建行揭阳市分行增加14.45亿元，余额152.61亿元，增长10.46%，外汇储蓄存款下降4.47%，余额235万元，减少11万元；广发银行增加1.92亿元，余额10.90亿元，增长21.38%，外汇储蓄存款余额30万元；交行揭阳分行增加2.35亿元，余额35.75亿元，增长7.04%，外汇储蓄存款余额45万元；

民生银行揭阳分行储蓄存款增加 2.54 亿元，余额 15.31 亿元，增长 19.89%，外汇储蓄存款增加 11.93 万元，余额 50.87 万元，增长 30.64%；农商银行（含市区、揭西、揭东、普宁农商行）增加 42.26 亿元，余额 552.07 亿元，增长 8.29%；邮储行揭阳市分行增加 13.86 亿元，余额 180.82 亿元，增长 8.30%，外汇储蓄存款增加 9800 元，余额 8.06 万元，增长 13.84%。南粤银行揭阳分行储蓄存款余额 1.44 亿元，增加 4072 万元，增长 39.33%；村镇银行（普宁汇成村镇银行增加 6.24 亿元，余额 19.61 亿元，增长 46.64%；外资银行（含汇丰、东亚）本外币储蓄存款减少 607 万元，余额 1493 万元，下降 28.90%，外汇储蓄存款减少 3.99 万元，余额 10.44 万元，下降 27.65%。

至 2018 年年末，辖区本外币城乡储蓄存款余额 1607.27 亿元，比 1992 年增加 1576.98 亿元，增长 52.06 倍，年均递增 16.50%。其中储蓄存款余额，工行揭阳分行 201.91 亿元、农行揭阳分行 264.94 亿元、中行揭阳分行 122.81、建行揭阳市分行 152.61 亿元，分别比 1992 年增长 40.07 倍、48.61 倍、39.67 倍和 103.57 倍。

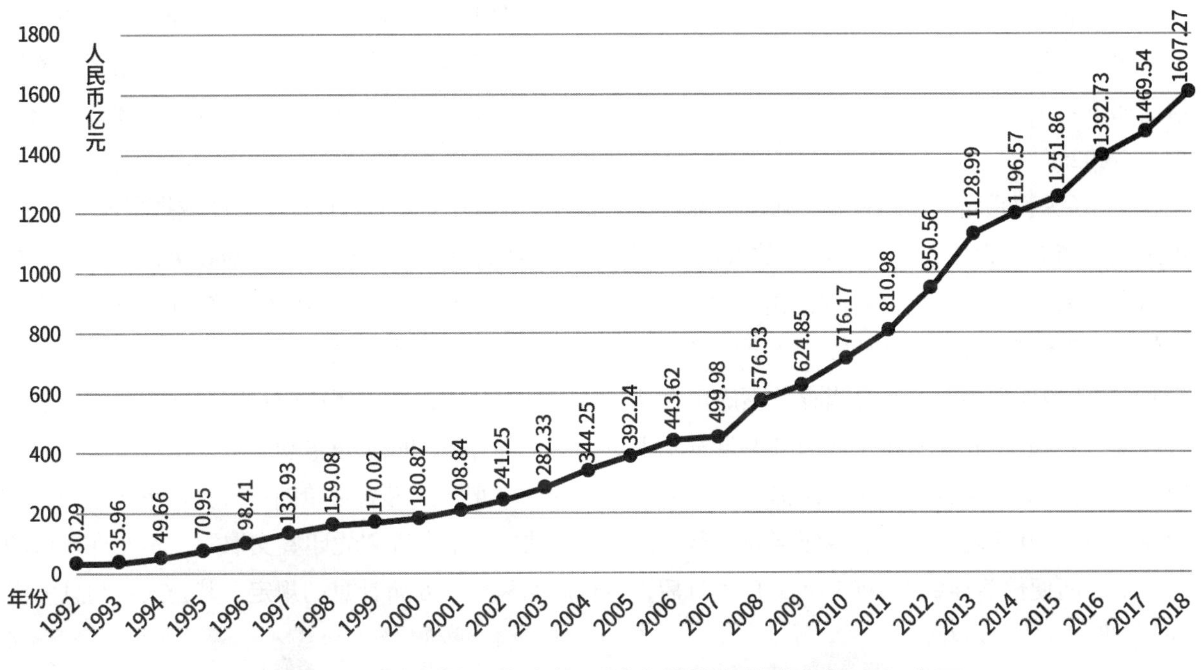

1992—2018 年揭阳市本外币城乡储蓄存款余额概况示意图

（一）人民币活期储蓄存款

人民币活期储蓄存款是一种不限存期，凭银行卡或存折及预留密码，可在银行营业时间内通过柜面或通过银行自助设备随时存取现金的服务。其特点是随时支取，金额和期限不受限制，手续简便。按规定每年结息一次，结息日为每年的 6 月 30 日；从 2008 年 12 月 21 日起，居民个人本外币活期储蓄存款按季结息，每季末月 20 日为结息日，21 日为利息到账日。按结息日活期利率计息，非结息日清户的，按清户日的活期利率计息。如遇利率调整，不分段计息。它是银行金融机构的主要储种，属低成本存款。2018 年年末，活期存款业务占全行储蓄存款的情况为：工行揭阳分行为 54.51%、农行揭阳分行为 69.49%、中行揭阳分行为 45.30%、建行揭阳市分行为 38.64%。

（二）人民币定期储蓄存款

人民币定期储蓄存款是根据客户在存放与支取的不同需要，分别设置多种类型的存放方式。其特点是，存期越长，利息越高。储种分为7类，其中：

1. 整存整取储蓄存款。是指开户时约定存期，本金一次存入，到期一次支取本息的存款方式。其特点是一次存储。如中行揭阳分行按人民币50元起存，多存不限，存期分为3个月、半年、1年、2年、3年和5年共6个档次；外币乙种存款起存金额为不低于人民币500元的等值外币，丙种存款为不低于人民币50元的等值外币。存期分为1个月、3个月、6个月、1年、2年共5个档次。开户时由银行发给存单，到期凭存单支取本息。

2. 零存整取、存本取息储蓄存款。零存整取定期储蓄存款是指开户时约定存期，本金分次存入，到期一次支取本息的存款方式。其特点是逐月存储。存期分1年、3年、5年共3个档次。每月存入固定金额，5元起存、多存不限，存款金额在开户时与银行约定，每月存入一次，中途如有漏存，应在次月补齐，未补存者，视同违约，对违约后存入的部分，支取时按活期利率计算利息，不能办理部分提前支取。存本取息储蓄存款是指存款本金一次存入，约定存期及取息期，存款到期一次性支取本金，分期支取利息的业务。存期有1年、3年、5年。1993年3月1日起，执行新的《储蓄管理条例》，规定新存入的零存整取定期储蓄存款采用日积数法计算利息。2018年年末，定期存款业务占全行储蓄存款比例情况如下：工行揭阳分行为27.68%、农行揭阳分行为28.66%、中行揭阳分行为31.07%、建行揭阳市分行为24.92%。

3. 华侨人民币定期储蓄存款。凡是华侨、港澳台同胞由国外或港澳台地区汇入的或携带入的外汇、外币（包括黄金、白银）经兑换所得的人民币可以存储这种储蓄，利率较优惠。1986年，中行揭阳县支行为提高人民币自给率，开办人民币储蓄业务，发行人民币长城信用卡。1996年5月1日国家取消对华侨人民币储蓄存款优惠利率，执行同档次的一般储蓄存款利率计息标准。

4. 定活两便储蓄存款。是指存款不确定存期，随时可以支取，利率随存期长短变动的一种储蓄。辖区各银行金融机构于1986年5月1日起先后开办，利率随存款期限长短自动升降，既可享受活期的方便性，又可享受定期相对较高的利率。定活两便定额储蓄一般采用储蓄存单的形式。存单面额固定，分为50元和100元两种。定活两便定额储蓄不记名，不挂失，不办理“凭印签支取”，不允许在市场流通。定活两便储蓄存款于1993年3月1日后，执行同期利率打6折计息的规定。其公式：利息＝本金×存期×利率×60%。

1994年，工行揭阳分行推出集定活两便有奖有息等优点于一体的定活两便存单，并于春节前推出，立即受到储户的热烈欢迎，仅第一季度增存4974万元。2018年，工行揭阳分行定活两便业务占全行储蓄存款9.05%。

5. 个人通知储蓄存款。即提前一天通知银行取款时间和金额的储蓄存款。是进入20世纪90年代后开办的新储种，设有7天到3年共16个不同利率档次，每月的利率不相同，便于储户根据款项的使用情况选择存期，享受存期越长，利息越高的优惠待遇。

1996年9月，为广泛吸收居民个人存款和聚集单位闲余短期资金，以适应生产和流通资金需要，工行揭阳分行率先于同业开办个人通知储蓄存款业务。“通知储蓄”作为储户存款时不约定存期，支取时提前一天通知银行，银行按实际存期利率付息的一种记名存折式储蓄存款，客户可一次存入（起存金额1000元），一次或分次凭存折支取，存款期限分为7天、15天、1个月、2个月、3个月共5个档次；取款时，按实际存期相应档次的挂牌利率计付利息，既满足储户随时支取的需求，也满足储户保值增值的需求。

之后，农行揭阳分行、建行揭阳市分行、中行揭阳分行、广发银行揭阳支行先后在全市范围内开办个人通知储蓄存款业务。

6. 人民币大额特种储蓄存单。是在整存整取定期存款的基础上进行升级的一款定期储蓄产品。为充实银行信贷资金，缓解资金短缺矛盾，辖区发行大额特种储蓄存单，期限一年。存放起点金额 20 万元起，计息利率则是在央行同期定期利率的基础上浮 40% 以上。1992 年，工行揭阳分行、农行揭阳分行、中行揭阳分行、建行揭阳市分行均开办人民币大额特种储蓄存单业务。其中，2018 年年末，工行揭阳分行大额特种储蓄存单业务占全行储蓄存款的 3.45%。

7. 大额可转让定期存单。1989 年，建行揭阳县支行开办住宅专项储蓄，存期累进、大额可转让定期存单。1990 年，辖区工行揭阳县支行、农行揭阳县支行、中行揭阳县支行也先后开办大额可转让定期存款业务。面额固定，分为 500 元、1000 元、3000 元、5000 元、1 万元、5 万元、10 万元、50 万元共 8 种；期限分为 3 个月、6 个月、9 个月、12 个月共 4 个档次，利率略高于同档次储种，1990 年发行利率分别为 6.93‰、8.25‰、9.33‰、10.50‰；不记名，可转让或抵（质）押；对企事业单位发行的起点金额不得低于 5 万元，大额可转让定期存单，必须以转账结算方式办理兑付或转让；对个人发行起点金额不得低于 500 元。并规定不得提前支取，不分段计息，不得以一般定期存单或其他存款凭证代替。

1991 年 4 月 21 日起，央行规定向个人发行的大额可转让定期存单，利率经批准可按调整后定期存单同档次利率上浮 5%；对单位发行的利率不上浮，按同档次定期存单利率计算。是年，广发银行揭阳支行开始发行大额可转让定期存单。

1995 年，根据央行通知，大额可转让定期存单业务在辖区停办。

（三）本外币定期一本通

本外币定期一本通，是指在一个存折上可办理多种货币和多种存期，并在联机网点办理通存通兑的整存整取定期储蓄存款方式。每一笔存款算一项，每笔单独计算利息。是否转存需要在每一笔存入时约定，在存折上有一项可以看出有没有设定转存以及转存的时间。转存的利息按存期及当时的利率计算。如果没有自动转存，过期就按活期计算。1990 年，中行揭阳县支行首家在辖下系统推出本外币定期一本通业务。1999 年，工行揭阳分行推出本外币定期一本通业务，交行揭阳分行也相继推出这项业务。

（四）其他储蓄存款

除以上储种外，辖区各银行、信用社还开办过以下储蓄存款：

1. 保值储蓄存款。物价波动较大时，国家采取的临时性措施。1988 年、1993 年，分别两次对 3 年（含）以上的定期储蓄存款（包括华侨人民币定期储蓄存款）实行保值。即到期除按规定利率付给利息外，还另加付保值补贴利息，使储户存款到期时的实际利息收入等于或略高于因物价上涨所受损失部分。保值贴补率的计算公式是：

$$\text{保值补贴率}=\left[\left(\frac{\text{存款到期当季（月）物价指数}}{\text{存款存入当季（月）物价指数}}-1\right)-(\text{三年期储蓄利率}\times\text{存期})\right]\div\text{存期}\times 100\%$$

保值贴补利率在每一执行季（月）前公布，全国统一标准。保值储蓄定期存款如提前支取，则不再享受保值补贴。到期不取的逾期部分也不再享受保值补贴。如果存款到期日物价指数低于储蓄利率水平，也不予补贴。保值储蓄定期存款的实施，对有效地遏制通货膨胀，稳定社会，平抑物价上涨起到积极作用。1988 年 9 月 10 日起开办的保值储蓄存款于 1991 年 12 月 1 日起停办；1993 年 7 月 11 日起恢复开办，1996 年 4 月 1 日起再次停办，在此前已存入的 3 年期以上人民币定期储蓄存款，仍给予贴水保值，但保值贴补率为零时的月份不再公布贴补率。

2. 有奖储蓄存款。1985 年，辖区各银行金融机构均举办有奖储蓄存款活动。种类分别有：定期定额有奖储蓄存款（存单面额固定，银行将应付的利息全部作为奖金分配，未中奖者到期只能兑付本金）；定期定额有奖有息储蓄存款（银行将应付利息的一部分作奖金分配，另一部分作利息支出，未中奖者到期后，除兑付本金外，还可得到一定数额的利息）。奖励形式均将应付利息以实物形式作奖项分配，实物种类以当时大件紧俏商品如冰箱、彩电、自行车、黄金首饰等为大奖，配以小件物品为小奖。有奖储蓄的开奖形式，开办初期以公开摇奖，对号中奖方式进行，但受发行额限制，开奖日期往往拖得较长，影响进度，各银行采用较少。后改为现场以摸奖兑现中奖的方式进行，迎合群众企盼大件物品和较高奖金的急切心理，各银行普遍使用。1986 年，工行揭阳分行在春节期间举办“迎新春”有奖储蓄；1988 年，举办双奖定期定额储蓄（即有奖储蓄与福利奖券有奖相结合）、活期有奖储蓄活动。农行揭阳县支行在全市范围内先后发行 2 期新型有奖有息储蓄奖券。中行揭阳县支行举办有奖有息储蓄存款活动。建行揭阳县支行举办实物黄金奖售储蓄活动。1989 年，工行揭阳县支行、中行揭阳县支行、建行揭阳县支行先后推出“家家乐”“佳佳储”“家庭幸福”的摸奖储蓄、实物贴水储蓄。中行揭阳分行还与商家挂钩推出中奖宽的黄金等优惠商品有奖储蓄，首家举办“一张奖储券，二次中奖”的即摸即奖储蓄。

1986 年，农行揭阳县支行推出有奖有息存单共 150 万元，通过有奖有息存单超额吸储 50 万元。

1992 年 12 月，交通银行汕头分行揭阳办事处开办“特种大额定期存单”“贺新春优息定期存单”两种储蓄业务。

1993 年，工行揭阳分行推出“有奖有息”储蓄和“住房有奖存单”两项新储种。其中“有奖有息”储蓄发行于是年春节过后，通过调查研究储户心理，综合分析市场、资金、储源动态及储户需求，看准吸储黄金季节，不失时机推出的一项新储种，结果 10 天完成第一期发售任务 1500 万元，此后又继续发行，合计售出 2750 万元。下半年，集中已往有奖储蓄的优点，推出“住房有奖存单”品种，具有即开对奖又有摇珠对奖二次中奖机会，该品种共发售 1250 万元。与此同时，还组织发售全省统一的有奖有息存单 610 万元。农行揭阳分行推出“贺新春优息定额定期存单”和“有奖储蓄”，两种储蓄产品共吸储资金 7400 万元。

1994 年，建行揭阳市分行推出“希望工程”爱心有奖储蓄存单。农行揭阳分行推出一期有奖储蓄 5000 万元。

1995 年后，为建立正常的金融秩序，根据上级人行要求，辖区停办有奖储蓄业务。

3. 活期与灵通卡整合储蓄。为综合发挥活期储蓄通存通兑便捷、灵活、安全的优点和拥有庞大客户群的特点，1999 年 2 月，工行揭阳分行以满足客户最集中、最主要的需求——通存通兑和一卡一折多用、通用为目标，实现活期储蓄账户和灵通卡的卡、折合一。凭借一折一卡，储户可以办理异地存款、取款、查询和正式挂失，办理异地 ATM 机取款、查询，在异地特约单位 POS 机消费、退货、查询。在 ATM 机、POS 机等受理机具上，对牡丹灵通卡的服务时间可由上午 8 时延长到 22 时，后续更新至 7×24 小时。使用统一的活期储蓄暨牡丹灵通卡异地通存通兑业务应用系统，实现数据实时发送、账务实时处理。

4. 教育储蓄。具有按政策规定享有利率优惠、免征利息税的特点。受人民银行委托，1999 年，工行揭阳分行独家开办教育储蓄业务。适应居民，尤其是中低收入家庭解决子女未来教育费用的需求，以其储户特定、存期灵活、总额控制、利率优惠、定向使用的优点，受到储户、学校和家庭的欢迎。

1992—2018年揭阳市城乡储蓄存款余额表

表 3-7　　　　单位：亿元

年份	储蓄存款余额	其中		年份	储蓄存款余额	其中	
		活期储蓄	定期储蓄			活期储蓄	定期储蓄
1992	30.29	—	—	2006	443.62	176.65	266.97
1993	35.96	—	—	2007	449.98	185.17	264.81
1994	49.66	—	—	2008	576.52	233.95	342.57
1995	70.95	—	—	2009	624.85	257.86	366.99
1996	98.41	—	—	2010	716.17	321.16	395.00
1997	132.93	36.37	96.56	2011	810.98	—	—
1998	159.08	44.23	114.84	2012	950.56	—	—
1999	170.02	53.11	116.92	2013	1128.99	—	—
2000	180.82	67.10	113.72	2014	1196.57	—	—
2001	208.84	79.99	128.85	2015	1251.86	516.44	735.41
2002	241.25	91.89	149.36	2016	1392.73	592.71	800.02
2003	282.33	107.25	175.08	2017	1469.54	633.62	835.93
2004	344.25	132.41	211.84	2018	1607.27	688.98	918.29
2005	392.24	149.70	242.54	—	—	—	—

说明：1. 表内“—”为无数据或无法取数

2. 1992—2003年，为人民币余额，2004—2018年为本外币余额

3. 2011—2014年，无定、活期储蓄存款统计数据

4. 2015—2018年，储蓄存款统计口径为住户存款

六、外币存款

外币存款是指以可兑换外国货币表示的银行各种存款。有外币的活期存款、储蓄存款和定期存款。它是外汇价值的主要表现形式。常用于企业因贸易、投资等经济活动引起的对外结算业务中。外币存款支取时可以现钞支取，也可以兑换成人民币支取。

改革开放初期，辖内外汇业务均由中国银行经营。1979年12月17日起，中国银行在揭阳县设立中行汕头支行揭阳办事处，在县域揭阳独家经营外汇业务。1980年2月起，开办乙种定期外汇存款业务，存款对象为境外个人。外汇种类有：英镑、美元、新加坡币、港元。1985年4月起，开办丙种定期外汇存款业务，存款对象为境内居民。外汇种类有港元、美元、英镑、西德马克和日元共5种。随着金融体制改革的深化，允许各银行适当交叉开展外汇业务，1987年5月起，辖区工、农、建行陆续开办港币现钞存款业务。1988年起，辖内工行揭阳县支行、农行揭阳县支行、建行揭阳市分行相继开办美元现钞存款业务，其中，建行揭阳市分行1996年在辖下26个营业网点中，增加开办外汇储蓄务，外汇储蓄网点达到39个。之后，广发银行揭阳支行于1999年起，开办外汇业务；邮储行揭阳市分行2011年开办公司外汇业务，包括美元、欧元、港币、日元、英镑等币种的对公外汇存款、对公结售汇、外币兑

换和国际结算业务；揭阳农商行 2014 年起、交行揭阳分行 2015 年起陆续开办外汇业务。

1. 外币个人活期存款。是指个人按结息日人民银行公告的活期存款利率计付利息的一种存款业务。外币储蓄存款的币种包括：美元、港币、英镑、欧元、日元、加拿大元、澳大利亚元、瑞士法郎和新加坡元。个人外币存款主要有乙、丙两种。乙种外币存款主要是外籍人员和港、澳、台同胞的私人外币存款，丙种外币存款主要是境内居民的外币存款。乙种、丙种存款分为外汇账户和外钞账户。

2. 外币单位活期存款。是指单位客户事先不约定存期将外币资金存入银行，可随时支取，银行按结息日人民银行公告的活期存款利率计付利息的一种存款业务。按金额分为小额存款和大额存款。小额外币单位活期存款指金额在等值 300 万美元以下的外币存款，执行中国人民银行公布的外币活期存款利率。大额外币单位活期存款指每日账户余额在 300 万美元及以上的外币活期存款，当客户主动提出较高的利率要求时，银行可以选择执行中国银行外汇存、贷款利率表中的金融机构活期存款利率，也可以选择采用 LIBOR（全称为 London Interbank Offered Rate，即伦敦同业拆放利率）/ HIBOR（ 全称为 Hong Kong Interbank Offer Rate，即香港同业拆借利率。是香港银行间市场以港币计价的拆进拆出利率，期限从隔夜到一年期不等）等同业拆放利率减点的方式。存款对象为凡符合中国人民银行、国家外汇管理局规定的各类机构、企事业单位、机关团体等，均可在中国银行开立外币单位活期存款账户。

3. 外币单位定期存款。是指单位企业存入外币时与银行约定存期和利率，到期后支取的存款。单位定期存款为记名式存款，实行账户管理，银行为客户出具单位定期存款开户“证实书”。此“证实书”不得作为质押的权利证明。大额外币单位定期存款不办理自动转存业务，小额外币单位定期存款客户需与经办行约定是否办理到期自动转存。存款的支取：在约定存期内，可以办理全部或部分提前支取，但只能提前支取一次。部分提前支取后留存金额不得低于起存金额，否则，自动结清该笔存款。存款人支取定期存款只能以转账方式将存款转入其单位活期存款账户，不得将定期存款用于结算或从定期存款账户中提取现金。存款对象为凡符合中国人民银行、国家外汇管理局规定的境内机构、驻华机构、企事业单位等，并已在中国银行开立外币单位活期存款账户的客户。

4. 外币单位 7 天通知存款。是指客户在办理存款时不约定存期，支取时需提前 7 天通知银行，约定支取存款日期和金额的币种存款业务。外币单位 7 天通知存款为记名式存款，实行账户管理。存款在支取时，客户需以正式支取通知书提前 7 天通知银行，约定支取日期和金额。如以传真方式通知银行的，到约定日需提交正式支取通知书。支取单位通知存款时，需将本息转入存款单位原申请账户，不能支取现金。存款对象为凡符合中国人民银行和国家外汇管理局规定的境内机构、驻华机构、企事业单位等，并已在中国银行开立外币单位活期存款账户（外币经常项目或资本项目账户）的客户。

5. 甲种外币存款。是指单位外币存款，按期限分为活期和定期存款；按账户的性质分为外币单位活期、定期和 7 天通知存款。开立外币单位定期存款、7 天通知存款时，须先开立外币单位活期存款账户。中国银行目前开办的外币存款币种主要有美元、欧元、英镑、港币、日元、澳大利亚元、加拿大元、瑞士法郎、新加坡元。存入其他可自由兑换的外币，需按存款当日的外汇牌价折算成上述货币入账。如因特殊需要，经中行总行同意可开立其他货币账户。

中行揭阳县支行经营外汇业务凭其长期深耕积累的经验及其影响力，使其占据着全市外汇业务最大的市场份额。随着改革开放的深入和经济金融业务的发展，外币存款业务范围及经营机构不断扩大。1984 年，中行揭阳县支行开始办理我国境内居民定期外币存款。1990 年，农行揭阳县支行代办港币储蓄存款。地级揭阳市设立后，1992 — 1993 年，工行、农行、中行、建行四家分行先后开办外汇业务。

2000年开始，市建行揭阳市分行通过积极创造业务条件，申报网点经营外币业务资格，提高营业网点外币开办率，外币储蓄存款迅猛增长。至是年12月末，外币存款余额达到865万美元，比年初增加333万美元，增幅62.59%。2001年1月，广东发展银行揭阳办事处增加办理外汇业务。2005年，工行揭阳分行辖下所有营业网点，增加开办外汇业务，年末余额1215万美元。

2018年年末，全市银行金融机构外汇各项存款余额8917万美元。其中，中行揭阳分行4647万美元，工行揭阳分行3333万美元，农行揭阳分行293万美元，建行揭阳市分行386万美元，交通银行103万美元，广发银行揭阳支行50万美元，民生银行揭阳分行97万美元，邮储行揭阳市分行8万美元，外资银行10万美元。

2015年，受人民币对美元持续升值影响，企业减少美元存款规避贬值风险，个人持有美元的意愿减弱，使得外汇存款出现一定幅度减少。年末，美元对人民币兑换比率达1 ：6.4936，揭阳市各金融机构外汇各项存款为6632万美元，较上月减少553万美元，减幅7.70%；较年初减少6273万美元，减幅48.61%。其中，单位外汇存款884万美元，较上月减少238万美元，降幅21.21%，较年初减少7150万美元，减幅89.00%，其中单位定期外汇存款14万美元，较上月减少343万美元，降幅96.14%；个人活期外汇储蓄存款3909万美元，较上月减少314万美元，降幅7.43%。

至2018年，辖区除农发行揭阳市分行、农村信用合作社、农村商业银行（不含广东揭阳农商行）、村镇银行仍未开办外币存款业务外，其他各银行金融机构均先后开办外币存款业务。现钞现汇存款种类有：港元、美元、英镑、西德马克、日元、欧元、新加坡元、瑞士法郎、加拿大元、澳门元、澳元、新西兰元、丹麦克郎、挪威克郎、瑞典克郎、南非兰特元、泰国铢、菲律宾比索、韩元、俄罗斯卢布共20种。现钞存款有：印尼盾、巴西元、台湾新台币、印度卢比、阿联酋迪拉姆共5种。现汇存款种类有马来西亚林吉特。

2003—2018年，全市银行金融机构外币各项存款余额，最多是2012年达2.01亿美元，其次是2014年达1.29亿美元；最少是2009年为4204万美元。2018年，全市银行金融机构外币各项存款余额8917万美元。全市产品和贸易出口、劳务输出等出口创汇能力增强，社会团体学术文化交流和居民跨国旅游意愿、外向型企业利用外资跨国经营能力提高。

1992—2018年揭阳市外币各项存款余额表

表3-8　　单位：万美元

年份	各项外币存款	美元兑人民币汇率中间价	年份	各项外币存款	美元兑人民币汇率中间价
1992	—	5.7518	1999	9500	8.2793
1993	—	5.8000	2000	12372	8.2781
1994	—	8.4462	2001	12185	8.2766
1995	—	8.3174	2002	11888	8.2773
1996	—	8.2982	2003	10668	8.2767
1997	—	8.2798	2004	9731	8.2765
1998	6158	8.2787	2005	6749	8.0702

续表 3-8

年份	各项外币存款	美元兑人民币汇率中间价	年份	各项外币存款	美元兑人民币汇率中间价
2006	6158	7.8087	2013	9220	6.0969
2007	4571	7.3046	2014	12859	6.1190
2008	4686	6.8346	2015	6632	6.4936
2009	4204	6.8282	2016	7317	6.9370
2010	4895	6.6227	2017	11037	6.5342
2011	7765	6.3009	2018	8917	6.8632
2012	20078	6.2855	—	—	—

说明：表内“—”为无统计数据或无法取数

1992—2018 年揭阳市外币储蓄存款余额表

表 3-9　　单位：万元

年份	外币储蓄存款	外币定期储蓄	年份	外币储蓄存款	外币定期储蓄
1992	—	—	2006	5563	4560
1993	—	—	2007	3824	3078
1994	—	—	2008	3292	2552
1995	—	—	2009	3205	2477
1996	—	—	2010	3033	2230
1997	—	—	2011	4080	—
1998	5747	5658	2012	4101	—
1999	9299	9093	2013	5630	—
2000	12089	11786	2014	4770	—
2001	11863	11253	2015	5588	1679
2002	11642	10950	2016	4445	667
2003	10337	9674	2017	6875	1861
2004	8538	7566	2018	5728	1662
2005	6137	5451	—	—	—

说明：表内“—”为无统计数据或无法取数

七、农村信用社存款

揭阳地区的农村信用合作社，最早出现于 20 世纪 40 年代。民国三十一年（1942 年），揭阳县试点办起农村第一个信用合作社。1942—1996 年，是信用合作社的试办、建立和发展时期，先后经历“人民公社化”、“大跃进”、“文化大革命”运动的波折，以及潮汕行政区划调整后的机构变动与发展时期。农村信用社历经不同发展阶段，从小到大，始终注重发展存款业务，大力聚集社会游资，充分发挥信用社机构人员遍布城乡、墟镇的优势，坚定存款立社，存款兴社的理念，以存款聚集的资金，服务农业，服务农民，服务农村，呈现出顽强的生存发展能力和发展壮大的旺盛生命力，成为推进“三农”发展的农村金融主力军。

1942—1952年，自942年，由当时揭阳县政府合作事业指导室指导员戴三阳在县府建设科配合下，选定八区集和乡（现桂岭大白乡）作为组织信用合作社的试点，办起揭阳县农村第1个信用合作社。参加的社员62人，共认股62股，每股金额10元（国币）。至10月15日止，全县办起信用社75个，其中乡社9个，保社66个。

1952—1957年，人行揭阳县支行广泛组织人力，发展农村金融事业，并择定在渔湖区京岗乡作为办社试点。同年8月21日成立揭阳县解放后第1个农村信用合作社。成立时入股1750股，股金2625万元（旧人民币）。是年年末，全县又先后成立安乐区（即现在仙桥区）高美信用社、梅北区庵后信用社和新龙美德信用社（现属揭西县京溪园镇）。其后，揭西、普宁、惠来分别成立辖区内第一家农村信用社。之后，分别开始组织农村集体闲散资金和农户个人存款吸收工作，辖区农信社针对农村居住分散，农务繁忙的特点，采取信用社员工定时定点、走村串户的吸存措施，开展流动服务和业务宣传，深受群众欢迎。到1955年年末揭阳县已建立信用社252个（其中揭阳区域157个、揭西区域95个），1956年起，改组撤并信用社，揭阳县（含揭西区域，下同）成立乡社（大社）20个，下辖信用站168个，实行乡社统一核算。信用社存款业务全面进入发展阶段。各地贯彻汕头专区人民银行对信用社提出“重点试办，创造经验，推行全面”的发展方针。

1958—1977年，“大跃进”及“文化大革命”期间（1966年5月至1976年10月）。揭阳地区广大信用社员工努力消除和克服江青反革命集团极力散布的“搞储蓄存款得不偿失”“存款利息是剥削”“存款多了是资产阶级”等错误谬论的不利影响，坚持不懈地向人民群众宣传储蓄存款是利国利民之举，排除干扰，使信用社储蓄存款业务保持发展态势。1965年，揭阳县分为揭阳县、揭西县建制以后，揭阳县设19个信用社、187个信用分社。1969年，信用社下放给大队贫下中农管理，实行三权下放（人权、财权、资金使用权）。1973年1月1日起，揭阳、揭西、普宁、惠来四县信用社全面收回下放权，恢复为人民银行管理。是年年末共设225个信用社，228个信用分社，18个信用站。信用社储蓄存款业务有扩展延伸。

1978—1984年，是农村信用社开始恢复“三性”（组织上的群众性，管理上的民主性，业务经营上的灵活性）和存款业务发展的时期。1979年12月17日，农行揭阳县支行从人行揭阳县支行分设后，信用社归农业银行领导，为集体所有制农村合作金融组织。至1979年年末，揭阳县设立21个大社、235个分社、8个信用站。1984年，根据上级指示，为适应改革开放、搞活经济和更好发挥信用社作用，中国人民银行揭阳支行还权于社。是年8月27日揭阳县成立信用社联合社。

1987年12月，揭西县成立信用联社；普宁县和惠来县信用联社也相继成立。各地辖区农信社根据实际，先后开办“生产基金”存款和有奖储蓄存款等存款种类，储蓄存款逐年增加。

1985—1991年，银行实行“统一计划、划分资金、实贷实存、相互融通”的信贷管理体制后，辖内信用社执行存款准备金制度。农信社开始把筹集资金放在各项业务工作的首位，落实存款任务，把奖金和存款业务挂钩考核，通过采取开拓储蓄种类，开办存贷结合储蓄、定活两便储蓄、定额有奖储蓄，在部分信用社试点实行存款利率浮动；增设储蓄网点；提高服务质量，坚持节假日办公和延长服务时间等措施，促进存款大幅增长。1991 年 12 月，揭阳撤县设地级揭阳市，农村信用社随行政建制改变进入机构撤销和分立调整。

1992 年，设地级揭阳市后撤销原揭阳县农村信用合作社联合社，分设为榕城、市区和揭东三家农村信用合作社联合社；揭西、普宁、惠来保留原来的县级农村信用合作社联合社不变。伴随着改革开放进入新时期，揭阳市农村经济全面发展，农民生活改善，据统计局显示，1992 年年末，辖区农民人均纯收入达千元以上，为 1193 元，比年初增加，为农信社提供可靠储源，全年农户储蓄存款余额 10.87 亿元，农信社各项存款 12.16 亿元。伴随着农村信用社管理体制改革和建市后部分农村信用社的撤销和分立调整，经济责任制逐步落实，广大信用社员工的积极性极大调动起来，全市农村信用社存款迅速增长。至 1996 年年末，全辖农信社存款余额 34.15 亿元，比 1992 年增加 21.98 亿元， 增长 1.81 倍，4 年平均增长 29.46%。其中，储蓄存款余额 31.74 亿元，比 1992 年增加 20.87 亿元，增长 1.92 倍，年均增长 30.71%。

1997 年，农信社与农行正式脱钩后，通过实行二级独立法人体制和清股扩股等改革措施，激发农信社自主经营、自我管理、自我约束、自我发展的积极性，辖区内农信社得到较大发展。是年，虽遇国家两次下调存款利率，储蓄存款出现分流，但农信社知难而进，结合全国组织的“合作金融宣传月”活动，开展各种形式的存款公关宣传活动，通过采取转变储蓄的经营机制和经营方式，努力提供优质服务，加大揽储力度。是年末，全市农信社存款余额 46.54 亿元，占全市存款总额的 27.58%；增加 12.39 亿元，增长 36.27%。其中，储蓄存款同比增加 10.74 亿元，增长 33.84%，余额 42.48 亿元。 然而，由于在改革产权制度、法人治理结构、约束机制、服务功能等方面还不够到位，业务没有得到应有的发展，经营状况仍不够理想。

1998 年，对脱钩后存在的问题，辖区揭东县信用社进行有益的探索。选择县联社、炮台社、云路社、埔田社、月城社、桂岭社共 6 个单位作为试点，用合作制原则规范农村信用社的经营。后来经过实践证明，实行这种做法并不适应农村信用社的经营和发展，所以该项试点工作没有再继续开展。是年，国家三次下调存贷款利率，对消费和投资的刺激效应并不明显，多数企业生产经营没有大的好转，亏损额加大，拖欠银行、信用社利息有增无减，信用社财务经营压力加大，部分农村信用社和城市信用社出现存款急速下降，支付出现危机。针对严峻形势，农信社从“保支付、保信誉、保稳定”原则入手，加强电子化建设、提高服务水平、改善负债结构，利用旺季资金回笼时机，开办代收代付工资、学费、税款等业务，各项存款继续保持稳定增长的势头，全年各项存款增加 5.58 亿元，余额 52.12 亿元，增长 11.99%。其中，储蓄存款余额 47.65 亿元，增加 5.17 亿元，增长 12.17%。

1999 年，受国家再次大幅度下调存款利率和实行储蓄利息缴纳所得税，以及第三、四季度受周边地区形势和城市信用社停业整顿等诸多不利因素的影响，辖区农村信用社各项存款减少，增速减缓。年末余额 50.35 亿元，减少 1.77 亿元，下降 3.40%。其中储蓄存款减少 2.08 亿元，余额 45.57 亿元，下降 4.37%。

2000 — 2004 年，辖内 5 个县（市、区）均有农村信用合作社联合社，与其各辖区的农信社均为各自独立的法人组织。面对同业竞争加剧以及农村“六合彩”赌风蔓延，市场资金分流大等不利因素的影响，全市农信社抓住国家实施积极的财政政策和稳健的货币政策，以及实现全市、全省通存通取业务的契机，积极探索与农业银行再合作的新路子，开展“行社再续情”，开拓双赢局面，先后与农行揭阳分行辖下普宁、揭西、进贤、惠来支行和东升办事处签合作协议，开办约期存款业务，全年信用社约期存款最高余额 5.30 亿元，年末余额 2.44 亿元，比年初增加 2.20 亿元，促进存款稳步增长。至 2004 年年末，全市农信社存款余额106.86亿元，比1999年的50.35亿元增加56.51亿元，增长1.12倍；5年平均增长16.24%。其中，储蓄存款余额97.17亿元，比1999年的45.57亿元增加51.60亿元，增长1.13倍；5年平均增长16.35%。

2005—2006年，农村信用社体制改革全面推开，省联社和省联社揭阳办事处先后成立。建立取消各信用社的法人资格，实行一级法人，统一核算，分级管理，授权经营的经营管理体制，实现产权制度升级。农信社信誉和地位提高，揭阳农信社系统抓住品牌形象的提升、央行两次加息和对农信社发行票据、开展增资扩股等有利因素，加大宣传，改进服务，存款增势喜人。至2006年年末，存款余额144.71亿元，比2004年的106.86亿元增加37.85亿元，增长35.42%。其中储蓄存款余额131.54亿元，比2004年的97.17亿元增加34.37亿元，增幅35.37%。

2007年，省农信联社揭阳办事处有序启动改革票据兑付工作，成熟一家兑付一家，推进农信社资产质量持续好转。是年，股票、基金市场异常火热，储蓄存款严重分流，农信社的存款业务亦受到影响。辖区农信社结合实际，加强对外宣传，改善服务，树立农信社良好社会形象，并采取行之有效的增存吸储措施，全市各项存款较年初增长14.22亿元，余额158.93亿元，增幅9.83%。其中，储蓄存款增加10.73亿元，余额142.27亿元；增幅8.16%。

2008—2009年，其中2008年，辖区农信社系统整体完成专项央行票据兑换改革，资产质量明显改善。是年第四季度开始，国际金融危机持续扩散蔓延，国内外经济发展面临困难和挑战。面对严峻形势，全市农信社抓住国家实施“扩内需，保增长，调结构”政策的机遇，采取服务工作问责，改造综合业务核心网络，提高业务系统效能和服务质量等措施，增加存款。至2009年年末，各项存款余额221.89亿元，比2007年的158.93亿元增加62.96亿元，增长39.61%。其中储蓄存款余额199.71亿元，比2007年的142.27亿元增加57.44亿元，增幅40.37%。

2010—2011年，其中2010年是农信社联社统一法人后运行的第一年，全市各县（市、区）农信联社实施流程化管理模式，充分发挥资源整合后的优势，加大ATM机等自助服务设备的投入使用，在网点设置大堂经理，配备叫号机，全面推行柜员制，改变社容社貌，加强窗口服务，开展“全省农信社存款超8000亿元”宣传活动，提升信用社的社会形象，吸引新客户及增量资金。2011年，各县（市、区）联社加入省联社的数据大集中综合业务系统，实现全国通存通兑，大大提高信用社在同行业内的竞争能力，带动存款业务的发展。2011年年末，全市农信社各项存款余额207.20亿元，其中，储蓄存款余额181.12亿元。

2012—2017年，全市的揭阳市区、揭东、揭西、普宁等农村信用合作联社，先后改革组建成为农村商业银行股份有限公司。辖区农村信用合作金融机构结合实际，以立足市场、细分客户，因地制宜，结合地处城乡二元化经济比较突出的特点，树立“立足农村，面向农民”和“立足社区，面向城市”的分类经营理念，实施多元化经营策略，推进农村信用合作金融机构存款业务的发展。2017年各项存款62.74亿元，占农村合作金融机构各项存款的9.72%，其中储蓄存款47.19亿元，占农村合作金融机构储蓄存款的8.47%。

2018年年末，全市农村合作金融机构各项存款余额701.11亿元，占全市金融机构各项存款总额的30.84%，比1992年的12.16亿元增加688.95亿元，增长56.66倍，年均增长16.88%。其中，储蓄存款余额601.01亿元，占全市金融机构储蓄存款总额的37.39%，比1992年的10.87亿元增加590.14亿元，增长54.29倍，年均增长16.68%。

八、存款业务的开展与管理

伴随着改革开放的深入发展，作为潮汕地区一个由原县级建制到地市级建制的揭阳市，辖区各银行、信用社始终把发展城乡存款工作放在首位。尤其是1995年各专业银行实施商业化改革之后，进一步明确提出“存款立行、存款兴行”的战略方针，注重做好存款业务的服务工作，强化业务宣传公关，对“黄金客户”、存款大户和一批重点企事业单位，建立存款档案。2000年以后，随着金融体制改革的深入，辖内各银行金融机构经营范围的逐步拓展，各银行金融机构之间在吸收企事业单位存款和城乡居民存款方面展开全方位的竞争，细化市场，多元经营，精简内部机构，优化网点结构和业务流程，装修改造网点，进行标准化建设，提升科技应用水平，提高服务效率，改善服务质量，充分利用各种服务手段和宣传形式，促使社会闲散资金存入银行、信用社，为辖区经济社会发展集中和夯实建设资金。

（一）改进方式，吸引客户存款

1986年以来，辖区各银行金融机构严格执行“存款自愿、取款自由，存款有息，为储户保密”的原则，普遍推行“三声”（来有迎声、问有答声、走有送声）“四个一样”（干部与群众一样尊重；生人与熟人一样热情；忙时、闲时一样耐心；大事、小事一样对待）的优质服务。随着经济形势发展和存款资金市场的变化，顺势而行，开展特色服务，树立服务形象，吸引客户存款。是年，工行揭阳县支行开展“存款第一、顾客第一、服务第一、信誉第一”文明储蓄所（员）劳动竞赛评比活动，积极开展形式多样的储蓄宣传，县城区业务量大的储蓄所，改变原来“重速度，轻态度”“重大票，轻小票”倾向，提高服务质量；践行维护客户利益的行为，全年先后为客户解决被窃被盗和家庭纠纷而办理挂失79笔，金额36188.44元。农行揭阳县支行通过落实责任制，全行有312人参与串储，串存1915笔金额237.96万元；落实上级分行下达县支行发行有奖有息存单任务，通过走村串巷，上门发售；通过县广播电台、镇广播站及镇（村）黑板报和宣传栏等阵地，进行储蓄知识的广泛宣传，促进存款业务的开展，共发行有奖有息存单150万元，通过有奖有息存单超额吸储50万元。建行揭阳县支行发挥专业优势，大力发展“建”字号企业存款，重点抓好基建工程预结算和协助基建企业清收工程拖欠款项以增加归行资金存款。是年5月起，中行揭阳县支行改进服务方式，在辖区率先实行天天营业制度，调整和延长服务时间，受到普遍欢迎。

1987年，工行揭阳县支行为稳定和发展企业存款及信托存款，建立重点企业联系和服务制度，与大企业、重点客户发展代办、银企联办储蓄，延伸网点开展优质服务，以“稳大户、防挖转”为重点，把对公存款的责任落实到人，建立大户存款台账，制订和实施奖励办法，稳存增存。农行揭阳县支行通过建立支行营业部、增设储蓄网点15个；开展宣传串联吸储6795人次，存入5665笔共637.20万元，年末各项存款同比增加2611万元。

1988年，辖区各银行金融机构面对国家紧缩信贷、辖区出现各种集资、同业竞争加剧、全市资金供求矛盾突出的严峻形势，采取各种措施促储增存。工县行采取增设网点，扩大联办，增加储种，改善服务，奖励吸储等措施；全行动员，变储蓄部门单独揽储为各部门协储配合，行内部工商业信贷股组织人员利用早、中、晚时间段，深入机关、团体和事业单位串储，辖下工行马牙办事处则利用早、中、晚时间段，深入企业、农村和部队串储，赢得良好的扩储增存效果。农行揭阳县支行狠抓储蓄所管理，落实储蓄所岗位责任制，把任务分解到营业所，具体到人，同奖金挂钩，按季考核；是年，在揭阳县政府支持下，县政府发出“全县干部职工参加支农专项储蓄”的动员之后，在职工中掀起串储热潮，对个人串储按比例给予奖励；辖下储蓄所一员工利用工作之余，上门串储221户共735万元；全年增设网点6个，吸储 106 万元，占存款增加额 18.90%。中行揭阳县支行通过社会媒介、学校举办“中行储蓄有奖测验”活动，并将宣传内容制作录音带，开展宣传播放。建行揭阳县支行开展“服务至上，客户第一”的优质服务活动，并在 12 月举办“储蓄宣传月”活动，开展储蓄大宣传、大发动，增存扩储效果明显。

1989 年，揭阳县经济社会发展建设的资金供求矛盾仍然比较突出。为增加有效供给，人行揭阳县支行取得当地党委和政府支持，在全县掀起爱国储蓄行动热潮；相继推出多种形式的储蓄品种。先后推出“有奖有息、有奖保息、有奖无息、实物贴水”等储种及举办摇奖、摸奖等储蓄活动；通过改善和提高金融服务水平，定时上门吸储、代发工资等方式，并利用央行调整储蓄存款利率和增加 3 个月、9 个月定期储蓄的有利时机，大力宣传保值储蓄存款等深受群众欢迎的储蓄品种，增加储蓄存款。工行揭阳县支行强化储蓄、企业、外币三位一体观念，开展“三佳”（最佳储蓄所、储蓄员、协储员）竞赛活动，推出实物奖售、发售各类存单、奖券等优惠储种，配合储蓄“三佳”表彰会、全省工行系统储蓄存款总额突破 2000 亿元以及连续六年全国第一志庆活动，开展优质服务宣传月活动，掀起大规模宣传存款业务高潮。至年末，储蓄存款突破亿元大关，达到 1.04 亿元。农行揭阳县支行开展存款“开门红”活动，通过广播电台、电视台、电影院、黑板报、座谈会等，开展多形式宣传，并通过延长服务时间、上门串储、优质服务等形式，“开门红”活动串储 280 笔共 354 万元，首季储蓄增加额 788 万元，占年增加额 35%；中行揭阳县支行、建行揭阳县支行全行动员，开展声势浩大的吸储宣传和“储蓄宣传月”活动，增加存款。中行揭阳县支行开展创建先进单位、先进个人和“百日优质服务”活动，定期上门服务，到城镇、乡村收储和代发工资；除采取广播、电视、报纸等媒介的宣传渠道外，还采取举办储蓄业务知识有奖问答、“储蓄杯”十大歌手大奖赛、张贴广告、街头和网点门前悬挂大幅宣传标语等多样新颖的形式进行广泛宣传。中行揭阳县支行将黄金有奖储蓄内容编成“黄金大抽奖，息高又重奖，一次去购买，二次可获奖，有息又有奖，确实多人想，本小利又大，祝君中头奖” 的顺口溜广为传播，起到较好的吸储宣传效果。

1990 年，辖区各银行部门继续贯彻落实“控制总量、调整结构、保证重点、压缩一般、适时调节、提高效益”的紧缩方针和“适当调整力度”的原则，做好吸存工作。工行揭阳县支行开展“储蓄优质服务月”和争创“双十佳”（十个最佳储蓄所，十名最佳储蓄员）活动，组织内部储蓄所人员开展“四评四比”（评服务态度，比服务质量；评业务质量，比完成任务；评团结协作，比安全范式；评挖潜措施，比串储效果）竞赛；继续完善增存奖励，实行多作贡献多奖励政策，辖下曲溪办事处糖厂储蓄所一退休留用干部，经常利用业余时间到厂矿宿舍区串储揽储，全年成功揽储 56 笔，存入金额 41.20 万元。此外，还通过县电视台四十集电视连续剧《八月桂花香》的播映，结合宣传工行的网点设置、储蓄种类和服务宗旨等，招来许多新客户办理存款业务。全行仅优质服务宣传活动月期间，吸收的新客户比上月增加 1489 户，月增加储蓄余额 1393.40 万元。农行揭阳县支行通过开办大额可转让存单、女子爱国储蓄、代办港币储蓄存款等增存；此外还开辟城乡宣传栏宣传储蓄业务，如辖下龙尾镇营业所在开辟储蓄宣传栏中，营业所主任亲自动手当主编，全年出版 7 期，组稿 70 余篇，普及储蓄知识，引导和增加储蓄存款。全年全行人民币储蓄存款同比增加 3459 万元，同比增长 52.20%；年末对公存款余额 3231 万元，港币储蓄存款余额 1058 万港元。中行揭阳县支行配合新业务推出，通过网点宣传栏、电视广播、广告牌和举办业务知识竞赛进行宣传，吸引客户存款。建行揭阳县支行除在媒体进行业务宣传外，还在主要乡镇交通路口竖立广告牌，印发卡片，举办文艺晚会等形式开展业务宣传，积极加强基本建设资金吸储。年末，全行存款同比增加 5685 万元，增长 29.32%。

1991年，工行揭阳县支行开展学“双十佳”和贯彻落实上级分行“关于开展百花争艳优质服务年”活动，形成“比、学、赶、帮、超”的竞赛局面，树立起工商银行优质服务的形象，辖下的榕城老城区店马路储蓄所，面积不足14平方米。离店马路储蓄所不到100米的街道，就有5家银行和信用社的储蓄所，面对如此不利的吸储环境，店马路储蓄所工作人员在优质服务上下功夫，靠优质服务争取储户、争取存款。是年5月，县建委一干部搬家处理杂物时，将其83岁老母亲的存单弄丢了，而老人记不清在哪家储蓄所存款，他与其母一起沿街探询来到店马路储蓄所，该所员工高度负责，在手工寻找如同大海捞针的情况下，终于从13000余个账户中，查到该储户9年前存入的存单和存折，并为储户办理挂失和另办存款手续。店马路储蓄所高度负责和周到服务，储户送来表达“储户至上，服务第一”的感谢信高度赞誉。店马路储蓄所的优质服务如同“强磁场”，吸引八方储户，吸引闲散资金，使这间不起眼的储蓄所储蓄存款业务稳步上升，年储蓄存款增加297.60万元，完成支行下达增储任务的248%，港币存款增加58.40万元。被上级分行授予“最佳储蓄所”称号。中行揭阳县支行年初抓住春节期间城乡居民现金收入增加，网点普遍加班营业，有的网点还抽出人力走出柜台，深入客户拜年发动存款，仅春节期间吸储增加336万元；此外还举办银企座谈会、文艺晚会、业务咨询及存款知识有奖抽奖等活动，进行大额存单、债券、长城卡等新业务知识的宣传，引储增存。是年12月，潮汕调整行政区划，揭阳撤县设立地级市。

1992年，辖区人行、工行揭阳分行、农行揭阳分行、中行揭阳分行、建行揭阳市分行五家分行相继成立。百事待举，百业待兴的揭阳新市建设，急需大量资金。为增加有效供给，工行揭阳分行明确目标，克服机构新、人员新、业务新、工作新等困难，采取老带新，多方式多形式做好吸引客户存款工作，各项存款比年初增加1.79亿元。农行揭阳分行抓住揭阳撤县建市，大规模开发土地，狠抓土地款吸存，辖下榕城、揭东二支行，行社吸存土地款1亿余元，占新增存款50%，此外还通过开办多功能储蓄所、增设电脑储蓄网点、开办大额特种储蓄吸存，抓住从深圳等地炒股票资金回流时机，组织“突击月串储”活动，年储蓄存款增加1.37亿元。中行揭阳分行采取存单抵押和以存定贷办法开展吸存，对存款额大，经济效益好的企业，从贷款、结算方面给予倾斜，并实行企业存款奖励办法，对企业单位存款进行评比奖励等措施增加对公存款。建行揭阳市分行针对揭阳出现固定资产投资热情况，发挥专业优势，抓好自筹基建资金存款服务管理；实行以贷吸存，凡贷款要求必先存款；以审吸存，公正合理审核工程预结算争取存款；以管吸存、促使计划部门和建设单位资金到位。年末，各项存款比年初增加1.70亿元。

1993年，新市经济底子薄，建设资金需求量大。辖区出现社会集资热，股票热。揭阳市连续推出“路源”“国泰”“威达”3种股票，总发行额达3.58亿元，银行业储蓄存款受到严重冲击。受社会集资和物价上涨等因素影响，社会闲散资金锐减，社会资金分流加剧。各银行紧紧抓住两次国家调整银行存贷款利率的有利时机，采取措施稳定和增加存款。工行揭阳分行以适应新市基础设施建设和工商企业对资金的需求为己任，春节后看准吸储黄金季，先推出“有奖有息”储种，共吸储2750万元；后集中之前有奖储蓄优点，推出具有即开对奖又有摇珠对奖二次中奖机会的“住房有奖存单”储种，共吸储1250万元；并发售全省统一有奖有息存单610万元；代理个人汇兑结算、代理人身保险和“两小”企业存款、社会福利奖券发售、信用卡存取款业务；代理“路源”“国泰”“威达”股票收款业务，代发工资业务；此外，通过配合资金调度，稳定水、电和邮政存款大户，建立并实行对公存款奖励机制，简化对公新客户开户手续，增加沉淀存款。农行揭阳分行开展第一季存款“开门红”活动，组织储蓄存款宣传，落实内部激励措施，首季各项存款增加1.75亿元；辖下榕城支行大抓征地款吸存，年共吸存66笔4141万元；开办新储种，发售“贺新春优息定额定期存单”和“有奖储蓄”，二储种共吸存7400万元；并在全辖开展创“最佳储蓄所”，获流动红旗的争先创优活动，激发员工吸储积极性。中行揭阳分行通过当地广播电台、电视台、报纸，全年掀起3次全行系统吸储高潮；首次发行长城万事达信用卡，推出自动柜员机，为持卡人提供24小时存取款服务；实行午、晚、节假日不休，全天常开的“日夜银行”。全年人民币储蓄存款同比增加7440万元。发挥外汇外贸专业银行优势，开办多种储蓄品种，加强宣传，提高服务质量，年末外汇储蓄存款同比增加408万美元。

1994年，各专业银行继续加强存款工作，工行揭阳分行针对在年初4900万元大额存单和是年2700万元有奖储蓄即将到期，有可能出现存款下降问题，春节前及时推出集定活两便有奖有息等优点于一体的定活两便存单，首季增储4874万元；受“月零会”干扰，市区储蓄存款出现较大下降，4月掀起“奋战六十天，增储3000万元”高潮，扭转被动局面，实现增储8043万元；在庆祝省工行储蓄存款超500亿元和全国工行存款超10000亿元活动中，结合串储大张旗鼓进行宣传。全年储蓄存款同比增加1.15亿元。同时，以贷引存，以贷揽存，对市邮政局、电力工业局等存款大户的贷款需求优先解决，年稳住大户存款7000余万元；由过去的等客上门变为主动上门服务，辖下榕城支行采取天天派员为重点客户预约上门收款，加快资金归行速度。农行揭阳分行选择在市区、县城、城郊结合点、重镇及经济发展区域增设电脑储蓄、通存通兑等高标准和现代服务网点，改造一批旧网点，全年全行共增设储蓄网点7个；抓重点、抓大户，广泛开展储蓄公关，进行揽储吸存；推出新储种，发行一期有奖储蓄5000万元吸存；继续实行储蓄承包经营责任制，开展存款劳动竞赛活动，实施《资金组织管理考核办法》，激发增存吸储积极性。年末全行各项存款同比增加2.38亿元。中行揭阳分行保支付、不拒付、不拖压，以信誉赢得客户，争取存款。年人民币各项存款同比增加2.24亿元。建行揭阳市分行组织以房改金融筹资、信用卡业务筹资、发行国库券和“希望工程”爱心有奖储蓄存单，代收代缴零售业务等形式，以信誉吸存等方式，加大吸存力度；争取到市人行为强化中央银行金管职能，分离经营性业务，从人行转入的机团存款户共119户，总余额730万元；辖下榕城、揭西支行，坚持既捡芝麻，又抱西瓜，捕信息，抓大户，主动出击，服务上门，形成筹资新格局，8月为学校代收学费，吸收存款1000余万元；辖下新设立的铁路办事处，合理调配人力，保持四人当班，节假日不休息，成立半年开户1246户，每月人均吸储10余万元；全行全年先后组织4次抓存吸储高潮，第四季提出“大战七十天实现存款超六亿”，经全员奋战，当年存款突破7亿元大关，余额达7.01亿元。

1995年，工行揭阳分行采取淡季加强服务，延长服务时间，开展外勤公关，做好大户工作等方式加强吸储；春节后辖下各支行派出小分队，开展淡季串储，是年5—9月共串储400万元；并挖掘储源，辖下普宁支行流沙、河西储蓄所，通过不断改进吸储方式，率先分别突破储蓄存款亿元大关；此外，采取对公存单位分类排队，选择挂钩重点，配合资金调度，稳住存款大户。年末各项存款同比增加4.11亿元。农行揭阳分行在市区、县城、城郊结合点、重镇及经济发展区域增设14个较高标准的营业网点；继开通市区通存通兑网络系统之后，又完成开通普宁市区通存通兑网络系统，为吸储增存创造条件；实行全日制营业，开办储蓄夜市。年末储蓄存款同比增加3.37亿元。中行揭阳分行掀起全员参与的首季吸储行动高潮，首季人民币存款增加9945万元；认真选择和新增网点，新开设惠来支行葵西办事处、揭西支行金和办事处和市区榕城办事处共3个网点，其中葵西办事处开业首月吸储人民币246万元，榕城办事处开业半年余时间，存款余额709万元；此间全辖网点实行中午不休、星期天不关门、节假日照常营业的做法吸储增存。年人民币储蓄存款同比增加2.72亿元。建行揭阳市分行内部建立吸存激励机制，设置存款综合奖、存款超亿元奖、完成增存目标奖共3个奖项，并组织“优胜所（柜）”评比活动。年末对首次存款超 1 亿元的揭西、揭东支行；对首次存款超 3 亿元的普宁支行，市分行行长和主管副行长分别亲自前往祝贺及颁奖。年末全行人民币各项存款增加 2.53 亿元。农信社系统组织员工走村串户挖掘农村资金潜力，年末储蓄存款增加 5.85 亿元。

1996 年，工行揭阳分行改单一的传统储蓄业务为综合性、多功能服务，吸引客户存款，有效扩大储蓄来源。发展代发工资，代收水费、学杂费、证券市场保证金等，是年在市区月代收水费 4 万余户，企业 26 家，人数 2948 人，代发工资总额 985 万元，辖下揭西支行代收水电费月均 400 万元，分行东山办事处代收证券市场保证金，在高峰期，日收付量达 400 余万元，分行市区 7 个联网网点代理威达股票发行收款业务金额达 87 亿元。农行揭阳分行通过保支付、保农采、保信誉，改善服务，扩大知名度，开办代收代付业务，拓宽存款渠道，辖下普宁支行发挥网点优势，加强对当地商贸行业代收代付等金融服务，年末存款增量占全市农行的 60.20%。中行揭阳分行抓住中国银行开展文明优质服务十周年的契机，开展“四讲一服务”活动，致力改善员工精神风貌和服务态度，优化服务环境，提高服务质量，吸引更多客户存款。年末人民币储蓄存款同比增加 2.90 亿元，各项外汇存款同比增加 760 万美元。建行揭阳市分行抓重点行业、重点企业存款，改进服务，帮助存款户解决经营管理过程中碰到的实际困难，得到客户的信赖。年末，吸引到市国税局、南方航空汕头有限公司、市交警支队车辆管理所、市电力局城南供电所、吉荣空调厂、加丹啤酒厂、威达医疗器械股份公司等一批大客户，存款余额 1.94 亿元，占企业性存款的 35%；此外，从基层网点的选址、门面装修、设备及人员配置入手，全面提高网点服务质量，先后培育普宁支行城东、城西办事处，营业部储蓄专柜，榕城支行储蓄专柜等一批大中型骨干所（柜），以此为龙头带动基层网点吸储工作的全面发展；在市区繁华路段选址布点，优化网点布局，提高营业网点吸存能力；开办外汇储蓄业务营业网点，由 26 个增加到 39 个。年末人民币各项存款同比增加 5.49 亿元，其中储蓄存款同比增加 3.48 亿元。

1997 年，农行揭阳分行把改进吸存方式，增加存款，列为扭转超负荷经营，改善管理的重要工作。通过将存款目标任务层层分解落实到岗落实到人，采取措施按规吸存；结合争先创优，整顿营业窗口劳动纪律和服务态度；开展“储蓄宣传周”活动；优化网点结构。各项存款余额首季突破 20 亿元大关，年末全行网点平均存款量较年初增加 456 万元，各项存款比年初增加 5.28 亿元。工行揭阳分行通过加强外勤公关、上门服务、动员存款大户等，开展各种增存活动，首季存款同比增加 1.88 亿元；实行大所战略，优化网点布局，对边远且效益差达不到保本点又没有发展前途的营业网点，进行撤、并、迁，其中撤销储蓄所 2 个、合并 5 个、新建分理处 1 个，对较中心地段、效益较好的 18 个网点进行装饰，美化营业网点环境，加强安全防护设施，增强网点吸储功能。年末有储蓄存款达 1000 万元及以上的大所 39 个，占总数的 37.40%，储蓄余额占 95%。中行揭阳分行加大宣传力度，利用开春有利时机大力揽储；结合省中行开展全辖统一行动，通过广播电台、电视台、《揭阳日报》等新闻媒体，全方位开展业务宣传，通过对外开展“外汇两利”、开办长城电子借记卡吸储；通过争取中资企业开立外汇现汇账户增储。年末同比，企业存款增加 1.04 亿元，储蓄存款增加 2.85 亿元。

1998 年，工行揭阳分行不断提高服务水平，以优质服务赢来存款增加。通过采取定点上门、电话预约收付款、下班时间和节假日为企业客户上门收款，以及开展便民利民活动，吸存增存。如辖下榕城支行 40 名员工到市区东方广场代收民政部门发售赈灾彩票款，奋战 5 天，代收金额 3000 万元；建立存款大户制度，设置大户接待室，提高服务档次，在贷款、结算、资金等方面给予优先支持，确保系统大户存款稳步增长，年末，21 个系统大户，14 个在工行开户，余额 4.67 亿元，占公存总额 60.80%，增加

1.29亿元，占增加总额71.30%。农行揭阳分行开展“结算宣传月”“储蓄宣传周”活动，通过广播电台、电视台等新闻媒体，派发宣传资料等，宣传农行揭阳分行的业务和优势；完善存款考核机制，总结存款较快增长网点典型经验予以推广。年末全行各项存款比年初增加4.83亿元，其中储蓄存款增加4.37亿元。中行揭阳分行优化网点布局，改进营业网点经营管理，增强吸储功能，年末达到2亿元网点2个（市区营业部储蓄专柜、普宁支行存汇专柜），5000万元网点6个（棉湖办事处、友谊办事处、流沙办事处、惠来储蓄专柜、榕城办事处、分行本部专柜）。年末，储蓄存款比年初增加5.37亿元，外汇存款增加2529万美元。建行揭阳市分行开展“迎新春优质服务月”活动，实现首季“开门红”，为全年储蓄存款业务奠定基础，年末储蓄存款同比新增3.38亿元。广发银行揭阳支行举办“广发杯”保龄球大赛和召开客户代表座谈会，拉近银企距离，争取存款业务。

1999年，工行揭阳分行及早组织开展首季“开门红”活动，开展“我为工行多贡献”为主题的劳动竞赛；继续优化网点布局，实施大所战略，撤并网点16个，装饰网点12个，对全辖网点分期分批实行统一标识，吸引客户存款。年末储蓄存款同比增加3.83亿元。农行揭阳分行调整网点布局，先后撤、并、迁19个低效网点，增设全辖新网点8个、省辖网点4个，改善结算服务，增强吸储优势，年末市区有2个网点各项存款分别突破1亿元，全行各项存款同比增加2.06亿元。中行揭阳分行辖下普宁支行全员爱岗敬业，经奋战，是年6月中旬完成分行下达全年存款任务之后，适时调整吸储策略，继续改进服务提高质量，提出“看农行超工行”的口号，以优质服务继续吸引储户存款，仅7月单月存款增加1.30亿元。建行揭阳市分行开展“安全、服务、营销百日增存”和创造“优美的服务环境”，提供“优良的服务态度”，保证“优良的服务质量”活动，吸引客户存款。储蓄存款较快增长，“百日增存”活动结束时，一般性存款比年初增加1.51亿元，其中储蓄存款增加2.02亿元。

2000年，各银行针对年初以来存款下滑或增速缓慢状态，改进方式，吸引客户增存。工行揭阳分行于首季在全辖开展“开门红” 活动，掀起以“文明优质，高效服务，安全动作，努力增存”为主题的劳动竞赛活动，首季实现增存5.92亿元，为全年存款工作奠定基础；以银行信用代理城信社个人存款，共置换存单金额6.58亿元；中行揭阳分行通过当地电视台等新闻媒体，加强对标准化服务、存款业务等内容的宣传，在全辖举办“精明眼”零售业务系列宣传和业务咨询，扩大影响树形象，推进存款业务再发展。农行揭阳分行于3月开通开办活期储蓄存款全省通存通兑业务；抓住机遇，协调各方面关系，依法合规，积极稳妥接收中国银行惠来、渔湖支行人民币存款2.36亿元，港币存款1948.80万元，美元存款57.50万元。建行揭阳市分行及早部署，深入动员，扎实开展“抓优质服务，促存款增长”活动，实现储蓄存款“开门红”；以报刊、广播电视、宣传广告等新闻媒体，以及开展户外宣传活动等方式，加强对新业务品种和建设银行个性化服务理念的宣传推介，有效带动储蓄业务的发展；此外稳妥适时制订和实施《置换兑付普宁城信社存折方案》，尽最大努力促使原有存款户转化为建行客户，至12月末，共置换兑付城信社存折9856户，金额4.75亿元，企业性存款5户，金额9574万元。至是年6月末储蓄存款兑付结束止，共有5300万元沉淀资金转化成为建行的储蓄存款。

2001年，全市持续开展优质服务活动，提高网点服务水平，利用多种宣传载体，塑造亲民、利民、便民企业形象，扩大存款营销渠道。工行揭阳分行在机构网点减少以后，辖下各支行转变经营思想，改变以前习惯于等客户上门的做法，主动“走出去”，上门串储，辖属普宁、揭西支行存款业务快速增长。农行揭阳分行利用世纪通宝金穗借记卡的发行及金穗卡发卡十周年的时机，通过当地新闻媒体开展宣传营销，强化群众用卡意识，带动卡类存款的增长，吸引客户存款。中行揭阳分行继续通过内强素质，外树形象，改进服务，提高质量，有效带来储蓄存款的增加，年末人民币储蓄存款比年初增加 5.63 亿元。建行揭阳市分行于首季开展“新春揽储逐新高”活动，掀起揽储高潮，带动全年存款业务的增加，年末储蓄存款比年初增加 2.63 亿元。

2002 年，工行揭阳分行年初开展首季“开门红”，辖下各支行和专业部门开展“奋战十五天，全面完成首季开门红任务”劳动竞赛，首季人民币储蓄存款增加 2.50 亿元；年中开展“火红夏日”营销，年终开展“百日冲刺”活动，继续强化营销，争揽存款。年末储蓄存款比年初增加 6.04 亿元。农行揭阳分行改变过去“重业务宣传，轻业务推广”的策略，统一策划，通过《人民日报》、揭阳电视台、揭阳日报、揭阳视听周报等新闻媒体，开展全方位、多层次、多形式业务品牌的宣传；辖下马牙支行举办银企业联欢会，丹凤办事处举办银企座谈会，分行先后举办“个人业务金融产品推介会”“汽车按揭贷款”“西联汇款”“通汇宝”等专项营销，有力推动存款继续保持稳定增长。年末各项存款比年初增加 4.49 亿元，其中储蓄存款增加 3.79 亿元。中行揭阳分行不断改进营销方式，8 小时之外，行领导带领公司、结算、零售、营业部门负责人和营销人员，走访有关政府部门，深入企业调查，多渠道捕捉市场信息，分析市场动向，制订和实施营销方案；实施“全员营销”，全员关心参与营销，形成群体捕捉市场信息的网络效应，保持存款增量。年末人民币各项存款比年初增加 4.34 亿元，其中储蓄存款增加 5.72 亿元。建行揭阳市分行调整优化网点布局和网点结构，提高网点效益。在上年撤并 8 个低产网点的基础上，是年继续撤并 6 个，网点总数由 2000 年年末的 51 个减少为 37 个，年末全市分行网点点均存款余额 1.14 亿元，同比增加 2056 万元。

2003 年，各银行金融机构强势开展公众形象、特色和品牌业务的宣传，加大存款市场营销力度，带来存款业务稳步发展。工行揭阳分行以首季“开门红”“百家支行”劳动竞赛及“百日冲刺”为契机，加大宣传营销，掀起揽存吸储高潮，做好外勤营销和产品整合营销，重点向客户推介“理财金账户”、汇款直通车、银证通、银证转账、银保通等拳头产品。年储蓄存款比年初增加 6.52 亿元。农行揭阳分行参与由当地揭阳日报社组织的首届揭阳汽车展；在《揭阳日报》上发布个人金融业务信息，公布联系热线“95599”，接受各界群众对农行个人业务的咨询，树立农行品牌形象，增加存款市场份额，仅联系热线开通至 11 月末，农行揭阳分行“95599”服务中心的交易额达 1.17 亿元。中行揭阳分行改进经营方式，重点做好移动、电力两家重点大户的维护工作，不断提高重点大户在中行的存款比例；利用协议存款、网上银行等业务品种，争取优质工商客户的企业存款；利用资金市场利率节节升高的时机，加强与当地农信社合作，先后争取到农信社人民币 1.60 亿元的同业存款（其中 8000 万元存放中行揭阳分行，8000 万元上缴省中行存放），实现中行金融机构存款大幅攀升。年末，人民币各项存款比上年增加 8.65 亿元，其中储蓄存款增加 7.37 亿元。

2004 年，工行揭阳分行开展首季“开门红”“缤纷夏日・真情回放”“春华秋实・蓄财迎冬”等存款业务营销活动；推行客户经理和首席客户经理制，加大存款工作外勤服务攻关力度；加强存款基础工作管理，建立优质客户信息档案，实行客户细分和个性化差别服务营销，纳入营业网点考核体系；将增存揽储工作与为优质客户提供优质理财服务紧密结合起来，通过竞争优质客户，促进存款业务的发展，全年理财金账户新开户 1995 户；维护重点客户，带动对公存款增加，成功营销广东巨轮模具股份有限公司首期募集资金 1.60 亿元；开展捆绑营销，上下联动，成功营销惠来风能发电项目的资本金 839 万美元存款。农行揭阳分行加大业务宣传力度；开展“迎新春”优质服务竞赛活动；实行存款问责制。年末储蓄存款比年初增加 8.84 亿元。中行揭阳分行开展“储蓄高端客户营销竞赛”和“淡季攻坚”储蓄存款竞赛活动；大力营销外汇宝、汇聚宝等外汇理财产品，提高外汇存款的市场占有率。年末人民币储蓄存款比年初增加 7.55 亿元。

2005 年，工行揭阳分行组织开展“贺新禧·广聚财富”“工行理财·夏日风”“财富一生·幸福一生”“动感金秋·真情放送”营销活动，大力营销理财金账户、灵通卡、信用卡、基金、保险、个人结算等业务；强化营销，细分客户，加强优质客户关系维护；制订实施《2005 年营业网点综合业务考核试行办法》，激发和调动网点员工开拓市场、营销产品积极性，提升网点吸存竞争力。年末储蓄存款比年初增加 6.06 亿元。农行揭阳分行制订印发《客户经理考核指导意见》，与客户经理签订《客户经理考核目标责任书》，实行目标任务、责任管理和产品计价考核相结合的绩效考核机制及年终综合考评定级，调动客户经理积极性。中行揭阳分行开展储蓄存款“开门红”和“步步高”竞赛活动；改进方式，采取党委成员挂钩后进网点帮扶、指导，营销中高端储蓄客户；加大绩效考核、中层干部问责和考核力度。年末人民币储蓄存款比年初增加 6.91 亿元。建行揭阳市分行加大对网点负责人、客户经理的考核力度，调整基层机构负责人和客户经理绩效工资考核办法，落实科学合理的激励措施，提高全行员工的积极性，激励网点拓展存款市场的力度；开展存款“开门红”营销活动，首季度实现新增存款 1.60 亿元；实行上下联动营销，加强对财政统发工资和财政零余额授权支付业务等机构客户的维护和其他机构客户的拓展工作，开展对公账户的年检和清理，规范账户管理，优化对公账户结构。年末，储蓄存款比年初增加 3.40 亿元，对公存款增加 2.20 亿元。

2006 年，工行揭阳分行强化考核，制定实施《营业网点综合考核试行办法》，重点考核网点绩效，激发和调动网点员工开拓市场、营销产品的积极性，提升网点综合竞争力；组织开展“2006 之幸福人家”系列主题营销、基金持续营销、“轻松理财·工行相伴”和信用卡“超双千”等营销活动，大力营销基金、保险、银行卡、“稳得利”等中间业务和理财产品；做好重点大户的稳存增存，抓好有贷户贷款的回行率，努力发展有潜力的新客户，增加存款；上下联动，加强重点项目营销，向中石化发放银团贷款 1.60 亿元，并为中石化 39 个加油站提供上门收款服务，以贷引存，增加派生存款。年末各项存款比年初增加 7.01 亿元，其中储蓄存款增加 4.48 亿元。农行揭阳分行按照经济资本管理理念，通过调整改进和优化考核办法，增加对活期存款专项考核，降低存款成本，在吸引客户增加存款的同时，优化存款结构。年末，储蓄存款比年初增加 6.94 亿元，其中新增存款活期占比 80%，年末定期存款占比下降 2.67 个百分点。中行揭阳分行不断改进经营管理，将电力、通信等基础设施，社保基金、公积金和财政等行政事业单位客户，以及地方建设的城防、环保项目作为重点营销和维护的对象，推进沉淀资金存款增长。开拓新客户，成功引揽康美、榕泰两家上市公司新股增发 7.61 亿元；将储蓄存款考核重点，改进和调整到日均存款计划完成率、低成本存款和存款结构优化等方面，在增加存款的同时，降低高成本存款占比。建行揭阳市分行开展服务流程再造大讨论活动，发现存在问题，创新思路，改进和优化现有业务流程和服务流程，提高对客户的服务效率和质量，提升网点吸储竞争力；此外，加强网点大堂经理队伍建设，为网点配备 5 名客户经理和 19 名兼职大堂经理，并明确大堂经理的岗位设置、职责和要求，促进网点服务质量的提高；制定和实施《市分行行外服务监督员制度》，并聘请行外服务监督员 5 名，对辖下各网点服务质量进行现场及非现场调查，并将访查情况及时反馈建行揭阳市分行，增强改进服务和管理的针对性；充分利用网点内资源，在网点人员每周工作时间总量不变和不增加网点人员的前提下，网点可通过将柜台对外营业时间分成若干类，根据不同时间客流量情况灵活安排服务窗口，区别各柜台对外营业时间，每类柜台按不同的时间上下班，定期轮换，客流高峰时段利用网点内部人员增加对外营业柜台，使网点服务营销能力和工作效率均得到有效提高；加大对大客户存款营销力度，重点加强对军队武警、社保、国土、电力、市政工程建设项目等的资金攻关营销，推进公司、机构存款业务持续发展。年末各项存款同比增加 7.75 亿元。

2007 年，面对股市等资本市场活跃导致商业银行存款分流的严峻局面，辖区银行金融机构普遍转变观念，不断改进服务方式，提高服务质量，促进存款增加和存款结构优化。工行揭阳分行以“服务·理财”为主题，开展系列营销活动，深度挖掘客户理财需求，充分利用 PCRM（个人优质客户管理）系统，对客户进行识别分类，向中高端客户推介和宣传工行的特色理财产品和服务，吸引新老优质客户增加存款；此外做好大客户维护工作，重点做好烟草、电力、移动、邮政、房改办、农村义务教育专项资金等大户的维护工作，以党政机关、电信、国税、移动、知名民营企业、医院等作为定向营销目标市场，精心组织 6 场定向营销活动；将储蓄存款与基金、国债、保险、稳得利、汇财通等个人金融资产产品进行捆绑营销，引导客户将储蓄存款，特别是中长期定期储蓄存款与理财产品进行合理配置，带来存款的增加。农行揭阳分行继续转变观念，以客户为中心，改进服务，吸储增存，增加存款，优化存款结构。中行揭阳分行加强储蓄存款业务基础工作，建立 VIP 理财客户档案，制订个人金融综合财富优质客户管理办法，推进第三方存管和银证转账工作，畅通证券资金回流渠道，增加第三方存管客户 2.68 万户；大力营销中海油 LNG（液化天然气）项目等 6 个重点客户的专项资金，做好电力、通信、交通等基础设施行业客户的维护，拓展社保基金、公积金和财政等行政事业单位的资金归集或代收代付沉淀存款，增加市社保、财政等 4 户行政事业单位存款的资金归集或代收代付沉淀存款，带来存款业务的再发展。建行揭阳市分行年初开展“新春建行有礼”信用卡积分回馈、“万家欢宴”年夜饭等活动，提高持卡人使用建行龙卡的热情。年中，开展“建行 e 路通天下，优质服务伴您行”主题营销活动和“e 机相伴，清凉 e 夏”手机银行营销活动、开展“签手机银行、用手机银行”营销竞赛活动。对公存款重点加强对军队武警、社保、国土、电力、市政工程建设项目等的资金攻关营销，推进公司、机构存款业务的可持续发展，全市分行军队武警（含消防）客户在建行揭阳市分行开立账户 15 个（其中基本账户 14 个、一般账户 1 个）。上半年全市农村义务教育特设专户的开户资金开始正式运作，有 10 余所学校入学学费由建行揭阳市分行代理，带来存款增加。交行揭阳分行积极投入省交行开展的“迎春开门红”“夏日总动员”“赢在金秋”“奋战一百天、力促大发展”等营销竞赛活动，年末人民币对公存款比年初增加 2.85 亿元，日均余额 10.70 亿元。

2008 年，辖区各银行金融机构抓住国家扩大内需的有利时机，提高营销服务水平，扩大存款规模。工行揭阳分行在改进金融业务产品营销方式中，以“灵通快线”理财产品为营销主打产品，利用其高安全性、收益稳定的特点吸引客户，形成“理财产品→个人存款”营销链条，提高客户资金在工行体内循环的份额；加强与证券公司的联系，关注第三方存管大户资金动向，营销证券客户资金回流，增加储蓄存款；多方面了解烟草、移动、社保、财政、电力等系统大户资金存放情况，加强联系沟通，做好系统大户的增存稳存，为存款的稳定上升夯实基础；此外，有重点对存款、结算、信用卡、系统等大户的资金进行跟踪，实施分层次营销与维护，主动出击，上门拜访潜力客户、重点客户，大力营销年底客户回笼资金；同时，加大代理保险业务的营销与销售，利用“保险→个人存款”的营销模式，在增加代理保险收入的同时，有效增加存款。农行揭阳分行以存款业务为重点，首季开展“迎新春，开门红”竞赛活动，取得良好效果；第三季度改进和提高存款考核比重，第四季度实施《关于全力冲刺 60 天，确保“保三”目标实现的工作意见》和《关于全面冲刺 30 天的补充工作意见》方案，推进存款业务的快速增长；

对网点配备客户经理、大堂经理，加强员工对客户规范化服务的管理，把快捷、优质的服务转化为对客户的有效吸引力；此外根据市场变化，从中高端客户入手，巩固存量，拓展储蓄大户，促进存款大幅增长。中行揭阳分行改进作风，加大储蓄存款督导帮扶，落实行领导挂钩，部门督导和分片区研讨会制度；建立VIP理财客户档案，由专人跟踪服务，人民币储蓄存款新增12亿元；加大潮汕民用机场、中海油LNG项目和新城投资等重点资金，以及移动、电力公司等大客户日常维护和下游基建项目营销，人民币企业存款新增3.55亿元；围绕“市场份额和增加资金头寸”两个目标，发展外汇理财业务，争揽外资企业的资本金及投资截击汇入，增加外汇存款。建行揭阳市分行拓展潮汕机场集团、中铁厦深铁路项目，加强对市县两级的财政局、社保局、国土局等行政单位客户维护，巩固银政关系，保持建行揭阳市分行在机关团体存款方面的优势地位；加强对市农电总公司、粤东高速等单位的营销，抢占和维护机构存款大户；对全市范围内的重要客户、重点企业和重大工程项目建立名单列表，制定和落实阶段性营销计划。先后对广东榕泰股份有限公司、揭阳市乐万邦房地产开有限公司、中远物流股份有限公司揭阳办事处等当地影响力较大的优质企业展开营销，拉近银企关系，建立和扩大业务合作范围；以揭东开发区等工业园区和揭阳（国际）金属材料市场为重点，拓展优质中小企业；把经济相对发达的普宁城区作为公司机构业务发展中心区域，把揭东、开发区、占陇、仙桥、东山等工贸相对集中的区域作为工商企业客户发展重点区域，发展公司存款业务；大力拓展社保资金客户，做大资金沉淀规模。邮储行揭阳市分行通过开展“首季开门红”、“基础巩固年”、商易通“攻坚战”、“共赢2008”活动，年末储蓄存款增加12.47亿元。交行揭阳分行组织投入省交行统一开展的“迎春开门红”“夏日总动员”“赢在金秋”“奋战一百天、力促大发展”等营销竞赛活动；独家成功营销广东康美募股资金10.30亿元。年末人民币对公存款比年初增加2.85亿元。

2009年，工行揭阳分行引导网点利用灵通快线、“一号工程”、“广东项目”等优势产品吸引市场资金及他行存款，形成“理财产品→个人存款”营销链条；以网上银行、工银信使、代发工资等为切入点，培育忠诚的客户群体，多渠道促进存款不断增长；联动发展储蓄存款和理财产品，适时引导网点进行转化，确保资金在工行体内合理循环。全年个人金融资产增加11.50亿元。同时，多渠道发展烟草、移动、社保、财政、电力、中铁十三局等系统大户资金多存留工行，为存款的稳定上升夯实基础；迅速切入，以诚恳、高效的服务赢得普宁市财政非税收入代理业务，年末该代收账户增加存款1.9亿元；组织开展“金天下·我争先”机构业务营销竞赛活动，加强沟通，增强合作，全年财政三费收入增加9328万元，住房公积金存款增加3.43亿元；将各县金叶实业公司、供电公司、市区农村信用社以及市电视台等客户确定为目标客户，成功营销取得普宁金叶实业公司、揭东金叶公司、揭东供电局、揭西供电局企业年金管理人和托管人两个资格，夯实了对公存款持续稳定增长的基础。全年人民币对公存款增量5.54亿元。同时，带来负债业务结构优化，负债成本降低，实现活期占比比年初上升2.35个百分点。农行揭阳分行通过加快网点建设和改造，提升网点服务质量，吸引客户存款。先后对6个网点进行硬件改造，另外18个网点列入改造计划；从有限的人力资源中调配网点个人客户经理和大堂经理，充实网点营销力量；对城区支行11个网点，以及其他支行4个县级网点进行文明标准服务导入，提高网点窗口服务质量，增强网点吸存能力。年末，全行储蓄存款比年初增加5.70亿元。中行揭阳分行改进营销策略，灵活运用理财、基金、第三方存管、网银等产品，开展行政事业单位和电力等垄断行业的高层营销争揽企业存款；发挥汇利达等贸易融资类产品和授信投放对存款的拉动作用；中行揭阳分行营业部改进服务，吸引大户存款，有力推进存款快速增长；辖下普宁支行突出重点目标将吸引存款锁定在纺织服装和医药等客户，以及第三方存管客户的资金上，有效扩大储蓄存款规模。年末，全行人民币各项存款增加 9.04 亿元，其中储蓄存款增加 3.25 亿元。建行揭阳市分行与揭阳市社保局、揭阳市财政局签订全市社保业务全面合作框架协议，独家承办全市社保“五险合一”业务。经省建行的支持，组建开发团队，为揭阳市社保局开发拥有自主知识产权的“揭阳大医保”系统。投入使用后，不仅使揭阳市的社保管理工作更加规范高效，而且有效带来存款的增加。年末人民币各项存款比年初增加 18.75 亿元。交行揭阳分行以省交行开展的“春雷阵阵开门红”等各项集中营销活动为契机，突出抓机遇、抓挖潜、抓巩固、抓全员营销“四大亮点”，有效增加存款，年末各项存款比年初增加 6.54 亿元。邮储行揭阳市分行开展“优质服务年”和存款“开门红”竞赛活动，掀起增存吸储高潮；开展“合规管理年”活动，促进各项业务合规发展；对市区分行营业部和普宁中河支行进行迁址整治，完成全市 13 个自营网点网络改造工程，增强网点吸储能力。年末，人民币储蓄存款比上年增加 6.17 亿元。广发银行揭阳支行挖掘市场拓宽业务品种，全年累计签发银行承兑 3086 笔，出票金额 10.35 亿元，结清 3251 笔，金额 10.21 亿元。至年末，带来保证金存款余额 4.68 亿元。

2010 年，工行揭阳分行在改进经营方式中，紧密结合“旭日揭阳”主题，分季度开展“春雷”“夏焰”“秋实”“冬晖”营销竞赛活动；通过抓结算客户、第三方存管客户、信用卡客户、个贷客户、代发工资客户，积极调控结算、证券、个贷、理财、消费等五类资金与储蓄资金的良性互动，从源头上夯实增存基础；以优势理财产品为抓手，增强理财产品销售与储蓄存款之间的协同效应，带动储蓄存款稳定增长。年末，全行储蓄存款比年初增加 15.98 亿元。强化营销维护，提升公存市场占有率，成功营销县社保基金财政专户、揭阳市供电局资本性账户，以及高乐股份有限公司上市募集款 3 亿元；多渠道吸引和争取烟草、移动、农电公司、财政、住房公积金中心、中铁十三局、中粮储等系统大户资金多存留工行揭阳分行，为存款的稳定上升夯实了基础；开展“金天下 · 我争先”机构业务营销竞赛活动，加强有贷户存款管理，确保有贷户贷款回笼，实施“以贷引存”工程，提升公存竞争力；成功营销揭阳市榕城农商行、揭西信用社同业存款 1.2 亿元。农行揭阳分行开展“大行德广，伴你成长，金锁匙春天行动”营销活动，出台《2009 年首季支行专项业务考核奖励办法》，调动全行员工营销揽储积极性，带来储蓄存款的增加；开展以首季“虎跃龙腾”对公业务营销竞赛活动，促进投资银行、代收代付、第三方存管及其他新兴业务的发展，带来对公存款的增加。年末，各项存款比年初增加 19.83 亿元，其中储蓄存款增加 16.56 亿元。中行揭阳分行开展“2010 年银行业公众教育服务日”、“3 · 15”服务宣传月和揭阳市“行风热线”活动，普及金融知识，提升公众金融安全意识和防诈骗能力，对提升中行揭阳分行知名度和吸引公众增加储蓄存款，起积极的作用。建行揭阳市分行以社保系统上线为契机，加大财政、社保等机构客户的资金归集和挖掘；抓好重点行业、重点项目、重点客户及辖区内建设项目和专业市场的拓展，确保进驻金属材料市场的大型钢厂经营账户 100% 落户建行揭阳市分行；利用乾元、贷信通、监管通、付汇宝、支付宝等优势产品展开营销；集中精力拓展重点发展区域，中海油在建行揭阳市分行开立一般结算户，中海油、中石油等重大项目的下游施工企业也落户建行揭阳市分行。通过多措并举带来存款的增加。交行揭阳分行通过抓早、抓实、抓重点，做大、做强、做亮点，不唯计划唯市场、不唯指标唯客户。通过“开门红”“奋战六十天”“征服 300”“挑战 2000”等活动，先后实现经营性物业抵押贷款、个人酒店装修贷款、“得利宝”个人理财产品质押贷款、住房公积金贷款、“商惠贷”、保付加签、境外机构境内外汇账户、蕴通账户及供应链链属企业账户、“财务通”非结算户和无账户代发工资、对公理财产品销售等十项新业务破“零”开办，带来派生存款的增加。广发银行揭阳支行开展“迎行庆，创佳绩”业务营销竞赛活动和“盛情七月、赢在服务”为主题的储蓄存款营销竞赛，对系统大户和重点大客户指定专门客户经理，通过主动服务和个性化服务吸引客户，实现稳存和增存。

2011年，工行揭阳分行开展针对性较强的专项营销，实现小企业的“增八十、破一百、冲百二”目标；以新增网点为支点，开展“财富进百村”活动，抢占新市场客户；借助商友卡、星级客户、公私联动等营销活动，强化优质客户营销，提升个人客户质量；健全机制，细化管理，紧跟同业，强化督导，推动储蓄存款赶超计划的落实，全年共提升1.77个百分点；紧抓重点客户、重点账户、重点人员，上下联动，取得全市非税收入代理业务承办资格、社保卡发卡代办行资格，顺利营销军分区市国防教育基地专用账户，夯实机构存款业务基础；加强农信社高层的沟通营销，吸收同业存款3亿元。农行揭阳分行集中精力和资源打造骨干网点，调整优化网点布局，完成13个营业网点的转型建设，新配22名大堂助理，完善服务功能配套和营销人员配备，提高网点服务水平和辐射能力，有效促进存款增加，年末，储蓄存款比上年增加14.65亿元。建行揭阳市分行以商机处理率、开户配卡率及电银同步率、存折转卡率、柜台业务自助渠道替代率为抓手，结合“神秘人”检查、网点自查、分行抽查等手段，有效促进网点营销能力和服务效率的提高。通过对后进网点组织帮扶培训剖析、举办大堂经理服务培训班、召开专题会解读新服务考核办法等，规范网点各岗位人员服务行为，提高大堂经理的履职能力；着力打造星级网点，营造“争先、争优”良好氛围，对于服务水平和服务质量领先网点推进参加省行星级网点评定，辖属玉都支行被评为2010年三星级网点，普宁支行被评为四星级网点，年末储蓄存款比年初增加3.81亿元。交行揭阳分行通过开展“开门红”“超越行动”“旭日行动”“彩虹行动”等活动，推进存款业务的发展。在“旭日行动”竞赛活动中，交行揭阳分行包揽省交行“综合大奖”“零售板块大奖”和“对公板块大奖”共3项大奖，年末各项存款比年初增加3.73亿元。广发银行揭阳支行不断改进服务方式，做稳做大医药行业客户群的结算业务，年末医药行业各类存款余额达5亿余元，成为支行的主要存款客户群；此外，加大对潜在目标客户的营销力度，及时介入普宁市是年启动的药品街、小商品城、兰花广场等建设重点项目，以贷引存，保持派生存款业务的稳存增存。邮储银行开展“激情演绎、‘兔’越十亿”活动，以项目驱动、新产品拉动、营销队伍推动为手段，做大存款规模。深度开发烟草、财政、社保等项目，推进新农保扩面工作，带动公司存款的大幅增长。农商银行加强宣传工作力度，与揭阳电视台和揭阳日报社合作，建立长期企业形象和业务推广宣传平台，利用农商银行成立一周年和新业务开办的机会，在网站、电视、报纸、刊物及其他新闻媒体上，宣传自身改革发展工作成效和新业务，提高行业品牌影响力，拓宽存款业务发展新空间。

2012年，工行揭阳分行实行“理财引存”“外拓增存”“服务稳存”的经营策略，年末储蓄存款比年初增加17.27亿元；贯彻“一把手工程”战略，开拓财政、税务、非税、社保、住房公积金等优质项目，取得“市级”非税收入业务代理资格，全年企事业单位存款增加4.47亿元。农行揭阳分行强化营销观念和营销方式的转变，强化“一揽子”综合营销策略，加强系统客户和优质客户的营销和维护力度，吸引客户，增强客户对农行的黏合度，确保存款快增多增稳增，年末各项存款比年初增加22.19亿元。中行揭阳分行突破投行业务、并购顾问、上市培育顾问、私募通和中银融智顾问等资本节约型产品的创新应用，为一企业发售一笔2年期5亿元规模“中银智富理财计划”，增加理财资金存款。建行揭阳市分行制定分行网点及自助渠道未来三年规划方案，成立普宁区域财富中心，按照“私密性、舒适度、安全感”的要求，加快渠道建设和网点布局、调整步伐，全年新增2个网点、1个财富中心、1个离行式自助银行，年末储蓄存款比上年增加3.81亿元。广发银行揭阳支行不断改进对医药行业等客户群的结算服务，促进结算资金存款业务的发展；大力拓展纺织品行业、电器行业等结算业务，拓宽负债业务新渠道。交行揭阳分行不断改进营销策略，先后营销广东巨轮“高管股权激励”募集资金、康美药业债券资金、普宁市国土局土地拍卖保证金、市公路局征地赔偿款以及社保定期存款等企事业单位资金，年末对公存款实现正增长；采取理财产品销售带动、扩大结算手段、抓代发客户提升和夯实客户基础等多种措施，维护和提升客户综合贡献度，年末家易通商户名下储蓄存款余额1.10亿元，比年初增加5600万元，代发工资客户名下储蓄存款余额2.34亿元，比年初增加1.28亿元。邮储行揭阳市分行以成立五周年为契机，调整经营策略，打造辖下普宁市支行和分行营业部两个重点区域，形成带头效应，在人财物等方面给予倾斜支持，重点关注业务发展情况。年末普宁市支行和分行营业部分别完成全年收入指标，存款明显增加，其中普宁市支行公司存款年增长87%，增加额和增长比例均领跑全市邮储行系统，重点区域带头效应逐步显现。揭西农商行通过深入了解掌握全县对公存款结构、分析拓展空间，将财政性存款和企事业单位开立基本户作为拓展的重点，加大对公存款的拓展力度，年末对公存款增加9.09亿元。

2013年，工行揭阳分行贯彻“无大不强、无小不稳”的经营理念，通过财富客户名单管理、公司客户营销管理和机构高层互动拜访等机制，加强重大客户的关系维护和营销管理，提高优质客户群体对存款的贡献度；以渠道建设、服务提升为主要手段，打造便民、利民、惠民的普惠型金融服务，存款的稳定度得以提升；开展“奋战六十天、存款双领先”增存劳动竞赛。年末各项存款比上年增加24.53亿元，其中储蓄存款增加18.65亿元。农行揭阳分行掀起首季“开门红”营销热潮，首季储蓄存款增量占全年增量为51%；年中改进经营方式，瞄准重点，强化基础，实现理财产品的有效转化，瞄准贵宾客户优质群体，全力做好借记卡、存贷通、第三方存管等基础性存款工作，稳存增存；第四季度连续制订并出台三个储蓄存款考核办法，年末最后五天储蓄存款增加3.65亿元。中行揭阳分行致力推进服务渠道建设，全方位、多渠道为客户提供便民利民惠民的民生金融服务，搬迁、改造网点2家，新增理财中心3家、财富管理中心2家，启动普宁、揭东两家县级支行全功能复合型网点建设，推进分行营业部智能化升级改造，通过推进服务渠道建设吸引客户存款。建行揭阳市分行强化日均个人存款指标管理和常态化管理，抓实每个网点每日存款的增长；继续从代发工资、专业市场等源头强化中高端优质客户营销，拓展存款来源，年末储蓄存款增加15.58亿元。交行揭阳分行完成矩阵式改革，优化机构设置和人员布局，从机关部门分流19人充实到基层网点和客户经理队伍，部门员工占比28%，下降8个百分点，客户经理占比24%，提高5个百分点；实行全行对公客户经理由公司部统一管理，将客户经理队伍整合为4个业务营销小组，突出高效、专业、协作的团队优良服务优势，为吸引客户增加存款奠定基础。邮储行揭阳市分行不断改进经营方式，个金业务以理财、信用卡、电子银行等业务为抓手，加大高端客户的开发维护力度，深入推进专项营销活动，各项业务全面开花。其中，年末自营储蓄存款增加4.58亿元。揭东县农信社依托网点优势、渠道优势，以贷款业务为合作纽带，加强与农村个体工商户的业务合作，保障农村经济组织信贷资金的供应，以贷引存，增加派生存款；以春节、元宵等传统节日为切入点，把“迎春贺年”活动与“开门红”活动有机结合起来，征求服务需求、联络客户，吸引储蓄存款；充分利用人缘、地缘优势，加强客户联络，建立客户档案，加大对农村各类行业、特色大户的维护拓展力度，吸引对公存款。年末各项存款同比增加18.00亿元，增长17.62%。普宁汇成村镇银行利用电视媒体、户外广告等载体宣传各项业务；加大客户营销力度，大力发展特色业务；实施“走出去、请进来”的策略，采集客户需求。拓展客户群体，提高知名度和信誉度，有效增加存款。

2014年，工行揭阳分行改进经营方式，按照“竞争高端、赢在中端、培育潜力”的思路，利用“马到功成”等竞赛活动强化主题式营销，紧抓民生、专业市场等经济金融热点，推动壮大个人客户主流群体。年末全行个人有效客户 76.6 万户，较年初增长 12.2%。对公司客户，依托法人客户营销系统和大额资金平台明晰目标客户清单，建立“客户分包”四级名单制管理，分层挖掘优质客户和潜力客户的存款贡献；对机构客户，在做好拓展维系的基础上，将中小机构客户的营销责任落实到支行层面，通过“乡镇会战”活动，不断在“乡镇村经联社”的营销上取得新突破，年末共增加乡镇账户 18 户，增加存款 3083 万元。以客户需求为导向，按照客户分层、产品分类做好业务渗透，打通客户的多向金融需求，通过信贷、资产管理、投资和交易类业务，吸引客户资金沉淀集聚在工行体系之内，促进存款发展稳定性提升。农行揭阳分行开展存款“走进乡村”活动、“个人客户升级提质营销竞赛活动”等专项竞赛活动，做好个人客户的提质增效；全面推进网点渠道建设，搭建高效多元的服务网络平台，巩固渠道优势，吸引客户存款。年末个人存款同比增量 17.26 亿元。中行揭阳分行在贯彻落实最新监管要求，完善经营策略中，坚持时点与日均存款统筹兼顾发展策略，通过“抓源头存款、抓结算平台、抓理财沉淀、抓重点突破”等多措并举发展负债业务，本外币存款时点余额 146.46 亿元，比年初新增 11.84 亿元。建行揭阳市分行扎实推进网点综合化转型，提升核心竞争力，有效增强吸储能力。广发银行揭阳支行通过深化银企合作，打通与潮汕地区龙头企业康美药业股份有限公司、国际服装城、流沙商会等合作渠道，拓展对公存款来源；通过推广手机银行、网银，增强个人、企业业务活跃度，增加结算资金存款。交行揭阳分行改进经营方式，成功营销康美药业发行优先股募集全部资金 29.72 亿元、营销广东巨轮定向增发股票募集资金在交行揭阳分行开立募集资金监管专户及存款 8300 万元。邮储行揭阳市分行通过开展“开门红”竞赛、信用卡“春风送卡”营销活动，以及代发工资营销等活动，年末储蓄存款同比增加 15.16 亿元，其中自营储蓄存款增加 4.61 亿元。民生银行揭阳分行致力于服务民营企业及“两小”金融客户，提供便捷的个性化金融服务，实行个性化服务及手续费优惠的经营方式。4 月 17 日开业后，各项存款稳步上升。至年末，对私存款 4.16 亿元，对公存款 3.92 亿元。

2015 年，工行揭阳分行改进经营方式，把握个人资产多元配置的趋势性机遇，着力拓展私银、财富、商友、代发工资等主流客户群体，提升理财、基金、保险、商友卡等业务产品的营销水平，做大客户在行资产，深化个人金融资产与储蓄存款的良性互动，增强揽储能力。年末全行个人金融资产余额 279 亿元，比年初增加 30.20 亿元，储蓄存款日均余额 169.70 亿元。聚焦有贷户、重点大户、上市公司和拟上市公司等优质客户群体的深度挖掘拓展，做好资管类、结算类产品渗透，以及存贷比管理和裸贷清理，多措共举改善公司存款日均指标，全年公司存款日均余额 23.50 亿元。以财政改革热点为主要突破口，抢抓“金财工程平台建设”“征地资金共管账户设立”“机关事业单位养老保险信息系统投产”等业务机遇，成功营销揭阳市财政局和揭阳市国土资源局征地资金共管账户、揭阳市社保基金专用存款账户（1 月 5 日开立），加快提升工行的机构存款市场份额，全年机构存款日均余额 30.40 亿元。农行揭阳分行在改进经营方式中，实行精准营销策略，先后成功营销城区、揭西、普宁教育类资金 3.60 亿元；市财政局及揭东财政局社保资金 3.30 亿元；市、县（区）两级国土拍卖保证金累计 7 亿余元；中德工业园区财政补贴存款 4.25 亿元；揭阳市碧桂园房地产开发有限公司大额公司类存款 4.55 亿元。年末，企事业单位存款比年初增加 2.76 亿元。中行揭阳分行在改进经营方式中，实行多渠道、多手段、多元化，做大存款规模，重点争揽第三方存管、信用卡、基金、保障卡、个人电子银行等五大个人客户和民营企业，带动个人有效客户、中高端客户、公司基础客户新增存款 7 亿元；多手段营销，成功营销揭东区财政局医保资金 1.58 亿元，广东柏堡垄股份有限公司新股发行资金 5.70 亿元，争揽揭阳蓝城区养老专户、揭西县土地交易所账户、揭阳高新区财政局非税代理资格等，带动行政事业单位日均存款达16.50亿元；多元化扩大存款增长渠道，加大个人优惠利率业务和大额存单业务推动力度，吸收行外资金5亿元，个人大额存单销量1.14亿元中，有60%的资金来源于行外，累计销售表内外个人理财产品和企业理财产品有效沉淀存款7亿元。建行揭阳市分行着力推进网点经营转型升级，实行营运主管走出柜台、营销人员走出网点，全辖27个网点共组建66个综合营销团队；实行综合柜员制，综合柜台比转型前增加73个；调整网点经营定位，下放经营权，将存量小企业信贷、个人助业贷款、房贷业务客户分解下沉到网点维护经营；开展网点负责人"三综合"专题培训班，帮助网点负责人提升综合经营能力和内部管理能力。通过网点的转型升级，带来网点吸存能力新提升，年末储蓄存款比上年增加10.17亿元。交行揭阳分行树立"低成本核心负债"营销理念，并渗透到营销各层面、各环节，以代发工资、现金管理、产业链金融为抓手，大力发展低成本核心负债，先后成功营销揭阳市财政局社保资金1.50亿元、市城投公司存款2亿元、广东巨轮定向增发资金4000万元，以及康美药业投行业务带来的沉淀存款，带来存款持续稳步增长。广发银行揭阳支行通过开展阵地、厅台、户外营销，发掘一线员工潜力，开启一句话理财、定期存款活动介绍，带动可计算存款理财产品销售及扩大稳固居民储源；利用总行、分行推出的"盆满钵盈日日盈"对公理财产品、捷算通卡、现金管家等多样化产品，吸引对公客户，增加资金沉淀，提升对公存款增量。邮储行揭阳市分行注重传统大项目的深度营销，在非税、征地款和公司信贷以贷引存等项目上取得突破，实现公司存款稳步增长，年末，全行公司存款同比增加7.40亿元，其中辖下普宁支行年增加2.40亿元。揭阳农商行紧紧抓住银监会鼓励农村商业银行进一步深化和延伸农村基础金融服务的有利时机，结合市场需求及业务发展趋势的实际，在蓝城区新设蓝城支行，延伸服务链条。继续开展辖下服务网点的整合升级，强化专业服务，形成特色鲜明、层次丰富的服务网络，有效增加存款。南粤银行揭阳分行通过制订落实零售价值客户、全员营销、第三方存管、消费贷款等营销竞赛活动方案，分解任务指标，有针对性地激励存款营销和客户群建设，年末各项存款比年初增加4.18亿元。民生银行揭阳分行通过手续费优惠及逐渐丰富业务品种的经营策略，为小微客户提供个性化服务，为大中型企业提供创新形式的金融服务，年末各项存款比年初增加6.84亿元，其中储蓄存款增加2.77亿元。

2016年，工行揭阳分行重塑对公存款稳步增长态势，出台对公存款工作指引，完善并落实"六个机制"（存量提质和拓户引存机制、工商注册造血机制、产品渗透营销机制、大额变动反馈机制、50万元以上客户实管机制、300万元以上客户支行行长负责制），从基础层面、工作实效引导基层经营机构由关心存款到关心金融资产产品、由关心结果到关心过程，不断提升对公存款资金来源的多样性和稳定性。年末，日均金融资产5万元以上公司客户1646户，比年初增加42户；日均金融资产50万元以上公司客户493户，比年初增加55户，带来对公存款稳步增长。农行揭阳分行将扩户提质列为推进负债业务发展的核心，先后取得市财政国库支付代理资格、全市工伤保险基金归集账户资格、揭东乡镇国库集中支付等各类机构代理资格20个，实现全市公共资源交易中心合作资格全覆盖；先后成功营销市级和揭东财政社保专项资金，揭西、城区和揭东教育专项资金，市级、揭东和普宁国土使用权竞价交易保证金，以及空港经济区征地款等各类专项资金26亿余元；以资本市场优质客户、农村市场客户、专业市场客户为重点，加大活利盈、商惠通卡、农汇通卡、大额存单、粤通卡等优势产品的宣传营销力度，吸引存款。年末，各项存款实现平稳较快增长。中行揭阳分行贯彻落实省中行"决战2000亿"行政事业存款攻坚目标，深化对财政、社保、公积金、学校等行政事业单位的高层营销，年末行政事业存款日均余额达21.65亿元；强化对重点客户揭阳碧桂园房地产开发有限公司的全流程营销，开立楼盘按揭保证金资金归集专户，作为收单项目唯一指定行，年末累计收单 2302 笔，沉淀公司存款 5.07 亿元；细化落实客户倍增计划及“粤升计划”，抓存款源头营销，提升第三方存管、信用卡发行量、对公账户沉淀存款新增量；以“中银步步高＋财易汇”产品体系归集客户他行资金，中银步步高时点余额 5.22 亿元，财汇易归集日均资金 5 万元。建行揭阳市分行围绕“以客户为中心”的经营理念，提供定制型、私享型服务，不断夯实客户基础，着力提升中高端客户的服务能力；细化旗舰型、综合型、轻型网点的经营范围，建立以授权管理为核心的网点经营管理体系，全方位深化网点综合化经营，着力提升网点信贷业务经营能力；打造“综合金融服务同业标杆”和“综合金融服务平台”，提供“一站式”综合金融服务，全面提升网点综合金融服务能力。年末一般性存款时点余额比年初增加 31.98 亿元，其中企业存款时点余额比年初新增 16.89 亿元，个人存款时点余额比年初新增 18.16 亿元。广发银行揭阳支行加强与核心客户康美药业股份有限公司的合作，继续发放 5 亿短期流动资金贷款，带动了该户结算资金在广发银行沉淀；发挥小企业金融中心服务中小微型企业作用，结合小企业“随借随还”贷款产品，新增客户 18 户。邮储行揭阳市分行以项目为抓手，加大负债项目营销力度，取得突破性发展，市区潮惠高速征地款入账 1800 万元，非税城市建设配套资金入账 3.90 亿元；揭东碧桂园月均入账 4000 万余元，医保项目每月入账约 3000 万元；揭西医保项目入账 9200 万元；惠来被征地养老基金入账 1.30 亿元，医保项目入账 8300 万元；普宁康美定增资金 5 亿元（留存 1 个月）；加大对康美药业公司的综合营销力度，以贷引存，先后为企业办理公司贷款 3 亿元、股票定增资本留存 5 亿元；成功营销农商银行办理同业存款业务，至 12 月末同业存款余额 1 亿元，日均 2332 万元。南粤银行揭阳分行为揭阳农商行和澄海潮商村镇银行办理同业定期存款 1 亿元；加强绿色存款营销和授信客户结算资金的挖掘，成功营销“宜华健康”（大健康）、“华力再生”（绿色环保）等本地一批优质朝阳企业；新增一批公司优质客户，存款结构明显改善，资金成本降低，年末活期存款余额 2.60 亿元，占比 22%，比年初提高 8.19 个百分点。民生银行揭阳分行不断夯实客户基础，做好存量客户分类及提升，实施精细化管理，全面提升服务水平；强化品牌营销推广，引导结算留存；丰富产品和服务，拓宽中间业务品种；提升厅堂服务，加强客户跟踪服务，提升有效级以上客户占比；加强行业合作，吸引高端客户。年末各项存款比年初增加 5.67 亿元，其中储蓄存款增加 3.27 亿元。揭东农商行把握不同区域、时段，发现资金的流转规律，常态化开展对农村农户、集镇经营户、重点街道、城区社区的公关宣传，服务重心下沉，深耕县域和农村市场。首季实现“开门红”，各项存款增加 4.42 亿元；出台营销团队工作制度，开展全员营销、主动营销，配合当地政府搭建集体经济组织“三资”监管平台，至年末，与揭东、蓝城、空港三区 558 个村级集体经济组织签约，基本账户 591 个，金额 5.19 亿元，有效增加存款；加强“农村金融服务站”建设，提供办理支农惠农补贴支取、小额现金调剂、自助缴费等业务，使广大村民享受到“足不出村存取款，田间地头能转账”的便捷服务，吸引客户存款。普宁汇成村镇银行通过组织“金融知识进万家”“一周一活动”等系列活动，以市场为导向，以优质客户为目标，宣传本行决策链条短，经营机制灵活的优势，挖掘吸引当地客户，培育客源市场；广泛宣传业务品种、办理流程，不断壮大发掘潜在客户队伍，在普宁当地逐步树立本行的品牌形象，年末全行各项存款比年初增加 8.94 亿元，其中储蓄存款增加 7.37 亿元。汇丰银行揭阳支行持续深化与现有公司客户的业务合作，在新产品和新业务的合作方面深入挖掘潜力，先后有广东柏堡龙股份有限公司、欧晟绿色燃料（揭阳）有限公司、揭阳市中富化工有限公司增加存款共 1.38 亿元。年末各项存款同比增加 1.40 亿元。东亚银行揭阳支行开办流程简单、期限较长、专享额度、使用便捷的车位大额分期业务，吸引客户，增加沉淀资金存款。

2017年，工行揭阳分行改进增存扩储方式，通过重点突出周末、旬末、月末、季末等关键时点的目标提升，以时点增存带动日均增长，对落后网点做好辅导，提升资金归集能力；实施存款营销追加激励方案，以差异化定价和创新产品为抓手，加强对目标客户群体的竞争，增加市场占比。年末各项存款比年初增加29.66亿元，其中储蓄存款增加3.85亿元。农行揭阳分行改进并强化存款基础工作，通过扩户提质推进存款业务的发展，先后取得市、县（区）各级机构代理合作资格19项，实现对全市代理非税业务、农村财务资金监督平台、公共资源交易保证金拍卖系统合作的“三个全覆盖”，成功营销开立惠来县财政局社保基金专户，取得粤东首家市级社保通过ETS（电子缴税）系统征缴直扣的独家代理资格，并已成为接收省级社会保险调剂金的唯一指定银行，取得市及各县（区）机关事业单位养老保险和职业年金账户资格11个，年末机构存款比年初增加10.22亿元。年末全行新增有效对公客户2373户，新开对公存款账户2573户，个人加权贵宾客户增加9330户。中行揭阳分行强化平台、产业链引存增存，累计争揽财政类资金5.58亿元、土地拍卖保证金9亿元。现金管理平台累计新增36户，带动日均存款3.69亿元，同比增加4100万元。累计吸收重点客户产业链条上下游企业资金5.20亿元。开展“薪求争霸，胜在当夏”代发薪业务竞赛活动，累计代发资金量16.20亿元；代发客户存款19.35亿元，增加在行沉淀资金存款。建行揭阳市分行全力打造“三融合一”（科技金融、并购金融、跨境金融）品牌，加快公司机构负债业务转型升级。通过建立高新企业专项指标名单制管理机制，加强对科技金融业务的推动。至12月末，科技金融产品服务全覆盖客户增至63户，授信覆盖客户数量增至27户，资金余额123亿元，明显增加沉淀资金存款。全力打造并购金融品牌，通过股票质押融资、债转股、债务融资工具及产业基金等投行产品，年末，累计为上市公司办理股权类理财业务23.50亿元，注册中期票据110亿元，发行中期票据60亿元（承销份额36亿元），发行超短期融资券30亿元（承销份额20亿元），设立大健康产业基金50亿元（投放首期投资18亿元）。打造跨境金融品牌，以揭阳市海关进出口100强及名单制客户为营销目标，推进国际业务产品客户全覆盖，本外币、境内外、线上线下一体化，至12月末，外汇名单内客户加权新增150户；网银结售汇客户新增7户；跨境e+客户交易量50万元以上10户；重点跨境金融客户群体信贷业务覆盖37户。沉淀资金存款效应明显。广发银行揭阳支行通过发动全员营销保本理财等方式，多种渠拓展存款业务，年末，各项存款比年初增加3.71亿元，年日均存款11.96亿元。交行揭阳分行机团存款营销取得新突破，成功开立惠来民政局、省东埔农场、榕华街道办事处等12家政府事业单位账户，落地大南海国土局、普宁流沙北财政所等5亿元机团专项资金。普宁农商行强化市场营销，先后开展以“存款开门红”“存款营销我最棒”“二周年庆”等7项主题营销活动，以存款、电子银行业务、小微业务、消费业务及零售业务、总对总业务为主要营销方向，由“等客上门”转变为“主动上门”，实施联动性营销、捆绑式销售、上门探访等多种营销方式，大力开拓县域市场。年末，全行各项存款比年初增加16.20亿元。邮储行揭阳市分行以项目为抓手，做大做强负债规模，带动惠来医保项目入账3.60亿元、揭西债券资金入账1.78亿、揭西教育局入账7000万元；康美药业新增债券投资3亿元、股权质押+托管业务33亿元；成功营销东莞市中堂托管业务6.40亿元。年末，公司存款年新增8.50亿元。南粤银行揭阳分行通过加强对上市公司的高层营销和优质高效的服务，取得上市公司供应链金融的突破，成功落地“柏堡龙”“中林集团”等优质项目；成功营销“广东榕泰”“创鸿集团”等公司结算存款，带动单位存款规模的增长。惠来农信社坚持以客户为中心的服务理念，积极推进交叉营销服务，全力满足当地党政、企业、个人的金融服务需求，推动存款稳步增长。至12月末，各项存款比年初增加7.59亿元。民生银行揭阳分行不断夯实客户基础，做好存量客户分类及提升，实施精细化管理，全面提升服务水平；强化品牌营销推广，引导结算留存。年末，各项存款比年初增加 3.14 亿元，年日均存款 20.71 亿元，较年初增加 1.84 亿元。揭西农商行利用“智惠存”存款产品的风险低、收益高的特点，通过在县城中心设立大型广告牌、制作宣传海报、印发宣传单、派发宣传折页和营业网点 LED 屏滚动宣传等进行多种形式的宣传，有效增强对辖内高端客户的吸引力，年末“智惠存”存款产品客户签约数比年初增加 726 户；“智惠存”产品年共吸存 2.36 亿元。

2018 年，工行揭阳分行立足于实行拓户引存和存量提质经营策略。压实辖下各单位一把手的增存责任，凝聚“各层级齐抓、各线条联动”的增存合力，推进增存压力向增存实效转化；落实“开源节流”长效机制，提升存款竞争力，推进存款持续均衡增长。结合全年增量目标，“按月、按旬、按周”细化增存目标，以旬均指标做好序时进度监测，做好增存动态调整，保持增存动能的持续充沛。年末各项存款比年初增加 22.30 亿元。农行揭阳分行实施扩户提质和覆盖辖下支行网点的分层营销，以及产品、服务创新的经营策略，带来年末全行本外币各项存款比年初增加 27.29 亿元，其中储蓄存款增加 21.71 亿元。中行揭阳分行实施强化源头营销、以平台产品促存等经营策略，持续做大负债业务规模。在强化源头营销中加强行政事业单位存款拓展，年末行政事业存款比年初增加 8.28 亿元；以平台产品促存，现金管理平台累计新增 30 户，带动日均存款 3.69 亿元，同比增加 800 万元；以“来聚财”“中银智惠付”为抓手，争揽和吸引小微商户商贸资金；实行代发量、覆盖率、留存率三大指标考核，累计代发资金 18.98 亿元，代发量同比增幅 29.43%，有效增加沉淀资金存款。建行揭阳市分行改进营销策略，采用“部门 + 网点 + 科技”组成营销任务团队，重点营销政府企事业单位及当地大型企业，按照“签协议 + 上线 + 推广”模式加快社会化平台的推广。以“技术条线 + 业务条线 + 青年员工”的方式组建大数据分析项目任务团队，运用数据平台和工具针对具体业务需求开展研究攻关。年末，社会化平台对私获客 24181 户，对公获客 1247 户；新一代成果应用带来存款余额 173.67 亿元，增加 29.19 亿元。交行揭阳分行通过出台多项激励方案，激励对大额存单、稳添利、表内活期理财等产品的重点营销；紧抓结算，通过“家易通”为客户提供优良的结算服务。邮储行揭阳市分行以项目为营销手段，一批项目陆续营销成功，普宁土地拍卖款入账 6 亿元，惠来医保入账 3.95 亿元，城区医保入账 1.47 亿元，惠来债券资金入账 1.75 亿元，市财政扶贫专户入账 1.56 亿元。带动公司存款年新增 5.12 亿元；年日均余额 59.55 亿元，年新增 6.01 亿元。其中辖下惠来支行“落实部署，上下联动，紧密跟进，虎口巧夺”，推动余额年增加 3.43 亿元。南粤银行揭阳分行通过营销优质客户，加大力度吸引存款，营销上市公司及央企、以及中国林产工业有限公司、天津宝沃国际贸易有限公司、广东柏堡龙股份有限公司、广东榕泰股份有限公司等优质客户，贡献日均存款 5.60 亿元，为全年增加基础存款奠定基础。惠来农信社立足当地储源，持续加大对农村地区及偏远山区的宣传发动力度，借助“普惠金融万里行”活动，不断延伸揽存吸储的触觉，力争零星散户资金存入辖下各农信社；加大与地方村委的沟通联系，持续做好面上存量对公账户的稳存工作，防止村镇一级对公存款的流失。至 12 月末，各项存款比年初增加 6.41 亿元，其中单位存款增加 4.59 亿元、个人储蓄存款增加 1.82 亿元。民生银行揭阳分行持续紧抓结算业务，利用多种渠道吸引结算客户，运用各种产品引导结算留存；全面加快业务转型，坚持零售业务收入经营导向，减少对规模、信贷和资本的依赖。年末，各项存款比年初增加 4.54 亿元，年日均存款 25.76 亿元，较年初增加 5.05 亿元。揭阳农商行加大“鲜特汇收银台”二维码扫码支付、存款芯折通、移动教育缴费平台等新业务的推广营销力度；加大互联网金融业务拓展力度。年末，珠江平安卡比年初新增 2.23 万张；手银网银推广用户比年初新增 2.85 万户；网上支付签约比年初新增 6.70 万户；鲜特汇有效注册用户 2123 户。带动沉淀资金存款的有效增加。揭东农商行改进营销方式，巩固市场份额，辖下各支行充分发挥点多面广优势，多方位开展营销活动，如月城支行开通手机银行、注册鲜特汇送水杯；锡场、曲溪支行开卡送鸡蛋、送保温瓶等营销活动，掀起大零售业务营销新高潮。年末累计拓展鲜特汇收银台6216户。深入学校、政府机关部门营销揽存，白塔支行首季拓展开立企事业单位公户30户，存款增加8500万元，推动存款份额节节攀升。普宁农商行开展“二周年庆”等主题营销活动；研发“普利存——季利宝”等存款新产品；稳步推动网点转型发展，推动营销机制升级，存款稳步提升。年末，各项存款余额比年初增加20.81亿元，余额205.22亿元，成为揭阳地区首家年存款余额突破200亿元的农村合作金融机构。

（二）美化环境，温馨服务窗口

1986年以来，为改善窗口服务形象，美化营业环境，辖区各银行金融机构不断装修改造营业网点，提升服务功能，服务和方便群众。是年工行揭阳县支行为吸引更多的客户参加储蓄，创造优美的工作环境。在上级的支持下，共投入36078元，对县城11个储蓄所进行维修装饰，粉刷四周墙壁，油刷新门窗以及进行室内装饰，使储蓄所给人一种清净、雅致、温馨的感觉和印象；此外，辖下的店马路储蓄所为方便群众，率先实行天天开门，全日制办公，新兴路储蓄所星期天也照常加班营业。通过美化环境和温馨服务，使服务窗口深受储户的欢迎，带来储蓄存款的增加。1987年，农行揭阳县支行把制订的《文明服务公约》《职业道德规范》，作为每个员工做好文明服务的工作准则；行领导重点对青年员工开展职业道德授课教育，并先后为基层储蓄所，信用社开展职业道德教育巡回授课，支行党组成员，为基层所（社）上课达13场次，听课人数达582人次，促进每个营业窗口的员工，切实提高职业道德素质和文明服务水平。马牙营业所作为农行辖下的服务窗口，通过延长服务时间，提高服务质量，改“等客上门”为“上门服务”，赢得客户的信赖。1990年，农行揭阳县支行还通过在县域城乡，增设、装修装饰储蓄网点127个，改善服务环境，不断提高服务质量，受到群众的好评。中行揭阳县支行、建行揭阳县支行落实上级行制订的《文明服务公约》，坚持挂牌上岗，文明服务。中行揭阳县支行制定和落实《关于调整和延长服务时间的通知》，率先全面实行天天营业制度。辖区各银行金融机构，分别根据营业环境实际，对辖下营业所、储蓄所等营业网点，通过改造和装修装饰，促进服务功能升级。通过装修门面，统一使用新的行（社）名和行（社）徽标识；室内外悬挂各类醒目的服务标牌和有关规章制度，规范使用形象宣传标识，增添设备，逐步建立布局合理、美观、整洁、业务功能齐全的对外营业网点。各金融机构营业网点实施挂牌上岗、限时服务、文明用语、礼貌待客的一流服务标准，做到客来有迎声、客问有答声、客走有送声，有些网点主动为储户端茶送水；办理业务做到存款取款一样欢迎、大额小额一样对待，使储户乐意来、满意归，以“存款至上，诚信第一”为宗旨，创建良好的窗口形象，为客户营造舒适、温馨、便捷的服务环境，增强客户信赖感，带动存款增长。

1995年，各银行金融机构根据行业《优质文明服务公约》，组织全辖金融机构营业网点开展争先创优活动。辖区工行、农行、中行、建行普遍制订实施《营业网点文明优质服务实施细则》，全员佩戴工号牌上岗，在市、县设立投诉举报电话，各营业网点设置投诉举报箱，并在媒体公布，接受社会公众监督，以提高窗口服务形象。工行揭阳分行在调整优化营业储蓄网点中，对普宁、揭东、揭西、惠来、榕城共5个县（区）支行，辖下新建和合并后的2个分理处、20个办事处、44个储蓄所网点有计划地进行装修装饰，美化环境。大力提倡和开展以“文明办业务，礼貌待客户”为内容的服务活动；大力推广济南工行文明用语，普遍做到来有迎声、走有送声，其中榕城支行在美化环境，温馨窗口服务中树典型，创建“青年文明号专柜”。使客户体验舒适、温馨服务而乐意到工行存款。中行揭阳分行在抓好新网点建设的同时，注重对原有环境差、效益低的网点进行改造，提高原有网点的竞争力。辖下普宁支行玉华储蓄所通过高档次装修装饰，并进行营业大厅配套设置，临柜员工以诚待客，吸引更多客户存款，是年该储蓄所存款余额由 2688 万元增加到 3081 万元。

1996 年，工行揭阳分行执行落实《储蓄所服务规范》，扩大优质服务的内涵，延伸到语言、态度、仪表、技能、质量、效率、纪律等方面；开展“四讲一服务”（讲政治、讲改革、讲效益、讲法纪，提高服务水平，下同）活动，以优质文明服务取得客户信赖。中行揭阳分行、建行揭阳市分行在网点营业柜台推行限时服务制，向客户承诺“限时服务，超时赔款”。其中，中行揭阳分行还抓住中行总行开展文明优质服务十周年的契机，结合开展“四讲一服务”，执行全省统一《文明服务规范标准》，致力于改善员工的精神风貌和服务态度、优化服务环境：亮牌服务，全辖员工统一挂牌上岗，各营业网点都配备意见箱、意见簿、投诉电话，接受群众的监督；推广文明服务用语，举办文明用语、禁语知识竞赛和演讲比赛；网点门面招牌更换总行统一制作的标识，将网点营业场所逐步改造装修，进行形象包装；在营业大厅设咨询台、大堂值班、大户接待室，开办零钞、残钞收兑业务。建行揭阳市分行按 CIS（CIS 是英文 corporate identity system 的缩写。是指 " 企业的统一化系统 "，" 企业的自我同一化系统 "，" 企业识别系统 "。CIS 理论把企业形象作为一个整体进行建设和发展，是企业的识别系统。 CIS 是一种现代企业经营战略，经历了一个从 CI 到 CIS 的演进过程）战略的要求，改造和装修装饰榕城支行营业办公楼，营业部华诚办事处、东山办事处，美化环境，争创“青年文明号”，争当“青年岗位能手”，加强柜台精神文明建设，改善了服务态度，树立良好的社会形象，增强吸存能力。

1997 年，人行组织辖区各银行金融机构开展服务窗口争创“文明单位”和“文明行员”竞赛活动，促进存款工作开展。工行揭阳分行以“抓服务、促存款、增效益”为中心和争创“优质文明服务标兵”为重点进行竞赛，制订和实施《优质文明服务检查考核办法》，通过 37 项基本要求和 19 项扣分标准，从组织和规章制度上建立起保证优质文明服务的工作机制，其次是把创建活动同“四讲一服务”活动与“学济南工行”先进经验、“青年文明号”、“青年岗位能手”等竞赛活动结合起来。农行揭阳分行以“便民、利民、为民”为宗旨，以“三优”（优质服务、优美环境、优良秩序）、“四统一”（服务的准则、语言、仪表、纪律统一）、“五个一流”（一流的队伍、业务、环境、管理、效益）为内容创建“文明单位”和“文明行员”活动，推进全行文明优质服务质量新提升。中行揭阳分行着力改善行风行貌，加强职业道德和文明优质服务建设，在全辖聘请包括有新闻界代表、企业家、客户代表、退休人员和农民代表组成的 20 名服务质量监督员，虚心接受社会监督。此外，开展创建“青年文明号”和“青年岗位能手”活动，带来行风行貌新气象，促进存款业务增长。

1998 年，工行揭阳分行在员工中广泛开展“爱行，爱岗”为主要内容的思想教育，6 月全行上下开展“为客户送一份温馨，为基层办一件实事”的优质文明月活动，推广文明服务用语， 提高员工的文明服务意识和效率，提升窗口服务形象。农行揭阳分行按照年初制订的《精神文明建设的意见》，做到思想认识、组织领导、工作措施、活动内容“四到位”，先后组织赈灾捐款，全行单位和职工捐款累计 156091 元支援灾区；对辖下文明营业示范点进行授牌；开展巾帼建功活动，其中分行营业部被评为“南粤巾帼文明岗”。中行揭阳分行在美化环境的同时，致力于企业形象、企业文化建设，分行成立企业形象督查小组，不定期对全行员工服饰着装、设备的设置摆放、环境的美化等进行检查通报，促进营业环境、服务质量的不断美化和提高。

1999 年，各银行金融机构积极营造网点增存吸储氛围，增加与客户的亲和力。工行揭阳分行在实行大所战略中，按照总行统一户外标识规范标准，对撤、并、迁后，其中发展潜力大的12个网点进行改造和装修装饰。对全行56个营业网点的户外标识进行更换，安装使用全新、亮丽的工行统一标识；同时推行网点标准化服务，统一员工着装，进一步规范员工仪表、语言、道德、纪律等方面的服务工作，以全新形象吸引客户；制订“内部服务承诺制”，规定各部门对外对内服务工作的承诺内容和考核办法，以提高工作效率，防止相互扯皮现象。农行揭阳分行采取“先城区、后乡镇”分步实施办法，统一安装网点门楣（包括楼侧、楼顶）形象标识；规范统一营业厅内时间牌、利率公布牌、小灯箱、传票箱、投诉箱、监督牌；网点开设中午班，推出《服务行为准则》，规定员工对客户实行站立式服务，统一员工着装，规范服务行为，贴近客户。中行揭阳分行在温馨服务窗口中，加强对优质文明服务质量的督查督办力度，从员工仪表着装、接听电话礼仪、礼貌接待顾客和办公营业环境抓起，从小事抓起，从自我做起，常抓不懈，力求让员工养成优质文明服务的行为习惯，树立中行良好的窗口服务形象。建行揭阳市分行改造市分行营业部及辖下的铁路办事处、揭东支行炮台办事处、揭西支行棉湖办事处、搬迁和改造装修装饰普宁支行的东郊储蓄所、池尾办事处、城南储蓄所、长春办事处、城西储蓄所；对城区支行和普宁支行原来冠以旧行名行徽的网点的门楣招牌进行全面更换，装置先进的电子利率牌20块，使区域营业网点整体形象更加规范统一，初步形成一批布局合理、门面美观、功能完善、管理规范的营业网点。此外，建行揭阳市分行深入开展创“三优”活动（创造“优美的服务环境”，提供“优良的服务态度”，保证“优良服务质量”），成立分行、支行两级的优质服务督查队，采用随机督查和日常性督查相结合，深入各网点进行检查，及时掌握各网点的综合服务状况并进行客观的评价，兑现奖罚，有效促进辖下网点营业环境、服务态度、服务质量等窗口服务水平的明显改善和提高。

2000年，农行揭阳分行按省农行规范化标准对108个营业网点进行统一装修，以崭新的面貌服务客户，使行容行貌焕然一新。中行揭阳分行开展网点标准化服务推广活动，对揭阳城区10余个网点集中进行搬迁或改造装修，从营业环境、服务设施，到配套服务、硬件设备进行标准化建设，规范为客户服务接待前、接待中、接待后的各项工作。建行揭阳市分行统一所辖机构、网点的VI标识（即Visual Identity系统，指视觉识别系统，它是以标志、标准字、标准色为核心展开的完整的、系统的视觉表达体系。将企业理念、企业文化、服务内容、企业规范等抽象概念转换为具体符号，塑造出独特的企业形象）推广应用，集中制作和管理VI产品，清除旧行名和行徽，统一规范标准印制办公用品。全市辖下分行以文明创建活动为主题，以提高窗口服务能力、服务水平为宗旨，开展生动活泼、形式多样的活动，如辖属榕城支行开展争当“十佳营业员”和评选活动；揭西支行开展“争当岗位能手、争当服务标兵、争创优质网点”的劳动竞赛活动，营造“人讲称职、事争一流”的良好风尚和温馨的服务氛围。广发银行揭阳支行推行网点规范化服务，统一全行员工服饰。

2001年，农行揭阳分行以客户满意为工作中心，以规范全行网点服务行为和提高员工服务效率为工作重点，制定《规范化服务实施细则》《临柜员工技能等级管理办法》《临柜员工德、勤考核办法》等制度，深入开展门市服务规范化工作，在营业网点设立大堂经理。为强化上年规范化活动达标效果，是年加强自查和督查。在辖下各分行营业网点做好自查基础上，分行规范化服务督查队分别于2月和9月对全辖营业网点，开展暗访和突击检查，对存在问题的15个网点和19名员工，提出通报批评和落实经济处罚，有效促进柜台服务质量的提高。中行揭阳分行结合国家颁布公民道德建设实施纲要，根据金融行业的特点，制订印发《关于开展道德品质教育活动的实施意见》，在全辖范围内再次开展以“爱岗敬业，遵纪守法”为主要内容的道德品质教育，使全体员工增强遵纪守法，爱岗敬业的自觉性；结合企业文化建设，与市妇联、市团委、文化局等部门和重点客户密切配合，举办“中行杯”亲亲大自然少儿书画比赛、“中行杯”揭阳市第三届青年歌手大奖赛等丰富多彩的文体活动，增强中行凝聚力，塑造中行新形象，促进窗口服务质量再提升，吸引更多客户到网点办业务。

2002 年，工行揭阳分行加强网点建设，着力创建一流的营业环境。在网点推出大堂经理特色服务，开展确定服务等级、创建星级营业网点（分为 5 个星级）和评比服务标兵及服务明星活动，塑造窗口服务形象；按照总行统一规范的网点形象标识标准，将符合五星级条件的 4 个营业网点，分别在营业厅设置 5 个服务区（现金区、非现金区、自助区、理财区、VIP 贵宾区），在非现金区设置无阻隔柜台，改封闭式为敞开式低柜台，面对面贴近客户，更新机具，配齐自助终端、复点机、点钞机、验钞机、老花镜，设置利率牌、日历时间牌、宣传牌和业务引导牌，增强柜面服务客户的亲和力；取消各网点手工登记簿册，简化 22 项存、取款业务手续，提高窗口服务效率；完善配套设施，各网点做好内外绿化，保持整洁的营业环境增强吸存能力。农行揭阳分行对辖下 6 个营业网点，按规范化、标准化进行改造和装修装饰，完善配置、美化环境，引存增存。建行揭阳市分行按省建行新的网点装修标准，对 5 个骨干网点进行改造装修，增设开放式柜台或大客户理财室。并在网点服务环境和网点形象上，加强改造和提升，完善网点服务功能；进一步规范网点 CIS 企业形象识别系统建设，统一文明用语和员工服装，规范优质服务标准，提升建行揭阳市分行形象。

2003 年，工行揭阳分行实施储蓄所标准化建设。根据《中国工商银行储蓄所形象设计手册》，以企业形象基本要素为基础，对储蓄所的整体风格及其内部关键设施的布局、装修等，按照统一标准和要求进行改造建设。同时根据营业网点经营规模、业务量、客户群、发展方向等特点，制订和实施《揭阳市分行营业网点功能分区、岗位设置及人员配备的实施意见》，把辖属营业网点划分为大型、中型、小型、专业性共 4 类网点，对各网点功能区分和岗位设置分别进行规划改造。此外，工行揭阳分行还以省工行评选“星级网点”和“服务明星”活动为契机，在全辖掀起规范化服务星级活动高潮，下大力气推广优质文明服务，整体提升各网点的服务层次，全面加强对外营业网点服务工作的规范化建设。制订和实施《创建工作方案》，并聘请有丰富经验的社会人士和离退休干部为检查员，定期、不定期深入各星级网点明查暗访，及时发现和解决问题，使规范化服务落到实处；同时开展争创市工行“双十佳”活动，把星级服务和工行“双十佳”活动有机结合起来。中行揭阳分行投入专项经费用于辖内 10 个网点的硬件装修装饰，提升网点形象；创建精品网点，根据省中行关于省级精品网点评定标准，把辖下精品网点建设分为三个层次，加强和加快精品网点的创建力度与进度。建行揭阳市分行狠抓优质服务，致力树形象。制订实施《关于全面提高柜面服务质量的规定》，成立全面提高服务质量工作领导小组，各级机构负责人层层签订提高服务质量责任书，普通员工签订优质服务承诺书；印发《员工优质服务指引》，从改善服务态度做起，在服务细节上下功夫，规范服务行为；制订实施《优质服务督查与处罚规定》，强化对全行各网点的优质服务行为的督查。各级员工的服务意识、服务效率、服务形象得到明显提高，获得客户的认可，树立良好的社会形象。

2004 年，中行揭阳分行在全市金融系统率先推出电子叫号机服务，颇受广大客户的欢迎。广发银行揭阳支行在营业网点实行服务限时制和首问负责制，提升专业化的售后服务水平；开展“作风建设与窗口单位规范化服务达标考评”活动，按照总行达标考评标准，从服务细节抓起，加强对全行各营业窗口服务设施、标识、员工服务技能等的检查和指导，全面提升营业网点的窗口形象和服务水平。工行揭阳分行提高服务质量，丰富优质服务内涵，继续以创建省工行五星级网点和开展市分行“双十佳”竞赛活动为契机，加强服务检查，加强业务培训，提升员工业务知识技能和服务水平；召开“双十佳”表彰会暨网点负责人座谈会，表彰优质服务先进单位及个人，选编的10份优质服务工作经验交流材料，均被省工行《网讯》“他山之石”栏目采用。通过交流，取长补短，提升窗口服务水平，促进存款业务增长。

2005年，中行揭阳分行先后对辖下普宁支行营业办公大楼、榕城、玉华等6个营业网点进行扩建改造和装修装饰；为占陇、洪阳和东山等5个网点完善配套服务设施，完善营业服务功能，为客户创造宽松、舒适环境，改善窗口形象。广发银行揭阳支行辖下营业网点窗口单位以客户为中心，不断提升服务水平。对照《窗口规范化服务标准》《员工手册》等制度，要求全员做到服务环境规范化、服务语言和仪表规范化、服务程序规范化、服务效率优质化。有营业部储蓄柜员想客户所想，急客户所急，想方设法为东莞客户郑某寻回因疏忽遗失在柜台的1万元现金，受到客户的赞扬。

2006年，各银行金融机构贯彻执行中国银行业协会《关于进一步加强文明规范服务的意见》，提升文明规范服务水平。建行揭阳市分行开展“以客户为中心”的服务理念教育活动，制订《柜面文明优质服务规范》，抓好细节管理，从“双手接柜”和“主动跟客户打招呼”两项最基本要求抓起，逐项过关，使网点服务进一步规范；制订实施《行外服务监督员制度》，聘请行外服务监督员5名，对各网点服务质量进行现场及非现场调查，将访查情况及时反馈给分行；加强网点大堂经理队伍建设，为网点配备5名客户经理（兼职大堂经理）和19名兼职大堂经理，并明确大堂经理的岗位设置、职责和要求，加强营业网点的资源调配和服务组织，促进网点服务质量的提高。中行揭阳分行狠抓文明优质服务，组建7×24小时客户服务中心，健全投诉需求处理制度；加强营业网点硬件软件建设，开展创建“文明优质服务示范点”和“精品网点”活动，提升窗口服务水平。

2007年，工行揭阳分行对全辖27个网点进行定位规划，完成分行营业部贵宾理财中心改建，对辖下榕城新兴支行、普宁城北支行等3个网点进行改造和装修装饰；对一线人员、客户经理实行统一培训，规范服务行为。建行揭阳市分行制订实施《网点服务管理办法实施细则（试行）》，包括服务规范管理、客户投诉管理、服务检查管理、服务考评管理、服务奖惩管理等内容；建立营业网点季度监控录像查看制度，通过抽查网点录像方式进行非现场服务监督，检查柜员的服务态度和服务行为，及时落实整改；实行市分行本部部门挂钩网点服务工作制度，监督、指导各网点服务工作，不断提高网点的服务质量；春节、“五一”劳动节、国庆节等节日期间对网点环境进行装饰布置，营造温馨、高雅的服务环境和浓烈的节日气氛，拉近与客户的距离；完成棉湖支行、华诚支行、长春支行、仙桥支行、榕湖支行共5个网点的改造和装修装饰；在全辖网点设立“温馨提示”牌，开设VIP窗口，专门为高端客户提供方便。中行揭阳分行对9家营业网点进行改造和装修装饰；新增7家理财工作室；在全市首家推出网点标准化服务，开展“每日之星”竞赛活动，将“每日之星”照片在各网点柜台前公开展示，提升窗口服务形象。广发银行强化对《窗口规范化服务标准》等规范化服务行为准则的执行，支行行长与各营业网点签订《营业窗口规范化服务目标责任状》，确保窗口规范化服务标准的实施；制订实施《文明规范服务系列活动工作方案》，规范全员服务意识，提升整体服务水平。落实解决“排长队”的措施，缓解原来窗口服务“排长队”的现象，提高窗口服务水平。

2008年，为支持和配合北京奥运会的举办，辖区各银行金融机构按照上级行规定的标准，开展奥运金融服务建设，统一奥运会服务标识、服务流程、服务应急机制，提高文明规范服务水平。市工行组织开展“迎奥运文明规范服务系列活动”，将规范服务做实做细，提升网点服务能力；开展“为奥运加油”活动，全辖网点实施亮化、美化工程，改进网点功能分区，专设奥运会服务窗口，配备英语和其他小语种翻译员工；开展“为奥运加油”个人金融业务营销竞赛活动和个人客户经理分组竞赛活动；对辖下营业网点贵宾理财窗口重新规划和装修，统一规范网点标识、员工服装、服务用语，全面提升网点服务能力和水平。农行揭阳分行完成对辖下8个营业网点的硬件改造和装修装饰，对营业区进行业务分区，服务分层，改善营业环境。中行揭阳分行加快对辖下4家营业网点的改造和规范化装修装饰，实施服务功能精细化分区；打造窗口服务新形象，开展创建“中国银行业文明规范服务示范单位”“奥运服务质量年”活动，组织以奥运为主题的服务竞赛；进行个人金融、国际礼仪、外币兑换、国际国内汇款等业务培训，提高员工的服务礼仪、金融知识、外语水平等综合业务技能；制订文明优质服务工作规划、客户投诉处理办法、星级柜员评定实施办法，统一全行服务管理台账，建立录像检查登记台账制度、录像抽查和点评制度、现场服务检查制度，使全行服务管理工作步入规范化和标准化轨道。建行揭阳市分行完成揭东支行、揭西支行、惠来支行等3个网点的原址改造和规范化装修装饰工作，完成流沙西支行、马牙支行、炮台支行、开发区支行、占陇支行共5个营业网点的搬迁和规范化装修装饰工作；在全辖各营业网点实行业务量计价考核，促进网点服务质量和市场竞争能力的提高。广发银行揭阳支行落实《窗口规范化服务标准》等规范化服务行为准则，落实支行行长与各营业网点签订《营业窗口规范化服务目标责任状》《奥运金融服务目标责任书》，确保窗口规范化服务和奥运金融服务标准的实施；实施《迎奥运文明规范服务系列活动方案》，增强员工文明规范服务意识，提升整体服务水平；为提高员工的奥运金融服务水平，支行有针对性地组织三场包括有外币反假、兑换业务、汉英会语和手语等业务的培训活动，以优质的窗口服务，向举世瞩目的奥运盛会献礼。邮储行揭阳市分行以国家举办奥运盛事为契机，制订《服务规范（试行）》《“迎接绿色奥运，树邮储新貌”文明规范服务系列活动实施方案》，开展“迎绿色奥运、树邮储新貌”文明规范服务系列活动，建立科学、规范的标准化服务体系；制订实施《客户投诉管理办法实施细则（试行）》；针对奥运期间银行服务的高要求，对所有网点开展无障碍金融服务、机具管理、窗口服务、排队问题、服务技能等方面进行全面自查和整改，同时建立奥运服务周报制度，取得“业务受理无障碍”“服务受理无障碍”和“服务零投诉”的优良效果。交行揭阳分行突出抓好“1+1服务接力”工程活动，重点抓好制度建设和流程优化，抓好主题活动和礼仪培训，形成“后台为前台服务、前台为客户服务”的良性服务链条；出台提高服务质量管理办法，以提高服务评价系统的评价率和满意率为突破口，狠抓服务质量的提升，经广东省银行业文明规范服务考评，是年8月起，交行揭阳分行的服务评价系统的评价率和满意率连续四个月名列全省前茅。

2009年，农行揭阳分行对辖下营业网点按照业务分区、服务分层进行改造装修，打造精品网点，完成6个营业网点的硬件改造，另外18个营业网点列入改造计划；在加快营业网点硬转型的同时，加快软转型工作，从有限的人力资源中调配网点个人客户经理和大堂经理，充实网点的营销力量；对城区支行11个营业网点，以及揭东、普宁、揭西、惠来支行四个县域营业网点进行文明标准服务导入工作。通过引入外部专业服务咨询公司，按照规范化服务标准，分期分批对全辖网点逐个进行文明服务导入，使全行的服务环境、服务水平得到全面提升。建行揭阳市分行优化网点布局，完善营业网点内部功能分区；外聘“神秘人”加强服务检查，促进服务礼仪、营业环境、大堂秩序的持续有效改善；实行中后台业务事务集中，减少内耗，释放前台经营客户、服务客户能量，增加前台与客户交流和营销服务时间；全面落实《员工行为规范》，落实领导挂钩制度和部门挂钩制度，指导的网点服务和管理，及时发现问题并落实整改，提升客户满意度，提升营业网点服务水平。邮储行揭阳市分行为改善营业网点以往空间狭小破旧、设备落后、功能不全的状况，在资源有限的情况下，投入300余万元对市行营业部和普宁中河支行的迁址行址进行改造和装修装饰，美化环境，吸引更多客户存款。

2010 年，为配合世博会、亚运会举办，各银行加大对一线网点改造装修和功能转型力度，改善网点形象。工行优选 6 个网点，设立亚运服务专柜，开展门票代售工作。借全行开展亚运金融服务良机，加强活动宣传，在全市树立亚运合作银行品牌，从而促进工行品牌形象再提升。结合亚运服务，开展“迎亚运·服务价值年”“服务质量月”“行长坐堂”“服务细节改善工程”等系列活动；对网点各种服务标识进行查漏补缺，提升网点整体形象，共新增 CI 标识（CI 是 Corporate Identity 的缩写，中文译为“企业形象”。是企业通过标识物品，有目的、有计划、战略性地创造出所希望的自身形象，由此提高企业的社会知名度，最终得到自己最适合的经营环境）物品 49 个，促进全行服务水平的提升。农行揭阳分行完成对 7 个营业网点的改造和装修装饰，安装 30 个营业网点招牌。结合“迎亚运”活动和营业网点转型工作，实行服务先行的发展策略，将文明标准服务导入作为服务转型的突破口和主动力，落实“1+4”“白 + 黑”等工作模式，将标准化服务、营业网点转型的全新理念植入普及至 51 个营业网点的负责人、会计主管、大堂经理、客户经理、一线柜员，提升营业网点服务水平。中行揭阳分行结合迎“世博会、亚运会”活动和营业网点功能转型，深入推广文明优质“四化”服务新模式，持续开展服务竞赛，岗位练兵、技能测试和服务督导，提升窗口服务水平。建行揭阳市分行制订《迎世博、迎亚运金融服务系列活动实施方案》，组织辖属网点开展相关主题竞赛活动；以做好亚运金融服务为契机，开展以美化营业环境、简洁柜台、规范业务宣传为目的的营业网点“整治”活动；结合省建行个金“安全年”和“迎亚运”金融服务活动检查，制定实施改进柜面服务效率工作措施和柜面禁止性规定，进一步规范网点对外金融服务行为，树立建行揭阳市分行营业网点良好服务形象，打造建行优质服务品牌。广发银行开展“迎亚运文明优质服务”系列活动、“严整改促提升”服务整改季活动以及“创建广东银行业文明规范服务示范单位”活动，强化对员工服务礼仪、服务行为、服务技能的培训；配置大堂经理，做好电子银行设备使用辅导和业务咨询指引工作，营造文明规范的服务氛围。交行揭阳分行开展“创平安，迎世博、迎亚运”活动，平安金融与优质服务相结合，致力打造营业大堂服务品牌，对外招聘 11 名大堂助理，改善网点大堂服务引导；强化以服务礼仪为主题，对客户经理、大堂经理和柜面人员进行经常性专题培训，提升客户服务档次。农发行揭阳市分行组织观看学习农发行总行“员工行为礼仪展示”音像教材，按总行印发的服装样本，更新统一全行员工着装，进一步规范员工行为礼仪；着力推广视觉形象标识系统建设，更新规范营业服务监督岗及工位牌等，提升农发行的社会形象。市区农商银行优化柜台服务。加大标准化服务制度执行力度，提高柜台服务水平。以评选“文明服务标兵”“岗位能手”“青年文明号”等为载体，提高一线员工操作技能、服务质量。全方位提高柜台服务水平，以服务留人、以服务增存。农信社改变社容社貌，在网点设置大堂经理，配备叫号机，增加客户休息椅，新装电子显示屏，统一柜员服务台牌，公示监督电话，为客户提供更加优质、快捷的服务，提升窗口服务形象。揭东农信联社通过提倡微笑服务、站立服务、快速服务等人性化、亲情化服务方式服务客户。辖下的白塔、玉湖、新亨等社在营业厅内设置一米线、室内公告牌、设立等候区，摆设休息座椅、提供各类报刊等服务，有效缓解客户办理业务的急切心情，营造舒适、温馨的环境。

2011 年，农行揭阳分行狠抓规范化服务，温馨服务窗口，在省农行“神秘人”检查的基础上，引入第三方公司汕头润迅公司开展规范化服务暗访，坚持对劣质服务考评“零容忍”，营业网点服务形象和窗口服务水平得到有效提高。工行揭阳分行改造和装修装饰营业网点 2 个；选拔高学历、高素质人才充实客户经理队伍，至年末，全辖营业网点共有客户经理 112 人，占比 20.43%，其中本科学历占比

45.54%。中行揭阳分行对原有营业网点进行改造升级，推进营业网点高低柜分离和功能分区，全面实施文明优质标准化服务。建行揭阳市分行先后完成对东城支行、玉都支行原址的改造和装修装饰，以及对沿江路支行、榕湖支行、平湖支行 3 个迁址支行的改造和装修装饰。交行揭阳分行优化网点厅堂环境、调整对外营业时间、充实营业大厅内外服务人员，促进全行服务软实力全面提升，客户满意率明显提高；开展创建“青年文明号”活动和“优秀服务明星”评选活动，全面调动员工服务质量提升的积极性，优质服务品牌建设成效不断提升。邮储行揭阳市分行完成榕城仙桥、普宁服装城、揭东锡场共 3 个迁址支行行址的改造和装修装饰工作。

2012 年，工行揭阳分行用内化于心，增强服务意识。以“打造卓越金融服务、建设客户满意银行”为核心内容，引导员工牢固树立“服务创造价值”“客户至上”等现代金融服务理念；外化于行，提升服务质量。通过组建培训青年礼仪队，提升全行在业务接待、产品推介及广告宣传方面的整体形象；开展“标杆网点”建设，结合“满意在工行”活动，对辖下营业网点的服务态度、服务效率、网点管理等，探索建立常态化服务监督机制，配齐大堂引导员队伍，加大对客户的分流引导及业务指导力度，提升客户满意度。加大对应届高等教育毕业生的招聘力度，全年充实一线柜面人员 33 人。农行揭阳分行以打造“客户满意银行”形象，完成 22 个网点（含离行式自助银行）的转型改造，全辖网点改造率达 81%。通过外包方式增配 39 名大堂引导员至 61 名，在省农行“神秘人”检查的基础上，继续引入第三方公司开展规范化服务暗访，扎实抓好网点经营管理标准化模式推广，有效提高网点服务形象和服务水平。中行揭阳分行对新设和迁址共 3 家支行营业网点，进行改造和装修装饰，美化营业环境。建行揭阳市分行对辖下 6 个增设、迁址和在原址的支行营业网点进行改造和装修装饰；实行网点服务挂钩制度，落实新的服务考核办法，促进存款服务工作水平提升。交行揭阳分行全方位打造优质服务团队和优质“窗口”服务，开展“员工行评”心得征文活动，将优秀心得编印成《风清气正的揭阳分行》一书。行评工作的扎实开展，促进营业窗口优质服务的新提升。广发银行揭阳支行落实《文明规范化服务目标责任书》，强化《窗口规范化服务标准》和文明服务 24 字（站相迎，笑相问，双手接，快速办，提醒递，目相送，标准指，礼貌别）等规范化服务行为准则，不断提升窗口服务水平。揭阳（市区）农商银行对辖属营业网点进行重新装修装饰，进行功能分区，强化专业服务，完善营业网点的服务功能，推广标识系统，形成形象鲜明、多层次的网点布局。惠来农信社完善网点设施，提高营业网点综合服务水平；扎实开展服务规范专项整治，营造文明服务、优质高效的服务环境。揭西农商行、普宁汇成村镇银行辖下营业网点通过增设便民设施、提供业务咨询、美化服务环境、规范服务行为、统一行业标识、优化服务流程，营造便民、利民的高效服务环境，提高服务水平和质量，赢得客户乐意到营业网点存款。

2013 年，工行揭阳分行新增、优化营业网点共 3 家，完善区域服务功能，打造群众“身边的银行”：提高服务品质，借助柜面礼仪培训、“微笑服务”和“礼仪推广”主题月等活动，以“细节深加工”提高员工职业化素养，打造文明银行、客户满意银行。中行揭阳分行对新设和迁址的 7 家支行营业网点，进行改造和装修装饰，最大限度方便群众能在就近网点办理多类型业务，多举措提升网点客户服务体验，客户柜台服务评价满意率达 99%。交行揭阳分行对原址和迁址改造和装修装饰的营业网点共 5 个，优化机构设置和人员安排，从机关部门分流 19 人充实到基层网点和客户经理队伍；开展“走进交行，感受温馨”活动，推广服务正面典型案例和优秀技巧；落实“靓丽工程”计划，推广“厅堂一体化”服务，提升网点厅堂服务水平；优化沃德区环境，完善中高端客户专项服务配套设施，提升客户服务体验，促进存款增加。揭东县农信社通过开展和评选“星级网点”活动，发挥正能量，带动全辖服务质量、工作成效、经营业绩“三大提升”；规范员工礼仪提升形象，聘请专业礼仪公司，组织对全员包括坐姿、站姿、手势、商务礼仪、服务用语等全面培训，强化员工服务意识，规范员工行为举止，全面提升员工整体形象。

2014年，农行揭阳分行完成44个网点的改造和装修装饰，美化营业环境；全面推进“惠农通”亮化工程建设，实现“惠农通”工程提质增亮。大力推进服务点规范化建设，全面清理无效低效服务点，提高主渠道和有效点占比。至年末，全辖“惠农通”有效服务点419个，比年初增加199个。中行揭阳分行引入第三方“神秘顾客”服务监测项目，持续促进提升营业网点服务品质，客户柜台服务评价满意率99%。交行揭阳分行全面优化客户服务渠道，物理网点设置书吧、网吧、咖啡吧，通过非金融增值服务改善客户体验；扎实开展营业网点月度、季度、年度服务明星评选活动，全年评选表彰服务明星18人次，推动服务水平上新台阶；持续开展“靓馨工程”和“我的微笑、真心相伴”网点服务提升活动，提升一线服务人员的外在形象与内在素养，使每一位客户真正感受到交行揭阳分行像家一样的温馨和舒适；加强客户意见及工单管理，实现全年服务有效投诉为零；对迁址的莲花支行、中市支行和中华路支行进行改造和装修装饰，美化营业网点环境。辖区农商银行、农信社以省联社新标志应用为契机，加强宣传，提高知名度。揭东农商行以挂牌开业和省联社新标志应用推广为契机，大张旗鼓开展宣传活动，通过辖区主干道路入口，各支行办公大楼，主要营业网点布放广告牌，通过揭阳日报刊登形象广告，通过揭东电视台、各镇有线台播放宣传片，提升知名度；从提高服务水平、转变服务观念、改进服务方式入手，进一步端正服务态度，改进工作作风，推行站立服务、微笑服务、限时服务，以热忱、文明、高效、快捷的服务赢得广大客户的信赖。普宁、惠来农信社以广东农信新标志启用为契机，利用网点电子显示屏滚动播出存款利率浮动区间调至上限以及存款连创新高等宣传形式，提升县联社的社会知名度和影响力。

2015年，工行揭阳分行围绕“精益项目”落实标准化服务引导流程、规范柜面物品定置、解决网点客户排队、投诉等实际问题，服务质效得到持续提升，12月客户满意度99.10%，较年初提升0.21个百分点，客户平均排队等候时间5.5分钟，较年初减少0.98分钟。中行揭阳分行持续提升客户服务体验，开展“改造我们的服务”主题活动，全年检查通报12次，从内部管理效率提高到服务客户效率提升。建行揭阳市分行深入开展“满意在建行”系列活动、“周末大堂我担当”等活动，强化分行本部帮扶服务基层的意识；开展“焕然一新促发展”网点环境专项整治、建立服务日常检查督导机制、设立曝光台等，进一步提升优化网点服务环境。优化网点物理环境和柜面流程，推进营业网点的美化和规范化。交行揭阳分行以创建“星级”网点为抓手，把创建工作与“金融知识万里行”和“走进交行，感受温馨”等活动紧密结合起来，以创促建、以点带面，贯彻服务提升的改进标准与要求，通过抓典型，有效提升全行服务意识。邮储行揭阳市分行加大服务质量管理力度，注重网点服务能力提升，在省邮储行开展的第三方暗访工作中，连续四个季度得分排名全省第一，其中惠来营业部强化网点管理和服务，服务质效明显提升。

2016年，中行揭阳分行以“去柜台，补营销”为导向，深入推进业务流程改造试点工作，在“自助发卡＋快捷现金窗口”、“3＋1”分流模式的基础上，首创“1（现金柜台）＋N（开发式柜台）”模式，压缩高柜台，逐步探索适合有效提升服务效率的营业网点运作模式，厅堂客服人员占比提高到75%；持续推进大堂经理“一带多”培养模式，深入开展季度“十佳服务明星”评选活动及第三方“神秘顾客”服务监测项目，促进服务窗口整体服务质量和水平的提升。工行揭阳分行完成3家尾部网点做活、2家网点竞争力达标、4家低效网点提级优化，客户平均排队等候时间下降4.5%。农行揭阳分行通过渠道分层、业务分流、人员转岗及服务转型，9月末完成全辖网点的标准化导入工作；至12月末共实现压高转岗64人，点均减少封闭式柜员1.28人；大堂服务及营销人员比年初增加61人，点均增加营销人员1.22人。每个营业网点均设立智能服务区，超级柜台、发卡机、翼柜通、网银体验机等设备，实现集中摆设，客户体验，服务质量和水平得到有效提升。建行揭阳市分行继续深入开展“满意在建行”活动，加强大堂经理队伍建设，建立大堂经理履职效果评价指标；加强推进智慧柜员机等智能设备的布放推广和管理运用，优化网点服务流程、业务操作规范和劳动组合，提高网点整体业务办理效率，缩短客户等候时间，提升客户体验，网点服务水平再提升。邮储行揭阳市分行实行现场检查、非现场检查、第三方暗访等多种形式相结合，促进网点服务质量新提升。揭阳农商行按照规范标准，加快推进网点内外布局标准化，实现现金区、非现金区、自助服务区“三区分设”，无线网络全覆盖，对辖下蓝城、登岗、霖磐支行营业网点迁址，做好服务区优化，环境美化工作；健全网点服务规范，加快推进服务流程标准化，着力提高柜台服务应对技巧，提升网点服务营销和客户关系维护能力；全面推行“网点晨会制”，提升团队亲和力和客户体验。普宁农商行通过更换升级62个带有新标志门面招牌的网点，对5个迁移网点进行规范化装修装饰，拍摄品牌形象宣传片，提升整体形象。

2017年，中行揭阳分行对新设的城东、蓝城支行和2家原址支行进行规范化改造和装修装饰，优化业务分区，美化营业环境。建行揭阳市分行持续开展网点服务暗访督查，强化网点文明规范服务，追求精细化服务；持续开展“满意在建行”活动，实施“服务100”工程；促进网点进一步提高服务效率和品质，提升客户体验，建立并实行健全的服务管理工作机制，每周开展服务检查“放大镜”活动，对网点服务标配动作、员工工作着装、形象等不规范进行曝光通报，打造优良服务正面标杆。交行揭阳分行树立柜员标杆，全年评选月度服务明星36人次，以典型榜样力量促进柜面服务水平的提升，树立正面典型标杆，带动全分行网点服务综合实力新提升。农商银行普遍推行大堂经理制度，全面规范大堂经理服务管理，明确大堂经理岗位职责，充分发挥分流引导客户、咨询服务、识别客户等作用，并引入“神秘人”角色对各网点规范化服务进行明察暗访，优化服务质量，提升客户体验。

2018年，建行揭阳市分行围绕“客户服务年”，持续开展“满意在建行”活动，对网点服务标配动作、员工工作着装、形象等不规范现象进行曝光通报，促进及时整改，强化网点文明规范服务。开展“寻找最美网点”“活力网点”评选活动，开展“党建引领，上下同行”网点物理环境整治特色活动，网点“环境大扫除”，组织开展网点物理环境综合整治专项检查，完善推进网点物理环境长效建设和网点服务的整体提升。完成全辖28个营业网点“劳动者港湾”打造工作，打造休息、饮水、充电、加热等多项功能合一的非金融便民服务区，增添休息座椅、饮水机、便民物品、便民医药箱、书籍、微波炉等便民设施和物品，用完备的设施，温馨的服务，打造有温度，有担当的国有大行形象。中行揭阳分行以分行营业部争创“千佳网点”为契机，以点带面推动全辖网点文明优质服务效能提升；充分发挥“陈少玲劳模工作室”的示范引领和传承作用，激发员工“比、学、赶、超”的学习热情，提升客户满意度；对新增设的惠来支行，县域设置的营业网点规范化装修装饰全覆盖，对3家原址和迁址营业网点进行规范化装修装饰。农行揭阳分行对全辖50个网点进行重点分类，完成分行营业部、榕城支行、普宁城郊支行共3个智慧银行示范网点的样板打造、揭东白塔支行等3个网点的智能化改造以及榕城、揭东、揭西辖属23个网点的智能服务区的规范化改造和装修装饰，美化营业环境。工行揭阳分行加快推进组合服务流程改革、营业网点岗位设置与劳动组合优化，提升窗口文明服务水平和服务质量。交行揭阳分行推进“千佳网点”创建工作，美化营业环境，不断改善网点服务环境，温馨窗口服务。邮储行揭阳市分行开展创建“星级”网点活动，带动营业网点文明优质服务质量和水平的提高。

（三）任务承包，建立激励机制

1986年开始，“按劳分配、多劳多得、无劳不得”的社会主义分配原则，在辖区银行金融机构劳动分配制度改革中，逐步得到充分体现。各银行金融机构普遍推行存款任务与基层单位和个人绩效挂钩的激励机制。是年，农行揭阳县支行实行存款任务与职工奖金挂钩考核的奖励办法，把增存任务逐级落实到辖属营业部、储蓄所、农村信用社和分社及每一个员工，要求每位员工每人月串储定期存款1000元，落实激励措施，开展劳动竞赛，有效推动全行干部职工开展串储增存活动的开展。年末储蓄余额同比增加70.20万元。工行揭阳县支行实行岗位责任制考核计分算奖办法，既有奖励标准又有罚扣奖金的具体规定，调动全员揽储增存积极性。

1987年，工行揭阳县支行修订岗位责任制考核评奖办法。把上级行核给的奖金指标和每月20元的节支奖作为计奖的资金来源，分为月度奖和半年奖。采取二级考核、两级计分算奖的办法，即月度奖由支行按各股、处（室）在编人数逐月核发给奖金30元，由股、处（室）按岗位责任制的要求，对个人考核计分算奖；每人每月提留10元则作为支行每半年对各股、处（室）完成任务情况进行考核计分算奖，然后由各股、处（室）再按所分得的奖金考核计分算奖到人。同时，支行对工作成绩突出的单位和个人给予专项奖励。月度考核主要内容为考勤、考德、考绩三方面。其中考勤、考德按支行统一规定执行，考绩部分由各股、处（室）按自行制订的细则计分算奖。实行“定员包干”和“多劳多得、少劳少得、无劳不得”的激励制。农行揭阳县支行针对基层营业所在资金和财务上，长期吃支行“大锅饭”，干好干坏一个样，压抑其经营积极性的弊端，全面实行“统一计划、分级管理、核定基数、存贷挂钩、实存实贷、自主经营”的经营管理形式。核定营业所的存贷差额，同时将当年度新增存款额的70%留给各所使用，对基数内借款采取实划资金的做法，并对资金往来实差利率、互计利息，同时配套推行营业所半独立核算制度，下达贷款收息率、费用指标、利率指标进行考核，把奖励基金和福利基金联系利润指标下达到营业所，把各项任务完成情况同奖金挂钩。把经营成果同职工的经济利益直接联系起来之后，有效地扩大基层营业所的经营自主权，调动基层营业所组织和运用资金的积极性，促进营业所千方百计组织增存扩储，带来存款的明显增加。年末，全辖各项存款同比增长37%，其中储蓄存款同比增长57.70%。

1988年，辖内各银行展开业务竞争。农行揭阳县支行围绕增强基层企业活力的中心环节，以提高经济效益为中心，对基层营业单位实行“核定基数、确保上交、欠交自补、超额奖励”的“三包二带一挂”经营承包责任制。中行揭阳县支行也开始在储蓄网点逐步实行“五包一定”储蓄承包责任制。工行揭阳县支行继续完善二级考核、两级计分岗位责任制考核，落实四项考核检查监督措施，年末各项存款同比增加901万元。

1989年，农行揭阳县支行在总结上年承包经营基础上，实行储蓄联所承包责任制，辖下县联社根据实际选择12个储蓄所进行试点，年末这些储蓄所存款增加564万元。克服原来一些储蓄所绕开营业所，分配扯皮以及靠“吃老本”过日子等弊端，激励和调动起工作积极性。

1990年，工行揭阳县支行对储蓄存款继续实行二级承包责任制，落实奖优罚劣新办法，按季考核兑奖，年终奖项总决算；对对公存款实行联奖联罚增存责任制，调动员工和部门揽储增存积极性。年末各项存款余额突破亿元大关，达到13461.70万元；各项存款比年初增加3100.30万元，创历史新高，其中储蓄存款增加2276.90万元。建行揭阳县支行把储蓄任务落实到办事处（储蓄所）和个人，规定奖励办法，提高所（柜）存款单产。

1991 年，中行揭阳县支行实行储蓄存款承包责任制，将任务指标下达到股、处及个人，支行本部规定行股长当年每人发动存款 4 万元以上、普通员工 3 万元以上，落实“奖优罚劣”的办法，极大调动员工增存吸储积极性。全行仅个人方面，至年末发动增存达 600 余万元；辖下白塔办事处储蓄所，吸储增存积极性高涨，年末，人民币储蓄存款增加 245 万元，完成年计划的 302.50%。工行揭阳县支行完善对对公存款联奖联罚责任制，将对公存款任务主要由信贷部门承担，改为由会计、出纳部门承担，支行本部对公存款任务的奖罚金按会计 40%、出纳 30%、信贷 20%、计划 10% 的比例奖罚，强化各有关部门在吸收对公存款方面的相互配合，促进对公存款的稳步增加。年末，对公存款比年初增加 766.60 万元。建行揭阳县支行继续开展储蓄所创高产、争先进达标活动，形成比、学、赶、帮、超局面。

1992 年，设地级揭阳市后的辖区银行金融机构，结合实际，继续实行和完善储蓄承包经营责任制，推进负债业务的持续发展。农行揭阳分行继续推行和完善储蓄承包经营责任制，把个人收入与储蓄工作绩效挂上钩，有效地调动和激励全体员工增存吸储的积极性，年末储蓄存款同比增加 1.37 亿元，对公存款增加 4249 万元。

1993 年，工行揭阳分行建立公存激励机制，制订奖励范围和计奖依据，完善奖励程序和落实考核，有效调动员工揽存积极性。农行揭阳分行完善储蓄承包经营责任制，将承包费用率分解到辖下各支行、信用社，实行季度存款增长奖、年度奖、突击活动奖和储蓄网点劳动竞赛优胜奖共 4 项激励措施。各支行、信用社结合实际相应制订实施办法，有效增加存款。中行揭阳分行深化存款内部机制改革，推行存款目标承包责任制，下达每个员工业余揽储定期存款任务。

1994 年，建行揭阳市分行实行对各支行、部（室）下达存吸储指令性任务和目标任务，实行任务承包责任制，对存款计划任务完成、绝对额增加，存款增长比例、人均存款共 4 方面，分阶段对各支行、部（室）的储蓄存款和企业性存款，综合进行全面考核。设立优胜者流动红旗，给予精神和物质奖励，激励全员增存扩储积极性。中行揭阳分行继续开展储蓄承包，分行与各网点签订承包合同，将揽储任务落实到人，完成好坏与奖金挂钩。农行揭阳分行在落实储蓄承包经营责任制中，制订实施《资金组织管理考核办法》，开展存款劳动竞赛，设立多种专项奖励办法，激发员工增存吸储积极性。年末，储蓄存款同比增加 4.09 亿元。

1995 年，工行揭阳分行把包括有存款任务承包考核的《经营目标责任制试行办法》印发到各部门各支行，进行科学、量化考核，并与奖金、津贴挂钩；各支行也根据《经营目标责任制试行办法》，结合自身实际，将有关指标分解落实到岗到人。通过每季一次看成绩、计奖扣、明进度，全行上下各科室各支行，各岗位各人分别找差距，想办法，激发出前所未有的积极性。年末各项存款同比增加 4.11 亿元，其中储蓄存款增加 2.86 亿元，涌现普宁支行流沙、河西 2 个年存款率先超亿元的储蓄所。农行揭阳分行完善内部激励机制，把包括有增存扩储共 5 项指标量化分解，落实到基层营业单位；分行制订考核办法，实行考核计分，奖优罚劣。辖下各支行因地制宜实行多种奖励措施，充分调动员工积极性，有效增加存款。建行揭阳市分行建立吸存激励机制，设置存款综合奖、存款超亿元奖、完成增存目标奖。开展“优胜所（柜）”评比活动，年末涌现首次存款突破 1 亿元的揭西、揭东支行；首次存款突破 3 亿元的普宁支行。

1996 年，工行揭阳分行辖下各支行（办事处），按照包括有增加年度存款指标的《行长经营目标责任制》中的增存计划，分解到岗到人，并把存款任务、质量、安全与浮动工资、奖金挂钩；对公存款层层分解公存任务。并对支行辖下各部门公存任务完成情况，实行按季考核分配奖金。激发积极性，全辖仅首季吸储存款，就完成全年存款任务的 89.14%，其中普宁支行完成全年增存任务的 120.88%。中行揭阳分行全面推行储蓄“三包”（包文明服务、包安全无事故、包完成任务）和网点规范化管理，并与网点达标升级、网点吸存效益、网点安全防范工作、网点队伍建设相结合，促进网点提高综合业务水平。农行揭阳分行把组织低成本资金的任务承包落实到岗到人，辖下各支行把吸收结算保证金和支付利息保证金分别纳入会计岗和信贷岗进行考核，形成全行人人注重成本，促进存款结构的优化，年末全行低成本资金存款余额 7.49 亿元，占各项存款的 41.09%，带来低成本存款占比有新提高。

1997 年，工行揭阳分行完善激励机制，采取日均增加额进行考核，季度增储奖以日平均余额和时点数计奖，各支行根据分行的方案制订出切实可行的方案，体现多劳多得，奖勤罚懒，有效调动储蓄人员增存积极性，年末储蓄存款同比增加 3.23 亿元。中行揭阳分行实行存款任务与全行员工岗位津贴挂钩，由原来单纯考核储蓄人员，改为分行行政科室与网点挂钩，完成任务与全行员工挂钩；改革存款考核办法，变年末余额考核为月末余额考核，变单一存款的余额考核为余额、成本、效益的综合考核。

1998 年，中行揭阳分行修订和实施包括有增存目标的责任制承包考核，明确考核对象为各支行及分行业务部门的第一把手，强化责任管理，严格按照任务指标进行考核，并要求辖下各单位应参照并制订实施细则，层层分解落实，使存款增量实现较大突破。年末，各项人民币存款同比增加 4.99 亿元，其中储蓄存款增加 5.37 亿元。农行揭阳分行完善存款承包考核激励机制，结合“以存定贷、以收定支、以效定酬”办法进行综合考核，年末各项存款比年初增加 4.83 亿元，其中储蓄存款增加 4.37 亿元。

1999 年，中行揭阳分行从第二季度开始，对分行本部 5 个主要业务部门，实行目标承包考核，月（季）工资和该月（季）完成的考核任务相挂钩，超额完成任务者奖励，未能完成目标任务者扣罚奖金，充分调动员工积极性，促进存款增长。工行揭阳分行继续落实存款承包责任制，把存款任务分解到每个储蓄人员，任务完成情况与工资、奖金挂钩，激励员工改善服务，积极串储的积极性，带来存款增加。辖区农信社普遍实行信用社主任目标责任制，激发经营管理积极性，增存扩储，推进负债业务的发展。如揭东县农信社加大考核力度，落实《信用社主任目标责任制》，将全年经营目标量化分解，将辖属员工收入与所在单位的经营成果挂钩，年末评分考核各社主任、副主任的经营业绩，增强责任感，激发信用社全体员工积极性，年末全县农信社各项存款比年初增加 2369 万元。

2000 年，工行揭阳分行强化公存“一把手工程”，采取分行、支行行长、主管部门负责人为主导，客户经理相结合的存款包户责任制，对公存客户进行细分，确定 11 个系统大户，进行监测和从资金、结算等方面提供全方位、高标准服务。同时对上年末存款 5000 万元以上的 15 个营业网点，实行定员定岗责任制，把任务完成情况、服务质量、规章制度、业务开拓与奖金、津贴挂钩起来综合考核，存款增量明显增加。年末存款 5000 万元以上的营业网点比年初增加至 21 个，存款余额 21.70 亿元，占存款总额的 87.70%。农行揭阳分行将存款指标纳入全行综合经营计划，与单位费用挂钩，调动员工增存吸储积极性，各支行、部（室）根据分行要求，制定并完善综合经营效益考核办法。如揭西支行实行日余额增长指标考核，把各营业单位储蓄存款进度纳入综合考核，和可开支费用挂钩，建立一套公平合理、可操作的考核机制。通过抓考核算细账，调动员工积极性，年末各项存款比年初增加 1.23 亿元。

2001 年，农行揭阳分行把加强和改进存款承包综合考核办法，列为促进存款增长的重要措施。将存款纳入综合考核体系，把存款的增长与可开支费用额度挂钩，辖属各支行、部（室）结合本单位实际，细化措施，落实考核对象，将存款的增长同个人的工资收入挂钩，有效调动员工增存吸储积极性。中行揭阳分行全面铺开绩效工资改革，职工收入划分为基本工资和绩效工资（奖金），绩效工资部分与各项业务的拓展，以及各项目标管理考核指标完成情况挂钩，按季发放。体现“奖勤罚懒、奖优罚劣、多劳多得”的分配原则，激发全体员工积极性。年末各项存款比年初增加 8.20 亿元，其中储蓄存款增加 5.63 亿元。工行揭阳分行完善激励机制，力促存款增加。将存款工作列为是年工作重点之一，在行长目标责任制中，存款考核分值占总分的 30%，有效调动各支行的存款积极性；并将对公存款、储蓄存款目标分解到各支行，支行再分解到分理处、储蓄所，最后落实到个人，充分调动员工的积极性和主动性。年末各项存款比年初增加 2.62 亿元，其中储蓄存款增加 2.42 亿元。

2002 年，工行揭阳分行把个金业务从行长目标责任制考核中单列出来，实行单独考核，并将一线员工的津贴、奖金同任务完成情况直接挂钩，加大对个金一线员工的绩效考核力度，充分调动一线员工增存扩储积极性；辖下各支行相应完善存款考核办法，加大对存款工作的考核力度，突出考核增存的敏感性和时效性，设立增存排名榜，定期对各网点完成任务情况进行排名通报，激励先进，鞭策后进，年末人民币储蓄存款比年初增加 6.04 亿元，增量创历史新高。建行揭阳市分行建立收入与绩效挂钩，调动员工积极性的分配激励机制。制订实施《市分行本部员工工资分配暂行办法》，实行基本工资与绩效工资分配制度。以业绩考核和综合考评为依据，拉开部门绩效工资分配档次；在部门内部设置员工的岗位分值和员工绩效考核系数，拉开不同岗位、不同贡献的员工绩效工资分配档次；同时，制订实施《市分行支行领导成员工资分配暂行办法》，将各支行领导成员绩效工资与经营管理规模和综合经营考核结果挂钩，加大对各支行班子领导的激励和约束力度；辖属各支行也倾斜一线，分别制订实施个人绩效工资分配激励办法；实施客户经理制，先后举行两批客户经理，在全市分行中公开竞聘客户经理 41 名。农行揭阳分行将存款纳入综合考核体系，以考核利润为中心，实施营业网点等级管理，把各单位组织资金与网点等级、员工收入有机联系起来，调动基层单位增存吸储积极性，年末各项存款比年初增加 4.49 亿元。中行揭阳分行在上年绩效考核的基础上，将考核重点放在各项业务拓展，以各项目标管理考核指标完成情况为主要依据，逐步完善重实绩、重贡献、向创效益的支行和部门倾斜的分配激励机制。

2003 年，农行揭阳分行根据不同营业网点的实际情况（主要是存款情况），对辖属网点划分等级，不同等级网点给予不同的工资、费用待遇，使网点的存款量与员工的切身利益息息相关，员工关心网点的存款量，千方百计扩储和挖掘储源，扩大网点存款规模，有效激励员工吸储扩存积极性，推动存款有效增长。中行揭阳分行参照省中行绩效考核方案精神，结合揭阳分行实际，制订实施各个季度的业务发展专项奖励方案，激励辖内各单位发展负债等业务的积极性。建行揭阳市分行发挥激励机制的杠杆作用，调动员工积极性，从 7 月起，实施新的工资考核分配办法，由市分行直接考核到网点，对网点的业务考核主要以季度全口径存款时点新增额、全口径存款五日均新增额和中间业务收入新增为主，设置不同的业务挂钩系数和网点调节系数，同时，将服务质量指标量化列入考核，确立增量考核在绩效考评中的核心地位，鼓励多劳多得，创造人人关心业务发展、人人推动业务发展的良好氛围。以 7 月为例，业绩好的网点和业绩差的网点员工，人均绩效工资相差达 1985 元。体现高增长高收入，低发展低收入，有效调动员工的积极性。

2004 年，工行揭阳分行完善存款激励机制，制订实施《2004 年营业网点综合业务考核试行办法》，将存款任务层层分解下达辖属基层，并将存款业务开展情况与营业网点绩效挂钩，充分调动员工的积极性；制订实施《个人业务客户经理考核办法》，将存款任务列为个人业务客户经理的考核内容，激发客户经理揽存积极性。年末，人民币储蓄存款比年初增加 8.44 亿元，同比多增 1.92 亿元。农行揭阳分行按照省农行分类考核指导办法，结合揭阳分行实际，制订实施《营业网点等级管理规定》《客户经理考核管理办法》等完善绩效考评的考核办法，调动全员积极性，增强员工发展存款业务的紧迫感，推动负债业务的发展。

2005年，中行揭阳分行对业务量和存款余额大的营业网点，由市分行直接考核到网点；增加对网点客户结构比例和中高端客户提升情况、日平均存款余额的考核；对网点企业存款任务完成情况，实施问责制、重点监控和黄牌警告。对连续两年未能完成任务的网点负责人，实行“主动让贤”；在全辖范围内推行客户经理竞聘上岗制度，激发营业网点活力，激发中层干部和客户经理动力、激发全行员工潜力。建行揭阳市分行调整基层机构负责人和客户经理绩效工资考核办法，在提高负债业务、中间业务考核挂钩系数的同时，取消其绩效工资保底部分，实行专项活动和部分战略性业务专项考核，激发各业务部门和基层机构负责人、客户经理拓展市场的动力。工行揭阳分行制订实施《2005年营业网点综合业务考核试行办法》，重点考核网点绩效，激发和调动网点员工开拓市场、营销产品的积极性。

2006年，农行揭阳分行通过调整优化考核办法，增加对活期存款的专项考核，设立存款付息率下降专项奖励，对定期存款客户实施推销保险、基金、国债策略，优化存款结构，降低存款成本。工行揭阳分行完善存款激励机制，制定实施的《2006年营业网点综合考核试行办法》中，把提高存款综合竞争力放在首位，把存款增量、活期占比作为综合反映存款工作成效的重要指标，促进存款增量增加和提高低成本存款占比。中行揭阳分行加大对活期存款业务发展营销和绩效考核力度，激励员工将工作重点转移到发展活期储蓄；合理控制吸储边际成本，积极引导客户短期限存款或将期限较长存款购买保险、基金、国债等理财产品。

2007年，中行揭阳分行加强企业存款的动态考核，落实分行、支行客户经理制和激励措施，加强对客户经理的管理和综合考核力度，将客户经理业绩与绩效挂钩，推行客户经理退出机制，拓展和优化企业存款；抓好储蓄存款持续发展基础工作，强化考核机制，重点考核日均存款、低成本存款拓展和存款成本率。实行班子成员分片区挂钩和分行部（室）挂钩营业部机构，加强督导和帮扶，推动储蓄存款与个人理财业务协调发展，落实严格问责制度，降低储蓄存款成本，推动储蓄存款持续发展。建行揭阳市分行强化对分行本部直接经营部门的考核，实现对客户经理的量化考核，加强对存款等负债业务和其他业务的量化考核，调动辖属各单位客户经理队伍的积极性，增强激励的及时性。

2008年，工行揭阳分行围绕全年存款“超百亿”目标，第四季度开展“增存争先，勇创第一”营销活动，设立专项奖励，明确奖惩办法，最大限度调动增存积极性；加强存款业绩监测，实行“每日一通报，每周一点评”制度，在鼓励先进的同时，为后进单位提供营销参考，有效提高增存揽存效果。年末各项存款突破百亿大关，达到107.54亿元，比年初增加30.37亿元。中行揭阳分行完善激励机制，建立科学合理的考核体系，加强对辖内营业机构及员工绩效考核的辅导与管理，推行有效沟通、谈话机制。完善员工年度绩效目标承诺制及员工绩效二次分配考核办法，落实考核问责制；开展绩效管理事后评价，加强绩效考核结果的运用。农行揭阳分行抓住首季是吸收存款的黄金契机，以存款业务为重点，制订首季工作目标计划，及早分解下达各支行，落实责任和考核；根据形势变化和业务发展需要，第三季起对年初考核办法提高存款的考核比重，加大激励力度；在10月和11月再次制订出台《关于全力冲刺60天，确保“保三”目标实现的工作意见》和《关于全力冲刺30天的补充意见》，再次加大对负债业务的激励力度，下半年最后60天存款业务迅猛增长。年末各项存款比年初增加21.04亿元，其中储蓄存款增加22.58亿元。建行揭阳市分行组织竞聘，选拔网点客户经理增派基层机构，以业绩为导向，优化考核和晋升机制；将绩效工资挂钩岗位履职情况和产品营销情况，及时修正激励方向，完善绩效工资考核办法；根据业务发展状况，及时出台业务推动方案，加强考核激励，促进业务快速发展。中行揭阳分行按照“谁营销，谁得益”原则，从系统内贡献度和市场份额两个维度进行考核，制订业务营销专项激励方案，激发员工对存款等业务产品的营销热情，年末各项存款比年初增加15.51亿元。农发行揭阳市分行建立健全激励机制，理顺收入分配关系，不断加大工资分配与岗位绩效考核挂钩的力度，发挥收入分配的激励约束作用，彻底实现由行员等级工资向岗位绩效工资制的转变，促进存款业务发展。惠来农信联社制订实施《2008年经营目标责任制考核办法》，建立起5大项共40多个小项的目标考核体系，分解细化下达到各社，配套严格的考核措施。年中各季突出对“存款”等三大指标的考核，分季落实任务指标，参与一定的经营风险金挂钩考核，按绩效计酬，有效激发各基层社和员工扩储增存积极性。

2009年，工行揭阳分行制订实施部（室）、一级支行行长、营业网点、对公客户经理、个人客户经理、个贷客户经理共6个系列考核方案，将部（室）考核与全行拨备前利润挂钩，支行、网点、客户经理与实际任务指标和业绩挂钩；加大绩效工资考核力度，用工资多少体现业绩好坏，制订实施《全产品营销考核办法》和《绩效及产品营销计价考核分配指导意见》，办法和指导意见相辅相成，一方面强化客户经理、前台柜员的绩效调节力度，提高其营销积极性，另一方面用计价的方式明确中后台人员在营销中的收益，以直观的方式展现参与营销的收益，激励全行员工参与各项产品营销；制订实施《激励与问责实施办法》，对经营业绩好的考核单位的班子进行激励，对业绩差的考核单位的班子进行问责。农行揭阳分行新制订一系列考核办法，绩效考核按综合考核和专项考核进行。综合考核的对象分为分行机关本部、一级支行本部、营业网点共6类人员，对不同考核对象，有所侧重制订实施相应考核指标；专项考核：对存款、贷款、中间业务等重点业务指标实行含量计价，并根据不同时期发展重点，及时调整专项奖励项目。建行揭阳市分行建立目标薪酬制，绩效考核与工资分配挂钩，强化经营管理的考核；建立网点综合管理考核评价制度，发挥岗位工资本位作用，强化网点综合管理激励约束机制；加大面向市场的资源配置，加强分行本部直接经营的考核，把更多的财务资源用于支持业务发展；以经营业绩和管理业绩为考核标准，实施动态管理；完善经营架构，推动人力资源向基层、向客户经营管理前台配置，向客户和市场拓展界面转移。邮储行揭阳市分行实施薪酬体系改革，打破以往工资“一锅端”模式，搭建“按照岗位定工资，凭贡献拿薪酬”的岗位职级体系，建立全新的绩效考核制度，促进“爱干事的有报酬、干好事的多报酬”绩效管理环境和氛围的形成；创新劳动工资管理，工资总额按收入和利润进行配比，体现“多劳多得，少劳少得”原则，成为各支行和各级人员发展业务的“指南针”和“动力源”。

2010年，农行揭阳分行构建以经济增加值为核心，评价、计价、计件“三位一体”的绩效考评体系，完善出台覆盖网点、分支行本部及重点业务专项考核的工资分配方案，践行“增资靠效益、收入凭贡献”的分配理念，激发全行员工拓展业务积极性。工行揭阳分行紧密结合“旭日揭阳”主题，分季度开展“春雷”“夏焰”“秋实”“冬晖”营销竞赛活动，配置专项奖励，调动全行增存积极性，带动存款业务增长。建行揭阳市分行制订实施《2010年绩效工资考核办法》，绩效工资挂钩岗位履职情况和产品营销情况，及时修正激励方向，完善绩效工资考核办法。并根据业务发展实际，及时出台业务推动方案，加强考核激励效果，促进存款等业务快速发展。邮储行揭阳市分行完善业绩与收入挂钩的考核模式，为市场拓展和营销工作做好支撑，激发员工干事创业的激情和潜能。

2011年，建行揭阳市分行通过建立统一考核分配模式；建立统一的网点员工绩效考核系统和积分计价机制，加大对各层面员工的激励力度。建立岗位履职考核评价体系，实现全市分行内同一岗位同一标准、多个岗位履职体系考核，将履职考核结果与绩效工资分配、年度考核挂钩，推动企业存款新增。交行揭阳分行修订完善综合考核办法，调整考核指标权重，大幅提高负债业务考核指标占比，扩大得分区间；对财务部的考核与同业存款和票据业务发展指标挂钩，公司部及普宁分部、个金部直接参与经营，与拓展客户和营销存款等指标挂钩考核，真正发挥前台营销作用。邮储行揭阳市分行全面实施涵盖绩效考核办法、绩效沟通与反馈、绩效结果运用等的全面绩效管理方案，将员工绩效考核结果与岗位变换、职级晋升、培训机会及年度福利结合起来，引导、激励员工以绩效为导向，共谋转型发展，实现自我价值，推动存款业务的增加。

2012 年，农行揭阳分行建立机关前台部门分片挂点挂钩考核制度，对任务完成率排名落后的支行及时进行督导问责，调动存款营销积极性。交行揭阳分行扎实推进“浪遏飞舟·争上游”“登高赏越”“勇敢行动”等专项活动考核，分解落实发展责任，加大激励和问责，以“成果人人共享，责任人人共担”为抓手，强化一把手、内控行长、营销人员的绩效考核；推行高柜人员交叉销售考核制度，调动高柜人员营销积极性，有效带来存款增加。邮储行揭阳市分行完善客户经理考核机制，将客户经理绩效与 KPI 考核（是 Key Performance Indicator 的缩写，指的是关键绩效指标考核法。按管理主题来划分，绩效管理可分为两大类，一类是激励型绩效管理，侧重于激发员工的工作积极性，比较适用于成长期的企业；另一类是管控型绩效管理，侧重于规范员工的工作行为，比较适用于成熟期的企业。无论采用哪一种考核方式，其核心都应有利于提升企业的整体绩效）挂钩，同时将专职客户经理绩效考核标准统一、并下放到各一级支行，加大支行对客户经理的考核和管理，提高考核成效；建立“岗位分级＋营销积分”的激励考核机制，根据员工交叉销售和营销推荐的业绩进行奖励，促进存款业务的发展。揭西农商行建立科学、规范的激励机制，制订实施《农村商业银行股份有限公司职务序列、行员级别管理暂行办法》，实行员工考核评级激励制度；在全行推行支行一级配备大堂经理制度。

2013 年，工行揭阳分行上半年设立存款增量专项奖励；在年末开展“奋战六十天、存款双领先”增存劳动竞赛，落实激励机制，激发出十足的冲刺动力。年末各项存款比年初增加 24.53 亿元，其中储蓄存款增加 18.65 亿元。农行揭阳分行结合第四季度储蓄存款同业竞争瞬息万变的形势，连续制定出台 3 个储蓄存款激励考核办法，对重点支行和网点宣导分行的经营理念和考核思路，扭转历年来年末储蓄存款连续下降的历史“常规”，年末最后 5 天储蓄存款增加 3.65 亿元。惠来农信联社推行绩效考核，增强经营发展推动力，制订绩效工资与各社经营目标挂钩考核方案，层层落实考核，年末各项存款比年初增加 13.62 亿元。

2014 年，工行揭阳分行制定出台《关于加强薪酬管理的通知》《关于调整薪酬管理相关事项的通知》，明确定位存款等目标绩效考核群体和产品绩效考核群体，优化完善薪酬激励机制，调动员工工作积极性。农行揭阳分行完善考核激励机制，建立健全分层分类绩效考核体系，全面传导省农行战略导向，优化资源配置效能，合理调控机关和基层员工收入差距，工资资源向基层一线和前台营销岗位倾斜，调动起全员积极性。邮储行揭阳市分行优化绩效工资管理办法，实行保底和激励相结合、绩效与专项竞赛相结合，建立以团队业绩和个人贡献相结合的薪酬分配激励机制；打破机关“大锅饭”分配方式，注重区分岗位履职难易度、工作量，在中后台探索以工作业绩、效率和质量为主的量化考核模式，推动存款业务的发展。年末各项存款比年初增加 27.27 亿元，其中储蓄存款增加 15.14 亿元。

2015 年，中行揭阳分行在完善员工薪酬和绩效考核激励机制的基础上，实施客户经理队伍专项考核，打破收入分配上的“大锅饭”和“平均主义”，积极创造条件提高员工收入，充分调动全员积极性。工行揭阳分行规范“目标绩效考核”和“产品绩效考核”人员范畴，通过绩效调节，使员工绩效考核与分行总体经营情况直接关联，更大程度地发挥绩效考核的激励作用。揭阳（市区）农商银行完善绩效考评体系与激励机制，抓好市场化绩效管理体系建设，进一步完善考核体系，最大限度地激发各机构不同岗位员工工作积极性，充分体现“全员营销，效益优先”原则；加强工资总量管理，提高活性工资的比例，把工资分配同各项考核挂钩，强化绩效考核的执行力和约束力，激发全员积极性，推动存款业务持续增长。

2016 年，工行揭阳分行加强考核结果的激励应用，9 月出台落实对“对公客户经理、个人理财客户经理和柜员”三支队伍的考核结果的应用，通过“岗位工资晋升、扣减年度考核积分、解聘客户经理职务”等举措，使“员工个体”在同一竞争形势下，因“不同的工作作风、不同的经营业绩”，而“考核结果的激励大不一样”，培育和打造适应转型需求的营销服务队伍。建行揭阳市分行建立统一的网点员工绩效考核系统和积分计价机制，实行资源分配向一线倾斜；组建固化的团队、临时性的团队、专项任务型的团队，形成各种集成的、灵活的、多元的营销队伍体系，并形成纵横结合的目标考核体系，激励全员营销存款等业务，推进负债业务的发展。普宁农商行实行考核激励机制，落实绩效与收入挂钩等考核方案，激发全员发挥主观能动性，实现存款稳步增长。至年末，各项存款同比增加 15.28 亿元。

2017 年，建行揭阳市分行优化绩效考核体系，加大效益相关指标考核权重，按照“两个越近、两个越高”（越是接近市场、接近客户的员工，工资收入要越高；越是接近基层、接近网点的员工，工资收入要越高）的要求，贯彻落实“799”总量配置原则（本部的绩效考核 70% 与支行挂钩；本部部门员工的绩效工资按支行平均值的 90% 安排，中后台部门员工的绩效工资按前台部门平均值的 90% 安排），建立统一的网点员工绩效考核系统和积分计价机制，重点激励价值创造和收入增长，重点保障直接创造价值的经营一线和基层网点员工收入稳步增长；建立岗位履职考核评价体系，实现不同网点间统一的岗位差异、职级互联互通和基础绩效与计价绩效的比例关系，实现履职考核结果与绩效工资分配、年度考核、推荐评先选优、岗位适应调整、职务职称等晋升晋级相挂钩。同时加大对代发工资指标网点的考核力度和激励力度，提高代发资金沉淀率，增加存款。工行揭阳分行结合存款增量目标，实施存款营销追加激励方案，强化达标的底线意识和内生动力，年末各项存款比年初增加 29.66 亿元，其中储蓄存款增加 3.85 亿元。

2018 年，建行揭阳市分行强化住房租赁业务考核激励，对部门和网点实行单列的 KPI 考核，增加人力费用进行考核分段激励，对于完成任务计划内的按省建行标准进行激励，超计划完成部分由建行揭阳市分行追加激励。至 12 月末，住房租赁 APP 累计注册用户 12976 户，完成企业和中介机构 25 户、企业与共享房源 7459 套、政府公租房源 2636 套、房源核验 3590 套、在线签约 60 户、在线支付 54 户、合同备案 21 套，有效增加沉淀资金存款。交行揭阳分行突出以基层和业绩为导向的资源分配原则，精准激励，落实 AB 职等职级切换工作，实施薪酬增量改革，推进实时奖励工作，全年共发放专项实时奖励 76 人次。农发行揭阳市分行加大存款考核力度，科学制定存款考核方案，严格考核、改变以往有奖无罚的状况；落实考核到人，切实转变少部分员工认为组织存款只是少数人或个别部门的工作，与己无关的错误观念，促使全行上下更加重视存款组织工作，形成人人关心存款、全行共抓存款的良好局面，最大限度地拓展存款市场。邮储行揭阳市分行优化考核导向，对机关，经营与管理并重；对县域，合规与拓展并重；对一线，注重效率营销和综合营销；对全员，体现奖勤罚懒、赏优罚劣。坚持“1+N”的考核形式，坚持主绩效（应用到全年每个月）+ 季度绩效 + 条线活动方案 + 阶段性重点活动方案的模式，有效调动和激励全行员工积极性，促进负债业务的发展。惠来农信联社加大组织存款经营考核工作，细化各项任务指标，将任务分解落实到岗到人，完善奖惩结合的考核机制，充分调动全员吸储串存积极性。至12月末，各项存款比年初增加6.41亿元，其中单位存款增加4.59亿元，个人存款增加1.82亿元。

（四）调整结构，平抑高息存款

1986—1991年，揭阳县各银行金融机构在抓好稳存增存的同时，大力进行存款结构调整，增强降低存款成本的观念，把低成本活期存款、对公存款作为重要的负债业务来抓，低成本存款逐年增加，所占资金比重不断增大，负债结构逐步优化。其中，企事业单位存款占各项存款总额，农行揭阳县支行1990年为24.29%、工行揭阳县支行1991年为25.18%。

1993年，辖区各银行通过改善服务、提高工效，方便企事业单位客户存款，增加对公存款，降低存款成本。工行揭阳分行简化手续，欢迎企事业单位办理存款业务，吸引公存客户；同时，在部分支行（办事处）试行出纳柜员制，实行出纳单收单付，方便客户。年末，企事业单位存款余额2.79亿元，占各项存款总额的32.94%。农行揭阳分行年末，对公存款同比增加859万元，余额1.74亿元，占各项存款总额的13.83%；中行揭阳分行人民币对公存款7595万元，占各项存款总额的16.79%。

1994—1996年，各银行不断改进公存工作方法，增加对公吸存，促进存款成本降低。工行揭阳分行通过加强调查分析，对公存单位实行分类排队，选择分类服务和分类管理，对重点企业和无贷款户，从柜面收付、结算到提供信息、咨询等方面的综合服务，通过增加备付金，确保支付能力，争取重点客户和无贷户支持，增加对公存款。年末对公存款比年初增加5267万元，增幅20.70%，余额3.07万元，占各项存款总额的31.51%；中行揭阳分行人民币对公存款同比增加6274万元，余额1.39亿元，占各项存款总额的20.50%。

1996年，辖区银行金融机构逐步改变原来单一的存款储蓄为综合性、多功能的金融服务，积极拓展代理业务，通过增加沉淀资金存款，降低存款成本。各银行充分利用资金结算、提现、电脑储蓄联网以及员工素质较高等优势和便利条件，为邮电、水厂、交通、学校等行政事业单位，开办代发工资、代收水费、代收学杂费、代收邮电费、代收证券市场保证金等服务，增加低成本存款。是年，工行揭阳分行在市区月代收水费4万余户、企业26家总金额2948万元，代发工资总额985万元；辖属东山办事处代收证券市场保证金，在高峰期日收付量达400余万元；辖下市区7个联网网点代理威达股票发行的收款业务，金额达87亿元。农行揭阳分行先后开办代收业务11种，代付业务4种，年末全行低成本资金存款余额7.49亿元，占各项存款的41.09%。

1997—1998年，辖区强化利率管理，杜绝高息揽储行为。针对辖区一些金融机构，在开展负债业务中存在违规高息揽存情况，市人行根据上级部署，对辖区开展高息揽存专项稽查，在转发总行《关于对部分金融机构违反国家利率政策高息揽存等问题的处理决定》的同时，重申各金融机构务必严格按照总行《关于严格执行法定存款利率的公告》《关于立即停办有奖储蓄的通知》和省人行《关于坚决制止和严肃查处高息揽存和乱拉存款的紧急通知》的有关规定，规范经营行为。如发现有继续顶风违规高息揽存的，将按人行总行《关于对金融机构违法违规经营责任人的行政处分规定》严肃处理。在稽核开展的高息揽存专项检查中，查出城信社等部分金融机构由于法治观念淡薄及重视存款，忽视贷款，搞粗放经营而违规高息吸收存款的经营行为（如金商城信社试验区营业部，以高息20%以上，从外地吸收存款5500万元，占1997年存款总额的86%），在对有关违规问题进行严肃处理的同时，提出对有关责任人进行处理的建议。给各金融机构敲响警钟，维护国家利率政策的严肃性，确保辖内金融企业依法公平、有序竞争。农行揭阳分行强化职能部门的监督作用，开展对储蓄代办机构的代办情况，是否出现高息揽存情况加大检查监督力度。工行揭阳分行加大管理力度，1997 年发现存在违规揽存等违规问题，分行组织 2 个调查组，对揭东、榕城支行进行调查。根据调查结果，对有拿好处费、利差的，在支付中扣回，减少不合理的利息支出，在此基础上，组织全行广泛开展以“查思想、查违章、查漏洞、查风险、查落实”为专题的风险教育活动，增强对金融风险的防范意识。并制订《加强违规经营资产负债管理暂行办法》，对违规经营负债严格把关，一律执行国家的利率政策。同时做好常规稽核和专项稽核，坚决杜绝违规揽存现象。中行揭阳分行在正常开展业务稽查的基础上，积极配合中行总行的全面稽查，对发现的辖下个别网点违规揽存情况受到严肃处理，认真吸取教训，增强依法合规意识，提高经营管理水平。

1998 年，农行揭阳分行坚持对公存款与储蓄存款一起抓，提高对公存款结构占比；大力拓展代收代付、金穗卡和代理发行国库券等业务，增加低成本存款。年末，全行低成本存款比例 43.30%，比年初提高 2.14 个百分点。工行揭阳分行制订实施《对公存款管理暂行办法》《系统管理大户管理暂行办法》，确保公存工作顺利开展，对公存款明显增加，年末确立的 21 个系统大户中，有 14 个在工行揭阳分行开户，沉淀存款余额 4.67 亿元，占公存余额 60.80%，增加额 1.29 亿元，占增加余额 71.30%，优化存款结构；与此同时，大力发展储蓄中间业务，争取低成本资金来源，提升低成本资金比重。此外，在巩固原有代收代付业务的基础上，拓展服务新品种，增加养老保险金、移动电话费、汽车购置等新品种，全年储蓄中间代理业务量 86 万笔，金额 4.63 亿元，占各项存款的 16.67%，代理业务比上年提高 3.2 个百分点，有效增加低成本存款，优化存款结构。

1999 年，中行揭阳分行为优化存款结构，致力发展企业存款业务，为企业存款中的“支柱大户”配备客户经理；以得力的营销措施，获得揭阳市惠通公路有限公司、市社保局、中国联通、揭阳市社保局募委办、社会福利彩票发行中心以及中国电信揭阳分公司等一批存款较具稳定性的单位沉淀资金存款。同年 6 月起，企业存款止跌回升，其中仅 6 月就上升 8732 万元，年末全辖企业存款新增 1.51 亿元。企业存款中活期存款大户比上年大幅增加，活期存款占 96.74%，企业存款结构明显改善。农行揭阳分行拓展代收代付和银行卡业务，大力组织低成本资金，全年共开展代收水费、电费、税款、通信费用、学费、行政事业性收费等 16 个项目，代收代付发生额 10.51 亿元，发卡量比年初增加 13129 张，卡类存款 2440 万元，比年初增加 792 万元。年末，低成本资金余额 14.56 亿元，比年初增加 4.65 亿元，同比多增 3.15 亿元；低成本资金占比 40.78%，比年初增加 6.40 个百分点。工行揭阳分行在巩固原有公存大户的基础上，以开展代收代付业务为突破口，拓展新的公存领域，是年抓住行政事业实行收支二条线的契机，主动出击，营销获得市直行政事业性收费和政府性基金代收款工作；在营销获得代收移动电话费之后，辖下各支行上下配合，积极行动，先后争取到各县（区）的移动电话费的代收业务，使此项代收业务在全辖范围内全面开展。由此带动对公存款的快速增长，降低存款成本，优化存款结构。建行揭阳市分行针对分行代收电费、代扣税款、代发工资等“三代”业务发展初具规模，业务发展日臻成熟的实际，及时推出缴费一本通、“折一卡”业务等服务品种，增加沉淀资金存款，降低存款成本。

2000 年，受证券市场行情火爆、理财产品升温带来的财富效应，以及消费市场回升等主要因素影响，储蓄存款资金待流向股市、理财、消费市场的趋势明显。全市新增储蓄存款中，活期存款比重上升较快，占比达 37.11%，比上年末上升 5.88 个百分点。其中，工行揭阳分行活期低成本存款占比 36.91%，同比提高 4.7 个百分点，农行揭阳分行活期低成本存款占比 33.17%，同比提高 4.78 个百分点；中行揭阳分行活期低成本存款占比 30.73%，同比提高 8.82 个百分点；建行揭阳市分行推出全国活期储蓄通存通兑业务，网点的整体结算能力得到有效提高，活期低成本存款占比 49.60%，同比提高 3.84 个百分点。

2001年，中行揭阳分行实行主动负债管理，优化存款结构，有效控制负债成本。年末人民币对公存款增加2.60亿元，创下年增加历史最多的增量，年末活期存款占比40.70%，比上年再增1.5个百分点。农行揭阳分行结合世纪通宝金穗借记卡的发行及金穗卡发行十周年的契机，加大宣传营销，强化群众用卡意识，改善用卡环境，带卡类低成本存款的增长。年末发卡量34295张，比年初增加6873张；卡类存款余额8742万元，比年初增加6092万元，增加低成本资金存款。全市活期储蓄存款比年初增加12.89亿元，增长19.21%。活期增势快于定期增势，活期增长比定期增长增加5.91个百分点。年末，广发银行揭阳支行储蓄存款活期高于定期，活期和定期占比分别为61.50%和38.50%。

2003年，中行揭阳分行利用协议存款、网上银行等业务品种，争取优质工商企业客户的企业存款，人民币企业存款占比16.42%，同比提高1.85个百分点。工行揭阳分行针对系统大户资金管理体制改革，带来的对公存款发展不平衡，波动较大的实际，采取得力措施，年末对公存款比年初增加2.13亿元，有效增加低成本存款。建行揭阳市分行通过发展贷记卡、“速汇通”、异地卡折通存通兑等业务，不断扩大优质客户群体，拓展特约商户，促进刷卡量大幅度提高，至12月末，龙卡消费额同比增加2417万元；新增贷记卡430张、信用卡516张，增加沉淀资金低成本储蓄存款。

2004—2005年，全市储蓄存款平稳增加，并出现结构性调整，外币化、短期化、活期化意向增强。2004年，全辖外币各项存款比上年增长10.32%，增加1101万元。活期储蓄比年初增加24.36亿元，增长22.71%，而定期存款增势相对减缓，活期增长比定期增长增加5.29个百分点。定活比：工行揭阳分行由年初的206.37%下降到年末的173.05%，下降33.32个百分点；农行揭阳分行由年初的153.71%下降到年末的143.87%，下降9.84个百分点。中行揭阳分行储蓄活期存款与储蓄总存款比例，由年初的27.52%上升到年末的36.33%，提高8.81个百分点。2005年，定期储蓄存款余额238.14亿元，占全市本外币城乡储蓄存款余额61.48%，活期存款余额149.15亿元，占比38.51%，定活期占比比1998年分别下降10.72个百分点和上升10.71个百分点。

2006—2007年，受股市持续上扬和各商业银行因势利导大力发展代理基金、保险、国债等产品营销的影响，全市储蓄存款呈活期化特征和待流向股市和理财产品趋势：2006年初步显现，2007年持续发展。其中，2006年活期存款占储蓄存款的比重由年初的38.51%上升到年末的40.04%，提升1.53个百分点。定期储蓄存款由年初的238.14亿元上升到年末的263.41亿元，增加25.27亿元，增长10.61%；而活期储蓄存款由年初的149.15亿元上升到年末的175.88亿元，增加26.72亿元，增长17.91%。活期储蓄存款增速高于定期储蓄存款增速7.30个百分点。2007年，活期存款占储蓄存款的比重由年初的40.04%上升到年末的41.29%，提升1.25个百分点。定期储蓄存款由年初的236.41亿元下降到年末的262.56亿元，减少8509万元；活期储蓄存款由年初的175.87亿元上升到年末的184.62亿元，增加8.76亿元，增长4.98%。辖区银行金融机构优化存款结构，良性变化逐步显现，其中，2006年，农行揭阳分行通过调整优化考核办法，增加对活期存款的专项考核；设立存款付息率下降专项奖励；对定期存款客户实施推销保险、基金、国债等策略，做好理财服务工作。负债业务实现三个转变：网点营销实现以存款为中心向以客户为中心的转变、以营销存款向营销一揽子产品转变、以粗放经营向集约经营模式转变。分类结构良性变化逐步增强，存款结构优化措施效果显现，年末新增存款活期占比80%，定期存款占比下降2.67个百分点。

2008年，受揭阳市继续实施“三个新增100”和“668计划”项目流动资金需求拉动和其他实体经济以及社会公众流动性需求增强的影响，全市短期性存款明显增长。全年新增活期性存款63.06亿元，占新增本外币各项存款的 40.86%，同比多增 57.97 亿元。其中本外币新增活期性存款，工行揭阳分行 16.68 亿元，多增 14.86 亿元；农行揭阳分行 14.72 亿元，多增 15.53 亿元；建行揭阳市分行 11.92 亿元，多增 8.76 亿元，分别占新增本外币各项存款的 54.93%、69.98% 和 40.55%。

2009 年，工行揭阳分行存款结构持续优化，低成本存款增加。储蓄活期存款比年初增加 1.39 亿元；公司存款余额 17.21 亿元；机构＋同业存款 9.29 亿元，比年初增加 4.67 亿元。个人金融资产增加额 11.50 亿元，销售各项理财产品 107.24 亿元；期末活期占比 54.23%，比年初提高 2.35 个百分点。中行揭阳分行灵活运用理财、基金、第三方存管、网银等产品，开展行政事业性单位和烟草等垄断性企业营销，年末增加对公存款 1.86 亿元，优化存款结构。建行揭阳市分行致力发展低成本存款，对公存款增加 13.59 亿元；年末储蓄活期存款比年初增加 3.87 亿元，占新增各项存款的 20.66%，储蓄存款定活比由年初的 125.12% 下降为年末的 114.07%，下降 11.05 个百分点。

2010 年，农行揭阳分行为降低存款成本，采取得力措施，扭转多年来对公存款增长乏力的被动局面，年末实现对公存款比年初增加 3.26 亿元，增幅 24.7%。中行揭阳分行通过深入推广新版网银、手机银行、随身银行等业务，实现储蓄、理财、信用卡等个人业务的网上自助服务，储蓄活期存款比年初增加 4.19 亿元，占比由年初的 19.03% 提高到年末 20.44%，提升 1.41 个百分点，优化存款结构。工行揭阳分行推进负债业务结构再优化，采取利用灵通快线等理财产品转化客户定期存款，引导新增定期存款客户购买理财产品，加大低成本对公存款的营销力度等方式，活期占比比年初上升 2.06 个百分点，降低负债成本。

2011 年，农行揭阳分行通过营销观念和方式向强化“一揽子”综合营销方式转变的举措，对公存款余额由年初 16.48 亿元提高到年末 20.97 亿元，增加 4.49 亿元，有效增加低成本存款。建行揭阳市分行以“客户拓展年”为契机，加大对新注册企业的营销；利用当地经济发展提速的有利时机，紧盯当地重点项目，年末重大项目成功立项 25 个，全年新增企业存款 5.82 亿元，带来低成本存款的增加。

2012 年，工行揭阳分行落实“拓户增存”“产品引存”措施，企业存款实现存量客户有提升，增量客户有突破，全年增加 4.47 亿元，增加低成本存款。农行揭阳分行抓短板类存款，打开系统性、机构类客户营销新局面，持续提升对公存款市场份额，对公存款日均存款增量保持同业第一位置，提高低成本存款日均增量，优化存款结构，降低资金成本。

2013 年，受揭阳市招商引资带来的多项基础设施建设和大项目频频落地；空港、海港经济圈逐步形成；多家大型企业争相进驻揭阳等因素，以及其他实体经济、社会公众流动性需求增强等因素的影响，全市短期性，活期化存款明显增长。企业活期存款比年初增加 21.80 亿元，增长 13.18%，而定期存款反而减少 4.73 亿元，下降 7.50%。活期增长比定期增长增加 20.68 个百分点。企业存款定活比，工行揭阳分行由年初的 81.91% 下降到年末的 31.19%，下降 50.72 个百分点；中行揭阳分行由年初的 82.77% 下降到年末的 43.50%，下降 39.27 个百分点；建行揭阳市分行由年初的 60.86% 下降到年末的 50.19%，下降 10.67 个百分点。

2014 年，全市银行业低成本存款增加，结构再优化，企业存款活期化增长明显。企业存款比年初增加 94.54 亿元，增幅 30.01%，其中企业活期新增存款占各项新增存款的 16.88%，比年初增长 16.19%。主要原因：一是受辖区稳定发展的农业经济、快速增长的工业经济，持续兴旺的商贸市场，温和活跃的消费需求等因素，对资金流动性需求的影响；二是辖区银行金融机构贯彻执监管新要求，遏制“冲时点”，坚持时点与日均存款统筹兼顾同发展，平衡好业务发展与偏离度管理，科学把握新形势下存款发展的规律和特点，加快业务转型升级，积极服务实体经济在不同时段对资金流动性的不同需求。

2015 年，辖区银行业通过多种营销举措，提高储蓄活期存款和对公存款增量，优化存款结构，有效降低存款成本。中行揭阳分行通过发售表内外个人理财产品和企业理财产品，有效沉淀存款 7 亿元，年末活期储蓄存款比年初增加 4.76 亿元，定期储蓄存款减少 2.09 亿元。工行揭阳分行通过“客户分包”，层层落实营销管理目标责任，聚焦于有贷户、重点大户、上市公司和拟上市公司等优质客户群体的深度挖掘和拓展，多措共举切实改善公司存款日均指标。其中，公司账户日均存款余额 5 万元至 100 万元 1355 户、比年初增加 115 户，100 万元至 1000 万元 211 户、比年初增加 51 户，1000 万元以上 38 户、比年初增加 13 户，客户量质提升明显，全年公司存款日均余额 23.5 亿元，企业存款比年初增加 3.44 亿元。建行揭阳市分行实现所有网点均有新增机构账户，全年共新增机构账户 161 户；机构存款比年初新增 39.85 亿元，领跑粤东西北建行系统，全省排名第二位。

2016—2017 年，全市活期性存款增加较快，短期性存款明显增长。2016 年，受对接支持广东省“粤东西北振兴发展战略”揭阳地区重点项目建设的拉动，以及其他实体经济和社会公众流动性需求增强的影响，全市短期性存款明显增长，全年新增活期性存款 81.16 亿元，占新增本外币各项存款的 45.24%；同比多增 23.88 亿元。2017 年，受揭阳市为迎接广东省第七届粤东侨博会在市区召开，在全辖开展的“百日百项大行动”，对资金流动性需求的影响，全年新增活期性存款 65.70 亿元，占新增本外币各项存款的 73.18%，其中在全市新增企业存款中，活期存款增长较快，增加额达 24.81 亿元，增幅 21.39%。储蓄活期存款增加额 40.89 亿元，增幅 6.90%。

2018 年，受揭阳市空港经济区和海港经济区建设步伐加快；以及“打造粤东发展极，建设幸福新揭阳”主题，推动谋划和启动的一批竣工、在建和开工项目的开展等因素影响，是年资金流动性需求增加。全市各项存款短期化趋势明显，活期性存款余额 840.08 亿元，是 1998 年 73.10 亿元的 11.49 倍。其中，储蓄活期存款余额 688.98 亿元，是 1998 年 44.23 亿元的 15.58 倍。全辖储蓄活期存款和企事业存款各占各项存款比重分别为 30.30% 和 26.23%。其中，储蓄活期存款占各项存款比重比 1998 年的 22.10% 提高 8.20 个百分点。

（五）合理布局，调整营业网点

营业网点布局，在实行多存可以多贷的信贷政策和业务交叉经营条件下，专业银行就出现因存款竞争带来营业网点设立的争相布局，初期普遍按行政区域设置营业网点；在经营机制由专业银行向商业转换，银行由粗放经营向集约经营转变以后，存款竞争加剧，在这种条件下，优化网点合理布局，成了商业银行为提高扩储增存辐射力和竞争力所采用的经营策略之一。为加大吸储力度，增强储蓄存款竞争力，辖区各银行金融机构打破按行政区域设置营业网点的习惯，在人行、银监统一规划和监管下，以经济效益为原则布局营业网点，坚持对业务量小，效益差网点实行撤、并、转、迁，相对增设城镇、新兴工业园和经济圈网点，扬其所长，发挥网点最大优势，吸收更多存款入行。

1986 年，全县增设储蓄所（专柜）12 个，其中农行揭阳县支行 7 个，中行揭阳县支行 4 个，工行揭阳县支行 1 个，共新增储蓄存款 400 余万元。工行揭阳县支行在县城增设储蓄网点至 11 个。并利用社会力量增设网点，在原来县啤酒厂代办所、县机床厂代办所和东兴、南门 2 个储蓄服务代办所基础上，与县棉纺厂联合成立揭阳县第一家银企合办的储蓄所。邮政储蓄机构在辖区内，普遍开设邮政储蓄网点，设县城邮政储蓄所 1 个，镇（乡）邮政储蓄所 20 个。中行揭阳县支行设立炮台、新亨、白塔、榕城共 4 个分理处，1 个侨汇服务站（曲溪），2 个所（新兴南储蓄所、中旅储蓄代办所），并率先在辖区实行天天营业制度。

1987 年，辖内各专业银行在实行多存可以多贷的信贷政策和开展业务交叉经营以来，存款出现竞争，纷纷增设网点。其中，工行揭阳县支行将储蓄营业网点由原来 11 个增至 34 个，代办合办储蓄营业网点 5 个。农行揭阳县支行设立支行营业部，并增设储蓄营业网点 15 个。

1988 年，工行揭阳县支行增设 3 个营业网点，其中 2 个银企联办所、1 个支行所，包括支行马牙办事处，储蓄营业网点增至 35 个，各营业网点普遍延长营业时间，加强柜台服务。农行揭阳县支行增设储蓄营业网点 6 个，吸储 104 万元，占储蓄存款增加额 18.90%，增加办理外币储蓄网点 3 个，吸存 115 万元；储蓄营业网点增至 306 个（含农信社网点），存款有效增加。

1989 年，农行揭阳县支行调整并增设储蓄营业网点 43 个，增加储蓄存款 2180 万元，占全年增加额 32.00%；工行揭阳县支行增设炮台办事处储蓄所，改善柜台服务，增加全日营业的储蓄所 5 个。

1990 年，农行揭阳县支行通过增设、装修装饰储蓄营业网点 127 个（含农信社），年增加 4302 万元。

1991 年，中行揭阳县支行设立榕城、马牙、曲溪、炮台、新亨、白塔共 6 家办事处；西市、榕中、韩中 3 家储蓄所；华侨大厦、新兴东共 2 家代办所。年末人民币储蓄存款同比增加 1902 万元，外汇存款同比增加 91.79 万美元。

1992 年，撤县设地级揭阳市以后，地市级分行工行、农行、中行、建行先后成立。工行揭阳分行设普宁、揭东、揭西、惠来、榕城“4 县 1 区”支行。农行揭阳分行设立榕城、揭东、普宁、惠来、揭西共 5 个支行，辖下共有 83 个营业所、95 个储蓄所。负责领导和管理 4 县 1 区 86 个农村信用社，176 个信用分社（站）、储蓄所。中行揭阳分行设立市区分行营业部 1 个及支行 5 个，办事处 17 个，分理处 2 个，储蓄所（含代办所）18 个。建行揭阳市分行在原来已设立惠来支行，普宁支行的基础上，分别设立市区营业部、揭东县支行、榕城支行和市经济开发区支行。

1993 年，全市增加银行营业网点 18 个，其中，建行揭阳市分行新设市区分行和榕城、普宁、揭东支行共 8 个办事处，在普宁支行东郊等设立 2 个储蓄所。普宁改为县级市，工行揭阳分行辖属普宁县支行改为普宁市支行，原隶属关系不变。中行揭阳分行增设支行 2 个，分理处 1 个，储蓄所（含代办所）5 个，增加存款。

1994 年，建行揭阳市分行为做好对广梅汕铁路建设的服务，吸收铁路资金，完善服务功能，专门开设一间储蓄营业机构，成立铁路办事处；按照闹市区、大门面、多功能的标准建立网点；增设榕城支行的东环城办事处，开发区支行的东兴办事处共 2 个，惠来支行的隆江、葵潭、惠城中心储蓄所 3 个。做好榕城支行西门办事处的迁址工作，适应存款业务拓展需要。

1995 年，辖内工行、农行、中行、建行 4 大专业银行开始向商业银行转轨，根据《中华人民共和国商业银行法》第 19 条“商业银行在中华人民共和国境内之分支机构不按行政区域设置”的规定，拉开撤并营业网点的序幕，按照成本核算原则，对经营环境不佳，业务量小，没有储源潜力的网点进行撤销或合并。把基础好、业务量大的储蓄所，建成规模大、档次高、功能齐全，现代化服务水平高的分理处或中心储蓄所。是年，工行揭阳分行对营业网点做好有前瞻性的规划、新建、装修装饰和合并工作，为调整优化网点布局，开拓存款业务奠定基础。建行揭阳市分行设立市分行华诚办事处，揭东县支行金溪储蓄所。中行揭阳分行本着“注重效益，妥善发展”的原则，通过仔细调查，认真选择，选址增设了惠来支行葵西办事处、揭西支行金和办事处和市区榕城办事处共 3 个营业网点，使全辖营业网点达到 53 个。新开业的 3 个营业网点，由于地理位置优，业务发展迅速。其中葵西办事处开业首月就吸储人民币 246 万元，榕城办事处开业半年余时间，存款人民币余额达 709 万元。同时还对那些环境差、效益低的网点进行改造和装修装饰，使原有网点的竞争能力明显提高，如普宁支行玉华储蓄所经过高档次装修装饰后，存款余额由2688万元增加到3081万元。农行揭阳分行按照“成本效益”原则，合理布局，调整网点，选择在市区、县城、城郊结合点及经济开发区增设14个较高标准的营业网点，增强吸储能力。

1996年，农行揭阳分行打破以往按行政区域设置机构或营业网点的做法，逐步实现适度规模经营，共调整网点31个，其中撤并无效益或低效益网点19个，转换职能网点6个，迁址网点6个。通过预测和可行性论证，选择在地理位置优越，有发展前途的闹市区，经济开发试验区增设营业网点6个。工行揭阳分行对达不到保本点的14个营业网点进行撤、并、迁，使之形成较为合理的布局；对6个较大型的储蓄所进行改造和装修装饰。中行撤销韩祠路、新兴东、榕中、侨社等共10个地理位置欠佳，年存款余额少于500万元，发展潜力不大的办事处、储蓄所（含分理处、代办所）。建行揭阳市分行先后培育普宁支行城东、城西办事处，营业部储蓄专柜，榕城支行储蓄专柜等一批大中型骨干所（柜），带动基层网点筹资工作的全面发展；在市区繁华路段选址布点，增设普宁支行城北办事处，普宁支行金叶园储蓄所；迁址榕城支行，以及榕城支行北建储蓄所、陈厝池储蓄所、营业部海关前办事处等一批低产所（处），优化网点布局。

1997年，工行揭阳分行对达不到保本点又没有发展前途的7个营业网点进行撤、并、迁，其中撤销储蓄所2个，合并5个；新增设分理处1个；对地处较中心地段，效益较好的18个储蓄所进行改造和装修装饰，增强营业网点吸储功能，成为带动其他营业网点存款增长的“拳头所”，年末，涌现存款1000万元以上的大所共39个，占总数的37.40%，储蓄余额占比95%。建行揭阳市分行增设榕城支行新兴南储蓄所等一批下伸网点，扩大服务的覆盖面，增强竞争实力。至年末，市分行网点数量达到成立以来数量最多。农行揭阳分行按规模经济和集约经营原则，撤并低效无效的营业网点36个，其中，分理处10个，储蓄所26个，分流人员42人；新增设高效营业网点5个，网点格局优化。

1998年，工行揭阳分行实施大所战略，实现规模效益，对边远、效益差且没有发展前途的5个办事处、1个分理处、6个储蓄所进行撤、并、迁以后，营业网点占比15%；对经济效益好、发展潜力大的3个营业网点进行改造和装修装饰；在闹市区、富储源的区域增设2个营业网点。全年涌现2个存款余额超2亿元的储蓄所；13个存款余额超5000万元的大中型储蓄所，存款余额结构占比53.60%。建行揭阳市分行撤销地处惠来、揭东、揭西偏远和低储源的7个储蓄网点，提高规模效益。农行揭阳分行为提高规模效益，继续撤并业务发展慢、乡镇边远的低效营业网点31个，其中分理处8个，储蓄所23个，分流人员178人；对限期达标的20个营业网点进行逐月监控；做好部分支行营业网点迁址，优化网点布局，增强竞争能力。中行揭阳分行继续优化全辖网点布局，撤并低效益无发展前途的营业网点4个，年末各项人民币存款同比增加4.99亿元，增长30.42%。全辖41个网点，存款平均余额5220余万元，比上年末增加1322万元。涌现出存款2亿元以上网点2个、1亿元以上网点共2个、5000万元以上网点共6个。其中储蓄存款增加5.37亿元，增长38.76%。储蓄存款突破自分行成立以来，第一次以全市最少的网点，创造增幅全市第一，增量全市第一，增加额市场份额全市第一，网点平均余额全市第一，网点平均增加额全市第一的好成绩。

1999年，农行揭阳分行优化网点布局，扩大网点功能，按照“优化、规模、网络、效益”标准，对新建网点严格审批；同时撤、并、迁低效网点19个，其中分理处1个、储蓄所18个，分流人员48人；增加全辖网点8个、省辖网点4个。年末共有2个网点存款余额分别突破1亿元，网点优势和竞争力显现。工行揭阳分行优化网点布局，继续实施大所战略，实现规模效益，对经济效益好、发展潜力大的12个营业网点进行改造和装修装饰；对边远、效益差、没有发展前途的16个营业网点进行撤、并、迁，增强存款竞争力。建行揭阳市分行按照“收缩与发展并重，不求最大，但求最好”的网点优化战略，继续抓好低产网点的搬迁和骨干网点的改造和优化，先后改造和装修装饰市分行营业部及辖下的铁路办事处、揭东支行炮台办事处、揭西支行棉湖办事处等共4个营业；对普宁支行的东郊储蓄所、池尾办事处、城南储蓄所、长春办事处、城西储蓄所等共5个营业网点迁址。年末，全市分行营业网点平均存款比年初增加1128万元。

2000年，辖区工、农、中行推行集约化经营，加大撤并网点和减员分流力度，对保留下来的网点进行重新布局，提升基层经营实体的市场竞争能力，促成网点存款增长。工行揭阳分行撤并营业网点21个，其中，分理处2个，储蓄所19个，分流人员13人；改造和装修装饰营业网点6个；同时继续实施大所战略，打造精品网点，把上年末存款余额在5000万元以上的15个储蓄所（专柜）列为大所发展对象，从定员定岗、业务开拓与奖金、责任制与考核、装修改造等进行重点打造，年末5000万元以上的大所达21个，存款余额21.70亿元，占存款总额78.80%。农行揭阳分行按“调整城市、巩固县市、优化农村”的网点调整思路，制订实施《关于进一步调整优化营业网点实施方案》，先后撤并营业网点20个，其中，分理处4个，储蓄所16个。中行撤并历年亏损，资产质量较差的营业网点11个，其中，包括惠来、渔湖支行2个，办事处6个，储蓄所3个，分流人员89人。

2001年，建行揭阳市分行优化网点结构，撤并无效益低效益营业网点6个，其中，办事处4个，储蓄所2个，包括普宁的洪阳、梅塘和里湖，揭东的新亨和揭西的河山、棉湖。市中行增设惠来办事处。工行揭阳分行优化网点布局，撤并低效益储蓄所8个，分流人员15人。农行揭阳分行继续按照“调整、巩固、优化”原则，优化网点布局，先后撤并低效益无效益营业网点26个，其中，分理处12个，储蓄所14个，富余人员分流139人。农信联社（揭东）对辖内重复设点、业务量小、发展潜力有限、效益低、安全隐患突出的网点进行撤并，全年全辖共撤并网点52个，占年初网点数的1/4。通过调整网点布局，优化资源配置，逐步消除网点臃肿低效的弊端，降低经营成本，提高整体效益。

2002年，建行揭阳市分行撤并低产网点4个，优化网点布局和结构，网点效益提高，全市分行网点点均存款余额同比增加2056万元。工行揭阳分行改造和装修装饰营业网点4个，升格网点2个，撤并无效益低效益储蓄所3个，分流人员21人，使全辖网点布局和功能进一步适应现代商业银行发展的模式和要求。农行揭阳分行撤并无效益低效益营业网点8个，包括普宁支行的立新路、前蔡、大南山营业所和榕城支行的新兴北分理处，揭西支行的上砂、京溪园营业所、河婆储蓄所，揭东新亨储蓄所；按规范化标准改造和装修装饰营业网点6个，提高网点竞争力。广发银行普宁办事处升格为普宁支行。

2003年，建行揭阳市分行撤并低产网点，推进网点扁平化管理。是年共撤并低产网点6个，其中，办事处3个，储蓄所6个，分流人员45人；撤销三个县支行的内设机构，完成三个县支行的扁平化管理。吸储功能和业务效率提高，年末人民币储蓄存款增加2.89亿元。工行揭阳分行制定实施《机构调整优化三年规划方案》，将辖属网点中存款规模较大、发展前景良好、金融环境优越、业务品种齐全、软硬件条件较好的11个分理处、储蓄所申报升格为二级支行，把分行第二营业部改建并更名为市分行东山支行；把辖属33个营业网点划分为大型、中型、小型、专业型共四类网点，对各网点功能区分和岗位设置，分别进行规划改造，提高网点竞争力。农行揭阳分行在优化网点布局中，对城区支行（含榕城、马牙、进贤和经济开发试验区支行）整合为为营销型单点网点，不承担网点管理职能和不设内部机构，与城区13个营业网点全部由分行直接管理，并扩展业务范围，提升网点综合服务水平；辖属设揭东、普宁、惠来和揭西支行；同时撤并10个营业网点机构，其中分理处2个，营业所8个，包括揭东县支行的地都、新亨营业所；惠来县支行的葵西分理处和神泉、隆江营业所；揭西县支行的河山分理处和塔头、南山营业所；普宁支行的高埔、大坪营业所，分流人员139人，通过优化布局，提升网点效益。交行揭阳分行撤并3个分理处，分流人员25人。中行分三个层次致力建设精品网点，其中加大力度打造辖下玉华分理处成为省行级精品网点；马牙办事处升格为辖下马牙支行；此外，安排专项投入，对辖属10个营业网点进行改造和装修装饰，提升网点形象，增强网点竞争力。广发银行揭阳办事处升格为广发银行揭阳支行，辖下榕城分理处升格为榕城支行、东山营业部升格为东山支行，提升吸存能力。

2004年，工行揭阳分行整合资源，提升网点服务层次，先后撤并营业网点4个，分流人员25人，迁址并更名1个，对3个营业网点因地制宜进行网点功能分区，26个营业网点实行综合柜员制，14个网点配备大堂经理；并将11个分理处、储蓄所以翻牌方式升格为二级支行，把分行第二营业部升格为二级支行，提升基层网点机构层级，扩展业务范围，提升网点综合服务水平。农行揭阳分行撤并10个无效益低效益营业网点，其中分理处8个，办事处2个，分流人员182人。

2005年，建行揭阳市分行整合优化网点资源和布局，撤并低效益网点3个，包括东山分理处、东兴和东升分理处；对城南分理处进行改造和装修装饰；营业网点迁址2个，包括北建、城东分理处，提升市场竞争力。工行揭阳分行从优化网点布局出发，将7个分理处（储蓄所）升格为二级支行，包括分行建阳路储蓄所、分行榕湖分理处和城东分理处，普宁市支行城西分理处、河西，三横街分理处、中心分理处，通过基层网点机构层级的提升，扩展业务范围，增强网点综合服务竞争力；同时撤并机构重叠和无发展前景的营业网点8个，其中分理处6个、储蓄所2个。中行对辖下6个营业网点进行升级改造和扩建装修装饰，完善网点服务功能；撤并低产低效、发展前景较差的营业网点1个；将军埠办事处、马牙支行迁往市场发展潜力较大的市区繁华路段，不断调整优化网点布局，提高营业网点竞争力和经营效益。

2006年，工行揭阳分行贯彻《2005—2007年度机构网点三年发展规划方案》，撤并亏损营业网点3个，分理处2个、储蓄所1个；迁址装修装饰网点2个；将揭东炮台分理处升格为支行，完善综合业务品种，提升营业网点竞争力。农行揭阳分行撤并低效益营业网点2个，富余人员分流12人。中行制订和实施《2006—2008年机构发展规划》，撤并布局不够合理、周边经济环境较差的营业网点3个，包括流沙大道支行、友谊支行和广达分理处，分流人员2人；将玉华路支行、侨北分理处迁往发展潜力较大的市区布点营业。农行揭阳分行在优化布局中撤并营业网点2个，分流人员12人。交行揭阳分行完善各网点规范化的建设，改造和装修装饰营业网点3个。建行揭阳市分行在优化网点布局的同时，充分利用网点内部资源，实行弹性排班制度，在不增加网点人员、每周工作时间总量不变的前提下，按业务量设置网点服务窗口，在全行推行网点柜员全日直落上班制模式，定期轮换，客流高峰时段利用网点内部人员增加对外营业柜台，改变长期形成的上、下午倒班的固定模式，规范基层网点服务操作流程。

2007年，辖区各银行继续调整网点布局，加强营销服务渠道建设。其中，工行揭阳分行成立渠道建设委员会，对全辖27个网点的未来定位进行系统规划，按时间进度完成分行营业部贵宾理财中心改建；将榕城支行天福路储蓄所升格为二级支行，并更名揭阳韩祠支行；改造和装修装饰营业网点3个，提升网点的服务形象和市场竞争力。农行揭阳分行撤并营业网点2个，其中包括马牙支行的东山分理处，分流人员22人。建行揭阳市分行加快网点改造和布局调整力度，改造和装修装饰营业网点5个，包括棉湖、华诚、长春、仙桥、榕湖支行，提高网点竞争力；启动零售网点转型项目推广，组织对华诚、玉都、榕湖、仙桥、铁路支行共5个支行的授课培训，举行网点转型流程演练。将华诚支行打造成为转型样板点。中行揭阳分行推进营业机构战略转型，优化营业网点战略布局，撤并发展潜力较差的营业网点1个，分流人员20人，在市区新增发展前景较好的营业网点2个；改造和装修装饰营业网点9个；普宁侨北分理处迁至揭阳东山黄岐山大道，并升格和更名为莲花支行；普宁玉华路支行迁至揭阳东山金润花园，并更名榕江支行。交行揭阳分行对普宁支行网点进行整合优化，将支行由普宁迁至揭阳市区，并升格为揭阳阳美支行；对全辖10个二级支行实行垂直化管理，实现全行网点扁平化，提升吸存竞争力。

2008年，中行在优化网点布局的同时，完善营业网点规范化建设，改造和装修装饰营业网点4个，实施服务功能精细化管理；成立分行本部个人理财中心。农行辖下马牙支行更名城区支行；撤并普宁流沙支行，业务并入流沙大道支行。工行揭阳分行重新规划网点布局，低效网点迁址2个，其中包括天福储蓄所升格、迁址并更名榕城支行；撤并经营效益较差营业网点1个，包括撤并榕湖支行，业务并入榕城支行，原榕湖支行更名阳美支行；对3个贵宾理财中心和一个理财网点进行改造和装修装饰，优化网点布局，带动存款业务的发展，如阳美支行自11月中旬开业至年末仅一个余月的时间，存款增加1.96亿元，销售理财产品7956万元。交行揭阳分行优化网点布局，搬迁2个营业网点，包括龙马、榕城支行。建行揭阳市分行加快网点改造和渠道建设，提升网点服务功能。对营业网点进行原址改造和装修装饰3个，包括揭东、揭西和惠来支行；迁址并改造和装修装饰营业网点5个，包括流沙西、马牙、炮台、开发区和占陇支行；启动营业网点转型工作，经过全辖基层网点上下努力，分行辖下24个网点全部通过上级行的转型验收，提升网点服务功能，增强吸存能力。

2009年，农行揭阳分行致力于网点布局与市场定位的衔接配套，加强网点布局决策的科学性和前瞻性。结合加快网点转型建设，先后对6个营业网点通过升级改造，并升格经营层级，包括揭东支行曲溪营业所升格并更名揭阳分行曲溪支行；揭西支行中心分理处升格并更名揭阳分行河婆城区支行；普宁支行广南分理处、洪阳营业所分别升格并更名揭阳分行流沙广南支行和洪阳支行；揭阳分行丹凤分理处升格并更名揭阳分行丹凤支行；惠来支行靖海营业所升格并更名揭阳分行靖海支行。通过提高基层网点机构层级，努力打造与市场定位相衔接的营业网点，提升网点竞争力。工行揭阳分行加快网点布局改造，将营业网点服务网络，延伸到新兴经济发展区域和乡镇，提高重点区域核心网点覆盖范围和针对优质客户的服务能力。先后升格营业网点1个，普宁支行迁址并更名中河支行；核准榕城江南新城、东山家和花园营业网点的准入工作，加快网点改造和装修装饰；规范化装修装饰贵宾理财中心4个，包括揭西支行营业部、榕城支行营业部、揭东支行营业部和普宁中河支行的贵宾理财中心。邮储行揭阳市分行对市分行营业部和普宁中河支行进行迁址和装修装饰，对辖下13个自营营业网点进行升级改造，提升吸存能力。

2010年，工行揭阳分行将揭西河山支行迁至揭阳市区并更名揭阳分行江南新城支行；将普宁池尾分理处升格并更名普宁池尾支行；以迁址重建形式，对经营环境较差的揭东支行及揭西河山支行进行升级改造和装修装饰；分别在揭东县城新区及榕城江南新城新兴高档住宅区设立营业网点；对网点营业面积狭小、功能分区落后的辖属建阳支行、阳美支行和普宁流沙支行进行扩建，升级改造和装修装饰，提升网点竞争力。农行揭阳分行按“财富型”“理财型”“标准型”的布局，对全辖网点进行合理规划，其中，主要功能区升级改造和装修装饰营业网点7个。建行揭阳市分行撤并分行榕江支行，迁址、装修装饰和更名市分行进贤支行。邮储行揭阳市分行迁址和装修装饰营业网点2个，包括惠来隆江支行、揭西新河路支行。

2011 年，工行揭阳分行以新增网点为中心，加大经济强镇、专业市场、能源集中区域的渗透力度，调整和优化网点服务网络，全年共增设网点 3 个，搬迁网点 2 个，装修改造网点 2 个。农行揭阳分行调整优化网点布局，先后完成营业网点的转型建设 13 个，提高网点服务水平和辐射能力。建行揭阳市分行优化网点布局、优化网点功能分区，先后对 2 个营业网点进行原址改造和装修装饰，包括东城、玉都支行；营业网点迁址改造和装修装饰 3 个，包括沿江路、榕湖、平湖支行，提高网点服务效率和经营能力。交行揭阳分行先后对 2 个营业网点进行原址改造和装修装饰，包括普宁、惠来支行，迁址和装修装饰 1 个，包括新河支行，提高吸存能力。邮储行揭阳市分行迁址和装修装饰营业网点 3 个，包括仙桥、服装城、锡场支行；有荣华、商品城 2 个新营业网点相继开业，规模化启用带来吸存能力的新提升。

2012 年，工行揭阳分行优化网点 4 个；新开办网点 2 个，包括金属市场支行、乔南支行；普宁城西支行更名服装城支行。建行揭阳市分行撤并榕湖支行；新增设 2 个营业网点，包括东升、锡场支行；新增设 1 个财富中心。农行揭阳分行集中精力和资源打造骨干网点，加快网点转型改造进度，全年对 22 个网点（含离行式自助银行）进行转型改造，提高网点服务水平和辐射能力；通过在普宁服装城核心商业区新设营业网点，开展多层次综合金融服务，培育一批优质客户群体。中行新增设营业网点 1 个，包括仙桥支行；迁址、升级改造和装修装饰营业网点 3 家，提升网点服务功能，增强网点吸存能力。交行揭阳分行服务网络逐步扩展，分行乔迁新址；迁址、装修装饰营业网点 2 个，优化网点吸存能力。

2013 年，辖区银行优化网点服务覆盖，提升网点综合服务功能，增强吸存发展能力。其中，工行揭阳分行新增营业网点 1 个，优化营业网点 2 个。交行揭阳分行先后改造和装修装饰营业网点 3 个，迁址和装修装饰营业网点 2 个。建行揭阳市分行新设营业网点 1 个，包括普宁流沙南支行。中行搬迁、改造网点 2 个，新设理财中心 3 个，财富管理中心 2 个；启动普宁、揭东 2 家县级支行全功能复合型网点建设，增强存款发展能力。

2014 年，农行揭阳分行以搭建科学合理的覆盖网络，巩固高效多元的服务渠道，全面优化营业网点的布局和建设，新设营业网点 5 个，升级改造营业网点 44 个，存款持续稳步增长。揭阳农商行（市区）调整网点发展战略，优化网点布局，顺应揭阳行政区域调整和产业结构调整的大趋势，按照做精中心城区市场，做强城乡结合部市场，做大远郊农村市场的战略规划，在中心城区设立万景支行，在揭东区设立揭东支行，在仙桥街道下六村设立下六分理处，进一步延伸服务链条，打破制约业务发展的瓶颈。同时继续开展分支机构和营业网点的整合升级，强化专业服务，形成特色鲜明、层次丰富的服务网络，增加吸存能力。

2015 年，工行揭阳分行通过合理布局，推进网点竞争力优化。根据营业网点“长短板”做好“一点一策”经营辅导，要求不降低、措施不放松，力促网点业务发展能力跃上新台阶。至年末，低效营网点提质增效 6 个，网点竞争力达标 5 个。交行揭阳分行推进网点资源整合优化，搬迁中华路支行；新设首个普惠型网点，把分行营业部、普宁支行打造成有效益、形象、特色的综合型网点，逐步推进低产低效网点向普惠型网点转型。建行揭阳市分行新设营业网点 1 个，包括大南海石化支行，全行 28 个网点在辖区内广泛覆盖；所有网点实行综合柜员制，综合柜台比转型前增加 73 个，占比从 39% 提升至 95%，网点吸存能力有效增强。

2016 年，建行揭阳市分行立足营业网点“五大转型”（指：网点布局转型、网点智慧转型、网点经营转型、网点服务转型、岗位素质转型），优化网点布局，加强分类建设，对 4 个低效网点增效提质，对 5 个网点转轻型，推动渠道布局由单一标准向分类管理、由注重增量向优化存量转变，进一步扩大渠道覆盖、提升吸存能力。工行揭阳分行撤并低效益、服务半径重复营业网点 1 个，包括市区韩祠支行，业务并入市区进贤支行；结合资源配置和网点实际，实现网点业态优化和转型升级，做活营业网点 3 个、竞争力达标网点 2 个、低效网点提级优化 4 个，吸存能力有效提升。中行细化制定《营业网点选址指引（试行）》，建立网点选址评估可量化指标，为网点选址和网点升级改造提供参考依据和指引，渠道布局逐步优化，对 2 个新增设的营业网点，完成选址、立项和筹建。其中普宁城东支行年末竣工投入使用。民生银行揭阳分行新设阳美、广达支行。南粤银行揭阳分行新设普宁支行。广发银行揭阳支行成立中德金属生态城支行。揭阳农商行（市区）在产业金融需求旺盛、金融服务不足的地都镇、登岗镇选址增设营业网点。揭东农商行迁址装修装饰营业网点 3 个，包括蓝城、登岗、霖磐支行，优化服务触角，提高存款增量。

2017 年，中行持续优化网点布局，增设营业网点 2 个，包括城东、蓝城支行；对功能分区落后，进行升级改造和装修装饰的营业网点 2 家。建行揭阳市分行原址升级改造和装修装饰营业网点 3 个，包括揭东、揭西、空港支行；同时迁址装修装饰营业网点 4 个，包括东升、惠来、流沙南、江南新城支行，增强存款竞争能力。民生银行揭阳分行增设服务社区居民的经营型网点 3 个，包括江滨花园社区支行、明珠帝苑社区支行、揭阳水产大楼小微支行；辖下普宁广达支行新设普宁商品城小微支行，提升吸存能力。

2018 年，中行新设惠来支行，实现支行网点业务在全辖所有县域全覆盖；对物理环境差、功能分区落后，进行升级改造和装修装饰的营业网点 2 个，迁址并装修装饰营业网点 1 个，为吸存增效。工行揭阳分行撤并城东支行，业务并入榕城支行；新设大南海支行。建行揭阳市分行推进网点布局优化，迁址网点加大向大型专业市场、高端社区等空白区域的布局，先后对东升、惠来支行迁址，对流沙南、江南新城支行迁址，并由轻型网点调整为综合型网点；对揭东、揭西、空港支行进行原址升级改造和装修装饰；集中资源做大做强旗舰网点，普宁支行成功申报打造成省分行级旗舰网点，并充分发挥旗舰网点的标杆和龙头作用，存款发展能力明显增强。交行揭阳分行在市区创建一个“五星”网点，打响品牌。普宁农商行撤并服务半径重复、网点建设落后的 4 个分理处，包括城北、龙苑、中华路和城西分理处；由一级支行降格为二级支行的营业网点 3 个，优化网点布局。民生银行揭阳分行撤销江滨花园社区支行。

1992—2018 年揭阳市金融机构储蓄网点统计表

表 3-10　　　　单位：个

年　份	1992	1995	2000	2005	2010	2015	2018
农发行揭阳市分行	—	—	2	2	2	2	2
工行揭阳分行	67	72	41	30	28	33	32
农行揭阳分行	183	196	116	57	51	52	52
中行揭阳分行	43	38	28	24	20	21	24
建行揭阳市分行	36	48	45	24	24	28	28
交行揭阳分行	4	12	12	10	10	11	9
广发行揭阳分行	—	3	5	4	4	4	5
邮储行揭阳市分行	—	—	—	—	85	91	91

续表 3-10

年 份	1992	1995	2000	2005	2010	2015	2018
农村信用社	456	425	421	413	302	154	31
农村商业银行	—	—	—	—	62	214	333
民生银行揭阳分行	—	—	—	—	—	1	7
南粤银行揭阳分行	—	—	—	—	—	1	2
汇成村镇银行	—	—	—	—	—	10	16
汇丰银行揭阳支行	—	—	—	—	—	1	1
东亚银行揭阳支行	—	—	—	—	—	1	1
合 计	789	794	670	564	595	630	640

说明：表内“—”为无法取数，或无数据

（六）创新业务，推动存款增长

为使金融产品和服务方式不断适应和满足金融消费者的多元化需求，1986 年以来，辖区各银行金融机构力求从“新”和“特”的角度，不断创新金融业务。使金融业务创新，成为各银行金融机构增强吸存后劲，推动存款不断增长的源动力之一。

1986 年，工行揭阳县支行开办房屋有奖定期储蓄存款，推出两全家庭财产保险储蓄和港澳旅游有奖储蓄（用存单号码进行抽奖）、零存整取有息有奖集体储蓄（分次存入到期一次支取本息，中奖者还有奖金）、是年 12 月在新春期间举办“迎新春”有奖储蓄。农行揭阳县支行开办丙种外币存款（境内居民可以自由支取外币存款）、同业资金拆借业务，全年对基层所调剂临时借款 759 所次，金额 1.48 亿元，面向资金市场，先后通过纵横向借入资金累计 6007 万元；建行揭阳县支行开办代收职工集资建住宅、个人购商品房资金、华侨和港澳捐资建设资金业务，是年承办新业务代收资金 1279.40 万元，占各项存款的 15%; 并开办个人储蓄存款、外汇储蓄存款和同业资金拆借业务。县农信联社开办同业资金拆借业务，在统筹各社资金的基础上，累计调剂给各社资金 501.70 万元。是年 7 月 5 日，由人行揭阳县分行领导、组织和管理，开办有县城 7 家银行金融机构参加的同城票据交换所，至年末，交换票据 56150 笔，金额 3.73 亿元，资金抵用率达 92.2%，加速资金周转。

1987 年，在人行揭阳县支行的协调下，成立揭阳县金融业同业资金拆借市场。是年 2 月起，开通融资渠道，积极为专业银行调剂临时资金余缺。工行揭阳县支行扩大储蓄业务范围，增加储蓄种类，全面开办储蓄个人汇款，代发工资，开办在省内各地区可以取款的储蓄旅游支票业务，发行工行金融债券，扩大跨省区、跨系统的横向融资，发展拆借业务。农行揭阳县支行推出有奖储蓄定期存单，年末存单余额共 237 万元。继续开展资金拆借业务，拓宽拆借渠道，先后从广州深圳、汕头、南京、海南等地拆入 9390 万元，支持全县粮食和农副产品收购，缓解资金供求矛盾。

1988 年，农行揭阳县支行开办大额定期储蓄、黄金贴水储蓄业务，发行黄金首饰定期有奖储蓄存单，吸储金额 175 万元。信用社通过增资扩股，吸入股金 1095.30 万元。工行揭阳县支行推出有奖定期储蓄共 4 期，全年吸储金额 335 万元；根据客户希望保值的心理，在推出长期保值面单的同时，10 月末，推出足金首饰贴水储蓄新储种，至年末吸储累计 106 万元；开办居民港币储蓄存款业务，设立专柜，代理外币储蓄存款业务。建行揭阳县支行开办定活两便储蓄和港币储蓄业务，举办保值储蓄和实物黄金奖售储蓄活动；开办住房储蓄存款，适应客户住房需求，推进住宅商品化；成立“房地产开发部”，为承办房改业务做好金融服务。中行揭阳县支行开办大额存单，发行金融债券，举办有奖有息储蓄存款活动，扩大人民币资金来源。

1989年，辖内工行揭阳县支行、中行揭阳县支行、建行揭阳县支行利用调整存款利率时机，扩大保值储蓄业务，增加储蓄种类。工行揭阳分行推出迎春金首饰有奖储蓄、定活两便储蓄。中行揭阳县支行推出家庭财产两全保险储蓄业务；推出总行发行的长城维萨卡，为持卡人客户适应各种付款和生活所需，提供多功能服务，增加沉淀存款。农行揭阳县支行开办大额可转让存单、个体工商户的“养老基金储蓄”“纯女户养老基金储蓄”。建行揭阳市分行推出“住宅专项储蓄、存期累进、大额可转让”存单新储种。

1990年，工行揭阳县支行开办各类代理业务，包括代理国库券、企业债券、股票、保险等方面的投资业务，增加沉淀存款，丰富负债业务。农行揭阳县支行新开办大额可转让存单、以女子为主要对象动员节约的“南粤女子爱国储蓄”、代办港币储蓄存款，其中年末港币储蓄存款1058万元。发送马年纪念币3000枚。中行揭阳县支行推出“定期一本通”业务；扩大长城信用卡的发行，增加沉淀吸存。

1991年，建行揭阳县支行开办政策性房改金融和“存三贷七”个人住房贷款供楼业务。工行揭阳县支行发行工商银行金融债券，直接从社会筹集资金；扩大跨省（区）、跨系统的横向资金融通网络，发展拆借业务；首次总代理发行石油公司债券，短短10天内，500万元债券全额售完；经人行揭阳县分行批准，辖区各银行继续发行大额可转让定期存单业务。交行揭阳分行开办“特种大额定期存单”、“贺新春优息定期存单”两种储蓄业务。是年12月7日，揭阳撤县设立地级市，辖区银行负债业务翻开发展的新一页。

1992年建市后，人行和工行、农行、中行、建行相继成立，续写存款业务创新的新篇章。农行揭阳分行推出大额特种储蓄存款；开办多功能储蓄所，增设电脑储蓄网点；开办代收代付业务。建行揭阳市分行成立仅三个月，即在市区推出“供楼”业务，与8家开发企业签订“供楼”协议；开展拆借业务，从深圳、惠州建行拆借资金200万元。工行揭阳分行开办住房专项存款，推出“贺新春”大额定期存单新储种，以优惠利率吸存。中行开办存单质押和以存定贷业务。交行揭阳分行继续开办“特种大额定期存单”“贺新春优息定期存单”储蓄业务。

1993年，辖区银行金融机构利用央行二次调高利率的有利时机，大力发展储蓄业务。工行揭阳分行推出“迎新春有奖有息储蓄”，十天内完成发售1500万元，此后又继续发行，合计售出2750万元；7月起推出具有即开对奖又有摇珠对奖二次中奖机会的“住房有奖储蓄存单”，此储种吸引许多客户，共发售1250万元；同时，还组织发售全省统一的有奖有息存单610万元。农行揭阳分行推出代发土地赔款、代发工资、代收代付业务；增办外汇汇款、外汇担保和押汇、资信调查、咨询、见证等业务；广泛发售“贺新春优惠定额定期存单”和“有奖储蓄”，二次共吸入资金7400万元。中行推出总行发行的万事达信用卡；开办电话银行服务（主要是余额查询、交易查询）、代收电费、学费、代发工资等业务；以及本、外币定期存款通存通兑业务。交行揭阳分行为揭阳市车辆购置附加费征收管理办公室开立“车购费”“公路建设基金”两个专户，并派人在该单位设点代收；5月，推出由上级行组织发起举办“交好运”有奖有息储蓄存款活动。存单起存面额500元，定期一年，除按年利率7.56%计息外，另设有5个奖项；8月起，推出全省统一发行的定期定额有奖有息储蓄存单。面额50元，定期一年还本付息，设4个奖项。

1994年，农行揭阳分行推出“有奖储蓄”存单，吸储金额5000元。建行揭阳市分行开办电话银行、个人支票、信用卡业务；启用电子货币支付系统，用电子金融网络代替现金支付；推出储蓄通存通兑、代理市证券中心二级市场上市公司分红派息，扩大代收代付业务范围和房改金融业务，增加沉淀存款。工行揭阳分行开办信用牡丹卡业务，扩大特约单位；结合住房制度改革，推出住房存贷款业务，做好住房基金引存；抓好电脑联网，在辖下普宁支行辖属网点中首先实现通存通兑；相继开办个人汇兑结算业务，代理人身保险业务，社会福利奖券发售，代发工资、代收费用、代收证券市场保证金、代理股票收款业务、代理基金、代理国债等品种，为储户提供多功能服务。工行、农行、中行、建行共4家专业银行及其下属机构先后开办信用卡、自动柜员机业务，24小时为客户提供准确、快捷的存、取款服务。邮政储蓄机构开办省内活期存款异地存取业务。农信社开办特种存款业务。是年6月，广发银行揭阳支行在辖属各营业网点开办储蓄通存通兑业务。

1995年，工行揭阳分行开通榕城、普宁、揭西和棉湖办事处的通存通兑网络；牡丹卡业务再发展，至年末，发卡单位金卡比年初增加394张，个人卡增加1378张。农行揭阳分行在继续开展国际业务和信用卡业务的同时，新开办保管箱业务；年初开通市区储蓄通存通兑业务，下半年在普宁支行辖下网点建成储蓄通存通兑网络并检测成功试运行，为增加存款提供条件；实行全日制营业，开办夜市储蓄。建行揭阳市分行推出储蓄卡业务；开展市区交通违章、税款等代收代付业务；开办水、电费和税款代收业务以及柜台住宅储蓄业务。

1996年，建行揭阳市分行争取到市区房改公积金的独家承办权，加大房改基金的吸存力度；在26个营业网点新开办外汇储蓄务，外汇储蓄网点达到39个。农行揭阳分行全面开通全国联行电子汇兑系统，实现24小时内到账。工行揭阳分行开办代发工资、代收水费、代收学杂费、代收邮电费、代收证券市场保证金等服务。是年在市区月代收水费4万余户、企业26家，二者总金额2948万元；为26家企业发工资，总额985万元；分行东山办事处代收证券市场保证金，在高峰期日收付量达400余万元；分行市区7个联网网点代理威达股票发行的收款业务，金额达87亿元。

1997年，中行开通全辖通存通兑业务；发行长城卡、长城借记卡；开办远期结售汇业务，为客户提供更为安全、方便、快捷的服务。工行揭阳分行通过上门服务、延长服务时间，动员大户存款，开展各种增存活动；做好“以贷引存、以贷稳存”工作，增加和稳定对公派生存款；增办代收地税款、养路费、交通违章罚款等代收代付品种。农行揭阳分行在国际业务依法依规的前提下，重点开展结售汇和信用证服务，取得较好效益；开办保管箱业务，是年新开箱144户，租箱率16%，比年初提高3个百分点；增加代理保险业务、代收移动电话费、学生学杂费、村民买厝地保证金和住房公积金等业务，增加沉淀资金存款。建行揭阳市分行大规模增设综合经营下伸网点，扩大服务的覆盖面，增强吸存竞争力。交行揭阳分行推出集存款、取款、转账、消费、代收、代发等功能，不能透支，无需担保的太平洋借记卡发卡业务。

1998年，辖内各银行拓展代收代付业务。中行拓展开办自营进出口企业、外商投资企业和技工贸企业的进出口结算业务，年末结汇61430万美元，售汇45002万美元，结、售汇在辖区的市场占有率分别为70.11%和52.70%；同时加大推广独家远期结售汇力度，在选择若干家优质企业，试做数笔小额远期结售汇业务的基础上，不断发展，使之成为中行增加收益的新增长点；开通电话银行；建立分行清算中心，同时开通特约商户自动清算系统；此外全辖所有营业网点都开办长城卡、电子借记卡业务。农行揭阳分行加强结算服务，完善电子汇兑服务功能，增加代理发行国库券、代收住房基金、代收公安机关取保候审保证金、代理保险、代理个人汇款、代理《南方日报》征订等8种业务品种，年末代收代付业务品种达23种，吸收存款月平均3000万元；保管箱业务开箱率18%，年新开户96户。工行揭阳分行新开办个人住房贷款按揭业务，辖下全市范围对公网点实现大机延伸；利用电话银行，开办代收电费、代发养老保险基金、证券转账自助业务；此外先后为榕城区教育局指定的10所规模较大学校代收学杂费16204人，金额1313万元；代理榕城区募委会发行赈灾福利彩票2778万元；以牡丹灵通卡代发工资为龙头，大力发展代收代付业务，全年代收地税款226户，金额3138万元；为市外轮、烟草、水厂、证券等单位办理代发工资业务。建行揭阳市分行在发展代收水电费、学费、税款、交通违章罚款、工资和证券保证金转存转取代理业务基础上，开办代理行政事业单位收费和罚款业务；并先后推出"证银通"电话委托自动转账业务（用电话为客户提供查询、转账等服务）；网上银行服务（提供网上转账委托、实时余额查询、对账业务等功能）；自助银行服务（利用电子科技为客户提供自动化服务）。广发银行揭阳支行首家推出"银券通"。邮政储蓄机构ATM全国联网，实现全国一卡通。

1999年，各银行继续延伸服务领域，增加存款和中间业务收入。工行揭阳分行推出"本外币一本通"（人民币和外币在一本存折中办理定期存款）和证券保证金自助转存业务、独家推出教育储蓄存款业务；5月31日，资金汇划清算系统正式开通；继续开办住房贷款按揭业务，先后增加为锦绣家园、粤东贸易广场开办住房贷款按揭业务。农行揭阳分行继续拓展代收代付和金穗卡业务，共开办代收水费、电费、税款、通信费用、学杂费、行政事业性收费等共16个项目，代收代付发生额10.51亿元；金穗卡发卡量20467张，比年初增加13129张；卡类存款2440万元，比年初增加792万元。中行利用处于领先地位的网络优势，继续拓展完善借记卡、定活一本通、通存通兑等业务，增加存款；与吉荣空调公司签订协议，专门派出2名工作人员驻厂负责代发薪和全部业务的代收代付工作，年代发薪人数800余人，工资总额每月人民币110万元。建行揭阳市分行在"三代"（代收电费、代扣税款、代发工资）业务发展初具规模，业务日臻完善的基础上，推出缴费一本通、"折一卡"业务等品种，增强增存吸储能力。

2000年，辖区各银行继续拓展存款业务新的增长点。工行揭阳分行开通人民币活期储蓄全省通存通兑业务，持有工行人民币活期储蓄存折的用户，可在省内辖属所有储蓄网点存取款，持有工行灵通卡的用户，也可直接在工行所有柜员机上取钱；对上年末存款余额5000万元以上的15个储蓄所（专柜）实行柜员制，并按阶段进行综合柜员制改造；推出社保基金、东山片区电费等业务，开展住户公积金、住房补贴资金新增业务的代理归集；开设保管箱业务，填补保管箱业务空白，满足客户需要。中行揭阳分行与广东证券有限公司揭阳榕华大道证券营业部签订合作协议，联合推出并于4月开通"证银通——证券保证金电话自动转账业务"；同本田揭阳汽车专卖店签订协议，开办汽车消费按揭业务。农行揭阳分行3月开通活期储蓄存款全省通存通兑业务；在做好金穗信用卡加入全国自动授权网络的基础上，将金穗万事顺卡移植上省行大机，开通金穗借记卡业务，增加卡类沉淀资金存款。建行揭阳市分行同广东证券揭阳营业部和广东证券普宁营业部联网开通证银联业务，为证券商和股民提供方便快捷的转账服务，实现证券资金与储蓄存款在建行系统的体内循环。至年末，全市建行系统同业存款余额达2.56亿元，比年初增加1.80亿元，增幅238.3%；6月起，建行揭阳市分行在全市网点推出全国活期储蓄通存通兑业务，并继续开展个人电子汇划业务；此外，稳妥适时制订和实施有关置换兑付普宁城信社存折的有关方案，其中，至6月末，共有5300万元沉淀资金成为建行揭阳市分行的储蓄存款。

2001年，辖内工行揭阳分行、中行揭阳分行推出存款免填单业务，此后，其他银行和信用社也先后推出。工行揭阳分行因撤并机构，营业网点减少，出现资金分流加剧之后，改等客上门为主动上门串储，其中辖下普宁、揭西支行通过上门串储，存款得到快速增长；同时，先后代理市区东山供电公司直抄客户电费代收和查询业务；开展代收学杂费业务；先后与广发证券公司合作代理A、B股转账服务；辖下揭西支行与华夏证券公司联合推出银证转账业务，增加同业资金存款；代理中华风采福利彩票业务，销售额3万余元。农行揭阳分行与移动电信公司、中国人保保险公司、普宁国税局建立合作关系，全面代收移动话费、保费和税款业务，年末代收代付发生额14.63亿元。中行为B股投资者，办理外汇存款划转B股保证金业务，共196笔209万美元；增办“办理票据贴现”和“代理保险业务”；先后同市邮政局、财险、寿险和华夏证券揭阳营业部、广发证券普宁营业部签订全面合作协议，建立业务合作“同盟阵线”，实现强强联合，资源共享，优势互补，为负债等各项业务的长足发展创造良好条件。

2002年，工行揭阳分行从市场需求出发，相继推出网上银行代理、缴费通、“汇款直通车”、“金融e通道”、开放式基金等业务品种，满足客户需要，增加沉淀资金存款。农行揭阳分行推出95599电子银行、网上银行业务；开展“个人汽车按揭”“西联汇款”“通汇宝”等业务；辖下惠来支行、东升办事处分别与当地信用社签订协议，开办约期业务，全年信用社约期存款最高余额5.30亿元，年末余额2.44亿元，比年初增加2.20亿元。中行增加开办社会保险医疗费代理业务；为市电信实业公司、粤东高速公路实业公司等单位开展集体办卡业务，至年末，借记卡增加25587张，信用卡发卡增加638张，国际卡增加34张；与华夏证券公司签订履行“证银通”合作协议，辖下全部网点都开办全市证券机构A、B股“证银通”业务，增加同业资金存款。建行揭阳市分行为适应客户需要，在辖下所有网点新开办基金代理销售业务、代扣供楼贷款业务、“校园专递”约定汇款业务、代理彩票资金结算业务、代扣税款业务、信用卡申请受理业务，增加沉淀资金存款；实行客户经理制，先后在全市建行系统公开竞聘两批客户经理，产生包括个人银行类、公司客户类、中间业务类等客户经理41名；为及时了解市场信息和客户需求，为重点客户提供差别化服务，建立起以市场为导向，以客户为中心的营销体制，适应更好满足客户对金融产品和服务的多元化需要。广发银行揭阳支行（揭阳支行）开办银行承兑汇票业务。

2003年，工行揭阳分行辖下22个网点实行综合柜员制；与广东证券股份有限公司合作，推出“智富通”银证理财业务；辖下普宁、惠来支行增加开办国际业务；继续办好电子银行业务，至年末，新开立个人网上银行客户4567户、个人电话银行客户5054户，企业网上银行70户，网上银行交易额28亿元。农行揭阳分行年初参加由揭阳日报社组织的首届揭阳汽车展，推广个人汽车按揭业务；新推出记账式国债业务、个人因私购汇业务和代理销售开放式基金业务；针对外汇企业对外汇金融产品的需求，推出出口贸易融资业务、西联汇款、个人购汇、外汇兑换等业务品种，满足客户需要。中行在做好移动、电力两个业务大户维护基础上，拓展行政事业单位存款和优质工商企业客户的企业存款，其中利用网上银行、协议存款业务，将部分企业存款转化为单位协定存款；开展同业合作，赢得当地农信社1.6亿元同业存款存放中行（其中8000万元存放市分行，8000万元上划省分行）；大力发展票据业务，满足客户需求，根据市场需要合理浮动贴现利率，通过努力，实现票据贴现业务大幅度发展。建行揭阳市分行新开办财政国库代理、中国人寿保险公司揭阳公司机动车车辆险、企业财产险、家财险、货运险、建安工险等险种的兼业代理业务；新开办个人支票、企业财务顾问、远期结售汇、委托贷款、柜台代销保险等业务；3月新开办“二手楼”按揭业务；重点发展贷记卡、“速汇通”、异地卡折通存通兑等业务，增加沉淀存款；11月，对依托城市综合业务网络系统，进行本外币对公、储蓄、信用卡、政策性房改等多种业务会计核算的营业网点，逐步实行综合柜员制，至年末，已实行综合柜员制的网点15个，占网点总数的47%；辖下网点实施差别化服务，把柜台资源向中高端客户倾斜，巩固和拓展优质客户，增强市场竞争能力。广发银行（普宁支行）推出“动产质押”业务，带来存款3.57亿元。

2004年，工行揭阳分行为广东巨轮模具股份有限公司上市，募集首期资金1.6亿元、惠来风能发电项目资本金839万美元；为广东运通塑料（集团）公司2亿余人民币存款，办理850万美元外债资金收结业务；发展“汇款直通车”“储蓄异地通”个人结算业务。农行揭阳分行代理5只基金和国债发行工作；代理保险业务，全年代理保险费收入2821万元，是上年（2003年）收入的10倍；继续拓展代收代付业务，全年增加为揭阳烟草、揭阳移动、揭阳电力、揭阳电信等系统性客户开展代收代付业务，有效带动对公存款的发展。中行大力推广“外汇宝”“汇聚宝”等外汇理财产品，其中全年办理外汇宝交易764万美元，销售汇聚宝891.61万美元，提高外汇存款的市场占有率；发展代销基金、保险业务，全辖累计销售基金1203.33万元，代售保险145.50万元。建行揭阳市分行于8月28日，由揭阳市分行新开办一笔1500万元的“百易安”交易资金托管业务，实现“百易安”业务品牌“零的突破”，成为是年建行广东省分行系统单笔托管金额最大的“百易安”托管业务。广发银行揭阳支行在全市率先推出存取款免填单，办理网上银行业务。

2005年，工行揭阳分行继续拓展代收代付等代理业务，与市电力局合作，利用电子代扣电费；与移动公司合作，通过工行网上银行进行结算交易；在全市率先开通具有存款功能的自助银行；成功开办首笔财务顾问业务，投行业务实现“零的突破”；与地税局实现“银税联网”办理业务。中行积极拓展存款业务增长点，将债务保值、对公外汇买卖、外汇宝作为资金业务发展的重点产品，加大营销拓展和联动营销力度，推动汇聚宝、黄金宝等业务的发展；以债务保值、代客外汇买卖、组合产品为重点，加大对公资金存款业务的拓展力度；与市区农信社开展“存折业务”合作，与证券公司开展“同业拆借业务”合作，促进存款业务跨越式发展。建行揭阳市分行于9月起，继续开办市住房公积金管理中心新一年度的公积金归集委托业务，9—11月新拓展住房公积金单位户32个，新开个人户1584个；完善并开展电子银行、贷记卡、自助交易、刷龙卡等业务，促进个人业务、战略性业务快速增长，带动存款增加。广发银行揭阳支行开办“银证先锋”业务。

2006年，中行揭阳市分行辖下普宁支行为广东康美药业股份有限公司募集增发股票资金4.91亿元；通过扩大集团企业、事业单位批量发卡，发展优质收单商户，举办刷卡抽奖活动，促进银行卡业务快速发展；发展短信通、代售寿险、保管箱和外汇宝、汇聚宝等零售中间业务，促进存款业务的发展。建行揭阳市分行拓展中间业务新增长点，增加沉淀存款，6月与揭阳市区新亚连锁超市签订合作协议，建行龙卡持卡客户（含信用卡、理财卡、储蓄卡客户）到市区新亚连锁超市各分店刷卡消费，均可享受该超市会员价格折扣优惠；7月，与揭阳出入境检验检疫局签订并履行《银联特约商户受理中国银联股份有限公司广州分公司POS协议书》，该局系统行政收费实行刷卡交费方式，并于8月起全面取消现金缴款，建行揭阳市分行成为其收单银行；11月，辖下惠来支行成功获得广东粤电靖海发电有限公司住房公积金业务归集权，成为该公司住房公积金业务的唯一承办银行，当年归集额达1000万元。工行揭阳分行根据客户持有资金的不同期限、币种、收益要求和风险偏好，为客户提供不同的理财方案，满足客户需要，实现负债业务的稳定增加和较高的现金流入量。农行揭阳分行通过对汕揭高速公路、惠来靖海火电、广东创鸿集团创鸿消防御景湾、汕头今鸿公路等项目的贷款投放，带来以贷引存新业务，增加对公存款。

2007年，中行揭阳市分行辖下各营业网点开通跨行小额通存通兑业务；开办网上银行基金交易和基金代销业务，全年基金销售达11亿元；加大对汇划、电话银行、短信通、随身银行和电子回单等新产品的推广。工行以运通、榕泰、巨轮三家上市公司为龙头，以吉青电缆等核心企业及其上下游企业为重点，发展贸易融资业务，其中，国内贸易融资累放额3005万元，国际发放贸易融资累放额738万美元，通过以贷引存、以贷吸存新业务，加大对企事业单位存款组织力度；引导客户将储蓄存款特别是中长期定期储蓄存款与基金、国债、保险、稳得利、汇财通等理财产品进行合理配置，实现工行揭阳分行个人客户金融资产稳定增长，至年末，个人客户金融资产比年初增加9.01亿元，带来储蓄存款业务的稳步增长。建行揭阳市分行上半年为全市农村义务教育特设专户开户，代理10余所学校入学学杂费收缴；同时为全市军分区军队武警（含消防）开立账户共15个（其中基本账户14个、一般账户1个），军警客户存款1991万元，比年初增加1070万元。交行揭阳分行为普宁市源鑫制衣有限公司成功叙作首笔远期结汇业务，金额10万美元；与普宁市金信典当行有限公司签订第三方存管业务协议，存管资金1.8亿元；成功办理民生银行广州分行转贴现业务两笔3亿元，增加利息收入453万元。

2008年5月，工行揭阳分行成功发行“牡丹博维”联名卡；推出以“灵通快线”为主的理财等产品，利用其高安全性、收益稳定的特点吸引客户，形成“理财产品→个人存款”链条，提高客户在工行体内循环的资金份额；利用“保险→个人存款”的模式，使客户用定期存款资金购买代理的保险产品；加强与证券公司的业务合作，促进证券客户资金回流，增加储蓄存款。农行揭阳分行开展保险代理业务，全年代理销售保险保费金额比2007年翻一番，成为全年中间业务增长，沉淀存款增加的新亮点；以个人理财业务为切入点，引导个人客户优化资金组合结构，加大对代理保险、基金、本利丰等的推广，拓宽中间业务，增加沉淀资金存款。建行揭阳市分行先后与广东榕泰股份有限公司、揭阳市乐万邦房地产开发有限公司、中远物流股份有限公司揭阳办事处等在当地影响力较大的优质企业建立和扩大业务合作范围；以揭东开发区等工业园区和揭阳（国际）金属材料市场为重点，拓展中小企业客户，扩大优质客户群体，优化客户结构；把揭东、开发区、占陇、仙桥、东山等工贸相对集中的区域，作为发展工商企业客户的重点区域，致力发展公司存款业务；此外，大力拓展社保资金客户，拼人脉，抢市场，争客户，高层营销，团队拓展，狠抓社保资金存款，做大资金沉淀规模；全年开展各类代发代扣业务，新增代理服务50个，有效增加沉淀存款。中行通过发展第三方存管、高质量代发薪、投资理财、个体工商户和银行卡客户等业务，增加沉淀资金存款；建立VIP理财客户档案，由专人跟踪、服务，年末人民币储蓄存款增加12亿元。交行揭阳分行受理正信实业有限公司申请开立离岸账户，并上报总行离岸中心核准，成为揭阳市唯一开办离岸账户业务的银行；办理“广东榕泰”风险敞口银行承兑汇票业务118.80万元，实现该项业务“零的突破”；首笔成功办理大南海国际石化港有限公司资本金结汇业务1000万美元；此外，全国支票影像直联交换系统成功上线，实现支票全国通用；9月24日，成功取得普宁市康美实业有限公司第三方存管业务股票托管专户，并于当日完成首笔股票交易1000万元。邮储行揭阳市分行增加对公结算业务，对公结算业务在辖下所有营业网点开办。

2009年，中行在同业中率先推出购车分期付业务；推进中小企业贸易融资业务；辖下分行营业部做好优质服务，深入挖掘存量大户，年储蓄存款增加4.83亿元；辖下普宁支行突出重点目标，锁定在纺织、服装和医药客户，以及第三方存管客户的精准和优质服务上，有效扩大储蓄存款规模。年末，全辖人民币存款增加9.07亿元，增长9.63%。工行揭阳分行以网上银行、工银信使、代发工资等为切入点，实施产品组合营销，增强市场竞争能力，培育忠诚的客户群体，多渠道促进存款不断增长；联动发展储蓄存款和理财产品，适时引导网点进行转化，确保资金在工行体内合理循环。全年个人金融资产增加额11.50亿元；与广东粤电靖海发电有限公司签订和履约《7.5亿项目前期贷款融资协议》，以贷引存增加派生存款。农行揭阳分行增强对个人优质客户管理系统的维护、推广和应用，强化对客户的筛选、识别和细分工作，对不同层次的客户提供差异化的产品和服务，不断完善高端客户增值服务和维护保障体系，促进存款增加；以住房按揭和个人生产经营贷款为发展重点。在继续做好“金城龙庭”“御景湾”“江南新城”等带开发性贷款项目的优质楼盘按揭的同时，积极拓展新楼盘按揭业务，至年末，全行个人住房按揭贷款比年初增加6818万元，个人生产贷款比年初增长6347万元，带来以贷引存存款业务的发展。建行揭阳市分行实施“精品网点”战略，推进网点的特色经营，加强网点中后台业务事务集中，减少内耗，释放前台经营客户、服务客户能量，增加前台与客户交流和营销服务时间，吸引客户存款；并与揭阳市社会和劳动保障局、揭阳市财政局签订协议，独家承办全市社保业务。广发银行揭阳支行推出银行承兑业务、票据贴现业务、个人购房按揭业务。交行揭阳分行于5月26日，成功取得康美药业股份有限公司认股权证行权募集的全部资金8.87亿元，并于当天全部到账；7月27日，成功取得普宁市国土局土地开发专户，参与华侨大厦竞标的首位投标者当天划入保证金5000万元；成功获得“广东榕泰”增发股票募集资金5000万元；7月29日，成功为揭阳市安捷进出口有限公司办理100%保证金贸易融资，进口汇出汇款业务22.77万美元，实现该项业务“零的突破”；11月2日，成功取得“揭阳市土地整理中心”土地赔偿款存款2433万元；12月25日，成功取得揭阳冠盛石油化工有限公司，当日汇入对公存款2450万元。邮储行揭阳市分行开办公司存款业务，单位活期存款和定期存款业务在辖下所有网点均可办理。

2010年，建行揭阳市分行继揭阳市城镇居民医疗保险系统、新农村合作医疗保险系统在榕城区成功上线之后，由分行开发的揭阳市“大医保”系统在揭阳市劳动和社会保障局正式上线运行，由建行揭阳市分行、社保局、医院三方的系统实现统一联网，为参保人员和参保单位提供全面、高效、便捷的社会保险综合服务，也为建行揭阳市分行归集资金，增加存款创造良好条件；8月，与揭阳市东山区和信小额贷款股份有限公司合作，成功向揭阳市穗汕金属材料有限公司发放全省分行系统内首笔“小额易贷”业务，实现以贷引存。市中行于1月，成功为揭阳市江南贸易有限公司办理粤东地区首笔跨境贸易人民币结算业务，金额90万元；4月，成功营销中国玉都（香港）有限公司开立首个NRA人民币账户（即：Non-Resident Account的简称，中文全称为“境外机构境内外汇账户”，是指境外机构按规定在境内银行开立的境内外汇账户，不包括境外机构境内离岸账户。NRA人民币 账户，是指以人民币为币种的境内银行为境外机构开立的境内外汇账户），实现揭阳地区该项业务“零的突破”；6月，成功在揭阳市工商局开通投产“工商验资E线通”系统，推动对公客户负债等业务的基础拓展工作。8月，成功与揭阳市财政局签订约，取得市财政局非税收入代缴代理银行资格，成功与揭阳市住房公积金管理中心签约，成为市住房公积金业务归集承办银行；9月，在成功争揽到田岛机械（中国）有限公司办理全市首笔海关“报关即时通”业务以后，12月，与揭阳海关、中国电子口岸汕头海关数据分中心和田岛机械（中国）有限公司等10家机构，签约网上支付税费服务（报关即时通）四方业务合作，成为当地首家与海关签订网上支付税费业务合作的银行。农行揭阳分行开展集中代收代付业务，成功营销中国人寿保险公司揭阳分公司集中代收代付机构客户，另外，农行、人行与中国移动、中国电信签订三方集中代收代付协议，开展集中代收代付业务；此外，通过挖掘传统代收代付业务潜力，将原来单一的与市区电力局的代收业务合作，逐步扩展到与辖内各县的代收业务合作，增强沉淀存款吸存能力。建行揭阳市分行成功发放粤东地区首笔“融信通”投行项目资金2亿元，增加沉淀存款；并拓展重点行业、重点项目、重点客户及辖区内建设项目和专业市场，其中进驻市金属材料市场的大型钢厂均100%落户建行；利用乾元、贷信通、监管通、付汇宝、支付宝等优势产品展开营销；集中精力对重点发展区域的拓展，其中：中海油成功在建行揭阳市分行开立一般结算户，中海油、中石油等重大项目的下游施工企业也落户建行揭阳市分行，促进对公负债业务的稳步增长。广发银行揭阳支行开办对医药客户群的结算业务，全年带来各类存款余额5亿余元。交行揭阳分行成功取得广东创鸿集团有限公司分别于1月、11月对公存款1.10亿元和7000万元；成功取得普宁市国土局土地拍卖保证金2.40亿元；成功取得康美药业股份有限公司从同业转入存款3.14亿元；10月，在粤东地区同业中首次成功叙作首笔NRA人民币账户存单质押业务；成功取得康美药业股份有限公司开立中央财政民口科技重大专项项目专用资金账户；辖下东山支行成功为揭阳市安捷进出口有限公司办理保付加签业务347万元，实现该业务的“零的突破”。

2011年，建行揭阳市分行首个创新产品——“钢贸通2号”成功面世，实现建行金融产品创新工作量和质的双突破。该产品是年为建行新增存款1.50亿（并新增贷款1.90亿元，取得中间业务收入252万元），获得广东省分行创新创效奖二等奖；同时，全面整合结算E、结算易卡、结算通、结算通卡、私人银行卡和财富管理卡、助业贷款、乾元等理财产品，为专业市场客户提供涵盖资金结算、资金融通和资金管理三方面功能的产品包，吸引专业市场结算资金；此外，通过有效提高代发工资、结算E、结算通覆盖率，促进基本户、贷款户资金内部回流。中行揭阳分行于4月，通过与海外行积极沟通合作，成功叙作第一笔“人民币协议付款”，业务金额333.55万元；12月，分行营业部成功为客户办理分行第一笔个人跨境人民币汇出汇款业务，成为揭阳市首家试点开办该项业务的商业银行。工行揭阳分行取得全市非税收收入代理业务承办资格、社保卡发卡代办银行资格；成功取得军分区市国防教育基地专用账户；同时，加强与农信社沟通合作，吸收到同业存款3亿元。农行揭阳分行成功上线工商E线通系统、法院诉讼费系统和国土保证金系统，获得揭阳市社保卡发卡资格。交行揭阳分行成功取得康美药业股份有限公司配股募集资金34.439亿元；南方梅园生态村有限公司资本金结汇近2095万港元；普宁市翡翠大酒店开立临时筹建账户，存入验资款1000万元；普宁市土地交易中心存款共10亿元；普宁市汇润地产有限公司从他行转入存款3000万元；广东润亨泰投资担保有限公司验资款2000万元；广东柏堡龙股份有限公司开立验资户，并存入验资款9075万元；为广东巨轮模具股份有限公司办理票据贴现1110万元；为广东领航数控机床股份有限公司等两家公司办理贴现业务累计1.22亿元，成功取得广东南方梅园生态村有限公司办理资本金结汇1630万美元（折合人民币1亿余元）。农发行揭阳市分行新开办银行承兑汇票贴现业务，全年共办理票据贴现业务13笔，贴现金额6500万元，满足涉农加工企业的短期资金需求，带动企事业存款业务增加。邮储行揭阳市分行开办网上银行，累计新增3.21万户；推广“小额取现村村通”工程，设立银行卡助农取款服务点，极大方便乡村农户存款取现和查询。

2012年，农行揭阳分行先后推出订单融资、进口押汇外、人民币出口代付、国内信用证和国内保理等业务，其中全行办理跨境结算2.64亿元，是上年同期的10倍；3月，成功营销粤电靖海电厂到农行揭阳分行开立集团客户供应链，开办农行揭阳分行成立以来金额最大的一笔国内信用证业务人民币1.25亿元，并为其叙作人民币0.975亿元买方押汇业务，11月，又为该企业开立1.1亿元国内信用证，并为其在12月为靖海电厂叙作买方押汇，实现该项业务的“零的突破”。中行于5月，顺利通过集中授权操作系统的案例验证，省行集中授权项目成功投产上线；6月，增开办揭阳市财政局失业保险基金专户资金归集业务；10月，发放首笔“联合贷款”金额1亿元，在突破信贷规模限制满足客户贷款资金需求和不占用资本的情况下，有效增加沉淀资金存款和实现中间业务收入；与揭阳海关签订卡合作协议，实现市中行中央预算单位公务卡发卡的“零的突破”；辖下普宁支行与普宁华侨医院签订《银医互联合作协议》，成为该院“银医互联”项目唯一合作银行。工行揭阳分行成功取得全市教育系统、中石油广东石化公司住房公积金汇缴业务，全年拓展个人客户22485户，新增公积金联名卡32730张；成功取得揭阳市金融社保卡的代理发行资格；成功取得“市级”非税收入业务代理资格；与市工商行政管理局开展合作，快速掌握市场第一手信息，实现新开立对公账户1683户、增加909户。建行揭阳市分行辖下24个网点全部转型为综合型网点，提供综合性服务；在支行网点层面整合客户经理队伍，提升网点客户经理队伍综合服务客户能力，提升网点吸存竞争力；与揭阳市十三家商会、协会合作，创新合作方式和合作产品，打造批量发展中小企业客户群模式。交行揭阳分行辖下揭阳惠来支行，为当地企业打开跨境人民币结算服务通道，成功为惠来县源瀚制衣有限公司办理跨境人民币结算业务2笔合计792万元。

2013年，市中行于8月，辖下普宁支行与中银香港合作，成功办理全辖首笔投资移民内存外贷业务，实现分行该类业务的“零的突破”，带动境内新增人民币定期存款800万元，境外发放贷款1000万港元，并取得客户认购中银香港港元收入基金1000万港元；10月，成功取得揭阳市住宅维修基金项目独家代理银行资格，代理揭阳市住宅维修基金项目批量分发业务；成功发放首笔微型企业贷款300万元，实现总行“微型金融商业模式”在揭阳中行试点推广的“零的突破”，带来派生存款增加。建行揭阳市分行于6月，与市工商行政管理局签订和履行《工商验资通合作协议》。开办“工商验资通”，银政信息共享开创辖内先河，为企业验资带来很大便利，也为存款业务的增加提供有利条件；11月，建行揭阳市分行获建行总行“公司业务产品创新直通车”试点银行资格，成为广东省第二批五家试点分（支）行之一，分行可直接向总行公司业务部提交产品创意，只要经总行审核同意即可进行产品研发、试点及推广。至年末，市分行向总行提出金融业务创意产品3个。工行揭阳分行以理财、保险、私银产品等增值业务打基础，以代发工资、公积金、财政等源头性资金的拓展搭框架，并充分发挥信贷资源、保证金业务等的杠杆作用，多产品立体渗透，提升新增客户和存量客户的资金沉淀率，各项存款日均余额突破200亿元大关，日均余额达202亿元，同比增加28亿元。农行揭阳分行先后成功取得汕湛高速、潮惠高速等银团项目；成功储备普宁服装城二期市场方建设固定资产贷款3.7亿元项目、揭东丹凤城一二期2.5亿元商品房开发贷款项目，增加派生存款；此外，打造个人金融产品销售新亮点，推出“迎新春贵金属专享周”“端午·银产品营销活动”“中秋·银月饼营销活动”等贵金属优惠活动产品，全年收入248.46万元，为上一年收入的4.11倍。广发银行揭阳支行推出新型“天天智能通”智能储蓄产品，并开办即期和远期结售汇（对公、对私）业务。交行揭阳分行成功为广东巨轮股份有限公司办理票据贴现4115万元；辖下莲花支行成功办理首笔非税系统缴款业务。邮储行揭阳市分行“95580”电话银行客户服务专用电话投入使用；并推出微信银行服务，全面支持借记卡、信用卡、生活缴费等多种功能，满足客户需要。

2014年，中行成功取得揭阳市城投债全部发债资金15.80亿元、广东榕泰融资款9900万元、取得揭阳市“住维通”和“公共资源交易中心”两项重点业务资格和开户业务，带动竞拍保证金1.36亿元。建行揭阳市分行于1月，第一个电银自助渠道公益捐款项目“揭阳市大学生发展基金会”业务成功上线并落户华诚支行。旨在为每年新入学的揭阳籍贫困大学生提供普惠型长效助学服务，至年末筹资金额700万元；10月，成功推出与全市100余家定点医院、定点药店独家布设社保卡专用POS机收单业务；11月，成功与纽约分行的跨境联动，并办理首笔存款拉动型产品委托付款业务376.7万美元，实现建行揭阳市分行与纽约分行联动业务的“零的突破”，带来一年期定期存款377万美元，综合融资2336万元，丰富与境外的融资渠道。工行揭阳分行抓住民生、专业市场等经济金融热点，联动公司部、小企业中心，加强公私互促式拓展，推动个人客户主流群体进一步壮大。年末全行个人有效客户76.60万户，较年初增长12.20%，其中中高端客户增长14.80%。农行揭阳分行以药品交易平台上线为契机，成功取得揭阳市人民医院、揭西县人民医院、蓝城区人民医院等较具规模的医疗机构客户；强化项目攻关，成功获得揭阳市公共资源交易中心土地与矿业交易代理资格，榕城区财政局代理非税业务合作实现有效突破；获得参与承办住房公积金归集业务资格；推出“信贷客户资金归行管理”“代发工资业务”和“结算与现金管理业务”产品。年末人民币对公存款时点增量4.39亿元。此外，挖掘新兴中间业务新增长点，成功取得普宁金莎投资有限公司上市财务顾问、债券类融资顾问、理财融资顾问等高端投行业务，实现高端投行业务收入574万元。交行揭阳分行辖下普宁支行成功取得康美药业发行优先股募集资金29.72亿元，推动存款业务的发展。农发行揭阳市分行开办银企直联业务［即：农发行会计综合业务系统通过专线连接的方式与企业的内部财务系统（ERP系统）实现平滑对接，企业通过银企直联系统在其自身财务系统中进行操作即可完成对其在农发行账户的查询、支付、转账等业务，以实现集团资金集中管控的目标］，满足大客户资金集中管理和离柜办理结算业务的需要；并为中央储备粮揭阳直属库开设相关结算账户，实现银企直联功能。

2015年，中行为中德金属集团有限公司开出5年期融资性保函1066万美元，实现分行“内保外贷”业务的“零的突破”，带动派生存款业务的发展；成功取得揭阳东山财政局医保资金1.58亿元、揭阳市科技局、揭阳空港经济区、高新区、普宁市开立科技金融合作风险准备金账户，存入财政资金4000万元，成功中标揭阳市财政“国库集中支付代理银行资格”，取得揭东区检察院“省级零余额账户”，取得揭阳海事局开立非税收和港建费收入两个专户、揭西县土地交易所账户、揭阳高新区财政局非税代理资格等，带动行政事业单位日均存款1650亿元，较上年增长1.10亿元；取得广东柏堡龙股份有限公司新股发行资金5.70亿元，揭阳市城市投资开发有限公司、揭阳市卅岭创业投资开发有限公司等重点企业客户资金5亿元；取得揭阳市人民医院代发薪项目、新增发杏林卡2000张，全年实现代发10.50亿元。建行揭阳市分行于1月，成功与揭阳市宝翠投资咨询有限公司签订并履行揭阳市阳美玉器专业市场小微企业“玉石贷”项目协议；3月，成功与揭阳市国家税务局、揭阳市地方税务局签订并履行“税易贷”服务项目战略合作协议，成为其签约的金融机构；揭阳市中小企业贷款风险补偿资金专户、揭阳市小额贷款保证保险资金专户先后在建行揭阳市分行成功开立；8月，成功取得揭阳市财政局财政一体化信息系统建设资格；9月，取得代发揭阳市市级机关事业单位公车改革补贴业务资格；11月，成功取得普宁市乡镇财政国库集中支付业务代理资格；12月，成功中标揭阳市财政国库集中支付业务代理资格；12月，成功取得市级、普宁、惠来、揭西、榕城的检察院和法院的省级零余额账户。至年末，机构存款余额101.92亿元，市场占比58.91%，比年初提升8.73%。10月，建行揭阳市分行“菜篮宝”项目正式上线，新河市场成为第一个“菜篮宝”项目，共上线24户商铺；11月，马牙市场成为第二个“菜篮宝”项目，共上线20户商铺。为市场商铺和周边住户带来全新的“嘀卡”支付体验；11月，建行揭阳市分行第一个金融IC卡校园一卡通项目（揭阳市第二中学）正式上线并成功运作，新增发卡1500余张；12月，第二个金融IC卡校园一卡通项目（揭阳市第三中学）正式上线，新增发卡1300余张。工行揭阳分行成功取得揭阳市财政局和揭阳市国土资源局征地资金共管账户、揭阳市社保基金专用存款账户（1月开立），加快提升机构存款市场份额，全年机构存款日均余额30.40亿元。农行揭阳分行先后成功获得城区、揭西、普宁教育类资金3.60亿元、市财政局及揭东财政社保资金3.30亿元，市、县两级国土拍卖保证金累计7亿多元、惠来县医疗保险管理服务中心8200万元、普宁市人民法院7800万元等；成功取得广东柏堡龙股份有限公司 IPO［即首次公开募股（Initial Public Offering，简称 IPO）：是指一家企业（发行人）第一次将它的股份向公众出售（首次公开发行，指股份公司首次向社会公众公开招股的发行方式）］募集资金账户（该账户为全省农行近 4 年来首个上市公司募集资金专户），首期实现资金入账 5000 万元；成功获得中德工业园区财政补贴存款 4.25 亿元、揭阳市碧桂园房地产开发有限公司大额公司类存款 4.55 亿元；先后取得农村集体“三资”（指农村集体资金、农村集体资产和农村集体资源）监管平台合作资格、乡镇国库集中支付代理资格等 16 个机构代理合作资格；开办活利盈、农汇通、金融社保卡等产品业务，年末个人存款市场份额比年初提升 0.77 个百分点。交行揭阳分行继 10 月初成功取得康美药业发行 25 亿元短期融资券之后，11 月再次取得该公司发行 20 亿元短期融资券；辖下新河支行取得嘉桦大酒店办理个人化货币价格服务 DCC 业务（是一项商户提供予海外 Visa 或 MasterCard 持卡人，在销售点消费时，可以选择以本国货币结算的服），实现交行 DCC 业务的“零的突破”。民生银行揭阳分行开办总行推出的大额存单、定多利、安心存等特色存款业务，满足城乡居民多样化储蓄需求。

2016 年，建行揭阳市分行于 6 月，成功办理首笔股权收益权类理财产品 18 亿元，实现揭阳分行投行业务重大突破；8 月，为康美药业发行超短期融资券 50 亿元，并成功获得银行间市场交易商协会接受注册，实现揭阳分行债券业务的历史性突破；12 月，印发并实施《经营管理机制改革方案》，实行“二级经营、一级管理、一级保障”的经营管理模式和建立以授权管理为核心的网点经营管理体系。为“存款立行”、“存款兴行”，发展负债业务提供创建经营的基础和推动力。工行揭阳分行将“住房按揭、私银、保险、分期付款、互联网金融”等确定为零售重点推动业务，并在全年不同时期根据市场变化而有所侧重，促进“融资 + 消费 + 支付 + 理财”多点交叉渗透。年末，个人金融资产较年初增加 17.5 亿元；以汽车分期为主要项目的分期付款业务累放 4.50 亿元，分期付款余额 3.60 亿元，同比增长 74%；拓展二维码商户 4818 户，工银 e 支付、融 e 行、融 e 联、融 e 购等拓户工作也全面提速，分别实现新增客户 9.7 万户、9.9 万户、15.3 万户和 3.1 万户，增加沉淀资金存款。中行取得揭阳碧桂园房地产开发有限公司开立楼盘按揭保证资金归集专户，沉淀公司存款 5.07 亿元；以“中银步步高 + 财汇易”产品体系归集客户他行资金，年末中银步步高时点余额 5.22 亿元，财汇易归集日均资金 5 万元；4 月，分行叙作揭阳市首笔人民币外汇货币掉期业务；7 月，实现揭阳市全口径跨境融资业务首发。农行揭阳分行先后取得市财政国库支付代理资格、全市工伤保险基金归集账户资格、揭东乡镇国库集中支付等各类机构代理资格共 20 个，实现全市公共资源交易中心合作资格全覆盖，也是全省第一个实现农村集体“三资”监管业务合作资格全覆盖的分行。先后成功获得市及揭东财政社保专项资金存款，揭西、城区和揭东教育专项资金存款，市、揭东和普宁国土拍卖保证金以及空港经济区征地款等各类专项资金存款共 26 亿余元；继续推出活利盈、商惠通卡、农汇通卡、大额存单、粤通卡等优势产品；全力争取优质客户，至年末，个人加权贵宾客户比年初增加 9477 户，增幅 12.82%，个人贵宾客户 AUM 资产增量 31.30 亿元。广发银行揭阳支行推出“灵活息”智能存款产品，增加存款。

2017 年 3 月，建行揭阳市分行与康美药业股份有限公司联合设立大健康产业基金 50 亿元，12 月，成功投放基金项下股权投资 18 亿元；6 月，正式成立私人银行财富顾问专职团队，负责全行 1000 万元以上私人银行客户直接经营，及建行 AUM300 万元以上客户经营管理、批量营销、平台获客、活动组织、业务推动以及数据支持等工作；7 月，为康美药业股份有限公司成功注册中期票据 110 亿元，并于 7 月 17 日、8 月 16 日、9 月 15 日发行三期中期票据（各 20 亿元），发行金额合计 60 亿元。其中，建行揭阳市分行承销份额 36 亿元；9 月，成功代办全市首张电子营业执照，全程电子化代办企业工商登记注册合作正式启动，为发展企业存款业务提供有利条件。11月，与当地9家房地产企业，签订并履行住房租赁合作协议；12月，与揭阳市房产管理局签订和履行住房租赁市场发展战略合作协议、住房租赁管理系统建设协议。工行揭阳分行完善住房按揭业务产品作为个贷发展的重心，在服务质效上强化竞争优势，年末个人住房按揭业务余额29.6亿元、增量11亿元；强化对地区重点建设项目和上市拟上市公司等业务产品的整体化服务，年末大中型法人贷款余额38.30亿元，比年初增加8.3亿元；储备各类重点项目客户48个，融资需求78亿余元，全年对公派生存款吸存能力明显增强。中行拓展平台和产业链代收代付业务新增长点，取得行政事业单位行政事业日均存款新增3.48亿元、财政类资金5.58亿元、土地拍卖保证金9亿元；现金管理平台累计新增36户，带动日均存款3.69亿元；完善并推出代发薪业务，年末累计代发资金量16.20亿元，同比增幅30%；7月，分行营业部“陈少玲劳模创新工作室”揭牌开业。农行揭阳分行先后取得市、县（市、区）各级机构代理合作资格19项，实现对全市代理非税业务、农村财务资金监管平台、公共资源交易保证金拍卖系统合作的“三个全覆盖”；成功取得开立惠来县财政局社保基金专户，取得粤东首家市级社保费通过ETS系统征缴直扣的独家代理资格，并取得接收省级社会保险调剂金的唯一指定银行；机关取得市及各县区机关事业单位养老保险和职业年金账户资格11个。年机构存款增加10.22亿元，全行有效对公客户新增2373户，现金管理折效客户新增1989户，新开对公存款账户2573户，个人加权贵宾客户增加9330户，各项存款时点增量23.28亿元。推出信用卡分期、手机信使、粤通卡、Ⅰ、Ⅱ类账户债市宝等业务产品；加强高端投行、贵金属、托管等新兴业务产品的开发拓展，培育负债业务新增长点。广发银行揭阳支行推出“企业通”“E秒贴”产品。农商银行在“鲜特汇”平台基础上创新支付模式，围绕社区金融和移动支付市场建设，推出鲜特汇收银台（统一支付），方便客户在线支付、缴费等资金结算服务，增加沉淀存款。

2018年，建行揭阳市分行于5月，突破首笔外币流动资金贷款20万美元和首笔跨境融资性风险参与业务470万美元，实现跨境融资业务的“双突破”；9月，为上市公司广东榕泰续作第二次跨境融资性风险参与业务5000万元，非贸跨境融资业务连获突破；8月，成功协办广东省“个转企”大数据支撑平台试点启动会，“个转企”大数据支撑平台是建行揭阳市分行配合广东省工商局搭建的，通过工商、税务、银行等多元数据融合，精准锁定优质个体工商户，引导其转型升级为企业，并进一步提供金融服务，构建“互联网+政务+金融”新业态；11月，成功开立国家税务总局揭阳市税务局、揭东区税务局、揭西县税务局、榕城区税务局、空港区税务局及惠来县税务局共6户基本账户，实现全省首个地市级税务改革账户落地，成为至是年末，全省开立税务改革账户最多的地市级分行；12月，成功获得“揭阳市财政局市本级社会保险基金定期存放分配资格服务项目”竞选第一名，锁定2019年13亿元社保基金定期存款，并成功中标揭阳市榕城区开立机关事业单位基本养老保险基金财政专户采购项目，以及揭阳市市级财政国库集中支付代理银行资格；12月，成功为广东榕泰实业股份有限公司成功发行CRMW模式超短期融资券2亿元，是全国建行系统内首单CRMW模式［即采取在债券发行阶段同步发售信用风险缓释凭证（CRMW）的方式，让缓释凭证的发售与债券的发行相互配合与支持。信用风险缓释凭证采取簿记建档方式定价。创设方先通过前期询价和成本考量确定价格区间，提高定价过程信息透明度，定价更贴近市场需求，有利于进一步完善债券发行主体信用利差的形成机制］超短期融资券，同时也是建行揭阳市分行首笔债券投资业务。工行揭阳分行推出“按揭+”“个贷+银行卡”联动经营，推动业务的延伸发展，全年个人住房按揭业务余额39.70亿元、增量10.10亿元，推动沉淀存款的增长；11月，与揭阳市国土资源局合作，新推出“不动产登记+金融服务”业务，满足客户需求。中行推出来聚财、中银智慧付，吸存小微商户商贸资金。农行揭阳分行对全辖50个网点进行重新分类，完成分行营业部、榕城支行、普宁城郊支行共3个智慧银行示范网点的样板打造、揭东白塔支行共3个网点的智能化改造以及城区、揭东、揭西辖属23个网点的智能服务区改造，全辖311台ATM机全部完成升级，并接入全国自助设备统一平台，业务实现有效分流，吸存能力明显增强。年末，本外币各项存款比年初增加27.29亿元。交行揭阳分行成功为康美药业股份有限公司发行7.5亿元短期融资券，直接拉动活期存款7.5亿元。农发行揭阳市分行于10月率先在北京、河北、吉林、江苏、山东、广东、海南、云南和陕西等地共9家分行开办网上银行业务；12月，完成首位网上银行客户的签约，同月完成首笔网银转账汇款业务。

（七）科技兴行，存款工作现代化

伴随着20世纪中后期，新一轮科学技术应用浪潮的兴起，以电子化建设、微电脑和互联网等的应用，成了银行业科技兴行的热点和标志。辖区各银行金融机构为改变落后的手工核算，为提升效率，扩展业务，提高服务质量，普遍注重先进电子科学技术的建设和应用，各家银行普遍追逐智能、方便、快捷等的现代服务体验，以此吸引客户，发展存款业务。先进电子科学技术，在发展存款等金融业务的竞争中，成了银行金融机构争先应用、金融业务争先占领市场制高点，赢得竞争主动权的重要选择和现代服务手段。

1989年6月，农行揭阳县支行投产第一个单机版储蓄系统，开始应用计算机进行账务处理，每一个营业网点作为独立的一个核算单位，通过PC独立完成账务核算，减轻员工工作量，其准确性和效率明显提高。改变此前柜面操作全部通过手工账簿，来完成账务处理和核算，工作量大、效率低等的落后状况，促进存款业务的发展。中行揭阳县支行微电脑系统部分应用于内部人事，代理行政、劳动工资、信贷计划、外汇和债券交易以及联行统计等方面。工行揭阳县支行、建行揭阳县支行相继推广应用电子计算机处理日常储蓄业务。

1990年以后，辖区银行金融机构加快储蓄电子化、网络化建设步伐，各专业银行和新设立的商业银行及信用社，相继普及点钞机、计算器、电脑、ATM设备。中行使用环金融协会的电脑网络系统，部分取代传统的传、电报和邮件，提高资金调拨效率；安装新的电脑转报系统，增加新的通讯点，提高经营管理效率。存、取款从单机操作到市、县（区）局域联网至全市、全省、全国联网，从各行的系统内到系统外联网的通存通兑，经历从劳动密集型到科技集约型转变，在提高银行金融机构服务工作效率，极大减轻员工工作量的同时，为客户提供现代化服务手段，增强吸存竞争力。

1992年，成立后的农行揭阳分行，在加强传统服务的同时，开办多功能储蓄所，增设电脑储蓄营业网点，年末，储蓄存款同比增加552户，活期储蓄存款增加1.53亿元。

1993年，市中行采用微机处理业务，淘汰单微机系统，采用486终端，同时开通全国联行人民币核算电脑系统，开通电传系统及PC486电讯转换系统数据专线。农行揭阳分行完善电脑储蓄网点，推进市区通存通兑联网系统建设。至年末，全行拥有微机40余台（套），电脑储蓄网点31个，镇级以上电脑网点覆盖率达15.30%。

1994年，工行揭阳分行面对业务规模不断发展以及业务经营趋向多元化，柜台手工核算已无法满足正常经营需要，计算机信息管理技术，正处于快速发展年代的实际，大力抓好计算机联网工作。先后引进3名具有一定实践经验的本科电子专业人才，并选送人员参加上级行培训10余人次，充实、提高科技队伍的力量和水平；开展普宁、榕城两支行的储蓄所联网工作，9月，进行设备安装、11月两支行中继线路全部完成、12月正式开通投入使用，使辖下普宁、榕城两支行的储蓄所联网实现通存通兑；

分行先后配置增加应用计算机 19 台（套），其中储蓄前台 13 台（套）、会计部门 2 台（套）；开通电子汇兑系统，先后做好网络机房的选址、申请和配置中继线路、选派人员参加上级行学习培训，12 月，实现全国联网正常运行。此外辖下有 7 个网点，按上级行要求升级操作系统版本。建行揭阳市分行为改变受金融科技应用落后的制约，造成业务发展和管理滞后的被动状况，成立计算机应用攻关领导小组，开展难点攻关和日常工作；取得电信部门的支持，用电缆专线优先安排 100 对线路，保证市区电脑储蓄和通存通兑需要；集中购置主机和一批微机及附属设备；选派人员专程到北京航空航天大学招收 94 年度电脑专业本科生，充实技术队伍；选拔业务精通、管理能力强的干部任科、股室管理负责人；扩大市分行计算机房，并按使用标准进行改造装修。5 月 7 日，成立清算中心的同时，逐步推出电脑储蓄通存通兑业务；10 月，揭西支行实现电脑储蓄联网； 12 月， 普宁支行开通电脑储蓄通存通兑。至年末，辖下 7 个支行（部）中，有 5 个支行（部）实现电脑储蓄通存通兑；市区新安装的 3 台 ATM 柜员机进入单机运作；市分行营业部、榕城和开发区支行的储蓄专柜及辖属办事处已全面实现电脑储蓄联网；市分行的计划、财会、信贷、建经、人事、房信部等业务科室的信息管理系统已实现与省建行的远程通信，全行的计划管理系统实现电脑联网。农行揭阳分行成立信息电脑中心，狠抓高标准网点建设，增设电脑储蓄网点，建设市区通存通兑联网系统，年末全行拥有微机 120 余台（套），比上年末增加 80 台（套）；电脑储蓄网点 78 个，比上年增加 47 个；镇级以上电脑网点覆盖率达 38.70%，比上年提高 23.40 个百分点，初步建成市区同城电脑储蓄联网系统。

1995 年，人行先后为辖属各支行装置电脑，自行编制《金融信息监测管理系统》《账户管理系统》《清产核资管理系统》《城市信用社记账操作系统》等 10 余个计算机软件，实现计划统计、国库清算、劳资报表、营业部记账、清产核资等的一系列电脑化操作，明显提高工作效率，其中国库清算系统获人行总行认可并在全国推广使用；市人行电子联行卫星小站并大网一次性获成功，仅 9—12 月，共发送往账 1543 笔 12.90 亿元，接收来账 4500 笔 27.10 亿元，实现资金运转安全、准确、快捷，资金清算“天上三秒”相当于“地面三天”，极大地方便用户，加速资金周转速度，提高社会效益，服务地方经济建设。农行揭阳分行继续增设电脑储蓄网点，继开通市区通存通兑联网系统之后，靠自身技术力量，又建成普宁市区通存通兑联网系统，并成功运行投入使用；此外，对储蓄网络系统和对公业务处理系统进行全面修改和完善，成功完成两个程序的应用升级。年末，全市行、社拥有微机 240 余台（套），比上年末增加 100 台（套）；电脑对公网点 18 个，比上年末增加 14 个；电脑储蓄网点 130 个，比上年末增加 47 个；镇级以上电脑网点覆盖率达 57.50%（不含兼柜、代办所），比上年提高 18 个百分点。中行投资 1000 万元购进电脑主机系统 AS/400 小型机及配套设备，同时完成设备安装和应用软件试运行，并于 9 月分别完成行本部储蓄专柜和行本部会计、新兴南储蓄所的上机；此外，先后完成揭西、惠来、市区营业部应用 ATM 机的安装、调试和运行工作，并配合全省中行接入“中银通”工程。工行揭阳分行增加科技人员至 10 人，壮大科技队伍力量；注重相关金融应用软件的开发，适应金融业务发展的需要；年末，新上微机应用营业网点增加 35 个；同时开通榕城、普宁、揭西及棉湖办事处的通存通兑网络。邮储机构逐步推广微机代收、代缴电话费储蓄业务；利用网点遍布城乡的“天然优势”开通全国通存通兑网络业务。

1996 年，人行揭阳市分行自行研制开发的电子联行“天地对接”同城计算机清算系统，经过近一年的试运行，于 9 月 16 日正式开通。工行揭阳分行全年共新增电脑储蓄网点 15 个，使电脑储蓄网点全行增加到 52 个，覆盖率达到 75%；新增上机会计网点 6 个，使上机会计网点达到 50%；是年 5 月，实现榕城、东山区营业网点的通存通兑；利用市区 7 个联网营业网点，准确、安全地代理威达股票发行的 87 亿元收款工作，有效增加沉淀存款。农行揭阳分行开通全国及省辖联行电子汇兑系统，实现汇兑资金 24 小时内达账；至年末，全行拥有电脑对公网点 27 个，电脑储蓄网点 64 个，分别比上年末增加 10 个。中行把 AS/400 主机联网到各支行（惠来除外），使全辖 AS/400 网点覆盖率从原来的 6% 提高到 20%；此外，对 AS/400 和 BASS 系统进行更新，完善原有应用，提高业务处理速度，如过去办理一笔异地汇款需要 2–3 天，联行业务实现电子化之后，只要 1—2 小时就足够。

1997 年，中行揭阳分行把 AS/400 主机联网延伸到各办事处，电脑网点覆盖率由上年底的 20% 提升到 42%，使中行长城卡、长城电子借记卡等能在各办事处进行通存通兑；把 OA（自动化办公）系统开通到分行各科室和辖内各支行，便于信息的传递和输送；此外，建立分行清算中心，减少资金汇划时间，加速资金流通速度；开通特约商户自动清算系统；全辖所有网点都能办理长城卡、电子借记卡业务。农行揭阳分行年末电脑营业网点 138 个，比上年末增加 48 个，门市业务电脑覆盖率 83.60%；比年初增长 42.30%；成功开发住房公积金和对公业务电话查询系统的电脑应用软件；完成办公自动化网络建设和试运行工作。工行揭阳分行在原有基础上，根据省行二级网（帧中继）的规划，完善网络建设，采用数字数据网，电话拨号线延伸到各支行、办事处，优化全行计算机主干网络，增强网络功能，与省行、汕头、惠州、各分行全面联网；采用服务器数据集中式网络，实现市辖联网，把 42 个储蓄所的数据集中到市分行，逐步并入大网；至年末，全辖电子化前台网点总数 91 个，其中电脑储蓄网点 64 个，覆盖率 95.50%，电脑会计网点 24 个，覆盖率 89%，实现高档服务器的全行储蓄 AMT 机和 POS 机联网，使多项业务实现网络化处理，是年实现加入全省 ATM 机网络系统，并能与其他专业银行的 ATM 机网络联网，明显提升存款等业务发展的综合竞争力。

1998 年，中行揭阳分行实现全省首个 AS/400 主机行与省行远程支持切换，并圆满完成在省行远程支持下的年终决算工作。工行揭阳分行实现全行 63 个储蓄网点数据集中处理和全市范围内的通存通兑；对公大机延伸、事后监督、OA 系统、台账系统等应用全面铺开；安装、调试 AMT 机 3 台；认真攻克计算机“2000 年问题”。农行揭阳分行科技兴行，建设电子化网络，年末，全行有电脑记账对公网点 38 个，电脑记账储蓄网点 104 个；省辖电子汇兑网点 40 个，比年初增加 9 个；安装 POS 机 130 台；电脑化覆盖率达 85%；分行机关逐步实现电脑办公自动化。

1999 年，辖区各银行金融机构，在注重先进电子化技术应用建设的同时，普遍全力解决计算机“2000 年问题”，确保世纪之交安全营运。人行揭阳分行集中技术力量，对自行开发并正在运行的清算系统，信用社会计、储蓄系统，以及全省推广使用的国库业务电脑管理系统存在的 2000 年问题，逐一进行更新改造。农行揭阳分行在全辖增设 POS 机终端 83 个；在市区增设 AMT 机 4 台；开通银行卡电话银行咨询系统；完成万事顺卡 9901 版的升级工作；成功解决计算机“2000 年问题”；做好大机延伸工作，至年末，全辖有 19 个网点直连省行大机，占全辖网点总数的 25%。工行揭阳分行于 5 月开通资金汇划清算系统，加快系统内资金清算速度；8 月完成储蓄、信用卡业务大机延伸，为后续全省实现储蓄存款、牡丹灵通卡的通存通兑奠定基础；全行办公自动化系统应用再次扩大，办公自动化网络系统逐步形成；通过三次停业攻关测试，实现计算机“2000 年问题”平安过渡。中行全力解决辖内各种电子设备的 Y2K 问题［计算机 2000 年问题，又叫做“2000 年病毒”“千年虫”“电脑千禧年问题”或“千禧年病毒”，缩写为“Y2K”。是指计算机程序的智能系统（包括计算机系统、自动控制芯片等）中的一个结构性缺陷。即对于一个系统来说，只要是有程序使用到了日期就有可能因为两位数的年份表示方式导致这种缺陷。因此当系统进行（或涉及）跨世纪的日期处理运算时（如多个日期之间的计算或比较等），就会出现错误的结果，进而引发各种各样的系统功能紊乱甚至崩溃）]，分行本部及辖内各支行都相应成立 Y2K 问题指挥中心，成员组成遍及各行业、行政部门，在指挥中心的指挥下，信息科技部门加班加点，配合省行做好三次停业测试；为确保有备无患，分行相应成立应急演练领导小组，配合省行顺利通过二次手工应急演练，顺利过渡 2000 年。建行揭阳市分行通过金融网络化结算手段，发挥电脑网络化优势，发展龙卡、储蓄卡、个人电子汇款等业务；成功地解决计算机“2000 年问题”，确保各项业务在世纪之交安全营运；完成集中式储蓄系统 4.0 版本的推广应用，提高全行储蓄柜面服务层次；在代收电费、代扣税款、代发工资等业务发展日臻成熟状况下，推出缴费本通、“折—卡”业务等服务品种，增强增存吸储能力。

2000 年，农行揭阳分行做好储蓄网点直连省行大机工作，发挥网点、网络优势，至年末，辖下 106 个网点实现直连省行大机；3 月，开通活期储蓄存款全省通存通兑业务；拓展网络功能，在做好金穗信用卡加入全国自动授权网络的基础上，将金穗万事顺卡移植上省行大机，开通了金穗借记卡业务，开发了代收代付业操作平台。建行揭阳市分行加强先进电子技术应用建设，增强网点吸存能力，将个人电子汇款业务推广到全行各网点，提高汇划速度，在此基础上；6 月，在全市分行各网点，推出全国活期储蓄通存通兑业务，网点的整体结算能力明显提升，带动存款业务的发展。工行揭阳分行通过完善网络建设，4 月开通人民币活期储蓄全省通存通兑业务。中行于 4 月与广东证券有限公司揭阳榕华大道证券营业部合作，联合开通“证银通——证券保证金电话自动转账业务”，增加沉淀存款。邮政储蓄机构全市网点全国联网，实现邮储业务通存通兑。

2001 年，农行揭阳分行针对先进科学技术应用滞后，是近数年制约分行业务发展的主要因素的实际，加大对先进科技的投入，提高应用水平，是年完成全省统一的中间业务系统的安装、调试，并投资运营，增加开办移动公司、联通公司手机话费和 193 长途话费等系统性业务；为推进相关业务的发展，开发电子汇兑通知自动转发、对公数据辅助备份、揭阳学院收费系统和个人消费信贷系统等辅助程序，提高相关业务的工作效率。工行揭阳分行完成 CIS 综合业务新系统的信息采集、录入、贷款利息拆分、数据移行、参数表的编制等投产前的准备工作，举办培训班 40 余场次共 3000 余人次，确保综合业务系统于 5 月 8 日投产成功，9 月 23 日综合业务系统整合版顺利投产，成为全省 CB2000 整合版最早投产的分行之一；此外，先后完成电话银行中心系统和网上银行系统的投产和升级工作；推出辅助终端代收业务，实现客户分流；开发代发工资系统、学校收费管理系统等应用程序，为开拓中间业务领域提供坚实的技术支持，推动负债等业务的发展。

2002 年，中行利用网络优势，于 10 月同华夏证券公司签订“证银通”合作补充协议书，成为在当地同业中首家全部网点都开办全辖证券机构 A、B 股“证银通”业务的分行。农行揭阳分行在提升科技应用水平中，致力推进新一代 ABIS 综合应用系统［ABIS（Aurora Business Intelligence Server）是中国农业银行综合应用系统 1. 主要功效：数据整合、信息查询、在线分析等；2. 可以用来处理银行柜面业务的软件系统；3. 农行柜面业务软件的系统结构、系统核心和一系列开发规范与约定的总和；4. 主要以处理银行柜面业务为主；5.ABIS 可覆盖一定区域的计算机网络，并将全部营业和管理机构联为一体，也可跨越行政和资金管理体系，实现多个县（市、省）的共用，最终将成为全国农业银行统一的综合业务应用系统。ABIS 是集数据整合、信息查询、在线分析、多维分析、动态报表和实时监控于一体的企业级应用软件］在全行的推广实施。通过成立推广实施领导小组，设置 4 个专业工作小组；制订实施方案，确保推广有序进行；做好宣传发动，统一全行员工真正了解ABIS综合应用系统的优点和长处；精心组织，做足新老系统切换前的准备工作。是年6月29日，分行老系统切换新系统圆满成功。ABIS综合应用系统的成功投产应用，标志着农行揭阳分行一场用先进科技取代落后科技的技术革命，成为农行揭阳分行加快各项业务发展的科技源动力。工行揭阳分行在科技兴行中，充分拓展网络应用功能，相继推出网上银行代理、缴费通、“汇款直通车”、开放式基金等新业务，并推介金融e通道；先后开发揭阳市房改信息管理系统、住房公积金查询系统、外汇汇款统计查询系统、信用证资料管理系统、大额现金取款管理系统、行政事业性收费对账管理系统等共10个应用系统。农信联社（揭东）依托资源优势，延升服务链条，借助不断完善的电子化网络，积极开办代收水费、学杂费、行政事业性收费和代发工资等业务，增加过路资金，降低筹资成本，全年全辖共为县直机关、全县事业单位及教育系统1万余名工作人员代发工资，月代发金额860万元。

2003年，建行揭阳市分行拓展网络应用功能，与中人财保公司兼业合作，代理机动车辆险、企业财产险、家财险、货运险建安工险等保险业务，与中人寿保公司兼业合作，代理人寿保险业务，辖下各网点开办柜台代销保险业务；开办委托贷款和远期结汇业务。工行揭阳分行在扩展网络应用功能中，新开立个人网上银行客户4567户、企业网上银行客户70户、个人电话银行客户5054户；全年新增ATM自动柜员机4台，自助终端机16台，新购进POS机40台。农信联社（普宁）加大电子网络化建设的步伐，9月，升级联社中心机房和全辖计算机网络，全面完成综合业务新系统建设；10月，网点全面开通通存通兑业务。

2004年，农行揭阳分行为适应新一代ABIS综合应用系统的操作，在全辖范围内开展ABIS综合应用系统业务培训，提高员工操作技能，确保在新系统下业务的正常运营。工行揭阳分行通过拓展结算网络功能，发展“汇款直通车”“储蓄异地通”等个人结算业务，是年带来沉淀存款的增加，成为个人中间业务收入的主要增长点。中行借助网络于5月，推出短信通服务系统。

2005年，工行揭阳分行于11月14日，辖下首个具有24小时自助存款功能的自助银行，在揭阳市区首家正式开业，其现代服务气息，打破客户只能在工行营业时间内进行存取款的限制，在缓解柜员业务压力的同时提供便民服务；全年新增自动存款机2台，自助终端机5台，自助终端网点普及率达100%；是年跨行支付系统、一体化电话银行、电子缴税入库系统、个人贷款管理系统、市地税社保基金归集系统、银电联网代收系统、人民币账户管理系统、企业级电信代收新版本等系统相继投入应用，提升沉淀存款吸存竞争力，推进存款业务的发展。建行揭阳市分行新投入使用ATM机4台，自助终端机6台，使分行ATM机增加到16台，自助终端机增加到9台，每台ATM机日均交易90余笔，有效分流柜面业务。农信联社（普宁）完善电子化网络应用，实现全省通存通兑，并加入全国现代大额支付系统，实现汇款瞬间达账的结算服务。

2007年，中行成立IT蓝图实（指银行营业厅的操作系统。中国银行的新上线的操作系统，比以前更为完善）施工作领导小组和办公室，制订实施工作方案，完成客户信息采集，配合推进IT蓝图建设实施；加强对授信、会计、信息科技等重点业务档案的指导和监督，按时保质完成上年度各类文件资料的归档；在全辖范围内正式推行公文处理电子化系统，并取消非密级文件的纸文本传送；开发反洗钱系统，提高反洗钱工作质量和水平；完善代发工资系统，争取企业代发新业务；开发柜员业务量统计系统，支持分行对营业机构柜员绩效考核。工行揭阳分行全年共新增柜员机5台，自助终端机4台，IP电话机15台，电子回单箱6台。

2008年，工行揭阳分行在区域使用量较大的网点增设柜员机，优化自助设备网络；加强宣传与引导，提高客户柜员机使用意识和安全防范意识；推进“95588”、自助设备进社区、进厂区，将应用先进电子科技的服务渠道，延伸至需求密集区，推进服务渠道多元化，全年增设2个离行式自助银行，共新增柜员机6台，更换自助终端机11台。农行揭阳分行全年共增加ATM机39台，增加自助终端机33台，制订实施营业网点自助设备考核办法，想方设法提高自助设备的利用率，在分流柜台业务压力的同时，增加沉淀存款。中行加大自助银行建设和自助电子设备的配置投入，提高电子银行服务体系对业务的支持度，新增设投放多功能自助终端机41台，推动柜台简单业务向自助设备的迁移。建行揭阳市分行增设玉和物流公司和广东巨轮有限公司两个自助银行，新增自助设备18台，提升网点沉淀存款吸存能力。交行揭阳分行编制自助设备三年发展规划，是年新投入自助设备3台；应用互联网拓展网上支付业务，全年实现网银交易额157亿元，增加沉淀存款。

2009年，建行揭阳市分行改造和增设网点自助设备，同时在驻揭部队、揭阳学院、普宁美佳乐商场等流动人口密集的场所，设立离行式ATM机和自助银行，增强先进科技应用，完善服务功能，促进存款业务发展。农行揭阳分行充分利用网点转型契机，大力营销和宣传网上银行、自助银行，进一步普及客户使用电子银行的知识，加快抢占客户资源，实现网点客户向电子银行渠道的有效分流。工行揭阳分行首次推出电话结算机（电话通）业务，将金融结算交易功能嵌入电话机中，为客户提供在家无忧结算交易便捷服务；在人流量大、需求旺盛的网点或区域增设ATM机，提升柜员机的服务吞吐量，全年新安装ATM机共14台，网银自助机4台，其中离行式ATM机3台，减轻柜台的压力，全行ATM机交易量月均笔数达280笔；利用LED电子滚动屏等形式宣传各种业务；加速做好电话银行、网上银行、手机WAP银行的推广；引导客户使用电子银行，减少柜面业务量。是年离柜业务占比达39%，达到历史最高水平。中行推广新版网银，网上银行实现储蓄、理财、信用卡等个人业务，以及公务支付、结算、汇划、税务、报关和集团理财等对公业务的自助服务；加大自助设备投放力度，年末全辖网均ATM机、存取款一体机等自助设备配置达到4台，列全市第一。农发行揭阳市分行自主研发汇款到账短信通知服务系统，并在全国农发行系统率先推行，延伸综合业务系统的功能，增加科技应用服务手段，既减轻基层人员的工作量，也提升结算服务质量。至年末，共发送信息1453条，有效帮助企业控制风险，受到客户广泛好评；10月起应用中储粮“银企直联”资金管理系统，至年末，办理网银业务473笔，金额9.93亿元。

2010年，工行揭阳分行全年新增柜员机12台，网银服务机4台；购买新版的《电脑短训班教程》，发放员工人手一册，开放电脑培训室供中年员工培训学习，提升电脑实操能力，适应业务发展需要。中行加大自助设备投放力度，新增设24小时自助银行6个，加大ATM机、存取款一体机等自助设备配置，减轻柜台的业务压力。交行揭阳分行完成全行“核心系统”“财富管理平台”“电话银行”“电子银行自助设备”“印鉴防伪系统”等系统的升级，与负债业务同步发展。邮储行揭阳市分行至12月末，全辖共有自助设备55台，其中自营网点ATM机16台、CRS（存取款一体机）8台、个人网银终端和自助终端11台，自助设备与网点比例3∶1，交易替代率45%。农商银行（市区）投入使用ATM机14台，CRS机11台，BST机8台，让广大客户享受到服务的快捷和便利。农发行揭阳市分行全面清理和完善路由器、交换机和防火墙等网络设备的配置，合理分配网络通信资源，大幅度提高网络运行速度和安全性能；做好综合报表平台共5个计算机系统的上线运行，促进业务发展。

2011年，中行认真组织开展IT蓝图投产上线工作，共组织开展不规范客户数据清理、文本补录、特色业务系统改造等16项投产准备工作，组织9轮数据验证和系统演练，执行验证案例9869个，完成省行工作指令740条，报送和解决问题43个，实现“A类例外、总分偏差、客户投诉、负面报道、应急支付、投产问题率”均为“零”，实现IT蓝图成功投产上线。建行揭阳市分行加大自助设备投入，全年共投入自助设备18台。工行揭阳分行加快柜员机安装速度，增设柜员机26台，提升离柜业务量，年末，离柜业务量占比64.33%，比年初提升25.68个百分点。农行揭阳分行配合营业网点转型建设，增配大批网点自助设备，新增ATM机42台，新增自助终端机27台，新增网银体验机52台，有效分流柜台业务量，推进存款等业务的发展。农商银行（揭西）全辖投入使用有自助银行1个、ATM柜员机19台、POS机47台，有效分流柜台业务量。邮储行揭阳市分行13个自营网点的ATM机、CRS机数量达到35台，个人网银终端、自助终端11台，业务交易替代率50%。自营部分个人网银累计注册客户达3.7万户，交易笔数为58万笔，交易金额25.50亿元，成为分流前台客户、提升存款增量的重要渠道。

2012年，中行新增自助银行15个，使全辖自助银行（含自助点、服务区）达到50个，其中：离行式自助银行（含自助点）18个，占据当地同业“半壁江山”，形成对物理网点不足的有效补充；此外还加大自助设备投放力度，自助设备169台，增加42台，有效提高网点简单业务迁移率，减轻柜台工作压力；发挥信息科技对业务发展支持服务作用，成功开发了同时适用于批量开户和柜台开户的“个人结算账户批量报备人行模板”，极大地提高网点报备工作的时效性、完整性和准确性。农行揭阳分行自助设备投放提速，至年末全辖网点ATM机总数达142台，自助终端机达86台，网银体验机总数达56台，柜台业务分流效果明显，其中电子银行渠道分流率达78%。工行揭阳分行是年新增自助银行网点5个，新增ATM机29台，辖内服务渠道布局更为合理，服务效能持续提升。农发行揭阳市分行加强对信息技术的探索和研究，做好综合办公平台系统上线和CM2006系统（二期）的升级工作，为日常业务提供技术支撑，确保系统平稳运行。交行揭阳分行新开通离行式自助银行1个和自助单机3个，新投入自助机具8台；新增手机银行客户4731户，电子银行对私业务分流率74.41%。邮储行揭阳市分行应用电子网络新渠道的普及速度加快，手机银行年新增2.5万户，网上银行新增3.3万户。农商银行（揭西）新投入使用的自动取款机2台，自助终端机22台；增加签约商户151户，其中新增加银行卡助农取款商户100户，填补全县的金融服务空白村68个，极大地改善全县农村支付环境，带动存款业务的发展。农信联社（普宁）在县域设立银行卡助农取款服务点217个，其中填补金融服务空白行政村148个。

2013年，工行揭阳分行不断加快电子应用和渠道延伸，全年共新增离行式自助银行3个，增加自助设备22台，完善区域现代服务功能，打造让群众体验方便、快捷的“身边银行”。交行揭阳分行新开设离行式自助银行2个，并上线新一代自助终端机11台，新增自助发卡机3台。农商银行（市区）建成自助银行网点共18个，投入使用自助设备共58台，其中ATM机25台，CRS机23台，BST验钞机10台；新增正式签约银联POS商户114家；个人网上银行、企业网上银行、手机银行用户同比增加6684户、269户、1408户。是年，农商银行（揭西）新布放CRS存取款一体机10台，自助银行网点1个，改善支付环境。农信联社（惠来）累计发行银行卡18.10万张（其中社保IC卡7.46万张），比年初增加9.59万张；累计布放自助柜员机（ATM）23台；累计拓展POS商户186家，比年初增加8家；网上银行开户比年初增加2764户；手机银行开户比年初增加1144户；网上支付用户比年初增加3374户。电子交易替代率38.21%，

2014年，农行揭阳分行应用电子网络技术搭建高效多元的服务网络，巩固渠道优势，全年共完成17个离行式自助银行网点的改造，新设5个离行式自助网点。中行揭阳分行应用电子网络技术，全方位、

多渠道为广大群众提供便民、利民、惠民的民生金融服务，至年末，新增全功能型网点1个，新铺设自助服务点3个，投放ATM及BST自助设备共6台；在全市率先对所有网点配备清分机，全面实施ATM机加钞现金实行清分设备清分，由系统自动实现对人民币冠字号码的存储，有效防止假币对外流通，假币张数较上年压降89.30%；是年10月，辖下其中11家网点通过系统升级顺利增设21台ATM机，实现对外提供人民币10元小面额钞票的取款服务。交行揭阳分行先后开通康美医院和广东科迪离行式自助银行，年末分行个人业务分流率90.55%。农商银行（揭西）新增ATM（含CRS机）机10台，新增自助银行网点1个，拓展银联POS机商户24户，签约网银客户4516户，网银交易金额159.41亿元。

2015年，工行揭阳分行有序推进网点智能化建设、自助渠道布局、自助设备投放，不断扩大服务覆盖。全年共完成网点智能化改造6个，新增离行式自助银行3个，新投放自助设备25台，并实现无线网络网点全覆盖。农行县域渠道建设全面推进，全年新设金融服务站1个，自助银行2个，累计投放自助设备36台，新增惠农通有效服务点873个，新增代理项目6个，“惠农通”工程电子机具行政村覆盖率达到100%。中行揭阳分行创新金库库房安全管理，在分行金库库房门内安装“密码锁自动乱码器”，实现库房密码管控由“人控”向“机控”转变。建行揭阳市分行新增离行式自助银行14个，实现对普宁区域（含占陇镇）、揭西县域、惠来县域、空港经济区（含炮台镇）、棉湖镇等重点经济区域自助设备的布放，建立市场领先优势，提升沉淀存款吸存能力。农商银行（揭东）新增自助设备24台，其中CRS机22台、ATM机2台；新装POS机91台，新增网上银行2368户；新增手机银行24170户，电子银行业务替代率58.21%。

2016年，建行揭阳市分行全面推动物理渠道的智能转型，完成69台标准版智慧柜员机的布放；加大离行自助银行建设，协同网点布局规划，加大网点未覆盖新兴商圈、中高端社区、经济强镇等区域自助设备的布放，全年共新增自助银行9个，其中离行式自助银行8个，附行式自助银行1个；新增自助设备24台，离行自助银行与网点之比达到1.39：1，占比在粤东西北各二级分行中排名首位。中行新增设揭西温泉大道、普宁里湖两家自助银行。农行揭阳分行每个网点均设立智能服务区，超级柜台、发卡机、翼柜通、网银体验机等设备，实现集中摆设，客户体验及设备分流率均得到有效提升。全行共配置超级柜台80台，ATM机315台，自助终端机84台，12月末，来行业务设备分流率70.03%。农发行揭阳市分行发挥信息科技支撑作用，完成三级广域网带宽扩容升级，为全行各项工作的开展搭建优质、高效的网络平台。6月6日，交行揭阳分行智能服务机器人“娇娇”在分行营业部进行巡展，现场与客户进行互动，展示各项金融服务技艺。农商银行（市区）推出“易捷通”综合服务平台系统，方便客户在网站、网银、手机银行和大堂自助终端等电子银行渠道，通过远程网点查找、预约叫号、免排队、预填单等手段，实现高效办理业务的功能。农商银行（普宁）全年新投放自助设备12台，至此共有自助设备70台、乡村助农取款机222台、POS机679台，遍布县域城乡，金融服务的科技应用覆盖面不断扩大。

2017年，中行依靠先进科技提升渠道服务能力，全方位、多渠道为广大市民提供便民、利民、惠民的民生金融服务。6月19日，首批3台智能柜台在分行营业部正式对外服务；全年新开设全功能网点2个；新铺设自助服务点、自助银行2个；新增投放ATM机及BST自助设备5台；全年增设投放网点智能柜台共33台，开卡、网银签约、手机银行签约等基础产品智能柜台迁移率达到80%及以上，大幅缩减客户办理业务时间。如综合开卡业务，由原先在传统柜台办理的15分钟缩减至5分钟。农行揭阳分行全面推进“机器解放人”工程，至年末，全行共开通投产大额存取款机125台，超级柜台111台，ATM设备315台，其他自助设备95台，点均设备及覆盖面比年初再提升，以11月为例，来行业务设备分流率 84.47%，比是年 1 月提升 14.45 个百分点。建行揭阳市分行应用先进科技推进物理渠道智慧转型。完善自助银行全成本控制体系，加强低效设备的运行监控、分析通报和整改推动，稳步推进分行智慧柜员机的推广应用，加强营销服务协同人员配置，实现智慧柜员机迁移率和省排名连续提升，12 月末智慧柜员机迁移率达 94.77%，排名建行系统全省首位，智慧柜员机业务量占比 61.58%，比年初提升 29.39%。先后共拆除仙桥、玉都、锡场、东城、华诚、流沙西、炮台等 17 个网点的闲置高柜、低柜；配合网点装修、校园 e 银行建设、设备报废、设备搬迁等措施，调整利用改低效设备 40 台。农商银行（市区）推广“存款芯折通”产品，可在非接功能的柜员机快速“嘀”折办理存取款、转账，还可在粤信通 POS 机具上享受助农取款服务，通过采取多载体多方式，打通金融服务“最后一公里”。

2018 年，建行揭阳市分行加强总行平台及新一代成果推广，推广应用企业级数据平台、大数据工作平台、“慧视”APP 等平台工具，提高决策水平、管理效率、精准营销能力；采用“部门 + 网点 + 科技”组成营销任务团队，逐项任务抓好考核推动；按照“签协议＋上线＋推广”模式加快社会化平台的推广。与此同时强化科技队伍建设和数据人才培养，加强金融科技相关技能培养，加快数据分析人才培养进度，特别是青年员工“数商”培养，打造一支能力素质俱佳的人才队伍，以“技术条线 + 业务条线 + 青年员工”的方式组建大数据分析项目任务团队，运用数据平台和工具针对具体业务需求开展研究攻关。至年末，存款余额 173.67 亿元，增加 29.19 亿元，中收 5454.90 万元，增加 3065.34 万元；同时，强化推进“8+N”场景建设，打造金融科技应用生态圈，完成涵盖水费、电费、燃气费、有线电视费、物业费、幼儿园收费等全场景悦生活平台建设，悦生活活跃场景共 28 个；其中仅揭阳中海油燃气缴费项目和揭阳广电网络有线电视费收费项目就涉及 27 万用户，完成“8+N”场景建设 137 个，其中八大场景 24 个、N 场景 113 个。中行全年更新替换 ATM 设备 28 台，推动智能柜台建设，新增投放智能柜台 38 台，实现网点营业机构全覆盖；引入移动智能柜台 3 台，服务渠道更为多元，营销触角逐步延伸，吸存能力不断提升。农行揭阳分行在稳步推进网点经营转型中，打造智慧银行网点，对全辖 50 个网点进行重新分类，完成分行营业部、榕城支行、普宁城郊支行 3 个智慧银行示范网点的样板打造、揭东白塔支行等 3 个网点的智能化改造以及城区、揭东、揭西辖属 23 个网点的智能服务区改造。全辖 311 台 ATM 机全部完成升级并接入全国自助设备统一平台，业务实现有效分流。年末，本外币各项存款余额 321.32 亿元，比年初增加 27.29 亿元，增幅 9.28%。交行揭阳分行扩展网络应用功能，推出“银联移动支付智慧出行——揭阳公交暨潮汕机场无感停车”服务项目；加快网点智能化建设，投放智能、移动服务设备累计 45 台，其中智易通 19 台、智能打印机 9 台、现金循环机 3 台、自助票据机 1 台、手持终端 14 台，智能、移动服务覆盖率达 100%。科技应用于金融的多形式服务，使客户充分体验到智能和便捷的现代气息。

（八）金融理财，一体化服务

金融理财是银行金融机构由专业银行向商业银行、股份制商业银行转变以后，经营机制历经由原来的粗放经营向集约化经营转变的过程。为适应市场需要，银行金融机构由原来以传统的储蓄、贷款、结算服务为主，向多功能、综合性、多元化经营的服务转型。其基本特点是为客户资产的保值增值，集多方式服务于一体的金融服务。

2001 年开始，面对存款市场激烈的同业竞争，辖内国有商业银行开始持续加大理财产品的创新和发行力度，通过金融业务理财吸引新客户并带动存款的增长。这一期间，辖区各银行金融机构在集约经营中，为满足客户对资产保值增值的需求，纷纷进行金融业务及服务方式的转型。除传统的银行存、贷款、结算业务外，还提供外汇业务、票据业务、银行卡业务，住房、汽车按揭业务、代理保险业务、网上银行业务等一揽子理财服务项目，以金融理财一体化服务，带动存款业务的发展。是年，工行揭阳分行开设理财试点，为客户提供理财服务。

2002 年，工行揭阳分行贯彻总行印发的《关于加快发展个人中间业务的意见》，将中间业务作为与资产、负债同等地位的主体业务推进发展。其中，将具有效益好、风险低、潜力大特点的个人理财业务在上年试点的基础上，是年列为重点发展的业务之一，推出“工行理财”。农行、中行、建行、农信社分别推出“金达理财”“中银理财”“通达理财”“金摇篮理财”等业务，为城乡居民提供一体化金融服务，形成理财产品与储蓄存款的联动效应。

2003 年，工行揭阳分行结合个人理财业务的发展重点，向客户推介“理财金账户”，个人理财业务开始实行分层分类营销。借助“理财金账户”进行定位，充分利用 PCRM 系统，对客户进行识别分类，根据客户的需求，策划各种营销方案，不断丰富中高端客户的服务内容；以理财业务、理财策划为服务重点，向中高端客户推介宣传工行的特色理财产品和服务，并逐步推出“灵通快线、步步为赢、稳得利系列、增利尊利稳利系列、鑫得利系列”等产品，在币种选择上也从人民币拓宽至美元、港币、欧元等外币，不断完善分行的个人理财产品体系。

中行推出外汇宝业务和基金代理业务，至年末，办理外汇宝交易 145.85 万美元，代理基金 205.60 万元。农行揭阳分行新开办记账式国债业务、代销开放式基金业务。建行揭阳市分行代销基金业务，新开办财政国库代理等业务，全年代理保险标的额 176.70 万元。中行推出外汇宝业务和基金代理业务，至年末，办理外汇宝交易 145.85 万美元，代理基金 205.60 万元。

2004 年，工行揭阳分行充分利用优质客户资源，发挥“理财金账户”品牌效应，将增存揽储工作与为优质客户提供优质理财服务紧密结合，竞争优质客户，带动存款业务的发展，全年“理财金账户”新开户 1995 户；与广发证券合作，开办广发牡丹银证理财业务，做好代理销售国债和 14 只开放式基金发行工作。全年代理销售保险 265 万元；代理销售国债 5276.90 万元；代理销售基金 2250 万元。中行全辖累计代销保险 145.50 万元；销售基金 1203.33 万元；累计办理外汇宝交易 764 万美元；销售汇聚宝 891.61 万美元。农行揭阳分行全年基金、国债、汇利丰等代理业务快速发展，其中，实现保费总收入 2821 万元，是上年的 10 倍。

2005 年，中行首次在全辖公开竞聘理财经理，并通过举办黄金宝、外汇宝等理财业务产品培训班，提高理财人员素质；制订实施《理财经理考核方案》，对理财经理分别实施绩效挂钩量化考核；抓好理财客户分层建设，出台对公、对私理财方案，对不同类型的客户提供不同的理财方案，促使存量客户资金在中行系统内循环，吸存稳存沉淀资金存款。工行揭阳分行通过“贺新禧・广聚财富”“工行理财・夏日风”“财富一生・幸福一生”等专题活动，大力营销“理财金账户”、基金、保险等业务产品；成功开办首笔财务顾问业务，投行业务实现“零的突破”。交行揭阳分行开展“金鸡贺岁——交银理财，让您生活更美好”和“交银理财、缤纷五月”私金业务营销活动，有效带动存款业务的增长。

2006 年，建行揭阳市分行拓展个人理财业务，促进网点功能由“结算交易型”向“营销服务型”的转变；加强交叉营销和联动营销，尤其对理财卡客户的营销，年末贷记卡联动配卡率理财卡为 35.84%。工行揭阳分行主动调整业务结构，以理财业务为主线，拓展业务空间。以“轻松理财・工行相伴”等营销主题；以开展一般理财网点核心竞争力项目为契机，通过强化营销、加强优质客户关系维护、拓展新客户，为客户提供不同的理财方案，引导客户使用网上银行财务室进行企业理财，提高网点综合竞争力，做大做强负债业务和中间业务，全年共代理销售基金、债券、保险等各类理财产品 5.04 亿元；销售“稳得利”

人民币理财产品 1436 万元；销售“汇财通”外汇理财产品 767 万港元。农行揭阳分行利用股市走红的有利时机，先后邀请多家基金公司理财经理作讲座培训，向员工讲解分析对应阶段市场动态，基金信息评估，基金营销技巧等知识，通过理财业务培训和营销，完善激励机制，促进理财业务的良性发展。全年代理销售基金 3.60 亿元。

2007 年，建行揭阳市分行加大对理财卡营销的市场拓展，优化操作流程，加大对代发工资单位的营销力度，实行以理财卡代发工资，实现理财卡批量发卡。如辖属的惠来支行、市分行营业室、开发区支行、马牙分理处，多次通过主动上门向相关单位营销，取得显著成效；充分利用网点优势，大力发展理财卡业务，如辖属的玉都分理处抓住当地大客户密集的有利条件，积极主动营销宣传理财卡，落实当地客户用卡优惠措施，引导客户用卡，实现当地所有新达标客户 100% 办理建行理财卡；此外，举办多场客户理财讲座（座谈会），提高客户理财技巧。工行揭阳分行打造精品理财品牌，着力调整优化客户结构。以“服务·理财”为主题，强化客户心中工行理财产品品牌意识；确定基金、保险、国债等理财产品为重点，深度挖掘客户理财需求，引导客户购买工行的各项理财产品；借助“理财金账户”进行定位，根据客户的需求或潜在需求，不断丰富中高端客户的服务内容，以理财业务、理财策划为服务重点，向中高端客户推介和宣传工行的特色理财产品和服务；主动走进企业举办理财讲座，开展面对面营销，培育客户理财理念，深入挖掘客户需求；开辟个人金融业务园地，编制《揭阳分行理财期刊》，订阅《私人理财》月刊，为网点开展个人理财业务提供各类资讯和服务。全年新增资产 5 万元以上客户 8204 户；各类理财产品销售额 19.97 亿元。

2008 年，工行揭阳分行首推私人银行业务，聚焦私人银行客户财富管理综合服务需求。按照国际上对拥有个人金融资产 100 万美元以上的客户定义为私人银行客户的标准，将在分行个人金融资产超过 800 万元的个人客户划定为私人银行客户，并通过推荐客户签订私人银行业务协议，让客户享受分行的私人银行尊享服务。随着私人银行客户规模的不断发展，为更好地做好对私人银行客户的服务。是年，工行揭阳分行以个人理财业务为龙头，以保险业务为主打产品，抓住客户对个人财富保值、增值的需求，加大高收益基金、银行理财产品的销售力度，重点推介保险业务、货币基金、灵通快线等业务，通过为客户提供有效的资产配置服务，实现银行和客户利益共赢。全年共销售各类理财产品 46.29 亿元，同比增加 26.32 亿元，实现理财产品收入 1302.43 万元；销售保险 1.41 亿元。农行揭阳分行以客户为中心，根据客户的风险偏好和投资需求，鼓励客户在选择个人存款的同时，选择保险、基金、国债等各类理财产品，争取客户在实现较大收益的基础上，促进分行中间业务的发展。建行揭阳市分行针对资本市场走势不明朗，客户急需投资理财指导的情况，及时举办“激荡 08 投资理财策略报告会”，邀请长城基金公司市场部高级经理为高端客户作投资市场分析和投资理财报告，并由建行揭阳市分行金融理财师向客户讲述理财观点和推介理财产品，增强客户理财意识和财富管理理念，拉近客户对建行产品的认知距离；9 月，结合实物金业务的推出，及时举办两场“选择建行，牵手人生”黄金投资理财沙龙，由理财专家与中高端客户面对面交流黄金投资理财观念。中行推进财富管理三级服务体系建设，建设 2 个理财中心，推广理财顾问和“定额定期定投”业务。

2009 年，农行揭阳分行根据不同客户对风险的承受能力和投资偏好，积极引导客户投资保险、基金、本利丰、汇利丰等理财业务和产品，在实现客户资产保值和收益的同时，实现客户与农行收益双赢。年末，全辖代理销售基金 3.81 亿元，代理销售寿险 1.64 亿元。工行揭阳分行大力发展理财业务，围绕灵通快线、一号工程、广东项目等优势理财产品，吸引客户资金存留并在工行体内循环，全年共销售灵通快线

84.32 亿元，日均余额 4.39 亿元，新增中高端客户 6121 户，其中 20 万元以上客户 2085 户，新增财富客户 264 户；此外通过敏锐把握市场形势，顺势而动，指导辖下网点根据资本市场的变化，有重点向客户推介适合对应阶段资本市场形势的基金产品，全年共销售基金 12.04 亿元，实现基金业务收入 457.57 万元，与保险公司联动，通过产品说明会、保险销售精英网点培训、提升营销激励方案等形式加大保险销售力度，全年共实现代理保险收入 411.67 万元。全年共销售各类理财产品 107.24 亿元。中行贴心为客户提供理财服务，辖下棉湖支行对不同客户营销产品，全年累计销售基金 2505 万元，理财产品 9777 万元；长春路支行共销售理财产品 2.50 亿元。邮储行揭阳市分行全年累计销售理财产品 5655.28 万元，其中全年代理保险业务保费共 1955 万元。

2010 年，工行揭阳分行围绕灵通快线、其他短期理财等优势产品，以丰富的产品链稳定、维护和发展客户，全年共销售灵通快线 194.37 亿元，日均余额 6.3 亿元；新增中高端客户 6594 户，其中 20 万元以上客户 1519 户，新增财富客户 341 户；全年累计销售理财产品 70.38 亿元。农行揭阳分行全年基金认购和申购累计 1.95 亿元；代理人寿保险 1.81 亿元；代理销售国债 2113 万元，销售理财产品本利丰 1.28 亿元，汇利丰 1263 万元，销售“安心得利”系列产品 12.71 亿元。广发银行揭阳支行新增个人理财产品比上年增加 1666 万元，其中：中欧基金销售 263 万元，“薪 + 薪”系列产品销售 1403 万元。交行揭阳分行年末理财产品余额 2617 万元。

2011 年，建行揭阳市分行通过全面整合结算 E、结算易卡、结算通、结算通卡、私人银行卡和财富管理卡、助业贷款、乾元等理财产品，为专业市场客户提供涵盖资金结算、资金融通和资金管理三方面功能的产品包，吸引专业市场结算资金；着力推动建行财富、利得盈、保本系列等短期理财产品销售，有效吸收他行存款；全年代理基金销售 19.47 亿元，代理保险业务销售 1.21 亿元，高端理财产品销售 23.74 亿元。交行揭阳分行销售“蕴通财富·稳得利”对公理财产品 2.65 亿元。邮储行揭阳市分行销售理财产品 3 亿元，同比增长 230%；累计代销基金 2617 万元，同比增长 24.9%；发展基金定投客户 2220 户，同比增长 85.6%。农商银行（市区）在非现金区配置理财服务专区，由券商现场宣传讲解投资理财知识，为客户提供“一站式”服务；推出“广东揭阳农商行金摇篮——安盈系列”理财产品，满足客户理财需求。

2012 年，中行创新思路，集合突破传统理财产品不足，在全省首创“中银集富” + 中银“企贷保 D”业务，为“广东榕泰中银集富股票收益权项目”募集资金 1 亿元，增加沉淀存款；公开选聘理财经理，提高薪酬待遇至不低于营销类 10 级，由条线部门垂直考核，并建立“能进能出”人员管理机制。年末，辖下网点有对私理财经理人员 29 人。农行揭阳分行狠抓理财产品销售，开展针对性营销，实现客户资产保值增值，年末，个人理财产品余额 15.30 亿元，比年初增加 11 亿元，同比多增 5.40 亿元。交行揭阳分行采取理财产品销售带动、扩大结算手段、抓代发类业务客户提升和夯实客户基础等一体化服务，维护和提升客户综合贡献度，全年保持良好的增长态势。年末家易通商户名下储蓄存款余额 1.10 亿元，比年初增加 5600 万元；代发工资客户名下储蓄存款余额 2.34 亿元，比年初增加 1.28 亿元。邮储行揭阳市分行全年理财产品销售量 13.95 亿元，其中辖下普宁市支行销售 9.8 亿元，分行本部营业部销售 2.6 亿元。农商银行（市区）代理发行“金摇篮”理财系列产品 10 期，代理理财销售金额 4.55 亿元。

2013 年，农行揭阳分行为满足客户保值增值需求，抓住“迎新春贵金属专享周”“端午·银产品营销活动”“中秋·银月饼营销活动”等贵金属优惠活动的时机，营销贵金属实物产品，全年实现收入 248.46 万元，为上年收入的 4.11 倍，其中个人交易类贵金属收入 31.72 万元；大力推广基金定投业务，全年实现收入 200.20 万元；稳步推进个人理财产品销售，实现储蓄存款与个人理财产品销售的良性循环，沉淀存款有效增加。中行新增理财中心 3 家、财富管理中心 2 家；大力推广居民理财服务，积极帮助居民财富保值增值，仅前 11 个月累计发行个人理财产品 15 类、销售额 59 亿元，为民众增加理财收入 3400 万元。工行揭阳分行依托于日益完善的网点渠道布局，立足于“改善服务、提升品质”，着眼于营销能力提升、重点产品推广、业务流程优化，多位一体强化客户新拓展与深维护，推进理财业务发展。其中，理财业务保泰持盈，个人理财业务创收 3143 万元。农信社（普宁）推出“普宁农信社金摇篮·安盈系列理财产品”，满足客户理财需求。

2014 年，农行揭阳分行加强理财产品的营销及结构调整工作，重点做好开阳、如意、进取理财计划等高中收益个人理财产品的营销推广，在资源有限的条件下，通过理财结构的调整，抢占他行优质客户，留住农行优质客户；在央行是年当期降息向市场释放利好信号，预计下一年资本市场将更趋活跃情况下，抓住证券市场复苏的有利机遇，大力发展基金销售业务，做大做强基金客户群体，增加代理基金业务沉淀存款。农商银行（揭西）推出“揭西县农信社金摇篮·安盈系列”理财产品，全年完成代理 4 期销售共 8000 万元。

2015 年，交行揭阳分行发挥理财产品“稳存款、促中收、增客户”作用，实行分层、分类产品营销策略，围绕行外资金、潜力品牌客户提升、存量资金维护三类客户，统筹各类产品组成产品线，拉动行外资金和客户增长。广发银行揭阳支行利用推出的“盆满钵盈日日盈”对公理财产品、捷算通卡、现金管家等多样化产品，增强客户黏性，增加客户在行资金沉淀，有效提升对公存款存量。邮储行揭阳市分行注重加强理财经理队伍建设，通过出台理财经理奖励政策，对于排名全省前 20 名的理财经理每月奖励 2000 元，第 21—50 名的每月奖励 1500 元，第 51—100 名的每月奖励 1200 元，第 101—200 名的每月 1000 元，促进理财经理加速成长，激励理财经理积极营销，做大业绩。年末，分行有 6 名理财经理跻身全省 10 强，理财经理年人均创收 80 万元，列全省系统首位，有效拉动分行存款增长。农信社（惠来）推出“智慧存”，深受储户的青睐。南粤银行揭阳分行理财定制营销带动存款增长，全年定制并销售对公保本理财产品 7 笔，金额合计 2.60 亿元。

2016 年，工行揭阳分行开展“融资 + 消费 + 支付 + 理财”多点交叉渗透。年末，个人金融资产余额 297 亿元，比年初增加 17.5 亿元，增幅 6.30%；以汽车分期为主要项目的分期付款业务累放 4.50 亿元，分期付款余额 3.60 亿元，同比增长 74%；拓展二维码商户 4818 户；工银 e 支付、融 e 行、融 e 联、融 e 购等业务全面提速，分别实现新增客户 9.7 万户、9.9 万户、15.3 万户和 3.1 万户。农行揭阳分行通过加强与重点公司的合作，着力推进产品转型和渠道转型，以规模带动效益，巩固代理保险同业领先优势；重点加大贵金属、基金、理财的营销力度，加强客户财富管理，带动沉淀存款增长。中行在全辖组建个金营销后备人才库，持续推进理财经理“一带多”培养计划；通过表外融资产品，在私人银行理财平台发行理财产品，满足客户的理财需求和融资需求。邮储行揭阳市分行做好一体化服务，注重对客户的资产配置和综合开发。将日日升、鑫鑫向荣等现金管理类理财，固定期限理财计划，“臻心智选”基金，实物贵金属，代理保险等产品进行综合配置，满足不同客户的金融需求。年末，理财销售量达 118 亿元，理财保有量 13.50 亿元，年新增 5.25 亿元，其中辖属仙桥支行理财保有量 2 亿元，年新增 1.26 亿元；贵金属年销售 631 万元，其中辖属荣华支行年销量 215 万元。

2017 年，建行揭阳市分行通过股票质押融资、债转股、债务融资工具及产业基金等投行产品，实施上市公司“金色成长”计划，开展一体化服务，打造综合金融服务标杆。截至 12 月末，累计为上市公司办理股权类理财业务 23.50 亿元，注册中期票据 110 亿元，发行中期票据 60 亿元，发行超短期融资券30亿元，设立大健康产业基金50亿元。工行揭阳分行根据工行总行推行“工银理财节”活动，将“工银理财节”打造成定期为广大客户提供全方位个人理财投资服务的盛大“节日”和服务品牌的契机，组织开展的“理财节爆款产品定向营销 ”活动，其精准营销项目荣获总行“零售大数据智赢”精准营销劳动竞赛优秀奖。交行揭阳分行以“结算工具＋理财产品”作为新抓手，主推“手机银行＋薪金理财”“家易通＋天添利E款”，实施坐商向行商转变，丰富获客手段，年末贷记卡新增2952张，回佣达到1105万元，增加695万元，荣获省交行信用卡消费信贷业务先进奖，实现零售板块中间业务净收入2440万元。汇丰银行揭阳支行推广“卓越理财”和“运筹理财”两种账户类型为客户提供理财服务。

2018年，工行揭阳分行围绕保险、基金、私银、“三融平台”等核心业务，坚持以契合客户需求、市场形势为导向，带动大零售业务的多点增长；通过补短板夯实大对公板块的经营基础，依托“专业协同”一体化服务，推进客户营销突破和产品整合运用，提升投行理财推荐、结售汇、法人理财等对公重点业务的渗透率，带来对公沉淀存款增长。建行揭阳市分行通过“活期＋定期”“定期＋理财”“定期＋保险”“定期＋定投”等产品组合，优化客户资产结构，实现资金增值，巩固客户关系。年末，个人全量资金比年初新增46.89亿元。农行揭阳分行对私人银行等高端客户，提供专业化、定制化的个性服务，重点营销投资、理财等高价值业务；对普通客户提供标准化、实惠型的制式产品，提高手机信使、掌上银行、信用卡、基金、理财等业务的渗透率，有效带动沉淀存款增长。邮储行揭阳市分行通过制订灵活理财计划，搭配理财、基金、贵金属等多项产品，使客户理财选择趋向多样化，增强客户在邮储行揭阳市分行的理财体验。年末，全市理财保有量20.69亿元，年新增3.37亿元；全市代理保险销售6257万元。其中城区通过“紧抓旺季营销时机、发挥产品优势、开展深度营销、挖掘潜在客户”等方式，推动理财保有量达到8.90亿元，年新增1.40亿元；保险销量累计达2200万元。东亚银行揭阳支行依托“汇添盈”“均点盈”“易达盈”“基会盈”等传统品牌产品，为客户提供多元化理财服务。

第二节　资产业务

商业银行的资产业务，是指其将吸收的资金贷放或投资出去获取收益的活动，也是商业银行运用资金的业务。主要包括贷款（放款）、贴现、证券投资、金融租赁等。其中，贷款和证券投资业务为银行金融机构资本运用和收益的主要渠道，与负债业务组成商业银行的两大主要业务。截至2018年12月底，全市银行业金融机构人民币资产总额2057.01亿元，比1998年（全面实行资产负债比例管理后第一年的137.98亿元）增加1919.03亿元，增长13.91倍，20年平均增长14.07%。

一、信贷资金管理体制改革

信贷资金管理体制是指银行组织和管理信贷资金的基本模式，包括信贷资金管理权限的划分和资金管理方式的选择。随着经济金融体制改革的开展和深化，辖区的信贷资金管理体制经历一系列改革。改革开放前，辖区银行金融机构长期实行的是“统收统支”和“存贷两条线”的信贷资金管理模式，其实是信贷资金供给制，即辖区银行业共吃一口“大锅饭”。改革开放后，企事业因扩大生产、流通和建设，资金需求广泛增加，资金来源由以财政渠道为主转变为以信贷渠道为主。拨改贷，由原来的无偿使用改为有偿使用，是这一过程信贷资金管理体制改革的基本特征之一。

（一）银行信贷资金体制

1981 年起，信贷资金管理体制开始改革，全县银行业执行央行实行的“统一计划，分级管理，存贷挂钩，差额包干”管理办法（简称“差额包干”办法）。其核心是各家银行发放的贷款与其吸收的存款挂钩，“存差”（即存款大于贷款的差额）计划必须完成；“借差”（即贷款大于存款的差额）计划不得突破，多存可以多贷。从统存统贷的指标管理逐步向资金管理办法过渡。明确信贷重点是支持商品生产，搞活商品流通，活跃城乡经济。把提高经济效益作为金融工作的中心任务，使辖区金融业务有初步发展。

1985—1993 年，改变只有人民银行一套资金体系的格局，建立人民银行和专业银行各自分离的独立的资金体系，信贷资金实行“统一计划，划分资金，实贷实存，相互融通”的管理体制。其原则是“先贷后存，先存后用”，其核心是划清人民银行和各专业银行的资金，把货币发行和信贷资金分开，把计划和资金分开，确定各专业银行的自有资金和营运资金，由各专业银行实行自主经营。各自建立独立的资金体系后，人行核定给专业银行的贷款计划是“笼子”和目标，在执行过程中所需的资金，要面向市场，通过自行组织吸收存款、发行金融债券、同业拆借等方式筹措资金，人民银行不再包资金供应。人行向专业银行的再贷款也由原来的专业银行总行实行“条条分配”为主逐步 改为“条块结合”，再到基本上完全由人行各级行调控；各专业银行的资金往来都通过在人行的存款账户核算，专业银行的存款账户不准透支，即各专业银行不仅与同级的市县人行之间，而且与各专业银行系统内的上下级之间的资金往来均实行“实贷实存、实缴实拨”，由原来的无偿调拨关系改为有偿借贷关系，有偿使用。同时，实行“实贷实存”的信贷资金管理办法后，各专业银行扩大信贷资金计划管理范围，即由原来单一管理存款和贷款，改为管理全部资产和负债；改进信贷资金计划管理手段，即由原来单一的计划指标管理，改为既管理计划指标，又管理资金营运；逐步强化资金管理，由运用行政手段管理逐步转向更多运用内部资金价格等经济手段管理；对信贷资金的管理更加灵活调度，保证资金营运活动稳健运行。“实存实贷”信贷管理体制的改革，标志着金融业真正的经营管理体制改革开始。

1985 年，辖区建设银行建立信贷计划管理体系，将信贷资金纳入国家信贷计划统一管理，经费收入由国家拨款转变为依靠经营收入，广泛吸收存款，在辖区内普遍开办现金出纳业务，开始由事业型向企业化经营转变。各专业银行按政策规定向人行缴存各项存款比例。

1986 年，各专业银行开始实行计划同资金分开的信贷计划管理办法，确定各专业银行的自有资金和营运资金，由各专业银行实行自主经营。

1987—1988 年，随着信贷资金管理体制改革的发展，上级专业银行对下级专业银行业务经营权、信贷资金调配权的下放，辖区各专业银行积极探索各种形式的经济责任制，充实经营资金，优化信贷投放，开展企业化经营。增强自我发展能力，优化信贷结构，在支持县域经济社会建设发展的同时，年度信贷规模和资金投放实现“双控”目标。

1989 年起，辖区各银行先后采取“资金来源制约运用”原则，控制贷款总量。在计划上实行全年亮底，按季监控，按需适时调整的办法，通过大力吸收存款，系统内、外的资金调拨和资金市场上的资金融通，平衡信贷资金，增大资金来源，扩大贷款业务规模。各银行机构坚决执行“有保有压”（保证重点、压缩一般）信贷方针和“十不贷”信贷倾斜政策，注重控制总量，抑制经济过热的金融需求，努力调整信贷结构，全市各项贷款余额结构发生明显变化。是年年终综合报表显示，在四家专业银行贷款增加额中，粮食贷款增加 1190 万元，总额占比 21.90%；工业生产企业贷款增加 1101 万元，占比 20.30%；供销合作贷款增加554万元，占10.50%；农业贷款增加490万元，占比9%；商业企业贷款1262万元（因县预算外企业业务扩大），占23.20%。固定资产贷款和其他类贷款都得到有效控制，有效实施“保重点、压一般”的原则。

1990年，辖区金融机构执行“控制总量、调整结构、保证重点、压缩一般、适时调节、提高效益”的货币信贷方针，执行“双紧方针不变，适当调整力度”政策，扩大资金来源，合理充分运用资金，严守贷款计划，调整信贷结构，清收到逾期贷款，搞活资金存量，支持重点资金需求，根据国家产业政策和全县实际，合理配置资金，保证重点，优化投向。

1991年，辖区各银行金融机构执行“控制总量、调整结构、强化管理、盘活存量、提高效益”的货币信贷方针，根据实际需求和资金状况，合理安排贷款的发放；清收到期逾期贷款；抓好规模的用足和信贷投向的优化，将资金投入生产流通的急需上。全年信贷规模既得到有效控制，资金投入又大有增加，实现宏观控制微观搞活，有力地支持全县经济社会的发展。年末，揭阳撤县，设立地级揭阳市，辖区银行信贷资金体制，从县域金融向地市级地区金融发展的历史时期。

1992年建市后，工行、农行、中行、建行四行相继成立，银行信贷资金体制和信贷规模管理，进入从支持县域经济到支持地市级地区经济发展的新阶段，全市银行金融机构执行适度从紧的方针，并以调整结构，提高效益为中心。新市建设急需大量资金，全市各银行、信用社克服困难，在新市金融发展的白纸上绘蓝图，大力开展吸储增存，各项存款大幅上升，全年增幅达30.20%，形成资金存差大，信贷规模不足的矛盾。特别是建地级市改分行以后，人行揭阳分行面临的调拨指标，仍是原来县级支行的规模，额度不足，资金调控能力差，适应不了专业银行的需求，人行通过口头汇报和书面申请，实际情况得到上级行的谅解与支持，先后支持并增加至4000余万元的临贷指标，增强人行的资金调拨能力。与此同时，各专业银行积极向其上级行争取信贷规模，充分利用总行给予的“鼓肚子”政策，用活用足现有资金。截至12月底，上级下达辖区各行、社年度新增贷款规模达9.65亿元。规模的扩大，使资金得到较好运用，全市各项贷款同比增长31.30%，有力地支持揭阳新市经济社会的建设和发展。

1993年，全市专业银行探索在适度从紧规模之下，优化信贷结构，提高效益的有益方式。农行揭阳分行在适度从紧的方针中，以调整结构，提高效益为中心，实行适合农行特点的计划管理办法，在统计预测的基础上，灵活调剂和运用资金。既保证总量上控得住，又有效促进存款增长，严格指令性计划的管理和规模的调剂运用，用足、用活有限的规模和资金。在资金管理中，紧紧围绕和运用资金来源制约资金运用这一基本规律，采取各种措施防止超负荷运转。通过资金调剂融通、利率等经济杠杆引导存款大户资金上存；通过加强对拆借资金的管理等调控措施，保证资金正常运转。全年资金运用率98.23%，贷款周转次数达2.15次/年。

1994年起，人行总行改革信贷资金体制，辖内金融机构逐步推行限额下的资产负债比例管理和风险管理办法，即“总量控制、比例管理、分类指导、适时调节、市场融通”。各专业银行机构开始向商业银行转轨，逐步办成自主经营、自担风险、自负盈亏、自我约束、自我发展的商业银行，从而解决以往信贷资金管理上相互吃“大锅饭”的问题。各商业银行编制资金来源和资金运用计划，实行自求平衡，分、支行按核定的业务计划发放贷款。流动资金贷款按信贷原则和有关产业等政策自主发放，对固定资产贷款实行过渡管理办法。建行揭阳市分行制订《关于严格贷款审批和明确贷款责任的规定实施细则》，加强对建筑业流动资金贷款管理；推行贷款资产风险管理，提高资产质量，减少贷款风险。工行揭阳分行推行抵押、担保贷款，减少贷款风险。辖区银行信贷为配合新建市经济社会的发展，各项信贷资金以较快速度增长，截至12月底，信贷增量均保持在10亿元以上。其中1994年为12.58亿元、1995年为14.9亿元、1996年为16.49亿元、1997年为17.05亿元，为揭阳市经济社会的快速发展提供充裕的资金支持。

1996年，农发行揭阳市分行成立后，实行“统一计划、指标管理、统筹统还、专款专用”的信贷资金计划管理办法。根据其资金运用收入和资金来源的综合成本情况，按照保本经营原则，由财政部门核定贴息数额，并按季拨补农发行，年终统一清算。信贷计划分类，按照保收购、保精准扶贫、促创新的次序安排信贷计划，在实施过程中，按照“把总量、保重点、控节奏”要求，坚持“公开性、公平性、政策性、效益性、安全性”的分配原则。是年年末，资产总额4.09亿元；负债总额3.81亿元。随着业务范围的拓宽，贷款规模的不断扩大，人民银行对农发行的资金计划管理模式由敞口供应转向总量控制，资金供应也由人民银行兜底转向自筹为主，对自营性业务要求自筹资金、自负盈亏。是年，工行揭阳分行围绕行长经营管理目标责任制，试行真正意义上的资产负债比例管理，加强信贷计划综合管理，加强指标调控，保证各项指标控制在适度范围；严格执行法人转授权制度，按照转授的权限组织运营资金和经营、贷款的审批、资金的调拨、银行承兑汇票的签发，经营行为进一步规范化，确保新增贷款“流动性、安全性、效益性”的协调统一。年末，工行揭阳分行存款比贷款多2.12亿元，存贷比上年下降6.71个百分点；资金自给率116%，比上年有所提高；备付金率7.29%，比上年提高2.36个百分点。

1997年年末，中国人民银行颁布《关于改进国有商业银行贷款规模管理的通知》，决定从1998年1月1日起，取消对国有商业银行贷款限额的控制，在推行资产负债比例管理和风险管理的基础上，实行“计划指导，自求平衡，比例管理，间接调控”的新的管理体制，各商业银行对资金来源与资金运用实行自求平衡，其商业化和独立性明显增加，标志着中央银行调控手段由直接控制改为间接调控。1997年亚洲金融危机以后，宏观经济增长放慢，投资和消费增长趋缓，出口大幅回落，市场有效需求不足，出现通货紧缩趋势。国家采取扩大内需的重大决策。辖区银行信贷规模总量达113.47亿元，比上年末96.42亿元增加17.05亿元，增长17.68%，较好地支持国家扩大内需政策。

1998年1月1日，央行宏观调控方式进行重大改革，取消对国有商业银行的贷款限额控制，辖区各银行的资产负债比例管理正式进入实质性运作。在实施资产负债比例管理和风险管理的基础上，实行“计划指导、自求平衡、比例管理、间接控制”的信贷资金管理体制。同时，改革存款准备金制度，将金融机构法人单位在人行的存款准备金和备付金账户合并为统一的准备金账户，法定存款准备金率由13%降到8%，使全市金融机构的资金自求平衡和信贷供给能力进一步增强。各商业银行在其上级的授权下开展各项信贷业务。辖区农发行揭阳市分行对粮棉油政策性的收购资金实行专户管理的办法，单独核算，封闭运行，以保证收购资金及时足额供应，防止资金流失，确保不向农民收购粮食“打白条”；政策性收购资金封闭运行情况良好，全年新放收购贷款与新收粮价值比率达100%，销售贷款归行率100%，回笼销售贷款归行率100%，回笼销售贷款收贷率100%。

（二）农村信用社的信贷资金使用管理体制

1989年后，根据央行“控制总量、调整结构、保证重点、压缩一般、适时调节、提高效益”的货币信贷政策，依照国有商业银行比例管理办法，执行“以存定贷，自主运用，比例管理”原则（当国家实行宏观紧缩措施时，央行对农信社实行计划管理），采取多存可以多贷的办法，即各个独立核算信用社的各项贷款可占新增各项存款的70%—75%（新业务投资，可占自有资金及视同自有资金的70%—80%），以调动农信社筹集资金，扩大贷款业务经营积极性。

1993年，辖区农信社实行“差别比例，适度集中，倾斜高效，返还得益”的办法，以提高信贷资金使用效益。“差别比例”，即各县（区）联社根据上一年度各信用社资金使用效益好、中、差的情况，分别核定其信贷资金运用比例（或规模），所核定比例每年调整一次。“适度集中”，即各基层农信社按县（区）联社核定的比例运用资金，比例外的部分由省、市、县联社集中统筹使用。“倾斜高效”，即市、县（市、区）联社将统筹集中的资金，运用于当地项目较大，经营管理好，资金回报率较高，贷款抵押落实，风险系数小，能推动当地经济发展的高效益企业。“返还得益”，即基层社上调市、县（市、区）集中资金利息，按季计付给基层社作为调剂资金利息收入，使用单位年终如有盈余，则按盈余金额的一定比例返还，基层社将返还利润的一定比例列入信贷基金，以增强后劲。

1996 年，辖区农村信用社与农行脱钩后，实行“以存定贷、自主运用、比例管理”的办法。国家根据宏观调控的要求，由人行下达指导性信贷计划，对农信社实行间接调控。

1998 年 1 月开始，辖区农村信用社实行资产负债比例管理。规定年末各项贷款余额与各项存款余额的比例不得高于 80%，年度中间比例则由省人行根据当地农信社情况核定。备付金率（备付金余额与各项存款余额的比例）不得低于 3%，可用信贷资金较之商业银行宽 5 个百分点，农信社自我约束、自我发展能力增强。

二、贷款业务

改革开放前，揭阳县辖区金融机构和贷款业务均较单一，贷款业务主要由人民银行和农村信用社办理，且只限于供应短期性、临时性超定额的流动资金需要。国家实行改革开放政策后，金融体制随经济体制改革的发展而进行改革，1979—1984 年，辖区先后恢复或成立农、中、建、工四家国有专业银行分支机构，分别接办由人行分离出来的相关贷款业务，并严格按各专业银行的业务范围和职能分工办理贷款业务。其后，各专业银行、农信社和城市信用社、信托投资公司等开办贷款业务的分支金融机构逐步增加，贷款业务也扩大到中短期设备贷款，支持工业企业进行技术改造和产品升级换代。20 世纪 80 年代末起，各家专业银行的贷款业务分工开始淡化，政策允许业务交叉经营。20 世纪 90 年代后，广发银行及其他金融机构的兴起，国有专业银行改革经营机制，进一步打破专业分工界限，业务交叉经营范围扩大。1994 年后，随着金融体制改革深入，国有专业银行向国有商业银行的转变和 1996 年农发行揭阳市分行的成立，政策性贷款业务逐步从国有商业银行分离出来，商业银行信贷业务形成相互竞争。之后，随着经济发展和金融服务领域的扩张，又逐步成立邮政储蓄银行、村镇银行、小额贷款公司、交通银行以及吸引跨区域经营的地方商业银行、外资银行等，形成金融服务覆盖多种经济形式的金融机构。不仅贷款业务种类增多，而且经营范围和贷款发放领域不断扩展和延伸，贷款业务量也不断增加，信贷金融机构和信贷业务进入多元化、网络化、全方位发展的历史时期。

1986 — 1991 年，揭阳县各项贷款增加 6.37 亿元，6 年年均增长 17.79%。贷款的不断增长，有效支持揭阳县经济社会各项事业的发展。也成为撤县建地级揭阳市，县级金融向地市级金融发展的组成部分，为揭阳新市经济社会建设，奠定一定的发展基础。

1986 年，辖区各专业银行全面执行“条块结合，分层次控制”的信贷资金管理体制。各项贷款余额 5.03 亿元，比 1985 年增加 1.13 亿元，增长 29%。人行揭阳县分行为支持专业银行临时资金周转和全县生产流通发展的资金需要，突破原来县级人民银行没有实贷权的框框，下半年起，支持并向各专业银行发放临时贷款，由各专业银行向企业发放贷款 27 笔 4835 万元，缓解企业对临时资金周转和全县抗灾复产、生产流通发展需要的供求矛盾；向上级争取开发性专项贷款 5 项，金额 153 万元，支持辖区县饲料公司、县味精厂、县电机厂、县啤酒厂、县酱油厂等企业的技术改造和技术引进。全年专项贷款余额 261 万元，同比增加 151 万元。

1987 年，辖区金融机构落实人行总行“紧中有活”的信贷政策，完成上级行下达的各项任务。随着业务经营权、信贷资金调配权的下放，以及辖区各专业银行贷差共达 2 亿余元的情况，一方面致力组织资金来源，充实经营资金。各专业银行普遍选择一些储蓄所实行承包经营，农行揭阳县支行对基层储蓄所全面实行半独立承包；工行揭阳县支行信托投资公司是年 9 月起实行企业化经营，利改税一包三年，税后留利按比例增补信托基金，增强自我发展能力。另一方面通过大力从资金市场上拆借融通资金，缓解供求矛盾。年末，在支持全县经济建设中，各项贷款 5.71 亿元，比年初增长 13.50%。全年信贷投放控制在上级计划规模以内。全年现金收支相抵尽回笼 6794 万元，比上年增长 83.32%，超额 61.76%。完成上级下达的回笼任务。

1988 年，全国出现经济过热，发展速度过快的情况。9 月，中央提出认真治理经济环境，整顿金融秩序，实行一系列的紧缩政策。人行揭阳县分行坚决执行上级行提出的严格控制货币信贷规模，坚决守住资金计划口子，并要求辖区各专业银行不准突破，对已突破规模的银行，要分期分批压下去，做到既控制信贷总量，又不造成经济萎缩，在收紧中搞活并做好结构调整。各专业银行金融机构坚决执行国家“治理整顿经济环境，控制通货膨胀”和“控制总量，调整结构”的财政、信贷“双紧”政策，坚持“区别对待，择优扶持”的信贷原则，采取挖潜、清收到期和逾期贷款、调整信贷结构、推行汇票结算等措施，加速资金周转速度，以及采取从资金市场上拆借融通资金等办法，解决因规模和资金限制的困难。全县开展年度信贷规模考核，有效压缩贷款 4473 万元，其中国家银行压缩 2017 万元，其他金融机构净压缩 2456 万元。截至年末，全县 8 家有下达考核规模的金融机构全部控制在上级下达的规模之内。为解决资金限制的困难，辖区银行业继续开展增存吸储承办责任制的探索，面向市场组织吸收存款，增加营运资金。是年 8 月，农行揭阳县支行实行营业部向支行、各储蓄所向营业部承包的二级承包责任制，支行在业务开展与人、财、物的使用方面享有充分的自主权，激发经营活力，增加储蓄存款，增加营运资金。工行揭阳县支行、中行揭阳县支行也试行储蓄所部分承包或半承包责任制，其中，工行揭阳县支行还开办个人汇兑结算业务，增加存款，充实营运资金。截至年末，全县各项存款 4.08 亿元，比上年增加 5015 万元；各项贷款 6.43 亿元，比上年增加 7138 万元，同比分别增长 14.01% 和 12.51%。分别是实行改革前 1978 年的 16 倍和 8 倍。全年辖区银行金融机构营运资金增加，信贷资金合理投放，有效支持地方经济发展，信贷规模和资金投放实现“双控”目标。

1989 年，全县各级金融机构贯彻执行“控制总量、调整结构、保证重点、压缩一般、适时调节”的货币信贷方针，增加有效供给，支持揭阳县国民经济在“治理经济环境，整顿经济秩序”中持续、协调、稳定发展。这一期间，是上级分行对支行实行资产负债管理的第一年。由于紧缩银根政策，全县资金供求矛盾突出，年初资金缺口共达 1 亿余元，成为制约经济发展的瓶颈。经调查分析，全县资金出现“一少二多”的情况（银行可用信贷资金少，城乡居民手持现金多，逾期贷款多）。辖区各银行一方面采取“资金来源制约运用”原则，控制贷款总量。各银行严格执行年初总行提出“限额管理，以存定贷”和“全年亮底，分季控制、按月考核”的新的信贷计划管理办法，在计划上实行全年亮底，按季监控，按需适时调整的办法。如工行揭阳县支行实行资产负债管理，信贷人员从过去重贷轻存改变为既关心存款又关心贷款，重视存贷款的比例管理，全行建立贷款计划与实有资金挂钩相互制约的信贷管理机制，强化计划调控。另方面辖区各银行在资金运用上，从过去单纯扩大贷款规模，转变到以盘活现有资金存量，加速周转，提高效益上来，把清收到期、逾期贷款，列为盘活贷款沉淀资金的重要举措扎实开展。至是年7月20日，全市各行、社收回上年末逾期贷款7657万元，占逾期贷款总额1.44亿元的53.30%，缓解资金供求矛盾。第四季各行、社在大力拓展资金来源的同时，积极向上级行追加贷款限额。截至年末，全县各项贷款余额7.41亿元，同比增加9894万元，增长15.40%。贷款规模均控制在上级行下达的计划之内。其中，辖区四家专业银行是年贷款增加5432万元，占控制额5830万元的93.20%；农村信用社贷款增加3555万元，占控制额3730万元的95.30%；城市信用社贷款增加525万元，占控制额528万元的99.40%。是年现金收付总额均同比增加，收支相抵净回笼刷新历史最好水平。截至12月，全县对外现金总收入22.73亿元，总支出18.48亿元，同比分别增长36.84%和28.35%；收支相抵净回笼4.25亿元，同比增加回笼2.04亿元，增长92.05%，完成年度计划回笼1.80亿元的236.40%。

1990年，全市银行金融机构执行“控制总量、调整结构、保证重点、压缩一般、适时调节、提高效益”的货币信贷方针，扩大资金来源。全市各银行、信用社一方面加强自我约束，严守信贷计划；另一方面积极向上级反映经济发展和资金需求情况，争取贷款规模，使全市年贷款总量既有较大幅度增加，又严格控制在规模之内；既保证经济发展的合理资金供应，又顺利完成宏观控制任务。全县各项贷款比年初增加1.66亿元，增长22.40%，余额9.07亿元。全县有实行指令性计划的金融机构，年末贷款总量全部控制在规模之内。其中，工行揭阳县支行增加2111万元，占计划的99.60%；农行揭阳县支行增加3426万元，占计划的99.90%；中行揭阳县支行增加1955万元，占计划的99.20%；建行揭阳县支行下降151万元，占净降计划的100.60%；农村信用社增加6200万元，占计划的100%；城市信用社增加679万元，占计划的99.90%。是年，各行社积极清收到、逾期贷款，搞活资金存量；根据国家产业政策和全县实际，合理配置资金，保证重点，优化投向。资金净回笼5.39亿元，完成上级行下达年度回笼计划4.15亿元的130%。

1991年，辖区银行金融机构根据“控制总量、调整结构、强化管理、盘活存量、提高效益”的货币信贷这一方针的特点，围绕“品种、质量、效益年”这一中心，开展组织资金来源、优化信贷投向，清收到期逾期贷款。针对年初全县贷差仍达1.42亿元的情况，人行揭阳县分行及时指导各专业银行和其他金融机构编制新增存款1.67亿元的计划。与此同时，认真贯彻国家的信贷方针和政策，抓好规模的用足和信贷投向的优化。针对地方经济发展对资金需求较大，银信部门规模不足的情况，各专业银行积极向上级行争取信贷规模。截至年末，上级行下达全县各行、社新增贷款规模2.02亿元（不含县信托、基金会），各银行累计向上级争取的临时规模达7800万元。规模的扩大，使资金得到较好运用，至年末，全县各项贷款余额11.40亿元，比年初增加2.33亿元，增长25.70%。同时调整信贷投向，将资金投入生产流通的急需上。全年，信贷规模既得到有效控制，资金投入又大有增加，实现宏观控制微观搞活，支持全县经济社会的发展。全年现金收支相抵净回笼4.53亿元，完成上级下达任务119.20%。12月，揭阳撤县，设立地级揭阳市，辖区银行信贷业务进入新的发展时期。

1992—2018年，揭阳全市各项贷款增加1114.25亿元，年均增长13.75%，贷款的持续增长，有力地支持揭阳市经济社会的快速发展。

1992年，揭阳建市，恰逢邓小平视察南方谈话。10月，党的十四大明确提出建立社会主义市场经济体制基本框架的改革目标和使国民经济提前翻两番的发展目标。建市以后，经济发展提速。全市金融机构用好用活政策，针对全市存款大幅上升，全年增幅达30.20%，形成资金存差大，信贷规模不足的矛盾。积极向上级行反映争取资金，使各行、社共增加9.65亿元信贷规模，有力地支持揭阳经济建设。

全市各项贷款余额40.50亿元，比年初增加9.65亿元，同比增长31.28%。新增贷款控制在上级行下达规模之内。其中，工业、农业、商贸、固定资产贷款余额分别为5.80亿元、2.02亿元、12.50亿元、1.65亿元。资金投向、结构趋于合理。全年贷款余额，工行揭阳分行7.72亿元，中行揭阳分行4.62亿元，农行揭阳分行10.13亿元，建行揭阳市分行2.46亿元，交行揭阳分行1.08亿元，市农信社10.86亿元。

1993年，辖区银行金融机构落实人民银行总行提出的“从严控制总量，优化结构，面向市场，转换机制，提高效益”的货币信贷方针，结合新市建设，辖区各银行金融机构以邓小平提出的“三个有利于”为基本指导思想，各级银行金融机构在信贷资金供求矛盾较突出的情况下，围绕揭阳市经济社会发展重点，采取“有保有压，择优扶持”措施。努力盘活存量，用活增量，充分运用有限的信贷资金和规模，有重点、有计划地投放贷款，支持新市经济稳步发展。全年银行金融机构各项贷款同比增加11.95亿元。截至12月，余额52.45亿元，同比增幅29.51%。其中，工行揭阳分行增加2.32亿元，余额10.04亿元，增长30.03%；农行揭阳分行增加1.76亿元，余额11.90亿元，增长17.41%；中行揭阳分行增加7700万元，余额5.38亿元，增长16.67%；建行揭阳市分行增加1.26亿元，余额3.72亿元，增长51.18%；广发银行揭阳支行余额2508万元；交行揭阳分行增加7190万元，余额1.80亿元，增长66.57%；农村信用社增加2.99亿元，余额13.85亿元，增长27.58%。全年各级金融机构新增贷款控制在上级行下达规模之内。

1994年，中央在《关于制定国民经济和社会发展“九五”计划和2010年远景目标的建议》提出要求，中国人民银行缩小信贷规模的控制范围，对商业银行实行贷款限额控制下的资产负债比例管理。全市金融机构实施“继续整顿金融秩序，稳步推进金融改革，严格控制信贷总量，切实加强金融监管”的金融方针，继续大力整顿金融秩序，调整信贷结构，优化贷款投向，揭阳市银行信贷为配合当地经济的发展，以较快速度增长，主要向交通、能源、通信等基础设施建设，以及重点骨干企业、农业、乡镇企业倾斜。年末，全市金融机构各项贷款同比增加12.58亿元，余额65.03亿元，增长23.98%。其中，工行揭阳分行增加4894万元，余额10.53亿元，增长4.87%；农行揭阳分行增加8199万元，余额12.72亿元，增长6.89%；中行揭阳分行增加6487万元，余额6.04亿元，增长12.04%；建行揭阳市分行增加4899万元，余额4.21亿元，增长13.18%；广发银行揭阳支行增加6095万元，余额8603万元，增长243.02%；交行揭阳分行增加9720万元，余额2.77亿元，增长54.03%；农村信用社增加4.07亿元，余额17.92亿元，增长29.41%。

1995年，央行开始实施“适度从紧”的货币政策。全市金融机构坚决执行“适度从紧的货币政策，强化金融监管，改善金融服务，坚决遏制通货膨胀”的金融工作方针。坚持科学地把货币政策的统一性与地方经济发展的特殊性较好协调，进一步优化信贷结构，控制贷款投放力度，辖区金融秩序出现好转，贷款控制在计划目标内，投向较为合理，也为经营机制由专业银行向商业银行转换打好基础。全市金融业与地方经济稳步、协调发展。年末，全市金融机构各项贷款同比增加14.90亿元，余额79.93亿元，增长22.91%。其中，工行揭阳分行以资金来源制约资金运用，合理配置资金，首次实现存款大于贷款，全年贷款余额14.35亿元，增加3.81亿元，增长36.20%；农行揭阳分行增加1.53亿元，余额14.25亿元，增长12.06%；中行揭阳分行增加2671万元，余额6.30亿元，增长4.42%；建行揭阳市分行增加3.03亿元，余额7236万元，增长72.03%；广发银行揭阳支行增加2991万元，余额1.16亿元，增长34.77%；交行揭阳分行增加7973万元，余额3.57亿元，增长28.77%；农村信用社增加5.45亿元，余额23.36亿元，增长30.42%；城市信用社增加8513万元，余额6.40亿元，增长15.34%。贷款重点向能源、交通、通信等基础设施建设，农业生产和符合国家产业政策、有销路、效益好的企业倾斜。票据贴现、再贴现业务快速发展，有效缓解资金供求矛盾、引导银行贷款投向、调整银行业的资产负债结构。总共办理商业汇票银行承兑贴现 62 笔共 2.42 亿元，人行办理再贴现 57 笔共 2.27 亿元。全年对外现金收支相抵净回笼 63.13 亿元，居全省第一大回笼市。物价上涨幅度回落较快，全年物价上涨率低于全国、全省平均水平。

1996 年，全市银行业金融机构继续执行“适度从紧”的货币政策，把握适度从紧货币政策与经济结构调整的关系，在“适度”上下功夫，一方面严格控制货币信贷总量，不准超计划，绕规模发放贷款，另一方面按照国家产业政策，对不同的产业，企业产品的信贷支持有“松”有“紧”，实行“区别对待，扶优限劣”。各金融机构按照《贷款通则》的要求，努力做到新增贷款收息率高、逾期率低，提高资金使用效益。其中，商业银行贷款控制在人行省分行下达的规模之内；城乡信用社等非银行金融机构按照比例控制的基本原则，控制贷款总量。全年各项贷款增加 16.49 亿元，余额 96.42 亿元，同比增长 20.63%。其中，突出对信贷结构的明显调整，提高有效供应。新增贷款中，15% 投向“三高农业”等农业及其相关项目，有力支持农副产品的生产和供应。投放于工业流动资金中占 10%，大部分投放于效益好的工业企业。投放于商贸业的占 29%，重点支持外贸出口 3200 万元，全年实现外贸出口总额 7.19 亿美元，增长 44.90%。全年各项贷款中，工行揭阳分行增加 3.98 亿元，余额 18.32 亿元，增长 27.75%；农行揭阳分行增加 2.30 亿元，余额 16.55 亿元，增长 16.14%；中行揭阳分行增加 7343 万元，余额 7.04 亿元，增长 11.65%；建行揭阳市分行增加 2.03 亿元，余额 9.26 亿元，增长 28.01%；广发银行揭阳支行增加 1687 万元，余额 1.33 亿元，增长 14.55%；交行揭阳分行增加 1.18 亿元，余额 4.75 亿元，增长 33.20%；市农村信用社增加 4.31 亿元，余额 27.69 亿元，增长 18.46%；城市信用社增加 1862 万元，余额 8.26 亿元，增长 29.09%。

1997 年，亚洲金融危机以后，经济增长放慢，投资和消费增长趋缓，出口大幅回落，市场有效需求不足，出现通货紧缩趋势。面对这一重大变化，党中央、国务院果断采取扩大内需的重大决策。全市金融机构积极防范和化解金融风险，在继续执行“适度从紧”的货币政策中，信贷总量有所增长，全年各项贷款增加 17.05 亿元，余额 113.47 亿元，同比增长 17.68%。各项贷款规模控制在省行下达的规模之内。全年信贷结构进一步改善，贷款期限结果较为合理，短期贷款同比增长速度高于中长期贷款增速，防范和化解信贷风险。全年信贷总量中，工行揭阳分行增加 2.00 亿元，余额 20.32 亿元，增长 10.90%；农行揭阳分行增加 2.08 亿元，余额 18.63 亿元，增长 12.59%；中行揭阳分行增加 3010 万元，余额 7.34 亿元，增长 4.28%；建行揭阳市分行增加 5577 万元，余额 9.82 亿元，增长 6.02%；广发银行揭阳支行增加 7767 万元，余额 2.10 亿元，增长 58.48%。国有商业银行新增的 5.72 亿元贷款，基本上投向效益好、信用良好的企业，其中，投放省道 1930 线揭阳市东山路段建设 5000 万元，加速市政府提出的“努力把揭阳建设成为粤东水陆空交通枢纽城市”目标的实现；投放市邮电系统用于电信扩容 1000 万元，加速全市电讯事业发展；投放市电力系统 1950 万元用于购电，缓解全市用电供求矛盾；累计发放 8255 万元，支持全市大、中型骨干企业生产和扩大再生产能力；累计发放 8840 万元，支持全市一大批外贸出口企业增强出口创汇能力。

1998 年，央行颁布《关于改进国有商业银行贷款规模管理的通知》中决定，从 1 月 1 日起，取消国有商业银行贷款限额控制，实行资产负债比例管理和风险管理，货币政策的操作手段由过去的贷款规模直接控制为主，转变为运用多种货币政策工具调控基础货币为主。各商业银行对资金来源与资金运用实行自求平衡，其商业化和独立性大大增加。本年是落实央行“适度从紧”货币政策的最后一年，各商业银行贷款有更多灵活性和自主性，至12月底，全市各项贷款同比增加16.31亿元，余额129.78亿元，增长14.37%。新增总量中，工行揭阳分行增加3.49亿元，余额23.81亿元，增长17.18%；新增贷款集中3.40亿元，支持一批经济实力雄厚、资产负债率低、贷款回收率高、发展前景看好的重点企业和基础设施项目；农行揭阳分行增加3.19亿元，余额21.82亿元，增长17.12%，其中支持农业产业化经济发展，累放农业贷款5.93亿元，占各项贷款累放额的30%；中行揭阳分行贷款增加4311万元，余额7.77亿元，增长5.86%，重点、全方位支持有效益、有市场、有信誉的重点优质外贸进出口企业、“三资”企业；建行揭阳市分行增加1.90亿元，余额11.72亿元，增长19.35%；广发银行揭阳支行减少928万元，余额2.01亿元，下降4.41%；交行揭阳分行增加3118万元，余额5.49亿元，增长6.02%；农村信用社增加4.29亿元，余额37.46亿元，增长12.93%。

1999年，受亚洲金融风暴持续影响，消费普遍低迷。为刺激国内需求，央行出台一系列扩大内需、刺激消费的货币政策。并实施“稳健”的货币信贷政策。全市金融机构紧紧围绕揭阳经济增长目标，正确处理满足企业的有效需求与防范化解金融风险的关系，注重信贷资金的时效性和效益性，促进辖内经济稳步增长。截至12月，全市各项贷款余额144.15亿元，同比增加14.37亿元，增长11.07%。全市金融机构新增贷款，重点支持工业企业生产、重点工程建设，支持对外经贸出口、农副产品收购加工，启动和扩大住房按揭等消费贷款，改善对中小型企业金融服务，培植新经济增长点，推动全市经济的平稳发展和增长目标的实现。其中，工行揭阳分行比年初增加6.87亿元，余额30.67亿元，增长28.86%；农行揭阳分行增加2.42亿元，余额24.24亿元，增长11.09%；中行揭阳分行增加4587万元，余额8.23亿元，增长5.90%；建行揭阳市分行增加827万元，余额11.80亿元，增长0.71%；广发银行揭阳支行增加1037万元，余额2.12亿元，增长5.14%；交行揭阳分行减少2501万元，余额5.24亿元，下降4.55%；农村信用社增加2.38亿元，余额39.77亿元，增长6.35%。

2000年，国家实施启动内需刺激消费政策效应延续，消费市场回升，成效明显。全市金融机构继续落实央行“稳健”的货币信贷政策，紧紧围绕揭阳市委、市政府“外向带动”“工业立市”“科教兴市”“可持续发展”的四大发展战略，在支持扩大内需和改革开放，支持产业结构调整和各项基础建设，完善社会保障体系，确保地方经济发展前提下，优化信贷结构，推行信贷退出机制，确定供销物资公司、商业企业、小型工艺落后的工业企业等部分夕阳行业为退出对象，压缩淘汰一批劣质客户，并采取转让、拍卖、法律诉讼等措施大力清收不良贷款。年末，全市各项贷款余额130.44亿元。其中，工行揭阳分行比年初增加4.73亿元，余额35.38亿元，增长15.43%；农行揭阳分行比年初减少3.98亿元，余额20.30亿元，下降16.40%；中行揭阳分行减少2076万元，余额8.02亿元，下降2.52%；建行揭阳市分行增加2.19亿元，余额13.32亿元，增长19.68%；广发银行揭阳支行增加995万元，余额2.23亿元，增长4.67%；交行揭阳分行减少2275万元，余额5.01亿元，下降4.34%；农村信用社增加3.93亿元，余额43.12亿元，增长10.02%。一些商业银行贷款下降，影响的主要因素有：商业银行内控机制日益健全，信贷管理更加规范化，各家商业银行的贷款审批权限先后往上集中，实施资产负债比例管理后，要求各家银行量入为出，以存定贷，有些银行资产质量不高，资金周转速度缓慢，加上消化历史包袱、亏损占用等，如农行揭阳分行是年因剥离不良贷款，加上历史上存在的不良贷款，可用资金有限，新增贷款自然受到限制，全年贷款不增反降；信贷责任制的实施，要求新增贷款达到收贷、收息两个百分之百，使银行放款趋于谨慎；一些企业信用缺失，在改制过程中故意逃废银行债务，或在生产经营中故意拖欠贷款本息，影响金融机构发放贷款积极性，致使银行“惜贷”；受商业银行内部改革调整，业务受影响。如中行揭阳分行内部改革调整中，撤销惠来、渔湖共 2 个支行及辖属一批网点，业务大受影响，全年贷款也不增反降。

2001 年，继续落实“稳健”的货币政策，全市贷款投放与经济发展相适应，贷款期限呈中长期化。贷款不断向辖区市、县（市、区）域中心城市、经济开发区、重点行业、骨干企业和个人消费领域集中，基本符合国家的信贷政策和刺激内需的宏观调控需要。在支持中小企业和非公有制经济中，全市金融机构共新增中小企业贷款 6.71 亿元，成为经济发展的基础和新的增长点。为推进扩大内需，发展消费信贷，全市金融机构共发放消费贷款 9.69 亿元，同比增长 31.08%。截至 12 月，各项贷款余额 139.66 亿元，增加 9.22 亿元，增长 7.07%。其中，工行揭阳分行比年初增加 4.04 亿元，余额 39.41 亿元，增长 11.42%；农行揭阳分行增加 7368 万元，余额 21.04 亿元，增长 3.65%；中行揭阳分行减少 1151 万元，余额 7.91 亿元，下降 1.49%；建行揭阳市分行减少 1812 万元，余额 13.19 亿元，下降 1.35%；广发银行揭阳支行减少 258 万元，余额 2.19 亿元，下降 1.16%；交行揭阳分行减少 1526 万元，余额 4.86 亿元，下降 3.04%；农村信用社加大支农力度，支持农业结构调整、支持特色农业、科技农业和高效农业的开发；大力推广农户联保贷款，解决农民贷款难问题，全市农村信用社共发放支农贷款 19.73 亿元，同比增加 8929 万元，增长 4.74%。年末，各项贷款比年初增加 4.98 亿元，余额 48.07 亿元，增长 11.56%。全市金融机构累计签发银行承兑汇票 11.36 亿元，累计办理票据贴现 5008 万元，有效缓解企业资金供求矛盾。

2002 年，辖区金融机构继续贯彻“稳健”的货币政策，围绕揭阳不断加大产业结构调整，“稳中求快，加强管理”的方针，合理运用多种货币政策工具，不断加大对“三农”和中小企业、重点骨干企业的信贷支持力度，促进消费贷款业务发展。年末，全市各项贷款余额 155.69 亿元，比年初增加 16.03 亿元，增长 11.48%。其中，工行揭阳分行比年初增加 1.45 亿元，主要投向辖区省级重点企业、市级重点骨干企业和优质中小企业，以及关系国计民生的基础设施建设，截至 12 月末，余额 40.86 亿元，增长 3.68%；农行揭阳分行增加 2.20 亿元，主要投向公路、桥梁、重点医院、学校、供水、供电、有线电视网络，以及发展商铺、住房、汽车按揭为主的消费信贷，年末，余额 23.23 亿元，增长 10.44%；中行揭阳分行楼宇按揭和汽车按揭并重发展，消费信贷业务出现新增长点，年增加 1.25 亿元，余额 9.16 亿元，增长 15.83%；建行揭阳市分行获得广东粤东高速公路公司规模达 12 亿元贷款项目的经办权，奠定业务可持续发展的基础，年增加 3.58 亿元，余额 16.77 万元，增长 27.14%；广发银行揭阳支行减少 334 万元，余额 2156 万元，下降 13.41%；交行揭阳分行增加 153 万元，余额 4.88 亿元，增长 0.31%；农村信用社加大对“三农”的信贷支持，尤其是支持农业结构调整、支持特色农业、科技农业和高效农业的开发，年增加 7.09 亿元，余额 5.52 亿元，增长 14.75%。农发行揭阳市分行支持和保障揭阳市各级储备粮任务的收购，重点支持部分懂经营、有活力、有优势的企业收购吊销经营。年增加 4762 万元，余额 3.48 亿元，增长 15.84%。

2003 年，辖区金融机构围绕揭阳市建立“发达轻工业基地”的战略定位，执行“稳健”的货币政策。面对“非典”疫情等自然灾害的影响，人民银行改进金融服务，加强对金融机构信贷业务的监测分析和窗口指导，及时采取应对措施，为地方经济的发展创造宽松的融资环境。中行揭阳分行、建行揭阳市分行、工行揭阳分行、农行揭阳分行分别随整体管理体制的改革和经营机制的转换，探索和构建新的经营管理体制和经营机制，中行揭阳分行和建行揭阳市分行率先进行股份制改造试点。年末，全市各项贷款余额 174.88 亿元，比年初增加 19.19 亿元，增长 12.33%。其中，工行揭阳分行新增贷款投向 AA 级以上企业 4.52 亿元，占年贷款总量 98.10%。各项贷款年末比年初增加 1.48 亿元，余额 42.34 亿元，增长 3.62%；农行揭阳分行对优良客户和低风险客户新增贷款余额 1.62 亿元，各项贷款年末比年初增加 2.07 亿元，余额 25.30 亿元，增长 8.91%；中行揭阳分行零售贷款占总贷款比重 23.22%，比上年末的 19.47% 提高 3.70 个百分点，资产结构进一步优化。各项贷款年末比年初增加 9207 万元，余额 10.08 亿元，增长 10.05%；建行揭阳市分行公司类贷款和外贸融资业务增长较快，各项贷款年末比年初增加 4.08 亿元，余额 20.85 亿元，增长 24.33%；广发银行揭阳支行增加 7730 万元，余额 2.93 亿元，增长 35.65%；交行揭阳分行减少 5858 万元，余额 4.29 亿元，下降 12.09%；农村信用社新增农业贷款 5.50 亿元，各项贷款年末比年初增加 10.19 亿元，余额 65.35 亿元，增长 18.47%。农发行揭阳市分行发放粮油购销贷款，坚持收购资金封闭管理，年增加 2521 万元，余额 3.74 亿元，增长 7.16%。

2004 年，国家实施信贷紧缩政策后，国有独资商业银行贷款审批权限进一步向省级分行收缩，除中行揭阳分行、交行揭阳分行、农信社外，支持县域经济和小企业发展方面，几乎没有新增信贷投入，辖区商业银行贷款向“城市、大企业、大项目”集中。银行金融机构贷款不增反降，其中，全市中长期贷款同比减少 4706 万元，下降 13.16%；短期贷款减少 2.01 亿元，下降 14.99%，信贷支持力度减弱。全市金融机构各项贷款余额 171.71 亿元。其中，工行揭阳分行比年初减少 4.38 亿元，余额 37.96 亿元，下降 10.35%；农行揭阳分行减少 1.29 亿元，余额 24.01 亿元，下降 5.10%；中行揭阳分行增加 1.43 亿元，余额 8.70 亿元，增长 14.15%；建行揭阳市分行减少 1.14 亿元，余额 16.54 亿元，下降 6.45%；广发银行揭阳支行减少 1361 万元，余额 2.79 亿元，下降 4.65%；交行揭阳分行增加 2.96 亿元，余额 1.33 亿元，下降 68.90%；农发行揭阳市分行年末比年初增加 378 万元，余额 3.77 亿元，增长 0.99%。农村信用社年末比年初增加 10.71 亿元，余额 76.06 亿元，增长 16.39%。其中，辖区金融机构贯彻落实关于加强“三农”金融服务的要求，在农村信用社改革试点期间进一步加强“三农”金融服务工作，加大对“三农”的信贷投入，促进社会协调发展，年末，金融机构农业贷款余额 24.33 亿元。

2005 年，全市金融机构继续执行“稳健”的货币信贷政策，实施“区别对待，有保有压”的方针，金融机构密切关注信贷资金在辖区不同地区、不同行业和企业间的动态变化和风险状况；商业银行优化辖区信贷投放结构；掌握县域经济发展亮点和态势，加大对县域经济的支持力度，为有市场、有效益、有利于扩大就业的企业增加流动资金贷款，提高信贷资产质量。年末各项贷款余额 169.40 亿元。其中，工行揭阳分行比年初减少 4.88 亿元，余额 33.08 亿元，下降 12.86%；农行揭阳分行减少 832 万元，余额 23.93 亿元，下降 0.35%；中行揭阳分行增加 7932 万元，余额 9.49 亿元，增长 9.08%；建行揭阳市分行增加 6855 万元，余额 17.22 亿元，增长 4.17%；广发银行揭阳支行减少 4138 万元，余额 2.38 亿元，下降 14.70%；交行揭阳分行减少 5784 万元，余额 7559 万元，下降 43.35%。农村信用社增加 17.05 亿元，余额 89.71 亿元，增长 23.47%。

2006 年，全市银行金融机构执行国家货币和信贷“双稳健”的宏观调控政策，围绕揭阳市实施工业强市、文化大市、商贸旺市、三农优先、绿色揭阳“五大战略”，稳步推进利率市场化改革，维护辖区金融稳定，加强流动性管理，注重优化存款结构。全市各项贷款余额 195.73 亿元，同比增加 26.33 亿元，增长 15.54%。中行揭阳分行在有效控制风险前提下，信贷投向用于支持发展惠来火电、创鸿房地产和乐万邦房地产等揭阳市支柱产业、房地产重点项目，各项贷款年末比年初增加 4.83 亿元，余额 14.32 亿元，增长 50.90%；建行揭阳市分行增加 5849 万元，余额 17.81 亿元，增长 3.40%；农行揭阳分行实现对汕揭高速公路项目、惠来靖海火电项目、广东创鸿消防御景湾项目、汕头金鸿公路等重点项目的信贷投放，各项贷款年末比年初增加 6.89 亿元，余额 30.82 亿元，增长 28.79%；工行揭阳分行比年初减少 1.45

亿元，余额20.59亿元，下降7.24%；广发银行揭阳支行减少81万元，余额1.31亿元，下降0.62%；交行揭阳分行增加1.33亿元，余额2.09亿元，下降175.00%。农村信用社增加对“三农”的投入，扩大“三农”贷款总量，支持“三农”发展对资金的需求；开展对农户小额信用贷款、农户联保贷款等利率优惠的支农贷款，减轻农民利息负担。年末比年初增加15.10亿元，余额104.81亿元，增长16.83%。

2007年，全市金融机构执行“适度从紧”的货币信贷政策。人民银行不断改进金融服务，对金融机构信贷业务的监测分析和窗口指导，切实维护辖区金融环境稳定，为地方经济的发展创造宽松的融资环境。辖区商业银行配合揭阳市落实粤东经济工作会议精神，服务省委、省政府在粤东布下的390项重点项目中的揭阳市项目，集中资金做好信贷支持。积极支持揭阳支柱产业和中小企业发展。发展消费信贷业务。全市各项贷款余额217.59亿元，同比增加21.86亿元，增长11.17%。其中，工行揭阳分行实现先后对向惠来电厂、汕揭高速公路项目、惠来石碑山风能项目等信贷投放，服务中小企业融资需求，各项贷款年末比年初增加1.51亿元，余额22.10亿元，增长7.33%。农行揭阳分行增加1.18亿元，余额32.01亿元，增长3.83%。中行揭阳分行实现向中海油LNG项目等6个重点项目的信贷支持，发展辖区楼盘按揭贷款业务，支持五金、塑料、服装和纺织等揭阳支柱产业和行业的个人投资贷款需求。各项贷款年末比年初增加2.13亿元，余额16.45亿元，增长14.87%。建行揭阳市分行减少2116万元，余额17.60亿元，下降1.19%。广发银行揭阳支行增加5265万元，余额1.83亿元，增长40.39%。交行揭阳分行增加1.87亿元，余额3.95亿元，增长89.90%。农村信用社实现加大对春耕、夏收、秋播、冬建的支持力度，增加对农业生产资金需求的有效支持；实现支持具备区域资源优势、品质好、特色鲜明、竞争力强的优势农产品产业带建设；实现重点扶持农村科技型民营企业、就业型民营企业、农产品加工型民营企业和外向型民营企业的发展壮大。截至12月，各项贷款比年初增加13.26亿元，余额118.07亿元，增长12.65%。

2008年，受美国“次贷危机”的冲击，导致资产价格下跌，全球金融市场动荡不安。央行迫于全球次贷金融危机的剧烈影响，1—10月，采取临时性恢复贷款限额控制措施，以应对全球金融危机可能带来的影响。为确保辖区金融平稳、健康运行，促进经济金融协调发展，全市金融机构认真执行“从紧”的货币信贷政策和国家的宏观经济金融政策，努力优化信贷结构。是年，辖区省市“共建支柱产业”步伐加快，市区新老“30亿工程”实施“三个新增100”和“668计划”，培育壮大集群经济，农村经济稳步发展。围绕地方经济发展，金融对经济的支持力度不断加大。为使金融稳健支持经济发展，人行对商业银行信贷管理以窗口指导为主，认真组织试点建立揭阳市信贷政策导向效果评估报告制度，选取金融支持“三农”、中小企业信贷和房地产信贷作为评估内容，出台相应的政策，引导金融机构的资金流向农业、中小微企业、弱势群体等领域。全年各项贷款比年初增加17.44亿元，余额235.03亿元（不含农业银行股改上市中剥离12.40亿元不良资产），增长8.02%。票据融资快速增长，全市金融机构累计贴现1.87亿元，同比增长70.96%。信贷对“三农”、中小企业和个人消费的支持力度不断加大，农业贷款、乡镇企业贷款分别增加15.80亿元和11.61亿元，分别比年初增长49.35%和25.96%，房贷按揭等个人中长期消费贷款增加2.19亿元，增长26.71%。新增中小企业贷款3.89亿元，增长21.10%。农业银行股改剥离不良贷款12.40亿元。11月，央行取消10个月的临时性贷款限额控制，各行根据资产负债比例敞开放贷。 全年金融机构各项贷款中，工行揭阳分行比年初增加5569万元，余额22.66亿元，增长2.53%；农行揭阳分行增加2.54亿元，余额22.05亿元，增长13.02%；中行揭阳分行增加4.05亿元，余额20.49亿元，增长24.65%；建行揭阳市分行增加1.11亿元，余额18.70亿元，增长6.31%；农发行揭阳市分行增加3364万元，余额4.32亿元，增长8.43%；交行揭阳分行增加1.10亿元，余额5.05亿元，增长27.85%；广发银行揭阳支行增加6586万元，余额2.49亿元，增长36.06%；农村信用社增加19.04亿元，余额137.11亿元，增长16.13%。邮储行揭阳市分行增加2490万元，余额2564万元，增长3364.86%。

2009年，揭阳落实省委省政府粤东地区工作会议和粤东地区（揭阳市）现场会精神，推动经济社会“赶超进位，后来居上”“力拔粤东五年大变化头筹”的跨越式发展。辖内各金融机构按照“保增长、扩内需、调结构”的要求，认真落实央行“适度宽松”的货币政策，全力推动揭阳市“赶超进位”跨越发展。截至12月，各项贷款余额335.18亿元，全市新增贷款100.15亿元，增长42.61%，增加额及增长率均创揭阳建市以来新高，为1992年以来的最高增量，为近17年来的最高增幅。新增贷款主要集中在经济较发达的市城区和普宁市，新增贷款68.12亿元，占73.35%，其中，市城区增加52.40亿元，占56.42%，普宁市新增贷款15.72亿元，占16.93%。市政府出台《揭阳市扶持重点中小企业发展贷款贴息资金管理暂行办法》，从2009—2010年市政府每年安排贷款贴息资金1000万元，对符合条件的重点中小企业2008年和2009年度的新增贷款进行贴息。人行协助市政府组织召开全市银企洽谈签约会，搭建平台，创新服务，加大对弱势经济群体的金融支持力度。共有30家企业代表与13家金融机构现场签订贷款意向书，以及原来另外3366户企业直接到银行签约，总额达111.78亿元。金融机构全年各项贷款中，工行揭阳分行取得粤东高速15.00亿元银团贷款，向汕揭高速公司发放贷款5.05亿元，年末比年初增加11.96亿元，余额34.62亿元，增长52.78%；农行揭阳分行主动延伸金融服务触角，延伸金融支农服务领域，全年增加17.30亿元，余额39.35亿元，增长78.46%；中行揭阳分行把支持和促进地方经济快速发展作为己任，加大对重点项目、重点企业、支柱产业和改善民生等行业的贷款投放力度，全年增加18.96亿元，余额39.45亿元，增长92.53%；建行揭阳市分行大力支持中小企业发展，以市金属材料市场为主要阵地，积极向优质中小企业投放贷款和提供生产、贸易融资服务，倾力支持全市五金不锈钢、服装、化工塑料等特色支柱产业的发展。增加12.66亿元，余额3.17亿元，增长67.71%；农发行揭阳市分行拓展业务领域，解决农户“贷款难”的问题，全年增加3.37亿元，余额7.70亿元，增长77.83%；交行揭阳分行增加1.99亿元，余额7.04亿元，增长39.41%；广发银行揭阳支行增加1.24亿元，余额3.73亿元，增长49.80%；农村信用社在贷款方式、流程和简化手续方面进行改进，全年增加23.80亿元，余额160.91亿元，增长17.36%。邮储行揭阳市分行增加1.59亿元，余额1.85亿元，增长611.54%。

2010年，央行先后六次上调存款准备金率、两次加息和国务院关于遏制房地产过快增长的“国16条” 物价调控等政策相继出台，全市金融机构继续落实“适度宽松”的货币信贷政策，调整和优化信贷投放结构，贷款增速放缓。至12月末，揭阳市各项贷款余额407.06亿元，增幅21.45%。全年新增贷款71.88亿元，增量仍处于历史较高水平。是年同比贷款增量在粤东四市（汕头市、潮州市、汕尾市、揭阳市）中名列第二，仅次于汕头市的贷款增量100.93亿元。信贷投放的主要特点：中长期化特征仍突出，中长期贷款比年初增加33.34亿元，增长29.55%，高于短期贷款10.08个百分点；各银行金融机构对县域经济的信贷支持力度加大，全市各县（市、区）的县域本外币贷款余额219.22亿元，同比增长28.53%，增速高于全市平均水平7.08个百分点。人行揭阳市中心支行引导金融机构把握好信贷投放节奏，不断优化信贷结构，合理配置信贷资源，引导金融机构找准金融支持经济发展的切入点，进一步做好支持重点产业调整振兴、节能减排和淘汰落后产能的金融服务，提升金融对中小企业的服务能力。

金融机构全年各项贷款中，工行揭阳分行通过调整和优化公司客户结构，信贷投放进一步优化。全年有效信贷客户增加83户，其中有效信贷客户，小企业新增65户，国际结算客户新增48户，贸易融资客户新增25户。各项贷款年末比年初增加7.16亿元，余额41.78亿元，增长20.68%；农行揭阳分行针对全市民营中小企业占比大的实际，把符合产业政策、环保政策，以及有市场、有技术、有发展前景的中小企业作为重点支持对象，积极介入市政府提供的融资需求企业；开办林权抵押贷款，突破以抵押担保为主的传统做法，采用保证、林权抵押、税款、收费权质押等担保方式发放贷款。全年新增投放中小企业法人贷款25.87亿元。各项贷款年末比年初增加9.57亿元，余额48.93亿元，增长24.31%；中行揭阳分行加大对重点项目、重点企业、支柱产业和特色行业等行业的贷款投放力度；支持“三农”、教育和医疗事业发展，以及居民消费等，加大对揭阳市重点学校、市（县）、镇医院和住房按揭贷款等方面的信贷支持。各项贷款年末比年初增加14.27亿元，余额53.72亿元，增长36.17%；建行揭阳市分行全年新增公司客户群体66个，大中型企业非贴贷款余额比年初新增1.56亿元，小企业非贴贷款余额则比年初新增4.27亿元，为资产规模的不断扩张奠定坚实基础。截至12月末，各项贷款比年初增加6.64亿元，余额38.01亿元，增长21.17%；农发行揭阳市分行主动对接地方政府的支农意图，继续将非经营性中长期项目贷款，列为支持地方新农村建设的重点。年末各项贷款比年初增加3215万元，余额8.02亿元，增长4.17%；交行揭阳分行成功取得普宁市流沙城东商会3亿元“商惠贷”授信额度；各项贷款年末比年初增加3.92亿元，余额10.96亿元，增长55.68%；广发银行揭阳支行与有关担保公司开展合作，为中小企业和个人提供信贷支持。各项贷款年末比年初增加5.25亿元，余额8.97亿元，增长141.13%；揭东农信联社创新担保方式，尝试采用仓单质押的方式支持中小企业和涉农企业的发展；揭阳农商行（市区）尝试“追加企业股东作为第二保证人”的贷款方式，既有效防控信贷风险，又解决了中小企业提供抵押品难的问题。农村合作金融机构，各项贷款年末比年初减少7.39亿元，余额153.51亿元，下降4.60%。农商银行各项贷款年末余额33.16亿元。邮储行揭阳市分行增加1.89亿元，余额3.74亿元，增长102.16%。

2011年，全市金融机构执行“稳健”的货币信贷政策，在中央宏观调控政策的引导和市人民银行的窗口指导下，贷款节奏趋向平稳，总体上符合宏观调控预期。全市本外币各项贷款新增95.17亿元，余额502.33亿元，同比增长23.40%，高于全省平均增速10.63个百分点。人行及时做好信贷政策导向，努力创建和完善货币信贷工作机制，积极做好辖区信贷投放指导工作。信贷结构不断优化，信贷投向重点突出，特色产业得到大力支持。银行金融机构坚持“区别对待，有保有压”，加强对“三农”、中小企业、就业、助学等改善民生类项目的信贷支持，切实解决中、小企业融资难问题。为缓解企业的资金需求压力，4月，全市有13家金融机构与176家企业（单位）代表达成授信总额186.68亿元的战略合作和融资意向协议，比上年增加29.90亿元，增幅达19.07%。全年短期贷款加速增长，占各项贷款余额的66.26%，比重比上年同期提高2.94个百分点；中长期贷款增长放缓，占各项贷款余额的33.31%，比重比上年同期下降3.17个百分点。金融机构全年各项贷款中，工行揭阳分行比年初增加12.02亿元，余额55.29亿元，增长27.77%；全年个贷、小企业、贸易融资增量占全部表内增量的94.19%。农行揭阳分行全年农户贷款余额3.31亿元，比年初增加8996万元，其中，小额农户贷款比年初增加2136.40万元，各项贷款年末比年初增加12.07亿元，余额61.06亿元，增长24.64%；中行揭阳分行针对中小企业抵押担保不足融资难的问题，创新推出具有揭阳特色的针对纺织服装行业的“机贷通”、针对不锈钢行业的“钢货通”、针对鞋业行业的“联保联贷”等多项融资产品，帮助中小企业突破融资瓶颈。如：

“机贷通”“钢贷通”贷款品种免企业土地厂房作抵押，直接以企业的机器设备、不锈钢货物作为货押；“联保联贷”由3~5家中小企业组成一个联保小组，联合向银行申请贷款，切实解决企业抵押物不足融资难的问题。各项贷款年末比年初增加8.07亿元，余额65.00亿元，增长14.18%；建行揭阳市分行按照信贷结构调整的方向和原则，细化客户拓展定位，信贷有效支持化工塑料、小五金、不锈钢、电线电缆、轧钢冶铜、建材石板等具有广泛产业基础的优势产业群体，各项贷款年末比年初增加14.38亿元，余额53.88亿元，增长36.39%；农发行揭阳市分行重点加大对中储粮揭阳直属库和有关涉农加工企业的支持力度，各项贷款年末比年初增加2.56亿元，余额10.58亿元，增长31.92%；交行揭阳分行信贷投向突出支持地方经济发展重点，对公贷款增势强劲。5月起基本保持16.00亿元以上运行，并多次突破18.00亿元，屡创历史新高，各项贷款年末比年初增加6.67亿元，余额17.64亿元，增长60.80%；广发银行揭阳支行支持普宁两大支柱产业之一的纺织服装业，投放纺织服装制造行业贷款2.56亿元；解决中小企业“担保难”问题，通过信用担保公司担保形式，缓解中小企业资金供求矛盾。各项贷款年末比年初增加1.69亿元，余额1.07亿元，增长18.75%。市农商银行比年初增加39.32亿元，余额72.48亿元，增长118.58%。农村信用社比年初减少4.86亿元，余额148.65亿元，下降3.17%。邮储行揭阳市分行增加3.35亿元，余额7.08亿元，增长89.81%。

2012年，全市金融机构牢牢把握中央“稳中求进”和省政府“稳增长、调结构、惠民生”的发展战略。通过“信贷形势分析暨信贷导向效果评估会议”制度，引导金融机构在控制风险的前提下加大对地方经济发展的支持力度；优化信贷结构，坚持“区别对待，有保有压”，继续加强对“三农”、中小企业、就业、助学等改善民生类的信贷支持，各项贷款增速平稳。年末，揭阳市本外币各项贷款余额615.58亿元，增加113.35亿元，同比多增18.18亿元，增幅22.57%，增速比上年同期低0.81个百分点。在贷款需求减弱背景下，全市各商业银行为用足上级行下达的信贷规模，或在规模较紧或有中长期贷款需求时，灵活调剂，找准金融支持经济发展的切入点，把握好执行政策的力度、节奏和重点。同比增加流动性较强的票据融资4000万元，年末票据融资余额2.47亿元，比年初增幅19.35%。全年金融机构各项贷款中，工行揭阳分行比年初增加16.46亿元，余额71.75亿元，增长29.77%。农行揭阳分行增加18.74亿元，余额79.80亿元，增长30.69%。中行揭阳分行增加9.45亿元，余额74.45亿元，增长14.54%。建行揭阳市分行增加8.23亿元，余额62.11亿元，增长15.27%。农发行揭阳市分行增加1.10亿元，余额11.68亿元，增长10.40%。交行揭阳分行增加2353万元，余额17.87亿元，增长1.36%。广发银行揭阳支行增加7158万元，余额11.37亿元，增长6.76%。邮储行揭阳市分行增加5.64亿元，余额12.73亿元，增长79.55%。农村信用社增加24.51亿元，余额173.16亿元，增长16.49%。农商银行增加26.36亿元，余额98.85亿元，增长36.36%。村镇银行各项贷款余额1.80亿元。

2013年，全市银行业金融机构落实“稳健”的货币政策，围绕广东省委、省政府进一步促进粤东西北振兴发展机遇，全力推动人行广州分行与揭阳市政府签订的《中国人民银行广州分行 揭阳市人民政府共建产业金融创新发展试验区合作框架协议》建设，探索产业金融发展模式，加大对新兴战略产业的金融支持，加快传统产业的转型升级。大力支持农村基础设施建设和农业产业化龙头企业发展，推进农村金融产品和服务创新。商业银行推行“分年评级、一次授信、额度控制、循环使用”的贷款方式，做实做精小额信用贷款和小额联保贷款；涉农金融机构大力推广农户小额信用贷款、农户联保贷款、联合信用贷款、“公司+农户”贷款等创新产品，不断扩大小额贷款受益面；各金融机构创新贷款担保方式，扩大有效担保品范围，发展“信贷+保险”产品，分散农业信贷风险；探索开展农村土地承包经营权、宅基地使用权抵押贷款试点工作，不断提升“三农”金融服务水平。截至12月，全市本外币各项贷款新增102.26亿元，余额717.84亿元，同比增长16.61%。其中，工行揭阳分行比年初增加6.96亿元，余额78.71亿元，增长9.70%。农行揭阳分行增加15.11亿元，余额94.91亿元，增长18.94%。中行揭阳分行减少1.83亿元，余额72.62亿元，下降2.46%。建行揭阳市分行增加2.38亿元，余额64.49亿元，增长3.83 %。农发行揭阳市分行减少2142万元，余额11.47亿元，下降1.83%。交行揭阳分行减少7718万元，余额17.10亿元，下降4.32%。广发银行揭阳支行增加1.65亿元，余额13.02亿元，增长14.51%。邮储行揭阳市分行增加5.30亿元，余额18.03亿元，增长41.63%。农村信用社增加32.76亿元，余额205.93亿元，增长18.92%。农商银行增加34.86亿元，余额133.71亿元，增长35.27%。村镇银行增加4.19亿元，余额5.99亿元，增长232.78%。外资银行（汇丰、东亚）各项贷款余额1.87亿元。全市银行业金融机构余额存贷比为46.93%，增量存贷比为46.79%，远低于全省平均水平。截至12月，四家国有银行本外币各项贷款余额占全部金融机构的43.29%，同比下降3.51个百分点；其他股份制银行贷款余额占27.63%，同比增加2.99个百分点；农村合作金融机构贷款余额占 比32.41%，同比增加3.33个百分点；其他银行机构（政策性银行、村镇银行、外资银行等）贷款余额占比0.58%，同比略增0.31个百分点。

2014年，全市金融机构继续落实稳健的货币政策，信贷总量投放合理，信贷结构不断优化。按照“总量适度、节奏合理、结构优化”的原则用足用好全年新增贷款额度。辖内金融机构探索将地方法人机构支持“三农”、小微企业、产业结构调整升级等纳入差别准备金动态调整机制考察；金融机构加强和改进涉农及小微企业金融服务；加大对民生金融的投入。通过认真落实“定向降准”政策，累计释放辖内揭阳市区、揭西、揭东3家农商银行资金4.00亿元，增加对地方“三农”经济发展的有力支持。全市本外币各项贷款新增155.75亿元，余额873.59亿元，同比多增53.49亿元，增长21.70%。贷款增速比全省高9.94个百分点，排名全省第3位，居粤东第1位；存贷比51.75%，比年初提高4.09个百分点，居粤东第1位。

全市贷款短期化明显，短期贷款占各项贷款比重69.37%，同比略增0.77个百分点。工行揭阳分行比年初增加12.20亿元，余额90.91亿元，增长15.50%。农行揭阳分行增加10.85亿元，余额105.75亿元，增长11.43%。中行揭阳分行增加11.92亿元，余额84.54亿元，增长16.42%。建行揭阳市分行增加3.57亿元，余额68.07亿元，增长5.54%。农发行揭阳市分行增加7.21亿元，余额18.68亿元，增长62.86%。交行揭阳分行减少9868万元，余额16.11亿元，下降5.78%。广发银行揭阳支行增加6.86亿元，余额19.88亿元，增长52.69%。民生银行揭阳分行各项贷款余额6.79亿元。邮储行揭阳市分行增加9.36亿元，余额2.80亿元，增长51.91%。农村信用社减少38.72亿元，余额167.21亿元，下降18.80%。农商银行增加117.59亿元，余额251.30亿元，增长87.95%。村镇银行增加5046万元，余额11.60亿元，增长93.53%。外资银行（汇丰、东亚）各项贷款增加2.23亿元，余额4.10亿元，增长119.25%。南粤银行揭阳分行各项贷款余额1.25亿元。全市票据融资8.25亿元，同比增长138.81%。

2015年，全市金融机构继续贯彻落实稳健的货币信贷政策，金融机构按“总量适度、节奏合理、结构优化”的原则，用足用好全年新增贷款额度，增加对地方经济发展的有力支持。全市本外币各项贷款比年初增加58.13亿元，余额931.72亿元，同比少增97.62亿元，增长6.65%；增速有所减缓，同比减少15.05个百分点。全年贷款流向：市区（含榕城区、揭东区、空港区、蓝城区）319.37亿元，占比34.35%；普宁市（含普宁侨区）270.15亿元，占29.06%；揭西县115.99亿元，占12.48%；惠来县（含大南山侨区）74.43 亿元，占 8.01%。各金融机构围绕辖区经济发展的重点、特点，开发应用具有行业特色的信贷产品，如“绿色园林贷”“政银保”等涉农金融产品和“市场方担保贷款”“淘宝商务贷款”等小微金融产品，加大对弱势群体的支持力度，配合地方政府部门开发支持妇女及大学生创业的贷款产品，实现相关领域的“零的突破”。全年金融机构各项贷款中，工行揭阳分行比年初增加 11.57 亿元，余额 102.49 亿元，增长 12.73%。农行揭阳分行增加 8851 万元，余额 106.64 亿元，增长 0.84%。中行揭阳分行增加 2.74 亿元，余额 87.28 亿元，增长 3.23%。建行揭阳市分行增加 4.16 亿元，余额 72.23 亿元，增长 6.11%。农发行揭阳市分行增加 465 万元，余额 18.73 亿元，增长 0.25%。交行揭阳分行增加 3.59 亿元，余额 19.70 亿元，增长 22.28%。广发银行揭阳支行增加 6.74 亿元，余额 26.62 亿元，增长 33.90%。民生银行揭阳分行增加 2.82 亿元，余额 9.61 亿元，增长 41.53%。邮储行揭阳市分行增加 2.87 亿元，余额 30.26 亿元，增长 10.48%。农村信用社增加 4.05 亿元，余额 171.25 亿元，增长 2.42%。农商银行增加 16.34 亿元，余额 267.64 亿元，增长 6.50%。村镇银行增加 3.45 亿元，余额 15.05 亿元，增长 29.74%。外资银行（汇丰、东亚）各项贷款减少 2.14 亿元，余额 1.96 亿元，下降 52.20%。南粤银行揭阳分行各项贷款增加 1.02 亿元，余额 2.27 亿元，增长 81.60%。全市各法人金融机构通过支农再贷款资金的运用，优先满足春耕备耕信贷资金需求和扩大涉农领域的信贷支持，重点是满足全市农业龙头企业、涉农科技型企业、农户和农村中小企业、揭东区军埔村电商、“一镇一品”工程等的贷款需求。通过“定向降准”政策，推动全市法人金融机构累计释放 23.80 亿元资金，增加对地方经济发展的有力支持。

2016 年，全市金融机构继续落实稳健的货币信贷政策，金融稳定，经济金融平稳较快发展。全市银行金融机构构建突发金融风险防控体系，完善和落实流动性风险应急处置机制，维护辖区金融稳定；金融机构主动适应市场，经营继续转型，对接支持广东省“粤东西北振兴发展战略”揭阳地区重点项目建设。全市本外币各项贷款新增 60.67 亿元，余额 992.39 亿元，同比增长 6.51%，在全省 19 个地级市中排名第 12 位，居粤东第 2 位。其中，工行揭阳分行比年初增加 7.00 亿元，余额 109.49 亿元，增长 6.83%。农行揭阳分行增加 8.27 亿元，余额 114.91 亿元，增长 7.76%。中行揭阳分行增加 5.77 万元，余额 93.05 亿元，增长 6.61%。建行揭阳市分行增加 5.69 亿元，余额 77.92 亿元，增长 7.88%。农发行揭阳市分行增加 1.14 亿元，余额 19.87 亿元，增长 6.09%。交行揭阳分行增加 4.19 亿元，余额 23.89 亿元，增长 21.25%。广发银行揭阳支行减少 5.66 亿元，余额 20.96 亿元，下降 21.26%。民生银行揭阳分行增加 4.30 亿元，余额 13.91 亿元，增长 44.75%。邮储行揭阳市分行增加 4.72 亿元，余额 34.99 亿元，增长 15.60%。农村信用社减少 124.23 亿元，余额 47.03 亿元，下降 72.54%。农商银行增加 144.57 亿元，余额 41.221 亿元，增长 54.02%。村镇银行增加 1.90 亿元，余额 16.95 亿元，增长 12.62%。南粤银行揭阳分行各项贷款增加 1.97 亿元，余额 4.24 亿元，增长 86.78%。外资银行（汇丰、东亚）各项贷款增加 1.03 亿元，余额 2.99 亿元，增长 52.55%。地方性法人金融机构各项贷款余额 476.18 亿元，比年初增长 4.67%。当年新增贷款中，市农商银行市场份额占比 41.54%；年末余额存贷比 49.2%，同比减少 1.50 个百分点。

2017 年，全市金融机构继续落实稳健的货币信贷政策，围绕揭阳市合力打造揭阳副中心和新的发展极，形成建设揭阳滨海新区、大南海石化、海上风电项目等一系列希望工程，在“产业聚集”“城区扩容提质”“深化对德合作”等一系列重点工程项目的带动下稳中有进，投资规模稳步扩大，消费稳步增长，产业转型升级效果显现。金融机构坚持稳中求进工作总基调，以提高发展质量和效益为中心，大力支持供给侧结构性改革，全面做好稳增长、促改革、调结构、惠民生、防风险各项工作。全市本外币各项贷款余额突破 1000 亿元。新增 65.24 亿元，余额 1057.63 亿元，同比增长 6.57%。其中，工行揭阳分行比年初增加14.70亿元，余额124.19亿元，增长13.43%。农行揭阳分行增加20.60亿元，余额135.52亿元，增长17.93%。中行揭阳分行增加4.87亿元，余额97.90亿元，增长5.23%。建行揭阳市分行增加22.80亿元，余额100.70亿元，增长29.27%。农发行揭阳市分行减少9443万元，余额18.92亿元，下降4.75%。交行揭阳分行增加4.54亿元，余额28.43亿元，增长19.83%。广发银行揭阳支行增加1.82亿元，余额22.78亿元，增长8.68%。民生银行揭阳分行减少2773万元，余额13.63亿元，下降1.99%。邮储行揭阳市分行增加8.33亿元，余额43.31亿元，增长23.81%。农村信用社减少2.74亿元，余额44.29亿元，下降5.83%。农商银行减少11.77亿元，余额400.44亿元，下降2.86%。村镇银行增加3.03亿元，余额19.97亿元，增长17.89%。南粤银行揭阳分行各项贷款增加1422万元，余额4.38亿元，增长3.36%。外资银行（汇丰、东亚）各项贷款增加1358万元，余额3.13亿元，增长4.53%。截至12月，四家国有银行本外币各项贷款余额占全部金融机构的43.34%，同比增加4.50个百分点；其他股份制银行贷款余额占6.13%，同比中略增0.21个百分点；农村合作金融机构贷款余额占42.05%，同比减少4.23个百分点；其他银行机构（政策性银行、村镇银行、外资银行等）贷款余额占比3.97%，同比略减0.04个百分点，基本无改变。

2018年，全市金融机构认真落实央行稳健中性货币政策，在中央宏观调控政策的引导和市人民银行的窗口指导下，贷款节奏趋向平稳，总体上符合宏观调控预期。金融机构加大金融支持创新驱动战略的力度，助力辖区经济更高质量、更平衡发展。持续推进金融精准扶贫，完善扶贫小额信贷制度，合理引导金融机构与市扶贫部门合作开展扶贫小额信贷业务。截至12月，全市各项贷款同比增加97.12亿元，余额1154.75亿元，比年初增长9.12%，同比增速9.18%。位列全省第13位，居粤东第3位。截至12月，余额存贷比50.79%。其中，工行揭阳分行比年初增加14.68亿元，余额138.87亿元，增长11.82%。农行揭阳分行增加19.10亿元，余额154.62亿元，增长14.09%。中行揭阳分行减少1.43亿元，余额96.49亿元，下降1.46%。建行揭阳市分行增加17.46亿元，余额118.17亿元，增长17.34%。农发行揭阳市分行增加5.24亿元，余额24.16亿元，增长27.70%。交行揭阳分行增加7.15亿元，余额35.58亿元，增长25.15%。广发银行揭阳支行减少3.11亿元，余额19.67亿元，下降13.65%。民生银行揭阳分行增加4.15亿元，余额18.42亿元，增长29.08%。邮储行揭阳市分行增加8.55亿元，余额51.86亿元，增长19.74%。农村信用社减少4.23亿元，余额40.06亿元，下降9.55%。市农商行增加18.24亿元，余额418.68亿元，下降4.55%。村镇银行增加4.19亿元，余额24.17亿元，增长20.97%。南粤银行揭阳分行各项贷款增加7.05亿元，余额11.42亿元，增长161.32%。外资银行（汇丰、东亚）各项贷款减少5539万元，余额2.58亿元，下降17.67%。

人民银行引导金融机构持续推进金融精准扶贫工作，全市累计发放扶贫小额信贷2907.45万元；引导金融机构将降准所释放资金用于普惠口径小微企业贷款，三次下调非县域农商行存款准备金率累计2.50个百分点，降准累计释放10.05亿元资金的支持。截至12月末，全市小微企业贷款余额507.74亿元，个体工商户经营性贷款余额75.29亿元，合计占全市各项贷款的50.49%。全年本外币各项贷款流向：市区402.84亿元，占比34.96%；揭东区179.93亿元，占比15.62%；普宁市（含普宁侨区）374.54亿元，占32.51%；揭西县114.47亿元，占比9.94%；惠来县（含大南山侨区）80.40亿元，占比7.00%。全市各项贷款短期化降低，短期贷款占各项贷款比重的40.56%，同比减少4.30个百分点。

1986—2018年，全市银行业金融机构先后开办的贷款种类有：按性质分为人民币贷款、外币贷款，政策性贷款、商业性贷款；按期限可分为短期贷款、中期流动资金贷款及中长期贷款；按投向分为工业贷款、商业贷款、农业贷款、基本建设贷款、技术改造贷款、科技开发贷款、个人消费贷款、住房贷款等。

（一）政策性贷款

1. 农业政策性贷款

农业政策性贷款主要是为收购粮油、扶贫、开发专项和抗灾救灾提供的贷款。1985 年以前，每年初由粮食部门制定年度收购计划与所需资金，经人行揭阳县分行、农行揭阳县支行、工行揭阳县支行等银行金融机构核实后发放。1996 年 6 月，农行揭阳分行设立农发行业务专柜，专门办理、核算农发行业务，工行揭阳分行也在服务专柜中设有农业政策性信贷业务。12 月 3 日，农发行揭阳市分行开始运作后，全面接管和经理农村政策性金融业务。

1986 年，农行揭阳县支行和信用社根据产业政策和农村金融工作任务范围，调整信贷投向投量，突出支持“决不放松粮食生产，积极发展多种经营”的重点，支持粮食生产和“三大基地”建设。信贷规模资金优先支持揭阳县农业生产资料系统购进化肥、农药、种籽。其中购进化肥 72437 吨，金额 4536 万元。发放农业生产贷款 9105.40 万元，帮助农业生产承包户解决购进化肥、农药、种籽、农机具等的资金问题。支持农业口发放种植业、养殖业、农副产品加工业贷款累计 1212.60 万元。其中 1986 年水果种植面积达到 18.5 万亩，同比增长 23.5%，总产量 6.7 万吨，同比增长 27.3%。受第七号强台风袭击，全县受灾经济损失达 2.30 亿元，农行和信用社支持全县尽快购进粮食 2260 万公斤、化肥 1635 万公斤、农药 7.69 万公斤，共发放抗灾复产贷款 4599 万元，使全县农村迅速消灭灾痕，恢复生产。工行揭阳县支行根据全县农业生产播种面积减少 6.40 万亩，加大粮食缺口，需调入 0.75 亿公斤议价粮的状况，及时多方筹措，解决外采粮食资金问题。全年支持县粮油贸易公司从外地调入粮食 5135 万公斤，累计发放贷款 1536 万元。尤其是第七号太平洋强台风正面袭击揭阳县之后，由于灾情严重，市面粮价由台风前每公斤 0.175 元上涨到每公斤 0.225 元，对此，工行揭阳县支行主动深入企业，及时支持县粮油贸易公司迅速调入粮食 1000 万公斤，发放贷款 500 万元，把市场粮价平抑到原来水平。

1987 年，农行揭阳县支行和信用社大力支持发展粮食生产，加强调剂，及时组织信贷规模以内资金，支持购进各类化肥 14.30 万吨、农药 1350 吨、杂优良种 13.80 万公斤，保证全县农业生产资料供应；此处还发放粮食生产贷款 1087.98 万元，帮助乡村集体和承包户解决生产中碰到的资金困难。全县粮食种植面积在比上年减少 5500 亩的情况下，总产还达到 3.73 亿公斤，比上年增加 0.91 亿公斤。是年，农行揭阳县支行辖下渔湖网点不误农时，及时调剂资金，发放粮食生产贷款 173 万元，用于及时解决承包户购买农业生产资料资金困难。全区水稻总产量 3906.50 万公斤，比上年增加 679 万公斤，年亩产首次超 1 吨纪录，达到 1033.90 公斤，比上年增加 195.05 公斤，创历史新高。

1988 年，执行“决不放松粮食生产，积极发展多种经营”方针，农行和信用社在信贷资金安排上，信贷规模以内优先保证发展粮食生产项目贷款，支持粮食生产和农副产品收购。农行揭阳县支行累计发放农业贷款 2892 万元，其中发放粮食生产贷款 675 万元；支持开发性生产贷款 129 万元；养殖业贷款 579 万元；创汇农业贷款 233 万元，其中辖下炮台营业所和农信社，在资金供求矛盾突出情况下，挤出资金 262 万元，支持当地发展生柑生产 5335 亩，获得大丰收；霖盘营业所和农信社，及时调剂资金，不误农时支持当地购买化肥满足农业生产需要，做好农产品资金供应工作。发放贷款 5378.70 万元，支持及时收购粮食 5175 万公斤、蘑菇 1477250 万公斤、生柑 997350 万公斤、香蕉 111300 公斤、麻皮收购 171400 公斤。使全县圆满完成粮食入库和农副产品收购任务。

1989 年，农行继续支持农业生产资料购进和农副产品收购。首先是压缩其他商业贷款，多方筹集资金和规模主动配合全县农资部门支持农资购进，是年累计投放贷款 4.49 亿元，及时支持农资部门购进各种化肥 81569 吨、农药 1745 吨、设膜 50 吨，以及大批农机具、机柴油，保证全县六十万亩农作物的生产资料供应；其次是积极支持粮食及其他农副产品收购，全年累计发放粮食贷款 1.04 亿元，农副产品贷款 1.11 亿元，分别比上年增加 3421 万元和 9841 万元，有效地支持粮食部门和其他农采部门收购粮食 569600 万公斤、蘑菇 1504250 万公斤、生柑 528650 万公斤，以及大批其他农副产品，收购总值 1.21 亿元，既圆满完成全县粮食入库和农副产品收购任务，又保证实物收购不向农民打“白条”。此外，农行还增加农业信贷投入，积极支持农村发展种养业，全年累计发放支农贷款 2.40 亿元，比上年增加 1.78 亿元，增长 286.69%，支持全县发展粮食生产 67 万亩，种植花生 4.80 万亩，甘蔗 5 万余亩，生柑 7.40 万亩，杂果 16 万亩，种植蘑菇 34 万亩，饲养生猪 11.50 万头，家禽 697 万羽，发展淡水养鱼 2.10 万亩；支持全县农村各地进行农田基本建设，购进抽水设备 217 台（套）共 114 万元。

1990 年，国家实行货币信贷政策“适度从紧”方针，农行从全县农村经济发展出发，农行和信用社既坚持指令性计划控制在限额之内，指导性计划项目根据实际合理调制，充分运用贷款规模，同时按照国家产业政策的要求着力调整信贷结构，确保资金的重点使用实现向农业倾斜的政策。是年，银信累计发放支农贷款 4.95 亿元，其中银行累计发放农业贷款 6333 万元，比上年增加 2765 万元，增幅 76.40%，农业贷款比重由上年的 8% 提高到 10%。在农业贷款中，首先保证粮油生产的资金需要，全年累计发放贷款 7800 元，及时支持粮油种植 49 万亩；其次是支持农村商品基地建设，发展创汇农业和“菜篮子”工程，共发放支持果蔬种植业、养殖业、饲养业和副食品基地贷款 7733 万元，支持全县种植青柑、杂果 23 万亩，发展家鱼、鳗鱼、虾、蟹等海淡养殖 2700 亩，饲养生猪 22 万头，三鸟 556 万只，发展农村经济，活跃城乡市场。此外，及时发放贷款累计 8500 万元，扶持农副产品加工及配套服务项目。农行揭阳县支行和信用社支持科政协兴农，发放贷款 10 万元，扶持农科部门成功试验甘蔗地膜覆盖优耕法种植甘蔗 500 亩，使甘蔗亩产提高 20%；农行揭阳县支行辖下磐东营业所累计发放贷款 5 万元，支持兽医站成功试验创新项目，先后发展国际肉乳兼用水牛 146 头，每头年创值 3600 元。

1991 年，农行揭阳县支行和信用社认真执行治理整顿，深化改革的方针，增加支持农业发展的观念。全年各项贷款累计发放 16.76 亿元，其中农行信用社各项贷款累计发放 8.28 亿元。在不突破信贷规模的前提下，继续实行优化信贷结构，信贷资金向农业倾斜的政策。支持农业生产建设；支持用于不误农时，满足农业生产需要的化肥，农药，农膜、农机具一批，以及柴油、汽油。至 12 月末，农行农业贷款余额 1.30 亿元；用于支持全县农采部门购买农业生产资料的贷款余额 2.98 亿元。工行揭阳县支行积极支持粮贸企业外购外采粮食，第三季度及时调度资金，增加贷款 117 万元支持县粮油贸易公司购进粮食，满足市场供应。

1992 年，揭阳新市成立后，农行揭阳分行充分运用部分信贷资金规模，支持发展“三高”农业、创汇农业，支持农林牧副渔商品基地 155 个，全年发放农业贷款累计 15.40 亿元；支持农业科技推广和优良品种引进等兴农项目 27 个，行社发放科技兴农贷款 167 万元，创产值 2205 万元；支持农业综合开发项目 90 个，行社发放科技兴农贷款 167 万元，综合贷款 848 万元；支持创汇农业项目 31 个，发放创汇农业贷款 7558 万元。同时，支持农业创高产活动，支持农业生产的产前、产中、产后服务，支持发展肉禽蛋生产和淡水养殖等项目，丰富城乡群众的菜篮子。年末，农行揭阳分行农业贷款余额 2.01 亿元，同比增加 7149 万元，占各项贷款增量的 38.40%。此外，农业及时组织农副产品资金供应，对农采资金做到早调查、早预测、早安排。全年，共投放农副产品收购资金 2.68 亿元，支持粮食部门收购计划内国家粮食任务和生柑、蘑菇等大宗农副产品，保证不向农民开“白条”。

1993年，农行揭阳分行和信用社执行中央关于农民发展的重要方针政策，在资金和规模双紧的情况下，实施信贷向农业倾斜的政策，切实增加农业信贷投入，辖属各支行、信用社因地制宜，把握好信贷投向。全年，行、社累发农业贷款28亿元，同比多投5.50亿元，农业贷款余额增加2.30亿元。年初制定农业贷款投发计划，首季共投放支持春耕生产贷款1.30亿元，支持农采部门购进一大批农业生产资料。大力支持农副产品收购、加工，行社全年累放农副产品收购资金2亿余元，确保农副产品收购不打“白条”。继续支持发展“二高一优”农业。支持农、林、牧、副、渔商品基地269个，全市行、社累放贷款269个；支持农业综合开发项目248个，累放农业综合开发贷款1.85亿元；支持农业创汇项目52个，累放农业创汇贷款7418万元。全市各行、社还积极支持农业创高产活动，发展“菜篮子”工程和“星火计划”项目，繁荣城乡市场。

1994年，根据国家产业政策和区域发展政策，以及上级顶层规划和要求，深化金融改革。市农业银行按期完成向农业发展银行划转账务和业务代理工作。年末，共代理农业发展银行贷款2.06亿元。6月30日，农行揭阳分行向农业发展银行划转政策性信贷资产9098万元，占同期农行揭阳分行各项贷款的7.10%；划转存款负债231万元，占同期农行揭阳分行各项存款的0.15%。贷款资产与存款负债差额8867万元，用同业存款项予以平衡。继续认真代理农业发展银行业务，健全账务组织，建立逐月汇编制度，及时准确反映业务发展情况，截至12月，农业发展银行存款余额165万元，各项贷款余额2.06亿元。明确农行揭阳分行全面代理农业发展银行业务之后，其资金关系是同业往来的关系。在农业发展银行的资金来源严重不足的情况下，农行揭阳分行协调调度资金，有效地保证其资金的正常运转，确保政策性贷款的资金需求。根据夏秋季收购资金需求的实际，农行揭阳分行代理做好资金来源，收购资金供应计划，进行统筹安排，做好统一领导、统一算账、统一供应、统一管理，确保收购资金及时足额到位。7—12月，累放各项政策性贷款9909万元，及时解决国家专项储备贷款、粮油收购贷款和粮油调销贷款的资金需求。严格按贷款操作程序办理贷款手续，专户管理，专款专用，确保政策性信贷资金的安全性，以及使用效益和社会效益。

1995年，工行揭阳分行和农行揭阳分行做好代理农发行揭阳市分行业务。工行揭阳分行安排资金，支持市区农采部门购进化肥1045吨，全年增加贷款300万元；支持揭东农采部门购进尿素1.5万吨，累放贷款2600万元。确保辖属当地农民不误农时发展农业生产。农行揭阳分行在代理农发行揭阳市分行业务中，贯彻广东省农业政策性金融工作会议精神，把代理业务视同自营业务，实行代理业务行长负责制，建立健全代理业务运行机制。设立一套农发行的会计账务组织、统计信息系统，设立专人专柜办理农发行业务，按照规定在人行设立账户，申请农发行同城票据交换席位，建立上下级之间相互核对的账务处理，及时发现和纠正代理业务中出现的问题，严格按核算制度和程序进行核算。按照农发行资金实行“封闭式”运行，往来资金按旬清算，互计利息的原则，对农行揭阳分行与农发行之间资金认真进行分析，并实行专户管理，依法代理，严格把关，确保农发行资金正常运行。认真做好农副产品收购资金的供应和管理工作。此外，农行揭阳分行做好对农发行信贷资产的清理摸底工作，查明政策性单位，清理农行与农发行的资金往来，实行双轨制。至年末，农发行揭阳市分行各项贷款余额2.40亿元，同比增加3358万元。其中国家专项储备7919万元，同比增加2206万元；粮棉油收购贷款1.26亿元，同比减少313万元；粮棉油调销贷款2336万元，同比增加623万元；农业综合开发贷款600万元。

1996年，农发行揭阳市分行10月设立，12月挂牌营业。农行揭阳分行、工行揭阳分行向农发行揭阳市分行移交全部专项贷款和代理的政策性贷款业务。年末，农发行揭阳市分行各项贷款余额3.14亿元，同比增加7376万元，增长30.70%。其中，收购农采贷款余额2.91亿元，比年初增长21.50%；农业综合开发及农、林、水、基建技改贷款余额1330万元，增长50.00%。各项贷款余额中，短期贷款1.50亿元，中长期贷款1.64亿元。农发行揭阳市分行自营政策性贷款业务后，从根本上解决由于政策性业务与商业性业务不分，造成一部分粮、棉、油收购资金被企业挤占、挪用、亏损挂账的问题，避免向农民“打白条”，损害农民经济利益的不良现象发生。

1997年，农发行揭阳市分行完善机制、强化管理、加强服务，加大农业信贷投放力度，充分发挥农业政策性金融的职能作用，有效支持全市农业和农村经济的发展。全年累计投放贷款5.12亿元。至12月末，各项贷款余额4.42亿元。比年初增加1.28亿元，增幅40.90%。其中累计投放农采收购贷款4.62亿元，增加9288万元，支持收购夏粮稻谷3210万公斤，投放收购资金4493万元，保证实物及时入库，不向农民打“白条”；针对揭阳系缺粮区实际，支持向外地购进粮食448万公斤，投放贷款895万元，满足城乡居民生活所需；此外，筹集资金投放1004万元，完成进口小麦140万公斤、玉米移库400万公斤的储备任务。投放开发性贷款3432万元，其中投放林业治沙贷款项目4个共300万元，农业综合开发贷款项目5个共470万元，其他农业综合开发贷款项目1个共150万元。投放粮食加工贷款1100万元，比年初增加280万元。至12月末，先后接收人行揭阳分行农业专项贷款业务共27户资金2052万元，应收未收利息1111万元。在惠来县实行驻点信贷员试点，探索加强对粮油政策性贷款管理新路子，为投放收购资金，加强资金管理，建立信贷台账，实施“库存挂钩”管理提供重要决策依据，为确保政策性收购资金的“封闭运行”奠定基础。全年严格执行资金计划，贷款限额、借款头寸限额、借款限额均控制在省农发行下达控制额之内。

1998年，农发行揭阳市分行按照“收多少粮，贷多少款；销多少粮，收多少款，收回多少贷款本息”的原则，辖内粮油收购贷款实行封闭运行管理（即从发放贷款之日起到还清全部贷款本息止的时间），确保收购资金及时足额供应，减少贷款投放。全年，库贷挂钩比例大幅提高，不合理资金占用下降幅度大，政策性收购资金封闭运行状况良好。至12月末，粮食贷款余额2.62亿元，直接库存值1.64亿元，直接库贷挂钩比例达63%，比年初上升18个百分点，视同库存值3238万元，全部库贷挂钩比例75.50%。全年新投放收购贷款与新收粮价值比率达100%；销售贷款归行率100%；回笼销售贷款归行率100%；回笼销售贷款收贷率100%。信贷资金得到合理运用，至12月底，各项贷款余额2.62亿元，比年初减少1.80亿元，减幅40.70%，其中农副产品收购贷款2.51亿元，比年初减少1.33亿元。全年累放贷款3.41亿元，累收5.20亿元，信贷资金合理运用率134%。为配合粮食流通体制改革，贯彻“收多少粮，贷多少款；销多少粮，收多少款，收回多少贷款本息”精神；选择东山区磐东粮管所作为调查研究试点单位，掌握企业占用收购资金的途径，对如何更好管理好收购资金，确保信贷资金“封闭运行”进行有探索；同时，在全市全面实行驻点信贷员制度，加强对信贷资金“封闭运行”的管理。

1999年，为加强粮食企业收购资金管理，促进收购资金封闭运行，辖区对企业收购粮食资金与财务资金实行分账管理，规定粮油收购企业应在农发行机构网点设置和使用基本存款账户、收购资金存款专户、企业财务资金存款专户、单位应付利息存款专户（简称“一基三专”账户）。农发行揭阳市分行还建立和落实封闭运行管理情况按月分析制度、财政补贴管理台账与报表监测制度等“五化”措施，规范信贷管理。至12月末，各项贷款余额2.78亿元，比年初增加1577万元。其中全年累计发放粮食收购贷款2240万元（含用信贷资金调入），收购粮食1643万公斤，收购值2240万元；严格按照“调得进，销得出”的原则，签发银行承兑汇票32笔，金额5280万元，调进粮食4691.50万公斤。直接粮油库存值2.03亿元，库存粮10681.50万公斤，直接库贷挂钩比率71.30%，比年初提高12.20个百分点；视同库存值658万元。全部库存比率73.60%，比年初提高11.10个百分点。全年库贷比例、销售贷款回笼率、回笼销售贷款归行率、回笼销售贷款收贷率均达到100%；信贷资金合理运用率98.99%，收回利息2123万元，贷款利息收回率达99.77%，比上年同期提高4.90个百分点；其他不合理占用贷款下降率14.40%；财务收支比上年同期减亏1135万元。

2000年，为配合揭阳市政府开展辖区粮食体制改革，执行上级有关中央储备粮及调整库存点文件，并及时完成全年粮食征购任务。农发行揭阳市分行组织力量对中央储备库划转库点库存进行认真清理核实，做好调整库点工作，对新增的国储入库新粮严格把关。中央储备粮划转为地方储备粮数量2800.40万公斤，库存贷款3042.50万元。同时准确划转中央储备粮贷款3747.80万元及中央储备商品粮3000万公斤。做好销售库存粮食工作，配合协助揭阳市粮食部门完成将粮食销售计划分解到全市各县（区）工作。累计完成销售粮食41300.5吨，完成总销售计划98.30%，按政策落实各项价差亏损补贴款3386.70万元。至12月末，累计发放收购粮食贷款2.45亿元，收购粮食22409万公斤。新收购粮油价值与新发放收购贷款比率100%；全年累计销售粮油15786万公斤，销售收入1.68亿元，销售贷款回笼率、回笼销售贷款归行率、回笼销售贷款收贷率均达到100%。实现当期收购资金封闭运行。对当年新增粮食财务挂账进行消化处理，全年收回新增财务挂账3807万元，收回其他不合理贷款60万元，其他不合理资金下降率19.35%。至12月末，各项贷款余额3.10亿元，比年初增加3254万元，全年累放贷款2.56亿元，累收2.24亿元；累计应收贷款1.72亿元，实际收回贷款1.85亿元，贷款收回率107.19%，信贷资金合理运用率99.61%。

2001年，政策性农业各项贷款年末同比减少966万元，下降3.11%，余额3.01亿元。是年，农发行揭阳市分行新发放贷款额1.70亿元，新增库存值1.70亿元，用于收购货币资金13万元，新增库贷比率100%。在面临粮食流通体制改革和粮食经营市场化带来的新情况、新特点和新要求的情况下，农发行揭阳市分行从“稳健、安全、效益”出发，抓信贷管理关键环节，从严监督确保收购资金封闭运行。全年增加地方储备贷款5646万元，增加地方储备粮食5133万公斤，保证地方政府落实储备任务。坚持小额勤调，合理安排资金使用，最大限度减少资金头寸占用。全年旬均资金头寸占用411万元。坚持对系统内借款利息、亏损弥补、联行汇差清算实行“动账不动钱”的清算方式，减少在途资金占用，全年平均信贷资金合理运用率达98.49%。加强结算资金管理，努力压缩结算资金占用，年末结算资金占用215万元，比年初下降5万元，下降率2%。至12月末完成本年度新增财务挂账应消化贷款4594万元，至此全面完成应消化新增财务挂账贷款100%。至12月末，各项应计利息1733万元，实际收回1821万元，贷款利息收回率105.1%。

2002年，随着粮食购销市场化改革进程的加快，揭阳市政策性购销业务缩小，市县储备规模调减，基层粮食企业经营风险加大，面对现有存量贷款风险增大的实际情况，农发行揭阳市分行把好贷款的发放关，严格“三查”制度，推行信用等级管理，对不同信用等级的企业，区别对待，择优扶持，并调整信贷投向，贷款继续向信用等级高的粮食企业集中，向粮食储备集中。参与全市粮食购销市场化改革，掌握改革动态，关注企业实际改革进展，防止有些企业利用改革之机悬空、转移、逃废债务。努力优化贷款结构，严格按照“以销定贷，以效定贷”和“区别对待、择优扶持”的原则，重点支持部分有信用、懂经营、有活力、有优势的企业收购吊销经营。至12月，调销贷款余额2483万元。全年，累计发放调销贷款 4803 万元，累收调销贷款 5411 万元，净压缩 608 万元；贷款企业全部为 B 类以上企业，全部采用保证贷款方式。至 12 月末，各项贷款余额 3.48 亿元，比年初增投 4762 万元。新发放粮油收购贷款 1.37 亿元，收购粮油价值 1.37 亿元，新增库贷比率 100%。销售收入应收贷款 1.02 亿元，实际收贷 9267 万元，收贷率 98.96%。信贷资金合理运用率 98.17%。努力提高资产质量，全年累计收回不合理占用贷款 115 万元，其他不合理占用贷款余额 524 万元，比年初减少 115 万元，下降率 18%。各项贷款应收利息 1823 万元，实际收回 1907 万元（其中在账 170 万元），贷款利息收回率 104.6%。

2003 年，农发行揭阳市分行增强成本核算意识，加强资金头寸限额管理，全年月旬均资金头寸占用 300 万元，低于省农行核定限额 500 万元。全行旬均信贷资金合理运用率 98.4%，其中分行营业部 99.02%、惠来支行 94.69%。为防范和化解信贷风险，在人行揭阳市中心支行和地方党政的支持下，农发行揭阳市分行组织力量，深入粮食企业，调查核实，摸清企业家底，按时完成清资工作。掌握辖属企业的资产负债、库存保管、资金往来及财务等经营管理状况，按照“一县一策”“一企一策”的原则，制定防范化解信贷风险实施方案，落实不良贷款清收计划，提高信贷资产质量。是年，由于全省粮改进入关键阶段，有些企业期待审计核定挂账，观望心理高，对银行的清收政策存在抵制心理，清收难度大。对此，农发行揭阳市分行一方面加强同各级地方政府、财政及粮食主管部门的联系，多方理顺外部环境；成立清收领导小组，对涉及企业分类站队，认真分析，采取措施，辖下支行及分行营业部也成立清收领导小组、清收组，将清收任务落实到人。经过上下努力，共收回贷款 1048 万元，收回率 73.4%。至 12 月末，全市累计发放粮油购销贷款 1.57 亿元，新增加粮油物资库存值 1.52 亿元，用于调入的货币资金占用减少 456 万元，新增库贷比例 100%。全市累计销售中应收回贷款 1.33 亿元，收回贷款 1.31 亿元，占应收贷款的 98.20%。全市粮油企业其他不合理占用贷款余额 463.20 万元，下降 50.80 万元，下降率 9.7%。各项贷款累计应收利息 1961 万元，实际收回利息 1974 万元，贷款利息收回率 100.66%。

2004 年，揭阳市粮食播种面积在连续 4 年滑坡后呈恢复性增长，全市粮食播种面积和总产量分别比上年增加 1.60 万亩和 0.51 万吨。针对粮食市场化改革后，粮食种植面积增加、粮食增产、收购资金需求增大的“三增”特点，农发行揭阳市分行准确把握支持“三农”和支持粮食流通的信贷政策，在落实利费补贴和亏损价差补贴前提下，保证市、县（市、区）级储备粮资金供应，各项贷款余额 3.77 亿元，比年初增加 378 万元，增长 1.01%。开始贯彻总行省行业务调整范围，将传统贷款业务的支持对象，由支持国有粮棉油购销企业扩大到各种所有制的粮棉油购销企业；7 月，国务院召开第 57 次常务会议，研究农发行职能调整有关问题；9 月，银监会批准将信贷政策调整为政策性业务和商业性业务，农发行揭阳市分行开办粮棉油产业化龙头企业和加工企业贷款业务。

2005 年，根据总行省行的规划和要求，农发行揭阳市分行逐步对系统内资金实行分类管理，在确保政策性业务需求的前提下，以效益为核心、以分类管理和资金价格为调控手段，适时筹措与灵活调度资金，努力实现资金的优化配置。遵循政策性与效益性相统一、资金供应区别对待两项原则。各项贷款余额 3.65 亿元，比年初减少 1194 万元，下降 3.16%。其中，中长期贷款 8776 万元，短期贷款 2.78 亿元。按照“坚持抓好政策性业务，审慎积极，有效发展，提高效益”的原则，农发行揭阳市分行开办商业性贷款业务，将种籽收购和加工企业纳入贷款支持范围。

2006 年，为保障全市粮油收购资金供应，支持粮食加工企业正常生产，农发行揭阳市分行累放各项贷款 3.51 亿元，其中，中长期贷款 7588 万元，短期贷款 2.75 亿元。7 月，根据银监会批准，将信贷政策调整为政策性业务和商业性业务。农发行揭阳市分行扩大产业化龙头企业贷款业务方位，开办当地产业化龙头企业贷款和农业科技贷款业务。

2007年，农发行揭阳市分行积极加强与地方政府及财政部门的联系和沟通，使市、县（区）粮食风险基金到位和拨付明显好转，至12月末，全市财政应筹粮食风险基金规模4000万元，实际到位3744万元，到位率93.60%，同比提高30.20%。至12月，储备粮拨付，国储油粮利费补贴到位率100%，省储油粮利费补贴到位率92.50%，市、县（区）级储备粮利费补贴到位率99.40%。完成国有粮食政策性财务挂账资金消化工作，收回占用农发行揭阳市分行贷款本息1375万元。农发行揭阳市分行准确把握支持“三农”和支持粮食流通的信贷政策，在落实利费补贴和亏损价差补贴前提下，保证市县级储备粮资金供应，各项贷款余额3.99亿元，比年初增加4751万元增长13.52%，月均贷款余额同比增加1974万元；全年贷款利息回收率104.37%；累计发放贷款1.17亿元，累计收回贷款5960万元；贷款综合收回率50.98%；旬均信贷资金合理运用率100.86%。1月起，贯彻执行银监会批准的将信贷政策调整为政策性业务和商业性业务规定，开办农村基础设施建设贷款、农业综合开发贷款和农业生产资料贷款业务。随着农发行逐步放宽业务经营范围，市分行探索信贷业务增长点，创新贷款业务品种，主动对接地方的涉农民生经济领域，关注和服务小微企业的融资需求。8月，向揭阳市港荣食品发展有限公司发放第一笔民营加工企业流动资金贷款2000万元，逐步介入商业性流动资金贷款业务领域。

2008年，根据揭阳市地方储备粮管理的现状和不足，为确保地方粮食安全和信贷业务的长远发展，农发行揭阳市分行积极向市、县（市、区）政府反映情况，先后5次以书面形式进行情况反映，提出解决问题的建议和措施，引起各级政府的重视；其次是多次组织全面的库存检查和重点抽查，促使部分企业主动解决缺库问题；最后是力促市、县（市、区）地方储备粮管理办法的全面出台，在各级政府的重视下，至12月，市直和各县（市、区）先后出台本级储备粮管理办法，地方储备粮管理工作暴露出来的问题得到较好的解决。 重视改善银企关系，把更多的贷款投向有优质核心资产抵押的加工企业和有各级财政补贴的储备粮等低风险项目，各项贷款余额为4.32亿元，比年初增加3364万元，增幅8.43%；月均贷款余额为4.03亿元，同比增长3209万元，增幅8.66%。带动信贷存量的进一步优化，实现信贷结构的初步调整。至12月，全市粮食风险基金到位4005元，到位率100.1%，同比提高6.5个百分点，首次实现粮食风险基金足额到位。至12月，粮食政策财务挂账贷款余额1919万元，比年初下降1187元，全市共消化挂账本息1392万元。全行贷款收息率97.68%。全面开展粮食收购企业贷款资格认定、贷款企业信用等级评定和授信管理工作，强化贷款审查审议和贷款出账前法律审核工作，为信贷资产安全把好法律关。

2009年，为确保粮食储备安全，农发行揭阳市分行认真做好各级储备粮资金供应及管理工作。全年共发放地方储备粮贷款2.89亿元，支持企业增储、轮换粮食16万余吨。保证政府粮食调控政策的有效落实和地方粮食安全。此外，把支持中储粮揭阳直属库做大做强列为当年业务发展的另一个增长点，全年向该企业发放贷款2.13亿元，支持增储、轮换粮食13万吨。累放商业性贷款2.35亿元，支持政府主导的非经营性项目建设。其中，重点支持揭阳市揭东区中心城区堤围管理所，建设项目为“揭阳市榕江大围达标加固工程曲溪堤段工程”，贷款金额1.75亿元；重点支持惠来县县城河道堤防工程管理站，建设项目为“惠来县县城防洪堤围工程”，贷款金额6000万元。大力支持农业产业化龙头企业的经营发展。坚持按照总行提出的“区别对待、有保有压、择优扶持、严控风险”的要求，加强对广东锦丰实业有限公司和揭阳港荣食品发展有限公司2家商业性贷款客户的服务和维护，高效做好其后续贷款支持。把广东锦丰实业有限公司核心资产转移到农发行揭阳市分行进行抵押，并对其生产经营新增0.10亿元短期流动资金的贷款支持，农业加工企业流动资金贷款累计余额350万元。至12月，各项贷款余额7.70亿元，比年初增加3.37亿元，增幅77.83%，月平均贷款余额为5.46亿元，同比增加1.44亿元，增幅为35.82%。其中，政策性贷款余额5.31亿元，占比69%，粮油商业性贷款余额5489万元，占比7%，政府主导的非经营性项目余额1.84亿元，占比24%。全年旬均资金头寸占用265万元，比省行下达资金头寸限额800万元少占用535万元，旬均信贷资金合理运用率103.03%，信贷资金营运保持良性循环。

2010年，农发行揭阳市分行各项贷款余额8.02亿元，比年初增长4.2%，月均贷款7.72亿元，同比增长41.25%。面对我国西南干旱、北方低温冻害等自然灾害和异常天气的频繁发生，主要粮食品种价格高价运行等复杂的市场形势，农发行揭阳市分行准确把握政策动向和市场动态，积极主动与有关企业联系沟通，了解掌握其经营和资金需求，及时做好各级储备粮信贷资金的供应工作，确保地方粮食安全。全年共发放各类粮食贷款31笔，合计金额2.13亿元。其中配合做好各级储备粮增储、轮换计划的落实，全年发放地方储备粮贷款共29笔，金额1.47亿元，购进粮食4万余吨；支持粮食企业入市收购，发放粮食最低收购价贷款2576万元，支持企业收购小麦1.5万吨；按照“购得进、销得出、有效益”的原则，在有效防范风险的前提下，支持中央储备粮揭阳直属库做大做强粮食调销业务，共发放粮食调销贷款4000万元，调入玉米2万吨。全市增储、轮换地方储备粮7.5万余吨，全部实现由各级财政对本级储备粮轮换差价和利费补贴按实拨付；粮食风险基金到位率101.1%，实现连续三年提前超额到位。是年主动对接地方政府的支农意图，继续将政府主导的非经营性中长期项目贷款，作为支持地方新农村建设的重点。支持揭东县第二中学建设，累放7500万元县域城镇贷款，逐步形成多方位、多层次的“三农”支持格局；继续支持揭阳市榕江大围达标加固工程曲溪堤段应急工程建设，增加后续贷款5000万元。全年信贷资金日均头寸占用246万元，平均比省行下达资金头寸限额800万元少占用554万元，合理运用率达105.84%，确保信贷资金营运良性循环。认真做好信用等级评定和内部最高综合授信额度核定工作，全市共有30家企业获信用等级评定，此外授信企业13家，授信总额度8亿余元。全年共组织2次全市粮食库大检查，12次商业性流动资金贷款真实性检查，有效防范风险的发生。

2011年，农发行揭阳市分行重点加大对中储粮揭阳直属库和有关涉农加工企业的支持力度。为做好中央粮油储备资金供应工作，全年共发放中央储备粮贷款和最低收购价贷款11笔，金额2.77亿元；支持中储粮揭阳直属库收储粮食11.96万吨，同比增加9笔、金额2.12亿元、收储粮食8.5万吨；同时，按照“购得进、销得出、有效益”的原则，在有效防范风险的前提下，投放中央储备粮轮换贷款5000万元，同比增长25%，帮助企业开展粮食自主贸易业务，支持其做大做强。为加强地方粮油储备资金供应与管理，共发放省、市、县三级储备粮油贷款15笔，金额8648万元，支持相关企业收储粮食35362吨、油脂180吨，全面完成地方储备增储、轮换任务。审慎发展商业性信贷业务，切实维护好原有优质客户，大力支持当地食品加工企业的发展。全年累计发放加工企业粮食短期贷款4360万元，同比增长74.4%。新开办银行承兑汇票贴现业务，全年共办理票据贴现业务13笔，贴现金额6500万元，满足涉农加工企业的短期资金需求。至12月末，全行各项贷款余额10.58亿元，比年初增长31.9%。加强日常头寸预测和资金调度管理，力促信贷资金营运呈良性循环，日均信贷资金合理运用率100.66%。

2012年，受国家宏观调控和政府融资平台清理等因素影响，农发行揭阳市分行近2年中长期贷款项目营销未能取得实质性进展，其中中长期贷款占各项贷款比重，2011年比2010年减少11.50个百分点。面对这种状况，农发行揭阳市分行把重点放在各级粮食储备和涉农有真实贸易背景的票据贴现业务上，拉升贷款规模快速增长。全年累计发放各类贷款7.17亿元，同比增长45.6%。其中，全年共发放各级储备及调控粮油贷款3.97亿元，支持企业收购粮食18万吨，完成各级储备粮的增储、轮换任务，确保地方粮食安全；共办理票据贴现业务54笔，金额2.72亿元，解决部分中小企业融资难的问题；为广东锦丰实业有限公司和揭阳港荣食品发展有限公司2家合作多年、且信誉良好的优质农业龙头企业提供后续贷款4760万元，帮助企业发展壮大。至年末，全行各项贷款余额11.68亿元，同比增长10%；日均贷款11.65亿元，同比增长40%。继续加强资金调度管理，做到小额勤调，减少占用；合理编报旬借款计划，降低资金闲置成本，提高资金使用效益。全年信贷资金运用率104%。

2013年，由于中储粮揭阳直属库业务量大幅减少和贴现业务集中到期，农发行揭阳市分行的贷款余额面临急剧下降；且由于地方行政区划调整、人员变动和贷款条件变化等因素，使中长期贷款项目的营销工作遇到较大困难的被动状况。及时主动调整工作思路，经过对信贷业务结构和发展潜力进行深入分析和研究，确定“调整巩固、稳中求进”的全年工作主基调。结合自身和揭阳地区经济社会发展的实际，坚持“五个不动摇”（履行支农职责不动摇、提升经营绩效不动摇、防控信贷风险不动摇、夯实管理基础不动摇、保持和谐稳定不动摇），克服贴现业务受规模制约、中储进口玉米和进口小麦业务被总行统贷和增储业务计划被取消等一系列困难，把业务营销的主要精力放在票据贴现和政策性信贷业务潜力的挖掘上。面对粮食市场价格倒挂情况严重、企业轮换差价放大的不利局面，农发行揭阳市分行坚持封闭管理的基本要求不放松，努力做好保粮食安全、稳粮食市场的信贷支持工作。全年共发放中储粮贷款、调控粮食贷款共14笔，累计金额3.32亿元，支持企业收储粮食10.8万吨；发放地方各级储备粮贷款、轮换贷款共27笔，累计金额1.51亿元，支持企业轮换粮食5.3万吨，确保全年轮换任务顺利完成。年初积极争取省行的理解和支持，申报或调整贷款计划，争取3.50亿元的票据贴现贷款规模，通过积极拓展票据贴现业务，实现贴现业务的稳妥快速发展。全年累计办理贴现业务77笔，贴现金额3.50亿元，同比增加7884万元，实现贴现利息收入937万元，提高经营效益。有效遏制贷款下滑趋势，使信贷业务由4月末下降36%，回升至年末接近年初水平。至12月末，全行各项贷款余额11.47亿元，比年初减少1.83%。审慎稳妥开展商业性信贷业务。加强对合作多年、且信誉良好的广东锦丰实业有限公司、揭阳市港荣食品发展有限公司共2家食品加工企业经营及财务状况的监测分析，及时掌握企业经营动态，在落实风险防控措施的前提下，继续向其发放后续贷款，并合理增加贷款额度。全年累计向这2家企业发放后续贷款7笔，金额5320万元，同比增加560万元，满足企业日常运营资金需求。是年加强资金、利率等基础管理，减少资金头寸占用，提高资金使用效率。全年日均资金头寸占用250万元，比省行下达的限额减少550万元，信贷资金运用率100.29%。各类贷款收息率100.09%，同比提高1个百分点。

2014年，围绕保障地方粮食安全和促进“三农”发展，农发行揭阳市分行加大信贷支农力度。至12月末，全行各项贷款余额18.68亿元，比年初增加7.21亿元，增长63%；日均余额13.72亿元，比2013年增加3.86亿元，增长39%。面对国内粮食市场价格继续倒挂现象较为严重、储备粮轮换价差逐渐拉大等复杂形势，农发行揭阳市分行准确把握政策动向和市场动态，主动与相关企业联系沟通，了解掌握企业的经营和资金需求，及时做好各级储备粮信贷资金的供应和管理工作；同时，密切关注中储库粤东板块储备贷款的集并工作，根据其工作进度做好相关数据核对和贷款归集、投放工作，配合完成中储库粤东片区储备粮贷款的归集，保障国家粮食调控政策顺利执行，确保地方粮食安全。是年共发放各类粮食贷款44笔，累计金额5.46亿元。至12月末，全市各级储备粮库存量51万吨，库存值12.04亿元，粮食库存量与库存值均达历史新高。落实政策性贷款规模，争取票据贴现规模8亿元，保证贴现业务的开展。共办理贴现业务231笔，金额7.89亿元。至12月，余额4.82亿元，进一步拓宽支农领域，解决部分涉农小微企业融资难问题。全年累计发放广东福家欢实业有限公司、揭阳港荣食品发展有限公司粮油购销流动资金短期贷款5320万元，满足企业日常运营资金需求，帮助企业进一步发展壮大。坚持“小额勤调”方法，努力减少资金头寸占用，提高资金使用效益。全年日均头寸占用255万元，比省行下达的头寸限额800万元减少占用545万元，日均信贷资金合理运用率达到100%以上。全年清收（核销）不良贷款2299.89万元，不良贷款实现清零。是年，农发行揭阳市分行主动对接地方政府支农意图，继续以水利建设、农田基本建设、土地储备、农民集中住房建设等一系列项目贷款业务作为支持地方新农村建设的重点。年末，之前首笔投放惠来县南区一期片区土地储备整治项目贷款100万元（该项目3亿元贷款计划先期已获得省行批准），推动中长期项目贷款业务的发展。粮食风险基金到位4841万元，到位率121%，全市10个区域全部提前超额到位，创历史最好水平。

2015年，农发行揭阳市分行继续做好储备粮信贷工作，确保资金供应和安全。全力支持各级储备粮油收储计划的落实，协调地方储备粮增储计划的分解落实，就仓储、补贴、轮换等问题开展协调工作，足额供应收储资金。全年累计发放各级储备粮贷款32笔，金额3.71亿元，支持各级粮食企业轮换粮食11.74万吨。严格执行政策，对市县两级政府的地方储备粮增储计划，优先安排信贷资金给予大力支持，至12月，发放贷款1.23亿元，支持增储粮食4.49万吨，维护地方粮食安全。年初，面对国内经济下行，稳增长的压力增大，农发行揭阳市分行抓住宏观经济环境，需要政策性银行更好地发挥逆周期调节和“托底护航”作用的宝贵机遇，审时度势，主动适应发展新常态，积极推动各项业务有效发展，增强自身可持续发展后劲。至年末，农发行揭阳市分行与4个县（区）就6个中长期基础设施项目达成合作，项目融资金额5.68亿元，实际投放3.56亿元。其中，至12月末，发放的中长期项目贷款余额4.54亿元，占比24.27%，同比提高13.96个百分点，信贷结构得以再合理调整，有效发展、可持续发展的后劲不断增强。此外，以“农发重点建设基金”投资的形式，分别支持空港经济区棚户区改造项目和中德生态金属园基础设施建设项目资本金2000万元和5000万元，促进相关项目尽快开工建设。票据贴现业务实现一定规模的发展，全年累计办理票据贴现业务151笔，金额3.69亿元。至12月末，全行各项贷款余额18.73亿元，比年初增长0.25%；日均贷款16.71亿元，比2014年增长21.84%；不良贷款继续保持零余额。

2016年，农发行揭阳市分行坚定履行服务国家粮食安全战略的神圣职责，大力支持各级储备粮油收储。主动协调地方储备粮增储计划的分解落实，就仓储、补贴、轮换等问题开展协调工作，优先安排信贷资金全力支持各级储备粮轮换和增储任务。全年累计发放各级储备粮贷款32笔，金额5.60亿元，支持各县（区）粮食企业轮换粮食21.51万吨，进一步维护地方粮食安全。抓住各级党政高度重视农发行政策性金融业务的发展机遇，农发行揭阳市分行主动对接地方政府支农意图，助力城乡一体化建设，推动中长期信贷业务的发展。12月末，农发行揭阳市分行全市累计投放中长期贷款3.81亿元。其中，结合中国农发重点建设基金支持的 “投贷结合”方式，积极推动地方基础设施建设，支持获批的2016年第二批投资基金项目——中德物流园建设项目，累计投放3000万元。积极介入总投资15.80亿元的揭阳至惠来县高速公路市区连接线项目，项目向农发行揭阳市分行融资10亿元，首期投放7.00亿元，该路网项目的建成，将惠来县融入揭阳“一小时经济圈”内，推动整个地区经济快速发展；介入总投资17亿元的揭阳市龙颈水库应急备用水源引水工程项目，由农发行揭阳市分行以投贷结合的方式，投放10亿元的支持，彻底解决市区饮用水问题，为市区供水安全提供坚强保障。切实履行政策性职能，发挥政策性金融“逆周期”调节作用，深入财政实力较弱、政府信用等级不高的县（区），充分利用中国农发重点建设基金、PSL等具有政策优势的信贷产品，因地制宜地设计最有利于缓解地方财政资金压力的项目融资方案，在合法合规的前提下大胆支持县域经济发展。辖属惠来县支行与地方党政，就大南海石化工业区棚户区改造、省道338线惠来溪西至岐石段路面改造工程、惠来县东陇海堤、西港海堤改造等15个项目达成合作意向，融资需求21亿元。使农发行揭阳市分行成为政府融资首选，积极发挥着“政府的银行”“调结构、补短板”的作用。年末，全行各项贷款余额19.86亿元，比年初增加1.14亿元，增幅6.09 %；日均贷款余额19.09亿元，比年初增加2.38亿元，增幅14.24%。其中，中长期贷款余额4.89亿元，占各项贷款余额比重24.63%，比上年增长7.67%。年末不良贷款继续保持零余额。

2017年，农发行揭阳市分行强化信贷支农，加大支持揭阳基础设施建设力度，扎实推进中长期信贷业务发展。主动适应政策调整，依法合规推动中长期信贷业务有效发展。截至12月，全市中长期贷款及基金余额合计10.68亿元，在全年新获批3个中长期项目总投资金额5.66亿元中，通过农发行揭阳市分行融资金额4.05亿元，其中包括揭东区北环大道等4条市政道路项目3亿元；惠来县县城内运河防洪排涝治理工程4500万元；惠来县储备粮库（首期）建设项目6000万元。此外，农发行揭阳市分行还主动对接地方政府与承贷单位，加强政策宣传和沟通，强化执行和办贷效率，并结合当地实际制定融资方案，努力争取成熟一批、上报一批。全年对接市、县、区重点建设项目14个，项目总投资金额76.56亿元，分别涉及城镇道路建设、水利建设、环境保护、农村人居环境综合整治、棚户区改造等建设领域。在全力服务国家粮食安全中，农发行揭阳市分行坚定履行职责，执行国家政策，做好粮食资金供应，确保国家粮食安全。支持中央储备粮轮换及接收新增任务6.37万吨，累计发放中央储备粮贷款1.52亿元；支持省、市、县（区）级储备粮5.10万吨轮换任务，累计发放地方储备粮贷款1.36亿元。加强与市、县（区）两级政府、财政和农业部门的联系沟通，敦促粮食风险基金提前到位，全市全年到位率127.93%，超额完成全年任务，有效维护粮食流通市场稳定和国家粮食安全。此外，大力支持地方新建粮库仓容，获批建仓贷款6000万元，其中包括支持惠来县储备粮库5万吨库容建设项目。中国农发重点建设基金作为农发行贯彻落实国家多渠道解决重点建设项目资本金不足问题的新举措，也是农发行揭阳市分行有效服务地方农业供给侧结构性改革的重要手段。是年在共有4个基金项目累计投放金额4.25亿元中，年末，完成包括支持空港区炮台新丰棚户区改造项目2000万元，支持中德现代物流园一期项目5000万元，共2个基金项目的投放支付。截至12月末，中国农发重点建设基金余额4.24亿元，比年初减少100万元。截至12月，全行各项贷款余额18.92亿元，比年初减少9400万元，降幅4.73%；日均贷款余额19.17亿元，比年初增长800万元，增幅0.42%。其中，中长期贷款余额6.34亿元，占各项贷款余额比重，由上年的24.63%提升至33.51%，同比增加8.88个百分点。

2018年，农发行揭阳市分行继续坚定履行服务国家粮食安全战略职责。配合落实国家粮食工作部署，支持中央储备粮直属企业完成中储粮轮换任务3.18万吨，发放贷款3900万元，另外，按照总行部署要求，从6月末开展销售价差挂账工作，仔细核对价差占贷和损耗金额，确保中央储备粮亏损占用贷款及时挂账，全年累计完成粮油销售价差亏损贷款挂账8笔，金额3.24亿元；支持各级地方储备粮轮换及增储工作，全年支持企业完成地方储备粮6.43万吨轮换任务，累计发放贷款1.60亿元。加强与市县两级政府、财政和农业部门的联系沟通，敦促粮食风险基金提前到位，全市全年到位率127.93%，超额完成全年任务，有效维护粮食流通市场稳定和国家粮食安全。是年支持惠来县储备粮库5万吨库容建设项目，投放建仓贷款6000万元。此外，农发行揭阳市分行集中精力打好业务转型期中长期项目攻坚战。随着政策的不断调整和农发行业务转型发展的持续深入，以往单一的业务经营模式已不适应高质量发展的新要求。面对转型过程中出现的新困难、新问题，农发行揭阳市分行主动求变，努力适应业务转型发展新要求。在配合地方政府实施乡村振兴战略政府项目融资中，积极对接财政、国土、农业等政府重点部门及市城投、市水务等重点客户。全年累计对接全市重点建设项目20个，分别涉及环境保护、水利建设、医疗卫生、棚户区改造、旅游扶贫、高标准农田等建设领域。其中，有3个项目在农发行揭阳市分行融资，包括揭阳大南海工业区埔洋村棚户区改造项目、揭阳引韩供水工程项目、揭阳市慈云医院建设项目，年末，农发行揭阳市分行首期支持信贷投放金额共2.60亿元。截至12月末，全行各项贷款余额24.16亿元，比年初增加5.24亿元，增幅27.68%；日均贷款余额19.83亿元，比年初增长6600万元，增幅3.44%。其中，在全年各项贷款中，中长期贷款余额10.33亿元，同比增加3.99亿元，增长62.87%，占各项贷款余额比重，由上年的33.51%提升至42.75%，同比增加个9.24百分点。中国农发重点建设基金余额4.24亿元，与年初持平。全年不良贷款继续保持零余额。

2. 国家助学贷款

2001年以前，辖内无国家助学贷款。

2001年以后，国家教育助学贷款试点扩大到全国，辖区有中行、工行2家开办此项贷款业务。

2005年，全市认真落实国家助学贷款新政策。按照新机制的要求，人行揭阳市中心支行积极协调金融机构、教育、财政部门和高等院校的密切配合，多次深入辖区工商银行机构和高校调查研究，针对国家助觉贷款中碰到的困难和问题，认真研究解决的办法，推动全市工商银行与潮汕学院、揭阳学院全面建立银校合作关系。规定贷款对象为学校中经济困难的全日制在读本、专科生，贷款期限不超过8年，一般为4年，贷款额度一般不超过6000元；采用无担保方式，贷款利息50%由学生负担，另50%由财政补贴。是年4月30日，工行揭阳分行成功对潮汕学院发放第一笔国家助学贷款。年末，全市共发放助学贷款86人，金额50余万元。

3. 下岗失业人员小额担保贷款

2001年以前，辖区无下岗失业人员小额担保贷款。

2002年以后，辖区金融机构逐步开展下岗失业人员小额担保贷款业务，由于下岗失业人员小额担保贷款金额小、风险大、手续烦琐，辖区下岗失业人员小额担保贷款业务发展缓慢，

2005年，人行揭阳市中心支行与政府有关部门、辖区专业银行联手，做好下岗失业人员小额担保贷款工作，加大金融对就业与再就业工作的支持，在防范风险的前提下，有效落实国家就业和信贷政策，截至12月，全市办理下岗失业人员担保贷款31户，金额79万元。

4、扶贫开发贷款。

1992年，农行揭阳分行支持山区县、地处偏远、交通不便地区发展经济，帮助农民脱贫致富。如辖属揭西县等支行、信用社，重点支持45个富县富民的龙头项目和种养优质拳头产品，发放项目和产品开发应用贷款1000万元；发放扶贫贷款386万元，支持12149户农民逐步脱贫致富。

1993—1994年，农行揭阳分行支持山区和贫困地区发展经济，开展扶贫开发。1993年，发放贷款2800万元，其中扶贫贷款270万元，帮助21003户农民发展粮食生产，发展种植业、养殖业，逐步脱贫致富。投入贫困地区抗灾复产资金3000余万元，帮助生产自救，及时恢复生产。

2016年，农发行揭阳市分行坚决履行政策性银行脱贫攻坚的光荣使命，做好金融精准扶贫工作。分别与揭阳市扶贫办、揭西县政府签订和履行《金融支持精准扶贫合作框架协议》：“力争到2020年年末累计为揭阳市贫困地区、揭西县贫困地区分别提供不低于10亿元、3亿元的授信额度（包括对建立卡贫困人口具有扶贫带动和服务作用的项目），提升对贫困地区信贷服务能力”。截至12月末，与

政府对接的扶贫项目共50个，总投资金额12.90亿元，项目涵盖旅游扶贫、水利工程建设、农业综合开发、新农村建设、改善农村人居环境建设、农村路网建设等，为揭阳市的精准扶贫工作发挥好金融骨干支柱作用。农行揭阳分行在金融精准扶贫中，对普宁、揭西、惠来3个扶贫开发重点县单列信贷规模，全额配置经济资本，并从人力资源、费用、固定资产等方面进行资源倾斜，助推县域支行加快发展；强化责任担当，配合当地政府做好挂钩扶贫点揭西县南山镇南山村和五云镇径下村贫困户的建档立卡及结对帮扶工作。

2017年，人行揭阳市中支持续推进金融精准扶贫。联合市扶贫办等印发《揭阳市扶贫小额信贷工作实施方案》，推动全市金融机构与地方扶贫办、保险公司签订《金融支持精准扶贫合作框架协议》，落实300万元风险担保金、全额贷款贴息及80%的保费补贴等配套政策，着力破解扶贫小额信贷的落地瓶颈。大力推进信用扶贫“三个一百”工程，与市金融工作局、市扶贫办等联合印发《关于扎实推进揭阳市信用扶贫工作的实施意见》等文件，指导金融机构推动信用扶贫基础建设，开通贷款绿色通道，创新信贷产品，推进金融扶贫精准对接。截至12月，全市扶贫再贷款余额2.29亿元，金融机构精准扶贫贷款余额4.89亿元。农发行揭阳市分行积极做好金融扶贫工作。认真执行市委市政府和上级行关于扶贫工作的相关部署，全力助力全市脱贫攻坚工作。是年3月，全省系统脱贫攻坚工作会议在揭阳市召开，农发行揭阳市分行以会议精神为指导，提升金融服务效能，开展项目扶贫取得新成效（1996—2017年年末，共支持相对贫困地区项目14个，累计发放贷款10.27亿元）。与此同时，认真履行社会职责，选派一名科级干部担任挂钩扶贫村惠来县仙庵镇浮山村驻村干部，负责当地贫困户24户、86人的建档立卡以及制定相应帮扶措施等相关工作，积极协助贫困户实现脱贫；此外，选派一名业务骨干，前往惠来县隆江镇竹湖村任第一书记，在做好扶贫工作的同时，主要协助当地党组织做好基层党建、创文环保乡村整治、危房确认上报及改建资金申请等工作。农行揭阳分行在开展金融精准扶贫中，加大对普宁、揭西、惠来等扶贫县金融支持力度，截至12月末，小额农户贷款增量三个扶贫县占比达99%；主动对接政府扶贫办及相关部门，选派专人进驻揭西县南山镇南山村和上砂镇新东村做好建档立卡贫困户的对口帮扶工作，截至12月末，先后单列经费14万用于支持南山村人居环境整治和新东村文化活动中心建设。

2018年，农发行揭阳市分行做好金融精准扶贫工作。配合市委、市政府打好脱贫攻坚战，配合市金融局、人民银行、扶贫办制定和实施扶贫方案，为供销社营运扶贫资金提供账户和运营服务。主动开展扶贫驻村第一书记、扶贫驻村干部精准扶贫工作，并按季汇报扶贫工作情况。驻村第一书记和驻村干部分别根据对口帮扶村隆江镇竹湖村、仙庵镇浮山村的实际情况，扎根基层、积极作为，全力促进贫困村经济发展和贫困群众脱贫致富。另外，通过政策性金融积极实施项目扶贫，如大南海石化工业区溪西镇埔洋村通过棚户区改造，改善当地612户群众的居住环境，完善居住功能和居住条件，村民安居乐业、享受国家政策带来的红利；通过政策性金融支持揭惠高速市区连接线工程项目建设，有效改善沿线乡村的交通出行条件，带动沿线农村物流和经济的发展，推动城乡一体化进程。农行揭阳分行聚焦贫困地区贫困人口，金融扶贫贷款取得有效突破，年末，累计投放扶贫小额贷款355户，投放贷款1151万元；支持产业带动扶贫项目5个，带动贷款1.65亿元，带动贫困户90户，扶贫小额贷款户数和贷款余额均跃居同业前列。

（二）短期贷款

短期贷款是指贷款期限在1年以内（含1年）的贷款。短期贷款一般用于借款人生产、经营中的流动资金需要。1983年6月，国务院批转《中国人民银行关于国有企业流动资金改由人民银行统一管理的报告》，企业发展生产、扩大流通所需增加的流动资金，财政部门不再拨款，主要由银行提供贷款。

1986年，全县国民经济各部门坚持贯彻执行“改革、开放和搞活经济”的方针，克服第七号强台风对经济发展带来的困难，各金融部门在人行的带领下，解放思想、更新观念，多形式多渠道组织信贷资金，较好的解决资金供求矛盾。本年度全县各项贷款增加9439万元，流动资金贷款增加6656万元，占增加额的70.5%，为支持灾后复产工作作出重大贡献。仅7月，农行揭阳县支行投放2579万元，有效地促进全县迅速消除灾痕恢复生机；至12月底，中行揭阳县支行外贸贷款增加1446万元，有效地支持外贸部门多出口多创汇；全县乡镇企业贷款年底增加1081万元，使乡镇企业在受灾情况下，仍实现总收入、利润比1985年有较大增长的好势头；另外仅支持县物资公司购进胶合板和县华侨联购进马口铁二项资金就达1070万元，较好地支持当地建设。

1987年，人行揭阳县支行牵头组织成立“揭阳县金融业同业资金拆借市场”，全县金融部门认真做好“双增双节”工作，挖掘资金潜力，使信贷资金较好的实施“紧中有活”的方针，使工农业生产和商品流通发展中正常需要的流动资金基本上得到保证，有效地促进经济的持续稳定增长。在本年度全县各项贷款增加的4573万元中，流动资金贷款增加2922万元。工行揭阳县支行各项贷款增加1112万元，农行揭阳县支行增加1494万元，中行揭阳县支行增加1132万元，建行揭阳县支行增加97万元，信托公司增加710万元。

1988年，各金融部门通过优化信贷资金投向，使全县信贷计划在受社会经济活动影响较为明显的情况下仍得到较好的实施。本年度全县贷款增加7090万元，增幅为12.9%，其中商业贷款增加1731万元，以粮食贷款猛增为主。由于农村连年调整粮经比例，缺粮现象比较普遍，各行对此思想明确，在资金安排上始终把粮食收购放在首位。粮食贷款比年初增加1163万元，增长40.8%。另外部分资金投向主要支持重点大中型骨干企业发展生产，仅县棉纺厂和糖厂年末贷款余额便达1010万元，比年初增加380万元，使棉纺厂快速发展，糖厂备足原料，按计划开榨。另有部分资金支持出口创汇企业扩大生产，如工行揭阳县支行本年累计向揭阳藤厂发放贷款904万元，使该厂实现产值1880万元，创汇470万美元。

1989年，这是国民经济进行治理整顿的头一年，全县各金融部门认真贯彻“控制总量，调整结构，保证重点，压缩一般，适时调节”的货币信贷方针，抓信贷结构的进一步调整，使整体信贷计划得到令人满意的实施。信贷支持重点放在支持农副产品收购，特别是粮食的收购和购进，支持骨干工业生产企业正常生产，支持商业、供销部门购进适销对路的商品及农资商品，并为体现向农业倾斜的国家产业政策，重点支持农村的种养殖业发展。在年底各项贷款增加的9894万元中，粮食贷款增加1190万元，工业生产企业贷款增加1101万元，供销社贷款增加554万元，农业贷款增加490万元。年末，人行揭阳县分行在临贷指标较紧的情况下，统筹近千万的资金及时支持棉纺厂购进计划内棉花560吨、支持县糖厂榨前收购甘蔗、支持县农业生产资料公司和第二农资公司购进化肥、农药等。

1990年，全县金融部门根据国家产业政策和全县实际情况，进一步优化资金增量，调整贷款结构，切实做到保证重点、优化投向，贷款增加额创历史最高水平。至12月末，全县各项贷款增加1.66亿元。主要方向：一方面保证农副产品和外贸出口收购的资金供应，仅中行揭阳县支行、农行揭阳县支行二行的统计，共投放农副产品和外贸出口收购贷款2.45亿元，保证粮食、蘑菇、生柑等农副产品收购的顺利进行和外贸出口收购计划的圆满完成。一方面，保证重点企业正常生产，针对本年工业生产下降，产品销售不畅的情况，把有限资金投于骨干企业、出口创汇企业和生产优质名牌产品企业。工行揭阳县支行针对市场平淡状况，积极支持企业拓展国内外市场，全年累计为12户出口创汇企业和12户生产优质名牌企业投放贷款4960万元。一方面，实施向农业倾斜政策，增加农业资金投入。农行及农村信用社本年度累计投放支农贷款达4.95亿元，其中仅种植业达1.33亿元。另一方面，积极支持商贸部门扩大购销，支持商贸部门经营钢材、塑料原料、石油制品等，搞活大宗买卖。仅据对“石油”一项的不完全统计，全年银行共累放贷款4500万元，支持企业购进柴油、汽油3700吨，取得较好的经济效益。此外，银行和城乡信用社对符合国家政策经营效益好的乡镇企业，“两小”企业和个体经营者在资金给予支持，促进集体经济和个体经济的发展，满足多层次的资金需要。

1991年，本年度的信贷工作重点主要围绕支持夏粮收购和抗灾复产，七号台风对全县造成的经济损失严重，人行组织各金融机构灵活调剂资金，深入企业调查，及时支持各行业抗灾复产、消灭灾痕。如工行揭阳县支行灾后及时发放贷款186万元支持电力公司抢修供电设施，迅速恢复供电，同时还支持电焊机厂、藤厂、造船厂、酱油厂等企业修复厂房设备，又如农行揭阳县支行及时发放贷款255万元支持工商企业修复厂房、仓库、门店、维修设备以及农村修复水利排灌设施。同时还发放贷款2000多万元支持企业收购落地水果、购进化肥、农药、柴油等，减轻农民损失和保证灾后农资供应。另外，中行揭阳县支行及时放贷支持石板厂、胶合板厂等出口创汇企业和三资企业恢复生产。

1992年，揭阳新建市，百事待举，百业待兴，恰逢邓小平同志在南方谈话中提出“发展才是硬道理”。10月，党的十四大又明确建立社会主义市场经济体制的改革目标和提前实现国民生产总值翻两番的目标。全国宏观政策再度趋松，全市通过加强信贷管理，提高资金效益，一方面积极加强资金灵活调控，向上争取增援指标，向内强调优化结构，盘活存量，另一方面强化金融管理，在潮汕地区行政区域调整中，逐步理顺各金融机构的设置和摆布及其挂靠关系，建立完善新市金融布局，保证信贷增长质效。揭阳市当年贷款增量达8.09亿元，增幅为19.95%，1993年贷款增量达11.95亿元，增幅为29.5%。各金融机构通过积极加强资金灵活调控，释放规模，为全市经济建设注入“血液”，全年各项贷款增长31.3%。其中，建行揭阳市分行先后发放贷款7000多万元，支持道路、城市建设，改善新市的投资环境。同时，支持商贸流通贷款6000多万元，争取总行、省建行贷款1000万元，支持普宁自来水工程和揭西威达科技项目的流动资金，为新市、新县的建设做出积极的贡献。

1993年，重点信贷投向主要为支持乡镇企业和重点产业、农业企业等，其中，工行揭阳分行重点支持市自来水公司扩容、邮电程控电话工程、吉荣空调设备公司基建以及电力部门购电，粮食部门储备粮食等。农行揭阳分行加大农业信贷投入，支持农副产品收购，同时支持山区和贫困地区发展经济，发放贷款2800万元，其中扶贫贷款270万元，帮助21003户农民脱贫致富，投入抗灾复产资金3000多万元。

1994年，全市为贯彻《中共中央关于制定国民经济和社会发展“九五”计划和2010年远景目标的建议》中提出的要求，中国人民银行采取适度从紧的货币政策，缩小信贷规模控制范围，对商业银行实行贷款限额控制下的资产负债比例管理，并实行新增贷款责任制制度，建立由政府、银行、企业“三位一体”的管理办法和贷款跟膝使用的手段，从定项目，定贷款，跟踪资金使用，投产效益，收回贷款全程承包、全程服务等方面，实现“借、用、还”良性循环。工行揭阳分行对市电力工业局累放贷款2822万元，支持其向外地购电4703万千瓦时， 对市味精厂累计发放贷款2519万元，增加对吉荣空调设备公司的投入，累计发放贷款1958万元，对广东威达集团公司新增贷款1000万元，并落实转贷资金1797万元，支持普宁市能源、交通、通信等基础设施建设；累计发放贷款2.89亿元。农行揭阳分行继续坚持“以农为本”，增大农业信贷投入，重点支持粮食生产、“菜篮子”工程等。建行揭阳市分行则重点推行贷款资产风险管理，提高资产质量，减少贷款风险。

1995年，人行揭阳分行组织各金融机构优化新增贷款投向，提高资金使用效益，有力支持地方经济发展。全辖金融机构短期贷款余额33.55亿元。是年，工行揭阳分行重点支持能源、交通、通信等基础设施的建设。至12月末，累计发放贷款2.45亿元，支持重点企业流通资金的需要。主要包括支持揭东邮电局、深汕高速公路惠来路段建设、市电力工业总公司、吉荣空调公司、市区供销物资公司、揭东县对外商业总公司等。农行主要确定以支持“三高”农业为重点的支农方向；制定支农资金计划，重点抓好支农资金的供应、管理和服务工作，全年累计投放18.74亿元。

1996年，辖区一方面按国民经济发展计划要求，严格控制货币信贷总量，不准超计划，绕规模发放贷款，另一方面按照国家产业政策，对不同的产业，企业产品的信贷支持有“松”有“紧”，实行“区别对待，扶优限劣”的信贷政策导向，增加对农业、工业及商贸进出口领域资金支持。全辖金融机构短期贷款余额39.19亿元，同比增加5.64亿元，增幅为16.81%。是年，工行揭阳分行集中资金支持辖区基础工业和基础设施建设，如新增贷款5000万元支持市公路局用于省道1930线揭阳市东山路段复线和公路维护配套资金的需要，加速市政府提出的“努力把揭阳建设成为粤东水陆空交通枢纽城市目标”的实现。另支持市邮电系统、市路源、水厂和一些重点大中型骨干企业及外资企业等。农行揭阳分行继续加大对农业的信贷投入，信贷资金重点支持乡镇企业和服务于农副产品加工的乡镇企业，促进农业和市场农业的发展。中行揭阳分行主要支持地方重点建设项目和信誉好、效益好、还款有保证的企业，特别是有出口创汇的外贸企业，全年累计投放人民币贷款14.74亿元，比年初增加5904万元，其中累计投放给外贸企业的贷款为3.37亿元，余额比年初增加1314万元，占该行各项贷款增加数的22.3%。

1997年，辖区根据中央经济工作会议精神，中央银行将继续执行适度从紧货币政策，促进经济的稳中求进的方针政策大局。结合全市经济、金融实际，要求继续加大对农业的投入，将新增贷款的15%投入农业及其相关项目，特别是对“三高农业”的支持；调整信贷结构促经济结构调整，培育新的经济增长点。农行揭阳分行重点支持生柑、青梅、茶叶等农副产品加工以及养猪等种养业和农业生产资料储备采购，全年累计投放农业贷款11.88亿元，占各项贷款累放51.2%。全辖金融机构短期贷款余额55.47亿元，同比增加16.28亿元，增幅为41.54%。是年，中行揭阳分行投放给进出口企业、外事企业，“三资”企业的贷款额达6.97亿元。

1998年，国务院先后出台一系列支持地方经济建设，促进国民经济增长的货币信贷政策，如取消贷款规模管理限制，三次降低存贷款利率，推行个人住房贷款等。全市认真执行货币信贷政策，监督引导信贷投向，制订落实《关于进一步支持揭阳经济发展的十条具体措施》，督促指导各行、社优化信贷投向，把有限的资金用好用活，用在刀刃上。围绕全国经济工作会议精神，加大对农业基础的投入，向农业和乡镇企业倾斜，全年农业及农村乡镇业增投4.19亿元，占比25.7%，促进全市农业增长9.8%。贯彻十五大提出的“围绕努力寻求极大地促进生产力发展的公有制多种实现形式”方针，更新信贷观念，积极扶持私营个体经济发展，增投1.34亿元，居各种贷款增速前列，促进全市个体经济高速增长。全市金融机构短期贷款余额115.34亿元，同比增加59.87亿元，增幅为107.93%。是年，工行揭阳分行新增贷款3.40亿元支持一批经济实力雄厚的重点企业及基础设施项目，全年对基础设施项目贷款1.25亿元，占全部新增贷款38.7%，如贷款5500万元支持省道1930复线改造工程建设，贷款2000万元支持市第一、二水厂供水工程，贷款5000万元支持榕华大桥工程项目等。另支持市电力、通信、烟草、塑料、医药、石油等行业的发展，重点解决“双签”企业、企业集团、系统大户的资金需要。农行揭阳分行重点支持第一批7户“双优”企业和2户市级重点企业，贷款增投4800万元，占全行贷款增投量的23%；另支持农业产业化经济发展，累计投放农业贷款5.93亿元，占各项贷款累放额的30%；积极支持普宁莲花山自来水扩容工程和揭西县农村电网等基础设施建设。

1999年，为刺激国内需求，国家出台一系列扩大内需、刺激消费的货币政策，人行市中心支行认真组织全市金融机构及时掌握和执行，适时调整服务方向，支持地方经济发展。截至12月底，全市金融机构短期贷款余额118.34亿元，同比增加3亿元，增幅为2.60%。是年，工行揭阳分行贷款主要投向一批资产负债率低，效益高、发展前景好的A级以上企业及基础设施项目，当年各项贷款增加6.80亿元，贷款投向A级以上企业5.97亿元，占87.8%，其中投向AA级以上企业3.02亿元，占44.4%。农行揭阳分行选出17户市级重点企业作为新增贷款发放对象，新增贷款2563万元，占全行新增贷款的11%；支持农业结构调整和优化，累计投放农业贷款1.99亿元；支持地方基础设施建设，新增投基建贷款1.10亿元，揭东县自来水公司水厂扩建工程3000万元；择优扶持私营企业发展，累计发放贷款2.48亿元。中行揭阳分行主要投向重合同、守信用、经济效益较好、有足额抵押物及有还本付息能力的中小企业，主要支持揭阳海天塑胶有限公司900万元，揭阳市肯特旅游商品发展公司1080万元，揭阳市外轮供应公司500万元，广东省吉荣空调设备公司1000万元等。此外，各行同时在组织力量清理不良客户，转化不良贷款，认真做好剥离不良资产和呆账核销工作。

2000年，全市金融机构短期贷款余额111.89亿元，负增长6.45亿元。是年，工行揭阳分行继续投向公路、供电、供水、有线电视网络等基础设施建设项目，改善全市投资环境；并重点支持住房消费市场，支持全市一批住宅小区及商贸中心项目建设，为十多个项目开办按揭业务。农行揭阳分行确定53户市级重点企业作为信贷重点支持对象。如揭东自来水厂3000万元、揭西龙径水库发电站技改贷款1200万元，揭西北山水电厂820万元，揭阳学院3000万元，并积极开展住房按揭为主的个人消费信贷等低风险业务，实现"零的突破"。中行揭阳分行重点支持经营效益好、技术含量高、出口创汇能力好的生产型企业，大力发展消费贷款，各项授信业务继续健康发展。建行揭阳市分行一方面在个人住房贷款上发力，至12月末，余额为2.88亿元，比年初增加7916万元，增幅为37.89%，另一方面加大不良贷款的有效催收工作。

2001年，全市认真贯彻落实稳健货币政策，加强窗口指导作用，不断提升央行服务职能和效率，大力支持服务地方经济的发展。积极支持非公有制经济和中小企业的发展。全市金融机构短期贷款余额114.25亿元，同比增加2.36亿元，增幅为2.11%。其中，中小企业在揭阳市企业中占绝大多数，是经济的基础和新的经济增长点。全市金融机构新增中小企业贷款6.71亿元。积极引导开展消费信贷，扩大内需全市金融机构发放消费贷款9.69亿元，同比增长31.08%。同时积极发展票据市场，全市金融机构累计签发银行承兑汇票11.36亿元，累计办理票据贴现支持农业结构调整5008万元。着力引导农信社支持特色农业、科技农业和高效农业的开发；积极推广农户联保贷款，大力简化贷款手续，解决农户贷款难问题，全市农信社共发放支农贷款19.73亿元，增长4.74%。

2002年，全市以促进生产力发展为标准，认真贯彻稳健的货币政策，充分发挥窗口指导作用，合理运用多种货币政策工具，不断加大对"三农"和中小企业的信贷支持力度，促进消费贷款、助学贷款业务，加大维护金融债权力度，加大分类指导和宏观调控的力度，全市银行存款、贷款保持稳步增长的势头，有力支持地方经济的发展。指导农村信用社力推农户小额信用贷款的同时，努力做好各项金融服务工作，积极为农户提供各种信息，帮助农户理财，指导农户用好贷款。组织金融机构认真落实人民银行关于支持中小企业发展的指导意见，充分发挥金融机构的职能，大力支持符合条件的中小企业的贷款需要。截至12月底，全市金融机构短期贷款余额122.93亿元，同比增加8.68亿元，增幅为7.60%。是年，工行揭阳分行全市贷款余额41.51亿元，A级以上贷款余额18.41亿元，占比44.34%，比年初上升4个百分点。全年新增企业贷款1.69亿元，全部投向A级以上及未评级优势企业，其中投向AA级以上1.47亿元，占增量87.3%，信贷结构进一步得到优化。农行揭阳分行全行各项贷款23.34亿元，比年初增加2.19亿元。在本年度确立“一大一小”信贷投放原则，重点支持符合国家产业政策、资本金足额到位的公路、桥梁、重点医院、学校、供水、供电、有线电视网络等有经营性、有合法收费权的公用事业单位项目。重点发展商铺、住房、汽车按揭为主的消费贷款。全年增投贷款2.62亿元，其中AA级以上优良客户1.23亿元，支持是妇幼保健院、慈云医院800万元，发放个人消费贷款和创业贷款1.32亿元。积极拓展出口退税账户托管贷款，发放贷款金融3385万元。中行揭阳分行贷款余额增长状况良好，零售信贷业务实现跨越式发展。重点放在消费贷款，并结合当地实际情况，有选择地发展优质公司贷款。截至12月底，中行揭阳分行人民币贷款余额9.16亿元，比年初增长1.25亿元，增幅为15.83%。其中，零售贷款余额1.78亿元，比年初增加1.03亿元，增幅137.63%。消费信贷余额占全行人民币贷款总额的19.48%，比年初提高10个百分点；至12月末，中行揭阳分行消费信贷在当地四行的新增占比高达95.15%，高居第一；余额占比16.59%，比2001年年底提高8.28个百分点。建行揭阳市分行本外币贷款余额16.77亿元，比年初增加3.58亿元，比年初增长27.16%，新增占比42.26%，列第一位。另外按“一逾两呆”口径，全市分行共压缩2001年年底不良贷款4.55亿元，其中现金回收1139.30万元，转贷盘活108万元，按“五级分类口径”，全市分行不良贷款余额5.81亿元，比年初增加6436万元，不良率34.62%，比年初下降4.52个百分点。

2003年，全市按照发展先进生产力的要求，全面提高贯彻货币政策的有效性，积极创新货币政策传导环境，确保货币政策有效渗透到经济发展的神经末梢，为全市经济的发展提供良好的金融支持。通过构建政银企合作平台，制定货币政策效应报告制度等一系列措施，以疏通中小企业融资环境，形成《关于改善揭阳市中小企业贷款环境的若干意见》，以中小企业贷款评估登记为突破口，以信用环境建设为结合点，着力解决中小企业贷款难问题。优化信贷结构，紧紧围绕市政府建立“发达轻工业基地”的战略定位，引导商业银行提高信贷市场营销观念，支持重点行业、出口创汇企业和民营中小型生产性企业的发展；积极引导各金融机构加强对外贸和居民消费的信贷支持，积极推进助学贷款和下岗失业人员小额担保贷款业务，鼓励商业银行开办出口退税账户托管贷款业务；积极引导加大对“三农”的信贷投入，制订印发《揭阳市农村信用社支农服务工作意见》，推动小额信贷和农户联保贷款工作，创建支农示范点，以支农典型促进农信社的发展，实行支农政策宣传和调研、支农力度与支农面、支农贷款发放形式三方面内容评比通报制度，实现支农工作和农村信用社经营双赢。截至12月底，全市金融机构短期贷款余额133.88亿元，同比增加10.95亿元，增幅为8.91%。全年新增农业贷款5.50亿元。农行揭阳分行放宽信贷准入条件帮助中小客户和民营企业解决融资难问题，新增贷款重点投向AA级以上重点企业，如揭东自来水厂、广东锦丰实业有限公司等，全年对优良客户和低风险客户新增贷款1.62亿元。中行揭阳分行加大对优秀民营企业的投放力度，人民币公司贷款余额新增3645万元，有力支持地方经济的发展。建行揭阳市分行各项贷款余额20.89亿元，比年初增加4.12亿元，增长24.56%，新增占比53%。

2004年，全市金融机构短期贷款余额132.24亿元，负增长1.64亿元。

2005年，全市认真贯彻落实稳健的货币政策，改进“窗口”指导，指导金融机构有效贯彻落实信贷政策，密切关注信贷资金在不同地区、行业和企业间的动态变化和风险状况，及时进行信贷风险提示和“窗口指导”，引导金融机构分析、掌握县域经济发展亮点和态势，加大对县域经济的支持力度，促进全市经济协调发展。大力支持非公有制经济发展。积极探索对非公有制经济的金融服务和信贷支持的政策措施。认真开展金融服务中小企业和非公有制经济的专题调研，对当前辖区金融支持中小企业的主要症结进行研究，并从政府、企业、金融的角度分别提出措施和建议。截至12月底，全市金融机构短期贷款余额128.93亿元，负增长3.31亿元。各金融机构认真贯彻落实稳健的货币政策，工行揭阳分行重点做好风能、火电、金润花园、汕揭高速、揭阳市第二自来水玉湖镇供水管网工程项目、揭阳市自来水公司高压送水泵房及平流沉清池改扩建项目营销，支持揭阳市第二自来水玉湖镇供水管网工程项目、汕揭高速、揭阳市自来水公司高压送水泵房及平流沉清池改扩建项目。中行揭阳分行资产业务稳健发展，积极支持服务地方建设。在严控风险的前提下，积极发展对公授信和零售贷款业务，大力推广“理想之家”综合贷款，率先推出“团购式”住房贷款，促进资产业务持续发展。建行揭阳市分行资产业务稳中有升，“压逾促降”工作取得一定成效，资产质量稳步提升，当年新发放贷款不良率为0，当年新发放贷款损失率0.51%，非正常贷款比例19.09%，控制在任务目标之内，质量指标完成情况良好。

2006年，辖区加强金融调控的时效性和实用性，完善货币政策传导机制，严格中央银行专项票据考核工作，稳步推进利率市场化改革，加强银行业流动性管理，促进辖区经济金融协调发展。在研究分析辖区货币信贷运行情况的基础上，加强定量和定性分析，及时发现、预见苗头性问题，增强监测分析的前奢性。逐步完善货币信贷政策快速反应机制，针对3次法定存款准备金率上调、2次贷款基准利率上调等重大政策出台的实施效应进行快速调查，及时掌握和反库货币政策在全市的执行情况和效果。截至12月底，全市金融机构短期贷款余额146.89亿元，同比增加17.96亿元，增幅为13.93%。是年，农行揭阳分行在个人贷款业务上，实现省行“抓大也抓小”战略，根据市民营企业众多，私营经济发达的实际情况，把发展个人生产经营贷款作为个人资产业务的重点。

2007年，全市进一步改进和完善窗口指导，引导金融资源合理配置。为落实国家信贷政策，防止信贷投放过快，防范信贷风险；10月召开全市货币信贷与地方经济金融发展座谈会，及时传达总行信贷工作会议精神，对辖区货币信贷工作提出指导意见；11月组织对辖内信贷增长较快的农信社逐个实地调研，督促其加强信贷资金管理，控制贷款合理增长，防范信贷风险。坚持区别对待、有保有压的信贷政策，引导商业银行优化信贷结构，配合揭阳区域发展政策，合理安排信贷投放。引导金融机构加大金融创新力度，加强中小企业金融服务；找准金融支农着力点，助推新农村建设。工行揭阳分行以“三优业务”为重心，紧贴省委、省政府强势推进粤东地区经济发展的各项重点项目，抓住揭阳市委、市政府强势推进揭阳市经济跨越发展的有利时机，加大对惠来火电厂、潮汕民用机场、厦深铁路等重点项目的营销工作。另以小企业信贷业务复牌为契机，重点针对揭阳市五金机械，化工塑料，纺织、服装、食品制药、电子信息五大传统产业的优质企业，提供贷款支持。截止到12月底，全市金融机构短期贷款余额152.78亿元，同比增加5.89亿元，增幅4%。是年，农行揭阳分行按照“抓大也抓小”的经营方针，稳步推进小企业贷款业务，全年投放小微企业贷款2.86亿元。中行揭阳分行全市人民币各项贷款16.40亿元，增加2.10亿元，其中零售贷款新增1.70亿元。建行揭阳市分行本年度贷款余额比年初稍微下降2032万元，但资产质量继续好转，至年底不良贷款余额为1.05亿元，比年初减少4677万元，不良贷款率为5.92%，比年初下降2.53个百分点。交行揭阳分行年底贷款余额为3.95亿元，较年初增加1.87亿元，增幅为89.41%，贷款增幅列全市第一。

2008年，全市发挥窗口指导作用，引导金融机构执行好货币信贷政策。督促金融机构加强流性管理，及时调整资产结构，合理控制贷款增长，保持贷款平衡投放；引导金融机构加强信贷结构调整，加强和改进对“三农”的信贷支持，严格限制对“两高一剩”等行业的贷款，继续加强对就业、助学、中小企业等经济弱环节的支持。认真做好对农信社贷款规划指导工作针对农信社信贷扩张偏快的实际，按月监测、按季考核其贷款增长情况，加强对贷款规划落实工作的指导，加强政策引导，督促各农信社主动适应宏观调控要求，合理控制贷款投放速度，防范流动性风险。试点建立揭阳市信贷政策导向效果评估报告工作制度。揭阳市信贷政策导向效果评估工作领导小组成立，负责对制度落实工作的组粉. 妙理和指导工作，选取金融支持“三农”、中小企业信贷和房地产信贷作为评估内容，研究制订《揭阳市银行业金融机构信贷政策导向效果评估试行办法》，每半年对辖区农信社支持“三农”和商业银行支持中小企业及房地产信贷情况进行评估，动态跟踪监测和评估信贷政策执行效果，促进金融机构落实国家有关信贷政策，提高信贷政策的导向效果。截至12月底，全市金融机构短期贷款余额165.20亿元，同比增加12.42亿元，增幅为8.13%。是年，农行揭阳分行在严格控制风险的前提下，加大对小企业资产业务的拓展力度，大力营销位于地方工业园区和外向型等具有竞争力优势行业的中小企业客户，对有市场、有效益、守信用的中小企业加大信用投放额。中行揭阳分行实施公司授信“2+30”发展策略，加强对交通、能源等重点项目贷款投放，积极发展地方支柱行业中小企业授信；推进个人贷款“直客式”服务模式建设，大力发展个人投资经营贷款、个人循环贷款、商业用房贷款和汽车贷款，推动资产业务快速增长。推进个人贷款“直客式”服务模式建设，将营销受理功能延伸到营业机构，零售贷款新增1.53亿元，增长27.47%；发展个人投资经营贷款、个人循环贷款、商业用房贷款和汽车贷款，新增个投客户55户、贷款1.44亿元。建行揭阳市分行资产业务有较大起色，截至年底，各项贷款余额18.89亿元，比年初增加1.08亿元，新增市场占比12.49%，另资产质量大幅度提升，截至年底，五级分类不良资产额4023.56万元，五级分类不良资产率0.41%。7月，邮储揭阳市分行银行推出第一款保证类信贷产品“小额贷款”，并在8月份落地放款，结束邮储行揭阳市分行只存不贷的历史。至2018年12月底，累计放款64392笔，金额53.68亿元。

2009年，省委省政府粤东地区工作会议和粤东地区（揭阳市）现场会议在揭召开，对揭阳提出“赶超进位，后来居上”“力拔粤东五年大变化头筹”的指示，人行揭阳市中心支行紧紧围绕市委市政府的统一部署，带领各金融机构围绕国家“扩内需、保增长、调结构”的政策措施，借粤东会议的东风，为揭阳经济克服国际金融危机的不利影响做出贡献。本年度各金融机构本外币各项贷款余额335.18亿元，比年初增长100.15亿元，其中短期贷款新增57.62亿元，占新增总量的57.52%。是年，农行揭阳分行以“优质客户为重、资产业务为重、经营转型为重”的发展思路，一举扭转近年来贷款投放滞缓的被动局面，至12月末，全行本外币各项贷款余额39.40亿元，比年初增加17.30亿元，相当于再造一个“揭阳农行”。中行揭阳分行中小企业中心成立，实施中小企业贷款新模式，大力扶持当地优质中小企业发展，壮大揭阳特色行业，累计为中小企业提供授信支持6.15亿元。大力发展个人信贷业务，满足广大市民住房、汽车、休闲、教育等消费金融需求，为改善民生提供多样化的金融便利，累计发放住房、汽车等消费类贷款4.30亿元。截至年底，贷款余额较年初翻一番，增幅达到105.19%。建行揭阳市分行资产业务快速发展，各项贷款增14.56亿元：公司类贷款增13.13亿元，全年投放21亿元，完成市政府要求的新发放12亿元目标；个人类贷款增1.42亿元，全年投放2.64亿元，完成市政府要求的新发放1亿元目标。邮储揭阳分行推出第一款抵押类信贷产品“个人商务贷款”。惠来联社各项贷款余额12.13亿元，其中短期贷款余额12.05亿元，占比99.38%。

2010年，是我国继续应对国际金融危机，巩固经济企稳向好势头的关键一年，也是中国进入21世纪以来经济形势最为复杂的一年。人行揭阳市中心支行认真贯彻落实国家金融宏观调控政策和上级行各项工作部署，以开展“和谐建设年”活动为推力，引导各金融机构找准金融支持发展的切入点进一步做好支持重点产业调整振兴、节能减排和淘汰落后产能的金融服务，提升金融对中小企业的服务能力，积极推进农村金融产品和服务方式创新，有效缓解中小企业和“三农”融资难问题。通过与地方政府密切配合，搭建政银企合作平台，年中协助市政府组织举行揭阳市2010年政银企合作签字仪式，共有13家金融机构与184家企业签订融资意向额度156.78亿元。另外大力推动信贷产品创新，如农行揭阳分行积极开办林权抵押贷款。突破以抵押担保为主的传统做法，揭东联社创新担保方式，尝试采用仓单质押的方式支持中小企业和涉农企业发展，揭阳榕城农商行尝试“追加企业股东作为第二保证人”的贷款方式。协助金融机构与担保公司合作，工行揭阳分行、中行揭阳分行、广发银行揭阳支行先后与有关担保公司合作，为中小企业和个人提供信贷支持。全市至年底各项贷款余额407.06亿元，比年初增加71.88亿元，增长21.45%，增速列全省第5位。截至12月底，全市金融机构短期贷款余额253.82亿元，同比增加31.00亿元，增幅为13.91%。是年，工行揭阳分行的创新产品“揭阳不锈钢贷”推出不到半年，便实现规模发展，累放额及余额双双超过3亿元。中行揭阳分行在全市铺开中小企业贷款“直客式”营销，扩大中小企业市场营销触角，拓展住房、汽车、个投贷款和循环贷款业务。建行揭阳市分行本年度本外币贷款余额39.50亿元，比年初增加6.06亿元。惠来联社各项贷款余额15.30亿元，均为短期贷款。

2011年，央行连续6次上调人民币存款准备金率，3次上调人民币存贷款基准利率，下调人民币存款准备金率1次。人行揭阳市中心支行引导全市银行业机构在流动性逐渐收紧的形势下找准金融支持经济发展的切入点，把握好政策实施的力度、节奏和重点，督促指导各银行业机构贯彻落实好国家相关产业政策和支农信贷政策。引导金融机构在控制风险的前提下加大对经济发展的支持力度，保证货币信贷总量满足经济发展需要，坚持“区别对待，有保有压”，继续加强对“三农”、中小企业、就业、助学等改善民生类项目的信贷支持，继续推动“政银企”合作。积极向上级争取信贷规模，全年共为地方法人金融机构争取信贷规模11.65亿元。截至12月底，全市金融机构短期贷款余额335.48亿元，同比增加81.66亿元，增幅为32.17%。是年，工行揭阳分行通过表内外一体化经营，优先发展小企业、个人贷款、贸易融资等高收益产品，推进信贷结构的有效优 化，全年累计运作表外信贷业务59.50亿元，增加49.76亿元。农行揭阳分行拓宽融资渠道，大力发展订单融资、买方押汇、应收账款质押贷款等贸易融资产品，成为全省第一家开展县域应收账款质押融资的分行和粤东第一家办理国内信用证的分行。强势推进“三农”工作，大力推进“一县一策”方案，加大林权抵押、县域商品流通市场建设贷款、贸易融资等特色业务产品的推广。中行揭阳分行制定具有揭阳当地特色的不锈钢、鞋业和纺织服装等特色行业授信政策，使揭阳特色行业在省行授信审批上获得“绿色通道”。建行揭阳市分行资产业务发展迅速，各项贷款余额53.88亿元，比年初增加14.38亿元。惠来联社贷款业务有所发展，各项贷款余额18.49亿元，均为短期贷款。

2012年，人行揭阳市中心支行综合运用执行各种货币政策工具，科学引导信贷投放，不断促进信贷结构调整和优化，继续加强对“三农”、中小企业、就业、助学等改善民生类信贷支持工作，并积极为地方实体经济发展争取信贷资源规划指导数42.50亿元。截至12月底，全市金融机构短期贷款余额425.79亿元，同比增加90.31亿元，增幅为26.92%。是年，工行揭阳分行以产业集群为主攻方向，“以专业换砖头”，全力做好创新产品的营销推广，带动企业客户的常态化拓展，广开思路，精心设计以“企

业自有设备租赁 + 应收租赁款保理”的金融服务方案，成功办理 T+0 应收租赁保理业务 8000 万元，开创全省工银租赁之先河。农行揭阳分行加大优质资产业务拓展，尤其被列入总行“121 工程”的普宁支行持续抢抓县域优质资源，贷款增加 8.40 亿元，增量市场份额达 51%。中行揭阳分行资产业务稳健发展，人民币贷款增加 9.58 亿元，其中公司贷款增加 6.46 亿元，零售贷款增加 3.66 亿元。建行揭阳市分行揭贷款及综合融资业务呈现较快增长，资产质量提高、结构优化，各项贷款余额 62.10 亿元，比年初增加 8.22 亿元，个人类贷款增长率列全省第 1 位；新增市场占比 38.26%，居四大行第 1 位。惠来联社各项贷款余额 22.01 亿元。

2013 年，人行揭阳市中心支行认真执行稳健的货币政策，发挥货币政策工具调控作用，服务好“城镇化”和“农业化”，贯彻落实《关于加大金融创新力度支持现代农业加快发展的指导意见》，特别是运用好支农再贷款工具，引导金融机构增加“三农”信贷投入和涉农金融服务，大力支持农村基础设施建设和农业产业化龙头企业，并对涉农贷款占比较高的揭西农商行、揭东县农村信用合作联社和普宁市农村信用合作联社，优先进行支农再贷款支持。揭东县农村信用合作联社坚持“以农为本，为农服务”，重点支持埔田竹笋、香蕉，地都水产养殖等农副产品基地的建设，支持玉湖淮山、蔬菜，月城草莓、柠檬等“名、优、特、稀、新”农产品的生产和销售，积极帮助农户依靠特色农业增产增收，提高产业基地的产出率和收益率。例如，地都社通过投放贷款近 800 万元支持全镇 120 多户养殖户发展淡水白刺热带虾养殖，仅此一项，每年使全镇农民增收超过 1200 万元，养殖户得到实实在在的实惠。另外支持揭阳市波英食品有限公司、揭阳市港荣食品有限公司、广东丰盛饼业食品机械有限公司、揭东县粤海食品有限公司、广东宝山堂动物药业有限公司、揭阳市金丰制罐实业有限公司等一批知名度广、市场竞争力强的民营企业和名牌产品。至年底，该联社各项贷款余额 82.02 亿元，比 2004 年年底增加 61.82 亿元，增幅为 306.09%；涉农贷款余额 78.65 亿元，比 2004 年年底增加 61.85 亿元，增幅为 368.19%。此外，人行揭阳市中心支行获得支农再贷款额度 2.38 亿元，比 2012 年增加 1.88 亿元，引导地方金融机构配合市政府支持揭东区锡场镇军埔村村民发展电子商务，助力“中国电商第一村”建设提速，支持农业龙头企业带动当地农户发展和农村基础设施建设，并配合支持揭阳市“一镇一品”工程建设，提高全市优势农产品的产业化程度。截至 12 月底，全市金融机构短期贷款余额 492.47 亿元，同比增加 66.68 亿元，增幅为 15.66%。

2014 年，人行揭阳市中心支行继续带领全市金融机构用足用好再贷款，引导扩大涉农和小微企业信贷投放，制定印发《支农再贷款使用管理操作办法》和《支小再贷款操作规程》，建立完善“三农金融服务中心”“再贷款支农示范点”“农村金融服务站”三个平台，鼓励金融机构对产业化程度高的新型农业经营主体开展“公司 + 基地 + 农户”等供应链金融服务，带动辖区涉农贷款累放金额 286.90 亿元，涉农户数达 14198 户，其中发放龙头企业涉农贷款 6 户 6 笔、贷款余额 1511 万元，促进解决 949 人就业问题，带动 2515 户农户扩大生产规模。截至 12 月底，全市金融机构短期贷款余额 606.03 亿元，同比增加 113.56 亿元，增幅为 23.06%。是年，邮储行揭阳市分行推出家庭农场（专业大户）贷款业务。中央储备粮“潮汕三市”（揭阳、汕头、潮州）直属库进行合并，由中央储备粮揭阳直属库统一承担中央储备粮“潮汕三市”直属库任务，当年中央储备粮揭阳直属库贷款余额达 83.50 亿元，创历史新高，农业发展银行揭阳分行当年的粮棉油储备粮贷款余额达 11.84 亿元，增幅为 64.07%，粮棉油贷款占贷款余额 63.39%。

2015 年，全市认真执行稳健的货币政策，促进经济金融保持平稳协调发展的良好态势。加强信贷规模统筹规划，保持存贷款的平稳增长。加强“窗口指导”作用，组织金融机构按“总量适度、节奏合理、结构优化”的原则用足用好全年新增贷款额度。引导金融机构加强和改进涉农及小微企业金融服务工作，积极加大对民生金融的投入。用足用好再贷款，引导扩大涉农和小微企业信贷投放。引导各法人金融机构优先满足春耕备耕信贷资金需求和扩大涉农领域的信贷支持，重点是满足全市农业龙头企业、涉农科技型企业、农户和农村中小企业、揭东区军埔村电商、“一镇一品”工程等的贷款需求。截至12月底，全市金融机构短期贷款余额605.05亿元，负增长9800万元。

2016年，辖区充分发挥信贷政策引领作用，切实推进金融支持供给侧改革。引导各金融机构继续围绕全市经济发展的重点、特点，开发、应用具有行业特色的信贷产品，如“绿色园林贷”“政银保”等金融产品，加大对弱势群体、新消费领域的支持力度。加强“窗口”指导，引导金融支持钢铁煤炭行业去产能。落实差别化住房信贷政策，协同推动地方住房去库存。综合运用货币信贷政策，切实推动企业融资成本降低。2016年辖区企业贷款加权平均利率较2015年下降0.75个百分点，减轻企业融资成本约3.10亿元。截至12月底，全市金融机构短期贷款余额611.72亿元，同比增加6.67亿元，增幅为1.101%。是年，中行揭阳分行当年度坚持“三个并重”狠抓贷款结构优化和投放，提升资产业务的效益贡献，本外币贷款时点余额97.31亿元、增长10.03亿元，贷款当年新增额四行排名首位，并做好金融扶贫助力精准脱贫攻坚，涉农贷款余额23.46亿元，较年初新增3.73亿元。

2017年，全市围绕金融服务实体宗旨，持续支持地方供给侧改革助力经济高质量发展。用好政策工具降成本。发挥信贷政策导向作用，将支农再贷款、扶贫再贷款额度向县域农村金融机构倾斜，有效传导政策红利，扩大涉农和小微企业贷款覆盖面，切实降低企业融资成本。持续推进金融精准扶贫。联合市扶贫办等印发《揭阳市扶贫小额信贷工作实施方案》，推动全市金融机构与地方扶贫办、保险公司签订金融支持精准扶贫合作框架协议，落实300万元风险担保金、全额贷款贴息及80%的保费补贴等配套政策，着力破解扶贫小额信贷的落地瓶颈。大力推进信用扶贫“三个一百”工程，与金融工作局、市扶贫办等联合印发《关于扎实推进揭阳市信用扶贫工作的实施意见》等文件，指导金融机构推动信用扶贫基础建设，开通贷款绿色通道，创新信贷产品，推进金融扶贫精准对接。探索科技金融融合发展。联合市科技局、金融局出台《关于完善揭阳市科技金融服务创新驱动发展的指导意见》，引导金融机构加大对科技型企业的金融服务力度。配合做好去库存、去产能等工作。落实差别化住房信贷政策要求，与统计、房管等单位构建信息交流机制，强化住房信贷政策管理，保障房地产金融稳健发展。印发关于加强涉钢企业融资监管的文件，开展涉钢企业融资授信排查，引导金融机构做好有关贷款的压降清收工作。稳妥推进辖区金融改革。扎实做好利率市场化改革、信贷资产质押再贷款试点、全市中国农业银行县级“三农金融事业部”改革试点等相关工作。截至12月底，全市金融机构短期贷款余额585.35亿元，负增长26.37亿元。

2018年，认真贯彻落实总行稳健中性货币政策，引导辖区金融助力辖区经济更高质量、更平衡发展。全力打好脱贫攻坚战，认真落实总行《关于开展金融扶贫领域作风问题专项治理的通知》提出的22个治理重点；组织召开金融精准扶贫工作座谈会，引导金融机构持续推进金融精准扶贫工作；完善扶贫小额信贷制度，合理引导金融机构与市扶贫部门合作开展扶贫小额信贷业务。截至12月末，全市累计发放扶贫小额信贷2907.45万元。通过“深调研”、多走访，会同经信、科技、农业等经济部门谋划政银企合作方式，大力推动改善小微企业、民营企业金融服务“几家抬”。制定出台《揭阳市深化小微企业金融服务行动方案（2018—2019）》，实施深化小微企业金融服务七大行动、24条举措，全面提升小微企业金融服务水平。12 月末，全市小微企业贷款余额 507.74 亿元，个体工商户经营性贷款余额 75.29 亿元，合计占全市各项贷款的 50.49%。农行揭阳分行扎实做好普惠金融和服务“三农”各项重点工作，当年累计投放各项贷款 83.48 亿元，有力支持金属制品、纺织服装、电力、批发零售等支柱行业发展。截至 2009 年 12 月底，邮储行揭阳市分行累计发放“个人商务贷款”6644 笔，金额 40.47 亿元。普宁农商行截至年底，短期贷款共 98.56 亿元。截至年底，惠来联社短期贷款余额 31.74 亿元，占比 79.24%。

1992—2018 年揭阳市银行金融机构各项贷款及短期贷款余额表

表 3-11　　单位：亿元

年份	各项贷款	其中：短期贷款	年份	各项贷款	其中：短期贷款
1992	40.50	—	2006	195.73	146.89
1993	52.45	—	2007	217.59	152.78
1994	65.03	—	2008	235.03	165.20
1995	79.93	33.55	2009	335.18	222.82
1996	96.42	39.19	2010	407.06	253.82
1997	113.47	55.47	2011	502.33	335.48
1998	129.78	115.34	2012	615.58	425.79
1999	144.15	118.34	2013	717.84	492.47
2000	130.44	111.89	2014	873.59	606.03
2001	139.66	114.25	2015	931.72	605.05
2002	155.69	122.93	2016	992.39	611.72
2003	174.88	133.88	2017	1057.63	585.35
2004	171.71	132.24	2018	1154.75	—
2005	169.40	128.93	—	—	—

说明：1992—2003 年贷款余额为人民币，2004-2018 年贷款余额为本外币

1. 工业贷款。

揭阳的工业贷款主要是为工业企业提供生产所需的流动资金，以保证工业企业生产经营活动的顺利进行。

1986 年，全县各项贷款增加的 9439 万元中，工业贷款增加 2933 万元，占增加额的 31%，为支持七号台风灾后复产工作作出重大贡献。

1987 年，实施“紧中有活”方针，全年工业总产值 7.65 亿元，工业生产中的流动资金基本上得到保证，全县乡村工业有新的发展，在信贷投放上也相应增加，前三季度共增加 773.10 万元。

1988 年，整个工业贷款中稳中有增，年末贷款余额达 1.20 亿元，增加 896 万元，占新增总额

26.7%，投向主要支持重点大中型骨干企业发展生产。

1989 年，信贷投放重点包括支持骨干工业生产企业正常生产，工业生产企业贷款增加 1101 万元，保证工业生产正常发展。

1990 年，本年工业生产下降，产品销售不畅，全市把有限资金投于骨干企业、出口创汇企业和生产优质名牌产品企业。如工行揭阳县支行针对市场平淡状况，积极支持企业拓展国内外市场。

1991 年，本年度七号台风对揭阳县造成经济损失严重，各金融机构及时发放贷款支持灾后复产，如工行揭阳县支行灾后及时发放贷款 186 万元支持电力公司抢修供电设施，迅速恢复供电，同时还支持电焊机厂、藤厂、造船厂、酱油厂等企业修复厂房设备，又如农行揭阳县支行及时发放贷款 255 万元支持工商企业修复厂房、仓库、门店、维修设备等。

1992 年，揭阳新建市，百事待举，百业待兴，各项贷款稳步增长，全市金融机构工业贷款余额 6.01 亿元，为工业发展营造良好环境。

1993 年，全市金融机构工业贷款余额 7.40 亿元，同比增加 1.39 亿元，增长 23.12%。是年，工行揭阳分行支持新市基础设施建设项目 3800 万元（自来水公司扩装输水主干管 2500 万元，邮电 3 万门程控电话工程项目 1300 万元），进一步改善全市的投资环境。农行揭阳分行积极支持乡镇企业发展，重点支持一批外向型企业、“三资”企业和乡镇企业以及农副产品深加工服务企业。

1994 年，全市金融机构工业贷款余额 8.16 亿元，同比增加 7600 万元，增长 10.27%。是年，工行揭阳分行在资金偏紧的情况下，千方百计盘活资金，全年累计发放工业贷款累放 14.40 亿元，支持地方经济建设。

1995 年，全市金融机构工业贷款余额 9.80 亿元，同比增加 1.64 亿元，增长 20.10%。是年，工行揭阳分行集中资金支持生产流通的效益型企业流通资金的需要，累放贷款 2400 万元支持吉荣空调公司购进空气压缩机 325 台（套），保证该公司正常生产流通资金的需要。农行揭阳分行支持信誉高，效益好和出口创汇的工商企业和乡镇企业，支持大市场、大流通，繁荣城乡经济。

1996 年，全市金融机构工业贷款余额 11.01 亿元，同比增加 1.21 亿元，增长 12.35%。是年，工行揭阳分行工业流动资金贷款余额 7.42 亿元，其中盈利企业的贷款余额为 3.91 亿元，信贷结构得到优化。工业贷款重点支持“三有”及省，市重点龙头企业。如支持运通塑料包装有限公司、吉荣空调设备公司、南方电缆厂；另外还充分发挥信贷稳存、引存的功能，集中资金支持市基础工业基础设施建设。如支持市邮电系统、电力系统、公路局等，培植新的存款增长点。

1997 年，全市调整信贷结构促进经济结构调整，采取十条积极政策措施，支持搞活国有工业企业。加大对产品有市场、效益好的企业资金投入。继续推行银团贷款，总结完善政府、银行、企业“三位一体”和“三定”的全程承包、全程服务，实现“借、用、还”良性循环；对产品暂时没有市场和效益，目前较为困难，但产品市场前景看好的企业或经过注入一定资金，可以启动搞活的企业，通过财政贴息，银行给予支持；对亏损企业中个别有市场、有效益的产品，采取剥离出来的办法，单独对该产品给予支持，企业必须对贷款资金实行专用，确保贷款本息如期归还，促其扭亏转盈，办理银行承兑汇票，帮助工业企业解决资金困难承兑汇票，积极予以办理贴现贷款；积极为企业办理银行承兑汇票，帮助工业企业解决资金困难，对企业收到的银行承兑汇票，积极予以办理贴现贷款，国有商业银行因办理贴现贷款出现暂时资金困难时，人民银行通过使用掌握的再贴现贷款和规模给予解决；国有企业普遍存在的设备老化、技术落后的问题，对经过充分论证确有效益的技改项目，银行加大贷款投入，支持企业设备更新和技术改造，增强产品市场竞争力；政府、银行、企业联手“精用增量资金，活化存量资金”，帮助企业搞活贷款存量，加速资金周转，搞活的资金可以暂不收回，继续贷给企业周转使用；企业实施兼并、重组和依法破产，银行将按有关政策给予支持，主动参与；加强清算服务，加快资金清算速度，对产供销关系比较稳定的国有企业，积极推行商业票据清算，提高票据的抵用率；认真执行利率政策，促进企业改善经营管理等措施，避免信贷资金使用分散化，达到“精用增量资金、活化存量资金”，确保全市经济形势、关系经济命脉的支柱产业和骨干企业有较充裕的资金环境，促进全市经济协调发展的大局。当年，全市金融机构工业贷款余额 13.42 亿元，同比增加 2.41 亿元，增长 21.89%。

1998 年，全市金融机构工业贷款余额 14.23 亿元，比年初新增 8128 万元，增幅为 6.06%。

1999 年，全市金融机构新增贷款突出重点地支持全市重点工业企业生产、重点工程建设，支持对外经贸出口、农副产品收购加工，改善对中小型企业金融服务等，培植经济新增长点，推动全市经济的平稳发展和增长目标的实现。全市金融机构工业贷款余额 15.98 亿元，比年初新增 1.67 亿元，增幅为 11.73%。

2000 年，全市金融机构工业贷款余额 15.90 亿元，负增长 800 万元。是年，中行揭阳分行重点支持经营效益好、技术含量高、出口创汇能力好的生产型企业。

2001 年，市中小企业在揭阳市工业企业中占绝大多数，是工业经济的基础和新的经济增长点。全市金融机构新增中小企业贷款 6.71 亿元。截至 12 月底，全市金融机构工业贷款余额 18.89 亿元，比年初新增 2.99 亿元，增幅为 18.80%。

2002 年，全市努力改善金融机构对中小企业的服务，组织金融机构认真落实人民银行关于支持中小企业发展的指导意见，充分发挥金融机构的职能，大力支持符合条件的中小企业的贷款需要。截至 12 月底，全市金融机构工业贷款余额 23.11 亿元，比年初新增 4.22 亿元，增幅为 22.34%。

2003 年，全市金融机构紧紧围绕市政府建立“发达轻工业基地”的战略定位，引导商业银行提高信贷市场营销观念，支持重点行业、出口创汇企业和民营中小型生产性企业的发展；截至 12 月底，全市金融机构工业贷款余额 26.33 亿元，新增 3.22 亿元，增幅为 13.93%。

2004 年，全市金融机构工业贷款余额有所下降，金融机构工业贷款余额 25.11 亿元，负增长 1.22 亿元。

2005 年，工业贷款继续下跌 6.63 亿元。全市金融机构工业贷款余额 18.48 亿元。

2006 年，全市金融机构工业贷款余额 23.24 亿元，比年初新增 4.76 亿元，增幅为 25.76%。

2007 年，全市引导金融机构加大金融创新力度，加强中小企业金融服务。全市金融机构工业贷款余额 18.40 亿元，负增长 4.84 亿元。

2008 年，全市金融机构工业贷款余额 19.49 亿元，比年初新增 1.09 亿元，增幅为 5.92%。是年，农行揭阳分行加大对小企业资产业务的拓展力度。大力营销位于地方工业园区和外向型等具有竞争力优势行业的中小企业客户，对有市场、有效益、守信用的中小企业加大信用投放额。全市工业贷款新增 3.89 亿元。

2009 年，辖区搭建政银企合作平台，积极支持中小企业发展，扶持部分重点中小企业发展，配合市金融办择优挑选 56 家高成长、有市场、有品牌、节能降耗效果显著的成长型企业推荐给各金融机构给予信贷支持。全市金融机构工业贷款余额 32.67 亿元，比年初新增 13.18 亿元，增幅为 67.62%。是年，农行揭阳分行加大对小企业资产业务的拓展力度。中行揭阳分行中小企业中心成立，实施中小企业贷款新模式，大力扶持当地优质中小企业发展，壮大揭阳特色行业，累计为中小企业提供授信支持 6.15 亿元。

2010年，辖区引导各金融机构找准金融支持发展的切入点进一步做好支持重点产业调整振兴、节能减排和淘汰落后产能的金融服务，提升金融对中小企业的服务能力。

2011年，继续推动“政银企”合作，加大支持地方经济发展力度。在全市金融工作会议上，共有13家金融机构与176家企业（单位）代表达成授信总额186.68亿元的战略合作和融资意向协议，增幅达19.07%，有效缓解企业资金压力。中行揭阳分行制定具有揭阳当地特色的不锈钢、鞋业和纺织服装等特色行业授信政策，使揭阳特色行业在省行授信审批上获得“绿色通道”。

2012年，坚持“区别对待，有保有压”，继续加强对中小企业等工业类信贷支持工作。工行揭阳分行以产业集群为主攻方向，“以专业换砖头”，全力做好创新产品的营销推广，带动企业客户的常态化拓展，广开思路，精心设计以“企业自有设备租赁+应收租赁款保理”的金融服务方案，成功办理T+0应收租赁保理业务8000万元，开创全省工银租赁之先河。

2013年，落实各项实体经济金融服务政策措施，促进经济结构调整和产业升级。探索产业金融发展模式，贯彻落实广州分行王景武行长在《中国人民银行广州分行揭阳市人民政府共建产业金融创新发展试验区合作框架协议》签约仪式上的讲话精神，加大对新兴战略产业的金融支持，加快传统产业转型升级。贯彻落实《关于加强金融支持广东重点领域建设的通知》精神，对全市各支行和辖区各金融机构提出扩大社会融资总量规模、促进实体经济转型升级、创新金融资本运营模式、推动“普惠金融”发展、扩大外贸融资、增强支付结算服务能力、加大金融改革发展力度和强化政策与配套措施的激励机制等八条指导意见，全面助力揭阳经济发展体质提速。

2014年，南粤银行揭阳分行刚成立，便选择当地发展前景较好的行业、支柱产业（如医药、五金、塑料、化工）等龙头企业开展贷款业务，至12月末，工业贷款余额4522万元。

2015年，引导金融机构加强和改进小微企业金融服务工作，积极加大对民生金融的投入，用足用好再贷款，引导扩大小微企业信贷投放。

2016年，工行揭阳分行对于小企业信贷，在扎实推进小微金融业务向专业化，标准化，小额化方向运营发展的基础上，基于地区产业经济的现状，更加谨慎地为经营机构做好行业分析，客户选择，风险防范等方面的解读传导，指导各基层单位积极发掘各类隐形冠军，单打冠军等优质企业，实现业务稳健有序地发展。年末小企业贷款余额45.10亿元，较年初增加2.90亿元。中行揭阳分行调整信贷结构加大中小企业扶持力度，积极做大科技金融授信，为全市31家科技型中小企业可提供授信2.21亿元，较年初新增16家、1.32亿元，中小企业贷款余额14.87亿元，较年初新增1.57亿元。

2017年，工行揭阳分行做好贷“新”贷“优”，促进小微信贷的稳健发展。针对揭阳产业呈现区域化的特点，开展“一个支行一个行业”运作模式，建立小企业目标客户库并落实营销名单机制，促进信贷资源向“新”，向“优”倾斜。全年小企业新拓展客户共91户，贷款余额6.50亿元。

2018年，全市小微企业贷款余额507.74亿元，个体工商户经营性贷款余额75.29亿元，合计占全市各项贷款的50.49%。农行揭阳分行扎实做好普惠金融和服务“三农”各项重点工作，有力支持金属制品、纺织服装、电力、批发零售等支柱行业发展。邮储行揭阳市分行公司短期贷款首次成功办理对工业类国企子公司的流动资金贷款1亿元。南粤银行揭阳分行工业贷款持续发展，至12月底，贷款余额1.10亿元。

1992—2009年揭阳市银行金融机构工业贷款余额表

表3-12　　　　单位：亿元

年份	工业贷款余额	年份	工业贷款余额	年份	工业贷款余额
1992	6.01	1998	14.23	2004	25.11
1993	7.40	1999	15.98	2005	18.48
1994	8.16	2000	15.90	2006	23.24
1995	9.80	2001	18.89	2007	18.40
1996	11.01	2002	23.11	2008	19.49
1997	13.42	2003	26.33	2009	32.67

2. 商业贷款

20世纪80年代末期，商业贷款主要包括国营商业、医药商业、粮油加工及粮棉收购站、外贸及其他商业企业的贷款。

1986年，全县各金融部门多形式多渠道组织信贷资金支持灾后经济，全年商业贷款（含外贸贷款）增加4611万元，总体上在支持工商企业正常生产和流通资金需要的同时，有侧重地支持外贸出口和乡镇企业发展，至12月底，中行揭阳县支行外贸贷款余额已达5529万元，增加1446万元，有效地支持外贸部门多出口多创汇；全县乡镇企业贷款年底增加1081万元，使乡镇企业在受灾情况下，仍实现总收入、利润比1985年有较大增长的好势头；另外仅支持县物资公司购进胶合板和县华侨联购进马口铁二项资金就1070万元，较好的支持当地建设。

1987年，商业贷款中的其他商业贷款猛增，该项目年末余额达7253万元，比1986年年底增加1615万元，增长28.6%，大部分为中行揭阳县支行实现，县经协办、生产资料贸易公司以及饲料工业发展公司3个单位增加400多万元。但外贸贷款却下降416万元，降幅为19%，上年同期增加884万元，增幅为67.6%，从这一增一降来看，信贷投向是不够合理的。

1988年，由于农村连年调整粮经比例，缺粮现象比较普遍，各行对此思想明确，在资金安排上始终把粮食收购和购进放在首位，优化信贷资金投向，因此商业贷款增加1731万元，以粮食贷款猛增为主。

1989年，信贷结构得到进一步有效调整，主要支持农副产品收购，特别是粮食的收购和购进，支持骨干工业生产企业正常生产，支持商业、供销部门购进适销对路的商品。本年度粮食贷款增加1190万元，占总额的21.9%，其他商业贷款因县预算外企业业务扩大，使年末贷款增加1262万元，占总额23.2%，使全年全县经济发展正常需要的资金得到有效保证。

1990年前，揭阳县国有和集体成分的商业仍占主导地位，银行贷款支持的对象也主要是国营主渠道的商业百货、纺织、五金、副食品、蔬菜、医药等。每年之初，各银行对国营商业部门进行核资定贷，支持批发商业单位充实商品库存，发挥商品“蓄水池”作用；支持零售商业单位大购大销，多渠道进货，组织适销对路的商品供应市场，在重大节日和旺季到来之前，扩大贷款额度，疏通结算渠道，提前组织商品货源选购及市场供应。对供销社贷款的重点是解决粮食和经济作物生产所需种子、化肥、农药、农机具等采购、供应的资金需要，为历年粮食和经济作物丰收提供保障。

1990年，积极支持商贸部门扩大购销，支持商贸部门经营钢材、塑料原料、石油制品等，搞活大宗买卖。仅据对“石油”一项的不完全统计，全年银行共累放贷款4500万元，支持企业购进柴油、汽油3700吨，收到较好的经济效益。此外，银行和城乡信用社对符合国家政策经营效益好的乡镇企业，“两小”企业和个体经营者在资金给予支持，促进集体经济和个体经济的发展，满足多层次的资金需要。把有限资金投于骨干企业、出口创汇企业和生产优质名牌产品企业。工行揭阳县支行针对市场平淡状况，积极支持企业拓展国内外市场，全年累计为12户出口创汇企业和12户生产优质名牌企业投放贷款4960万元。

1991年，国有商业体制进行重大改革，商品市场全面放开。本年度商业贷款增加2176万元，其中粮食贷款增加905万元，其他商业贷款增加900万元，外贸贷款增加80万元，主要为支持企业抗灾复产，如工行揭阳县支行灾后及时发放贷款支持电焊机厂、藤厂、造船厂、酱油厂等企业修复中行厂房设备，农行揭阳县支行及时发放贷款2000多万元支持企业收购落地水果、购进化肥、农药、柴油等，减轻农民损失和保证灾后农资供应，县市及时放贷支持石板厂、胶合板厂等出口创汇企业和“三资”企业恢复生产。

1992年，揭阳新建市，全市商业贷款余额达12.23亿元。是年，建行揭阳市分行向省行争取新增贷款规模6480万元（其中临时规模800万元），支持商贸流通贷款6000多万元，为新市、新县的建设做出积极的贡献。

1993年，全市金融机构商业余额15.00亿元，同比增加2.77亿元，增长22.64%。是年，工行揭阳分行扶持一批效益型的骨干企业，累计放贷款近5亿元，有力地支持这些企业扩大生产经营，提高经济效益（如重点支持市吉荣空调设备公司、普宁的几个集团性公司以及揭西的威达集团公司等）。另外根据拆借资金期限短的特点，充分利用时间差，灵活调度资金，累计多发放贷款6000多万元，解决全市商业、物资供销企业搞活商品购销的短期资金需要，有效地提高信贷资金的利用率。

1994年，全市金融机构商业余额8.86亿元，负增长6.14亿元。1995年，全市金融机构商业余额12.68亿元，同比增加3.82亿元，增长43.11%。1996年，全市实行“区别对待，扶优限劣”的信贷政策导向，增加对农业、工业及商贸进出口领域资金支持，投放在商贸业的贷款占29%，重点是支持外贸出口3200万元，实现外贸出口总额7.19亿美元，增长44.9%。1996年。全市金融机构商业余额14.31亿元，同比增加1.63亿元，增长12.85%。是年，工行揭阳分行集中资金支持大中型骨干企业的发展，如累计发放8522万元、争取省行直贷1500万元支持市外轮供应公司资金需要，累计发放1709万元支持揭东县对外商业总公司用于购买化肥、钢材等，签发银行承兑派票42笔金额5598万元支持市商业副食品公司用于购进饮料，集中资金支持一批外贸出口企业，计发放贷款8840万元支持全市一大批外贸出口企业，增强它们出口创汇能力。

1997年，全市金融机构商业余额31.69亿元，同比增加17.38亿元，增长121.45%。是年，中行揭阳分行投放给进出口企业、外事企业，三资企业的贷款额达6.97亿元，占总投放金额的95%。

1998年，全市积极扶持私营个体经济发展，促进全市个体经济高速度增长。全市金融机构商业余额35.17亿元，同比增加3.48亿元，增长10.98%。全市外贸出口总额17.35亿美元，增长10.6%。积极支持外贸出口收购和外贸进出口企业，为实现省、市提出的外贸出口目标作贡献。是年，农行揭阳分行重点支持第一批7户“双优”企业和2户市级重点企业，贷款增投4800万元。

1999年，全市金融机构商业余额27.30亿元，负增长7.87亿元。是年，中行揭阳分行主要投向重合同、守信用、经济效益较好、有足额抵押物及有还本付息能力的中小企业，主要支持揭阳海天塑胶有限公司

900万元，揭阳市肯特旅游商品发展公司1080万元，揭阳市外轮供应公司500万元，广东省吉荣空调设备公司1000万元等。

2000年，全市金融机构商业余额34.31亿元，同比增加7.01亿元，增长25.67%。

2001年，全市认真贯彻落实稳健货币政策，加强窗口指导作用，不断提升央行服务职能和效率，大力支持服务地方经济的发展。全市金融机构商业余额26.79亿元，负增长7.52亿元。中小企业在揭阳市企业中占绝大多数，是经济的基础和新的经济增长点。全市金融机构新增中小企业贷款6.71亿元。

2002年，辖区努力改善金融机构对中小企业的服务，大力支持符合条件的中小企业的贷款需要，强化对中小企业的信贷服务。全市金融机构商业余额24.33亿元，负增长2.46亿元。

2003年，全市金融机构商业余额22.90亿元，负增长1.43亿元。2004年，全市金融机构商业余额17.34亿元，负增长5.56亿元。2005年，全市金融机构商业余额10.82亿元，负增长6.52亿元。2006年，全市金融机构商业余额10.60亿元，负增长2200万元。是年，农行揭阳分行根据市民营企业众多，私营经济发达的实际情况，把发展个人生产经营贷款作为个人资产业务的重点。

2007年，全市金融机构商业余额10.03亿元，负增长5700万元。是年，工行揭阳分行以小企业信贷业务复牌为契机，重点针对揭阳市五金机械，化工塑料，纺织、服装、食品制药、电子信息五大传统产业的优质企业，提供贷款支持。农行按照“抓大也抓小”的经营方针，稳步推进小企业贷款业务，全年投放小微企业贷款2.86亿元。

2008年，全市各金融机构发展个人投资经营贷款、个人循环贷款、商业用房贷款和汽车贷款等。是年，全市金融机构商业余额4.90亿元，负增长5.13亿元。2008年起，随着揭阳商业流通企业转制的基本完成，个体经济成为商业经济的主力军，商业贷款支持的对象也转向个体、民营商户，在统计口径中商业贷款改由小企业贷款、个人消费贷款、个人经营贷款的口径。

2009年，全市引导各金融机构设立专门中小企业金融服务中心或岗位，扶持部分重点中小企业发展，配合市金融办择优挑选56家高成长、有市场、有品牌、节能降耗效果显著的成长型企业推荐给各金融机构给予信贷支持。积极配合推进中小企业信用担保机构建设，促成市政府出台《关于推进全市中小企业信用体系建设的意见》，鼓励发展多种不同组织形式的担保机构，积极推动信用担保机构与银行之间的合作。全市金融机构商业余额11.01亿元，同比增加6.11亿元，增长124.69%。是年，农行揭阳分行以“优质客户为重、资产业务为重、经营转型为重”的发展思路；中行揭阳分行成立中小企业中心，实施中小企业贷款新模式，大力扶持当地优质中小企业发展，壮大揭阳特色行业，累计为中小企业提供授信支持6.15亿元。建行揭阳市分行资产业务快速发展，各项贷款增长14.56亿元，公司类贷款增长13.13亿元，个人类贷款增长1.42亿元，全年投放2.64亿元。邮储行揭阳市分行推出第一款抵押类信贷产品“个人商务贷款”。

2010年，全市引导金融机构找准金融支持经济发展的切入点，进一步做好支持重点产业调整振兴、节能减排和淘汰落后产能的金融服务工作，提升金融对中小企业的服务能力。中行揭阳分行资产业务稳步发展，全市铺开中小企业贷款“直客式”营销，扩大中小企业市场营销触角。拓展住房、汽车、个投贷款和循环贷款业务。

2011年，工行揭阳分行通过表内外一体化经营，优先发展小企业、个人贷款、贸易融资等高收益产品，推进信贷结构的有效优化，全年累计运作表外信贷业务59.5亿元，增加49.76亿元。农行拓宽融资渠道，大力发展订单融资、买方押汇、应收账款质押贷款等贸易融资产品，成为全省第一家开展县域应收账款质押融资的分行和粤东第一家办理国内信用证的分行。中行揭阳分行制定具有揭阳当地特色的不锈钢、鞋业和纺织服装等特色行业授信政策，使揭阳特色行业在省行授信审批上获得“绿色通道”。建行揭阳市分行资产业务发展迅速，各项贷款余额 53.88 亿元，比年初增加 14.38 亿元。

2012 年，继续加强对中小企业等改善民生类信贷支持工作，农行揭阳分行大力开展专业市场产业集群综合延伸营销，扩大授信并增加贷款至 3 亿元；授信 1.75 亿元用于以市场方保证担保 + 商户方式，办理专业市场商户融资担保业务，全年共发放市场内商户贷款 1.22 亿元。

2016 年，全市引导各金融机构继续围绕全市经济发展的重点、特点，开发、应用具有行业特色的信贷产品，如“绿色园林贷”“政银保”等金融产品，加大对商业经济领域的支持力度。

2017 年，面对错综复杂的外部经营环境，邮储行揭阳市分行紧紧围绕服务实体经济的理念，着眼于金融业态的新形势新变化，积极创新开辟新的业务增长点，针对商业企业共发放流动资金贷款余额 6 亿元。

2018 年，辖区制定出台《揭阳市深化小微企业金融服务行动方案（2018–2019）》，实施深化小微企业金融服务七大行动、24 条举措，全面提升小微企业金融服务水平。至 12 月末，全市小微企业贷款余额 507.74 亿元，个体工商户经营性贷款余额 75.29 亿元，合计占全市各项贷款的 50.49%。揭东农商行 2017–2018 年发放商业贷 3.84 亿元。邮储行揭阳市分行当年致力于服务实体经济，充分发挥金融职能，向商业民营企业发放流动资金贷款余额累计 6 亿元，对民营企业提供大力支持。

1992 — 2009 年揭阳市银行金融机构商业贷款余额表

表 3-13　　　　单位：亿元

年份	商业贷款余额	年份	商业贷款余额	年份	商业贷款余额
1992	12.23	1998	35.17	2004	17.34
1993	15.00	1999	27.30	2005	10.82
1994	8.86	2000	34.31	2006	10.60
1995	12.68	2001	26.79	2007	10.03
1996	14.31	2002	24.33	2008	4.90
1997	31.69	2003	22.90	2009	11.01

3. 农业贷款

农业银行和其他农村金融机构对农业生产所需资金发放贷款的总称。贷款对象是国营农业企业、集体农业企业和农户。主要是通过发放“三农”贷款，支持农村经济和乡镇企业的发展。国营农业企业贷款包括：国营农业企业流动资金贷款、国营农业企业投资性贷款、农办工商企业技术改造贷款和家庭农场贷款。集体农业企业贷款包括：集体农业生产费用贷款、集体农业生产设备贷款、乡镇企业贷款、信用合作社贷款和农民个人贷款。

1986 年，全县农业贷款增加 1286 万元，占增加总额的 14%，主要为支持灾后农村复产。仅 7 月，农行揭阳县支行投放 2579 万元，有效地促进全县迅速消除灾痕恢复生机；全县乡镇企业贷款年底增加 1081 万元，使乡镇企业在受灾情况下，仍较好发展。

1987年，全县农业贷款稳中有升，至12月底，全县农业贷款余额5462万元，比1986年年底增加1100万元，增长25.2%，造成农业贷款增加主要是乡镇企业贷款增加，全县的乡村工业有新的发展。农行揭阳县支行当年农副产品加工贷款2170.60万元。

1989年，辖区信贷支持重点放在支持农副产品收购，特别是粮食的收购和购进等方面，并为体现向农业倾斜的国家产业政策，重点支持农村的种养殖业发展上。至12月底，粮食贷款增加1190万元，农业贷款增加490万元。

1990年，辖区信贷主要方向为：一方面保证农副产品和外贸出口收购的资金供应，仅中行揭阳县支行、农行揭阳县支行两行的统计，共投放农副产品和外贸出口收购贷款2.45亿元，保证粮食、蘑菇、生柑等农副产品收购的顺利进行和外贸出口收购计划的圆满完成；另一方面，实施向农业倾斜的政策，增加农业资金投入。农行揭阳县支行及农村信用社本年度累计投放支农贷款达4.95亿元，其中仅种植业1.33亿元，有效地促进农业生产的发展。

1991年，七号台风对全县造成的经济损失严重，工农业生产受损，辖区积极组织金融机构支持粮食收购和购进，确保结算及时，不打白条，农行揭阳县支行一方面组织人员开展调查研究并配合粮食部门落实收购计划和资金安排，积极向上反映情况争取上级行的地方党政的重视和支持，一方面在规模不足的情况下统筹兼顾压缩一般贷款，保证收购资金及时足量到位，先后发放贷款1400万元，促使群众顺利按时完成夏粮入库任务。与此同时，工行揭阳县支行积极支持粮贸企业外购外采粮食，增加贷款110万元支持县粮油贸易公司购进粮食，满足市场供应。

1993年，农行揭阳分行加大农业信贷投入，支持农副产品收购，同时支持山区和贫困地区发展经济，发放贷款2800万元，其中，扶贫贷款270万元，帮助21003户农民脱贫致富，投入抗灾复产资金3000多万元。1994年，农行揭阳分行继续坚持“以农为本”，增大农业信贷投入，重点支持粮食生产、“菜篮子”工程等。1995年，农行揭阳分行主要确定以支持“三高”农业为重点的支农方向；制定支农资金计划，重点抓好支农资金的供应、管理和服务工作，全年累计投放18.74亿元。1996年，农行揭阳分行继续加大对农业的信贷投入，信贷资金重点支持乡镇企业和服务于农副产品加工的乡镇企业，促进农业和市场农业的发展。

1997年，结合全市经济、金融实际，要求继续加大对农业的投入，将新增贷款的15 %投入农业及其相关项目，特别是对“三高农业”的支持；调整信贷结构促经济结构调整，培育新的经济增长点。农行揭阳分行重点支持生柑、青梅、茶叶等农副产品加工以及养猪等种养业和农业生产资料储备采购，全年累计投放农业贷款11.88亿元，占各项贷款累放51.2%。

1998年，围绕全国经济工作会议精神，加大对农业基础地位的投入，向农业和乡镇企业倾斜，全年农业及农村乡镇业增投4.19亿元，占比25.7%，促进全市农业增长9.8%。农行揭阳分行支持农业产业化经济发展，累计投放农业贷款5.93亿元，占各项贷款累放额的30%；1999年，农行揭阳分行支持农业结构调整和优化，累计投放农业贷款1.99亿元。

1992—1999年，揭东县农村信用社坚持以农为本、为农服务的办社宗旨，牢固树立大农业和现代农业的观念，逐步加大农业贷款投入，确保涉农贷款占比逐年增加。因地制宜支持农业规模化、产业化经营，支持农业和农村产业结构的合理调整。积极支持有特色、商品率高、市场竞争力强、效益好的农业项目；扶持发展各种“三高”农业种养基地；培育地方支柱产业和拳头产品。在全社干部职工的共同努力下，涉农贷款投放取得卓越成效，截至1999年12月底，各项贷款10.56亿元，其中涉农贷款

9.27 亿元，占比 87.82%。涉农贷款余额比 1992 年的 9995 万元增加 8.27 亿元，增幅为 827%；占比相较 1992 年的 38.73% 增加 49.09 个百分点。

2001 年，辖区着力引导农信社加大支农力支持特色农业、科技农业和高效农业的开发；积极推广农户联保贷款，大力简化贷款手续，解决农户贷款难问题，全市农信社共发放支农贷款 19.73 亿元，增长 4.74%。2002 年，辖区不断加大对“三农”和中小企业的信贷支持力度，

2003 年，辖区积极引导加大对“三农”的信贷投入，制订印发《揭阳市农村信用社支农服务工作意见》，推动小额信贷和农户联保贷款工作，创建支农示范点，以支农典型促进农信社的发展，实行支农政策宣传和调研、支农力度与支农面、支农贷款发放形式三方面内容评比通报制度，实现支农工作和农村信用社经营双赢。全年新增农业贷款 5.50 亿元。

2000 — 2004 年，揭东县农村信用社深入贯彻落实“三个代表”重要思想，进一步找准“三农”服务的市场定位，以支农、兴农、富农为己任。把支持农村经济结构战略性调整、增加农民收入作为业务经营活动的出发点和落脚点。根据当地经济发展的特点，实施“坚持宗旨、明确重点、加大投入、择优扶植、全方位服务”的支农工作方针，不断提高信贷支农层次，充分发挥联系农民的金融纽带和农村金融主力军的作用。不断探索、创新和完善支农信贷方式，大力推广农户小额信用贷款、农户联保贷款。适当提高新增存款的运用比例，缓解农民贷款难问题，以 2001 年为例，全年累投农户联保贷款 822 万元。在此期间，各项贷款及涉农贷款保持高速增长，截至 2004 年 12 月底，各项贷款余额 20.20 亿元，比 1999 年年底增加 9.64 亿元，增幅为 91.29%；涉农贷款余额 16.80 亿元，比 1999 年年底增加 7.53 亿元，增幅为 81.23%。

2008 年，揭阳市信贷政策导向效果评估工作领导小组成立，选取金融支持“三农”、中小企业信贷和房地产信贷作为评估内容，研究制订《揭阳市银行业金融机构信贷政策导向效果评估试行办法》，每半年对辖区农信社支持“三农”和商业银行支持中小企业及房地产信贷情况进行评估，动态跟踪监测和评估信贷政策执行效果，促进金融机构落实国家有关信贷政策，提高信贷政策的导向效果。普宁农信社主要立足于支农，坚持“以农为本，与农共兴”的经营战略，坚持“三农”信贷优先投入，加大信贷支农力度，以支持特色农业为切入点，优先支持特色种养殖业、农产品加工、销售和农村基础设施建设。在 2009 年新增三农和中小企业贷款增幅分别达到 26.07% 和 47.5%。

2010 年，辖区积极推进农村金融产品和服务方式创新，有效缓解中小企业和“三农”融资难问题。如农行揭阳分行积极开办林权抵押贷款；突破以抵押担保为主的传统做法，揭东联社创新担保方式，尝试采用仓单质押的方式支持中小企业和涉农企业发展，

2011 年，辖区坚持“区别对待，有保有压”，继续加强对“三农”、中小企业、就业、助学等改善民生类项目的信贷支持，继续推动“政银企”合作。强势推进“三农”工作，大力推进“一县一策”方案，加大林权抵押、县域商品流通市场建设贷款、贸易融资等特色业务产品的推广。当年度普宁农信社涉农贷款 12.22 亿元，占新投放总额的 77.91%。

2012 年，全市不断促进信贷结构调整和优化，继续加强对“三农”、中小企业、就业、助学等改善民生类信贷支持工作，并积极为地方实体经济发展争取信贷资源规划指导数 42.50 亿元。当年度普宁农信社力推市政府实施特色农业“一镇一品”工程，积极探索“公司 + 农户 + 农信社”的合作模式，不断加强对梅农和青梅企业的信贷支持，帮助当地梅农增产增收、梅企转型壮大，当年度创新推出第一个面向特色农产业的系列贷款——金梅贷，以优惠利率、快捷办理等特点服务青梅种植农户生产、支持青

梅产业做强做大，全年累投支农贷款20.10亿元，占累投总额的84.17%；至12月底，支农贷款余额达70.90亿元，比年初增加12.24亿元，增长20.87%。

2013年，辖区认真执行稳健的货币政策，发挥货币政策工具调控作用，服务好“城镇化”和“农业化”，贯彻落实《关于加大金融创新力度支持现代农业加快发展的指导意见》，特别是运用好支农再贷款工具，引导金融机构增加“三农”信贷投入和涉农金融服务，大力支持农村基础设施建设和农业产业化龙头企业，并对涉农贷款占比较高的揭西农商行、揭东县农村信用合作联社和普宁市农村信用合作联社，优先进行支农再贷款支持。揭东县农村信用合作联社坚持“以农为本，为农服务”，重点支持埔田竹笋、香蕉，地都水产养殖等农副产品基地的建设，支持玉湖淮山、蔬菜，月城草莓、柠檬等“名、优、特、稀、新”农产品的生产和销售，积极帮助农户依靠特色农业增产增收，提高产业基地的产出率和收益率。例如地都社通过投放贷款近800万元，支持全镇120多户养殖户发展淡水白刺热带虾养殖，仅此一项，每年使全镇农民增收超过1200万元，养殖户得到实实在在的实惠。涉农贷款余额78.65亿元，比2004年年底增加61.85亿元，增幅368.15%。此外，人行揭阳市中心支行获得支农再贷款额度2.38亿元，比2012年增加1.88亿元。是年，普宁农信社推出面向县域蕉柑产业创新信贷产品——柑富贷，面向花卉苗木产业创新信贷产品——绿色园林贷，面向县域支柱产业、民生产业创新信贷产品——“衣贷通”。

2014年，辖区制定印发《支农再贷款使用管理操作办法》和《支小再贷款操作规程》，建立完善“三农金融服务中心”“再贷款支农示范点”“农村金融服务站”三个平台，鼓励金融机构对产业化程度高的新型农业经营主体开展“公司＋基地＋农户”等供应链金融服务，带动辖区涉农贷款累放金额286.90亿元，涉农户数达14198户，其中发放龙头企业涉农贷款6户6笔、贷款余额1.51亿元，促进解决949人就业问题，带动2515户农户扩大生产规模。本年度邮储行揭阳市分行推出家庭农场（专业大户）贷款业务。中央储备粮“潮汕三市”（揭阳、汕头、潮州）直属库进行合并，由中央储备粮揭阳直属库统一承担中央储备粮“潮汕三市”直属库任务，当年中央储备粮揭阳直属库贷款余额达83.50亿元，创历史新高，市农业发展银行揭阳分行当年的粮棉油储备粮贷款余额达11.84亿元，增幅64.07%，粮棉油贷款占贷款余额63.39%。其中，南粤银行揭阳分行自2014年成立以来，在其信贷政策指引中明确提出“支持新农业、城中村改造等配套设施与融资项目”，深耕“小微”“三农”、城中村客户的战略定位，选定特色行业，根据客户群体特征和需求提供差异化融资支持：支持高新技术区、工业产业园、科技园、孵化园、现代农业产业园等区域内的优质企业。至2014年12月，涉农贷款483万元；2015年12月，贷款余额7633万元；2016年12月，贷款余额6257万元；2017年12月，贷款余额1.10亿元，2018年12月，贷款余额8.45亿元。

2015年，辖区用足用好再贷款，引导扩大涉农和小微企业信贷投放。引导各法人金融机构优先满足春耕备耕信贷资金需求和扩大涉农领域的信贷支持，重点是满足全市农业龙头企业、涉农科技型企业、农户和农村中小企业、揭东区军埔村电商、“一镇一品”工程等的贷款需求。是年普宁农信社根据菜农融资需求研发新信贷产品“菜篮宝”，支持区域蔬菜种植特色产业发展，倾投资金助推农业“一镇一品”工程，以高埔镇青梅种植产业、南溪镇蕉柑收购产业和洪阳镇花卉苗木产业为支农重点，引金融“活水”灌溉青梅等特色农业。

2015年以来，农业贷款的增长重点为普宁地区的农村企业贷款。普宁农信社助推地方政府实施农业“一镇一品”工程，发放“金梅贷”贷款145万元、“柑富贷”贷款368万元、“绿色园林贷”180万元，累投青梅贷款2.18亿元，缓解青梅、蕉柑、花卉苗木等产业资金难题，至年底，涉农贷款余额

111.24 亿元，比年初增加 21.19 亿元，增长 23.53%，占贷款总额的 94%。

2016 年，中行揭阳分行当年度坚持“三个并重”狠抓贷款结构优化和投放，提升资产业务的效益贡献，本外币贷款时点余额 97.31 亿元、增长 10.03 亿元，贷款当年新增额四行排名首位，并做好金融扶贫助力精准脱贫攻坚，涉农贷款余额 23.46 亿元，较年初新增 3.73 亿元。是年，普宁农商行坚持支农支小定位，加大涉农和小微信贷投放，全年投放涉农企业贷款余额为 102.15 亿元，比年初增加 14.27 亿元，增长 16.23%，占贷款总额的 83.95%，试点“两权”抵押贷款，累计发放林权抵押贷款金额 520 万元。邮政银行推出第一款扶贫小额信贷产品“惠农易贷”。截至 2018 年 12 月，累计放款 306 笔，金额 1176 万元。

2014—2016 年，揭东农商行坚持“稳中求进”的总基调，以农商银行挂牌开业为契机，着力调优信贷结构，强化支持“三农”和小微企业力度。紧紧围绕涉农贷款“一个高于”、小微企业贷款“三升一降”的目标，坚持“小额、分散”的原则，下沉经营重心。对小微企业实行“政策、资金、服务”三个倾斜，积极推动小微金融与社区金融业务联动，进一步加大信贷支持力度，有效提高贷款增量。截至 2016 年 12 月末，全行涉农贷款余额 81.58 亿元，占各项贷款的 71.28%，比上年度增加 7.49 亿元，增幅为 10.11%，增幅较各项贷款高 0.67 个百分点。

2017—2018 年，揭东农商行坚持回归本源服务“三农”和中小微企业市场定位，做优惠农助企贷款，切实履行社会责任。加大对“助学贷”“助企贷”“精英贷”“扶贫小额贷”等产品的营销，深耕市场，把此系列产品做优做强，在履行社会责任的同时，优化调整贷款结构。截至 2018 年 12 月末，共发放精英贷 1584 户 2.78 亿元，助企贷 114 户 9100 万元，助学贷 4 户 6.70 万元，扶贫小额贷 16 户 56 万元。

2017 年，辖区发挥信贷政策导向作用，将支农再贷款、扶贫再贷款额度向县域农村金融机构倾斜，有效传导政策红利，扩大涉农和小微企业贷款覆盖面，切实降低企业融资成本。普宁农商行坚持服务“三农及中小微企业”，涉农贷款余额 114.22 亿元，占各项贷款余额的 79.44%。邮政银行推出自主创新产品“饲料贷”，截至 2018 年年底，累计放款 50 笔，金额 1998 万元。

2018 年，普宁农商行围绕普宁建设“商贸名城·美好普宁”定位，为服务“三农”、助力普宁经济发展提供强有力资金支持，全年涉农贷款余额 114.46 亿元，增幅 0.22%；发放水果、蔬菜、生猪等涉农贷款余额分别为 79.84 万元、1067.88 万元和 2092.42 万元。

（三）中长期贷款

中长期贷款主要由基本建设贷款、技术改造贷款、科技贷款及其他中长期贷款组成。

1992 年，揭阳新建市。建行揭阳市分行通过汕头市信托投资公司引进资金 1200 万元，加上本行发放贷款 500 万元，共 1700 万元支持揭东县建设，为新县的起步发挥较大的作用。此外，建行揭阳市分行还通过省有关公司发行证券、融资、委托贷款共计 4000 多万元支持新市建设。省行支持新建行揭阳市分行起步发展，下半年新增贷款规模 6480 万元（其中临时规模 800 万元），建行揭阳市分行先后发放贷款 7000 多万元，支持道路、城市建设，改善新市的投资环境，为新市、新县的建设做出积极的贡献。

1993 年，工行揭阳分行支持新市基础设施建设项目 3800 万元（自来水公司扩装输水主干管 2500 万元，邮电 3 万门程控电话工程项目 1300 万元），进一步改善全市的投资环境。支持一批技术改造项目，投入资金 1135 万元。

1994 年，工行揭阳分行投入资金 1418 万元，支持普宁市能源、交通、通信等基础设施建设。

1995 年，工行揭阳分行倾斜资金重点支持能源、交通、通信等基础设施的建设。至 12 月末，累计发放贷款2.45亿元，支持重点企业流通资金的需要。投入资金815万元，支持深汕高速公路惠来路段建设，保证项目预期完成；累放贷款2500万元支持市电力工业总公司向省供电局购电3亿千瓦时。

1996年，工行揭阳分行充分发挥信贷稳存、引存的功能，集中资金支持市基础工业基础设施建设。如支持市邮电系统、电力系统、公路局等，新增贷款5000万元支持市公路局用于省道1930线揭阳市东山路段复线和公路维护配套资金的需要，加速市政府提出的“努力把揭阳建设成为粤东水陆空交通枢纽城市目标”的实现；新增贷款1.00亿元，支持市邮电系统用于电讯的扩容及配套资金的需要，加速全市电讯事业的发展；新增贷款1950万元，支持市电力系统用于购电，缓解全市供电矛盾，为全市工业生产和群众生活创造良好环境，同时还支持市路源、水厂等。

1998年，辖区督促指导各行、社优化信贷投向，把有限的资金用好用活，用在刀刃上，制订落实《关于进一步支持揭阳经济发展的十条具体措施》，重点加大对能源、交通等基础设施的贷款投入力度。全市中长期贷款余额共6.93亿元，比年初新增2.23亿元，增幅为47.02%。工行揭阳分行集中资金支持基础设施项目建设。全年对基础设施项目贷款1.25亿元，占全部新增贷款38.7%，如贷款5500万元支持省道1930复线改造工程建设；贷款2000万元支持市第一、二水厂供水工程；贷款5000万元支持榕华大桥工程项目等，取得较好的经济效益和社会效益。农行揭阳分行积极支持普宁莲花山自来水扩容工程和揭西县农村电网等基础设施建设，以及配合国家住房制度改革，把支持居民住宅建设纳入信贷计划。

1999年，辖区引导和监督金融机构及时调整信贷结构，优化有效投向，全市金融机构新增贷款突出重点地支持全市重点工程建设，中长期贷款新增3.21亿元，增幅为45.97%。农行揭阳分行支持地方基础设施建设，新增投基建贷款1.10亿元，揭东县自来水公司水厂扩建工程3000万元。

2000年，银行业进一步加大对经济结构调整和经济发展的支持力度。在信贷业务上，贯彻国家关于刺激消费、扩大需求的宏观调控政策，不断开辟新的企业融资品种和拓展个人消费信贷品种，贷款重点支持有市场、有效益、有信用的国有、个体、民营企业开展生产和经营以及地方的基础设施重点建设项目。是年，工行揭阳分行投向公路、供电、供水、有线电视网络等基础设施建设项目，改善全市投资环境；农行揭阳分行支持有项目效益和银行综合效益的公共项目贷款，如支持揭东自来水厂3000万元、揭西龙径水库发电站技改贷款1200万元，揭西北山水电厂820万元，揭阳学院3000万元。

2001年，农行揭阳分行积极介入支持经营性、有合法收费权的公用事业单位项目建设，支持揭阳高等专科学校2000万元，揭东自来水厂扩建贷款800万元，揭东云山殡仪馆项目贷款2100万元。中行揭阳分行以中长期贷款为主，重点支持电信、电力、公路等基础设施建设及高技术含量、高效益的“三资”企业，优化贷款结构。共向揭阳电信新增投放4609万元，对吉荣空调新增投放3000万元，给予普宁市明珠房地产有限公司房地产开发贷款1300万元，对公路局新增投放500万元。此外，经报省行批准，给予揭阳市创鸿建筑工程公司开发的“金凤豪苑”及“金凤名苑”按揭贷款额度分别为5000万元及2000万元，普宁市明珠房地产有限公司开发的“明珠花园”按揭贷款额度8000万元，揭阳市乐万邦房地产开发有限公司开发的“乐万邦花园”8000万元。

2002年，工行揭阳分行信贷工作的重点放在调整优化贷款结构，合理调整信贷投向上，努力降低流动资金贷款，增加项目、住房、个人消费贷款，提高中长期贷款的比重，贷款余额稳中有升，新增贷款主要投向是省级重点企业、市重点骨干企业和优质中小企业以及关系国计民生的基础设施建设。建行揭阳市分行投放基本建设贷款分别支持广东粤东高速公路实业发展有限公司12.55亿元；广东龙马电器工业总公司2100万元。

2003年，全市中长期贷款余额35.76亿元，新增6.45亿元，增幅为22.01%。工行揭阳分行贷款主要投向省级重点企业、市重点优质企业和关系国计民生的基础设施建设。

2005年，全市中长期贷款余额38.29亿元，新增1.88亿元，增幅为5.02%。工行揭阳分行重点做好风能、火电、金润花园、汕揭高速、揭阳市第二自来水玉湖镇供水管网工程项目、揭阳市自来水公司高压送水泵房及平流沉清池改扩建项目营销，发放揭阳市第二自来水玉湖镇供水管网工程项目贷款1700万元，汕揭高速、揭阳市自来水公司高压送水泵房及平流沉清池改扩建项目已完成审批工作。中行揭阳分行大力推广“理想之家”综合贷款，率先推出“团购式”住房贷款，促进资产业务持续发展。

2005年，人行揭阳市中心支行密切关注信贷资金在不同地区、行业和企业间的动态变化和风险状况，及时进行信贷风险提示和“窗口指导”，加强房地产信贷管理。及时反馈房地产信贷政策效应，督促商业银行加强房地产政策和市场研究，提高风险预警能力。

2006年，工行揭阳分行重点做好中石化银团贷款、惠来石碑山风电场，惠来火电厂、汕揭高速公路公司等重点项目的营销工作。向中石化发放银团贷款1.60亿元，并为中石化39个加油站提供上门收款服务；向揭阳市自来水公司发放项目贷款3200万元；向惠来石碑山风电场发放项目贷款1亿元；向汕揭高速公路公司发放贷款4亿元。农行揭阳分行实现对大型优质资产项目的投放，投放汕揭高速公路项目余额1.46亿元、惠来靖海火电项目余额3.15亿元、广东创鸿集团创鸿消防御景湾项目9445万元、汕头金鸿公路项目余额1.35亿元。

2007年，全市中长期贷款余额61.97亿元，新增15.14亿元，增幅为32.33%。工行揭阳分行紧贴省委，省政府强势推进粤东地区经济发展的各项重点项目，抓住揭阳市委、市政府强势推进揭阳市经济跨越发展的有利时机，做好贷款储备和信贷业务市场拓展工作。加大对惠来火电厂、潮汕民用机场、厦深铁路、惠来石碑山风能项目、汕揭高速公路项目、中石化项目等重点项目的营销工作，向惠来电厂发放行内项目银团贷款1.93亿元。农行是继续做好优质资产大项目的跟进和维护，对惠来靖海火电厂项目增投9.80亿元，汕揭高速公路项目增投800万元。建行揭阳市分行对广东粤电靖海发电有限公司发放基本建设贷款2.17亿元。

2008年，全市中长期贷款余额66亿元，新增5.50亿元，增幅为9.09%。工行揭阳分行全年共投放新项目贷款3.10亿元；其中：凯晨置业9750万元，粤电靖海发电1329万元，汕揭高速2亿元。

2009年，全市继续加大对市重点设施的支持，工行揭阳分行发放粤东高速15亿元银团贷款，市人民医院新住院大楼6000万元，榕江大酒店固定资产支持融资1.30亿元，市广播电视台数字电视整体平移项目8000万元，高乐玩具上市项目前期贷款6000万元等新增优质项目贷款，共向惠来火电发放流动资金贷款6500万元，办理银行承兑汇票6.26亿元；向汕揭高速公司发放贷款5.05亿元。农行揭阳分行成功营销广东巨轮、榕泰、中诚化工等行业性、龙头性企业的大额贷款，至12月，全行本外币各项贷款余额39.40亿元，比年初增加17.30亿元，相当于再造一个“揭阳农行”。中行揭阳分行加大对揭阳重点项目、重点企业、支柱产业和改善民生等行业的贷款投放力度，全年累计投放贷款48.92亿元。

2009年，农发行揭阳市分行抓住重大能源项目落户给揭阳市经济社会带来的历史机遇，加强与市县（区）两级政府及有关部门的合作，不断拓宽信贷支农的深度和广度，第一次参与政府主导的基础设施项目建设，当年投放惠来县县城防洪堤围工程和揭阳市榕江大围达标加固工程曲溪堤段工程两个项目，贷款金额分别为6000万元和1.75亿元。这两个项目的实施，为今后与揭阳市各级政府在涉农基础设施建设融资继续开展合作奠定坚实的基础，同时也为基础设施建设类贷款业务的发展打开新的局面。当年度建行揭阳市分行资产业务快速发展，各项贷款增加14.56亿元，其中公司类贷款增加13.13亿元，全年投放21亿元，完成市政府要求的新发放12亿元目标。其中发放广东电网揭阳揭西供电局有限责任公司技术改造贷款6527万元。

2010年，工行揭阳分行全年共向重点项目发放贷款23.82亿元，成功营销中石油揭阳炼油项目公司基本账户、中石油项目配套子公司中油阳光物业管理有限公司广东石化项目部基本账户。农行揭阳分行向汕揭高速公路投放贷款2笔5500万元；同时，积极跟进惠来电厂一期3、4号机组项目的持续营销。

2011年，建行揭阳市分行发放广东顺风实业有限公司基本建设贷款1.47亿元。

2012年，农行揭阳分行对粤电靖海电厂新增流动资金贷款4.98亿元，成功拓展中电投惠来码头建设银团贷款项目，实现贷款投放3亿元，成功拓展粤东地区首笔县域房地产开发贷款，经农总行、省行审批同意对普宁市翔栩房地产开发有限公司发放房地产三年期开发贷款4亿元。建行揭阳市分行发放中电投前詹港电有限公司基本建设贷款1.62亿元。

2013年，农行揭阳分行成功营销汕湛高速、潮惠高速等银团项目；成功储备普宁服装城二期市场方建设固定资产贷款3.70亿元项目及揭东丹凤城一、二期2.50亿元商品房开发贷款项目，与中德金属生态城签订融资合作协议，制定“大南海”园区综合服务方案并积极跟进。建行揭阳市分行发放广东粤电靖海发电有限公司基本建设贷款1.44亿元。

2012年，人行揭阳市中心支行加强房地产市场监测分析，深入贯彻落实差别化住房信贷政策，持续跟踪全市金融机构房贷政策执行情况，并形成《揭阳地区房贷利率政策实施效果评估》等专题报告上报广州分行。

2014年，农行揭阳分行持续加大对系统性、行业性大客户及优质城镇化建设项目的营销拓展力度，重点做好惠来电厂、中电投码头、汕揭高速、汕湛高速、潮惠高速、普宁服装城二期及揭东丹凤城一、二期等大客户大项目的融资支持，2014年上述客户及项目累计共投放贷款10.38亿元。建行揭阳市分行发放广东吉荣电梯有限公司基本建设贷款5000万元。贯彻落实好房地产调控政策，促进房地产金融和房地产市场健康发展。

2015年，工行揭阳分行加大对重大项目和重点企业的业务拓展力度。继续落实好对政府机构和重点企业的“名单制”拜访，挖掘地方“十三五”重大工程，地区交通、医疗、能源，教育，先进制造业等重大项目及主流客户需求信息，积极通过信贷与非信贷、表内与表外相结合创新项目金融服务模式，主动营销，主动授信，进一步增强分行在主要区域及重要客户中的金融影响力。全年大中型法人客户增加10户；大中型法人客户表内贷款余额增加4亿元；实现表外融资投放2亿元。农行揭阳分行重点围绕揭阳市的战略重点，加强对重点项目营销，围绕城市基础设施、公路铁路、水利环保、棚户区及三旧改造领域，通过筛选中德金属集团有限公司创新基地等重点项目开展重点营销，全年对惠来电厂、中德集团、广东榕泰等大客户大项目累计投放贷款5亿元，占法人贷款投放总量的7.12%。建行揭阳市分行投放基本建设贷款投放情况支持广东潮惠高速公路有限公司1.50亿元，广东白石实业有限公司2100万元。交行揭阳分行成功办理“水悦尚都二期”项目重组贷款6407万元，进一步盘活创鸿贷款，给企业一定时间去售销楼房和处置资产，有效地降低贷款风险。

2016年，农行揭阳分行抓好粤电、揭惠高速等大项目的投放，重点跟进揭阳市龙颈水库应急备用引水工程、揭阳市九个污水处理项目、大南海工业园进园路等重点项目建设进度。中行揭阳分行突出对“三重一大”客户及医院、学校等弱经济周期行业，以及民生工程、基础建设项目的拓展，日均贷款新增额四行占比达46.30%，日均贷款余额四行占比较年初提升1.19个百分点。建行揭阳市分行投放广东潮惠高速公路有限公司基本建设贷款1.50亿元。

2015年和2016年，在国家调结构、稳增长的经济背景下，市农业发展银行揭阳分行按照“建设新农村的银行”的要求，充分利用省分行搭建的业务快速发展平台，与市县（区）两级政府开展全面合作，进一步主动对接政府主导的涉农基础设施项目建设，采用委托代建、政府购买服务的贷款模式，对揭阳市部分基础设施建设项目进行支持。两年累计支持政府项目12个，获得授信额度21.45亿元，实际投放7.18亿元，项目涉及农村路网、农村土地整治和水利等民生工程。其中，2016年支持的揭阳至惠来高速公路揭阳市区连接线工程（含加宽配套部分），属于揭阳市“百日百项大行动”的重点项目。该项目的建成，将使全市交通布局发生重大变化，为进一步缓解市区交通压力发挥重要作用。

2017年，工行揭阳分行集中精力抓好“十三五” 规划项目，地区重点建设项目和上市拟上市公司的项目支持，年末大中型法人贷款余额38.30亿元，比年初增加8.30亿元。农行揭阳分行将有限的信贷资源向综合回报率高的优质客户优质项目倾斜，成功投放普宁国际服装城一期经营性物业贷款4.50亿元。建行揭阳市分行投放广东天诚密封件股份有限公司基本建设贷款4100万元，揭阳市人民医院技术改造贷款4633.83万元。市农业发展银行支持引韩供水工程和揭阳慈云医院2公司自营项目，授信额度12亿元，当年成功投放1.10亿元。落实差别化住房信贷政策要求，与统计、房管等单位构建信息交流机制，强化住房信贷政策管理，保障房地产金融稳健发展。

2018年，工行揭阳分行紧紧契合揭阳市政府打造“一轴一带一区”发展新格局的规划和举措，抓能源、交通、环保、文教卫生等领域的重点客户支持。建行揭阳市分行投放基本建设贷款支持广东汕湛高速公路东段发展有限公司1亿元；广东汕湛高速公路东段发展有限公司2亿元；广东汕湛高速公路东段发展有限公司4亿元；广东汕湛高速公路东段发展有限公司1亿元。人行揭阳市中心支行落实房地产信贷政策要求，保障房地产金融稳健发展。加强消费信贷业务规范管理，防范信贷资金违规流入房地产市场；完善住房信贷政策管理，坚决按国家差别化住房信贷政策要求，督促法人金融机构执行住房金融服务工作新要求，助力全市房地产健康发展。

1. 基本建设贷款

1992年，揭阳新建市，建行揭阳市分行通过建行汕头市信托投资公司引进资金1200万元，加上本行发放贷款500万元，共计1700万元支持揭东县建设，为新县的起步发挥较大的作用。此外，建行揭阳市分行还通过省有关公司搞证券、融资、委托贷款共计4000多万元支持新市建设。省行支持新建行起步发展，下半年新增贷款规模6480万元（其中临时规模800万元），建行揭阳市分行先后发放贷款7000多万元，支持道路、城市建设，改善新市的投资环境，为新市、新县的建设做出积极的贡献。

1993年，工行揭阳分行支持新市基础设施建设项目3800万元（自来水公司扩装输水主干管2500万元，邮电3万门程控电话工程项目1300万元），进一步改善全市的投资环境。

1994年，工行揭阳分行投入资金1418万元，支持普宁市能源、交通、通信等基础设施建设。

1995年，工行揭阳分行倾斜资金重点支持能源、交通、通信等基础设施的建设，投入资金815万元，支持深汕高速公路惠来路段建设，保证项目预期完成；累放贷款2500万元支持市电力工业总公司向省供电局购电3亿千瓦时。

1996年，工行揭阳分行充分发挥信贷稳存、引存的功能，集中资金支持市基础工业基础设施建设。如支持市邮电系统、电力系统、公路局等，新增贷款5000万元支持市公路局用于省道1930线揭阳市东山路段复线和公路维护配套资金的需要，加速市政府提出的“努力把揭阳建设成为粤东水陆空交通枢纽城市目标”的实现；新增贷款1000万元，支持市邮电系统用于电讯的扩容及配套资金的需要，加速全市电讯事业的发展；新增贷款1950万元，支持市电力系统用于购电，缓解全市供电矛盾，为全市工业生产和群众生活创造良好环境。

1998年，全市继续加大对能源、交通等基础设施的贷款投入力度。全市基本建设贷款余额2.48亿元。工行揭阳分行集中资金支持基础设施项目建设，全年对基础设施项目贷款1.25亿元，占全部新增贷款的38.7%，如贷款5500万元支持省道1930复线改造工程建设；贷款2000万元支持市第一、二水厂供水工程；贷款5000万元支持榕华大桥工程项目等，取得较好的经济效益和社会效益。农行揭阳分行积极支持普宁莲花山自来水扩容工程和揭西县农村电网等基础设施建设。

1999年，全市基本建设贷款余额5.43亿元，当年度新增2.96亿元，增幅为119.3%。农行揭阳分行支持地方基础设施建设，新增投基建贷款1.10亿元，揭东县自来水公司水厂扩建工程3000万元。

2000年，工行揭阳分行投向公路、供电、供水、有线电视网络等基础设施建设项目，改善全市投资环境；农行揭阳分行支持揭东自来水厂3000万元，揭西北山水电厂820万元，揭阳学院3000万元。

2001年，农行揭阳分行积极介入支持经营性、有合法收费权的公用事业单位项目建设，支持揭阳高等专科学校2000万元，揭东自来水厂扩建贷款800万元，揭东云山殡仪馆项目贷款2100万元。中行揭阳分行重点支持电信、电力、公路等基础设施建设及高技术含量、高效益的“三资”企业，共向揭阳电信新增投放4609万元，对吉荣空调新增投放3000万元，给予普宁市明珠房地产有限公司房地产开发贷款1300万元，对公路局新增投放500万元。

2002年，工行揭阳分行新增贷款主要投向是省级重点企业、市重点骨干企业和优质中小企业以及关系国计民生的基础设施建设。建行揭阳市分行投放基本建设贷款分别支持广东粤东高速公路实业发展有限公司12.55亿元；广东龙马电器工业总公司2100万元。

2003年，全市基本建设贷款余额21.12亿元，全年新增5.37亿元，增幅为34.1%。各行贷款主要投向省级重点企业、市重点优质企业和关系国计民生的基础设施建设。

2005年，全市基本建设贷款余额22.44亿元。工行揭阳分行发放揭阳市第二自来水玉湖镇供水管网工程项目贷款1700万元，汕揭高速、揭阳市自来水公司高压送水泵房及平流沉清池改扩建项目已完成审批工作。

2006年，全市基本建设贷款余额28.25亿元，全年新增5.80亿元，增幅为25.84%。工行揭阳分行重点做好中石化银团贷款、惠来石碑山风电场，惠来火电厂、汕揭高速公路公司等重点项目的营销工作。向中石化发放银团贷款1.60亿元，并为中石化39个加油站提供上门收款服务；向揭阳市自来水公司发放项目贷款3200万元；向惠来石碑山风电场发放项目贷款1亿元；向汕揭高速公路公司发放贷款4亿元。农行揭阳分行投放汕揭高速公路项目余额1.46亿元、惠来靖海火电项目余额3.15亿元、广东创鸿集团创鸿消防御景湾项目9445万元、汕头金鸿公路项目余额1.35亿元。

2007年，全市基本建设贷款余额32亿元。工行揭阳分行向惠来电厂发放行内项目银团贷款1.93亿元。农行揭阳分行对惠来靖海火电厂项目增投9.80亿元，汕揭高速公路项目增投800万元。建行揭阳市分行对广东粤电靖海发电有限公司发放基本建设贷款2.17亿元。

2009年，工行揭阳分行发放粤东高速15亿元银团贷款，市人民医院新住院大楼6000万元，榕江大酒店固定资产支持融资1.30亿元，市广播电视台数字电视整体平移项目8000万元，高乐玩具上市项目前期贷款6000万元等新增优质项目贷款，共向惠来火电发放流动资金贷款6500万元，办理银行承兑汇票6.26亿元；向汕揭高速公司发放贷款5.05亿元。

2009年，农发行揭阳市分行抓住重大能源项目落户给揭阳市经济社会带来的历史机遇，加强与市县（区）两级政府及有关部门的合作，不断拓宽信贷支农的深度和广度，第一次参与政府主导的基础设施项目建设，当年投放惠来县县城防洪堤围工程和揭阳市榕江大围达标加固工程曲溪堤段工程两个项目，贷款金额分别为6000万元和1.75亿元。这两个项目的实施，为今后与揭阳市各级政府在涉农基础设施建设融资继续开展合作奠定坚实的基础，同时也为基础设施建设类贷款业务的发展打开新的局面。

2010年，农行揭阳分行向汕揭高速公路投放贷款2笔5500万元。

2011年，建行揭阳市分行发放广东顺风实业有限公司基本建设贷款投放情况1.47亿元。

2012年，农行揭阳分行对粤电靖海电厂新增流动资金贷款4.98亿元，成功拓展中电投惠来码头建设银团贷款项目，实现贷款投放3亿元。建行揭阳市分行发放中电投前詹港电有限公司基本建设贷款投放情况16.20亿元。

2013年，建行揭阳市分行发放广东粤电靖海发电有限公司基本建设贷款1.44亿元。

2014年，农行揭阳分行重点做好惠来电厂、中电投码头、汕揭高速、汕湛高速、潮惠高速、普宁服装城二期、揭东丹凤城一二期等大客户大项目的融资支持，2014年上述客户及项目累计共投放贷款10.38亿元。建行揭阳市分行向广东吉荣电梯有限公司发放基本建设贷款投放5000万元。

2015年，农行揭阳分行重点围绕揭阳市的战略重点，加强对重点项目营销，围绕城市基础设施、公路铁路、水利环保、棚户区及三旧改造领域，通过筛选中德金属集团有限公司创新基地等重点项目开展重点营销，全年对惠来电厂、中德集团、广东榕泰等大客户大项目累计投放贷款5亿元，占法人贷款投放总量的7.12%。建行揭阳市分行投放基本建设贷款投放情况支持广东潮惠高速公路有限公司1.50亿元，广东白石实业有限公司2100万元。

2016年，农行揭阳分行抓好粤电、揭惠高速等大项目的投放，重点跟进揭阳市龙颈水库应急备用引水工程、揭阳市九个污水处理项目、大南海工业园进园路等重点项目建设进度。中行揭阳分行突出对“三重一大”客户及医院、学校等弱经济周期行业，以及民生工程、基础建设项目的拓展，日均贷款新增额四行占比达46.30%，日均贷款余额四行占比较年初提升1.19个百分点。建行揭阳市分行投放广东潮惠高速公路有限公司基本建设贷款投放情况1.50亿元。

2015年和2016年，在国家调结构、稳增长的经济背景下，按照“建设新农村的银行”的要求，农业发展银行充分利用省分行搭建的业务快速发展平台，与市县（区）两级政府开展全面合作，进一步主动对接政府主导的涉农基础设施项目建设，采用委托代建、政府购买服务的贷款模式，对揭阳市部分基础设施建设项目进行支持。两年累计支持政府项目12个，获得授信额度21.45亿元，实际投放7.18亿元，项目涉及农村路网、农村土地整治和水利等民生工程。其中，2016年支持的揭阳至惠来高速公路揭阳市区连接线工程（含加宽配套部分），属于揭阳市“百日百项大行动”的重点项目。该项目的建成，将使全市交通布局发生重大变化，为进一步缓解市区交通压力发挥重要作用。

2017年，建行揭阳市分行投放广东天诚密封件股份有限公司基本建设贷款投放情况4100万元。

2018年，工行揭阳分行紧紧契合揭阳市政府打造“一轴一带一区”发展新格局的规划和举措，抓能源、交通、环保、文教卫生等领域的重点客户支持。建行揭阳市分行投放基本建设贷款支持广东汕湛高速公路东段发展有限公司1亿元；广东汕湛高速公路东段发展有限公司2亿元；广东汕湛高速公路东段发展有限公司4亿元；广东汕湛高速公路东段发展有限公司1亿元。本年度农业发展银行支持引韩供水工程和揭阳慈云医院2公司自营项目，授信额度12亿元，当年成功投放1.10亿元。

2. 技术改造贷款

1988年，建行揭阳县支行支持惠来县隆江竹器厂技术改造贷款5万元。1990年，农行揭阳县支行对乔西集装箱厂发放技改贷款50万元，支持该厂技术再改造，使该厂生产项目列入全省星火计划。

1993年，工行揭阳分行支持一批技术改造项目，投入资金1135万元，对支持企业产品上档次，增加品种规格，增强市场竞争能力，提高经济效益起到积极的促进作用。

1998年，全市技术改造贷款余额3.17亿元，比1997年新增1.30亿元，增幅为47.02%。1999年，全市技术改造贷款余额3.49亿元，比1997年新增3182万元，增幅为10.05%。

2002年，建行揭阳市分行投放2100万元技术改造贷款支持广东龙马电器工业总公司。2003年，全市技术改造贷款余额降至7655万元。2004年，全市技术改造贷款余额降至5621万元。

2009年，建行揭阳市分行投放6527万元技术改造贷款支持广东电网揭阳揭西供电局有限责任公司。

2015年，建行揭阳市分行投放2100万元技术改造贷款支持广东白石实业有限公司。2017年，建行揭阳市分行投放4633.83万元技术改造贷款支持揭阳市人民医院。

3. 科技开发贷款

1990年，农行揭阳县支行发放贷款10万元，扶持农科部门成功试验甘蔗地膜覆盖优耕法种植500亩，使甘蔗亩产量提高20%。农行揭阳县支行磐东所累计发放贷款5万元支持兽医站成功试验水牛创新项目，成功达到国际水准。

1992年，建行揭阳市分行贷款1000万元，支持普宁自来水工程和揭西威达科技项目的流动资金。

1994年，工行揭阳分行对广东威达集团公司新增科技开发贷款1000万元，并落实转贷资金1797万元，解决其新开发的4个高科技项目投产的流动资金需求。

4. 房地产贷款

1992年10月，为服务新市房改，建行揭阳市分行成立仅3个月，即在市区推行“供楼”业务，并与8家开发企业签订“供楼”协议，成为新市第一个得到人行揭阳分行和市政府批准的办理“供楼”业务的专门机构。

1994年，建行揭阳市分行积极组织以房改金融筹资等形式，在承办全市企事业单位住房基金、住房公积金业务问题上，得到市政府和有关职能部门的认可。到12月底，市政府提出，由市建设银行、工商银行承办全市企事业单位的住房基金、住房公积金业务，两家银行要努力提供优质服务，做好工作。

1996年，考虑到建行揭阳市分行的传统业务优势，揭阳市区房改公积金由建行揭阳市分行独家承办。

1998年，国务院、总行先后出台一系列支持地方经济建设，促进国民经济增长的货币信贷政策，如取消贷款规模管理限制，三次降低存贷款利率，推行个人住房贷款等，辖区组织各金融机构积极拓展个人住房贷款业务，使这项业务的贷款余额达到9183万元，比年初增加6693万元，增长269%，对推动住房制度改革，培育新经济增长点有较大意义。农行揭阳分行当年度配合国家住房制度改革，把支持居民住宅建设纳入信贷计划。

1999年，建行揭阳市分行个人供楼贷款业务在日趋激烈的市场竞争中占尽优势，几乎包揽全市的优质项目，使“要住房，找建行”的口号从真正意义上得以体现，成为建行揭阳市分行的重要业务品牌。至年末，按揭贷款项目26个，比年初新增6个，贷款余额2.09亿元，累计发放贷款1.57亿元，新增余额1.37亿元。全年信贷营销取得良好的社会效益和经营效益，优化信贷资产结构。

2001年，中行揭阳分行给予普宁市明珠房地产有限公司房地产开发贷款1300万元，对公路局新增投放500万元，给予揭阳市创鸿建筑工程公司开发的“金凤豪苑”及“金凤名苑”按揭贷款额度分别为5000万元及2000万元，普宁市明珠房地产有限公司开发的“明珠花园”按揭贷款额度8000万元，揭阳市乐万邦房地产开发有限公司开发的“乐万邦花园”8000万元。

2005年，辖区加强房地产信贷管理，及时反馈房地产信贷政策效应，督促商业银行加强房地产政策和市场研究，提高风险预警能力。是年，中行揭阳分行推广“理想之家”综合贷款，率先推出“团购式”住房贷款。

2008年，辖区发挥窗口指导作用，引导金融机构执行好货币信贷策。通过货币政策暨金融稳定分析制度、金融运行析联席会议和房地产金融会议等形式，督促金融机构加强流性管理，及时调整资产结构，合理控制贷款增长，保持贷款平衡投放，避免贷款大起大落。建行揭阳市分行签订绿茵花园、普宁丹桂苑、和兴金都花园、国源花园、东方凤凰城、金龙花园二期等6个无开发贷款按揭新楼盘项目。至12月底，全行新增个人住房贷款202笔5042万元，建行揭阳市分行成功取得公积金自动支取转账业务的开办权，独家承办住宅专项维修基金业务，个人住房公积金贷款业务也稳健发展，当年公积金贷款余额3742.38万元，新增2919.49万元。

2010年，建行揭阳市分行继续以公积金贷款为突破口，发挥公积金贷款经办优势，签约创鸿集团的江南三期东区（交行揭阳分行开发贷项目）、金叶家和花园（农信社开发贷项目）、棉湖星湖城（中行揭阳分行开发贷项目）等。

2011年，建行揭阳市分行继续新增合作楼盘24个，其中市区13个，普宁3个，揭西2个，揭东4个，惠来2个，实现各县域供楼业务“全覆盖”。

2012年，全市继续贯彻落实好房地产调控政策，促进房地产金融和房地产市场健康发展，加强房地产市场监测分析，深入贯彻落实差别化住房信贷政策，持续跟踪辖区金融机构房贷政策执行情况，并形成《揭阳地区房贷利率政策实施效果评估》等专题报告上报广州分行。建行揭阳市分行全面加强对市区及县区楼盘项目的营销服务工作，楼盘项目营销坚持抓大不放小，扩大影响力，重塑“要买房，找建行”的品牌形象。当年农行揭阳分行成功拓展粤东地区首笔县域房地产开发贷款，经农总行、省行审批同意对普宁市翔栩房地产开发有限公司发放房地产三年期开发贷款4亿元。

2013年年末，广东创鸿集团有限公司因资金链紧张，引发部分购房者组团要求处理纠纷，出现群体性事件隐患。揭阳市政府随后组织政府部门、金融管理部门、银行机构等，通过多种方式解决广东创鸿集团有限公司资金紧张问题、逐步处置购房者纠纷。

建行揭阳市分行继续开拓住房贷款市场，截至12月底，新增合作楼盘23个，为个人住房贷款持续稳定增长打好坚实基础。农行揭阳分行支持揭东丹凤城一、二期2.50亿元商品房开发贷款项目，与中德金属生态城签订融资合作协议，制定“大南海”园区综合服务方案，大力发展个贷业务，通过下沉网点营销个贷职能，迅速做大个贷业务规模，实现个贷业务跨越式发展。

2014年，建行揭阳市分行实现市区住房按揭业务覆盖市场占比第一，个人贷款余额20.46亿元，占比由年初的17.74%上升到19.36%。当年新增4.05亿元，占比30.75%，增幅为24.65%，住房公积金贷款余额9.65亿元，市场占比第一位；新增贷款3.30亿元，市场占比第一。农行揭阳分行继续以住房按揭为抓手，做大做强个贷业务。新增准入楼盘11个，准入金额28.74亿元，年末个人住房贷款余额

15.33 亿元，比年初增加 4.42 亿元，增幅达 40.51%。

2015 年，农行继续将住房按揭业务作为发展重点，全年新准入按揭楼盘 14 个，金额 60 亿元，累计投放个人（自营）住房按揭贷款 7.57 亿元，占全行个人贷款投放总量的 62.78%；年末个人住房按揭贷款余额 20.40 亿元，比年初增加 5.10 亿元。是年，中行揭阳分行住房贷款业务也得到进一步发展，当年住房贷款新增占全部个人贷款新增的 58.13%。

2016 年，辖区落实差别化住房信贷政策，协同推动地方住房去库存。市交通银行成功办理“水悦尚都二期”项目重组贷款 6407 万元，进一步盘活创鸿贷款，给企业一定时间去售销楼房和处置资产，有效地降低贷款风险。

2017 年，全市认真贯彻中共十九大精神，落实“房子是用来住的，不是用来炒的”的定位，配合做好去库存、去产能等工作。落实差别化住房信贷政策要求，与统计、房管等单位构建信息交流机制，强化住房信贷政策管理，保障房地产金融稳健发展。建行揭阳市分行迅速行动发展住房租赁业务，增加大行社会责任，积极响应国家“建立多主体供给、多渠道保障、租购并举的住房制度”。11 月 24 日，揭阳市分行成功与当地 9 家房地产企业举办住房租赁市场发展合作银企签约仪式，12 月，揭阳市分行与揭阳市房产管理局举行揭阳市住房租赁市场发展战略合作签约仪式、住房租赁管理系统建设签约仪式，夯实市分行发展住房租赁业务基础。个人住房贷款达到历史新高，贷款新增额 8.30 亿元、投放额 14.50 亿元占据揭阳市住房贷款市场最大领地。农行揭阳分行当年在房贷业务方面稳健发展，以碧桂园、恒大绿洲等刚需楼盘、刚需客户为重点，先后准入楼盘 12 个，投放个人住房按揭贷款 35.88 亿元，至 12 月末，个人住房按揭贷款余额比年初增加 8.96 亿元，存量市场份额同业排名第 1，增量排名第 2。

2018 年，辖区落实房地产信贷政策要求，保障房地产金融稳健发展；完善住房信贷政策管理，坚决按国家差别化住房信贷政策要求，督促辖区法人金融机构执行住房金融服务工作新要求，助力辖区房地产健康发展。

是年，建行揭阳市分行成功上线企业平台租赁系统，实现历史性突破，标志着揭阳建行的住房租赁业务跃上新的台阶；截至 12 月底，该平台成功上线房源 7230 套。6 月 30 日，揭阳分行成功上线住房租赁监管服务平台，强化揭阳分行在当地住房金融业务的专业化地位，强化与地方房管部门的战略合作关系，截至 12 月 31 日，成功进行房源核验 3590 笔。7 月 28 日，揭阳分行成功上线住房租赁共享服务平台，正式面向揭阳市区营销中介与个人房源上线建融家园平台，为全面拓展揭阳市区租赁市场提供系统支持；截至 12 月 31 日，成功上线中介机构 25 户及个人和中介房源 229 套。8 月 31 日，揭阳分行成功上线第四大平台——政府公共住房租赁平台，并上线首批公租房 1200 套，实现住房租赁四大交易平台全覆盖，为分行拓展揭阳住房租赁业务、加强银政、银企合作，迈出坚实的一步。当年的二手房住房贷款贷款余额 3.05 亿元，四行占比 53.31%，当年新增额 1.70 亿元，四行占比 68.65%，贷款余额和当年新增额实现双第一。

农行揭阳分行在做好住房按揭贷款投放的同时，加快个贷业务结构转型。重点加大碧桂园、恒大等总核客户楼盘和地处中心城区优质楼盘的营销准入，2018 年共准入按揭楼盘 16 个，至 12 月末，个人住房贷款比年初增加 9.29 亿元，存量份额 29.63%，居四行同业第一。

（四）个人消费贷款

1999 年，辖区引导信贷结构的调整，充分发挥监管“指导窗口” 作用，引导和监督金融机构及时调整信贷结构，优化有效投向，住房按揭等消费贷款成为全市金融机构新增贷款突出重点之一。

2000 年，全市持续指导金融机构支持消费信贷业务。建行揭阳市分行抓住住房等消费市场逐步趋旺的有利时机，积极发展以个人住房贷款为主的个人消费贷款业务，进一步加大个人住房按揭贷款的投放力度，至 12 月底，全市分行个人住房贷款余额为 2.89 亿元，比年初增加 7916 万元，增幅为 37.89%，占全部新增贷款的 35.46%，个人住房贷款在当地同业中的市场占比继续保持在 65% 以上；汽车消费贷款业务也得到健康发展，至 12 月底，累计发放汽车消费贷款 36 笔，贷款金额 409 万元，按揭本息实现 100% 回收，成为当地汽车消费贷款开办最早、投放最多、发展最快、效益最好的银行。农行揭阳分行积极开展以住房按揭为主的个人消费信贷等低风险业务，实现“零的突破”。

2001 年，辖区继续积极引导各金融机构持续开展消费信贷，扩大内需，全市金融机构共发放消费贷款 9.69 亿元，同比增长 31.08%。

2002 年，辖区以促进生产力发展为标准，顺应和把握战略趋势，认真贯彻稳健的货币政策，充分发挥窗口指导作用，合理运用多种货币政策工具，促进消费贷款、助学贷款业务，加大维护金融债权力度，加大分类指导和宏观调控的力度，辖区银行存款、贷款保持稳步增长的势头，有力支持地方经济的发展。建行揭阳市分行抓住机遇，积极发展个人资产业务。巩固发展个人住房贷款，积极向上级行争取个人住房装修贷款、个人耐用消费品贷款，个人消费额度贷款等个人资产业务的经办权，扩大各类个人消费贷款的经办范围，争取汽车消费贷款有突破性发展，当年更是新推出“二手楼”按揭业务。中行揭阳分行消费信贷余额占全行人民币贷款总额的 19.48%，比年初提高 10 个百分点；至 12 月末，中行揭阳分行消费信贷在当地四行的新增占比高达 95.15%，高居第一。

2003 年，工行揭阳分行个人信贷管理中心成立，拓展以住房按揭为主的个人信贷业务，大力引导、推动消费信贷工作。当年个人消费贷款余额 3548 万元，比年初增加 652 万元。建行揭阳市分行大力发展信用卡消费业务，全年龙卡消费额 3021 万元，同比增加 2417 万元，新增借记卡 5430 张、信用卡 516 张，信用卡消费增长成为业务发展的亮点。

2007 年，农行揭阳分行把个人资产业务尤其是住房按揭业务作为全行资产业务的一个重点发展。2008 年，建行揭阳市分行持续大力推动个人消费贷款和个人助业贷款，至 12 月底，自营性个人贷款新增 2188.86 万元，新发放自营性个人贷款 217 笔，金额 7471 万元，其中个人住房贷款 202 笔 5042 万元，个人消费贷款 15 笔 2479 万元。个人类贷款余额 1.75 亿元，比年初增加 2187.17 万元。2009 年，建行揭阳市分行通过对揭阳五金不锈钢产业集群、揭阳医药产业集群、揭阳纺织服装产业集群、揭阳化工塑料制品产业集群、揭阳玉器加工产业集群、揭阳电子电器产业集群、揭阳建材家具产业集群、揭阳食品饮料产业集群、揭阳造纸印刷产业集群等九大产业集群的个人经营性贷款（个人助业贷款）差别化准入，全年累计发放个人消费贷款 130 笔，累放金额 1.21 亿元，累计发放个人助业贷款 67 笔，金额 1.05 亿元。农行揭阳分行大力发展个人信贷业务，满足广大市民住房、汽车、休闲、教育等消费金融需求，为改善民生提供多样化的金融便利，累计发放住房、汽车等消费类贷款 4.30 亿元。中行揭阳分行大力发展个人信贷业务，满足广大市民住房、汽车、休闲、教育等消费金融需求，为改善民生提供多样化的金融便利，累计发放住房、汽车等消费类贷款 4.30 亿元。邮储行揭阳市分行银行在当年度推出住房贷款产品，截至年底，累计放款 2782 笔，金额 13.87 亿元。

2010 年，全市各金融机构消费信贷业务进一步发展。建行揭阳市分行解锁揭阳市分行第一笔信用卡消费分期——汽车分期，开启个人客户分期贷款新纪元。当年贷记卡客户增加 10801 个，贷记卡分期消费交易额 2557 万元，完成省分行计划的 128 %。当年个人住房贷款余额 3.79 亿元，新增 1.76 亿元，累计发放个人住房贷款863笔，累放金额2.20亿元。惠来联社个人类贷款余额7.10亿元，占比46.44%。

2012年，建行揭阳市分行个人消费贷款持续发展。至12月底，个人住房贷款余额7.85亿元，新增2.08亿元；住房公积金贷款余额3.23亿元，市场占比第一位；新增贷款1.56亿元，市场占比第一，捍卫房改金融龙头优势地位。惠来联社个人类贷款余额8.13亿元。2013年，建行揭阳市分行住房贷款发放2027笔，发放金额6.54亿元，公积金贷款发放1453笔，发放金额3.53亿元。个人类贷款中个人住房贷款余额12.86亿元，比年初增加5.01亿元，增长63.97%。邮储行揭阳市分行银行分别推出个人综合消费贷款、个人信用消费贷款和个人汽车消费贷款，截至2018年12月底，累计放款10.18亿元。当年惠来联社个人类贷款余额9.33亿元。2014年，工行揭阳分行抓住揭阳全面加强产业体系建设以及百姓消费需求快速增加的有利时期，锁定玉器、药材等六大成熟产业集群，发展汽车与车位分期、家装家电等新兴消费市场，积极发掘经营、消费等融资需求，进一步拓宽小企业信贷、个人消费贷款、住房按揭等重点业务的发展空间，全年消费信贷业务发展良好。当年，民生银行揭阳分行刚开业，其主要开展的个人消费贷款业务品种为个人抵押消费性贷款及微型信用消费性贷款，当年个人消费贷款为1156.51万元。

2015年，建行揭阳市分行消费信贷业务发展迅猛，个人住房消费贷款年新增首次突破6亿元。民生银行揭阳分行增加开展个人住宅按揭贷款及个人商用房按揭贷款，全年发放个人消费贷款数为7267.78万元。2016年，辖区充分发挥信贷政策引领作用，切实推进金融支持供给侧改革。引导各金融机构继续围绕全市经济发展的重点、特点，开发、应用具有行业特色的信贷产品，如“绿色园林贷”“政银保”等金融产品，加大对弱势群体、新消费领域的支持力度。建行揭阳市分行做实个贷经营中心，当年新拓展合作楼宇27个，全行共投放自营性住房贷款2271笔，金额9.37亿元，委托性公积金贷款累计发放1446笔，金额4.81亿元，全行新发放二手房贷款166笔，金额5036万元，新增4358万元。农行揭阳分行当年营销准入新楼盘12个，累计投放个人住房商业贷款8.05亿元，同比增加39.5%。中行揭阳分行新准入按揭楼盘17个，准入数量翻番，成立“房贷机动小组”加快住房按揭贷款投放，住房按揭贷款投放额6.25亿元、增加4.17亿元，均较上年度翻番。民生银行揭阳分行按揭贷款业务出现一个高峰，全年发放的个人消费贷款数增加到2.14亿元。

2017年，建行揭阳市分行个人住房贷款达到历史新高，贷款新增额8.30亿元、投放额14.50亿元，个人消费经营类贷款发放金额和新增金额当地四行排名均位列第一，其中“快e贷”新增3.82亿元，分期交易额达到7.40亿元。农行揭阳分行坚持双优策略，促进个贷业务稳健发展。加快个人住房按揭贷款抢收单力度，先后准入楼盘12个，投放个人住房按揭贷款35.88亿元，至12月末，个人住房按揭贷款余额比年初增加8.96亿元，存量市场份额同业排名第1，增量排名第2。在加快住房按揭贷款发展的同时，加大个人消费贷款发展力度，稳健拓展优质个人生产经营贷款。至12月底，个人贷款余额57.75亿元，比年初增加13.55亿元，存量市场份额同业排名第1。邮储行揭阳市分行银行推出第一款线上信贷产品“邮薪贷”，目前结余全国邮储第1，至12月底，累计放款2310笔，金额1.22亿元；另外推出“邮享贷”产品，至年底累计放款1759笔，金额4721万元。

2018年，辖区加强消费信贷业务规范管理，防范信贷资金违规流入房地产市场。工行揭阳分行个人贷款余额48.10亿元，个贷余额同业第三（主要是个人消费贷款同比下降4.80亿元），比年初增加5.30亿元。中行揭阳分行狠抓贷款结构优化和投放，紧跟消费升级趋势优化个人信贷结构，加大爱家分期、汽车分期、中银E贷等业务拓展，实现分期付交易6.45亿元，同比增幅19.2%，业务四行占比持续保持第一。揭东农商行自2017年开始积极开办个人住房公积金贷款及组合贷款业务，成为辖区内首个掌握住房按揭业务的农合机构。截至2018年12月末，共与10个楼盘合作，授信额度17.63亿元，受理按揭户数860户，金额5.18亿元，发放4.71亿元（其中商业贷3.84亿元，公积金贷8200万元）。普宁农商行在当年开始开办个人按揭贷款业务，至12月底，个人消费贷款共9.13亿元，其中个人消费贷款（自助循环）926.60万元，个人按揭贷款9.03亿万元，从当年投放金额上对比，普宁农商行成为普宁区域按揭第一大行。

（五）外汇贷款

1986年，全县国民经济各部门坚持贯彻执行“改革、开发和搞活经济”的方针，辖区带动各金融机构在支持工商企业正常生产和流通资金需要的同时，有侧重地支持外贸出口企业发展。至年底，中行揭阳县支行外贸贷款余额已达5529万元，增加1446万元，增长35.8%，有效地支持外贸部门多出口多创汇。1987年，全县外贸贷款下降416万元，这表明当年的信贷投向不够合理，国家对支持外贸出口是列作信贷投放重点的，下一年将会予以调整。1988年，全县金融部门认真贯彻落实“控制总量，调整结构”的方针和“控制货币，稳定金融”的决定，通过积极筹集各项资金来源，加强和改善资金管理，优化信贷资金投向，重点支持外贸出口创汇企业扩大生产。当年工行揭阳县支行累计向藤厂发放贷款904万元，促使该厂在生产材料提价、费用增加的情况下，仍实现产值1830万元，税利114万元，创汇470万美元。

1997年，中行揭阳分行投放给进出口企业、外事企业，“三资”企业的贷款额达6.97亿元，占总投放金额的95%，外汇贷款累放1129万美元，累收1108万美元，期末余额为2748万美元，比1996年年底增加198万美元。1999年，工行揭阳分行积极支持外贸出口企业扩大出口业务，全年共对优质外贸企业累计发放贷款8650万元，既扩大优质信贷客户群体，也有力地促进外汇业务的发展。

2001年，全市外汇贷款开始有缓慢地上升，当年增加135万美元，至12月底，余额1059万美元。2002—2006年，在开始平稳发展的基础上又逐步下降，至2006年年底，外汇贷款余额为606万美元。2007年，全市外汇贷款增加1559万美元，年底余额为2165万美元。2008年，中行揭阳分行开始发展外汇理财业务，持续优化负债业务结构。本外币各项贷款余额分别为20.49亿元、2247万美元，分别增长4.05亿元、973万美元。

2017年，民生银行揭阳分行为某企业发放一笔800万欧元的中长期境外并购贷款，为国家高新技术企业的发展拓宽融资渠道，大力支持国家高新技术企业的发展。

三、贷款业务项目创新

伴随着金融体制改革的深入，银行业务与信息技术和网络技术的现代科技的紧密结合，ATM、POS、电话银行、手机银行、网上银行的普及使用，推动揭阳经济金融的发展和客户结构与需求发生变化，传统的贷款业务项目无法适应不断变化的市场需求和银行自身业务的盈利需求，辖区银行业金融机构顺应潮流，不断创新信贷业务项目，以拓展市场空间。

1986年开始，辖区带领各金融部门贯彻执行“改革、开放和搞活经济”的方针，解放思想、更新观念，多形式多渠道创新信贷产品，主要信贷资金为支持当地工农业建设，基本上使工农业生产和商品流通发展中正常需要的流动资金基本上得到保证，有效地促进经济的持续稳定增长。

2002年，全市继续带领各金融机构加强金融业务创新，强化贷款营销意识，建立激励和约束机制，努力增加有效信贷投入。督促金融机构加大业务创新力度，积极开发既适应中小企业特点又能降低信贷风险的金融新产品，努力增加对中小企业的信贷投入。2003年，全市积极创新货币政策传导环境，确保货币政策有效渗透到经济发展的神经末梢，为辖区经济的发展提供良好的金融支持。

近十年来，揭阳经济持续健康快速发展，工业生产增长迅猛，农村经济稳步前进，投资建设力度不断增大，良好的经济环境带动金融业的发展。全市各金融机构借助良机，紧紧围绕市委市政府的经济建设中心，积极贯彻市委市政府的发展战略，坚持“与客户同发展，与地方共繁荣”的经营理念，积极履行企业社会责任，大力支持地方经济建设，不断加大产品创新力度，通过信贷支持，积极扶持当地中小企业的发展。

2007年，全市引导金融机构加大金融创新力度，加强中小企业金融服务，找准金融支农着力点，助推新农村建设。

2008年，工行揭阳分行通过实地调研，认真制订《揭阳分行小企业金融服务创新方案》，发展小企业票据业务，开展短期贷款业务、循环贷款等短期融资品种，创新营销盘活资产业务竞争力，积极实施“链式营销”，延伸项目融资业务及核心企业贸易链条，为优质项目的供应链企业和核心企业的上下游客户提供融资支持，全年共发放国内贸易融资2.67亿元。是年，邮储行揭阳市分行创新推出“定期存单质押贷款”业务。

2009年，辖区积极搭建平台，创新服务，加大对弱势经济群体的金融支持力度。通过搭建政银企合作平台，积极支持中小企业发展，引导各金融机构设立专门中小企业金融服务中心或岗位，创新金融产和服务方式，简化贷款审批手续，改进担保方式，较好满足中小企业资金需求。扶持部分重点中小企业发展，配合市金融办择优挑选56家高成长、有市场、有品牌、节能降耗效果显著的成长型企业推荐给各金融机构给予信贷支持。积极配合推进中小企业信用担保机构建设，促成市政府出台《关于推进全市中小企业信用体系建设的意见》，鼓励创新发展多种不同组织形式的担保机构，积极推动信用担保机构与银行之间的合作。中行揭阳分行积极实施中小企业贷款业务流程、融资品种、服务方式和联动机制“四项创新”，在全市率先开展与小额贷款公司、担保公司业务合作，发挥中行揭阳分行海内外网络和国际结算产品优势，联动国际、国内两个市场，推出保理、信用证、福费廷、远期结售汇和“达”系列产品等便利融资业务，为进出口企业量身制订金融服务方案，助推外贸企业“化危为机”。是年，建行揭阳市分行创新产品与经营模式，小企业经营中心成立，以市金属材料市场为主要阵地，积极向优质中小企业投放贷款和提供生产、贸易融资服务，倾力支持全市五金不锈钢、服装、化工塑料等特色产业的发展，至12月末，小企业贷款余额达到8.25亿元，比年初新增6.75亿元，有力地支持地方经济发展，中小企业技改和转型升级发展。

2010年，辖区积极把握货币政策导向，支持经济结构调整。认真传达贯彻上级有关文件精神，引导金融机构找准金融支持经济发展的切入点，进一步做好支持重点产业调整振兴、节能减排和淘汰落后产能的金融服务工作，提升金融对中小企业的创新服务能力，积极推进农村金融产品和服务方式创新，通过引导金融机构创新信贷产品和审批模式，探索多种抵押担保方式，解决中小企业信贷服务难题。工行揭阳分行积极进取，创新思路，另辟蹊径，强化营销，实行规模流量管理，以表内业务为杠杆充分挖掘表外信贷资源，以表外资金弥补表内规模不足，在较好的维护优质信贷业务市场的同时，成功拓展一大批本地化中小企业，加快创新，强化推广，创新产品“揭阳不锈钢贷”“网贷通”“退税贷款”得到市场的一致认可，尤其是“揭阳不锈钢贷”推出不到半年，便实现规模发展，累放额及余额双双超过3亿元。通过创新思路，先后成功营销广发证券10亿元融资项目和康美药业股东配股资金12.65亿元股权集合融资项目。

2011年，工行揭阳分行通过“网贷通”“小额便利贷”“三专”市场融资等创新品种的大力推广，坚持推进特色化产品拓展道路，做精做细商品融资等贸易融资产品和小企业“三专”业务，进一步优化信贷业务机构。在完成多笔股权融资项目的基础上，围绕已上市和拟上市公司，以品牌类投行业务为抓手，狠抓创新拓展，提升投商互促作用。中行揭阳分行积极创新发展，大力推进多元化经营，成功发起2个信托计划4亿元，完成2个信托计划1.50亿元申报工作，叙作同业存放10亿元业务等。创新推出针对纺织服装行业的“机贷通”、针对不锈钢行业的“钢货通”、针对鞋业行业的“联保联贷”等多项融资产品，积极帮助中小企业突破融资瓶颈。建行揭阳市分行本年度加大产品项目创新力度，成功准入揭阳市两家实力较强的担保公司，扩大业务规模，到12月底，中小企业贷款余额为16.41亿元，比年初新增4.16亿元。

2012年，建行揭阳市分行创新推出“信用贷”“平台贷”等新产品，稳步推进小企业信贷业务下沉工作，切实推进“小企业信贷工厂”建设，实现小企业信贷业务“全面开花”。截至12月底，比年初增8300万元。工行揭阳分行在转型经营中推进金融创新，以产业集群为主攻方向，“以专业换砖头”，全力做好创新产品的营销推广，带动企业客户的常态化拓展。此外，广开思路，精心设计以“企业自有设备租赁+应收租赁款保理”的金融服务方案，成功办理T+0应收租赁保理业务8000万元，开创全省工银租赁之先河。农行揭阳分行加快产品和服务创新，因地制宜，因势而变，精耕细作，不断拓宽服务产品，深化服务内涵，成功拓展粤东地区首笔县域房地产开发贷款，经农总行、省行审批同意对普宁市翔栩房地产开发有限公司发放房地产三年期开发贷款4亿元。普宁信用社本年度创新推出第一个面向特色农产业的系列贷款——金梅贷，以优惠利率、快捷办理等特点服务青梅种植农户生产、支持青梅产业做强做大；揭阳地区首家小微企业专营中心成立，加强涉农业务创新力度，开办“个人创业贷款”“银行卡个人自助循环贷款”“股权质押”等特色信贷业务品种，并在贷款额度和利率上给予倾斜，促进地方特色和区域优势主导产业做大做强。邮储行揭阳市分行本年度创新推出“市场方担保贷款”，为邮储行全国首批、广东首家开办分行，截至2018年12月，累计放款152笔，金额3.20亿元，推出第一款由政府贴息的信贷产品“再就业小额担保贷款”，截至2018年12月底，累计放款6644笔，金额40.47亿元。

2013年，全市认真执行稳健货币政策，促进经济金融协调发展，贯彻落实《关于加大金融创新力度支持现代农业加快发展的指导意见》，引导金融机构增加“三农”信贷投入和涉农金融服务，大力支持农村基础设施建设和农业产业化龙头企业。推进农村金融产品和服务创新，推动涉农金融机构大力推广农户小额信用贷款、农户联保贷款、联合信用贷款、“公司+农户”贷款等创新产品，不断扩大小额贷款受益面。同时引导各金融机构创新贷款担保方式，扩大有效担保品范围，发展“信贷+保险”产品，分散农业信贷风险；探索开展农村土地承包经营权、宅基地使用权抵押贷款试点工作，不断提升“三农”金融服务水平。创新金融资本运营模式、推动“普惠金融”发展、扩大外贸融资、增强支付结算服务能力、加大金融改革发展力度和强化政策与配套措施的激励机制等八条指导意见，全面助力揭阳经济发展体质提速。中行揭阳分行强化经营创新，发挥中行揭阳分行国际化优势，主动与海内外支行联动，与中银香港联合办理首笔“财融通”业务。与揭阳市社保局合作网上代发社保基金，借助科技转型提升客户服务体验，降低企业经营成本。大力推广中小企业信贷工厂模式，创新业务流程，通过专业化分工和工厂式、标准化、“流水线”运作，使贷款审批更加专业高效，审批周期从2—3个月缩短至3—5个工作日，有效满足小微客户“短、频、急”融资需要。认真落实国家扶持小微企业发展政策，结合揭阳小微企业行业特点，积极争取作为省中行第二批微型金融商业模式试点行并叙作微型企业贷款300万元。普宁信用社推出面向县域蕉柑产业创新信贷产品——柑富贷，面向花卉苗木产业创新信贷产品——绿色园林贷；面向县域支柱产业、民生产业创新信贷产品——“衣贷通”，至12月底，各项贷款余额95.93亿元，比年初增加13.84亿元，增长16.86%。邮储行揭阳市分行当年度创新推出“小额结算流水贷”，截至2018年12月底，累计放款59笔，金额2361万元；推出“烟草贷”，截至2018年12月底，累计放款17笔，金额334万元；推出“渔船抵押贷款”，截至2018年12月底，累计放款101笔，金额5725万元。

2014年，普宁信用社重点创新产业亟须的金融产品，面向县域电子商务行业的购销资金需求，创新推出“电商贷”贷款产品，满足电子商务客户的融资需求。重点引导农民专业合作社健康发展。扎实开办农民合作社“政银保”贷款业务，支持两家农民专业合作社健康发展。至年底，普宁信用社面向服装市场和特色农产业累投贷款5932万元，其中“衣贷通”累投3826万元。是年，邮储行揭阳市分行创新推出家庭农场（专业大户）贷款业务，截至2018年年底，累计放款134笔，金额5997万元。

2015年，辖区强化业务创新、加强信贷指导，助推地方经济良性发展。探索科技、金融融合发展，助力科技创新驱动，与科技局共同研究出台《关于推动揭阳市科技与金融结合发展的指导意见》，推动2家高新技术企业成功在银行间债券市场发行直接债务融资14亿元；设立科技支行1家，共计发放科技型企业贷款2亿多元。6月，首届中德中小企业合作交流会在全市召开，会上，中国银行广东省分行与中德金属集团有限公司联合签署《综合金融服务与贷款优惠协议》，通过该协议的签署，中行揭阳分行将为与会中外中小企业提供跨境投融资撮合和专属金融服务。中行揭阳分行通过内保外贷、海外融议融资、跨境人民币融资等产品，为国内中小企业用好境外相对低利率的资金提供便利化金融服务。上半年，中行揭阳分行联手中国银行法兰克福分行，为中德金属生态城引进环保项目公司提供高效便捷的跨境金融服务。建行揭阳市分行创新突破“玉石贷”“石材贷”两个平台贷项目，成功启动与揭阳市国税局、地税局开展“税易贷”服务项目合作；至12月底，建行揭阳市分行小微企业贷款（含助业）累计发放540笔、金额12.68亿元。普宁信用社本年度根据菜农融资需求研发新信贷产品“菜篮宝”，支持区域蔬菜种植特色产业发展。

2016年，中行揭阳分行创新授信品种，在全省首创小产权房业主分期付项目3个叙作360万元，并作为全省消费金融样板项目进行推广，成功营销利泰公司、恒润公司等筹组外部银团贷款项目；创新授信模式，为揭阳首创水务叙作首笔PPP模式贷款8000万元，营销普宁市友兴实业有限公司、华美实验学校非标理财累计3.30亿元；创新理财产品，营销“搜于特”股票质押式回购业务1亿元，有效带动公、私联动合营，满足客户理财需求和融资需求。创新拓宽营销渠道，实现首笔福费廷二级市场业务及粤东地区首笔全口径跨境融资业务落地，顺应监管政策要求，联动中银香港营销企业到海外行开户，推荐31家企业到香港中银开户，实现海内外联动跨境业务量约22.50亿元，有力提升跨境人民币业务转化率。普宁农商行开展扶贫金融产品调研，创新大学生助学贷款“圆梦贷”、扶贫产业贷款“浓情贷”等精准扶贫金融信贷新产品；同普宁市国地税局签订“普宁市‘银税互动、扬帆小微’服务项目”合作意向书，共同搭建助力小微企业发展的新桥梁，帮助小微企业解决融资难、融资贵问题；创新公务员消费贷款、应收账款质押贷款等新业务；试点“两权”抵押贷款，累计发放林权抵押贷款金额520万元。至年底，普宁农商行各项贷款余额134.23亿元，增加12.20亿元，增长1.01%。邮储行揭阳市分行当年度创新推出电商类信贷产品“掌柜贷”，截至2018年12月底，累计放款59笔，金额83万元；推出第一款扶贫小额信贷产品“惠农易贷”，截至2018年年底，累计放款306笔，金额1176万元；推出“光伏扶贫贷款”，截至2018年年底，累计放款1笔，金额50万元。

2017年，全市大力推进信用扶贫“三个一百”工程，与金融工作局、市扶贫办等联合印发《关于扎实推进揭阳市信用扶贫工作的实施意见》等文件，指导金融机构推动信用扶贫基础建设，开通贷款绿色通道，创新信贷产品，推进金融扶贫精准对接，联合市科技局、金融局出台《关于完善揭阳市科技金融服务创新驱动发展的指导意见》，引导金融机构加大对科技型企业的金融服务力度。农行揭阳分行在业内创新推出普宁国际服装城“惠商e贷”产品，产品发布以来已投放贷款41户，贷款金额398万元。中行揭阳分行联合揭东区人民政府成功举办“中银融资融智南粤行”活动，积极贯彻落实国家推进供给侧结构性改革、创新驱动发展、振兴粤东西北和乡村振兴战略；通过深化政银合作、推进普惠金融、搭建服务平台，着力服务地方民生产业发展，促进经济社会创新转型，扎实有效；联系对接科技、教育、农业、医疗、环保类中小企业180余家，实地走访近60家，为近30家中小企业提供贷款支持超1亿元，及时破解中小企业融资难融资贵的问题。普宁农商行当年针对商贸批发、零售、服务等经营类小微企业推出主产品“商捷贷”，配套开发“立码贷”“商圈贷”“联保贷”等子产品；针对农户及新型农业经营实体推出“惠融农户贷”和“惠融特色农业贷”，推出除个人购房贷款外的其他综合性消费类信贷产品“分期宝”及针对国家大力支持的光伏发电项目的“光伏贷”贷款。邮储行揭阳市分行推出自主创新产品“饲料贷”，截至2018年年底，累计放款50笔，金额1998万元；推出第一款担保公司担保贷款“农担贷”，截至2018年12月，累计放款13笔，金额1630万元；推出自主创新产品“药材贷”，全国邮储仅在揭阳开办，截至2018年年底，累计放款61笔，金额2.16亿元。

2018年，辖区积极贯彻落实国家推进供给侧结构性改革、创新驱动发展、振兴粤东西北和乡村振兴战略，深化政银合作、推进普惠金融、搭建服务平台，服务地方民生产业发展、促进经济社会创新转型，加大金融支持创新驱动战略的力度。人民银行揭阳中支联合市科技局、高企协会举办科技与金融融合政策宣讲暨融资对接会，与市科技局签订合作备忘录，组织9家金融机构与9家高新技术企业签订授信合作意向6.91亿元。全年促成金融机构与高新技术企业场外达成授信、债务发行等方面的合作共73.88亿元。中行揭阳分行和普宁市人民政府联合主办的“中银中小企业融资融智现粤行”活动在普宁顺利举办，是中国银行广东省分行创新推出的解决中小企业融资难融资贵问题的平台服务模式，该模式围绕“建设新时代全球一流银行”发展战略，切实服务实体经济，搭建“面对面、一对多”的服务平台，为区域产业集群、传统产业转型升级、农业产业化、教育医疗养老社会化、中小微企业国际化和生态链跨界融合提供“融资+融智”综合服务。该活动完成总量审批26户，授信总量1.07亿元。普宁农商行当年度创新推出服务小微企业“立码贷”“商药贷”等特色产品，累计发放“立码贷”20户20笔金额441万元，“商药贷”4户4笔金额174万元。邮储行揭阳市分行推出“小额税贷通”，截至2018年12月，累计放款44笔，金额3299万元；推出“信速贷”，截至2018年12月，累计放款526笔，金额4857万元。

四、贷款管理制度创新

1995年，辖区在准确理解适度从紧货币政策的基础上，要求各金融机构处理好提高信贷资产质量和加大信贷投入的关系。强调贷款的经济效益既是资金运行规律的客观要求和专业银行向商业银行转化的必备条件，也是逐步向国际金融接轨的前提和深化金融改革的内容，因此，要落实措施提高信贷资产质量，优化新增贷款投向。本年度创新实行新增贷款责任制制度，即谁发放谁负责收回，逐步建立由政府、银行、企业“三位一体”的管理办法和贷款跟踪使用的手段，从定项目、定贷款、跟踪资金使用、投产效益、收回贷款全程承包、全程服务，实现“借、用、还”良性循环。1996年，随着经济的快速发展，企业向现代集团化发展，强烈要求资金集中投入，要完成较大规模的投资，单靠一家银行是难以承受的。辖区深刻认识到这一发展趋势，开始创新在信贷关系上打破系统封锁，加强横向联合，实施“银团贷款”向“大金融”的转变，对较大规模的支柱产业项目以银团贷款集中投入，提高资金配置效益。要求政府、银行、企业“三位一体”，从评估、考察、定项、放贷、跟踪资金使用，直至实现效益偿还贷款全程承包、全程服务，以实现“借、用、还”良性循环，得到当地市委、市政府的赞同和支持。

1998年，是金融业务的改革年，人行揭阳分行转变对金融机构的监管手段，把对金融价格合规性监管向以风险防范为核心的审慎性监管转变，由过去的现场监管向非现场的并表管理办法转变，建立金融系统风险预警指标监测体系，全面掌握监测各金融机构资金头寸变化动态和信贷总量。根据全市的实际情况，制定落实“十条规范管理制度和十不准”，更好地规范贷款管理行为。另外，加强对农村信用社实施直接的金融监管和对城市信用社实施专门监管，并在全市系统性、全面性地开展贷款清分工作，切实指导各金融机构对这项新课题、高技术操作工作的顺利进行。

1999年，辖区继续加强对贷款管理制度的完善，创新推广使用银行信贷登记咨询系统，实现与市区金融机构联网，信息共享，并通过贷款卡的成功发放，为完善客户的开户、贷款等信用审查制度，加强账户管理和贷款审查，防止企业通过多头开户套取银行贷款、逃废银行债务奠定基础。

2002年，辖区以促进生产力发展为标准，合理运用多种货币政策工具，不断加大对“三农”和中小企业的信贷支持力度，促进消费贷款、助学贷款业务，加大分类指导和宏观调控的力度，加强金融业务创新，强化贷款营销意识，积极运用再贷款再贴现工具，支持地方经济发展。

2003年，辖区积极服务于发展这一“第一要务”，疏通中小企业融资环境。通过对辖内民营企业贷款的现状及制约因素等问题进行全面、深入、细致的研究分析，形成《关于改善揭阳市中小企业贷款环境的若干意见》，以中小企业贷款评估登记为突破口，以信用环境建设为结合点，着力解决中小企业贷款难问题。另一方面，通过对各金融机构的引导，优化信贷结构，加强对重点行业、出口创汇企业和民营中小型生产性企业的信贷支持，积极推进助学贷款和下岗失业人员小额担保贷款业务，鼓励商业银行开办出口退税账户托管贷款业务。加大对“三农”的信贷投入，制订印发《揭阳市农村信用社支农服务工作意见》，进一步推动小额信贷和农户联保贷款工作。

2005年，辖区积极推进金融改革创新，优化信贷投放结构。通过有效指导各金融机构贯彻落实信贷政策，及时进行信贷风险提示和“窗口指导”，大力支持非公有制经济发展，认真落实国家助学贷款新政策，加强房地产信贷制度管理等举措，促进全市经济协调发展。

2006年，辖区认真贯彻执行稳健的货币政策，稳步推进利率市场化改革，提高信贷监测分析能力，重点加强对地方经济、货币信贷、市场利率等方面的监测分析，逐步完善货币信贷政策快速反应机制，引导信贷资源的合理投放。

2007年，针对国家多次上调存款准备金率和金融机构存贷款基准利率，辖区在第一时间对各方反应进行快速调查，并及时改进和完善“窗口指导”，引导金融资源合理配置，落实国家信贷政策，防止信贷投放过快，防范信贷风险。当年对辖内信贷增长较快的农信社逐个实地调研，督促其加强信贷资金管理，控制贷款合理增长，防范信贷风险。坚持区别对待、有保有压的信贷政策，引导商业银行优化信贷结构，加大金融创新力度，加强中小企业金融服务，找准金融支农着力点，助推新农村建设。

2008 年，根据经济金融形势和国家宏观政策新变化，结合地方实际，辖区加强货币信贷监测制度，督促金融机构加强流动性管理，及时调整资产结构，加强信贷结构调整，加强和改进对“三农”的信贷支持，严格限制对“两高一剩”等行业的贷款，继续加强对就业、助学、中小企业等经济薄弱环节的支持，并加强对农信社贷款规划指导，控制信贷合理增长。

2009 年，人行揭阳市中心支行创新与揭阳银监分局联合印发《关于进一步加强信贷结构调整促进国民经济平稳较快发展的实施意见》，引导辖区金融机构正确把握政策意图，找准金融支持经济发展的切入点，突出信贷投向重点。并指导各金融机构设立专门的中小企业金融服务中心或岗位，创新金融产品和贷款制度，简化贷款审批手续，改进担保方式，较好地满足中小企业的资金需求。

2010 年，辖区大力推动贷款服务创新，有效缓解中小企业和“三农”融资难问题。通过引导金融机构创新信贷产品和贷款审批模式，探索多种抵押担保方式，着力解决中小企业信贷服务难题。本年度揭阳农行积极开办林权抵押贷款，突破以抵押担保为主的传统做法，采用保证、林权抵押、税款、收费权质押等担保方式发放贷款；揭东联社创新担保方式，尝试采用仓单质押的方式支持中小企业和涉农企业的发展；揭阳榕城农商行尝试“追加企业股东作为第二保证人”的贷款方式，既有效防控信贷等下，又解决中小企业提供抵押品难的问题。另外工行揭阳分行、中行揭阳分行、广发银行揭阳支行先后与有关担保公司合作，为中小企业和个人提供信贷支持。

2013 年，辖区贯彻落实《关于加大金融创新力度支持现代农业加快发展的指导意见》，发挥货币政策工具调控作用，特别是运用好支农再贷款工具，引导金融机构增加“三农”信贷投入和涉农金融服务，推进农村金融产品和服务创新，积极引导金融机构推行“分年评级、一次授信、额度控制、循环使用”的贷款方式，做实做精小额信用贷款和小额联保贷款，推动涉农金融机构大力推广农户小额信用贷款、农户联保贷款、联合信用贷款、“公司 + 农户”贷款等创新产品。同时引导各金融机构创新贷款担保方式，扩大有效担保品范围，发展“信贷 + 保险”产品，分散农业信贷风险。

2014 年，辖区不断完善信贷政策管理制度，按季度落实“信贷形势分析暨信贷导向效果评估”信息交流制度，并将中小企业信贷政策导向效果评估制度调整为小微企业信贷政策导向效果评估制度，切实强化信贷政策导向评估的政策有效性。

2015 年以来，辖区积极推进信贷资产质押再贷款试点工作，通过选定试点机构，落实试点工作责任，切实做好清单备案、信贷资产审核、质押、托管、登记等手续，推进再贷款质押品操作与管理在揭阳辖区的顺利实施。

第三节 中间业务及表外业务

中间业务是指不构成商业银行表内资产、表内负债，形成银行非利息收入的业务，包括金融服务类业务（商业银行以代理人的身份为客户办理的各种业务）和表外业务（未列入资产负债表，但同表内资产业务和负债业务关系密切，并在一定条件下会转为表内资产业务和负债业务的经营活动）。1978 年改革开放后，随着国家金融市场体系的培育与成长，金融业逐步走向竞争，并趋愈演愈烈之势。揭阳银行业金融机构也越来越难以仅靠传统的存贷款来保持竞争优势，由此各家银行依托总、省行开发的金融电子技术和先进的金融电子化网络系统，大力发展中间业务及表外业务，扩大非利息收入比重，提高银行 服务水平，以多元化服务满足客户多样化需求。

20 世纪 80 年代以前，揭阳银行业金融机构的中间业务以结算业务为主，服务内容单一，业务量小，办理条件规定严格。80 年代中后期，各银行陆续增加委托贷款、个人汇款、旅行支票、银行本票、活期储蓄异地通存通取、直达电汇等品种。各银行先后开办外汇中间业务和银行卡业务。

1985 — 1994 年，全市银行业金融机构虽有中间业务服务，但对中间业务概念仍不明确，也无发展中间业务的动机，品种少、收入占比低、管理体制和手段落后，基本是供给导向型业务。

1995 — 1999 年，全市银行业金融机构明确提出中间业务概念，各银行主动提出要发展中间业务，改善服务质量，主要服务于存款业务，作为稳定、扩大存款来源，优化存款结构，降低筹资成本，竞争优质客户基本账户的工具和手段。中间业务创新主要集中在与存款比较密切的代理业务领域，如代发工资、代收公用事业费、代理政策性银行贷款、代理国债发行兑付等。各银行经营策略主要抢占市场，扩大规模和提高市场份额。这一时期的中间业务发展特点，为存款导向型业务，其品种和业务量增长很快，间接效益突出，直接效益不明显。农发行揭阳市分行 1996 年 12 月开始独立营业后，立即开办国内会计结算业务。

2000 — 2004 年，全市银行业金融机构明确将中间业务定位于与资产、负债业务同等重要地位，大力推动中间业务从辅助业务向支柱业务转变，确立以中间业务收入为中心的发展理念，逐步形成向收入导向型业务发展趋势。但全市金融机构开办的中间业务品种仍较单一，中间业务量和业务收入仍较少。2004 年，工行揭阳分行中间业务委员会成立，随后，其他银行均成立，具体负责各项中间业务的开展，同时制订中间业务工作的有关规定。各行不断实施业务品种结构调整，中间业务创新重心从简单代理型业务转向咨询顾问、基金代理发行和交易、理财、衍生品交易、代客风险投资等。至 2004 年，各银行的中间业务种类主要有五大类：支付结算类，包括国内外结算业务；银行卡类，包括信用卡和借记卡业务；代理类，包括代理证券、代理保险、代理金融机构委托、代收代付等业务；担保类，包括银行承兑汇票、备用信用证、各类银行保函等业务；其他类，包括保管箱业务等。

2005 — 2007 年，揭阳市各专业银行逐步向商业银行方向深化改革，辖内银行业金融机构的中间业务竞争加剧，尤其是随着 2007 年资本市场的火爆，使得代理证券、代理基金、代理保险买卖等中间业务强劲增长，特别是依托发达的网上银行销售渠道、灵活的销售政策、广泛的代销产品等，全市中间业务收入发展迅速。

2006 年，工行揭阳分行实施网点客户管理工程，建立以网点为阵地，以客户经理为主要营销队伍，将本外币捆绑一起，向客户营销基金、国债及保险、外汇等产品，个人中间业务发展加快。

2008 年后，随着商业银行体制机制改革不断深化，公司治理不断完善，风险管理水平显著提高，以及网络化的发展和银行客户金融服务需求的日趋多元化、差异化，辖内金融市场迅猛发展，中间业务产品日益丰富，尤其是短信通、税务通、教育通、医疗通、科技通、水电费通等各种网络通创新产品代替手工操作代理业务的推出，以及贵金属、理财产品、信用卡分期付业务等创新产品不断推出，中间业务发展步伐日益加快。中间业务收入占银行收入比重逐年增加，成为各商业银行新的利润增长点。

2018 年，全市银行业金融机构中间业务收入 7.70 亿元。

2018 年揭阳市银行业金融机构中间业务收入情况表

表 3-14 单位：万元

单位	中间业务收入
全市金融机构（汇总）	77023.07
农发行揭阳市分行	10.35
工行揭阳分行	21461.00
农行揭阳分行	16073.40
中行揭阳分行	10043.98
建行揭阳市分行	17849.19
交通银行揭阳分行	3028.59
广发银行揭阳支行	253.50
民生银行揭阳分行	1049.81
南粤银行揭阳分行	159.22
揭阳农商行	820.79
揭西农商行	206.03
揭东农商行	539.16
普宁农商行	890.05
邮政储蓄银行	4271.59
汇丰银行揭阳支行	9.27
东亚银行（中国）有限公司揭阳支行	40.26

一、结算业务

商业银行中间业务广义上“是指不构成商业银行表内资产、表内负债，形成银行非利息收入的业务”（根据 2001 年 7 月 4 日人民银行颁布《商业银行中间业务暂行规定》）。它包括两大类：不形成或有资产、或有负债的中间业务（即一般意义上的金融服务类业务）和形成或有资产、或有负债的中间业务（即一般意义上的表外业务）。

结算类业务是指客户办理因债权债务关系引起的与货币支付、资金划拨有关的收费业务，结算是银行的一项重要传统中间业务。

（一）商业银行人民币结算

1989 年前，为适应高度集中的计划经济模式，辖内各银行金融机构的人民币结算分为同城结算、异地结算两种。同城结算主要采用现金支票、收付款委托书、托收承付和无承付等方式；异地结算主要采用银行汇票、商业汇票、支票、汇兑、委托收款、信用证等方式。联行制度有全国、省辖、县辖三个通汇层次。4 月起，实施新的银行结算办法，实行“恪守信用、履约付款、同业往来资金互不占用（即谁的钱进谁的账由谁支配和银行不垫款）”的原则，废止异地托收承付结算方式和取消国内信用证结算。

1990 年 4 月 4 日起，恢复托收承付结算方式。1997 年 8 月 1 日起，恢复国内信用证结算办法。

1994 年 1 月起，全国金融系统改收付记账法为借贷记账法，全市实行同城清算资金电子化。1995 年后，各银行先后建立起一套集同城异地结算于一体的全面、综合业务处理系统，实现综合化网点、综合柜员、综合账务处理和统一核算，资金汇划清算提速，全国网内机构异地跨行转账实现当日到。1996 年，农行揭阳分行开通全国和省辖电子联行、汇兑结算。建行揭阳市分行开通电子汇划资金清算系统，开办对私业务资金管理。广发银行揭阳支行开办银行承兑汇票和贴现业务。1997 年，工行揭阳分行统一全市的会计核算。1999 年，工行揭阳分行核算中心成立，实施全市各项业务的集中处理，实现联行、交换、清算、事后监督业务全面集中处理。工行揭阳分行开通全国资金汇划清算系统业务。中行揭阳分行开办国内保函业务。

2001 年后，全市各银行发挥结算手段为客户服务功能，扩大基本客户群。工行揭阳分行推出网上银行、企业银行、电话银行等电子银行产品，创新推出网络结算品种；开办代理企业、个人、信用社、邮储等机构的资金清算、结算业务；开通“T+0”银证转账业务。2002 年，工行揭阳分行推出网络结算，代理证券、保险的期货资金清算业务，同业支付结算代理业务，代理跨行银行承兑汇票查询业务。2003 年，工行揭阳分行 CB2000 同城清算系统投产，对账中心成立，初步建立核算一体化、内控规范化的经营管理体系。2004 年，中行揭阳分行中间业务呈现持续、稳步增长的趋势，收益水平较大幅度提高。至 12 月底，全市实现中间业务净收入 890 万元（省行口径），完成省行任务 100%。银行卡直接消费额 6992.03 万元，完成省行全年任务 139.84%；代理外卡收单 74.57 万元，完成省行全年任务 149.14%。实现银行卡收入 113.02 万元，完成省行全年任务 141.28%。累计销售基金 1203.33 万元，完成省行全年任务指标 200.56%，累计办理外汇宝交易 764 万美元，完成省行全年任务 152.8%，累计销售汇聚宝业务 891.61 万美元。至 12 月，累计办理票据贴现业务 1.83 亿元，同比增加 6252 万元，增幅为 51.94%。2005 年 8 月 4 日，农发行总行制定《中国农业发展银行人民币银行结算账户管理办法》，规范全系统的结算账户管理。2007 年，中行揭阳分行抓住资本市场快速发展和投资理财需求旺盛的有利时机，大力发展基金账户、开办网上银行基金交易和基金代销业务，全年基金销售达 11 亿元，增幅 1076.4%。加大对汇划、电话银行、短信通、随身银行和电子回单箱等新产品的推广力度，拓宽国内结算收入渠道。大力发展银行卡业务，做大发卡、商户收单、应收账款和特约商户拓展。2008 年，中行揭阳分行扩大贷款安排、转期和额度占用等项目收费，推广财务顾问、资金监管服务和投行业务，公司线中间业务收入 565 万元，增幅为 275.76%。做大银行卡业务规模，加大特约商户的拓展，新增贷记卡 1.24 万张、特约商户 138 家，分别增长 339.74%、132.69%。推广“定期定额定投”业务，加快基金和保险业务销售，代销基金 5.87 亿元、保险 1.20 亿元，保险销售增长 247.73%。设立特许商品经营店和 6 个产品展示柜，销售奥运特许商品 955 万元，实现收入 173 万元。调整国内结算组织架构，发展对公通存通兑、实时汇划、对公电话银行和电子回单箱等产品。推进财富管理三级服务体系建设，建设 2 个理财中心。

2009 年，中行揭阳分行中间业务增创收入成效明显，开展个人金融夏季、秋季产品营销竞赛、短板业务提升竞赛活动，抓好个人结售汇、代理保险、贵金属和基金等产品拓展，代销基金 2.95 亿元、保险 1.22 亿元和贵金属 596 万元。推进产品销售渠道建设，提高自助通设备使用率。加大批量发卡和特约商户拓展，发展信用卡供应链融资服务，在同业率先推出购车分期付业务。至 12 月底，全市实现中间业务净收入 6408 万元，增长 477 万元，增幅为 8.04%，系统内贡献度提升 0.18 个百分点，市场占比 28.3%，继续保持四行第一的地位，其中：银行卡线、公司线、对私资金线中间业务净收入增长幅度全省排名前三位。辖内分行营业部通过细化产品销售奖励方案、每天晨训通报销售进度、突出中行揭阳分行优势理财产品销售和发挥前中后台联动营销等措施，充分调动全员营销中间业务的积极性，促进中间业务收入快速增长，任务完成率全市排名第一。

2010年，中行揭阳分行大力发展以购车分期为重点的大额分期付业务，做大银行卡刷卡消费额，以特色产品积极争揽同业结算大户。2010年，中间业务净收入8495万元，完成任务102.52%。2011年，中行揭阳分行多元化经营创收中间业务，以投行业务作为促进中间业务收入快速增长的突破口，成功发起2个信托计划总规模4亿元，完成2个信托计划1.50亿元申报工作，叙作同业存放的10亿元业务；1引导客户扩大在基金、保险和贵金属等领域的投资交易量；加大信用卡发卡和特约商户拓展，新增发卡11311张、刷卡消费额18.32亿元、外卡收单商户103户。推动对公、对私产品交叉营销，成功营销59户对公客户办理代发薪业务，增加个人客户近万户。全年实现中间业务净收入1.09亿元，增长28.39%，完成省行任务109.66%。2012年，中行揭阳分行重点突破投行业务、并购、理财、信托和企业年金等战略业务发展，叙作浪奇系列等5笔合计7.90亿元信托计划，创收中间业务收入近3500万元；成功办理榕泰实业叙作并购贷款2.90亿元，成为中行揭阳分行首笔和粤东地区叙作的并购贷款。创新思路突破传统集合理财产品不足，在全省首创“中银集富”+中银“企贷保D”业务为“广东榕泰中银集富股票收益权项目”募集资金1亿元，带来中间业务收入264万元。2015年，中行揭阳分行多元化业务快速发展，全年非利息净收入1.95亿元，同比增长17.57%，比全省平均增速高14.12个百分点，在营业净收入中占比为31%，同比提升1.66个百分点，“工行、农行、中行、建行”四行毛收入占比23.11%，较上年上升1.3个百分点，市占排“工行、农行、中行、建行”四行第二名。其中，对私板块收入7393万元，增幅为7.64%，对公板块收入1.21亿元，增幅为24.57%。银行卡条线非息收入3603万元，同比增幅为26%。代销基金收入967.88万元，增幅为154%，排非重点地区行第二和当地四行首位；财私线非息收入任务完成率全省第一。

2016年，中行揭阳分行实现非利息净收入2.03亿元，增长28.10%，系统贡献度2.49%、排同组行第一，毛收入“工行、农行、中行、建行”四行市占24.89%，上升0.33个百分点，“工行、农行、中行、建行”四行排名第一。非利息收入在营业净收入中占比31.47%，较年初提升1.52个百分点，较全省平均水平高4.09个百分点。代理保险销售突破，对私折标准保费3.88亿元，同比增长323%，较2015年全年销量翻两番，同组行排名首位，系统贡献度提升5.87个百分点，实现手续费收入923万元，超额完成全年任务。抓个人理财产品销售突破，以现金管理类产品等重点产品为抓手做大金融资产规模，个人表处理财业务非息收入598万元，个人资管产品销售9.36亿元，销量为2015年全年的5.14倍。抓贵金属销售突破，实现贵金属销售收入超200万元，收入额全省排第二。抓消费金融发展突破，加大易达钱、爱家分期、汽车分期等重点消费分期产品推广，分期付交易额5.49亿元，增长31.4%，分期付业务四行占比排名首位。坚持“以客户带动业务”工作思路，通过“存量客户提份额，他行客户争突破，源头客户锁目标”立体化全方位营销体系全面提升国际结算市场份额成效显著，在全省业务量总体负增长的形势下仍同比新增9.6%，任务完成率全省第二。大力拓展进口开证、押汇和出口商贴、保函、人民币外汇货币掉期CCS、福费廷、票据贴现等业务，实现保理业务非息收入2025万元，实现国内结算手续费收入752.50万元，增长11.7%。2016—2017年，建行揭阳市分行单位人民币结算业务收入分别为1109.17万元、1673.23万元，2017年比2016年新增564.08万元。

2018年，南粤银行揭阳分行共发生国内信用证及福费廷业务量5.01亿元。汇丰银行揭阳支行目前为客户提供国内及国际结算业务服务。国内结算可通过支行柜台、电话银行、网上银行、微信官方公众号、手机银行多渠道进行本地转账汇款，方便快捷。汇丰银行揭阳支行致力于提升电子银行业务发展质量，支持纸质和电子渠道方便快捷地进行国际结算。2014年3月27日，民生银行揭阳分行成立开业以来，至2018年12月，共办理国内信用证结算合计1.04亿元。

（二）农村信用合作社的人民币结算

1996年，全市各县联社普遍设立营业部，作为基层信用社的结算中心。10月前，全市农村信用社办理联行结算业务，由农行各县支行通过票据交换方式办理。10月后，由各县联社营业部负责全县联行结算业务，再与辖内网点通过邮局邮寄信汇来实现结算业务；全市各信用联社与全国非农信社的结算业务通过县人行进行票据交换业务实现。

1999年，普宁农信社接入“天地对接”联行系统。

2004年5月至2005年5月，全市农村信用社大、小额支付系统先后开通后，各联社与全国、全省非农信社联行结算业务通过大小额支付系统实现。6月，揭阳榕城农村商业银行大额实时支付系统建成并推广全国。该系统搭建与各银行业金融机构 、金融市场的连接通道，实现跨行支付业务的即时转账结算。

2006年6月，揭阳榕城农村商业银行小额批量支付系统。7×24小时连续运行，支撑多种支付工具的应用，为银行业金融机构的小金额、大批量跨行支付业务提供一个低成本的公共支付服务。2007年4月起，全市各联社与全国、全省农信社联行结算业务通过农信社与银行联网系统（简称“农信银”系统）实现通存通兑。2007年6月全国支票影像交换系统，人的排除支票同城范围内使用的地域限制，实现支票全国通用。2009年起，随着电子化建设的不断发展，农信社加大电子支付结算业务的创新力度。开办POS收单业务、短信通业务。

2014年，农发行为更好发挥农业政策性银行职能，顺应现代银行电子化发展趋势，满足大客户资金集中管理和离柜办理结算业务的需要，开办银企直联业务。银企直联系统是农发行会计综合业务系统通过专线连接的方式与企业的内部财务系统（ERP系统）实现平滑对接，企业通过银企直联系统在其自身财务系统中进行操作即可完成对其在农发行账户的查询、支付、转账等业务，以实现集团资金集中管控的目标。5月12日，新全国支票影像交换系统上线，揭阳农商行采取集中提出模式。8月，普宁农信社运行“农信银”及“大小额”汇兑系统。11月，根据总行和中储粮总公司统一部署，揭阳市分行为中央储备粮揭阳直属库开设相关结算账户，实现银企直联功能。2016年2月，普宁农信社运行“网上支付跨行清算系统”。2017年3月24日，普宁农商行第二代金融平台上线。2018年，为进一步提升离柜结算服务水平，服务全行高质量发展，农发行揭阳市分行10月率先在北京、河北、吉林、江苏、山东、广东、海南、云南和陕西等9家分行开办网上银行业务，12月26日，农发行揭阳市分行顺利完成首位网上银行客户的签约，12月28日顺利完成首笔网银转账汇款。揭西农商行国内结算至2018年12月底，国内结算收入65.18万元。

（三）外汇结算

1995年，建行揭阳市分行国际业务部成立，开始办理国际业务。

1996年，中行揭阳分行进出口贸易结算企业方兴未艾，经济效益明显提高。 作为传统的外汇外贸专业银行，中间业务，特别是进出口贸易结算业务一直是其业务的重要组成部分。利用三资企业纳入银行结售汇以及台账制度在中行揭阳分行系统全面铺开这两个有利之机，通过改善服务，提高服务质量，大力发展国际结算业务，使业务量比1995年有大幅度的增长，全年累计办理出口业务2834笔，金额3.09亿美元，同比增长32%和117%；进口业务1179笔，金额3.56亿美元，同比增长28%和53%；台账业务开办半年来，累计办理业务1776笔，金额2.25亿美元；结汇3.29亿美元，售汇3.15亿美元，同比增长96%和36%。给全市带来良好的经济效益，有力地促进全市外向型经济的发展。

1997年，中行揭阳分行共办理出口业务3020笔，金额6.75亿美元；进口业务871笔，金额4.25亿美元；进出口押汇397笔，金额1454万美元；结汇11.27亿美元，售汇7.26亿元；累计办理台账开设3289笔，进口料件合同金额6.05亿美元，核销2422笔，金额3.61亿美元。结汇在全市的市场占有率为85%和63%。1998年，建行揭阳市分行辖属普宁支行开办国际业务。

1999年下半年，国家出台一系列鼓励外贸政策，下半年业务量大幅攀升，实现全年进出口结算业务总金额8.75亿美元，其中下半年进出口结算业务总量6.55亿美元，完成省行下半年单独考核的指标的124.76%；进出口结算业务在全市同业中占比74.70%，同比上升13.18个百分点；业务总收入1725万人民币。

2000年，中行揭阳分行国际结算业务总量3.89亿美元，同比下降57.12%。其中出口结算业务量3.64亿美元，同比下降56.47%；进口结算业务量2526万美元，同比下降64.64%。共实现业务总收益761万元，同比下降55.88%。而且，以当地五家商业银行结售汇数计，中行揭阳分行市场占有率为62.40%，同比下降12.3个百分点，其中出口结汇市场占有率为68.38%，售汇市场占有率为27.61%。2002年，中行揭阳分行实施“全线出击、抓住重点、关注潜力”的国际结算业务目标发展策略，全市国际结算业务发展势头良好。至12月底，进出口业务量2.73亿美元，完成省行全年任务的113.60%，同比增长16.21%；实现业务收益484万元，同比上升1.89%，完成省行全年任务的101.89%。至十一月底，国际贸易结算市场占有率为70.02%，同比上升1.97个百分点。建行揭阳市分行撤销国际业务部，相关职能并入营业室。

2003年，中行揭阳分行全年累计办理国际结算量3.21亿美元，完成省行任务的100.26%。其中，贸易结算量2.71亿美元，完成省行全年任务的95.02%；累计办理非贸易结算量5000.91万美元，完成省行全年任务的142.88%，实现中间业务收益683.29万元，同比增加85.05万元。其中，结算业务收益476.36万元，银行卡收益59.93万元。发展票据和贸易融资业务。至12月底，累计发放贴现贷款1.20亿元，完成省行全年任务的200.62%；累计办理押汇116笔，金额606.72万美元，余额9.85万美元；累计办理授信开证56笔，金额678.10万美元，余额56.01万美元。2004年，中行揭阳分行全市累计办理贸易项下国际结算量4.13亿美元，完成省行全年任务128.95%。建行揭阳市分行营业室外汇业务并入公司业务部下设二级部外资外贸部。

2005年，中行揭阳分行全市实现中间业务净收入1471.16万元，增幅为65.18%，完成省行下达全年任务指标的121.58%；每万元资产中间业务净收入20.17万元。全市累计办理国际贸易捆绑结算量58782万美元，完成分行5.50亿美元任务的106.88%。其中：贸易项下国际结算量5.57亿美元，完成分行任务111.48%；非贸易项下结算量3042万美元，完成分行任务60.84%。结售汇市场占比51.86%，同比上升7.17个百分点。代销基金、保险和外汇资金业务快速发展。至12月底，全市累计销售基金3558.84万元，完成分行任务296.57%；代售保险1128.58万元，完成分行任务112.86%；累计办理外汇宝交易761.23万美元，完成分行任务76.12%；累计销售汇聚宝720.23万美元。建行揭阳市分行撤销外资外贸部，由公司业务部履行管理职能。交通银行揭阳分行开办国际结算业务，为满足广大企业和居民对外汇业务的需求，分行将外汇业务服务功能进一步向网点延伸，分别在普宁、惠来地区开办外汇储蓄和外汇兑换业务。

2007年，中行揭阳分行进一步提升中间业务战略地位，设立中间业务专项奖励方案。发挥国际结算业务主导作用，加强对优质结算客户尤其是高端客户的维护和管理，争揽同业的结算大户和新批结算企业，全年新增他行结算客户6家、新成立结算客户80家。加大对远期结售汇、保函、保理、福费廷和“达”系列等高收益业务的宣传和营销。

2008年，中行揭阳分行中间业务全面发展。健全中间业务组织架构，加大绩效考核和奖罚力度，推进产品交叉营销和全员联动营销。拓展保理、国内信用证、福费廷、远期结售汇和“达”系列产品等特色业务，贸易结算量10.96亿美元，同比增长20.51%，实现收入2277万元，增幅为60.44%。建行揭阳市分行在公司业务部下组建国际业务部，继续履行管理职能。

2009年，中行揭阳分行中间业务增创收入成效明显，保持市场领先地位。完善中间业务考核督导、激励约束机制，推进产品组合、服务营销创新、板块业务联动和产品交叉营销。发挥大规模授信投放对中间收入的强大带动作用，合理提高贷款手续费。实施“三攻”策略扩大国际结算量，推进中小企业贸易融资业务，全年国际结算量12.54亿美元，增长14.45%。

2010年，建行揭阳市分行辖属揭东支行、惠来支行先后开办国际业务。2011年，中行揭阳分行争抢跨境人民币结算业务，实现业务量14.42亿元，市场占比50.80%。9月7日，邮储行揭阳市分行对外开办公司外汇业务，业务范围包括美元、欧元、港币、日元、英镑等币种的对公外汇存款、对公结售汇、外币兑换和国际结算业务。邮储行揭阳分全市公司全年外汇结算77.60万美元。

2012年，中行揭阳分行加大跨境人民币产品推广力度，成功营销客户叙作首笔“货币掉期交易+跨境人民币信用证”组合产品业务。强化个人金融板块中间业务收入的组织领导和考核措施，充分挖掘居民金融需求，贵金属销售，累计叙作大额分期付业务1.79亿元，实现中间业务收入1400万元。建行揭阳市分行由公司业务部独立出来重新组建国际部。邮储行揭阳分公司全年外汇结算260.98万美元。

2013年，建行揭阳市分行辖属榕城支行取得开办国际业务的资格。邮储行揭阳分公司外汇全年结算883.56万美元，其中跨境人民币2400万元，为邮储揭阳分行首笔，填补邮储揭阳分行跨境人民币业务发展的空白。签订远期结售汇合约160万美元，为邮储全国第二笔，邮储广东分行首笔，填补邮储揭阳分行远期结售汇业务发展的空白。

2014年4月，揭阳农商行正式开办外汇业务。为顺利开办好外汇业务成立国际业务筹备组，总行副行长苏鸿龙担任筹备组组长，另从中国银行招聘具有丰富国际结算业务经验的范钦生担任筹备组副组长，负责牵头外汇业务的筹备工作。加强外汇业务新生力量的培养，揭阳农商行在员工队伍中优中选强，择优选调5名专业相近，外语水平较高，工作能力较为突出的员工进入国际业务筹备组工作。

2015年，中行揭阳分行国际结算业务量和跨境人民币业务市场份额为42.56%和44.68%，均保持市场首位；国际结算和国内结算条线非息收入均排非重点行第一。建行揭阳市分行撤销国际部，相关职能并入公司与跨境客户部。建行揭阳市分行辖属空港支行通过对公外汇业务验收；建行揭阳市分行辖属华诚支行、揭西支行、占陇支行开办对公外汇业务。

2016年，中行揭阳分行跨境金融持续保持领先，国际结算业务及跨境人民币业务全面领先市场同业和系统同组行。累计办理国际结算业务量28.50亿美元，跨境人民币业务43.50亿元，市场份额分别为43.06%和41.85%，均排市场首位；同组行贡献度分别较年初提升2.4和1.1个百分点。建行揭阳市分行辖属仙桥支行开办对公外汇业务。

2017年，中行揭阳分行在全市整体外贸环境严峻，外贸业务量下降的情况下，揭阳分行实现全行国际结算累计业务量 25.19 亿美元，四行占比 41.42，排名第一；跨境人民币累计业务量 11.06 亿元，四行占比 43.99%，排名第一；国际结算产品收入四行占比 48.59%，排名第一。

2018 年，中行揭阳分行坚持传统业务与创新业务并重发展，品牌业务持续领跑市场，累计办理国际结算业务 25.19 亿美元，跨境人民币业务 11.06 亿元，市场占比均保持首位。通过“存量客户提份额，他行客户争突破，源头客户锁目标”立体化全方位营销体系全面提升国际结算市场份额，以企业客户网上银行端国际结算业务为抓手，争揽裕之源等 8 家他行客户业务，营销揭阳市第一进口大户集团成员粤强实业进口单证业务 1136.67 万美元，实现单证量实现同比 177% 增长，争揽田岛、冠亚等进口客户经常项下和具有 ODI（对外直接投资）业务的中德金属集团资本项下付汇业务，引导客户采用人民币结算，累计共对外付汇约 1.35 亿元人民币；联动兄弟行和海外分行，灵活运用人民币协议融资业务，带动跨境人民币结算量近 1.50 亿元。民生银行揭阳分行 2014 — 2018 年年底国际结算量 24668 万美元。

至 2018 年，交通银行揭阳分行共有外汇业务经办网点 8 家，其中开办外汇储蓄网点 8 家，外汇兑换网点 3 家。邮储行揭阳市分行公司外汇结算达 3390.46 万美元。截至 2018 年 12 月，全市农信社仍未开展国际结算业务。

二、银行卡业务

银行卡（又称电子货币）业务是一种非现金交易结算方式。20 世纪 80 年代末，随着科学技术发展和电子计算机的应用，揭阳市区开始发行银行卡。1990—1996 年，初为各银行辖内区域性独立发行阶段。

1989—2013 年，揭阳辖区发行的银行卡，具备购物、消费、汇兑、存取现金、透支、小额消费等多种用途，主要包括信用卡、消费卡、借记卡（储蓄卡）、记账卡、提现卡、收费卡、联名卡、国际卡、贷记卡等，既有支付功能，又有在特约商户直接消费的功能；不仅可在各自银行的分支机构提现或转账，而且还可在本行系统或标有“银联”标志的其他各银行的自动柜员机上取现、存款和查询余额。

1993 年，中国人民银行在全民推广使用信用卡。10 年的金卡工程建设，加快我国银行卡在全国范围内的联网通用，使银行卡逐渐成为广大群众方便、快捷、安全的支付工具。

1997—2001 年，各银行逐步实现系统内跨区域向全市、全省、全国联网通用。2003 年，银行卡联网通用推广到包括揭阳在内的所有地市级以上城支付结算。

2003—2013 年，辖内各家银行跨行联网通用后，各家银行机构发卡量迅猛发展，银行卡的使用范围不断扩大。

2010 年，人行揭阳市中心支行加大银行卡宣传力度，进一步提升群众的用卡意识；建立整治银行卡违法犯罪防治机制，开展银行卡市场专项检查，促进银行卡市场的有序运行；按照上级银行工作部署，加快全市金融 IC 卡的推广应用。

2010 年起，辖区各银行开始发行带有智能芯片的具备电子存折、电子信用、电子钱包、社会保障等特殊社会应用基本功能的智能卡（简称金融 IC 卡）；并陆续停发传统的磁条卡。2015 年起，各家银行只发行具备密钥加密技术的芯片卡。

2012 年，金融 IC 卡应用推广工作稳步推进。市中支组织开展银行卡联网通用专项检查工作，通过检查发现问题、督促落实整改，大大改善全市金融 IC 卡受理环境。6 月底，全市直联 POS 机、间联 POS 机完成改造率 100%，所有直联、间联 POS 机均可受理金融 IC 卡。大力推进加载金融功能的社会保障卡发放工作。10 月 22 日，揭阳已经正式发行加载金融功能的社会保障卡，这使持卡人在享受社会保障服务的同时，也可享受现金存取、转账、消费等金融服务，有利于人民群众更好地享有政府提供的各项公共服务，真正实现便民、利民、惠民的目标。

（一）工行揭阳分行

1987 年，中国工商银行在广州首次发行红棉信用卡，为工商银行牡丹信用卡的前身产品。1989 年 10 月 15 日，中国工商银行正式开办银行卡业务。产品定名为“牡丹卡”。开办银行卡业务以来，以客户为中心，经过不断开发新产品满足多样化的市场需求，通过优质服务建立和维护产品信誉，逐步形成信用卡、灵通卡、国际卡、专用卡、智能卡、联名卡、认同卡、彩照卡等牡丹卡产品系列。发卡以来，工行揭阳分行信用卡业务在客户数、发卡量、交易额等方面均呈快速增长态势，截至 2018 年 12 月，信用卡累计发卡 266259 张，新增发卡 55752 张，增加发卡 10024 张，信用卡新增发卡排名四行第一。信用卡累计客户数 132916 户，信用卡分期规模 10.78 亿元，累计交易额 5.96 亿元。

（二）农行揭阳分行

1994 年 5 月，农行揭阳分行成立银行卡部，开始试点发行准贷记卡，不断开发新产品满足多样化的市场需求，如 ETC 信用卡、消费扶贫爱心信用卡、乡村振兴信用卡、尊师系列信用卡、燃梦信用卡、金穗公务卡、军人信用卡、留学信用卡、Visa 世界杯信用卡、诗意生活信用卡、国家宝藏信用卡等特色主题产品；爱奇艺联名卡、樊登读书联名卡、吴晓波频道联名信用卡、百联通联名信用卡、南航明珠联名信用卡、中国电信联名信用卡等特色联名卡产品。

2003 年，农业银行信用卡中心在北京成立。2004 年，推出符合国际标准的金穗信用卡，并开始试点发行金穗贷记卡。2005 年，推出符合银联国际标准、62 字头的金穗通宝卡（借记卡），标志着金穗卡产品层次的进一步提升。2006 年，信用卡中心顺利迁沪，农行信用卡事业迈出产业化、国际化发展的第一步。

2008 年，农行揭阳分行开始在全行范围内大规模发行金穗贷记卡，并在同年发行金穗惠农卡，揭开农行银行卡大规模服务“三农”的序幕。2009 年，推出国内独家的惠农信用卡，缓解我国广大农村地区农户临时小额融资难的问题。2011 年，农行成功发行金融 IC 卡，标志着农行已全面具备 PBOC2.0 标准 IC 借 / 贷记卡发卡能力。

农业银行持续推进金穗卡品牌建设，丰富借记卡产品，先后研发退役金专用卡、中职学生资助卡、金融社保卡等多项借记卡创新产品。

农行揭阳分行发卡以来，农行揭阳分行信用卡业务稳步增长，截至 2018 年 12 月，信用卡累计发卡 235056 张，新增发卡 55247 张，信用卡新增发卡、存量卡量均排名四行第二。信用卡累计客户数 123165 户，信用卡分期规模 12.10 亿元，当年累计交易额 4.52 亿元。

（三）中行揭阳分行

1986 年 6 月，中行揭阳县支行率先推出人民币长城信用卡业务，1993 年 12 月，中行揭阳分行发行人民币万事达信用卡。1997 年 9 月 29 日，揭阳市分行印发《关于发行长城电子借记卡的通知》，全面发行长城电子借记卡。充分发挥电子化优势，推行现代化电子货币、为客户提供更安全、方面、快捷的金融服务。1999 年，市中行共有长城信用卡 2503 张，比上年末增加 293 张，长城电子借记卡 15659 张，增加 8124 张，商户 60 家，增加 15 家，分别完成省行年度任务的 117.20%、101.55%、和 100%；消费交易额 951 万元，总收益 43 万元，分别完成省行任务的 135.88% 和 123.20%。

2000 年，长城电子借记卡增加发行 15522 张，完成省行下达任务的 103.48%；长城卡增加发行408张，完成全年任务的136%；长城卡存款2498万元；发展商户16家，完成省行全年任务的107%；配合全省“真生活、真精彩”长城系列卡消费积分活动的开展，做好对外宣传工作，带动发卡及消费额的增长，全年累计消费发生额1511万元，完成省行全年任务的151.14%；ATM日均取现交易约35笔，较上年度有所上升。代省行发行国际卡15张，成为揭阳市最先发行国际卡的商业银行，在全省非重点地区处于领先地位，外卡收单业务实现“零的突破”。2002年，加大发卡营销力度，成功争揽社会保险医疗费代理业务，发动揭阳市电信实业公司、粤东高速公路实业公司等单位的集体办卡业务，银行卡得到长足发展。至12月底，借记卡增加25587张，信用卡发卡增加638张，国际卡增加34张，分别完成省行全年任务的142.15%、98.15%和113.33%；银行卡收益48万元，完成省行全年任务的107.76%；直接消费1145万元，完成省行全年任务的78.97%。2003年，借记卡增加16349张，国际卡增加58张，分别完成省行全年任务的81.75%、41.43%，信用卡发卡增加300张；直接消费4116.74万元，完成省行全年任务的283.91%。2005年，银行卡业务稳步增长，收益水平不断提升。

至2005年年底，全市共发行信用卡4745张，新增344张，完成省行任务15.64%；共发行国际卡212张，新增37张，完成省行任务24.67%；共发行借记卡133027张，新增21963张，完成分行任务117.85%；银行卡直接消费额1.92亿元，完成分行任务243.50%；代理外卡收单84.98万元，完成省行任务106.23%。实现银行卡收入180.27万元，完成省行任务212.08%。2012年，信用卡增加1.05万张，新增发卡当地四行占比22.8%，四行排名第二。

（四）建行揭阳市分行

1993年11月，建行揭阳市分行信用卡业务部成立。至12月，成功发行职工万事达卡312张，信用卡消费额35万元。1994年，正式开办建设银行信用卡业务，在分行营业部、各县、区支行设置ATM点和在各办事处、储蓄所设立信用卡存取现金储蓄点、网点共32个，发行万事达卡400张，存款余额约130万元。1995年，信用卡开立账户1386个，其中公司卡70个，个人卡1237个，保证金户79个。信用卡存款余额210万元，透支金额197万元。1996年，新增信用卡507张，信用卡存款新增172万元。截至12月，特约商户73户1997年，新增信用卡410张，信用卡消费204万元，信用卡存款余额543万元。1998年，建行揭阳市分行普宁、惠来、揭东、揭西、经济开发区五个支行可办理代理信用卡转账业务，市区信用卡转账业务由市分行信用卡部统一办理。1999年11月18日起，信用卡业务加入建行龙卡网络运行，龙卡信用卡实现异地联网，持卡人可在异地实现存取款款、转账、查询等业务办理。

2000年，信用卡业务部加大宣传营销工作力度，加强对ATM、POS机、特约商户的管理，努力优化用卡环境，使活动户从年初370个增加到896个，同比增长526户，发卡量也有所增加。2002年，信用卡业务正式下沉网点，客户在网点即可完成信用卡申请，进一步完善网点服务功能，提高网点发展中间业务水平。首次以信用卡为市国税系统员工办理统发工资业务，新开办国税系统代扣税业务。2003年，新增龙卡信用卡516张，全年龙卡消费额3021万元，同比增加2417万元。2005年，贷记卡新增发卡1160张，贷记卡交易额272万元，人民币收单额537万元。2006年，重点客户贷记卡联动配卡率：理财卡为35.84%，房贷客户为8.24%，公积金为5.36%，全年贷记卡新增发卡1122张，本外币收单额2731万元。2007年，贷记卡新增发卡4505张，新增商户35家，贷记卡消费交易额1908万元，本外币收单额2.28亿元。先后开展“新春建行有礼”信用卡积分回馈、“万家欢宴”年夜饭等信用卡活动，为客户提供信用卡积分兑换使用场景。揭阳电信局、揭阳地税局成为全市分行银联商户，并成功拓展揭阳市金潮皇食府、揭阳市阳美国际大酒店、揭阳市老洪祥珠宝玉器有限公司等一批优质商户，优化商户结构，全年新增特惠商户 20 家，实现收单业务收入 374.52 万元，同比增长 201.5 万元。2008 年，贷记卡客户增加 6271 个，贷记卡消费交易额 4814 万元。发行首张高端信用卡——钻石卡，配套 VIP 待遇、积分加倍、赠送保险等服务。发行龙卡粤通卡贷记卡，当年发卡 107 张。开展上门送金融服务活动，先后“走进进贤门市场”“走进中药材专业市场”“走进揭阳学院”“走进玉都”“走进揭阳各住宅小区”等，向客户宣传金融信贷知识，并为客户做理财产品、电子银行、电话支付终端业务上门办理及龙卡粤通卡贷记卡申请服务。2010 年，贷记卡客户增加 10801 户，贷记卡分期消费交易额 2557 万元。

2011 年，首次发行财政公务卡，发卡 1402 张。2012 年，信用卡客户新增 9712 户，当年分期申请额超 1 亿元，实际分期交易额 9020 万元，截至 2021 年 12 月，财政公务卡累计发卡 5334 张。2013 年，信用卡客户增加 11151 户，贷记卡发卡新增 12761 张，贷记卡消费额 12.19 亿元，当地四行市场占比 15.15%，排第 3 位，分期付款交易额 1.08 亿元，特约商户增加 28 户。2014 年，信用卡客户增加 14307 户，发卡增加 26902 张，信用卡客户累计 53340 户，累计发卡量 71027 张，实现全行发卡规模超 7 万张历史突破。信用卡消费额 11.04 亿元，分期交易额达 2.01 亿元，特约商户增加 80 户。2015 年，信用卡客户增加 2.49 万户、卡片增加 31682 张，信用卡客户当地四行占比第一，粤通卡套卡电子标签发行数 1.78 万张，信用卡分期业务交易额 4.24 亿元，当地四行占比第二，与汽车经销商合作开展“新车发布会”“购车分期业务团购”“试乘试驾专场活动”，联动各网点与合作汽车商开展“微车展”等活动。收单商户新增 421 户，特惠商户新增 11 户，银联收单交易额 55 亿元，在当地“四行”中排名第一位。11 月 11 日，第一个金融 IC 卡校园一卡通项目（揭阳市第二中学）正式上线并成功运作，新增发卡 1500 多张；12 月 22 日，第二个金融 IC 卡校园一卡通项目（揭阳市第三中学）正式上线，新增发卡 1300 多张。金融 IC 卡一卡通项目的应用，全面取代食堂原有校园卡系统。2016 年，信用卡发卡增加 22369 张，客户增加 17469 户，发卡量余额、当年发卡增加、贷记卡消费额三个指标当地四行排名均第二，发行粤通龙卡信用卡套卡 7266 套，全年粤通信用卡增加发卡 10180 张。分期交易额 5.00 亿元，当地四行占比第二。2017 年，信用卡新增客户 24643 户，发卡 47962 张。分期业务交易额 7.47 亿元，当地四行占比排名第一，分期业务实现中收 5657 万元，合作汽车经销商从 28 家到 99 家，合作装修公司从 0 家发展到四家大型装修公司为主、多家合作的局面，并形成车行、装修公司、楼盘、中介公司四大合作平台，携手家居品牌举办“揭阳首届家装文化节”，联动筹办嘉盛家园车位分期一站式上门服务活动，逐步在揭阳当地形成“要买车、到建行”和“要装修、找建行”的品牌形象。慧兜圈商户签约注册 314 户，活跃商户为 122 户，实现收单交易额为 9.82 亿元。2018 年，信用卡新增客户 23006 户，信用卡活动客户增加 24715 户，截至 2018 年年底，累计存量高端信用卡 287 张，其中钻石卡 44 张，白金卡 243 张。分期交易额完成 11.89 亿元，其中汽车分期业务，重点合作汽车经销商上升到 107 家，12 月底，汽车分期交易额同业第一，占比 59.70%。全市大部分大型连锁类商户入驻建行揭阳市分行慧兜圈，至 2018 年 12 月，慧兜圈商户共注册 1077 户，活跃商户 419 户。

（五）交通银行揭阳分行

1997 年 10 月 20 日，汕头分行全面推行太平洋借记卡发卡业务，并下达 1997 年下半年至 1998 年上半年任务：揭阳办发卡数 1815 张、卡存款 209 万元；普宁支行发卡数 5190 张、卡存款 599 万元；惠来办发卡数 496 张、卡存款 57 万元。太平洋借记卡集存款、取款、转账、消费、代收、代发等功能，不能透支，无需担保。在汕头、揭阳、普宁、惠来、澄海等自办网点，部分特约商户及自动柜员机上均可使用。

2005年，交通银行揭阳分行开始发行交通银行太平洋卡。为进一步拓宽太平洋卡功能，注重用卡环境建设，增加ATM机自动取款机，POS机自动授权终端数量，开通电话银行和银证业务，发展特约商户形成用卡网络。2005年以后，实行零售业务批发经营模式，从技术、人员、营销力量等方面入手，强化营销模式拓展市场。至2015年12月，信用卡存量数25868张。

2018年年底，信用卡存量数达133410张。交通银行太平洋卡按资信等级分类，分为普通卡、金卡和白金卡。按卡种分类，分标准信用卡、沃尔玛信用卡、卜蜂莲花信用卡、康美药业信用卡、Y-POWER信用卡、Y-Elite优逸白金卡、标准白金卡、爱奇艺轻奢卡等多个卡种。

（六）广发银行揭阳支行

1995年3月，广发行发行第一张信用卡——广发展卡，是国内信用卡第一张开通“全额挂失前48小时失卡保障”承诺的信用卡。

2000年5月，广发行国内第一张以奥运为主题的信用卡——“千禧奥运信用卡”问世。广发总行以敏锐的市场触觉，抓住“千禧”时机，针对国人对中国体育健儿拼搏精神的强烈认同，以及高端消费群体出国观看奥运比赛的需求，推出中国首张同时具有纪念意义和使用价值的奥运主题信用卡，是国内银行最早以市场为导向并进行主动营销发行的信用卡。2002年，广发信用卡再掀业内新品高潮，国内最早的女性专属信用卡“真情卡”面世。经过长期调研发现，随着社会发展，越来越多的女性成为生产和消费的主力。为满足女性群体日益强烈的消费、理财需求，广发卡推出一系列专为女性量身设计的信用卡。真情卡引进当时亚洲最新的透明卡版设计，同时整合知名女性商户品牌，提供专享折扣优惠，真正兑现“广发真情卡，真爱女人”的承诺，拉开信用消费行业客群细分序幕。2003年，发行业内首张航空联名卡“南航明珠信用卡”，首开信用卡异业结盟先例；7月，真情卡获得万事达卡国际组织颁发的“亚太区最佳女性卡项目奖”。2004年11月，为满足客户时尚、个性化需求，广发总行不仅与南方航空公司合作推出“广发南航明珠卡”，同时研发国内首张异型卡——“南航明珠万事达卡非常版”。其卡版版型设计为英文“F”与“M”的造型，棱角分明兼具雕塑般的立体感。2007年，国内首家推出信用卡“全额挂失前48小时失卡保障”。2008年，广发银行携手中国青少年发展基金会广发希望慈善基金成立。广发希望慈善基金以广发信用卡为载体，创建聚合持卡人、合作伙伴、员工、社会爱心人士“四合一”慈善平台，创新“信用卡+慈善”公益模式，为全社会形成扶贫济困的良好氛围作出具有银行业特色的贡献。

2010年，国内第一家信用卡业务领域通过ISO2700认证的千万量级发卡行。

2016年12月20日，中国人寿携手广发银行推出国寿广发联名信用卡。截至2018年4月，广发信用卡发卡量突破6000万张，信贷余额突破4000亿元，收益率稳居行业五强，卡均消费、用卡活跃率均领先行业。“广发信用卡”逐步确立国内业界“创新版”的地位，成就一个国内知名的信用卡品牌。广发信用卡曾先后获得VISA、万事达等国际卡组织以及国内权威机构颁发的“市场开拓奖”“最佳贷记卡成长奖”“中国最受消费者信赖的十佳银行卡”“中国网友喜爱的十大银行卡创新品牌奖”等各种殊荣数十项。

（七）揭阳农商行

2009年，揭阳榕城农村商业银行发行第一张带有“银联”标识的珠江平安卡，以人民币结算的磁条借记卡。2015年，推出采用国际先进的智能卡技术，符合人民银行PBOC3.0标准和银联卡标准和规范的珠江平安卡IC卡。IC卡具有存取现金、转账结算、消费、预授权交易、在线支付、代收付、查询、理财等功能，可加载多行业应用的新一代银行卡产品。该卡是国内银行发行的金融IC卡中为数不多的纯IC芯片卡，采用严密的安全认证体系，大大提高风险防范能力和便利性、通用性中等。该卡可进行包括现金存取、转账结算、商户消费等支付结算。可加载电子现金账户，支持在公交、地铁、便利店、ETC等场所实现快速小额支付，方便快捷；可预授权视交易，在消费前需要冻结卡内部分或全部存款，消费行为结束后，由特约商户根据实际消费金额结算扣划；可个性化自助转账，根据客户的申请，将卡账户中超过约定留存金额且达到最低起存金额的款项，按照事先约定的期限自动转存为定期整存整取存款。该笔存款到期后，还可选择继续转存的期限，具有代发工资、个人贷款、自动代缴水电费、投资理财、电子银行、短信通。对账簿、消费触发转账、行业应用功能等。截至2018年12月底，揭阳农商行共发行珠江平安卡存量达到651471张，卡内余额19.46亿元。

（八）揭东农商行

2008年9月，揭东农村信用社发行“珠江平安卡”，结束揭东农村信用社无银行卡历史，全年推出10795张银行卡。同时，推出自助设备、POS机、助农取款业务，降低柜台压力，有效减少柜台前排长龙的现象，大力响应人行普惠金融的政策。为提高银行卡的安全性，揭东县农信社推出兼顾磁条和芯片的复合普卡、IC卡，大力推广带芯片的银行卡。

2012年，揭东县农村信用合作联社推出带有医保账户的社保卡，客户使用社保卡既可以存取款，还能使用其进行医保消费，截至2018年12月底，揭东农商行发放银行卡超过86万张，其中，纯磁条卡28万张、复合金融IC卡15万张，社保卡43万张。

（九）普宁农商行

2008年9月，普宁联社发行第一张珠江平安卡。12月投放第一台ATM，进一步完善便民服务功能，具有存取现金、转账结算、消费、预授权交易、在线支付、代收付、查询等功能的银联标准人民币借记卡。截至12月，全市累计发卡2468张，卡内存款达到1630万元，拓展POS商户1户。至2018年12月，累计发放银行卡达到129.89万张，卡内存款余额达到30.96亿元；2008年，联社通过加大代收代付等中间业务的拓展力度，先后争取到代发国家对农户的种粮直补款、“沟通100营业厅”营业款等资金的代收代付业务，有效地促进活期存款的较快增长。2009年，银行卡发卡量持续增长。加快自助设备的建设步伐，已有1家自助银行和7部ATM机投入使用。加大特约商户拓展力度，全年发展POS商户37家，促进珠江平安卡发卡量的持续增长，有效带动活期存款的快速增长。全年共新增发卡55071张。

2010年，普宁联社与电力局签订批量代收电费款合作协议，增加中间业务收入，又进一步促进珠江平安卡的持续营销。2011年，发行珠江平安卡237725张，比年初增加93171张；同时，做好福农卡的营销工作，截至12月底共发卡24218张；加大POS商户的营销力度。截至12月底联社POS商户388户，比年初增加249户。进一步加大代扣收电费业务的营销力度，至12月底共签约代扣电费157525户，签约市场占有率达74.1%；至12月底，网上银行开户数达到2639户。开办代理第三方存管业务，提高市场竞争力，至12月底，已签约267户。

2012年3月8日起，普宁联社全面开办保险兼业代理业务。4月1日起，对外开办银行卡个人自助循环贷款业务；8月1日起对外开办代收财政非税收入业务；不断拓展POS商户，全年新增拓展POS商户53户，POS商户存量441户，全年共新投放自助设备11台，累计投放34台。不断强化银行卡的拓展。加强与供电部门联系，以代扣收电费为契机，大力营销银行卡；至12月底珠江平安卡发卡存量281816张，比年初增加44091张，增长18.55%，已设立服务点217个，填补金融服务空白行政村148个。

上半年在全省农合机构中被省联社评为“助农取款发展奖”三等奖、二名业务人员评为“助农取款先进个人”三等奖，被人行揭阳市中心支行表彰为推广工作“先进单位”。

2013 年，普宁联社受理社保 IC 卡 73.61 万张，约占全市总数量的 30%；7 月，开始以冠名代理销售的形式，代理销售保本浮动收益类理财产品——“普宁农信社金摇篮安盈系列理财产品”；8 月，发行金融 IC 卡，增强银行卡的安全性。

2014 年，普宁农信社设立专业化票据中心，促进票据业务的全面发展。探索业务营销专业化模式，专业管理、营销全社票据业务，增强票据市场竞争力。至 12 月底，珠江平安卡发卡存量达 1136497 张，其中福农卡 49764 张，比年初增加 4977 张，增长 11.11%；POS 商户 420 户，增创中间业务收入 2405 万元。

2015 年，普宁农信社成功取得代理普宁国税业务和普侨区“三资平台”、乡镇国库集中支付代理资格。12 月同普宁国税局签订代收税款和代开税票的业务合作协议，率先在县域开办国税发票“双开”业务，实现传统农信业务与新代理业务的深度融合，培育存款和中间业务手续费收入新的增长点。至 12 月底银行卡存量达 118.31 万张，新增 4.66 万张，增幅为 4.1%，吸收存款 22.12 亿元；网上银行 2.38 万户，增加 0.29 万户，增幅为 14.05%；网上银行交易金额 324.15 亿元，减幅为 47.68%；网上支付业务存量户数 36060 户，手机银行开户存量户数 3.45 万户，交易金额 9.33 亿元；电子交易替代率为 56.23%。

2016 年，普宁农信社发行各类银行卡 123.24 万张，比年初增长 4.16%；卡内余额 22.65 亿元，增加 3.57 亿元。电子渠道业务发展迅速，签约手机银行、网上银行客户 8.84 万户，年新增 3 万户，比年初增长 51.36%，完成省联社任务的 161.33%；POS 清算笔数 38.49 万笔，完成省联社任务的 94.85%。电子替代率 72%，完成省联社任务的 313%。鲜特汇上架商户 11 户，上架产品 22 种，完成省联社任务的 220%；有效注册用户 2551 户，完成省联社任务 141.7%。拓展悦享商圈商户 122 户，完成省联社任务的 65%。

2018 年，普宁农商行累计发放银行卡达 129.89 万张，比年初增加 3.5 万张。

（十）揭西农商行

2007 年 12 月，揭西农商行正式对外发行全省统一品牌的珠江平安卡。该卡片属借记卡，不允许透支，具有转账、存取现金、消费等功能的人民币支付工具。

（十一）惠来联社

2008 年，惠来农信社开始发行珠江平安卡，该卡片属借记卡，不允许透支，具有转账、存取现金、消费等功能的人民币支付工具，截至 2018 年 12 月底，累计发行银行卡 66.95 万张，其中社会保障卡 48.02 万张。

（十二）普宁汇成村镇银行

2008 年，普宁汇成村镇银行发行广东农信珠江平安卡，具有存取现金、转账结算、消费、预授权交易、在线支付、代收付、查询等功能的银联标准人民币借记卡，借记卡个人卡实现“一卡通用”，集“多储种、多账户、多功能”于一体。

（十三）汇丰银行揭阳支行

汇丰中国借记卡是一张银联标准借记卡，可同时关联人民币和外币账户，包括 1 个主账户（必须为人民币账户）和 2 个附属账户（可为人民币或外币账户）。借记卡卡种分为“卓越理财借记卡”和“运筹理财借记卡”两种，卡片支持银联在线支付功能及微信支付、支付宝支付、京东支付等第三方支付渠道。汇丰银行揭阳支行致力于为本地客户提供专属的家庭支持和全球化服务，对个人账户卓越理财账户进行升级，推出环球转账亲情速汇功能。另一方面，“超级网银”已全面登录汇丰中国电子渠道，汇丰银行揭阳支行推出“小额转账免TOKEN（安全密码器）”功能和“手机号码支付”功能，也实现电子渠道在线实时开通Ⅱ类或Ⅲ类账户。汇丰银行揭阳支行在揭阳辖区仅有一个营业网点，存在服务半径较小的限制，但电子渠道功能的不断优化，提升本地客户的使用体验和满意度。2016年12月5日在中国地区（包括揭阳辖区）正式对外发行个人信用卡。

（十四）东亚银行揭阳支行

2013年以来，东亚银行揭阳支行所有银行卡均采用芯片卡。东亚银行（中国）有限公司推出的借记卡系列包括东亚紫荆卡IC卡、东亚优慧理财IC卡、显卓理财IC卡等，其中东亚紫荆IC卡由借记账户与电子现金账户组成，借记账户涵盖人民币活期、人民币定期、外币活期、外币定期4个子账户，实现一卡多户、一卡多储，可用于一般借记卡账户的理财及支付结算。电子现金账户以人民币结算，可用于小额脱机消费。

三、代理业务

揭阳银行业金融机构开办的各种代理业务，主要包括代发工资，代理国库券、国债与股票的发行和国债买卖，代理保险业务，代收税款，代收房租、水、电、煤气和天然气、通信费、电视费、各类行政罚款等。通过代理业务收取一定的手续费，不仅获得中间业务收入，而且带动低成本存款的增长。

1978年以前，辖内银行业的代理业务仅限于政府部门和一些企事业单位，委托代收代付款项和代理地方放款等少量业务。1979年后，随着个人金融服务需求增加，以居民为对象的代理中行业务也随之发展，辖区银行业由经营传统的存款、贷款、结算业务，逐步扩大经营范围和服务项目。特别是1994年后，工行揭阳分行、农行揭阳分行、中行揭阳分行、建行揭阳市分行4家国有专业银行的转轨和各种所有制银行的诞生，辖内金融机构的代理业务发展逐年加快。代理渠道不断拓宽，业务量由少增多，业务种类由单一向多样，业务领域由点到面，逐步拓展到社会发展各层面、各行业。

（一）代收代付业务

1999年，中行揭阳分行为改善存款结构，降低负债成本，拓展存款新的增长点，中行揭阳分行在“三代”业务上下足功夫。分行本部与中国联通、中国移动通信签约，营业部成立专门柜台，信息科技部开发相关应用软件，办理手机话费代收业务，使存款结构得到改善，降低负债成本。全市储蓄存款活期占比由年初的15.75%，上升到21.65%。综合利用中行揭阳分行多种新服务品种的优势，大力发展“四代”业务。积极挖掘新客户和新储源，全年累计发展代发薪企业15家，累计代发薪3484万元，代收联通移动话费1575万元，代理“证银通”1.52亿元。

2000年，中行揭阳分行综合利用多种新服务品种的优势，大力发展“四代”业务，积极挖掘新客户和新储源，全年累计发展代发薪企业15家，累计代发薪3484万元。代收联通移动话费1575万元，代理“证银通”1.52亿元。截至12月底，各代理单位滞留存款共3181万元。其中移动话费472万元，证券资金1404万元，各代发薪单位1294万元。

2002年，普宁联社拓展中间业务，充分利用网点和网络功能逐步完善的优势，把加快中间业务的发展作为有效提升社会形象和争夺存款市场的重要措施来抓，在对原代理业务（如代收电费）巩固的基础上，努力拓展为镇、机关行政事业单位和教师代发工资等业务。据统计，现代发工资户数达3319户，月均代发金额262万元；2004年5月，中国银河证券公司汕头银座营业部与联社关于在普宁农村信用社开办证银通业务进行多次洽谈，双方取得共识，并上报揭阳市银监局进行备案，此项业务为揭阳市农村信用社首次与证券公司合作的业务，而且为零风险业务，对方便全市人民群众理财，进行股票、基金、债券等投资业务有促进作用，而且能较好地扩大信用社的社会影响力，揭阳市农村信用社把此项工作快速推广，并以此为契机，促进联社中间业务的快速发展，从根本上解决联社业务单一的情况。大力拓展代收费业务。

2007 年，普宁联社主动与普宁市烟草公司协商，并为代收烟草款创造良好的服务环境。2009 年，省联社揭阳办事处直接与揭阳市电信公司和移动公司洽谈的由各县（市）、区农村信用社有偿的代收电信通信费和移动手机费业务取得成功，普宁联社于下半年全面开展代收费业务。据统计，至 12 月底，代收费已达 2000 万元。惠来农信社网络数据与揭阳市电力公司网络数据对接，采取批量代扣的电费的一项代理业务，每月为 4 万多家庭提供便捷的缴费模式。

2012 年，邮储行揭阳市分行积极拓展以卡为支付质界的代收代付等增值服务，取得政府、供电、烟草和电信等部门的工资等代收代付业务。开办非税代收业务，先后开办市级、普宁、惠来、空港、产业园、榕城、揭东、大南山等非税，截至 2018 年 12 月，全行总共代收非税金额 34.83 亿元。揭西农商行主要代收付业务为代发财政工资、代收交警罚款、代扣电费、代理保险、代理第三方存管等中间业务。

2013 年，惠来农信社受机关、企事业单位或其他经济组织的委托，为惠来辖区内大部分企事业单位开办代发工资业务。2013 年起，农行揭阳分行于先后开办市本级、普宁、惠来、空港、产业园、榕城、揭东、揭西等非税代收业务，包括土地出让金、房屋登记费、资产处置收入、罚没收入、考试考务费等收费项目，截至 2018 年 12 月共代收金额 38.44 亿元。

2017 年，普宁农商行代收电费总金额 2.46 亿元， 136.95 万笔，手续费收入 27.39 万元；代征税款金额 302.85 万元，1170 笔，手续费收入 12.68 万元。

2018 年，普宁农商行共计代征税款金额 404.67 万元，1429 笔，手续费收入 14.45 万元；代收电费总金额 2.50 亿元，139.67 万笔，手续费收入 27.93 万元。截至 2018 年 12 月，交行揭阳分行贵金属销售全年累计 325 万元。揭西农商行收付业务收入 69 万元。

（二）代理保险业务

进入 21 世纪，辖内各银行继邮储行、中行、工行后，农行、建行、农发行、广发行等其他银行和信用社陆续开展代理商业保险业务。

工商银行自成立以来，先后与各家保险公司合作开展保险业务，率先开办简易人身险、独生子女健康险等简易保险业务。其中于 1991 年、1992 年和 1996 年分别与太平洋保险公司、平安保险公司、中国人民人寿保险公司签订保险代理协议，并与其进行专项合作和全面合作。而在总行确定合作对象与签订框架协议后，揭阳分行便在授权下与当地各家保险公司开展合作。

2002 年，中国工商银行总行制定《关于发展银行保险业务的意见》确立发展银行保险业务的策略和原则，指定五年战略目标，并指出具体工作措施。随后印发《代理个人保险业务实施细则》，全面代理面向个人客户的保险业务。10 月，投产“银保通”系统（一期），通过银行和保险公司的系统连接，对适合客户需求、适合银行销售、市场风险较小的保险产品，实行银行柜面直接打印保单投保的营销模式，更加便捷高效地实现银保业务的合作营销。随着客户保险意识增强、配置保险需求逐步提升以及银保产品线的愈加丰富，该行银保产品规模得以不断增长。

2005 年，全市各商业银行加大理财产品的营销推广力度，理财业务发展加快。农发行揭阳市分行全系统开办代理保险业务。2006年，工行揭阳分行代销基金、保险和外汇资金业务快速发展，截至12月底，全市累计销售基金3558.84万元，完成分行任务296.57%；代售保险1128.58万元，完成分行任务112.86%；累计办理外汇宝交易761.23万美元，完成分行任务76.12%；累计销售汇聚宝720.23万美元。2007年3月，农发行揭阳市分行办理第一笔代理保险业务。2010年，邮储行揭阳市分行累计销售保险1.22亿元。9月，农发行揭阳市分行全系统开办咨询顾问业务。

2011年，惠来联社与中国人寿保险公司揭阳惠来分公司签订合作协议，主要开办的业务是代理小额贷款借款人意外伤害险，该业务的开办填补惠来联社代理保险业务的空白。邮储行揭阳市分行销售量达到1.86亿元。交行揭阳分行开展保险代理业务，所销售保险产品均由总行负责与各家合作保险公司签订协议，统一把关准入。随着业务的发展，分行保险代理业务逐渐扩展，目前大部分产品可以通过手机银行、网银等渠道进行购买，方便、快捷。7月，农发行揭阳市分行办理第一笔投融资顾问业务。根据全国金融工作会议关于“清理规范中间业务”“降低实体经济成本”等精神。2013年后，交行揭阳分行每年销量在1500万元左右。2016年垦交产品大力发展，全年达到5714万元，近几年销量基本在2000万元左右。2016年，工行揭阳分行全年累计代理销售保险产品6.89亿元，实现单一年度销售保险产品历年以来最高销量。2016年，工行揭阳分行全年累计代理销售保险产品6.89亿元，实现单一年度销售保险产品历年以来最高销量。

2017年11月开始，农发行揭阳市分行全系统对在农发行贷款融资的客户免收投融资顾问费用。东亚银行揭阳支行按照上级行和监管机构的规定开展保险代理业务，代理的保险主要涵盖健康医疗、子女教育、退休养老、出行保障等方面，满足不同客户群体的需求。

至2018年12月，工行揭阳分行代理个人保险产品余额为17.70亿元，其中个人财险产品余额为6200万元、个人寿险产品余额为17.08亿元。南粤银行揭阳分行发行代理保险业务10笔，实收保费3.14万元。民生银行揭阳分行开展人寿保险代理业务，至2018年12月，累计金额4839.09万元。

（三）住房公积金收缴与发放业务

个人住房贷款是指贷款人向借款人发放的，用于购买、建造个人住房的贷款。按照所购住房交易状况，分为一手个人住房贷款和二手个人住房贷款。按照住房取得方式不同，分为个人购置住房贷款和个人自建房贷款。分行自1998年开始开办个人住房贷款业务，十多年间业务停滞不前。2012年后，分行个人住房贷款业务步入快速发展阶段。至2018年，个人住房贷款余额39.68亿元，比2012年增长32.07倍。1999年6月，工行揭阳分行与揭阳市住房基金管理中心签订《揭阳市住房公积金委托归集协议书》《揭阳市基金委托归集协议书》《揭阳市补贴资金归集协议书》。2002年，揭阳市住房基金管理中心账户更名为揭阳市住房公积金管理中心。全市有544家单位公积金归集工行揭阳分行，个人户数达51155户，截至2018年12月底，全年归集总额达17.08亿元。

2017年2月15日，邮储行揭阳市分行与揭阳市住房公积金管理中心签订《住房公积金委托贷款协议》，正式办理住房公积金贷款业务。截至2018年12月底，共办理公积金贷款业务105笔，金额3829万元。

2018年，邮储行揭阳市分行与揭阳市住房公积金管理中心签订《住房公积金委托贷款协议》，正式办理住房公积金贷款业务，截至2018年12月底，共办理公积金贷款业务105笔，金额3829万元。

（四）代保管和出租保管箱业务

2000年，工行揭阳分行开设保管箱业务，为满足客户财务管理需要，在分行营业部首次开办贵重物品、有价证券及保密资料等代保管业务，填补新区保管箱业务的空白。保管箱业务办理区域位于揭阳分行营业部二楼营业厅内侧，占地面积约104平方米，分为业务受理区、客户洽谈区、保管库区以及档案资料存储区4个内部小区域。其中，保管库区共设置可供客户租用的保管箱2445个，分为小、中、大、特大四种型号，其中小号保管箱共270个，中号保管箱共1965个，大号保管箱共105个，特大号保管箱共105个。2016年8月1日，揭阳农商行推出保管箱业务，共配备4种不同箱体规格。

（五）代客理财业务

20世纪80年代末期，全市商业银行开始为客户提供资产保值和增值的综合性代客理财服务，尝试向客户提供专业化的投资顾问和个人外汇理财服务。

1999年，工行揭阳分行响应总行的号召，在各家储蓄所开办个人理财业务，针对客户的多元化需求全面开展个人金融服务。随后在总省行层面由资产负债部根据客户需求和市场状况统一研究设计个人理财产品及相关服务、在二级分行层面则负债个人理财产品的营销推广。通过建立“总行理财专家组——分行理财专家组——支行客户服务小组——客户经理”的理财服务团队，做好对个人客户的理财营销服务。进入21世纪以后，该行在网点建设上也重点转向个人理财中心的建设，以配合个人理财业务的发展、展现全新的服务形象。理财中心均按统一标准设计和配备，设置个人理财区、大户室、现金收付区等，突出个人理财功能。同时也设置和配备个人客户经理以及大堂经理，制定标准化服务流程，为客户提供“面对面、一对一、多对一”的个性化服务，增强网点亲和力。而在线上渠道方面，在电话银行、个人网上银行、手机银行等终端分别开辟优先快速服务通道和专用人工座席、专用界面和快速通道，以提升客户购买个人理财服务体验。2002年，工行揭阳分行推出综合个人理财服务品牌——“理财金账户”，为持有该卡的客户提供优先办理业务以及专业客户经理“一对一”、个性化服务、并按照规定享受优惠利率及优惠价格服务。2008年，工行揭阳分行针对个人金融资产800万元以上的客户推出私人银行理财服务，让该部分高端客户得以尊享更高层级的优质理财服务和相关配套服务，为客户提供最高层级的尊享优待。

2010年，交通银行揭阳分行理财产品余额为2617万元。2011年，邮储行揭阳市分行推出第三方托管、保本基金等投资组合理财产品。2012年，邮储行揭阳市分行增加代理证券保证金第三方存管业务。2014年，南粤银行揭阳分行开展个人理财业务，全年累计销售959笔，累计销售金额11.41亿元；2015年，全年累计销售1803笔，累计销售金额16.22亿元；2016年，全年累计销售2336笔，累计销售金额19.28亿元；2017年，全年累计销售3509笔，累计销售金额30.98亿元。

2018年，南粤银行揭阳分行个人理财业务，全年累计销售4259笔，累计销售金额32.38亿元。邮储行揭阳市分行全年销售理财94.84亿元，实现理财业务收入1166万元。民生银行揭阳分行与总行合作的基金管理公司超过50家，代销基金千余只。交行揭阳分行个人理财产品由总行开发、设计、发售并统一运作，投资于资产池产品，主要投资于固定收益工具（国债、金融债、央票、高等级信用债等）和货币市场工具（同业拆借、同业存款、同业借款、债券回购等）。随着产品、队伍、渠道、服务各方面的综合优化，工行揭阳分行个人理财产品规模日渐扩大，截至2018年12月底，全行个人理财产品余额为70.08亿元，占该行个人金融资产规模21.3%，其中个金理财产品余额为42.79亿元、私人银行理财产品余额为27.29亿元。交通银行揭阳分行，针对不同客户服务等级，推出符合客户需求的产品。包括五个系列：私人银行系列、沃德添利系列、交银添利系列、稳添利系列和天添利系列，理财产品余额大幅增长，截至2018年12月，交通银行揭阳分行理财产品余额增至20.77亿元，在全行储蓄资金占比

58.15%。

（六）其他代理业务

2009 年 3 月，交行揭阳分行开始办理个人实物黄金买卖业务，所销售黄金产品均由总行负责与黄金供应商、上海黄金交易所等合作单位签订协议，统一把关准入，并统一运作。所销售的黄金产品通过销售系统实现系统出单和系统管控。随着这几年业务的发展，黄金业务以“沃德金”为主品牌，逐渐形成沃德收藏金、沃德投资金和沃德交易金三大系列。每年销售大约在 300 万元左右，2009 年贵金属共销售 375 万元。

2011 年，邮储行揭阳市分行累计销售基金 2942 万元，2012 年累计销售 9967 万元，2013 年累计销售 1.01 亿元，至 2018 年 12 月累计销售 1.56 亿元。

2013 年，交行揭阳分行贵金属销量达到 1520 万元。

2015 年，惠来农信社与税务机关合作开办的代开普通税票业务，解决广大民众开税票难的问题。

第三章　金融机构内部管理

第一节　内部监督控制制度

内部监督控制（简称内控）是指金融机构为实现经营目标，通过制定和实施一系列制度、程序和方法，对风险进行事前防范、事中控制、事后监督及纠正的动态过程和机制。1985 年以来，辖内各银行和信用社等金融机构在建立健全内控制度，完善自我约束机制方面不断进行探索与尝试，逐步建立包括全行性、部门性在内的完整的内控制度体系，形成事前有制度规范，事中有制约监管，事后有检查整改，全方位、多层次的长效内控机制。

20 世纪 90 年代以来，辖内金融机构在走向商业化和市场化的过程中，结合本系统总行、省行的《分支机构内部控制指引》，先后成立由行长挂帅的内控委员会，制订本单位的资产、负债、中间业务及表外业务、外汇业务等全方位的管理制度，在岗位职责、业务授权、业务操作流程等方面建立规范化、标准化的实施细则，并实行量化考核管理。同时，不断健全完善有关内部管理和内部控制的各项制度，加强对“权、钱、人、物”的监督和制约，开展日常督促检查，堵塞漏洞，严防各类案件和安全事故的发生。特别是针对 90 年代中期前呆账、滞账占全部贷款的比例大（超过 20%，加上逾期贷款最高时达 70%），亏损严重，案件多发等情况，建立健全内控措施，并采用内控方式防范和控制市场风险、信用风险和操作风险，为保障银行规范稳健经营、防范和化解金融风险，实现效益最大化经营目标打下坚实基础。

进入 21 世纪后，全市金融机构相继将内部监督控制纳入业务经营管理的各个环节、各个方面，使各项业务处于有效的内控监督之中，经常开展内控制度的检查和评价工作，推动各金融机构依法合规经营和业务发展。

1999年，中行揭阳分行加强内控，防范案件，确保依法合规经营。组织干部职工参加地方司法部门的“三五”普法教育、测试。对违规操作责任人进行严肃处理。其中撤职1人，警告8人，记大过2人，留用察看4人，除名1人。在全市起到警示后人、匡扶正气、增强一级法人观念的作用。先后制定重要凭证管理、授权管理、公章管理等切实可行的内控制度10多个，有效地防范和化解金融风险。

2000年，中行揭阳分行建立“四项制度”。按照总行、省行的要求，组织各职能部门有关人员进行学习，设置“四项制度”登记簿，配置内控监督员。纪检监察部与稽核办的有关人员组成检查组，到全市所有网点进行跟踪检查，从而保证“四项制度”的建立和实施。清理富余车辆方面，印发《关于清理车辆和加强汽车管理的通知》，使车辆的使用和管理有章可循，走上规范化的轨道。对车辆进行清理，逐一列表登记，并按照省行的核准数额和业务需要控制汽车数量。全市共拍卖富余汽车5部和摩托车6辆。做好案件防范和处理审结工作方面，全市层层签定防范案件责任书；根据揭东支行吴江周（原曲溪办事处副主任）私自为企业提供借款担保一案的事实，对照有关党纪党规，于11月间对吴江周作出开除党籍的内部处理；徐舜荣案件在2000年度得以办理结案手续。加强稽核检查工作方面，2000年度共完成各项稽核检查工作50次，配合其他单位检查1次，共检查揭阳分行辖内24个网点，其中包括对已撤并的惠来、渔湖支行及其辖属网点11个，按照机构撤并前的情况统计，全年稽核覆盖面达到66%，并对检查发现的存在问题，限期整改，及时地防范化解风险。加强督查、督办力度。自10月开始实行签报制度以来，行长办公室等职能部门加强对业务发展和内部管理等工作的督查、督办力度，共督办签报105份，充分发挥行长室左右手的作用，确保行领导的工作要求落到实处。12月7日，中行揭阳分行成立风险管理委员会，印发《风险管理委员会实施细则》《中行揭阳分行风险管理委员会秘书组工作细则》的制度，成为全行内部控制和风险管理的最高决策机构。

2001年，农发行总行为完善法人管理制度，制定授权管理暂行办法，明确农发行实行一级法人制下的授权管理制度。农发揭阳分行作为农发行的二级分行，在上级行的授权范围内开展业务，并承担相应责任，行长作为主要负责人，行使授权范围内的各种权利。

2002年，中行揭阳分行通过加强内控管理，大力清收不良，改革干部任免制度和改善激励约束机制，杜绝大案要案发生，大力消化历史包袱，确保生产安全，取得较好的管理效益。确保无发生内部经济案件、“三违”“三防一保”事件和违规账外经营等，全年安全生产无事故。在全市深入开展查找、防范个人岗位常见风险点工作，有效地促使风险防范关口前移，较好地提高整体的风险防范水平。充分发挥内控办的作用，定期不定期对全市自查出来的岗位常见风险点和来自外查内审检查发现的存在问题，进行跟进检查反馈整改落实到位。

2003年，中行揭阳分行坚持从严治行，向管理要效益。落实好整改措施作为检验内控工作的手段，全年没有发生“三违”等案件，实现安全运行，有力地促进全市各网点的赢利水平的进一步提高。普宁农信社实施每月对辖属网点开展一次以上的常规检查，每季开展一次内控制度大检查。加强对库房管理、库存现金、重要空白凭证、有价单证、往来账务的检查核对，通过检查，发现问题及时落实整改，做到有检查有改进，工作回头看。实行轮换岗制度，强化互相制约，相互监督机制。

2004年，中行揭阳分行坚持不懈抓内部管理，营造一个健康发展环境。在全市深入开展“合规经营年”活动，不断增强全行干部员工的依法合规经营意识，切实提高人员的思想素质和业务水平，全年没有发生“三违”等案件，实现安全运行，有力地促进全市各网点的赢利水平的进一步提高。

2005年5月，农发行揭阳市分行根据总行《关于政策性贷款和商业性贷款分类反映的通知》要求，对所有贷款按政策性和自营性分类核算，分别反映，建立政策性业务与自营性业务分类管理的制度体系；在信贷规范化管理方面，逐步调整完善客户评级授信管理办法，对全行贷款客户开展信用评级，实行统一授信管理，通过核定客户最高综合授信控制风险敞口。建设银行股改上市后，按照巴塞尔银行监管委员会和监管要求，6 月总行正式成立合规部后，7 月省分行合规部正式成立，8 月，市分行合规管理职能归口纪检监察部门牵头管理，之前内控合规制度由各业务部门结合自身职责制订建立形成。不断建立健全内控合规体系，先后制订（修订）一系列内控合规制度。中行揭阳分行坚持不懈抓内控，为业务保驾护航。深入开展“内控建设回头看”、经营性分支机构业务大检查、反洗钱和网点负责人代职等内控活动，率先实施营业网点规范化综合管理；积极稳妥开展人力资源改革管理和机构整合工作，并按照以岗定薪初步进行岗位薪酬设置。6 月 25 日，分行举办新聘任内控合规员培训班，对柜台常见操作技巧、账务平衡、账务检查等内容进行讲解，并现场进行内控合规员业务测试。普宁农信社修订完善各项管理制度，制订《关于做好新增设第三道库房门管理工作的通知》和《关于印发普宁市农村信用社尾数箱接送工作意见的通知》等 10 多项管理规定，有效防范操作风险，遏制各类案件的产生。

2006 年，中行揭阳分行实施营业机构风险评级和内控合规员派驻制度，开展“操作风险管理年”等专项活动，风险防范能力进一步加强，实现安全无事故。11 月 7 日，建行揭阳市分行制订《中国建设银行揭阳市分行合规工作三年规划（2006 — 2008 年）》《中国建设银行揭阳市分行合规工作管理规定（试行）》；11 月 17 日，制订《中国建设银行揭阳市分行关联交易申报工作管理实施办法（试行）》。

2007 年，人行揭阳市中心支行不断完善财务管理内控和监督制度，大力加强制度建设，修订制订《中国人民银行揭阳市中心支行机关会计监督暂行办法》《中国人民银行揭阳市中心支行机关银行账户管理暂行办法》《 揭阳中支会计财务科岗位职责》等制度。3 月，农发总行印发《关于全面推行财会主管委派制工作的意见》，要求省级分行按照“省行委派、双重考核、定期聘用”的原则，积极推行二级分行财会主管委派制，揭阳市分行的财会主管由省分行委派。4 月 12 日，建行揭阳市分行制订《中国建设银行揭阳市分行反洗钱工作管理实施细则》和《中国建设银行揭阳市分行大额交易和可疑交易报告实施细则》。5 月 25 日，建行揭阳市分行制订《中国建设银行揭阳市分行内外部审计和监管检查发现问题整改工作实施细则（试行）》。6 月 25 日，制订《中国建设银行揭阳市分行反洗钱工作岗位责任制》；9 月 24 日，建行揭阳市分行修订《中国建设银行揭阳市分行合规工作管理规定》。

2008 年，中行揭阳分行内控工作扎实开展。深入开展“内控执行力”教育评价和“百日大清查”等内控活动风险点查摆；整合内控资源，建立视频监督、事后监督和联网监控“三个中心”对全市 24 小时联动监控工作机制；推进内控整改纠偏机制建设，加强派驻业务经理队伍建设，持续开展业务流程梳理、优化工作，从源头上消除风险隐患；加大内控垂直管理和内部薄弱环节帮扶力度；加强奥运安保工作，圆满实现“平安奥运”工作。

2009 年，普宁农信社建立健全内部管理机制。加大制度建设力度，全面规范操作规程。根据省联社的各项管理制度，及时制订和修订各项内控管理制度 24 个。梳理规章制度，并编印成 3 册《普宁市农村信用社政策制度汇编》，印发到每个部门、信用社，每名员工手中，方便员工学习和执行相关制度。先后设立会计事后监督中心和财务费用报账中心。5 月 21 日，建行揭阳市分行制订《中国建设银行揭阳市分行客户洗钱风险等级分类管理操作规程（试行）》；7 月 27 日，制订《中国建设银行揭阳市分行网点负责人离任及强制休假检查工作实施办法》。

2010 年 1 月 7 日，建行揭阳市分行制订《中国建设银行揭阳市分行人民币大额现金交易监测工作操作规程》；3月23日，制订《中国建设银行揭阳市分行开展案件专项治理 进一步加强案件防控工作实施细则》；8月4日，制订《中国建设银行揭阳市分行内外部审计与监管检查发现问题整改工作实施细则》；9月2日，制订《中国建设银行揭阳市分行反洗钱重点可疑交易报告（涉嫌线索）操作规程》。普宁农信社联社流程化管理项目7月1日起开始正式实施运行，实现从“部门银行”向“流程银行”的平稳过渡。

2011年5月4日，建行揭阳市分行制订《中国建设银行揭阳市分行客户身份识别和客户身份资料及交易记录保存操作规程（试行）》；5月18日，制订《揭阳市分行“八大突出案件风险”专项治理工作实施方案》；8月23日，制订印发《揭阳市分行案件防控长效机制建设实施方案》；11月10日，制订《中国建设银行揭阳市分行案件防控奖励积分管理实施细则（暂行）》；12月28日，制订《中国建设银行揭阳市分行案件及重大风险事件内部应急处置操作规程》。普宁农信社开展合规文化建设年工作，切实提高依法合规经营管理和风险控制能力。开展深化“内控和案防制度执行年活动”，巩固案防工作成果。

2012年3月12日，建行揭阳市分行制订《中国建设银行揭阳市分行反洗钱重大可疑交易线索报告操作规程》；5月31日，制订《中国建设银行揭阳市分行应用机构信用代码辅助开展客户身份识别操作规程（试行）》；6月12日，制订关于印发《中国建设银行揭阳市分行全面风险管理责任制工作方案》。中行揭阳分行加大内控管理工作，提高风险防控能力，树立“案防工作达标年”示范网点，选取长春路支行作为案防工作示范机构，带动提高全市内控防案工作水平。对条线管理部门设立纪委书记内控防案加减分。加大现场和非现场检查稽核力度，对“双十禁”、网点尾箱管理、公司存款账户、个人存款账户、核对经营性机构柜台现金账实、理财业务客户进行全面排查。加强从严监督、严格执罚，加大违规检查和处罚力度，对违反“双十禁”的20名员工进行处理，其中行政警告4人，扣罚绩效16人。普宁市农信社加强内控管理，夯实案防工作基础。制订《案件防控治理建立“五位一体”长效机制实施方案》，确立全年案防的工作目标和任务要求等，确保有计划、有目标、有主次地开展案防工作。开展各项整顿治理活动。组织开展治理商业贿赂、政风行风评议、廉政（洁）风险防控工作等。组织开展综合大检查等专项检查，并对重要岗位、内部资金管理等案件高发部位的内控制度执行情况进行突击检查。全年共组织突击检查456个次，其中上班前突击检查91个次。加大责任追究和违规行为的惩处力度。全年共对12名责任人进行通报批评，对145人进行经济处罚。

2013年，人行揭阳市中心支行开展内控制度风险评估工作。根据财政部《行政事业单位内部控制规范（试行）》、总行办公厅《中国人民银行办公厅转发〈财政部关于印发《行政事业单位内部控制规范（试行）》的通知〉的通知》以及广州分行有关文件要求，人行揭阳市中心支行结合自身实际，制订《中国人民银行揭阳市中心支行关于贯彻落实〈行政事业单位内部控制规范（试行）〉的实施方案》，进一步夯实会计基础工作，推进中支内部控制工作的健康发展。根据广州分行会计财务处的统一部署，开展会计财务部门风险量化评估工作，对照有关文件及自身实际，对会计财务相关项目进行自评，提升会计财务部门内部控制与风险管理水平。中行揭阳分行加强内控合规管理。开展“转作风 促发展”等主题教育活动，充分发挥纪委在内部监督及防案作用，大力推行“211”案防工作机制。9月推行以来，发现风险问题4个并及时有效化解，有效促进各条线做实做细内控管理工作。强化“制度＋科技”为抓手的内控防案方法，做强一道防线，做专二道防线，保持案防高压态势，加大非现场监督、数据核查力度和对重点业务、关键环节突击检查，有效遏止违规和高风险事件发生，截至11月末，共完成二道防线检查项目22项、涉及全市21家机构342次，累计扣罚责任人绩效38489.50元，辞退员工2名，由分行纪委书记诫勉谈话员工 5 名。全年实现无案件、无违规违纪、无重特大差错和事故发生的案防工作目标，内控案防基础进一步夯实。5 月 13 日，建行揭阳市分行制订《揭阳市分行开展参与民间融资行为专项风险排查的实施方案》。

2014 年，中行揭阳分行内控防案全面建设，保障业务健康发展。内控防案工作实现不出案件、不出重大违规和差错事故、不出外审行政处罚和不出安全责任事故；内控问题数量同比下降 27%；初步建立起运作规范化、管理科学化、监控制度化的内控体系。推进党风廉政建设，班子成员带头落实中央八项规定，每季度由财会部门将行班子成员开支情况报“一把手”和纪委书记审核；对全行公务用车实行“疏与堵”相结合的管理机制，严禁公车私用，公务车辆管理效果明显，车辆费用下降 17.69 万元，降幅 13.80%。深入推进“立规矩、讲道理”两步走内控防案重点部署，完善内控与合规考核方案，加大内控合规考核结果与个人、机构的绩效考核挂钩力度。深入开展“珍爱生活、远离案件”主题活动，加大员工异常行为排查和专项业务排查等，排查账户 685 个，交易 4600 笔，发现问题 115 个并逐项落实整改。加强业务风险主动防查，对下摆基层的新业务要求 3 个月内业务条线要进行内控后评价，由监察部对后评价结果进行再评价。扎实推进“平安市中行”建设，实施基层网点“晨会案防一分钟”，成功识破、堵截各类案件 4 宗；及时成功化解现金尾箱社会化押运外包公司员工罢运事件，健全应急预案，组织模拟应急演练；开展网点安全生产大检查和安保应急演练，推行自助设备 24 小时巡查社会化。11 月 14 日，建行揭阳市分行制订《中国建设银行揭阳市分行反洗钱集中作业操作规程》。普宁农信社以完善全面风险管理体系为目标，平衡风控与发展关系，优化风控管理体制，提高实质性风险防控能力。坚持各项业务“制度先行，风险可控”，组织对历年制度再梳理，制订、修订各项规章制度 29 项。

2015 年，中行揭阳分行内控案防更加扎实。突出党风廉政建设推动内控案防工作，加强落实党委主体责任和纪委监督责任，健全“常态教育 + 执纪问责”机制，持续保持内控案防高压态势，强化人员异常行为管控，对违规违纪行为“零容忍”，主动做实“三道”防线建设，有效确保全年内控零案件、外审零处罚、安全经营零事故、员工零上访，声誉零负面，内控检查问题数量同比下降 23.63%。2015 年开始，邮储揭阳分行每年出台《中国邮政储蓄银行揭阳市分行合规履职考评管理办法》，优化考评指标，组织全市各一级支行开展年度合规现场述职及合规考评工作，考评结果与考评对象薪酬挂钩；建立网点内控达标管理制度，每季度评选出内控示范网点，对优秀内控经验全市推广，一次性奖励网点人均 600 元，对考核落后的网点被出示“内控管理落后警示牌”，并扣罚网点人均 600 元。普宁农信社发挥业务管理、风险合规及审计监督“三道防线”，全年梳理制订 54 项规章制度，组织覆盖广泛、重点突出风险排查，织密织牢经营管理的“安全网”，实现全年安全无事故的管控目标。全年组织“两个加强、两个遏制”等专项检查，开展突击检查 450 个次，其中上班前突击检查 270 个次；建立经营风险定期提示机制，发挥合规等部门的中台机构管理职能，覆盖职能部门和基层网点的贷款投放、票据签发、柜面操作、内部管理等多条线多层面的风险监测和提示，定期汇总提取制度执行和业务状况数据，为信用风险、市场风险、流动性风险管理提供保障。

2016 年以来，建行揭阳市分行以“转型发展、创新驱动、合规保障”为指导思想，以“合规分行、平安分行”为管理目标，连续 4 年开展“合规平安年”活动，从分行的实际出发把脉问诊，从合规文化建设、制度流程健全、员工行为管控、案件防控、基层合规管理、合规主体责任推动、系统工具建设等方面入手，抓基础、抓执行、抓实效，精准发力，稳扎稳打，推动“合规平安年”工作在发展中深化，在深化中发展，取得良好成效；3 月 29 日，制订《中国建设银行揭阳市分行统筹检查管理实施细则（试行）和《中国建设银行揭阳市分行检查专家库管理细则（试行）》；10月18日，制订《揭阳市分行内控合规同级管理实施细则（试行）》；11月29日，制订《揭阳市分行网点经营管理授权操作规程（2016年版）》。9月，农发行揭阳市分行新设立放款中心，实现前、中、后台分设，评审分离、贷放分控。普宁农商行以“强本固基”为出发点，推进全面风险管理机制建设，统筹推进案件防控、柜面业务、流动性、业务外包等重点领域风险管控，建立重大风险信息报送机制，按不同时期，明确信用、市场、流动性、操作、声誉等重大风险的报告路线和处置责任部门，完善各类风险预警及应急处置预案，风险管控的前瞻性和精细化程度有效加强。实施流程化效果提升项目。流程银行建设优化再造改进工作领导小组成立，制订流程银行建设效果提升工作实施方案，布置规划流程化效果提升工作。已完成战略规划制订、“三定一编”、制度梳理等基础性工作。以全面建设“法治农信”为目标，按照“标本兼治、惩防并举”的案件防控工作思路，以完善制度和优化流程体系为抓手，以强化内部治理和内控执行力为保障，促进案件防控工作制度化、规范化。通过开展“两个加强、两个遏制”回头看工作、年度综合大检查、存款及柜面操作风险等各类排查项目，对规制漏洞、管理涣散等问题开展全面体检，进一步完善内控制度体系，及时发现和化解案件和操作风险隐患；组织学习《广东省农村合作金融机构案件防控工作“十禁令”》，促使全员“明晰底线、坚守红线”，营造良好的合规经营氛围；加强支付结算管理，创新宣传手段，加强自助设备巡查，增强客户防范电信网络诈骗的意识；重视FTP项目的建设，5月23日试运行FTP项目，为产品合理定价、建立激励约束机制、实现利率风险集中管理奠定重要基础；抓好“营改增”宣传、动员和部署力度，确保“营改增”政策在本行的顺利实施。

2017年2月7日，建行揭阳市分行制订《中国建设银行揭阳市分行新一代信息系统反洗钱应用操作实施细则》；2月9日，制订《中国建设银行揭阳市分行涉及恐怖活动资产冻结工作指引》；3月13日，制订《中国建设银行揭阳市分行合规约谈实施细则（试行）》；4月11日，制订《中国建设银行揭阳市分行合规会商管理实施细则（试行）》《中国建设银行揭阳市分行网点经营管理授权操作规程（修订版）》；5月11日，制订《中国建设银行揭阳市分行整改工作实施细则》《揭阳市分行合规同级管理工作实施方案》；6月15日，制订《中国建设银行揭阳市分行合规经理管理操作规程（试行）》；6月21日，制订《关于全面落实银行业风险防控工作指导意见的通知》；8月22日，制订《中国建设银行揭阳市分行案件及重大风险事件内部应急处置操作规程（2017年修订）》；8月23日，制订《中国建设银行揭阳市分行洗钱和恐怖融资风险评估及客户分类管理操作规程》。普宁农商行健全制度建设，全年共出台制度209个，其中基本制度10个、管理制度130个、操作制度69个；明确案件风险排查重点，加强排查力度，组织“两会一层”风控责任履职排查、员工异常行为等多项专项排查活动，积极消除案防隐患。

2017—2018年，人行揭阳市中心支行认真落实2017年6月广州分行内审预算管理审计发现问题的整改工作，以本次审计为契机，提高预算编制的科学化水平，加强内控制度建设，逐项进行整改，查遗补漏。

2018年5月，农发行总行推行内审体制深化改革，内审局成立，建立全系统独立垂直的审计体系，撤销揭阳市分行原有的内审职能，但仍需负责处级（不含）以下干部经济责任审计的组织和实施。9月10日，建行揭阳市分行制订《中国建设银行揭阳市分行“扫黑除恶”专项工作督导实施方案》。普宁农商行在全行营造“不敢违、不想违”的氛围，使依法合规经营深入人心。出台制度314个，其中基本制度59个、管理制度160个、操作制度89个、补充通知类6个。后续评估180个制度，为加快实现高质量发展提供制度支撑；以改纠偏，补齐短板，形成长效管理机制。持续优化审计队伍基本架构，增补7名内审纪委专业人员。完善审计制度与审计手段，前置业务审计，如首次对不良资产债权转让的合规合法性进行专项审计，把好债权转让关卡。将党建等工作列入审计范畴，加强对各项业务审计，推动业务合规发展。揭东农商行不断加强内控制度建设，着力建立健全内控管理长效机制。通过定期开展制度后续评估工作，并按照制度覆盖业务、流程规范操作的原则，全面持续梳理、完善各项规章制度，在全市经营管理的全领域、全过程、全环节都做到有章可循、有规可依。据统计，截至2018年12月末，全行现行有效制度共311个。南粤银行揭阳分行高度重视内控制度体系建设，实行“风险防控，制度先行”的原则。开展制度检视评价工作，拟定制度规划；分行内控合规部门定期组织各管理部门对制度进行检视，不断完善合规管理制度体系，夯实合规管理基础；严格执行制度合规性审核工作，有效识别化解合规风险，防微杜渐，消除隐患，为南粤银行揭阳分行业务发展提供制度保障；制定内控制度，加强内控合规管理；根据监管及总行合规风险管理政策及制度，不断完善与分行组织架构、管理流程与管理实际相适应的内控制度，截至2018年12月全行现行有效制度共77个。邮储行揭阳市分行自20世纪90年代以来，结合本系统总、省行的内部控制要求，先后成立由行长挂帅的内部控制委员会，在研究监管动态的基础上，总结归纳出内外部检查和制度评估提出的问题，牵头各部门做好制度规划工作，制订本单位的资产、负债、中间业务及表外业务、外汇业务等全方位的管理制度，在岗位职责、业务授权、业务操作流程等方面建立规范、标准化的实施细则，并实行量化考核管理。通过加强制度线上线下双线审查，逐步提升制度建设合规性和规范性。截至2018年12月，共修订印发《中国邮政储蓄银行揭阳市分行突发事件应急预案管理办法》等规章制度96项，为邮储行揭阳市分行各类业务的健康发展提供强有力的制度保障，进一步提升邮储行揭阳市分行规章制度的统一规范性和完备性。中国农行揭阳分行根据内部控制目标，采用科学的风险管理技术和方法，充分识别和评估经营中面临的风险，对各类主要风险进行持续监控。结合风险评估结果或遵循本行要求，综合运用相应的控制措施，对各种业务和事项实施有效控制，将风险控制在可承受度之内。邮储行揭阳市分行领导带头发挥榜样示范效应，分行高管亲自带队督导基层“内控提升”活动工作，重点督导各机构扎实开展各项活动内容，解决基层单位活动过程中遇到的困难；市分行领导带队突查“十条禁令”的宣贯执行，到基层开展突击检查，随机组织默写、考试，要求员工时刻绷紧“合规”这根弦，切实把“十条禁令”记心上、抓手中、落实处；层层落实强化合规履职压力传导；强化“十条禁令”宣贯执行，要求员工时刻绷紧“合规”这根弦；开展“内控提升”活动，围绕“内控建设”三年目标，以提升全行内控合规管理水平、有效防控各类案件和风险事件、避免监管处罚为核心目标，银、邮联合印发“内控提升”实施方案，落实抓好活动组织、宣贯、实施、督导、总结等环节，营造良好的合规文化氛围，支撑全行业务持续健康发展；持续宣贯合规文化；加强合规培训；开展年度分支机构行长合规履职考评。从2015年开始，每年出台《中国邮政储蓄银行揭阳市分行合规履职考评管理办法》，并优化考评指标，组织辖内各一级支行开展年度合规现场述职及合规考评工作，考评结果与考评对象薪酬挂钩；建立网点内控达标管理制度。每季度评选出内控示范网点，对优秀内控经验全市推广，一次性奖励网点人均600元，对考核落后的网点被出示“内控管理落后警示牌”，并扣罚网点人均600元；加强合规问责，始终保持“十条禁令”实施强度不减；加强对违规行为的问责处罚，坚持立查立改，力求从根源上消灭问题，遏制违规行为；重罚震慑整改不力行为，出台高风险违规行为处理规定，明确要求同一县行同一问题同一年度发生3次以上的双倍扣罚，4次的扣罚县行部门经理2000元，5次的扣罚分管领导3000元，6次的重罚一把手1万元。加大屡查屡犯问题的问责力度。出台《关于加大对屡查屡犯违规行为问责处理的通知》，梳理并制定《屡查屡犯违规行为负面清单》，明确要求同一县行同一问题同一年度发生三次以内的除按通知要求进行扣罚外，相关责任人须进行停薪培训直至跨区域轮岗，发生四次的对县行后台管理人员每次扣罚500元，对部门经理每次扣罚1000元，第五次的对县行分管领导每次扣罚2000元，第六次的县行一把手每次扣罚3000元，同时定期对清单内容进行更新、修正，持续检验问题整改成效；与市邮政分公司协商，邮银每月召开一次联席会，每季召开一次内控会，就案防内控管理方面存在风险及先进经验共同交流探讨，研究防范措施；强代理网点负责人任职资格合规审查管理；每年对代理营业机构负责人进行任职资格审核，对代理营业机构开展经济责任审计；联合邮政代理机构开展专项检查；实行集约性管理。加强管理"上收"，推进"四个集中"。全面实行信贷业务审查审批集中，进一步强化风险控制；全面实行合规经理管理集中，定期轮岗，加大履职考核力度；全面实行合规检查人员管理集中；分批推进实时监控管理集中，提高网点实时监督的有效性；密切关注企业客户动态。开展企业信用大数据查询工具"企查查"账号采购工作，引导客户经理在贷前检查中充分使用大数据工具，挖掘企业负面信息、关联关系等；印发经营单位逾期压降目标，着重强调客户和重要时点加强监测和管理措施，规范客户经理还款提醒和催收工作时点和频次，加强对关注类贷款的考核，促使信贷员关注逾期不良；持续开展不良贷款清收活动。每年出台不良贷款压降活动方案，明确每季度以及全年的不良管控目标和具体措施；针对阶段性压降重点，出台"众剑行动"等阶段性不良压降活动方案，有针对性、有目的性地压降不良。民生银行揭阳分行自2014年成立以来，根据国家各项政策法规、监管规定与业务发展风险控制要求， 始终坚持内控合规为底线，以"筑品牌、筑文化、筑长城"的风险文化教育实践活动，营造法治理念，促进各项内控制度的建立完善。设立以来，逐步建立起符合自身发展实际的内控制度体系，建立各项业务管理制度和内控制度共计50个，基本涵盖重大风险管控领域与重要业务办理环节，确保内控制衡与业务发展并驾齐驱，持续夯实内控基础，使得"扎扎实实办银行〃开动脑筋办银行〃规规矩矩办银行"的办行宗旨掷地有声，润土留痕。

一、岗位轮换制度

为有效地防范和化解重要岗位人员长期在一个岗位工作所引发的潜在道德风险和因对业务知识掌握不全面带来的业务操作风险，培养一专多能人才，堵塞漏洞，制约和防止案件的发生，20世纪90年代始，各金融机构相继建立岗位轮换制度，规定在一个岗位连续工作一定时间，对资金计划、信贷、会计、出纳、国际业务、保卫等专业性较强的岗位，以及容易发生银行资金、财产等损失的高风险业务操作和管理的客户经理、网点负责人、票据交换、资金清算、管库和现金调拨、上门服务、信贷调查和审查、资金调拨、银行卡业务、档案和密押等岗位，定期进行调岗换岗。采取的方法有岗位互换，岗位循环式轮换，专柜内互换，跨专柜互换，同专业同城跨部、处、所调换，不同部门而岗位性质相同的岗位之间调换，跨专业调岗等。岗位调换的期限视各专业不同岗位连续工作时间而定，最少半年，最多5年。同时，还规定岗位调换时必须履行交接手续，对因特殊原因没有轮岗换岗的人员，实行强制休假制度，期间进行离岗稽查。辖内各行先后实行先培训后持证上岗，竞聘上岗，干部和员工实行双向选择等制度，较好的解决岗位轮换的问题。

二、凭证、印鉴、密押三分管制度

银行的存折、定期存单、汇票、支票等都属于有价单证、重要空白凭证，辖区银行业按照央行和各级商业银行的规定，对有价重要空白凭证和业务印章及密押分别设专人管理，不得兼管，实行三分管三分用。

1996 年起，为堵住印章风险源头，辖内各银行的行政公章及行长个人名章相继实行由市分行办公室集中管理使用，包括按规定程序新增印章的刻制、授权使用、定期进行清理、报废印章的封存和销毁处理等，同时实行印章双人双锁保管、双人同时使用，保险柜存放，闭路电视监控，登记备案。工行揭阳分行制定《关于领用、保管、使用会计空白重要凭证的管理办法》《印章管理办法》，建立行章、行长个人名章、各类业务印章授权使用、保管、用印审批和登记制度，实行分行集中管理使用。对重要空白凭证的使用，实行一个口子管理，一级控制一级领用，严禁同级之间横向调剂余缺，形成领用和保管人、领导责任人、监督检查人相互制约机制。

2013 年，工行揭阳分行组织实施营业机构核算印章综合改革。建立基于“交易—凭证—用印”对应关系的统一柜面业务用印标准，通过交易驱动的用印流程有效解决传统模式下用印和业务相分离的缺陷，以业务验证码为核心的全新认证方式为保护客户资金安全提供新的验证手段。改革实现重要核算印章的电子化打印和自动化控制，全行 756 枚废止核算印章全部上收销毁，84 枚保留重要核算印章全部纳入柜面用印机保管，用印风险难以管控的局面得到根本改观。

2013 年起，全市各行先后安装并上线运行印章远程监控系统，对印章的保管、审批、使用、登记等实施全程监控。对印章进行全面清理，对停止使用并达到销毁年限的旧印章进行销毁。

三、安全防范制度

银行是经营货币的特殊金融机构，也是不法分子以抢劫、诈骗、冒领、内外勾结、弄虚作假、贪污盗窃等手段违法犯罪的对象。值守金库和金库与营业网点间的现金、有价证券、重要凭证的接送，以及资金安全成为银行业务经营和发展的重要风险点。为此，辖区各级金融机构按照“预防为主，确保重点，保障安全”的安防工作方针，在机构人员建制、安全设施建设、人员思想建设、制度规范化建设方面，以及在现金、账务、库房、消防、安全保卫等重要部位和出纳会计、信贷、保卫等重点要害部门均建立一系列的严格安全防范制度及实施细则，实行动态监控。

1986 年，人行揭阳县分行制订《中国人民银行梅县分行安全保卫责任制试行草案》和《治安保卫委员会工作细则》，实行安全岗位责任制，规范治安保卫工作。在发行、出纳、警卫、管库、守库、押运、武器弹药管理等系统安全方面，制定严格规定和执行措施；对库房、网点现金区域、重要部门和部位制定安全防范设施建设标准和规范，要求达到“四铁”（铁门、铁窗、铁柜、铁栏）、“两警”（防盗报警、联防报警），营业网点配足防暴工具及灭火器材，运钞车和护卫车安装对讲机直接对话，并定期开展检查。

1987 年，人行揭阳分行先后建立并执行《安全保卫工作责任制》《武装押运守卫工作责任制》《武器使用管理制度》《警卫制度》《来访人员登记制度》《库房和运钞途中防突发性暴力抢劫应急处置方案和措施》《科、股长以上干部晚上带班制度》。对库房和保险柜安装防盗报警铃和联防信号铃，营业网点、金店、点钞房等重要部位安装铁门、配备石灰包、木棒等简易应急工具和消防器材，做到报警自动化，库房、门窗、柜台铁栏化。建立培训制度，对经警和保卫人员，除开展经常性的安全教育外，每年都要组织训练，聘请公安部门或武警战士授课，开展实弹和擒拿格斗等技术训练和比赛。工行揭阳分行建立领导干部查处案件责任制，实行“三不放过”办法，即发现案件和问题隐患，不查清发生原因不放过，不对有关责任人追究责任和处理不放过，不采取措施限期完成整改不放过。

进入 20 世纪 90 年代后，全市各银行等金融机构按照公安部门对库房和营业场所安全设施修建和安装的标准进行改造，金库房按钢筋混凝土结构建筑，具备“防火、防盗、防潮、防震”功能，配置和充实电击器、防震感应器、应急灯、强光电筒、报警系统、灭火器、排气扇、空调等防护器械和消防设施；对库房锁匙实行双人、双锁及密码的严格管理，改善押运条件，配备专用运钞车，使用无线电通信设备和公安部门签发的“303”免检特别通行证；营业厅（室）柜台上一律安装防护栏，实行员工挂牌上岗制，非营业人员一律不准进入柜台等。银行保卫工作的快速反应能力和运钞途中的安全系数大大提高。

1994 年，全市金融机构贯彻落实中央电话会议“关于开展防诈骗、防盗窃、防抢劫、保银行资金安全”（简称“三防一保”）的精神，根据“谁主管、谁负责”的原则，实行“分级负责、分类管理、群防群治、综合防治”，严格执行《守库员守则》《押运员守则》《库房管理制度》《经济民警守则》《保卫组织工作细则》等规章制度，规范保卫工作行为。全市各银行先后采用记分考核制、岗位责任制、目标管理责任制、承包责任制等多种形式，以签约方式落实到部门和个人，进行考核，兑现奖惩。随着金融电子化和网络化的发展，各银行机构在金库值守和重要部门和部位先后安装闭路电视监控系统。先后在营业网点现金区柜台上安装防弹玻璃；进入营业网点柜台内关口，先后设置防盗抢“二道门”，随时处于互锁状态，进出则一开一锁同时进行，有效避免不法分子趁机随行进入柜台内。

2000 年 12 月 7 日，中行揭阳分行风险管理委员会成立，印发《风险管理委员会实施细则》《中行揭阳分行风险管理委员会秘书组工作细则》的制度，成为全行内部控制和风险管理的最高决策机构。

2001 年，中行揭阳分行新制订的规章制度有 30 多个，补充相关业务制度 2 个。内容包括财务管理、基层网点管理、绩效考核、电脑管理、车辆管理以及各种保卫制度等。这些制度从多个角度对经营管理的环节进行有效的监控，加大管理力度，有力地保证各项经营管理工作的顺利进行。在全市开展规章制度检查、整顿活动；出台营业场所安全措施及防抢应急等预案，完善制度建设；举办 3 场培训班，加强对全市经警、出纳、司机等相关人员的尾箱收送业务培训，确保资金营运安全。结合银行业自身的行业特点，提出加强“风险意识、纪律意识、法律意识、责任意识”四项意识教育，从思想源头上防范风险，杜绝案件发生。

2002 年，中行揭阳分行在全市设立 3 个监控中心，充分发挥闭路电视监督监控对加强控制风险和文明优质服务督办的作用。加强内控制度建设。制订《中行揭阳分行对公银行账户印鉴核对管理办法》《中行揭阳分行对公银行账户违规核对印鉴处罚暂行规定》等规章制度，维护结算秩序、规范结算票据管理，防范化解支付结算风险；为强化对现金的管理，对辖属经营机构的现金审批权限进行调整，并对分行营业部现金管理审批权限进行细化。加强风险防范，落实检查整改工作。组织、配合省行对储蓄、保管箱、因私售汇业务、银行卡、国内国际结算、大额现金管理、联行、支付结算等业务进行专项检查，配合人行对居民、非居民大额外币现钞存取、划转备案登记落实情况以及支付结算纪律检查。正视存在的问题，认真组织整改。对辖内储蓄、银行卡、消费信贷、国内结算以及现金管理、国际结算等业务进行现场检查，及时发现存在问题，并落实跟进整改。督促、引导业务人员努力学习有关业务知识和法律知识，提高综合业务素质，特别是提高信贷人员“三查”和审贷分离业务操作技能及防范、化解和控制风险的能力。在零售业务系统升级后，组织开展零售业务风险防范的研究，督促各行定期（季度）开展业务制度检查。加强银行卡的信控管理工作，严把发卡关，认真落实调查制度，健全调查和透支催收登记制度。

2006 年，普宁农信社继续深入开展案件专项治理工作，通过从深度和广度上的查揭，对遏制案件的产生，确保安全经营，起到一定作用。

2007 年，人行揭阳市中心支行加强制度建设，不断完善财务管理内控和监督制度。修订制订《中国人民银行揭阳市中心支行机关会计监督暂行办法》《中国人民银行揭阳市中心支行机关银行账户管理暂行办法》《揭阳中支会计财务科岗位职责》等制度。

2008 年，为有效保障中支应对中央银行会计集中核算系统（ABS）突发事件、提高系统危机处置能力，中行揭阳市中心支行会计科在征求营业室等部门的意见下，制定《中国人民银行揭阳市中心支行中央银行会计集中核算系统危机处置预案实施细则》。8 月 1 日，农发行揭阳市分行根据上级行要求，撤销现金库房业务，采用寄库的方式，由其他商业银行代理现金尾箱的保管和押运，防暴枪支、弹药立即封存并上交市公安局保管。普宁农信社开展案件防控“百日大清查”专项活动和案件专项治理“回头看”深度排查工作，通过全面清查，查漏补缺，更好地堵塞漏洞，防范和杜绝操作风险的发生。

2009 年，完善内控制度，加强会计安全管理。人行揭阳市中心支行会计科以案件治理专项活动为契机，按照上级行有关文件精神，联合内审科对辖区四家支行开展内控安全管理专项检查。通过监督检查，进一步完善辖区支行的内控制度，大大降低各项资金风险。同时，对中支的资金管理、会计财务、集中采购、资产处置等案件易发的重点领域进行认真排查，有效避免资金风险。中行揭阳分行深入开展“安全保障年”“屡查屡犯”专项治理、案件风险排查等专项活动，突出对重点地区、重点业务、重点机构和重点人员的风险排查；调整优化内部运营与授信风险管理部门职能，运营部与风险与执行部成立，推进内控防案长效机制建设，保障金融安全运营。落实内控防案工作责任制，逐级签订目标责任状，建立严格的问责制。推进远程联网监控中心建设，加大对全市 ATM、网点周边环境实时监控力度，保障客户人身和资金安全。加强员工队伍建设与人才培养，丰富员工集体活动，加强人本文化建设。

2010 年，普宁农信社加大检查力度，防范操作风险，共组织对库房管理等案件高发部位突击检查 256 个网点次、专项检查 17 个次。

2011 年，配合科技科、人行揭阳市中心支行营业室对中央银行会计集中核算系统（ABS 系统）服务器的数据库空间进行清理，确保系统的正常运行。中行揭阳分行狠抓基础工作，主动夯实发展基础。整合监察内控与安全保卫部门管理职能，加大内控考核奖惩力度，严格总行“双十禁”规定执行，严肃处罚一批存在屡查屡犯、不诚信问题责任人，积极开展网银、案件风险滚动排查等专项检查和防地震、火灾消防应急疏散演练，确保全年运营安全无事故。全行员工大力发扬“蓝图精神”，经过一年的连续奋战，顺利实现 IT 蓝图成功投产上线，实现“A 类例外、总分偏差、客户投诉、负面报道、应急支付、投产问题率”均为“零”，为提升一流金融科技服务奠定扎实基础。

2012 年，维护系统的安全稳定运行。配合科技科、人行揭阳市中心支行营业室对中央银行会计集中核算系统（ABS 系统）服务器的数据库空间进行清理，确保系统的正常稳定运行。要求中支营业室、事后监督中心及科技科开展系统安全自查，切实加强设备和环境管理，按时进行系统 2013 年，维护和巡查，确保系统安全稳定运行。多次配合科技科、人行揭阳市中心支行营业室对中央银行会计集中核算系统（ABS 系统）服务器的数据库空间进行清理，确保系统的正常稳定运行。根据广州分行的要求，布置做好有关系统的应急演练工作。

2014 年，普宁农信社全力抓好案件防控，实现全市安全无事故。加强案件防控工作，建立健全“双线”风险防控责任制。先后投入 400 多万元更换运钞车、监控等案防设备，夯实安防基础。开展网点应急预案演练，提高应对突发事件的能力。力抓反洗钱、信息科技风险监测等工作，促进经营管理合规稳定发展。力推影像化事后监督、电子验印桌面安全管理等新系统顺利上线，为业务健康开展提供有力保障。上半年，在人行揭阳市中心支行对揭阳市14个金融机构稳健性评估中排名第三。

2015年，农发行揭阳市分行办公楼进行整体装修，对原有监控设备进行更新换代。2016年完成营业场所和办公大楼的视频监控系统改造工作，营业场所门外和柜台的摄像机符合高清要求。此外，按要求接入“110”报警系统，进一步提升安全保卫能力。

2016年，中行揭阳分行内控案防基础得到巩固。扎实落实“重塑合规”案件防控专项治理活动要求，持续保持内控案防高压态势，调整优化内控三道防线体系，设立内控合规中心、反洗钱中心，强化专职人员配置，更突出内控合规管理效能。深入推动纪检三转职能，落实省行“约法三章”要求，强化人员异常行为管控和监督问责，对违规违纪行为“零容忍”，前11个月累计问责42人次、经济处罚11.18万元，让“有责必罚、问责必严”成为常态，切实提升检查监督力度和执纪问责震慑力。做实基层风险防控，细化“50条深化落实年”的传导、帮扶、检查、整改、问责工作，梳理制作《50条87个学习要点》落实各机构加强学习，成功堵截外部欺诈事例与案件33起，挽回或避免客户资金损失270万元。开展营业机构业务及尾箱防骗反欺诈穿透测试，测试覆盖率达100%。建立内控案防人员“黑名单”数据库，开展“一封家书”主题活动，采取措施加强对“1+3支队伍”人员管控。综合运用突击检查、飞行检查、视频监督、网点代职和GMAP核查等多种手段加大业务风险排查、员工异常行为动态排查力度。在全市开展“学用手册、岗位达标”活动，荣获省行PPT作品组一等奖。开展反洗钱宣传教育和信息治理工作，举办4场反洗钱专项培训，《中华人民共和国反洗钱法》颁布十周年系列主题宣传等，反洗钱工作受到揭阳人民银行的通报表扬；全行动员全力推动客户信息综合治理，共完善补录对私客户数8.13万户，对公客户4738户，均赶超时间进度完成。扎实做好安保维稳工作，举办安保演练提升应急处理效能，有效确保全年内控零案件、安全经营零事故、员工零上访，声誉零负面。

2017年，中行揭阳分行深入开展“三套利”“三违反”“四不当”“整治金融乱象”“防控金融风险”等系列专项治理排查工作，严防监管处罚风险。以“抓制度，定方案”“抓清收，控逾期”等为抓手，制定《高风险化解不良清收“一户一策”责任管理方案》，细化清收方案、清收时间和清收责任人，多举措提高清收化解效率和效益，累计实现不良化解9766万元，完成省行年度考核目标的112.53%；落实国家去产能、去杠杆、去库存的政策要求，压退部分低端制造业及主动退出潜在风险客户约71户，累计授信金额约8.95亿元；制定《揭阳分行公司授信风险预警暂行规定》，建立实10项关键指标监控预警机制，准确通过效期管理成功预判潜在高风险客户近16户，严防高风险漏失，累计避免月末时点贷款操作性逾期近4亿元；推动完善“分行—支行”月度风险预判制度，建立潜在高风险客户清单并进行动态调整，提前制定相应管控措施，争取早识别、早介入、早化解，降低逾期下迁增加拨备成本。

2018年，中行揭阳分行扎实做细做好内控防案安保维稳工作，贯彻“六项规定动作”和网点风控“11策”要求，有效把控柜面业务操作风险；多维度深入开展“重塑合规”专项活动，提前完成省行对全市机构突击检查和穿透测试100%覆盖率要求；持续加大对重点领域、重点人员、重点机构的监督检查，建立贯穿项目全过程的常态化稽核检查模式，严格执行“一案四问”“双线问责”“重大案件上追两级”，加大问责力度，启动“屡查屡犯”内控专项及“员工异常排查”专项治理活动，落实问题对标与整改，有效压制同类问题重复发生或在不同机构反复发生；做实做细“案例警示教育年”的“十个一”活动内容，实现警示教育大会机构、员工100%覆盖；配合人行举办反洗钱徒步宣传活动，制定执行反洗钱重点考核指标管理方案及客户信息专项治理提升方案（2017），顺利完成省行反洗钱甄别上收工作，准时清理完毕甄别信息；在年初人行反洗钱考核评价中取得全市金融机构考核第二名好成绩。农发行揭阳市分行根据上级行关于涉及政府债务项目贷款清理的要求，配合地方政府清理隐性债务，争取揭阳市政府将符合地方政府隐性债务清理范围的存量政府购买服务项目贷款，认定为地方政府隐性债务，保障债权安全。截至2018年年底，存量中长期项目中，应纳入清理范围的项目9个，认定为地方政府隐性债务的项目9个，贷款余额8.01亿元。揭阳市政府制定政府隐性债务化解实施方案，明确最长不超过10年化解存量隐性债务。南粤银行揭阳分行主要强化以“四道防线”为中心、以深化全面风险管理体系建设为导向，以夯实风险管理基础为重点，加强全面风险管理能力和水平；经营机构均设立审查中心、放款中心、贷后中心等风险防范核心隔离体系，严格贯彻审贷分离制度，建立主动经营风险的机制，坚决落实“三查”制度。对风险制度流程进行定期内部检视与督导，持续完善和加强风险管理制度体系建设。东亚银行揭阳支行自2018年2月开始实施“集团全面风险管理”机制以来，一直强调“三道防线”的重要性，全行贯彻风险文化建设，在风险管理过程中进一步嵌入全面风险管理框架，培养健全的风险文化和有效的全面风险管理框架，鼓励各分支机构自主进行风险管理，并对风险管理负责，促使每一位分行员工做出“健全的风险判断”——遵守已制定的程序、政策及指引，保有探究精神，以不同角度重新思考，以及考虑自己的行为带来的后果。民生银行揭阳分行秉持“科学合理处置风险客户”的原则，按照客户的实际情况，对仍具备一定的收入来源、还款意愿和符合行业调整政策的客户，运用各项重整政策，努力盘活困难企业，以协助其渡过阶段性难关；处置不良贷款，重点通过消除存量不良贷款和严防新增不良两个防控思路予以开展：用实授信重整政策，采取“借新还旧”“展期”“脱保代偿”等重整方式盘活问题资产，确保风险处置平稳过渡；坚决打压老赖失信人，依法采取司法诉讼开展清收。截至2018年12月底，共提起司法诉讼案件13宗，涉及诉讼标的4675万元；开展客户风险分类，加大排查力度。民生银行揭阳分行持续践行“四个坚持”的工作要求，即坚持依法合规经营、坚持防控信贷风险、坚持打造合规基础、坚持培育合规文化，扎扎实实做好内控合规管理，全面防控风险，促使业务发展与合规经营步调一致、有效协同：围绕总行“法治民生”合规建设工程，配合推进法治系列活动。自2016年起民生银行总行自上而下推行“法治民生”合规工程建设活动，全面构筑知法、学法的文化氛围，以加快推进守法、用法的全员法治思维和习惯，认真防控各项业务风险；严格落实总行、上级行关于开展风险文化教育实践活动的相关工作部署，围绕“重塑风险文化、重构风险管理秩序、重建风险管理长效机制”这一主线，加强内部学习与宣传教育，提高员工的合规意识和风险把控能力；始终牢固树立合规风险不可越的底线，通过提前制定年度合规内控与操作风险检查计划，对各业务条线的重点产品、业务流程、管理机制等环节开展全面内控风险排查，及时了解各业务环节的内控治理水平，有效堵住内控薄弱环节，持续夯实全行员工的合规内控意识；按照总、分行工作部署，落实全行员工签署合规承诺书、远离赌博承诺书、禁止参与非法集资承诺书、岗位风险防控责任书；建立内外部合规档案系统，立体化评价员工合规情况；严格按照监管要求及时录入银行业从业人员处罚信息，充分披露违规人员的不良记录，增加违规成本；同时，建立内部员工合规档案系统，录入员工合规承诺书、培训情况、合规教育心得体会、违规积分等信息，完整建立内部员工合规档案，立体化评价员工合规执行情况，从而建立合理评估员工升迁、奖罚的工作机制。

（一）监控报警设施

2018年，做好社会治安综治工作，创建平安金融工作环境。会同有关部门组织开展打击假币违法犯罪、打击电信诈骗、“反洗钱、反恐怖融资、反逃税”“扫黑除恶”等专项行动。向地方有关部门移送涉黑涉恶线索4条，指导辖区银行机构协助公安部门查询相关案件100宗、冻结17宗、扣划1宗。全市共缴获假人民币551.81万元，其中公安机关破获假币案件4宗，没收假币458.16万元，同比较下降81.01%，金融机构收缴假币93.64万元，同比下降20.57%。

进入21世纪后，辖区金融机构进一步完善库房和营业场所安全设施，金融系统的内控案防和保卫工作走上规范化、现代化的轨道。金库值守和保卫值勤逐步实现全市、全省联网和远程监控管理。

1. 人民银行。随着科技进步和先进技术的应用及互联网快速发展，各银行金融机构对库房及重要部位的值守监控和报警装置也不断发生变化。1986年，辖内人行库房报警设施安装4台六门联防使用秘密铃（报警警铃）。1989年，改装使用触点式报警器。1992年，改装使用红外线报警系统。1993年，改装使用黑白磁带式录像监控系统和“110”报警联网系统。1998年，改装使用彩色磁带式录像监控系统。2003年，改装使用数字式硬盘监控录像系统。2004年后，改装使用全省统一先进远程监控系统，实现全省联网数码远程操控录像和监控。

2. 商业银行。1990年起，全市各商业银行先后安装闭路电视监控系统。2001年，广发银行揭阳支行改装启用数码录像闭路电视监控系统。2001年9月，中行揭阳分行在分行本部枪库新装联网报警探头；2004年5月，中行揭阳分行金库开始安装指纹锁。2003年前，辖内工行使用模拟电视监控设备。2004年后，启用金库数码远程监控系统。2010年后，各银行金融机构网点不断升级改造，普遍采用高清网络摄像设备，对全部营业网点及重点部位实施远程监控，安保能力极大提高。

（二）押运模式

1. 人民银行。1999年11月1日起，人行揭阳市中心支行改革运钞体制，全市实行由市中心支行负责发行基金及金银等的“上接省，下送县”的调拨押运任务，改变原只负责向上接省或跨地市调运钞票，向下由各县（市）支行负责调运的体制，县支行不再承担发行基金押运任务。押运人员由中心支行负责统筹安排，保卫、发行部门组成，执行调运任务时，发行人员负责进出库头寸点数验收；保卫警卫人员负责进出库和运钞途中的安全保卫工作；执行车辆由运钞车和护卫车组成。

2. 商业银行。1985—2008年，各商业银行机构系统自行组织运钞解款和现金及有价证券、重要单证尾箱的接送，采用设专库，配备专车专人和枪弹的经营运作模式。其间，1996年，以前，工、农、中、建行的解款和现金及重要空白凭证尾箱的接送实行分散式押运，即由各县（市、区）支行自行组织押运。1997年始，各商业银行逐步实施由分散到集中的解款押运方式。至2018年，全市各商业银行现金押运采用第三方押运模式，由广东桦龙保安押运有限公司提供服务。实现社会化后，减少大量人力、物力和管理成本及押运风险隐患，安全防范系数极大提高，结束商业银行内部保卫人员押运的历史。

农发行揭阳市分行。农发行揭阳市分行建行初期，按照公安部门关于银行现金库房建设的标准和要求，建设和管理现金库房。2008年8月1日，撤销现金库房业务，采用寄库的方式，由其他商业银行代理现金尾箱的保管和押运，防暴枪支、弹药立即封存并上交市公安局保管。2015年8月，取消现金存取业务，改为同业银行代收代付业务。至2018年年底，没有运钞车、自助银行、自助设备等安防设施，也未配备枪支弹药和专人守护押运等。

工行揭阳分行。1992年开始，押运模式主要为行内专业押运队伍进行武装押运模式。由于初期县（区）级支行、办事处（分理处）均设有库房，分理处与所辖储蓄所之间资金调拨主要以办事处（分理处）为中心进行内部调拨，县区支行与辖属办事处（分理处）之间资金调拨主要以县区支行为中心由支行专业押运队伍押运调拨。1996年后，逐渐将办理处（分理处）库房撤并至一级支行，押运业务也一并上收至一级支行。支行辖属内押运任务由支行押运专业人员承担（一般由支行营业部及支行保卫部门联合执行）。2000年8月，榕城、揭东支行的库房逐步撤并至市分行，由市分行中心库统一押运（保卫人员合并在中心库统一管理）。2010年4月10日开始，工行揭阳分行与“广东桦龙保安押运有限公司”签订押运外包业务，全市共有31个网点的押运业务由“广东桦龙保安押运有限公司”承担。

中行揭阳分行。2000年，中行揭阳分行对各县支行的押运工作进行集中管理。2008年，撤销现金库房业务后，采用寄库方式，由其他商业银行代理现金尾箱的保管和押运。2015年8月，取消现金存取业务，改为同业银行代收代付业务。至2018年年底，没有运钞车、自助银行、自助设备等安防设施，也未配备枪支弹药和专人守护押运等。

建行揭阳市分行。2006年5月20日，建行揭阳市分行委托农业银行惠来支行代理建行揭阳市分行辖属惠来支行现金尾箱收送及调拨款等押运业务；2007年5月14日，委托农业银行揭西县支行代理建行揭阳市分行辖属揭西支行现金尾箱收送及调拨款等押运业务；11月30日委托揭西县邮政局代理建行揭阳市分行辖属揭西支行现金尾箱收送及调拨款等押运业务。2008年5月16日，委托惠来县邮政局代理建行揭阳市分行辖属惠来支行现金尾箱收送及调拨款等押运业务；12月1日委托邮政储蓄银行揭西县支行代理中国建设银行揭阳市分行辖属揭西支行现金尾箱收送及调拨款等押运业务。2009年7月16日，委托邮政储蓄银行惠来县支行代理中国建设银行揭阳市分行辖属惠来支行现金尾箱收送及调拨款等押运业务；12月1日委托揭阳市桦龙保安押运有限公司代理中国建设银行揭阳市分行辖属揭西支行现金尾箱收送及调拨款等押运业务2010年7月16日，委托揭阳市桦龙保安押运有限公司代理中国建设银行揭阳市分行辖属惠来支行现金尾箱收送及调拨款等押运业务2011年9月8日，中国建设银行揭阳市分行经过细致的测算和调研，提出押运业务社会化的改革思路，经报告，上级行同意中国建设银行揭阳市分行实施押运体制改革，将押运业务委托给桦龙押运公司。

3. 农村信用社。1997年起，辖内农村信用社与农行“脱钩”后，自行组织现金和重要凭证及有价证券尾箱的押运及解款和金库值守工作，由各县（市、区）联社设立中心库，负责所辖信用社营业机构的押运解款工作。

至2018年，全市各商业银行的押运工作从本单位工作中剥离出来，实现社会化后，减少大量人力、物力和管理成本及押运风险隐患，安全防范系数极大提高，结束商业银行内部保卫人员押运的历史。

（三）运钞车辆

1996年前，辖内人行运钞曾经使用的车辆先后有货车、小客车；各专业银行曾经使用的车辆基本上是进口日产的丰田或三菱牌面包车，自身没有配置专用防弹车，没有专职武装经警，在解押现金、重空等重要物资时，只是采用普通的公务车，且无专职护卫人员、也无武器，一直存在着极大的安全隐患。

1997—1999年，使用安装有防弹玻璃的专用面包车。1999年后，逐步配备使用特种车辆防弹运钞车，使押运工作逐步走上正轨。

2016年3月22日，人行揭阳押运中心开始运作。至12月31日，全年行车里程30210公里，使用车辆数102辆，押运总重量1275吨，总金额297.88856亿元，总箱数18199箱，总袋数12279袋，总人次539人次（押运中心389人次，保卫科150人次），用时（天）98天。

2017年，人行揭阳押运中心全年行车里程68500公里，使用车辆数301辆，带货车辆数229辆，押运总重量1275吨，总金额596.97311亿元，总箱数28918箱，总袋数14752袋，总人次1259人次（押运中心人次 945 人次，保卫人次 314 人次），用时（天）190 天。

2018 年，人行揭阳押运中心全年行车里程 78024 公里，使用车辆数 304 辆，带货车辆数 151 辆，押运总重量 2126 吨，总金额 775.00055 亿元，总箱数 63617 箱，总袋数 29667 袋，总人次 1838 人次（押运中心人次 1391 人次，保卫人次 447 人次），用时（天）269 天。

（四）武装守库和押运

1997 年前，辖内各银行持枪押运使用的为半自动步枪、五四式和六四式手枪。1997 年 10 月起，人行经警开始使用“七九”式微型冲锋枪守库值班。随后，各商业银行也相继配备使用“七九”式微型冲锋枪守库值班。2000 年 1 月 1 日起，全市各银行金库值守和押运的枪支弹药先后移交市公安局统一封存，全部换装使用“九七”式 18.4 毫米防爆枪弹。2008 — 2009 年，全市除人行、农信社外，各商业银行随着押运社会化，移交武装押运职能后，不再持有枪支弹药，消除持枪风险。

2015 年后，全市金融机构的安全保卫工作步入常态化、制度化、正规化轨道，基本建立起适合揭阳市情的现代安全保卫体系。

四、内部稽核和审计制度

1985 年起，辖内银行业先后建立制度，设立或健全专门稽核机构或内审机构，开展执行法律、法规、规章制度稽核；开展内部各项经营业务、财务收支和管理活动的日常稽查；开展专项审核或委托核，进行现场和非现场方式的稽核，促进金融业务稳健发展。1991 年后，辖内各银行先后推行行长领导下的总稽核负责制。下属支行、处的稽核人员业务上实行双向负责制，行政上受所在行、处和市分行总稽核的双重领导。总稽核负责制推行后，各银行内部控制工作向深度和广度发展，增加对各级领导干部和负责人的离任稽核审计，考察其任期内的经济责任和遵纪守法等方面情况。

（一）人行揭阳市中心支行

1985 年，人行揭阳分行根据《中国人民银行稽核工作暂行规定》，在分行及四县支行专门设立稽核监督部门，负责对辖内金融金融机构的业务稽核工作。同时，人行揭阳分行稽核部门还负责对辖内支行的业务活动和财务收支进行内部稽核。

1998 年 8 月，人民银行实行全国性的机构改革，撤销省级分行，设立大区分行，中国人民银行揭阳分行更名为人行揭阳市中心支行，隶属于中国人民银行广州分行。1999 年 3 月，人行揭阳市中心支行稽核科及支行稽核股撤销，在人行揭阳市中心支行设立内审科，在支行办公室设立内审岗。与此同时，内审部门的职能开始转换，根据 1999 年制定的《中国人民银行内审工作制度》和中国人民银行广州分行的“三定”方案，人行揭阳市中心支行内审科负责对辖内人民银行机构和有关人员依法履行职责及其执行财务纪律情况进行监督检查，并对违规违纪人员的处理提出建议。

2003 年，银监分设后，人行揭阳市中心支行内部审计职能由监督财务收支真实性、核算合规性为主向监督机关各内设职能部门、全市支行建立健全内控制度，完善自我约束机制转变，并在内部控制评价内容和方法方面，作有益的探索与尝试，内审职能由查错纠弊向内控制度评审过渡。

2005 年，根据新修订的《中国人民银行内审工作制度》，内审职能增加对机关各内设职能部门、全市支行内部控制和风险管理监督内容。

2006 — 2010 年，根据《中国人民银行分支机构内部控制指引》提出内部控制的框架性意见和方向性指导，由环境、风险评估、内部控制活动、信息与沟通、监督五要素构成的内部控制机制建设成中国人民银行分支机构的重任，内审职能由单纯的监督检查转向风险、组织目标、业务活动各环节的分析与评估上。

2011 — 2013 年，在全系统深入开展“学准则、找差距、促转型”活动基础上，制定《人民银行内审工作转型与发展三年规划》，将深化离任和履职审计、开展风险导向审计、推进内部控制和风险管理审计、探索绩效审计和资产负债健康性审计等作为内审转型发展的重点方向。人行揭阳市中心支行内审科敢于先行先试，开拓创新，积极开展内审转型与发展攻关活动，努力践行“风险导向、控制驱动、关注绩效、服务治理、增加价值”的工作理念，先后在分行辖区内开展多项创新工作，在服务中心工作任务、促进各项工作发展方面提供坚强有力的保障。

2015 — 2018 年，围绕中心工作，树立“内审为管理决策服务”的理念，坚持“突出重点、规范管理、防范风险”的工作方针，对财务收支、经济活动、科技管理等事项严格开展审计。完善组织管理，努力提升审计方法和质量，持续推进审计整改和成果运用，发挥内部审计在防范风险、规范管理、促进履职中的积极作用，连续四年在广州分行业绩考核中获得 A 类。

（二）农发行揭阳市分行

1996 年 10 月，农发行揭阳市分行稽核监察科分设稽核科、监察室。2005 年 4 月，根据省分行《市分行机关内设机构调整实施意见》， 将内设机构调整为 8 个，稽核科保持不变。2006 年，为适应企业市场化管理需要，内设机构名称由“科”改为“部”。2010 年 8 月，内部审计部与监察室合并为监察审计部。2012 年 8 月起，再次分设内部审计部和监察室。 2016 年 6 月至今，根据省分行关于二级分行内设机构调整设置的要求，内设机构进一步整合，撤销人力资源部和监察审计部其职能并入办公室。

（三）工行揭阳分行

1988 年，工行揭阳分行设立稽核科，全市各支行设稽核股。1996 年 9 月，撤销县支行稽核股，实行委派制，各支行、处、办和稽核员由分行统一委派和管理。对支行违规的账外经营财务进行全面稽核检查，对每笔账外账进行清理，逐笔落实债权债务，按规定进“笼子”（并入工行大账）。 2002 年，稽核科改称稽核监督部。2005 年 1 月起，改革稽核体制，工行揭阳分行撤销稽核监督部，职能上收省分行，由省分行粤东稽核分部（设在汕头分行）负责揭阳分行的稽核，揭阳分行设立“内控合规部”，日常稽核工作结合内控制度评审一起开展。

（四）农行揭阳分行

1986 年 10 月，农行揭阳县支行设立稽核审计科，辖属各县区（市）支行设立稽核审计股（科），分别负责辖区内的各项业务稽核审计工作。1989 年，各县支行相继配备总稽核。

1995 年，随着职能转换和业务发展需要，撤销稽核审计科（股），其稽核审计职能并入监察室。1996 年 12 月，农行揭阳分行改革稽核体制，省分行分片成立稽核特派办公室，农行揭阳分行设立稽核办公室，隶属粤东稽核特派办公室管辖，同时各县（市、区）支行稽核办公室成立，其人员由市分行派驻。1998 年 12 月，随分支机构 实施“三定”（定人员、定职能、定编制），撤销省行粤东稽核特派办公室，市分行恢复稽核科，并组建揭阳分行稽核中队，为分行直属机构，负责辖内稽核工作；撤销各支行稽核办公室，其人员由分行稽核中队统一管理和调配使用。

2000 年，各支行的稽核职能上收分行，由分行集中管理，以相对独立稽查职能，统一实施对下属稽核工作。2002 年，分行稽核科更名审计科，以更好地独立于经营管理层，对其经营活动进行评价监督，直接向行长负责。2006 年，为提升审计的权威性和效率，撤销市分行审计科，其审计职能上收省农行，由省农行派驻，农行广东省分行驻揭阳审计办事处成立，属副处级编制，管辖梅州、揭阳两市农行机构网点的审计工作。2007年，分行设立会计监控中心，恢复稽核队伍，对会计财务开展稽查审核。2009年起，分行内部机构进行重新架构，撤销农行广东省分行驻揭阳审计办事处；成立内控合规部，负责所辖内部控制管理和内审稽查工作。

（五）中行揭阳分行

1989—1998年，中行揭阳分行设置稽核科，负责对分行及辖属各支行和网点各项业务的稽核工作，包括常规稽核、专项稽核和离任稽核等。

1998年6月起，中国银行改革稽核制度，撤销分行稽核科，改由省行派驻，挂牌为“中国银行广东省分行派驻揭阳分行总稽核办公室”，实行稽核人员管理和稽核业务管理事权划分原则。分行总稽核办公室负责完成省分行委派的稽核项目以及辖内日常稽核工作，开展各支行行长的离任稽核和当地行委托开展的专项稽核项目。

1999年，加强干部交流、重要岗位轮换，加大基层机构的稽核力度。组织和完成轮换分行科级干部14人，支行正、副行长3人，各支行、处、所主要负责人全部进行交流、轮换，一般人员岗位轮换144人；结合各种离任、责任稽核和省行布置的专项稽核，加大对基层机构的稽查力度，实现各种稽核任务63次，对基层机构稽核两年达到100%的覆盖面。增加对安全基础设施的投入。加强对网点的改造、装修工作，全年用于安全设施费用投入共616万元，全市改造、装修营业网点17个，提高技术防范的安全系数，显示中行揭阳分行的实力。

（六）建行揭阳市分行

1992年，建行揭阳市分行设总稽核，副行长级。1999年10月，省分行内部审计体制改革，建立垂直管理的内部审计体制，汕头审计办事处（正处级）成立，负责梅州、汕头、潮州、揭阳分行的审计工作，汕头审计办事处成立后，同时撤销市分行总稽核岗和稽核审计科，其稽核审计职能上收省分行汕头审计办事处。2004年起，上收总行稽核审计总部广州分部。

（七）邮储行揭阳市分行

1986—2006年，邮储行揭阳市分行未成立前，邮政储蓄机构的稽核工作由市、县邮政局、分局负责。其间，1991年开始，市局及辖属县局先后配备专（兼）职稽查员，以加强内部邮政储蓄业务的稽查力度；随着邮储业务发展及通存通兑系统的开通。1992年6月，邮电部储汇局印发《关于规范各级邮政储汇稽查人员职责及稽查周期频次要求的通知》及《分级稽查项目》，新增稽查项目和内容，邮储业务的稽查工作步入制度化、标准化轨道。2000年10月，根据信息产业部储汇局《关于设置邮政储蓄稽查员岗位的通知》中“邮政储蓄稽查员按平均每10个储蓄网点配备1名”的精神，各县（市、区）局相应新增1名专职或兼职稽查员，以加大稽查监管力度，保障邮政储蓄资金安全。

2007年10月29日，邮储行揭阳市分行成立后，内设审计部，负责所辖内部各项业务审计稽查工作。随邮储行系统审计体制改革，市分行审计职能上收省分行，撤销市分行审计部，未上收的部分日常稽核工作并入法律与合规部。

（八）广发行揭阳支行

广发行揭阳支行成立初期，限于业务量少，未单独设立稽核机构，由计划财务部履行稽核职能。1998年，广发行总行实施《稽核特派员派驻制度暂行办法》，设立汕头稽核特派办公室，负责梅州、汕头、潮州、揭阳、河源5个分行的日常稽核工作，同时，撤销广发银行揭阳支行稽核部。稽核职能上收省行后，一直未设独立的稽核机构，各项业务的日常稽查工作由法律与合规部负责。

（九）农村信用社

1986—1988年，农行管理时期，辖内农信社未专门设立独立的稽核机构，在农行稽核审计科配备专职稽核员，负责对所辖农信社各项业务进行稽核，由农行负责管理。

1989—1996年，各县（市、区）联社设立稽核组，领导和组织各联社辖内的稽核工作。1991年，各联社配备一名总稽核（享受县联社副主任待遇），按每4—5个信用社配备一名专职稽核员要求，各信用社均配备专职稽核员。1996年，行社“脱钩”后，各县（市、区）联社成立稽核监察股（科），配备专职稽核监察员；基层社配备兼职稽核监察员 。

2001年，农信社实施稽核员派驻制，由各县（市、区）联社对所辖农信社委派稽核员（享受同级正、副经理待遇），实行统一管理、分片包干、流动巡回的方式开展现场和非现场稽核工作。

（十）普宁农商行

2001年，普宁农信社改革稽核监督体制，加强内控检查监督力度。经过培训和竞聘，吸收一批业务熟悉的人才到稽核队伍中，并且全部稽核员编制调到联社集中管理，各稽核办实行派驻制，保证各稽核办执行任务的独立性和灵活性，更好地发挥稽核的检查监督作用。组织常规稽核检查21个网点，专项稽核检查6个次，处罚违规责任人237人次，经济处罚11352元，通报批评12人，行政警告17人，行政记过6人，行政记大过3人，开除留用察看2人，开除出队3人，追究领导责任5人，达到查处一个教育一片，从严治社。编印《普宁市农村信用社政策制度汇编》。2002年，加强检查监察力度。在做好常规稽核的同时，加强对重要空白凭证、印章、库存现金等的突击检查，促进内控制度的贯彻落实。全年共组织常规稽核检查39个网点，专项稽核检查10个次，处罚违规责任人261人次，经济处罚13220元，通报批评2人，行政处分2人。2004年，开展专项稽核8个次，完成全面常规稽核39个营业网点。通过稽核监督，使各项规章制度得以贯彻落实，各项业务操作逐步趋向制度化、规范化，防范案件的发生。

2005年，加大稽核频率和处罚力度，从源头上堵截案件的发生。共组织突击稽核1152个网点次；专项稽核3个次。为确保稽核工作的高效运作，提高内部稽核管理水平，联社按照“明责、履责、问责”的原则，制订《普宁市农村信用社稽核工作考核办法》，设置量化指标和质量指标，进行考核，落实奖惩措施，有效规范稽核行为，提高稽核质量和工作效能。稽核工作已从事后监督逐步向事中监督转化，将监督关口前移。稽核监督工作重点放在抓案件高发部位的内控制度贯彻落实的检查监督工作上，以突击稽核检查为主，专项稽核为辅，采取现场稽核和事后稽核相配套的方式，集中精力抓柜员卡的保管和使用、授权复核、密码的管理、库房管理、印、证管理以及结算业务等案件高发部位的内控制度执行情况的突击检查。全年共组织突击稽核1179个网点次，查揭违规问题125处；专项稽核3个次，查揭问题100处。通过加大稽核监督力度、及时查揭存在问题，堵塞漏洞，规范操作，从源头上堵截案件的发生。实施综合大检查，3月组织联社各部、室部分人员组成联合检查组，对全市各营业网点进行全面综合检查，从而促进各项内部控制制度的贯彻落实，确保各项业务经营的合法合规性和管理工作的正确性。

2006年，转换方式，加大稽核检查的频率和力度。稽核工作重点主要放在抓柜员卡的保管、使用、授权复核、密码管理、库房管理、印、证管理及联行结算等案件高发部位的内控制度贯彻落实的检查监督上，以突击检查为主，专项检查为辅。全年共组织突击检查1123个网点次，其中提前到岗突击检查107个次；专项稽核6个次；主任离任稽核3人次。2008年，立足“学习教育、组织机构、制度建设、检查监督”四个平台，深入开展合规文化建设，开展“合规守法”专项活动，使员工的思想防范意识、合规意识得到更大提高。把稽核工作重点主要放在抓案件高发部位的内控制度贯彻落实的检查监督上，即重点抓柜员卡的保管、使用、授权复核、密码管理、库房管理、印、证管理、银行卡、ATM 柜员机的管理情况及内部资金的管理等，促进全市的合规稳健运营。全年共组织突击检查 759 个网点次；专项稽核 13 个次；离任审计 44 人次；处理违规责任人 146 人次。

2009 年，加强稽核审计工作，组织综合大检查，着重对经营风险性、合规性和真实性等方面进行检查监督，对稽核检查中发现的问题，按照制度规定严格处罚，共处罚 77 人次。强化专项稽核，全年共组织开展 2007 — 2008 年新增风险贷款真实性检查、会计内部账户专项检查、珠江平安卡业务专项检查等 21 次专项稽核检查工作。2010 年，整合稽核审计体系，加强稽核审计工作，对原 5 个稽核特派办进行重新分配整合，优化整合成 3 个内控检查中心。2011 年，开展稽核检查工作。全年共组织专项检查 14 个次、突击检查 310 个次。

2014 年，发挥稽核审计的力量，营造合规经营的良好氛围。组织“重点领域”风险排查、综合大检查等覆盖广、次数密的各类检查，其中检查 544 个网点次，处理 74 人次。

五、建立总会计、检查（辅导）员制度

1987 年，随着金融体制改革发展，全县各银行除建行外都普遍设立总会计（副行级），负责全面的经济核算工作，协助分管行长组织会计、出纳、结算、财务管理工作，监督各项业务守章操作，提高核算质量，保障账款安全。

1990 年起，各银行相继建立会计、出纳、储蓄业务检查员、辅导员制度，配备一名专职会计、出纳、储蓄检查员，专司会计、出纳、储蓄业务检查和规章制度合规性的业务辅导。1992 年起，人行揭阳分行执行总行 1987 年修订的《中国人民银行会计基本制度（试行）》会计职能立足于反映和监督二项职能。

1997 年起，为控制风险，全市各行制定严格的岗位责任制及印章和重要空白凭证的管理办法并实行业务主管卡制度，对提取现金超过 3 万元的经主办会计或主任同意后才予以办理。1999 年，农行揭阳分行对基层营业网点坐班主任实施派驻制，由各县（市）支行选拔委派，同级行长负责管理。2000 年，工行揭阳分行在分行营业部储蓄专柜试行综合柜员制，推广到各支行及所辖网点。2002 年，中行揭阳分行结合 ES9000 系统的升级，推出综合柜员制。

2003 年，工行揭阳分行提升业务管理层次，实行综合检查员集中制，将全市个人金融、会计结算，银行卡业务的专职检查员全面集中分行会计结算部统一管理，分行各专业部门、各县（市、区）支行不再设立专职检查员，分行配备专职综合检查员，负责对全市网点会计、出纳、个人金融、银行卡、电子银行等各项业务的规章制度执行情况的综合检查与业务辅导。工行揭阳分行按照“分行委派，定期轮岗；营业坐班、独立工作；集中管理，量化考核”管理原则，在全行实施总会计委派制，使总会计从繁杂的行政管理事务中摆脱出来，集中时间和精力做好监督、检查、辅导工作，更好地行使内控监督把关堵口的职责。市分行总会计由省分行委派，各县（市、区）支行总会计通过竞争上岗选拔后由市分行委派，分、支行总会计为同级副行长级别。农信社各县（市、区）联社配备坐班主任。

2005 年，工行揭阳分行建立综合业务主管、会计主管日志制度和坐班制度。整合和优化现金营运中心业务处理流程，上收集中处理的业务有：网上银行客户注册，凭证集中打印、落地业务账务集中处理，银行卡开销户、新卡及密码信封发放，代理财政支付业务、外汇汇款业务及外币的清算和核对业

务等。2007年，建行揭阳市分行对从事柜面业务的前、后台操作人员实施等级管理，柜员等级划分为6级，由低至高排列为6、5、4、3、2、1级；各等级标准以工作表现及质量测评加专业技术资格、执业资格加分分别为65分至90以上，每增加5分上升一个档次，以知识考试成绩和操作技能测评成绩分别在60分至85分以上，每上升一个档次需提高5分。

2009年起，随着银行会计数据逐步实现电算化和集中处理，业务核算过程计算机系统逐步实现硬控制，全市各银行逐步取消总会计岗位。工行揭阳分行率先取消总会计岗位，同时，在一级（县）支行（分行营业部）营业现场设置内控主管岗位，负责营业现场管理；履行原总会计部分职责及营业经理持卡授权职责等。农信社建立坐班主任制度，各联社向所辖基层营业机构委派坐班主任，履行事前、事中会计监督职能。

2006年至今，执行《中国人民银行会计基本制度》以及与之相应的会计核算监督办法、检查辅导办法等规章制度，其中会计监督制度分别是2002年印发的《人民银行会计事后监督办法》，2006年《中国人民银行分支机构内部控制指引》，2010年《人民银行会计核算监督办法》。

六、建立事后监督制度

在传统授权模式下，银行的业务监督一般采用事后监督方式进行，即网点在业务办理的第二日，将业务凭证送支行或者分行进行集中监督，监督的方式有：流水勾兑、重点监督、风险预警、差错处理等。1985年起，辖区各银行均建立会计和储蓄事后监督制度，对会计和储蓄部门每天发生的每一笔业务和日常核算业务进行事后复核和检查，对账务处理结果进行非现场监督。

20世纪90年代前，事后监督业务平台以采取模仿前台记账、轧账的总分核对模式进行，均为手工操作。1990年后，各银行事后监督业务逐步实现电脑操作，监督平台采取立体分类，以交易发生额控制账务全局，以记账凭证的法定要素确认每张凭证的合法性，实现后台对前台的全方位监督。20世纪90年代后期，各银行事后监督方式随缩微系统的推广应用，逐步改为事后监督部门把前台柜员所做业务的票据在后台集中扫描，按信息录入一遍，存入缩微系统中，事后监督部门对网点集中过来的信息进行抽查、核对。进入21世纪后，随着网络系统的建立健全，各银行的事后监督形式由原分散式先后改为集中式，即监督职能由各支行开展事后监督向分行集中进行，改变之前监督分散在网点和支行，柜面完成业务，后台进行监督的模式。

2007年起，各银行相继推广影像技术系统。通过影像识别和传输技术，集中对会计、储蓄、卡类等业务凭证进行影像、扫描、识别、审核和电子化管理，改原来传统的手工事后分散监督模式为系统自动核对和重点业务人员监督相结合的事后集中监督模式，业务监督性质也从事后监督变为事前或事中监督，达到前后台分离，有效防范操作风险，提高工作效率之目的。至2010年，各银行所监督的业务均为已经办理完成的实际业务，实际上仍属事后监督性质，所起的作用只不过是尽早发现业务差错。

2010年起，随着科技进步，网络系统的广泛应用，辖区银行业相继实施授权模式改革，建立起事中实时监控制度，改传统的授权人员临柜授权方式为新兴的远程授权模式（远程授权模式是指将前台柜员需要授权的交易画面，以及业务凭证影像、视频、音频同步传输至“后台授权中心”，由授权人员在自己方终端上审核并完成授权），通过“后台授权中心”集中进行远程授权，不但大大提高业务审批效率，提高客户满意度，优化人力资源，有效控制成本，而且实现由事后监督变为事中实时监督，极大地解决过去事后监督不能第一时间发现问题的不足，从事前或事中就能实时把事故和差错消灭在萌芽状态。

同时，将业务交易流水信息、办理人（客户）头像、客户身份证等全部信息，以电子信息方式集中在一个系统中存储，丰富交易细节信息种类，保证监督业务信息的完整性和准确性，业务监督的效率和质量极大提高，有效降低和防范风险。

（一）人行揭阳市中心支行

2004年，人行揭阳市中心支行事后监督中心成立，负责对中心支行和各县支行营业部门的会计核算业务进行复审和检验，撤销各县支行营业部事后监督岗，业务和职能并入中心支行事后监督中心。2007年8月27日，中央银行会计凭证影像事后监督系统（IAS）投入运行，中心支行从此运用影像技术，将原始会计凭证转化为影像电子信息，实现利用影像电子信息对所辖营业部门的会计核算业务进行事中控制、事后监督和会计电子化管理。2008年7月，人行揭阳市中心支行事后监督中心承接本行国库会计核算事后监督业务。其业务职能分别移交本行国库科和支付结算科，国库科和支付结算科设立事后监督岗，分别负责本行国库和支付结算事后监督业务。2016年10月31日，国库监管子系统（事后监督）上线运行，中心支行国库科和辖属各支行使用该系统开展国库业务事后监督工作。2017年1月1日起，原由中心支行集中监督的国库会计事后监督业务移还辖属各支行监督。

（二）工行揭阳分行

2008年，工行揭阳分行制订《揭阳分行2008年内控合规和反洗钱工作要点》《揭阳分行内控管理专项考核办法（修订）》《关于全面贯彻执行总行〈违规积分管理规则（试行）〉的通知》《揭阳分行检查工作责任制实施细则》《2008年揭阳分行内控评价方案》等，制度的完善，提升员工的依法合规意识和互相监督意识。以“内控园地”为教育平台，及时在园地上挂总省行印发的规章制度、外部监管法规及工作通知等，为全行员工提供各种学习资料。

（三）农行揭阳分行

1986年起，农行辖属支行会计部门建立会计事后监督制度，先后配备专职财会辅导员、会计监管员，定期对网点进行监督检查及业务辅导。

农行揭阳分行营业网点主管会计岗位随着不同时期名称也不断更名，从最原先会计主管，到九十年代初，改为坐班主任，至2006年2月起，又更名为会计主管。2011年1月起，为适应新形势下柜面业务管理的需要，农总行决定将会计主管更名为运营主管。运营主管职能的充分、有效发挥，是营业机构业务规范、安全运行的重要保证。营业机构运营主管实行委派制。各级对外营业机构配备的运营主管，一律由该机构的上级管辖行委派，其工作直接对委派行负责。运营主管为网点领导班子副职，除业务监督和现场管理职责外，兼纪检监察、内部控制、员工行为管理等方面职责。

对网点的会计监督检查工作，经历从原来由一级支行单独负责，至一级支行每个季度对辖内网点全部监督检查，分行进行按季抽查，全年覆盖全部网点。为进一步提升农行揭阳分行运营监管履职专业化、标准化和集约化风险管控水平，2018年1月起，农行揭阳分行辖属支行会计部门对网点进行监督检查职能集中上收到市分行，由市分行负责统一监管，支行一级不再履行监督检查，运营监管模式从分散的管理模式统一采用集中监管管理的模式，同时将会计监管员更名为监管经理。运营监督检查是指各级行运营管理部门对全行的运营业务，进行监测、监督、检查、辅导和纠偏的管理行为。通过检查，促进全行运营业务合规操作，防控运营风险事件，减少运营风险隐患，不断提高运营基础管理水平。

（四）中行揭阳分行

2001年8月，全面实施事后监督流程改革。2008年1月，事后监督中心正式运行。

（五）建行揭阳市分行

1986年，设立储蓄事后监督机构，开始对辖属机构储蓄业务开展事后监督。至1991年，各支行（部）的储蓄事后监督面均达到100%。2004年起，建行揭阳市分行系统内部凭证稽核系统上线运行后，事后监督业务职能上收省分行。2007年11月，为适应会计管理体制改革，建行揭阳市分行会计督导中心成立，挂靠财会部，配备会计督导员，直接挂钩营业网点，集中开展对网点的会计监督管理和辅导。次年，建立会计督导员与会计主管岗位交流机制。

（六）广发银行揭阳支行

1995年起，设置事后监督岗，开展储蓄事后监督业务。2005年4月1日，事后监督系统上线，通过集中扫描和调阅每笔传票影像资料和重点操作录像，实现业务监督零距离、全覆盖。

（七）农村信用社

1999年，建立会计事后监督制度，全市配备专职或兼职事监人员。2009年，建立事后监督员派驻制度，各联社向所辖各个基层营业机构委派事后监督员，负责审查业务处理是否合法有效，监督处理结果是否真实可靠，负责业务系统中打印的流水清单与原始凭证的勾对工作，及时发现问题，纠正业务差错。2010年，农信社各县（市、区）联社事后监督中心成立，归口联社稽核监察部管理。

（八）普宁农商行

2009年，普宁农信社事后监督中心顺利投入运行，实现分散监督向集中监督模式的转变，进一步提高事后监督的效果，更好地防范操作风险的产生。作为省联社第三批流程化管理改革试点单位，加快推进流程化管理改革进程，先后完成市场调研、确立未来三年经营发展战略目标和流程化管理差异性分析、确立新的组织架构和部门的定岗、定责等多项工作，有效推动向“经营市场化、管理扁平化、运营流程化、操作标准化”的目标迈进。

第二节　财务管理

1986年，随着国家“利改税”办法的实施，人行揭阳县分行采用利税并存的财务制度，费用开支采取指标管理办法，福利和奖励基金则由人行总行按一定标准实拨。辖区专业银行与保险公司则大致采用财务收支和费用统收统支、分级核算和目标管理等办法。其中，工行揭阳分行收入层层上缴至总行，开支由总行层层核定下拨。农行对各县（区）支行实行五项经济指标（存款增长率、农业贷款收回率、商业贷款周转率、年末存差费用率和利润率）和其他各项任务目标管理。建行揭阳县支行则实行省分行、市（区）分行两级核算的财务管理体制。

1987年，财政部颁发《国营金融、保险企业成本管理实施细则》，为适应形势发展，辖区专业银行与保险公司对内部实行财务、劳动工资、干部管理等方面的改革，利润留成按人头、机构、业务量、效益情况分配，费用管理按费用率考核。

工行揭阳县分行探索资产负债比例经营管理路子，实行行长经营负责制，改革财务体制，分行为基本经营核算单位，所辖县（市）支行、办事处、储蓄所实行内部分级核算，按照独立核算、自主经营、自负盈亏、自担风险的经营原则，经营管理自主权扩大，实行以专项补贴加利润留成比例和成本率、费用率的财务管理办法，由省行核定，一定三年不变，即：省工行对揭阳县地区工行继续给予专项补贴；提高利润留成比例；调整资金成本率；调整资金费用率；信贷基金按实现利润的30%，由省行拨给；提取业务活动费和行长基金；提取贷款损失准备金，会计、出纳错款赔偿损失准备金。在储蓄所则实行费用包干、超支不补、节余留用的经费管理原则，即除利息以外的一切费用的承包费用标准，老储蓄所按承包前存款余额的0.79‰与新增存款月平均余额的2.2‰的标准计算提取手续费之和作为该所包干费用；新储蓄所承包手续费标准，按存款月平均余额的2.2‰计取。农行揭阳县地区分行以县（市）支行作为基本经营单位，按照“独立核算、考核盈亏、建立责权利相结合”的原则，实行“核定资金、自主经营、综合考核、利润分成”的目标经营责任制，对县（市）支行下辖营业机构则实行“县辖控制”的资金管理办法，即“统一计划，分级管理，核定资金，实借实存，互计利息，毛利考核与奖金挂钩”办法；成本费用开支由过去指标管理改为成本费用率管理，由区分行统一下达综合费用率（业务费用与业务收入之比）；毛利考核超额部分给予一定比例的超额奖励。建行揭阳县分行以分行、县支行（办事处）为基本核算单位，实行“统一领导、计划管理、分级核算、利润分成”的财务管理体制（1990年将“利润分成”修改实施“利润留成”）。

1988年，人行揭阳分行财务管理开始实行“统一领导、分级管理、成本核算、利润留成”制度，利润计划和留成比例由总行下达执行，业务发展基金及职工福利基金从利润留成中解决，费用开支采取以收定支的“综合费用率”管理办法

1991年，建行揭阳县支行实行指标调控的财务费用管理办法，年初由分行会计部门编制财务收支计划，对大额的费用开支和综合费用率等项目进行专项核定，控制成本上升现象，提高利润率。

1992—1994年，财务制度执行总行1988年修订的《财务管理制度》，实行“统一领导、分级管理、成本核算、利润分成”的财务管理体制。

1994年前，人行揭阳分行执行金融企业财务制度，各项财务支出与收入和利润挂钩。1993年2月，国务院发布《关于金融体制改革的决定》，从1994年1月1日起，取消中国人民银行各级分支机构的利润留成和缴税制度，人行揭阳分行实行独立的财务预算管理制度，收支预算按收支两条线原则核准执行，不再以盈利为目的，也不再经办各种盈利性的经济实体，把人民银行办成真正的中央银行。

1994年，总行出台《中国人民银行财务制度》，不再执行利润留成制度和缴税制度，建立预算管理体制框架。全市各银行全面实行新的财务制度和会计制度，农行揭阳分行从1月1日起，按照总行“统一领导，分级管理、自负盈亏、目标考核、集中分配”的财务管理体制，分、支行及办事处为基本核算单位，县以下基层处所实行内部经营目标责任制。中行揭阳分行按照集中领导，分级管理原则设置财务管理机构，实行支行一级的独立核算。

1995年，全市银行与保险公司进一步加强财务管理，规定所辖机构的财务收入全部纳入统一管理，严禁私设小金库，严格费用考核办法。

1996年，在宏观紧缩的大气候下，全市企业经济效益“滑坡”，影响银行收贷收息，全市各金融机构加强财务管理，努力增收节支。

1997年，全市各银行规范财务行为，有效控制费用增长，以提高经营效益。人行揭阳分行加强财务管理，规定业务费、管理费、专项费等各项费用开支实行总量控制和“先报后批、先批后用”的费用开支原则，不允许先斩后奏。分行10万元以上、县（市）支行5万元以上的大额固定资产购置、维修、租赁等项目必须向省行申报审批后方可开支。

1998年，全市各银行围绕“加快发展，扭亏增盈”开展财务工作，以收定支，压缩费用开支。

1999年，总行对《中国人民银行财务制度》进行修改，改变科目核算和管理方式，并沿用至今。

2000年，人行揭阳市中心支行执行中国人民银行新颁布的《中国人民银行财务制度》，实行“统一领导、预算管理、分级核算、统负盈亏”的财务管理体制；完成新旧账户的结转和启用“中央银行会计核算系统”。正式使用新的财务科目和账户。农发行揭阳市分行从1月1日起，执行总行“计划管理、分级核算、统负盈亏、财政补贴、保本经营”的财务管理体制，对业务管理费、宣传费、招待费实行年度指标管理和按月定额实拨资金双线控制，较好控制费用指标的计划使用；实行分、支行分级核算，坚持保本经营原则，努力增收节支，实现保本微利；费用开支实行“逐级申报，行长—主管副行长—财务负责人分级授权审批，大额费用开支集体讨论决定，谁审批、谁负责”的制度。中行揭阳分行进行财务管理体制的改革，推行分部门核算，把网点作为独立核算单位，单独进行考核；实行费用分配与支行减亏目标挂钩办法；集中辖属各县支行的财务和后勤保障工作，由市分行负责财务管理，上收支行的财务审批权，各项开支由市分行审批后方可使用；实施大宗办公用品集中采购制度。工行揭阳分行在费用上加大与经营目标挂钩力度，将费用分配与减亏和扭亏为盈指标、贷款实收利息指标、存款指标、贴现和再贴现指标、安全责任无事故指标、模拟核算成本核算工作指标、清收转化不良资产指标挂钩，全面推行成本管理及工资与模拟成本核算结果挂钩办法，员工成本观念、效益观念明显增强。

2001年，全市各银行不断探索改革财务管理体制的新途径，以建立符合现代商业银行要求的财务管理体制。全市银行均建立和完善各自电子联行体系，相继实行财务集中管理。7月，为适应不断深化的粮食收购资金封闭运行管理工作，农发行揭阳市分行对原来的基本会计制度进行修订，制定《中国农业发展银行会计制度》。随着农发行进入多方位、宽领域支农阶段，对会计管理工作提出新的要求。

2002年，全市各银行继续改革财务管理机制，各项费用开支更趋严格。人行揭阳市中心支行建立基建项目、大额费用支出集体研究决定，其他费用支出“一支笔”审批制度，以节约费用开支，堵塞管理漏洞。

2003年，全市各银行进一步规范财务管理，强化财务成本核算和财务杠杆的激励约束功能。

2004年，人行揭阳市中心支行实行“财权与事权相分离”的财务费用管理体制，中心支行机关的财务改归会计部门管理，银监会揭阳监管分局建立“统一领导、分级负责”的财务管理体制。

2005年，全市各银行深挖财务潜力，提高财务效益。

2006年，人民费用预算开始套用部门预算管理模式。按照财政部统一规定和标准表格编制反映本部门所有收入和支出的预算；实行“收入上缴财政，支出由财政拨款”的收支“两条线”办法；预算支出划分为基本支出和项目支出两类，基本支出按照定员定额标准核定，项目支出按照具体项目逐个核定；预算均需报批。

2007年，人行揭阳市中心支行加强制度建设，修订及制订《中国人民银行揭阳市中心支行机关会计监督暂行办法》《中国人民银行揭阳市中心支行机关银行账户管理暂行办法》《揭阳中支会计财务科岗位职责》等制度。按照会计财务和支付结算工作要求，明确工作重点，认真履行职责，进一步完善会计内部控制，强化内部管理，充分发挥会计反映、监督职能，不断提高决策服务水平。

2008年，为适应新的财务管理工作需要，1月1日起市中支会计科修订新的《中国人民银行揭阳市中心支行财务费用管理办法》，财务管理工作再上新台阶。

2009年，人行揭阳市中心支行开展厉行节约，勤俭办行活动，专项清理“小金库”，对汽车维修实行定点，对固定资产和低值易耗品实行集中采购。“财务综合管理系统”（FIMS系统）上线，顺利完成新系统的报表编制工作。完成会计集中核算系统（ABS系统）的升级换版工作。4月，按照分行的布置，组织、协调中支科技科、营业室、事后监督中心及各支行营业室，顺利完成ABS系统5.1版的升级工作。9月，农发行揭阳市分行对2001年制定的《中国农业发展银行会计制度》进行修订，整合当时农发行揭阳市分行会计管理工作存在的各项零散的制度，形成比较完备的、符合业务发展要求的会计管理工作基本制度。

2010年1月起，农行揭阳分行按照总行“统一领导、分级管理、适度集中、授权分责、预算管控”的费用管理体制，费用审查、报账、分摊、核算、预算和开支等统一纳入总、省行财务管理信息系统（FMIS）平台管理，由市分行实行预算管理、核算和支付集中处理，以及“一个户、一支笔、一本账、一口出”费用管理制度；分支行行长为费用管理责任人。全市银行与保险公司进一步加强财务管理，贯彻中央提出的“四个零增长”要求，严格执行财务制度，严格控制费用开支，严格处理违纪行为的理财方针，不断规范财务管理。贯彻总分行关于控制一般性支出增长和严格出差、出国、会议管理的有关规定，充分整合利用现有公务接待资源，规范公务接待工作，有效降低行政运行成本。按照上级行通知要求，组织开展“小金库”专项治理回头看、社会团体“小金库”治理、事业单位“小金库”治理等工作，建立完善中支“小金库”治理的长效机制。全年，市中支共完成集中采购项目12项，预算资金172.67万元，实际采购金额166.01万元，节省资金6.66万元，节余率3.86%。

2011年，人行揭阳市中心支行组织全市开展“小金库”治理全面复查，执行“小金库”治理简报制度，完善防治“小金库”治理的长效机制。按照广州分行的统一部署，组织开展公务用车专项治理工作，配合广州分行对中支及各支行的公车治理工作进行检查。加强基建财务管理，认真办理基建财务核算，严格履行基建财务监督职责；切实加强基建工程各环节和项目资金使用的监督管理，定期向上级行主管部门汇报项目进展情况。同时按分行要求，及时上划项目建设资金和工程暂借款项。规范履行集中采购管理。

2012年，市中支根据广州分行相关工作部署，及时布置中支营业室、事后监督中心、科技科及各支行对2011年度中央银行会计集中核算业务进行自查，3月7日至3月27日组织对全市四个支行进行业务检查，通过检查，及时发现全市各支行存在的内控漏洞及薄弱环节，并落实有关部门认真梳理整改，确保各项规章制度落到实处。组织对全市个别支行的财务综合管理系统业务进行抽查。要求各支行严格按照会计财务相关法律法规和部门规章制度要求，进一步规范操作，完善费用审批流程，切实防控业务风险。

2013年，人行揭阳市中心支行进一步规范财务管理行为。坚决落实中央八项规定，执行财经纪律和各项财务规章制度，厉行节约，勤俭办行，严格控制费用开支，规范财务管理行为。组织对全市个别支行的财务综合管理系统业务进行抽查。要求各支行严格按照会计财务相关法律法规和部门规章制度要求，进一步规范操作，完善费用审批流程，切实防控业务风险。

2014年，人行揭阳市中心支行进一步规范财务管理行为，落实中央八项规定，认真执行财经纪律和各项财务规章制度，严格控制费用开支，并重新修订《中国人民银行揭阳市中心支行机关财务费用管理办法》等一系列规章制度，进一步规范财务管理行为。严格控制费用开支，贯彻总、分行关于控制一般性支出增长和严格出差、出国、会议管理的有关规定，充分整合利用现有公务接待资源，规范公务接待工作，严控费用开支，重新修订《中国人民银行揭阳市中心支行机关公务接待管理暂行规定（修改稿）》，新制订《中国人民银行揭阳市中心支行机关会议费管理办法实施细则》《中国人民银行揭阳市中心支行机关差旅费管理办法实施细则》《中国人民银行揭阳市中心支行机关培训费管理办法实施细则》4个制度，有效降低行政运行成本。

2015年，人行严格控制费用开支，切实规范财务管理行为。组织对县支行财务进行调研，摸清家底，掌握一手资料，进一步强化预算管理、规范全市财务管理。对照各级巡视、审计工作要求，对中支机关财务管理存在问题进行整改。

人行揭阳分行财务收支管理费用审批权上收省行，市分行费用开支通过财务系统向省行报账。

2016年，市中支指导辖区民生行完成财政性存款汇总缴存工作，进一步规范商业银行财政性存款缴存业务。做好会计综合业务系统（AIIS系统）上线运行各项工作，包括顺利完成2015年年报填报工作，在月中、月末等节点做好会计报表5.0系统与AIIS系统数据的核对工作，利用AIIS系统加强对全市会计核算业务的监测，圆满完成旧系统数据的迁移工作。

2017年，市中支加强预算管理。按照总、分行关于进一步加强人员经费和工资管理的通知要求，切实加强对人员经费的管理，切实规范预算执行。进一步规范财务管理行为。落实中央八项规定，执行财经纪律和各项财务规章制度，厉行节约，勤俭办行，严格控制费用开支，切实规范财务管理行为。根据国家及上级行有关制度修订情况，结合中支实际，对现行财务管理制度、差旅管理制度、集中采购操作细则等制度进行重新修订。严格控制费用开支，贯彻总、分行关于控制一般性支出增长和严格出差、出国、会议管理的有关规定，充分整合利用现有公务接待资源，规范公务接待工作，严控费用开支。

2018年，人行揭阳市中心支行进一步规范财务管理行为。坚决落实中央八项规定，执行财经纪律和各项财务规章制度，厉行节约，勤俭办行，严格控制费用开支，切实规范财务管理行为。根据国家及上级行有关制度修订情况，结合中支实际，对现行差旅管理制度、进行重新修订，并制定全市因公出差伙食费统一结算操作规程。

第三节　工资管理

1986年以前，随国家机关和事业单位工作人员的工资制度改革办法进行工资改革，废除等级工资制，辖区银行业和保险业的员工实行以职务工资为主要内容的结构工资制，分为基础工资、职务工资、工龄津贴、奖励工资四个组成部分。全年发放奖金总额一般按人均一个半月的基础工资标准发放。农村信用社员工的工资，参照农行揭阳县支行员工的工资改革办法实行。揭阳县地区金融系统员工的工资制度实行国家机关和事业单位的等级工资制度，即实行国家十一类和非十一类工资区类别制度。

1986年，全市金融系统实行工资总额管理制度，劳动工资工作由总行（司）统一领导，实行分级管理，接受当地劳动、人事部门监督。1990年，全市农村信用社员工实行等级工资制度，其工资总额按照农村信用社的经营状况实行浮动。

1992年，根据总行印发《关于下达一九九二年劳动工资计划的通知》，实行工资总额计划增加数中包括加工增资（含翘尾）、转正定级增资（含翘尾）、年功津贴自然增长增资、奖金及上年依据国家政策增加津贴、补贴的翘尾工资等项目。各行加强对工资基金的管理，认真执行国家有关工资、奖金、津贴等各项政策规定。各行所在地区建立新的津贴、补贴或提高现行津贴、补贴和奖金标准的，必须及时报告省行。既要保证职工的工资能正常合理地增长，又要防止突破工资总额计划。自然减员和清退计划外用工后空出的工资额，由各行统一掌握，用于新增职工的工资。

1993 年 10 月 1 日起，国家机关和事业单位进行工资制度改革，不再实行工资区类别制度，改行地区津贴制度，执行机关工作人员职务级别工资制度，由职务工资、级别工资、基础工资、工龄工资组成。辖区工、农、中、建、保险公司及其分支机构等金融单位，根据其职能和金融工作特点，实行行员等级工资制。主要分为行员等级工资和责任目标津贴两部分。行员等级工资设 7 个等级，每个等级再设若干个档次；责任目标津贴按行员等级工资标准，视其业绩按一定比例计发。1994 年，全市人行系统进行工资改革。全市农信社员工的工资，继续参照农行揭阳分行员工工资改革办法实行，由行政工资改为行员等级工资。1995 年 5 月，人行总行印发《中国人民银行行员工资管理暂行办法》，全市人行系统开始实行行员工资制，并按行员工资管理制度进行工资套改。行员等级工资设 7 个等级，每个等级再设若干个档次；责任目标津贴标准占工资构成的 40%；总额由总行统一掌握，实行总量控制、分级管理、自主分配的原则。行员等级工资在年度考核基础上，实行定期升级；凡连续两年考核基本称职以上的人员，可晋升一个工资档次；凡年终考核基本称职以上人员，年终发给一次性奖金，数额为本人当年 12 月工资额；工资改革后保留的津贴补贴总额由总行统一核定，列入工资总额计划。1996 年，辖区广发银行揭阳支行的工资构成分为基本工资和绩效工资，基本工资又由等级工资、年功工资、职务工资、职称工资组成；绩效工资由总行根据各分行的经营管理和经营效益下达绩效工资总额，分行根据自身制订的绩效考核标准计算下达到各部门和辖属支行，部门和支行进行二次分配计算到员工个人。1997 年，全市金融机构按照国务院有关精神，相应提高工资标准。1998 年起，全市金融机构逐步建立并实行有利于其可持续发展的分配制度以及与绩效挂钩的薪酬制度，继续推行各种形式的分配制度改革。

2000 年，人行揭阳市中心支行系统启用劳动工资台账，作为劳动工资检查的基础。人行揭阳市中心支行取消每月生活补贴，实行岗位补贴。将责任目标津贴分成“目标津贴”“领导津贴”“责任津贴”三部分发放。工资总额按照广州分行下达的计划稳步增长，达到 494.46 万元，比上年增加 7298 元。工行揭阳分行实行个人收入与完成工作任务挂钩的办法，将员工的部分津贴奖金与经营效益等进行挂钩。7 月 1 日，农行揭阳分行在行员等级工资的基础上进行改革，正式实施新《工资分配办法》：实行总量控制的原则，分行工资总额控制在省行下达的计划内，各支行工资总额控制在市分行下达的计划内；效益优先的原则，将工资总额的分配同效益增长相结合，将工资发放与个人贡献相结合，拉开分配差距；支行正、副行长实行年薪制，由基本年薪和绩效年薪构成，正副行长基本年薪按标准由上一级行决定，逐月发放，绩效年薪与考核结果挂钩，次年初一次性发放；支行营业网点员工和支行机关员工工资由基本工资、工效工资、劳保福利三部分构成，按月发放，其中工效工资由市分行每年初根据上年度的考核结果，以人均利润作为划分等级的标准，分别核定各个等级的工效工资标准；下岗员工从进入再就业服务中心的下月起，只发基本工资；养老保险和住房公积金按政策规定执行；内退员工只发生活费。全市农信社实行等级工资管理，废除行员等级工资制，根据信用社的等级及定员核定费用总额，工资分配与绩效挂钩。

2001 年 1 月 1 日起，辖区人行系统执行国务院调整机关、事业单位工作人员工资标准，增加离退休人员离退休费，实施艰苦边远地区津贴，发放年终一次性奖金的规定。人行揭阳市中心支行严格执行分行下达的工资总额计划共 582.04 万元，比上年增加 87.58 万元，增长 17.7%。农发行揭阳市分行调整工作人员工资构成中的职务工资（固定部分），责任目标津贴（活的部分）按工资构成比例相应提高；

增加离退休人员的离退休费和退职人员的退职生活费。工行揭阳分行尝试工资分配制度改革，按完成任务情况拉大支行之间的费用差距以及员工之间的收入差距，在绩效工资分配中支行之间、员工之间高低相差高达5倍以上，体现奖优罚劣。农行揭阳分行机关实施《员工工资分配办法》，实行：总量控制的原则，机关员工工资总额由省分行核定，控制使用；科学合理的原则，建立以基本工资、岗位工资为主体的多种分配形式并存的新型分配制度；绩效挂钩的原则，通过将管理人员收入与工作职责、风险程度、完成工作数量质量挂钩，拉开分配差距；按劳分配和按素质要素（学历、职称、工龄）分配相结合的原则；兼顾公平的原则，员工工资划分为基本工资和岗位工资，基本工资包括行员职务等级工资和荣誉津贴等，按月发放，岗位工资与员工工作职责、工作风险程度和工作绩效挂钩，将职务等级、岗位差异、素质要素参与分配，效益工资根据全市年度经营成果一次性发放；离退休干部、内退员工不实行岗位工资制度。是年，中行揭阳分行改革分配制度，实施绩效工资制，将员工工资收入分为基本工资和绩效工资，其中：基本工资占员工工资收入的60%，绩效工资占员工工资收入的40%。2月，建行揭阳市分行对员工工资收入进行改革，将员工工资分为基本工资和绩效工资。基本工资为固定部分加责任目标津贴，绩效工资由各项补贴与经营效益挂钩部分组成。

2002年，工行揭阳分行继续探索收入分配制度改革，分专业进行考核，按完成任务情况拉大支行之间的费用差距以及员工之间的收入差距，在保证基本生活费的基础上，绩效工资占比提高到60%。建行揭阳市分行对薪酬制度进行改革，加大绩效挂钩的成份；原行员等级工资转为档案工资，取消现行的各类津补贴；基本工资依据单位可分配额度，按照员工工资级别对应的薪点进行分配；绩效工资与员工的岗位责任、贡献及员工所在单位的整体绩效挂钩；推行高级管理人员年薪制，将分行领导的年薪与所辖员工人均工资水平挂钩、与分行机构等级挂钩、与岗位职责及年度绩效考核挂钩，市分行领导班子成员（党委书记、副书记、委员，行长、副行长，纪委书记，行长助理）的工资由基本工资、绩效工资及奖励工资构成，基本工资由省分行在年初核定，绩效工资与各市分行的经营业绩及领导班子成员考评结果挂钩，奖励工资由省分行根据全分行半年度或全年的经营计划完成情况进行考核分配，设立风险保障金，实行有条件的延期支付，实行严格的责任追究制。2003年7月1日起，全市人行系统职务层次职务工资起点标准又增加至130—1150元。离休人员月增50元以上，退休人员月增35元以上。2004年8月，农发行揭阳市分行制订《县（市）支行岗位责任工资改革实施方案》，建立以岗位管理制度为基础，以实行岗位责任工资制度为重点的收入分配制度；实行岗位责任工资制度，即在市分行下达的工资总额内，将现行的多元结构工资制改为二元结构工资制，即基础工资、岗位责任工资；建立绩效考核基金，按支行每年岗位责任考核工资的5%计提，用于支行年终考核；建立行长基金，按人年均500元作为行长基金，由行长直接分配，用于奖励见义勇为、业务创新、先进工作者、各项比赛优胜个人等。工行揭阳分行系统进行薪酬制度改革，取消人力费用管理，实行工资总额管理，即按正常业务经营机构与特殊资产经营机构分别考核，分别配置；将人力费用分为基本、岗位、绩效、奖励四部分；支行副行级以上管理人员薪酬，以支行的经营规模和管理责任为依据确定基础工资，以经营效益和贡献确定岗位、绩效和奖励工资。全市中行系统实行行处级领导干部绩效工资制，以年度为基础，依据市分行总体效益及所在单位的经营管理绩效，确定并支付基本工资和绩效奖金；上收县级支行工资管理权限，员工工资、津贴、奖金由省分行直接发放至员工个人。工资发放坚持“保密、适度透明的原则”。广发银行揭阳支行制定实施《员工薪酬管理办法》，实行工资总额与经济效益挂钩制度；行员的工资主要由基本工资、绩效工资和加班工资构成；基本工资含等级工资、职务工资、职称工资、年功工资；绩效工资根据年终完成效益情况而定；行员年工薪按14个月（1月和9月行庆月各加发一个月工薪）发放；行员实行定期增资制度，凡在年度考核中被确定为优秀、称职的，按总行规定晋升工资；基本工资按月固定发放，绩效工资按月、季预发，年终清算。修订《绩效工资考核办法》，员工的绩效工资分配，按业务指标、岗位职责、管理水平等各个方面进行百分制综合考核，并按实际得分计发。为稳定员工队伍，广发银行揭阳支行制定《揭阳分行期薪实施办法》，将每年从效益工资中按比例提取的期薪，逐年根据员工的综合情况计算到人，由分行统一管理，每期满五年后全额发给员工；退休人员随退领回。

2005年，工行全行薪酬制度进行改革，建立以岗位工资为基础的基本工资制度，以“岗位绩效工资制”取代“行政职级工资制”，把职级工资和各项津贴补贴合并为岗位工资；实行差异化薪酬结构，即合理确定不同类型岗位绩效考核方法和指标、薪酬发放方式以及固定工资占总收入的比例；以岗位价值为基础，合理拉开员工横向收入差距，使员工收入真正体现简单劳动和复杂劳动、一般责任和重大责任、例行性工作和创造性工作之间的差别，但保障柜面服务和业务核算人员全年按固定发放的工资不低于上年收入（基本工资＋岗位绩效工资）的60%；市分行正副行长、纪委书记、工会主任、行长助理工资由省行统一管理、统一发放；支行、营业网点经营管理者工资由市分行统一管理；全市员工工资集中省行代理发放。是年，建行揭阳市分行完善工资分配方式，将员工基本工资（薪点工资）和绩效工资，分别占工资总额的40%和60%，由市分行统一考核分配；员工的基本工资＝员工工资薪点 × 单位薪点工资；员工的薪点每年初通过考核调整一次；市分行按季确定各支行绩效工资总量，支行在总量内根据员工的岗位和贡献进行二次考核分配。

2006年7月，人行揭阳市中心支行按照总行有关文件精神，对在册正式员工的工资制度进行改革，实行统一的岗位绩效工资制度，由岗位工资、薪级工资、绩效工资和津贴补贴构成。岗位工资和薪级工资为基本工资。分支机构工作人员按本人现任（聘）岗位执行相应的岗位工资；按照本人的套改年限、任职年限和所任岗位，结合工作表现，套改相应的薪级工资。年度考核结果为合格及以上等次的工作人员，每年增加一级薪级工资。绩效工资，按照国家规定，取消现行年终一次性奖金，将一个月的基本工资额度以及地区附加津贴纳入绩效工资。人行揭阳市中心支行在上级主管部门核定的绩效工资总量内，自主决定本单位绩效工资的内部分配。2007年起，全市人行每年对上年度考核合格以上等次人员正常增加一级薪级工资。农发行揭阳市分行在全行实行员工年度薪酬福利报告制度，即每年将单位发放员工的全部货币性薪酬福利进行统计汇总，并形成统计报告送达员工本人；农发揭阳分行进行收入分配制度改革，实行全行统一的工资制度和工资政策，即执行事业单位岗位绩效工资制度。岗位绩效工资由岗位工资、薪级工资、津贴补贴、绩效工资组成。改革后，不再执行行员等级工资制，停止实施奖励晋升工资档次，不再发放第13个月工资；劳务派遣工的薪酬制度与该行基本薪酬制度接轨。2008年，建行揭阳市分行进行福利分配制度改革，根据员工的岗位价值、贡献大小、人力资本市场价格等因素向员工分配福利积分，提供一系列供员工在本人福利积分限额内选择的福利项目，更好地满足员工多元化的需求，充分发挥福利分配的激励约束作用，逐步完善员工薪酬体系。

2009—2010年，工行揭阳分行深化薪酬分配改革，修订薪酬考核分配办法，薪酬由岗位工资、绩效工资和津补贴构成；岗位工资按省分行规定的标准发放；绩效工资以动态岗位工资为基数，根据员工绩效考核结果确定；绩效工资分为效益绩效工资、目标绩效工资、产品绩效工资。一级支行绩效工资以支行为单位按月考核，根据一级支行员工挂钩绩效工资总额与支行绩效考核系数进行分配。目标绩效工资按月人均2000元的标准配置。一级支行经营班子绩效工资由各支行在分行考核下达的额度内按本行薪酬分配考核办法进行分配，按月人均 3000 元的标准配置。分行本部人员的绩效工资以部室为单位，按月根据其绩效考核结果分配，按月人均 2000 元的标准配置。分行正副总经理效益工资由主管副行长在其考核取得的绩效工资额度内进行分配。专项绩效工资由分行根据各单位营销业绩按标准按月兑现到员工个人。2009 年，农信社县（市、区）联社推行工资总额管理，包括工资总额预算、工资总额核定和年薪倍数管理（年薪倍数指各级联社一把手全年收入不得超过本单位全体员工平均年收入的一定倍数）。2010 年，建行揭阳市分行制定实施“机构负责人工资分配实施细则”，机构负责人工资由薪点工资、岗位工资和绩效工资构成，其中绩效工资包括管理绩效工资和效益绩效工资；岗位工资根据机构负责人任职年限、职务级别及年度考核结果等因素确定；管理绩效工资根据机构负责人管理机构差异、地区差异、岗位差异等因素确定；绩效工资以所在单位经营计划和关键业绩指标（KPI）考核为主，与所辖机构员工整体绩效水平挂钩，绩效工资减去管理绩效工资即为效益绩效工资。

2011 年，人行揭阳市中心支行制定《奖励性工资考核分配暂行办法》，除岗位工资、薪级工资、基础绩效工资、国家统一制定的艰苦边远地区津贴及特殊岗位津贴、经总行审核批准的地区津贴之外的工资收入，统一归类为奖励性工资。奖励性工资由基础奖励工资、动态考核奖励性工资、年终业绩奖励工资构成。基础奖励工资由原 11 项津补贴项目归并增设。动态考核奖励性工资根据在职人员的职务（职级）、考勤和工作表现每月随工资发放。年终业绩奖励工资，每年将不低于 30%奖励性工资作为年终业绩奖励工资，与业绩考核挂钩发放。

2012 年 12 月，根据人行广州分行对工资结构进行调整意见，辖区人行归并津贴补贴项目，增设基础绩效工资项目，调整后的工资结构主要由岗位工资、薪级工资、基础绩效工资、艰苦边远地区津贴补贴及特殊岗位津贴、地区津贴、奖励性工资六部分组成。工行揭阳分行出台《员工晋升发展工资管理暂行办法》，将岗位分为管理、专业、销售、运行、客服 5 大类别，21 个序列，每个序列又分为数个层级，实行以岗位绩效工资制为核心的员工工资制度，岗位工资实行“岗变薪变”管理，并与年度绩效考核结果挂钩；员工年度绩效考核结果实行积分制管理，分 5 个等次，即从 A（优秀）到 E（不称职）积分由 2 分到 -1 分；工资档次晋升采取按年定期调整，考核积分达到 4 分及以上的可晋升一档工资，达到 -1 分及以下的，降一档工资。

2013 年起，广发揭阳分行进行工资体制改革，在工资总额控制的条件下实行目标年薪制；目标年薪由岗位工资和绩效工资构成；岗位工资由岗位职责 × 薪点工资计算，薪点又由工龄、行龄、学历、职称等构成；绩效工资根据考核标准和年度考核结果计算。全市农信社各联社领导人员的薪酬由基本年薪、绩效年薪和中长期激励收益构成，以基本年薪和绩效年薪为主；基本年薪与经营责任及风险因素挂钩，绩效年薪与经营业绩考核结果挂钩；推行薪酬延期支付制度；最高薪酬限额受国家、地方、省联社有关最高薪酬限额规定限制。

2007—2013 年，邮储行揭阳市分行员工薪酬分配执行“岗位工资 + 绩效奖金 + 津贴补贴 + 四项补贴 + 加班费 + 保留工资”的模式发放。

第四节 安全保卫

金融机构的安全保卫组织，既是单位的职能部门，又是各级公安机关的助手，除接受本单位的直接领导外，在业务上还接受公安部门的指导。行使机关保卫和系统保卫两项主要职能，还负有社会治安综合治理的任务。

1986年起，全县金融机构先后设立保卫科（股），负责本单位的安全保卫工作。1987年，随着银行业务发展和营业网点增设，全县各银行的县（市）级支行亦建立起相应的专职保卫机构。各金融机构在设立保卫部门的基础上，进一步充实力量，组建经济民警队伍（简称经警），配备先进武器装备，统一着装上岗，严明纪律，将金库、运钞车、营业厅（室）、枪支弹药、密押、重要凭证存放点等要害部门和部位，列为保卫工作重点。人行揭阳县分行及辖属支行分别组建经济民警队伍，人行揭阳县分行为经济民警小队，辖属各县（市）支行为经济民警小组。其他专业银行相继组建经济民警队伍，成立经警中队或大队、经警小组或小队，与分、支行为一套人马两块牌子，接受各银行和市县公安局双重领导；经警人员为本单位编制，享受同级单位干部、职工的工资和福利待遇；经警统一服装，由公安部门统一制作价拨，各级守库和押运的警卫人员配备枪支、子弹和警棍等器械，持证上岗。经济民警的主要任务为分、支行的门卫值班，守卫发行库和业务库，现金、金银调拨的押运，确保库房和押运及单位正常营业秩序和安全。

1990年，随着银行营业网点和业务的不断拓展，人行揭阳分行经警中队扩编为经警大队，各县支行由原经警中队派出的哨点（经警小组）改编为经警小队；经警人员编制增加 。根据日益严峻的治安形势和金融系统内部安保工作要求，各银行增加经警人员，坚持执行双人押运、双人守库制度。1990年起，科技应用在全市银行机构保卫部门普遍推广，先后安装启用电脑摄像监控系统。1991年起，辖区银行面临的社会环境日益复杂，为确保银行资金、财产和人员安全，各银行将安全保卫工作与业务工作一同纳入目标管理范围，普遍推行安全承包责任制。农行和农信社制定安全目标管理责任制，层层签订《治安保卫责任书》，开展治安达标目标考核。由于逐步安装和使用先进的安保设施设备及无线电通信装备，各银行的安全防范模式从此由单纯的以人防为主，逐步向人防、物防和技防相结合的模式发展。建行揭阳县支行改造加固所辖金库，安装基地台和车载台对讲机，金库的安全性和系统通信联络性能提高。

1992年起，人行揭阳分行在办公大楼和各县支行先后安装电视监控和防盗报警系统，建立消防报警中心。1993年，人行揭阳分行设置保卫值班监控室，安装闭路电视，对金库、重要部位、枪支弹药和重要物品的存放点及重要部位进行24小时监控并录像。

1995年，工行揭阳分行全行落实“三防一保”工作措施，全市机构办公大楼、营业厅全部安装闭路电视监控系统和设备，实现24小时全程监控。1996年，工行揭阳分行建立“谁主管、谁负责”制度，分、支行科、股、所长为责任人，以签约形式实行安全责任包干，量化考核，年终总评，结果与业绩挂钩；建立值班经警枪支移交制度，枪支保管实行双人双锁、枪弹分开存放。中行揭阳分行制订《押钞车辆防劫预案》《营业场所防抢、防盗预案》《守卫库房预防事故预案》，以防范及正确处置突发事件；加固全市网点的二道门、柜台和防护栏，安装防弹玻璃、闭路电视监控系统；改装运钞车，安装车载无线电通信和监控报警设备；建立重要部位、重要环节定期安全检查制度。农信社与农行“脱钩”后，各县（市、区）联社设立安全保卫部门，独立履行安全保卫职能，建立“三防一保”责任制，层层签约；加固和改造安全防卫设施和购置运钞车。8月，国务院农村金融体制改革部协调小组发布《农村信用社与中国农业银行脱离行政隶属关系实施方案》的通知，揭阳市区联社于1996年年底正式宣告与地方农业银行脱钩，走上独立发展之路，辖内安防设施也开始逐步规范建设、逐步走上正轨，原联社办公楼作为试点于1998年与地方110报警中心实现报警联网。原揭阳市区联社抓好各营业网点安全防护设施建设，辖属66个网点基本上完成包括视频监控、本地。异地联网报警、消防设施、紧急呼叫、防尾随联动门等各项技术安防设施建设。1997年，农发行揭阳市分行成立“三防一保”领导小组，建立安全管理责任制。

1995—1998年，建行揭阳市分行投入资金在金库、营业网点、办公楼等重要部位安装多功能闭路电视监控系统，改造加固金库、营业柜台及二道门防护栏，安装防弹玻璃，押运车辆安装卫星定位监控系统，技术防卫能力大提高。1998年，各银行库房、营业厅等要害部位均安装闭路电视监控系统，营业厅“二道门”也全部装上防盗门。建行揭阳市分行上收各县（市、区）支行经警小队备用枪支弹药，集中分行封存保管。金融机构的安全保卫组织，既是单位的职能部门，又是各级公安机关的助手，除接受本单位的直接领导外，在业务上还接受公安部门的指导。行使机关保卫和系统保卫两项主要职能，还负有社会治安综合治理的任务。

1999年，人行揭阳市中心支行按照“谁主管，谁负责”的原则，将社会治安综合治理和安全保卫工作列入党委议事日程，从中心支行到各县（市）支行、到每一名员工层层签订《社会治安综合治理暨安全保卫工作责任书》；改革运钞体制和改进运钞工作制度，将来回广州运钞的时间由4天压缩至2天，实现长途运钞提速安全高效。

2000年起，改装使用计算机数码录像闭路电视监控系统。2001年，中行揭阳分行在全市开展规章制度检查、整顿活动；出台营业场所安全措施及防抢应急等预案，完善制度建设；举办3场培训班，加强对全市经警、出纳、司机等相关人员的尾箱收送业务培训，确保资金营运安全。2004年，全市金融系统取消经警编制。人行各支行全面撤销发行库，由市中心支行集中发行货币。2009年，农发行支行完成监控摄像头由模拟升级为数字的改造。2010年后，全市银行金融机构各网点计算机闭路电视监控系统相继联网，实现全省、全市集中统一的远程监控。

2011年，农行揭阳分行作为省农行视频监控联网系统建设第二批试点建设行之一，为保证视频监控联网系统建设在统一标准下顺利实施，按照农总行、省行建设要求，结合分行实际，以市分行监控中心为主体，分别将金库、营业网点、离行式自助银行、凭证库、保管箱库、ATM的报警、视频监控、语音对讲、出入口控制、辅助照明等利用软件技术，通过系统网络关联集成，构建成一套完整的视频监控联网综合管理系统，该工程于2011年全面建成并投入使用。全市农信社各县（市、区）联社中心库进行改造，现金库与枪库分开，值班守库室与现金库分离。普宁农信社切实做好“三防一保”工作。举办全市经警人员培训班，提高保卫干部、经警人员的专业知识和实际操作能力，更好地为业务发展保驾护航。加强营业网点的安全设施建设，全年投资200万元改造营业网点11个，新安装防弹玻璃6个，新装联网报警3个，大大提高网点的安全防护能力。

2002年，普宁农信社新建和改造营业网点共8个，新安装报警装置11个网点，新安装防弹玻璃6个网点，提高基础设施防范能力。2004年，普宁农信社抓好“三防一保”工作，加大对报警、录像监控系统的投入和网点安全设施的改造力度，提高安全保卫系数，特别是加大与110的联网。126个网点与110实行联网和15个大社安装电视监控系统。

2005年，普宁农信社组织专项的安全大检查，对防御能力低、安全设施不符合要求的信用社限期落实整改，及时清除安全隐患。加大对报警、录像监控系统的投入和网点安全设施的改造力度，提高安全系数。加大对报警、录像监控系统的投入和网点安全设施的改造力度，全年共投入约500万元进行安全设施改造。所有营业网点与110实行联网，15个大社安装电视监控系统。

2009年，普宁农信社按照省联社“三年达标规划”的要求，不断加大资金投入，提高物、技防质量。全年共投入资金700多万元，分步实施安装视频监控系统，70个网点实现安装并投入使用，使物防、技防质量得到不断提高。2010年，普宁农信社通过落实安全保卫工作目标责任，加大安全教育培训力度，加大物防、技防设施资金投入，加强枪弹、运押钞、网点值班守库检查等的管理工作。

2011年，普宁农信社全年投入资金200万元，对联社监控中心进行改造，开通全市营业网点远程监控系统，对2个安全设施不达标的营业网点进行改造，全年实现安全无事故。2012年，普宁农信社层层签订责任书，加强全员的安全防范意识教育，加快营业网点安防设施改造，提高网点安全系数；

2013年7月17日，建行揭阳市分行启用远程监控报警联网中心。普宁农信社切实抓好员安全教育，层层签订安全责任书。定期组织对网点安全设施的检查维护，及时消除隐患，堵塞漏洞，提高技防能力。

2015年4月21日，建行揭阳市分行开始执行《中国建设银行广东省分行安保条线非现场检查管理规定（试行）》。6月1日前，执行《银行营业场所风险等级和防护级别的规定》，6月1日起，实施《银行营业场所安全防范要求》。农发市分行办公楼进行整体装修，对原有监控设备进行更新换代。5月，揭阳农商行在辖属各网点安防设施建设初具规模的基础上，经筹集资金，在总行办公楼建立覆盖辖属所有网点的远程监控中心，对辖属各网点包括自助银行、自助设备等关键要害部位实行24小时全天候实时管控。普宁农信社定期全面排查基层各网点安全保卫隐患，加强安防设施改造升级，投入资金200多万元改造4个网点，投入400多万元升级全社网点报警系统，提高网点安防、技防的性能及实时监控能力。推进异地值守项目，选取3个营业网点启动异地值守试点。

2016年5月13日，建行揭阳市分行开始采用网络高清摄像机代替老旧的模拟监控摄像机；5月23日，开始执行《STM智慧柜员机监控安装指引（试行）》。农发行揭阳市分行完成营业场所和办公大楼的视频监控系统改造工作，营业场所门外和柜台的摄像机符合高清要求。此外，按要求接入110报警系统，进一步提升安全保卫能力。2017年3月1日前，建行揭阳市分行执行《银行自助设备、自助银行安全防范的规定》3月1日起，建行揭阳市分行实施《银行自助设备、自助银行安全防范要求》。普宁农商行全年投入资金200多万元改造升级6个营业网点安防设施，提高网点安防能力。先后投入200多万元升级改造全行网点监控、110报警系统，安装自助银行服务安全提示信息，提高技防性能及实时监控能力。

2017年起，农行揭阳分行根据揭阳市消防安全委员会《关于对全市消防重点单位开展建筑电气消防安全检测的通知》对电气消防安全检测的要求，以及《中国农业银行消防设施器材配备与管理工作规定》关于农行揭阳分行自用的建筑消防设施，每年应至少进行一次全面检测的规定，结合分行的实际，委托有资质的消防检测公司，每年对全辖营业场所进行一次电气系统、建筑消防设施检测，对检测存在问题及时进行整改，切实消除安全隐患。普宁农商行加强安全管理。通过提高人员安全意识、强化安保队伍管理、完善网点安全设施、优化基础建设，进一步提高全行安全保障等级。

2018年9月，揭阳农商行根据广东省公安厅办公室广东银监局《关于推进实施银行业金融机构安防设施“135”达标建设任务的通知》要求，在全市组织开展为期五年的安防设施达标建设工作，推动实施“两个标准”一年、三年和五年达标建设任务，为进一步全面提升本行安防水平全力以赴。12月1日起，建行揭阳市分行实施《安全防范技术工程标准》。工行揭阳分行一贯重视安防设施的建设，从资金投入、人员配置等方面，切实抓好安防设施的管理，并发挥分行运行平台的作用，24小时不间断专人轮值，确保安防设施高效、安全营运。金库安全做到各区域安装的监控探头全方位、无死角，视频画面连续完整、回放清晰。清分整点区、交接区的监控应指定专人负责。严禁擅自拆除、挪用金库各类安防设施和消防器材，不得擅自改变其规定设置，严禁删改或扩散金库守卫、押运等环节的监控影像资料和报警记录。按照相关消防法规配置消防设施、器材，设置消防安全标志，并定期组织检验、维护，确保完好有效。确定消防重点区域和部位，指定消防安全责任人，实行每日防火巡查，建立巡查记录，每年进行一次消防设施全面检测，定期组织消防安全培训和消防演练。网点现金保管区安全坚持做到严格按照《营业场所安全防范要求》规定，落实相关实体防范和技术防范要求，并保证监控、报警等安全设施运行正常，消防设施及器材完好有效。严格执行营业前后报警撤布防、班前班后安全检查、款箱接送环节、现金保管区出入管理等相关安全保卫制度要求，保证网点内人员、财物和业务运营安全。农行揭阳分行根据公安部《银行营业场所安全防范要求》及广东省公安厅、银监局《关于推进实施银行业金融机构安防设施“135”达标建设任务的通知》，农行揭阳分行领导高度重视安防建设工作，投入大量改造资金，于2018年年底，全面完成全辖网络高清摄像机改造工作。普宁农商行启用新监控中心，升级监控设备设施，完成总部大楼高清监控设备改造及消防通道门改造；深入开展社会治安综合治理暨平安金融创建工作，实现全年安全无事故；加强总行大楼安防改造升级工作，优化办公环境；制订营业网点安全评估整改方案。

第四章　金融科技应用及金融产品创新

第一节　银行业务电子化

伴随着改革开放，1986年起，全市金融机构提出科技兴行发展战略，全面启动金融电子化建设，揭开揭阳金融科技应用的序幕。

1987年，为适应业务发展的需要，辖内各银行加快推广应用电脑办理储蓄业务，优先在经济较发达、业务量较大的网点增设电脑。1998年，人行揭阳分行和各专业银行开始试行电传机联接电话线路进行资金汇划工作，取代人工传递票据方式。人行市分行、各县（市）支库先后配备微机，启用计算机国库预算收入应用程序，开始使用计算机进行会计核算。1989年，人行揭阳分行始建金融卫星通信专用网络系统，开通运行省人行会计核算电算系统，改用省内的PC-TELEX通信网，建立资金汇划系统，异地资金汇划清算实现自动处理。1999年，人行揭阳分行推广应用电子同城清算系统，辖内银行业同城清算系统开始运行。各专业银行营业厅（室）及部分储蓄所开始装备电脑，由手工账簿记账到电脑记账和储存，逐步改变储蓄和会计业务手工操作历史，办理业务工作效率和质量大大提升。随后，电脑在金融部门的应用越来越广泛。

1990年后，全市各金融机构加快电子化建设步伐，纷纷内设科技部门，吸收计算机专业人才，加大对科技设备的资金投入，推广计算机的应用。随后，全市工行、建行、中行、农行相继应用电脑操作事后监督业务。1991年，人行揭阳分行使用微机处理联行汇划往来。辖内各专业银行强化服务功能，储蓄所电子化建设提速。

1992年，全市各银行金融机构储蓄电子化建设步伐进一步加快，业务处理水平进一步提高。人行运用卫星通信技术与国内130多个大中城市联网，投入运行省辖微机电传通信网，利用电子计算机网络和卫星通信技术处理联行业务和资金清算业务，加快社会资金的调拨和经济金融信息的传递。1993年，全市各银行增加科技投入，加快业务电子化建设步伐。人行揭阳分行正式启用全国电子联行系统（EIS），通过卫星传输进行全国资金异地汇划，实现联行清算现代化、自动化。该系统的应用极大地加快银行间异地资金汇划速度，强化中央银行对资金流量的监控。人行揭阳分行在各城市信用社正式启用省人行开发的"城市信用社储蓄业务计算机处理系统"，比原系统增加新功能。1994年，全市各银行加快业务处理电脑化和网络化建设速度。

1995年后，全市金融电子化的水平提高较快，各金融机构计算机的使用逐渐普及到各项业务领域，营业大厅、储蓄所逐步安装使用电子监控系统和电子显示器，公示存、贷款利率和业务宣传。1996年，全市金融电子化建设加快，6月全市电子联行"天地对接"同城清算系统开发成功。6月17日，人行揭阳分行营业部和金商、榕兴、市区三家城市信用社正式组网模拟运行。8月28日，省人民银行会计、科技、清算中心等部门领导和专家对该项目进行现场检查，认为"结构合理、账务规范、安全可靠、投资少、效率高，符合揭阳市经济特点，可以组网试运行"。9月16日，揭阳市17家金融机构作为第一批网点正式组网运行实际业务。建行揭阳市分行资金清算系统建成，为客户提供快捷、安全、高效的电子汇划服务，实现异地系统内资金清算24小时内到账。1997年，"天地对接"同城清算系统顺利通过广东省科学技术委员会组织的科学技术成果鉴定。4月24日，全市成功开通电子联行"天地对接"同城清算系统，至12月底，在原有系统基础上经过修改后，帮助甘肃省西宁市和陇西县建立两地的电子同城清算系统，1998年1月1日正式开通运行。12月底，农发行揭阳市分行先后完成会计柜面对公系统、统计管理系统、会计报表系统、信贷管理台账的应用，初步实现银行管理工作的电子化。

2001年5月，工行揭阳分行投产应用综合业务系统（CB2000）会计子系统；投产应用个人金融子系统整合版。2002年6月，农发行揭阳市分行公文管理系统上线运行，初步实现办公自动化。农行揭阳分行推广总行新一代综合应用系统（ABIS），为推出电子银行、一卡通等金融产品和加入"银联"网提供技术支持，系统全部建成后，至12月，包括11个中心节点，135个网点，覆盖全市所有金融机构。2003年，人行揭阳市中心支行全辖会计业务正式投产运行"四集中"（会计核算、会计监督、会计查询、会计档案保管）系统。5月，惠来农信社实现揭阳地区农信社综合业务系统上线，从单机办理业务进入揭阳地区所有农信社联网，全面实现电子化记账，使信用社跨进网络信息时代。2004年，中行揭阳分行单证影相系统正式投产使用，率先应用电子叫号服务系统。建行揭阳市分行实现DCC系统（全国数据集中系统）切换上线。DCC系统的上线，标志着建行揭阳市分行经营管理模式的转变，信息资源的整合利用、业务创新和管理能力的提升又跨上一个新的台阶。2005年，全市金融科技电子化继续升级改造，并取得新的发展。对银行信贷登记咨询系统进行升级，开始启动以总行一级数据库为标志的"企业征信系统"的建设，与以前的系统相比，收集的系统信息量增大且服务功能增加。大大提高审批效率、决策参考能力和预警能力。8 月，全市个人信用信息基础数据库开始试运行。9 月 1 日农发银行揭阳分行开始使用会计综合业务系统处理全部会计业务，实现全部会计业务电子化。工行揭阳市分行加快建设涉及行内行外、覆盖境内外、本外币一体化的资金清算管理体系。通过实施本外币清算一体化改革，清算业务管理组织架构实现全行统一、清算运营管理机制全面理顺、清算账户管理全面规范；通过构建清算业务通用平台，总行、境内分行和境外机构实现统一的清算流程、清算制度和清算业务标准；通过实施本外币资金汇划体系改革，成功构建全辖通汇、直通高效、信息共享的资金汇划运行新格局；通过推广上线“一点接入、一点清算”的二代跨行支付系统，实现总行统一管理全行对外跨行支付资金清算头寸，跨行支付清算集约化水平大幅提升。全面推进适应全行综合化经营的综合业务运营后台，为全行业务创新发展提供安全高效的后台支持。交通银行全行增加 ATM 机自动取款机，POS 机自动授权终端数量，开通电话银行和银证业务，发展特约商户形成用卡网络。2005 年以后，实行零售业务批发经营模式，从技术、人员、营销力量等方面入手，强化营销模式拓展市场。

2006 年 1 月 16 日，个人征信系统正式运行。7 月，企业信用信息基础数据库系统正式运行，并实现全国联网查询。普宁农信社个人征信及企业征信系统正式上线。2007 年，人行揭阳市中心支行支付管理信息系统和联网核查公民身份信息系统上线运行；开发应用 ABS 对账系统，解决辖内各商业银行对会计核算账户及金额的查询和对账问题，为税收征缴、入库、对账提供安全快捷的电子处理手段。6 月，人民银行地市级分支机构开通人信用报告临柜查询权限。9 月 1 日，农发行揭阳市分行 CM2006 信贷管理系统推广应用，信贷管理信息系统实现“零的突破”。9 月 23 日，人行揭阳市中心支行个人征信异议处理系统正式对外提供服务。10 月，惠来农信社开始引用电脑办理业务代替手工办理业务。12 月，人行揭阳市中心支行开通全国统一的 400-810-8866 征信中心客户服务电话，对社会公众提供统一的征信咨询。普宁农信社银行卡及支票影像系统上线。2008 年，人行揭阳市中心支行加快业务系统的优化升级，先后完成货币金银系统客户端软件、人行会计报表管理系统、中央银行会计集中核算系统和会计事后监督系统升级换版。揭阳农商行推出自助设备，自助设备是一系列精密的机电一体化设备，通过人机对话界面，协助客户自行操作完成金融业务，为客户提供 7×24 的全天候服务，自助设备包括自助取款机、存取款一体机、自助金融服务终端等，为客户提供资金查询、现金存取、银联转账、农信银汇款、缴费支付等服务，至 12 月底，全行 66 个营业网点，共布放 116 台自助设备，为客户改善用卡环境。8 月，数据大集中系统在揭西县农信社全面上线，实现账户管理、账务处理等柜面业务线上化；跨行业务与资金清算业务主要依托省联社开发的数据大集中系统平台下的大额支付系统、小额支付系统、网上支付跨行清算系统等实现，为客户提供高效便捷的结算服务。

2006 — 2008 年，全市实行银行信贷登记咨询系统与征信系统双轨运行。

2009 年，征信体系建设加快，先后在人民银行企业征信系统对有关中小企业标注“2006 年度纳税光荣户”“2007 年度揭阳市民营外资企业纳税光荣户金银奖”“中国驰名商标”和“广东省著名商标”“2008 年度科技进步奖”等荣誉信息；与市社会劳动保障局建立联合制裁机制，定期分析揭阳市企业拖欠工资情况，共同遏制拖欠工资问题企业，激励企业创新，强化企业诚信意识，改善地方信用环境。8 月，人民银行县级分支机构开通个人信用报告临柜查询权限，普宁农信社反洗钱系统上线。

2010 年，农行揭阳分行推广应用广东省运营集中管理监管系统（COMS），主要包括系统管理、数据管理、基础管理、影像处理、任务监控、业务监督、监管辅助、实物交接、档案管理、考核评价、信息报告、调阅管理、离线查询、业务申请、综合统计、综合查询等 16 项功能模块。构建全行运营基础监控统一平台，逐步实现操作风险防控电子化、监管作业流程化、会计档案影像化、考核评价自动化。8月8日，农行揭阳分行以广东省农村合作金融机构核心业务系统（简称核心业务系统）作为全市柜面操作系统。普宁农信社上线信贷系统、财务系统、报表系统、事后监督系统等重要信息系统，全部采用专线连接，系统由省联社统一开发，数据也集中存放于省联社。作为二级网络中心，主要负责全辖各网络系统的运行、管理和维护，确保系统安全、稳健、高效运行。

2011年9月19日，新改版的2011银行版个人信用报告上线。2012年，市中心支行推广应用机构信用代码系统（机构信用代码共有18位，包含部门类别，机构类别等信息），系统包括信息查询、数据录入、代码证管理、数据核对、用户管理和统计管理6个模块，支持用户查询机构信息及代码证信息；在线录入、更新、修改机构信息，发放、补发、换发或注销代码证；查看数据核对信息并进行核对操作；新建、修改用户信息；查询代码证发放及反洗钱查询情况统计。6月1日，机构信用代码应用服务系统向各银行业机构开放，标志着揭阳机构信用代码推广工作正式启动。通过建立与现有代码的对应关系，机构信用代码能够发挥查询检索功能，促进各部门、各行业的信息共享；机构信用代码全国通用，能够提升机构的信息透明度，促进机构加强自身信用管理，提升社会信用意识；机构信用代码结构清晰、含义明确，能够分机构类别、机构性质、行政区划等不同口径进行统计分析，为宏观决策提供基础数据参考。6月，农发行揭阳市分行综合办公平台推广应用，该系统涵盖公文管理、行政办公、行务信息、公共信息和档案管理等智能模块，全面实现办公自动化。7月27日，市中心新版企业信用报告上线试运行。中行揭阳分行加强创新经营，推进转型发展，综合运用表内外融资服务支持企业融资，成功叙作“联合贷款”，为企业争取表外融资授信规模，有效解决客户融资需求。推进多元化综合经营，创新融资模式和金融产品支持企业发展，重点突破投行业务、并购顾问，上市培育顾问、私募通和中银融智顾问等产品的创新和应用，成功叙作粤东地区行首笔企业并购贷款2.9亿元。

2013年1月30日，国务院公布《征信业管理条例》（简称《条例》），将企业和个人信用信息基础数据库改称金融信用信息基础数据库。《条例》借鉴国外严格保护个人信用信息的立法经验，对个人征信业务实行严格管理，明确市场准入、信息采集及查询范围、不良信息提供、异议和投诉、保障信息等各个环节有关数据准确和安全的具体规定。4月19日，企业征信系统非银行数据在线上报功能上线。8月30日，企业异议处理系统开通金融机构添加企业异议标注业务功能。11月14日，签署失信被执行人名单信息纳入征信系统合作备忘录。11月15日，土地储备机构相关信息纳入企业征信系统项目正式上线。

2014年1月1日，个人信用报告异常查询监测系统正式运行。初步完成“中德金属生态城投融资信用系统”“军埔电子商务征信系统”两大行业信用体系建设的平台搭建工作，并指导军埔电子商务村挂牌成立“揭阳市电子商务征信中心”。其中，“军埔电子商务征信系统”成功被评选为2014年人民银行广州分行的“十大亮点工程”之一。“广东恒诚信用管理有限公司”“普宁市汇启信用评级有限公司”两家公司分别在2013年11月、2014年4月落户揭阳，成为粤东地区仅有的两家信用评级公司。9月27日，互联网个人信用信息服务平台服务正式启用。10月20日，互联网查询个人信用报告新增银行卡身份验证方式，拓展身份验证渠道，具有覆盖面广、验证效率高、安全有保障等特点。11月23日，根据《国务院关于取消和调整一批行政审批项目等事项的决定》，取消贷款卡发放核准行政许可。11月，揭阳辖区第一家村镇银行（普宁汇成村镇银行）接入人民银行企业征信系统。12月5日，机构信用代码二期功能正式上线。12月29日，互联网个人信用信息服务平台新版上线，新增移动金融IC卡验证，进一步拓展身份验证渠道；设计开发新版平台界面，优化用户注册、信息查询及获取等业务流程，增加安全等级设置、新手导航等功能，着力提升用户体验。

2015年5月21日，揭东区综合征信中心揭牌成立并顺利投入运营，有力地推动全市农村信用体系建设，采集并导入信用村农户信息6万多户，以人民银行“广东省小微企业信用信息系统”为依托，通过纵向采集区信用村农户信用信息、横向采集公安、工商、法院、税务、国土、环保、海关、供水、供电、质检等部门的非银信用信息数据，建立综合性的网络信用信息平台，实现政银之间信用信息的互联互通、共建共享。6月，揭阳辖区第一家小额贷款公司（揭阳市榕城区和信小额贷款股份有限公司）接入人民银行个人征信系统。9月27日，建行揭阳市分行新一代核心系统建设项目2.2期整体升级，为前台营销服务、中台风险控制和后台保障支撑提供更好的操作系统支持。

2016年8月，人行揭阳市中心支行正式上线揭阳首台个人征信自助查询机。

2017年8月，广东（揭阳）中小微企业信用信息和融资对接平台完成与广州银行电子结算中心网络连通工作，辖区商业银行省市互联互通网络，并为各商业银行开通用户；截至12月底，融资对接平台采集2万多条公共信用信息，18家商业银行在融资对接平台发布金融产品信息21条，达成融资5笔，融资金额9927万元。10月18日，完成信用扶贫“三个一百”工作，即完成省农户信用信息系统在贫困县域应用覆盖率100%，完成建档立卡41349户贫困户与省农户信用信息系统收录数比对率100%（其中，省农户信用信息系统收录348428条），完成省农户信用信息系统对有劳动能力的19588户贫困户评分率100%。惠来农信社推出悦农e付收银台业务，为惠来县2000多户个体工商户提供便捷安全的收银模式。

2018年8月，征信查询安全管理平台正式上线。民生揭阳分行增设循环机、速存机、微视窗等自助服务机具，为客户提供方便快捷的金融服务，进一步提升客户体验，客户可通过网上银行、手机银行等在线方式提交支付业务，业务指令逐笔发送、实时轧差、定时清算，运行时序为7×24小时连续运行。10月，揭阳农商行在总行营业部正式上线超级柜台业务，开启优质、安全、快捷的服务新模式。12月，人民银行二代征信系统试运行。随着金融机具科技升级，自动化服务日趋完善，民生银行揭阳分行厅堂自助机具从2014年开业初期的自助取款机、自助存取款机、查询机、网银机、回单机等，截至12月底，增设循环机、速存机、微视窗等自助服务机具，为客户提供方便快捷的金融服务，进一步提升客户体验。揭东农商行相继推出自助银行、短信银行、网上银行、手机银行。截至2018年12月底，共推出自助设备116台，短信通签约22万户，网上银行3.3万户，手机银行17万户，电子替代率达到85%。普宁农商行全力推进互联网金融业务发展，截至2018年12月底，拓展“鲜特汇收银台”11839户，比年初增加1020户；“鲜特汇”有效注册用户数3.68万户，比年初增加0.71万户；移动缴费商户36家，比年初增加33家。

至此，揭阳的支付业务电子化、现代化系统全面建成。

第二节　通存通兑

1986—1988年，全县金融电子化的特点主要是单机操作及传统业务的简单电算化。这一时期办理的电脑储蓄业务中，储户在哪家营业网点存款，就只能在哪家营业网点取款。

1989 年起，全县各家银行先后实现全市同城电脑储蓄网点的联网，迈出通存通兑业务的第一步。在此基础上，各行的电子化网络建设逐步完成各行系统内的全市、全省、全国电脑联网，实现储蓄业务的异地通存通兑。至 1992 年，全市网点电脑联网实现通存通兑。至 1997 年，工行、农行、中行、建行和广发行电脑储蓄通存通兑网点均实现各自系统内全市覆盖，全市逐步实现通存通兑。

1996 — 2000 年，各家银行先后实现全省、全国储蓄业务的异地通存通兑。至此，全市各银行的存款业务打破网点与网点、地域与地域的空间限制，即客户只要在同一银行系统各网点开立存款账户，便可以持存折在当地的同一银行系统的任一联网点办理存款、取款和转账业务。

工行揭阳分行。1991 年，工行揭阳分行对在揭阳市区的各个储蓄所进行同城电脑联网，实现同城储蓄通存通兑。1992 年，市区储蓄所进行同城电脑联网，实现同城通存通兑；其他部分业务量小的储蓄所则采用母、子所联网形式，开办通存通兑业务，既节约资金又提高联网覆盖率。1993 年，推出本、外币定期存款通存通兑。1994 年，工行揭阳市分行率先在普宁、榕城两支行的储蓄所联网实现通存通兑，大大方便客户，增加储蓄竞争能力。在普宁区域，则是在各专业银行中首先实现通存通兑，在当地为进一步增储占据市场竞争优势。1995 年，在全省山区市系统中率先实现全市 8 县（市、区）电脑储蓄联网通存通兑。1996 年 6 月，工行与证券公司电脑联网，实现代理证券股票交易保证金通存通兑，吸收大量低成本存款。1998 年，全市工行系统 63 个储蓄网点实现数据集中处理和全市范围内的通存通兑。2001 年起，开通外币储蓄全市通存通兑网络。2004 年，依靠省行 IBMES/9000 大机网络系统，先后开通对公、储蓄、信用卡全省联网业务，实现在全省范围内的通存通兑业务。

农行揭阳分行。1992 年，农行揭阳分行在市区各个行社电脑储蓄网点进行联网，全市逐步实现通存通兑。1997 年，揭阳城区储蓄所电脑储蓄联网，城区联网储蓄所联网率 100%；至此，实现全农行揭阳分行系统的通存通兑。1999 年，农行揭阳分行所辖电脑储蓄网点并入省行 IBM ES/9000 大型机网络，实现储蓄和卡折全省、全国通存通兑业务。2010 年 6 月，广东省数据大集中系统上线，系统功能更加强大，实现全省农全机构大联社，客户办理业务省内可以通存通兑。

中行揭阳分行。1989 年，在全县各专业银行中，中行揭阳分行率先推出储蓄电脑联网，实现全市系统内活期储蓄通存通取。1998 年，中行揭阳分行提升网点电子化服务功能，开通全市与省内部分分行之间的通存通兑网络，与省行和省内部分分行实现储蓄存款通存通兑。至 2000 年，全市储蓄与会计联网覆盖率达 100%，全面实现全省、全国储蓄活期通存通兑。

建行揭阳市分行。1992 年，建行揭阳市分行对在揭阳市区的各个储蓄网点局部联网，开办县域通存通兑业务，实现通存通兑。1993 年，建行揭阳市分行城区各个储蓄所（柜）和辖属各支行（部）全部建立局域通存通取网，实现市区和县域通存通兑。1994 年，市、县 各个储蓄所实现储蓄通存通兑和 ATM 电脑联网运行，信用卡、储蓄卡在县域通用。1995 年，建行电子化建设步伐加快，完成市分行—支行—办事处三级网络系统建设，全行各个储蓄网点加入全市网络，储蓄基本实现全市通存通兑。1997 年，建行揭阳市分行投入运行“广东建行计算机联网交易与事务处理系统”，实现跨市、跨省储蓄通存通兑交易及日终交易流水清分自动化。

广发银行揭阳支行。1994 年 6 月，广发银行揭阳支行在辖属各营业网点电脑联网，全市储蓄通存通兑。1996 年，广发银行揭阳支行与国内开设业务的广州、深圳、东莞、汕头、郑州等城广发银行揭阳支行电脑联网，实现全国系统内异地通存通兑。

农村信用社。2003 年 5 月，揭阳地区农信社综合业务系统上线，从单机办理业务进入揭阳地区所有农信社联网，全面实现电子化记账，使信用社跨进网络信息时代，实现辖区系统内通存通兑。2004 年，实现全省农信社系统营业网点储蓄通存通兑；2007 年起，存款业务实现全国农信社系统通存通兑；当年 10 月开始，信用社引用电脑办理业务代替手工办理业务。2010 年 6 月，广东省数据大集中系统上线，系统功能更加强大，实现全省农全机构大联社，客户办理业务省内可以通存通兑。

第三节　银行卡与自助设备

辖内银行卡的发行，始于 20 世纪 80 年代末，中行、工行、建行、农行 4 家专业银行及其下属机构先后发行信用卡，并于 90 年代初开始安装与之相配套的自动柜员机（ATM）和使用销售终端机（POS）。此后，全市各银行机构不断加大银行卡与自助设备电子化网络建设力度，并逐步实现各自系统内全市、全省、全国联网通用。

柜员身份认证经历从早期“柜员号 + 密码”“权限卡＋密码”到指纹认证的发展历程，前两种认证方式存在权限卡易被克隆、盗用，密码易被窃取、破译，保管、签发环节手续烦琐、效率低下等问题。自助发卡机外观类似传统的 ATM，客户无需排队填单，操作快捷简易，凭本人身份证即可实现银行卡发卡、换卡、激活和开通短信、手机银行等电子银行业务签约功能。该系统配备第二代个人身份证识别读取系统、人像拍摄、身份证图像扫描等系统，对客户身份识别信息进行全面采集录入，系统还通过指纹采集模块采集发卡申请人指纹信息，客户只需在打印出来的确认书上签名，3 分钟就能完成申请和领取卡片。自助发卡机的上线，有效分流柜台压力，提高业务办理效率，促进营业网点转型升级。

1993 年，中行揭阳分行开通长城信用卡电话查询服务系统。工行揭阳分行发行“牡丹信用卡”。

1995 年前，客户在哪家银行申办的银行卡，只能在哪家银行 ATM 机上使用或到柜面办理业务，跨行使用受到限制。1995 年后，全市各银行机构先后加入“银联”网。1995 年，辖内 ATM 机全部并入全省工行系统联网运行，随后加入广东银联 ATM 机网络，实现信用卡全省跨地区、跨行通用，信用卡业务延伸到全市各县（市、区）的远程终端管理系统。1998 年，中行揭阳分行远程支持系统（AS/400）拓展信用卡上机全省联网，ATM 机加入省行银联网和中银通服务网，实现银行卡全省中行系统内自助通用。

2001 年，工行揭阳市分行推出助终端代收业务，有效地实现客户分流；开发代发工资系统、学校收费管理系统等计算机应用程序，为开拓中间业务领域提供坚实的技术支持，推动各项业务的发展。2002 年，辖内各银行依靠综合业务系统升级，提升 ATM 机服务功能，扩大银行卡应用范围，推出银行卡新产品。2003 年，辖内由人行揭阳市中心支行科技科负责实施银联网络支付工程，开始建立 POS 机直联网络受理渠道——银联跨行交易受理平台，至 2004 年，辖内全面建成银行卡 POS 机联网通用支付网络，实现各发卡银行的银行卡在银联 POS 机上联网通用。全市“银联”网通用支付网络建成后，各银行机构的银行卡业务、特约商户、ATM 机和 POS 机全面加入“银联”系统，实现银行卡跨行国内、国际银联通用，即客户手中持有某一银行的银行卡，完全可到加入“银联”网的国内和国际任何一家银行办理查询、存、取款和转账，以及缴费、理财消费、投资等，改变以往现金在不同银行间的“搬来搬去”，极大地方便用户，一卡在手，天下畅通无阻。2005年，交通银行分行开始发行太平洋卡。为进一步拓宽太平洋卡功能，全行注重用卡环境建设，增加ATM机自动取款机、POS机自动授权终端数量，开通电话银行和银证业务，发展特约商户形成用卡网络。实行零售业务批发经营模式，从技术、人员、营销力量等方面入手，强化营销模式拓展市场。2008年，辖内各银行进一步优化银行卡使用环境，邮储行揭阳市分行升级换代和新增ATM柜员机。揭阳榕城农村商业银行推出自助设备，自助设备是一系列精密的机电一体化设备，通过人机对话界面，协助客户自行操作完成金融业务，为客户提供7×24小时的全天候服务。自助设备包括自助取款机、存取款一体机、自助金融服务终端等，为客户提供资金查询、现金存取、银联转账、农信银汇款、缴费支付等服务。惠来联社发行珠江平安卡，标志银行卡应用系统启用，主要分为发卡管理系统，包括完成发卡、持卡人管理、特约商户管理和银行卡账务处理等；银行卡信息交换系统，包括完成授权转接和资金结算等。

2010年，邮储行揭阳市分行开通网上银行网站，始办网上银行。至12月，累计新增3.21万户。2011年10月，邮储行揭阳市分行推广“小额取现村村通”工程，极大方便乡村农户存款取现和查询。2012年，全市各银行进一步提升网点科技应用服务水平，增加或升级改造银行卡使用的硬件设备，以满足业务发展和客户需要。2013年，工行揭阳分行按总省行安排，着手实施柜员身份指纹身份认证改革，借助人体指纹所具有的唯一性生物特点，将指纹识别技术与现有业务处理流程有机融合，构建起集指纹管理、柜员管理、身份认证于一体的全新电子化、信息化管理模式，实现员工身份、指纹和主机岗位权限的匹配管理和操作权限的硬控制。柜员指纹认证模式的应用，也为在更高层级、更大范围集中管理和灵活调配柜员提供有利前提。邮储行揭阳市分行推出微信银行服务，全面支持借记卡、信用卡、生活缴费等多种功能。2014年，全市各发卡银行机构全面升级完善金融IC卡机具、设备和应用环境。全市ATM和POS设备均关闭磁条复合卡的降级交易；辖区各发卡银行机构发行新版（PBOC3.0）金融IC卡，功能更大，安全性更强。全市银行业加大自助硬件设施设备的建设力度，优化用卡环境。2015年，全市自助金融服务渠道建设继续发展。2017年，工行揭阳分行推出智能服务终端（含“便携式”和“拉杆式”），成立零售业务外拓营销团队，利用智能服务终端可“移动”特点开展外拓营销活动，在营业网点阵地营销的基础上进一步扩大对周边市场客户的服务覆盖。

2017年9月7日，汇丰中国推出手机银行人脸识别功能，利用人脸识别技术与动态验证码等手段，提升资金安全性，使小额移动支付更为安全、便捷。汇丰中国面向内地零售企业推出覆盖支付宝、微信支付、银联闪付和APPLE PAY等主流移动支付渠道的收款平台，更有效便捷地来管理来自多种支付渠道的钱款。推动手机银行，“超级网银”、微信银行等电子金融服务，提升非柜面交易替代率。2018年1月4日，工行揭阳分行投产第一批试点人脸识别的应用，人脸识别的投产，减轻前台的柜员辨别客户的压力，同时也提高业务办理的准确性、精准度，为柜员能够顺利识别客户提供一个重要的参考，为办理业务中误判人脸降低风险。人脸识别功能的投产应用极大降低分行网点冒名办理业务的风险隐患，有效避免柜员主观意识对“肉眼”观察结果的影响，从而建立“联网核查+人脸识别+柜员人工”的柜面增强型客户身份认证机制，有效保证工行揭阳分行客户的资金安全。

通过超级柜台，客户可以办理银行卡的开立和更换、网银手机银行的签约、综合查询、转账汇款等业务，基本覆盖大部分柜面业务。超级柜台项目的成功上线，是揭阳农商行推动产品创新、技术转型，践行普惠金融理念的一大举措，标志着揭阳农商行网点转型升级进入新阶段，必将提升网点的服务水平，助力揭阳农商行各项业务向智能化、综合化发展。至12月，揭阳农商行全行66个营业网点，共布放116台自助设备，为客户改善用卡环境。邮储行揭阳市分行全市共设立银行卡助农取款服务点531个，极大方便乡村农户存款取现和查询。揭东农商行相继推出自助银行、短信银行、网上银行、手机银行，截至2018年12月底，共推出自助设备116台，短信通签约22万户，网上银行3.3万户，手机银行16万户，电子替代率达到85%。

第四节　银行管理及办公自动化

1986年起，揭阳地区金融系统逐步推广应用电子计算机和电脑技术，开始启动管理和办公自动化系统，改变机关部室手工操作办公的落后状况，提高工作效率和质量。全县人行、工行、农行、建行先后建立起电传网络，开办电传业务，实现银行与企、事业单位及国外、中国港澳地区有业务联系的金融机构和非金融机构的通信联系，电传成为加强信息传递、业务管理和办公的重要工具。

1987年起，为加快电脑在内部管理业务中的应用，全县各银行购置电脑及处理软件，启用人行、工行、农行、中行、建行5个行项目电报及分析、信贷项目电报及分析、会计报表程序、会计记账程序、工资管理程序、外汇统计程序进行内部管理工作。

1990年，人行揭阳分行系统实现统计电脑化，各专业银行的统计业务也先后安装使用微机（计算机）。各金融机构的存贷款利率公开、业务宣传开始使用电子显示牌等先进电子设备。2000年后，普遍使用计算机控制的电子显示器，业务宣传内容实现滚动显示。1990年起，科技应用在全市银行机构保卫部门普遍推广，先后安装启用电脑摄像监控系统。2000年起，改装使用计算机数码录像闭路电视监控系统。2010年后，全市银行金融机构各网点计算机闭路电视监控系统相继联网，实现全市、全省集中统一的远程监控。1991年起，各金融机构办公室相继使用电脑打字，结束传统铅字油印历史，同时应用快速复印机和传真机处理文件复印和传真。至1992年年末，辖内各家银行计划、信贷、会计部门的办公管理基本实现微机化，工作效率进一步提高。

1992年，揭阳市区农村信用社开始利用电脑计算机办理储蓄业务，成为新设市后第一个用电脑单机办理储蓄业务的单位。1993年，全市各金融机构电脑应用全面进入科室，各县（市、区）金融机构及基层网点也逐步使用计算机处理业务和办公，电脑化管理程度进一步提高。中行揭阳分行还使用现代化通信设备，在全市率先租用路透社终端机（Reuter Terminal），接收该社提供的外汇、金融信息，为企业服务，代客买卖外汇。1994年，人行揭阳分行投产使用办公自动化管理系统，文档资料管理初步实现自动化。工行揭阳分行启用电脑进行文档管理和人事档案管理，在各部室和各支行及各网点安装OA主机，启用电子邮件系统（NOTES）。随后，全市其他金融机构先后启用，人行揭阳分行于1996年应用NOTES 4.6平台的快通系统，实现文件的快速收发；农行、中行、建行1997年开通与省行办公室NOTES系统，通过计算机网络，发送内部电子邮件和传递上下级普通文件，资料信息等。2013年后，随着电子公文传输系统的应用和逐步升级，NOTES邮件系统逐步淘汰，停止使用。工行揭阳市分行率先在普宁、榕城两支行的储蓄所联网实现通存通兑，大大方便客户，增加储蓄竞争能力。在普宁区域，该行则是在各专业银行中首先实现通存通兑，在当地为进一步增储占据市场竞争优势。1995年，人行揭阳分行各支行统计系统投入使用，金融机构管理系统、人事档案管理、养老保险统筹等应用系统也投入使用。工行揭阳分行全行计划统计部门的电脑联网运行，全行的统计业务数据实现统一实时管理，极大提高计划统计的效率和准确性。农行揭阳分行加快内部业务管理电子化建设，进一步优化电脑软硬件，对运行速度慢、容量小、不能适应业务管理需要的低档次微机升级更换为386以上机型，增加反映会计汇差及信贷业务方面的三维报表。建行揭阳市分行启用办公自动化系统。1996年，中行揭阳分行投产使用省分行开发的“中国银行省、市两级FMIS示范系统”，实现计算机系统和手工报表数据采集、存储的现代化以及业务信息和管理信息的集成与统一；同时，组建全市各支行间网络，启用OA办公自动化互联网络，实现办公信息自动化；次年普及应用到分、支行本部所有部门，全面实现无纸化办公。全市邮政储蓄机构办公及管理全面使用计算机。1997年，人行揭阳分行建立卫星通信通道“快通工程”，开通运行人行揭阳分行与省行之间的卫星电话会议系统；计划统计、资金、金融监管、办公室、纪检等部门的业务管理先后加入自动化管理系统，发行库业务数据、办公室周报、纪检部门的案件报告及计划部门的统计业务数据等均通过“快通工程”系统上报省行，信息传输加快，实现办公无纸化、自动化。中行揭阳分行SWIFT（国际资金清算系统）收报系统切换省行远程支持系统（AS/400），开通发报和电子邮件系统，分行各科室基本实现办公自动化。建行揭阳市分行启用电子邮件传输和密码电报传输系统，提高公文传输自动化程度；还自行开发应用财务经营成果考核、清算报表、设备库管等系统软件，提升业务管理电算化水平。工行揭阳分行顺利实现高档服务器的全行储蓄ATM和POS联网，多项业务实现网络化处理，且在当年实现加入全省ATM网络系统，并能与其他专业银行的ATM网络联网。1998年起，全市各金融机构应用IT技术改善经营管理，先后建立管理信息系统和办公自动化系统。人行揭阳分行建立金融信息平台，为全市银行系统内部共享信息，实现各银行机构横向电子邮件、金融工作动态、文件传输、查询检索、主要业务数据查询等功能一体化。1999年始，辖内金融机构相继安装应用公文传输系统。工行投产启用电子公文传输系统，公文传输范围仅限于不涉及密级的行发文件、部门文件、信息、简报、紧急事件的情况报告、资料等信息。2000年后，随着网络技术发展，加密系统的推广应用，公文传输范围逐步扩大“三密”（秘密、机密、绝密）文件的电子传输，同时，使用系统电子印章（只限于经公文系统传输的电子公文使用）。继工行率先启用电子公文传输系统后，各行先后投产使用。辖内电子公文传输系统的使用，由传统公文的邮寄方式改变为网络传输后，公文的收发、传阅、签批、归档等传递过程实现办公电子化、无纸化，公文运转更加安全、高效。广发银行揭阳支行应用NOTES邮件系统、银行信贷登记资讯系统、金融统计监测管理信息系统、信贷台账登记系统、国际收支统计系统，完善MIS管理信息系统。

2000年，人行揭阳市中心支行机关部室和所辖支行股室大规模配备电脑，部分业务实现电算化，分、支行之间开通“快通工程”，实现全市公文传输自动化。2001年起，全市各银行推进无纸化办公，利用互联网信息技术，开发应用综合信息管理系统，开设内部信息网站（或网讯），网讯又称电子信息报，是各银行与员工的信息共享平台，成为各银行开展员工队伍管理，促进员工队伍建设的重要手段。中行揭阳分行率先开设内部信息网站，先后设置要闻聚集、公告速递、综合动态、文化建设等9个栏目。建行揭阳市分行开设信息网站，设有业务推动、领导讲话、最新公告、党务公开、综合信息、员工风采6个栏目。2002年6月，辖内农发行揭阳市分行公文管理系统上线运行，初步实现办公自动化。2003年，工行揭阳分行开设内部网讯。2004年，人行揭阳市中心支行建立和开通中心支行网站，加快上下级之间的信息传递速度，拓展各行之间的学习交流渠道，丰富员工文化生活。辖区金融机构利用先进计算机网络技术，开始推广应用电子档案系统，并与公文传输系统数据对接，改传统分散式保存为集中式的档案管理，改变传统的档案打印、整理、装订、归档、查阅和利用等方面的手工操作为电子化自动运行，实现高层次的无纸化档案管理，节省大量人力和物力。建行揭阳市分行率先投产电子档案系统后，各行相继投产启用。

2005 年，工行揭阳分行首个自助银行正式对外营业，是揭阳市第一个具有 24 小时自助存取款功能的现代化自助银行，标志着该行自助银行建设迈上新的台阶。广发银行揭阳支行加大科技投入，年中相继完成住房公积金、大额支付、结算账户管理、统一财务会计以及固定资产管理系统的上线工作。

2006 年，工行揭阳分行开发网上员工考评系统、员工工资网上查询系统。广发银行揭阳支行开发应用印章管理系统，实现印章使用动态管理电子化，印章管理的科学性和准确性得到提高。普宁农信社个人征信及企业征信系统正式上线。2007 年，工行揭阳分行投产印章验印系统、NOVA 系统 4 个新版本、支付密码系统、身份证检查系统、风险监控系统、多银行模式第三方存管项目等 30 多个系统，业务操作风险控制水平得到极大提升。普宁农信社银行卡及支票影像系统上线。2008 年，人行揭阳市中心支行做好业务系统的升级维护工作，按照分行的部署，共完成对会计报表管理系统、财务管理信息系统、固定资产管理系统等业务系统的升级维护工作 4 次，保证正常业务的开展。5 月 31 日和 6 月 2 日，各营业室、事后监督中心、科技科合作完成辖区的系统升级换版工作。省版办公自动化管理系统上线，普宁农信社实现公文管理、邮件管理、督办管理、任务管理、信息发布、授权管理、日程管理、投票管理、通信录、移动端等一系列功能。2009 年，广发银行揭阳支行投入使用电脑验印系统。同年，农行揭阳分行会计监控系统集中版正式上线运行；推广应用柜员指纹认证系统，实现柜员身份认证安全、高效、便捷、规范的管理，进一步提高授权效率和柜面业务操作风险防范能力。同年，普宁农信社反洗钱系统上线。

2010 年，人行揭阳市中心支行投产应用金融业机构信息管理系统，为金融业机构的编码规范、注册、维护、查询相关信息提供技术支持；投产应用人民币跨境收付信息管理系统（RCPMIS），实现人民银行对收集人民币跨境收付及相关业务信息，对人民币跨境收付及相关业务情况进行统计分析和管理监测的电子化。6 月，广东省数据大集中系统上线，系统功能更加强大，实现全省农全机构大联社，客户办理业务省内可以通存通兑。普宁农信社作为二级网络中心，主要负责全市各网络系统的运行、管理和维护，确保系统安全、稳健、高效运行。揭阳农商行加入省联社数据大集中系统，使用各类客户端应用软件、支付业务系统和数据均由省联社统一规划、开发、监控和管理。本行使用的金融管理信息系统包括大集中系统、信贷管理系统、报表系统、运维系统等。本行负责辖内的信息系统运行管理，保证各网络系统的通畅稳定和系统报障工作。2011 年，辖区人行国库管理信息系统（TMIS）统计分析子系统正式运行，大大提高国库收入统计效率和质量。2012 年，人行揭阳市中心支行在县级支行开启应用业务网电视会议系统。2013 年，人行揭阳市中心支行开展对金融业机构信息管理系统的信息验证及检查工作，确保金融业机构的编码规范。辖内在册金融机构全部纳入系统管理，实现辖区银行业、证券业、保险业等金融机构信息管理系统的全覆盖。

2018 年 6 月 14 日，广发银行揭阳支行稳步推进汕头分行网点智能化转型上线工作，各项工作按计划时间节点执行到位。9 月，广发银行揭阳支行作为广发汕头分行首家智能网点试点运营，于 12 月正式实现全辖对外营业，投入智汇柜台、大额调整存取款机、智能打印终端、移动金融综合服务平台、印控机、“柜外清”等智能设备，建立全新网点服务模式。截至 2018 年年底，工行揭阳分行共设置自助银行 42 个，覆盖榕城区、揭东区。

广发银行首推国内智能网点、24小时智能银行，致力为客户打造咨询引导、机具指导、业务处理、产品推介等一站式服务，从“客户围着柜台转”变成“厅堂经理围着客户转”，从传统的定点服务转变为贴身的、流动性的管家服务，同时配合智能设备和技术的引入，极大增强业务办理的连贯性和对客服务的互动性，免去客户隔着玻璃窗办业务的距离感，将营业网点变成金融服务“体验店”。汇丰中国在探索在合法合规的前提下，借助日渐发展的科技水平，拓展通过银行移动终端设备完成开户的新型业务模式，实现开户管理无纸化，金融办公自动化。截至2018末12月末，揭东农商行在全市共布放116台自助设备（ATM/CRS），有效地提高本行电子化服务水平，电子替代率达85%。POS机商户拓展工作方面，直联、间联POS商户共计152户（其中助农取款服务点43户），受理终端机具共209台，有效利用间联POS的定价优势推进优质特约商户的发展，重点推进乡镇POS商户的拓展，促进银行卡业务及中间业务收入的发展。揭东农商行推出“鲜特汇”收银台，商户开通收银台二维码，客户通过扫描二维码便能实现支付，方便、快捷。截至2018年12月末，揭东农商行上线“鲜特汇”商家19家，产品超过50种，开通移动缴费54户，“鲜特汇”收银台6216户。揭西农商行完成柜面业务系统、统计管理系统、会计报表系统、信贷管理系统的应用，初步实现银行管理电子化；成功接入人行的广东金融互动平台、银保监局的广东银行保险办公综合业务系统、广东农信的统一门户等金融办公自动化系统，涵盖公文管理、行政办公、行务信息、公共信息、人员管理等模块，较高程度上实现办公自动化，提高办公效率。

第五节　计算机2000年问题

1998—1999年，为解决辖内金融机构计算机系统2000年问题（简称Y2K问题，或千年虫问题），确保各银行各个系统安全运行，1999年，人行揭阳市中心支行成立辖区金融系统计算机2000年问题应急指挥中心，行长任指挥长。组织全市金融机构实施计算机及附属设备的全面普查，及时对存在Y2K问题系统软件和应用程序进行更新、升级、换版、切换。各金融机构均成立专门工作领导小组和工程项目行动小组，结合实际，制订解决2000年“除虫”应急计划方案和时间表，实行责任制。工行揭阳分行按照解决2000年问题的计划和思路，对关键问题和关键时间节点投入技术人员攻坚作战，用将近一年半的时间，对方案进行多方科学验证和测试，明确技术解决方案，按照部署时间计划推进各项工作任务。1999年1月，农行揭阳分行就成立解决2000年问题领导小组，组织领导全行对计算机系统进行修改、测试，制订应急预案，开展针对各应用系统多次的升级改造、演练测试等。中行揭阳分行及辖内各支行都相应成立起Y2K指挥中心，成员由各业务、行政部门相关业务骨干组成，全力解决辖内各种电子设备和电子机具的Y2K问题。配合省行做好3次停业测试；为确保有备无患，分行相应成立应急演练领导小组，配合省行胜利通过两次手工应急演练。在2000年2月28日至3月1日（闰月）计算机敏感日期，全市金融机构保持高度警惕，精心准备应急方案，安排24小时值守和监测，确保全市金融机构计算机系统顺利度过2000年，平稳进入21世纪。

第六节 电子银行建设

随着科技的不断发展，金融科技应用越来越广泛。1992年起，全市各银行加快电子银行建设步伐，在各自总省行统一部署下，不断创新网络品种，陆续开办电话银行、个人网上银行、企业网上银行、短信银行和自助银行以及微信银行等电子银行业务产品，突破传统业务受时空条件限制的弱点，将客户电脑终端连接银行，拉近银行与客户距离，为银行拓展中间业务提供强有力的支持手段。

1992年，辖区中行揭阳分行电话银行系统上线，利用多媒体新技术，率先在全市银行业开通全国统一的客户服务专用电话“95566”，开办电话银行查询账户余额业务。工行揭阳分行于1994年推出电话银行服务。广发银行揭阳支行于1996年应用通信网络系统技术，开通客户服务专线电话“95508”，开办电话银行业务。1994年，工行揭阳分行推出电话银行服务。1996年，广发银行揭阳支行应用通信网络系统技术，开通客户服务专线电话“95508”，开办电话银行业务。1999年，工行揭阳分行开通全国客户服务专用电话“95588”。工行揭阳分行在全市开办网上银行业务，推出网上个人银行业务。建行揭阳市分行开通网上银行系统，为企业和个人开办网上银行业务。1999年后，全市各家银行先后发布各自总行开发的电子银行品牌，辖内建行揭阳市分行“e路通”（1999年发布）；工行揭阳分行“金融e通道”（2000年发布）；农行揭阳分行“金e顺”（2006年发布）。随后，全市各家银行电子银行不断升级改造，功能范围陆续扩大，新产品、新业务不断推出。

2000年，建行揭阳市分行电话银行系统上线，投入使用客户服务专用电话“95533”。2001年，工行揭阳分行推广应用网上银行系统，首先推出网上企业银行的查询业务，为客户提供24小时、多方位的优质金融服务；年初，率先在市内华侨城推出第一间自助银行网点后，9月在市区繁华中心闹市区百花洲推出第二间自助银行网点。2002年，辖内农行揭阳分行、建行揭阳市分行依靠综合业务系统应用升级，先后推出网上银行业务。农行揭阳分行开通电子银行系统，推出网上银行业务。建行揭阳市分行网上银行系统上线运行，开办B2B网上银行业务。2004年始，辖区金融机构推广应用移动电话技术，相继开办手机银行业务。2006年，建行揭阳市分行成立电子银行中心，加快推动电子银行业务发展。农行揭阳分行推广应用会计监控系统，上线运行反洗钱管理系统二期。2007年，中行揭阳分行投产应用“中银自助通”业务系统，客户只需在该行的自助终端操作，即可自助实现“汇款转账、业务缴费、账户管家、金融信息”等业务。2008年，广发银行揭阳支行开设第1间离行式自助银行网点，配置2台自助存取款机24小时提供存款、取款自助金融服务。是年，邮储行揭阳市分行开通电话银行业务系统。2009年，工行揭阳市分行首次推出电话结算机（电话通）业务，将金融结算交易功能嵌入电话机中，为客户提供在家无忧结算交易的便捷服务，进一步扩大分行金融服务范围。

2010年，邮储行揭阳市分行开通网上银行网站。工行揭阳分行增加2个离行式自助银行网点。是年5月，中行揭阳分行投产推出“中银掌上行”手机银行系统。农行揭阳分行投入转账电话机3030部，投放各营业网点；个人电子银行注册客户达到24.6万户。广发行揭阳支行电子银行业务量月均达到6.79万笔，比上年增长143%。2011年，工行揭阳分行应用移动通信技术，开通手机银行业务系统。广发行揭阳支行于5月20日开通网上银行和手机银行系统。2012年，工行揭阳分行和广发揭阳分行分别新增4家和1家自助银行。农行揭阳分行完成2个离行式自助银行装修改造，增加自助设备1679台。中行揭阳分行新设2家自助银行。建行揭阳市分行新设5家自助银行、12台自助设备。2013年，邮储揭阳分行投入使用的电话银行客户服务专用电话“95580”。

自2013年以来，随着互联网金融的大爆发，特别是微信5.0版本上线，增加支付功能后，支付宝、余额宝等独立第三方支付公司产品相继问世，用户可以很方便使用这一流行的社交网络工具进行支付和随时用于网购和转出，针对这一情况，全市各家银行高度重视社交媒体应用，加快IT技术应用的发展，搭建总行统一科技应用平台，开始将传统金融服务与新兴互联网金融服务融会贯通，相继上线不同特色的微信银行（微信银行是指以手机终端为载体、以商业银行业务系统为基础、移动网络为媒介，依托微信软件为客户提供账户金融服务的一种电子渠道。微信用户只需登录各家银行网站用手机扫描二维码，或者通过微信平台关注各家银行电子），先后推出微信公众号，为广大客户提供即时便利的亮点产品、优惠活动、金融资讯等服务信息。其中，工行正式提供对外微信公众号服务，不仅可以随时随地畅享工商银行业务咨询、金融信息查询、产品及促销活动资讯等服务，而且可绑定储蓄账户和信用卡账户进行“融e购”的支付业务。广发揭阳分行推出“微信营业厅”，支持银行卡账户查询、银行卡账单查询以及交易明细查询等业务。是年8月，交行揭阳分行推出“交通银行微银行”，主要为用户提供24小时的信息服务、账户查询和智能客服服务。建行揭阳市分行对外推出微信银行账号，服务内容主要包含微金融、悦生活、信用卡三个部分。邮储行揭阳市分行推出微信银行服务，全面支持借记卡、信用卡、生活缴费等多种功能。农行揭阳分行推出微信银行账号，仅限于产品信息、优惠活动介绍等业务。

至2018年，全市各家银行的微信银行服务主要仍停留在实时获取开户行信息、优惠活动、黄金价格、白银价格、铂金价格、存款利率、贷款利率、外汇牌价、外汇汇率、基金净值、债券价格、理财产品净值等金融产品信息和业务查询及优惠活动介绍等基础功能，尚未普及应用到存贷款、投资、支付、交易等综合服务功能。

第七节 指纹与人脸识别业务

1. 指纹识别业务

柜员身份认证经历从早期“柜员号＋密码”“权限卡＋密码”到指纹认证的发展历程，前两种认证方式存在权限卡易被克隆、盗用，密码易被窃取、破译，保管、签发环节手续烦琐、效率低下等问题。

自助发卡机外观类似传统的ATM，客户无需排队填单，操作快捷简易，凭本人身份证即可实现银行卡发卡、换卡、激活和开通短信、手机银行等电子银行业务签约功能。该系统配备第二代个人身份证识别读取系统、人像拍摄、身份证图像扫描等系统，对客户身份识别信息进行全面采集录入，系统还通过指纹采集模块采集发卡申请人指纹信息，客户只需在打印出来的确认书上签名，3分钟就能完成申请和领取卡片。自助发卡机的上线，有效分流柜台压力，提高业务办理效率，促进营业网点转型升级。

2013年，工行揭阳分行按总省行安排，着手实施柜员身份指纹身份认证改革，借助人体指纹所具有的唯一性生物特点，将指纹识别技术与现有业务处理流程有机融合，构建起集指纹管理、柜员管理、身份认证于一体的全新电子化、信息化管理模式，实现员工身份、指纹和主机岗位权限的匹配管理和操作权限的硬控制。柜员指纹认证模式的应用，也为在更高层级、更大范围集中管理和灵活调配柜员提供有利前提。

2. 人脸识别业务

为解决互联网远程服务中客户身份验证的难题，全市各金融机构将人脸识别技术、光学字符识别技术（OCR）等运用到客户身份识别环节，作为读取、收集以及核验客户身份信息和受理相关账户业务申请的辅助手段。通过使用人脸识别系统，结合身份证识别的 OCR 技术，并引入权威数据库进行多项要素核验，可帮助各金融机构将快速辨别、确认客户身份，更为有效地落实账户实名验证的要求，保障客户的资金和账户安全，大大降低洗钱犯罪分子利用互联网操纵他人账户进行洗钱违法活动的风险。

2018 年 1 月 4 日，工行揭阳分行投产第一批试点人脸识别的应用，人脸识别的投产，减轻前台的柜员辨别客户的压力，同时也提高业务办理的准确性、精准度，为柜员能够顺利识别客户提供一个重要的参考，为办理业务中误判人脸降低风险。人脸识别功能的投产应用极大降低分行网点冒名办理业务的风险隐患，有效避免柜员主观意识对“肉眼”观察结果的影响，从而建立“联网核查 + 人脸识别 + 柜员人工”的柜面增强型客户身份认证机制，有效保证工行揭阳分行客户的资金安全。

2017 年 9 月 7 日汇丰中国推出手机银行人脸识别功能，利用人脸识别技术与动态验证码等手段，提升资金安全性，使小额移动支付更为安全、便捷。同年，汇丰中国面向内地零售企业推出覆盖支付宝、微信支付、银联闪付和 APPLE PAY 等主流移动支付渠道的收款平台，更有效便捷地来管理来自多种支付渠道的钱款。推动手机银行，“超级网银”、微信银行等电子金融服务，提升非柜面交易替代率。

此后，全市各银行机构加大人脸识别功能的投产应用，极大降低分行网点冒名办理业务的风险隐患。

第八节　农村信用社的科技应用

全市农信社系统的电子化建设起步较晚，1992 年起，全市金融机构提出科技兴行发展战略，全面启动金融电子化建设，揭开揭阳农村信用社科技应用的序幕

1992 年，揭阳市区农村信用社开始利用电脑计算机办理储蓄业务，成为新设市后第一个用电脑单机办理储蓄业务的单位。1999 年，普宁农信社接入“天地对接”联行系统。

2002 年 12 月前，全市农信社的电脑应用仍停留在单机使用阶段，即将简单的金融业务由手工操作转为电子化处理。2003 年，全市农信社网络综合业务系统成功上线，完成电脑联网工作，实现全市农信社营业网点储蓄通存通兑和汇兑业务的电子化，结束农村信用社电子化建设落后的局面。5 月，惠来联信社实现揭阳地区农信社综合业务系统上线，从单机办理业务进入揭阳地区所有农信社联网，全面实现电子化记账，使信用社跨进网络信息时代。11 月，揭阳市区联社以农村信用合作社综合业务信息系统广东揭阳市农信 / 中联软件（简称综合业务系统）作为全辖柜面操作系统。2004 年，并入全省农信社网络系统，实现全省营业网点储蓄通存通兑，大大提高农信社在银行业内的竞争能力。2007 年，辖内农信社开通全国“农信银”资金清算网络系统，小额和大额支付系统开通，实现全国个人账户通存通兑。10 月开始，惠来联信社用电脑办理业务代替手工办理业务，2008 年，揭阳榕城农村商业银行推出自助设备，自助设备是一系列精密的机电一体化设备，通过人机对话界面，协助客户自行操作完成金融业务，为客户提供 7 × 24 的全天候服务。揭阳榕城农村商业银行自助设备包括自助取款机、存取款一体机、自

助金融服务终端等，为客户提供资金查询、现金存取、银联转账、农信银汇款、缴费支付等服务。8月，揭东县农村信用合作联社推出珠江平安卡，全年推出10795张银行卡，丰富储蓄账户，给客户带来极大方便；同时，推出自助设备、POS机、助农取款业务，降低柜台压力，有效减少柜台前排长龙的现象，大力响应人行普惠金融的政策；为提高银行卡的安全性，揭东农商行推出兼顾磁条和芯片的复合普卡、IC卡，大力推广带芯片的银行卡。

2010年8月，全面上线省联社数据大集中系统，综合业务系统的更新换代，实现全省农合机构互联互通，支付结算方便快捷，新业务模块按需配置等，为业务发展提供有力保障。揭阳农商行加入省联社数据大集中系统，使用的各类客户端应用软件、支付业务系统和数据均由省联社统一规划、开发、监控和管理。本行使用的金融管理信息系统包括大集中系统、信贷管理系统、报表系统、运维系统等。本行负责辖内的信息系统运行管理，保证各网络系统的通畅稳定和系统报障工作。普宁农信社加入省联社大集中系统。2011年，农信社各县（市、区）联社加入省联社的数据大集中综合业务系统，存款业务实现全国通存通兑；投入使用网上银行、手机银行系统和电话银行系统，开通客户专用服务热线电话“96138”。2011年起，普宁农信社正式对外开通网上银行业务，适应金融电子化、信息化的发展需要，标志电子银行业务取得新突破；1月25日，信贷管理系统顺利上线运行。2012年12月，揭东县农村信用合作联社推出带有医保账户的社保卡，社保卡既可以存取款，还能使用其进行医保消费。普宁农信社在县域设立217个银行卡助农取款服务点，填补金融服务空白行政村148个，进一步履行服务“三农”的社会责任，致力改善农村地区的金融服务环境。普宁农信社设立便民惠农金融服务站。在青梅主产区龙堀村设立金融服务站，定期派员为村民提供信贷等金融信息咨询。2013年，揭阳农商行推出手机银行客户端。手机所独具的贴身特性，使其成为继ATM、网银、POS之后银行开展业务的又一强有力工具，越来越受到客户的青睐。为稳定现有客户，实现客户结构优化，揭阳农商行紧跟行业前沿，本着“以功能为中心”向“以用户为中心”的转变。2014年，全市农信社加大电子金融渠道产品推广应用，各家联社先后上线全国支票影印系统。联社农信银二代支付系统上线。8月，普宁农信社运行“农信银”及“大小额”汇兑系；践行普惠金融，推进基础金融服务“村村通”工作，加快推动基础金融服务向行政村延伸；全年新增自助设备5台，更换旧设备11台，投放总量达47台；加快县域第1批8.3万张社保卡激活受理，以及第2批73.6万张社保卡开户及卡片接收工作；改造自助设备冠字号码存储功能，利用冠字号码查询解决涉假纠纷，全面改造完成自助设备42台；加快推进自助取款设备10元钞便民取款工作，改进小面额现金供应模式；业务创新力度加大，市场竞争力稳步提升；依托省联社数据大集中系统和产品创新平台，加快新业务品种开发，进一步丰富服务品种，拓宽企业多样化融资渠道；相继推出金融IC卡、柜面通、银行承兑汇票业务、委托贷款业务等新业务。升格6个储蓄所，改造、搬迁6个网点，增投、升级自助设备16台，提升便民惠农整体服务水平。

2015年，全市农信社机构的电子银行服务效能进一步提升，开始推行绩效管理信息化，各县（市、区）信用联社先后上线运行。全市农信社上线ATM自动柜员机冠字号信息查询系统，实现对ATM取款机渠道、CRS存取款一体机渠道和柜台渠道产生的冠字号完整记录、统一存储，实现法人联社内冠字号信息的共享、现金设备运行状况监控、客户申请冠字号查询登记、冠字号追溯等功能，并为现金管理部门提供数据统计分析，满足内部管理需要，提升管理效能。普宁农信社推进支付结算基础建设，加强系统运维管理，推动冠字号信息查询系统、国税“双代开”业务系统等系统上线，确保前台业务运营平稳运行；有效整合柜面渠道与网点自助渠道、电子渠道、网络渠道，支持多渠道办理业务，降低柜面业务量，释放柜面人力；布设县域农村地区多元化的金融服务渠道，全年新增、升级11个自助设备，维护217个助农取款点，改善农村支付环境。2016年，揭阳农商行启动手机银行优化项目，并在2017年3月正式推出新版手机银行。新版手机银行相比旧版手机银行有巨大的提升，界面更美观、功能更强大、操作更便捷、系统更安全。其主要功能分为四大板块：金融类、生活类、理财类、综合服务类。2月，普宁农信社运行“网上支付跨行清算系统”。11月，揭阳农商行开始落实引进易捷通系统，12月23日正式上线。易捷通上线后，能用于引导客户合理选择办理业务的网点、时间段，也能由柜面生产系统直接读取填单信息，降低柜员信息录入错误的概率。易捷通系统具备自助填单功能和预约排队功能，其中预约排队功能可以通过96138网站、网上银行、手机银行等渠道实现，自助填单功能通过直接使用各机构的易捷通设备，并凭填单号到柜台办理业务，填单号的有限期为7个工作日；扎实推进网点建设和品牌宣传，拍摄企业品牌形象宣传片，更换升级62个带有新标志门面招牌的网点，迁移5个网点，提升本行整体形象。全年新投放自助设备12台，123个营业网点、70台自助设备和222台乡村助农取款机、679台POS机遍布城乡，金融服务覆盖不断扩大。

2015年，揭阳农商行推出自己的微信银行，通过微信公众号端口与“广东农信电子银行”服务号端口进行对接，只要客户在广东揭阳农商业银行的公众号平台绑定银行卡就能实现账户明细、余额查询、理财管理、ATM/网点查询等功能，为客户提供更加丰富、便捷、贴心的金融服务。2016年11月，揭阳农商行开始落实引进易捷通系统，并于12月23日正式上线。易捷通上线后，能用于引导客户合理选择办理业务的网点、时间段，也能由柜面生产系统直接读取填单信息，降低柜员信息录入错误的概率。易捷通系统具备自助填单功能和预约排队功能，其中预约排队功能可以通过96138网站、网上银行、手机银行等渠道实现，自助填单功能通过直接使用各机构的易捷通设备，并凭填单号到柜台办理业务，填单号的有限期为七个工作日。2017年2月，以互联网金融创新为动力，开辟“互联网＋金融”等新业务领域。揭阳农商行推出“芯片存折”。“芯片存折”是嵌入智能芯片的存折，是一种满足PBOC技术标准的介质，即在现有的磁条存折介质底页中嵌入芯片和磁条，其功能远超普通磁条存折。它除了具备传统磁条存折的产品功能外，还可基于PBOC技术标准拓展自助业务、线上业务和行业应用。客户不仅可在柜台办理传统存折业务，也可通过具有非接触功能的柜员机快速办理存取款、转账，还可以在粤信通POS机具上享受助农取款服务。5月，揭阳农商行推出电子金融新业务鲜特汇二维码聚合支付拳头产品“鲜特汇”收银台（统一支付）。“鲜特汇”收银台（统一支付）是揭阳农商行顺应移动互联时代居民消费零星化、碎片化、线上化的新趋势推出的一款的移动支付产品，通过简单的“扫一扫”即可覆盖线上线下支付全场景，大大提高支付效率和便利程度。它是揭阳农商行在“鲜特汇”平台基础上进行的创新支付模式，围绕社区金融和移动支付市场建设，为广大客户提供创新支付和在线支付、缴费等的一项资金结算服务，具有资金安全保障、费率低、到账快、聚合支付（支持银行卡、微信、支付宝）、应用场景广等特点，是揭阳农商行打造的第一支付品牌。2017年，惠来农信社依托省联社鲜特汇平台，推出移动交易缴费业务，为惠来县一万多名高中生提供足不出户的便捷缴费模式；并推出悦农e付收银台业务，为惠来县2000多户个体工商户提供便捷安全的收银模式。

2018年，揭阳农商行进一步提升营业网点的运营效率，优化业务流程，提高客户的体验度，不断提升网点的服务水平；10月，在总行营业部正式上线超级柜台业务，开启优质、安全、快捷的服务新模式；超级柜台是一款功能全面且强大的自助设备，采用“客户自助＋柜员辅助”的新型服务模式，以设备集成、业务流程优化和创新网点柜员，有效降低银行综合建设和运营成本，提高网点整体效率，改进网点服务环境和服务水平，全面提升客户体验度；通过超级柜台，客户可以办理银行卡的开立和更换、网银手机银行的签约、综合查询、转账汇款等业务，基本覆盖大部分柜面业务；超级柜台项目的成功上线，推动产品创新、技术转型，践行普惠金融理念的一大举措，标志着全行网点转型升级进入新阶段，提升网点的服务水平，助力各项业务向智能化、综合化发展；至12月，全行66个营业网点，共布放116台自助设备，为客户改善用卡环境。揭西农商行推出“悦农e存”“悦农e贷”等线上存贷款产品、“悦农e付”收银台。

银行电子化率越来越高，揭东农商行相继推出自助银行、短信银行、网上银行、手机银行，截至12月末，共推出自助设备116台，短信通签约22万户，网上银行3.3万户，手机银行17万户，电子替代率达到85%；为提高业务办理效率，揭东农商行上线大集中柜面系统、清算系统、信贷系统、广东农信综合办公系统、信息银行系统、悦农生活“鲜特汇”系统（一个提供省内绿色健康、严格溯源、安全放心的优质农副产品的平台）、POS系统等，做好风险防控和制度管理，揭东农商行相继上线银行系统、风险预警系统；电子产品的推广应用，有效提高办公效率，更提高风险防控技术；随着互联网金融的大力发展，揭东农商行推出“好产品、好品质、好体验、货真价实”的“鲜特汇”商城，上线揭阳本地的特色产品，有效提高客户黏度。移动缴费业务的推出，为党政机关、学校、物业公司在收取费用带去极大的方便，客户利用手机，微信关注“鲜特汇”公众号便能轻松实现缴费；推出“鲜特汇”收银台，商户开通揭东农商行收银台二维码，客户通过扫描二维码便能实现支付，方便、快捷；上线“鲜特汇”商家19家，产品超过50种，开通移动缴费56户，“鲜特汇”收银台6216户；截至12月末，揭东农商行全行共发放银行卡超过86万张，其中纯磁条卡28万张、复合金融IC卡15万张，社保卡43万张，推出自助设备116（其中包括11台BST设备）、POS商户共152家（其中包括助农取款商户43家）。普宁农商行通过加大宣传力度，加大POS机和自助设备的投放，不断优化用卡环境，满足客户的需求，全力推动银行卡业务的发展。截至12月，累计投放POS机1088台，比年初增加181台（其中智慧公交新增POS终端256台）；累计投放自助设备78台；通过开展多场次的户外宣传以及各网点加强宣传营销，推动“云闪付”APP注册用户数及活跃数不断扩大，提升移动支付便民、利民、惠民水平。截至12月，“云闪付”APP绑卡量达到8930张；全力推进互联网金融业务发展，截至2018年年底，拓展“鲜特”汇收银台11839户，比年初增加1020户；“鲜特汇”有效注册用户数3.68万户，比年初增加0.71万户；移动缴费商户36家，比年初增加33家；强化拓展，稳步推进金融电子化战略。累计发放银行卡达129.89万张，比年初增加3.5万张；累计投放自助设备78台，比年初新增2台。手机银行签约客户12.99万户，比年初增加3.64万户；网银签约客户5.02万户，比年初增加1.46万户；短信通签约客户14.69万户，比年初增加2.24万户。

第五章　保险业务

保险是经济发展的产物，保险业的发展是随着经济的发展而发展，揭阳的保险业经历了独家经营时期（1984年7月至1996年4月）、分业经营时期（1996年5月至2003年6月）、多家竞争时期（2003—2018

年）的发展过程。

揭阳建市后，1992 年 11 月 9 日，中国人民保险公司揭阳分公司成立并举行揭牌，由中国人民保险公司广东省分公司直接管理。

1996 年 3 月至 7 月，经国务院、中国人民银行总行批准，中国人民保险公司按照《中华人民共和国保险法》关于财产、人寿保险实行分业经营的规定，进行重大机构改革。根据上级指示，揭阳市人民保险系统按照公平、公正、公开的原则，相应进行机构体制改革，原中国人民保险公司揭阳分公司改设为中保财产保险有限责任公司揭阳分公司和中保人寿保险有限责任公司揭阳分公司。

1999 年 1 月 18 日，中国人民财产保险有限公司为继承中国人民保险公司品牌，更名为中国人民保险公司。中保财产保险有限责任公司揭阳分公司更名为中国人民保险公司揭阳分公司。

1992 — 2002 年，揭阳市仅有中国人民保险公司揭阳分公司和中国人寿保险公司揭阳分公司。

2003 年，随着经济的发展，新设立的保险公司开始进入揭阳，新设立的保险公司中有平安财险揭阳中心支行。7 月 19 日，中国人民保险公司重组后更名为中国人保控股公司，并同时发起设立中国内地最大的非寿险公司——中国人民财产保险股份有限公司和首家保险资产管理公司——中国人保资产管理有限公司。

2004 年，进入揭阳市的保险机构有中华联合财险揭阳中支、太平洋财险汕头中心支公司揭阳营销部、天安财险揭阳中支、泰康寿险揭阳营销部。全年保费收入 3.63 亿元，其中，财产险保费收入 1.40 亿元，人寿险保费收入 2.24 亿元。

2005 年，全市保险业保费收入 4.55 亿元，同比增长 25.14%；其中，财产险保费收入 1.69 亿元，同比增长 21.66%；人寿险保费收入 2.85 亿元，同比增长 27.31%。

2006 年，新设的保险机构有立安邦财险揭阳营销服务部。全市的保险业务呈稳步发展态势，全年保费收入 5.60 亿元，同比增长 23.22%；其中，财产险保费收入 2.07 亿元，同比增长 21.92%；人寿险保费收入 3.54 亿元，同比增长 23.99%。

2007 年，揭阳市保险机构共 11 家，分别是中国人寿揭阳分公司、人民财险揭阳分公司、中华联合财险揭阳中支、平安财险揭阳中支、太平洋产险揭阳中支、天安财险揭阳中支、大地财险揭阳中支、安邦财险揭阳营销部、都邦财产保险揭阳营销部、平安人寿保险揭阳营销部、泰康人寿保险揭阳营销部（2007 年升级为泰康人寿揭阳中支）。全市 11 家保险主体保费收入 6.86 亿元，同比增长 22.51%；其中，财产险保费收入 2.88 亿元，同比增长 39.33%；人寿险保费收入 3.98 亿元，同比增长 12.69%。

2008 年 1 月 8 日，中国平安人寿广东分公司在揭阳设立营销部（2009 年 5 月 14 日升级为平安人寿保险揭阳分公司）；5 月，太平洋寿险揭阳中支成立，揭阳市共有保险公司 13 家，其中，9 家财产险公司（人保、中华、平安、太平洋、天安、大地、安邦、都邦、阳光），4 家寿险公司（国寿、平安、泰康、太平洋），另有 1 家保险代理公司（华康代理）。全年财产险业务增长幅度不大，主要是多家公司（如：中华、太平洋、天安、大地）调整结构、注重优质业务。总保费收入 11.70 亿元，比增 70.54%；其中财产险 3.41 亿元，比增 41.13%；寿险 8.29 亿元，比增 24.36%。寿险保费增长的主要因素来源于银行代理业务，个险同比也有较大增长。

2009 年，保险业保障作用日益增强，保险业务和保费收入有较大幅度的增长。12 月末，全市共有保险机构 13 家。全年承担保险责任金额 1272.45 亿元，同比增长 102.26%。总保费收入 13.25 亿元，增长 1.02%，其中，财产保险保费收入 4.22 亿元，增长 23.91%；人寿保险保费收入 9.03 亿元，增长 8.92%。

总给付3.50亿元。

2010年，人寿财产揭阳中支在揭阳成立，是中国人寿财产保险股份有限公司设立在揭阳市的三级机构。揭阳产险公司加强成本管控，业务经营实现持续盈利。10家产险公司中，除2009年刚成立的一家之外，其余9家全部盈利。整个财产险市场综合成本率在91%左右，产险公司全年实现承保利润6000万元，寿险公司业务结构更加合理，持续发展能力更强，个险期缴保费占寿险总新单保费比重25.22%，比2009年增长6.6个百分点。总保费收入达到19.47亿元，同比增长46%，其中，财产险公司保费收入5.66亿元，同比增长33.9%，寿险公司保费收入13.81亿元，同比增长52.8%。

2011年，总保费收入22.56亿元，同比增长15.9%，其中，产险公司收入6.93亿元，同比增长22.3%，寿险公司收入15.64亿元同比增长33.9%，寿险个险新单保费收入1.99亿元，同比增长13.26%。

2012年，揭阳市新设立的保险机构有友邦揭阳营销部、浙商财险揭阳中支、阳光财险揭阳中支、人保寿险揭阳市分公司共4家。全年累计总保费收入24.75亿元，同比增长9.67%；增幅位居全省各地级市第一；其中，产险公司收入8.55亿元，同比增长23.5%，寿险公司收入16.20亿元，同比增长3.52%。从业人员7000人（其中产险1145人、寿险5855人）。

2013年，揭阳市新设立的保险机构有：紫金财险揭阳中支、民生人寿保险揭阳市中支共2家。全市市场主体共21家，其中产险公司13家，寿险公司8家。另外有前海人寿、平安养老、阳光人寿正在筹建中。从业人员7200人（其中产险1200人、寿险6000人）。全年累计总保费收入26.36亿元，同比增长6.5%；其中，产险公司收入10.05亿元，同比增长17.40%，寿险公司收入16.31亿元，同比增长0.68%。从业人员7017人（其中产险1170人、寿险5847人）。

2014年，揭阳市场主体共22家，其中产险公司14家，寿险公司8家。从业人员7200人，其中，产险1200人，寿险6000人。5月12日，鼎和财险揭阳中支挂牌成立；8月27日，生命人寿保险揭阳中支（其他股份有限公司分公司）在揭阳正式挂牌成立，9月5日，生命人寿保险公司（其他股份有限公司）正式更名为富德生命寿险公司（其他股份有限公司）；12月24日，生命人寿保险揭阳中支（其他股份有限公司分公司）正式变更为富德寿险揭阳中支（其他股份有限公司分公司），经营范围也随之扩宽，除原有经营范围外，增加富德财险公司在广东（不含深圳）下属分支机构的各类保险产品一项。全市保险市场主体共25家，其中产险公司14家，寿险公司11家，从业人员14157人，其中，产险公司1429人，寿险公司12728人。在总人数中，正式员工1077人，营销员13080人。全年累计总保费收入达到36.80亿元，同比增长39.58%；其中，产险公司收入13.23亿元，同比增长31.65 %，寿险公司收入23.56亿元，同比增长44.47%。财产险公司盈利能力明显增强，承保利润有较大幅度提升。寿险公司个险期交继续保持快速增长势头，业务内涵价值持续提升。财产险公司盈利能力明显增强，承保利润有较大幅度提升。寿险公司个险期交继续保持快速增长势头，业务内涵价值持续提升。

2015年，揭阳市场主体共24家，其中产险公司13家，寿险公司11家。通过揭阳市场主体所有从业人员的努力，市场运行平稳，秩序良好，各主体和谐相处，良性竞争，没有出现恶意抢单、恶意诋毁、违规打折、恶意挖角等严重的恶性竞争行为，全年累计总保费收入达到47.25亿元，同比增长28.39 %，其中，产险公司收入14.47亿元，同比增长9.38%，寿险公司收入32.77亿元，同比增长39.06%。财产险公司盈利能力有所增强，承保利润有所提升。寿险公司个险期交继续保持快速增长势头，业务内涵价值持续提升。3月，阳光人寿揭阳中支正式开展业务经营，公司销售渠道设立营销部，后根据公司经营发展需要增设团险部、综拓业务部等，年末内外勤人力合计 203 人，营业收入为 195.58 万元。

2016 年，揭阳保险市场主体市场运行平稳，秩序良好，和谐发展。揭阳市场主体共 25 家，其中产险公司 14 家，寿险公司 11 家。全行业从业人员 14157 人，其中产险公司 1429 人，寿险公司 12728 人。在总人数中，正式员工 1077 人，营销员 13080 人。全年总保费收入 56.79 亿元，同比增长 20.17%；其中产险公司收入 15.52 亿元，同比增长 7.2%，寿险公司收入 41.25 亿元，同比增长 25.88%。赔款（给付）总额 17.40 亿元。财产险公司盈利能力有所增强，承保利润有所提升。寿险公司个险期交继续保持快速增长势头，业务内涵价值持续提升。1—12 月共受理 4 个投诉案件，其中上级转来的 3 件，本地发生的 1 件。寿险公司个险期交继续保持快速增长势头，业务内涵价值持续提升。

2017 年，珠江人寿保险股份有限公司广东分公司、太平财产保险有限公司在揭阳设立中心支公司。揭阳保险市场正常运营的主体共 26 家，其中产险公司 15 家。寿险公司 11 家。年末，全行业从业人员 11808 人。全市保险业总保费收入 54.66 亿元，同比增长 –3.4%。其中产险公司收入 17.50 亿元，同比增长 12.94%。寿险公司保费收入 37.12 亿元，同比增长 –10%。

2018 年，新设立中银证券揭阳揭东营业部，至 12 月底揭阳市保险业机构共 28 家，其中产险公司 16 家，寿险公司 12 家。全行业从业人员 12627 人。其中产险公司 1611 人；寿险公司 11016 人；在总人数里面，劳动合同制人员 1055 人，代理合同制人员 11572 人。

12 月末，累计总保费收入 62.19 亿元，同比增长 13.8%；其中产险公司收入 20.64 亿元，同比增长 17.75%，寿险公司收入 41.55 亿元，同比增长 11.91%。赔款（给付）总额 23.50 亿元。

第一节　财产保险

财产保险业务的发展和理赔业务的不断增加，在安定人民群众生产、生活及建立和谐社会秩序、稳定企业经营方面起到重要作用。财产保险是指投保人根据合同约定，向保险人交付保险费，保险人按保险合同的约定对所承保的财产及其有关利益因自然灾害或意外事故造成的损失承担赔偿责任的保险，包括农业保险、责任保险、保证保险、信用保险等以财产或利益为保险标的的各种保险。

1992 年，揭阳市保险业的财产保险主要经营机动车辆保险、财产保险、责任保险、信用保险四大类，包括企业、家庭财产保险、货物运输保险、农业保险等 20 多个险种。机动车车辆保险是中国人民保险公司揭阳分公司的龙头险种，1992 年承办以来，随着经济社会的持续发展，揭阳境内及毗邻地区交通运输和出行车辆的日益增多，中国人民保险公司揭阳分公司承办的机动车车辆保险业务相应增加。

1993 年，全市保险系统保险工作会议上提出大力发展保险业务，争取是年创保费收入超 1 个亿元的奋斗目标，该年度收入保费（包括储金）1.23 亿元，完成年计划任务的 137.7%。

1996 年 3 月 25 日，中国人民保险公司广东省分公司印发《关于揭阳分公司机构体制改革方案的批复》，拉开原中国人民保险公司揭阳分公司产、寿险分业经营的帷幕。4 月 17 日，完成办公场地、其他固定资产以及财务账目的分割工作，业务按照原来的产、寿险各自归属，分业经营工作基本完成。全市承保保险责任金额 88.96 亿元，赔偿支出 3983 万元。

1997 年，受“9710”号台风外围影响，造成洪涝灾害，人保财险揭阳市分公司理结全市财产损失案476宗，及时支出1000万元。

2001年，人保财险揭阳市分公司开始承办保证保险，最先发展的险种是汽车消费贷款保证保险，保费收入4万元。汽车消费贷款保证保险指购车人在向银行申请汽车贷款时，除所购的车辆作为抵押物外，向保险公司申请购买车贷保证保险，保险公司在其中起到担保人的角色。

2003年，平安财险揭阳中支进入揭阳，打破揭阳财险独家经营的局面。

2007年，人保财险揭阳市分公司开办农业保险业务，承办政策性水稻保险、政策性能繁母猪保险、政策性生猪保险、政策性蔬菜保险、岭南特色水果保险、仔猪保险、林木保险等农业保险业务。

2008年起，人保财险揭阳市分公司连续四年承保企业财产保险的广东粤电靖海发电联共保项目，保额91亿元。

2009年，太平洋产险揭阳中支承保2009—2010年中铁隧道集团三处有限公司公路货运险，风险保额272.70万元。2009年起，太平洋产险揭阳中支连续八年承保广东电网揭阳揭东公司供电局雇主险项目，保额78亿元。

2010年，随着我国法治建设的不断完善，人保财险揭阳市分公司开展的责任险险种不断增加，业务规模不断扩大，当年保费规模开始突破1000万元，保费收入主要来源于传统险种，如雇主责任险、公众责任险和承运人责任险、医疗责任保险等。

2011年，太平洋产险揭阳中支承保青岛啤酒（揭阳）有限公司团体人身意外伤害保险，风险保额660万元。

2012年，人保财险揭阳市分公司开始发展其他保证保险，有雇员忠诚保证保险、产品质量保证保险、个人信用贷款保证保险和农业小额贷款保证保险，其中，个人信用贷款保证保险保费收入占总保费收入超过90%，占比最多，主要是为有贷款需求、但无法提供担保或者抵押的个人提供保障。

2013年4月，中华联合财产保险股份有限公司广东分公司成功中标政策性水稻种植保险资格并被省农业厅指定为揭阳、潮州和汕尾三地市唯一经办保险机构。中华联合财险揭阳中支理办全市政策性水稻种植保险签单23笔，承保面积4804亩，参保农户306户，保费9.61万元，提供风险保障192.16万元，覆盖率为0.4%，全年赔付金额共计47.45万元，赔付率493.81%。

2014年，为满足市场需求，人保财险揭阳市分公司开发新型险种，包括政府民生综合责任保险、政府扶贫救助保险、首台（套）重大技术装备综合保险和诉讼财产保全责任保险。上半年，由揭阳市人民政府引导、揭阳市金融管理局牵头，揭阳市民政局联合人保财险揭阳市分公司，共同设计的普惠型民生保险创新险种——政府民生综合责任保险应运而生。政府民生综合责任保险是由揭阳市财政出资，为全市户籍人口向人保财险揭阳市分公司进行投保的民生福利行为，具体包括自然灾害公众责任险、附加意外事故公众责任险、附加市政设施公众责任险等险种的组合保险产品，是在揭阳市创新发展民生金融，开展普惠型金融服务试验的背景下，探索出来的符合实际情况的民生金融项目。该险种已覆盖揭东区、普侨区、揭西县、惠来县、大南海五个地区，实现保费收入400万元，充分发挥保险作为“经济助推器”“社会稳定器”和“民生保障器”作用。是年，人保财险揭阳市分公司为全市546.22万城乡居民提供5642.25亿元保额的补充医疗保险保障，为21.15万名城镇职工提供473.26亿元保额的补充医疗保险。

是年，人保财险揭阳市分公司开展短期出口贸易信用保险，承保被保险人发运货物后由于商业风险和政治风险引起的贷款损失。人保财险揭阳市分公司是国内首家具有资格从事该险种的商业财产保险公司。

2015年，人保财险揭阳市分公司与揭阳市金融工作局联合开发的政府民生综合责任保险，被列入2015年揭阳市“十大民生实事”之一。至12月4日，揭阳地区实现全市统保，保障人口686.42万人，承担风险金额8.00亿元。同时，揭阳市金融局、揭阳市民政局与人保财险揭阳市分公司，将这个模式复制引用到揭西、大南海、惠来和普宁4个区县，为区县户籍居民提供累计4亿元的风险保障。8月，中华联合财险揭阳中支成功中标揭东区、空港区以及蓝城区（现产业园区）统保教育保险项目，承保校方责任险和教职员工责任险等教育保险。

是年，人保财险揭阳市分公司经营大病保险业务，城乡居民大额补充医疗保险参保人数571.40万人，承担风险金额5714.02亿元。城镇职工大额补充医疗保险参保人数约21.79万人，承担风险金额435.88亿元。

是年，人保财险揭阳市分公司“创新设计”冰食品安全责任保险，把与公众利益关系密切的食品安全等领域作为责任保险重点，探索开展强制责任保险试点。全市食品安全责任险实现该险种“零的突破”，投保企业16家，承担风险金额2607.25万元。人保财险揭阳市分公司农房保险基本实现全覆盖。政策性农村住房保险承保率达到98.76%，保障农户783175户，承担风险金额78.32亿元。全市政策性农业保险总保费收入375.63万元，承担保险责任金额6139.29万元。

是年，平安财险揭阳中支开展广东省校园安全领域的保险保障工作，连续5年统保普宁地区所有学校的责任保险。当年保费达520多万元，为普宁所有师生提供高达52亿元保额的强有力安全保障，更加全面地保障在校师生的安全。

是年，太平洋产险揭阳中支承保江西建工第三建筑有限责任公司建筑工程一切险，风险保额2040万元。

是年，太保财险揭阳中支承保2015—2017年揭阳市揭西县、榕城区校园方责任险，每年为该片区学生提供281亿元的风险保障，为教职工提供143亿元风险保障，三年保费合计674万元。

是年，人保财险揭阳市分公司承保2015—2017年揭阳市惠来县片区校园方责任险，为该片区学生提供516亿元的风险保障，三年保费合计450万元。

2016年6月1日，中华联合财险揭阳中支参加揭阳市2016—2017年揭阳市政策性农业保险项目承保资格的竞争性谈判，获得揭阳市区和揭西县两个区域的政策性岭南特色水果种植保险的承保资格。2016—2017年全市政策性岭南特色水果种植保险签单71笔，承保面积68亩，参保农户90户，保费76.50万元，提供风险保障766万元，全年赔付金额共计84万元，赔付率109.8%。7月27日，人保财险揭阳市分公司成功签出全省第一单政策性生猪养殖保险，实现保费收入20万元，将为投保养殖户的1万头育肥猪提供500万元的风险保障。该笔保单的产生，拉开全市生猪保险的序幕。8月19日，揭阳市金融工作局举办揭阳市中小微企业“政银保”合作协议签约仪式，由市金融工作局、人保财险揭阳市分公司与建行揭阳市分行三家合作的“政银保”项目正式落地生效。根据协议约定，揭阳市中小微企业“政银保”由揭阳市政府设立小额贷款保证保险风险补偿资金3053万元，撬动2.49亿元作为贷款规模，用于支持揭阳市中小微企业的发展。10月28日，人保财险揭阳市分公司成功签下“淘保”综合保险第一单，以“金福保”产品框架设计出来的承保方案，首期试点7家淘宝店，实现保费收入5914.60元，成功将创新产品转化为现实生产力。12月14日，人保财险揭阳市分公司签出全市政策性岭南特色水果保险第一单，为普宁市绿莹莹农业科技有限公司种植的334亩香蕉提供40万元的风险保障。12月30日，人保财险揭阳市分公司成功中标普宁市政府民生综合责任保险项目，该项目由普宁市政府统一出资为全市 250.93 万人购买保险，总保费为 296.09 万元。该项目连续两年成功统保全市 10 个区县的政府民生综合责任保险。全年政府民生综合责任险成功续保 9 个区县，共为 4383323 人提供 9 亿元的保障，保费收入 594.55 万元。截至 12 月 31 日，发生保险责任范围内事故共 47 起，造成 48 死 13 伤，其中 5 起案件尚在处理中，已支付赔付 199.80 万元。

是年，太平洋产险揭阳中支连续三年承保广东烟草揭阳市有限公司公路货运险、财产综合险、现金综合险一揽子业务，为广东烟草揭阳市有限公司提供综合财产风险保额 118 亿元。

是年，中国平安财产保险股份有限公司首创开发“财产诉讼保全保险”金融创新产品，中国平安揭阳中支在全市与各法院、律师事务所全面开展合作，2016 年保费收入 23 万元，为当事人诉讼财产保全保驾护航，实现司法救助合理化和最大化。

2017 年，人保财险揭阳市分公司承保全市城乡居民及城镇职工的大病保险，自 7 月 1 日起执行对困难群体大病患者的医疗费用起付标准 2000 元，赔付比例 80%；10 月 1 日，人保财险揭阳市分公司成功中标“广东省巨灾保险服务（2017—2020 年）机构采购”项目并成功出单。这是揭阳市分公司首单巨灾指数保险业务，实现保费收入 1073 万元。人保财险揭阳市分公司承保的 2017—2020 年揭阳市巨灾指数保险项目，保额 4.70 亿元。

是年，人保财险揭阳市分公司全年政府民生综合责任险成功续保 10 个区县，共为 688.44 万人提供 7.90 亿元的保障，保费收入 798.77 万元。

是年，太平洋产险揭阳中支承保广东烟草揭阳市有限公司普宁市分公司公路货运险，风险保额 22.50 亿元。

2017 年以来，人保财险揭阳市分公司首度在全市开展保险资金支农融资业务，通过支农融资业务共撬动商业险和农险保费 247.73 万元。同时，人保财险揭阳市分公司结合地方特色农业产品，开发全国首个“竹笋风力指数保险”为揭东区埔田镇 3 万多亩竹笋成功实现统保，保费收入共 60 余万元，为竹笋种植户提供 5000 多万元的风险保障。

2018 年 8 月，人保财险揭阳市分公司以第一名的成绩成功中标校方责任保险项目，该项目标期为 2018 年 9 月 1 日至 2021 年 8 月 31 日，统保普宁片区的校园方责任险，每年为该片区学生提供累计 200 亿元的风险保障，为教职员工提供累计 122 亿元的风险保障，预计三年保费 2000 万元。同月，太平洋产险揭阳中支成功中标校方责任保险项目，该项目标期为 2018 年 9 月 1 日至 2021 年 8 月 31 日，统保揭东区（含揭阳产业园、空港经济区）的校园方责任险，每年为该片区教职工与学生提供超过 120 亿元的风险保障，三年保费超过 1040 万元。同时，中华联合财险揭阳中支以总分第二名的成绩获得揭阳市 2018—2020 年校方责任险的承保资格。全年，教育保险项目责任险累计保障保额为 59.79 亿元（累计保费收入 249.40 万元），服务 287 间学校、幼儿园和 26 万教师、学生。

9 月，中华联合财险揭阳中支、人寿财险揭阳中支参加由揭阳市农业局举办的揭阳市 2018—2020 政策性农业保险项目的招投标并成功中标，中华联合财险揭阳中支以总分第二名、中国人寿揭阳中支以总分第三名的成绩获得揭阳市 2018—2020 年政策性农业保险资格，承保揭西县区域内政策性农业保险所有险种。

12 月，中国人民财产保险公司作为国内首家具有资格从事短期出口贸易信用保险的商业财产保险公司，承保被保险人发运货物后由于商业风险和政治风险引起的贷款损失。截至 12 月，人保财险揭阳市分公司对榕城区、空港区和揭东区三个区的小微企业实现统保，并在政府扶持政策基础上，新增统保揭东区和空港区两个区共40家中型企业的短期出口信用险，信用保险总保费为364万元，保证保险总保费为1277万元。

是年，平安财险揭阳中支参与地方经济发展与社会建设，解决地方实体经济融资难融资贵问题，重点搭建政府板块民生类保险，推动校方责任保险、安全生产责任险、食品安全责任险、环境污染责任险、诉讼财产保全责任保险、建筑工程团体意外险等业务发展。截至2018年年底，平安财险揭阳中支先后成功帮扶两家制药工厂、三家小微企业获取融资近5000万元，大力配合好生产企业设备升级和技术改造工作，取得社会效应；承保大保额业务项目校方责任险，全年达成保费290万元，为惠来县所有师生提供高达29亿元保额的强有力安全保障。

是年，人保财险揭阳市分公司自主开发“商业型鹅养殖保险”，填补广东省鹅养殖保险的空白，同时实现保费收入约20万元。

是年，人保财险揭阳市分公司承保大南海建筑工程保险项目，保额8.70亿元。

1992—2018 年 揭阳财产保险业务收支统计表

表 3-15

单位：万元

年份	险种									保险业务支出			
	机动车险	企业财产险	家庭财产险	货物运输与船舶险	健康险	涉农保险	人身意外险	其他险	保费收入	赔案件数	赔付	退保	给付率
1992	713.00	721.00	1195.00	183.00	0.00	571.00	0.00	0.00	3383.00	4090.00	2801.00	0.00	82.80%
1993	273.00	1267.00	285.00	291.00	0.00	2061.00	0.00	0.00	4177.00	8848.00	14843.00	0.00	355.35%
1994	3973.00	1668.00	361.00	420.00	0.00	534.00	0.00	0.00	6956.00	4552.00	5036.00	0.00	72.40%
1995	4751.00	1619.00	103.00	466.00	0.00	411.00	0.00	0.00	7350.00	3930.00	5973.00	0.00	81.27%
1996	5224.00	1708.00	46.00	532.00	0.00	127.00	0.00	0.00	7637.00	2355.00	3983.00	0.00	52.15%
1997	5873.00	2004.00	36.00	70.00	0.00	81.00	0.00	181.00	8245.00	3555.00	5091.00	0.00	61.75%
1998	6458.00	2094.00	100.00	64.00	0.00	26.00	0.00	295.00	9037.00	3497.00	5230.00	0.00	57.87%
1999	7447.00	1805.00	179.00	64.00	0.00	0.00	0.00	367.00	9862.00	4153.00	5709.00	0.00	57.89%
2000	8234.00	1680.00	147.00	75.00	0.00	0.00	0.00	498.00	10634.00	4232.00	5962.00	0.00	56.07%
2001	8557.00	1787.00	507.00	82.00	0.00	0.00	0.00	621.00	11554.00	4791.00	12234.00	0.00	105.89%
2002	9443.00	1691.00	350.00	98.00	0.00	0.00	0.00	600.00	12182.00	5212.00	6050.00	0.00	49.66%
2003	9741.00	1512.00	601.00	56.00	0.00	0.00	0.00	467.00	12377.00	5767.00	8626.00	0.00	69.69%
2004	10448.15	1354.83	17.00	51.78	0.00	0.00	256.00	461.60	12589.36	6052.00	7320.95	0.00	58.15%
2005	11378.21	1518.18	18.00	109.58	0.00	0.00	246.00	331.67	13601.64	9245.00	7092.57	0.00	52.14%
2006	12264.84	1480.13	−3.00	101.33	0.00	0.00	293.29	846.64	14983.23	10776.00	10870.33	0.00	72.55%
2007	17517.73	1836.33	−0.36	184.35	111.93	111.92	395.98	970.94	21134.80	16946.00	10444.83	676.45	49.42%
2008	19812.13	2133.45	26.67	322.84	134.94	420.44	454.29	1092.27	24475.78	33325.00	17704.89	318.45	72.34%

1992—2018 年揭阳财产保险业务收支统计表

续表 3-15

单位：万元

年份	险种									保险业务支出			
	机动车险	企业财产险	家庭财产险	货物运输与船舶险	健康险	涉农保险	人身意外险	其他险	保费收入	赔案件数	赔付	退保	给付率
2009	24530.96	2530.48	92.95	213.20	119.16	351.31	336.19	1158.32	29357.96	38472.00	16280.11	256.75	55.45%
2010	33845.58	2597.49	736.65	418.06	102.29	85.94	335.46	1685.53	39835.70	43384.00	17761.87	312.21	44.59%
2011	42290.94	2867.62	741.71	442.40	508.64	109.51	491.13	1992.92	49522.12	54727.00	23246.96	571.09	46.94%
2012	49382.96	2955.45	749.44	390.08	6304.61	184.19	552.58	2176.51	62834.90	90651.00	36637.10	504.07	58.31%
2013	80052.65	3313.38	977.78	436.19	7265.31	209.90	912.14	4226.01	97487.81	142765.00	71427.85	1982.60	73.27%
2014	100790.37	3118.43	763.10	414.16	20960.76	328.35	1131.19	4727.35	132345.06	177029.00	74626.87	3410.98	56.39%
2015	118397.96	3737.24	700.72	456.53	14341.57	619.36	1290.39	5066.74	144734.51	215260.00	75806.30	60398.46	52.38%
2016	127761.40	3434.79	741.47	524.93	12419.39	1681.67	1955.19	6224.26	154828.24	180613.00	80042.91	291231.00	51.70%
2017	144160.42	3074.65	2262.98	591.11	13899.69	1513.43	2283.10	7084.28	175223.30	200748.00	88233.75	204647.45	50.36%
2018	160143.39	4819.37	2143.58	698.05	23494.08	1529.80	3256.77	10122.98	206441.07	260003.00	115617.07	6313736.13	56.00%
合计	952777.68	40771.81	9968.68	5354.59	99662.36	7145.83	14189.68	48168.02	1179395.48	1479996.00	653114.37	6878045.65	55.38%

说明：1. 此表中的保险给付率为直接给付率，是指保险赔付总额与保费收入总额的比率。
2. 数据由各单位提供

第二节 人寿保险

1992年11月9日，中国人民保险公司揭阳分公司举行揭牌仪式，由中保广东省分公司直接管理。

1994年3月，中国人民保险公司揭阳分公司进行内部机构改革。根据业务需求，撤销保险公司揭阳分公司营业部，设立车运部、财险部、人寿部，这些部门负有营销和管理双重职能。

1995年10月1日，正式颁布实施的《中华人民共和国保险法》规定，产、寿险必须分业经营。

1996年2月，中国人民保险（集团）公司成立，中保人寿保险有限公司和中保财产保险有限公司分设完毕。根据中国人民保险公司广东省分公司粤保发《关于揭阳分公司机构体制改革方案的批复》，4月17日，原中国人民保险公司揭阳分公司完成办公场地、其他固定资产以及财务账目的分割工作，业务按照原来的产、寿险各自归属，分业经营工作完成，中保人寿保险揭阳分公司成立。中国人寿揭阳分公司的前身是中国人民保险公司揭阳分公司，个人营销业务从无到有。分业之初公司经营清一色的团体直销险种。10月，中保人寿保险公司揭阳分公司建立营销部个人营销业务正式推向市场。

1996年，全市承保金额达15.60亿元，保费收入6514万元，完成省公司下达任务计划的108%，结赔案6686宗，赔付支出974万元，综合赔付率14.95%。

1997年，全市系统承担人寿保险责任金额17.89亿元，保费收入1.07万元，完成省公司下达年度计划的115.94%；已结赔案6469宗，赔付金额1023.30万元，赔付率为10%，比1996年低4.95个百分点。

1998年10月7日，中华人民共和国国务院国函《国务院关于撤销中国人民保险（集团）公司实施方案的批复》，批准撤销中国人民保险（集团）公司。是年，全市系统承担人寿保险653201人次，责任金额38.24亿元，全市保费收入1.26亿元，赔付人数15601人，赔付金额1073万元，赔付率9%，比上年降低1个百分点。

1999年1月，中国人寿保险公司（总公司）在北京成立。8月1日，中保人寿保险揭阳分公司正式启用“中国人寿保险公司揭阳分公司”印章，属下各单位和内设机构同时启用新印章。9月7–8日，由市计生委和中国人寿保险公司揭阳分公司联合召开的“揭阳市计划生育养老保险工作会议”在揭阳宾馆举行，它标志着由省、市、县三级政府出钱，专门为农村独生子女父母和纯生二女落实结扎措施的夫妇开办的“计生养老保险”正式推出。当年全市该项保费收入1600多万元（全部趸缴）（2001年该项业务停办）。

1999年，全市保费收入1.14亿元；全市共为366897人次承担保险责任金额40.67亿元，收取保费1.14亿元，共赔付1060万元。

1999—2000年，揭阳市各级卫计部门和计生协会贯彻执行上级关于开展计生系列保险工作的精神，进一步提高对开展计生家庭保险工作重要性的认识，把计生保险工作作为卫计部门和计生协会实施生育关怀行动、完善利益导向机制、拓展服务的重要举措，在缺乏财政资金支持的条件下，结合实际，落实更加有效措施。截至2017年，全市计生保险共实现保费收入156.73万元，全年理赔额63万元、实际理赔率40.19%，其中，政府统保理赔额27.50万元，理赔率41.42%。全市9个县（市、区）都完成或超额完成市下达的年度指导性任务，其中空港区增长幅度最大，保费年收入达23.70万元（其中政府统保16万元）。

2000 年，全市共计承担保险责任金额 20 亿元，保费收入 8228.05 万元。

2001 年 7 月 2 日，中国人寿揭阳分公司与工行揭阳分行签订合作协议，揭开全市人寿保险兼业代理的帷幕。到 2004 年年底，工行揭阳分行、农行揭阳分行、中行揭阳分行、建行揭阳市分行和邮政储蓄银行 5 家单位，总共有 228 个网点获得兼业代理许可证，在柜台销售人寿保险。

是年，全市系统保费收入 8272.22 万元。

2002 年，面对加入 WTO 带来的挑战，中国人寿揭阳分公司亟待由粗放型经营转向集约型经营，由偏重于规模转向规模与效益并重。1 月 7 日，人寿保险广东省公司决定将揭阳、汕尾两个分公司合并组成新的揭阳分公司，揭阳分公司的寿险业务覆盖区域由揭阳市延伸到汕尾市。

2003 年 10 月 1 日，“中国人寿揭阳分公司”正式运作，启用新印章、新单证。10 月 15 日，中国人寿揭阳分公司举行“股份公司”揭牌仪式，同时为各支公司授牌。人寿揭阳分公司提出把业务拓展方向转变为“以城市为主、重点乡镇为辅”的定位。业务结构立足做到“个险为主打、团险作补充、银邮上规模、短险出效益”的主张。是年，全市保费收入 9698.43 万元。

2004 年 10 月，泰康人寿揭阳营销部（2016 年 11 月 30 日改为泰康人寿揭阳中支）在揭阳市区成立，打破揭阳市寿险业务独家经营的局面。12 月 1 日，泰康人寿“世纪泰康”健康险在揭阳市顺利上市，这是国内第一个保证续保的医疗保险。泰康人寿揭阳中支在揭阳开业仅 3 个月，保费收入 129.25 万元。

2005 年 4 月 27 日，泰康人寿揭阳中支第一个下辖四级机构——普宁营销服务部领取营业执照，正式对外营业。

2006 年 1 月，泰康人寿揭阳中支第一张重疾险理赔成功，为投保客户送去 10 万元的理赔款。

2008 年 1 月 1 日，平安人寿保险揭阳营销部正式成立，隶属于汕头中心支公司。6 月 7 日，揭阳营销服务部举办乔迁仪式，进驻揭阳。

2009 年 5 月 14 日，平安人寿保险股份有限公司广东分公司揭阳营销服务部正式升级为平安人寿揭阳中支，直属广东分公司。公司成立时，有榕城、普宁 2 个网点。

2014 年 1 月 1 日，中国人寿揭阳分公司启用信贷险，立足各大银行贷款业务开展信贷险业务，充分发挥机构广、网点多、寿险服务经验丰富的优势。同时，不断优化“门店式”出单系统、移动 POS 机出单等新型出单方式，加强重点产业保险领域的战略合作，构建有效主推产业加快发展的市场化保险体系。

8 月 27 日，生命人寿保险揭阳中支成立。9 月 5 日，更名为富德生命人寿保险股份有限公司。12 月 24 日，生命人寿保险揭阳中支变更为富德寿险揭阳中支。

10 月，揭阳市开展“银龄安康”活动，结合全市实际，从 10 月起由市政府和各县（市、区）政府（管委会）共同出资联合中国人寿揭阳分公司为全市老年人投保人身意外伤害保险（每人每年保费 10 元），全力打造揭阳市“品牌民生工程”。为全市 12 万名 80 周岁及以上户籍老年人投保。

12 月，前海人寿揭阳分公司成立。依托高效的经营策略和完整的组织体系，打破最初银邮单一渠道发展的局面，呈现出个险、银保、团险多渠道业务全面均衡持续发展，不同类型的保险产品责任涵盖两全、定寿、终身寿险、重疾、意外、医疗等保险需求。

2015 年 3 月，阳光人寿揭阳中支正式开展业务经营，随后根据公司经营发展需要增设团险部、综拓业务部等。5 月，平安养老保险揭阳支公司成立。10 月 11 日，阳光人寿揭阳中支联合榕城区团委、区体育局、环保局等部门，举办“献爱心 · 阳光荧光环保夜路”活动。活动现场募集爱心捐款 1.40 万元，善款用于榕城区仙桥西岐小学建置“阳光书屋”。11 月 23 日，平安养老保险总公司经营范围发生变更，按照平安养老保险总公司要求，各级分支公司进行变更。

是年，全市“银龄安康行动”覆盖率已达到 68%，充分体现政府对老年人的关爱。

2016 年 3 月 24 日，平安养老揭阳中支增加“个人长期健康保险业务”“与健康保险有关的咨询服务业务及代理业务”和“与资产管理业务相关的咨询业务”。5 月 27 日，阳光人寿揭阳中支携手揭阳市榕城区团委发起以“关注孩子未来”为主题的爱心荧光夜跑公益活动，活动现场募集爱心捐款 14833 元，所有善款用于德志学校食堂改造项目。

截至 2018 年 12 月，揭阳市共有寿险公司 12 家。总保费收入 42.09 亿元，同比增长 11.93%。寿险公司个险期交继续保持增长势头，理财型产品占比明显下降，业务结构明显调整，内涵价值持续提升。

1992—2018年揭阳人寿保险业务收支统计表

表 3-16　　单位：万元

年份	险种									保险业务支出		
	简易人身险	短期健康险	意外险	个人营销险种（含长期健康险）	团险	银邮代理	其他险	保费收入	赔付	满期给付	退保	给付率
1992	0.00	0.00	0.00	0.00	0.00	0.00	0.00	0.00	0.00	0.00	0.00	0.00%
1993	0.00	0.00	0.00	0.00	0.00	0.00	0.00	0.00	0.00	0.00	0.00	0.00%
1994	0.00	0.00	0.00	0.00	0.00	0.00	0.00	0.00	0.00	0.00	0.00	0.00%
1995	0.00	0.00	0.00	0.00	0.00	0.00	0.00	0.00	0.00	0.00	0.00	0.00%
1996	0.00	0.00	0.00	0.00	0.00	0.00	0.00	6514.00	974.00	0.00	0.00	0.00%
1997	0.00	0.00	0.00	0.00	0.00	0.00	0.00	1.07	1023.30	0.00	0.00	0.00%
1998	5.29	0.00	0.00	6.39	1.90	0.00	0.00	12600.00	1073.00	0.00	0.00	0.00%
1999	112.84	0.00	0.00	6356.08	935.01	0.00	0.00	11400.00	1060.00	0.00	0.61	0.00%
2000	128.12	0.00	0.00	7486.93	741.12	0.00	0.00	8228.05	24.32	0.00	134.80	0.30%
2001	135.76	0.00	0.00	7509.72	762.17	0.33	0.00	8272.22	110.74	0.00	966.17	1.34%
2002	144.80	0.00	0.00	12272.76	341.62	0.40	0.00	12614.78	78.42	0.00	794.29	0.62%
2003	76.30	8.07	0.23	9455.58	209.91	32.94	0.00	9698.43	132.33	0.00	1375.23	1.36%
2004	64.33	37.00	2.78	9194.14	365.73	3766.67	0.00	13331.44	108.99	0.00	888.70	0.82%
2005	258.16	112.63	13.66	11257.91	118.08	5788.59	0.00	17183.10	171.53	36.16	1392.25	1.00%
2006	435.99	236.51	45.31	14984.20	174.33	21477.19	0.00	36651.27	217.57	238.52	1322.59	0.59%
2007	353.81	373.44	220.68	17538.55	224.02	20614.89	0.00	38393.00	396.45	3640.39	2913.85	1.03%

1992—2018年揭阳人寿保险业务收支统计表

续表 3-16

单位：万元

年份	险种									保险业务支出		
	简易人身险	短期健康险	意外险	个人营销险种（含长期健康险）	团险	银邮代理	其他险	保费收入	赔付	满期给付	退保	给付率
2008	292.22	615.46	566.22	23454.34	242.09	53093.19	0.00	76804.35	860.08	1349.48	3319.64	1.12%
2009	402.86	1404.80	928.52	31333.80	624.40	50367.03	9036.20	91501.85	2037.59	3344.28	3376.85	2.23%
2010	338.11	2311.62	1456.73	37926.88	721.78	68015.19	11964.70	118797.36	3246.15	5323.04	5232.74	2.73%
2011	332.41	3061.98	1999.56	48100.18	868.04	64778.68	16978.62	131077.63	4240.43	19048.19	8155.45	3.24%
2012	372.15	3499.95	2301.23	60508.83	879.49	65033.15	22990.45	150526.27	6164.01	18776.89	9259.79	4.09%
2013	401.98	3446.03	2951.92	68398.34	1017.55	49594.76	29678.03	150454.37	7472.45	44850.60	18876.93	4.97%
2014	544.28	4260.26	4133.40	80863.69	2360.83	81987.48	36428.23	204510.62	12022.62	23160.05	21142.39	5.88%
2015	410.43	5140.07	5961.47	107174.02	2446.31	126840.64	47735.14	294405.67	21459.93	41479.28	34522.39	7.29%
2016	341.94	7693.70	9673.75	142192.92	5475.16	118599.35	95915.29	378468.58	32424.80	66037.05	59703.25	8.57%
2017	301.77	9567.42	11445.31	143442.09	6026.25	122603.78	80510.12	372851.46	33727.71	43925.21	78260.02	9.05%
2018	894.53	14469.12	13029.90	164697.96	6967.96	136484.85	88633.14	420903.96	41097.83	27946.89	67462.39	9.76%
合计	6348.07	56238.08	54730.65	1004155.29	31503.77	951165.03	439867.66	2504057.43	165979.02	299156.03	318794.10	6.63%

第三节 理 赔

1992 年以来，揭阳市保险业在防灾理赔，补偿受灾企业、受灾群众经济损失，安定人民生活、稳定社会秩序和帮助群众摆脱困境，及时恢复灾后生产，重建家园和善后处理等方面发挥了积极作用。

1991—1992 年，全市累计办理各种保险赔付案件 5.4 万宗，遭受自然灾害、意外事故的保户提供经济补偿 8079.80 万元。

2001 年 4 月，中国人寿保险普宁市支公司赔付一宗全市有史以来最大的个人寿险赔案：被保险人陈某患脑瘤医治无效，公司赔付基本保额 20 万加上三年递增保额 3 万元、共 23 万元的保险赔付。

2011 年 8 月 5 日，投保人揭阳市景洲电器有限公司经营地工人文化宫发生火灾，过火面积约 3900 平方米，无人伤亡。灾后，景洲电器与太平洋财险揭阳中支共同委托泛华公估有限公司进行公估。太平洋财险揭阳中支根据泛华公估公司 2012 年 5 月 10 日出具的公估报告书，共支付赔付 908.46 万元。

2013 年 8 月至 9 月，全市遭受强台风“尤特”强降水影响和“天兔”的正面袭击，造成重大损失。人保财险揭阳市分公司派出 30 个工作组，出动现场查勘 4550 余人次，处理报损案件 1908 宗，总共赔付约 1.43 亿元。普宁市和揭西县多个乡镇出现不同程度的灾情，揭西县种植大户刘某贵种植水稻受损严重，中华联合财险揭阳中支接到报案后第一时间赶赴现场查勘定损，9 月赔付 20 万元到户，是揭阳市第一笔政策性水稻种植保险赔付。普宁市佰强绣纺织印染有限公司 6 月在人保财险揭阳市分公司投保企业财产综合保险，保险标的为厂房、设备及流动资产等，本次台风造成洪水致使普宁市佰强绣纺织印染有限公司固定资产、流动资产受水浸泡而遭受损失 1968 万元，人保财险揭阳市分公司迅速进行赔付。

是年，人保财险揭阳市分公司在水路货物运输险项下承保一批钢材的水路货物运输险，被保险人邱某承运该批钢材的船舶“双宁 577”轮于 2013 年 9 月由揭阳驶往海南海口秀英港附近时，与集装箱船“飞翔 1 号”轮发生碰撞，“双宁 577”轮沉没，同时造成标的货物随船沉没，案件共赔付 532 万元。9 月 22 日，揭阳市泰丰贸易有限公司发生台风事故，造成该公司硫化橡等物受损严重，接到报案后，人寿财产揭阳中支立即派员前往现场进行查勘。根据保险公司最终核定，赔付人民币 135.54 万元，12 月 10 日结案。2013 年 8 月 18 日，揭阳市泰丰贸易有限公司发生暴雨事故，造成该公司仓库内的设备、物品等受损，接到报案后，人寿财险揭阳中支立即派员前往现场进行查勘。根据保险公司最终核定，赔付人民币 415.27 万元（包含公估费 1.50 万元），11 月 5 日结案。

是年，在揭阳市金融局的牵头下，一次性对 10 家企业预付 1150 万元赔付；以超常规的手段处理受浸车辆，实行“一张纸”赔付，对受浸严重的车辆按推定全损，二次水灾受浸车辆 1154 宗，赔付 1513 万元。对农房赔付，本着特事特办的原则，处理受损农房，二次水灾共赔付受损农房 2784 间，赔付金额 418.90 万元。

2014 年 3 月 1 日，揭阳市增德五金塑胶制品有限公司在太平洋产险揭阳中支投保财产综合险。9 月 30 日，揭阳市增德五金塑胶制品有限公司发生火灾，导致两间约 5000 平方米的仓库及仓库内的大量原材料、成品、半成品受损，接到报案后，太平洋产险揭阳中支查勘员立即赶赴现场进行查勘。根据公估公司出具的事故方案，分别在 2015 年 2 月 15 日和 6 月 29 日赔付 150 万元、693.80 万元，共赔付 843.80 万元。

3月20日，揭阳市百事佳鞋业有限公司在太平洋产险揭阳中支投保。6月7日，揭阳市百事佳鞋业有限公司厂房发生火灾，该公司生产的车间、设备、流动资产等受到严重烧毁。接到报案后，太平洋产险揭阳中支查勘员立即前往现场进行查勘。过火面积约3000平方米，无人员伤亡。根据泛华公估有限公司广州分公司的公估报告，太平洋财险揭阳中支共支付赔付786万元。

8月12日，揭西县河婆裕峰塑料制品厂在人寿财产揭阳中支投保财产基本保险。12月9日，发生火灾事故，造成该厂房、仓库和办公楼，机器设备电路部分烧毁，接到报案后，人寿财产揭阳中支立即派员前往现场进行查勘。根据保险公司最终核定，赔付人民币187.42万元（包含公估费74285元），2015年4月28日结案。

是年，全市因保险责任范围内事故造成伤亡案例共11起，造成13死2重伤。

2016年1月，揭阳市出现强冷空气和持续降雨天气，多地农作物遭受重大损失，特别是受低温影响最大的揭西县。1月26日，人保财险揭阳市分公司接到受灾农户报案后，立即邀请市农业局专家，联合分公司农险部、理赔中心相关人员一同前往受灾蔬菜种植基地进行查勘定损。受灾面积281亩。根据现场查勘结果，共赔付金额8.52万元。同月，揭阳市空港经济区民政局在人保财险揭阳市分公司投保政府民生综合责任保险。

6月10日，揭阳市空港经济区南陇水库发生高考生溺水事故，造成3男1女死亡，事故引起各级政府的高度关注与重视，事故发生后，人保财险揭阳市分公司快速反应、理赔，主动联系揭东区民政局、空港经济区民政局迅速开展理赔工作，向揭阳籍受害者每人赔付5万元。

6月26日，揭阳空港区渔湖镇枋桥经联社刮起一阵龙卷风，造成当地20多户农户房屋严重受损。接到受灾农户报案后，人保财险揭阳市分公司立即与当地政府相关人员、村民代表等一同前往受灾农户住址进行查勘定损，根据现场查勘结果向受灾农户赔付总金额6.25万元。

8月9日，空港经济区4名居民在潮州青岚地质公园因暴雨导致山洪暴发，闪躲不及被山洪冲走遇难。揭阳市空港区民政局向人保财险揭阳市分公司报案，公司及时启动应急程序，向每个遇难者赔付人民币5万元，全案按20万元赔付结案，有效促进社会稳定。

10月21日，受2016年第22号超强台风“海马”的严重影响，全市农作物、农房等遭受严重损失。在此次大灾中，人保财险揭阳市分公司共接到农险报案623宗，其中水稻615宗，蔬菜8宗，共赔付金额633.66万元，其中水稻558.49万元，蔬菜75.17万元。

是年，全市投保的巨灾保险累计赔付1000万元，充分发挥商业保险在应对风险管理、辅助灾后重建等方面的功能作用，这是政府运用保险机制提升突发事件应急管理和抗灾救灾效率的生动体现。

2017年2月，市民陈某外出探亲期间，在居室冲凉因煤气中毒抢救无效身故。意外发生后，家属马上向保险公司报案。平安人寿揭阳中支于接到报案后，迅速调查核实事故经过。2月14日，理赔申请正式提交后，不到3天的时间，平安人寿揭阳中支完成对本案事故的审核，2月17日按照条款约定赔付意外身故保险金，总赔付金额100万元。4月7日普宁市新建业化纤有限公司发生火灾事故，造成该厂的建筑物，机器设备、原材料等严重受损。接到报案后，人寿财产揭阳中支立即派员前往现场进行查勘。根据保险公司最终核定，赔付人民币89万元，2017年4月25日结案。

2018年6月及8月，揭阳市出现暴雨到大暴雨，局部大暴雨，人保财险揭阳市分公司全程密切关注强降雨的影响，跟踪是否触及巨灾保险赔付条件。根据广东省气候中心出具的《广东省巨灾保险强降雨指数计算报告》成灾指数，经核实构成强降雨，属保险责任，为有效落实防灾防损工作，根据合同约定人保财险揭阳分公司快速高效地处理两次赔案，共赔付1000万元。

8月26日至9月2日，揭阳市受暴雨到大暴雨袭击，启动防御暴雨洪水Ⅳ级应急响应。9月7日，人保财险揭阳市分公司向揭阳市财政局支付750万元巨灾指数保险赔付，用于强降雨受灾地区的救灾工作。这是揭阳市投保巨灾指数保险以来第2次获巨灾指数保险赔付，也是该分公司履行赔付责任最大的一笔赔付金额。

11月2日，在鼎和财险揭阳中支投保团体意外险的温某，10月27日当天在榕城区东二路家中突发胸闷晕倒，送医院抢救无效死亡，经诊断为心肌梗塞导致猝死。接到报案后，鼎和财险揭阳中支即派员前往被保险人处了解核实事故发生经过，确认死者身份信息及投保情况。在收集齐全索赔资料后于11月21日案件处理完毕，将赔付100万元支付被保险人。

第四节　防灾

保险防灾防损简称为保险防灾，是指保险人与被保险人对所承保的保险标的采取措施，减少或消除风险发生的因素，防止或减少灾害事故所造成的损失，从而降低保险成本，增加经济效益的一种经营活动。

防灾防损，减少社会财富损失是一项社会性活动。作为社会防灾工作的一部分，保险防灾与社会防灾都是处理风险的必要手段；都是为减少损失，达到保护社会已有的财富，保障社会安定的目的。

揭阳市各保险机构将防灾减灾列为一项重要工作，根据上级分公司和有关部门的要求抓落实，及早部署防灾防损工作，应对自然灾害，做好防灾理赔工作。各保险机构密切关注各种灾害性天气可能引发的地质灾害，适时启动突发事件应急预案，防灾理赔工作小组成立，加强组织领导和业内沟通协调、互助协作。各保险机构以“防灾减灾日”主题活动开展为契机，进行防灾防损检查，增强被保险人及保险从业人员灾害防范意识和防灾减灾能力。各保险机构严格执行重大突发事件信息报告制度，及时报送重大灾害损失情况以及保险业抗灾理赔信息，对不按规定报送重大突发事件信息，影响妥善处置重大保险事故，以及侵害被保险人利益、不及时理赔的，从严追究相关人员责任，并启动应急响应机制，密切关注灾害情况。特别是揭阳市常受强台风影响，防台期间各保险机构每日三次动态收集保险报损情况，及时掌握出险情况。

2009年10月1日，新版《中华人民共和国保险法》（简称《保险法》）实施。2010年5月，揭阳市保险行业协会组织各保险公司学习新版《保险法》及相关法律和保监会有关规定，通过媒体、网点或街头设点等方式开展形式多样的宣传活动，让社会公众了解《保险法》规定和防灾减灾知识。在防灾防损管理方面，揭阳市保险业逐步形成一套与当地“三防”（防汛、防旱、防风）指挥部、公安消防、交通警察、安全生产委员会及安全监督局、气象局等部门齐抓共管制度，逐步完善承保企业防灾档案，落实防灾各项责任制，做到未雨绸缪，防患于未然。

2013年，在台风“尤特”来临前，太平洋产险揭阳中支根据灾前预案全司动员，告知客户、上门风勘、协助工作。第一时间告知客户进行风险预防，提醒企业客户对潜在风险进行防范，共同协作、对财产进行防雨防倒塌的工作和及时做好防台各类物资储备和应急调用等各种措施，做到有备无患。某面粉厂事先准备4台抽水机，并把物品垫高，发现险情立即排除。由于准备充分，台风暴雨过后，没有任何损失。

某服装厂当日厂房进水严重，不能外排，因事先做好了准备并及时组织员工进行大搬迁，得以减轻损失。

2015 年 4 月，人保财险揭阳市分公司为应对农业保险重大灾害事故和突发事件的响应机制，规范和指导应急工作，提高公司应对农险重大自然灾害和突发事件的能力，根据保监会《保险业重大突发事件应急处理规定》和总、省公司应急预案的有关规定，成立以公司总经理为主要负责人的领导小组并制定《人保财险揭阳市分公司农业保险大灾应急预案》。从 10 月开始，对全市火灾高风险企业 846 家进行一次为期 3 个月的全面火灾风险排查，全面开展秋冬季火灾隐患排查工作。

是年，揭阳市各保险机构为加强灾害灾情信息体系建设，成立重大灾害应急小组，负责对灾害事故的统筹协议和抢险救灾等工作

2016 年 5 月 12 日，是我国第八个防灾减灾日，揭阳保险业开展防灾减灾工作，充分发挥保险的功能作用。各保险公司提前制定理赔预案，统筹调配资源，做好应对大灾准备。各保险公司重点针对往年因台风、暴雨等气象灾害出险的财产险、工程险客户开展风险排查，提出整改意见，帮助客户排除灾害隐患。同时加强宣传，采取多种形式开展防灾减灾宣传，介绍自救互救应急知识与基本技能，重点宣传交通、火灾、台风、暴雨等事故的应急知识和处置方法，切实帮助广大客户提高防灾减灾能力。

2016 年 6 月 12 日 8 时至 13 日 8 时，惠来县普降大暴雨，局部特大暴雨，受特大暴雨影响，人保财险市分公司承保的水稻严重受灾，截至 14 日，公司共接到水稻保险报案 93 宗，报损面积达 31179.50 亩。为应对此次暴雨影响，人保财险市分公司第一时间启动农业保险大灾应急预案，进行查勘理赔工作。

2016 年 9 月，在预计将受第 14 号强台风“莫兰蒂”的影响，中国财险揭阳市分公司全力以赴开展抗灾防损工作，启动防灾应急预案，设立 2 套预案，成立 5 个应急救灾小组，动员全市系统力量分片区到各单位合作客户及网点部署抗击强台风工作，全力以赴应对此次强台风。

是年，揭阳银监分局部署防灾防损工作，要求辖内各保险公司早计划、早安排、早行动，有效应对自然灾害，做好防灾防损和理赔工作。同时，市保险行业协会向各家保险机构印发进一步做好保险业防灾减灾工作的通知，要求市保险业及早部署防灾减损应急工作，做好风险排查，减少灾害事故损失，发挥保险防灾减损功能作用。

2017 年 8 月 22 日，在台风“天鸽”来临前，人民财险广东省公司防台工作组到揭阳市开展企财险重点企业灾前防损排查工作。同时，人保财险揭阳市分公司紧急召开会议，启动大灾应急预案，布置应对“天鸽”台风的大灾防控工作，共组织 12 个风控排查小组，对全市近百家重点企业、存在台风出险记录客户及黑点区域客户，开展企财险灾前隐患排查，并赠送客户防洪沙袋、帮助客户做好财产转移和防护，最大限度降低损失，充分做好灾前防损工作。

2018 年 8 月 30 日，揭阳市突降暴雨，普宁县域受灾严重，大量车辆被淹，揭阳平安产险立即调派合作单位及救援公司、联合车主服务中心和车行网点等，特设平安救援专用车，齐心协力投入抢险救灾工作。联合合作车行、救援公司等第三方抢救资源，确保台风、暴雨期间公司承保车辆能获得优先施救和维修。同时，人保财险揭阳市分公司做好灾前预警，将灾情及时通过“95518”短信平台，向各县、镇、乡农业保险负责人不间断发送预警短信，通过当地政府机构提醒农户做好相关预防措施，避免财产在灾情发生时受到损失。

第六章　证券业务

第一节　证券市场

证券是多种经济权益凭证的统称，因此广义上的证券市场指的是所有证券发行和交易的场所，狭义上的证券市场是资本证券市场、货币证券市场和商品证券市场。证券市场是股票、债券、商品期货、股票期货、期权、利率期货等证券产品发行和交易的场所，是市场经济发展到一定阶段的产物，是为解决资本供求矛盾和流动性而产生的市场。证券市场以证券发行和交易的方式实现筹资与投资的对接，有效地化解资本的供求矛盾和资本结构调整的难题。在发达的市场经济中，证券市场是完整的市场体系的重要组成部分，它不仅反映和调节货币资金的运动，而且对整个经济的运行具有重要影响。

1990 年 12 月和 1991 年 6 月，上海证券交易所和深圳证券交易所相继成立，中国证券市场正式形成。揭阳市的证券营业机构在揭阳建市之初仅有三家，业务规模较小，经历从简单代理的初级阶段到繁荣发展的过程。

1992 年 12 月 20 日，“广东证券公司揭阳营业处”成立，注册地址为广东省揭阳市天福东一路口。1993 年 1 月 6 日，正式挂牌开业。这是揭阳市最早成立的证券经营机构（后被安信证券有限公司承接，改名为安信证券有限公司揭阳临江北路营业部）。

1993 年 6 月，原交通银行汕头分行流沙办事处证券交易营业部成立，7 月 9 日开业（现为广发证券普宁流沙营业部），也是揭阳地区证券业较早的机构之一。

1993 年 12 月 25 日，“中国工商银行广东省信托投资公司揭阳市办事处证券部”（现为中信建投揭阳营业部）成立，是揭阳证券业中历史较长、业务量较大、有一定影响的证券机构。业务是经营信托存贷款、投资业务、委托存贷款、代理有价证券业务、代理财产保管和处理业务、代理收付业务、金融租赁业务、经济担保和信用签证业务、经济咨询业务、中国人民银行批准的其他金融业务。1995 年的工行广东省信托投资公司证券交易（揭阳）营业部，业务范围增加代理发行各种有价证券、自营和代理证券买卖、代理支付和代收证券的本息红利、证券鉴证、证券保管、证券咨询。

1996 年 9 月 10 日，根据国发〔1995〕11 号文件和人行总行《关于贯彻〈国务院批转中国人民银行关于中国工商银行等四家银行与所属信托投资公司脱钩意见的通知〉的意见》精神，工行揭阳分行决定将所属证券交易（揭阳）营业部转让给华夏证券有限公司，双方签署《中国工商银行揭阳市分行向华夏证券有限公司转让证券营业部的意向书》，营业地址为广东省揭阳市东山区站前路中段揭阳市烟草局烟仓，包括首层、四层（一半）、五层及商住楼六层，合计面积约 2000 平方米，停车场约 1000 平方米。1997 年 1 月，原“中国工商银行广东省信托投资公司揭阳证券交易部”更名为“华夏证券有限公司揭阳证券交易营业部”并正式开业。

2002 年 9 月 6 日，广发证券股份有限公司揭阳揭西证券服务部成立，属于广发证券普宁流沙营业部的下属证券服务部，6 月 19 日，升级为证券营业部，更名为广发证券股份有限公司揭阳揭西证券营业部。

是揭西县唯一一家证券营业部，坐落于广东省揭西县河婆镇霖都大道95号，营业面积1300平方米。

2003—2005年，证券市场连续处于低迷状态，揭阳市没有新增证券营业机构。

2005年11月4日，“广东证券股份有限公司”由中国投资者保护基金托管。12月2日“华夏证券股份有限公司揭阳站前路证券营业部”更名为“中信建投证券有限责任公司揭阳市站前路证券营业部”。

从1992—2005年，揭阳市仅有广东证券、广发证券、华夏证券三家证券公司。

2006年2月，中国银河证券有限责任公司揭阳临江北路证券营业部成立。至此，揭阳证券机构增加至四家，该营业部当年总交易量3.94亿元，2007年飙升至50.93亿元。9月15日，安信证券股份有限公司接收原“广东证券股份有限公司”的证券类资产。

2007年12月20日，关闭“广东证券股份有限公司揭阳市沿江路证券营业部”及“广东证券股份有限公司揭阳营业部惠城镇证券服务部”。

2009年4月3日，“中信建投证券有限责任公司揭阳市站前路证券营业部”更名“中信建投证券有限责任公司揭阳站前路证券营业部”，业务范围不断扩大。中信建投证券是全国性大型综合证券公司，拥有全业务平台，主要提供包括股权融资、债务融资和财务顾问在内的投资银行服务，包括经纪及财务管理、融资融券和回购业务在内的财富管理服务，还包括股票销售及交易、固定收益销售及交易、投资研究、主经纪商和QFII业务在内的交易及机构客户服务。

2011年5月19日，广发证券揭阳环市北路营业部成立。营业部位于广东省揭阳市榕城区东山环市北路宏和大厦第三层A302，营业面积817.01平方米。2014年12月，营业部搬迁至广东省揭阳市榕城区临江北路汇景蓝湾2期40—43号铺，营业面积195.85平方米，同时更名为广发证券股份有限公司揭阳临江北路证券营业部，2015年7月，营业部扩租，营业地址变更为广东省揭阳市榕城区临江北路汇景蓝湾2期38—43号铺，营业面积297.58平方米。

2012年，广发证券股份有限公司设立揭阳地区管理部，普宁流沙营业部作为广发证券揭阳地区管理部所在地，协调管理广发证券普宁流沙、广发证券揭阳揭西、广发证券揭阳临江北路3家营业部，逐步加大在揭阳地区的各项投入，深化与揭阳地区各级政府的实质性合作。广发证券揭阳营业部内部机构主要有运营管理部（包括综合部、财务部、电脑部和机构业务部）、财富管理部（包括客户服务部和营销拓展部）。

至2012年揭阳市共有证券机构8家，分别是中信建投揭阳营业部、安信证券揭阳营业部、广发普宁流沙营业部（含广发证券揭阳地区管理部所在地，协调管理普宁流沙、揭阳揭西、揭阳临江北路三家营业部）、中国银河证券揭阳营业部、东莞证券揭阳分公司、联讯证券揭阳营业部、中泰证券普宁营业部（2015年9月25日，齐鲁证券有限公司正式更名为中泰证券股份有限公司）、国信证券揭东营业部。至2012年年末，揭阳市证券业从业人员351人，证券开户数250201户，证券交易额1496.28亿元，当年实现利润3516.20万元。

随着资本市场的发展，2013—2014年揭阳新增3家证券机构，分别是：中信证券揭阳营业部、海通证券普宁营业部、五矿证券揭阳营业部。这一时期揭阳的证券业机构增多，服务方式和科技应用等方面都有新的发展，证券市场的各项业务交易有较大的发展。其中，中信证券揭阳营业部作为揭阳第一家C型营业部，采用非现场交易方式。

自2013年起，中信证券揭阳营业部为客户提供现场及见证开户的服务，解决客户异地办理开户难的问题，大大拓宽业务范围。

2014 年 4 月起，引进手机开户服务，手机开户流程简单操作方便，适应互联网金融市场发展的需求，提升业务办理效率。

2015 年年末，揭阳市 11 家证券机构从业人员 339 人，证券开户数 474042 户，证券交易额 11769.79 亿元，利润总额 4.47 亿元。

2016 — 2017 年，随着市场的发展，证券机构不断增加，两年时间新增 8 家证券机构，分别是国泰券股揭阳营业部、万联证券普宁营业部、中山证券普宁营业部、东北证券揭阳营业部、世纪证券普宁营业部、华西证券揭阳营业部、中银证券揭东营业部、国元证券揭阳营业部。

2017 年度，揭阳证券营业部在揭阳市区市场占比为 26.25%，排名第一。在揭阳地区的市场占比为 14.51%，排名第二。股票基金交易总量全省排名第 67，佣金收入水平全省排名第 18。

揭阳的证券业和中国资本市场的发展紧密联系，反映资本市场的变化和发展轨迹，为揭阳地方经济的发展做出了自己的贡献。

至 2018 年年末，全市专门从事经营证券业务机构共 19 家，从业人员 484 人，证券开户数 583631 户，股票基金交易额当年累计 4397.22 亿元，实现利润 4426 万元，上缴国家税收 1175.31 万元 。一个覆盖全市的证券交易网络逐步形成，证券交易市场初具规模，业务从内向外扩展，不断发展。

经过 20 多年的发展，从上市公司的数量，融资金额、投资者数量等方面，揭阳的资本市场均已具备相当的规模。对促进企业转制、改善融资结构、加速经济发展等方面正发挥着重要作用。

第二节　证券交易

证券交易是指已发行证券的流通与转让活动，包括股票交易、债券交易、基金和其他证券品种的交易。

1992 年，工行广东省信托投资公司揭阳市代办处开办证券代理业务。证券营业机构开办的业务主要有信托存贷款、投资业务、委托存贷款、投资业务、代理有价证券业务、代理财产保管和处理业务、代理收付业务、金融租赁业务、经济担保和信用签证业务、经济咨询业务、中国人民银行批准的其他金融业务。

1993 年 6 月，交通银行汕头分行流沙办事处证券交易营业部（现为广发证券普宁流沙营业部）与广东国际信托投资公司证券部签订清算协议书，营业部在南方登记公司开立专用证券登记卡，作为营业部所有买卖委托的股票清算账户，成交过户由广东国际信托投资公司证券部登记公司办理。

交易方式在开业初期有柜台交易（由投资者将准备买卖的股票名称、买卖价格、买卖数量填写在委托单上，委托柜台工作人员代为进行交易的方式）、电话委托、小键盘、热自助等多种委托方式。

柜台委托是证券营业部最初始基础的交易委托方式，由人工录入客户交易指令的一种交易委托方式。

广发证券普宁营业部 5 月与蛇口新欣软件产业有限公司签约，引入“证券业自动委托交易系统”项目。广发证券普宁营业部 9 月与普宁市邮电局合作开通证券电话委托业务。

1997 年年底，华夏证券揭阳站前路营业部（中信建投揭阳证券营业部）率先开通可视电话委托。

1998 年，安信证券揭阳营业部扩充升级交易、查询电脑系统，与建行揭阳市分行的储蓄业务通存通兑系统联网，进行业务合作，在保存保证金柜台存取基础上实现柜台现金存取及银行快速自动转账。

当年安信证券股份有限公司揭阳营业部在上海、深圳证券交易所取得独立的无形席位，采用双向卫星接收和传输数据。

1999年初，华夏证券揭阳营业部（中信建投揭阳证券营业部）率先在揭阳地区开通银证转账业务，并把银证转账添加到自助委托中，极大地便利投资者；设立查询电话，专人负责接听，解决投资者疑难问题，同时负责通知投资者配股、新股配售中签等事项。

2000年，全国证券市场行情好转，股市交易活跃，交易额大幅提升，安信证券揭阳营业部再新增3个数字电路端口，四楼增设100台单人单机的单户室，满足广大投资者业务需求，开通网上交易业务，带来大批新客户，年末新增资金账户开户5384户。广发证券普宁营业部全面更换陈旧的电话委托系统，增加委托中继线，推出与建设银行和交通银行合作的“证银通”自助转账业务、网上委托业务。7月，广发证券普宁营业部于开通“网上交易”系统。

2001年，A股行情调整，沪深指数下挫，两市成交萎缩。1月，广发证券普宁营业部上线广发天地网服务项目，促进经纪业务转型。2月19日，中国证监会发布公告，允许境内居民以合法持有的外汇开立B股账户，交易B股股票。辖内三家证券公司营业部向投资者宣传B股和国债业务知识，引导客户顺应市场发展，投资B股和国债。安信证券揭阳营业部率先在业内与中国银行开通B股保证金电话银行转账业务。广发证券普宁流沙营业部根据中国证监会和国家外管局联合发布的《关于证券经营机构从事B股业务若干问题的补充通知》有关规定和《关于同意我司托管营业部开通B股业务的通知》精神，为使普宁市居民和非居民能顺利投资B股，该营业部于2001年2月开通B股交易业务，在普宁市区内有资格办理外汇结算业务的中行普宁支行、建行普宁支行、交通银行普宁支行等开立外汇保证金账号，进行B股投资合作。开通当月，在两市均有B股账户开立，保证金余额港币868.82万元、121.04万美元。6月，华夏证券揭阳营业部（现为中信建投揭阳营业部）与工行揭阳分行合作开办“存折炒股”业务。并在电视上、报纸公告电话和BP机号码，为客户提供预约上门开户服务，当年深B股开户数149户，交易量5613.5万港元，沪B股42户，交易量273.5万美元。4月，广发证券普宁营业部全面开通与市区各银行的“银证通”业务。6月，广发证券普宁营业部开通B股交易保证金的电话转账功能，把B股交易内容融入“银证通”业务中，并与银行合作，为投资者提供证券资金账户上的美元和港币的自由兑换服务。

2002年4月，华夏证券揭阳营业部（中信建投揭阳证券营业部）开通网上交易，当年开通网上交易客户数790户，交易量1.20亿元，占总交易量的4.03%。安信证券揭阳营业部惠来服务部开通2MDDN数字电路网络，升级计算机系统服务器，委托交易和行情揭示效率提高。同时扩大对网上交易宣传力度，每周六、日营业部都组织员工到户外宣传网上交易业务，上门为客户安装软件及排除网络故障；营业厅内设立网上交易现场咨询服务台和交易演示点；大力拓展非现场交易业务。电话委托、网上交易等场外交易额占营业部总量60%以上，其中，网上交易占比达20%以上。

2003年起，证券市场持续处于“熊市”。华夏证券揭阳营业部（中信建投揭阳营业部前身）在《揭阳日报》开办专栏推广新业务——国债逆回购，推广网上交易业务，扩大网上交易客户群体，网上交易占比同比增长2.6倍，交易总量47.84亿元。9月1日，为更好地保护投资者的利益，根据中国人民银行2003年第5号令，要求各家券商必须将客户资金与自有资金进行分户管理，证券交易资金不能进行现金存取。辖区各商业银行原在各证券营业部设立的保证金柜台全部撤销，投资者根据实际需要与各营业部及选择一家商业银行签订“券银通”协议，资金存取方式全部以券银通完成。

2004年，安信证券揭阳营业部在经营极度困难的情况下，未出现客户大规模流失。该部加大对客户服务的研究力度，建立客户服务模型，强化对场外客户服务；营业部网上交易客户大规模增长。在行情极度低迷情况下，2002年到2004年营业部实现新开资金账户1500户，开通网上交易客户达到1万户，实现交易量35.34亿元。根据市场变化推出七种期限分别在2—5年间的记账式国债，交易总量51.58亿元。

2005年，安信证券揭阳营业部在证券市场持续低迷、成交萎缩、市场成交结构不平衡的情况下，在股民中继续拓展网上交易等非现场交易业务，保持平稳发展，实现连年盈利，实现交易量25.49亿元。

2006年，证券市场全面复苏，受证券市场交投活跃的影响，安信证券揭阳营业部交易量大幅增长，实现交易量69.55亿元，较2005年同期增长173%。12月2日“华夏证券股份有限公司揭阳站前路证券营业部”更名为“中信建投证券有限责任公司揭阳市站前路证券营业部”。

是年，中国银河证券揭阳营业部设立，定位为一家新型营业部，其总体设想是改变传统的经营模式，大幅减少营业面积和前期投入，以场外交易为主，特别是为网上交易的客户提供创新的服务模式，通过采用互联网营业部的模式，完成客户交易（场内）、电话委托以及内部业务（柜台业务，公司内部网等）的连接，成为揭阳地区首家非传统类型的券商营业部。营业部除提供现场服务外，通过QQ、MSN等大众化的软件，为客户远程维护、安装设备和银河证券网上交易软件，使客户能得到更及时、高效的服务，比原始的上门服务方式更为省时、省力。开业第一年资产总额4130万元，证券交易额累计3.94亿元，手续费及佣金收入累计80万元。

2007年，由于经济增长和人民币持续升值等原因，股市迅速升温，居民证券投资者热情高涨，踊跃入市，投资者开户出现排队现象。揭阳四家证券公司营业部的经营步入良性轨道，四家公司抓住机遇，开通银行第三方资金存管业务，审时度势，全面提升服务质量，以全员营销促进发展，股市交易量大幅增加。年初，安信证券揭阳营业部交易服务器全面升级，电话委托线路增加至270条，场内更换为全新工作站，开通100M光纤网上行情交易站点，全年成交量391.33亿元，较2006年同期增长462.66%。

2008年，受全球金融危机和国家宏观调控等多种因素影响，证券市场由“牛市”转入“熊市”，股市行情低迷。全市证券交易量相应萎缩，交易量大幅回落。安信证券揭阳营业部当年仅实现成交量202.89亿元。中信建投揭阳营业部当年证券交易量仅347.60亿元，广发证券证券交易量337.07亿元，三家证券公司营业部的成交量均为2007年的一半。

2009年，受国家经济企稳回升和资金面的推动，深、沪股指呈震荡上扬走势，证券市场交易活跃。中信建投证券揭阳营业部开展IB业务。不定期举办期货投资交流会，投资者反响较好。安信证券揭阳营业部二级交换机升级，行情交易升级为多服务并行服务，保证行情交易不间断，全年实现交易量506.19亿元，年末客户资产32.09亿元，客户数3.15万户。

2010年，安信证券揭阳营业部升级服务器和服务器操作系统，实现交易量504.97亿元，营业收入5572.34万元，利润3946.76万元，期末客户数3.55万户，资产36.17亿元。中信建投揭阳黄岐山大道证券营业部为打造“找好投顾，到中信建投”品牌，加强投顾人员配置，组建投顾小组，为符合条件的客户发送资讯产品《午间荐股》，通过统计《午间荐股》可带来日均270多万元的成交量。当年开通股指期货户35户，商品期货户100户，期货总成交量1284亿元。

2011年，中信建投揭阳营业部开办融资融券业务，累计受理257名客户的征信申请，其中已开通信用账户255户。在开通信用账户的客户中，交易的客户有92名，占36.1%；总授信额度达到3.77亿元。

2012年，中信建投揭阳营业部针对不同的客户群体，举办四次较为大型的投资者教育专题讲座。

借助债券发展平台，以政府大力推动发行企业债为契机，与揭阳市金融局、揭阳市重点扶持的企业联系洽谈，拜访当地重点扶持企业并介绍企业债相关信息，与当地的一家企业达成营业部首单大宗交易业务。中国银河证券股份有限公司经中国证监会和上海交易所批准，推出为证券投资者量身定做的债券质押式报价回购创新产品“天天利”，这款产品是为证券投资者量身定做的现金管理工具，可提高投资者闲置资金利用效率，提高投资收益。是年，银河证券以足额债券为质押物，与银河证券指定交易客户之间的特定债券质押式回购交易。客户融出资金，到期收回本金和利息。产品特点突出，足额债券质押，资金安全保障充分，收益率相比短期理财工具具有竞争力，直接在证券保证金账户买卖，到期资金 T+0 可用、T+1 可取，全部品种可自动续作，7 天期及以上可提前购回，交易时间延长至 15：10，所有交易暂不收取任何费用，收益更显优势，单笔交易最低限额仅人民币 1000 元。

2013 年，中国银河证券推出“深圳质押式报价回购交易”业务“金自来”，该产品是指银河证券以分级基金 A 和基金专户份额等符合条件的自有资产为质押物，以质押式报价回购交易的形式，向符合条件的公司客户提供期限为 1—365 天的固定收益类产品。投资范围包括已上市分级基金 A 份额、基金专户份额，其中基金专户份额投资范围包括利率类固定收益类产品、AA 级（含）以上信用类固定收益类产品、货币市场基金、银行存款等。质押物品种包括上市分级基金 A 份额、基金专户份额、交易所债券等。

是年，中信建投揭阳营业部 IB 业务推出黄金白银夜盘交易、公司推广“真金白银体验季”活动的契机，通过与银行纸黄金、上海黄金交易所、天津贵金属交易所等金银交易品种的对比，突出优势，使得全年 IB 业务开户数达到 83 户，其中股指期货客户 19 户。当年共开通信用账户 1021 户，融资融券已获批可使用的授信额度为 13.37 亿元。现金宝业务年度开户数 634 户。年度开展持有期收益业务 13 笔，分别是 1 个月、2 个月、3 个月、6 个月以及一年期产品。

是年，国信证券揭东营业部开展期货 IB 业务，至 2014 年在揭阳地区大力推出期货程序自动化交易模式，使揭阳当地期货投资者对期货业务的认知水平以及投资理念意识，得到大幅的提高。同时，大力推广金属、螺纹钢等套期保值理念，为当地现货商的交易方式提供货物保值的经商理念。中信建投揭阳营业部共开通信用账户 1021 户，融资融券已获批可使用的授信额度为 13.37 亿元。现金宝业务年度开户数 634 户。年度开展持有期收益业务 13 笔，分别是 1 个月、2 个月、3 个月、6 个月以及一年期产品。

2014 年 5 月，联讯证券揭阳营业部承揽首单股权质押业务，引进资产市值近 10 亿元，股票质押融资 4500 万元（三年），完成一笔 1 亿元财务顾问业务，共创利 650 万元，在拓展业务范围、实施业务转型方面取得重大进展；9 月，联讯证券股份有限公司获准开展股票质押式回购交易业务。

是年，国信证券引进 TradeStation 平台，该平台是在美国风靡三十余年，专注服务活跃交易客户的专业交易平台，支持股票、融资融券、股指期货、商品期货和期权交易。国信证券揭阳营业部运用此软件为广大投资者提供更加优选的交易软件平台。中信建投揭阳营业部当年新增客户 1132 户；融资融券已获批可使用的授信额度为 36.11 亿元。利用公司开展“三箭齐发”活动平台，大力新增“两融”客户。IB 业务当年开户 91 户，其中股指期货客户 21 户。中国银河证券推出两款创新产品“鑫新雨”和“鑫易雨”，这是券商首次正式推出第四类的类贷款产品。手中持有股票市值却缺乏现金打新的投资者，可通过该公司“鑫新雨”产品，将股票进行质押，获取资金用于打新。“鑫易雨”则是针对小额标准化股票质押回购业务，客户开通此项业务后，可以手中持有的流通标的证券向该公司质押并融入资金，资金可用于参与市场交易。8 月 27 日，由广发证券股份有限公司主承销的揭阳首期城投债“14 揭城投债”成功发行，利率为6.55%，期限长达7年，募集资金16亿元。“14揭城投债”是揭阳市首次发行地方债，揭阳借此亮相中国资本市场，开启债权融资新篇章，丰富融资渠道。

2015年，安信证券揭阳营业部开展融资融券业务，将“两融”业务作为该营业部的常规业务。受益于上半年的行情推动，4月、5月份该营业部迎来两融客户的开户潮，但7月和9月的股灾让客户损失惨重。为有效保障客户权益，该部将工作重点转移到做好客户的支持和服务工作。包括日常的业务办理、合约到期、展期通知、维保比例监控等。投顾业务方面，安信证券揭阳营业部投顾中心响应总部号召，抽调员工参与每天的手机开户视频见证，当年上半年该部的投顾业务迎来开户潮。同时，该部加速个股期权业务推广，期权业务顺利上线，2015年期权总开户数71户；该部还推广“港股通”业务，确保客户在第一时间参与到“港股通”业务中。此外，安信证券揭阳营业部还加快新三板业务发展，迎合新三板市场的快速发展。

2016年，中信建投揭阳营业部继续发挥营业部的双融业务优势，坚持持续性、长效性挖掘存量客户，期货业务方面，把握商品期货年内两次大幅波动契机，加大宣传力度和推广力度，引导老客户介绍新客户推广IB业务，取得成效。

2017年，中信建投揭阳营业部扬长避短，利用震荡行情开展双融业务，资产转换率为57.71%，当年双鑫业务签约总数2510户。

2018年，中信证券揭阳营业部推出“信E投”手机交易平台，该平台集行情、交易、理财、账户查询、交易权限开通申请、资料更新等多项功能为一体，解决交易软件交由第三方公司管理的不便，优化系统功能，提升客户服务体验。是年，国泰君安证券揭阳营业部在期权业务取得长足进步。在市场行情低迷、股票亏损较大、资产缩水严重、交易量萎缩、佣金水平快速下降的环境中，成功获得上交所期权策略顾问（高级）这一含金量极高的证书，并通过期权沙龙、期权模拟交易等方式，全面推进期权业务发展，实现逆势的交易和创收高速增长。是年，开通期权账户84户，创收151.39万元，实现逆势的交易和创收高速增长，为完成打造零售品牌，驱动未来的布局，该部建立有层次、标准化的零售客户服务体系——依托“科技＋服务”、通过“产品＋研究”提高客户规模，以智能科技体验、综合的集团金融服务、健全的金融产品供应、专属的研究咨询支撑，实现财富管理转型。

7月，国元证券揭阳营业部开展投资组合产品线上推广，投资者可通过国元点金APP投资组合栏目、微信服务号投顾平台以及官网投资组合页面，订阅线上投资组合产品，线上投资组合产品是由国元证券总部及各营业部资深投资顾问通过模拟交易系统创建的A股组合，成功订阅后即可查看模拟组合持仓详情、调仓记录以及操盘心得等。9月对办公系统CRM系统进行升级，新建客户评价管理模块，对客户的交易行为数据进行聚类分析，针对客户进行用户画像、适当性营销、运营优化和流水预警，加强与客户全生命周期的互动，为适当的客户提供合适的产品和服务。2018年年底，国元证券揭阳营业部启动“一柜通”完成一期全部经纪业务的上线，实现以业务流程为驱动的智能化模式，覆盖普通经纪业务、融资融券、股票期权、OTC、资产管理等多业务全景，实现柜员“一套终端、一个账号、一次登录”便捷式操作方式，完成异构系统无缝对接，通过信息系统传输压力测试，打造“通柜”和“前端分散受理，后端集中审核”功能。

第三节　上市公司

至2018年，全市共有上市公司7家，其中主板3家，中小企业板4家。其中，揭东区2家，分别为广东榕泰实业股份有限公司和广东巨轮模具股份有限公司；普宁市5家，分别为康美药业股份有限公司、广东雷伊（集团）股份有限公司、广东佳隆食品股份有限公司、广东高乐玩具股份有限公司和广东柏堡龙股份有限公司。榕城区、揭西县、惠来县、空港经济区、揭阳产业园、普侨区、大南山侨区、大南海石化工业区辖内均没有上市公司。

一、广东榕泰实业股份有限公司

公司简称：广东榕泰。所在辖区：揭东区。

1997年12月，广东榕泰实业股份有限公司成立，注册资本7.05亿元，主营业务为生产销售ML复合新材料、甲醛等化工材料及其制品。广东榕泰实业股份有限公司2001年6月在上海主板上市，股票代码：600589。企业生产销售收入及税收连续多年稳步增长。根据公司的发展战略，公司将会在未来2不安至3年内分步剥离较为低效的资产，并加快向互联网行业的转型步伐，未来几年将会较快发展。

增资扩股及创新项目方面。公司于2016年斥资12亿人民币对经营IDC业务的北京森华易腾通信技术有限公司实施收购，由新材料生产销售企业拓展至IDC行业服务领域，公司的发展战略也逐渐调整为“新材料+互联网”双主营业务。公司在传统氨基复合材料的基础上，着力开发环保型新材料，构筑友好环境，公司科研人员研究开发的“注塑型氨基复合材料”目前正进入产业化阶段，该项目的产业化，将进一步完善、优化公司的产业结构，巩固公司在国内外新材料行业的龙头地位，并为公司贡献新的利润增长点。

二、巨轮智能装备股份有限公司

公司简称：巨轮智能。所在辖区：揭东区。

2001年12月，巨轮智能装备股份有限公司成立，注册资本21.99亿元，主营业务为制造销售汽车子午线轮胎活络模具、轮胎二半模具及轮胎成型设备等。巨轮智能装备股份有限公司2004年8月在深圳中小板上市，股票代码：002031。公司系国家技术创新示范企业、国家重点高新技术企业、国家工业信息化“两化融合”标杆企业、广东省十五家机器人骨干企业之一、广东省装备制造业50强；公司历练20多年，现已跻身行业翘楚，成为国际高端装备知名企业，公司从产品投资到产业投资再到战略投资，形成“三个五”的国际化经营格局，即拥有五大业态，分别是子午线轮胎模具、高精度液压硫化机、五轴数控机床、工业机器人、泛金融；境外在美国、德国、以色列、比利时、印度收并购企业设立子公司；在北京、广州、成都、青岛、常州设立研发生产基地。该公司位于广东省揭阳市总部基地，占地面积约80万平方米，员工近3000人，专职从事研发的人员约占公司职工总数的30%，资产总额超80亿元，公司始终坚持以建设质量品牌为引领，产品畅销全国并远销美国、欧盟、日本、印度、东南亚、南美等国家与地区，国内外市场营收连年占据业界市场制高点，2017年实现销售收入53.60亿元人民币。

增资扩股及创新项目情况。2014年经中国证券监督管理委员会《关于核准巨轮股份有限公司非公开发行股票的批复》，公司于2014年11月4日通过向特定对象非公开发行人民币普通股92165898股，发行价格为每股人民币10.85元，募集资金合计10.00亿元，承诺用于高端智能精密装备研究开发中心技术改造项目（投资总额1.50亿元）、工业机器人及智能化生产线成套装备产业化技改项目（投资总额4.50亿元）、高精密铝合金子午线轮胎模具扩产技术改造项目（投资总额3.00亿元）、增持德国欧吉索机床有限公司股权项目（投资总额7946万元）的投资。

三、康美药业股份有限公司

公司简称：ST康美、康美药业。所在辖区：普宁市。

1997年6月，康美药业股份有限公司成立，注册资本49.74亿元，主营业务为中药饮片、药品医疗器械等医药产品的生产、经营、批发销售以及中药材贸易业务等。康美药业股份有限公司2001年3月在上海股票交易所上市，股票代码：600518。近年来，公司围绕“守正出奇、同心致远”的总体目标，坚持中医药产业规范发展，同心协力以核心价值体系推动品牌升级，对标健康服务业“国六条”，实现与国家健康服务业发展要求的“高度契合”，持续紧抱“健康中国”“数字中国”战略及“一带一路”倡议，深耕大健康产业，整合资源、布局全国，打造新业态、构建新模式。公司强化完善“智慧+”大健康医疗体系，以智慧药房精准服务体系为抓手，将服务延伸终端市场，智慧药房项目合作医院和日处方量进一步增加；公司充分利用药品一致性评价、两票制等一系列政策带来的市场机会，以投资、并购等多种方式整合优质资源，收购包头市华盈医疗器械有限公司等医疗器械公司，依托其医院终端资源构建公司区域性医疗器械销售平台；公司继续深化公立医院改革的参与度，发挥多方优势，促成双赢合作，打造医疗产业合作新业态，收购开原市中心医院、通城县人民医院等补充公司医疗资源，抢占医疗终端市场。公司打造智慧供应链服务体系，构建供应链一体化数据模型，整合融通产业链上中下游资源，全面强化产业竞争优势。2017年前三季度，公司累计实现营业收入195.15亿元，同比增长18.59%；净利润31.51亿元，同比增长21.58%。

创新项目情况如下：

智慧药房项目。智慧药房作为康美药业首创的就医用药新模式，继2015年被认定为“国家中医药管理局信息化医疗服务平台试点单位”，2016年被认定为“‘互联网+’中药药事服务标准化研究项目试点单位”后，2017年12月8日得到国家主管部门认可，被写入国家中医药管理局相关文件在全国推广应用，并作为行业标准在深圳市获得发布；2018年1月获国家中医药管理局批准设立“互联网+”中医药健康服务（智慧药房）标准化研究基地。智慧药房已在广州、深圳、北京、成都、昆明、普宁等地全面推进落地，与国内260多家医疗机构签约，日处方量最高达2.6万张，累计处理处方达380万张，服务门诊医生2.5万余人，服务患者约135万人，让百姓轻松就完成诊疗、服务和配送等传统繁杂的就诊取药流程，为百姓提供更加安全便捷的健康服务与体验。2017年11月，揭阳普宁首家，同时也是广东省第三个城市中央药房——康美智慧药房（普宁）进行试运行，并于12月29日正式启动，其将为粤东地区的揭阳、汕头等城市群，超过1500万人提供优质、便捷、安全的中医药事服务。

医药物流延伸项目。为推动医药供应链服务创新，康美药业持续拓展医院供应链延伸服务，与多地政府展开医药物流延伸战略合作，为普宁市等全国各地医疗机构提供供应链管理、物流管理、药房自动化管理等服务。未来，康美药业也将全面整合中医药全产业链优势资源，积极探索康美特色智慧供应链体系创新，建立健全供应链一体化管理平台，着力提升医药物流服务体系与运营效率，为推进供给侧结构性改革做出更好更大贡献。

中医药产业精准扶贫项目。康美药业在甘肃、云南、贵州、广东等传统道地药材主要产区开展中药材种植扶贫项目，打造中医药产业扶贫新“样本”；康美药业创新“精准扶贫”项目“青禾行动”陆续在黑龙江、内蒙古、山东等7个省市举办，为当地的贫困学生送去康美关怀。创新中医药产业精准扶贫机制，建立规范化道地药材良种繁育、种苗培育基地，由一次性输血变为持续性产业自我造血，持续推进中医药产业扶贫项目在各地的落地见效，也是当年康美药业的重点实施项目之一。

健康医养闭环项目。康美药业以“健康中国”为发展契机，以“智慧+”服务体系为载体，积极打造“候鸟式”的健康医养闭环业态。控股股东康美实业提出的“健康小镇”模式从结构优化的角度创新发展我国医药健康产业，得到多地政府认可，康美也将紧锣密鼓地推进全国多地“健康小镇”项目，致力于形成真正意义上可流通的健康医养闭环业态，让群众可以根据自身需求自由选择养生模式，实实在在享受国家医改带来的红利。

普宁市跨境电商公共平台监管场所项目。普宁市跨境电子商务的发展，是进一步推动普宁市对外开放和产业转型升级的有效举措，根据普宁市人民政府在2017年9月转发的《汕头海关办公室关于支持普宁跨境电商公共平台监管场所变更地址的函》及相关工作安排，提出由康美药业负责普宁市跨境电商公共平台监管场所项目的筹建及整体运营管理。

四、广东舜喆（集团）股份有限公司

公司简称：*ST舜喆B。所在辖区：普宁市。

1997年11月，广东舜喆（集团）股份有限公司［原名广东雷伊（集团）股份有限公司］成立，注册资本49.74亿元，主营业务为黄金珠宝销售。2000年10月，在深圳B股上市，股票代码：200168。

五、广东佳隆食品股份有限公司

公司简称：佳隆、佳隆股份。所在辖区：普宁市。

2002年5月，广东佳隆食品股份有限公司成立，注册资本3.18亿元，主要生产和销售鸡精、鸡粉、鸡汁、玉米粳、EAS芥辣、吉士粉、番茄酱等产品，是一家集食品科研、生产与销售为一体化的民营股份制企业。广东佳隆食品股份有限公司2010年11月，在深圳中小板上市，股票代码：002495。公司产品符合（SB.T 10415—2007《鸡粉调味料》）、鸡汁（SB.T 10458—2008《鸡汁调味料》）行业标准。“佳隆及图”商标为中国驰名商标。公司先后被评为中国调味品企业50强单位、中国鸡精行业10强单位、食品安全示范单位、广东省高新技术企业、广东省重点企业直通车服务企业、农业产业化国家重点龙头企业等称号。“一步法风味鸡粉生产关键技术及产业化”获得广东科学技术进步奖三等奖。

增资扩股情况。随着市场的竞争，公司不断开发新产品，以适应消费者对调味料产品多元化的需求。2017年度该公司围绕自身的核心技术共开发新产品14项。

六、广东高乐玩具股份有限公司

公司简称：高乐股份。所在辖区：普宁市。

1989年10月，广东高乐玩具股份有限公司（前身系普宁市振兴制造厂有限公司）成立，注册资本7889万元，2005年12月更名为广东高乐玩具股份有限公司，主营业务为玩具的研发、生产和销售，主

要产品包括电动火车、线控仿真飞机、机器人、电动车、女仔玩具及磁性学习写字板等，产品规格品种达1000余种。广东高乐玩具股份有限公司2010年2月在深圳中小板上市，股票代码：002348，成为国内少数的玩具行业上市公司。公司已发展为我国玩具行业中拥有自主品牌、研发能力强、销售网络广泛、生产技术处于行业领先地位的企业之一，是国内电子电动塑胶玩具的龙头企业，国内最大的电动火车、线控仿真飞机、磁性学习写字板、机器人玩具出口企业。另外，公司是玩具业和互联网教育双轮驱动的业务模式，在强化玩具制造、研发创新的同时，集中资源大力发展互联网教育业务。通过投资、并购等多种手段，进一步选择符合公司长期发展战略的教育相关领域资产，快速实现公司教育产业的战略布局，打造高乐互联网教育品牌，实现“玩具业 + 互联网教育”双主业发展的模式。公司2016年实施权益分派，以2015年年底的总股本47360万股为基准，每10股转增9股，送1股，公司总股本为9.47亿元，总资产18.28亿元。

项目创新方面。在玩具业务方面，公司是国家级高新技术企业，拥有专门的研发中心“广东省电子玩具及模具工程技术研究开发中心”以及国际化专业研发团队。在多年的生产研发过程中，公司不断进行技术开发和积累，在产品外观设计、结构设计、功能设计、加工工艺等方面拥有大量的专利与非专利技术。截至2017年年底，公司共有授权专利122项，其中发明2项，实用新型49项，外观59项，软件著作权12项。2017年公司投资兴建的“电子电动玩具生产建设项目”正式建成投产，公司整体生产能力及技术创新能力在行业内继续保持领先地位。在互联网教育方面，目前高乐教育板块已积累和掌握云计算、大数据、智能硬件、流媒体等“互联网 + 教育”核心技术与资源，具备较强的教育服务资源整合能力，以及极具竞争力的本地化服务支撑能力。

七、广东柏堡龙股份有限公司

公司简称：柏堡龙。所在辖区：普宁市。

2006年11月，广东柏堡龙股份有限公司成立，注册资本2.40亿元，主营业务为专注于服装设计，同时根据客户要求对公司设计款式提供配套组织生产服务。广东柏堡龙股份有限公司2015年6月在深圳中小板上市，股票代码：002776。公司通过为客户提供面料研发、组织生产、质量控制等一站式服务的独特经营模式，成功转型升级，发展成为国内唯一一家以服装设计为主的上市集团企业，集团下设有子、分公司3家，拥有员工上千人。

增资扩股及创新项目情况。2016年公司定向增发募集资金9.88亿元，打造全球时尚设计生态圈，整合全球设计师、买手、面辅料供应商、生产企业等各方参与者，将创意服务转化为时尚产品，并通过O2O设计师品牌销售平台进行销售，收益由平台、设计师、买手、厂商等共同分享。

第四篇 综 合

第一章 金融队伍建设

第一节 从业人员

一、人行揭阳市中心支行

1986—1990年，人行揭阳分行人员管理实行“计划控制”制度。逐年接收部分复员转业军人，录取部分大、中专毕业生。

1992—1995年，除逐年接收大中专毕业生、复转军人、调进人员外，还为解决人行干部职工子女就业招收少量合同制工人。1992年，人行揭阳分行系统有干部职工248人，其中分行机关94人，各县支行154人。1993年，全辖在职员工284人；1994年，全辖在职员工316人。1995年，随省人行机构编制调整，按照大、中、小规模标准定编，揭阳分行划定为中等行。至12月，全辖在职员工322人。1996年，撤销市政府农村金融体制改革办公室，其人员、业务并入人行揭阳分行。至12月，全辖在职员工329人。1997年，改革人事制度，推行行员制度，开始实施银行干部职工向行员过渡工作。至12月，全辖在职员工352人。1999年，人行揭阳分行改称人行揭阳市中心支行后，增减员指标使用权上收人行总行，停止从社会上招收人员，冻结从人行系统外调入人员。截至12月，全辖在职员工326人。

2000年起，人行广东省分行允许符合条件的干部职工提前退休；2000年5月起，停止办理干部职工提前退休手续。2004年9月又恢复办理，至12月，全辖在职员工319人。其中中支机关142人，揭东县支行27人；揭西县支行50人，普宁市支行54人，惠来县支行46人。2001年，市中心支行机关普通行员通过实行双向选择重新确立部门和岗位，并实行聘用制，聘期2年，截至12月，全辖在职员工319人。其中中支机关149人，揭东县支行27人；揭西县支行47人，普宁市支行52人，惠来县支行44人。与上级核定中支系统人员编制人数333人相比，尚缺编14人。2003年，全辖在职员工310人。其中，中支机关147人，揭东县支行27人，揭西县支行45人，普宁市支行49人，惠来县支行42人。与上级核定中支系统人员编制人数333人相比，尚缺编23人。2004年，全辖在职员工258人。其中，中支机关122人，揭东县支行18人，揭西县支行41人，普宁市支行39人，惠来县支行38人；银监会揭阳银监分局成立，市中心支行系统划转银监部门54人。2006年6月，市中心支行出台《临时工管理暂行规定》，以加强对临时工的管理，保障临时工的合法权益。至12月，全辖在职员工249人，比上年末减少 5 人，同比减少 8.9%。2007 年 12 月，全辖在职员工 247 人，比上年末减少 2 人，同比减少 0.8%。

2008 年起，逐步实施劳务派遣工制度。截至 12 月，全辖在职员工 244 人，比上年末减少 3 人，同比减少 1.2%。2009 年 12 月，全辖在职员工 242 人，比上年末减少 2 人，同比减少 0.82%。

2010 年 12 月，全辖在职员工 242 人，与上年数持平。2011 年 12 月，全辖在职员工 243 人，比上年数增加 1 人，同比增加 1.9%。2012 年 12 月，全辖在职员工 240 人，比上年末减少 3 人，同比减少 3.7%。2013 年起，人行揭阳市中心支行开始聘用守库押运岗位合同制人员 1 名。截至 2018 年 12 月，全市人行系统在册人员 225 人，比 1997 年减少 127 人，减幅为 56.44%，守库押运岗位合同制人员 18 名。

二、揭阳银监分局

2004 年，揭阳银监分局成立，在职员工 48 人。2005 年，在职员工 51 人。2006 年，在职员工 50 人。2007 年，在职员工 50 人。2008 年，在职员工 53 人。2009 年，在职员工 50 人。2010 年，在职员工 46 人。2011 年，在职员工 47 人。2012 年，在职员工 46 人。2013 年，在职员工 47 人。2014 年，在职员工 47 人。2015 年，在职员工 47 人。2016 年，在职员工 49 人。2017 年，在职员工 48 人。截至 2018 年 12 月，全局在职员工人数 47 人。

三、农发行揭阳市分行

1996 年，农发行揭阳市分行全行在职员工 55 人，其中分行 36 人，惠来县支行 19 人。此后的十几年员工总数基本没有大的变化。2001 年，按上级要求做好定职数、定编制、定岗位的“三定”工作，按省行规定符合条件的员工可内退，并对聘用、调入人员的条件和使用作出规定。2005 年，农发行系统实行全员聘用合同制，完成由身份管理向岗位管理转变，由行政任用关系向平等协商的聘用关系转变。改变用工形式，清理全部临时用工，全面推行社会化用工，工勤和具体操作岗位人员采取劳务派遣工的方式解决。9 月，进行基层营业机构改革调整，将支行划分等级，三年内业务有发展则可保级或升级，相反则降级。同时，压缩人员编制，支行编制定为 9—15 人。2006 年开始，农发行广东省分行通过人力资源公司招聘社会化用工人员再分配到各用人单位。2010 年，推行固定职工和新聘人员聘用合同制度。每年对经总行批准招用的市场化用工人员，符合条件的可转为聘用合同制工人。随着业务的发展，开始招收应届大学毕业生。

截至 2018 年 12 月，全行在职员工 63 人，其中分行 47 人，惠来县支行 16 人；分行领导班子成员 3 人；女性 23 人，男女比例 23 ∶ 42；30 岁以下 16 人，30 岁至 40 岁 12 人，40 岁至 50 岁 16 人，50 岁以上 21 人；本科 41 人，专科及以下 22 人；高级职称 1 人，中级职称 18 人，初级职称 16 人；具有五年及以上金融从业经验 57 人。

四、工行揭阳分行

1992 年，工行揭阳分行在劳动指标允许范围内，从现有业务岗位上的临时工中招转全民合同制工人，以逐渐解决临时工混岗问题。全行在职员工 771 人。1995 年，从业人员达到最高峰，全行在职员工 872 人。1996 年，按照省分行“减人增效”的原则，工行揭阳分行实行精简机构和压缩人员。提出市分行以下实行内部聘任、聘用制，定员择优上岗。鼓励提前退休、离岗退养、劳务输出，推行全员劳动合同制，逐步清退临时工。并规定临时工一律不予转为编制内正式职工或合同制工人。

2001年，根据省工行通知要求，工行揭阳分行采取不续签到期劳动合同的措施，压缩人员。在清理临时工、代办员和分流减员的同时，通过中介聘用柜员合同工，并将原有代办员部分转为短期柜员合同工。柜员合同工签订“担保书”，并一次性向用人单位预交教育培训费。2002年，省行通过资产负债规模，重新核定揭阳工行分支行内设机构和机关人员编制。2003—2004年，进行支行机构“扁平化”改革，全面推行综合柜员制。2011—2015年，工行揭阳分行重点压缩分行机关人数，向基层一线倾斜，截至2018年12月，全行在职员工593人。

五、农行揭阳分行

1996年，农行揭阳分行实行“减员增效”，将全市农行1986年以来使用农村信用社指标吸收的储蓄代办员和其他岗位人员进行清理安排，未经农行招聘录取的储蓄代办员及其他岗位人员全部归还信用社使用。7月，农行系统停止执行可提前退休的有关规定。年底，农信社与农行脱离行政隶属关系。1998年，进行人事制度改革，实行减员增效，重点是对富余的正式职工实行下岗分流和再就业，对编外人员进行清理和调整。1999年，进行分支机构“三定”（定机构、定编制、定职能）工作，通过“三定”全面推行劳动合同制和员工持证上岗制度，规定每个员工均应取得本专业岗位资格和一个以上其他专业岗位上岗资格，全行员工参加总行组织的上岗资格考试，没有取得上岗资格的，一律作待岗处理。

2000年3月，农行揭阳分行再次对全市计划外用工和临时工进行全面清理和裁减，规定不再招收临时工。2003年起，实行扁平化管理，逐步减少支行内设机构和人员定编，分流富余人员。2006—2009年，农行揭阳分行继续采用规范化、市场化方式分流富余人员。2006年起，在用工形式上，除原有的合同制职工外，还有包括“服务外包”“劳动派遣”“短期合同”“表外用工”等多种用工形式。2010年，新增15人，其中校园招聘14人，跨市调入1人，至12月，全行在职员工965人。

2011年12月，揭阳农行在职员工967人。新增9人，其中校园招聘9人。2012年12月，揭阳农行在职员工969人。新增13人，其中校园招聘9人，社会招聘2人，跨市调入2人。2013年12月，在职员工1000人。新增44人，其中校园招聘42人，社会招聘2人。2014年12月，在职员工1000人。2014年度新增24人，其中校园招聘19人，社会招聘3人，跨市调入2人。2015年12月，全行员工人数1008人，新增34人，其中校园招聘20人，社会招聘5人，跨市调入8人，其他方式1人。2016年12月，全行员工人数989人，新增15人，其中校园招聘13人，跨市调入2人。2017年12月，全行员工人数957人，新增18人，其中校园招聘15人，跨市调入3人。截至2018年12月，全行在职员工人数929人，新增34人，其中校园招聘28人，退役士兵1人，跨市调入5人。

六、中行揭阳分行

1986年，中行揭阳县支行全县职工人数198人。1988年，凡属干部岗位不得使用计划外用工，现有的计划外用工逐步清退。1989年，除利用省行下达的增人指标将一部分计划外用工转为合同制职工外，继续做好计划外用工的清退工作。1990年，对有计划外用工指标的支行，规定必须用新的增人指标将计划外用工吸收为合同工，今后不得再增加计划外用工。

1992年，中行揭阳分行将省中行下达的当年增人指标，主要用于解决部分代办员转正和接收所属学校及在其他院校代培的大中专毕业生。1992—1993年，完成增人指标，主要解决业务发展快，人员配备不足的网点，还吸收一些储蓄代办员充实到基层储蓄网点。1995年，对调入工人一律实行合同制，并签订服务合约。1997年起，中行揭阳分行系统开始实施撤并机构及精简人员。1998年，完成省中行下达减员计划指标 。1999年起，用工制度改革，新招员工逐步使用临时工代替正式职工，以降低成本，提高效益。开展全员签订劳动合同工作，全面实行全员劳动合同制。

2000年，为配合省中行扭亏为盈的发展战略，中行揭阳分行继续实施撤并机构、减员增效等措施，撤并机构后的临时工、代办员一律清退，发给经济补偿金；合同工符合条件的，办理退职、内退等手续，发给经济补偿金。至12月，中行全行人数552人，比1999年的630人减少78人，减幅为12.38%。2002年，中行揭阳分行严格劳动合同续签考核和合同管理，对于年度考核被评为基本称职、不称职的，不再续签劳动合同。2003年，根据省行通知，续签合同的拒签率控制在5%~10%范围内。省中行放宽用工形式，中行揭阳分行除使用临时工外，还采用劳务外包、劳务租赁等灵活多样的劳动用工方式。2007年起，中行揭阳分行人员管理由“强令指标型”向“自我约束型”过渡，即在省行每年初核定人员计划数内，新增1个网点配置10—13人，减少1个网点则调减3人编制。2008年起，建立以价值创造为导向、以效率提升为目标的人员配置机制（增员增效机制）。2010年，调整短期合同工、劳务派遣工中选聘正式劳动合同制员工比例。截至2018年12月，全行在职员工总人数549人。

七、建行揭阳市分行

1992年7月，建行揭阳市分行正式成立，所属县支行、营业部、办事处、分理处正式员工编制185人。1994年，根据省建行规定，新增员工主要接收大、中专毕业生。是年起，劳动工资计划逐步过渡到以经济效益为重，实行弹性管理，市分行对一般性操作岗位的缺岗人员，通过招聘合同工的办法解决。规定分支机构不得擅自招工，经济效益不好或连续两年亏损的单位，不得使用临时工。是年，实现职工人数零增长。2000年10月至2001年年底，全行实施劳动合同制工作，对分行机关、市分行营业部、辖属支行内设机构的岗位和干部职数、人员编制进行核定，并建立双向选择的优化组合模式，按岗位、干部职数、员工人数进行竞争上岗，全市680人通过竞争上岗、重新签订劳动合同。2002年，因网点撤并和年龄偏大的56名人员给予办理内退、病退手续。是年7月，规定临时工男年满45周岁，女满40周岁，单位不再续聘。2003年6月1日起，实行人员分流制度，对符合省行规定条件的员工办理提前退休手续，即距国家法定退休年龄5年以内的、因机构撤并且距国家法定退休年龄10年内的、长期患病不能正常工作且距国家法定退休年龄10年内的男女员工。是年，实行员工竞争上岗制度，通过优胜劣汰实现员工上岗就业。对竞争上岗落选及放弃竞争上岗人员，无岗位安排的，按有关人员分流实施规定实行待岗。

2004年，短期合同员工和劳务人员由省分行实行总量控制和审批管理，对违规招录的短期合同员工和劳务人员进行清退。并规定今后业务岗位使用短期劳动合同员工必须招录应届本科毕业生。实施扁平化改革。由“市分行→城区支行、县（市）级支行→基层网点”的三级组织机构模式扁平化为直通模式，即“市分行→网点”模式。同时，建行揭阳市分行统一人力资源管理，包括网点营业机构柜面人员等人员由市分行统一调配。2005年，再次进行人事机构改革，精简部门，设置前、中、后台，对辖属机构和人员重新设置，定编定员定岗，充实前台力量，大幅度减少中后台人员。

2016年，建行揭阳市分行遵照“经营扁平化”“经营专业化”“管理层级化”“保障集约化”的思路，围绕“争先进位”发展要求，着力构建 “二级经营、一级管理、一级保障”经营管理模式和以授权管理为核心的网点经营管理体系。建行揭阳市分行建立以市场为导向的人力资源配置机制。按照“一岗多能”“一人多责”的人员复合使用原则，优化调整机构设置与人员配置，明确市分行和网点两级机构职责定位，促使人才向网点流动。进一步明晰市分行本部部门职责和实现部门人员“满编满员满负荷”，同时强化网点营销队伍力量，优化营销人员结构，实现人力资源利用最大化。截至2018年12月，全行在职员工总数542人，其中，分行180人，网点362人。

八、交通银行揭阳分行

1991年8月，交通银行流沙办事处成立，设立人秘保卫股、计划信贷股、会计出纳股、储蓄股。1992年8月，交通银行汕头分行揭阳办事处正式成立并对外营业，内设立人科部、计划信贷部、会计出纳部（含储蓄业务），开业初期共有员工24人。1994年，交通银行汕头分行惠来办事处成立，设立人秘保卫股、计划信贷股、会计出纳股（包括储蓄业务）。内设机构改称“股”为“科”，人秘保卫股改称为人秘保卫科，其余各股也相应改称谓。调整干部管理权限，各办事处可根据业务发展需要，设置股（组），自行配备股（组）干部，并向分行人教部备案，汕头分行不办理聘用手续。实行聘用制，打破干部与职工的界限。规定重要岗位人员，主管会计、主机操作员、掌管密押员、压数机联行人员、管库人员、出纳主管的变动、换岗、调离须报经分行财会部同意后，由人教部办理调动。实施行员考核评价列等工作，对照总行《新职位说明书》对行员进行评价列等。考核实行首长负责制，分优秀、称职、不称职三个等第。1996年，实施《行员聘用实施细则》（试行）。1997年，实施《交通银行员工岗位职业道德规范》（试行）。揭阳办事处内设机构调整为8个：人秘科、保卫科、业务拓展科、计划信贷科、会计出纳科（含营业厅）、储蓄业务科、普宁支行、惠来办事处。

2000年，实行目标管理责任制。由办事处主任与汕头分行领导签订《目标管理责任书》。实施《综合考核办法（试行）》，分业务发展指标、资产质量指标、效益指标、管理指标、安全营运五项指标进行考核，实行奖扣分制，按季兑现奖罚。2001年，全面实施劳动人事制度改革，实施对干部进行选拔招聘、竞聘考核办法，探索建立“干部能上能下、员工能进能出、分配能多能少”的劳动人事管理模式。2002年，调整内设机构的管理职能，首次实施科级干部职位公开竞聘，由汕头分行委派指导组进行现场督导，组织投票、计票，并现场公布职位竞聘结果。2003年，印发减员增效工作方案，对辖属经营单位机构设置和人员进行定编。核定普宁支行内设机构6个，营业网点6个，人数103人；核定揭阳办事处内设机构5个，营业网点3个，人数52人；核定惠来支行内设机构3个，营业网点1个，人数26人。2004年，交通银行汕头分行揭阳办事处升格为交行揭阳分行，仍隶属汕头分行管理，所属网点一并升格。全行设置有6个业务科和6个经营网点（二级支行），从业人员91人，其中在编人员83人，代办员8人。2005年，根据省行部门设置及部门负责人职务称谓的规定，明确机关职能部门设置，部门负责人称为“经理”。2007年，按照一个城市“分行—支行两级管理”机构管理模式，揭阳支行10个营业网点全部实施扁平化管理。

2011年，交行揭阳分行改称为交通银行揭阳分行，设置7个机关职能部门：办公室、公司业务部、个人金融业务部、授信管理部、风险监控部、财务会计部、监察室。2011年年底，分行人员总量205人（在岗195人），其中，正式员工189人，劳务派遣工6人，内退9人、长病假1人。2013年，开展矩阵式改革，根据总行《交通银行存量省辖分行矩阵式经营管理模式改革推广工作方案》，被省行确定为第一批矩阵式改革推广单位，精简部门设置，设置6个部门，架构设置为：综合管理部、营运管理部、公司业务部、零售业务部、授信与风险管理部、监察保卫部，推动分行适度精简架构、增强营销力量，优化业务流程、提高运作效率，打造“强大前台、高效中台、集约后台”。截至2018年12月，全行在职员工198人（男性127人、女性71人）。

九、邮储行揭阳市分行

邮储行揭阳市分行从2007年的344人增至2018年的497人（不包括储蓄代办员）；由于业务品种的不断更新，由原来的单一存取款和小额贷款到现在的公司业务和小企业贷款，业务规模的不断发展，人员也根据需求相应增加，人员来源由邮储银行广东省行统一安排，主要是通过校园招聘。2008年，全行员工人数347人；2009年，全行员工人数391人；2010年，全行员工人数410人；2011年，全行员工人数442人；2012年，全行员工人数463人；2013年，全行员工人数499人；至2014年，全行员工人数499人；2015年，全行员工人数503人；2016年，全行员工人数503人；2017年，全行员工人数500人；截至2018年12月，全行在职员工人数497人。

十、广发银行揭阳支行

2005年，广发银行揭阳支行全行在职员工63人，此后十几年员工总数基本没有大变化。2012年，新增校招员工2人，异地调入员工3人，至12月，全行在职员工65人。2013年12月，在职员工61人。2014—2016年，在职员工57人。2017年在职员工60人，新增3人，其中异地调入员工2人，校园招聘1人。2018年按照《广发银行分行内设机构及主要职责、岗位编制三定工作方案》，实现职责明晰、流程优化、人员配置与机构运转精干高效的工作目标，支行按规定全面完成定机构、定编制和定人员的“三定”各项工作。截至2018年12月，全行在职员工人数63人。

十一、民生银行揭阳分行

2014年3月27日，民生揭阳分行成立，历年员工人数呈逐年稳定上升的趋势，其中在2016年人员明显增加，人员递增的情况主要是由分行分支机构的设立，需要补充人员完善网点人员配备；人员来源主要是社会招聘及校园招聘中进行筛选录用。2014年，全行员工人数57人。2015年，全行员工人数68人。2016年，全行员工人数79人。2017年，全行员工人数72人。截至2018年12月，全行在职员工人数73人。

十二、南粤银行揭阳分行

2014—2016年随着广东南粤揭阳分行开业到网点拓展，人数逐年增加，新增人员主要来自外部招聘；2014年，全行员工人数57人。2015年，全行员工人数64人。2016年，全行员工人数71人。2017—2018年，总人数回落，主要是随着业务正常运转及工作效率提升而逐渐适度，其间人员替补主要由外部招聘补充。2017年，全行在职员工人数69人。截至2018年12月，全行在职员工人数61人。

十三、汇丰银行揭阳支行

汇丰银行揭阳支行自开行以来，人员较稳定。截至2018年12月，支行全行在职员工9人，与2013年相比较减少3人，主要离职原因为个人原因。招聘渠道以外部社会招聘和内部调转为主。

十四、东亚银行揭阳支行

2013年9月11日，东亚银行揭阳支行成立，有员工11人。截至2018年12月，全行在职员工人数10人。

十五、揭阳农商行

揭阳农商行改制为联社前，主要通过社会招聘、系统内外调动的方式增补员工。

2007年以后，主要通过参加金融学院招聘会、公开招聘应届大学毕业生的方式进一步充实员工队伍，优化全行员工队伍的年龄结构、学历结构和专业结构。2000年以后，新进入人员必须具有中专以上文化程度，年龄在25周岁以下，实行公开考试，考核，择优录用。

2007年，改制为联社后，《揭阳市区农村信用合作联社人力资源管理办法》第一次明确指出，在定编、定岗、定员的基础上，通过离岗退养、依法解除劳动合同等措施加大不适合员工的退出力度，通过公开招聘引进应届大学毕业生和其他高素质人才从而达到优化人力资源结构、员工总量与业务发展相适应、人均效益显著提高的总体目标。改制为农商行以来，共招聘高校毕业生235名，其中硕士研究生以上学历人员15名，211工程院校毕业生34名，专科以上学历人员235名。

2007年，全行员工人数465人。2008年，全行员工人数481人。2009年，全行员工人数461人。2010年，全行员工人数473人。2011年，全行员工人数504人。2012年，全行员工人数518人。2013年，全行员工人数541人。2014年，全行员工人数576人。2015年，全行员工人数604人。2016年，全行员工人数603人。2017年，全行员工人数641人。截至2018年12月，全行员工人数654人。

十六、揭东农商行

揭东县农信社自1996年以来，随着网点专业性及业务多样性的提升，人员数量从1996年的713人逐步增加至2017年的822人。2006年以前，员工主要来源吸收干部子女及其他机构分流，2006年以后，员工主要来自社会毕业生公开招聘。截至2018年12月末，全行员工人数808人。

十七、普宁农商行

普宁农商行从业人员人数，从1996年全行在职员工人数803人，增至2018年12月全行在职员工人数929人。因逐年退休员工岗位空缺的补给工作，以及随着业务的发展、产品的增加以及资产的增加等方面的原因，从业人数需要在兼顾业务发展与人工成本的前提下，做好从业人员数量的把控工作。从1996—2018年期间的从业人员数变化发展，总体呈上升趋势。新员工来源渠道逐渐多元。2004年之前的员工存在直系亲属接班及学校分配的形式。直系亲属接班制是在国家政策允许的前提下采取老员工退休后（或提前退休），其符合条件的直系亲属接班；学校分配的方式是当地市人事局、劳动局按照就业的政策，对专业对口的全日制大专学生采取分配到各金融机构就业的形式。除此之外，还有社会公开招聘的形式。2007年以后，向社会公开招聘（招聘对象为中专对口专业院校和大专及以上院校的全日制毕业生）。最后还有统一校园招聘形式。2011年，按照省联社的统一部署，采取校园招聘的形式，招聘对象为专科院校以上的全日制大学毕业生，2015年开始招聘对象为本科院校以上的全日制大学毕业生。

十八、揭西农商行

揭西农商行从业人员人数从1996年的494人增至2018年12月576人。由于需要做好逐年退休员工岗位空缺的补给工作，以及随着业务的发展、产品的增加以及资产的增加等方面的原因，从业人数需要在兼顾业务发展与人工成本的前提下，做好从业人员数量的把控工作。从1996—2018年期间的从业人员数变化发展来看，总体呈上升趋势。人员来源渠道主要有：2004年之前的员工可以通过直系亲属接班及学校分配。直系亲属接班制是在国家政策允许的前提下采取老员工退休后（或提前退休），其符合条件的直系亲属接班；学校分配的方式是当地县人事局、劳动局按照就业的政策，对专业对口的全日制大专学生采取分配到各金融机构就业的形式。2004年以后，向社会公开招聘（招聘对象为中专对口专业院校及大专院校的全日制毕业生）。2011年，按照省联社的统一部署，采取校园招聘的形式，招聘对象为专科院校以上的全日制大学毕业生。

十九、普宁汇成村镇银行

普宁汇成村镇银行人力资源框架体系以机构设置、职能分工和业务流程为前提和基础，明确各岗位的职责任务、工作目标和标准、任职资格、工作能力要求，严格要求各岗位员工具备专业化技能及任职者胜任工作所需要的潜在心理素质，各岗位人员均具备与履行职责相匹配的专业资格、从业经验、专业技能和个人素质，与机构业务规模、内控和风险管理需要相匹配。成立初期，管理人员均由主发起行揭阳农商行派出业务骨干，对全行各项业务进行指导。自2013年起，通过对外招聘，引进人才，坚持任人唯贤的策略，不仅引进具有丰富银行从业经验、业务本领硬、政治素质好的专业人才，利用好传、帮、带作用，确保经营管理、日常业务发展，更是通过招聘应届毕业生，确保员工队伍的整体素质水平，进一步增加本行的竞争力。截至2018年12月，全行在职员工总人数218人。

二十、惠来联社

惠来联社从2008年开始，从业人员逐年递增，因规模扩大和业务发展需要，向社会公开招聘新员工。2008年，全行员工人数310人。2009年，全行员工人数317人。2010年，全行员工人数328人。2012年，全行员工人数353人。2013年，全行员工人数373人。2014年，全行员工人数383人。2015年，全行员工人数396人。2016年，全行在职员工人数420人。2017年，全行在职员工人数426人。截至2018年12月，全行在职员工人数425人。

第二节　干部管理制度

干部选拔聘用制度是干部人事制度的重要内容，它泛指选拔、录用、任免干部的原则、条件、方式方法及程序等一系列制度。建立竞争择优、能上能下、充满活力的适应现代商业银行经营管理需要的选人用人机制，对推进商业银行干部工作科学化、民主化、制度化，对于形成朝气蓬勃、奋发有为的领导集体，保证改革发展的顺利进行具有重要的意义。

1979 年以前，揭阳县地区金融系统的干部由地方统一领导，统一管理。1980—1987 年，实行金融系统与地方双重领导。1988 年起，随着金融体制改革的不断深入，全县金融机构改条块结合的干部管理制度为自身系统的条条管理，逐步建立一套比较完整的人事干部管理制度。

一、人行揭阳市中心支行

1988 年起，人行揭阳县支行内部机构设置、编制定员的管理，实行“总行统一领导，分级、分口管理和审批”的原则，即市分行正行级干部由省分行任免并报人行总行备案。副行级、科级、县支行正行级由省行任免。市分行副科级、县支行副行长级干部由市分行任免并报省行备案。是年起，实行领导后备干部制度，包括市分行、县支行。市分行领导后备干部由省行管理，县支行领导后备干部由市分行管理。

1999 年，根据中国人民银行实行垂直领导、分级管理的干部管理体制规定，人行揭阳市中心支行及辖内县支行的干部管理实行党委领导下的行长负责制。即中支党委委员以上、行政副行级以上职务的工作人员由广州分行管理；中支党委各工作部门副职以下工作人员、工会正副职，行政正科职以下工作人员，中支所辖县支行党组成员以上、行政副行级以上职务工作人员由市中心支行管理；县支行股长以下工作人员由县支行管理。市中心支行、县（市）支行组织人事部门正副职和会计财务、内审部门主要正职的任免，分别呈报上一级的广州分行、揭阳市中心支行组织人事部门审批。10 月起，全行实行行员考核制，将考核结果作为行员提拔奖励和处分的依据之一。1994 年 6 月起，市分行正科职、县（市）支行正行职职务任免调整为报省行审批后由市分行任免。1996 年 7 月，将上述职务的任免调整为先报省分行备案后由市分行审批。人事、财会、内审正职任免仍由省行审批。7 月起，人行揭阳分行行政职务由委任制统一改为聘任制。工人担任行政干部，实行聘任制。1997 年 1 月起，人民银行实行金融机构高级管理人员任职资格管理制度，全市各银行机构分支行正副行长在其之列。8 月，《中国人民银行行员管理暂行办法》颁布，人行揭阳分行的干部管理由国家干部管理制转变为行员管理制。

2000 年 1 月起，人行揭阳市中心支行实行中层干部职位竞聘上岗制，聘期二年。根据人行总行和广州分行有关金融机构高级管理人员任职资格管理的办法和意见，市中心支行加强对全市金融机构高级管理人员任职资格的管理，包括任职资格审核、任职期间考核、任职资格取消及任职资格档案管理。任职资格分为核准制和备案制两种。建立和完善高级管理人员任职资格档案和违法违规人员黑名单制度，对违反有关法规、规定的人员，依法取消其一定时期直至终身的任职资格。

2001 年 10 月起，人行揭阳市中心支行实行行员双向选择，重新确定部门和岗位的选聘制，聘期二年，落聘者待岗学习后可再次接受选聘，再落聘则调离或辞退。全行符合竞聘条件的全部参加双向选择，其余落聘。是年起，实行干部任前公示制、人民银行与各商业银行之间干部挂职交流制。对部分干部和工作人员实行交流轮岗制。2004 年，全市人行系统对干部的任免权限部分修改为：中心支行工会主任（主席）的任免和管理改由广州分行负责；中心支行管理的范围由中心支行党委各工作部门副职以下扩大到正职以下；任免市中心支行和县支行组织人事部门正副职和会计财务、内审部门的主要负责人，分别呈报上一级组织人事部门审批，改为组织人事部门、会计财务、内审部门正职。

2007—2009 年，全市人行系统实施绩效工资、带薪休假、学历、学位审核认定和用工合同制。

2010 年，全市人行系统实行重要情况报告制度；领导干部报告个人有关事项制度；个人述职述廉制度；党员领导干部民主生活会议制度；谈话谈心制度；回避和交流制度。实行党政领导干部问责制，对党政领导干部因决策严重失误或工作失误造成重大损失或恶劣影响的行为进行问责。

2011年，人行揭阳市中心支行制定《干部到龄转非管理暂行办法》，规定中心支行机关正副科级干部，支行正、副行长及其他行级干部男满58周岁、女满53周岁（由工人过渡为管理实务类行员的48周岁）转任同级非领导职务。2012年1月，废止《干部到龄转非管理暂行办法》，但对干部到龄因本人申请仍可转任同级非领导职务。5月，中心支行系统实行薪酬与业绩、表现挂钩办法，并将业绩考核引入干部竞争上岗环节，将领导后备干部管理延伸至县（市）支行，将干部交流制度延伸至县（市）支行和中心支行有关部门。

二、揭阳银监分局

2004年5月26日，揭阳银监分局成立以来，实行任免管理制度。处级干部管理权限在广东银监局，科级及以下干部管理权限在揭阳银监分局。

三、农发行揭阳市分行

1996年10月14日以来，农发行揭阳市分行、支行的干部管理，采用任免制，市分行正副行长由省分行任免，市分行中层干部、支行正、副行长由市分行党委决定，报省分行审批（备案）后任免，支行中层干部由市分行任免。1997年3月14日，省分行印发《中国农业发展银行广东省分行分支机构干部管理暂行办法》，规定干部实行系统垂直管理体制，省分行实行下管两级的办法，对分支行正副行长和分行科级干部的任免负有主管责任。10月，省分行发文《中国农业发展银行广东省分行干部聘任暂行办法》，对市分行科级干部的任用由建行初期的委任制改变为全面实行聘任制。干部管理体制实行系统垂直领导，分支行两级正副行级干部由省分行直管。1998年10月起，在机关内部推行竞争上岗，试行达标上岗。1999年12月，干部管理实行分级负责、分级管理。《中国农业发展银行广东省分行干部管理办法》规定，实行系统垂直领导的干部管理体制，分级负责，分级管理，市分行管理本单位科级及以下干部。

2000年起，实行干部任前公示制度。2001年6月起，建立干部职工退出机制，包括正常退休制度、因病退休退职制度、内部退养制度、辞退制度、待岗制度，实行任职年龄限制制度；公开招聘、竞争上岗、任前公示、异地任职和交流轮岗制度。2004年5月，市分行中层领导岗位实行竞聘。省分行出台《中国农业发展银行广东省分行辖属二级分行中层领导干部竞聘实施意见》，规定二级分行中层干部实行竞聘上岗。2005年6月，深化干部人事制度改革，干部管理实行市分行班子成员分工报备制度和年度民主评议制度；“下管一级、监控两级”，任免县支行“一把手”须事先向省分行报批；市分行机关科级干部实行竞争上岗和聘任制管理；市分行组织人事、财会、内审、纪检监察部门正职任免，应事先向省行组织人事部门请示，其他中层干部提拔、平调实行报备制。9月，推行基层营业机构全员竞争上岗、双向选择的办法配备各岗位人员，对富余人员实行组织安排、内退、病退、待岗等形式安置。2006年10月起，市分行中层干部实行聘任制度，通过竞争上岗的形式聘用市分行中层干部。对各县（市）支行实行全员竞聘上岗。按重责任、重实绩、重贡献、重能力、收入分配向关键岗位和优秀人才倾斜的原则进行；县（市）支行中层干部（正、副主任）竞聘上岗，实行全员竞聘。实行“老人老办法，新人新办法”，原任命的正副主任竞聘落聘的，仍保留原来的职级及待遇。新聘任的正副主任竞聘落聘的，免去聘任职务，恢复聘任前职务；正副主任三年一次全员竞聘，业务操作岗位一年一次全员竞聘。是年起，省、市分行每年对市、县分支行领导班子及班子成员进行一次民主测评，测评结果作为领导班子调整和领导干部任免的重要依据。

2007年，实行新的业务岗位管理办法，市分行内设部门管理岗位不再确认和晋升一般行政职务，不再聘任专业技术职务。业务岗位实行聘任制管理，期限3年，设置业务经理、专员两类，其中，经济线设置经理类岗位，政工、后勤线设置专员类岗位。业务经理类岗位设置资深业务经理、高级业务经理、高级业务副经理、业务经理、业务副经理、执行业务经理、执行业务副经理7个等级；专员类岗位设置资深专员、高级专员、高级副专员、专员、副专员、执行专员、执行副专员7个等级。市分行设置高级业务经理（高级专员）及以下各级业务岗位；县支行（含市分行营业部）设业务经理（专员）及以下各级业务岗位。2008年4月起，农发行完善收入分配制度改革的配套措施，对聘任业务岗位的人员每年实行岗位绩效考核，考核结果为“绩效达标”及以上等级的，可继续聘任，并可正常增加一级薪级工资。未达标的，应解聘或低聘。推行员工带薪年休假制度。市、县二级农发行统一开展业务岗位平移过渡工作，正处级干部平移到高级业务经理（高级专员）；副处级干部平移到高级业务副经理（高级副专员）；正科级干部平移到业务经理（专员）；副科级干部平移到业务副经理（副专员）；科员平移到执行业务经理（执行专员）；办事员平移到执行业务副经理（执行副专员）。2009年，县（市）支行行长实行任命制。支行副行长兼任部门主管，其他机关正副高级主管实行竞聘上岗制度。在全农发行系统开展县级支行岗位绩效考核和员工双向选择、竞争上岗改革试点工作。

2010年2月11日，总行印发《中国农业发展银行聘用合同管理暂行办法》，在全系统实行员工中实行聘用合同制。4月起，农发行揭阳市分行系统实行全员合同制，通过签订聘用合同的形式，把全体干部职工的身份转化为聘用制员工，对县支行的正副行长通过竞争上岗的形式进行聘用，市分行副行长也逐步采取全省竞争上岗的形式，对空缺的副行长岗位进行补充，而市分行行长仍采取任命制的形式进行任免。在全市推行县支行行长竞争上岗制度。 11月起，干部交流明确规定，市分行行长任满6年、县支行行长任满5年，须交流任职。建立领导干部退出制度，通过竞聘退出领导岗位的转任相应职级，即资深业务经理（二级）、资深专员（二级）。2013年，市分行建立领导联系行和部室挂钩行制度。

2016年5月9日，总行印发《中国农业发展银行领导干部选拔人用工作暂时办法》，对全系统的干部选拔人用实行公开选拔和竞争上岗两种方式。

四、工行揭阳分行

1993年起，工行揭阳分行实行聘任制，采取民主推荐、公开选拔或竞争上岗的方式产生拟定考察对象，通过组织考察、讨论决定、任职等程序聘任干部。1996年，为适应工行揭阳分行人事制度改革的需要，理顺干部管理体制，更好对干部管好、用好的原则，分行本着“宏观管住、微观搞活、集中分级结合”的指导思想，决定对分行干部管理体进行改革，出台《揭阳分行干部分级管理试行办法》，同时，下放部分干部任免管理权限，规范干部任免有关手续，具体办法为：干部实行分级任免，分行机关及各支行副科级以上干部（包括支行行长助理）由分行管理审批。股级干部（除人事、会计、稽核、监察4个部门外）的任免权限全部下放各支行。股级干部的任免与调整， 由所在行按机构编制与分行核定的职数及干部任免程序进行。 各支行人事、会计、稽核、监察4个部门正、副股级部的任免与调整，仍由分行管理审批。分行机关各科室股级干部的任免，由所在科室提出意见，分行人事科考察审查，分行党组讨论决定。选拔任用干部遵从党管干部的原则，民主集中制的原则，按规办事的原则，德才兼备、任人唯贤的原则，群众公认、注重实绩的原则，公开、平等、竞争、择优的原则。干部职务实行聘任原则，实行干部聘任制必须按照干部“四化”方针和德才兼备的原则选拔聘任干部，创造公开、平等、择优的用人环境，体现责、权、利相结合，引入竞争、激励、约束机制，真正做到干部能上能下，能进能出，人尽其才、才尽其用，形成富有生机活力的干部任用制度。

2003年，执行《中国工商银行管理人员选拔任用工作规定》，实行管理人员聘任制与任命制相结合的任职方式。11月，党委首次采用公开竞聘的方式，选拔三名总会计（副科级），经过报名、资格审查、笔试、面试及答辩等环节，并对入选干部进行组织考察、任前公示，收到很好效果。通过竞聘，激励工行揭阳分行员工爱岗敬业、奋发进取，努力建设高素质的员工队伍，推动全行各项事业健康发展。2006年，建立公开、公平、工作的用人机制，首次采用竞争上岗的方式公开选拔中层干部，对揭西支行副行长、分行信管部副总经理两个职位实行公开竞争上岗。符合报名条件参加竞岗人事达到40人。2008年11月，出台《中国工行揭阳分行管理人员选拔任用工作规定》，其中规定工行所属各级机构任用管理人员，均应实行聘任制，并明确聘任管理人员的职务，规定聘任期限。为执行党的干部路线方针政策，落实从严治党、从严管理干部要求，形成系统完备、科学规范、有效管用、简便易行、有利于优秀人才脱颖而出的选人用人机制，

2014年总行对2003年印发的《管理人员选拔聘用工作规定》进行修订，制定新的《管理人员选拔聘用工作规定》，进一步凸显中央“信念坚定、为民服务、勤政务实、敢于担当、清正廉洁”的干部标准，努力建设一支德才兼备、作风过硬、专业精湛、业绩突出的高素质管理人员队伍，为工行揭阳分行改革发展的顺利进行提供组织保障和人才支持。2016年11月，省行出台《关于印发〈广东省分行管理人员选拔聘用工作实施细则〉的通知》，实行管理人员聘任制、委任制、选任制等任职方式。其中，选拔聘用管理人员主要实行聘任制，党内职务实行委任制，根据法律法规需选举产生的实行选任制。选拔聘用各级管理人员，必须坚持以下原则：党管干部原则，五湖四海、任人唯贤原则，德才兼备、以德为先原则，注重实绩、群众公认原则，民主、公开、竞争、择优原则，民主集中制原则，依法办事原则。工行揭阳分行党委在干部管理上执行上级行相应的管理规定，并按规定办理好具体的工作流程。

2018年，按照总省行关于“311”干部选拔培养工作部署，分行制定《中国工行揭阳分行“311”干部选拔培养实施细则》并落地实施。一方面，根据省行工作要求，完成“311”中级副职选拔培养对象初步人选的推荐工作。另一方面，突出专业化导向，按不同专业板块，以主要专业部门牵头，各相关专业部门通力配合的方式，开展“311”初级培养对象的选拔工作，并最终确定中级副职培养对象和初级培养对象，分层分类在人力资源系统中建立“311”培养对象人才库，为下一步培养做好准备。在确定培养对象后，根据实际工作需要，组织部分人选进行交流锻炼并通过竞争选拔方式在人才库中提拔优秀年轻干部。

五、农行揭阳分行

1987年7月起，农行揭阳县支行实施干部管理新规则，分支行行级干部的任用，由所在分支行民主推荐，人事部门考核、党组讨论后报上一级行审批；处、科、股级干部的任用，在民意测验、考核的基础上，所在分支行党组（支）讨论决定，报上一级行备案。

1991年，试行干部交流工作制度。11月，对在干部岗位上的职工实行聘任制。1994年，农行系统增加营业所、办事处以上机构及提拔副科级以上干部一律报省行批准；各县支行提拔副股长以上干部，

报市分行批准；各县支行调进人员报省行批准。1996 年 2 月起，对分支行干部实行分级分类管理，即市分行党组书记、副书记、党组成员，纪检组组长；行长、副行长、总稽核、工会主任及相当职务的干部由省分行管理。市分行正副科长、直属单位正副经理及相当职务的干部，县支行党组正副书记、党组成员、纪检组长，县支行正副行长、总稽核、工会主席及相当职务的干部由市分行管理。县支行股长、副股长，营业所主任、副主任及相当职务的干部由县支行管理。将工作岗位划分为行政管理人员、专业技术人员、党工团工作人员，根据干部岗位类别特点制定岗位职责和管理制度。行级干部不再兼任县联社主任或副主任，为农村信用社脱离农业银行行政隶属关系做好组织准备。1998 年 10 月，在全市系统内公开竞聘部分支行领导干部。1999 年 6 月，实行总行一级法人管理体制，并颁布《劳动合同制管理办法》，规定省分行负责人与市分行负责人签订劳动合同，市分行负责人与所辖支行负责人、本行机关全体员工签订劳动合同，县支行负责人与所辖全体员工签订劳动合同。

2000 年，制订建立人才库实施办法，其原则是自我推荐的原则、素质优先的原则、使用与培养相结合的原则、集中管理统筹使用的原则、动态管理的原则。1 月以后按年度进行。2003 年起，实行扁平化管理，逐步减少支行内设机构。支行中层干部在分行党委领导下，由分行人力资源部和支行党委共同管理。2009 年，启动人力资源综合改革，分支行同步进行。主要内容是员工实行岗位选择和干部实行岗位竞聘，员工岗位选择包括组织安排、公开竞聘、双向选择和单位推荐 4 种。干部竞聘岗位为分行各部门副职领导、分行营业部副职领导和各支行内设机构经理、营业网点负责人及会计主管。2010 — 2018 年，实行聘任制管理制度。各级干部管理权限：处级干部由省行管理，科级干部及分行本部其他干部由市行管理，各支行其他干部由各支行管理。

六、中行揭阳分行

1985 年起，中国银行干部管理实行垂直领导，分级管理。管理权限为市分行正、副行长，党组正、副书记、党组成员由中行广州分行管理、任免，报总行备案。揭阳县分行负责本级行正副科长，各县支行正副行长、县支行级办事处正副主任及相当职务干部的任免，报广州分行备案。区分行机关一般干部、支行股级及以下干部由分行管理。1988 年 4 月起，实行股级干部聘任制。市分行将支行一般干部、职工调动审批权下放给各支行，报市分行备案。1989 年 4 月，又将支行股级干部的任免审批权下放给支行，人事、会计、稽核、监察部门则需事先征得市分行同意。

1992年3月起，中国银行干部实行中国银行与地方双重管理，中国银行为主管，地方协管的管理体制。各级领导干部实行任命制、领导干部交流制，建立后备干部制度。1993 年 9 月，市分行收回支行股级干部聘任审批权，对分行本部符合条件的干部实行科员制。1995 年起，对新提拔的科级干部实行聘任制，对考核不合格的股级干部实施解聘。1997 年，省行收回县级支行行长的任免权限。

2001 年，中行揭阳分行干部聘任改革，为更广泛地发现人才、选拔符合“四化”标准的干部，在全市公开招考副科级干部任职资格人选，创造公开、公正、公平、竞争的用人环境，从而进一步促进干部制度改革，有效地提高干部队伍的整体素质。2002 年度，改革干部任免制度，提高干部队伍“四化”水平。在全市公开竞聘副科级干部任职资格，经过笔试、面试答辩、民主测评、任前公示，10 位取得资格人选陆续走上领导岗位。同时，根据省行有关文件精神，把政绩平平的、年龄偏大、学历偏低的同志从领导岗位上“请下来”，让政绩优秀的、年轻有冲劲的同志提任到领导岗位。经过调整充实后，全市科级干部平均年龄 35.7 岁，大学学历占 23%，同比提高 13%。

2004年，全行取消各级职务与行政级别的对应关系，取消处长、副处长、科长、副科长等领导职务称谓，取消非领导职务称谓。实行全员岗位聘任制，根据职位的汇报关系和管理层级，分级聘任、分级管理。市分行以下分支机构主要负责人的聘期三年，可连任两届。实行辞职制度和上岗资格认定制度。取消干部身份，银行与员工通过签订不同期限的劳动合同及岗位协议，实现由全民所有制企业员工向股份制企业员工的转换，逐步建立市场化用工机制。建立人员分流和竞争淘汰机制，逐步减少在岗人员总量。

2005年，启动全市人力资源改革工作。市分行、管辖支行进行组织架构整合，整合后分行行长室设行长、副行长、纪委书记职位，工会主席由副职兼任；管辖支行、经营性支行设行长、副行长职位；分支行内设部门及支行以下机构设主任、副主任职位。专业技术职位从高到低设4个层级，即高级经理、经理、助理经理、助理职位。操作技能类职位设置柜员、业务员、技术员、文员、事务员、安全员、驾驶员等。

2017年以来，中行揭阳分行加强干部培养，切实抓好健全机制、严格标准、严格程序、民主集中工作，力求培养一批想干事、能干事、干成事的中层干部，带动建设一支综合素质高、战斗力强的员工队伍，促进全行经营活力提升，提升员工职业生涯发展空间，为促进发展多做贡献。

七、建行揭阳市分行

1985年，建行揭阳县支行系统人员编制管理实行控制目标的办法，开始实行由省行下达指标选聘合同制干部、合同制工人，延续“子女顶替”的招工形式（到1986年年底结束），停止“以工代干”和从外单位调入工人和集体所有制职工。1986年，省行适当下放干部管理权限，人事、会计、审计科正副科长、纪检组副组长在征求省行意见后由梅县地区分行任免（聘任），其他正副科长和支行正行长由区分行任免，报省行备案，并开始每年从德、能、勤、绩四个方面对干部进行考核。1987年8月，建行揭阳县支行干部实行建行和地方党委双重领导，以建行揭阳市分行为主的管理体制。干部管理权限亦作调整：区分行正副行长、党组正副书记、党组成员、纪检组组长、正副处级调研员、巡视员由省分行管理。科室正副科长（正副主任）、纪检组副组长、机关党委正副书记、工会正副主任、经济师、会计师、工程师、统计师及相当职务的干部、县市支行正副行长，正副科级调研员由区分行管理。区分行行长、党组书记、纪检组组长需报总行备案。区分行科室科长（主任）、机关党委书记，纪检组副组长、工会主任、经济师、会计师、工程师、统计师、县支行行长及相当职务的干部报省行备案。1988年，地改市后，将原区分行管理的股级干部下放到支行管理，人秘、会计正副股长和纪检审计干部任免、调动前须征得市分行同意。1989年，试行行长负责制、任期制。

1993年6月，省建行制定系统辞退工作人员暂行规定，打破“铁饭碗”，符合条件的员工可提前退休。1997年3月起，省行规定市分行人事、监察、财会、审计、保卫、国际业务6个部门正副经理，其他各部门经理、支行行长和科级办事处主任的聘任、续聘、解聘须省行审批。1999年，实行处级干部定期考核、比例下岗（改任调研员）制度，范围包括分行领导班子成员、总稽核、工会主任，下岗比例不低于参加考核的处级领导干部总数的5%。

2002年，总行实行统一法人制度，市分行根据需要进行本部及各县支行（部）机构整合与改革，核减人员编制，按核定的人员编制进行“三定”和对现有人员进行优化调整，竞聘上岗，对落聘者实行内退、病休、待岗。2003年4月起，实行员工内部等级管理，其主要由岗位职务序列、岗位职务等级（简称职等）和专业技术级别、工资等级及三者的相互对应关系构成。岗位职务序列划分为管理岗位职务、经办岗位职务、专业技术岗位职务三个序列。管理岗位职务序列主要指分支行领导。经办岗位序列主要指市分行本部业务员、支行正副业务经理和业务员。专业技术岗位职务序列是指各等级岗位职务可套的专业技术级别。专业技术级别与员工内部职等、工资级别相对应。2003 年 5 月起，制定员工管理细则，规范与干部员工关系，提高市分行人力资源管理水平。同月，实行揭阳市分行领导人员聘任管理制度，按干部管理权限、聘任条件和程序聘任职务，明确聘期，实行聘期目标责任管理。

2011 年 11 月起，实行机构负责人后备人才队伍，建立后备人才库，通过培训、跟岗学习、网点任职锻炼、建立培养人才制度等措施，加强后备人才队伍建设。是年 12 月起，根据修订的聘任管理办法，对领导人员的聘任条件、聘任方式及程序、聘任期限、聘期管理、薪酬待遇等进行明确。2015 年 6 月起，根据总行精神，进一步优化岗位职务序列管理。规范内设机构负责人统一称为总经理、副总经理。完善专业技术职务名称体，设置专业技术职务系列各级别的通用名称，调高基层行专业技术级别设置上限。打通经办岗位员工晋升通道，建立职务与职等并行制度。2016 年 11 月起，建立管理岗位职务人员到龄转任非领导职务制度，非领导职务名称上用“专家”“专员”命名。鼓励一批因年龄或身体等原因退出管理岗位的员工在相应岗位上发挥业务专长和经验优势，继续为分行的业务发展做出贡献。2017 年 2 月起，省行制定经办岗位职务管理办法，规范经办岗位职务序列人员管理，明确根据来行时间与全日制学历，新入行员工聘任相应的经办岗位职务。

八、邮储行揭阳市分行

2008 年，邮储行揭阳市分行干部管理重点配备好分行本部的行级及内设部门的领导，做好支行行长的选配工作，主要是个人信息登记报告、资格审查、任前谈话及个人签署承诺书、组织颁发任命状，集中轮训与考核等工作。2009 年，对一级、二级支行进行履职检查，建立任期经济责任审计制度。

2011 年 1 月起，市分行领导班子成员、总审计师及分行级非领导职务干部由省分行决定任免；市分行部室负责人、一级支行领导班子成员、二级支行正副行长由市分行决定任免。一级支行领导班子正职，二级分行负责人事、财会、纪检监察、审计和风险合规部门正职的任免，事先要报经省分行同意。建立分行干部考核评价工作制度，实行日常考核与年度考核相结合、定性考核与定量考核相结合，考核结果作为干部调整、选拔任用、培养教育、奖励惩戒的重要依据。建立分行后备人才建设管理制度，分行领导班子后备人才队伍由省分行管理；分行中层和一级支行领导班子、二级支行行长后备人才队伍由市分行管理。

2018 年，揭阳市分行党委干部管理制度体系是根据广东省分行制度规定进行干部管理，严格贯彻落实省分行关于干部的任免、聘任等管理规定，其中各项干部管理制度体系包括《中国邮政储蓄银行揭阳市分行领导人员管理暂行规定》《关于中国邮政储蓄银行广东省分行领导人员任免工作程序》《关于中国邮政储蓄银行广东省分行领导人员选拔任用纪实工作实施细则（试行）的通知》等等，近年来，在省分行党委的正确领导下，揭阳市分行干部人事制度改革不断深化推进，揭阳市分行选人用人的视野更加宽阔，渠道更加宽畅，程序更加规范，为优秀人才脱颖而出创造较好的条件。

九、广发银行揭阳支行

1992 年 8 月起，广发银行揭阳支行试行“干部聘任制”“员工聘用制”“干部员工岗位轮换制”的管理模式，即各分支机构下属机构的经理、副经理由各分支机构总经理聘任，员工与办事处签订聘用合同。1995年1月，广发银行系统全面实行劳动合同制，统称“行员”。分行总经理与其他行员签订1年、3年、长期三种形式的劳动合同（2008年增加无固定期限合同）。3月，广发银行揭阳支行根据人民银行的通知，实行统一法人制度，分行原法人地位取消。11月，实行干部分级管理，分行的正副总经理由总行考察、聘任、管理，分行内设的财务、人事、稽核、监察四部门负责人上报总行审核后由分行聘任、管理，分行中层管理人员、各营业网点负责人、主管会计和所辖支行（办事处）正、副总经理由分行考察、聘任、管理，支行中层管理人员、所辖营业网点负责人和主管会计由各支行考察、聘任、管理，各支行财务、人事、稽核、纪检监察四部门负责人报分行审核后由分支行考察、聘任、管理。1996年6月，实行分行和直属支行领导班子考核制度，包括年度考核、不定期考核、提拔考核和后备干部考核。1999年10月，分行聘任管理的干部增加分行行长助理和国际业务部门负责人及分行下属支行的主要负责人，分行其他部门的负责人任免报总行备案。2000年1月起，开展非管理级行员岗位考试考核，将考核结果作为评先、晋级、续签劳动合同的依据。

2002年起，分行正、副行长，凡男满55周岁，女满50周岁，不再担任分行领导职务（离岗退养），正副经理级以下员工符合条件者实行离岗退养。设立机构审批权集中于总行，人事、稽核、财会、监察负责人的任免由总行审批；信贷、资产风险管理、国际业务、银行卡负责人的任免报总行备案。2008年，实行绩效管理，包括绩效计划、绩效辅导、绩效考评、绩效结果运行与改进四个环节。绩效结果作为确定薪酬、奖金、福利待遇、员工职务晋升、岗位调配、奖惩、教育培训的重要依据。2009年12月，建立分行管理层正副职后备人才管理办法。2010年1月1日起，停止办理员工离岗退养手续。6月至8月，制定《员工考勤管理办法》《表彰奖励管理办法》《首问责任制实施办法》。9月，制定《自主管理人员实施暂行办法》，主要是对有一定的年龄、行龄、素质技能较差的员工让其专职从事金融产品的销售工作。12月，制定《经营管理职位系列员工中途解聘暂行规定》，对“不能为”“不作为”“乱作为”的员工实施解聘。

2013年1月，制定员工离职管理规定，对合同期内、期满和无固定期限合同的员工离职，提出具体的要求和相应的赔偿责任。7月，取消劳务派遣制员工的目标年薪调节系数。是年，对考核结果差的员工实行降级、解聘等处理；对外包人员进行季度考核，考核结果与报酬、职业生涯挂钩。

十、民生银行揭阳分行

民生银行揭阳分行隶属汕头分行管理，为汕头分行辖下的二级分行，自2014年分行成立以来，在干部管理制度上，由上级分行实行聘任制。在全行系统范围内，建立并完善高管一把手后备、高管后备和经营一线一把手后备三级后备干部库，经营一线一把手后备干部库由各机构分别管理，高管一把手后备、高管后备干部库由总行统一管理。总行制订“百千万”人才培养计划，即在培养计划中综合表现好、符合后备干部入库条件的纳入储备计划，在储备计划中测评结果好、适配岗位的择优选用。截至2018年12月底，民生银行揭阳分行暂未设置人力资源部，所有人力事务暂由汕头分行统一管理。

十一、南粤银行揭阳分行

南粤银行揭阳分行班子由总行任免，中层干部由分行聘任，以上人员均为劳动合同制管理。各级干部人员以总行党委及分行党委为中心，在其指导下开展各项经营管理工作，近年来各项工作稳健有序开展。

十二、揭阳农商行

2000年，揭阳农商行制定《揭阳市区农村信用合作社联合社人事管理制度暂行规定》，要求干部管理实行全市为主、地方党委协管的管理体制，实行下管一级（大社）的分级管理，对干部的考察可以下管二级。领导班子实行任期制，任期一届为三年，正副主任一般不超过二届（特殊情况另定）。选拔干部必须具有五年以上工龄，在基层单位工作和在下一级岗位工作三年以上，具备大专学历助师以上的专业技术职称。2001年，制定《揭阳市区农村信用社合作社人事教育管理规定》，联社党委、联社、基层党组织按干部管理权限履行对基层社的领导班子和管委会、理、监事会和员工队伍的组织建设和思想作风建设，履行对干部的考察、任免、调配、奖惩、培训教育、监督检查、福利待遇、辞退、退休等管理的职责。干部管理实行以系统为主，地方党委协管的管理体制，实行下管一级（大社、部）的分级管理。对干部的考察可以下管二级，各社（部）主任、副主任、联社副股级以上干部由联社党委和联社按程序任免，各社（部）管委（理事）成员、信贷员、稽核员、主管会计、分社负责人的任免调整、换岗，应报联社按程序审批。领导班子实行任期制，任期一届为两年，正、副主任在同一工作岗位上一般不超过两届，因工作需要，任期可提前或延长。2003年，制定《揭阳市区农村信用合作社副主任级干部竞聘方案》，以副主任级干部竞聘工作为契机，通过推行农村信用社副主任级干部竞聘上岗，把优秀员工选拔到领导岗位，逐步改革干部选拔制度，营造“能者上，庸者下”的公平竞争环境。2007年，制定《揭阳市区农村信用合作联社人力资源管理办法》，第一次明确提出干部聘任的方法以公开竞聘为主要形式，以组织考核为补充形式。干部任用实行聘任制，对公示后无异议的拟任人员，按照有关规定和程序进行聘任，聘期为三年。其中，试聘期为一年。干部管理实行任职年龄控制制度。随后，制定《揭阳市区农村信用合作联社公开竞聘管理实施细则》，提出公开竞聘工作坚持“逢进必考、逢提必竞、择优聘用”原则，联社各级任职干部职位，在出现职位空缺时一般应采用公开竞聘方式选拔干部；对分社负责人、稽核、信贷、财务、计算机管理等重要岗位人员配备，联社也将逐步实行竞聘上岗制度。改制为农商行后，通过制定《广东揭阳农商行股份有限公司干部管理实施细则》《广东揭阳农商行股份有限公司分支行内设部门经理、分理处主任选拔管理办法》《广东揭阳农商行股份有限公司后备干部推荐管理办法》等一系列干部管理制度，明确本行干部职务实行聘任制。干部管理实行垂直领导、统一管理，对干部实行下管一级的层级管理体制。总行党委、分（支）行按照干部管理权限履行对所辖干部进行组织建设、思想作风建设、后备干部培养以及对干部的考察、任免、调配、培训、奖惩和监督检查的职责。党委组织部（设在人力资源部）在党委领导下，承担起对干部日常管理的职能，履行指导、监督、检查、协调的职责。截至2018年12月底，全行共有中层干部84人，其中，支行正副行长44人，总行机关正副总经理36人，派驻村镇银行4人。

十三、揭东农商行

2007—2014年，揭东县农信社干部管理制度，实行《揭东县农村信用合作联社人事管理制度》，干部管理党内职务实行任免制。1993—2018年，每年均严格按照相关制度进行落实；中层干部由揭东县农信社管理，高管由省联社进行管理。2014—2018年，实行《广东揭东农村商业银行股份有限公司干部管理暂行办法》，干部管理党内职务实行任免制。

十四、普宁农商行

1996年至今，普宁农商行干部管理党内职务实行委任制，行政职务实行聘任制。1996年，高级管理干部聘免由中国农业银行普宁市支行研究决定并呈报中国人民银行下设揭阳农村金融体制改革领导小组办公室审批；中层干部聘免由所在单位党组研究决定，经中国农干部管理业银行普宁市支行审批，报经普宁市人民政府财贸办公室同意。1997—1998年，自脱钩于中国农业银行普宁市支行后，高级管理干部聘免由普宁市信用社联合社研究同意后报经中国共产党中国人民银行普宁市支行党组审批后，呈报中国人民银行下设揭阳农村金融体制改革领导小组办公室审批；中层干部聘免由普宁市农村信用合作社联合社研究决定。1999—2006年，高级管理干部聘免由普宁市农村信用合作社联合社研究同意后，呈报中国人民银行下设揭阳农村金融体制改革领导小组办公室审批。中层干部聘免由普宁市农村信用合作社联合社研究决定。2007年4月至2011年10月，高级管理干部及中层干部聘免由中共普宁市农村信用合作联社委员会研究决定，报经中共广东省农村信用社联合社揭阳办事处党组审批。2011年11月至2018年12月，高级管理干部由广东省农村信用社联合社统一管理；中层干部聘免由中共普宁市农信社委员会研究决定，报经中共广东省农村信用社联合社委员会揭阳办事处党组备案。

十五、揭西农商行

1996年至今，揭西农商行干部管理制度实行聘免制。1996年，揭西县农信社高级管理干部聘免由中国农业银行揭西县支行研究决定并呈报中国人民银行下设揭阳农村金融体制改革领导小组办公室审批；中层干部聘免由所在单位党组研究决定，经中国农业银行揭西县支行审批，报经揭西县人民政府财贸办公室同意。1997—1998年，自脱钩中国农业银行揭西县支行后，高级管理干部聘免由广东省揭西县信用社联合社研究同意后报经中国共产党中国人民银行揭西县支行党组审批后，呈报中国人民银行下设揭阳农村金融体制改革领导小组办公室审批；中层干部聘免由揭西县农村信用合作社联合社研究决定。1999—2005年，揭西农商行高级管理干部聘免由揭西县农村信用合作社联合社研究同意后，呈报中国人民银行下设揭阳农村金融体制改革领导小组办公室审批。中层干部聘免由揭西县农村信用合作社联合社研究决定。2006年1月至2011年10月，揭西农商行高级管理干部及中层干部聘免由中共揭西县农村信用合作联社委员会研究决定，报经中共广东省农村信用社联合社揭阳办事处党组审批。2011年11月至2018年12月，揭西农商行高级管理干部由广东省农村信用社联合社统一管理；中层干部聘免由中共揭西农商行委员会研究决定，报经中共广东省农村信用社联合社委员会揭阳办事处党组备案。

十六、惠来联社

1996年至今，惠来联社干部管理制度实行《中共广东省农村信用社联合社委员会干部管理办法》，明确广东农信系统干部行政职务实行聘任制，党内职务实行委任制。高级管理人员由省联社党委进行管理，中层干部及以下人员由各农合机构进行管理。

十七、普宁汇成村镇银行

普宁汇成村镇银行自成立以来，干部选拔和招聘遵循“统一规划，公平竞争，流程规范，择优录取”的原则，严格按照《广东普宁汇成村镇银行股份有限公司人事劳资管理暂行办法（修订版）》《广东普宁汇成村镇银行股份有限公司招聘管理办法（暂行）》的要求，执行背景调查及实行岗位回避等多项控制措施，对拟任干部人员提供的个人信息核实，通过“广东银行业金融机构从业人员处罚信息管理系统”查看拟录用人是否有处罚信息以及不良职业记录，在征信系统查询拟任用重要岗位人员的信用情况，通过审查其档案了解其学习、思想政治等状况。

第三节 金融职工教育

改革开放以来，全市金融机构一直重视在职干部职工的培训和学历教育工作，但各个时期的培训、教育形式和内容有所不同。

一、职工培训

一、人行揭阳市中心支行

1986年，采取短期培训、知识更新、业余为主的培训形式和内容培训领导干部。1987年，广东省作为全国岗位培训试点省之一，揭阳分行根据总行和省行的部署，积极开展岗位培训。1988年后，人行揭阳分行每年注重抓好专业短期培训，各县支行也抓好职工培训，培训形式有职工培训、骨干培训、领导培训，有自身组织培训，也有选派送上级培训。

1991年，成人教育向以开展岗位培训为重点转轨。1999年，干部教育形式和内容采取以岗位培训为主，学历教育为辅；以行内培训为主，行外进修为辅。培训采取分级负责制，处级干部、支行行长、分行机关干部的培训由广州分行负责。市中心支行机关和支行一般干部的培训由市中心支行负责。培训分业务技能培训、在（待）岗培训、新行员培训、职务（任职资格）培训、出国（境）培训。

2001—2005年，按照“十五”规划要求，在全行系列开展岗位任职资格培训。2001年起，市中心支行每年需对下一年的培训制订计划和措施。

2003年，以岗位任职资格考试为目标对全行员工进行培训和考核，要求所有在岗员工具备的综合素质和专业知识及技能达到应知应会。

2005年开始，进行岗位任职资格考核，每年组织两次，培训和考核结果作为岗位任职、评优、竞聘与晋升的重要参考依据。9月，人行总行印发《中国人民银行关于加强干部培训工作的指导意见》，干部培训责任划分为地市中心支行行级领导和县支行行长；处级干部和后备干部、高层次人才、部分业务骨干由省分行负责培训；市中心支行按照分行中长期干部培训计划和年度培训计划培训辖区内干部；县支行负责选送人员参加上级行举办的重点培训项目；协助组织全员岗位任职资格培训。

2007年起，干部培训开始采取从组织需要和个人职业发展需要紧密结合转变，从单纯干部教育培训向人力资源开发转变，从知识传授为主向能力培养为主转变，从传统培训方法向现代培训方法转变，从应急培训向前瞻性培训转变。实行干部分级、分类培训。

2011年起，人行系统推行远程培训，揭阳市中心支行实施利用远程培训系统开展全员培训，培训方式采取“远程培训为主，统筹运用在线学习、线下学习、专业辅导”三种方式。

2006—2008年人行揭阳市中心支行系统人员培训情况表

表4-1　　　　单位：人次

年份	单位	参训人次	领导干部	按培训类型分类				按培训机构分类			按参加培训人员级别分类		
				政治理论培训	专业知识培训	任职培训	其他培训	总行培训	分支行培训	其他培训	处级培训	科级培训	其他培训
2006	中支	448	9	71	155	113	109	19	429	0	9	192	247
	支行	481	0	6	40	247	188	0	477	4	0	18	463
	总计	929	9	77	195	360	297	19	906	4	9	210	710
2007	中支	608	5	43	519	0	46	10	578	20	12	155	441
	支行	293	4	11	61	2	219	2	285	6	0	15	278
	总计	901	9	54	580	2	265	12	863	26	12	170	719
2008	中支	108	0	13	98	5	4	26	87	7	7	30	71
	支行	102	0	11	48	156	81	1	274	21	0	17	85
	总计	210	0	24	146	161	85	27	361	28	7	47	156

2009—2018年人行揭阳市中心支行系统人员培训情况统计表

表4-2

年份	单位	参加培训人员数				参加培训人次数										
						合计	按培训类型分类						按培训主办机构分类			
		合计	处级	科级	其他		领导干部综合能力培训	党校教育和政治理论专项培训	岗位任职专项培训	业务类培训	新员工培训	其他培训	总行	上海总部、分行、营业管理部、省会城市中心支行	分行营管部、副省级城市中心支行、地（市）中心支行	县支行	其他
2009	中支	69	2	25	42	133	1	0	17	105	2	8	13	36	77	0	7
	支行	52	0	7	45	77	9	9	25	26	0	8	1	35	31	10	0
	合计	121	2	32	87	210	10	9	42	131	2	16	14	71	108	10	7
2010	中支	75	0	32	43	221	1	1	7	204	8	0	97	37	87	0	0
	支行	46	0	8	38	73	10	7	0	45	1	10	6	8	42	12	5
	合计	121	0	40	81	294	11	8	7	249	9	10	103	45	129	12	5
2011	中支	133	7	64	62	169	3	1	7	153	5	0	26	34	54	0	55
	支行	71	0	12	59	115	14	8	0	82	1	10	3	9	37	14	52
	合计	204	7	76	121	284	17	9	7	235	6	10	29	43	91	14	107
2012	中支	132	7	58	67	406	0	0	132	272	2	0	148	60	198	0	0
	支行	75	0	10	65	153	2	3	0	131	2	15	5	15	90	28	15
	合计	207	7	68	132	559	2	3	132	403	4	15	153	75	288	28	15
2013	中支	138	7	55	76	525	0	0	176	161	4	184	194	167	164	0	0
	支行	92	0	10	82	533	0	55	12	345	2	119	73	281	154	10	15
	合计	230	7	65	158	1058	0	55	188	506	6	303	267	448	318	10	15
2014	中支	136	8	52	76	567	2	12	0	504	8	41	96	98	365	0	8
	支行	80	0	13	67	608	0	23	3	455	2	125	100	63	45	399	1
	合计	216	8	65	143	1175	2	35	3	959	10	166	196	161	410	399	9
2015	中支	134	8	58	68	567	1	1	20	530	12	3	101	60	359	0	47
	支行	84	0	14	70	657	30	77	0	453	11	86	141	90	109	308	9
	合计	218	8	72	138	1224	31	78	20	983	23	89	242	150	468	308	56
2016	中支	137	8	61	68	2739	0	2114	148	312	12	153	229	206	2224	0	80
	支行	91	0	16	75	1800	1	1521	2	171	15	90	159	38	264	1339	0
	合计	228	8	77	143	4539	1	3635	150	483	27	243	388	244	2488	1339	80
2017	中支	135	8	61	66	1030	10	590	0	321	15	94	156	396	478	0	0
	支行	92	0	16	76	604	0	469	0	97	12	26	0	381	223	0	0
	合计	227	8	77	142	1634	10	1059	0	418	27	120	156	777	701	0	0
2018	中支	133	8	61	64	1223	5	497	111	600	10	0	19	557	647	0	0
	支行	92	0	14	78	765	9	66	37	606	47	0	256	273	211	25	0
	合计	225	8	75	142	1988	14	563	148	1206	57	0	275	830	858	25	0

二、农发行揭阳市分行

1998 年，农发行揭阳市分行成立职工教育培训领导小组，领导员工的业务培训工作。每年均制订员工教育培训计划，并通过参加上级行脱产培训、邀请专家讲课、行内身边教师讲解等多种形式加强队伍建设，切实提高员工队伍的总体素质。2006 年，总行印发鼓励员工自学成才管理暂行办法，鼓励员工自学成才，调动员工通过学习提高自身素质的积极性。2007 年，省行印发《员工学习培训考核办法》，农发行揭阳市分行处级以下在职员工列入考核对象。考核内容包括在岗学习、业余学习和实践运用。学习培训形式包括参加讲座、脱产培训、远程视频培训、远程教育系统在线学习、理论研讨、自学等。至 2018 年年底，本科及以上学历的职工达到全行的 65.08%，较 1996 年提高 48.72 个百分点。

三、工行揭阳分行

1994 年开始，工行揭阳分行针对如何做好岗位培训工作专门召开党组会、行务会讨论决定，职能部门工会、人事、宣教组织会计、出纳、储蓄等第一线业务有关人员会议，提高干部职工对岗位培训重要性的人事，增强学习自觉性，每次开班辅导，备考的岗位练兵，竞赛活动，主要负责人都临场听课及指导，激发干部职工的学习性，及时解决上岗考核工作存在的实际问题。在教育培训工作中，贯彻人才兴行战略，坚持“大教育、大培训”发展理念，推进改革、发展和创新，基本形成包括全员培训体系、培训资源体系在内的教育培训体系，培训制度日益完善，培训基层建设不断加强，各层次各类别岗位培训协调推进。全员培训体系是以岗位类别和岗位序列为基础，涵盖管理类、专业类、销售类、运行类、客服类五类岗位的所有序列人员，开展管理人员培训、专业人员培训、业务人员培训以及覆盖各类人员的专业资格认证培训等。在从国家专业银行到国有商业银行再到股份制商业银行的转变过程中，分行教育培训体系主动适应改革发展的要求，不断改进和完善，形成一套工作思路、方法和模式，具备一定的发展优势，已经建立分层次分类别的岗位培训机制，培训管理和实施链条比较完整，现代化、信息化的培训基层平台初步建成，发挥业务发展支持功能、人才队伍培养功能、企业文化传导功能、员工发展促进功能、知识信息管理功能。根据省行《一九九九年“百千万”人才工程工作计划的通知》，分行 1999 年的“百千万”人才工程工作在主管人事工作行长的重视关心下，人事部门对全行职工进行严格的选拔、推荐和考核，本着严肃、和负责任的态度，着眼于培养和造就跨世纪、高素质的经营管理人才。对已有“万”名人选共 7 人加大培养力度，提任“百千万”人才工程人选 6 人。同时加强实际锻炼力度，对已有“万”名人选进行轮岗或换岗锻炼，共有 4 人参加轮岗换岗。通过轮岗换岗，使“万”名人才逐步熟悉各项银行业务，使他们的工作能力在实际锻炼中不断成长。根据总行网点竞争力提升 7 大工程和 3 年规划（2014—2016）工作安排和省行网点“双千”人才工作的部署，分行制定《2014—2016 年度网点客户经理聘任实施方案》和《2014 年网点负责人后备人才实施方案》，统筹规划、整体推进、多措并举，在全市范围内，推动客户经理和网点负责人后备人才的“双千”人才队伍建设，并将其作为网点竞争力提升、经营发展目标实现的基础性、战略性手段，助推网点竞争力提升。

1993 年 9 月，工行揭阳分行主要领导等参加总行的高级政工师的考评，有 4 人获得高级政工师资格。同时，鼓励各专业、各主要岗位干部职工参加系统内、系统外的经济、法律、会计等系列的高级、中级、初级专业技术职称考试、考评。并完善设岗定责，健全考核制度，加强聘后管理，强化竞争机制，充分发挥聘任制的优势和活力，保证专业技术职务评聘工作沿着德才兼备原则的正确方向发展。至 2018 年 12 月底，全行有高级职称 8 人、中级职称 190 人、初级职称 223 人，并都落实聘任。

四、农行揭阳分行

农行揭阳分行根据员工成长的不同阶段和经营发展情况，开展职业化、规范化、系统化的岗位职业轮训。重点抓好支行行长、网点负责人、中年员工和新员工培训项目。通过集中培训、在线培训、跟班培训、岗位辅导等方式，提高员工的专业知识水平的实际操作能力。1991年，岗位培训实行“统一规划，分级实施”的原则。规定凡农行、信用社现职干部职工，年龄男55岁、女50岁以下的，都要参加岗位培训。文化未达起点者，先补文化，再参加岗位培训。把参加岗位培训并取得证书作为上岗、任职、提干、转岗、晋升的必要前提；不参加岗位培训或培训不合格，不能申报相应的专业技术职务，已取得专业职务资格的不予聘任；把参加岗位培训同干部使用、奖金待遇挂钩。1996年，开始压缩学历教育，强化岗位培训。1999年，市分行实行教育培训与工资挂钩的制度。2003年起，农行将教育培训从“要我学”向“我要学”转化，从应急培训向前瞻性、系统化的培训转化。2005年，开展培训工作综合考评，从培训领导与管理、培训组织与实施、培训基地与制度建设及加分项四个维度，分别设置考评指标，统一量化标准，并按照各项指标在全行培训工作中的重要性分别赋予不同的分值。考核评价实行200分制。考评结果作为评定全市、全省系统培训工作先进单位和先进个人的主要依据。2006年，推广应用总行远程培训系统，为员工提供网上学习、培训和考试环境。2011年，省行印发《员工成长培训管理办法》，揭阳农行员工成长培训计划从员工入行开始贯穿于员工的整个职业生涯，范围涵盖全行所有岗位和所有人员。培训方式：集中培训、在线培训、跟班培训、调研考察、岗位辅导、员工自学等。培训内容为本岗位基础知识、制度办法和操作规定等应知应会知识和专业技能。培训对象为新入职员工、转岗员工、新提拔员工、中年员工。培训结果与绩效考核挂钩、与本人能力评价和专业技术资格、技能等级资格评审挂钩。高学历人员比例逐年增长，截至2018年12月，全行最高学历研究生2人，本科学历404人，大专及以下学历523人。农行揭阳分行定期开展专业技术资格注册进档和聘任工作，不断壮大高职称人员队伍。截至2018年12月，全行共有专业技术人员700人，其中拥有高级职称8人、中级163人、助理447人。

五、中行揭阳分行

1996年起，中行揭阳分行改革员工培训模式，从数量型向培训效益型转变。当年除继续抓好岗位职务资格性培训和其他适应性培训外，还开展英语培训，规定35岁以下高中以上文化的人员必须全部参加。

2002年起，组织员工参加每年40小时培训。培训方式包括参加省市分行举办的各类型知识讲座；选送参加各类业余进修和培训；各部门举办的专题业务辅导、讲座、专题研讨会；参加业余学历教育等。2007年，建立员工职业发展阶梯及与之相适应的培养体系，为各层次、各专业人员提供有针对性、个性化的培训。

六、建行揭阳市分行

1995年起，建行揭阳市分行实行行员资格证书制度，与使用、职务升降、技术职务评聘、就业、奖金挂钩。对市、县（市、区）支行行长进行轮训。是年，进行岗位培训试点工作。1998年，实施建总行《1998—2000年员工教育培训规划》，建立分级实施的培训体系。建行揭阳市分行正副行长、县支行正副行长、城区科级办事处正副主任由省分行负责培训。市分行负责所辖员工的岗位培训和专业技能培训。是年，总行印发《中国建设银行岗位培训管理办法》，明确岗位培训针对主要业务岗位和窗口岗位，所有在岗员工均应参加相应岗位的培训。岗位培训以业务经办人员和操作人员为主要对象。新入行员工需先培训后上岗。岗位资格考试每年组织一次。2000 年，按建总行规定，全市建行所有未通过岗位培训考试及补考仍不及格者，脱离原工作岗位。其中，非正式员工一律辞退；正式员工下岗培训。2001 年 2 月起，执行《建行广东省分行员工教育培训管理暂行办法》，各类短期业务培训班由分行人事部门管理，岗位培训由省行人力资源处负责。2002 年起，全市建行培训工作强化以岗位资格培训、履岗能力培训、岗位职务提升培训和员工职业生涯发展培训为主要内容的全员岗位培训。2004 年，市分行制定《员工培训积分管理办法》，将员工培训积分状况作为员工上岗资格认证、岗位配置、员工聘用、晋升职务和职级等必配的条件之一，并作为年度考核的重要因素，达不到基本积分标准者不得参与评优评先。2012 年起，建行揭阳市分行的培训教育工作重点向为业务发展服务方面转变，培训对象包括新入职人员、网点经理、客户经理、大堂经理和一线柜员。

2016 年，通过组建建行揭阳市分行员工成长学院，设立院委会和九大学系，全面开展辖内员工业务培训、职业道德教育、成长辅导、技能提升等，持续培养具备专业技能、丰富管理经验等的系列核心人才、后备人才队伍。从而不断提高员工队伍综合素质，为员工的职业生涯发展创造更多增值机会，促进全分行业务可持续发展，使员工职业成长与建行业务发展和谐共荣。

七、邮储行揭阳市分行

2009 年，邮储行揭阳市分行实施省行《教育培训管理办法》，教育培训类别包括新员工培训、转岗培训、岗位培训、出国培训、在职学历教育等。培训方式包括集中面授、远程培训、函授、工作辅导、岗位练功、委托培训、自学等。从业人员培训每年不少于 5 天，管理人员以上不少于 7 天。对一级、二级支行（局）行（局）长进行金融知识远程培训，培训内容包括金融基本知识、支行管理技能和业务拓展方法。通过集中培训、远程培训、交流讨论、案例学习等培训组织方式做好管理人员、二级支行长、专业人员、新入职员工的培训工作，强化十九大精神、宏观政策、监管规定、合规内控、案防管理、廉洁自律及专业知识的学习，全面提升员工的风险合规意识和专业能力素质。2018 年，大部分员工通过网络学习平台完成相关业务知识的学习，在解决工学矛盾的同时提升自身素质能力。2012 年起，教育培训工作重点转向一级支行行长、二级支行行长、客户经理、理财经理、合规经理、柜员六类关键岗位队伍。组织管理上采取纵向分级、横向分工的管理工作机制。市分行行领导参加总行的培训，一级支行行领导及以上人员参加省分行的培训，市分行负责本行所辖全部员工的培训。

截至 2018 年 12 月，全行取得专业技术初级职称 55 人、取得中级职称 15 人、取得高级职称 1 人。

八、广发银行揭阳支行

1997 年，广发银行揭阳支行全面开展岗位培训。内容包括金融法规、计算机应用、外语教育、标准化服务。建立与人事制度挂钩的员工培训制度，培训效果与员工定岗、工资待遇、奖金分配、职务晋升等挂钩。2005 年 3 月，为加强经警业务知识和业务技能，提高支行经警队伍综合素质。广发揭阳支行邀请揭阳市公安局经侦支队本月每周星期三晚到行为经警人员上课，对经警的日常行为规范作指导；4 月，支行组织员工观看有关加强职业道德的教育片、商务礼仪片，召开职业道德教育全员会议。同时，组织全体员工参观粤东收容犯人最大的监狱——揭阳监狱。2006 年 3 月，为落实上级行“改善学习、优化结构、强化营销、注重效益”的工作方针，适应股份制商业银行的转型，支行把改善学习和防范操作风险紧密地结合起来。支行开展五场业务培训，参加培训人员达 310 人次。2007 年 9 月 15 日，广发揭阳支行邀请人行揭阳市中心支行货币发行科业务骨干给支行员工进行反假币培训；11 月 21 日，支行管理人员参加人行揭阳市中心支行举办的反洗钱业务培训；29 日，支行组织全体员工进行反洗钱知识测试。2008 年，改革培训管理，建立培训专员和内训师制度。5 月 28 日开始，组织开展案件防控“百日大清查”专项活动；7 月 19—21 日，针对性地组织外币反假、兑换业务、语英会语和手语等业务培训。11 月 11、18 日分别派员到汕头分行参加反洗钱业务培训和知识竞赛。11 月 27 日，支行组织对全市柜员、客户经理进行反洗钱业务知识培训。2009 年 7 月 20 日至 8 月 31 日，揭阳支行组织经警业务技能培训。8 月，组织党员群众观看反面教育片《贪之害》和《“蚁穴”透析》和正面教育片《天使情怀》。

2010 年，制定培训积分制度，适用对象为在册在岗员工（含合同工和派遣工），年度达标培训积分为 80 分。培训积分作为个人学习进步的标尺；作为年度考核评先、使用（转岗）晋升和部门评先依据；并与经济挂钩。7 月，组织员工观看《贪之害——贪权、贪财、贪色警示录》《银行业反腐倡廉警示教育展览》等教育片；8 月 20 日、8 月 31 日举行反抢防火演练，着力锻造出一支作风过硬、军事技能过强的经警队伍，确保安全无事故；10 月 24 日，举办反假币业务知识培训。2011 年 10 月 29 日，举办反假币业务知识和兑换业务培训。 11 月 29—30 日举行反抢防火演练，着力锻造出一支作风过硬、军事技能过强的经警队伍。2012 年 6 月 7 日晚，组织开展行风评议工作，学习市纠风办和揭阳银监分局文件精神。6 月 25—29 日、12 月 11—28 日举行反抢防火演练，不断提高经警和消防员的防范能力和应急能力。2013 年 8 月，根据市纠风办和市直工委印发《2013 年市直单位民主评议政风行风工作方案》要求和部署，积极开展行风评议“回头看”工作，确保工作作风得到不断改进。2015 年 7 月 4 日，广发揭阳支行组织全市柜员进行点钞、数据录入、打字等技能的竞赛，以赛促练；8 月，支行组织全行员工参加分行内部网上的消费者权益知识测试，要求所有员工网上测试成绩必须达 85 分以上。9 月 19 日零点至 9 月 25 日 24 点时段员工注册“银行从业人员消费者权益保护知识网络竞赛”在线账户，登录活动平台答题完成网络竞赛。12 月 1 日至 3 日组织开展党员干部“学党章 守纪律 当先锋”的主题教育，组织本单位党员干部、员工登录广东省党员教育网参加党章知识测试。2017 年，为庆祝中国共产党成立 96 周年，组织开展中共十八大、十九大精神学习；组织开展“创文志愿服务活动”“重温入党誓词”、慰问病困退休党员等系列主题活动，组织共青团员参加团课学习活动，组织开展“牢记教训、我要合规”典型案例警示教育。

2018 年，贯彻落实“两学一做”学习教育常态化制度化，学习《习近平谈治国理政》第二卷的内容；学习《中国人寿保险（集团）公司党委关于认真学习宣传贯彻党的十九大精神的决定》和中国人寿、总行 2018 年度纪检监察工作会议精神；学习新修订的《中国共产党纪律处分条例》，组织学习《广发银行员工十条禁令》《广发银行员工违规违纪行为处理办法》。

九、民生银行揭阳分行

民生银行揭阳分行业务培训以法治合规为主线开展，根据上级行统一部署，开展以“青竹、翠竹、锐竹”3 个重点培训集群子项目，对应青年员工、初管、中管及高管。青年员工、初管副职及后备人才、初管正职及中管人员等开展分层阶梯式滚动培训提升计划，从碎片化、孤立式培训向系统化、精准式培训转变。业务培训方式以线上学习、“周末课堂”系列现场培训，结合外部培训公司管理创新系列课程、内部中管培养和评估计划、跨界学习交流等沙盘模拟、拓展训练的实践课程，以此提升团队管理能力、组织协同和创新意识。在针对高管的培训方面除以上提到的外部培训公司开展专题管理课程系列培训外，深入开展党性及革命历史主旨教育、高校名企新思维专项拓展学习、人才选拔能力提升、自助素质学历提升学习等途径开展，以此塑造一支坚定落实分行战略部署、具有大局思维、善于跨部门协作、勇于担当的管理队伍。

十、东亚银行揭阳支行

东亚银行揭阳支行职工培训，截至2018年12月，所有员工均已取得所从事岗位的专业上岗资格。

十一、揭阳农商行

1998年，按照《全国1998—2000年农村信用社员工教育规划》，持续开展各种短期业务培训。揭阳农商行改制为联社前，员工教育培训工作处于零星。改制为联社后，2006年起，教育培训实行统一规划，分级管理，分层次、分部门组织实施。

2007年5月，省联社印发《教育培训管理办法》，教育培训工作实行统一规划、分级管理模式。教育培训的类型按对象划分为高管人员培训、业务骨干培训、员工素质培训、专项培训；培训目标层次划分为基础培训、提升培训、精英培训；培训形式划分为入职培训、岗前培训、集中培训、外派培训、内部研讨、岗位轮换、标杆培训、网络培训。明确规定员工每年参加培训不少于30学时，新员工不少于50学时。建立教育培训激励机制，教育培训和情况与结果纳入年度考核。逐步实施不培训不上岗、不培训不聘任的教育培训管理制度。农行揭阳分行制定《揭阳市区农村信用合作联社教育培训管理实施细则》，指出建立和完善市区农村信用社培训管理制度，保障教育培训工作的规范有序进行。教育培训工作实行统一规划、分级实施模式。领导干部培训、党校培训、学历教育与资格培训、出国培训与国际合作培训等由联社统一组织或向省联社选派。员工培训、新员工培训、岗位业务与技能培训、政治教育与职业道德培训等由联社统一规划，分级实施。改制为农商行后，适应现代商业银行的发展要求，通过组织各项工作技能和业务技能培训，从不同方面和层面提高员工的业务技能、服务水平、市场营销能力和风险防范能力。

2011年，组织员工参加广东省农村合作金融机构柜面业务系统培训，进一步提高员工柜面综合能力。2012年，组织全市一线员工进行规范化服务培训，全面植入以“整理、整顿、清扫、清洁、素养、安全”为内容的标准模式进行现场管理，提高员工服务技能。2015年，根据省联社有关文件、通知精神，制定《广东揭阳农商行股份有限公司员工持证上岗工作管理暂行办法》，推进持证上岗工作。2016年，与厦门大学携手合作开展“管理人员综合素质提升培训班”，通过培训激发员工更新观念、开阔思路、转变理念，此次校企合作培训也对揭阳农商行拓宽员工素质培训渠道具有重要意义。

十二、揭东农商行

揭东农商行每年内部业务培训根据业务需要进行，包括业务技能、柜面业务操作，系统操作、反假币、新业务培训等。

十三、普宁农商行

普宁农商行在业务培训工作上，不断提高各条线业务管理水平，以及为未来发展，培养创新型技术人才和管理人才出发，坚持完善岗位培训体系的原则、坚持学用相结合的原则、坚持专业素质与企业文化建设相结合的原则、坚持全员培训与全面提高相结合的原则、坚持按需培训与业务发展相结合的原则，有序开展培训教育工作着力增强干部员工的创新能力和进取精神。

十四、揭西农商行

揭西农商行在业务培训工作上，坚持以人为本，以创新争先为最高要求，着力增强干部员工的创新能力和进取精神，通过加大人才培养力度，转变干部员工思想、提高全行专业水平。结合揭西农商行工作重点和业务需求，采取内部培训为主，外部培训相辅结合的方式开展教育培训工作。

十五、惠来联社

惠来联社以推动转型升级为目标，建设内外部培训体系，加强内部师资专业人才队伍建设，优化、提升教育培训资源和手段，对员工进行分层次、有针对性的培训教育，强化培训力度。同时，鼓励员工参加自学以及专业技术职称的考试，选拔有发展潜力的、年轻的业务骨干到金融企业、培训机构去学习，到高校去深造，以此来提升员工的专业素质、专业技能和管理能力。

十六、普宁汇成村镇银行

2011 年起，普宁汇成村镇银行各营业网点坚持晨会制度，规范服务，全面提高服务质量和服务水平。以学习培训提升员工素质，通过行内组织各类学习培训、聘请专业培训机构培训、选派员工外出参加各类培训等方式，坚持培训常态化、制度化。各营业网点还利用班前班后，周末等时间，由会计主管带头组织员工进行轮流培训，重点提升一线柜员的业务技能，培训内容涵盖点钞技能、上机操作、打字录入、营销技能等内容，以提高整体员工队伍综合素质为出发点，外树形象，内强素质。

二、学历教育

1986 年以来，全市金融机构贯彻落实中共中央《关于改革和发展成人教育的决定》精神，按照各单位上级机关“领导干部大专化，一般十部中专化”的要求，以文化教育为基础、以专业教育为重点，采取多种形式、多个层次的成人教育，举办各种学历教育，以提高现有干部职工的文化水平，改变干部职工的知识结构。中专学历教育包括函授中专、中等专业证书教育、职工自学中专。大专学历教育包括各种脱产大专、业余电大、脱产电大、金融函授电大、党政函授电大、大专专业证书教育等。本科和研究生班教育为“专升本”教育。

一、人行揭阳市中心支行

1991 年，成人教育转轨为以开展岗位培训为重点。

1994 年，人行揭阳分行规定，支行副行级以上、分行副科级以上干部因未达大专学历而报考就读大专学历，取得国家承认的大专毕业证书者，学费补助 50%；副科以上干部虽已达大专学历，但所学专业与岗位不对口，报考就读大专学历，取得国家承认的大专毕业证书者，学费补助 50%。一般干部已达中专学历报考就读大专以上学历，只能业余学习，费用自理；新入行者未达中专学历而报考就读中专，取得国家承认的中专毕业证书者，学费补助 50%。

1996 年，人行总行规定，干部参加电大、函大、夜大普通专科班等成人教育学习取得的学历，必须是在国家教委指定的具有颁发学历证书资格的高等院校学习，参加并通过成人教育入学考试，学习期满，成绩合格，符合上述条件，其学历准予承认。

1999 年，学历教育遵循“专业对口，学以致用，业余为主，鼓励自学”的原则。提倡干部参加教育部承认的学历教育。干部经批准参加业余学习，费用自理。取得国民教育系列学历者，给予一次性奖励：中专 800 元、大专 1000 元、本科 1500 元、硕士及以上 3000 元。参加国内脱产学习培训的干部，应为单位服务一定的时间。

2002 年 6 月，中办、国办转发《中组部、人事部、教育部、国务院学位委员会关于加强和规范干部学历、学位管理工作的意见》。人行总行党委办公室明确指出，社会及各行业举办的各种形式的课程进修班、证书班只作为一种学历经历，不能认定学历。市中心支行对全系统干部职工的学历、学位组织一次全面的检查清理，未发现有虚假学历、学位情况。

通过多年努力，揭阳人行系统员工大中专学历人数大为增加，至 2018 年 12 月，研究生以上学历人员有 9 人，本科学历人数 170 人，分别占全行总人数的 4% 和 75%，分别比 2000 年提高 4 个和 62.77 个百分点；大专学历人数 40 人，占全行总人数的 17.78%，比 2000 年下降 27.99 个百分点；中专及以下人数 6 人，占全行总人数的 2.7 %，比 2000 年下降 39.3 个百分点。2004 年，人行总行规定人民银行正式职工在职或脱产参加各种形式学习，通过继续教育取得高于本人原学历或学位的，均应经人事部门认定后，方能变更并记入本人档案。

1999—2018 年人行揭阳市中心支行系统学历结构情况统计表

表 4-3　　单位：人

年份	从业人数	硕士研究生以上	大学本科		大学专科		中专及以下
			人数	其中：党校本科人数	人数	其中：党校大专人数	
1999	326	0	37	--	145	--	144
2000	319	0	39	--	146	--	134
2001	319	0	53	--	147	--	119
2002	317	0	54	--	165	--	98
2003	259	0	41	--	141	--	77
2004	258	0	43	1	140	22	75
2005	258	0	43	1	140	22	75
2006	249	1	50	1	139	22	59
2007	247	2	54	1	136	19	55
2008	244	2	64	0	130	17	48

续表 4-3

年份	从业人数	硕士研究生以上	大学本科		大学专科		中专及以下
			人数	其中：党校本科人数	人数	其中：党校大专人数	
2009	242	2	79	2	118	15	43
2010	242	2	109	2	93	15	38
2011	243	2	123	2	82	15	36
2012	240	3	129	2	79	14	29
2013	236	3	131	2	78	13	24
2014	230	5	136	2	69	12	20
2015	228	7	142	2	62	10	17
2016	228	8	153	2	51	5	16
2017	227	9	161	2	47	4	10
2018	225	9	170	2	40	2	6

二、工行揭阳分行

工行揭阳分行成立初期，青年员工占大部分，初中、高中学历占比一半以上。为此，揭阳分行对干部职工学历教育同岗位一起抓，以优惠劳工、劳资制度激励青年人读书，用以文化兴行。安排好在学人员工作与学习考试的时间关系，使青年员工学习与工作两不误，函授更高的学历层次，同时择优聘用到业务重点岗位，有的提拔到领导岗位上，使所学的专业知识学以致用，充分发挥员工的才华。在重视在职员工学历教育的同时，接收部分大学生。至 1998 年，全行大学本科人数 28 人，占总人数 3.39%；大专学历 245 人，占总人数 29.59%；专科以下 555 人，占总人数 67.02%。1999 年以后，多次批量接收大中专生，员工学历结构发生很大变化。至 2018 年 12 月，全行有硕士研究生 4 人，占总人数 0.67%；大学本科生 366 人，占总人数 61.72%；大专生 161 人，占总人数 27.15%；专科以下学历 62 人，占总人数 10.46%。

1992—2018 年工行揭阳分行系统学历结构情况统计表

表 4-4　　单位：人

年份	从业人数	大专及以上	高中及以下
1992	771	280	491
1993	866	280	586
1994	868	275	593
1995	872	275	597
1996	854	274	580
1997	835	274	561
1998	828	273	555

续表 4-4

年份	从业人数	大专及以上	高中及以下
1999	771	220	551
2000	771	220	551
2001	773	221	552
2002	779	219	560
2003	686	219	467
2004	614	219	395
2005	558	197	361
2006	528	150	378
2007	506	134	372
2008	502	123	379
2009	506	115	391
2010	521	110	411
2011	548	97	451
2012	561	90	471
2013	587	80	507
2014	608	77	531
2015	601	74	527
2016	601	74	527
2017	598	70	528
2018	593	62	531

三、农行揭阳分行

农行揭阳分行自成立以来，高学历人员比例逐年增长。至 2018 年 12 月，学历人才队伍情况：最高学历研究生 2 人，本科学历 404 人，大专及以下学历 523 人。

2010—2018 年农行揭阳分行系统学历结构情况统计表

表 4-5　　单位：人

年份	从业人数	硕士研究生	大学本科	大专及以下
2010	965	3	221	741
2011	967	3	231	733
2012	969	4	249	716

续表 4-5

年份	从业人数	硕士研究生	大学本科	大专及以下
2013	1000	3	296	701
2014	1000	2	316	682
2015	1008	2	345	661
2016	989	2	351	636
2017	957	2	374	581
2018	929	2	404	523

四、中行揭阳分行

中行揭阳分行自成立以来高学历人员比例逐年增长。至 2018 年 12 月，全行从业人数 549 人，学历情况：高中以上学历 518 人，高中以下学历 31 人。

1980—2018 年中行揭阳分行系统学历结构情况统计表

表 4-6　　单位：人

年份	从业人数	高中及以下	大专及以上
1980	115	90	25
1981	142	103	39
1982	149	107	42
1983	157	109	47
1984	167	111	55
1985	174	117	57
1986	198	137	61
1987	217	147	70
1988	266	174	92
1989	292	184	108
1990	322	198	124
1991	347	207	140
1992	405	236	170
1993	449	230	219
1994	503	242	261
1995	537	246	291
1996	552	244	308

续表 4-6

年份	从业人数	高中及以下	大专及以上
1997	597	270	327
1998	610	265	345
1999	630	267	363
2000	552	197	355
2001	551	184	367
2002	549	281	268
2003	535	163	372
2004	528	146	382
2005	520	139	381
2006	504	131	373
2007	500	125	375
2008	484	110	374
2009	487	106	381
2010	488	97	391
2011	489	92	397
2012	514	180	334
2013	489	72	417
2014	523	68	455
2015	517	57	460
2016	525	49	476
2017	540	36	504
2018	549	31	518

五、建行揭阳市分行

建行揭阳市分行自成立以来，高学历人员比例逐年增长。至 2018 年 12 月，全行从业人数 542 人，高中以上学历 496 人，高中以下学历 46 人。

1993—2018 年建行揭阳市分行系统学历结构情况统计表

表 4-7　　单位：人

年份	从业人数	研究生	本科生及大专生	高中及以下
1993	332	0	119	213

续表 4-7

年份	从业人数	研究生	本科生及大专生	高中及以下
1994	391	0	144	247
1995	422	0	169	253
1996	526	0	202	329
1997	534	0	216	318
1998	539	0	235	304
1999	680	0	331	349
2000	672	0	324	349
2001	663	0	322	341
2002	653	0	333	320
2003	515	2	302	211
2004	494	2	292	199
2005	468	2	302	164
2006	467	2	309	156
2007	457	1	326	130
2008	458	4	328	126
2009	462	3	340	119
2010	471	2	361	108
2011	520	2	416	102
2012	559	2	463	94
2013	573	2	479	92
2014	579	2	492	85
2015	577	2	503	72
2016	570	2	501	67
2017	554	3	493	58
2018	542	4	492	46

六、交通银行揭阳分行

交通银行揭阳支行至 2018 年 12 月学历情况：本科及以上学历 304 人，大学专科学历 169 人，中专及以下学历 24 人。2018 年大部分员工已通过网络学习平台完成相关业务知识的学习，在解决工学矛盾的同时提升自身素质能力。

2008—2018年交通银行揭阳分行系统学历结构情况统计表

表4-8　　单位：人

年份	从业人数	硕士研究生	本科	大专	中专及以下
2008	347	0	40	175	132
2009	391	0	58	203	130
2010	410	0	77	198	135
2011	442	0	89	218	135
2012	463	0	144	236	83
2013	500	1	188	267	44
2014	499	1	217	241	40
2015	503	1	239	229	34
2016	503	1	252	215	35
2017	500	1	285	187	27
2018	497	3	301	169	24

七、邮储行揭阳市分行

邮储行揭阳市分行至2018年12月学历情况：本科以上学历304人，大专学历169人，大专以下学历24人。

2009—2018年邮储行揭阳市分行系统学历结构情况统计表

表4-8　　单位：人

年份	从业人员	本科以上	大专	大专以下
2009	391	58	203	130
2010	410	77	198	135
2011	442	89	218	135
2012	463	144	236	83
2013	499	188	267	44
2014	499	218	241	40
2015	503	240	229	34
2016	503	253	215	35
2017	500	286	187	27
2018	497	304	169	24

八、广发行普宁支行

广发银行普宁支行自1996年开业以来，因业务产品多样化及专业性需求，职工人数逐年上升。2011年12月至2017年，人员基本保持稳定。2018年按照《广发银行分行内设机构及主要职责、岗位编制三定工作方案》，实现职责明晰、流程优化、人员配置与机构运转精干高效的工作目标，支行按规定全面完成定机构、定编制和定人员的“三定”各项工作。截至12月，全行在职员工人数36人。

1996—2018年广发行普宁支行系统学历结构情况统计表

表4-9　　单位：人

年份	从业人数	大专以下	大专	本科以上
1996	16	6	10	0
1997	20	11	9	0
1998	20	9	10	1
1999	24	12	11	1
2000	24	7	16	1
2001	24	7	16	1
2002	27	9	16	2
2003	25	5	19	1
2004	26	5	20	1
2005	26	5	18	3
2006	26	3	17	6
2007	26	3	16	7
2008	26	3	15	8
2009	28	4	15	9
2010	30	4	15	11
2011	33	4	15	14
2012	35	4	13	18
2013	33	4	13	16
2014	31	2	11	18
2015	36	3	10	23
2016	37	4	10	23
2017	38	4	10	24
2018	36	4	8	24

九、民生银行揭阳分行

民生银行揭阳分行根据上级行统一部署，鼓励员工不断提升学历教育水平，由上级分行发起读书学习计划，推荐书单，由员工自行购买或推荐统一购买、发送手机APP等电子课程的方式，同时在一定的标准和学习效果前提下给予一定的学习经费补贴及凭学历证书报销部分学费等途径鼓励员工参加在职学历教育，提升员工总体素质水平。

2014—2018年民生银行揭阳分行系统学历结构情况统计表

表4-10　　单位：人

年份	从业人数	硕士研究生	本科	大专	中专、高中
2014	57	0	49	2	6
2015	68	1	58	3	6
2016	78	1	67	4	6
2017	72	1	61	4	6
2018	73	1	62	4	6

十、南粤银行揭阳分行

南粤银行揭阳分行自成立以来，高学历人员比例逐年增长。至2018年12月，全行有研究生学历1人，本科学历48人，大专学历12人。

2014—2018年南粤银行揭阳分行系统学历结构情况统计表

表4-11　　单位：人

年份	研究生	本科	大专
2014年	0	46	11
2015年	1	51	12
2016年	0	60	11
2017年	0	56	13
2018年	1	48	12

十一、东亚银行揭阳支行

东亚银行揭阳支行自成立以来，高学历人员比例逐年增长。至2018年12月，全行有本科学历10人。

2014—2018年东亚银行揭阳支行系统学历结构情况统计表

表4-12　　单位：人

年份	硕士及以上	本科	专科	专科以下
2014	0	11	2	0

续表 4-12

年份	硕士及以上	本科	专科	专科以下
2015	0	12	1	0
2016	0	13	0	0
2017	0	12	0	0
2018	0	10	0	0

十二、揭阳农商行

揭阳农商行改制以来，通过与广东金融学院继续教育学院高校合作办学，举办本科函授班，积极协调各基层单位，鼓励员工参加各种学历教育，通过抓好员工队伍学历教育，改善员工队伍学历结构。共招聘高校毕业生 235 名，其中硕士研究生以上学历人员 15 名，211 工程院校毕业生 34 名，专科以上学历人员 235 名。2014 年，印发《广东揭阳农商行股份有限公司员工招聘管理实施细则》，要求招聘对象按照岗位需求不同确定相应的应聘条件：招聘柜台人员应为大学专科（含）以上毕业生；招聘其他业务岗位人员应为大学本科（含）以上毕业生；招聘分支行管理人员培训生应为国家“211 工程院校”本科（含）以上毕业生；招聘总行管理人员培训生应为研究生（含）以上毕业生。截至 2018 年 12 月底，在职员工 654 人，具备大专毕业及以上 636 人，占 97.25%。其中大专毕业员工 133 人，占 20.34%；本科毕业 481 人，占 73.55%；研究生毕业 22 人，占 3.36%。

2007—2018 年揭阳农商行系统学历结构情况统计表

表 4-13　　单位：人

年份	从业人员	研究生及以上	本科	大专	高中中专及以下
2007	465	0	95	257	113
2008	481	0	117	272	92
2009	461	2	187	186	86
2010	473	3	206	191	73
2011	504	2	237	204	61
2012	518	5	250	210	53
2013	541	8	326	190	17
2014	576	11	381	177	7
2015	604	13	401	184	6
2016	603	13	421	163	6
2017	641	17	453	151	20
2018	654	22	481	133	18

十三、揭东农商行

揭东农商行鼓励员工提升自身素质，包括参加函授、在职教育等。2006年以来，全行面向社会公开招聘，大学学历员工占比逐步提高，部分员工在职函授大学专科及本科，个别员工研读在职研究生，高学历员工占比稳步提升。

2004—2008年揭东农商行系统学历结构情况统计表

表4-14　　单位：人

年份	从业人员	研究生	本科	专科	高中、中专
2004	731	0	36	272	423
2005	717	0	70	299	348
2006	708	0	70	305	333
2007	719	0	85	340	294
2008	725	0	101	423	201

十四、普宁农商行

坚持落实人才兴行的发展战略为方向，鼓励干部职工在不影响正常工作的前提下，自愿参加的各种函授、自学考试等形式的学历教育，取得函授、自学考试学历教育毕业的，按一定比例予以报销学费。专业技术职务采取2种形式，在中国农业银行管理时期，专业技术职务采取评审取得的形式。脱钩中国农业银行普宁市支行后，专业技术职务采取参加国家统一考试，对获取专业技术资格者采取聘任制。至2018年12月，全行从业人数929人，学历情况：大专以上学历844人，大专以下学历85人。

2006—2018年普宁农商银行系统学历结构情况统计表

表4-15　　单位：人

年份	从业人员	本科以上	大　专	大专以下
2006	794	114	412	268
2007	811	160	416	235
2008	809	196	418	195
2009	839	285	389	165
2010	856	315	389	152
2011	867	368	367	132
2012	881	400	353	128
2013	890	447	324	119
2014	925	506	302	117
2015	954	549	292	113

续表 4-15

年份	从业人员	本科以上	大 专	大专以下
2016	948	576	272	100
2017	931	601	233	97
2018	929	622	222	85

十五、揭西农商行

坚持以落实人才兴行的发展战略为方向，干部职工在不影响正常工作的前提下，鼓励干部职工参加业余学历进修。在 2000 年 1 月 1 日起，揭西农商行干部职工享受公费业余学历进修须具备以下条件：参加共计满 2 年以上；最高学历未达大专毕业以上；尚未享受过公费学历进修；所在单位费用列支在本身承受能力之内，符合以上四个条件，并经批准，干部职工方可享受公费业余学历进修的资格。至 2018 年 12 月，全行从业人数 576 人，学历情况：大专以上学历 542 人，大专以下学历 34 人。

1996 — 2018 年揭西农商行系统学历结构情况统计表

表 4-16　　单位：人

年份	从业人员	本科以上	大 专	大专以下
1996	494	1	52	441
1997	507	1	97	409
1998	515	2	104	409
1999	515	2	119	394
2000	507	2	162	343
2001	497	1	164	332
2002	485	1	208	276
2003	480	1	220	259
2004	480	1	250	229
2005	479	1	253	225
2006	462	3	264	195
2007	481	13	295	173
2008	468	24	296	148
2009	518	46	355	117
2010	530	82	344	104
2011	546	135	308	103
2012	551	195	289	67
2013	553	227	261	65

续表 4-16

年份	从业人员	本科以上	大专	大专以下
2014	571	256	257	58
2015	565	262	251	52
2016	566	285	239	41
2017	571	322	214	35
2018	576	341	201	34

十六、普宁汇成村镇银行

在员工培训体系建设方面，各营业网点坚持晨会制度，规范服务，全面提高全行的服务质量和服务水平。以学习培训提升员工素质，通过行内组织各类学习培训、聘请专业培训机构培训、选派员工外出参加各类培训等方式，坚持培训常态化、制度化。各营业网点还利用班前班后，周末等时间，由会计主管带头组织员工进行轮流培训，重点提升一线柜员的业务技能，培训内容涵盖点钞技能、上机操作、打字录入、营销技能等内容，以提高整体员工队伍综合素质为出发点，外树形象，内强素质。

2011—2018 年普宁汇成村镇银行系统学历结构情况统计表

表 4-17　　单位：人

年份	从业人数	研究生	本科	大专及以下
2011	33	0	9	24
2012	37	0	12	25
2013	81	0	19	62
2014	119	0	35	84
2015	166	1	62	103
2016	188	1	70	117
2017	204	1	96	107
2018	218	1	106	111

十七、惠来联社

惠来联社自成立以来，高学历人员比例逐年增长。至 2018 年 12 月，全行从业人数 425 人，学历情况：大专以上学历 376 人，高中、中专及以下学历 49 人。

2008—2018 年惠来联社系统学历结构情况统计表

表 4-18　　单位：人

年份	从业人数	研究生	本科	专科	高中、中专及以下
2008	310	0	46	132	132

续表 4-18

年份	从业人数	研究生	本科	专科	高中、中专及以下
2009	317	0	47	175	95
2010	328	0	64	177	87
2011	337	0	75	186	76
2012	353	0	95	181	77
2013	373	0	102	194	77
2014	383	0	165	149	69
2015	396	0	183	149	64
2016	420	0	188	172	60
2017	426	0	215	157	54
2018	425	1	222	153	49

三、专业技术职务评聘

1986 年，全县金融机构恢复 1983 年暂停的专业技术职务评审聘任制度。专业技术职称实行任职资格与职务聘任分离。任职资格实行委员会评审制，分专业逐级成立评审委员会，根据学历、从业年限、业务水平等条件进行评定。1987 年，全县各专业银行进行职称评审改革，采取以聘定评，评聘结合的“等额评聘”方法进行评定。1988 年，揭阳人行系统按照行政干部管理权限对专业技术人员进行管理，建立专业技术人员考核制度，每年结合年终总结进行；实行专业技术职务任命制，任期 3 年（1991 年改为 2 年），高级、中级分别由总、省行负责，市分行负责初级专业技术职务任职资格评审。

1992 年起，全市各金融机构改革所有专业技术职称评聘工作，把“考核”改为“考试”。凡申请专业技术职务人员，参加人事部组织的统考，考试合格后才有资格参加专业技术职务的认定和考核，然后取得职务资格证书。1993 年 9 月，工行揭阳分行主要领导等参加总行的高级政工师的考评，4 人获得高级政工师资格，分行落实聘任。同时，鼓励各专业、各主要岗位干部职工参加系统内、系统外的经济、法律、会计等系列的高级、中级、初级专业技术职称考试、考评。并完善设岗定责，健全考核制度，加强聘后管理，强化竞争机制，充分发挥聘任制的优势和活力，保证专业技术职务评聘工作沿着德才兼备原则的正确方向发展。

1996 年，揭西县农信社有专业技术人员总人数 279 人，其中，中级及以上职称 18 人，初级职称 261 人。

1997 年 6 月起，辖内人民银行系统设置的职称系列中，凡人事部已统一组织实行以考代评职称资格的专业，不再组织资格评审，直接参加聘任评定。人行揭阳分行还规定职称聘任比例，分、支行高级专业技术职务岗位职数分别占本单位专业技术人员总数的 6%~9%、1%~2%；中级专业技术职务岗位职数分别占本单位专业技术人员总数的 30%~35%、20%~30%。1998 年，全市农村信用社专业人员的专业技术资格由人行代评。其中，高级专业技术资格由人行总行评委会代评；申报条件按中国人民银行现行办法执行，评审条件比照人民银行各专业评审细则执行。揭西县农信社有专业技术人员总人数281人，其中，中级及以上职称17人，初级职称264人。

1998年，揭西县农信社有专业技术人员总人数267人，其中，中级及以上职称15人，初级职称252人。

1999年起，人行揭阳市中心支行系统各系列专业技术人员在担任和晋升中、高级专业技术职务时，都应参加全国专业技术人员职称外语等级统一考试，并取得有效成绩；专业技术职务任职资格实行考试、考核、答辩、评审相结合的办法确定。人行系统具备高级职称4人，占总人数的1.2%，中级职称98人，占总人数的30.1%；初级职称163人，占总人数的50.0%；中支机关高级职称3人，中级职称50人，初级职称67人。普宁市支行中级职称14人，初级职称34人；惠来县支行中级职称9人，初级职称24人；揭西县支行高级职称1人，中级职称20人，初级职称25人；揭东县支行中级职称5人，初级职称13人。揭西县农信社有专业技术人员总人数257人，其中，中级及以上职称14人，初级职称243人。

2000年，人行揭阳市中心支行系统具备高级职称3人，占总人数的0.9%，中级职称94人，占总人数的29.5%；初级职称164人，占总人数的51.4%；中支机关高级职称2人，中级职称49人，初级职称68人。普宁市支行中级职称10人，初级职称34人；惠来县支行中级职称9人，初级职称26人；揭西县支行高级职称1人，中级职称20人，初级职称24人；揭东县支行中级职称6人，初级职称12人。揭西县农信社有专业技术人员总人数248人，其中，中级及以上职称11人，初级职称237人。

2001年，人行揭阳市中心支行系统具备专业技术职称资格人员保持稳定增长。人行系统具备高级职称2人，占总人数的0.6%，比上年减少1人，减少33.3%；中级职称108人，占总人数的33.9%，比上年增加14人，增长14.9%；初级职称175，占总人数的54.9%，比上年增加11人，增长6.7%。人行揭阳市中心支行系统有人员321人，评聘高级专业技术职务2人，其中，中支机关1人，占机关0.67%；揭西县支行1人，占2%；中级专业技术职务109人，其中中支机关64人，占43%；普宁市支行11人，占21.15%；惠来县支行11人；占24.44%，揭西县支行17人；占35.42%，揭东县支行6人，占22.22%。2002年，人行揭阳市中心支行系统具备专业技术职称资格人员保持稳定增长。全市具备高级职称2人，占总人数0.6%，比上年减少1人，减少33.3%；中级职称108人，占总人数33.9%，比上年增加14人，增长14.9%；初级职称175人，占总人数的54.9%，比上年增加11人，增长6.7%。揭西县农信社有专业技术人员总人数215人，其中，中级及以上职称10人，初级职称205人。

2002年，建行揭阳市分行进行人事与激励约束机制改革，设置新的专业技术岗位职务序列，由计算机工程师、客户经理等职务系列构成的专业技术岗位职务序列，实行分级分类管理；建立专业技术岗位任职资格管理制度；原专业技术职务不再续聘。揭西县农信社有专业技术人员总人数224人，其中，中级及以上职称10人，初级职称214人。

2003年，人行揭阳市中心支行系统全市具备高级职称3人，比上年增加1人，占总人数的0.97%；中级职称120人，比上年增加2人，占总人数的8.71%；初级职称156人，比上年减少8人，占总人数的50.32%。揭西县农信社有专业技术人员总人数234人，其中，中级及以上职称12人，初级职称222人。

2004年，人行揭阳市中心支行系统有专业技术人员219人，占全市员工总数的85.21%，其中经济系列129人，占总人数的50.19%；会计系列34人，占比13.23%；工程系列8人，占比3.11%；政工系列48人，占比18.68%。按级别统计，具备高级职称3人，与上年持平，占总人数1.17%；中级职称87人，占总人数33.85%；初级职称129人，占总人数50.19%。揭阳农商行共聘任中初级职务208人，其中经济师7人，会计师1人，政工师7人，助理经济师111人，助理会计师19人，助理政工师8人，会计员 43 人，经济员 12 人。揭东县农信社有专业技术人员总人数 354 人，其中，中级职称 26 人，初级职称 328 人。揭西县农信社有专业技术人员总人数 242 人，其中，中级及以上职称 16 人，初级职称 226 人。

2005 年，人行总行调整职称外语考试有关规定，对年龄男满 55 周岁，女满 50 周岁，或在学、工作时已使外语水平达到一定程度的，可以申请免考。同年，根据专业技术人员队伍总体结构的变化和人行总行通知，人行揭阳市中心支行对分支机构的专业技术结构比例进行调整，中级专业技术职务结构比例调整为 45%~50%，县支行中级专业技术职务结构比例调整为 35%~40%。人行揭阳市中心支行系统共有专业技术人员 144 人，具备高级职称 5 人，比上年增加 1 人，占总人数 0.97%；中级职称 83 人，比上年增加 2 人，占总人数 38.71%；初级职称 56 人，比上年减少 8 人，占总人数 50.32%。揭东县农信社有专业技术人员总人数 250 人，其中，中级职称 26 人，初级职称 224 人。2005 年，揭西县农信社有专业技术人员总人数 249 人，其中，中级及以上职称 28 人，初级职称 221 人。

2006 年，人行揭阳市中心支行系统的专业技术职称评定基本按原有办法进行。人行揭阳市中心支行系统共有专业技术人员 212 人，占全市员工总数的 85.48%，其中经济系列 129 人；会计系列 2 人；工程系列 9 人；政工系列 48 人。按级别统计，具备高级职称 4 人；中级职称 97 人；初级职称 111 人。揭东县农信社有专业技术人员总人数 304 人，其中，中级职称 40 人，初级职称 264 人。普宁市农信社有专业技术人员总人数 329 人，其中，中级及以上职称 90 人，初级职称 239 人。揭西县农信社有专业技术人员总人数 249 人，其中，中级及以上职称 31 人，初级职称 218 人。

2007 年，人行揭阳市中心支行系统有专业技术人员 210 人，占全市员工总数的 85.71%，其中经济系列 127 人，占总人数的 60.48%；会计系列 28 人，占比 13.33%；工程系列 9 人，占比 4.28%；政工系列 46 人，占比 21.90%。按级别统计，具备高级职称 5 人；中级职称 93 人；初级职称 112 人。揭东县农信社有专业技术人员总人数 401 人，其中，中级职称 57 人，初级职称 344 人。普宁市农信社有专业技术人员总人数 455 人，其中，中级及以上职称 132 人，初级职称 323 人。揭西县农信社有专业技术人员总人数 259 人，其中，中级及以上职称 40 人，初级职称 219 人。

2008 年，人行揭阳市中心支行系统共有干部和聘用干部身份专业技术人员 212 人，占总人数的 86.9%，其中：高级职称 5 人，中级职称 107 人，初级职称 100 人，分别占干部身份的专业技术人员总数的 2.40%、50.50%、47.10%。经济系列人数 131 人，占专业技术人员总数的 61.8%，政工系列和会计系列次之，人数分别为 44 人和 28 人，占专业技术人员总数的 20.8% 和 13.2%，工程系列人才明显不足，只有 9 人，占专业技术人员总数的 4.2%。邮储行揭阳市分行有专业技术人员总人数 34 人，其中，中级职称 12 人，初级职称 22 人。揭东县农信社有专业技术人员总人数 393 人，其中，中级职称 62 人，初级职称 331 人。普宁市农信社有专业技术人员总人数 473 人，其中，中级及以上职称 163 人，初级职称 310 人。揭西县农信社有专业技术人员总人数 285 人，其中，中级及以上职称 32 人，初级职称 253 人。惠来联社有专业技术人员总人数 149 人，其中，中级及以上 18 人，初级职称 131 人。

2009 年，人行揭阳市中心支行系统有干部和聘用干部身份专业技术人员 213 人，占总人数的 88%，其中：高级职称 3 人，中级职称 113 人，初级职称 97 人，分别占干部身份的专业技术人员总数的 1.4%、53.1%、45.5%。经济系列人数 134 人，占专业技术人员总数的 62.9%，政工系列和会计系列次之，人数分别为 41 人和 27 人，占专业技术人员总数的 19.2% 和 12.7%，工程系列人才明显不足，只有 11 人，占专业技术人员总数的 5.2%。邮储行揭阳市分行有专业技术人员总人数 42 人，其中，中级职称 12 人，初级职称 30 人。揭东县农信社有专业技术人员总人数 338 人，其中，中级职称 95 人，初级职称 243 人。

普宁市农信社有专业技术人员总人数486人，其中，中级及以上职称186人，初级职称300人。揭西县农信社有专业技术人员总人数327人，其中，中级及以上职称109人，初级职称218人。惠来联社有专业技术人员总人数158人，其中，中级及以上27人，初级职称131人。

2010年，人行揭阳市中心支行系统有干部和聘用干部身份专业技术人员212人，占总人数的87.6%，其中：高级职称3人，中级职称113人，初级职称96人，分别占干部身份的专业技术人员总数的1.4%、53.1%、45.5%。经济系列人数133人，占专业技术人员总数的62.73%，政工系列和会计系列次之，人数分别为41人和25人，占专业技术人员总数的1.89%和11.79%，工程系列14人，占专业技术人员总数的6.60%。农行揭阳分行有专业技术人员总人数732人，其中，副高级职称4人，中级职称174人，助理级449人，员级107人。邮储行揭阳市分行有专业技术人员总人数52人，其中，中级职称13人，初级职称39人。揭东县农信社有专业技术人员总人数338人，其中，中级职称95人，初级职称243人。普宁市农信社有专业技术人员总人数536人，其中，中级及以上职称235人，初级职称301人。揭西县农信社有专业技术人员总人数268人，其中，中级及以上职称52人，初级职称216人。惠来联社有专业技术人员总人数165人，其中，中级及以上33人，初级职称132人。

2011年，人行揭阳市中心支行系统共有干部和聘用干部身份专业技术人员215人，占总人数的88.5%，其中：高级职称3人，中级职称114人，初级职称98人，分别占干部身份的专业技术人员总数的1.4%、53%、45.6%。经济系列人数137人，占专业技术人员总数的64.02%，政工系列和会计系列次之，人数分别为40人和24人，占专业技术人员总数的18.69%和11.21%，工程系列13人，占专业技术人员总数的6.1%。农行揭阳分行有专业技术人员总人数729人，其中，副高级职称4人，中级职称173人，助理级445人，员级107人。邮储行揭阳市分行有专业技术人员总人数53人，其中，中级职称13人，初级职称40人。揭东县农信社有专业技术人员总人数342人，其中，中级职称101人，初级职称241人。普宁市农信社有专业技术人员总人数546人，其中，中级及以上职称278人，初级职称268人。揭西农商行有专业技术人员总人数277人，其中，中级及以上职称81人，初级职称196人。普宁汇成村镇银行有专业技术人员总人数9人，其中，中级职称5人，初级职称4人。惠来联社有专业技术人员总人数159人，其中，中级及以上31人，初级职称128人。

2012年，人行揭阳市中心支行系统共有干部和聘用干部身份专业技术人员216人，占总人数的88.8%，其中：高级职称3人，中级职称116人，初级职称94人，分别占干部身份的专业技术人员总数的1.4%、54.5%、44.1%。经济系列人数137人，占专业技术人员总数的63.8%，政工系列和会计系列人数分别为40人和24人，占专业技术人员总数的17.8%和11.3%，工程系列15人，占专业技术人员总数的7.1%。农行揭阳分行有专业技术人员总人数733人，其中，副高级职称5人，中级职称176人，助理级447人，员级105人。邮储行揭阳市分行有专业技术人员总人数53人，其中，中级职称13人，初级职称40人。揭东县农信社有专业技术人员总人数334人，其中，中级职称100人，初级职称234人。普宁市农信社有专业技术人员总人数537人，其中，中级及以上职称323人，初级职称214人。揭西农商行有专业技术人员总人数271人，其中，中级及以上职称81人，初级职称190人。普宁汇成村镇银行有专业技术人员总人数11人，其中，中级职称5人，初级职称6人。惠来联社有专业技术人员总人数167人，其中，中级及以上31人，初级职称136人。

2013年，人行揭阳市中心支行完成考核续聘各类专业技术资格人员45名、新聘初级专业技术资格人员2名、中级专业技术资格人员5名。农行揭阳分行有专业技术人员总人数731人，其中，副高级职称 5 人，中级职称 172 人，助理级 450 人，员级 104 人。邮储行揭阳市分行有专业技术人员总人数 70 人，其中，中级职称 15 人，初级职称 55 人。揭东县农信社有专业技术人员总人数 427 人，其中，中级职称 112 人，初级职称 315 人。普宁市农信社有专业技术人员总人数 541 人，其中，中级及以上职称 325 人，初级职称 216 人。揭西农商行有专业技术人员总人数 257 人，其中，中级及以上职称 80 人，初级职称 177 人。普宁汇成村镇银行有专业技术人员总人数 15 人，其中，中级职称 8 人，初级职称 7 人。惠来联社有专业技术人员总人数 166 人，其中，中级及以上 30 人，初级职称 136 人。

2014 年，人行揭阳市中心支行完成考核续聘各类专业技术资格人员 37 名、新聘初级专业技术资格人员 2 名、中级专业技术资格人员 6 名。农行揭阳分行有专业技术人员总人数 755 人，其中，副高级职称 6 人，中级职称 171 人，助理级 477 人，员级 101 人。民生银行揭阳分行有专业技术人员总人数 15 人，其中，初级会计师 7 人，中级会计师 1 人，中级经济师 7 人。南粤银行揭阳分行有专业技术人员总人数 16 人，其中，中级职称 9 人，初级职称 7 人。揭东农商行有专业技术人员总人数 410 人，其中，中级职称 109 人，初级职称 301 人。普宁市农信社有专业技术人员总人数 561 人，其中，中级及以上职称 329 人，初级职称 232 人。揭西农商行有专业技术人员总人数 298 人，其中，中级及以上职称 118 人，初级职称 180 人。普宁汇成村镇银行有专业技术人员总人数 26 人，其中，中级职称 8 人，初级职称 18 人。惠来联社有专业技术人员总人数 183 人，其中，中级及以上 33 人，初级职称 150 人。

2015 年，人行揭阳市中心支行系统共有专业技术人员 228 人，占总人数的 87.7%，其中：高级职称 5 人，中级职称 120 人，初级职称 75 人，分别占专业技术人员总数的 2.5%、60%、37.5%。农行揭阳分行有专业技术人员总人数 764 人，其中，副高级职称 4 人，中级职称 169 人，助理级 493 人，员级 98 人。邮储行揭阳市分行有专业技术人员总人数 70 人，其中，中级职称 15 人，初级职称 55 人。民生银行揭阳分行有专业技术人员总人数 16 人，其中，初级会计师 7 人，中级会计师 1 人，中级经济师 8 人。南粤银行揭阳分行有专业技术人员总人数 21 人，其中，中级职称 10 人，初级职称 11 人。揭东农商行有专业技术人员总人数 406 人，其中，中级职称 108 人，初级职称 298 人。普宁市农信社有专业技术人员总人数 607 人，其中，中级及以上职称 343 人，初级职称 264 人。揭西农商行有专业技术人员总人数 293 人，其中，中级及以上职称 118 人，初级职称 175 人。普宁汇成村镇银行有专业技术人员总人数 27 人，其中，中级职称 7 人，初级职称 20 人。惠来联社有专业技术人员总人数 184 人，其中，中级及以上 34 人，初级职称 150 人。

2016 年，人行揭阳市中心支行系统共有专业技术人员 228 人，占总人数的 87.7%，其中有高级职称 5 人，中级职称 125 人，初级职称 70 人，分别占干部身份的专业技术人员总数的 2.5%、62.5%、35%。农行揭阳分行有专业技术人员总人数 753 人，其中，副高级职称 4 人，中级职称 165 人，助理级 487 人，员级 97 人。邮储行揭阳市分行有专业技术人员总人数 70 人，其中，中级职称 15 人，初级职称 55 人。民生银行揭阳分行有专业技术人员总人数 18 人，其中，初级会计师 8 人，中级会计师 2 人，中级经济师 8 人。南粤银行揭阳分行有专业技术人员总人数 21 人，其中，中级职称 10 人，初级职称 11 人。揭东农商行有专业技术人员总人数 399 人，其中，中级职称 107 人，初级职称 292 人。普宁农商行有专业技术人员总人数 588 人，其中，中级及以上职称 351 人，初级职称 237 人。揭西农商行有专业技术人员总人数 284 人，其中，中级及以上职称 119 人，初级职称 165 人。普宁汇成村镇银行有专业技术人员总人数 30 人，其中，中级职称 8 人，初级职称 22 人。惠来联社有专业技术人员总人数 155 人，其中，中级及以上 27 人，初级职称 128 人。

2017年，人行揭阳市中心支行系统共有专业技术人员199人，占总人数的87.7%，其中：高级职称5人，中级职称122人，初级职称72人，分别占干部身份的专业技术人员总数的2.5%、61.3%、36.2%。农行揭阳分行有专业技术人员总人数744人，其中，副高级职称7人，中级职称165人，助理级479人，员级93人。邮储行揭阳市分行有专业技术人员总人数71人，其中，高级职称1人，中级职称15人，初级职称55人。民生银行揭阳分行有专业技术人员总人数18人，其中，初级会计师9人，中级会计师2人，中级经济师7人。南粤银行揭阳分行有专业技术人员总人数31人，其中，中级职称15人，初级职称16人。揭东农商行有专业技术人员总人数478人，其中，中级职称105人，初级职称373人。普宁农商行有专业技术人员总人数611人，其中，中级及以上职称362人，初级职称249人。揭西农商行有专业技术人员总人数332人，其中，中级及以上职称127人，初级职称205人。普宁汇成村镇银行有专业技术人员总人数63人，其中，中级职称8人，初级职称55人。惠来联社有专业技术人员总人数140人，其中，中级及以上36人，初级职称104人。

至2018年12月，人行揭阳市中心支行系统共有专业技术人员225人，占总人数的88.4%，其中有高级职称5人，中级职称122人，初级职称72人，分别占干部身份的专业技术人员总数的2.5%、61.3%、36.23%。工行揭阳分行有专业技术人员总人数421人，其中高级职称8人，中级职称190人，初级职称223人。农行揭阳分行有专业技术人员总人数700人，其中高级职称8人、中级职称163人、助理447人，员级82人。中行揭阳分行有专业技术人员总人数243人，其中高级职称5人、中级职称97人、助理141人。建行揭阳市分行有专业技术人员总人数438人，其中高级职称8人，中级职称125人，初级职称305人。交通银行揭阳分行有专业技术人员总人数94人，其中初级职称72人，中级及以上职称22人。邮储行揭阳市分行有专业技术人员71人，其中高级职称1人，中级职称15人，初级职称55人。广发揭阳支行有专业技术人员总人数57人，其中初级职称11人，中级及以上职称46人。民生银行揭阳分行有专业技术人员总人数21人，其中，初级会计师9人，中级会计师2人，中级经济师8人，初级职称2人。南粤银行揭阳分行有专业技术人员总人数32人，其中，中级职称16人，初级职称16人。揭东农商行有专业技术人员总人数373人，其中中级职称48人，初级职称325人。普宁农商行有专业技术人员总人数608人，其中，中级及以上职称372人，初级职称236人。揭西农商行有专业技术人员总人数325人，其中，中级及以上职称127人，初级职称198人。2018年，普宁汇成村镇银行有专业技术人员总人数30人，其中，中级职称9人，初级职称21人。惠来联社有专业技术人员总人数181人，其中，中级及以上40人，初级职称141人。

第二章 金融系统党建

第一节 党的组织队伍建设

人行揭阳市中心支行

1990年6月，中共人行揭阳县支行党组成立 。设党组书记1名，党组成员2名。1993年5月，设立人行揭阳分行党总支部，设党总支书记1名，组织委员1名，宣传委员1名，纪检委员1名，委员3名。1998年，人民银行党组织实行垂直领导、分级管理的体制。人行揭阳市中心支行机关党委设立党支部8个。其中设立中支机关党支部4个，分别为第一党支部、第二党支部、第三党支部、第四党支部；设立辖内支行党支部4个，分别为普宁市支行党支部、揭东县支行党支部、惠来县支行党支部、揭西县支行党支部。2004年3月22日，中共银行业监督管理委员会揭阳监管分局委员会成立，部分党员党籍随人员迁至揭阳银监分局。2017年7月，中共人行广州分行揭阳押运中心支部委员会成立；12月，人行揭阳市中心支行机关按“支部建在科室上”调整机关党支部建制，中支机关党支部由5个增设至19个。至2018年12月，人行揭阳市中心支行系统有党委1个，机关党委1个，党支部23个，党员270名。

1998—2018年人行揭阳市中心支行系统党组织机构统计表

表4-19 单位：人

年份	党组织总数	其中			党员人数
		党委或党组	机关党委或党总支部	党支部	
1998	10	1	1	8	212
1999	11	1	1	9	217
2000	11	1	1	9	229
2001	11	1	1	9	247
2002	11	1	1	9	239
2003	11	1	1	9	267
2004	11	1	1	9	221
2005	11	1	1	9	226
2006	11	1	1	9	230
2007	11	1	1	9	237
2008	11	1	1	9	241
2009	11	1	1	9	241
2010	11	1	1	9	241

续表 4-19

年份	党组织总数	其中			党员人数
		党委或党组	机关党委或党总支部	党支部	
2011	11	1	1	9	248
2012	11	1	1	9	251
2013	11	1	1	9	253
2014	11	1	1	9	255
2015	11	1	1	9	259
2016	11	1	1	9	264
2017	25	1	1	23	268
2018	25	1	1	23	270

揭阳银监分局

2004 年 3 月，中共银行业监督管理委员会揭阳监管分局委员会成立。6 月，中共银行业监督管理委员会揭阳监管分局机关总支部委员会成立、中共银行业监督管理委员会揭阳监管分局机关第一支部委员会成立、中共银行业监督管理委员会揭阳监管分局机关第二支部委员会成立、中共银行业监督管理委员会揭阳监管分局机关第三支部委员会成立、中共银行业监督管理委员会揭阳监管分局普宁办事处支部委员会成立、中共银行业监督管理委员会揭阳监管分局揭西办事处支部委员会成立、中共银行业监督管理委员会揭阳监管分局惠来办事处支部委员会成立。

2010 年 7 月，调整为中共银行业监督管理委员会揭阳监管分局机关第一支部委员会、中共银行业监督管理委员会揭阳监管分局机关第二支部委员会、中共银行业监督管理委员会揭阳监管分局机关第三支部委员会、中共银行业监督管理委员会揭阳监管分局机关第四支部委员会、中共银行业监督管理委员会揭阳监管分局机关第五支部委员会。2017 年 9 月，增设中共银行业监督管理委员会揭阳监管分局机关第六支部委员会。

农发行揭阳市分行

1998 年 11 月 3 日，中共农发行揭阳市分行党组委会成立，党组成员 2 名，设党支部书记 1 名，党委委员 1 名。至 2018 年 12 月，农发行揭阳市分行有党组织 4 个，其中，党委或党组 1 个，党支部 3 个。党员 56 人。

2013—2018 年农发行揭阳市分行党组织机构统计表

表 4-20　　单位：人

年份	党组织总数	其中			党员人数
		党委或党组	机关党委或党总支部	党支部	
2013	3	1	0	2	53
2014	3	1	0	2	54

续表 4-20

年份	党组织总数	其中			党员人数
		党委或党组	机关党委或党总支部	党支部	
2015	3	1	0	2	54
2016	4	1	0	3	54
2017	5	1	0	4	55
2018	4	1	0	3	56

工行揭阳分行

1992 年 7 月 30 日，工行揭阳分行党支部成立，党组设书记 1 人，党组成员 2 人，党组纪委组组长 1 人。1998 年 9 月，中国工商银行系统党委成立，对全行党组织实行垂直领导。省行党委批准中共工行揭阳分行委员会、纪律检查委员会成立。1999 年 1 月 15 日，工行普宁市支行、惠来县支行、揭西县支行、榕城支行党总支成立；6 月，揭东县支行党支部成立；8 月，东山支行党支部成立，均隶属中共工行揭阳分行委员会。3 月 22 日，省行批准中共工行揭阳分行委员会办公室和中共工行揭阳分行委员会组织宣传部成立。办公室承办党委的日常工作，负责党员培训、党员思想政治工作等，党委的组织职能并入人事科，负责党的组织建设、党员管理和发展规划、领导班子建设、干部任免、调配等方面的工作。3 月 31 日，分行党委制定印发《中共工行揭阳分行委员会内部工作机构的主要职责》，系统党委办公室与行政办公室合署办公；系统党委组织宣传部与人事科合署办公。至 2018 年 12 月，工行揭阳分行有党组织 36 个，其中，党委或党组 1 个，机关党委或党总支部 6 个，党支部 29 个。党员 527 人。

1998—2018 年工行揭阳分行党组织机构统计表

表 4-21　　单位：人

年份	党组织总数	其中			党员人数
		党委或党组	机关党委或党总支部	党支部	
1998	7	1	0	6	391
1999	19	1	0	18	470
2000	24	1	5	23	449
2001	29	1	5	23	467
2002	29	1	5	23	498
2003	29	1	5	23	512
2004	29	1	5	23	529
2005	32	1	5	26	464
2006	32	1	5	26	463
2007	32	1	5	26	472

续表 4-22

年份	党组织总数	其中			党员人数
		党委或党组	机关党委或党总支部	党支部	
2008	32	1	5	26	476
2009	32	1	5	26	480
2010	32	1	5	26	492
2011	32	1	5	26	500
2012	32	1	5	26	507
2013	32	1	5	26	519
2014	32	1	5	26	528
2015	34	1	5	28	530
2016	34	1	5	28	529
2017	36	1	6	29	526
2018	36	1	6	29	527

农行揭阳分行

1992 年 7 月 6 日，农行揭阳分行党组成立，党组设书记 1 人，党组成员 2 人。1995 年 1 月 10 日，中国农行揭阳分行党支部成立，党组设书记 1 人，党组成员 6 人，党组纪委小组 5 人。至 2018 年年底，农行揭阳分行有党组织 96 个，其中，党委或党组 1 个，机关党委或党总支部 1 个，支行党委 5 个、党支部 89 个。党员 952 人。

2015—2018 年农行揭阳分行党组织机构统计表

表 4-23　　　　单位：人

年份	党组织总数	其中			党员人数
		党委或党组	机关党委或党总支部	党支部	
2015	87	7	1	79	951
2016	87	7	1	79	951
2017	87	7	1	79	951
2018	97	7	1	89	952

中行揭阳分行

1992 年 12 月，中共中行揭阳分行党组成立，党组成员 3 名。1993 年 1 月，设立中共中行揭阳分行纪律检查组。1993 年 5 月，设立中行揭阳分行机关党支部，1995 年 7 月设立中行揭阳分行机关党总支部，并设立本部、老干、市营1个党支部。1999年1月，中行揭阳分行成立中共中行揭阳分行委员会，同年3月，设立揭东支行党支部、普宁支行党支部、惠来支行党支部、渔湖支行党支部。1999年9月，成立共青团中行揭阳分行委员会。至2018年12月，中行揭阳分行有党组织47个，其中，党委或党组1个，机关党委或党总支部5个，党支部41个。党员366人。

1992—2018年中行揭阳分行党组织机构统计表

表4-24　　单位：人

年份	党组织总数	其中			党员人数
		党委或党组	机关党委或党总支部	党支部	
1992	1	1	0	0	0
1993	2	1	1	0	0
1994	2	1	1	0	0
1995	5	1	3	1	44
1996	5	1	3	1	45
1997	3	1	1	1	40
1998	5	1	3	1	53
1999	5	1	3	1	80
2000	10	1	8	1	255
2001	7	1	5	1	263
2002	10	1	8	1	270
2003	10	1	8	1	294
2004	10	1	8	1	289
2005	9	1	7	1	336
2006	15	1	13	1	340
2007	17	1	15	1	294
2008	17	1	15	1	306
2009	18	1	16	1	306
2010	18	1	16	1	311
2011	17	1	15	1	320
2012	17	1	15	1	336
2013	17	1	15	1	327
2014	17	1	15	1	339
2015	15	1	13	1	344

续表 4-24

年份	党组织总数	其中			党员人数
		党委或党组	机关党委或党总支部	党支部	
2016	30	1	28	1	351
2017	37	1	35	1	361
2018	47	1	5	41	366

建行揭阳市分行

1992 年 7 月，中共建行揭阳市分行党组成立，隶属中共揭阳市直属机关财贸系统委员会，党组成员 3 人。设党支部书记 1 名，党委委员 2 名。12 月，建行揭阳市分行设置中国共产党中国人民建设银行揭阳市分行党组、中国共产党中国人民建设银行揭阳市分行机关党支部，隶属中共揭阳市直属机关财贸系统委员会，党组成员 3 人，设委员会书记 1 名，党委委员 2 名。1998 年 12 月，建行揭阳市分行设置 13 个基层党组织，其中党委 1 个，党总支部 1 个，党支部 11 个，隶属中国建设银行广东省分行党委。党委成员 3 人。设委员会书记 1 名，党委委员 2 名。1999 年 6 月，建行揭阳市分行设置 14 个基层党组织，其中党委 2 个（1 个机关党委），党总支部 1 个，党支部 11 个，隶属中国建设银行广东省分行党委。党委成员 3 人。设委员会书记 1 名，党委委员 2 名。2000 年 6 月，建行揭阳市分行设置 16 个基层党组织，其中党委 2 个（1 个机关党委），党总支部 1 个，党支部 13 个，隶属中国建设银行广东省分行党委。党委成员 3 人。设委员会书记 1 名，党委委员 2 名。2004 年 1 月，建行揭阳市分行设置 13 个基层党组织，其中党委 1 个，党总支部 1 个，党支部 11 个，隶属中国建设银行广东省分行党委。党委成员 4 人。设委员会书记 1 名，党委委员 3 名。2005 年 7 月，建行揭阳市分行设置 10 个基层党组织，其中党委 1 个，党支部 9 个，隶属中国建设银行广东省分行党委。党委成员 4 人。设委员会书记 1 名，党委委员 3 名。2015 年 3 月，建行揭阳市分行设置 11 个基层党组织，其中党委 1 个，党支部 10 个，隶属中国建设银行广东省分行党委。党委成员 5 人。设委员会书记 1 名，党委委员 4 名。至 2018 年 12 月，建行揭阳市分行有党组织 29 个，其中，党委或党组 1 个，机关党委或党总支部 3 个，党支部 25 个。党员 365 人。

1992—2018 年建行揭阳市分行党组织机构统计表

表 4-25　　　　单位：人

年份	党组织总数	其中			党员人数
		党委或党组	机关党委或党总支部	党支部	
1992	2	1	0	1	48
1993	8	1	0	7	142
1994	8	1	0	7	158
1995	8	1	0	7	158
1996	8	1	0	7	200

续表 4-25

年份	党组织总数	其中			党员人数
		党委或党组	机关党委或党总支部	党支部	
1997	8	1	0	7	290
1998	13	1	1	11	295
1999	14	1	2	11	296
2000	16	1	2	13	304
2001	16	1	2	13	314
2002	15	1	2	12	320
2003	15	1	2	12	320
2004	13	1	1	11	292
2005	10	1	0	9	257
2006	10	1	0	9	261
2007	10	1	0	9	285
2008	10	1	0	9	285
2009	10	1	0	9	289
2010	10	1	0	9	298
2011	10	1	0	9	303
2012	10	1	0	9	315
2013	10	1	0	9	326
2014	10	1	0	9	338
2015	11	1	0	10	344
2016	28	1	3	24	350
2017	29	1	3	25	356
2018	29	1	3	25	365

交通银行揭阳分行

20 世纪 90 年代初期，交通银行汕头分行分别在普宁、揭阳、惠来三地成立跨区域办事处。各办事处分别成立党支部，由汕头分行党委直接领导，办事处主任担任党支部书记。至 2018 年 12 月，交通银行揭阳分行有党组织 7 个，其中，党委或党组 1 个，党支部 6 个。党员 122 人。

2005—2018年交通银行揭阳分行党组织机构统计表

表4-26　　单位：人

年份	党组织总数	其中			党员人数
		党委或党组	机关党委或党总支部	党支部	
2005	7	1	0	6	82
2006	7	1	0	6	84
2007	8	1	0	7	97
2008	8	1	0	7	102
2009	14	1	0	13	109
2010	14	1	0	13	109
2011	14	1	0	13	109
2012	13	1	0	12	118
2013	13	1	0	12	116
2014	14	1	0	13	118
2015	14	1	0	13	118
2016	7	1	0	6	119
2017	7	1	0	6	119
2018	7	1	0	6	122

邮储行揭阳市分行

2008年11月，邮储行揭阳市分行党委和纪委成立，党委设党委委员2名，其中党委书记1名，党委委员兼任纪委书记1名。11月，成立营业、普宁、揭东、揭西、惠来5个县支行党支部成立。2011年1月，机关党支部成立。2014年，机关党支部根据党员人数，调整为机关第一党支部、机关第二党支部、机关第三党支部。至2018年12月，邮储行揭阳市分行有党组织9个，其中，党委或党组1个，党支部8个。党员165人。至2018年12月，邮储行揭阳市分行有党组织9个，其中，党委或党组1个，党支部8个。党员165人。

2008—2018年邮储行揭阳市分行党组织机构统计表

表4-27　　单位：人

年份	党组织总数	其中			党员人数
		党委或党组	机关党委或党总支部	党支部	
2008	6	1	0	5	105
2009	6	1	0	5	119

续表 4-27

年份	党组织总数	其中			党员人数
		党委或党组	机关党委或党总支部	党支部	
2010	6	1	0	5	129
2011	6	1	0	5	132
2012	6	1	0	5	144
2013	6	1	0	5	145
2014	9	1	0	8	148
2015	9	1	0	8	150
2016	9	1	0	8	155
2017	9	1	0	8	160
2018	9	1	0	8	165

广发银行揭阳支行

1994 年 3 月，广发银行揭阳办事处党支部（党组和纪检组）成立，隶属中共揭阳市直属机关党委。党组成员 3 名，设党支部书记 1 名、委员 2 名。纪检组成员 3 名，设纪检组组长 1 名、委员 2 名。至 2018 年 12 月，广发银行揭阳支行有党组织 1 个，党支部 1 个。党员 33 人。

1994 — 2018 年广发银行揭阳支行党组织机构统计表

表 4-28　　单位：人

年份	党组织总数	其中			党员人数
		党委或党组	机关党委或党总支部	党支部	
1994	1	0	0	1	12
1995	1	0	0	1	12
1996	1	0	0	1	14
1997	1	0	0	1	14
1998	1	0	0	1	14
1999	1	0	0	1	18
2000	1	0	0	1	23
2001	1	0	0	1	24
2002	1	0	0	1	24
2003	1	0	0	1	26

续表 4-29

年份	党组织总数	其中			党员人数
		党委或党组	机关党委或党总支部	党支部	
2004	1	0	0	1	26
2005	1	0	0	1	28
2006	1	0	0	1	28
2007	1	0	0	1	28
2008	1	0	0	1	28
2009	1	0	0	1	28
2010	1	0	0	1	28
2011	1	0	0	1	28
2012	1	0	0	1	27
2013	1	0	0	1	24
2014	1	0	0	1	23
2015	1	0	0	1	26
2016	1	0	0	1	27
2017	1	0	0	1	28
2018	1	0	0	1	33

广发银行普宁支行

1996 年 10 月，广发银行普宁办事处党支部成立，隶属揭阳党支部管理，党组成员 6 名。2003 年 4 月 25 日，普宁支行党支部改由汕头分行垂直领导。至 2018 年 12 月，广发银行普宁支行有党组织 1 个，党支部 1 个。党员 18 人。

1996—2018 年广发银行普宁支行党组织机构统计表

表 4-30　　单位：人

年份	党组织总数	其中			党员人数
		党委或党组	机关党委或党总支部	党支部	
1996	1	0	0	1	6
1997	1	0	0	1	9
1998	1	0	0	1	9
1999	1	0	0	1	11
2000	1	0	0	1	12

续表 4-30

年份	党组织总数	其中			党员人数
		党委或党组	机关党委或党总支部	党支部	
2001	1	0	0	1	13
2002	1	0	0	1	13
2003	1	0	0	1	13
2004	1	0	0	1	13
2005	1	0	0	1	13
2006	1	0	0	1	13
2007	1	0	0	1	13
2008	1	0	0	1	14
2009	1	0	0	1	14
2010	1	0	0	1	14
2011	1	0	0	1	13
2012	1	0	0	1	17
2013	1	0	0	1	16
2014	1	0	0	1	17
2015	1	0	0	1	16
2016	1	0	0	1	16
2017	1	0	0	1	15
2018	1	0	0	1	18

民生银行揭阳分行

民生银行揭阳分行党组关系隶属于中国银保监会党委，民生银行揭阳分行二级分行隶属于民生银行汕头分行，2014 年 5 月 28 日由中国民生银行揭阳分行汕头分行发文《关于调整分行基层党组织的通知》设立第六党支部。支部设书记 1 名，纪检委员 1 名，组织委员 1 名，宣传委员 1 名。全 2018 年 12 月，民生银行揭阳分行有党组织 1 个，党支部 1 个。党员 19 人。

2014—2018 年民生银行揭阳分行党组织机构统计表

表 4-31　　单位：人

年份	党组织总数	其中			党员人数
		党委或党组	机关党委或党总支部	党支部	
2014	1	0	0	1	13
2015	1	0	0	1	14

续表 4-31

年份	党组织总数	其中			党员人数
		党委或党组	机关党委或党总支部	党支部	
2016	1	0	0	1	16
2017	1	0	0	1	17
2018	1	0	0	1	19

南粤行揭阳分行

2014 年 6 月 27 日，南粤银行揭阳分行党委成立，隶属于广东南银行党委的级党委，管辖两个基层党支部。至 2018 年 12 月，南粤银行分行有党组织 3 个，其中，党委或党组 1 个，党支部 2 个。党员 30 人。

2014 — 2018 年南粤银行揭阳分行党组织机构统计表

表 4-32　　单位：人

年份	党组织总数	其中			党员人数
		党委或党组	机关党委或党总支部	党支部	
2014	3	1	0	2	25
2015	3	1	0	2	29
2016	3	1	0	2	27
2017	3	1	0	2	31
2018	3	1	0	2	30

揭阳农商行

2000 年 6 月 24 日，中共揭阳市农村信用合作社联合社成立，选举产生第一届党委委员、纪委委员，成为广东省第一家设立党委会的县级联社。党支部有 7 名委员。2007 年 5 月 14 日，中共揭阳市区农村信用合作联社委员会、中共揭阳市区农村信用合作联社纪律检查委员会成立，设委员 1 名、纪委书记 1 名。至 2018 年 12 月，揭阳农商行有党组织 19 个，其中，党委或党组 1 个，党支部 18 个。党员 317 人。

2017—2018 年揭阳农商行党组织机构统计表

表 4-33　　单位：人

年份	党组织总数	其中			党员人数
		党委或党组	机关党委或党总支部	党支部	
2017	19	1	0	18	314
2018	19	1	0	18	317

揭东农商行

2007 年 5 月 14 日，中共揭东农村商业银行股份有限公司委员会成立，2014 年 2 月 7 日，名称变更为中共揭东农村商业银行股份有限公司委员会，隶属中共广东省农村信用社联合社委员会。至 2018 年 12 月，揭东农商行有党组织 23 个，其中，党委或党组 1 个，党支部 22 个。党员 434 人。

2007—2018 年揭东农村商业银行党组织机构统计表

表 4-34　　单位：人

年份	党组织总数	其中			党员人数
		党委或党组	机关党委或党总支部	党支部	
2007	21	1	0	20	352
2008	21	1	0	20	354
2009	21	1	0	20	355
2010	21	1	0	20	373
2011	21	1	0	20	405
2012	21	1	0	20	413
2013	21	1	0	20	413
2014	21	1	0	20	429
2015	22	1	0	21	437
2016	23	1	0	22	438
2017	23	1	0	22	434
2018	23	1	0	22	434

揭西农商行

2008 年 3 月，中共揭西县农村信用合作联社委员会成立。2016 年 11 月 25 日，中共揭西农商业银行股份有限公司第一次代表大会，完成换届选举工作，隶属领导机构揭西县直属机关工作委员会。至 2018 年 12 月，揭西农商行有党组织 21 个，其中，党委 1 个，党支部 20 个。党员 324 人。

2007—2018 年揭西农商行党组织机构统计表

表 4-35　　单位：人

年份	党组织总数	其中			党员人数
		党委或党组	机关党委或党总支部	党支部	
2007	21	1	0	20	267
2008	21	1	0	20	271
2009	21	1	0	20	280
2010	21	1	0	20	292

续表 4-35

年份	党组织总数	其中			党员人数
		党委或党组	机关党委或党总支部	党支部	
2011	21	1	0	20	301
2012	21	1	0	20	306
2013	21	1	0	20	310
2014	21	1	0	20	319
2015	21	1	0	20	326
2016	21	1	0	20	333
2017	21	1	0	20	330
2018	21	1	0	20	324

普宁农商行

1996年10月，普宁农村信用社联合社党总支成立，隶属普宁市直属机关工作委员会。至2018年12月，普宁农商行有党组织25个，其中，党委或党组1个，党支部24个。党员467人。

2007—2018年普宁农商行党组织机构统计表

表 4-36　　单位：人

年份	党组织总数	其中			党员人数
		党委或党组	机关党委或党总支部	党支部	
2007	25	1	0	24	384
2008	25	1	0	24	381
2009	25	1	0	24	386
2010	25	1	0	24	400
2011	25	1	0	24	396
2012	25	1	0	24	395
2013	25	1	0	24	405
2014	25	1	0	24	423
2015	25	1	0	24	427
2016	25	1	0	24	438
2017	27	1	0	26	443
2018	25	1	0	24	467

普宁汇成村镇银行

2012 年 11 月 1 日，普宁汇成村镇银行党支部成立，隶属于普宁市直属机关工作委员会。至 2018 年 12 月，普宁汇成村镇银行有党组织 1 个，党支部 1 个。党员 38 人。

2012—2018 年 普宁汇成村镇银行党组织机构统计表

表 4-37 单位：人

年份	党组织总数	其中			党员人数
		党委或党组	机关党委或党总支部	党支部	
2012	1	0	0	1	7
2013	1	0	0	1	11
2014	1	0	0	1	18
2015	1	0	0	1	25
2016	1	0	0	1	30
2017	1	0	0	1	35
2018	1	0	0	1	38

惠来联社

2005 年 5 月，中共惠来县农村信用合作联社委员会成立，隶属领导机构为中共广东省农村信用社联合社委员会。至 2018 年 12 月，惠来农商银行有党组织 20 个，其中，党委或党组 1 个，党支部 19 个。党员 245 人。

2009—2018 年惠来联社党组织机构统计表

表 4-38 单位：人

年份	党组织总数	其中			党员人数
		党委或党组	机关党委或党总支部	党支部	
2009	19	1	0	18	177
2010	19	1	0	18	177
2011	19	1	0	18	202
2012	19	1	0	18	224
2013	19	1	0	18	229
2014	19	1	0	18	233
2015	19	1	0	18	232
2016	19	1	0	18	240
2017	20	1	0	19	241
2018	20	1	0	19	245

揭阳证券机构

至 2018 年 12 月，揭阳全市证券机构有 19 家。由于这些证券机构，大部分组建时间短，人员少，党员人数更少，故揭阳证券机构党的基层组织尚不健全。

在 19 家证券机构中，建立党委、党支部的有 5 家：2009 年，中信建投揭阳营业部揭阳党支部成立，隶属中共中信建投证券有限责任公司委员会经管委党委广州党总支；2015 年 6 月 1 日，汕头营业部与揭阳营业部成立揭阳汕头联合支部，隶属中共中信建投证券股份有限公司委员会经管委党委广东党总支；2016 年 12 月 23 日，取消揭阳汕头联合支部，成立揭阳党支部，隶属中共中信建投证券股份有限公司委员会经管委党委广东党总支，共有党员 14 名。2016 年 10 月 27 日，中信证券揭阳营业部与中信证券股份有限公司汕头海滨路证券营业部合并成立一个党支部，成立中信证券股份有限公司财富管理委广东党总支第四支部，隶属中信证券股份有限公司财富管理委广东党总支，揭阳营业部共有党员 8 名。2008 年 3 月 22 日，中国银河证券揭阳营业部党支部成立，隶属中共银河证券股份有限公司党委，有党组织 1 个，共有党员 5 名。2018 年 3 月 26 日，东莞证券股份有限公司揭阳党支部成立，共有党员 3 人，流动党员 3 人。截至 2018 年 12 月，广发证券揭阳地区营业部，有党组织 1 个，党支部 1 个。共有党员 3 人。

未设党组织的有 14 家：安信证券揭阳营业部党小组隶属于中共安信证券股份有限公司委员会潮州地区党支部。中泰证券普宁营业部党员归中共中泰证券股份有限公司广东分公司第四党支部，隶属广东分公司党委；万联证券普宁营业部党员隶属中共万联证券股份有限公司委员会第十三支部，仅有 1 名党员；中银证券揭东营业部，仅有 1 名党员。国泰券股揭阳营业部；东北证券揭阳营业部；国元证券揭阳营业部；华西证券揭阳营业部；联讯证券揭阳临江北路证券营业部；国信证券揭阳揭东营业部； 海通证券揭阳普宁营业部；五矿证券揭阳营业部；中山证券揭阳普宁营业部；世纪证券揭阳普宁营业部；中银证券揭阳揭东营业部。这些证券机构党员人数最少的只有 1 名，最多的也只有 6 名。党员大多参加总部党组织或邻近的潮汕地区同一证券机构党组织过组织生活，一些党员在党籍所在地过组织生活。

揭阳保险业

揭阳保险行业财产保险系统至 2018 年 12 月有保险机构 28 家。其中，人保财险揭阳市分公司与中国人寿揭阳分公司两家组建时间长，机构和功能较齐，党组织建设也较为完善。

人保财险揭阳市分公司。1996 年 6 月 11 日，经中国人民保险公司广东省分公司党组批准，中共中保财产保险有限公司揭阳分公司党组成立。党委 1 个，党支部 13 个。截至 2018 年 12 月，揭阳市分公司共有党员总数 155 名（其中，正式党员 153 名，预备党员 2 名）。

中国人寿揭阳分公司。1999 年 6 月，中共人寿揭阳分公司党委成立。截至 2018 年 12 月，党委 1 个，下设 9 个支部。共有党员 123 人（其中营销员党员 6 人，内勤党员 82 人，退休党员 35 人）。

其余 26 家财险机构党组织建设情况不一：在 26 家保险机构中，建立党委、党支部的有 9 家：2016 年人保寿险揭阳市分公司揭阳党支部成立，至 2018 年 12 月 14 日，党支部党员达到 8 人，入党积极分子有 6 人；2010 年 12 月，人寿财产揭阳中支党支部成立，隶属中共人寿财产揭阳中支党委，截至 2018 年 12 月，共有党员 14 名，预备党员 1 名，发展对象 2 名，积极分子 6 名；2015 年 12 月 22 日，太平洋寿险揭阳中支党支部成立，隶属分公司党委管理，截至 2018 年 12 月，共有党员 6 名；2007 年 1 月，太平洋产险揭阳中支中共支部委员会成立，截至 2018 年 12 月，共有党员 9 人；2007 年 4 月，中国大地财险广东分公司委员会揭阳中支党支部成立，截至2018年12月，共有党员12名；2004年12月21日，中华联合财险揭阳中支党支部成立，截至2018年12月，共有党员15名；2012年4月1日，天安财险揭阳中支委员会成立，隶属于中共天安财产保险股份有限公司广东省分公司委员会，截至2018年12月，共有党员3名；2017年11月23日，浙商财险揭阳中支党支部委员会成立，截至2018年12月，共有党员4人。

未成立党组织的有18家：平安人寿揭阳中支；平安财险揭阳中支；民生寿险揭阳中支；泰康人寿揭阳中支；富德生命人寿保险股份有限公司；前海人寿揭阳分公司；阳光人寿揭阳中支；平安养老揭阳中支；友邦揭阳营销服务部；阳光财险揭阳中支；紫金财险揭阳中支；鼎和财险揭阳中支；都邦财险揭阳中支；华安财险揭阳支公司；太平洋产险揭阳中支；珠江寿险普宁营销服务部；安邦财险揭阳营销服务部。未设立党组织的单位其党员大多在原党籍所在单位过组织生活。

第二节 党员教育

自20世纪80年代末以来，揭阳市金融系统各级各单位在加强党员队伍、基层党组织和领导班子建设的同时，开展党员教育工作。

1985年，人行揭阳县分行为抓好党员教育，党组成员分别授党课和法制课。

1986年以后，揭阳地区各金融机构为克服业务和政治“两张皮”现象，陆续成立思想政治工作领导小组，逐年开展“四项基本原则”“四有”（有理想、有道德、有文化、有纪律）等教育。尤其是职业道德和廉政建设教育，一直坚持开展。

随着改革开放的发展，市金融系统各级党组织不断深入开展党风廉政建设。1989年，根据中共中央关于党和国家机关必须保持廉洁的通知要求，认真抓好银行业、保险业职业道德教育和反腐倡廉教育。通过教育，提高党员反腐倡廉的自觉性，为维护金融的信誉和金融业的健康发展及促进改革的顺利进行，努力不懈地工作。

1989年，揭阳市金融系统更加重视党员教育工作，大部分单位配备负责政治工作（简称政工）的副行长，成立政工办，配备政工专干，把政治思想工作列入党组、支部的重要议事日程并广泛开展学雷锋、焦裕禄、“二兰”等活动。

1990年，全县金融系统各级党组织突出重点抓党风工作，认真学习贯彻中共三届四中、五中全会精神，围绕金融工作的中心任务，严格执行，加强执法监督，深入整治腐败，坚持查处大案要案，落实廉政措施，推进党风、廉政建设，维护和服从党的集中统一及稳定政治、经济形势的大局，保证党和国家制定的各项金融方针、政策、法规、措施落实。

1991年，国家“六行一司”联合印发整顿建设金融队伍的文件。揭阳各金融机构迅速开展以“教育、清理、整顿”为主要内容的社会主义思想教育活动，把这次活动提高到防腐拒变和反“和平演变”的战略高度来认识。整个活动紧紧依靠各机构分支行党组织和全体干部职工，以“三个教育”（正面教育、自我教育、思想帮助）为主，对会计、信贷等业务进行专项清理。（农行、信用社系统清出违法违纪贷款228笔，143万元；行社揭露经济案件13宗，涉及金额72万元，违章违纪行为16宗，受处分16人）

1992年，市金融系统各级党组织先后建立抓好党风责任制。把党风建设列为党组的重要任务来抓，保证党组成员和全体党员在思想上、政治上同党中央保持高度一致的5条主要职责；实行明确的分工，党组书记负责系统的党风建设；党组成员实行抓基层班子和分管部门工作的党风责任制；分管纪检工作的党组成员、纪检部门、基层党支部书记对抓好党风建设订立明确的分工负责制；党组织每半年召开一次党风建设分析会，听取党组成员和纪检汇报党风建设情况，分析形势，研究和解决存在的问题，党组和支公司领导班子每年结合半年和年终总结，开好两次民主生活会；每年最少组织一次党风和廉政建设大检查；把抓好党风建设列为班子成员考评的重要内容来抓。订立《关于保持廉洁的若干规定和措施》《关于实行“两公开一监督”的暂行规定》等。

1993年，各级党组织深入开展廉政教育，主要是组织干部职工学习贯彻党的十四大和省第七次党代表会议精神和中共中央、国务院关于近期反腐败斗争的指示精神，深入学习中纪委二次会议和省、市委常委扩大会议有关文件，学习邓小平关于端正党风，加强廉政建设、反腐败的一系列论述，统一思想，坚持党的基本路线，坚持“两手抓，两手都要硬”的方针，进一步提高对反腐败斗争重要性的认识，增强反腐败斗争的自觉性。

1993—1996年，党员教育工作以马克思列宁主义、毛泽东思想的学习为重点内容。

1996年，市金融系统按照中纪委六次全会和全国金融系统纪检监察工作会议的部署，围绕金融业务的中心工作，切实履行纪检监察工作的职能，继续深入开展反腐败斗争。重点是抓领导干部廉洁自律、查处大要案、纠正行业不正之风，开展执法监察和抓好反腐倡廉、党纪政纪条规教育等方面。各级行、司党组、纪检监察部按照上级部署，对照中纪委的有关规定，通过召开民主生活会，进一步抓好领导干部自律自查自纠工作，对领导干部的住房、用车等进行清理整改。全市市级金融机构正、副职领导的住房均建立档案，领导用车问题也均作出清理；扎实抓好反腐保廉、党纪政纪条规教育工作的落实。第一、二季度进行“三基”和艰苦奋斗优良传统教育，并开展党员评议；第三季度以树立正确的世界观、人生观、价值观为主题，开展反腐保廉教育和中层干部廉洁自律教育；第四季度重点进行党纪政纪条规和行政处罚法的教育；各行、司围绕“反腐保廉，依法治行（司）”的主题，选好用好典型，开展正反典型教育。金融系统各级纪检监察部门加大查处和防范案件工作力度。减少案件发生，也澄清保护一些好的领导干部；继续开展“约法三章”“制止四乱”“开展四项清理”等监督检查，抓好利用行业特权以贷谋私、以赔谋私和“吃、卡、拿、报”不正之风，对用公款旅游、吃喝玩乐和超标住房以及“小金库”等进行专项清理。进一步健全各项规章制度，制定党员干部“十不准”。

1997年，全市金融系统认真组织广大党员干部学习党的十五大、中纪委第八次全会精神，围绕金融中心任务，积极配合党的中心工作，加强反腐倡廉和党风廉政建设，保证金融业务的稳健发展。认真抓好反腐保廉教育：深化对党员干部的党纪政纪条规教育，增强纪律观念，提高遵纪守法的自觉性；认真抓好以“讲学习、讲政治、讲正气”为主要内容的党风党纪教育；深入开展制止铺张浪费行为活动。认真组织学习贯彻江泽民在中纪委第八次全会关于大力发扬艰苦奋斗优良传统的讲话精神，贯彻落实《中共中央、国务院关于党政机关厉行节约制止奢侈浪费行为若干规定》，结合实际，制定措施和实施办法，经过努力取得成效。深入开展领导干部廉洁自律工作。全市金融系统分行（司、社）各单位，均按规定时间召开领导班子廉洁自律专题民主生活会，并严格按照省委党风廉政建设领导小组《关于严禁将公有小汽车转办私人牌照的紧急通知》精神，认真进行查处和整改。深入开展反腐败斗争。9月12日至18日，召开的党的十五大，把邓小平理论确立为中国共产党的指导思想并载入党章，明确规定中国共产党以马克思列宁主义、毛泽东思想、邓小平理论作为自己的行动指南。根据市委宣传部、市直机关工委的统一布置，全市金融系统各级党组织认真组织党员进行邓小平理论的学习教育，采取的方式主要是：学原著《邓小平文选》与分专题学习相结合，集体辅导与个人自学相结合，参加党校轮训与培训骨干相结合，交流学习经验与聘请教师辅导相结合，学理论与联系实际相结合，努力用邓小平理论武装党员的头脑。

1998年，金融系统党组织实行垂直领导。市金融系统实施党风廉政建设责任制，建立“一把手负总责，分管领导各负其责，各部门齐抓共管”的领导体制和工作机制。采取多种形式组织党员干部认真学习邓小平、江泽民关于党风廉政建设、反腐败的论述、从严治党的重要讲话精神，学习中纪委及上级纪检监察工作会议精神，全面落实中央颁布的《中国共产党党员领导干部廉洁从政若干准则》和《广东省党政领导干部廉政守则》，建立健全党风廉政建设目标管理责任制、授权授信制度公开一监督制度、干部交流、离任审计诫勉谈话、重大事项报告、礼品登记和收入申报等制度，汇编成册，发至每一个干部职工手中进行学习。

1999—2000年，根据中央金融工作委员会的部署，全市金融系统先后开展以“讲学习、讲政治、讲正气”为主要内容的“三讲”教育学习活动。活动分为思想发动、学习提高；自我剖析、听取意见；交流思想、开展批评；整改、巩固成果四个阶段。各金融单位都组织，做到开始有动员，转段有验收，结束有总结。

1999年，根据人行总行宣传部的通知，人行揭阳市中心支行在系统党员和干部职工中开展“读好一本书，写好一篇心得”活动。

2000年，为进一步扩大和巩固“三讲教育”成果，全市金融系统开展“三讲教育”“回头看”活动，主要内容：学习文件，提高认识；召开民主生活会，进行自查自看；完善整改措施和落实整改责任制；通报整改情况。2000—2003年，揭阳各金融单位根据中央和上级行的部署，在地方党委统一领导下，全面深入开展党的“三个代表”（始终代表中国先进生产力发展方向，始终代表中国先进文化的前进方向，始终代表中国最广大人民的根本利益）重要思想学习教育活动。2001年，党员教育工作以马克思列宁主义、毛泽东思想、邓小平理论的学习为重点内容。首先在金融系统县级支行、农村信用社及其他金融机构开展。2002年，在各专业银行市级分行开展，并对2001年开展学习教育活动的单位进行回访复查。2003年，学习教育活动在人行揭阳市中心支行机关开展。2004年，党员教育工作以马克思列宁主义、毛泽东思想、邓小平理论和“三个代表”重要思想的学习为重点内容。

2005年下半年，全市金融系统开展以学习实践“三个代表”重要思想为主题的保持共产党员先进性教育活动。活动分为学习动员、分析评议、整改提高三个阶段。方法步骤：加强领导，组织党员参加学习动员、阶段总结、上辅导课和参加先进事迹报告会等。广泛征求意见，发出征求意见书和征求意见表，向上级、下级和客户征求意见，高标准、高质量组织召开领导班子民主生活会和专题组织生活会。落实整改措施，对收集到的意见、建议进行综合梳理，制定整改方案，落实整改责任人，设定整改期限。建立长效机制，健全和完善各项制度，将党员的先进性体现在带头严格管理、带头执行制度、带头学习金融知识、带头谋求发展和带头服务改革等方面。

2006年，为巩固和扩大先进性教育成果，全市金融系统开展“回头看”活动，重点是：看“问题”是否真正得到整改；看“整改成果”是否真正得到巩固和扩大；看“先进性教育”是否真正达到目标要求。当年，银行业金融机构各级党组织还把思想政治工作延伸到八小时之外，对干部职工的社交圈、生活圈进行正确引导和管理。是年起，辖区银行业金融机构各级党组织逐年开展“合规”文化教育和“合规”管理活动。

2007年，党员教育工作以马克思列宁主义、毛泽东思想、邓小平理论、“三个代表”重要思想、科学发展观、中国特色社会主义道路和中国特色社会主义理论体系的学习。

2008年，全市金融系统开展学习实践科学发展观活动，做到“组织上有保障、参与上求整体、形式上重结合、步骤上讲阶段、宣传上造氛围”，使活动取得实效。其中，人行揭阳市中心支行把科学发展观教育与革命传统教育结合起来，与创建金融生态示范市活动相结合，与深化金融改革，改善“三农”金融服务、提高基层央行国库管理工作水平相结合进行，开展调研，推动各项工作的改革深入

2009年，人行揭阳市中心支行系统针对学习实践活动查摆出的问题，认真制定整改落实方案，扎实开展群众满意度测评工作。在此基础上，各级党组织将“回头看”活动与中央银行业务工作、中心工作有机结合起来，紧紧围绕解决问题和完善机制两个重点环节，深入查找思想认识上的不足，充分听取意见，自觉接受监督。通过广泛征求意见、召开党员大会、自查和抽查相结合、整改落实和跟踪监督相结合等方式，确保“回头看”活动不走过场、不流于形式。在“回头看”活动中，中支共落实整改措施16条，解决问题9个，完善机制体制12项，有效密切中支党委与职工队伍的联系，有力推动各项工作的高效开展。

2010年，人行揭阳市中心支行深入开展忠诚教育活动，不断加强和改进党的建设。根据揭阳市委忠诚教育活动工作要求，成立活动领导小组，制定实施方案，落实好活动各阶段的工作任务。同时，将忠诚教育活动与“和谐建设年”活动紧密结合起来，相互促进，务求实效。通过学习教育活动，达到教育引导广大党员干部忠诚于党、忠诚于人民、忠诚于事业、忠诚于自己，团结一心，奋勇拼搏，提高岗位履职水平，全力推动揭阳跨越发展、崛起振兴的效果。

2011年，认真抓好党委（党组）中心组理论学习，至年底，共组织5场次中心组学习，学习“深入学习贯彻中央经济工作会议和人民银行工作会议精神”“学习贯彻党的十七届六中全会精神”等专题内容。

2012年，人行揭阳市中心支行加强领导班子和基层党组织建设。认真落实中心组学习制度，详细制订中支系统《2012年党委（党组）中心组理论学习计划》，全年共组织4场次的中心组学习，学习时间12天。大力培养青年干部。把带好队伍作为中支党委的一项政治任务，把关心中支系统年轻干部成长作为中支党委一贯摆在重要位置抓好的工作。

2013年，强化学习中共十八大等重要精神。组织学习中共十八大、中央经济工作会议和习近平总书记视察广东的重要讲话精神，切实抓好落实。要“读原文，干实事，见成效”，深刻领会，使广大干部职工进一步增强做好基层央行工作的责任感和使命感，把学习成果转化为提升履职能力、推动金融事业科学发展的强大动力。

2014年，深入学习十八届三中全会精神，全面践行好群众路线教育工作。按照十八届三中全会精神及广州分行践行群众路线工作部署要求，切实转变作风，服务基层，深入乡村、企业、金融机构，开展调查研究，不搞形式主义，了解企业所想所需，及时把握辖区经济发展的第一手资料，以服务实体经济发展的工作原则，以求真务实的工作作风，通过开展群众路线教育活动，更好地服务地方经济发展。

2015年，全市金融系统开展“三严三实”教育活动，即“严以修身、严以用权、严以律己，谋事要实、创业要实、做人要实”。建立领导班子问题清单和处级以上领导干部个人问题清单，实行逐项对照整改、挂账销号、每月动态通报制度，确保整改落实到位，取得实效。

2016年，求真务实，扎实做好“两学一做”学习教育。《人行揭阳市中心支行以“三问三看”为标尺督促“两学一做”学习教育出成效》被人行总行“两学一做”信息专报采用，并报中央组织部。进一步配备配强支行班子成员，并与井冈山干部培训学院合作，开展党务人员专题培训班，为基层党组织建设提供强有力的人才保障。组织人行揭阳市中心支行党委中心组共4场次17个专题的集中学习。

2017年，加强党员干部教育管理，建立“三会一课”全程纪实管理制度，探索“千堂党课进基层”“党组织生活建立在流动车队上”等多种学习教育新方式，组织党员干部参加井冈山红色教育培训、分行党校党建知识培训，并依托南方人民银行纪念馆建馆工作，发动党员干部参与红色金融史、金融革命文化研究，切实扩大学习教育覆盖面。

2018年，人行揭阳市中心支行以习近平新时代中国特色社会主义思想为引领，认真学习中共十九大、中央经济工作会议和全国金融工作会议精神，牢固树立新发展理念，围绕上级行的工作部署，做好新时代辖区金融改革发展稳定各项工作，有效推动辖区经济金融更高质量、更有效率、更可持续地发展。

第三节 党风廉政建设

党风廉政建设的责任主体为各级党政领导班子及其成员，各级党政领导班子中的正职为本地区、本部门、本单位党风廉政建设第一责任人。

1986年，各专业行、保险公司和人行各县支行、保险分公司陆续成立纪检组。主要落实中央57号文，根据文件提出的六个问题对照检查，制定整改措施。1989年，揭阳金融系统在全体干部职工中开展遵纪守法教育，要求全体金融干部职工坚持四项基本原则，站稳立场，在思想上、行动上与党中央保持一致。

1990—1992年，全县金融系统开展“加强廉政建设，坚决纠正行业不正之风”教育活动，并将其纳入各级领导的议事日程，常抓不懈。1993年，各行、司开展信贷、货币政策和计划执行情况检查，内容包括：有无做出上级信贷规模的年度详细计划安排；有无用信贷资金炒股和投资房地产；有无超规模或拆借资金发放固定资产贷款；有无用流动资金和同业拆借资金搞固定资产贷款；有无违反规定经营股票；有无占用联行资金和中央银行贷款拆放；有无用拆入资金搞固定资产投资、购买有价证券；有无擅自发行计划外债券；有无挪用收购农副产品资金；有无变相提高利率或以贷谋私、以赔谋私。

1994—1995年，全市金融系统贯彻落实中纪委二次全会以来提出的领导干部廉洁自律“五条规定”“四条补充规定”“三项监督约束制度”和广东省金融系统反腐保廉工作“十项规定”，重点对照检查车子、房子、票子问题；召开各金融单位党组民主生活会；对照检查“约法三章”执行态度；开展纠正行业不正之风的工作。

1996年起，全市金融系统贯彻落实一年两次县处级以上干部个人收入申报制度。1997年，全市金融机构开展以“讲学习、讲政治、讲正气”为主要内容的党性党风党纪教育，贯彻落实厉行节约，制止奢侈浪费行为的“八条规定”。人行揭阳分行对费用、交通通信工具管理和接待标准管理进行补充修订：严格控制各种会议；严格控制各种庆典活动；严禁用公款大吃大喝，挥霍浪费；严格控制公款安装固定电话和移动电话；严格控制各种检查评比达标活动；严格配备和更换小车；严禁组织人员出国（境）考察旅游观光。

2000年，人行揭阳市中心支行建立党风廉政建设责任制，并实施量化管理，把党风廉政建设责任制量化到各单位、科、室、部、岗，责任到人，实行“一岗双责”。各行、司、农金改办实行党风廉政建设和案件防范两个责任制，层层签订“两个责任制责任书”。2002年，全市金融机构在党员中开展“三个代表”重要思想教育和行风评议活动。开展“讲实话、干实事、不做假账”教育和“三铁”专项教育。在干部管理上实行公开选拔和任前公示制、竞聘上岗和交流制、领导干部个人重大事项报告制。在金融业务上实行准入和退出、开办新业务、高管任职资格、贷款、理赔等实行政策、条件、程序“三公开”。推行基建工程、大宗物资采购招标制度。2003年，人行系统对干部职工贷款和经商问题进行全面清理，限期停止经商或投资参与经商活动并限期还清贷款。纠正各种奢侈浪费现象：凡上级行和兄弟行来人，食宿接待安排在“金融职工之家”；中心支行到支行检查，轻车简从；监管部门到辖区商业行、社履行监管，需按规定、按程序、依法合规办事。开展反腐抓源头工作，实行政务公开，通过印发“会议纪要”和“一周动态”，加大工作透明度；对监管部门、监管人员实行再监督；执行收支两条线，严禁私设“小钱柜”。2004年，全市各金融机构继续实施“教育、制度、监督”并重的惩治和预防腐败体系建设，认真执行廉洁自律“八个坚持、八个反对”，“四大纪律、八项要求”等规定。坚持每年逐级签订党廉责任书。

人行揭阳市中心支行

1998年，人行揭阳分行围绕金融改革、整顿金融秩序，防范金融风险的中心任务，加强党风廉政建设，加大反腐败、查处经济案件和执法监察工作力度。执法监察检查内容：非法设立金融机构、金融机构搞账外经营、金融机构高息揽存放贷、执行规章制度和央行履行监管职能情况。1999年，全市金融机构开展“三讲教育”活动，执行《中国共产党纪律处分条例（试行）》《中国共产党党员领导干部廉洁从政若干准则》《广东省党政领导干部廉政守则》、制止奢侈浪费“八条规定”。

2005年起，人行揭阳市中心支行逐年修订《党风廉政建设责任制量化管理考核意见》和《党风廉政建设责任制量化管理考核标准》，使党廉量化管理不断注入新的内容，更具科学性和可操作性。健全完善“三谈两述”（纪委负责人同下级党政主要负责人谈话，领导干部任前廉政谈话、诫勉谈话、述职述廉）、党委议事规则、中层干部竞争上岗、财务费用、物资采购、接待管理等规章制度。2006年，人行揭阳市中心支行注重党廉机制建设，实行部分支行监督工作派驻制。2007年，人行揭阳市中心支行系统开展领导干部作风建设年活动，围绕中纪委、人行总行的有关规定开展自查自纠。开展清理津补贴工作，取消8项不规范的津补贴。

2008年，明确责任，认真落实党风廉政建设责任制。人行揭阳市中心支行党委把执行党风廉政建设责任制纳入领导班子重要议事日程，坚持一手抓党风廉政建设，一手抓业务，确保党风廉政建设责任制落实和业务工作两不误。加强组织领导，建立健全党风廉政建设责任制工作机制。按照“谁主管，谁负责”的原则，成立并及时调整党风廉政建设责任制领导小组，进一步建立健全“一把手”负总责、分管领导各负其责、职能部门积极协调、各部门齐抓共管、广大群众积极参与的党风廉政建设责任制领导体制和工作机制。抓好责任分解，逐级签订责任书。人行揭阳市中心支行结合辖区实际，制订《关于中国人民银行揭阳市中心支行2008年党风廉政建设和反腐败工作任务分解的意见》，对党风廉政建设任务进行分解，进一步明确各级领导的职责以及每项具体工作的牵头部门和配合部门，保证党风廉政建设目标明确、职责分明。采取一任一签的形式层层签订责任书，全年共签订责任书38人次，114份。日常工作中做到“四同”“三到位”，确保责任落到实处。开展党风廉政建设责任制量化考评工作。根据形势要求和工作实际，修订完善对机关科室和支行的量化考评方案和考核标准，不断增强考核工作可操作性，并认真组织开展党风廉政建设责任制量化考评工作，将考评结果纳入中支系统总体业绩考核之中，作为单位、部门和个人评先评优的重要依据。

2009年，巩固和扩大学习实践科学发展观活动成果，抓好党的建设、干部队伍建设和反腐败工作。加强党风廉政建设，促进领导干部勤政廉政。抓好党风廉政建设责任制的落实。调整党风廉政建设责任制等四个领导小组，进一步健全“一把手”负总责、分管领导各负其责、职能部门协调、各部门齐抓共管、干部职工参与的党风廉政建设责任制领导体制和工作机制。抓好责任分解，逐级签订党风廉政建设责任书。狠抓领导干部廉洁自律工作。通过印发党风廉政建设提示函、布置填报《领导干部廉洁自律自查登记表》等措施，切实规范领导干部从政行为。进一步规范《党风廉政建设工作日志》和领导干部廉政卷宗管理，完善反腐倡廉监督机制，推进领导干部廉洁自律工作规范化、制度化。抓住教育、制度、监督三个环节，深入开展反腐败抓源头工作。制定印发《贯彻落实〈建立健全惩治和预防腐败体系2008—2012年工作规划〉实施办法的分工意见》。深入开展向王瑛学习和以“加强作风建设，保障科学发展”为主题的纪律教育学习月等反腐倡廉宣传教育活动，促进党员干部特别是领导干部加强党性修养，筑牢思想防腐基础，增强政治意识、责任意识、纪律意识和安全意识，增强贯彻落实科学发展观的自觉性和坚定性。强化检查监督和专项清理，落实对“583”工程建设的监督，做好清理违规配备使用小汽车工作，不断完善监督机制。大力推进机关作风效能建设，结合“制度落实年”回头看活动，加强电子监察系统建设，加强内部检查，实行对各科室特别是窗口服务部门作风效能情况的明察暗访，督促各部门自觉接受地方政府有关部门和监管、服务对象的监督，强化责任追究，有力地提升中支对外服务形象。加强案件防范工作，杜绝各类案件发生。坚持案防分析会制度、重大节日检查制度，加强对要害岗位人员考核审查，防微杜渐，及时堵塞管理漏洞。扎实推进中支系统案件治理专项活动工作，突出警示教育，健全制度建设，重点解决执行力弱化、执行力缺失等问题，切实防范案件风险。加强执法监察。先后开展对外汇管理部门行政许可实施情况和反洗钱部门履行检查职责情况的执法监察，促进相关职能部门依法行政；配合广州分行巡察组对人行揭阳支行落实巡察整改意见情况的巡察跟踪评估工作。开展厉行节约、制止奢侈浪费专项检查。落实中央关于党政机关厉行节约若干问题的通知精神，加强监督检查，狠刹奢侈浪费之风，确保《中共中央办公厅、国务院办公厅关于党政机关厉行节约若干问题的通知》（中办发〔2009〕11号，以下简称通知）中有关经费压缩指标要求的落实。

2010年，开展“和谐建设年”活动为推力，党建、宣传和反腐败工作成效卓著。加强党风廉政建设，促进领导干部勤政廉政。落实党风廉政建设责任制。抓好党风廉政建设和反腐败工作任务分解；修订完善中支党风廉政建设责任书，并重新签订各级党风廉政建设责任书共78份。狠抓领导干部廉洁自律工作。进一步规范《党风廉政建设工作日志》和领导干部廉政卷宗管理，推进领导干部廉洁自律工作的制度化、规范化；落实“三谈两述”制度，通过开展领导干部廉政谈话、印发党风廉政建设提示函、布置填报《领导干部廉洁自律自查登记表》等措施，督促领导干部自省自警，规范从政行为。加强反腐倡廉宣传教育，筑牢思想道德防线。开展学习《中国共产党党员领导干部廉洁从政若干准则》活动，促进党员领导干部廉洁从政；组织开展以“加强制度教育，构筑拒腐防线”为主题的纪律教育学习月活动；组织中支干部到广州参观“金融系统反腐倡廉建设展广东巡展”，接受反腐倡廉教育；加强廉政文化建设，制作中央纪委第十七届五次全会精神宣传栏，征订《中国人民银行反腐倡廉教育学习资料（2010年）》，供中支系统党员干部学习。加强监督检查，促廉政，防腐败。制定中支监督工作联席会议制度，推进中支“大监督”格局的进一步形成；落实中纪委、中组部、监察部《关于严厉整治干部选拔任用工作中行贿受贿行为的通知》精神，全面开展排查核实工作；落实《辖内支行纪检组长述职暂行规定》，召开辖内支行纪检组组长述职报告会，强化中支纪委对辖内支行党组、纪检组的监督。加强案件防范工作，杜绝各类案件发生。坚持案防分析会制度、重大节日检查制度，加强对要害岗位人员的考核审查，防微杜渐，及时堵塞管理漏洞。开展执法监察和行政执法评议考核工作，促进有关单位和部门依法行政和勤政廉政；加强电子监察系统建设，2010 年，中支行政许可工作在市直行政审批电子监察绩效测评中稳居前 4 名。

2011 年，掀起“和谐建设”新热潮，再谱党建、宣传和反腐败工作新篇章，加强党风廉政建设，促进领导干部勤政廉政。落实党风廉政建设责任制。抓好党风廉政建设和反腐败工作任务分解；根据人员变动情况，及时重新签订各级党风廉政建设责任书共 57 份。狠抓领导干部廉洁自律工作。落实胡锦涛、贺国强在中纪委十七届六次全会上的讲话，国务院廉政工作会议及中国人民银行行长周小川在人民银行廉政工作电视电话会议上的讲话精神，组织学习《中国人民银行党风廉政建设责任制实施办法》和《中国人民银行党风廉政建设责任制检查考核办法》，落实《关于领导干部报告个人有关事项的规定》和《关于对配偶子女均已移居国（境）外的国家工作人员加强管理的暂行规定》等领导干部重大事项报告制度，不断增强领导干部的党性观念和党纪意识，进一步规范领导干部廉洁从政行为。建立健全中支行级领导干部《廉政卷宗》，推进领导干部廉洁自律工作的制度化、规范化。落实“三谈两述”制度，通过开展领导干部廉政谈话、印发党风廉政建设提示函、布置填报《领导干部廉洁自律自查登记表》等措施，督促领导干部自省自警，规范从政行为。加强反腐倡廉宣传教育。开展深入学习《中国共产党党员领导干部廉洁从政若干准则》活动，及时组织学习《关于汇达资产托管有限责任公司广州分公司成仲墅、詹江平受贿案件情况的通报》等文件精神，组织参观“全国检察机关惩治和预防渎职侵权犯罪展揭阳巡展”、《画说〈廉政准则〉》展览等活动，切实筑牢思想道德防线。加强监督检查。落实中支机关监督工作联席会议制度，充分发挥纪检监察、组织人事、会计财务、内审、事后监督等部门的“大监督”作用。落实《辖内支行纪检组长述职暂行规定》，强化中支纪委对辖内支行党组、纪检组的监督。按分行要求对 2006 年以来违规团购、集资建房问题开展自查。抓好行风建设。组织中支副科级以上干部观看《揭阳市机关作风效能情况暗访专题片（之二）》，增强领导干部的政治意识和纪律观念。修订《揭阳中支考勤管理暂行规定》并抓好落实，力促内部管理上水平、对外服务有提升、工作效率得优化。根据揭阳市委的统一部署，开展机关作风整顿活动，着力打造“纪律严明，作风优良，高效务实”的高素质干部队伍，为推动中支工作提供强有力的保障。开展对国库科履行国家金库管理职责情况的执法监察及对惠来县支行领导班子重大决策部署执行情况的效能监察，促进依法行政。

2012 年，人行揭阳市中心支行带好队伍，加强党风廉政建设，促进勤政廉政。加强教育。成功举办一场反腐倡廉建设成果演讲会，展示中支反腐倡廉建设和思想道德建设的成果，并配合好广州分行巡回演讲第一组到我中支开展巡回演讲活动，使干部职工进一步坚定理想信念，增强党性观念、道德观念。根据《关于贯彻落实 2012 年中国人民银行揭阳市中心支行党风廉政建设和反腐败工作任务分工的通知》将工作任务落实到各部门，并组织签订责任书共 84 份。强化监督检查，促进领导干部廉洁自律。充分发挥纪检监察、组织人事、会计财务、内审、事后监督中心等部门“大监督”作用，建立和健全中支监督协调机制。配合广州分行对我中支开展的巡视跟踪评估工作，进一步提高领导班子履职水平。组织中支机关各重要部门及辖属支行开好季度案防分析例会，并重点加强对基建工程、物资采购、货币发行等领域的案件防控。部署开展“打击商业贿赂专项行动”、收送“红包礼金”问题专项治理工作。研究制定《中国人民银行揭阳市中心支行党务公开实施方案》和《中国人民银行揭阳市中心支行党务公开目录》，推进党务公开工作。

2013年，强化学习党的十八大等重要精神。以落实党风廉政建设责任制为龙头，进一步提高反腐倡廉科学化水平。人行揭阳市中心支行党委一直高度重视党风廉政建设和反腐败工作，支持纪检监察部门依法依规履行监督职责。在分行党委、纪委的正确领导下，人行揭阳市中心支行以落实党风廉政建设责任制为龙头，不断强化教育、制度、监督工作力度，进一步提高反腐倡廉科学化水平。人行揭阳市中心支行推进惩防体系建设、机关作风整顿和纪律教育学习月活动等工作得到市纪委督查组的高度评价。6月，被揭阳市纪委纳入2013年全市效能监察工作联系点；9月4日，揭阳市纪委在《揭阳纪检监察信息》刊发题为《人行揭阳市中心支行大力开展不良风气整治 切实提高工作效能》的信息，对市中心支行通过加强和改进机关作风，促使办事效能提高、服务能力提升给予充分肯定。

2014年，加强干部队伍建设，强化党风廉政工作。深入开展教育实践活动，坚定干部理想信念。作为第二批教育实践活动单位，人行揭阳市中心支行把教育实践活动作为2014年党建工作的中心任务，部署动员辖内9个党支部、254名党员全程参与，参与覆盖面达100%。始终以“干部受教育、作风有转变、群众得实惠、发展上水平”为目标，引导和教育广大党员干部在为民上做好服务，在务实上转变作风，在清廉上树立形象，以优良的党风带政风、促民风，不断助推辖区经济金融科学发展，取得一系列的新气象和新变化，干部职工普遍反映，公车私用基本绝迹，公款送礼、公款吃喝现象基本消失，政风行风更好，谋事创业的氛围更浓。在年度总结测评会上，大家对人行揭阳市中心支行及“一把手”教育实践活动情况的“好评率”均达100%。开展的“班子成员到窗口服务部门开展体验式学习”的做法获得总行的肯定，被编发在《人民银行第二批教育实践活动亮点工作及典型做法（第5期）》简讯中。学习《党政领导干部选拔任用工作条例》，着力提高选人用人的公信度。领导班子成员始终坚持正确用人导向，牢牢把握德才兼备、任人唯贤这个核心，选拔任用揭西支行1名副行长，切实做到让符合“好干部”标准的业务骨干走上领导岗位。落实从严管理要求，切实强化班子和干部队伍建设。以开展教育实践活动为契机，综合采取培训班、中心组学习等方式做好教育培训工作，引导辖内各级领导干部进一步坚定理想信念，增强大局意识、责任意识和担当精神。抓好风险防控，全力创建“廉洁基层央行”。将严格执行中央八项规定作为改进党风政风的一项经常性工作，抓住“五一”、中秋、国庆、元旦、春节等重要时间节点，从控制公务活动经费、加强公务用车管理等方面着手，持续推进作风建设。充分发挥纪检监察、组织人事、会计财务、内审、事后监督等部门的“大监督”作用，形成党风廉政建设和反腐败工作的强大合力，并根据人员变动情况，及时组织签订《党风廉政建设责任书》50份。落实“三谈三述”制度。组织制定印发《岗位（廉政）风险防控督导实施细则》，修订《重要部门（要害岗位）案件防范分析会制度》，进一步落实风险防范措施。与广东省揭阳监狱建立反腐倡廉合作机制，推动金融系统与司法系统的反腐倡廉工作良性互动。组织开展“建设廉洁基层央行”活动，弘扬为民务实清廉作风，努力创建“五有五无五廉”的廉洁基层央行。

2015年，扎实推进“三严三实”专题教育。精心谋划部署，制定方案，召开动员大会，并通过制作学习资料选编、开辟学习专栏等形式，借助微信、共产党员网、“三严三实”专题教育网等平台开展专题教育，在人行揭阳市中心支行掀起全面践行“三严三实”的热潮；领导带头讲党课，全面带动辖内“三严三实”专题教育的开展；开展专题学习研讨，人行揭阳市中心支行党委依托中心组理论学习、党委会、党支部会议等加强自身建设，紧密结合日常工作和学习教育，采取个人自学、辅导讲座、研讨交流等灵活多样、务实管用的方式，推动真学真懂真信真用；深入开展自我查摆和互相查找，以整风精神严肃开展批评和自我批评，切实把问题查清楚、摆具体，制定解决方案，强化刚性执行，推动专题教育落到实处。

深入开展教育实践活动，坚定干部理想信念。抓组织协调，协助党委落实好党风廉政建设主体责任，及时组织中支新提拔或岗位变动的领导干部签订党风廉政建设责任书和严格执行领导干部任职、任期廉政谈话制度。抓宣传教育，增强党员干部廉洁从政意识。注重邀请中支“一把手”为全行干部职工讲授廉政教育课，提高教育的针对性和有效性。抓监督检查，严明政治纪律和政治规矩。督促辖区各级领导班子和党员领导干部严守党的政治、组织、财经等纪律，严守政治规矩。抓作风建设，持之以恒纠正“四风”。向中支系统全体干部职工发出《廉政风险提示函》，进一步加强对执行中央八项规定精神和关于厉行节约、公务接待、公车配备等各项规定情况的监督检查，杜绝公款吃喝、公款旅游和公款送礼等问题。抓风险防控，深化惩防体系建设。加强对“三重一大”事项决策的监督，加强对主要领导干部的监督，抓好关键领域风险防控工作，开展对12种特定人群的风险排查和特殊人员档案等关系情况的统计工作。

2016年，全面落实从严治党，加强系统党的建设各项工作。扎实做好“两学一做”学习教育。《人行揭阳市中心支行以“三问三看”为标尺督促“两学一做”学习教育出成效》被总行“两学一做”信息专报采用，并报中央组织部。进一步配备配强支行班子成员，并与井冈山干部培训学院合作，开展党务人员专题培训班，为基层党组织建设提供强有力的人才保障。组织揭阳市中心支行党委中心组共4场次17个专题的集中学习。强化主体责任，有效挺起纪律规矩。落实《揭阳市中心支行党风廉政建设责任清单》。促进权力规范运行，坚持民主集中制，严格规范决策程序。组织新提拔或岗位变动领导干部签订责任书。对12名新提拔及岗位调整干部进行任职廉政谈话，对辖内支行主要负责人进行任期廉政谈话；对新行员进行岗前廉政教育，打好预防免疫针。

2017年，是实施“十三五”规划的重要一年，也是推进供给侧结构性改革的深化之年，做好金融工作对促进经济社会协调发展至关重要。人行揭阳市中心支行学习中共十八大、十九大，中央历次全会，中央经济工作会议和全国金融工作会议精神，牢固树立新发展理念，以推进“两学一做”学习教育常态化制度化为抓手，围绕“服务实体经济、防控金融风险、深化金融改革”三大任务，做好新时代辖区金融改革发展稳定各项工作，有效推动辖区经济金融更高质量、更有效率、更可持续地发展。着力完善体制机制，进一步细化党风廉政建设工作任务，制定《揭阳市中心支行党风廉政建设责任清单》，明确职责分工。落实“党委主体”和“纪委监督”两个责任，开展党风廉政建设主体责任述职评议，组织全市新签订《党风廉政建设责任书》30份，对全市领导干部廉政谈话44人次，建立科级干部廉洁档案85份，层层压实工作责任。严格落实中央八项规定精神，深入整治“四风”突出问题，开展专项整治和对支行的巡察工作，对照分行审计发现存在问题，做好整改落实，建立作风建设长效机制，切实将严要求、实作风化为常态、引向深入。坚持把纪律挺在前面，运用好监督执纪“四种形态”。强化工作问责，着力整治“为官不为”、懒政怠政等现象。工作中注重加强常态化的提醒教育和“履职以外”行为监督管理，结合实际制定印发“十必谈”约谈制度和干部职工履职以外负面行为清单及对应的风险处置措施等制度规定，从源头上防范风险。全年共对44名干部开展廉政谈话，对5名干部进行诫勉谈话，对6名存在苗头性、倾向性干部进行提醒谈话。

2018年，人行揭阳市中心支行党委班子以中心组学习、党校脱产学习、专题党课、专题会议、党建微课堂、调研学习为方式，引导全行干部职工深入学习习近平新时代中国特色社会主义思想、习近平总书记系列重要讲话以及党章、党规党纪等各项党内法规，全面掌握运用党的新思想新观点新论断新表述，强化“四个意识”，坚定“四个自信”，在政治上、思想上、行动上自觉与以习近平同志为核心的党中央保持一致。截至12月末，领导班子成员深入基层讲授党课14次，举办培训班4期，开展专题辅导4次；中心组集中学习共9次，学习时间12天，成员作中心发言33人次，提交理论学习心得体会12篇，撰写调研报告12篇，被分行采用4篇。同时，中支党委班子充分发挥理论联系实际的优良学风，装着理论，带着问题，围绕“六稳”要求，深入普宁服装纺织协会、揭阳塑胶协会等多个机构，广东佳艺工贸有限公司、揭西一道药业有限公司等多个企业以及辖区部分金融机构走访调研，了解重点企业经营困难，探索引导辖区金融支持实体经济尤其是民营中小微企业的有效举措。班子成员共开展调研31人次，调研总天数25天。抓党建，促履职，党建金融工作全面进步。层层传导，压实全面从严治党“两个责任”。人行揭阳市中心支行党委把落实全面从严治党要求、推进基层党建工作纳入重要议事日程，全面从严治党工作任务逐级分解，层层抓好落实。通过层层传导压力，压实“两个责任”，督促各级党员领导干部牢记党内职务，履行政治责任，自觉从“四个意识”“四个自信”的高度认识自身职责，党建业务一肩挑，促进党建金融齐发力。深入推进新时代全市党支部建设，党建引领履职效能亮点频出。人行揭阳市中心支行党委结合实际，多管齐下，着力夯实党支部工作基础，全力提升基层党支部组织力，以支部建设激活基层堡垒战斗力。例如，在开展“树党员先锋模范 创党建特色品牌”活动中，揭阳押运中心党支部以“党组织活动建立在流动车队上”活动为抓手，实现押运业务高效率、零事故；辖区共有12个党支部与其他单位的相应党组织组成联建小组，累计开展党建经验交流会、专题党课辅导、党史行史教育等活动共29次，形成信息互通、资源共享、发展共赢的金融大党建格局；辖内部分党支部结合履职重点在金融机构、企业设立9个“党员服务点”，以此为平台深入推进“党建＋扶贫、反假币、窗口指导、风险防范、数据共享”等工程，党建促履职不断取得新进展。切实加强作风建设，深入开展专项整治工作。对摆放、使用“功夫茶具”情况进行监督检查，整治“庸懒散奢浮”问题；抓住元旦、春节、中秋、国庆等关键节点，做好节前廉洁自律提醒和督查工作，严防“四风”问题反弹回潮；积极开展“七个有之”专项排查整治，严把选人用人监督关；严格落实《广州分行干部职工“履职以外”行为监督管理办法》要求，在辖区开展扫黑除恶专项斗争；切实净化微信群、朋友圈，坚决杜绝在辖区出现干部职工忘记党员身份、妄议中央大政方针等问题。扎实推进全面从严治党、从严治行“清风”专项行动。人行揭阳市中心支行党委根据广州分行党委的工作部署，在全市围绕人、财、物、车、房及违反中央八项规定精神、隐形“四风”问题等重点领域开展大排查、大起底，切实做到情况清、数据明，确保专项行动取得实效。对违规接受和使用地方政府资金、违规购买大规格纪念币、非法集资、违规购买消费高档酒、职工食堂和预付卡及挂账资金情况、私家车加入滴滴打车、参与赌球活动、扶贫领域的腐败和作风问题等进行彻底清查；强化对货币发行、招投标、固定资产管理使用等案件多发领域的风险防范；要求各支行、部门召开案件防范分析会，做好风险防控和案件防范工作；加强岗位（廉政）风险防控监督管理和日常监督管理，纪委书记对全市人员开展廉洁从政谈话，全年谈话23场共230人次，将落实全面从严治党工作要求和压力传导到每一个人；建立干部职工家访制度，重点了解和关注要害岗位人员的思想动态。2018年，中支系统在“清风”专项行动中共查出问题114个，已整改113个，整改完成率99.12%。深化政治巡察，充分发挥巡察利剑作用。2018年，中支党委分别派出巡察组对辖内3家支行开展常规巡察，对揭东支行开展巡察回访。截至12月末，中支党委巡察组完成对辖属4家支行巡察全覆盖，调阅资料1523份，查出问题77个，提出整改建议23条，严格要求辖内各支行从严、从实抓好问题整改工作，并及时召开警示教育大会，对本轮巡察情况进行通报，深入查找分析问题存在的原因，对照案例引以为戒，收到良好的警示教育效果。

第三章　金融工会组织

第一节　工会组织建设

一、金融系统工会

根据中央〔1989〕12号文精神和1990年，国家、省五行一司关于“各市、县要在民主协商的基础上组建本级金融工会，作为本级金融系统工会的领导机构”的精神，揭阳市金融机构和辖属各县金融机构于1998年，由市、县人民银行牵头组织市县两级金融机构组建金融系统工会工作委员会（简称金融工会）。揭阳市金融工会办公地址设在人行揭阳分行，由人行派出干部担任金融工会主席职务。作为揭阳当地金融系统工会，属于中国金融工会在当地的下属机构，负责领导和管理本级金融机构工会组织，并接受地方工会组织的指导。市县金融工会建立后，组织本级金融机构开展技术业务竞赛、文体活动和关心职工福利等工作，得到当地党政的好评，促进揭阳金融业务的发展。

2000年，中央金融工作委员会、中华全国总工会发出《关于调整中国金融工会领导体制，加强金融系统工会工作有关问题的通知》规定：为使金融系统工会工作适应金融系统党组织实行垂直领导的要求，调整中国金融工会领导体制，中国金融工会不再设省和省以下金融工会。人行总行根据通知精神决定：中国人民银行不再保留中国金融工会建制，建立垂直领导的工会组织体系。根据上述文件，揭阳市、县两级相继撤销金融工会。市、县金融工会撤销后，揭阳市各金融机构工会组织，受同级党组织和该金融机构的上一级工会组织的双重领导，以同级党组织领导为主，并接受地方工会组织的指导。

揭阳市各级金融机构工会组织成立后，依法依规定期召开职工代表大会并定期进行换届选举，每年召开一次职工代表大会或职工大会。按照要求，各金融机构职代会坚持换届选举、工作报告、经审报告、妇委工作报告、向单位提合理化建议等议程，使工会真正办成代表职工心声和保护职工合法权益、为职工办实事的组织。至2018年，全市大多数金融机构工会委员会，根据上级工会组织的要求，设立女职工委员会、经费审查委员会和劳动竞赛委员会。

人行揭阳市中心支行

1991年12月，国务院批准设立揭阳市，随着揭阳撤县建市，揭阳分行在中国人民银行县支行的基础上筹建成立。根据中国人民银行《关于中国人民银行潮州分行升格及成立中国人民银行揭阳分行的批复》和中国人民银行广东省分行《关于汕头分行、潮州分行、揭阳分行筹备组机构、业务问题的决定》，中国人民银行揭阳分行从1992年7月1日起正式挂牌办公，并成立工会工作委员会及工会办公室（与党委群工部合署办公），同时设女职工委员会。人行揭阳市中心支行工会工作委员会领导所辖支行的工会工作，设专职工会主任，并参加中心支行党委。

人行揭阳市中支工会依法依规定期召开职工代表大会。按照要求，职代会坚持换届选举、工作报告、经审报告、向单位提合理化建议等议程，使工会真正办成代表职工心声和保护职工合法权益，为职工办实事的组织。

揭阳银监分局

2003 年 12 月，成立中国银行业监督管理委员会揭阳监管分局（简称“揭阳银监分局”）筹备组，2004 年 2 月，中国银行业监督管理委员会揭阳监管分局举行挂牌，2004 年 6 月，选举产生首届揭阳银监分局工会委员会委员 5 人，同时设立工会经费审查委员会。2007 年 7 月，进行换届选举，产生第二届分局工会委员会委员 5 人，同时设立工会经费审查委员会。2012 年 12 月，进行换届选举，选举产生第三届分局工会委员会委员 7 人，同时设立工会经费审查委员会。2017 年 12 月，进行换届选举，选举产生第四届分局工会委员会委员 5 人，同时设立工会经费审查委员会、女职工委员会。2016 年 12 月，揭阳银监分局工会被广东银监局工会评为“合格职工之家”。

农发行揭阳市分行

1997 年 11 月 20 日，农发行揭阳市分行机关工会成立，12 月 8 日至 9 日召开农发行揭阳市分行机关第一届一次职工代表暨工会会员大会。2002 年，农发行揭阳市分行工会工作委员会成立，2003 年 1 月，召开农发行揭阳市分行职工代表及工会会员大会，并实行一年一次、三年一届的制度。

商业银行

1992 年 10 月，经揭阳市总工会批准，中国人民建设银行揭阳市分行机关工会委员会成立，是全市直金融系统中第一个成立工会组织的单位，辖属普宁、惠来、揭西、揭东、榕城、开发区支行均经所在县（市、区）总工会批准成立工会组织。邮储行揭阳市分行于 2012 年设立工会，至 2018 年 12 月，基层工会组织单位有 5 个，现有会员 503 人，工会干部 10 人，其中专职工会干部 1 人，兼职工会干部 9 人，工会女干部 5 人。

1993 年 7 月，工行揭阳分行筹备成立系统工会组织。1995 年 9 月 26 日，召开揭阳分行首届职工代表大会暨分行机关首届职工代表大会，揭阳分行工会工作委员会、女职工委员会成立，选举产生机关工会委员，至 9 月底，分行辖属榕城支行、揭东支行、揭西支行、普宁支行、惠来支行经选举成立支行工会工作委员会及工会主席，建立健全组织工会机构。

1994 年 1 月 1 日，中行揭阳分行设立工会。1997 年 10 月，揭西县农村信用合作社第一届工会委员会成立。广东发展银行揭阳分行于 1998 年 3 月，经市总工会批准成立广东发展银行揭阳办事处工会委员会，直属揭阳市总工会管理。1998 年 7 月，揭东县农村信用合作社选举产生第一届工会委员会，隶属省联社工会、揭东县总工会领导。2007 年 11 月，普宁市农村信用合作联社工会委员会成立，由工会委员会、工会经费审查委员会、女职工委员会组成。隶属省联社工会、普宁市总工会双重领导。揭阳市农村信联于 2008 年 5 月 18 日设立市农村信用合作联社工会委员会；揭阳农商行于 2013 年 4 月 2 日第一届工会委员会委员成立。2009 年 12 月，惠来联社设立工会。

1994 — 2000 年，各商业银行工会受上一级工会和同级金融系统工会双重领导和管理。2001 年后，各行工会组织恢复垂直管理体制。

2001 年 3 月 8 日，普宁办事处工会成立，隶属揭阳办事处管理。农行揭阳分行于 2001 年 12 月 13 日，根据农行揭阳分党委《关于设立中国农行揭阳分行工会工作委员会办公室的通知》设立中国农行揭阳分行工会工作委员会办公室，辖属城区、普宁、惠来、揭西、揭东支行均经所在县（市、区）总工会批准成立工会组织。2012 年 10 月，揭西农商行第一届工会委员会成立。2014 年 3 月 14 日，农银揭阳分行印发《关于揭阳分行本部内设部门整合的通知》，并经省行批复，综合管理部 / 工会办成立，负责原综合管理部和工会办的业务。

2001 年 12 月 13 日，农行揭阳分行根据农行揭阳分党委《关于设立中国农行揭阳分行工会工作委员会办公室的通知》设立中国农行揭阳分行工会工作委员会办公室，辖属城区、普宁、惠来、揭西、揭东支行均经所在县（市、区）总工会批准成立工会组织。2014 年 3 月 14 日，农银揭阳分行印发《关于揭阳分行本部内设部门整合的通知》，并经省行批复，综合管理部 / 工会办成立，负责原综合管理部和工会办的业务。

2015 年 6 月，揭东农商行股份有限公司第一届工会委员会成立。南粤银行揭阳分行于 2015 年 9 月 8 日工会成立，隶属于广东南粤银行揭阳分行工会组织，同日成立第一届工会委员会、经费审查委员会、女工委员会。汇丰银行揭阳支行工会隶属于汇丰银行（中国）有限公司广州分行工会委员会，支行内部的工会事宜由广州分行工会委员会管理。

保险行业

2013 年 4 月 18 日，人寿财产揭阳中支工会委员会成立，隶属副部级央企——中国人寿保险（集团）公司旗下。2007 年 1 月 17 日，太平洋产险揭阳中支工会成立。2014 年 4 月 18 日，中华联合财产揭阳中支工会委员会成立。8 月，平安人寿揭阳中支工会委员会成立。2015 年 5 月 15 日，平安保险工会委员会成立。9 月 10 日，大地财险工会委员会成立。

证券行业

2006 年 2 月，中国银河证券股份有限公司工会成立，公司下属营业部设工会小组，隶属广东分公司工会。2007 年，安信证券揭阳营业部设立工会小组，隶属安信证券股份有限公司工会委员会。

2013 年 7 月，中信证券揭阳营业部工会小组成立，隶属中信证券股份有限公司工会。2016 年 12 月，东北证券揭阳营业部工会成立，隶属安信证券股份有限公司工会委员会。

中信建投揭阳营业部工会，属于基层分工会辖区内的营业部工会，隶属广东分公司工会。广发证券揭阳地区营业部工会小组 2001 年 7 月 26 日成立，截至 2018 年 12 月 31 日，工会从业人员共有 104 人，其中普宁流沙营业部 49 人，揭阳揭西营业部 21 人，揭阳临江北路营业部 34 人。

二、工会职工之家

1984 年，全国总工会提出建设“职工之家”活动以后，揭阳各金融机构工会相继开展“职工之家”的建设活动（简称建家）。“职工之家”设立“合格职工之家”和“模范职工之家”两个档次，“合格职工之家”为达标称号，“模范职工之家”为荣誉称号。“合格职工之家”实行考核认定制，由申报单位的上一级考核认定。“模范职工之家”实行评选制，分为市行级、省行级、总行级。

人行揭阳市中心支行

1984 年，人行揭阳市中心支行工会相继开展“职工之家”的建设活动。2001 年、2004 年，人行揭阳市中支工会先后被揭阳市总工会授予“先进职工之家”的荣誉称号。

2009 年，人行惠来支行工会获得中国人民银行广州分行“模范职工之家”称号。

2012 年，人行揭西支行工会被评为中国人民银行基层单位“标杆职工之家”。

2014 年，人行揭东支行工会被揭阳市总工会评为“先进职工之家”。

2016 年，人行揭东支行工会被授予 2011—2014 年度中国人民银行“模范职工之家”称号和中国人民银行广州分行“模范职工之家”称号。是年，人行揭阳市中心支行工会被授予 2011 — 2014 年度中国人民银行广州分行“模范职工之家”称号。

农发行揭阳市分行

2000 年，农发行揭阳市分行“职工之家”和女工委成立，开展各项有益于女同志身心健康的活动。2012 年，农发行惠来县支行会计结算部被省行认定为“女职工文明示范岗”。2013 年，分行机关工会和市分行客户服务部分别被省分行授予“先进职工之家”和“青年文明号”荣誉。

工行揭阳分行

2014 年，工行揭阳分行被总行评为“模范职工之家”称号，有 2 个基层工会被省行评为“先进职工之家”，有 4 个基层工会被评为“合格职工之家”。1993 年，揭西县支行女职工委员会被评为省行级先进女职工委员会。1994 年，普宁市支行被评为省行级先进“职工之家”。2005 年 3 月，分行女工被广东省总工会女工委授予“工会女职工工作先进单位”。2007 年，分行营业部获全国妇联授予的“全国巾帼文明岗”荣誉称号。2014 年，分行工会被总行评为“模范职工之家”。

农行揭阳分行

2011 年，农行揭阳分行工会获广东省分行先进“职工之家”。2017 年，揭阳普宁占陇支行荣获总行“中国农业银行先锋号名单”。农行揭阳分行林欣兰获 2011 年、2016 — 2017 年度中国农业银行广东省分行优秀工会干部。2017 年，揭阳分行团委被评为揭阳市五四红旗团委。

中行揭阳分行

2014 年，中行揭阳分行被广东省总工会、安监局授予“全国‘安康杯’竞赛广东省优胜单位”荣誉称号，是全市唯一获此殊荣的单位。荣获“揭阳市 2008 年度企业纳税光荣户铜奖”和“A 级纳税人”。

建行揭阳市分行

2006 年，建行揭阳市分行被揭阳市总工会、揭阳市文明办授予“揭阳市创建学习型组织先进单位”荣誉称号。2011 年，普宁支行营业部被中华总工会授予 2011 年“全国五一巾帼标兵岗”荣誉称号。2013 年，市分行营业部被广东省总工会授予广东省“工人先锋号”荣誉称号。2014 年，空港支行被广东省总工会授予“广东省五一劳动奖状”；榕城支行被揭阳市总工会授予“揭阳市五一劳动奖状”和“揭阳市五一巾帼奖”。2015 年，市分行营业部被中华全国总工会授予“全国工人先锋号”荣誉称号。2016 年，改进和完善“职工之家”的管理，创建模范“职工之家”，创建学习型组织，开展“三学三比”等各种劳动竞赛和形式多样、健康向上的文体活动，进一步充实员工活动的场地和设施，完善管理机制；继续落实“温暖工程”，开展“体验农趣”户外活动、困难员工帮扶活动、“夏季送清凉”活动、春节慰问活动，办好实事；组织员工特别是青年员工参观“行史室”等。

揭西农商行

2013 年 4 月被广东省总工会授予“广东省工人先锋号”，揭西农商行工会女职工委员会于 2015 年 3 月被广东省总工会评为“工会女职工工作先进集体”。

惠来联社

2013 年，被广东省总工会授予“全国职工教育培训示范点”荣誉称号，联社营业部的“职工之家”也荣获中华全国总工会“模范职工小家”的光荣称号。2014 年，惠来联社工会获省总工会在表彰广大基层工会组织和工会干部深入开展建设职工之家活动中的高度肯定和表彰，荣获 2014 年广东省财贸金融系统“模范职工之家”殊荣称号。2016年，惠来联社前詹信用社获得“广东省模范职工小家”称号。2017年，惠来联社工会被中华全国总工会授予“全国工会职工书屋示范点基地”。

人保财险揭阳市分公司

人保财险揭阳市分公司“职工之家”自挂牌以来，在总经理室、公司工会的关怀指导下，逐渐成为一个充满活力的青年组织。通过开展各种志愿活动、扶贫活动、读书活动，职工之家不断成长，呈现出来的多元化、影响力、趣味性，吸引越来越多的青年员工。他们在这里找到志趣相投的朋友，既有各种文艺交流，也走向社会参与各种扶贫济困活动，逐渐形成良好的社会效应。工会始终把深化完善“职工之家”建设作为加强基层工会建设的重要内容和主要抓手，不断丰富内涵、健全制度机制，高标准严要求的创建，通过加大建家投入，建家工作逐步向规范化和标准化迈进。至2018年，揭阳市金融机构大部分建成“职工之家”。同时，建有运动场地，购置不同的运动器材，建起图书阅览室、文娱活动室，使员工在工作之余有一个运动和休闲的场所。

至2018年，全市各金融机构工会始终把深化完善“职工之家”建设作为加强基层工会建设的重要内容和主要抓手，不断丰富内涵、健全制度机制，高标准严要求的创建，通过加大建家投入，建家工作逐步向规范化和标准化迈进。建立健全职工之家制度建设，保障“职工之家”的职能作用。

完善员工关爱体系，提高员工食堂餐费标准。在国家法定节日如：“三八”妇女节、母亲节、“六一”儿童节等节日中，积极组织庆祝活动，为员工及子女发放节日慰问礼品，举办两场“影响孩子一生的教育”和“健康安全知识普及”讲座，给员工们带来最前沿的教育理念和普及健康知识，员工们受益匪浅。下半年，组织员工及家属254人次进行体检项目，保障员工及家属身心健康。坚持拓宽延伸服务领域，向广大会员发放电影票、蛋糕票、各类传统节日节料、防暑降温品等等，员工的获得感明显增强。

全市各金融机构工会完善职工之家硬件建设，在职工之家活动室设小健身室、饮水吧台、阅览室、电视、音响设备、哺乳室、更衣室等等实用设施。不断完善职工书屋。金融机构积极参与申报广东省金融工会2018年度“职工书屋”示范点，启动书籍信息电子管理系统，搭建书籍信息电子化管理体系，促进书籍管理网络化、专业化， 在职工使用书籍的过程中享受优质服务。同时，定期组织员工开展读书分享会，一起分享读书的乐趣。

第二节　献计献策

揭阳市各金融机构工会组织推动本单位建立各种民主管理制度，通过定期召开职工代表大会或职工大会，参与本单位民主管理，使广大员工对经营管理、职位聘任、劳动合同签订等重大事项的知情权、参与权、建议权、监督权等逐步得到落实。

自1986年起，全县各金融机构每年都开展民主协调对话和合理化建议征集活动。各金融机构工会组织发挥职能作用，开展职工的思想政治教育和职业技术培训，采取组织劳动竞赛等形式，促进各项业务的发展。揭阳市各金融机构工会组织发挥职能作用，积极开展职工的思想政治教育和职业技术培训，采取组织劳动竞赛等形式，促进各项业务的发展。

历年来，人行揭阳市中心支行工会结合履职实际，多形式开展征集职工合理化建议活动，着力解决干部职工关心的热点、难点问题，实现内部管理、民主决策和监督、履职有机结合。通过职代会提案的收集、反映、化解、落实等工作，保障职工提合理化建议的落实。揭阳银监分局致力探索民主管理监督的有效途径，工会部门积极配合，引导职工发挥好主人翁作用，参与单位建设和事务管理。如先后制定并不断完善《揭阳银监分局工会向党委报告工作制度》《揭阳银监分局工会委员会学习制度》《揭阳银监分局工会委员职责》等内部规章制度，使各项工作有章可循。积极推行工会事务公开制度，不定期在分局范围内对工会经费使用情况进行公示、将工会活动编写图文信息上挂内网等，保障职工的知情权，并通过民主评议活动、民主生活会、设立“局长接待日”等渠道，广泛听取群众的意见。

1995 年 9 月，工行揭阳分行举行首届职工代表大会，大会共征集提案 45 条，充分体现代表们关心全行发展的精神。1997 年 10 月，揭西县农村信用合作社第一届工会委员会成立，成立以来，坚持一切依靠职工、一切为职工，充分调动职工的积极性、主动性和创造性，广大职工充分发挥主人翁精神，建言献策，对揭西县农信社的经营管理及业务发展提出许多建设性的意见建议，对促进本单位的稳定与发展起到重要的作用。1999 年 9 月，工行揭阳分行进行职工代表大会换届选举并召开第二届职代会第一次会议，会议共收集提案 53 份，提出意见及建议 97 条，涉及经营管理、内部管理、教育工作、人事工作、员工福利等五个方面，体现代表们的主人翁使命事情和责任感。

2002 年以来，人行揭阳市中心支行工会每年召开职代会作为一项制度来抓，有效强化民主管理。

2005 年 4 月，工行揭阳分行召开第三届职代会第一次会议，会议共收集提案 49 份，意见建议 97 条，充分体现代表们的主人翁精神。

2006 年，人行揭阳市中心支行工会开展“我为央行发展建言献策”活动，共收到“建言献策”40 多条。

农行揭阳分行执行《中华人民共和国合伙企业法》《中华人民共和国工会法》的要求，依据《中国农业银行广东省分行职工代表大会管理办法》，每年举办一次职工（会员）代表大会，职工代表严格按照《中国农业银行职工代表大会组织规则》执行选举，代表广大员工通过职代会参与企业的民主管理、民主监督和民主决策。落实职工民主管理，充分发挥职工集体智慧和力量，共商揭阳农行发展大计。东亚揭阳支行鼓励员工就本行内部管理建言献策，并不定期印发邮件收集员工建议。总行设《员工诚信举报指引》，鼓励员工就工作中遇到的不合规、不合法事件进行实名举报。

此外，人行揭阳市中心支行工会发挥职能，积极开展职工的思想政治教育和职业技术培训，通过采取组织劳动竞赛等形式，促进中支各项业务的发展。

2012 年，揭阳农商行加强“争先创优”工作，提倡开展评选“工人先锋号”“模范职工小家”“文明服务标兵”等活动，激发职工的工作热情、增强职工竞争能力、激发职工自我参与意识。2013 年 7 月 28 日，揭阳农商行举办“中国梦·劳动美”职工演讲比赛，各位选手从自己的实际出发，纷纷为农商行实现科学发展提出自己的意见和建议。

2014 年，人行揭阳市中心支行举办揭阳市银行业国际收支业务技能大赛。

2014 年，人行揭阳市中心支行与市总工会联合组织揭阳市银行业“手工点钞（反假）”比赛，并授予获得比赛一等奖的集体和个人为“揭阳市工人先锋号”和“揭阳市五一劳动奖章”。

2015 年，人行揭阳市中心支行联合揭阳市总工会成功举办“揭阳市银行业金融机构国库业务知识竞赛”“揭阳市金融消费权益保护工作技能竞赛”。

揭阳银监分局致力探索民主管理监督的有效途径，工会部门积极配合，引导职工发挥好主人翁作用，参与单位建设和事务管理。如先后制定并不断完善《揭阳银监分局工会向党委报告工作制度》《揭阳银监分局工会委员会学习制度》《揭阳银监分局工会委员职责》等内部规章制度，使各项工作有章可循。积极推行工会事务公开制度，不定期在分局范围内对工会经费使用情况进行公示、将工会活动编写图文信息上挂内网等，保障职工的知情权，并通过民主评议活动、民主生活会、设立“局长接待日”等渠道，广泛听取群众的意见。

2016 年，人行揭阳市中心支行举办揭阳市金融系统青年“金融支持实体经济”辩论赛。揭阳全市银行业金融机构、证券业金融机构和保险业金融机构共 22 支代表队 110 名队员参赛；与市总工会联合举办“揭阳市银行业金融统计业务知识竞赛”，全市 16 家银行业金融机构参加；并授予获得比赛一等奖的集体和个人为“揭阳市工人先锋号”和“揭阳市五一劳动奖章”。

第三节　公益活动

揭阳市金融系统各单位工会组织历年来十分热心各项公益事业，参与助残、扶贫、救灾等各项公益活动。

通过组织员工参与各类社会公益活动，传递社会正能量，以实际行动履行社会责任，践行行业使命，增强职业自豪感和荣誉感，彰显人文关怀和大型国有企业责任担当精神。

20 世纪 90 年代以来，全市金融机构投入人力、物力、财力，积极支持当地政府开展驻村精准扶贫工作。人行揭阳市中心支行工会历年来积极参与扶贫、救灾等各项捐款公益活动。

1994 年 4 月，建行揭阳市分行响应总行“中国建设银行爱心基金”捐款活动，全市分行共捐款 6.49 万元；7 月，接到揭阳市“国际消除贫困年”活动组委会的捐款通知，市分行机关（含营业部）189 人共捐款 1.771 万元。6 月，建行揭阳市分行开展“一方有难、八方相助”为灾区捐款活动，全行共捐款 1.72 万元。

1998 年，长江流域发生洪灾，工行揭阳分行全行员工捐款达 1740 人次，先后两次捐款金额达 5.14 万元。8 月，建行揭阳市分行全体干部职工向长江、嫩江、松花江流域捐款、捐赠御寒衣物。全行捐款、捐衣物人数 616 人，共捐款 6.1426 万元，捐棉被 32 条、毛衣（衬衣）4700 件、西裤 3682 条、鞋 30 双。1999 年 1 月，建行揭阳市分行机关（含营业部），为下岗职工捐款，捐款人数 80 人，捐款金额 6270 元。

2002 年 11 月，建行揭阳市分行参加揭阳市政府举办的市直集中性社会捐助活动启动仪式，全行捐款人数 466 人，捐款 6.40 万元。2003 年，普宁市农信社开展联社“献爱心”基金户收到职工捐款 1.41 万元外，还有池尾、大坝等社也在社内开展捐款助困活动。2004 年，人行揭阳市中心支行发动干部职工，向市困难职工帮扶中心捐款 2550 元。2005 年，人行揭阳市中心支行开展机关干部职工公德基金捐款活动，全行 121 名干部职工捐款 12800 元。2008 年，四川汶川地震后，人行揭阳市中心支行工会积极参与“送温暖、献爱心”支援地震灾区集中性社会捐款活动，全行干部职工捐款 12000 元；通过雨雪冰冻灾区集中性社会捐款活动向南方冰雪灾害地区捐款 11150 元。5 月 12 日，工行揭阳分行干部职工踊跃捐款，支援四川地震灾区，全行共 201 人捐款，金额 2.22 万元；揭西农村商业积极开展为灾区献爱心捐款活动，动员广大职工踊跃捐款，为灾区人民送去重建家园的勇气和力量。2009 年，建行揭阳市分行参与扶贫助学和慈善公益募捐，发动全行员工踊跃参与社会捐助和义务献血，共募集两万多元善款和组织 18 人次的无偿献血。

2010 年，人行揭阳市中心支行开展向玉树抗震救灾捐款活动，广大干部职工积极响应，踊跃捐款，向青海玉树地震灾区伸出援助之手，合计捐款 14710 元。9 月 29 日，工行揭阳分行扶贫小组把分行全体帮扶干部捐献的帮扶资金 3.96 万元送到普宁市船埔镇红足村贫困户手中。

2010 年，农行揭阳分行干部职工开展向玉树抗震救灾捐款活动，广大干部职工积极响应，踊跃捐款，向青海玉树地震灾区伸出援助之手，合计捐款 107710 元；同年 9 月向舟曲泥石流特大灾害受困群众捐款 50150 元。2010 年“广东省扶贫济困日”农行揭阳分行干部职工累计捐款 110745 元。自“广东省扶贫济困日”活动开展以来，农行揭阳分行每年参与“广东省扶贫济困日”捐款活动，广大干部职工积极响应，踊跃捐款。农行揭阳分行设立“扶危救助基金”，及时对遭遇重大疾病和意外灾难员工提供经济救助，送上组织关爱和温暖。

2005 — 2018 年，农发行揭阳市分行自参与扶贫工作以来，累计捐款 58 万元。

2005 年 1 月 7 日，中行揭阳分行向东南亚地震和海啸受灾国家人民自愿捐款 11120 元。2006 年 7 月，中行揭阳分行积极向受灾兄弟行捐款 12650 元。

2010 — 2018 年，中行揭阳分行自参与扶贫工作以来，以各种方式累计捐款 68 万元。

2010 — 2018 年，建行揭阳市分行每年“广东省扶贫济困日”累计 57.4216 万元；揭东农商行每年开展扶贫捐款活动，“广东扶贫济困日”累计捐款 70.94 万元。2012 年 –2018 年，揭阳农商行组织慰问周边渔湖、仙桥、梅云、磐东等四所敬老院及其老人 896 人次，累计金额 29.76 万元；共慰问暂时生活困难的员工共 227 人次，累计慰问金共 32.88 万元。

2014 年，邮储银行揭阳市分行发扬“大爱无疆”的传统美德，为雅安地震灾区献爱心做捐款活动，全市收到 413 名职工个人自愿献爱心捐款，共计款项 31116 元。

2014 — 2018 年，民生银行揭阳分行组织员工捐款活动，捐款资金主要用于河南省滑县、封丘县的教育及医疗扶贫。捐款总金额为 55150 元。

2015 年，东亚银行揭阳支行应总行号召，参与公益品牌项目“爱聚行动”，前往梅州市大埔县西河镇红军小学，关爱孩子们的学习与生活，给孩子们带去学习用品和玩具。

2010 — 2018 年，每年参与“广东省扶贫济困日”捐款，广大干部职工都积极响应，踊跃捐款。

2016 — 2018 年，惠来联社在“广东扶贫济困日”活动中踊跃捐款累计 55460 元。

2018 年，工行揭阳分行各帮扶责任人共投入帮扶资金 58600 元（个人捐款），作为贫困户脱贫生产的资金。广东邮储银行揭阳支行在一年一度的“扶贫济困日”公益慈善活动上，每年度捐款人次达 707 人次，捐款金额 1.9 万元，为揭阳市慈善事业和困难群体奉献全行每位员工的一份爱心。广发银行揭阳支行扎实推进广东扶贫济困日活动，积极倡导、动员员工，在自愿的基础上，采取捐款、结对帮扶及志愿服务等形式，为贫困地区和困难群众献爱心。

此外，揭阳金融系统干部职工还踊跃参与无偿献血活动，如农行揭阳分行自开展“全民义务献血”活动以来，每年组织员工参加义务献血。其他单位不一一列举。

第四节　文体活动

揭阳市金融系统各工会组织为保障员工身心健康，注重开展形式多样的文娱体育活动，活跃单位气氛，丰富员工生活。

一、体育运动

1986年以来，揭阳辖区金融机构充分利用“职工之家”的体育设施，每年坚持开展各项体育活动。活动项目包括篮球、足球、乒乓球、羽毛球、拔河、登山、象棋等各类比赛。

人行揭阳市中心支行

2003年，人行揭阳市中心支行举办潮汕三市人民银行系统庆“五一”男子中国象棋、女子跳棋友谊赛。2008年，人行揭阳市中心支行举办“我与奥运同行”登山活动和“我与奥运同行”女职工趣味运动会。2009年9月22日，人行揭阳市中心支行举办庆祝新中国成立60周年拔河比赛。10月31日，市中支开展“我运动、我健康”登山活动。2010年5月13日，人行揭阳市中心支行举办女职工“母亲节”“国际家庭日”“插花活动”；7月9日，市中支举办“中华经典”诵读比赛；11月27日，市中支团委与潮州中支团委联合开展“青年文明号”交流活动，并进行“反恐精英”真人实战训练。2011年以来，人行揭阳市中心支行坚持开展每个工作日两次工间操运动，并组织多次广播工间操比赛；5月4日，市中支组织开展庆祝“五一”国际劳动局和“五四”青年节登山活动；7月6日，组织中支全体参加广播体操会操比赛人员进行排练；10月19日，举办2011年“和谐杯”美式桌球比赛。2012年，人行揭阳市中心支行联合汕头中支、潮州中支在揭阳市东升羽毛球俱乐部举行举办的“潮汕三市人行系统羽毛球邀请赛”。2013年10月23日，市中支组织干部职工参加潮汕三市人民银行系统篮球邀请赛。2014年6月4日，市中支组队参加工行揭阳分行举办的“检察院、榕城区、人民银行、工商行阳光乒乓球友谊赛”；10月9日，在揭阳市电信分公司门球场举办2014年“重阳节”门球邀请赛；10月17—20日，组织气排球参赛队到肇庆市参加广州分行职工第三届职工“岭南杯”气排球邀请赛。2015年3月2日，市中支组织气排球队员在实验小学操场开展气排球对抗赛；3月8日，市中支职工钟娇等作品在揭阳市女职工手工作品比赛中获奖。人行揭东支行举办揭东金融系统第一届“金融杯”乒乓球团体友谊赛。2016年，人行揭阳市中心支行主办的揭阳市首届“金融杯”乒乓球友谊赛在木林森体育俱乐部成功举行，全市金融机构共15支代表队75名选手参赛。是年，举行“和谐央行 快乐运动”趣味运动会。2017年，人行揭东支行举办揭东金融系统第二届“金融杯”乒乓球团体友谊赛。2018年，人行揭阳市中心支行与农行揭阳分行联合举办“迎五四”篮球友谊赛。

农发行揭阳市分行

连续多年举办乒乓球赛、篮球赛、征文、知识竞赛、劳动竞赛等主题突出、生动活泼的文体活动，参与上级行、地方有关部门、行业协会组织的劳动竞赛、文体活动等，活跃员工的业余生活。农发行揭阳市分行林庆丰获2002年总行“金融创新—迎接挑战”征文三等奖。2009—2013年，连续5年开展员工行为礼仪培训，提升文明服务形象。在此期间，集体和员工个人多次受到上级行的表彰：2009年，农发行揭阳市分行林庆丰获2009年省分行“与祖国同在，与农发行同行”征文活动二等奖。2001年，农发行揭阳市分行获省分行“学习型标兵单位”和“金融服务先进单位”称号；参加省分行“信贷知识竞赛”，获得二等奖；11 月，参加全省系统首届男子篮球比赛，获得全省系统首届男子篮球比赛第二名。2011 年，惠来县支行林森、李晓銮获 2011 年省行“青年风采大赛”三等奖。2012 年，参加省分行“金农发行杯”合规风险防控业务知识竞赛，获得二等奖；农发行揭阳市分行团委获省分行“五四红旗团委”称号；惠来县支行林佳获 2012 年省分行“女职工读书征文活动”二等奖；2013 年，市分行章晓群获 2013 年省分行“农发行支持城乡发展一体化”征文比赛二等奖；王彤获 2013 年省分行“推荐一本好书 汲取青春正能量”读书活动征文比赛三等奖。2014 年，员工王彤获 2014 年省分行“农发行如何面对未来的赶考”征文三等奖；黄睿珊获 2014 年省分行“用心去工作”征文比赛二等奖。2016 年，农发行揭阳市分行黄睿珊、吴燕杰获 2016 年省分行《知之深 爱之切》读书活动二、三等奖；李沛获 2016 年省分行乒乓球比赛男子单打第一名、总行第三名；惠来县支行刘丽虹获 2016 年省分行乒乓球比赛女子单打第二名。2018 年，农发行揭阳市分行陈少菁获 2017 年省分行“农发巾帼助脱贫 爱心开启幸福路——大手拉小手”编织作品比赛一等奖，杨丽琳、郑丹玲分获三等奖；黄睿珊获 2017 年省分行“写家书 传亲情”活动三等奖；农发行揭阳市分行林庆丰、吴燕杰、杨丽琳三位 2018 年获总行、省分行“学习贯彻习近平新时代中国特色社会主义思想知识竞赛先进个人奖”；市分行王彤、惠来县支行张森森获 2018 年省分行“不忘初心跟党走 青春建功新征程”青年风采大赛二等奖。

工行揭阳分行

分行党委非常重视企业文化建设，把搞好员工文体活动看成是内强素质、外树形象的企业形象工程，在文娱体育设施建设方面，建有羽毛球场、篮球场、乒乓球室、台球室、多功能厅、图书阅览室等活动场所，最大限度地满足员工的业余文化生活。2000 年 12 月 25 日，工行揭阳分行荣获广东省第三批职工体育选进单位称号。2003 年 8 月，工行揭阳分行陈洪武参加省行庆祝工商银行建行 20 周年职工摄影、书法和摄影比赛绘画作品《工商银行，我的选择》获得绘画类一等奖；揭阳市分行荣获全省工行系统“女员工营销技巧比赛”三等奖。2008 年 11 月 25 日，工行揭阳分行陈洪武、林潇涵，在省行工会为纪念改革开放 30 周年暨工行成立 25 周年举办的“员工书法美术作品展示”活动中，分别获得省行级金奖和银奖。陈洪武创作的国画《永恒》在总行的评比中获铜奖。2014 年 11 月 8 日，工行揭阳分行代表队参加省行第一届员工综合运动会，荣获开幕式最佳风采奖等多项奖项。2015 年 8 月 12 日，工行揭阳分行组队参加省行“我自豪，我是工行主持人”第一届主持人风采大赛，并获优秀奖。

农行揭阳分行

1995 年，农行揭阳分行曾文英在广东省农行系统第三届打字比赛获得单项第四名；在广东省第三次农村金融科研优秀成果中，农行揭阳分行郑少军撰写的《论农行向商业银行转变中的人才建设》一文荣获二等奖；林锦文、杨树平合写的《改善农业银行经营状况之浅见》一文荣获三等奖。1996—1997 年，农行揭阳分行林学民的《欠发达地区农行实施新的财务制度后的难点与意见》、李景光《创新运作机制强化人事管理》获广东农村金融学会关于农村金融优秀论文。1998–1999 年，杨建鹏《赴新加坡培训学习的点滴体会》，李景光《坚持依法按规经营 提高外汇业务管理水平》获广东农村金融学会关于农村金融优秀论文。

揭阳分行工会办每年举办“三八”妇女节、母亲节、“六一”儿童节、职工篮球赛等系列活动；不定期开展太极拳兴趣培训班、瑜伽培训班、健身操培训班；组织单位员工开展春游、秋游活动，丰富员工班余生活，提升员工获得感，提升家园幸福指教。

中行揭阳分行

每年都举办多次体育赛事活动，2014 年，员工王仕华获省行运动会男子 100 米和跳远比赛第一名，代表省行参加总行“百年行庆”全球运动会获得男子 4×100 米第一名、代表总行参加全国金融系统运动会获得第二名。11 月，中行揭阳分行公司业务部陆陈忠撰写的《浅析汕潮揭同城一体化进程中信贷条线的建设》一文在首届潮汕三市金融学会“关于推动汕潮揭金融服务一体化”的联合征文中荣获三等奖。

交通银行揭阳分行

2018 年 11 月 16 日，交通银行揭阳分行选派选手参加汕头分行举行的“2018 年个金客户经理精英风采大赛暨首批准私人银行顾问选拔大赛（汕头赛区）”，参赛选手李俊丽荣获一等奖，陈树群荣获三等奖，林子朝获得优胜奖。

邮储行揭阳市分行

2014 年，邮储揭阳分行郑颖华作品《爱，因为在心中》在“2014 年度春节回乡见闻”征文比赛中荣获总行三等奖。2015 年，在全国金融系统第一届“金声奖”金融歌手大赛中，邮储揭阳分行陈蔓荣获美声组一等奖。2018 年，邮储揭阳分行黄小菁获得省分行《内控优化年学习手册》“优秀心得体会”三等奖；钟慧珊、赵开亮获得省分行“深化整治市场乱象”征文活动优秀奖。

广发银行揭阳支行

2005 年 12 月，参加由共青团市委组织的篮球邀请赛中荣获第二名；在庆祝揭阳支行成立 12 周年，组织行内篮球赛、乒乓赛、象棋赛；2007 年 10 月 20 日，举行全体行员工登“黄岐山”比赛活动；12 月 12 日晚，分别举行男、女分组拔河赛和男子篮球赛。2012 年 4 月，支行开设太极培训班。2013 年 6 月 16 日，喜迎广发银行 25 周年行庆年，支行挑选优秀选手参加汕头分行举办的乒乓球选拔赛，7–8 月到广州总行参加 “广发银行 25 周年行庆 争当排头兵”乒乓球比赛。2014 年 4 月 26 日，接柏亚国际集团邀请，广发银行揭阳支行组织员工与分行工会组队参加柏亚国际集团第十二届运动会；12 月 6–7 日，支行挑选乒乓球优秀选手到国家乒乓球汕头训练基地参加由汕头银监分局主办、汕头市银行业协会承办的“汕头市银行业第一届银协杯乒乓球比赛”。2015 年 3 月，组织员工参加分行工会组织开展的各项体育活动：羽毛球、篮球、足球、乒乓球、网球共五个运动项目；11 月 15 日，支行组织员工到汕头市淮河路 31 号国家乒乓球汕头训练基地参加汕头市银行业协会举办的趣味运动会。2016 年 8 月 15 日—16 日，根据人行揭阳市中心支行关于《举办揭阳市首届“金融杯”乒乓球友谊赛的通知》，支行派出参赛小组 4 人，参加人行揭阳市中心支行在木林森俱乐部举办的揭阳市首届“金融杯”乒乓球友谊赛；10 月 14–16 日，为丰富企业文化活动，培养员工团队凝聚力，支行积极组织参赛人员到广州总行参加 2016 年全行乒乓球比赛。2018 年 11 月，发动员工到汕头市淮河路 31 号国家乒乓球汕头训练基地参加汕头市银行业协会举办的汕头市银行系统第二届“银协杯”乒乓球混合团体赛竞赛；12 月 23 日，组织员工参加汕头市马拉松欢乐跑活动，比赛项目是欢乐跑，全长 5 公里。欢乐跑起跑点在汕头市区苏宁广场附近，终点在人民广场。

揭阳农商行

2012 年 1 月 31 日，揭阳农商行与揭阳市体育局、揭阳市乒乓球协会联合主办 2012 年“揭阳农商行杯”迎春乒乓球邀请赛。5 月，庆祝建团 90 周年，根据省联社团委《关于举办 2012 年广东省农村合作金融机构青年文化节暨形象大使评选活动的通知》，组织开展“形象大使”评选活动初赛。郑庆珍代表揭阳地区参加7月21日省联社举办的2012年全省农合机构青年文化节暨“我们的春光”形象评选活动，荣获“十佳选手”第五名。2012年12月28—30日，王漫作为揭阳市工会代表参加广东省企业工资集体协商指导员业务比赛决赛，获得第三名，被授予“广东省职工经济技术创新能手”称号。2014年2月5日至7日，揭阳农商行与揭阳市社会组织总会联合举办“揭阳农商行·幸福伴你行”2014揭阳市社会组织新春广场文化活动、与揭阳市空港经济区砲台镇联合举办“揭阳农商行杯”迎新春乒乓球赛。省联社工会举办首届全省农村合作金融机构职工运动会林勇林代表揭阳市农村合作金融机构荣获乒乓球团体比赛第一名；揭阳农商行篮球队代表揭阳市农村合作金融机构荣获汕头预赛区篮球比赛第二名；郑少维、黄泽耘代表揭阳市农村合作金融机构获汕头预赛区羽毛球比赛团体并列第二名。2015年，庆祝中国共产党成立94周年，省联社成立10周年和广东揭阳农商行股份有限公司成立五周年，开展职工演讲比赛、征文比赛、篮球比赛、乒乓球比赛、象棋比赛、趣味运动会等形式多样、丰富多彩的一系列活动。2017年5月4日，揭阳农商行篮球队与揭东农商行篮球队举行“2017年度揭阳农合机构篮球赛”决赛。2017年5月4日，揭阳农商行篮球队与揭东农商行篮球队举行“2017年度揭阳农合机构篮球赛”决赛，揭阳农商行篮球队获得冠军，实现在揭阳农合机构篮球赛的四连冠。

普宁农商行

2001年，组织全市乒乓球赛2次，篮球赛1次，知识讲座3次，演讲比赛1次。2003年，举办篮球、乒乓球、文艺等活动五场次。2006年5月，举办乒乓球比赛，组队参加普宁邀请赛，获得普宁市团体第三名的良好成绩。2007年，开展举办第一届书法、征文比赛活动等形式多样的企业文化活动。2008年，举办第一届征文、歌咏比赛活动、“迎奥运展风采”职工篮球、乒乓球赛。2009年，组织举办“祖国在我心中”的歌咏比赛和征文活动、举办登山活动。组织篮球队与兄弟联社举行篮球比赛。2010年，在“五四”青年节前夕举办“青春飞扬、奉献信合”歌唱比赛。2014年，冠名举办2015年普宁市“农信杯”安全生产演讲等比赛。2016年，举办职工篮球、乒乓球、羽毛球等各类文体比赛。2017年，举行庆祝普宁农商行开业一周年“我为普宁农商行添光彩”主题演讲比赛。2018年，举办开业“二周年庆”党建和企业文化建设成果汇报演出。

揭西农商行

2012年8月28日，揭西农商业举行文体组织成立大会，正式成立合唱团、舞蹈队、篮球队、羽毛球队、乒乓球队等五个员工文体组织，丰富企业文化建设内容。2012年12月3日，揭西农商行员工舞蹈队演绎客家山歌表演唱——《揭西系个好地方》获得广东省第七届群众戏剧曲艺花会比赛“银奖”。

惠来联社

2010年，工会为每个基层信用社配置乒乓球桌、羽毛球拍等体育器械，建设好职工之家，组建篮球队、乒乓球队、女青年舞蹈队、音乐演奏队，积极布置组织“体育节”“健身月”活动。2011年，惠来联社开展庆祝中国共产党成立90周年活动、“职工技能比赛”“书香农信”“合规知识竞赛”等活动。2014年，惠来联社参加广东省金融文艺联合会“金融人·岭南情·中国梦”——广东省金融系统庆祝中华人民共和国成立65周年书法、美术、摄影、文学作品大赛活动。谢承英美术作品《国色天香》《事事吉祥》荣获优秀奖荣誉。2016年，惠来联社组织组织球队参加惠来县“金洋杯”职工男子篮球赛，参加中共惠来县委宣传部、惠来县教育局联合举办的惠来县第二届“农信杯”蓝精灵舞蹈大赛；组织职工参加广东省直机关“翰墨光影·颂党恩争先锋”主题书画摄影展。2017年，惠来联社组织队伍参加2017年揭阳农合机构篮球、乒乓球、象棋友谊赛。2018年，惠来联社羽毛球队参加惠来县迎“五一”“中国体育彩票杯”羽毛球邀请赛；联社男子篮球队参加由惠来县体育局和惠来县篮球协会联合举办“迎中秋、庆国庆”男子篮球比赛，还组织职工参加惠来县“新时代 新气象 新作为”职工演讲比赛。

二、文艺演出

1986年以来，揭阳市金融系统各工会组织，围绕党在各个时期宣传工作的主旋律和金融改革及业务发展的状况，每年举行歌咏比赛、文艺会演、联欢晚会等。还经常组织如摄影、朗诵、演讲等各种活动。

1994年9月，建行揭阳市分行举行庆祝中国建设银行成立四十周年联欢晚会。1995年6月，建行揭阳市分行举办“庆祝‘七一’暨市分行成立三周年”联欢晚会。1997年2月，建行揭阳市分行举行“九七迎春晚会”；3月，市分行举行“精神文明、理念教育”知识竞赛。1998年1月，建行揭阳市分行举行“九八迎春晚会”；9月，举行“内强管理、外树形象”知识竞赛。

2000年2月，建行揭阳市分行举行“2000年春节联欢晚会”；5月，举行“风险防范年”演讲比赛。2001年1月，建行揭阳市分行在市政府东副楼举行“2001年迎春联欢晚会”。2002年，人行揭阳市中心支行成功举办揭阳市金融业“辉煌十年”。1月30日，建行揭阳市分行在榕江影剧院与市文联举行迎春联欢晚会。7月1日晚，工行揭阳分行与广东榕泰实业股份有限公司及市公安局、市国土局联合在揭东经济开发试验区举办联欢晚会，隆重庆祝党的81岁生日。2004年，工行揭阳分行与揭阳市总工会联合举办的庆元宵“工行杯”灯谜会猜活动；与市总工会、市直工委联合举办的庆“三八”专场文娱晚会。2月6日，建行揭阳市分行在建行宿舍小区举办“庆元宵”有奖灯谜会；5月，举办首届“建行揭阳市分行员工子女才艺演示会”；7月，建行揭阳市分行参加省分行行庆文艺演出，推出节目快板小品《好姐妹》获三等奖和创作奖。2005年，建行揭阳市分行与揭阳市总工会联合举办“业务能手劳动竞赛”活动。开展“庆元宵”有奖灯谜会、“家园杯”乒乓球比赛和“建行揭阳市分行员工子女文艺作品比赛”等活动。广发银行揭阳支行成立文宣队在支行成立12周年晚会上表演丰富多彩的节目。

2006年，建行揭阳市分行开展以“知荣辱，从小做起”为主题的员工子女书法、美术、摄影、手工、作文比赛活动。11月14日，中行揭阳分行与揭阳市电力局举行羽毛球友谊赛，进一步增进银企双方友谊；11月19日，中行揭阳分行举办“奋进杯”三人篮球赛。

2007年4月26日，中行揭阳分行与吉荣空调设备有限公司举行庆“五一”“五四”青年乒乓球、羽毛球和篮球联谊赛活动；5月20日，中行揭阳分行团委组织全辖青年员工到揭西县京明度假村开展庆“五四”春游活动；6月1日，中行揭阳分行举行庆“六一”儿童节游艺活动。

2008年，建行揭阳市分行聘请职业学校专业老师，举办服务礼仪培训班，对一线员工进行服务礼仪培训。

2009年9月28日，人行揭阳市中心支行和揭阳银监分局主办，农行揭阳分行承办，全市银行业、证券业、保险业金融机构共20多个单位协办的揭阳市金融业庆祝新中国成立60周年“祖国颂，金融情”文艺晚会成功演出；9月25日，市中支举办庆祝新中国成立60周年“爱国歌曲大家唱”歌咏比赛。

2011年，人行揭阳市中心支行与工行揭阳分行联合举行青年联欢晚会，庆祝“五一”国际劳动节和“五四”青年节。2012年，建行揭阳市分行开展座谈会、图片展、拔河比赛、文艺晚会等一系列活动；6月3日，举办庆祝中国共产党成立93周年暨农商行成立四周年文艺晚会，讴歌党的光辉历程；10月16日，由揭阳农商行主办的“奋进农信，幸福揭阳”——揭阳农合机构喜迎党的十八大文艺汇报演出隆重举行；11月4日上午，揭阳农商行举办“创先争优 喜迎十八大”主题演讲比赛。惠来联社举办庆“五一”书法比赛；组织各社员工参加广东省金融系统第一届金融文学奖征文比赛。11 月 8 日，揭西农商行隆重举行开业一周年庆典文艺晚会。2013 年 9 月，广东金融文联正式创建，揭阳金融文联同步成立。惠来联社设立“文娱室”，配置音乐器材，让职工在工作之余吹拉弹唱；女子舞蹈队、弦乐队参与市委宣传部组织的“乡乡乐起来”文艺表演活动；举办春节团拜会文艺晚会。11 月 9 日，揭西农商行在揭西县党校礼堂举办开业二周年庆典文艺晚会。2014 年，揭阳市金融文学艺术联合会协办的“揭阳农商行杯”第六届揭阳广播电视歌手大赛总决赛在空港经济区京冈市文化广场广电中心 5 号楼演播厅成功举办。

2014 年以来，民生揭阳分行组织员工参加上级行举办的趣味运动会，运动会以年度为单位召开，活动项目偏向于趣味性，竞技性次之，员工参与度高，暨活跃员工身心又提升团队凝聚力。参与上级行举办的年度表彰盛典暨春节晚会。惠来联社组织员工踊跃参加广东省金融文艺联合会“金融人·岭南情·中国梦”——广东省金融系统庆祝中华人民共和国成立 65 周年书法、美术、摄影、文学作品大赛活动。2015 年，人行揭阳市中心支行牵头揭阳市各金融机构在揭阳职业技术学院举办“征信知识进校园——2015 年揭阳市征信演讲比赛”，全市 15 家金融机构及征信机构共 17 名选手参加比赛。4 月 22 日，市中支组织部分干部职工参加揭阳市“为劳动之美点赞，为幸福揭阳奉献”揭阳市首届职工文化创建系列活动歌唱比赛；5 月 20 日，举办揭阳市金融系统纪念中国人民抗日战争暨世界反法西斯战争胜利 70 周年灯谜会猜；6 月 15 日，人行揭阳市中心支行摄影兴趣小组成员到第二届粤东生态摄影巡回展揭阳站展厅观赏作品；7 月 16—18 日，人民银行文联广州分行分会组织 10 多名摄影会员赴市中支开展“送文化下基层”摄影采风志愿服务活动；8 月 12 日，工行揭阳分行组队参加省行“我自豪，我是工行主持人”第一届主持人风采大赛，并获优秀奖。9 月 2 日，揭阳金融文联成功协办揭阳市社会组织纪念抗日战争胜利 70 周年专场文化活动。惠来联社组织职工参加市总工会“五一”国际劳动节“为劳动之美点赞 为幸福揭阳奉献”——揭阳市首届职工文化创建系列活动；参加 2015 年揭阳农合机构“党旗飞扬·农信春光”书法、绘画、摄影和微型征文比赛活动；参加县总工会举办的庆祝中华人民共和国成立 66 周年“庆国庆职工书画展”活动。2016 年，农行揭阳分行举办“中国梦·农行情”庆国庆暨中国共产党成立 95 周年文艺晚会。3 月，南粤银行揭阳分行组织开展“童心欢乐 爱满南粤”“六一”儿童节主题活动。惠来联社组织职工参加广东省直机关“翰墨光影。颂党恩争先锋”主题书画摄影展；参加揭阳市金融系统青年“金融支持实体经济”辩论赛；参加中华全国总工会女职工委员会关于开展“写家书。传亲情”活动。

2017 年 2 月 9 日下午，广发揭阳支行组织员工开展节目筹备，以小品《反抢演习》作为参演作品，参与分行员工大会上的才艺表演，展现广发人的精神风貌。3 月，南粤银行揭阳分行组织开展“幸福南粤 美丽绽放”妇女节主题活动。建行揭阳市分行组织青年员工排练大型舞蹈《莲花颂》，参与揭阳市助残义演、创文公益宣传义演。7 月 16 日晚，由揭阳农商行主办的揭东埔田竹文化节乡村乐文艺晚会及千人笋宴在揭东万竹园如举行。揭阳市金融文联和揭阳市文联组织举办揭阳市“庆国庆 迎盛会”文艺晚会。揭阳市委宣传部、市文联、市人民银行、团市委、市直工委、市妇联、市金融工作局、市银监局等单位领导以及市人民银行、市金融机构、市文联各行业协会和武警官兵代表共计 500 多人参加晚会。9 月，广发揭阳支行围绕 “两学一做”学习教育，开展学习贯彻中共十九大精神、纪律教育与风险合规文化宣传月活动、“不忘初心，争当先锋”主题征文、共产党员先锋岗评比、分行组织的“七一”党员革命老区活动日、专题党课、中共十九大书画摄影比赛、十九大知识灯谜竞猜、“砥砺奋进 决胜 2017”——以“两学一做”学习教育常态化制度化为引领实现六项提升主题活动、组织员工到揭阳监狱参观开展警示教育等活动。12 月 15 日晚，由揭阳农商行与揭阳市委宣传部联合主办的“创文为我·我为创文”——揭阳市创建文明城市文艺巡回演出活动第十二场演出在产业园月城镇双河村隆重举行，演出获得成功。

2018年1月25日，中行揭阳分行党员之家、职工之家揭牌成立；2018年5月3日，中行揭阳分行举办“新时代中国梦劳动美”员工演讲稿比赛；2018年6月，中行揭阳分行举办“拥抱新时代 担当新作为”党建党廉及企业文化知识竞赛；2018年11月23日，中行揭阳分行组织开展“中银私享健康荟”活动。

2018年2月10日，广发银行揭阳支行组织员工参加举办2018年度表彰大会，并以萧独奏《梅花三弄》作为参演作品进行员工文艺汇演；5月2日，组织员工参加分行开展的广发青年“说”系列活动之演讲比赛。3月，南粤银行揭阳分行组织“花艺沙龙”妇女节主题活动；6月，组织“小小阅读者”“六一”儿童节主题活动、端午节慰问活动。截至12月，揭阳金融文联的文学、书画、摄影、音乐舞蹈、收藏协会积极参与广东省金融系统第一届金融文学艺术大赛、广东省金融系统庆祝中国共产党成立65周年文学艺术作品大赛、广州分行中国特色社会主义理论体系宣传及普及活动主题征文、中国人民银行“喜迎十九大・央行情文学梦”征文比赛等赛事，多次获得一等奖的好成绩，为揭阳金融文学艺术注入无限活力，为合力推进广东“金融强省”“文化强省”建设作出卓越的贡献。

第五节　维护员工权益

一直以来，揭阳市金融机构重视发挥工会组织“维护、建设、参与、教育”的职能作用，各工会组织始终维护职工的合法权益和民主权利。包括职工参与民主选举、推荐领导干部、年终评议等政治权利。参与涉及职工利益的住房分配、医药补贴等福利方案的制订实施，想方设法解决员工住房问题，反映职工呼声，热心为职工排忧解难。

自21世纪以来，全市各金融机构工会每年都组织职工进行健康检查；对员工和离退休人员及家属生老病死，进行上门慰问，解决特困家庭子女读书困难的问题；开办职工食堂，关心员工的“食”“住”“行”，为干部职工解决工作中的实际问题，协助单位落实职工参加保险工作，为员工办理人身、家庭财产、团体医疗保险、合同制工人的劳动保险；每年对在职干部职工开展生日慰问活动。

此外，各金融机构工会组织还配合做好离退休干部职工的管理和服务工作，定期或不定期召开离退休人员各种会议，组织他们进行健康检查，参加旅游参观等各种健康有益的活动，实现离退休人员老有所为、老有所乐，体现单位对老同志的关心和爱护。

各金融机构工会始终坚持把保障职工权益作为工会工作的中心，增强职工参与公司民主管理的意识，每年职代会召开前，工会组织职工代表广泛开展提案征集工作。职代会结束后，工会及时将提案分解落实到部门办理落实。基本做到件件有落实、项项有回音。坚持凡是涉及企业改革发展的重大事项，关系职工切身利益的重大问题，都提交职代会进行审议决定，确保员工知情权，畅通职工参与公司经营管理的渠道，让广大职工在思想上形成共建、共享、共担的责任意识，逐渐形成“公司是我家、发展靠大家”奉献意识。工会从职能上维护职工的合法权益，极大地调动广大职工投身经营管理和全面建设的积极性和创造性。

第四章　金融社团组织

第一节　揭阳市钱币学会

揭阳市钱币学会于2002年8月30日成立。它是揭阳货币历史工作者、研究者和收藏者研究钱币的群众性学术团体。其主要宗旨：组织全体会员和广大钱币爱好者积极开展钱币学、货币史的研究和群众性集币活动；向社会公众宣传普及钱币知识，弘扬中华货币文化，为社会主义物质文明和精神文明建设服务。成立大会选举产生第一届理事会和理事会负责人。

2002年4月，“揭阳市钱币学会筹备组”成立，由广东省钱币学会理事、人行揭阳市中心支行副行长史镇泉担任组长，广东省钱币学会会员陈润芝、庄建生为成员。在人行揭阳市中心支行行长的大力支持下，在广东省钱币学会、市民政局、市社科联的关心指导下，揭阳市钱币学会8月30日挂牌成立。

2002年，揭阳市钱币学会组织会员学习十六大精神，落实“三个代表”重要思想，充分认识加强钱币学术研究的重要性。按照“三个代表”重要思想要求，与时俱进地做好学会工作。人行揭阳市中心支行领导高度关心和重视货币金银管理工作，把筹建钱币学会工作列入重要议事日程。为组建揭阳市钱币学会，做大量艰苦细致的工作。揭阳市钱币学会的成立，是广大钱币爱好者和收藏者的一件大喜事，预示着揭阳市钱币文化事业跨入新的发展阶段，对推动揭阳市钱币文化事业的发展将产生推动作用。揭阳市钱币学会成立后，领导继续重视，关心、支持学会工作，把学会工作和货币金银工作、货币政策工作一样对待，制作《揭阳钱币》第一期，组织会员向《广东钱币》供稿。做好钱币陈列室的筹建工作。

2004年，在人行揭阳市中心支行行领导的高度重视下，学会工作和货币金银工作、货币政策工作一样对待。学会组织广大钱币爱好者和收藏者的开展活动，推动揭阳市钱币文化事业的发展。配合人行，加大反假管理力度，坚持不懈地做好反假货币工作，维护人民币信誉。开展对《中国人民银行假币收缴、鉴定管理办法》执行情况的检查。要按照实国务院反假货币工作联席会议精神，配合人行揭阳市中心支行协调各商业银行，加强人民币常识的宣传，提高公众防假、识假、反假意识，配合、协助公安机关打击制贩假币的活动、加强反假培训、提高一线工作人员的反假技能。积极开展反假币宣传周活动。宣传有关金融、古钱币文物保护的法律、法规。协助有关部门加强文物的鉴定、抢救、保护工作。制作《揭阳钱币》第四期。组织会员向《广东钱币》供稿。

2005—2008年，加强钱币学术研究，组织会员向《广东钱币》供稿。反映、分析全市假币原因的文章。提高全市区流通中人民币的整洁度。落实可行的措施，加大第四套人民币的回笼、销毁力度，按照人民银行总行制定的《不宜流通人民币挑剔标准》，严把回笼券入库质量关，提高商业银行解缴完整券的质量，逐步改善和提高辖区第五套人民币特别是2005年版第五套人民币的流通。开展反假币宣传进学校活动。人行揭阳市中心支行及辖区各支行组织农村信用社在辖区发生假币案地区的宣传活动月期间，开展“让反假货币工作走进学校”教育活动，通过真假币货币实物对比、图片展示、讲解识别、咨询解答、资料分发等形式，让学生了解反假货币常识和有关金融法规政策，重点介绍第五套2005年版人民币的基本特征和防伪技术。

2009 年，揭阳市钱币学会在广东省钱币学会、人行揭阳市中心支行、市民政局、市社科联的关心指导下，以“和谐、务实、安全、高效”的工作理念。全面落实科学发展观，以“三个代表”重要思想为指导，促进辖区经济金融平稳较快发展。组织会员向《广东钱币》供稿。《揭阳创新“六个”工作机制、严厉打击假币犯罪》在《广东钱币》2009 年第 4 期刊发。组织各金融机构学会会员全力配合揭阳市以惠来县为重点打击假币犯罪“09 行动”专项整治工作。根据市委、市政府要求及工作需要，与市委宣传部认真研究设计，联合制作反假货币宣传手册 30 万份和光盘 2000 张，用于全市各地开展宣传活动。按照专项整治工作方案，组织惠来县各金融机构学会会员举行反假人民币咨询宣传活动，普及人民币防伪知识及反假货币法律法规。开展声势浩大的反假货币宣传活动，取得良好的社会效果。

2010 年，揭阳市钱币学会在人行揭阳市中心支行大力支持下，根据揭阳市的实际情况，找准定位，充分发挥自身优势。按照学会实际情况，搞有地方特色的东西，有重点地开展工作。学会全面落实科学发展观，落实国家金融和社会团体组织有关政策，坚持以人为本的工作理念，开展“和谐建设年”活动，认真履行职责，各位会员认真学习，以身作则、遵纪守法、清正廉洁、爱岗敬业、忠于职守、积极工作，积极维护辖区金融稳定，提升金融服务水平，为促进地方经济金融平稳较快发展做出贡献。学会秘书处能发挥挂靠人民银行的优势，认真负起责任，扎实地做好钱币学会的日常管理工作。4 月 24 日，组织学会单位会员建设银行揭阳分行等金融机构，在惠来县东陇镇四凤村开展以“金融知识进乡村”为主题的大型金融知识户外宣传活动，通过开展反假货币宣传活动，为根治惠来县制贩假币犯罪活动做出新的贡献。当天宣传活动通过向当地中小学生和农民群众分发印制有关“制贩假币 国法不容”“制贩假币 可判死刑”“不要以身试法”“举报有奖”等内容的宣传图片宣传画册 7500 多份，接受群众的咨询 2000 人次。通过开展宣传活动，增加社会公众的感性认识，提高社会公众的反假意识和能力，群众对宣传活动反映良好。根据辖区反假货币工作特点，开展研究学术活动。在市委、市政府的高度重视和统一部署下，全市各相关部门全力以赴、各尽其责、协同作战，在全国打击假币犯罪行动中取得明显成效，并多次受到国家、省有关单位和领导的充分肯定和高度评价。学会组织会员对行动的做法进行认真总结，与汕头、潮州、汕尾有关单位合作，形成《粤东四市假币犯罪综合分析》报告被人民银行广州分行送阅信息采用。

2012 年，揭阳市钱币学会按照学会实际情况，有重点地开展工作。开展“和谐建设年”活动，认真履行职责，全体会员认真学习，维护辖区金融稳定，提升金融服务水平，为促进地方经济金融平稳较快发展做出贡献。学会秘书处能发挥挂靠人民银行的优势，认真负起责任，扎实地做好钱币学会的日常管理工作。参与反假货币宣传活动，在配合全市开展的打击假币犯罪中，学会根据会员特点，按照市委、市政府的统一部署，结合反假币工作，组织单位会员和个人会员积极参与反假币知识宣传。5 月 19 日，组织在单位会员和个人会员揭西县棉湖镇云湖公园举行“反假货知识进乡村，助推三农大发展”大型户外宣传活动。

2013 年，揭阳市钱币学会在中国人民银行广州分行货币金银处和广东省钱币学会的领导下，组织全市金融机构充分发挥钱币学会的作用，以高度的责任感做好货币管理、现金收付管理工作，坚持“以人为本、执政为民”的理念，不断创新工作机制，保证现金供应，优化券别结构，着力提高流通中人民币整洁度，扎实开展假币“零容忍”专项治理工作，打造良好的人民币流通环境，在改革创新中不断提升工作水平，切实提升服务水平和工作效率，努力为辖区人民群众提供优质高效的货币金融服务。推进钱币学和货币史的研究；开展群众性集币活动，普及钱币知识。弘扬中华货币文化，为社会主义现代化建设服务。学会秘书处能发挥挂靠人民银行的优势，认真负起责任，扎实地做好钱币学会的日常管理工作。积极组织会员开展调研，其中《广州分行创新跨区域县支库合作调拨发行基金模式成效明显》《粤桂 8 市调查：硬币支付遭拒现象应予关注》《广东特大“跨地域制销”假币案特征与启示》《广东省金融机构外币现钞反假工作的调查》《广东警方成功摧毁首个特大伪造假币胶片版源案》《广东调查：三大因素影响商业银行兑换残损人民币积极性》被上级采用上报。开展假币“零容忍”专项治理工作，学会在配合全市开展的打击假币犯罪中，学会根据会员特点，按照市委、市政府的统一部署，结合反假币工作，组织单位会员和个人会员积极参与反假币知识宣传。活动宣传现场气氛热烈、效果良好。7 月 20 日，揭阳市钱币组织工行揭阳分行、农行揭阳分行、中行揭阳分行、建行揭阳市分行、交行揭阳分行、广发银行揭阳支行、揭阳农商行和邮蓄银行揭阳分行在揭阳市榕城区东风体育广场举办以“反假货币和爱护人民币”为主题的大型户外宣传活动。参加活动的成员为广大群众讲解人民币真假辨别技术知识。

2014 年，揭阳市钱币学会各成员单位落实《中国人民银行广州分行办公室关于开展反假货币宣传与兑零换残活动的通知》文件，与公安局联合行动，集中在城市中心和假币重灾区开展以“普及反假货币知识，满足兑零换残需求”为主题的反假宣传活动。此次活动得到当地政府、团委的大力支持，电视台进行现场报道，取得明显的宣传效果。宣传活动的地点主要选择在城市中心和假币重灾区开展，特别是选择普宁新坛村作为宣传地点。活动现场以第五套人民币的票面特征及防伪特征、假人民币种类及识别方式和严厉惩处制造假币犯罪行为的相关法律为主要宣传内容。通过设置咨询台、悬挂宣传海报、横幅、发放宣传资料等方式，向过往的群众进行反假宣传，提供相关业务咨询，宣传人民币净化工程工作理念和小面额人民币供应机制相关政策，指引当地群众到各银行网点兑零换残。揭阳辖区金融机构各成员在各乡、镇、村，通过发放宣传手册、张贴宣传画报、播放反假货币宣教片、滚动播出宣传标语等多种方式参与宣传，并设立专门的小面额及残损人民币兑换窗口，公示小面额及残损人民币无偿兑换承诺。此次宣传活动共派发宣传册 1.2 万册、各类宣传品 1.7 万份，接受群众咨询 1.5 万人次，无偿为群众兑换小面额及残损人民币。宣传还通过网点电子显示屏打上“制贩假币　国法不容”“积极为群众兑零换残”等宣传标语，营造浓郁宣传氛围。本次反假货币宣传活动，了解到群众对假币十分痛恨，特别是老年人，纷纷咨询发现假币怎么办、如何举报、怎样打击等问题，通过现场咨询和演示讲解，加强群众鉴真识假的能力，降低群众误收误付假币造成经济损失的风险，维护群众的切身利益，取得良好的宣传效果。

2016 年，揭阳市钱币学会各成员单位落实中国人民银行广州分行办公室关于开展反假货币宣传与兑零换残活动的通知，深入践行党的群众路线教育实践活动，与公安局联合行动，集中在城市中心和假币重灾区开展以“普及反假货币知识，满足兑零换残需求”为主题的反假宣传活动。各成员单位组织开展反假货币宣传活动。为提高辖区银行业金融机构货币管理服务水平，创新全市反假货币管理工作，人行揭阳市中心支行根据国务院反假货币工作联席会议办公室关于开展 2016 年反假货币宣传活动的通知要求，开展反假货币宣传活动。4 月 19 日， 揭阳市钱币学会组织各银行业金融机构各成员单位在市区仙桥街道办事处古溪西岭商贸市场开展以“为国家名片尊严”为主题的 2015 年版第五套 100 元人民币知识暨反假货币大型户外宣传活动，活动期间同时为人民群众提供残损和小面额人民币兑换服务。活动现场气氛热烈、效果良好，揭阳电视台和揭阳日报社派员进行现场采访。宣传活动共发放 3000 份宣传资料，接受群众咨询 1200 多人次，兑换残损和小面额人民币 1.2 万元。市公安局经侦支队干警、市区各银行业金融机构青年志愿者共 75 人参加宣传活动。揭阳市钱币学会组织各银行业金融机构各成员单位结合所处区域经济环境、客户结构和现金业务等特点，结合户外公众宣传活动“进社区、进学校、进企业、进市场”的理念，在居民社区、商场、集贸市场、广场、校园或乡村等人口密集区中做有针对性选择，通过采取设摊摆展、派发资料、知识讲座、现场咨询、视频演示等多种宣传形式，宣传2015年版第五套人民币100元纸币防伪知识。反假货币宣传活动，通过现场咨询和演示讲解，加强群众鉴真识假的能力，降低群众误收误付假币造成经济损失的风险，维护群众的切身利益，取得良好的宣传效果。

2017年，揭阳市钱币学会成员单位，结合自身的工作特点，开展人民币防伪知识宣传活动，宣传2015年版第五套人民币100元纸币防伪知识。在“3·15消费者权益日”，组织各成员单位开展形式多样、内容丰富的反假货币宣传活动。3月15日，在揭阳市青年文化广场举行大型户外反假货币宣传活动，为广大市民讲解人民币防伪要点，派发宣传品、答疑解惑。通过宣传活动，使广大居民特别是中老年人更加解新版人民币知识、爱护人民币，充分认识到假币的危害性，增强自我保护能力，对假币的特征和识别有比较专业的了解，能够自觉抵制和有效防范假币，增强群众反假币的法律意识和抵制假币侵害的能力。做好残损人民币的兑换，回笼工作，为人民群众办实事， 切实履行好社会责任，设立专门的小面额及残损人民币兑换窗口，公示小面额及残损人民币无偿兑换承诺，推进流通中货币净化工程，努力提高辖区人民币流通的整洁度，做好残损人民币挑剔和兑换工作，努力提高辖区人民币流通的整洁度。配合公安机关打击制贩假币犯罪活动，协助做好假币的鉴定、收缴工作。

2018年，揭阳市钱币学会成员单位，结合自身的工作特点，开展人民币防伪知识宣传活动， 宣传2015年版第五套人民币100元纸币防伪知识。3月14日，以“3·15消费者权益保护日”为契机，组织反洗钱反假币进校园宣传活动，在揭阳市第二中学校园内摆摊设点，设置反假币咨询台，围绕“人民币主要防伪特征”“残币兑换标准”“收到假币后处置方式”“有权收缴假币的机构”等主题，针对校园内师生进行宣传教育。宣传活动普及人民币相关知识并针对师生提出的疑问进行一一解答，使校园内师生进一步了解人民币，爱护人民币。做好残损人民币的兑换，回笼工作，积极为人民群众办实事，切实履行好社会责任，设立专门的小面额及残损人民币兑换窗口，公示小面额及残损人民币无偿兑换承诺，积极推进流通中货币净化工程，努力提高辖区人民币流通的整洁度，做好残损人民币挑剔和兑换工作，努力提高辖区人民币流通的整洁度。积极配合公安机关打击制贩假币犯罪活动，协助做好假币的鉴定、收缴工作。

第二节　揭阳金融学会

2013年6月，揭阳金融学会成立，由人行揭阳市中心支行牵头发起，恢复成立揭阳金融学会（简称“金融学会”），它是辖内从事金融科研活动的群众性学术组织，是全市金融机构和其他科研部门、金融工作者自愿结成的行业性、地方性和非营利性的社会团体。金融学会成立以来，始终遵照学会的宗旨开展各项金融学术研究活动，提升金融理论和金融业务水平，普及金融研究最新成果，促进揭阳市金融业改革、创新与发展。

是年，金融学会召开第一届会员大会，大会选举产生第一届会长、副会长、秘书长等机构负责人，相继出台《揭阳金融学会章程》《揭阳金融学会会员代表大会选举办法》《揭阳金融学会财务管理办法》

等制度规范及措施。同时，根据金融学会各位理事的提名推荐，金融学会科学进行人力资源配置，并充分整合学会人才优势，进一步发挥学会各成员单位关键作用，凝聚创新发展力，逐步构建起完备的组织架构及内部控制体系，确保学会在法治化、标准化和流程化轨道上更加健康快速发展，为揭阳金融的创新发展注入新鲜活力。

金融学会的业务范围是：宣传、贯彻党和国家金融工作的路线、方针、政策，组织会员开展学术活动，制定研究计划，探索经济、金融理论问题，促进科研事业的繁荣和发展；组织会员开展经济、金融调查，研究经济、金融工作的新情况、新问题，探讨解决的途径，提出具有可操作性的对策建议，为有关领导和部门决策提供参考；有计划地组织、举办各种形式的学术报告会、研讨会、座谈会、论坛、培训班等活动，以活跃金融科研气氛，提高科研工作水平；促进金融调控和监管部门、金融业务部门与科研教学部门之间的联系和合作，开展各种金融学术交流活动，把科研与实务结合起来；对会员的优秀的调研报告、论文给予结集出版，展示研究成果；组织开展全市金融科研优秀成果的评奖活动，并对金融科研活动做出突出贡献的单位和个人进行奖励；资助重点金融研究课题和有较高价值的研究成果的编辑出版，以及金融学会的重要学术活动，以进一步推动全市群众性金融科研事业的发展，奖励金及资助金从会费中列支；有计划地组织、举办各种业务培训、考试和调研竞赛活动，提升辖区金融机构工作人员的金融理论和业务水平；从事业务指导单位委托的其他学术活动。

2014 年 3 月，金融学会理事会审议通过以《揭阳金融》作为学会主要理论宣传平台和学术研讨载体，强化学会对辖区金融学术研究的统领、引导和规范作用，激发金融从业人员研究热情，打造金融宣传阵地。通过刊物的筹办，鼓励地方金融研究，聚集一大批写作能手，对于推动地方金融学术研究，活跃金融交流平台，集结地方智库推进揭阳金融经济建设具有重大意义，不断提升金融调查研究深度、广度，有效提升揭阳金融研究水平，为区域经济发展献谋献策。

是年，金融学会举办 2 期企业家论坛活动，分别以“利率价格与产业园企业融资对接问题”及“信用与征信知识”为主题进行研讨，以企业家与会员面对面交流碰撞新思维，拓展会员金融研究视野。

是年，金融学会与其他地市金融学会开展互动交流，以联合举办区域主题征文及区域金融学术研讨会等方式，整合其他地市金融研究创新成果等丰富资源，形成金融学术研究合力，共同促进区域金融发展。金融学会与汕头、潮州金融学会联合举办“推动汕潮揭金融服务一体化”为主题的金融征文及学术交流活动。揭阳地区共完成 26 篇相关稿件，并且有一半以上获得奖项，并且部分优质稿件获得征文一、二等奖，发挥金融学会在汕潮揭一体化进程中引领作用。同时举办“金融支持实体经济发展”征文活动。

是年，金融学会与揭阳职业技术学院达成战略合作共识，共同创建揭阳产业金融研究中心，成功举办产业金融研究中心论坛，开展《农信社改制后发展研究》等金融调研。

2015 年 1 月，金融学会成功举办“区域金融研究与创新”专题报告会。5 月 19 日，金融学会联合金融文联和金融青联举办“纪念中国人民抗日战争暨世界反法西斯战争胜利 70 周年灯谜会猜”活动。10 月，成功举办第四届粤东区域金融合作联席会暨第二期揭阳金融论坛，来自汕头、汕尾、潮州和揭阳金融学会以及辖区金融系统负责人共 180 多位代表就“区域金融创新成果与区域发展”展开热烈讨论，促进粤东区域金融学术交流。

2016 年，金融学会联合金融青联开展“金融支持实体经济”辩论赛及“中国共产党成立 95 周年暨长征胜利 80 周年”灯谜会猜活动。2 月，金融学会积极与揭阳市总工会联合举办“揭阳市银行业金融统计业务知识竞赛”，组织辖内 16 家银行业金融机构选派金融统计业务骨干参与比赛，充分激发金融机构统计工作人员“比、学、赶、超”的学习热情，引导银行工作人员立足岗位，更好地为揭阳经济金融服务，在全市金融系统形成业务技能学习、技术练兵的浓厚氛围，为辖区金融统计数据提供人才保障与智力支持。6月6日，金融学会与中德金属集团有限公司共同签订“揭阳市绿色金融研究中心”框架协议，构建学术成果转换机制，探讨绿色金融领域产学研合作。

是年，暨南大学和金融学会联合主办的《南方金融》编辑部及肇庆市金融学会作为支持单位的“粤东西北地区普惠金融发展指数发布会”在中国人民银行肇庆市中心支行召开。

是年，金融学会先后组织会员学习观看三场由广东省金融学会主办的专题报告会，包括《从温州金改看我国十八届三中全会后的改革》《我国区域金融改革创新试点》《宏观经济走势、房地产与绿色金融》。

是年，金融学会选派会员代表参与《南方金融》2016年第二场学术交流会与广东省 “2016年清华五道口全球金融论坛——广州峰会”及“金融大数据高端论坛”，加强与广东省金融学会互动交流。

2017年6月15日，金融学会建立金融人才库，召开金融学会人才库第一次课题研讨会，与金融学会人才库成员研究讨论“互联网金融与传统金融的比较分析”课题，并做好后续研究工作的计划分工。金融人才库成员是由辖区内金融机构推荐，由金融学会统一归集筛选入库。金融学会定期组织金融人才库成员进行金融调研、课题研究等金融活动，以进一步提升辖内金融人才的工作管理和服务水平，为金融人才提供才能展示和自身成长的平台，整合辖区金融人才资源，促进金融更好地服务于实体经济。7月19日，金融学会举办纪念南方人民银行建行68周年系列活动，以史铭志，传承和发扬革命先人的红色金融奋斗精神，砥砺辖区广大金融人奋斗进取、开拓创新。9月11日，金融学会成功举行《揭阳金融志（1986–2018）》编纂工作启动仪式。10月13日，由人行揭阳市中心支行、揭阳金融学会联合主办的2017年广东省金融科技成果巡展（揭阳站）启动仪式暨揭阳金融学会“互联网金融”专题学术报告会在揭阳中德金属生态城四大中心举办，集中展示广东省及辖区金融科技创新成果，激发各金融机构向金融科技创新先锋学习，深化辖区以金融科技引领改革创新氛围。11月24日，金融学会召开第二届会员代表大会暨金融学术报告会，选举金融学会第二届理事会会长、副会长、监事等相关成员。

是年，金融学会组织开展红色金融发展史研究，组织开展南方人民银行印钞厂旧址金融文化广场和金融文化走廊建设工程，突出南方人民银行史作为华南地区乃至全国红色金融史的重要研究地位。

是年，金融学会选派会员代表参与 “2017年清华五道口全球金融论坛——广州峰会”及“金融大数据高端论坛”，加强与广东省金融学会互动交流。

是年，金融学会重点课题研究成果获得中国人民银行广州分行重点课题三等奖，并获得第七届广东金融学会优秀金融科研成果二等奖。

是年，金融学会在省内率先组织举办“金融动态信息”写作培训班，对广东金融学并将学会微信公众号二维码会资讯——金融动态栏目的规范写作方法进行专门培训，提高《南方金融》采用信息写作质量。

2018年2月1日，金融学会举行揭阳金融学会金融人才库交流会，遴选来自会员单位推荐的优秀青年代表入库，并参与学会年度重点课题等活动，将金融青年投身金融实践优势与平台提供学术研究资源紧密结合，共有8个重点课题顺利结项，部分文章公开发表至权威期刊，有效地深化辖区金融研究氛围，进一步培育、凝聚学会创新发展合力。8月，启动《揭阳金融志（1986–2018）》编纂工作，金融学会牵头，成立编纂委员会，设立编纂办公室，聘请2名编纂人员。金融学会走访市政府文广新局、档案局等专业部门，了解编志具体工作。同时，人行揭阳市中心支行与金融学会共同举办《揭阳金融志

（1986—2018）》编纂工作动员大会暨培训班，邀请档案局专家讲课，做好辖区金融志编纂培训工作。11 月 21 日，金融学会举办小微企业信贷风险管理讲坛。揭阳市各银行业、证券期货业、保险业会员单位负责人及有关部门负责人、人行揭阳市中心支行机关各部门及辖属各支行青年代表共 120 多人参加活动。

是年，金融学会组织参加第十届全省优秀金融科研成果评选活动。其中，《商业银行普惠金融发展水平测度分析——基于广东省 19 地市 328 家银行机构数据》和《金融科技与信贷市场信息不对称——基于广东金融科技创新的案例分析》均获得研究报告类三等奖。

金融学会自创办《揭阳金融》以来，不断提升办刊质量，为区域经济发展献谋献策，截至 2018 年 12 月，已成功出版《揭阳金融》23 期刊物，获得广东金融学会及辖内各金融机构广泛好评。其中，《揭阳金融》还依据重点课题研究成果编辑出版《产业投资基金》《农信社改制问题研究》及《粤东西北普惠金融发展指数》等增刊 3 期。

第三节 揭阳市金融消费权益保护联合会

2013 年 12 月，由揭阳市内依法设立的银行业、证券业、保险业金融机构以及其他依法成立的金融机构等会员自愿组成的联合性、非营利性社会团体法人——揭阳市金融消费权益保护联合会（简称联合会）经揭阳市民政局批准登记成立，接受人行揭阳市中心支行的业务指导，并按照章程开始履行职责，完善组织架构和内部管理，打造正规化、专业化的消保社团。

2014 年，联合会设立金融消费纠纷调解中心，从各会员单位推荐的工作人员中挑选优秀人员组建金融讲师团队和调解员库，大力推进金融知识普及、金融消费投诉处理和纠纷非诉化解工作。联合会受人行揭阳市中心支行委托开通运行辖区“12363”金融消费投诉热线，同时承办“12345”政府公共服务热线关于金融消费权益方面的投诉与咨询。根据《中国人民银行金融消费者权益保护工作管理办法》等有关规定，制定《揭阳市金融消费投诉热线（“12363”）工作规定》，规范“12363”热线接听、处理流程，提高金融消费投诉处理效率。同时，精心设计制作“12363”热线宣传摆牌、折页，由各会员单位摆放在营业网点显眼处，不断扩大“12363”热线的知名度和影响力。同时，充分吸收全省各地市金融消费纠纷多元化解工作经验，制定《揭阳市金融消费纠纷调处管理办法》，建立统一规范的格式文本。成功调解 3 宗金融消费纠纷，涉案金额达到 500 多万元，有效维护相关当事人的合法权益。

2015 年，持之以恒，扎实推进金融消费者教育与金融知识普及工作。多渠道、多形式推进“‘南粤金融 春风化雨’——金融知识进校园”活动。依托人行揭阳市中心支行与市金融工作局、市教育局联合开展的共建金融知识普及教育试点基地活动，组建 15 人的金融讲师人才库，从秋季学期开始，组织金融讲师利用“第二课堂”时间，面向试点学校四至九年级学生开设金融知识专题讲座，为青少年学生普及金融基础知识，探索金融素质教育长效机制。在部分中小学校、大中专学校开展经常性的金融知识进课堂活动，金融讲师通过知识讲授、互动问答、实物体验、模拟金融业务操作、现场参观等教学方式，向学生们普及现代金融基础知识和金融风险防范常识。同时，注重寓教于乐，在授课效果两所中小学校开展手抄报和观后感评比活动，让学生充分发挥想象力和创造力，描绘他们心目中的金融与货币，写下总结和感受，得到学生的踊跃参与。

2016年，联合会公开招聘3名全日制本科学历的专职人员，夯实人才基础。先后制定理事会议事制度、监事会议事制度、秘书处办公制度、财务管理制度、工作人员工资收入和绩效管理办法等11项制度，日常运作逐渐走向规范化，内部管理进一步完善。联合会以创建AAA级社会团体为抓手，对照考评指标要求，全面改进各项工作，全方位提升管理水平。联合会注重创新，不断开拓宣传教育新平台，不拘一格打造宣传阵地，创新宣传形式。在揭阳市实验小学捐建“金融知识角”，配置几百册金融知识青少年读本；在市实验中学设置“金融知识宣传走廊”，重点宣传如何识别和处理假币、如何正确看待诚信问题和积累个人信用、如何防范金融诈骗等金融知识，引导学生树立正确的金融意识，为将来成为一名理性的金融消费者奠定基础。坚持金融知识教育从娃娃抓起，先后组织到市机关幼儿园、妇联幼儿园开展金融知识启蒙教育。讲师们以实物体验、有奖问答、做游戏、展示点钞技能等生动活泼的形式向小朋友们介绍货币的演变历程、如何识别假币、市场上流通的常见外币等知识，在孩子们心中播下金融的种子，得到市教育局、幼儿园方的高度肯定，还与有关幼儿园建立长期合作关系。关注老年人群体，大力开展低净值人群金融知识普及。针对老年人群体容易受骗的特点，联合会联合市委组织部老干部局，组织金融讲师走进揭阳老干部大学，为学员们带去一场针对性强、生动有趣的金融知识宣讲会。金融讲师结合发生在本市的电信诈骗案例，分析日常生活中常见的“法院传票”“猜猜我是谁”“虚假中奖”“编造亲朋事故”等电信诈骗手法，向学员灌输防范知识，提高学员的防范意识，此次活动受到学员们的普遍好评。推动金融教育进社区，全力扫清金融知识盲区。在联合会的指导下，各会员单位纷纷派员走上街头，走进居民小区，深入超市、农贸市场、工厂、农村等摆摊设点，全力清除宣传死角，推动金融知识普及在辖区全覆盖，打通金融服务“最后一公里”，让广大人民群众懂金融、用金融、防风险。联合会落实《关于印发〔金融教育进社区与助力青年创业创新项目实施方案〕的通知》，与揭阳广播电视大学合作，共同成立金融教育进社区与助力青年创业创新领导协调小组，推进金融教育进社区与助力青年创业创新等工作，推动揭阳市普惠金融、民生金融发展。

2017年11月，联合会被市民政局评为AAA级社会组织，为今后更好履职搭建平台。先后组织工作人员参加人民银行总行、广州分行以及广东省金融消费权益保护联合会举办的各类专题讲座和培训，不断提升专业素养，着力打造一支团结协作、业务精良、高效稳定的工作队伍。联合会在《揭阳日报》开设“金融小百科”专栏，每周刊登一期金融基础知识或维权知识软文。利用微信公众号推送与社会公众密切相关的金融知识，通过答题抽奖送流量的形式吸引公众主动学习；以大数据为支撑，通过微信朋友圈广告，将金融宣传信息送达辖区100万户微信用户。密切与地方政府相关职能部门的联系，参与相关部门组织的宣传活动，不断扩大金融知识宣教成效。

2018年，联合会召开第二届第一次会员大会，总结协会成立五年来，以加强行业自律、构建保护体系、保障合法权益、优化金融生态为宗旨，在人行揭阳市中心支行、市民政局的正确指导下，在各会员单位的大力支持下，履行工作职责，做好维护金融消费者合法权益各项工作，构建互利共赢的金融消费关系，促进辖区金融稳定与社会和谐，大力推动普惠金融、民生金融发展，促进全市金融服务水平不断提升。多方联动，建立金融广告治理协作机制。在人行揭阳市中心支行与市金融工作局、银监分局、外汇局联合印发的《协同开展金融广告治理工作的合作备忘录》的指导下，联合会举行金融业务广告宣传行为自律公约签署仪式，各会员单位自愿签署《揭阳市金融业务广告宣传行为自律公约》，充分发挥行业自律作用，切实规范金融广告营销行为，保护金融消费者合法权益。在金融知识普及月中，与市公安边防支队携手开展金融知识“进警营、进校园、进乡村”活动，开创“银警”合作新模式，搭建金融知识普及新平台。举办广东省首届“金融与诚信”亲子金融知识竞赛揭阳赛区选拔赛，通过孩子带动家庭、家庭带动社会，扩大影响力，有效普及金融知识和诚信理念。选拔出的两组优秀家庭在省半决赛东部片区比赛中分获二、三等奖，获得二等奖的家庭闯进全省总决赛。根据不同社会群体知识水平、需求和行为特点的差异，利用日益发达的媒体，包括报刊、广播、电视、网络等开展全方位、多元化的宣传。经过不懈努力，全市金融知识普及工作取得丰硕成果，在广东省金融消费权益保护联合会开展的“第一届广东省金融知识普及教育工作先进集体和‘十优百佳’志愿者”评选活动中，联合会有2个会员单位获得先进集体荣誉称号，5名个人获得先进志愿者荣誉称号。12月，经人行揭阳市中心支行与揭阳市司法局同意，联合会设立揭阳市金融消费纠纷人民调解委员会，负责对通过该机构申请的金融消费纠纷案件的调解工作。

第四节 揭阳市金融文学艺术联合会

在人民银行广州分行、广东省金融文联的指导及地方文联的大力支持下，2014年3月26日，揭阳市金融文学艺术联合会成立。大会听取《关于揭阳市金融系统青年联合会和揭阳市金融文学艺术联合会筹建情况的报告》，表决通过《揭阳市金融文学艺术联合会章程（草案）》、揭阳市金融文学艺术联合会理事会一届一次理事会主席团、秘书处成员名单。联合会含有全市银行、证券、保险业金融机构38家文联理事会成员；设主席团成员42人，其中主席1人、副主席19人，其他成员22人；秘书处成员41人，秘书长1人、副秘书长18人、其他成员22人。中国人民银行广州分行党委委员、工委会主任徐维，中国书法家协会会员、揭阳市文联副主席兼秘书长邱柏源出席会议并作讲话。

2014年5月21日，围绕“中国文艺志愿者服务日”主题，组织开展“惠民、为民、乐民”文艺志愿服务活动。7—9月，协助揭阳文联成功举办第六届揭阳市广播电视歌手大赛。全市共300多名选手报名参赛。11月24日，收到《广东省金融文学艺术联合会 广东省金融系统青年联合会关于“金融人岭南情 中国梦”文艺作品大赛情况的通报》，揭阳金融文联上报的《书论》（中国银行揭阳进贤支行洪育斌）和《老子善建者行》（建设银行揭阳分行郑欢）均获得书法优秀奖，《向右转》（人行揭阳市中心支行黄昌隆）、《快乐小丑鱼》摄影作品分别获得三等奖和优秀奖。

2015年3月12日，在揭阳楼广场举行揭阳金融文联纪念反法西斯战争胜利70周年系列活动启动仪式。广州分行工会办主任徐蔚萍出席仪式。5月19日，在人行揭阳市中心支行办公楼六楼大会议室举行纪念中国人民抗日战争暨世界反法西斯战争胜利70周年灯谜会猜活动。活动包括抗日战争和反法西斯战争主题以及金融知识、潮汕民俗等内容的潮汕传统，主题鲜明，融合政治性、知识性和趣味性，来自全市30多家金融机构共70多名员工参加活动。5月21日，围绕“中国文艺志愿者服务日”主题，组织文艺兴趣爱好者组织开展“惠民、为民、乐民”文艺志愿服务活动。

2016年5月14日，以广东省文联“百家千场艺术讲座下基层活动”为契机，中心支行联合揭阳市文联、揭阳市摄影家协会举办职工摄影知识讲座。讲座邀请广东省摄影家协会副主席李洁军作题为《纪实摄影拍什么？》的讲座。5月23日，围绕“中国文艺志愿者服务日”主题，组织文艺兴趣爱好者组织开展“惠民、为民、乐民”文艺志愿服务活动。10月28日，中国人民银行文学艺术联合会广州分行分会第一届四次理事会议上，审议通过《人民银行文联广州分行分会改选专业协会主席、替补（增补）理事方案》，改选揭阳中支党委书记、行长黄昌隆为摄影协会主席，将摄影专业协会设在揭阳中支，并由该中支工会办主任担任秘书长负责处理本协会日常事务。

2015年和2016年组织举行民俗文化摄影比赛，并邀请摄影专家举行专题讲座。通过比赛记录、传承、传播、共享潮汕民俗文化，多角度、全方位展现地方民俗，进而培养金融员工积极健康的心态，激发金融员工爱家乡、爱行、爱岗、敬业。联合地方文联在市区举行“庆国庆 迎盛会”文艺晚会，晚会共表演17个节目，全市各金融机构、文联各行业协会和武警官兵代表共500多人观看晚会。

组织摄影专业协会理事作为文艺志愿者赴清远和韶关开展2场次“我为基层讲一课”活动；在全市金融系统发动文艺志愿者积极承担起所在单位文艺宣传和重要会议以及各项活动的拍摄工作，努力以自己的一技之长为本单位履职出一份力。据统计，2013年以来，揭阳金融文艺爱好者出版个人专著1本，获得省级的奖项18个，全国性的奖项9个。其中，金融系统全国性书法入展奖2个，书法入展提名奖1个；人民银行总行级摄影比赛二等奖1个，优秀奖3个；人民银行总行级文学比赛二等奖1个，优秀奖1个。

揭阳市金融文学艺术联合会组织全市金融系统文艺爱好者深入习近平总书记重要讲话精神和治国理政新理念新思想新战略，结合实际组织开展形式多样的文艺活动。

2016年10月至2017年11月，承担分行摄影专业协会秘书处工作，于2017年12月至今承担分行作家专业协会秘书处工作。其间，在广州分行分会的领导下，结合实际，突出建军90周年、喜迎和喜庆党的十九大等主题，自主或协助开展到“打响武装反抗第一枪”的江西开展“拥军爱军行·喜迎十九大”主题摄影采风、到清远和韶关市开展“学习宣传党的十九大”送文化下乡摄影采风、协助广州分行工会女工委举办2017年女职工手机摄影比赛、举行广东省金融系统“建功十三五 喜迎十九大”职工摄影创作比赛等5项工作，制作活动电子杂志3期，制作协会年册和女职工手工摄影比赛作品手册各1本。连续5年开展“中国文艺志愿者服务日”活动，组织动员文艺志愿者坚持“以人民为中心”，深入辖属揭西县、惠来县等县区贫困山村开展志愿服务，为老百姓送去精神食粮，创作出更多接地气的作品。协助地方举办第六届揭阳市广播电视歌手大赛。2014年，揭阳金融文联在中共揭阳市委宣传部指导下，协助市广播电视台举办第六届揭阳市广播电视歌手比赛，经过2个多月的初赛、复赛、半决赛、决赛的层层比拼，从全市300多名选手决出12名获奖选手并现场颁奖。举行纪念中国人民抗日战争暨世界反法西斯战争胜利70周年灯谜会猜活动。来自全市30多家金融机构共70多名员工参加活动。谜题以抗日战争和反法西斯战争主题，还涵盖金融知识、潮汕民俗等内容的潮汕传统，主题鲜明，融合政治性、知识性和趣味性，有效地激发金融人的爱国热情。举行庆“春节元宵”民俗文化摄影比赛。

2017年2月8日，揭阳、梅州金融文联联合举办“迎春”读书交流会活动。揭阳、梅州中支文联主席、分管金融文联工作领导和两地金融系统写作爱好者共30人参加活动。2—4月协助广州分行工会女工委举办2017年女职工手机摄影比赛，在分行女工委的指导下承担举办全市摄影培训讲座等工作，通过活动，记录、弘扬分行辖区女职工精益求精、勤于奉献的工匠精神。3月29日，承担广州分行分会摄影专业协会开展“拥军爱军行·喜迎十九大”主题摄影采风活动，到南昌八一广场、新四军军部旧址、“伟人的故里”——江湾等红色爱国教育基地、红色革命根据地及革命老区进行红色革命传统学习教育和摄影创作。6月应清远市金融文联的邀请，到清远市开展“送文化下乡”活动。5月15日，在交行揭阳分行举办“五四”青年阅读分享座谈会。共27名写作爱好者参加座谈会。5月22日，围绕“中国文艺志愿者服务日”主题，组织文艺兴趣爱好者组织开展“惠民、为民、乐民”文艺志愿服务活动。7月，分行摄影协会秘书处组织摄影爱好者参与总行庆建军90周年“央行情 退伍兵”网上图片展示活动。共收到作品24幅（组），获总行优秀奖作品有10幅（组），占总行获奖幅数的20%。9月，中共十九大前夕，协会在人行文联广州分行分会的领导下，举行广东省金融系统“建功十三五 喜迎十九大”职工摄影创作活动，收到来自广东辖内142家金融分支机构442名金融系统摄影爱好者作品1462幅，最终经评委评选出入选作品100幅（组），营造喜迎中共十九大的浓郁氛围。9月14日，揭阳市金融文学艺术联合会与梅州中支在揭阳联合举办“青年读书交流会”活动，共36名金融写作爱好者参加活动。11月24日，承担分行摄影专业协会组织赴韶关市“学习宣传党的十九大”送文化下乡摄影采风组织工作。12月4日，中国人民银行文学艺术联合会广州分行分会摄影协会理事会在揭阳中支召开确定把秘书处由揭阳中支迁到梅州中支。中国人民银行文学艺术联合会广州分行分会作家协会理事会在揭阳中支召开确定把秘书处由梅州中支迁到揭阳中支。12月，分行摄影协会秘书处组织摄影爱好者参与总行金融文联举办的“大美中国——喜迎十九大”职工摄影作品展活动中，共收到36名摄影爱好者上报113幅（组）优秀作品。有6幅（组）获奖。12月31日，协助人民银行文联广州分行分会完成制作摄影协会年册工作。

2018年1月11日，收到《广东省金融文学艺术联合会 广东省金融系统青年联合会 中国人民银行文学艺术联合会广州分行分会关于广东省金融系统“建功十三五 喜迎十九大”职工书法美术摄影作品巡展及获奖情况的通报》，揭阳中支上报作品《鏖战》（中行揭阳分行黄志辉）获得摄影一等奖；《火舞》（人行揭阳市中心支行吴哲辉）和《最美日出》（揭阳农商行黄志伟）分别获得摄影二等奖；《宋朱熹诗一首》（工行揭阳分行唐木龙）获得书法三等奖。

2018年5月23日，围绕“中国文艺志愿者服务日”主题，组织文艺兴趣爱好者组织开展“惠民、为民、乐民”文艺志愿服务活动。

第五节　揭阳金融系统青年联合会

在人民银行广州分行、广东省金融青联的指导及地方青联的大力支持下，2014年3月26日，揭阳市金融系统青年联合会成立。3月26日上午，揭阳市金融系统青年联合会成立大会暨第一届委员会在人行揭阳市中心支行召开。大会表决通过《揭阳市金融系统青年联合会组织和工作细则》和《揭阳市金融文学艺术联合会章程》《揭阳市金融系统青年联合会第一届委员会成员名单》和《揭阳市金融文学艺术联合会理事会一届一次理事会主席团、秘书处成员名单》。人行揭阳市中心支行行领导、各科室负责人，揭阳市各支行、商业银行、证券、保险业务机构共37家单位的青联委员和41家单位的文联理事会成员共130多人参加会议。揭阳市金融系统青年联合含全市银行、证券、保险业金融机构38家青联理事会成员；设主席团成员10人，其中主席1人、副主席9人；秘书处成员13人，秘书长1人、副秘书长12人。联合会设置常务委员会，全体委员会闭会期间，由常务委员会主持会务及相关工作。联合会的主要职能任务包括高举爱国主义、社会主义的旗帜，最广泛地团结联系揭阳市金融系统青年，巩固和发展青年爱国统一战线；鼓励青年学习马列主义、毛泽东思想、邓小平理论、“三个代表”重要思想、科学发展观和习近平新时代中国特色社会主义思想；围绕揭阳市经济金融建设，以“集聚人才、联络交流、有所作为、共同发展”为工作宗旨，促进金融界青年联络交流，构建揭阳市金融青年人才高地；引导青年积极健康地参与社会生活，努力营造适应新形势要求的青年发展环境，为金融系统青年成长、成才服务；增强同各青联组织的联系和友谊；推动揭阳市金融事业发展及经济建设取得新成就，为实现中华民族伟大复兴的中国梦而努力奋斗。

2014年5月8日，由团市委、市人社局、人行揭阳市中心支行主办，市金融系统青年联合会、邮储行揭阳市分行、市普惠金融服务中心承办的揭阳市“启航计划”系列讲座第三讲在揭东军埔村举行，人行揭阳市中心支行派员主持活动。

2015年5月19日，揭阳市金融文联、揭阳市金融青联和揭阳金融学会联合举办“纪念中国人民抗日战争暨世界反法西斯战争胜利70周年灯谜会猜”活动。10月17日，揭阳市金融系统青年联合会在人行揭阳市中心支行组织召开揭阳市金融系统青年金融研究交流暨其工作机制建立大会，广东省金融青联秘书长、广州分行团委书记赵恺，揭阳青联副主席、团市委副书记陈颖聪出席会议并作讲话，广州分行金融研究处副处长黄桂良作题为《怎么写好调研报告》的授课，大会还对获得2014年度金融系统揭阳市青年文明号的6家单位进行授牌。揭阳金融青联主席、人行揭阳市中心支行党委书记、行长，人行揭阳市中心支行各支行、各科室负责人和青年干部以及来自辖区银、证、保金融机构负责青年工作的领导和团委书记参加会议。

2016年6月3日，由揭阳市金融系统青年联合会和市金融学会联合举办的揭阳市金融系统青年“金融支持实体经济”辩论赛动员会在人行揭阳市中心支行六楼大会议室举行。揭阳辖内银行业金融机构、证券业金融机构和保险业金融机构等22支代表队参加此次辩论赛动员会。

2017年4月27日，全市金融系统青联工作会议在中支六楼大会议室召开。会上，宣传群工部负责人布置全市金融系统团员青年组织做好学习中共十九大精神、“青年之声·揭阳金融青年提升素质服务大局”系列活动、“重温党史 喜迎盛会”党史党廉知识竞赛活动等有关工作。中支党委委员、工委会主任出席会议并讲话，要求各金融机构要给予高度重视，进一步落实金融系统党建工作要求，注重和加强金融系统精神文化创建，有效提升对全市金融系统青年的思想引领和精神引领作用。全市62家金融机构的分管领导及相关部门负责人共100多人参加会议。5月4日，揭阳共青团庆“五四”助力脱贫攻坚集中服务月活动启动。启动仪式上，市委常委、市委副书记、政法委书记刘光明对金融系统青联等5家集体进行授旗，并听取金融志愿服务队伍关于开展脱贫攻坚、助力青年创业等方面有关工作汇报。6月7日，揭阳市金融青联组织全市48家金融系统共计96人参加党史党廉知识竞赛初赛活动。在全国高考这一特殊日期，金融系统青年重新走进考场，温习党史党廉知识，做到不忘初心、砥砺前行，更好服务揭阳经济金融发展。7月31日上午，揭阳市金融系统文联青联组织召开协调会议，就揭阳市金融系统文联与揭阳市文联组织开展的“红色经典——纪念中国人民解放军建军90周年摄影展”活动和“庆国庆 迎盛会”文艺晚会有关工作进行介绍说明，同时对辖区金融系统党建工作进行部署，要求各单位要进一步夯实党建工作基础，切实将全国金融工作会议中关于加强金融系统党建工作要求落到实处。市文联调研员吕炎选，人行揭阳市中心支行党委委员，市文联组织联络部和中支宣传群工部主要负责人以及全市金融机构共计60多人参加会议。8月1日，在广东省金融系统青年联合会的指导下，揭阳市青年联合会和揭阳市金融系统青年联合会在人行揭阳市中心支行机关六楼大会议室联合举办“重温党史·喜迎盛会”党史党廉知识竞赛决赛活动。

第六节 揭阳市银行业协会

揭阳市银行业协会（简称协会）经揭阳市民政局批准，于2011年12月9日正式成立，是由揭阳银行业金融机构及与银行业相关的单位自愿结成的地方性、行业性、非营利性社会组织。协会接受登记管理机关的监督管理，接受揭阳银监分局和揭阳市人民政府相关职能部门的业务指导。

协会的宗旨是遵守宪法、法律、法规和国家政策，遵守社会道德风尚，促进各会员的自律管理，加强会员之间的协作和联系，维护会员的共同利益，提高行业服务水平，创造平等有序的竞争环境，促进银行业健康发展。协会履行自律、维权、协调、服务的职能，遵循自愿、平等、公正的原则开展各项活动。协会代表并维护会员的权益、维持有序、公平的竞争秩序、加强相互合作与交流，抵制企业逃废银行债务的行为，促进会员诚信经营，维护会员和行业公平竞争，促进银行业健康发展。

第七节 揭阳市保险行业协会

2013年4月，依据广东保险行业协会《关于启动市级保险行业协会筹建工作的意见》要求，揭阳市保险行业协会在原省协会办事处的基础上成立。揭阳市保险行业协会由驻揭阳市所有商业保险机构自愿组成，属行业性非营利性社团组织，登记管理机关为揭阳市民政局，活动地域为揭阳市辖区。协会的宗旨：遵守中华人民共和国宪法、法律、法规和国家政策，遵守社会道德风尚，为会员提供服务，维护行业和会员合法权益，加强行业自律、维护市场秩序和公平竞争，促进行业交流合作，加强行业宣传和文化建设，推动全市保险行业和谐健康发展。

揭阳市保险行业协会履行行业自律职责：组织市场开拓，发布市场信息，编辑专业刊物，开展行业调查、评估论证、培训、交流、咨询、展览展销等服务；协调会员之间、会员与非会员之间、会员与消费者之间涉及经营活动的争议；代表行业内相关经济组织提出反倾销调查、反补贴调查或者采取保障措施的申请，协助政府及其部门完成相关调查，组织协调行业企业参与反倾销的应诉活动；接受与本行业利益有关的决策论证咨询，提出相关建议，维护会员和行业的合法权益；参与行业性集体谈判，提出涉及会员和行业利益的意见和建议；参与制定有关行业标准，建立规范行业和会员行为的机制；加强会员和行业自律，促进会员诚信经营，维护会员和行业公平竞争；组织会员学习相关法律、法规和国家政策；开展行业协会宗旨允许的业务和政府及其工作部门授权或者委托的其他事项。

2014年，揭阳市场主体共21家，其中产险公司13家，寿险公司8家。另外有前海人寿、平安养老、阳光人寿正在筹建中（其中前海人寿已经通过开业验收，等待省局审核批准）。从业人员预计7200人（其中产险1200人、寿险6000人）。全年累计总保费收入预计可以达到35.50亿元，同比增长34.7%；其中产险公司收入13.50亿元，同比增长34.3%，寿险公司收入22亿元，同比增长34.88%。财产险公司盈利能力明显增强，承保利润有较大幅度提升。寿险公司个险期交继续保持快速增长势头，业务内涵价值持续提升。签订《小额赔案快速理赔服务公约》和《人员流动自律公约》，在实践中发挥积极的效应；

参与推动，由人保财险承保的揭阳市设计推出的《揭阳市政府民生综合责任保险》，已有揭东、揭西、惠来、普侨区等地区实施，共为276.85万人口承保，保费收入382万元，提供3290亿元的人身保障；11月，发文要求各单位严格执行省保监局《广东省机动车辆保险“见费出单”管理制度》及汕头保监分局《关于加强代刷卡风险管控防范的通知》的规定，进一步规范车险承保流程管理，防范风险，保护保险消费者、保险从业人员等相关人员及行业的合法权益，避免代刷卡行为可能引发的各类风险；做好保险纠纷调解工作，全年共受理14个投诉案件，其中上级转来的4件，本地发生的10件；做好保险销售人员考试工作，全年预计报名考试7000人次，实际参考6300人次，缺考700人次，通过人数3500人，通过率55.55%。加强协会内部建设。选拔有从业资格证的人员担任会计，建立健全会计账目。

2015年，揭阳市场主体共24家，其中产险公司13家，寿险公司11家。截至10月底，从业人员9283人（其中产险1399人、寿险7884人）。全年预计总保费收入46.30亿元，同比增长25.8%；其中产险公司收入14.33亿元，同比增长8.3%，寿险公司收入31.98亿元，同比增长35.68%。财产险公司盈利能力有所增强，承保利润有所提升。寿险公司个险期交继续保持快速增长势头，业务内涵价值持续提升。截至2015年11月30日，揭阳国寿银龄安康总保费486万元，全市共有37万名老人投保（每人13元），实现100%统保。全年市政府及民政局方面将投保年龄范围扩大到70岁以上（含70岁）；由政府出资投保、人保财险承保的《揭阳市政府民生综合责任保险》，实现各县、区全覆盖，共为705万人口承保，保费收入917万元（每人1.3元），提供8290亿元的人身保障；做好“交强险代扣车船税”工作，2014年11月开始，跟揭阳地税局密切沟通，就代扣车船税事宜进行衔接，自2015年元旦开始，全面铺开代扣代缴工作；督促公司切实杜绝代刷卡行为，严密跟踪督促，要求各单位严格执行省保监局《广东省机动车辆保险“见费出单”管理制度》及汕头保监分局《关于加强代刷卡风险管控防范的通知》的规定，进一步规范车险承保流程管理，防范风险，保护保险消费者、保险从业人员等相关人员及行业的合法权益，避免代刷卡行为可能引发的各类风险。全年共受理10个投诉案件，调解成功9件；做好保险销售人员考试工作。1—5月报名考试3401人次，实际参考3131人次，缺考270人次，通过人数1818人，通过率58.06%。

2016年，揭阳市场主体共25家，其中产险公司14家，寿险公司11家。截至11月底，全行业从业人员14157人，其中产险公司1429人，寿险公司12728人。在总人数中，正式员工1077人，营销员13080人。截至11月，累计总保费收入53.19亿元，同比增长21.69%；其中产险公司收入13.88亿元，同比增长5.55%，寿险公司收入39.31亿元，同比增长28.63%。赔款（给付）总额17.40亿元。财产险公司盈利能力有所增强，承保利润有所提升。寿险公司个险期交继续保持快速增长势头，业务内涵价值持续提升。

年初，针对e租宝事件，组织公司进行全面排查，排查范围覆盖全体内外勤人员，尤其是寿险营销员更作为重点排查对象。经排查，有个别公司极少数业务员用自有资金购买理财产品，尚未发现公司在职人员到互联网金融机构兼职的现象、向社会推销互联网金融产品、向保险客户介绍互联网金融产品。与揭阳银监局联合发文并召开产险公司负责人参加的通报会，推动食品安全责任险发展；与揭阳国税局和地税局签订协议，定期将税务局提供的企业纳税人征信情况转发给产险公司，供公司在承保贷款保证保险时候参考；政府民生综合责任险方面：为推广政府民生综合责任保险，人保财险揭阳市分公司加强与各级政府有关部门的联系，巩固项目的续保工作，并根据往年项目的开展情况逐步扩展保险责任，提高民生保险的覆盖面。政府民生综合责任险2016年成功续保9个区县，共为4383323人提供9亿元的保障，保费收入594.55万元。截至12月31日，发生保险责任范围内事故共47起，造成48死13伤，其中5起案件尚在处理中，已支付赔款199.8万元。国寿“银龄安康行动”方面：中国人寿揭阳分公司推广农村小额保险，开展“银龄安康行动”，为全市60周岁以上老年人办理意外伤害保险等业务，作为服务地方，打造“民生工程”的一项重要工作。全年参保人数达95052人，覆盖率达到12%，保费收入1673万元，已经报案理赔的有450多万元。好保险纠纷调解工作，全年共受理4个投诉案件，其中上级转来的3件，本地发生的1件。

2017年，揭阳市场正常运营的主体共26家，其中产险公司15家，寿险公司11家（珠江人寿已获得开业行政许可，尚未开业）。截至11月底，全行业从业人员11808人。1—11月总保费收入47.98亿元，同比下降3.46%；其中产险公司收入14.26亿元，同比增长13.08%，寿险公司收入33.72亿元，同比下降9%。寿险公司个险期交继续保持增长势头，业务内涵价值持续提升。政府民生综合责任险2017年全年成功续保10个区县，共为688.44万人提供7.90亿元的保障，保费收入798.77万元。与揭阳市金融局保持密切联系，及时要求公司落实各项措施，做好防范金融风险工作，定期沟通交流，向金融局报送相关情况。认真做好保险纠纷调解工作。1—11月共受理10个投诉案件。做好保险中介机构的服务工作。3月22日，揭阳市保险行业协会召集驻揭阳37家保险中介机构负责人开会，会议传达省保监局2017年保险中介监管精神以及省保险行业协会、省保险中介行业协会关于做好保险中介机构服务，促进保险中介市场健康发展的相关要求，并对下阶段工作做相应安排。5月19日，揭阳市保险行业协会第二届会员大会第一次会议在揭东金叶大酒店召开，中国保险监督管理委员会汕头监管分局办公室干部王泽强应邀参加会议。会议审议并通过多项工作报告，选举新一届理事会、监事会、会长、副会长和监事长，表决通过聘任秘书长，各项议程。6月13日，协会搬迁职场，新职场正式启用。7月，《广东省法律援助局、广东省保险行业协会关于在保险行业协会设立保险消费者法律援助工作站的通知》之后，法律援助工作站成立。根据《广东省法律援助局、广东省保险行业协会关于在保险行业协会设立保险消费者法律援助工作站的通知》要求，揭阳市保险行业协会设立“揭阳市法律援助处保险消费者法律援助工作站”（简称工作站）。工作站由市保险行业协会秘书长兼任站长，林奕群、柯洁丽作为法律援助工作站工作人员，负责联络、接收工作站的一切日常工作。主动与揭阳市法律援助处取得联系，按文件规定以及揭阳市法律援助处的相关要求制作招牌和制度牌，布设工作站办公场所。

2018年，揭阳市场主体共28家，其中产险公司16家、寿险公司12家。截至2018年12月底，全行业从业人员12627人。其中产险公司1611人、寿险公司11016人；在总人数里面，劳动合同制人员1055人，代理合同制人员11572人。全年总保费收入62.19亿元，同比增长13.8%。其中产险公司收入20.64亿元，同比增长17.74%、寿险公司收入41.55亿元，同比增长11.93%。寿险公司个险期交继续保持增长势头，理财型产品占比明显下降，业务结构明显调整，内涵价值持续提升。

政府民生综合责任险成功续保10个区县，共为6854820人提供7.26亿元的保障，保费收入833.42万元。截至12月30日，发生保险责任范围内事故共56起，造成42死22伤，已支付赔款185.72万元。国寿“银龄安康行动”。全年参保人数达61万人，覆盖率达到74%，保费收入1228万元，已经结案理赔的有1034宗，支付赔款416万元。认真排查和防范非法集资，维护金融安全；做好保险纠纷调解工作，全年共受理6个投诉案件。

为掌握辖区内保险中介市场发展现状，防范保险中介市场风险，根据分局《关于协助开展2018年粤东保险中介机构巡查工作的通知》要求，由揭阳市保险行业协会邱诗华和李春阳组成巡查组，从2018年9月10—27日，对辖区内79家保险中介机构进行巡查。巡查中了解到：8家保险中介机构已经注销；3家保险中介机构准备注销，无营业；8家保险中介机构暂无营业；5家保险中介机构职场地址不一致；3家保险中介机构高管变更；5家保险中介机构无法联系；1家保险中介机构联系方式变更；1家保险中介机构准备搬迁。

做好警保联动工作，“警保联动”是新时期便民惠民的重要举措，是贯彻落实习近平总书记在广东提出的“四个走在全国前列”，“在营造共建共治共享社会治理格局上”的具体体现。10月，市公安局和市保险行业协会牵头制订《揭阳市警保联动工作方案》组建交通警察和保险勘查员巡查队伍，形成上路巡查制度，并应用“揭阳交警事故e处理”“广东事故e处理”“交管12123”快捷处理轻微道路交通事故，有效缓解城市交通繁忙的路段因交通事故造成的拥堵，收到很好的成效，受到人民群众极大好评。“警保联动”是政企合作的新模式，是新时期政府管理职能创新服务的重要举措，并为保险公司向被保险车主提供高效、快捷、便民、公平的“一站式”服务，为构建和谐平安新揭阳而做出新的贡献。

附 录

附录一

南方人民银行

一、机构沿革

南方人民银行是第三次国内革命战争时期中国共产党在华南解放区设立的银行，开启新中国华南金融事业，开创华南金融史的新篇章。1949年初，华南解放区迅速发展，解放区原有流通券已不能满足市场的需要。国民党滥发金圆券，恶性通货膨胀，严重影响人民群众的生产生活。为支持华南解放战争，发展经济，统一金融市场。1949年4月，中共中央华南分局经请示党中央同意，决定创建南方人民银行，指派分局财政经济委员会委员蔡馥生和赵元浩负责筹备，并抽调中国银行江门市分行高天宇（即高力夫）、交通银行柳州市分行施振协助，开展筹建银行的工作；5月，蔡馥生、何启明、赵元浩、张维静经香港到揭阳河婆；6月初，印钞厂在河婆成立，王斗光任厂长；6月中旬，“潮汕干部训练班”增设财经专业，70多名学员专门学习银行知识；6月底，方方和李嘉人在灰寨开会宣布：蔡馥生任华南分局财经委员会主任、李嘉人兼副主任，赵元浩、黄声为副主任，蔡馥生、赵元浩兼任南方人民银行正副总经理；同时印刷设备、南方券底板和纸张从香港成功运达河婆。

1949年7月8日，南方人民银行正式成立，总管理处设在揭阳河婆镇新埠街，并在潮汕、东江、梅州设立分行。同时，原已经在解放区成立的新陆银行和裕民银行并入南方人民银行，发行南方币，收回原潮汕地区“裕民银行”发行的“裕民券”，东江新陆银行发行的“新陆券”。7月18日，因溃败的国民党胡琏兵团从江西窜入广东兴宁、梅县地区，逼近潮汕。为预防万一，华南分局党委决定，把南方银行印钞厂搬进距揭阳河婆镇以北约20多公里外的良田乡下村。该厂在地方政府动员的一批民工的帮助下，连夜拆卸和包装机器，用两天时间，才把全部机器设备和物资运抵目的地，对外称“永泰印刷厂”，随后开始秘密印刷南方券。9月，中共中央华南分局财委主任兼南方人民银行总经理蔡馥生接到分局从赣州发来的电令，立即率领原计划派往解放区参加建行的全体干部配合大军南下挺进广州，迎接新的战斗任务。南方人民银行总管理处于1949年9月中旬停业。

新中国成立后，国家进行经济建设，要求财政、银行工作集中统一，南方人民银行已没有存在的必要。潮汕分行于1950年1月1日结束，东江分行于是年4月结束，梅州分行于是年4月20日结束，各分行及其所属行处同时改制为中国人民银行广东省分行基层机构。至此，南方人民银行完成自己的历史使命，宣告全面结业。

二、内设机构

南方人民银行正式成立，总管理处设在河婆镇，内设印务局、发行部、业务处、会计处和秘书处。

总管理处总经理蔡馥生，副总经理赵元浩；印务局负责人王斗光、程曼、蔡健；发行部负责人王斗光（兼）；业务处负责人高力夫；会计处负责人高力夫（兼）；秘书处负责人陈文川、雷起予。

三、辖属机构

总管理处下设三个分行：潮汕分行，1949 年 7 月 23 日成立，由原有的裕民银行改建，行址设于河婆镇；东江分行，1949 年 9 月 12 日成立，行址设于龙川老隆；兴梅分行，1949 年 10 月 14 日成立，行址设于梅县。

1. 潮汕分行负责人：刘化南、庄辉。辖下 7 个办事处：

两英办事处负责人：陈统京；惠来办事处负责人：李光辉；甲子办事处负责人：林波；棉湖办事处负责人：黄润泽；汤坑办事处负责人：陈子忠；卅岭办事处负责人：高璞；流沙办事处负责人：方黛。

2. 东江分行负责人：骆维强、陈忠。辖下 6 个办事处：

汕尾办事处负责人：谢彬、曾文、陈伟；河源办事处负责人：黄伟；

紫金办事处负责人：黎伯能、叶培根（后）；老隆办事处负责人：叶宗武、邹琨珧；

淡水办事处负责人：陈年；石龙办事处负责人：张柏。

3. 兴梅分行负责人：李泮水、黄波。辖下 8 个办事处：

兴宁支行负责人：李泽水（兼）、李若沧、刘文冠；蕉岭办事处负责人：徐风；

平远办事处负责人：李苦沧（兼）、杨心妙；新铺办事处负责人：刘荐初；

松口办事处负责人：林伦；大埔办事处负责人：刘醒凡；高坡办事处负责人：刘行；新铺办事处负责人：刘荐初。

四、职能任务和业务

南方人民银行尽管开业时间只有 9 个多月，但作为特定历史时期的产物，它为党的金融建设作出不可磨灭的贡献。

1. 坚决反对帝国主义的侵略，旗帜鲜明地驱逐港币，教育群众摒弃信赖外币的观念。把金银外汇集中于银行并在银行审查监督下运用，服务于解放区的经济建设。贯彻“量入为出”的外汇管理方针，力争国际收支的基本平衡。

2. 建立解放区统一的本币市场。宣布“南方券”为华南解放区的本位币，禁止金银外币、“南方券”以外的票券流通以及物物交换，统一货币市场。强调“南方券”发行必须坚持有物资保证的基本原则，建立币信。为后来人民银行推广人民币下乡打下一定的基础。

3. 建立一套比较完善的银行机构体系。制定会计核算和业务管理的规章制度，训练一批有基本银行业务理论和实际经验的干部队伍，为人民银行建行初期机构向下延伸与开展业务提供便利。灵活资金调拨，全力支援前线。南方人民银行全力以赴调拨头寸支援军政费用。在代垫财政款 50 余亿元中，军费约占 60%，党政经费和支前费用约占 40%，又以贷款方式支援公营南方贸易公司收购大量作为军用储备的物资，配合“边纵”当好后勤，迎接大军南下。

4. 扶助生产贸易，全力加强解放区建设。“发展经济、保障供给”是我党财经工作的总方针。南方人民银行始终贯彻不搞财政发行的原则。在“南方券”发行总额1.09亿元中，通过直接支付党政军经费发行的2000万元，占18%，其余的均用于扶助生产、准备物资、开展内外贸易。加强解放区的生产建设，巩固支援解放战争的物质基础，赢得经济比较活跃、群众生活有所改善的局面，得到广大群众的爱戴，拥军支前，献出人力物力支援解放战争，直至华南全面解放。南方人民银行亦胜利地完成自己的历史使命。

南方人民银行大事记

南方人民银行的成立是中国近现代银行史发展的重要历史事件，为我国现代银行的发展提供诸多重要的借鉴。尤其是南方人民银行位于华南这一中国近代金融发展迅速的地区，南方人民银行在银行业务规范、外汇兑换、银行管理等方面，都为新中国银行的发展提供重要的经验借鉴。

1946年10月，在周恩来、董必武的直接关怀下，中共广东区委与国民党左派人士合作办的香港达德学院成立，聘请国内知名教授邓初民、沈志远、千家驹、陈世生等任教，并且吸纳一大批进步青年，以培养财政金融人才。

1947年6月，经济学家许涤新担任华南分局财经委书记，在他的带领下，财经委在接下来几年时间里逐步发展安达公司、启源贸易商行和新侨公司，建立东台运输公司、新联公司、南洋商业银行及南方影业公司等一批骨干企业，为解放区输送各种紧缺物资，还在金融、交通、运输等行业有着辉煌的业绩。

1948年12月1日，华北银行、北海银行和西北农民银行合并成立中国人民银行。

1948年12月，鉴于解放形势的发展，华南分局开始筹备成立南方人民银行。

1949年2月，达德学院被港府野蛮取消注册资格。时任中共华南分局书记的方方立即指示分局财经委在一个多月内创办另一所学院——建中专科学院，把原达德学院的学生接纳过来，继续培养金融人才。建中学院分3个系，即银行系、财政系和会计系，学生400多人，这些人才为后来新中国金融建设作出巨大贡献。华南分局根据党中央的指示，开展富有成效的财经工作。

同时，时任华南分局书记方方在香港分局学习会议上所做的《关于华南党的工作问题的报告》中提出：“准备在中央批准下成立华南人民银行，举办发行货币、贸易、侨汇、贷款四部门工作。”随后，银行训练班在揭西灰寨举办。

3月23日，方方、许涤新向中共中央正式请示发行流通券，并得到中共中央的同意批复。银行备组在香港成立，办公地点设于香港中环启源行。在《方方、许涤新为发行流通券问题向中央请示电》一文中，阐述从军需、币信、物资流通、避免蒋币与外币的经济掠夺、吸收外汇等七个方面充分阐述发行华南流通券的必要性。党中央答复称“你们所提办法亦均妥善”，同意建立南方人民银行。随后，南方人民银行的筹备处设在香港中环永吉街启源行。筹备工作包括南方人民银行币与港币的比率、币种及其印刷方案、造币厂的建立等。同时，由印钞专家柳溥庆完成币样图案设计、制版雕刻。

是月，中共中央华南分局财经委通过香港建中学校，以夜校名义开办财政、银业务培训班，学员65人，都是来自1949年初被香港政府封闭的达德学院经济系学生，由华南分局财经委委员、经济学家赵元浩担任银行的班主任，进行短期实务培训。

4月4日，中共中央华南分局决定在筹备南方人民银行的同时，亦筹建一所印刷厂，由程曼负责。南方券正背面花纹图案的底版开始在香港东区兴发街永发印务公司印制，而行名、印章、面额、号码及防假暗记等信息则在解放区印制。印成的南方券底版和印钞设备在华南分局的指挥下，经过伪装，分批次从水路运抵陆丰甲子港，再由潮梅地委组织护送，6月初运抵揭阳河婆。与此同时，华南分局大批金融专家和进步青年也分别从海陆两路前往河婆。8日，中共中央正式回复华南分局同意成立银行并发行流通券。是月，中共中央华南分局指派分局财政经济委员会委员蔡馥生和赵元浩负责筹备，并抽调中国银行江门市分行高天宇（高力夫）、交通银行柳州市分行施振协助，开展筹建银的工作。南方人民银行筹备小组在香港启源行开会，蔡馥生、何启明、张维静等到会。

5月4日，中共中央华南分局对粤赣湘边区党委和闽粤边区党委关于准备建立银行问题作出指示，明确发行业务及重要的措施，由财政经济委员会负责领导和主持，并受分局财经委的指导和监督。实际的业务行政和管理，则在财经委之下，成立一个公开的银行机构来担任，钞票即用银行的名义发行。

5月底，蔡馥生、何启明、赵元浩、张维静经香港到揭阳河婆。先行到达解放区的金融专家开始在揭阳灰寨开设银行训练班，培训内容主要是银行会计知识、南方人民银行组织章程和南方人民银行会计相关制度等。

6月初，印钞厂在河婆良田成立，王斗光任厂长。是月中旬，印刷设备、南方券底版和纸张由香港成功运达河婆。同时在潮汕解放区潮汕干部学校增设财经专业训练班，第一期学员七十余人，均来自解放区党政军机关的干部，训练班由南方人民银行总管理筹备组主持，专门学习银行知识。6月底，方方和李嘉人在灰寨开会宣布：蔡馥生任华南分局财经委员会主任，李嘉人兼副主任，赵元浩、黄声为副主任，蔡馥生、赵元浩兼任南方人民银行正副总经理。是月，香港财政、银行业务培训班的学生结业分批进潮梅和东江解放区，参加南方人民银行的筹建工作。

是月，为迎接解放军南下做好物资准备，规范闽粤赣边区的金融秩序，中共南方局请示中共中央同意，在广东河婆成立南方人民银行。

7月8日，南方人民银行成立。总管理处设于揭阳河婆（今揭西县）。并在汕头、老隆、梅县分别成立潮汕分行、东江分行、梅州分行，并分设7个支行，分行下设12个办事处，并在香港立宝通行。内部设印务局、发行部、业务处、会计处和秘书处。

7月18日，在华南分局党委的决定下，蔡馥生带领该厂140多名职工连夜拆卸、包装机器，用两天时间，把印钞厂搬到距离河婆镇20多公里外的良田乡下村良文小学（今良田中心小学），对外称“永泰印刷厂”，随后开始秘密印刷南方券。

23日，潮汕分行成立（内设棉湖等7个办事处），地址设于揭阳河婆，由裕民银行改建。同时发行南方币，收回原潮汕地区“裕民银行”发行的“裕民券”，东江新陆银行发行的“新陆券”。刘化南、庄晖任正副主任。

同日，中共中央华南局发出《中共中央华南分局致各区党委，并财经委南方人民银行各分行的公函》，计划第一期发行南方券壹仟万（共分壹圆、伍圆、拾圆三种面额及伍拾圆、壹佰圆的本票），暂定为港币壹圆兑南方券贰圆，其他金银外币俱以港币为计算标准，分别订定，由银行挂牌公告之。

28日，潮梅人民行政委员会成立，即发布财币第三号关于南方券的发行布告。

8月8日，雷起予、陈文川等8人经香港到河婆。23日，潮梅人民政委员会颁布《外汇管理暂行办法》《黄金、白银管理暂行办法》《对外贸易管理暂行办行法》。

25日，粤赣相边纵队司令部以民字第十一号发出关于南方券的发行布告。

8月底，河田办事处成立，其前身是新陆银行，后改属东江分行。

是月，南方人民银行券发行。主币有一元、五元和十元，辅币有一角、贰角和五角。

9 月 11—13 日，中共潮梅地委财经会议在河婆大同医院召开。蔡馥生、陈文川等 20 多人参会。

13 日，东江分行成立，地址设于龙川老隆镇。骆维强、陈忠任正副主任。同日，香港《大公报》刊登《南方人民银行任务发展解放区的生产——南方人民银行经理蔡馥生谈话》一文。

10 月 14 日，兴梅分行成立，地址设于梅县。李泮水、黄波任正副主任。接华南分局指示，调派南方人民银行大部行骨干赶赴广州参加财经接管工作。

15 日，华南分局在老隆镇龙仙高中召开大会，南方人民银行总管理处全体人员赴会。

19 日，揭阳县榕城镇解放，棉湖办事处主任黄润泽奉令带队接收广东省银行揭阳办事处和县官商合办银行，成立南方人民银揭阳办事处。

1949 年年末，中国人民银行华南分区行成立，南方人民银行改组，并入中国人民银行华南区分行。

1950 年 1 月 1 日，潮汕分行改组为中国人民银行潮汕分行。揭阳办事处改名人行揭阳县支行。

4 月 1 日，东江分行改组为中国人民银行惠阳支行。

20 日，兴梅分行改组为中国人民银行梅县办事处（专区级），后改为中国人民银行梅县中心支行。至此，南方人民银行下属各分行全部改组完成。

5 月 20 日，《中国人民银行广东省分行转发华南区分行结束南方券的处理办法》颁发，规定 1950 年 6 月 15 日前回收全部南方券。10 月 8 日，中国人民银行华南分区行召开南方人民银行清理委员会第一次会议，地点在华南分区行经理室，会议内容主要是“进行南方人民银行清理工作……讨论清理工作进行步骤”，蔡馥生、王斗光、高天宇、汪文、陈剑明为清理委员会委员。除对南方人民银行过往账目的清理审计外，另一项工作是对回收的南方券实行销毁。销毁工作则按照中国人民银行总行残破本币处理的相关办法，“由省分行派员并要请地委及专署督同焚毁”。一份统计表显示，截至 1950 年 11 月 10 日，已回收销毁南方券达 104721597 元，“占发行总额的 109672300.7 元的 96%”，但是回收兑换工作并未停止，“对留存社会上尚未收回部分（实际上其中大部分已丢失或损坏），亦须向人民群众负责到底，以维持币信”，甚至还对百姓手中尚未回收的南方券允许“先行登记，并报省分行以便虑。”。至此，南方券的兑换清收工作基本完成。

1952 年 11 月 5 日，中国人民银行广东省分行向华南区分行函送《南方人民银行结业报告》。

1989 年 4 月 17 日，在广州召开纪念南方人民银行建行四十周年筹备会议。参加会议有原南方人民银行总经理、省人民银行原代行长蔡馥生，省人民银行原副行长吴平，人民银行汕头分行金融研究室主任湛广义，揭西县支行行长陈文明、揭阳县支行行长李科正、原南方人民银行印钞厂黄道明等 11 人。

1989 年 7 月 8 日，纪念南方人民银行建行四十周年大会在河婆顺利举办。中国人民银行各级系统尤为重视，并且得到原南方人民银行所在地揭西县委、县政府的大力支持，活动非常隆重。纪念活动消息一传出，要求参加纪念活动的老同志不断增加，他们专程从北京，广西远道而来，会议人数增至近百人。出席会议的有原南方人民银行总经理蔡馥生和参加过南方人民银行筹建工作的众多老同志，原省人民银行老行长吴慕奇、王辉、史立所、吴平，现任行长金维城、揭西县的党政领导同志，人民银行汕头分行、惠州分行和揭阳支行、揭西县银行系统及人、工、中、农、保、建行司领导同志共 90 多人。会议由朱万里同志主持，金维城、蔡馥生、吴慕奇、刘国才四位领导先后在会讲话。会后全体同志参观河婆原南方人民银行总管理处旧址和良田乡原南方人民银行印钞厂，并合照留念。

在 40 周年的纪念活动中，南方人民银行的历史成为包括南方人民银行缔造者和参与者、人民银行系统、地方社会共同的集体记忆。这一次纪念活动非常重视资料的收集和整理，尤其是回忆录收集工作：“编印两本纪念专刊，第一本纪念专刊重点是南方人民银行史料选辑（包括部分回忆录）。第二本重点是纪念南方人民银行建行四十周年的纪念活动（包括讲话、回忆录、留念照片和些史料）”。以蔡馥生、赵元浩、刘华南等等的回忆录，从一个侧面解开诸多南方人民银行成立的历史细节。这些为研究南方人民银行史提供重要的基础文献。

2009—2010 年，在第三次全国文物普查不可移动文物登记中，揭西县人民政府通过调查，将南方人民银行旧址和潮汕干部培训班旧址（南方人民银行培训班）两个旧址认定为不可移动文物。

2016 年以来，人行揭阳市中心支行组织有关人员深入揭西河婆南方人民银行总管理处及良田乡南方人民银行印钞厂旧址实地调研，系统收集整理历史文献资料和香港等地区存世史料，并与地方高校史学专家合作成立课题小组，以“南方人民银行文化史研究”为专题，研究南方人民银行的发展历程，挖掘其历史意义。

5 月，南方人民银行印钞厂纪念馆在揭西良田中小学（印钞厂旧址）开馆。

7 月 28 日，人民银行总行党委宣传部巡视员汪洋在人民银行广州分行党委委员、工委会主任徐维和党委宣传部部长陈铁英的陪同下，到揭西县良田乡为南方人民银行纪念馆、人民银行广州分行岭南金融文化史研究基地、人行揭阳市中心支行南方人民银行文化史研究中心揭牌，并在良田乡政府召开人民银行意识形态与金融文化调研座谈会，提出由人行揭阳市中心支行与良田乡党委政府共建南方人民银行纪念馆的指导意见。

11 月 10 日，人行揭阳市中心支行和揭阳金融学会召开建馆专题研讨会，组织学会副会长以上单位的分管领导和部门负责人到揭西县良田乡参观调研，与良田乡党委政府和良田乡下村村委会协商签订南方人民银行纪念馆、金融文化广场和金融文化走廊共建协议，借用良田乡下村村民文化活动中心一楼布置南方人民银行展厅供参观。

2017 年 5 月，南方人民银行纪念馆、金融文化广场和金融文化走廊在下村开工布馆。

7 月 19 日，人民银行广州分行在揭阳良田乡举行南方人民银行建行 68 周年活动，人民银行总行党委宣传部巡视员马林，揭阳市副市长刘端雄，人民银行总行处长陈跃，人民银行广州分行党委宣传部、机关党委办、工会办、团委、培训中心主要负责人，人民银行揭阳、潮州、河源、梅州、惠州、汕尾、云浮中支主要负责人等共计 210 人参加活动。南方人民银行纪念馆、金融文化广场和金融文化走廊正式对外开放。

2018 年，人行揭阳市中心支行主要负责人以市人大代表的身份提出“将南方人民银行旧址建设成揭阳市红色资源教育基地”的建议，并被揭阳市人大以揭常办函〔2018〕36 号文移交市政府落实。

原南方人民银行工作人员胸章

南方人民银行资产负债表

资产类		负债类	
科目	金额	科目	金额
机关部队拨款	4,201,519,033	全体总损益	6,338,256,534
内部往来	2,136,737,501		
合计	6,338.256.534	合计	6,338,256,534

南方人民银行资产负债表 录自南方人民银行建行四十周年纪念专刊

一九八九年七月

南方人民银行经付财政拨款清表

领用机关	具领人	金额	用途	备注
二支四团	钟力营	500,000	军事任务需要	惠来县政府担保现由保证人出具证明
〃 〃	一营一建	250,000	〃 〃	〃 〃
二支十一团	吴锋营	1250,000	〃 〃	〃 〃
粤赣湘边纵司令部	边纵财科等	2,623,076,935		边纵司令部支款证明及东江财委会证明纸79纸
兴梅专署	卢伟良、王维礼、李明	717,749,625	经费	兴梅专署副本收据一纸
兴梅地委	王维	660,392,826		兴梅地委收据二纸
华南分局	李嘉人等	283.438	请民侠挑分局文工团物资等费用	支款凭证五纸
华南工作团	黄炎秋、周钢鸣、张典鳌	10,000,000		〃 〃 〃一纸
华南工作团二队财总系	赵全等	377,225	伙食费	〃 〃 〃五纸
华南文工团	许南明、徐洗产、徐疾	1,250,000		〃 〃 〃一纸
陆丰财经科	彭少明	50,000,000		
陆丰财粮科	〃 〃	59,834,675		
陆丰县政府	〃 〃	99,425,000		
麦友俭	〃 〃	7,017,075		左列四款由陆丰县政府及陆丰财政科出具证明书二纸
海丰县政府	魏麟基	148,859,264	迎军支前费用及行政费	左列二款由海丰县政府出具证明书一式二份
迎军会	〃 〃	62,500,000		
续上表：				
汕尾军管会	庄岐洲	103,968,198	付各起义部队等经费	证明书一纸
〃 〃 〃	李廷 侯绍贤	2,813,450	海陆丰盐一月份办公费等	支款凭证二纸
海丰县政府	缪振业等	68,631,168	代领找换站经费	支款凭证五纸
紫金县政府		50,000,000	经费	紫金县财委会证明书一纸
边纵供给处	陈苍等	53,628,750		抄自支款凭证六纸东江财委会证明书一纸
军需处	麦友俭等	124,870,575		抄自支款凭证十七纸东江财委会证明书一纸
陈维明		4,771,250	封用轮船费用	支款凭证一纸附东江财委会证明书一纸
水产学校学生张典义等		150,000	借支生活费	学生十二人合出向汕尾军管会借款借据一纸
华南分局	蔡希丰	4,000,000	购买西药医疗器材	4)／9／23在香港支取HK＄3000—9／25支取HK＄5,000a500
				折合本币无支款凭证，宝通行转来
饶彰风		169,556,000		宝通行转来结欠HK＄43700—a3880折合本
				币此款保购入美金款，由饶彰风同志决定周
				巨人同志即于49／10／14日交周同志收，以
				购买支前物资之用，并由饶彰风同志负责向
				分局结帐，无支款凭证
周康仁		7,566,000		宝通行转来结欠HK＄1,950—a3,880～折合本币
				购买军毯结欠款，无支款凭证
合计		5,032,721,454		

南方人民银行经付财政拨款清表 录自南方人民银行建行四十周年纪念专刊

一九八九年七月

附录二　揭阳市金融系统先进单位和个人

一、揭阳市金融系统评为全国金融先进单位名录

系统单位	获奖年份	荣誉称号	获奖单位	授奖者
人行揭阳市中心支行系统	2002	全民健身周先进单位	揭东支行	国家体育总局
	2003	2002 年度“五四”红旗团支部	揭东支行团支部	共青团中国人民银行委员会
	2005	模范职工小家	揭东支行	中华总工会
	2009	青年课题组一等奖	市中心支行 青年课题组	人行总行
		2008 年度“五四”红旗团支部	市中心支行机关团委	共青团中国人民银行委员会
	2010	“创新金融服务支持经济发展”业务竞赛活动先进集体	市中心支行 人事科	人行总行
	2012	基层单位标杆职工之家	揭西支行	人行总行工会
	2013	改善农村支付服务环境先进集体	市中心支行 会计财务科	人行总行
	2015	2011—2014 年度模范职工之家	揭东支行	人行总行工会
	2017	打击利用离岸公司和地下钱庄转移赃款专项行动中成绩突出集体	市中心支行 国际收支科	人行总行、国家外汇管理局、公安部
		宣传思想工作先进集体	市中心支行 宣传群工部	人行总行办公厅
工行揭阳分行系统	1997	优质文明护卫窗口示范单位	普宁市支行 流沙储蓄所	工行总行
	2007	全国巾帼文明岗	分行营业部	全国妇联
	2009	百佳服务机构	东山阳美支行	工行总行
	2012	先进基层党组织	东山支行	
	2014	模范职工之家	分行工会	
		青年文明号	阳美支行	
		五一劳动奖状	揭阳分行	
	2016	精神文明先进单位		

续表

系统单位	获奖年份	荣誉称号	获奖单位	授奖者
农行揭阳分行系统	1993	全国金融先进单位	榕城支行镇郊营业所	农行总行
	1996	中国农业银行信贷管理先进单位	普宁流沙支行营业所	
	1998	中国农行 1997 年储蓄存款、企事业存款“十佳”储蓄所	普宁支行南平储蓄所专柜	
		中国农业银行精神文明建设示范单位	分行营业部	
			普宁支行	
			普宁城南支行	
	1999	1998 年度中国农业银行“青年文明号”称号	分行营业部	
	2000	1997—1999 年度中国农业银行先进支行	普宁支行	
	2001	全国农业银行系统文明建设先进单位	揭西支行	
	2003	先进单位	揭西支行	
	2005	迎新春先进集体	里湖支行	
	2008	全国农行系统文明建设先进单位	揭西支行	
	2014	2014 年中国农业银行先锋号	普宁占陇支行	
	2018	2018 年中国农业银行先锋号	普宁支行营业部	
中行揭阳分行系统	2002	全国巾帼文明示范岗	分行营业部储蓄专柜	中国金融工会
	2008	青年文明号	揭阳分行	共青团中国人民银行委员会
		青年文明号	揭阳分行	中央金融工委、中国银行总行
	2016	巾帼建功标兵岗	分行贸易金融部	中行总行工会
		2015-2016 年度中国银行青年文明号	揭东支行营业部	中行总行
	2017	中国银行业文明规范服务五星级营业网点	分行营业部	中国银行业协会
	2018	中国银行业文明规范服务千佳示范单位	分行营业部	
		2017-2018 年度中国银行青年文明号	揭东支行营业部	中行总行

续表

系统单位	获奖年份	荣誉称号	获奖单位	授奖者
建行揭阳市分行系统	1998	安全保卫先进集体	揭阳市分行安全保卫部	建行总行
	2009	纪检监察工作先进集体	揭阳市分行纪检监察部	
	2011	文明单位	华诚支行	
		反洗钱管理先进单位	揭阳市分行纪检监察部	
		中国建设银行世博亚运金融服务与安全运营保障工作团队奖	玉都支行	
		2010 年全国五一巾帼标兵岗	普宁支行营业部	全国总工会
	2012	“平安建行”创建活动先进集体	揭阳市分行安全保卫部	建行总行
	2014	第四届中国建设银行文明单位	惠来支行	
		“平安建行”创建活动先进集体	揭阳市分行安全保卫部	
	2015	模范职工之家	揭阳市分行工会	
		存款先锋网点奖	棉湖支行	
	2016	全国“安康杯”竞赛优胜班组	揭阳市分行安全保卫部	全国总工会
		2015 年全国工人先锋号	揭阳市分行营业部	
	2018	中国银行业文明规范服务五星级网点	揭阳普宁支行	中国银行业协会
邮储行揭阳市分行系统	2008	2008 年度中国银行业文明规范服务示范单位	惠来县惠城支行	中国银行业协会
	2016	中国邮政金融“双优”优秀支行	普宁市西市支行	中国邮政总行
广发行普宁支行系统	2015	广发银行汕头普宁小企业金融中心全国银行业金融机构小微企业金融服务优秀团队	普宁支行	中国银行业监督管理委员会银监局
揭阳农商银行系统	2015	全国模范职工之家	揭阳农商行	全国总工会
揭东农商银行系统	2003	模范职工小家	揭东县农信社	全国总工会
	2015	模范职工之家	揭东农商行	
	2017	巾帼文明岗		全国妇女联合会

续表

系统单位	获奖年份	荣誉称号	获奖单位	授奖者
惠来联社系统	2017	全国工会职工书屋示范点基地	惠来联社工会	全国总工会
东亚银行揭阳支行系统	2015	员工行为管理优秀个人案例一等奖	揭阳支行	东亚银行总行
人保财险揭阳市分公司系统	2000	1998—1999年全国人保先进单位	揭阳市分公司	中国人民保险公司
		先进单位		人保财险总公司
	2001	全国先进基层党组织		中共中央组织部
		先进基层党组织		中共中央金融工作委员会
	2002	全国精神文明建设工作先进单位		中央精神文明建设指导委员会
	2011	2011年度中国人保财险先进集体		人保财险总公司
	2012	第五届全国金融系统职工职业道德建设十佳单位		中国金融工会
		全国金融“五一劳动奖”		
中信建投揭阳营业部系统	2011	中国百强证券营业部	揭阳营业部	证券时报

二、揭阳市金融系统评为全国金融先进个人名录

系统单位	获奖年份	荣誉称号	获奖个人	所在单位	授奖者
人行揭阳市中心支行系统	1991	“全国人民银行系统先进工作者”荣誉称号	黄建徐	县支行	人行总行
		“全国货币发行先进工作者”称号	邝应旭		
	1997	“一九九六年度全国清算系统二级行先进工作者”	张清明	揭阳分行	
		先进个人	胡卓钊		广东省外汇管理分局
	2000	青年岗位能手	李宁玉	市中心支行	人行总行
	2003	“我与金融监管辩论赛”征文活动优秀奖	周春城		
	2004	全国反假货币工作先进个人	庄建生		国务院反假货币工作联席会议

续表

系统单位	获奖年份	荣誉称号	获奖个人	所在单位	授奖者
人行揭阳市中心支行系统	2004	金融统计先进工作者	陈汉林	市中心支行	人行总行
	2005	支付清算系统运行先进个人	王华敏		
	2007	2006 年度“中国人民银行优秀共青团干部”荣誉称号	李 瑾		
	2008	“我与奥运同行”活动先进个人	蔡 丽		
	2009	后勤工作先进个人	黄烈枝		
	2010	“创新金融服务支持经济发展”业务竞赛活动先进个人	黄树凯		
	2011	国际收支统计之星先进个人	罗益聪		国家外汇管理局国际收支司
	2012	2011—2012 年度文明家庭	林楚玲		人行总行
	2013	机构信用代码全国推广应用工作先进个人	章斌洁		
	2016	2011—2016 年中国人民银行工会工作先进工作者	吴哲辉		
	2017	“央行情·文学梦——喜迎十九大”征文活动二等奖	吕旭红		
		“央行情·文学梦——喜迎十九大”征文活动优秀奖	李新耀		
		打击利用离岸公司和地下钱庄转移赃款专项行动中成绩突出个人奖	黄海鹏		人行总行、国家外汇管理局、公安部
			王革文		
		广东省 2017 年度《金融时报》优秀通讯员	曾惜雄		金融时报
	2018	“我与改革开放——庆祝改革开放 40 周年”征文比赛一等奖	李新耀		
		广东省 2018 年度《金融时报》优秀通讯员	刘连江		
揭阳银监分局系统	2006	广东银监局系统优秀党务工作者	林朝红	揭阳银监分局	广东银监局
		广东银监局系统优秀共产党员	吴宏壮		
	2007	广东银监局系统“监管标兵”	郑嘉勇		
	2009	广东银监局系统组织部门“讲党性 重品行 作表率”岗位练兵知识竞赛优胜奖	庄创奕		
		广东银监局“青春风采杯”英语大赛团体三等奖	庄创奕		

续表

<table>
<tr><th>系统单位</th><th>获奖年份</th><th>荣誉称号</th><th>获奖个人</th><th>所在单位</th><th>授奖者</th></tr>
<tr><td rowspan="11">农发行揭阳市分行系统</td><td>1998</td><td>“十岗百佳”优秀能手</td><td>陈少菁</td><td rowspan="11">揭阳市分行</td><td rowspan="11">农发行总行</td></tr>
<tr><td>2000</td><td>专业工作先进个人</td><td>黄御光</td></tr>
<tr><td>2008</td><td>优秀共产党员</td><td>刘建兵</td></tr>
<tr><td>2010</td><td>优秀共青团员</td><td>林泽宏</td></tr>
<tr><td rowspan="2">2011</td><td>十一五百优财会工作者</td><td>陈洪荣</td></tr>
<tr><td>优秀共产党员</td><td>彭小丁</td></tr>
<tr><td>2012</td><td>“夯实统计信息基础，提升农发行数据质量”竞赛突出贡献个人荣誉</td><td>刘炜楠</td></tr>
<tr><td rowspan="3">2018</td><td rowspan="3">“学习贯彻习近平新时代中国特色社会主义思想知识竞赛”先进个人奖</td><td>林庆丰</td></tr>
<tr><td>吴燕杰</td></tr>
<tr><td>杨丽琳</td></tr>
<tr></tr>
<tr><td rowspan="12">工行揭阳分行系统</td><td>1992</td><td>全国金融系统劳动模范</td><td>黄丽芬</td><td>揭阳分行会计科</td><td>中国金融工会</td></tr>
<tr><td>1994</td><td>1993 年度优秀女职工工作干部</td><td>何莉玲</td><td rowspan="2">普宁支行</td><td>工行总行</td></tr>
<tr><td>1996</td><td>全国金融系统劳动模范</td><td>廖宋荣</td><td>人行总行、中国金融工会</td></tr>
<tr><td>1997</td><td>1996 年度全国金融系统先进女职工</td><td>郑少贤</td><td>惠来支行</td><td>中国金融工行</td></tr>
<tr><td>1998</td><td>中国工商银行保卫工作先进个人</td><td>苏木奎</td><td rowspan="2">普宁支行</td><td rowspan="3">工行总行</td></tr>
<tr><td>1999</td><td>十杰青年</td><td>陈晓红</td></tr>
<tr><td>2009</td><td>百佳服务标兵</td><td>吴楚斌</td><td>阳美支行</td></tr>
<tr><td>2001</td><td>全国金融“五一”劳动奖章（追授）</td><td>马廷斌</td><td rowspan="2">揭阳分行</td><td>中国金融工会</td></tr>
<tr><td>2011</td><td>教育培训机构先进个人</td><td>林小波</td><td rowspan="2">工行总行</td></tr>
<tr><td>2012</td><td>巾帼岗位标兵</td><td>周四瑜</td><td>东山支行</td></tr>
<tr><td>2013</td><td>全国优秀工会积极分子</td><td>黄少君</td><td>揭阳分行</td><td>全国总工会</td></tr>
<tr><td>2016</td><td>优秀党务工作者</td><td>林诗耀</td><td>东山支行</td><td>工行总行</td></tr>
</table>

续表

系统单位	获奖年份	荣誉称号	获奖个人	所在单位	授奖者
工行揭阳分行系统	2017	大行工匠	吴　穗	普宁支行	工行总行
	2018	2017 年度“优质服务先进个人”	许晓洁	揭阳分行	
		全国金融“五一劳动奖章”	吴　穗		中国金融工会
		中国金融工会 “五一劳动奖章”	吴　穗		
农行揭阳分行系	1993	中国农业银行保卫工作 先进工作者	林汉贞	惠来支行	农行总行
		全国金融劳动模范	林淑芳		
	1996	全国金融劳动模范	林小波	分行营业部	中国金融工会
	1997	先进女职工工作者	陈毓卿	揭阳分行	农行总行
		全国金融系统先进女职工工作者	陈毓卿		中国金融工会
	2000	中国农业银行优秀行支行行长	张春旺	普宁支行	农行总行
		全国金融劳动模范	张春旺		
		优秀信贷员	詹木宁		
	2001	中国农业银行 2001 年，世纪之 春优质服务先进个人	秦伟民		
		全国优秀稽核工作者	柯少霖	揭阳分行	
	2012	中国农业银行服务“三农”先 进个人	黄镇强		
	2013	全国金融“五一劳动奖”	徐启昭		
	2014	中国农业银行劳动模范	林建波	分行信贷管理部	
		中国农业银行 BoEing 工程推广 先进个人	王建武	揭阳分行	
			苏培伟	普宁支行 网络金融部	
	2015	2014—2015 三农业务先进个人	李旭锐	揭东支行	
	2016	中国农业银行 BoEing 四期工程 建设先进个人	王建武	揭阳分行	
		中国农业银行 优秀农户贷款客户经理	陈建武	普宁支行	

续表

系统单位	获奖年份	荣誉称号	获奖个人	所在单位	授奖者
农行揭阳分行系	2016	中国农业银行县域青年英才开发工程先进工作者	傅 博	普宁支行	农行总行
	2017	县域青年英才开发工程先进工作者	傅 博	揭阳分行	
		金融服务“三农”最美青年	陈镇城	惠来支行	
	2018	优秀共产党员	郑海升	揭阳分行	
		“三农”业务先进个人	陈晓义	普宁支行	
		金融服务“三农”最美青年	蔡琼锋	揭东支行	
		县域青年英才开发工程先进工作者	傅 博	普宁支行	
中行揭阳分行系统	1996	中国银行长城卡发卡十周年书法优秀奖	黄旭升	揭阳分行	中行总行工会
	2000	中国银行先进女职工	黄妙芝		中行总行
	2001	中国银行文明优质服务标兵	刘树雄		
	2002	中国银行爱行敬业先进模范	田玉珊		
		全国金融系统劳动模范	田玉珊		中国金融工会
	2003	中国银行“优秀共产党员”	许炎林		中行总行
	2008	全国金融五一劳动奖章	林建平		全国金融工委
		中国银行先进工作者	林建平		中行总行
		中行卫士	林建平		
		中国银行职工职业道德建设先进个人	林建平		
	2010	2010 年度中国银行公司金融优秀客户经理	林燕焕		
		中国银行 2009 年“百佳”个人贷款经理	曾银葵		
	2011	IT 蓝图培训先进工作者	杨晓莉		
	2012	全球业务技能比赛优秀奖	陈少玲		
		IT 蓝图建设优秀个人	吴桂东		

续表

系统单位	获奖年份	荣誉称号	获奖个人	所在单位	授奖者
中行揭阳分行系统	2012	IT 蓝图建设优秀个人	方治辉	揭阳分行	中行总行
			张静美		
			许安敏		
	2014	中国银行最美一线青年员工	陈少玲		
	2015	中国银行第二届最美青年员工	陈丹旭		
		中国银行“优秀客户经理”	林苗苗		
			赵 娜		
		全国金融岗位能手	陈少玲		
		全国优秀工会工作者	陈创光		
		全国金融系统优秀工会干部	陈创光		
	2016	中国银行青年岗位能手	吴喆莹		
		中国银行优秀共青团干部	吴桂东		
		中国银行优秀个人客户经理	曾艳玲		
		中国银行账户贵金属活动“优秀交易经理人”	吴堆仪		
		全国金融五一劳动奖章	陈少玲		中国金融工会
	2017	全国金融五一巾帼标兵	吴喆莹		
	2018	中国银行第五届最美青年员工	周宜锋		中行总行
		中国银行优秀共产党员	吴喆莹		
建行揭阳市分行系统	2013	中国建设银行“内控合规标兵”	陈耿辉	揭阳市分行	建行总行
		中国建设银行“优秀纪检特派员”	陈耿辉		
	2018	优秀网点服务明星	林燕玲		
			吴杰凯		
		“新时代·新征程·新女性”征文优秀奖	卢 仪		

续表

系统单位	获奖年份	荣誉称号	获奖个人	所在单位	授奖者
交通银行揭阳分行系统	2015	2014 年度中国金融系统“青年岗位能手”	陈冰媛	揭阳分行	中国金融工会
邮储行揭阳市分行系统	2012	第三届全国邮政通信特有职业技能竞赛个人优秀奖、“加打凭条”第七名	欧阳玲	揭阳市分行	邮储行总行
		第三届全国邮政通信特有职业技能竞赛“办理储蓄业务”第 11 名“储蓄业务员”个人全能优秀奖、“理论知识考试”第七名	张杏华		
	2014	第一届“小企业金融客户经理选优大赛”个人二等奖	郑颖华		
		“2014 年度春节回乡见闻”征文比赛获总行三等奖	郑颖华		
		2014 年中国邮政储蓄银行“金雁奖”获优秀客户经理称号	陈楚杰		
	2015	全国邮政业务营销方式创新劳动竞赛获“营销能手”	廖文芝		
			唐淑贞		
			李舜玲		
		“不良贷款清收百日竞赛”获个人优胜奖	吴树明		
		全国小额贷款“乡村银行家”经营管理能力竞赛活动全国第四片区竞赛二等奖、广东省内一等奖	林佳妮		
		全国金融系统第一届“金声奖”金融歌手大赛获美声组一等奖	陈　蔓		中国金融文学艺术联合会、中国金融音乐家协会
	2017	中国银行业文明规范服务“明星大堂经理”	李玲霄		中国银行业协会
		全国小额贷款“乡村银行家”经营管理能力竞赛活动省内竞赛二等奖	林俊斌		邮储行总行
		财政服务技能比赛个人三等奖	魏惜芬		
		2016 年度全国邮政系统“营销创优”活动优秀营销员、2016 年度邮政储蓄银行“金雁奖”优秀客户经理	陈楚杰		
		2015—2017 年度中国邮政储蓄银行巾帼建功标兵	郑颖华		
	2018	2018 年贵金属业务“开门红”劳动竞赛营销能手三等奖	曾琼琼		
		2018 年度广东银行业“最美银行扶贫人物”	谢丰谋		广东银行同业公会

续表

系统单位	获奖年份	荣誉称号	获奖个人	所在单位	授奖者
民生银行揭阳分行系统	2017	广东省金融五一劳动奖章	吴楚文	揭阳分行	中国金融工会广东工作委员会
	2018	全国金融系统思想政治工作和文化建设调研成果优秀奖	许　琼		广东省金融消费权益保护联合会
东亚银行揭阳支行系统	2014	东亚优质服务大赛“服务金星”	余琪瑶	揭阳支行	东亚银行总行
		企业网银营销精英奖	黄怡芳		
		下半年全国大额分期竞赛杰出个人奖	洪建文		
	2017	东亚中国10周年“正能量星人——正能量棒三星级奖”	林　婷		
	2018	“见微知著”——首届微课大赛工作技能组二等奖	林　婷		
人保财险揭阳市分公司系统	1999	全国金融系统“优秀党务工作者”	王木明	揭阳市分公司	人保财险总公司
	2000	金融系统优秀党务工作者	王木明		中共金融工作委员会
	2010	2009年度中国人保财险先进个人	陈宋辉		人保财险总公司
		中国人保财险系统先进女职工	魏乐珊		
	2012	全国三八红旗手	魏乐珊		中华全国妇女联合会
		全国妇女创先争优先进个人	魏乐珊		
	2015	全国五一巾帼标兵	魏乐珊		中华全国总工会
	2016	2016年度中国金融系统青年论坛专业学术征文活动二等奖	陈　将		中央金融团工委
	2017	2017年度优秀合规工作者	林文燕		人保财险分公司
		全国金融青年岗位能手	陈伟青		
		全国三八红旗手	魏乐珊		
		全国创先争优先进个人	魏乐珊		
		全国五一巾帼标兵	魏乐珊		
		全国人保系统先进女职工	魏乐珊		

续表

系统单位	获奖年份	荣誉称号	获奖个人	所在单位	授奖者
中信建投证券有限责任公司系统	2010	第四届全国金融系统职工职业道德建设“先进个人”	王玉琴	揭阳站前路证券营业部	中国金融工会

三、揭阳市金融系统评为全省金融先进单位名录

系统单位	获奖年份	荣誉称号	获奖单位	授奖者
人行揭阳市中心支行系统	1997	科学技术成果鉴定——电子联行“天地对接”同城清算系统	市分行	广东省科学技术委员会
	2000	先进基层党组织	揭东支行	人行广州分行
	2001	2000—2001 年度广州分行先进集体	市中心支行人事科	
		广东省先进职工之家	揭东支行	广东省总工会
	2002	“五四”红旗团支部	揭东支行团支部	共青团中国人民银行广州分行委员会
		青年文明号	市中心支行内审科	人行广州分行
	2003	2002—2003 年度广州分行先进集体	市中心支行人事科	
		模范职工之家	揭东支行	
		广东省第三届“体育节”活动先进单位	揭东支行	广东省体育局
	2005	2004—2005 年度广州分行先进集体	市中心支行人事科	人行广州分行
	2006	模范职工之家	市中心支行中支机关	
	2007	2006—2007 年度广州分行先进集体	市中心支行人事科	
	2008	模范职工之家	惠来支行	
		广东省科技工作技术平台整合奖	市中心支行科技科	
		青年文明号	市中心支行科技科	
	2009	青年文明号	市中心支行内审科	
			市中心支行科技科	

续表

系统单位	获奖年份	荣誉称号	获奖单位	授奖者
人行揭阳市中心支行系统	2009	先进单位	揭西支行	人行广州分行
	2010	青年文明号	市中心支行货币信贷管理科	
			市中心支行科技科	
		2008—2009 年度广州分行模范职工之家	揭西支行	
		2008—2009 年度先进集体		
	2011	安全保卫先进集体	市中心支行保卫科	人行广州分行工会工作委员会
		广东省《征信之歌》征集汇报演出表演奖	市中心支行征信管理科	人行广州分行
		“两网分离”工程先进集体	市中心支行科技科	
		青年文明号		
	2012	2009—2011 年度文明单位	揭西支行	
		青年文明号	市中心支行办公室	
			市中心支行科技科	
	2013	青年文明号	市中心支行科技科	
			市中心支行人事科	
		银行卡助农取款服务推广工作先进单位	普宁支行	
			揭东支行	
		《征信业管理条例》及征信相关知识竞赛三等奖	市中心支行征信管理科	
		《征信业管理条例》及征信相关知识竞赛复赛 第一赛区三等奖		
	2014	2011—2014 年度模范职工之家	市中心支行	
		2014 年十大亮点工作		
		青年文明号	市中心支行科技科	
		广州分行女职工文明示范岗	市中心支行国库科	

续表

系统单位	获奖年份	荣誉称号	获奖单位	授奖者
人行揭阳市中心支行系统	2014	广东省中央银行会计核算数据、集中系统推广上线工作先进集体	市中心支行	人行广州分行
	2015	青年文明号	市中心支行科技科	
		2012—2014 年度文明单位	揭东支行	
		广东省打击假币犯罪专项行动先进集体名单	市中心支行货币金银科	广东省反假货币工作联席会议办公室
		模范职工之家	揭东支行	人行广州分行工会工作委员会
	2016	广东省支付结算知识技能竞赛优秀组织奖	市中心支行支付结算科	人行广州分行
		青年文明号	市中心支行科技科	
		广州分行女职工文明示范岗	市中心支行国库科	
	2017	中国人民银行广州分行“十大亮点工作”	市中心支行	
	2018	广东省联合打击整治假币违法犯罪专项行动先进集体	市中心支行货币金银科	广东省反假货币工作联席会议办公室
		广东省学雷锋志愿服务先进典型——最佳志愿服务组织	市中心支行志愿服务队	广东省精神文明建设委员会
		2014—2016 年度打击非法买卖外汇先进集体	市中心支行国际收支科	国家外汇管理局广东省分局、广东省公安厅
		2017—2018 年度“女职工文明示范岗”	市中心支行调查统计科	人行广州分行工会工作委员会
揭阳银保监分局系统	2006	广东银监局系统先进基层党组织	揭阳银监分局	广东银监局
	2007	广东银监局篮球赛东片区第一名		广东银监局工会
		广东银监局篮球赛第三名		
	2008	广东银监局系统东片区首届乒乓球混合团体赛第二名		
	2009	“青年文明号”联创活动获广东银监局工作优秀项目	揭阳银监分局团委	广东银监局团委
		2009 年“青春风采杯”英语大赛才艺组三等奖		
		广东银监局羽毛球赛东片区优秀奖	揭阳银监分局	广东银监局工会
	2010	广东银监局系统东片区第二届乒乓球混合团体赛优胜奖		
	2011	广东银监局庆祝中国共产党成立 90 周年文艺汇演“声乐类”三等奖		广东银监局

续表

系统单位	获奖年份	荣誉称号	获奖单位	授奖者
揭阳银保监分局系统	2014	广东银监局东片区第九套广播体操选拔赛优秀奖	揭阳银监分局	广东银监局工会
		广东银监局系统 2013 年度财务预决算工作先进单位		广东银监局
	2016	广东银监局系统 2016 年职工羽毛球粤东片区赛优秀奖	揭阳银监分局	广东银监局工会
		广东银监局工会系统“合格职工之家”	揭阳银监分局工会	
农发行揭阳市分行系统	2001	全省系统首届男子篮球比赛第二名	揭阳市分行	农发行广东省分行
	2011	学习型标兵单位		
		金融服务先进单位		
	2012	女职工文明示范岗	惠来支行会计结算部	
	2013	先进职工之家	揭阳市分行机关工会	
		青年文明号	揭阳市分行客户服务部	
工行揭阳分行系统	1993	省行级先进女职工委员会	揭西支行女职工委员会	工行广东省分行
		1992 年度省行级金融先进单位	普宁支行流沙储蓄所	
	1995	1994 年度先进“职工之家”	普宁支行	
	1996	1995 年度“二级金融先进单位”		
	1997	1997 年度“文明单位”	普宁市行洪阳办事处	
		1997 年度“文明单位”	分行国际业务部	
	2000	1999 年度“青年文明号”	普宁市支行东风路储蓄所	
		1999 年度中国工商银行广东省分行先进单位	普宁支行	
	2002	综合柜员业务技能比赛中荣获团体总分第四名	揭阳分行	
	2004	省行“理财金账户杯”个人理财策划大赛“优秀奖”		
	2003	“女员工营销技巧比赛”三等奖		
	2005	工会女职工工作先进单位	分行女工委	广东省总工会女工委

续表

系统单位	获奖年份	荣誉称号	获奖单位	授奖者
农行揭阳分行系统	1993	1990—1992 年“广东省农村金融先进集体”	榕城支行镇郊营业所	农行广东省分行
	1994	1993 年度出纳工作“三安全”先进单位称号	惠来支行	
			普宁支行营业部	
			揭东支行	
			榕城支行	
			揭西支行	
	1995	全省农行系统 1994 年度财务会计报表汇审工作二等奖	揭阳分行	
	1996	省农行、省农发行 1995 年度会计报表汇审一等奖		
		“广东省农行系统‘二五普法’先进单位”称号	分行营业部	
		1993—1995 年“全省农村金融系统先进单位”	普宁流沙营业所	
			揭东锡场营业所	
	1998	“广东省金融系统文明单位”称号	揭西支行河婆新亭储蓄所	
			揭西支行五经富营业所	
			马牙支行营业部	
			揭东支行白塔营业所	
			揭东支行玉湖储蓄所	
			榕城支行天福分理处	
			惠来支行葵潭营业所	
			普宁支行高埔营业所	
			普宁支行流沙第二储蓄所	
			普宁支行城南分理处	
			分行营业部	

续表

系统单位	获奖年份	荣誉称号	获奖单位	授奖者
农行揭阳分行系统	1998	1997年度中国农业银行广东省分行保卫工作先进单位	揭东支行	农行广东省分行
		全省农行系统先进职工之家	揭西支行	
			普宁支行军埔营业所	
			惠来支行葵潭营业所	农行广东省分行工委会
	1999	1998年广东省分行经营管理先进单位特等奖	普宁支行	农行广东省分行
		1998年度“广东省青年文明号”称号	惠来支行储蓄所	
		先进女职工委员会	分行工会女职工委员会	
		1996–1998年广东省农行系统“先进单位”	普宁支行	
			普宁城南分理处	
			惠来支行营业部储蓄所	
			揭西棉湖营业所	
	2000	中国农业银行广东省分行安全保卫工作先进县级支行	揭东支行	
		中国农业银行广东省分行“青年文明号”	分行营业部天福分理处	
		先进女职工委员会	揭西支行女职工委员会	
		法制建设“支行先进集体”	揭东支行	
		农行广东省分行1998–1999年度先进财会集体	揭西支行经营核算部	
		农行广东省分行1998–1999年度先进财会集体	普宁支行经营核算部	
	2001	农行广东省分行2000年度青年文明号	分行营业部东升办事处	
		艰苦奋斗成绩突出奖	揭西支行	
		新世纪之春文明优质服务先进集体	分行东升办事处	
			普宁支行里湖营业所	
	2002	广东省清收盘活先进单位	普宁支行	

续表

系统单位	获奖年份	荣誉称号	获奖单位	授奖者
农行揭阳分行系统	2002	广东省2001年度“青年文明号”	马牙支行营业部	农行广东省分行
			普宁支行里湖营业所	
	2003	全省先进单位	揭西支行	
			分行经营核算科	
			东升办事处	
			普宁里湖支行	
		2002年广东省分行“青年文明号”	揭西支行五经富营业所	
	2004	2003年广东省分行“青年文明号”	分行营业部	
		迎新春外币储蓄先进单位	揭阳分行	
		迎新春优质服务先进集体	天福支行	
	2006	2004—2005年度广东农行办公室先进单位	揭东支行办公室	
		广东分行先进基层组织	揭东支行党委	
			榕城支行党支部	
			南坪支行党支部	
			河婆支行党支部	
		2005年度广东省分行“女职工文明示范岗”	马牙支行	
	2007	2003—2006年度省农行先进单位	揭东支行	
	2008	广东省分行先进基层党组织	马牙支行党委	
			里湖支行党支部	
			炮台支行党支部	
	2009	广东省分行青年文明号	榕城支行	
	2010	广东省分行职工职业道德建设先进单位	揭东支行	

续表

系统单位	获奖年份	荣誉称号	获奖单位	授奖者
农行揭阳分行系统	2011	广东省分行先进单位	揭东支行	农行广东省分行
农行揭阳分行系统	2011	广东省分行先进职工之家	分行工会	农行广东省分行
农行揭阳分行系统	2011	广东分行十佳学习型组织标兵	试验区支行	农行广东省分行
农行揭阳分行系统	2011	工人先锋号	揭东支行	广东省总工会
农行揭阳分行系统	2012	2011 年度中国农业银行广东省分行青年文明号	分行营业部	农行广东省分行
农行揭阳分行系统	2012	广东分行服务“三农”先进集体	分行三农金融部	农行广东省分行
农行揭阳分行系统	2012	广东分行服务“三农”先进单位	普宁支行	农行广东省分行
农行揭阳分行系统	2012	2010—2011 年度广东分行电子银行业务先进单位	普宁支行	农行广东省分行
农行揭阳分行系统	2013	2012 年度中国农业银行广东省分行青年文明号	仙桥支行	农行广东省分行
农行揭阳分行系统	2013	第三届全省农行文明单位名单	揭东支行	农行广东省分行
农行揭阳分行系统	2013	第七届全省农行精神文明建设工作先进单位	普宁支行	农行广东省分行
农行揭阳分行系统	2013	先进职工之家	揭东支行	农行广东省分行
农行揭阳分行系统	2014	五四红旗团支部	城区支行团支部	农行广东省分行
农行揭阳分行系统	2014	2012—2013 年度中国农业银行广东省分行风险和信贷管理先进集体	分行风险管理部 / 信贷管理部	农行广东省分行
农行揭阳分行系统	2014	中国农业银行广东省分行 2013 年度县域支行综合考评优秀支行	普宁支行	农行广东省分行
农行揭阳分行系统	2014	中国农业银行广东省分行 2013 年度县域支行综合考评优秀支行	揭东支行	农行广东省分行
农行揭阳分行系统	2014	2013 年度中国农业银行广东省分行青年文明号	普宁占陇支行	农行广东省分行
农行揭阳分行系统	2014	2012—2013 年度广东分行电子银行业务先进集体	磐东支行	农行广东省分行
农行揭阳分行系统	2015	2014 年广东分行执行外汇管理政策先进单位	揭阳分行	农行广东省分行
农行揭阳分行系统	2015	广东省分行先进基层党组织	惠来支行党委	农行广东省分行
农行揭阳分行系统	2015	广东省分行先进基层党组织	分行机关第五党支部	农行广东省分行
农行揭阳分行系统	2015	广东省分行先进基层党组织	普宁占陇支行党支部	农行广东省分行

续表

系统单位	获奖年份	荣誉称号	获奖单位	授奖者
农行揭阳分行系统	2015	广东省分行先进基层党组织	揭东支行营业部	农行广东省分行
		2014—2015 年度中国农业银行广东省分行零售业务专项评价先进集体	揭阳分行个人金融部	
	2016	2015—2016 年度全省三农条线先进集体	揭东支行	
		2016 年度广东省分行先进基层党组织	分行党委	
		第四届全省农行文明单位	普宁支行	
		第八届全省农行精神文明建设工作先进单位	揭西支行	
		2014—2015 年度中国农业银行广东省分行信贷与风险管理工作先进集体	分行风险管理部 / 信贷管理部	
		2014—2015 年度中国农业银行广东省分行个人信贷业务先进集体	普宁支行	
		广东省分行 2014—2015 年度对公业务“先进集体”	揭阳分行	
		2015 年度中国农业银行广东省分行青年文明号	炮台支行	
	2017	2017 年中国农业银行先锋号	普宁占陇支行	
		先进示范网点	揭东支行营业部	
	2018	广东省农行 2017 年“银鹰高飞”零售业务综合营销竞赛活动先进支行	揭东支行	
		广东省分行先进基层党组织	惠来支行党委	
			普宁南径支行党支部	
		星级党支部	揭东支行营业部	
		广东省分行先进基层党组织	惠来支行党委	
中行揭阳分行系统	2002	广东省巾帼文明岗	分行营业部	广东省妇联
	2004	工会女职工工作先进单位	揭阳分行	广东省工会女职工委员会
	2005	广东省文明单位		中共广东省委、广东省人民政府
				广东省委省政府
	2006	先进基层党组织		中国银行广东省分行

续表

系统单位	获奖年份	荣誉称号	获奖单位	授奖者
中行揭阳分行系统	2008	银行业文明规范服务示范单位	揭东支行	广东银监局
		广东省分行精神文明建设工作先进单位	炮台支行	中行广东省分行
	2009	党务宣传先进单位	揭阳分行	
	2012	2012 年度广东银行业文明规范服务百佳示范单位	揭东支行	广东省银行业公会
	2013	广东省扶贫开发“规划到户、责任到人”工作优秀单位	揭阳分行	中共广东省委办公厅、广东省人民政府办公厅
		2012 年重点调研课题优秀成果评选活动二等奖		中行广东省分行
		2012 年度全国“安康杯”竞赛活动荣获“广东省优胜班组”	分行营业部理财中心	
	2014	2014 年广东银行业文明规范服务示范单位	分行营业部	广东省银行同业公会
		专项业务技能团体优胜奖	揭阳分行	中行广东省分行
		安康杯竞赛优胜单位		广东省总工会、广东省安全生产监督管理局
		广东省第五届工人运动会体育道德风尚奖		广东省第五届工人运动组委会
	2015	比技能、比服务、比贡献团体第一名		中行广东省分行
		先进基层党组织	揭西支行党支部	
	2016	广东省妇联“巾帼文明岗”	揭阳分行营业部	
		2015—2016 年度广东省分行青年文明号	普宁支行营业部	
		2015—2017 年度广东省分行青年文明号	进贤支行	
		2015—2018 年度广东省分行青年文明号	分行公司金融部	
	2017	先进基层党组织	揭东支行党支部	
		广东省分行“四强”党组织		
	2018	广东省分行“四强”党组织	分行营业部党支部	
		2017—2018 年度广东省分行青年文明号	分行营业部	
		2017—2019 年度广东省分行青年文明号	揭东新亭支行	

续表

<table>
<tr><th>系统单位</th><th>获奖年份</th><th>荣誉称号</th><th>获奖单位</th><th>授奖者</th></tr>
<tr><td rowspan="5">中行揭阳分行系统</td><td rowspan="5">2018</td><td>2017—2020 年度广东省分行青年文明号</td><td>分行个人金融部</td><td rowspan="2">中行广东省分行</td></tr>
<tr><td>2018 年度广东省分行五四红旗团组织</td><td>揭东支行团支部</td></tr>
<tr><td>厂务公开民主管理工作突出单位</td><td rowspan="3">揭阳分行</td><td>广东省总工会</td></tr>
<tr><td>服务文化展示大赛一等奖</td><td rowspan="2">中行广东省分行</td></tr>
<tr><td>党建宣传优秀组织单位</td></tr>
<tr><td rowspan="13">建行揭阳市分行系统</td><td>1995</td><td>广东省“巾帼文明岗”</td><td>惠来支行</td><td>建行广东省分行</td></tr>
<tr><td>2008</td><td>2008 年广东银行业文明规范服务示范单位</td><td rowspan="2">玉都支行</td><td rowspan="5">广东银行同业公会</td></tr>
<tr><td>2010</td><td>2010 广东银行业文明规范服务示范单位</td></tr>
<tr><td rowspan="3">2011</td><td rowspan="3">2010 年度广东银行业迎亚运文明规范服务示范单位</td><td>华诚支行</td></tr>
<tr><td>普宁支行营业部</td></tr>
<tr><td>玉都支行</td></tr>
<tr><td>2012</td><td>广东省青年文明号</td><td>揭阳市分行营业部</td><td>建行广东省分行</td></tr>
<tr><td rowspan="2">2013</td><td>广东省“工人先锋号”</td><td>揭阳市分行营业部</td><td>广东省总工会</td></tr>
<tr><td>扶贫开发“规划到户、责任到人”工作优秀单位称号</td><td>惠来支行</td><td>中共广东省委办公厅</td></tr>
<tr><td rowspan="2">2014</td><td>广东省五一劳动奖状</td><td>空港支行</td><td>广东省总工会</td></tr>
<tr><td>文明单位</td><td>惠来支行</td><td rowspan="3">建行广东省分行</td></tr>
<tr><td rowspan="2">2015</td><td>2014 年度对公业务百强网点</td><td>榕城支行</td></tr>
<tr><td>对公业务百强网点</td><td>惠来支行</td></tr>
<tr><td rowspan="3">交行揭阳分行系统</td><td>2005</td><td>广东省分行不良资产清收一等奖</td><td rowspan="3">揭阳分行</td><td rowspan="3">交行广东省分行</td></tr>
<tr><td rowspan="2">2015</td><td>广东省分行先进集体</td></tr>
<tr><td>广东省分行 2015 年五人制足球比赛亚军</td></tr>
<tr><td rowspan="2">广发银行普宁支行系统</td><td rowspan="2">2010</td><td>省级“巾帼文明岗”</td><td rowspan="2">普宁支行</td><td>广东省妇联</td></tr>
<tr><td>2010 年度广东银行业迎亚运文明规范服务示范单位</td><td>广东银行业公会</td></tr>
</table>

续表

系统单位	获奖年份	荣誉称号	获奖单位	授奖者
揭阳农商行系统	2007	广东省五四青年红旗团委	县联社团总支	广东省联社
		巾帼文明岗	揭阳农商行	广东省妇女联合会
		五一劳动奖状		
	2011	模范职工之家		广东省总工会
	2012	广东省先进集体		中共广东省委、广东省人民政府
	2017	巾帼文明岗		中华全国妇女联合会
	2018	“依法合规 我们共同的责任”广东农合机构合规知识竞赛团体二等奖		广东省联社
揭西农商行系统	2012	广东省第七届群众戏剧曲艺花会比赛“银奖”	农商行员工舞蹈队	广东省总工会
		全省农村合作金融机构 2012 年经营目标考核一类机构综合奖“三等奖”	揭西农商行	
		“2012 年度五四红旗团委”和全省 98 家农合机构十佳团组织		广东省联社团委
		工人先锋号	棉湖支行	广东省总工会
	2013	广东省工人先锋号	揭西农商行	
	2015	工会女职工工作先进集体	女职工委员会	
惠来联社系统	2010	2010 年度迎亚运“文明规范服务示范单位”	惠来联社	广东省银行同业公会
	2014	广东省财贸金融系统“模范职工之家”		
	2016	广东省模范职工小家	前詹信用社	
人保财险揭阳市分公司系统	1993	省一级机关档案综合管理单位	揭阳市分公司	广东省档案局
	1994	档案管理上等级“满堂红”单位		
	1998	广东省金融系统创建文明单位和文明行（司）员活动组织委员会		广东省金融系统文明单位
	1999	五一劳动奖状		广东省总工会
	2000	1999 年度广东省人保系统“双文明”建设先进集体		人保财险广东省分公司
	2001	文明单位		中共广东省委、广东省人民政府
	2007	GIA 广东保险学会会员单位		广东省保险学会
	2013	先进集体		广东保监局

续表

系统单位	获奖年份	荣誉称号	获奖单位	授奖者
中信建投揭阳营业部系统	2000	职业道德教育先进单位	揭阳营业部	中国证监会广州证管办、广东证券业协会
	2013	广东辖区证券经纪业务法规知识竞赛“优秀组织奖”		广东证监会、广东证券期货业中协会

四、揭阳市金融系统评为全省金融先进个人名录

系统单位	获奖年份	荣誉称号	获奖个人	所在单位	授奖者
人行揭阳市中心支行系统	1987	人行广东省分行系统业务技术比赛“机器点钞第一名”	邝应旭	县支行	人行广东省分行
		人行广东省分行系统业务技术比赛“五行归并项目月报第二名”	李丽芬		
	1988	“自学成才先进个人”	李科正		人行广东省分行和省分行工会
		“读书积极分子”	黄振通		
			林毅荣		
	1989	人行广东省分行经警拳术比赛荣获擒敌比赛第二名，射击比赛第二名	黄建徐		人行广东省分行
	1990	1989 年度“广东省人民银行系统优秀信息联络员”	胡卓钊		
		1989 年度“广东省人民银行系统优秀信息通信员”	林锦潮		
	1991	“广东省经济民警队伍先进工作者”	黄建徐		广东省公安厅
		人行广东省分行工会“增强主人翁意识”获得特别奖	贝建军		人行广东省分行工会
		人行广东省分行工“增强主人翁意识”获得三等奖	黄奕龙		
		获“广东省人民银行系统会计工作先进个人”	林永勤		人行广东省分行
		“广东省人民银行系统保卫专业先进个人”	黄建徐		人行广州分行
		“广东省人民银行系统货币发行先进工作者”	邝应旭		
	1992	“广东省人民银行系统纪检监察先进工作者”	蔡基绵	揭阳分行	

续表

系统单位	获奖年份	荣誉称号	获奖个人	所在单位	授奖者
人行揭阳市中心支行系统	1993	调研工作先进个人	林锦潮	揭阳分行	人行广州分行
		荣获“一九九二年度全省人行系统科研优秀论文二等奖”	周建华		
		广东省人民银行调统专业业务比赛中获“统计业务知识项目比赛第一名”	蔡春慧	揭西支行	
		广东省人行系统业务技术比赛中获“会计计息比赛第一名”	李崇武	揭阳分行	
		广东省人行系统业务技术比赛中获“发行辨别真假银元比赛第三名”	肖少壮		
	1995	“广东省人民银行人事系统人事档案管理先进个人”	林正亮		
		“广东省人民银行系统会计先进工作者”	林永勤		
			张伟然	揭西县支行	
	1996	“广东省人行系统优秀工会工作者”	吴绍昌	揭阳分行	
			蔡　丽		
	1998	1996—1997年度广东省人民银行系统稽核工作“双先”评比活动中被评为先进个人	郑嘉勇		
			杨木生		
			蔡建生		
			林进荣		
	1999	优秀党务工作者	张金锋	揭西支行	
	2000	青年岗位能手	李宁玉	市中心支行	
		1998—1999年度“先进个人”	郑壮海		
		中国银行业解决计算机2000年问题先进个人	叶建龙		国家外汇管理局广州分局
		广东省银行信贷登记咨询系统建设先进个人	魏秋宏		人行广州分行
	2001	青年岗位能手	李　瑾	普宁支行	
		2000年度外汇检查工作先进个人	李锐敏		国家外汇管理局广东省分局

续表

系统单位	获奖年份	荣誉称号	获奖个人	所在单位	授奖者
人行揭阳市中心支行系统	2002	2001 年度外汇检查工作先进个人	李锐敏	普宁支行	国家外汇管理局广东省分局
		2000—2001 年度优秀共青团员	张耿华		人行广州分行
		外汇检查工作“先进个人”	郑壮海		国家外汇管理局广东省分局
	2003	外汇指定银行收汇与结汇专项检查“表现突出个人”	郑壮海		
	2004	广东省国库会计核算系统（2.0 版）推广工作先进个人	陈桂春		人行广州分行
	2005	2004-2005 年度广州分行先进工作者	黄沛光	市中心支行	人行广州分行
		“青春央行——2005 年中国人民银行广州分行青年职工系列英语大赛”优秀选手奖	李　瑾		
		马克思主义发展史教育专题理论调研征文比赛三等奖	陈　衡		
		优秀共青团员	陈　衡		
		人民币银行结算账户管理系统建设先进个人	何锐彬		
		广东省第一次全国经济普查先进个人	陈汉林		广东省经济普查办公室
		2004 年度全省进出口收付汇核销工作先进个人	李　瑾		国家外汇管理局广东省分局
	2006	优秀共产党员	潘世练		人行广州分行
	2007	2006—2007 年度广州分行先进工作者	潘世练		
			李海武		
		2006 年度中国人民银行广东省科技工作先进个人	张耿华		
		“知识型职工”标兵	周海灵		人行广州分行、人行广州分行工会工作委员会
		巾帼建功标兵	蔡　丽		人行广州分行
	2008	优秀共青团员	黄莹辉		
		青年岗位能手	何锐彬		
			陈　衡		

续表

系统单位	获奖年份	荣誉称号	获奖个人	所在单位	授奖者
人行揭阳市中心支行系统	2008	文明家庭	陈凯城	市中心支行	人行广州分行
	2009	2008 年度中国人民银行广东省科技工作先进个人	张耿华		
		青年岗位能手	潘城全		
			陈　衡		
		优秀共青团员	姚晓宁		
		优秀共青团干部	黄莹辉		
	2009	“七九”式冲锋枪分解结合比赛第一名	刘佑影		
		“七九”式防暴枪分解结合比赛第三名	刘佑影		
	2010	“创新金融服务、支持经济发展”业务竞赛活动“先进个人”	郑壮海		人行广州分行、人行广州分行工会工作委员会
			黄树凯		
		“创新金融业务，支持经济发展”业务竞赛二等奖	郑嘉锐		人行广州分行
		青年岗位能手	魏　群		
		2008—2010 年度文明家庭	林楚玲		
		广州分行《中国特色社会主义理论体系宣传及普及活动》主题征文一等奖	吕旭红		
		2010 年广东省国库业务知识网上竞赛二等奖、先进个人	张镇生		
		广东省“迎亚运，创新金融服务”国际收支知识竞赛个人赛一等奖	陈陆界	惠来支行	人行广州分行工会工作委员会 国家外汇管理局广东省分局
			罗益聪	市中心支行	
	2011	青年岗位能手	翁疆伟		人行广州分行
		“五五”普法先进个人	刘太活		
	2012	银行卡助农取款服务推广工作先进个人	姚洪生		
		广东跨境人民币结算工作先进个人	郑壮海		
		广州分行反腐倡廉建设成果暨弘扬道德模范演讲选拔赛优秀奖	黄　勇		

续表

<table>
<tr><th>系统单位</th><th>获奖年份</th><th>荣誉称号</th><th>获奖个人</th><th>所在单位</th><th>授奖者</th></tr>
<tr><td rowspan="24">人行揭阳市中心支行系统</td><td rowspan="6">2012</td><td>2010—2012 年度广州分行争先创优优秀共产党员</td><td>林锦勇</td><td rowspan="5">市中心支行</td><td rowspan="14">人行广州分行</td></tr>
<tr><td>工会工作先进个人</td><td>吴哲辉</td></tr>
<tr><td>新闻宣传先进个人</td><td>温世清</td></tr>
<tr><td>青年岗位能手</td><td>黄莹辉</td></tr>
<tr><td>优秀共青团干部</td><td>吴炯昊</td></tr>
<tr><td>道德模范（孝老爱亲）</td><td>杨晓东</td><td>揭西支行</td></tr>
<tr><td rowspan="11">2013</td><td rowspan="2">青年岗位能手</td><td>陈　伟</td><td rowspan="5">市中心支行</td></tr>
<tr><td>温世清</td></tr>
<tr><td>优秀共青团员</td><td>林焕彬</td></tr>
<tr><td>优秀共青团干部</td><td>陈　伟</td></tr>
<tr><td>2008—2012 年中国人民银行广东省科技工作先进个人</td><td>何锐彬</td></tr>
<tr><td>助农取款服务推广工作先进个人</td><td>陈泽彬</td><td>惠来支行</td></tr>
<tr><td>“好书推荐——微书评”主题征文活动一等奖</td><td>杨淋华</td><td>市中心支行</td></tr>
<tr><td>广东省优秀驻村干部</td><td>杨桂荣</td><td>惠来支行</td><td>广东省委省政府</td></tr>
<tr><td rowspan="2">国库会计数据集中系统推广工作先进个人</td><td>吴泽斌</td><td rowspan="10">市中心支行</td><td rowspan="10">人行广州分行</td></tr>
<tr><td>林乐辉</td></tr>
<tr><td>政务信息先进个人</td><td>翁疆伟</td></tr>
<tr><td rowspan="7">2014</td><td rowspan="2">广东省中央银行会计核算数据集中系统推广上线先进个人</td><td>林焕彬</td></tr>
<tr><td>蔡壁雄</td></tr>
<tr><td>政务信息先进个人</td><td>翁疆伟</td></tr>
<tr><td>2013—2014 年巾帼建功标兵</td><td>陈　衡</td></tr>
<tr><td>优秀共青团干部</td><td>陈　伟</td></tr>
<tr><td>青年岗位能手</td><td>魏　群</td></tr>
</table>

续表

系统单位	获奖年份	荣誉称号	获奖个人	所在单位	授奖者
人行揭阳市中心支行系统	2014	优秀共青团员	黄启然	市中心支行	人行广州分行
		文明家庭	陈培雄	揭东支行	
		2004—2013 年度广州分行金融稳定工作者先进个人	林少斌	市中心支行	
		广东省中央银行会计核算数据集中系统推广上线先进个人	王华敏		
			蔡壁雄		
			徐旭锐		
			何澄和		
			林焕彬		
			谢娟	揭东支行	
			陈泽海	普宁支行	
			林昭进	惠来支行	
	2015	青年岗位能手	吴庆源	市中心支行	
		广东省打击假币犯罪专项行动先进个人	潘城全		广东省反假货币工作联席会议办公室
		政务信息先进个人	姚晓宁		人行广州分行
	2016	政务信息先进个人	姚晓宁		
			刘连江		
		优秀共产党员	郑传雄		人行广州分行委员会
		2015—2016 年度“巾帼建功标兵”	王夕虹		人行广州分行
		广东省支付结算知识技能竞赛三等奖	胡晓华		
		新闻宣传工作先进个人	张少娜		
		青年岗位能手	温世清		
			林焕彬		
		广东省 2013—2015 年扶贫开发“双到”工作优秀个人	杨桂荣	惠来支行	广东省扶贫开发领导小组

续表

系统单位	获奖年份	荣誉称号	获奖个人	所在单位	授奖者
人行揭阳市中心支行系统	2017	女职工“扬工匠精神，展巾帼风采”手机摄影比赛一等奖	吴哲辉	市中心支行	人行广州分行
		“弘扬诚信文化，讴歌征信事业”征信诗歌征集活动一等奖	李新耀		
		新闻宣传先进个人	刘连江		
		青年岗位能手	吴俊青		
	2018	“扬帆新时代 巾帼展风采”女职工诵读比赛三等奖	杨　扬		
		2014—2016 年打击非法买卖外汇工作先进个人	郑晓龙		国家外汇管理局广东省分局 广东省公安厅
			黄海鹏		
		广东省金融系统“建功十三五 喜迎十九大”职工书法美术摄影作品展摄影比赛二等奖	吴哲辉		广东省金融文联
		“庆改革开放 40 年暨人民银行成立 70 年”征文比赛一等奖	李新耀		人行广州分行
		“庆改革开放 40 年暨人民银行成立 70 年”征文比赛二等奖	吕旭红		
		“庆改革开放 40 年暨人民银行成立 70 年”征文比赛优秀奖	王　毅		
			李海武		
			陈桂春		
		优秀共青团干部	温世清		
		广东省联合打击整治假币违法犯罪专项行动先进个人	林锦勇		广东省反假货币工作联席会议办公室
		优秀共青团员	林婉菲		人行广州分行
		中共人民银行广州分行党校第十一期科级干部进修班优秀班干部	李　瑾		
		2018 年度《南方金融》办刊工作先进个人	刘连江		
		2017—2018 年度“巾帼建功标兵”	杨淋华		

续表

系统单位	获奖年份	荣誉称号	获奖个人	所在单位	授奖者
揭阳银保监分局系统	2006	广东银监局系统优秀党务工作者	林朝红	揭阳银监分局	广东银监局
揭阳银保监分局系统	2006	广东银监局系统优秀共产党员	吴宏壮	揭阳银监分局	广东银监局
揭阳银保监分局系统	2007	广东银监局系统“监管标兵”	郑嘉勇	揭阳银监分局	广东银监局
揭阳银保监分局系统	2009	广东银监局系统组织部门“讲党性重品行 作表率”岗位练兵知识竞赛优胜奖	庄创奕	揭阳银监分局	广东银监局
揭阳银保监分局系统	2009	广东银监局“青春风采杯”英语大赛团体三等奖	庄创奕	揭阳银监分局	广东银监局
揭阳银保监分局系统	2011	广东银监局系统优秀党务工作者	吴宏壮	揭阳银监分局	广东银监局
揭阳银保监分局系统	2013	广东银监局系统“监管标兵”	庄创奕	揭阳银监分局	广东银监局
揭阳银保监分局系统	2013	广东省脱贫攻坚先进个人	高宏生	揭阳银监分局	广东省委省政府办公厅
揭阳银保监分局系统	2014	广东银监局系统“知识型职工标兵”	庄创奕	揭阳银监分局	广东银监局
揭阳银保监分局系统	2015	2015 年度广东银监局系统“监管标兵”	林少平	揭阳银监分局	广东银监局
揭阳银保监分局系统	2015	2014—2015 年度广东银监局系统“老带新、一帮一——青年成长计划优秀导师”	李树雄	揭阳银监分局	广东银监局
揭阳银保监分局系统	2016	2016 年度广东银监局系统“监管标兵”	颜　毅	揭阳银监分局	广东银监局
揭阳银保监分局系统	2016	广东银监局系统知识型职工标兵	李海滨	揭阳银监分局	广东银监局
揭阳银保监分局系统	2016	广东省脱贫攻坚先进个人	高宏生	揭阳银监分局	广东省委省政府办公厅
揭阳银保监分局系统	2017	广东银保监局系统青年论坛征文一等奖	徐泽霞	揭阳银监分局	广东银监局
揭阳银保监分局系统	2017	广东银保监局系统五一巾帼标兵	徐泽霞	揭阳银监分局	广东银监局
揭阳银保监分局系统	2017	广东银监局系统青年岗位能手	庄创奕	揭阳银监分局	广东银监局
揭阳银保监分局系统	2017	广东银监局系统基层党建提升“优秀党员”	钟　声	揭阳银监分局	广东银监局
揭阳银保监分局系统	2018	2016—2018 年脱贫攻坚突出贡献个人	唐海鹰	揭阳银监分局	广东省扶贫开发领导小组
揭阳银保监分局系统	2018	2018 年度广东银保监局优秀检查员	刘　泉	揭阳银监分局	广东银监局
揭阳银保监分局系统	2018	广东银监局“新时代新气象新作为学思践悟十九大”征文一等奖	王　燕	揭阳银监分局	广东银监局

续表

系统单位	获奖年份	荣誉称号	获奖个人	所在单位	授奖者
农发行揭阳市分行系统	1999	先进工作者	黄御光	揭阳市分行	农发行广东省分行
		优秀信贷员	黄锦彪		
	2000	省“信贷知识竞赛”二等奖	彭小丁		
			林少冰		
	2002	先进工作者	黄道亮		
			林庆丰		
		优秀共产党员	黄文树		
	2005	优秀共产党员	黄文树	惠来支行	
	2010	优秀共青团员	林泽宏	揭阳市分行	
		优秀团干	林少冰		
	2011	优秀共产党员	彭小丁		
		优秀党务工作者	邓跃芝		
		优秀共产党员	吴培武		
		2011 年省分行“金融服务能手”	陈洪荣		
			林少冰		
		2011 年省分行“青年岗位能手”	林庆丰		
		2011 年省行“青年风采大赛”三等奖	林　淼	惠来支行	
		2011 年省行“青年风采大赛”三等奖	李晓銮		
	2012	2012 年省分行“青年岗位能手”	黄浩宇	揭阳市分行	
		优秀团干	黄伟庆		
		优秀共青团员	林　淼	惠来支行	
	2014	优秀共产党员	刘建兵		
	2015	青年岗位能手	许贵庆		

续表

系统单位	获奖年份	荣誉称号	获奖个人	所在单位	授奖者
农发行揭阳市分行系统	2015	省优秀工会积极分子	章晓群	揭阳市分行	农发行广东省分行
		优秀职工之友	刘建兵	惠来支行	
	2016	“优秀党务工作者”	谢承伟	揭阳市分行	
	2018	“学习贯彻习近平新时代中国特色社会主义思想知识竞赛先进个人奖”	林庆丰		
			吴燕杰		
			杨丽琳		
		“不忘初心跟党走 青春建功新征程”青年风采大赛二等奖	王　彤		
			张淼森	惠来支行	
工行揭阳分行系统	1992	教育工作先进工作者	方娘喜	惠来支行	工行广东省分行
		读书自学积极分子	陈雄光		
	1993	1992 年度金融先进个人	魏松龙	榕城支行	
			黄丽芬	揭阳分行	
			周瑞玉	揭西支行	
	1994	1993 年度优秀女职工	黄丽芬	揭阳分行	
			张少良	揭西支行	
		1993 年度职工生活后勤先进个人	黄丽芬	揭阳分行	
	1995	1993 年“十佳青年”	彭月兰	揭西支行	
		1994 年度优秀工会干部	陈雄光	惠来支行	
	1996	1994 年度优秀工会积极分子	胡展彬	揭阳分行	
		1995 年度“二级先进个人”	林婵君	揭西支行	
			廖宋荣	普宁支行	
			林炳潮	榕城支行	

续表

系统单位	获奖年份	荣誉称号	获奖个人	所在单位	授奖者
工行揭阳分行系统	1996	1995 年度“二级先进个人”“文明优质服务”“四讲服务”标兵	黄秀红	普宁支行	工行广东省分行
	1997	第 3 届“最佳储蓄员”	廖宋荣		
		1997 年度“文明行员”	林炼杰		
			陈晓红		
	1999	优秀党务工作者	吴树钊	揭阳分行	
	2000	最佳储蓄员	陈晓红	普宁支行	
		1999 年度省分行先进工作者	李永许	揭西县支行	
	2003	优秀党务工作者	袁秋桢	揭阳分行	
	2006	广东省优秀工会积极分子	黄少君		广东省总工会
	2012	2011 年巾帼岗位标兵	吴　穗	普宁支行	工行广东省分行
	2014	优秀青年	林浩然	揭阳分行	
	2016	优秀党委书记	蔡志成		
		优秀共产党员	吴　穗	普宁支行	
		巾帼岗位标兵	吴　穗		
		优秀共产党员	吴　穗		
	2017	杰出（优秀）青年	范友杰	惠来支行	
农行揭阳分行系统	1993	广东省农村金融先进工作者	杨慰和	揭西支行	农行广东省分行
		1992 年度“宣传报道积极分子”	杨史辉	揭阳分行	
		广东省农村金融先进工作者	林淑芳	惠来支行	
		广东省农村金融先进工作者	刘烈辉	揭西支行	
	1996	1993—1995 年“全省农村金融系统先进工作者”	林小波	分行营业部	
			吴绥广	揭东支行	
			林学群	揭西支行棉湖营业所	

续表

系统单位	获奖年份	荣誉称号	获奖个人	所在单位	授奖者
农行揭阳分行系统	1996	1993-1995 年“全省农村金融系统先进工作者”	黄春芳	普宁支行流沙营业所	农行广东省分行
			黄梅生	惠来支行葵潭营业所	
	1998	广东省金融系统文明统行员	杨昭强	揭阳分行	人行广东省分行
			许　绵		
			郑锡湖		
			杨文耀		
			黄壁文		
			黄志会		
			陈家新		
			吴绥广		
			杨文英		
			杨桂华		
			陈文耀		
			叶娘仁		
			黄汉丙		
			吴宏斌		
			林洁纯		
	1999	1996—1998 年度“广东省农行系统先进工作者”	杨桂华	惠来支行	农行广东省分行
	2000	广东省“优秀女工干部”	何丽清	揭东支行	
		优秀女职工	张少玲	揭阳分行	
		法制建设“先进个人”	汤少荣		
		“1997—1999 年度中国农业银行优秀行支行行长”	张春旺	普宁支行	
	2001	2000 年度省农行优秀共青团员	许金榜	丹凤办事处	

续表

系统单位	获奖年份	荣誉称号	获奖个人	所在单位	授奖者
农行揭阳分行系统	2002	广东省清收盘活能手	张华清	揭西支行	农行广东省分行
			徐文龙	揭阳分行	
			黄壁文	揭东支行	
			黄树明	榕城支行	
			黄洁生	试验区支行	
			陈汉亮	普宁支行	
			陈伟鹏	马牙支行	
	2003	全省先进个人	郑伟光	揭阳分行	
			许育明	马牙支行	
			陈建生	普宁支行	
			李曙光		
			方映焕	惠来支行	
			钟利东	榕城支行	
			李卓杰	马牙支行	
			周建波	丹凤办事处	
			方映焕	惠来支行	
		2002年广东省文明警员称号	杜少辉	普宁经警分队	
		优秀共产党员	纪冰璇	流沙营业所	
		广东省银行信贷登记咨询系统建设先进个人	李少群	惠来支行	人行广东省分行
	2004	迎新春服务先进个人	谢少波	炮台支行营业	农行广东省分行
		纪检监察先进工作者	郑静花	揭阳分行	
		2003年度“优秀共青团员”	陈爱璇	普宁广南支行	

续表

<table>
<tr><th>系统单位</th><th>获奖年份</th><th>荣誉称号</th><th>获奖个人</th><th>所在单位</th><th>授奖者</th></tr>
<tr><td rowspan="23">农行揭阳分行系统</td><td rowspan="11">2005</td><td>全省农行保卫先进个人</td><td>杜少辉</td><td>普宁支行</td><td rowspan="23">农行广东省分行</td></tr>
<tr><td rowspan="2">经营机构操作风险专项大检查先进个人</td><td>黄琪瑞</td><td rowspan="3">揭阳分行</td></tr>
<tr><td>林耀明</td></tr>
<tr><td>审计工作先进个人</td><td>黄林煌</td></tr>
<tr><td rowspan="2">2004—2005 年度
广东农行办公室先进个人</td><td>方文春</td><td rowspan="2">分行办公室</td></tr>
<tr><td>罗华达</td></tr>
<tr><td rowspan="4">广东分行优秀共产党员</td><td>郑诗全</td><td>天福支行</td></tr>
<tr><td>郑鸿生</td><td>里湖支行</td></tr>
<tr><td>谢少波</td><td>炮台支行</td></tr>
<tr><td>黄通豹</td><td>惠来县支行</td></tr>
<tr><td>广东分行优秀党务工作者</td><td>钟　声</td><td>人力资源部</td></tr>
<tr><td rowspan="1">2006</td><td>先进女职工工作者</td><td>何丽清</td><td>揭东支行</td></tr>
<tr><td rowspan="6">2007</td><td rowspan="2">2003—2006 年度先进工作者</td><td>冯聪荣</td><td rowspan="5">揭阳分行</td></tr>
<tr><td>郑鸿生</td></tr>
<tr><td rowspan="3">财务管理系统上线先进个人</td><td>黄树明</td></tr>
<tr><td>林道敏</td></tr>
<tr><td>钟利东</td></tr>
<tr><td>2006 年度省行
人民币储蓄存款“十佳个人”</td><td>林娜荣</td><td>揭西支行</td></tr>
<tr><td rowspan="4">2008</td><td>广东省分行优秀党务工作者</td><td>林励生</td><td>分行人力资源部</td></tr>
<tr><td rowspan="3">广东省分行优秀共产党员</td><td>罗华达</td><td>揭阳分行</td></tr>
<tr><td>蔡汉林</td><td>揭西清收部</td></tr>
<tr><td>冯聪荣</td><td>普宁支行</td></tr>
</table>

续表

系统单位	获奖年份	荣誉称号	获奖个人	所在单位	授奖者
农行揭阳分行系统	2010	职工职业道德建设先进个人	王奕芬	城区支行	农行广东省分行
		广东省分行第三届柜台业务技术比赛柜台业务技术能手	王杰驹	揭阳分行	
		2008—2009 年度广东省分行优秀共青团干部	罗南斌	普宁里湖支行	
	2011	广东省分行先进工作者	王水平	揭阳分行	
			吴建群		
		广东省分行优秀工会干部	林欣兰		
		优秀共产党员	林武雄	普宁支行综合管理部	
	2012	2011 年度中国农业银行广东省分行青年岗位能手	翁宝生	占陇支行	
		全省信用卡先进个人	刘惠丰	揭阳分行	
		服务“三农”先进个人	黄镇强		
			方楚辉	惠来支行	
	2013	BoEing 系统（ 中国农业银行新一代核心业务系统一期 ）推广先进个人	杨佐群	揭阳分行	
			王建武		
		2012 年度中国农业银行广东省分行青年岗位能手	张英娇		
			庄镇全		
		2012—2013 年度中国农业银行广东省分行“优秀共青团员”	张　霞	揭西支行	
		优秀共青团干部	陈跃鲲	分行综合部	
		2013 年度中国农业银行广东省分行青年岗位能手	郑海升		
			谢伟玉	揭东炮台支行	
	2014	“中银杯”广东省银行业国际收支业务技能竞赛总决赛优胜奖	黄欢欢	揭阳分行	人行广州分行
	2015	优秀党务工作者	高雪丹	惠来支行	农行广东省分行
		青年岗位能手	杨林扬	揭阳分行	

续表

系统单位	获奖年份	荣誉称号	获奖个人	所在单位	授奖者
农行揭阳分行系统	2016	优秀共产党员	谢少澍	分行内控合规部	农行广东省分行
			张志豪	普宁占陇支行	
			刘茂鑫	普宁城南支行	
			李锦城	揭东白塔支行	
			张　伟	揭西河婆支行	
			陈裕娟		
			谢少波	城区支行	
		优秀党务工作者	林励生	分行人力资源部	
			高雪丹	惠来支行	
		2014 年度中国农业银行广东省分行青年岗位能手	吴少彬	揭阳分行	
		2016 年度广东省分行优秀共产党员	吴东明		
			傅　博	普宁支行行长室	
			黄汉雄	揭西支行	
		2016 年度广东省分行优秀党务工作者	徐洁川	分行综合管理部党支部	
		2014—2015 年度中国农业银行广东省分行优秀共青团员	杨林扬	揭阳分行	
		优秀共青团干部	高雪丹		
		2015 年度中国农业银行广东省分行青年岗位能手	庄镇全	普宁支行	
	2017	2017 年第一届中国农业银行广东省分行“优秀青年”	陈跃鲲	城区支行党委	
		2016 年度中国农业银行广东省分行青年岗位能手	潘旭群	揭阳分行	
		2015—2016 年度全省三农条线先进集体	李旭锐	揭东支行	
		2016 年度省行“共产党员岗位标兵”	林励生	分行人力资源部、党委组织部	
			郭晓玲	揭西金和支行	

续表

系统单位	获奖年份	荣誉称号	获奖个人	所在单位	授奖者
农行揭阳分行系统	2017	2016 年度省行“共产党员岗位标兵”	黄全禄	普宁支行行长室	农行广东省分行
		2016 年度省行党建工作先进个人	陈映东	揭阳分行	
			林朝文	分行人力资源部	
			张英娇	分行人力资源部	
			郑志斌	揭阳分行	
			黄通豹	惠来支行	
		广东省农行 2017 年度青年岗位能手	林乐青	揭西灰寨支行	
		广东省农行 2016—2017 年度优秀共青团员	方伟斌	普宁大坝支行	
		广东省农行 2017 年度优秀青年志愿者	杨林扬	揭阳分行	
		广东省分行优秀共产党员	郑海升	分行个人金融部	
			陈志森	揭西支行	
			王水平	普宁支行营业部	
			钟卓炯	普宁支行业务部	
			黄美琪	惠来支行营业部	
		广东省分行优秀党务工作者	林朝文	分行党委组织部	
			吴少彬	城区支行综合管理部	
			陈桂标	揭东支行综合管理部	
	2018	广东省分行“树楷模、当先锋”十大条线党员标兵	陈惠茂	进贤支行	
			邱进文	普宁里湖支行	
			洪少强	仙桥支行	
			黄汉雄	揭西棉湖支行党支部	
			方灿坚	惠来支行	

续表

系统单位	获奖年份	荣誉称号	获奖个人	所在单位	授奖者
农行揭阳分行系统	2018	广东省分行“树楷模、当先锋”十大条线党员标兵	王晓龙	揭东支行	农行广东省分行
			杨永忠	普宁支行网络金融部	
			林道敏	分行计划财会部	
			张志豪	普宁城南支行	
			洪晓敏	揭东炮台支行	
			张英娇	揭阳分行	
			陈锦新	揭西支行	
			王建武	揭阳分行	
		广东省分行优秀共产党员	黄美琪	惠来支行	
		“三农”条线党员标兵	方灿坚		
		2017 年度优秀青年志愿者	杨林扬	揭阳分行	
		对公条线党员标兵	邱进文	普宁南平支行	
中行揭阳分行系统	1992	第二届潮汕星河奖文学艺术三等奖	黄旭升	揭阳分行	潮汕星河奖
	1995	广东省金融系统优秀工会工作者	杨少奕		广东省金融工会工作委员会
	2000	广东省分行十佳支行行长	田玉珊		中行广东省分行
		广东省劳动模范	田玉珊	普宁支行	
	2002	广东省分行爱行敬业先进模范	黄妙芝	揭阳分行	
		广东省劳动模范	田玉珊		广东省总工会
	2003	广东省分行优秀共产党员	张丹敏		中行广东省分行
	2006	2006 年省行优秀党务工作者	蔡泽雄		
	2009	2008 年广东省分行先进工作者	陈少玲		
			黄光辉		

续表

系统单位	获奖年份	荣誉称号	获奖个人	所在单位	授奖者
中行揭阳分行系统	2010	2009年广东省分行先进工作者	李玫凤	揭阳分行	中行广东省分行
中行揭阳分行系统	2010	2009年广东省分行先进工作者	赵　娜	揭阳分行	中行广东省分行
中行揭阳分行系统	2010	2009年广东省分行先进工作者	林　颖	揭阳分行	中行广东省分行
中行揭阳分行系统	2010	广东省分行2009年优秀共青团员	陈丹虹	揭阳分行	中行广东省分行
中行揭阳分行系统	2011	广东省分行优秀党务工作者	吴桂东	揭阳分行	中行广东省分行
中行揭阳分行系统	2012	2011年度中国银行广东省分行“优秀共青团员”	陈丹旭	揭阳分行	中行广东省分行
中行揭阳分行系统	2012	2011年度中国银行广东省分行“优秀共青团干部”	吴桂东	揭阳分行	中行广东省分行
中行揭阳分行系统	2013	广东省分行2013年优秀共产党员	蔡泽雄	揭阳分行	中行广东省分行
中行揭阳分行系统	2013	广东省分行2013年优秀共产党员	陈俊贤	揭阳分行	中行广东省分行
中行揭阳分行系统	2013	广东省分行优秀共产党员	陈少玲	揭阳分行	中行广东省分行
中行揭阳分行系统	2014	广东省金融“五一劳动奖”	陈少玲	揭阳分行	广东省总工会
中行揭阳分行系统	2015	广东省分行优秀党务工作者	吴榕生	揭阳分行	中行广东省分行
中行揭阳分行系统	2015	广东省分行优秀团干	吴桂东	揭阳分行	中行广东省分行
中行揭阳分行系统	2015	广东省五一劳动奖章	吴喆莹	揭阳分行	广东省总工会
中行揭阳分行系统	2015	广东省分行优秀共产党员	蔡锡飞	揭阳分行	中行广东省分行
中行揭阳分行系统	2015	广东省分行2015年优秀党务工作者	吴桂东	揭阳分行	中行广东省分行
中行揭阳分行系统	2015	广东省分行2015年优秀党务工作者	邢荣冲	揭阳分行	中行广东省分行
中行揭阳分行系统	2016	广东省跨境人民币业务竞赛一等奖	吴喆莹	揭阳分行	中行广东省分行
中行揭阳分行系统	2016	2015年度优秀共青团干	吴桂东	揭阳分行	中行广东省分行
中行揭阳分行系统	2016	2015年度优秀共青团员	林烨	揭阳分行	中行广东省分行
中行揭阳分行系统	2016	广东省分行2015年度“优秀基层管理者”	王少文	揭阳分行	中行广东省分行
中行揭阳分行系统	2016	广东省分行2015年度“十佳个人客户经理”	史晓波	揭阳分行	中行广东省分行

续表

系统单位	获奖年份	荣誉称号	获奖个人	所在单位	授奖者
中行揭阳分行系统	2017	广东省分行 2016 年度优秀共产党员	蔡锡飞	揭阳分行	中行广东省分行
		广东省分行 2016 年优秀党务工作者	吴榕生		
		广东省职工经济技术创新能手	吴喆莹		广东省总工会、广东省人力资源和社会保障厅、广东省经济和信息化委员会、广东省科学技术厅
		2016 年度广东省跨境人民币竞赛个人冠军	吴喆莹		中行广东省分行
		广东省外汇与跨境人民币业务知识竞赛一等奖	吴喆莹		
		广东金融五一巾帼标兵	吴喆莹		
		2015—2016 年度青年岗位能手	郭涴文		
		2016 年度优秀共青团干	吴桂东		
		2016 年广东省分行“四优”共产党员	蔡泽雄		
		广东省分行 2017 年优秀共产党员	史晓波		
		广东省分行 2017 年优秀党务工作者	吴桂东		
		广东省五一劳动奖章	吴喆莹		广东省总工会
	2018	2017 年度优秀共青团干	沈绵烨		中行广东省分行
		2017 年度优秀共青团员	陈昊颖		
		广东省第一届“反诈达人”	林逸忠		广东省公安厅
		广东省分行 2018 年业务技能标兵	杨志林		中行广东省分行
		2017 年度广东省分行优秀共青团员	陈昊颖		
		广东省分行优秀共青团干	沈绵烨		
		广东省分行 2017—2018 年度“四优”共产党员	张锐标		
			周宜锋		
			黄婉玲		

续表

系统单位	获奖年份	荣誉称号	获奖个人	所在单位	授奖者
建行揭阳市分行系统	1993	1991—1992年省建设银行系统先进工作者	陈　柱	揭阳市分行	建行广东省分行
建行揭阳市分行系统	1998	1997年广东省金融系统文明行员	刘建华	揭阳市分行	广东省金融系统
建行揭阳市分行系统	2001	2000年度广东省分行“文明服务行员”	郭首榕	揭阳市分行	建行广东省分行
建行揭阳市分行系统	2002	2002年广东省分行“优秀共青团干部”	郭首榕	揭阳市分行	建行广东省分行
建行揭阳市分行系统	2002	2001年度广东省分行优秀员工	陈映浩	揭阳市分行	建行广东省分行
建行揭阳市分行系统	2002	2001年度“最有价值行员”	刘建华	揭阳市分行	建行广东省分行
建行揭阳市分行系统	2002	2001年度广东省分行优秀员工	刘建华	揭阳市分行	建行广东省分行
建行揭阳市分行系统	2002	2001年度“最有价值行员”	林少銮	揭阳市分行	建行广东省分行
建行揭阳市分行系统	2003	2002—2003年度广东省分行系统优秀共产党员	郭首榕	揭阳市分行	建行广东省分行党委
建行揭阳市分行系统	2003	2003年度优秀行员	黄汉钊	揭阳市分行	建行广东省分行
建行揭阳市分行系统	2003	2002年度“最有价值行员”	郭首榕	揭阳市分行	建行广东省分行
建行揭阳市分行系统	2003	2002年度“最有价值行员”	林少銮	揭阳市分行	建行广东省分行
建行揭阳市分行系统	2003	2002年度“最有价值行员”	陈耿标	揭阳市分行	建行广东省分行
建行揭阳市分行系统	2003	2002年度广东省分行最有价值行员	陈　联	揭阳市分行	建行广东省分行
建行揭阳市分行系统	2003	2002年度广东省分行优秀员工	陈锡潮	揭阳市分行	建行广东省分行
建行揭阳市分行系统	2003	2002年度优秀行员	李旭升	揭阳市分行	建行广东省分行
建行揭阳市分行系统	2004	2003年度“最有价值行员”	黄杰彤	揭阳市分行	建行广东省分行
建行揭阳市分行系统	2004	2003年度“最有价值行员”	姚宏峰	揭阳市分行	建行广东省分行
建行揭阳市分行系统	2004	2003年度“最有价值行员”	张永贵	揭阳市分行	建行广东省分行
建行揭阳市分行系统	2004	2003年度“最有价值行员”	周毓娃	揭阳市分行	建行广东省分行
建行揭阳市分行系统	2004	2003年度广东省分行优秀员工	陈锡潮	揭阳市分行	建行广东省分行
建行揭阳市分行系统	2005	广东省分行2004年度最有价值行员	张燕谋	揭阳市分行	建行广东省分行

续表

<table>
<tr><th>系统单位</th><th>获奖年份</th><th>荣誉称号</th><th>获奖个人</th><th>所在单位</th><th>授奖者</th></tr>
<tr><td rowspan="23">建行揭阳市分行系统</td><td rowspan="4">2006</td><td>2005 年度广东省分行优秀员工</td><td>陈映浩</td><td rowspan="23">揭阳市分行</td><td rowspan="3">建行广东省分行</td></tr>
<tr><td>广东省分行 2005 年度最有价值行员</td><td>吴　晓</td></tr>
<tr><td>广东省分行 2006 年度优秀行员</td><td>黄汉钊</td></tr>
<tr><td>广东省分行优秀共产党员</td><td>黄汉钊</td><td>建行广东省分行党委</td></tr>
<tr><td>2007</td><td>广东省分行 2006 年度优秀行员</td><td>李旭升</td><td rowspan="2">建行广东省分行</td></tr>
<tr><td>2008</td><td>2008 年广东省分行优秀共产党员</td><td>陈　柱</td></tr>
<tr><td rowspan="3">2009</td><td>2009 年广东省创争活动先进个人</td><td>洪　辉</td><td>广东省创争活动领导小组</td></tr>
<tr><td>2008 年总行个人存款三万亿能手</td><td>刘建河</td><td rowspan="6">建行广东省分行</td></tr>
<tr><td>广东省分行 2008 年度优秀员工</td><td>王育龙</td></tr>
<tr><td rowspan="6">2011</td><td>“2010 年优秀纪检监察特派员”荣誉称号</td><td>吴锦明</td></tr>
<tr><td>2011 年广东省分行优秀党务工作者</td><td>陈　柱</td></tr>
<tr><td>2011 年广东省分行精神文明建设先进工作者</td><td>陈　柱</td></tr>
<tr><td>2010 年度广东省分行优秀员工</td><td>陈锡潮</td></tr>
<tr><td rowspan="2">2011 年度优秀共产党员</td><td>郭首榕</td><td rowspan="2">建行广东省分行党委</td></tr>
<tr><td>黄汉钊</td></tr>
<tr><td>2014</td><td>广东省分行 2013 年度优秀员工</td><td>张惠敏</td><td rowspan="8">建行广东省分行</td></tr>
<tr><td>2015</td><td>2014 年度广东省分行优秀员工</td><td>刘建河</td></tr>
<tr><td rowspan="3">2017</td><td>年度广东省分行巾帼建功标兵</td><td>刘洁红</td></tr>
<tr><td>2017 年广东省优秀员工</td><td>吴裕龙</td></tr>
<tr><td>“信访核查工作专家团队”项目获 2016 年度创新奖三等奖</td><td>姚晓强</td></tr>
<tr><td rowspan="3">2018</td><td>2017 年度纪检监察工作先进个人</td><td>姚晓强</td></tr>
<tr><td>2018 年广东省分行先进集体</td><td>林　漓</td></tr>
<tr><td>2018 年广东省分行优秀员工</td><td>陈紫莹</td></tr>
</table>

续表

系统单位	获奖年份	荣誉称号	获奖个人	所在单位	授奖者
交通银行揭阳分行系统	2015	广东省分行2015年智趣运动会台球比赛冠军	韦卓新	揭阳分行	交通银行广东省分行
邮储行揭阳市分行系统	2012	广东邮政通信特有职业储汇业务员技能大赛个人全能二等奖、职业能手、汇兑业务项目二等奖、储蓄业务项目二等奖、微机录入项目二等奖	欧阳玲	揭阳市分行	邮储行广东省分行
邮储行揭阳市分行系统	2012	广东邮政通信特有职业储汇业务员技能大赛中荣获办理汇兑业务三等奖	张杏华	揭阳市分行	邮储行广东省分行
邮储行揭阳市分行系统	2014	“金雁奖”中荣获优秀客户经理称号	陈楚杰	揭阳市分行	邮储行广东省分行
邮储行揭阳市分行系统	2015	“如何当好支行长”演讲及征文比赛活动三等奖	钟慧珊	揭阳市分行	邮储行广东省分行
邮储行揭阳市分行系统	2017	行金牌二级支行长称号	黄志勉	揭阳市分行	邮储行广东省分行
邮储行揭阳市分行系统	2017	行金牌二级支行长称号	杨俊丰	揭阳市分行	邮储行广东省分行
邮储行揭阳市分行系统	2018	2017-2018年度中国邮政储蓄银行广东省分行“青年岗位能手”	黄锐伟	揭阳市分行	邮储行广东省分行
邮储行揭阳市分行系统	2018	风险模型创新劳动竞赛一等奖	曾泽鑫	揭阳市分行	邮储行广东省分行
邮储行揭阳市分行系统	2018	风险模型创新劳动竞赛一等奖	黄梓婷	揭阳市分行	邮储行广东省分行
邮储行揭阳市分行系统	2018	小微指数数据采集工作劳动竞赛“小微指数数据采集能手奖”称号	曾宪耀	揭阳市分行	邮储行广东省分行
邮储行揭阳市分行系统	2018	小微指数数据采集工作劳动竞赛“小微指数数据采集能手奖”称号	翁爱华	揭阳市分行	邮储行广东省分行
揭阳农商行系统	2011	广东省农村合作金融机构“优秀共产党员”	陈经宇	揭阳农商行	中共广东省农村信用社联合社委员会
揭阳农商行系统	2013	五一劳动奖章	陈经宇	揭阳农商行	广东省总工会
东亚银行揭阳支行系统	2014	“中银杯”广东省银行业国际收支业务技能竞赛团体赛总决赛优胜奖	余琪瑶	揭阳支行	人民银行广州分行、国家外汇管理局广东省分局
东亚银行揭阳支行系统	2014	《推动汕潮揭金融服务一体化》征文比赛优胜奖	钟晓曼	揭阳支行	汕头金融学会、潮州金融学会、揭阳金融学会
人保财险揭阳市分公司系统	2000	广东省劳动模范	王木明	揭阳市分公司	广东省总工会
人保财险揭阳市分公司系统	2001	全省模范军队转业干部	王木明	揭阳市分公司	广东省军队转业干部安置工作领导小组
人保财险揭阳市分公司系统	2006	广东省分公司系统2006年优秀共产党员	魏乐珊	揭阳市分公司	广东妇女联合会
人保财险揭阳市分公司系统	2014	广东省“三八红旗手”	魏乐珊	揭阳市分公司	广东妇女联合会

续表

<table>
<tr><th>系统单位</th><th>获奖年份</th><th>荣誉称号</th><th>获奖个人</th><th>所在单位</th><th>授奖者</th></tr>
<tr><td>人保财险揭阳市分公司系统</td><td rowspan="3">2015</td><td>广东省十佳女企业家协会工作优秀奖</td><td>魏乐珊</td><td>揭阳市分公司</td><td>广东妇女联合会</td></tr>
<tr><td>中信建投证券股份有限公司系统</td><td>广东省优秀女企业家</td><td>王玉琴</td><td>揭阳黄岐山大道证券营业部</td><td>广东省妇联</td></tr>
<tr><td>融资性担保公司系统</td><td>广东省劳动模范</td><td>陈楚荣</td><td>揭阳市博大金融集团</td><td>广东省政府</td></tr>
</table>

五、揭阳市金融系统评为“劳动模范”名录

<table>
<tr><th>系统单位</th><th>获奖年份</th><th>荣誉称号</th><th>获奖个人</th><th>所在单位</th><th>授奖者</th></tr>
<tr><td rowspan="3">人行揭阳市中心支行系统</td><td>2001</td><td rowspan="3">揭阳市劳动模范</td><td>王耀松</td><td>揭东支行</td><td rowspan="7">中共揭阳市委员会
揭阳市人民政府</td></tr>
<tr><td>2004</td><td>姚洪生</td><td>市中心支行</td></tr>
<tr><td>2007</td><td>方坤松</td><td>惠来支行</td></tr>
<tr><td rowspan="3">建行揭阳市分行系统</td><td>1998</td><td rowspan="3">揭阳市劳动模范</td><td>刘建华</td><td rowspan="3">揭阳市分行</td></tr>
<tr><td>2001</td><td>郭首榕</td></tr>
<tr><td>2004</td><td>廖桂章</td></tr>
<tr><td>人保财险揭阳市分公司系统</td><td>2010</td><td>揭阳市劳动模范</td><td>陈宋辉</td><td>揭阳市分公司</td></tr>
</table>

附录三

揭阳市金融管理和改革发展的重要文献选辑

2013年，揭阳市委、市政府专门出台《中共揭阳市委揭阳市人民政府关于建设粤东金融强市的决定》，明确“融合三资（金融资本、产业资本、民间资本）、服务三民（民营经济、民生事业、人民群众）”的总体工作思路，提出发展产业金融、发展民生金融、建设粤东金融集聚区等三大任务，为今后金融工作指明方向。

2014 年，揭阳市人民政府金融工作局联合揭阳市财政局、揭阳市电子商务发展办公室出台《2014 年军埔村电商企业贷款贴息和贷款风险补偿实施办法》，加大对电子商务的金融支持力度，助力揭东区锡场镇军埔村打造“中国电子商务第一村”。

2015 年 8 月，人行揭阳市中心支行、市金融工作局、市科技局联合印发《关于完善揭阳市科技金融服务推动创新驱动发展的指导意见》，进一步加大金融服务科技企业发展力度，改善企业融资环境，支持科技企业加快转型升级。

2016 年 5 月，市金融工作局印发《揭阳市普惠金融“村村通”实施方案》，明确全市下一步开展农村普惠金融“村村通”工作目标和任务；8 月，市金融工作局联合市发展和改革局、市财政局、人行揭阳市中支、揭阳银监分局和市扶贫办印发《关于扎实推进揭阳市金融精准扶贫工作的实施意见》，扎实开展金融服务精准扶贫精准脱贫三年攻坚工作。先后印发《揭阳市 2016 年，涉众金融领域社会矛盾纠纷专项治理工作方案》《进一步做好防范和处置非法集资工作实施方案》《揭阳市处置非法集资领导小组成员单位职责》《关于开展揭阳市互联网金融风险专项整治工作的意见》及“P2P 网络借贷”“股权众筹”“互联网保险”和“资产管理及跨界互联网金融业务”4 个专项整治方案等一系列指导性文件，加强金融工作统筹协调，有效防范化解金融风险，促进全市经济社会稳健发展。

2017 年 10 月，市金融工作局提请市政府正式出台《揭阳市人民政府扶持企业上市的若干政策措施》，该政策紧紧结合当前经济社会发展面临的新形势，立足全市实际，分别从为企业上市创造条件、分阶段给予资金支持、支持企业创新发展、优先解决用地问题、加大金融支持力度、鼓励企业借壳上市、支持企业境外上市融资、支持企业挂牌转让股份、大力发展股权投资等多方面提出新的扶持政策，重点是提高财政各项奖补标准，减轻企业上市前财务负担，解决企业股份制改造实际问题，吸引股权投资等，集中政府性资源扶持企业上市，带动产业加快转型升级。11 月，为贯彻落实市委、市政府关于支持揭阳副中心建设的决策部署，市金融工作局、人行揭阳市中心支行和揭阳银监分局联合印发《关于金融支持揭阳副中心建设的指导意见》，集聚全市金融资源，支持揭阳副中心建设，完善县域经济薄弱环节，助力打造地方经济发展新引擎。11 月，为鼓励广大群众提供非法集资线索，有效打击非法集资活动，市金融工作局根据省的实施办法，结合揭阳实际，出台《揭阳市金融工作局关于非法集资案件举报奖励的实施办法》。

2017 年，为大力开展金融精准扶贫精准脱贫工作，市金融工作局印发《揭阳市金融精准扶贫精准脱贫三年攻坚的实施方案》，与人行、扶贫等部门共同研究制定《关于扎实推进揭阳市信用扶贫工作的实施意见》和《关于印发揭阳市扶贫小额信贷工作实施方案（2016—2018年）的通知》等系列指导性文件，创新金融服务模式，充分利用财政贴息、风险补偿、小额信贷等政策工具，打好金融扶贫“组合拳”，为坚决打好金融精准扶贫精准脱贫攻坚战提供坚强有力的金融支撑。

2018年，市金融工作局提请市政府正式出台《揭阳市人民政府办公室关于印发揭阳市金融服务实体经济工作方案的通知》，该政策紧紧结合当前经济社会发展面临的新形势，立足全市实际，坚持回归本源，坚持优化结构，坚持市场导向，分别从实施企业上市孵化工程、重点支持梁柱企业发展、缓解中小微企业融资困难、建立信贷风险分担补偿机制、加强科技创新金融服务、加强重点项目金融服务、提高农村普惠金融水平、探索绿色金融发展方式、提高行政中介服务效率、壮大地方金融实力、防范化解金融风险等方面，广泛发动和集聚各类金融资源，加大服务实体经济力度，支持产业发展，服务项目建设，为揭阳建设粤东新的发展极提供更加有力的金融保障。

为加强对防控金融风险的组织领导，市金融工作局提请市政府正式出台《揭阳市人民政府办公室关于印发揭阳市防控金融风险工作方案的通知》，力争用三年左右时间，稳妥化解全市农合机构突出风险，各类非法金融活动受到严厉打击，非法集资案件明显减少，金融市场秩序逐步规范，金融生态环境进一步优化，形成经济与金融良性循环、健康发展的新格局。

为净化揭阳金融生态环境，压降辖内银行机构不良贷款，防范化解金融风险，市金融工作局提请市政府正式出台《揭阳市人民政府办公室关于印发揭阳市打击恶意逃废银行债务专项行动方案的通知》，同时成立专项工作组，交办首批打击名单，协调推动各地各银行机构不良贷款，有效化解金融风险隐患。

后 记

在人行揭阳市中心支行领导的关怀下，《揭阳金融志（1986—2018）》自2017年9月启动，2018年8月开始编纂，全体编纂人员经过5年的共同努力，现已完成编纂，不日将付梓。这是揭阳建市以来第一部金融志，是揭阳金融界文化建设史上一项丰硕成果。

2017年9月11日，揭阳金融学会组织召开续编《揭阳金融志》工作会议，决定启动《揭阳金融志》第二轮编纂工作，并就编纂工作组织、人员、场地、经费等事项达成一致意见。2018年1月23日，揭阳金融学会组织召开《揭阳金融志》编纂工作动员大会暨培训班，邀请揭阳市地方志办公室专家为培训班进行辅导授课，邀请《梅州金融志》编纂办公室2位同志进行编纂经验分享，以此全面动员辖区各金融机构积极参与《揭阳金融志》编纂工作，合理安排编纂史料收集和志稿撰写工作，增强各参编单位编纂人员的编纂能力，提高史料收集和志稿编写的质量。

2018年7月，成立揭阳金融志编写组。2019年3月，编写组成员按照分工完成条目选定和机构资料收集。4月，编写组全面进入初稿编写阶段。8月，邀请《梅州金融志》编纂办公室2位同志开展“金融志编纂”专题培训班，进一步指明写作方向。其间，编写组按照分工分阶段开展对志书初稿的多轮校验、交流、反馈和修改。至2022年2月，各参编单位完成对编写组编纂初稿多轮审核。3—4月，按照各参编单位的意见，编写组集中力量进行加工修改。2022年5月，送审稿递交史志专家审核。6月结合专家审核意见，进行最终修改、定稿，并送交出版社。此后，在付印出版过程中，又经多次校正，反复修改和补遗。

《揭阳金融志（1986—2018）》的编修成就，得益于人行揭阳市中心支行领导的高度重视和正确指导，行长李新耀以及副行长潘世练、姚洪生和陈一非等行领导多次前来检查指导编纂工作，经常过问各金融单位史料收集情况，每逢召开全市金融工作会议和本单位行务会议都要强调金融志编纂的工作要求，督办按时保质完成任务。编委会主任李新耀执笔为本志作序，给予充分肯定，凸现本志的专业性和权威性。得益于揭阳市各政府有关部门同仁及各金融机构的大力支持，得益于揭阳市地方志办公室对编志工作的专业指导，得益于编写组成员求真求实的责任心与历史责任感和一丝不苟、不畏艰辛、克服困难、穷尽始末的工作态度，以及“大海捞针，沙里淘金”的精神。编修期间，人行揭阳市中心支行要求在人员安排上给予保证，聘请2位专职编纂人员，设立修志办公室，配备必要的办公设施，由揭阳金融学会负责编纂人员的管理和费用保障、事务协调等。2021年起，由于2位专职编纂人员因个人原因无法继续进行编纂，为持续推动金融志的顺利开展，人行揭阳市中心支行要求揭阳金融学会通过市场调查和公开招投标的形式委托专业公司开展后期的志书编纂工作，确保金融志编纂的稳步推进，保证编志工作的顺利进行。在本志书即将问世之际，我们谨向一切为志书编纂倾注关怀以及提供支持、帮助的单位和个人表示衷心的感谢！

囿于我们学识和水平有限，加之志书时跨33年，事涉银行业、保险业、证券业三条主线，内容纷繁、资料浩瀚、时间紧迫、工作量大、虽几经修改，多次校勘，疏漏和舛误仍在所难免，祈盼识者多加斧正。

编者

2022年6月

ISBN 978-7-5144-5389-8
9 787514 453898 >
定价：380.00元